Stefan Loose Travel Handbuch

Brasilien

1. Auflage

Nicolas Stockmann, Helmuth Taubald,
Jochen Österreicher, Carl D. Goerdeler

Aktuelle Reisetipps auf 640 Seiten!

Brasilien
Stefan Loose Travel Handbücher
© **März 2006**
DuMont Reiseverlag, Ostfildern

1. Auflage

Die in diesem Buch enthaltenen Angaben wurden von den Autoren nach bestem Wissen erstellt und vom Lektorat im Verlag mit großer Sorgfalt auf ihre Richtigkeit überprüft. Trotzdem sind, wie der Verlag nach dem Produkthaftungsrecht betonen muss, inhaltliche und sachliche Fehler nicht vollständig auszuschließen. Deshalb erfolgen alle Angaben ohne Garantie des Verlags oder der Autoren. Der Verlag und die Autoren übernehmen keinerlei Verantwortung und Haftung für inhaltliche und sachliche Fehler. Alle Landkarten und Pläne in diesem Buch sind von den Autoren erstellt worden und werden ständig überarbeitet.

Gesamtredaktion und -herstellung:
Bintang Buchservice GmbH
Zossener Str. 55/2, 10961Berlin

Fotos: Bildnachweis s.S. 638

Karten: Anja Linda Dicke, Klaus Schindler

Lektorat: Silvia Mayer

Layout und Herstellung: Gritta Deutschmann

Farbseitengestaltung: Anja Linda Dicke

Umschlaggestaltung: Gritta Deutschmann, Britta Dieterle

Druck & Weiterverarbeitung: Ebner & Spiegel, Ulm

ISBN 3-7701-6156-4

Brasilien – eine Leidenschaft

„Wer Brasilien wirklich zu erleben weiß, der hat Schönheit genug für sein halbes Leben gesehen.“
Stefan Zweig

Brasilien ist ein chaotischer, bunter Zirkus, in dem man das Morgen vergisst über dem Glück des Augenblicks. Dieses Lebensgefühl ist ansteckend; der Fremde wird es bald merken in den Sambaschuppen von **Rio**, im Trubel des Karnevals von **Olinda** oder beim Rhythmus der afro-brasilianischen Trommeln in **Salvador**.

Trotz des ungezügelten Ansturms auf die Sinne kommt man hier auch zur Ruhe und zu sich selbst. Beinahe 8000 km **Küste** mit paradiesischen Stränden, zu denen keine Kurtaxe und kein Strandwächter den Zugang verhindern. Ein tropischer **Urwald**, der bis zu tausend Jahre alte Baumriesen und noch unentdeckte Indianerstämme beherbergt. Die riesige Feuchtsavanne des **Pantanal**, in dem eine wahre Arche Noah der Menschheit auf uns wartet. Das gebirgige Goldgräberland Minas Gerais mit verträumten kolonialen Barockstädtchen wie **Ouro Preto**. Und nicht weit davon die aus der Wildnis gestampfte Reißbretthauptstadt **Brasília** oder pulsierende Millionenmetropolen wie **São Paulo** und **Rio de Janeiro**.

Das Land der Superlative und Gegensätze bietet für jeden etwas, ob Action, Wellness, Natur oder den leicht herzustellenden Kontakt zu temperamentvollen **Menschen**. Der beste Ort, um Brasilien und seine Menschen kennen zu lernen, ist zweifellos der **Strand**. Hierher kommt man zum Flirten, Tanzen, Singen, Trinken, Spielen und Schwimmen. Die „Praia“ ist der Treffpunkt der Nation. So wie man früher in den kolonialen Städten rund ums Karree flanierte, so trifft man sich heute am Strand: das große Wohnzimmer Brasiliens, Plaza, Bar, Laufsteg, Kinderstube, Liebeslaube – und Badezimmer. Der Strand ist die generöse Gabe der Natur auch für die Ärmsten, die göttliche ausgleichende Gerechtigkeit. Mögen die Häuser und Hütten bescheiden sein – der Strand gehört allen.

Die 185 Millionen Brasilianer sind im Schnitt erst 27 Jahre jung, leicht merkt man es an der allgemeinen Verspieltheit der Bevölkerung. Der **Fußball** ist rund, aber das Hüpfen, Springen, Schlenzen und Tanzen haben ihm die Brasilianer beigebracht. Das runde Leder hält die Nation zusammen wie sonst nur die **Musik**. Ob Samba in Rio, Axé in Bahia oder Forró im Nordosten – Brasilien ist ein Füllhorn an einmaligen Musikstilen und die Leidenschaft zum Tanzen scheint den Brasilianern in die Wiege gelegt. Ein Universum an exotischen Klängen und mitreißenden Rhythmen erwartet die Reisenden!

Brasilianer lieben und pflegen ihre **Kultur**. Viele Volksfeste, darunter die *Festas juninas*, zeugen davon. Gleichzeitig ist das Land weltoffen, tolerant und integrativ, egal ob *U2*, die *Rolling Stones* oder der Papst kommen. In Blumenau feiern die Deutschstämmigen ihr *Oktoberfest*, im Stadtteil Liberdade von São Paulo die Japaner ihr Sternenfest und in Salvador huldigen die Nachkommen der afrikanischen Sklaven ihrer Meeresgöttin Iemanjá. Im multikulturellsten Land der Welt wird man berauscht sein von den **Schattierungen** der Hautfarben. Hier gibt es mehr Schwarze als sonst wo in der Welt, ausgenommen vielleicht Nigeria, mehr Weiße als in Deutschland, und nirgendwo leben mehr Japaner außerhalb des Tenno-Reiches als hier. Es ist ein Schmelztiegel der Nationen, der ein hoch dynamisches und produktives Volk hervorgebracht hat.

Mehr und mehr steht Brasilien auch bei **Backpackern** hoch im Trend, vor allem aufgrund des großen Angebots an Jugendherbergen und günstigen Hotels, der Busverbindungen in jeden Winkel des Landes sowie der im Vergleich zu Europa günstigen Preise. Dabei ist so mancher Ort immer noch nahezu unentdeckt, und fernab vom Massentourismus lassen sich abgeschiedene Traumstrände, Kolonialstädtchen und Urwalddörfer finden!

Natürlich ist Brasilien nicht nur ein Paradies. Wer wollte bestreiten, dass in den elenden Vorstädten Brasiliens ein versteckter Bürgerkrieg tobt? Natürlich ist Brasilien kein gewaltfreies Gebiet – angesichts der herben Kontraste von Arm und Reich ist auch kaum anderes zu erwarten. Doch im Unterschied zu anderen Regionen der Welt gibt es hier keine politisch, ethnisch oder religiös motivierte kollektive Gewalt. Wer den Menschen positiv gestimmt in die Augen sieht und unverstellt auf sie zugeht, wird vermeintliche Mauern schnell überwinden. Brasilien ist kein Land für Einzelgänger. Aber wer würde das hier schon bleiben? So gut wie jeder, der Brasilien bereist hat, kehrt begeistert heim. Oder bleibt gleich da – wie ein Teil des Autorenteams, das Ihnen, liebe Leser, diesen Band widmet.

Reisevorbereitung

Einreiseformalitäten

Visa und Dokumente

Ein- und Ausreise: Für Besucher aus **Westeuropa** besteht keine Visumpflicht, der Reisepass muss jedoch noch mindestens sechs Monate gültig sein. Im Kinderpass ist (unabhängig vom Alter) ein Lichtbild vorgeschrieben. An der Grenze bzw. schon im Flugzeug füllt man eine **Einreisekarte** *(Cartão de Entrada)* aus, die unbedingt bis zur Ausreise aufbewahrt werden muss, am besten getrennt vom Pass, damit auch bei Passverlust die legale Einreise dokumentiert werden kann. Der Aufenthalt ist für 90 Tage möglich, vor Ablauf dieser Frist kann bei der Bundespolizei **Polícia Federal** (in jeder größeren Stadt vorhanden) unter Vorlage eines Rückflugtickets eine Verlängerung um weitere 90 Tage beantragt werden. Dabei darf man sich innerhalb eines Jahres höchstens 180 Tage im Land aufhalten. Für längere Aufenthalte muss **vor Abreise** bereits im Heimatland bei der zuständigen brasilianischen Auslandsvertretung ein Visum beantragt worden sein. Aktuelle Informationen unter 💻 www.brasilianische-botschaft.de.

Brasilianische Botschaften und Konsulate

Deutschland: Brasilianische Botschaft, Wallstr. 57, 10179 Berlin, ☏ 030/726280, 📠 7262 8699, ✉ brasil@brasemberlim.de 💻 www.brasilianische-botschaft.de.

Brasilianisches Generalkonsulat, Hansaallee 32a-b, 60322 Frankfurt/M., ☏ 069/9207420, 📠 9207 4230, ✉ consular@consbras-frankfurt.de, 💻 www.consuladobrasil.de.

Brasilianisches Generalkonsulat, Widenmayerstr. 47, 80538 München, ☏ 089/2103760, 📠 2916 0768, 💻 www.brasilianischesgeneralkonsulat.de.

Österreich: Brasilianische Botschaft (Konsularabteilung), Am Lugeck 1/V/15, 1010 Wien, ☏ 01/5120631, 📠 5138374.

Schweiz: Brasilianische Botschaft (Konsularabteilung), Monbijoustr. 68, 3007 Bern, ☏ 031/3718515, 📠 3710525.

Brasilianisches Generalkonsulat, Bürglistrasse 6, 8002 Zürich, ☏ 01/2069020, 📠 01/2069021, ✉ geral@consuladobrasil.ch, 💻 www.consuladobrasil.ch.

Die Eröffnung eines weiteren Konsulats ist für 2006 in Genf geplant.

Botschaften in Brasilien

Deutschland: Deutsche Botschaft, Avenida das Nações, Quadra 807, Lote 25, Brasília-DF, 70415-900, ☏ 61/3442 7000, 📠 61/3443 7508, ✉ info.brasilia@alemanha.org.br, 💻 www.brasilia.diplo.de.

Österreich: Österreichische Botschaft, Avenida das Nações, Quadra 811, Lote 40, Brasília-DF, 70426-900, ☏ 61/3443 3111, 📠 61/3443 5233, ✉ brasilia-ob@bmaa.gv.at.

Schweiz: Schweizerische Botschaft, Avenida das Nações, Quadra 811, Lote 41, Brasília-DF, 70448-900, ☏ 61/3443 5500, 📠 61/3443 5711, ✉ vertretung@bra.rep.admin.ch.

Konsulate in Brasilien

Deutschland: Generalkonsulat Porto Alegre, Rua Prof. Annes Dias 112, 11° andar, Porto Alegre RS, 90020-090, ☏ 51/3224 9592, 📠 3226 4909, ✉ info@porto-alegre.diplo.de. (für Rio Grande do Sul und Santa Catarina)

Generalkonsulat Recife, Edf. Empresarial Center III, Rua Antônio Lumack do Monte 128, 16° andar, Boa Viagem, Recife PE, 51020-350, ☏ 81/3463 5350, 📠 3465 4084, ✉ info.recife@alemanha.org.br (für den Nordosten: Alagoas, Bahia, Ceará, Maranhão, Paraíba, Pernambuco, Piauí, Rio Grande do Norte, Sergipe).

Generalkonsulat Rio de Janeiro, Rua Pres. Carlos de Campos 417, Rio de Janeiro RJ, 22231-080, ☏ 21/2554 0004, 📠 2553 0184, ✉ gkrioalemao@terra.com.br (für Rio de Janeiro, Minas Gerais, Espírito Santo).

Generalkonsulat São Paulo, Av. Brigadeiro Faria Lima 2092, 12° andar, Jardim Paulistano, São Paulo SP, 01451-905, ☏ 11/3097 6644, 📠 3815 7538, ✉ info.saopaulo@alemanha.org.br (für São Paulo, Paraná, Mato Grosso do Sul).

Österreich: Österreichisches Generalkonsulat, Av. Atlântica 3804, Rio de Janeiro RJ, 22070-001, ☏ 21/2102 0020, 📠 2521 6180, ✉ rio-de-janeiro-gk@bmaa.gv.at.

Schweiz: Generalkonsulat Rio de Janeiro, Rua Cândido Mendes 157, 11° andar, Glória, Rio de Janeiro RJ, 20241-220, ☏ 21/2221 1867, 📠 2252 3991.

Generalkonsulat São Paulo, Av. Paulista 1754, 4° andar, Edf. Grande Avenida, São Paulo SP, 01310-920, ☏ 11/3372 8200, 📠 3253 5716.

Honorarkonsulate (Cônsules Honorários) über:
www.brasilia.diplo.de.

Zollbestimmungen

Pro Person darf je ein elektrisches oder elektronisches Gerät abgabenfrei eingeführt werden, empfohlen wird bei Geräten im Wert von über US$500 eine Registrierung. Auch Handys, die nicht in Brasilien hergestellt wurden, müssen der Vorschrift nach registriert werden. Geschenke sind bis zum Wert von US$500 zollfrei, zusätzlich Duty-free-Artikel von ebenfalls bis zu US$500, jedoch nur drei elektronische Geräte, 20 Schachteln Zigaretten etc.

Auf einigen Einreiseflughäfen wird auf einem Formular die Deklarierung von allem verlangt, was den Geld- oder Scheckfreibetrag von US$10 000 und den Warenfreibetrag von US$500 übersteigt (ausgenommen die am Einreiseort erworbenen Duty-free-Artikel). Hat man nichts zu deklarieren, begibt man sich direkt zu dem entsprechenden Ausgang *(nada a declarar)*, evtl. drückt man noch auf einen Knopf und kann bei Grün weitergehen, bei Rot erfolgt eine Gepäckkontrolle.

Bei der **Ausreise** müssen die deklarierten Gegenstände wieder mitgebracht werden. Streng verboten ist natürlich die Ausfuhr von Drogen und Waffen, ebenso von ungeschliffenen Edelsteinen, bestimmten Mineralien, Fossilien, einheimischen Samen, Tierhäuten und Fellen. Auch die Ausfuhr von wild lebenden Tieren, z. B. Papageien, und Pflanzen ist illegal. Selbst bei vermeintlich harmlosen **exotischen Souvenirs** ist Vorsicht geboten – nicht selten sind sie aus seltenen Tier- und Pflanzenarten hergestellt, die in ihrem Bestand gefährdet oder vom Aussterben bedroht sind. Verstöße können mit Freiheitsstrafen geahndet werden. Auch aus ethischen Gründen sollte man sich vor dem Kauf solcher Produkte deswegen immer genau über die Herkunft informieren. Naturschutzorganisationen raten dazu, grundsätzlich auf Mitbringsel zu verzichten, die aus Tieren oder Pflanzen angefertigt wurden, und stattdessen landestypische Textilien, Keramik, Glas- und Metallarbeiten oder Malereien zu erwerben. Verboten ist grundsätzlich die **Einfuhr** von Früchten, Samen und Pflanzen. Aktuelle Informationen unter www.auswaertiges-amt.de.

Informationen

Fremdenverkehrsämter

Das offizielle brasilianische Fremdenverkehrsamt **Embratur** hat seinen Sitz in Frankfurt und ist neben Deutschland u. a. auch zuständig für Österreich und die Schweiz. Embratur ist ein Regierungsorgan zur Förderung des Tourismus in Brasilien. Auf der Website www.embratur.gov.br finden sich umfangreiche Informationen über die wichtigsten Touristenattraktionen Brasiliens (auch auf Deutsch).

Brasilianisches Fremdenverkehrsamt
Börsenplatz 4, Raum 320,
D-60313 Frankfurt am Main,
069/2197 1557,
069/2197 1276,
brasilien@ebt-frankfurt.com.br,
www.braziltour.com

Embratur (in Brasilien)
SCN, Quadra 2, Bloco G,
Brasília-DF, 70712-907,
61/3429 7777,
61/3429 7710,
www.embratur.gov.br

Weitere Touristeninformationen in Brasilien

Wichtige **staatliche Tourismusbehörden** und Informationsstellen:
Rio de Janeiro: Riotur, Av. Princesa Isabel 183, Copacabana, 21/2542 8080. Oder: Ministério do Turismo TurisRio, Rua da Ajuda 5, 6° andar, Centro, 21/2215 0011, 2544 7628.
Salvador: Bahiatursa, Rua das Laranjeiras 12, Pelourinho, 71/3321 2133.
Fortaleza: Setur, Centro de Turismo, Rua Sen. Pompeu 350, 85/3101 4688.
Manaus: Manaustur, Av. 7 de Setembro 157, Centro, 92/3622 4948.
Campo Grande (Pantanal): Fundtur-MS, 67/3318 6054 oder 0800/6476050.
Centro de Informações, Morada dos Baís/ Av. Noroeste, Centro.
Florianópolis: Santur, Rua Felipe Schmidt 249, 48/3212 6300.
Foz do Iguaçu: Secretaria de Turismo, Praça Getúlio Vargas, 45/3521 1455 oder 0800/451516.

Informationen im Internet

Embratur
www.turismo.gov.br, www.embratur.gov.br, www.braziltour.com
Informative Website der brasilianischen Tourismusbehörde. Informationen zu Land und Reisezielen. Deutsch.

Governo Federal
www.brazil.gov.br
Offizielle Site der brasilianischen Bundesregierung. Informationen u. a. zu Politik, Tourismus und Wirtschaft. Englisch.

ICBRA
www.icbra-berlin.de
Brasilianisches Kulturinstitut in Deutschland mit Sitz in Berlin. Organisation und Information zu kulturellen Veranstaltungen im deutschsprachigem Raum, Vermittlung von Portugiesisch-Kursen. Deutsch.

Radiobrás
www.radiobras.gov.br
Offizielle Nachrichtenagentur. Portugiesisch.

AHK
www.ahkbrasil.com
Deutsch-brasilianische Außenhandelskammer, hauptsächlich Wirtschafts-Informationen, aber auch Links zu Tourismus, Kultur oder Geschichte. Deutsch.

Brasilianische Botschaft
www.brasilianische-botschaft.de
Spezifische Infos zu Einreise, Visumsfragen etc. sowie Allgemeines zu Land und Leuten.

Auswärtiges Amt
www.auswaertiges-amt.de
Länderspezifische Informationen u. a. zu den Themen Gesundheit, Sicherheit und Einreisebestimmungen.

Reiseforum
www.loose-verlag.de/forum.htm
Austausch mit gleich gesinnten Travellern, eigenes Forum für Südamerika.

InWent
www.inwent.org/v-ez/lis/brasil/index.htm
Landeskundliche Informationsseiten mehrerer Entwicklungshilfeeinrichtungen.

Brasilieninitiative Freiburg e.V.
www.brasilieninitiative.de
Politischer Verein, der seit 1978 u. a. soziale Projekte in Brasilien unterstützt.

MPBFM
www.mpbfm.com.br
Musiksender aus Rio de Janeiro, rund um die Uhr sehr gute brasilianische Musik (MPB).

brasilien.de ReiseService
www.brasilien.de
Kommerzielle Seite mit umfangreichem Informationsfundus zu Brasilien. Deutsch.

Wer noch einen **Reisepartner** sucht, kann z. B. folgende Seiten anklicken:
Globetrotter
www.globetrotter.de/de/forum

DZG
www.globetrotter.org/globetrotterforum/reisepartner

Landkarten und Stadtpläne

Gute Südamerika-Karten bekommt man hierzulande in Buchhandlungen oder bei geographischen Fachbuch- und Spezialkarten-Händlern wie **Dr. Götze Land & Karte**, www.mapshop-hamburg.de (mit Online-Versandhandel). Eine empfehlenswerte Landkarte für Brasilien ist z. B. **Collins Brazil**. In Brasilien werden in jeder Buchhandlung und an den meisten Zeitungskiosks detaillierte Landkarten und Pläne der größten Städte verkauft, herausgegeben vom Verlag **Quatro Rodas**.

Jugend- und Studentenermäßigungen

Ein offizieller **Jugend- und Studentenausweis** macht sich schnell bezahlt. Vollzeitstudenten und Schüler unter 35 Jahren können sich den Internationalen Studentenausweis, die **International Student Identity Card (ISIC)**, in allen studentischen Reisebüros ausstellen lassen. Die jeweils von September bis Dezember des folgenden Jahres gültige Karte kostet 10 €. Vergünstigungen gibt es in erster Linie bei Flugtickets, sowie in Brasilien bei Eintrittspreisen in Jugendherbergen, Museen, Theatern und anderen Sehenswürdigkeiten. Informationen: 💻 www.isic.de.

Klima und Reisezeiten

Fast das gesamte Territorium Brasiliens liegt zwischen Äquator und dem Wendekreis des Steinbocks. Die **Jahreszeiten** sind denen in Europa entgegengesetzt, allerdings deutlich weniger ausgeprägt.

Klimatisch ist das Brasilianische Berg- und Tafelland nicht homogen. Zwischen 2 ° und 30 ° Süd gelegen, reicht es von den äquatorialen **inneren Tropen** durch die wechsel-feuchten **äußeren Tropen** bis in die warm-gemäßigten **Subtropen**. Die **Tropengrenze** wird an der Ostküste durch den warmen Brasilstrom beträchtlich nach Süden gedrückt, sie verläuft etwa vom Südostzipfel von Santa Catarina küstennah über die Serra do Mar, biegt dann gegen den Wendekreis nach Westen und von Posadas in nordwestlicher Richtung auf Salta zu.

Auch in **ostwestlicher Richtung** – über 30 Meridiane landeinwärts – ist das Brasilianische Massiv klimatisch erheblich differenziert. Die Unterschiede reichen vom atlantisch bestimmten, feucht-warmen **dauer-humiden Küstenklima** (bis nach Salvador hinauf) mit ganzjährig auflandigen Passatwinden bis zum extrem **trocken-heißen Binnenlandklima** Nordost-Brasiliens mit stellenweise unter 400 mm Jahresniederschlägen und zehn wasserarmen Monaten. Im Ganzen wird das Brasilianische Massiv jedoch überlagert von den klimatischen Effekten der **Höhenlage**, die größtenteils zwischen 500 und 1000 m Höhe eine angenehme Milderung der tropischen Temperaturen verursacht. Obwohl Brasilien fast vollständig in den Tropen liegt, lebt mehr als die Hälfte der Bevölkerung in durch Höhe oder Seewinde klimatisch gemäßigten Gebieten. Um den Wendekreis macht sich im **Binnenland südwärts** ein langsamer, aber grundlegender Klimawandel bemerkbar. Die Temperaturen gewinnen von hier an Bedeutung, indem sie nach Süden in Mittellagen auf 16–18 °C Jahresmittel absinken; mit Jahresschwankungen um 7–10 °C sowie mit häufigen winterlichen Extremwerten nahe oder unter der Frostgrenze. In diesem **tropisch-subtropischen Übergangsraum** vollzieht sich von Norden nach Süden (infolge der jahreszeitlichen Verschiebung des Sonnenstandes und der Windsysteme) die zeitlich wechselnde räumliche Überlagerung des tropischen Passatregimes. Das äußert sich im **Süden** Brasiliens in einem spürbaren Wechsel der Jahreszeiten und großteils **gleichmäßiger Niederschlagsverteilung** über das ganze Jahr.

Brasiliens Klima ermöglicht ganzjähriges Reisen. Bei der Planung der Reiseroute sollten jedoch die regional vorherrschenden **Temperatur-** und **Niederschlagsunterschiede** beachtet werden. Die meisten ausländischen Touristen strömen während der **europäischen Wintermonate** (Dez–Feb) ins warme Tropenland – dann regiert in Brasilien der Sommer mit viel Sonnenschein, aber auch erheblichen Niederschlägen, vor allem an der Küste. Richtig kalt wird es nur im **Süden** und in **São Paulo**. Bereits **Rio de Janeiro** hat ein für europäische Frostbeulen traumhaftes Tropenklima; je näher der Äquator rückt, desto konstanter sind die Temperaturen an der Küste (durchschnittlich 25–30 °C).

Am heißesten wird es in ganz Brasilien zwischen Oktober und März, der „Winter“ fällt in die Monate zwischen Juni und August. Während im Landesinnern des Nordostens oft Temperaturen von über 38 °C gemessen werden, herrschen entlang der **Atlantikküste** zwischen **Natal** und **Rio de Janeiro** zwar heiße, doch oft durch kühlende Seewinde gemilderte Temperaturen mit einem Jahresmittel von 23–27 °C. Südlich von Rio de Janeiro beginnen im **subtropischen Landesteil** ausgeprägtere Jahreszeiten und größere Temperaturunterschiede (durchschnittlich 17–19 °C). In weiten Teilen Brasiliens fallen nur mäßige bis geringe Niederschlagsmengen (1000 bis 1500 mm/Jahr), die insbesondere im Sommer (Dez–März) niedergehen, während der Winter vielerorts trocken bleibt.

Der Süden

Der **Süden** (Paraná, Santa Catarina, Rio Grande do Sul) hat ein feuchtes subtropisches Klima, das dem Klima der subtropischen Zonen Europas ein wenig ähnelt. Die Niederschläge verteilen sich dabei gleichmäßig übers Jahr, die Jahreszeiten sind innerhalb Brasiliens hier am ausgeprägtesten. Im **Winter** (Mai–Okt) wird es sehr kühl, besonders in höher gelegenen Regionen und Städten wie Curitiba. In den Höhenlagen fallen die Lufttemperaturen bis unter den Gefrierpunkt und es kann schneien.

Fondue und Kaminfeuer sind dann angesagt. Da es in Brasilien kaum Heizungen gibt, muss man zu dieser Jahreszeit unbedingt warme Kleidung mitbringen. Zwischen November und April kann man dagegen wunderbar im Meer baden und surfen, der **Sommer** bringt heiße Temperaturen mit sich, die auf bis zu 40 °C klettern und vor allem in den Großstädten wie **Porto Alegre** drückende Schwüle erzeugen können.

Der Südosten

Der meiste Regen an der **südöstlichen Küste** Brasiliens fällt während der Hauptreisezeit im Sommer (Dez–Feb). Die durchschnittlichen Jahrestemperaturen liegen an der Küste zwischen 21–24 °C, in den **Berggegenden** des Binnenlandes mit den höher gelegenen Städten **São Paulo** (800 m) und **Belo Horizonte** ist es durchschnittlich kühler (18–23 °C) und regenreicher. Besonders in **São Paulo** kann es im Winter empfindlich frisch werden, im Sommer dagegen ist es oft drückend heiß und schwül. Der Sommer in **Rio de Janeiro** ist sehr warm und bisweilen extrem heiß (bis 40 °C), im Winter wechseln sich grau-verregnete Tage mit herrlich mildem Badewetter und strahlend blauem Himmel ab.

Der Nordosten

Die **östliche Atlantikküste** zwischen **Natal** und dem **Süden Bahias** ist geprägt von heißem, feuchttropischem Klima. Bei gleichmäßig warmen Temperaturen kann das ganze Jahr über im Meer gebadet werden. Regen fällt vor allem zwischen Mai und Juli. Zu dieser Zeit kann es durchaus einmal einige Tage am Stück Bindfäden regnen, doch meist kommt schon bald die Sonne wieder zum Vorschein. Die Temperaturen in den Küstenstädten wie **Salvador**, **Recife** oder **Natal** werden ebenso durch stete Winde angenehm gemildert wie jene an der **nördlichen Küste** (von **Natal** über **Fortaleza** bis **São Luís**). Im Gegensatz zur Ostküste regnet es in dieser Region hauptsächlich zwischen Januar und Mai.

Der Norden

Im Dschungel des **Amazonasgebiets** ist es ganzjährig feucht und heiß (Durchschnittstemperatur 24–28 °C), dies gilt besonders in der **Hauptregenzeit** zwischen Januar und April. Heftige Regenfälle fallen jedoch das ganze Jahr über. Am wenigsten regnet es zwischen Juli und November, die Höchststände der einzelnen Flüsse liegen unterschiedlich zwischen März und Juni. Nahe der Stadt **Belém** an der Mündung des Amazonas sowie an dessen Oberlauf fallen die meisten Niederschläge von ganz Brasilien: bis zu 3000 mm/Jahr.

Der Zentrale Westen

Die Regenzeit in weiten Teilen des Zentralen Westens dauert von Oktober bis März, mit besonders heftigen Regengüssen im Februar/März und vielen Moskitos in den Feuchtgebieten. Beste Besuchszeit des **Pantanal** ist die Trockenperiode zwischen April und September/Oktober. Um Vögel zu beobachten, kommt man am besten zwischen Juli und September. Besonders heiß wird es im November und Dezember mit Temperaturen um die 40 °C. Im Winter zwischen Juni und August ist es trockener und kühler, in Höhenlagen wie **Brasília** (1000 m) kann es ungemütlich frisch werden (um 10 °C).

Haupt- und Nebensaison

Günstige Reisezeiten sind besonders die **Nebensaisonperioden** zwischen August und November sowie zwischen Ende März und Juni. Die Preise sind dann niedriger als in der Hochsaison und Hotel-Reservierungen kaum erforderlich, zudem ist es nicht so heiß wie im Sommer. Zwischen Weihnachten und Karneval ist überall **Hauptsaison**, und besonders im Januar begibt sich wegen der Schulferien das ganze Land in kollektiven Urlaub. Zu dieser Zeit steigen die Preise und viele touristische Orte sind überfüllt. Andererseits finden dann auch mehr kulturelle Veranstaltungen statt, es herrscht mehr Leben auf den Straßen oder in den Bars und alles ist insgesamt deutlich abwechslungsreicher als in den betriebsruhigen Monaten. Während des **brasilianischen Winters** (Juni bis September) köchelt der Tourismus dann in den meisten Gegenden auf Sparflamme (bis auf den Schulferienmonat Juli). In diesem Zeitraum bekommt man fast überall in Hotels und Pousadas die günstigsten Preise.

Anreise

Per Flugzeug

Die wichtigsten brasilianischen Flughäfen, die von Europa aus direkt angeflogen werden, sind: Rio de

Janeiro, São Paulo, Salvador, Recife, Fortaleza und Natal. Die Flugzeit beträgt neun bis zwölf Stunden. Häufig gewählte Fluggesellschaften sind: **Lufthansa**, **KLM**, **Air France**, **British Airways**, **TAP** und **Iberia**. Auch die empfehlenswerten brasilianischen Fluggesellschaften, vor allem **Varig** und **TAM**, bieten internationale Flugverbindungen an. Wer mehrere längere Inlandsflüge plant, kann vorab in Deutschland zusammen mit dem Langstreckenflug einen so genannten **Airpass** erwerben (s. unten).

Linienflüge

Linienflugverbindungen zwischen Europa und Brasilien gehen meist nach Rio de Janeiro oder São Paulo, mit Anschlussflügen in die anderen Landesteile. Nur einige Fluggesellschaften bieten Direktflüge in den Nordosten an. Nach Brasilien fliegen u. a.:

Air France, 💻 www.airfrance.com/de. Ab Paris.
British Airways, 💻 www.britishairways.com. Ab London 3x wöchentlich nach Rio, täglich nach São Paulo.
Condor, 💻 www.condor.de. 1x wöchentlich nonstop von Frankfurt nach Salvador.
Iberia, 💻 www.iberia.com. Ab Madrid täglich nach Rio und São Paulo.
KLM, 💻 www.klm.com. Täglich ab Amsterdam nach São Paulo.
Lufthansa, 💻 www.lufthansa.de, **Swiss**, 💻 www.swiss.ch und **Varig**, 💻 www.varig.com.br, bieten aufgrund der Star-Alliance-Kooperation etliche Direktflüge nach Rio de Janeiro und São Paulo an (u. a. ab Frankfurt, München, Zürich).
TAM, 💻 www.tamairlines.com. Ab Paris u. a. nach Recife.
TAP, 💻 www.flytap.com. Direktflüge von Lissabon u. a. in den Nordosten (Recife, Salvador, Fortaleza).

Aktuelle Preise können in Reisebüros oder auf den Websites der Airlines nachgefragt werden. Bei Flügen in der Hauptsaison, besonders vor Karneval nach Rio de Janeiro, ist mit erheblichen Aufschlägen zu rechnen. **Gabelflüge** sind empfehlenswert bei Rundreisen, z. B. hin nach Salvador und zurück von Rio de Janeiro. **STA Travel** bietet spezielle **Jugend- und Studententarife**, die in der Regel ein Jahr gültig sind und gegen eine Gebühr (25–100 €) vor Ort umgebucht werden können. Infos: 💻 www.statravel.de.

Flugbuchung im Internet

Um Flüge online zu buchen, muss man kein Reiseexperte sein. Am besten beschränkt man sich bei der Suche auf einige der etablierten Reiseportale. Auch die Seiten der Fluggesellschaften lohnen einen Blick, da es hier oft besondere Online-Tarife gibt. Grundsätzlich sollte man darauf achten, dass Kreditkartendaten verschlüsselt übertragen werden. Von der Stiftung Warentest wurden für gut befunden (Heft 2/2004):

L'Tur, 💻 www.ltur.de
Expedia, 💻 www.expedia.de
AVIGO, 💻 www.avigo.de

Weitere Websites:
1A-FLY.DE, 💻 www.1a-fly.de
Billiger reisen, 💻 www.billiger-reisen.de
Billigflüge, 💻 www.billigfluege.de
Del Mundo, 💻 www.delmundo.de
Discount-Flug, 💻 www.discount-flug.de
Flug.de, 💻 www.flug.de
Flugbörse, 💻 www.flugboerse.de
Opodo, 💻 www.opodo.de
STA Travel, 💻 www.statravel.de
Travel Jungle, 💻 www.traveljungle.de
Travel Overland, 💻 www.travel-overland.de
Travel Scout 24, 💻 www.travelscout24.de

Charterflüge

Auch mit Charterflugschein fliegt man oft in einer Linienmaschine einer großen Fluggesellschaft, oft aber günstiger. Zu beachten sind auch hier die Zuschläge in der Hauptsaison, vor Weihnachten und Karneval. **TUI**, **Thomas Cook**, **My Travel Scandinavia** gehören zu den bekanntesten Anbietern.

Billigflüge

Auch mit so genannten „Graumarkttickets" (erhältlich bei spezialisierten Reisebüros) reist man normalerweise mit ganz regulären Linienflügen. Die „Reisebüro-Szene" verändert sich dabei ständig, Kontakt erhält man z. B. über Anzeigen in Reisezeitschriften oder Tageszeitungen. Viele dieser Büros sind zuverlässig und bieten ehrliche Beratung, jedoch gilt dies nicht für alle. Ein Vergleich der Reisebüros und ihrer Angebote ist unerlässlich. Die Sondertarife unterliegen jahreszeitlichen Schwankungen und können dabei stark variieren. Beim Kauf eines Billigflugtarifes ist zu beachten, dass damit Restriktionen bei Airpässen einhergehen können.

Brasil Airpass

Die brasilianische Fluggesellschaften **TAM** und **Varig** bieten in Verbindung mit einem Transatlantik-Flug den nicht übertragbaren Brasil Airpass an, gekauft wird er vor Reiseantritt im Heimatland. Der Normalpass gilt für fast das gesamte brasilianische Streckennetz und berechtigt meist innerhalb von 21 Tagen zu 4–5 Inlandsflügen beliebiger Reichweite, dabei darf keine Strecke zweimal in einer Richtung geflogen werden. Der Preis liegt in der Regel um die US$500. Zusätzlich können vor Ort weitere Coupons dazugekauft werden (etwa US$100 je Strecke). Eine Variante ist die Eingrenzung auf bestimmte Regionen, wie den **Nordosten** (ca. US$300). Der Shuttle Service zwischen Rio de Janeiro (Santos Dumont) und São Paulo (Congonhas) ist in der Regel nicht im Angebot enthalten. Erhältlich sind die Airpässe in Reisebüros in Deutschland, Österreich und der Schweiz, dort gibt es auch Informationen zu den verschiedenen Varianten und aktuellen Details. Viele Infos stehen auch auf den Websites der Airlines (s. o.).

Mit dem **All America Airpass** können Strecken in ganz Amerika kombiniert werden. Infos: www.allairpass.com. Der **Mercosur Airpass** gilt in den Mercosur-Staaten Südamerikas (u. a. Argentinien, Brasilien, Chile), mindestens zwei Länder müssen angeflogen werden. Infos im Reisebüro.

Per Schiff

Eine Alternative bei der Anreise von Europa ist die Seereise auf einem Überseefrachter. Abfahrt ist in der Regel ab Hamburg oder Rotterdam, die meisten Schiffe Richtung Brasilien legen zunächst im Süden des Landes an und fahren dann die Küste entlang nach Norden. Fahrten sind ganzjährig möglich. Detaillierte Infos gibt es bei:

Hamburg-Süd Reiseagentur, Willy-Brandt-Str. 59–61, 20457 Hamburg, 040/3705157, 3705 2420. frachtschiffreisen@hamburgsued-reiseagentur.de. www.hamburgsued-frachtschiffreisen.de. Preise inkl. Nebengebühren ab ca. 1500 €, z. B. nach Santos (17 Tage), Sepetiba bei Rio de Janeiro (22 Tage) oder Salvador (25 Tage, Rückreise 17 Tage).

Frachtschiff-Touristik, Kapitän Peter Zylmann, Exhöft 12, 24404 Maasholm, 04642/96550, 6767, info@zylmann.de, www.zylmann.de. Fahrten ab Hamburg nach Santos (14 Tage, ca. 1550 €), Paranaguá, Rio de Janeiro oder Salvador (21 Tage, ca. 2150 €).

Für die Anreise nach Brasilien auf dem **Landweg** oder über **Flussverbindungen** von anderen südamerikanischen Ländern siehe die speziellen Transport-Informationen in den entsprechenden Regionalteilen.

Gesundheit

Mit fachlicher Unterstützung von Prof. Dr. Gerd-Dieter Burchard, Leiter der Klinischen Abteilung des Bernhard-Nocht-Instituts für Tropenmedizin in Hamburg.

Gesundheitsvorsorge im Überblick

In Brasilien sind die gesundheitlichen Risiken relativ gering. Wer ungeschältes Obst und rohe bzw. nicht ausreichend gekochte oder gebratene Speisen meidet und sich so weit wie möglich vor Mückenstichen schützt, braucht keine übertriebene Angst vor schweren Krankheiten zu haben – Malaria ausgenommen.

Impfungen bei der Einreise aus Europa sind nicht vorgeschrieben. Sehr zu empfehlen sind die üblichen Schutzimpfungen gegen Tetanus (Wundstarrkrampf), Diphtherie, Polio, Typhus und Hepatitis A, bei Aufenthalt von mehr als drei Monaten auch gegen Hepatitis B. Für Reisen in das Landesinnere wird eine Schutzimpfung gegen **Gelbfieber** dringend empfohlen (s. S. 19). Bei der Einreise aus einem Infektionsgebiet (Länder in West- und Zentralafrika oder bestimmte Gegenden Südamerikas) ist der Nachweis eines gültigen Gelbfieber-Impfschutzes notwendig, dies war teilweise auch im Hafen von Rio de Janeiro bei Kreuzfahrtreisenden aus dem Amazonasgebiet der Fall. Manche Ärzte raten zum Impfschutz gegen **Tollwut** (s. S. 23).

Es ist ratsam, sich rechtzeitig im Voraus um einen ausreichenden **Impfschutz** zu kümmern, vor allem den Basisimpfschutz aufzufrischen, wenn seit der letzten Impfung mehr als 10 Jahre vergangen sind. Da die Impfungen bis zu acht Wochen vor

Abflug erfolgen müssen, empfiehlt es sich, frühzeitig den Hausarzt oder ein tropenmedizinisches Institut (s. u.) zu konsultieren. Alle Impfungen werden in einen **Internationalen Impfausweis** eingetragen, der zu den Reiseunterlagen gehört und bei der Einreise auf dem Landweg vorzulegen ist. Medizinischen Rat für Reisen in die Tropen bietet auch das Internet, z. B. 💻 www.crm.de/ und 💻 www.die-reisemedizin.de.

Eine **Malaria-Prophylaxe** kann bei Reisen ins Landesinnere angeraten sein. Wichtigster Schutz, auch gegen andere Tropen- und Infektionserkrankungen, ist die Vorbeugung gegen Moskitostiche durch konsequenten **Mückenschutz** (Moskitospray, Moskitonetz, bedeckende Kleidung). Die Prophylaxe gegen Malaria beginnt bereits vor der Einreise in gefährdete Gebiete (s. S. 20).

Wasser sollte man nie aus dem Hahn trinken, Mineralwasser ist überall abgefüllt in Flaschen zu kaufen. Hygienisches **Essen** (nur Abgekochtes, nichts lau Aufgewärmtes) mindert die Gefahr von Durchfallerkrankungen (s. S. 18).

Medikamente sind sehr preiswert und werden oft auch ohne Rezept abgegeben. Der Abschluss einer Reisekrankenversicherung mit Rückholversicherung ist dringend angeraten (s. S. 25).

Viele Hotels und Pousadas haben eine Ärzteliste, deutschsprachige **Ärzte** können bei den Botschaften erfragt werden. Die **privatärztliche Versorgung** in Krankenhäusern und Praxen steht dem europäischen Niveau in nichts nach. Dies trifft vor allem auf die größeren Städte zu, weniger auf ländliche Regionen. Der Rechnungsbetrag wird am besten bar bezahlt und später von der Reiseversicherung zurückerstattet (Krankheit und Therapieform vermerken lassen). Ansonsten gibt es zahlreiche Apotheken *(Farmácias)*. Wer auf den üblichen Pfaden bleibt und keine bestimmten Medikamente benötigt, braucht also nichts mitzunehmen.

Mögliche Krankheiten

Hier eine alphabetische Aufstellung der wichtigsten Krankheitsgefahren. Aber bitte keine Panik – die meisten Risiken sind durch normales, umsichtiges Verhalten minimierbar.

Chagas-Krankheit

Die Chagas-Krankheit beschränkt sich auf Zentral- und Südamerika, in Brasilien kommt sie im wesentlichen nur im Nordosten vor. Vorwiegend betroffen sind Land- und Slumbewohner, die Infektion erfolgt meist in den ersten Lebensjahren, Reisende sind nur extrem selten betroffen. Erreger ist der Einzeller *Trypanosoma cruzi,* der durch Raubwanzen von Wildtieren (z. B. Opossums) oder Haustieren auf den Menschen übertragen wird. Die Trypanosomen werden mit dem Kot der Wanzen ausgeschieden und gelangen durch Kratzwunden in die Haut. Eine Übertragung durch Bluttransfusionen sowie eine kongenitale Übertragung sind möglich.

Bei der **Akuten** Chagas-Krankheit tritt im Bereich der Eintrittspforte ein Ödem auf, z. B. ein Lid-Ödem *(Romaña-Zeichen)*. Es entwickelt sich für einige Wochen ein fieberhaftes Krankheitsbild mit einer generalisierten Lymphknotenschwellung und einer leichten Leber- und Milzvergrößerung, gelegentlich auch mit Muskelschmerzen, Übelkeit, Anorexie oder Diarrhoe.

Die Veränderungen bei der **Chronischen Chagas-Krankheit** treten erst 10 bis 20 Jahre nach der akuten Phase auf. Eine Herzmuskelentzündung führt zu Herzvergrößerung und Herzschwäche. Klinisch zeigen sich eine zunehmende *Dyspnoe* und im Intestinal-Trakt treten „Mega"-Bildungen auf.

Die Diagnose erfolgt im akuten Stadium über direkten Parasiten-Nachweis im Blut. Eine Anreicherung ist möglich über Kulturverfahren oder über die Xenodiagnose (Nachweis von Trypanosomen in Raubwanzen, die am Patienten Blut gesaugt haben).

Cholera

Die Cholera wird vom Bakterium *Vibrio cholerae* verursacht und durch direkten Kontakt mit infizierten Personen, deren Ausscheidungen oder durch verunreinigte Nahrungsmittel übertragen. Die Symptome – wässrige Durchfälle und Erbrechen – treten nach ein bis fünf Tagen auf und können schnell zur Dehydrierung führen. Wer erkrankt, muss umgehend zum Arzt und die verlorene Flüssigkeit ersetzen.

Die Impfung gegen Cholera wird von der WHO nicht mehr empfohlen. Solange man auf eine saubere Umgebung und hygienische Nahrungsmittel achtet und nicht geschwächt ist, wird man kaum gefährdet sein.

Denguefieber

Diese Viruskrankheit ist in den letzten Jahren wiederholt epidemieartig an der Küste Brasiliens aufgetreten, besonders im Nordosten und im Bundesstaat Rio de Janeiro (Nov–Apr). Bei einzelnen Patienten kann sie zu ernsten Gesundheitsschäden führen. Die brasilianische Regierung hat in den letzten Jahren die Bekämpfung des Denguefiebers intensiviert, u. a. durch die zusätzliche Einstellung vieler Fachkräfte. Auf diese Weise konnte die Anzahl der Erkrankungen bereits deutlich reduziert werden.

Übertragen wird die Krankheit durch die *Aedes aegypti*-Mücke, die an ihren schwarz-weiß gebänderten Beinen zu erkennen ist. Sie sticht während des ganzen Tages. Nach der Inkubationszeit von bis zu einer Woche kommt es zu plötzlichen Fieberanfällen, Kopf- und Muskelschmerzen. Nach 3–5 Tagen kann sich ein Hautausschlag über den ganzen Körper verbreiten. Bei Stufe 1 klingen nach 1–2 Wochen die Krankheitssymptome ab.

Ein zweiter Anfall (Stufe 2) kann zu Komplikationen (inneren und äußeren Blutungen) führen. Wie bei der Malaria ist ein Moskitonetz und der Schutz vor Mückenstichen die beste Vorsorge. Wo viele Mücken auftreten, sollte man lange Hosen und langärmelige Hemden tragen und Insektenschutzmittel benutzen. Zudem sollte man sich dort am frühen Morgen und nach Regenfällen, wenn die Mücken am häufigsten auftreten, möglichst nicht im Freien aufhalten. Gegen Denguefieber gibt es keine Impfung oder spezielle Behandlung. Schmerztabletten, Fieber senkende Mittel und Wadenwickel lindern die Symptome. Keinesfalls sollten ASS, Aspirin oder ein anderes acetylsalicylsäurehaltiges Medikament genommen werden, da diese einen lebensgefährlichen hämorrhagischen Verlauf herausfordern. Ein einfacher Test kann Denguefieber bestätigen: 5 Minuten den Oberarm abbinden, öffnen und in der Armbeuge nachsehen – falls rote Flecken erscheinen, ist es zu 90% Denguefieber.

Durchfallerkrankungen

Auch Brasilien-Reisende plagen manchmal Durchfälle (Diarrhöe), die durch Infektionen hervorgerufen werden. Verdorbene Lebensmittel, ungeschältes Obst, Salate, kalte Getränke oder Speiseeis sind häufig die Verursacher. Da auch Mikroorganismen im Wasser durchschlagende Wirkung zeigen können, sollte man unbedingt nur abgefülltes Wasser trinken. Wer ganz sicher gehen will, verzichtet zudem auf zerstoßenes Stangeneis.

Eine Elektrolyt-Lösung *(Elotrans* bzw. für Kinder *Oralpädon),* die verlorene Flüssigkeit und Salze ergänzt, reicht bei den meist harmlosen Durchfällen völlig aus. Man kann sich selbst eine Lösung herstellen aus 4 gehäuften Teelöffeln Zucker oder Honig, 1/2 Teelöffel Salz und 1 l Orangensaft oder abgekochtem Wasser. Zur Not, z. B. vor langen Fahrten, kann auf *Imodium,* das die Darmtätigkeit ruhig legt, zurückgegriffen werden (bei der Dosierung auf den Beipackzettel achten, da die Ausscheidung von Krankheitserregern verzögert wird!). Wer Durchfälle mit Fenchel, Kamille und anderen uns bekannten Kräutertees lindern möchte, sollte sich einen Vorrat mitnehmen. Zudem hilft eine Bananen- oder Reis-und-Tee-Diät und Cola in Maßen, denn es enthält Zucker, Spurenelemente, Elektrolyte und ersetzt das verloren gegangene Wasser. Generell sollte man viel trinken und die Zufuhr von Salz nicht vergessen. Bei länger anhaltenden Erkrankungen empfiehlt es sich, einen Arzt aufzusuchen – es könnte auch eine bakterielle oder eine Amöben-**Ruhr** (Dysenterie) sein. Bei Durchfällen gilt zu bedenken, dass die Wirksamkeit anderer Medikamente, darunter die Anti-Baby-Pille, beeinträchtigt werden kann.

Verstopfungen können durch eine große Portion geschälter Früchte, z. B. Ananas oder eine halbe Papaya (mit Kernen essen), verhindert werden.

Erkältungen

Erkältungen kommen in den Tropen und Subtropen häufiger vor als man denkt. Schuld sind vor allem Ventilatoren und Klimaanlagen, sie bescheren krasse Temperaturwechsel und zu viel Zugluft. Vermeiden sollte man daher, nass geschwitzt in klimatisierte Räume zu flüchten, sofern man nicht etwas zum Wechseln oder Überziehen dabei hat. Auch in klimatisierten Bussen und kühleren Höhenlagen ist wärmere Kleidung wichtig. Im Süden und Südosten kann es im Winter vor allem nachts sehr kalt werden, hier sieht man mehr schnupfende und niesende Brasilianer als man für möglich gehalten hätte.

Febre Maculosa

Febre Maculosa ist eine fieberhafte Erkrankung, die durch kleine Bakterien, sog. *Rickettsien* verursacht wird. Diese werden von Zecken auf den Menschen übertragen. Das Krankheitsbild kann einem Denguefieber ähneln. Antibiotika (z. B. Doxycyclin) sind wirksam.

Gelbfieber

Gelbfieber ist eine tropische Viruserkrankung, die durch die so genannte Gelbfieber-Mücke übertragen wird. Sie tritt nur in Afrika und Lateinamerika auf. Nach einer Inkubationszeit von 3–8 Tagen kommt es meist zunächst zu Symptomen wie Fieber, Schüttelfrost, Kopf- und Gliederschmerzen sowie Erbrechen (Phase 1). Diese Symptome klingen in den meisten Fällen nach einigen Tagen wieder ab, manchmal verläuft das Krankheitsbild sogar so leicht, dass es nicht einmal bemerkt wird. In etwa 20% der Fälle tritt jedoch eine zweite Phase ein, in der das Fieber auf über 40 °C steigt, es kommt zu Leberversagen sowie inneren und äußeren Blutungen. Eine Therapie für diese Phase steht bisher nicht zur Verfügung, sie verläuft in der Hälfte aller Fälle tödlich.

Gelbfieber tritt in Brasilien in den folgenden Staaten auf: Acre, Amapá, Amazonas, Goiás, Maranhão, Mato Grosso, Mato Grosso do Sul, Minas Gerais, Pará, Rondônia, Roraima und Tocantins sowie in Teilen von Bahia, Piauí, São Paulo, Rio Grande do Sul und Paraná, darunter auch die Wasserfälle von Foz do Iguaçu. Nicht gefährdet sind u. a. die Städte Rio de Janeiro, São Paulo, Salvador, Recife und Fortaleza.

Einen sicheren Schutz bietet die Gelbfieberimpfung, sie ist dringend empfohlen, wenn man eine der genannten Regionen bereisen will. Bei Einreise aus Infektionsgebieten (Länder in West- und Zentralafrika, Lateinamerika) muss ein gültiger Gelbfieber-Impfschutz im internationalen Impfausweis dokumentiert sein. Die Gelbfieberimpfung darf nur von besonderen Impfstellen verabreicht werden, darunter alle Tropeninstitute.

Geschlechtskrankheiten

Gonorrhöe und die gefährlichere **Syphilis** sind in Brasilien weit verbreitete Infektionskrankheiten, vor allem bei Prostituierten. Bei den ersten Anzeichen einer Erkrankung (Ausfluss / Geschwüre) unbedingt ein Krankenhaus zum Anlegen einer Kultur und zur Blutentnahme aufsuchen.

Giardiasis / Lambliasis

Giardiasis ist eine Infektion des Verdauungstraktes, ausgelöst von dem Parasiten *Giardia lamblia*, der über fäkal verunreinigtes Wasser oder Lebensmittel aufgenommen wird. Die Symptome treten ein bis zwei Wochen nach der Infektion auf: Durchfälle, Bauchkrämpfe, Blähungen, Müdigkeit, Gewichtsverlust und Erbrechen. Bei ausbleibender Behandlung (Antibiotika) kann sich das Krankheitsbild verschlimmern, daher sollte unverzüglich ein Arzt aufgesucht werden.

Giftige Meerestiere

Durchaus real ist in den Tropen die Gefahr, mit nesselnden und giftigen Meerestieren in Kontakt zu kommen. Zwei Arten von Fischen können gefährlich werden, die man nur schwer vom Meeresboden unterscheiden kann: der **Stachelrochen**, dessen Gift fürchterliche Schmerzen verursacht, sowie andere **Steinfische**, die sehr giftige Rückenstacheln besitzen. Beim Schnorcheln führt die Berührung mit **Feuerkorallen** zu stark brennenden Hautreizungen, während giftige Muränen, Rotfeuerfische und Seeschlangen nur ganz selten gefährlich werden. **Seeigel** sind zwar nicht giftig, ein eingetretener Stachel verursacht aber lang eiternde Wunden.

Eher selten an Brasiliens Küste sind **Quallen**. Sollte man doch einmal mit einer giftigen Tentakel in Berührung kommen, behandelt man die Stelle mit hochprozentigem Essig, Cortisonspray oder säurehaltigem Pflanzenbrei. Gehen die schmerzhaften Bläschen nicht innerhalb einer Stunde zurück, muss ein Arzt aufgesucht werden. Menschen, die unter einer Allergie leiden, sind besonders gefährdet.

Hauterkrankungen

Bereits vom Schwitzen kann man sich unangenehm juckende Hautpilze holen. Gegen zu starkes Schwitzen hilft Körperpuder, das angenehm kühlt und in Apotheken oder Supermärkten erhältlich ist. Für andere Erkrankungen sind häufig Kopf-, Kleider-, Filzläuse, Flöhe, Milben oder Wanzen verantwortlich. Die beste Vorbeugung ist eine ausreichende Hygiene. Nicht selten treten an Stellen, an denen die Kleidung eng aufliegt, Hitzepickel auf, die man mit *Prickly Heat Powder*, Zinkoxyd oder Titanoxyd behandeln kann. Gegen Kopfläuse hilft *Organoderm*, oder, falls man wieder in Deutschland ist, *Goldgeist forte*.

Hepatitis

Die schwere Lebererkrankung **Hepatitis B** wird vor allem durch sexuellen Körperkontakt und durch Blut (ungenügend sterilisierte Injektionsnadeln, Bluttransfusionen, Tätowierung, Piercen, Akupunktur) übertragen. Eine rechtzeitige vorbeugende Impfung, z. B. mit *Gen H-B-Vax* oder *Engerix*, ist sehr zu empfehlen. Die **Hepatitis A** wird durch infiziertes Wasser und Lebensmittel oral übertragen. Vor einer Ansteckung schützt der Impfstoff *Havrix* oder *Vaqta* (auch als Kombi-Impfung *Twinrix* für Hepatitis A und B erhältlich). Nur ein Drittel aller Europäer sind gegen Hepatitis A immun, ob die Impfung notwendig ist, zeigt ein Antikörpertest (empfehlenswert nur bei Reisenden über 50 Jahren). Hepatitis C und D werden auf demselben Weg übertragen wie Hepatitis B und können ebenfalls zu gefährlichen Langzeitschäden führen.

HIV / AIDS

Die Übertragungswege von HIV *(Human Immunodeficiency Virus)* dürften mittlerweile jedem bekannt sein: ungeschützter Geschlechtsverkehr, verschmutzte Injektionsnadeln bei Drogengebrauch oder Bluttransfusionen, kurz gesagt alle Wege, auf denen infiziertes Blut oder andere Körperflüssigkeiten in den eigenen Blutkreislauf gelangen können. Brasilien gilt als einer der Vorreiter gegen die Immunschwäche. Behandlung und Therapie sind für aidskranke Brasilianer kostenlos, die Aids-Sterblichkeit sank seit 1997 um die Hälfte. Auch Prävention wird ernst genommen: An Schulen und auf der Straße werden Kondome verteilt (besonders zur Karnevalszeit) und Werbespots weisen auf kostenlose HIV-Tests hin. Dennoch ist die Gefahr einer Ansteckung nicht zu unterschätzen; vermutlich sind mehr als 600 000 Brasilianer HIV-infiziert.

Insektenstiche und -bisse

Krabbeltiere und Fliegen kommen in Brasilien an der Küste relativ selten vor, in den feuchten Gebieten, besonders natürlich der Amazonasregion, sind sie aber zu jeder Jahreszeit allgegenwärtig. Meist sind sie eher lästig als gefährlich. Vorsicht ist vor **Moskitos** geboten, da bestimmte Arten Dengue-Fieber und Malaria übertragen.

An einigen Sandstränden treten vor allem am späten Nachmittag und Abend **Sandfliegen** auf, deren gemeine Bisse sich erst einige Stunden später durch juckende, extreme Hautrötungen bemerkbar machen. Kratzen erhöht die Gefahr einer Entzündung, die mitunter erst nach einem Monat abklingt und hässliche Narben hinterlässt. Da sich die kleinen Plagegeister nur in begrenzten Bereichen aufhalten, sollte man sich von diesen Stränden fern halten. Zudem hilft *Skin-So-Soft* von *Avon*.

So genannte **Bichos do Pé** *(Tunga penetrans)* sind kleine Sandflöhe, die sich Menschen und Tieren in den Fuß hineinfressen, und die mit einem kleinen Schnitt entfernt werden müssen. Dort, wo die Flöhe auftreten, wissen die Einheimischen, wie man sie entfernt; im Zweifel kannn man um Hilfestellung bitten. Das Insekt kommt vor allem in ländlichen Gegenden und an Stränden vor. Vorsicht ist besonders geboten, wenn freilaufende Schweine zu sehen sind, da diese vornehmlicher Wirt sind. Das Eintreten in die Haut fühlt sich wie ein Mückenstich an. Zu sehen ist aber erst einige Tage später etwas: in der Regel ein kleiner schwarzer Punkt mit einem hellen Hof, ähnlich einer Blase, meist an den Zehen.

Flöhe und **Wanzen**, deren Bisse fürchterlich jucken können, verstecken sich bevorzugt in schmutzigem Bettzeug. Wanzenbisse bilden gewöhnlich eine säuberliche Linie. Nicht kratzen, sondern ein Antihistaminikum (Salbe) gegen Entzündungen auftragen.

Auf dem Land sind viele Tiere mit **Zecken** infiziert, die sich in gesättigtem Zustand von ihrem Wirt fallen lassen und auf das nächste Opfer warten, dem sie ihre mit Haken besetzten Köpfe ins Fleisch bohren können, um Blut zu saugen. Es ist wichtig, sie vorsichtig zu entfernen, damit keine Haken stecken bleiben.

Blutegel sind vor allem zur Regenzeit im Dschungel eine Plage, besonders beim Durchqueren feuchter Stellen und von Wasser. Sobald sie sich mit Blut voll gesogen haben, fallen sie ab, doch schon vorher kann man sie mit brennenden Zigaretten oder Salz vertreiben. Ein wenig schützen langärmelige Hemden und in die Socken gesteckte lange Hosen.

Malaria

Die Deutsche Gesellschaft für Tropenmedizin und Internationale Gesundheit (DTG) riet Anfang 2006 nur beim Besuch der Bundesstaaten **Rondônia**, **Acre** und **Roraima** zu regelmäßiger medikamentöser Prophylaxe (mit *Lariam*, *Malarone* oder

Doxycyclin). Für die übrigen Amazonasstaaten, den Zentralen Westen sowie das westliche Maranhão wird im Falle einer Infizierung eine **Stand-by-Therapie** empfohlen (mit *Lariam, Malarone* oder *Riamet);* das Medikament sollte vorsorglich mitgebracht werden. Reisende, die nur die Küstenstaaten zwischen São Luís (Maranhão) und Rio Grande do Sul sowie Großstädte (außerhalb des Amazonasbeckens) besuchen, benötigen keine Malaria-Prophylaxe. Dies gilt auch für die Wasserfälle von Iguaçu. Die Auswahl und persönliche Anpassung des Prophylaxemittels sowie mögliche Nebenwirkungen oder Unverträglichkeiten mit anderen Medikamenten sollten unbedingt vor der Einnahme mit einem Tropen- bzw. Reisemediziner besprochen werden. Aktuelle Infos: 💻 www.dtg.org.

Die beste **Vorbeugung** gegen Malaria besteht darin, möglichst gar nicht erst gestochen zu werden: Die Mücke *Anopheles,* die den Malariaerreger *Plasmodium falciparum* übertragen kann, sticht während der Nacht, also zwischen Beginn der Dämmerung und Sonnenaufgang. Am Abend schützen helle Kleidung wie lange Hosen, langärmlige Hemden, engmaschige Socken (einige Reisende schwören dagegen nach Sonnenuntergang auf dunkle Kleidung) und ein Mücken abweisendes Mittel auf der Basis von *Deet,* das auf die Haut aufgetragen wird und die Geschmacksnerven stechender Insekten lähmt. Einige Apotheken bieten sanftere Mittel an, die auf Zitronella- und Nelkenöl basieren, z. B. *Zedan.* Bewährt hat sich der Wirkstoff *Permethrin,* mit dem Kleidung und Moskitonetz eingesprüht werden. Er geht eine Verbindung mit dem Gewebe ein, ohne zu ölen, und bleibt wochenlang wirksam. In Deutschland ist er z. B. in den Handelsmarken *NO BITE* (100 ml für Kleidung, 20 €, 💻 www.nobite.com) und *TYRA-X* (500 ml für Moskitonetze, 13 €, 💻 www.tyrax.de) enthalten.

Ist der Schlafraum nicht mückensicher (lückenlose Mückengitter an Fenster und Türen), sollte man unter einem Moskitonetz schlafen. Am sichersten ist ein eigenes, mit *Permethrin* behandeltes Netz. Löcher verschließt man am besten mit Klebeband. Bei niedrigen Temperaturen in klimatisierten Räumen sind die Mücken zwar weniger aktiv, aber keineswegs ungefährlich. Notfalls verringern das Risiko auch *Coils,* grüne Räucherspiralen, die wie Räucherstäbchen abbrennen und für ca. 8 Stunden die Luft verpesten. Oft werden sie abends in offenen Restaurants unter die Tische gestellt, um die herumschwirrenden Moskitos zu vertreiben

Mit der Zulassung von *Malarone* (Wirkstoff Atovaquon/Proguanil) steht seit Mai 2001 ein neues Mittel zur **Malariaprophylaxe** in den deutschen Apotheken. Der Hersteller wirbt mit der guten Verträglichkeit und dem wirksamen Schutz vor dem Erreger *Plasmodium falsiparum.* Da durch Malarone die Parasiten bereits in der Leber angegriffen werden, ist die Einnahmedauer relativ kurz: täglich eine Tablette ein bis zwei Tage vor, während und sieben Tage nach dem Aufenthalt im Malariagebiet. Mögliche Nebenwirkungen sind Übelkeit, Kopfschmerzen und Durchfall. Malarone wird vor allem bei Reisen in Gebiete mit hohem Malariarisiko empfohlen, allerdings sollte es nicht länger als vier Wochen eingenommen werden, da Langzeitstudien bislang fehlen. Risiken für Schwangere und Kinder können ebenfalls noch nicht eingeschätzt werden. Ein großer Nachteil von Malarone ist der Preis: Die Packung mit zwölf Tabletten kostet ca. 60 €.

Wer sich in einem Gebiet ohne ärztliche Versorgung infiziert hat, kann zur Überbrückung mit einer **Standby-Therapie** mit Mefloquin *(Lariam),* Atovaquon/Proguanil *(Malarone)* oder Artemether/Lamefantrin *(Riamet)* beginnen. *Lariam* kann in Einzelfällen zu neuropsychiatrischen Nebenwirkungen führen, wie z. B. Schlaflosigkeit, Depressionen, Koordinationsstörungen.

Wer nach der Rückkehr an einer nicht geklärten fieberhaften Erkrankung leidet, auch wenn es sich nur um leichtes Fieber und Kopfschmerzen handelt und erst Monate später auftritt, sollte dem Arzt unbedingt von dem Tropenaufenthalt berichten und auf einem Bluttest bestehen. Die ersten Symptome einer Malaria können denen eines banalen grippalen Infektes ähneln und werden daher häufig verkannt, was schon nach wenigen Tagen das Leben bedrohen kann.

Pilzinfektionen

Frauen leiden im tropischen Klima häufiger unter Pilzinfektionen. Vor der Reise sollten sie sich entsprechende Medikamente verschreiben lassen. Eine Creme oder Kapseln sind besser als Zäpfchen, die bei der Hitze schmelzen. Ungepflegte Swimming Pools in den Tropen sind Brutstätten für Pilze aller Art.

Vorschlag für eine Reiseapotheke

Basisausstattung
- → Verbandzeug (Heftpflaster, Leukoplast, Blasenpflaster, Mullbinden, elastische Binde, sterile Kompressen, Verbandpäckchen, Dreiecktuch, Pinzette)
- → sterile Einmalspritzen und -kanülen in verschiedenen Größen (mit ärztlicher Bestätigung, dass sie medizinisch notwendig sind, damit man nicht für einen Fixer gehalten wird)
- → Fieberthermometer
- → Kondome
- → Lärmstopp (gegen Lärmbelästigung)
- → Beipackzettel

Malaria-Prophylaxe
- → Lariam* oder Malarone* oder Riamet* zur Standby-Therapie
- → Mückenschutz

Schmerzen und Fieber
- → keine acetylsalicylsäurehaltigen Medikamente, Benuron, Dolormin
- → Buscopan (gegen krampfartige Schmerzen)
- → Antibiotika* gegen bakterielle Infektionen (in Absprache mit dem Arzt)

Magen- und Darmerkrankungen
- → Imodium akut gegen Durchfall (v. a. vor längeren Fahrten)
- → Elotrans (zur Rückführung von Mineralien; Kinder: Oralpädon Pulver)
- → Dulcolax Dragees, Laxoberal Tropfen (gegen Verstopfung)
- → Talcid, Riopan (gegen Sodbrennen)

Erkrankungen der Haut
- → Desinfektionsmittel (Betaisodona Lösung, Hansamed Spray, Kodan Tinktur)
- → Tyrosur Gel, Nebacetin Salbe RP (bei infizierten oder infektionsgefährdeten Wunden)
- → Soventol Gel, Azaron Stift, Fenistil Tropfen (bei Juckreiz nach Insektenstichen oder allergischen Erkrankungen)
- → Soventol Hydrocortison Creme, Ebenol Creme (bei starkem Juckreiz oder stärkerer Entzündung)
- → Cortison- und antibiotikahaltige Salbe gegen Bläschenbildung nach Quallenkontakt
- → Wund- & Heilsalbe (Bepanthen)
- → Fungizid ratio, Canesten (bei Pilzinfektionen)
- → Berberil, Yxin (Augentropfen bei Bindehautentzündungen)

Erkältungskrankheiten
- → Olynth Nasenspray, Nasivin
- → Dorithricin, Dolo Dobendan (bei Halsschmerzen)
- → Silomat (Hustenstiller)
- → Acc akut, Mucosolvan, Gelomyrtol (zum Schleimlösen)

Reisekrankheit und Seekrankheit
- → Superpep Kaugummis, Vomex

Sonnenschutz mit UVA- und UVB-Filter
- → Ladival Milch bzw. Gel, Ilrido ultra Milch
- → Sonnenschutzstift für die Lippen

Bei allen Medikamenten Gegenanzeigen und Wechselwirkungen beachten und sich vom Arzt oder Apotheker beraten lassen. (rezeptpflichtig in Deutschland).*

Schlangen- und Skorpionbisse

Die weit verbreitete Angst steht in keinem Verhältnis zur realen Gefahr, denn Giftschlangen greifen nur an, wenn sie attackiert werden. Gefährlich ist die Zeit nach Sonnenuntergang zwischen 18 und 20 Uhr, vor allem bei Regen. Einige Schlangen töten durch ein Blutgift, in diesem Fall benötigt man sofort ein Serum, andere töten durch ein Nervengift, dann ist außerdem eine künstliche Beatmung wichtig. Das Provinzkrankenhaus, in das der Betroffene schnellstens gelangen sollte, muss zudem sofort informiert werden, damit ein Arzt und das Serum beim Eintreffen bereit stehen.

Skorpionstiche sind in dieser Region generell nicht tödlich. Kräutertabletten und Ruhigstellen des Körperteils lindert den Schmerz, Wasserkontakt meiden. Normalerweise lassen die anfangs starken Schmerzen nach 1–2 Tagen nach.

Sonnenbrand und Hitzschlag
Selbst bei bedecktem Himmel ist die Sonneneinstrahlung unglaublich intensiv. Viele Reisende treffen nur am Strand Vorkehrungen gegen Sonnenbrand und Hitzschlag, doch dies ist auch bei Touren durchs Hinterland unbedingt notwendig. Als wichtigste Schutzmaßnahmen empfiehlt es sich, regelmäßig Mittel mit hohem Sonnenschutzfaktor auf die Haut aufzutragen, Hut und Sonnenbrille zu tragen und tagsüber viel zu trinken. Erschöpfungszustände bei Hitze äußern sich durch Kopfschmerzen, Übelkeit, Benommenheit und erhöhte Temperatur. Um die Symptome zu lindern, sollte man unbedingt Schatten aufsuchen und genügend Flüssigkeit zu sich nehmen. Erbrechen und Orientierungslosigkeit können auf einen Hitzschlag hinweisen, der potenziell lebensbedrohlich ist – deshalb muss man sich sofort in medizinische Behandlung begeben.

Thrombose
Aufgrund des Bewegungsmangels verringert sich bei langen Flugreisen der Blutfluss im Körper, vor allem in den Beinen. Dadurch kann es zur Bildung von Blutgerinnseln kommen, die, wenn sie sich von der Gefäßwand lösen und durch den Körper wandern, eine akute Gefahr darstellen (z. B. Lungenembolie). Gefährdet sind v. a. Personen mit Venenerkrankungen oder Übergewicht, aber auch Schwangere, Raucher oder Frauen, die die Pille nehmen. Das Risiko vermindern Bewegung, viel trinken (aber keinen Alkohol) und notfalls Kompressionsstrümpfe der Klasse 1–2.

Tollwut
Wo streunende oder auch verendete Hunde zu sehen sind, ist Vorsicht geboten. Wer von einem Hund, einer Katze oder einem Affen gekratzt oder gebissen wird, muss sich sofort impfen lassen, da eine Infektion sonst tödlich endet. Eine vorbeugende Impfung ist sehr teuer und nur bei längerem Aufenthalt oder besonderer Exposition (intensiver Kontakt mit Tieren etc.) ratsam. In einigen Staaten der Amazonasregion ist es in der Vergangenheit zu tödlichen Tollwut-Infektionen durch den Biss infizierter Flughunde, so genannter „Vampire“ gekommen.

Typhus / Paratyphus
Typhus ist eine Salmonellenerkrankung, die durch die Einnahme infizierter Lebensmittel oder Wasser verursacht wird. Typische Symptome: über 7 Tage hohes Fieber einhergehend mit einem eher langsamen Puls und Benommenheit. Empfehlenswert ist die gut verträgliche Schluckimpfung mit *Typhoral L* für alle Reisenden. Drei Jahre lang schützt eine Injektion des neuen Typhus-Impfstoffs *Typhim VI* oder *Typherix*, ehe er wieder aufgefrischt werden muss.

Wurmerkrankungen
Winzige oder größere Exemplare, die überall lauern können, setzen sich an verschiedenen Körperstellen bzw. -organen fest und sind oft erst Wochen nach der Rückkehr festzustellen. Die meisten sind harmlos und durch eine einmalige Wurmkur zu vernichten, andere sind gefährlich, z. B. Hakenwürmer. Sie bahnen sich den Weg durch die Fußsohlen, deshalb sollte man auf feuchten Böden unbedingt Sandalen tragen. Nach einer Reise in abgelegene Gebiete ist es empfehlenswert, den Stuhl auf Würmer untersuchen zu lassen. Notwendig ist das, wenn man über längere Zeiträume auch nur leichte Durchfälle hat.

Wundinfektionen
Unter unhygienischen Bedingungen können sich schon aufgekratzte Moskitostiche zu beträchtlichen Infektionen auswachsen, wenn sie unbehandelt bleiben. Wichtig ist es, dass jede noch so kleine Wunde sauber gehalten, desinfiziert und evtl. mit Pflaster geschützt wird. In jeder Apotheke gibt es Antibiotika-Salben, die den Heilprozess unterstützen.

Wundstarrkrampf
Wundstarrkrampf-Erreger findet man überall auf der Erde. Verletzungen kann man nie ausschließen, und wer noch keine Tetanusimpfung hatte, sollte sich unbedingt zwei Impfungen im 4-Wochen-Abstand geben lassen, die nach einem Jahr aufgefrischt werden müssen. Danach genügt eine Impfung alle 10 Jahre. Am besten ist die Kombi-Impfung mit dem Polio-Tetanus-Diphtherie-(Td-)Impfstoff für Personen über 5 Jahre, mit der gleichzeitig ein Schutz vor Diphtherie und Polio einhergeht.

Medikamente
Von allen regelmäßig benötigten Medikamenten sollte man einen ausreichenden Vorrat mitnehmen. Nicht zu empfehlen sind Zäpfchen oder andere hitzeempfindliche Medikamente. Apotheken gibt es in

Brasilien wie Sand am Meer, viele Präparate erhält man billig und ohne Rezept. Wer in einem Krankenhaus oder einer Privatklinik behandelt wird, erhält die Medikamente dort passend abgezählt. Informationen über die medizinische Versorgung in Brasilien s.S. 17.

Tropenmedizinische Institute

Berlin Spandauer Damm 130, Haus 10, 14050 Berlin, ✆ 030/301166, ✉ ift@bbges.de, 🖳 www.charite.de/tropenmedizin

Dresden Friedrichstr. 39, 01067 Dresden, ✆ 0351/4803801, 🖳 www.khdf.de

Düsseldorf Moorenstr. 5, 40225 Düsseldorf, ✆ 0211/8117031, Fax 8118752, 🖳 www.uniklinik-duesseldorf.de

Hamburg Bernhard-Nocht-Str. 74, 20359 Hamburg, ✆ 040/428180, Fax 4281 8340, ✉ rmz@gesundes-reisen.de, 🖳 www.gesundes-reisen.de

Heidelberg Im Neuenheimer Feld 324, 69120 Heidelberg, ✆ 06221/562905, Informationen vom Band über Lateinamerika: ✆ 565635, 🖳 www.klinikum.uni-heidelberg.de

Leipzig Delitzscher Str. 141, 04129 Leipzig, ✆ 0341/9092601, Fax 902630, ✉ contact@mccl.de, 🖳 www.mccl.de

München Leopoldstr. 5, 80802 München, ✆ 089/2180 13500, Informationen vom Band über Lateinamerika: ✆ 089/2180 13509. 🖳 www.tropinst.med.uni-muenchen.de

Rostock Ernst-Heydemann-Str. 6, 18057 Rostock, ✆ 0381/4947511, 🖳 www.tropen.med.uni-rostock.de

Tübingen Keplerstr. 15, 72074 Tübingen, ✆ 07071/2982365, ✉ reisemedizin@med.uni-tuebingen.de, 🖳 www.medizin.uni-tuebingen.de/tropenmedizin

Wien Lenaugasse 19, 1080 Wien, ✆ 01/4026 8610, ✉ tropeninstitut@gmx.at, 🖳 www.tropeninstitut.at

Basel Socinstrasse 57, 4002 Basel, ✆ 061/2848111, Fax 2718101, 🖳 www.sti.ch

Versicherungen

Die großen Versicherungsunternehmen bieten eine verwirrende Vielzahl von Versicherungspaketen an, die Reiserücktritt-, Unfall-, Gepäck- und Auslandskrankenversicherung einschließen können. Letztlich liegt es im Ermessen jedes einzelnen, was alles versichert werden soll. Die einzig wichtige Urlaubsversicherung ist die **private Auslandskrankenversicherung**, die den Krankenrücktransport einschließt.

Reiserücktrittskostenversicherung

Bei einer pauschal gebuchten Reise ist eine Rücktrittskostenversicherung meist im Preis inbegriffen (zur Sicherheit sollte man nachfragen). Wer individuell plant, muss sich um die Absicherung dieses Risikos selbst kümmern. Reisebüros bieten z. T. Versicherungen an oder vermitteln den Abschluss.

Viele Reiserücktrittskostenversicherungen müssen kurz nach der Buchung abgeschlossen werden (in der Regel bis 14 Tage danach). Bei Krankheit oder Tod eines Familienmitglieds oder Reisepartners ersetzt die Versicherung die Stornokosten der Reise. Eine Reiseunfähigkeit wegen Krankheit muss ärztlich nachgewiesen werden. Die Kosten der Versicherung richten sich nach dem Preis der Reise und der Höhe der Stornogebühren. Sie liegen in der Regel zwischen 15 € und 90 € pro Person. Zum Teil gibt es eine Selbstbeteiligung.

Reisegepäckversicherung

Viele Versicherungen bieten die Absicherung des Verlustes von Gepäck an, einige haben sich sogar darauf spezialisiert (z. B. *Elvia*). Allen Versicherungen ist gemein, dass die Bedingungen, unter denen das Gepäck abhanden kommen „darf", sehr eng gefasst sind. Deshalb ist es wichtig, die Versicherungsbedingungen genau zu studieren und sich entsprechend zu verhalten. Bei vielen Versicherungen ist z. B. das Gepäck in unbewacht abgestellten Kraftfahrzeugen zu keinem Zeitpunkt versichert. Kameras oder Fotoapparate dürfen wegen möglicher Mopedräuber nicht über die Schulter gehängt werden, sondern müssen am Körper befestigt sein, sonst zahlt die Versicherung nicht (so Gerichtsurteile). Ohnehin sind Foto- und Videogeräte meist nur bis zu einer bestimmten Höhe oder bis zu einem bestimmten Prozentsatz des Neuwertes versichert, auch Schmuck unterliegt Einschränkungen, ebenso wie Bargeld.

Entscheidet man sich für eine Reisegepäckversicherung, ist darauf zu achten, dass sie Weltgeltung hat, die gesamte Dauer der Reise umfasst und in ausreichender Höhe abgeschlossen ist. Wer eine wertvolle Fotoausrüstung mitnimmt, kann darüber nachdenken, eine Zusatzversicherung abzuschließen.

Tritt ein Schadensfall ein, muss der Verlust sofort bei der Polizei gemeldet werden. Eine **Auflistung** aller Gegenstände mit Wertangabe (vor der Reise!) ist dabei hilfreich. Ansonsten sollte alles, was nicht ausreichend versichert ist, im Handgepäck transportiert werden.

Auslandskrankenversicherung

Ohne eine Auslandskrankenversicherung mit Rücktransport sollte niemand sein Heimatland verlassen. Bei Krankheiten und Unfällen kann sehr schnell eine erhebliche Summe zusammenkommen, die aus eigener Tasche bezahlt werden müsste. Versicherte können die Kosten dagegen nach Einreichen der Rechnungen bei der Versicherung geltend machen.

Einschränkungen gibt es natürlich auch hier, besonders bezüglich Zahnbehandlungen (nur Notfallbehandlung) und chronischen Krankheiten (Bedingungen durchlesen!). Der feine Unterschied liegt im Detail: Die meisten Versicherer zahlen den Rücktransport nur, wenn er „medizinisch notwendig" ist. Beim *ADAC*, der *Europäischen Reiseversicherung* und *Huk-Coburg* genügt es, dass der behandelnde Arzt den Transport in die Heimat für sinnvoll erachtet. Bei einer Schwangerschaft ist eine schriftliche Bestätigung des Versicherers ratsam, dass er für Kosten von Frühgeburten und die medizinische Versorgung des Neugeborenen aufkommt.

Die später bei der Versicherung einzureichende **Rechnung** sollte folgende Angaben enthalten:

- → Name, Vorname, Geburtsdatum, Behandlungsort und -datum
- → Diagnose
- → erbrachte Leistungen in detaillierter Aufstellung (Beratung, Untersuchungen, Behandlungen, Medikamente, Injektionen, Laborkosten, Krankenhausaufenthalt)
- → Unterschrift des behandelnden Arztes
- → Stempel

Auslandskrankenversicherungen werden von nahezu allen großen Versicherern und auch von einigen Kreditkartenorganisationen angeboten. Sie sind meistens für ein Jahr gültig, decken jedoch nur Reisen von jeweils bis zu 42 Tagen, manche bis acht Wochen ab. Es empfiehlt sich der Abschluss eines Jahresvertrages. Wer länger als sechs Wochen verreisen möchte, sollte nach Langzeittarifen fragen.

Gepäck

Gepäckliste

Die folgende Liste kann als Hilfe beim Packen dienen und dabei nach individuellen Bedürfnissen gekürzt oder ergänzt werden. Auch in Brasilien gilt der alte Traveller-Grundsatz, dass es sich umso besser reist, je leichter das Gepäck ist, das man mit sich herumträgt. Im Zweifel sollte man lieber etwas mehr zu Hause lassen, denn alle genannten Gegenstände kann man auch vor Ort kaufen – oft sogar erheblich preiswerter als in Europa.

Kleidung

- → **Feste Schuhe** (für Trekking-Touren reichen Turnschuhe meist aus)
- → **Strandsandalen** (am besten man kauft sich gleich nach Ankunft die landesüblichen *Havaianas*, ein echt brasilianisches Markenzeichen!)
- → **Gummi-** oder **Trekkingsandalen**
- → **Hosen** bzw. **Röcke** aus Baumwolle, die nicht zu eng sitzen sollten (Frauen, die mit der brasilianischen Mode gehen wollen, können gern auch den Jeans-Minirock mitbringen)
- → **Kurze Hosen**
- → **Hemden** oder **Blusen**
- → **T-Shirts** (darunter eines mit Ärmel und Kragen fürs Schnorcheln)
- → **Jacke** (für die An- und Abreise, kühle Nächte im Gebirge, AC-Busse)
- → **Pullover** (im Süden und São Paulo während der Wintermonate), leichtes **Sweat-Shirt** (Rest des Landes)
- → **Regenschirm** (wirkt irgendwie absurd, aber in den regionalen Regenzeiten kann es heftig regnen, man bekommt billige Schirme aber auch vor Ort)

- → **Sonnenschutz**: Hut oder Schirmmütze, Sonnenbrille, Sonnencreme
- → **Socken** (für den Abend dichte, nicht allzu kurze Socken als Moskitoschutz)
- → **Unterwäsche** (aus Baumwolle)
- → **Badekleidung**, Bikini und Badehose möglichst knapp geschnitten

Hygiene und Körperpflege

- → **Zahnbürste** und **Zahnpasta**
- → **Shampoo**/Haarpflegemittel
- → **Nagelschere** und Nagelfeile
- → **Rasierer/**Nassrasierer
- → **Kosmetika** und Hautpflegemittel
- → **Papiertaschentücher**
- → **Feuchties** (zur Hygiene unterwegs)
- → **Tampons**
- → **Plastiktüten** (für schmutzige Wäsche, zum Schutz vor Regen und Nässe sowie als Organisationshilfe im Rucksack)
- → **Nähzeug** (inclusive Sicherheitsnadeln)

Sonstiges

- → **Adapter** (bei manchen Steckdosen, ansonsten gibt es keine Probleme mit Elektrogeräten)
- → **Reisewecker**
- → **Taschenlampe**
- → **Taschenmesser**
- → **Reiseapotheke** (s. S. 22)
- → **Notizbuch** und Stifte
- → **Adressbuch** und E-Mail-Adressen
- → **Reisepass** (evtl. auch Personalausweis)
- → **Internationaler Jugendherbergs**- und ggf. **Studentenausweis**
- → **Impfpass** (zumindest eine Kopie für den Notfall)
- → **Führerschein**
- → **Geld** (Bargeld, EC-Karte, Kreditkarte, evtl. Reiseschecks)
- → **Flugtickets**
- → **Kopien der wichtigsten Dokumente** (Reisepass wegen Einreisestempel erst in Brasilien kopieren, alle Kopien getrennt von den Originalen aufbewahren)
- → **Reiseführer**, **Landkarten**
- → **Reiselektüre**
- → **Vorhängeschloss** (und kleine Schlösser fürs Gepäck)
- → **Handy** und Ladegerät
- → **Digitalkamera** (oder herkömmlicher Fotoapparat)
- → **Kleine Geschenke** (z. B. Postkarten, Briefmarken, Münzen; Fotos von daheim, von der Familie, Eltern oder Kindern, Freund oder Freundin; Buntstifte, Haargummis, kleine Spielsachen für Kinder…)

Wer in **einfachen Unterkünften** wohnen wird (Jugendherbergen, Campingplätze), freut sich zudem über:

- → **Seife** oder seifenfreie Waschlotion im bruchsicheren Behälter
- → dünne, schnell trocknende **Handtücher** (in Pousadas und Hotels immer vorhanden)
- → **Waschmittel** in der Tube (für alle, die selbst Wäsche waschen)
- → **Plastikbürste** (zum Reinigen von Wäsche und Schuhen)
- → **Moskitonetz** (möglichst groß)
- → **Kordel** (als Wäscheleine oder zum Aufspannen des Moskitonetzes)
- → **kleine Nägel** oder Reißzwecken (zum Befestigen des Moskitonetzes)
- → **Klebeband** (um Löcher im Moskitonetz zu verschließen)
- → **Schlafsack** (Leinenschlafsack, Bettbezug oder 2 dünne Tücher), in manchen Jugendherbergen kostet Bettwäsche extra

Für Dschungel- und mehrtägige Outdoor-Touren:

- → **tiefer Plastikteller** (für Essen von den Märkten)
- → **Tauchsieder** (zum Kochen von Kaffee und Tee)
- → **Tasse oder Becher** (für heiße Getränke)
- → **60-Watt-Birne** (für alle, die noch spät lesen wollen)

Reisedokumente online sichern

Alle wichtigen Reisedokumente kann man bereits zu Hause einscannen und sich an die eigene Web-Mail-Adresse schicken, evtl. auch wichtige Geheimzahlen, Telefonnummern, Reisenschecknummern etc. So sind die Daten und Dokumentenkopien auch im Notfall von überall unterwegs verfügbar.

Rucksäcke, Koffer und Taschen

Wer überwiegend mit öffentlichen Verkehrsmitteln unterwegs ist und längere Strecken zu Fuß zurücklegen will, reist am besten mit **Rucksack**. Beim Kauf probiert man ihn mit etwa 15 kg Inhalt an. Einen Kompromiss zwischen Koffer und Rucksack stellen die **Koffer-Rucksäcke** dar, die von der Vorderseite bepackt werden und bei denen das Tragegestell eingepackt werden kann. Wer sein Gepäck nicht weit tragen muss, kann auch mit **Koffer** reisen. Vorteil: Man wird nicht mit dem negativen Image belegt, das Rucksack-Touristen auch in Brasilien manchmal haben. Zudem sind sie in öffentlichen Verkehrsmitteln leichter zu verstauen als sperrige Rucksäcke. Ein zusätzlicher **Tages-Rucksack** *(Daypack)* oder eine Falttasche kann bei Kurztrips das Gepäck aufnehmen und auf dem Heimflug für weiteren Stauraum sorgen. **Kameras** können in Fototaschen verstaut werden, die möglichst nicht schon von außen auf den wertvollen Inhalt schließen lassen. Sie sollten aus festem Material bestehen (nicht aufschlitzbar), gut verschließbar sein und Platz für weiteres Handgepäck haben. **Wertsachen** wie Geld, Pässe und Flugtickets lassen sich am besten nah am Körper in einem breiten Hüftgurt aus Baumwollstoff aufbewahren. Unter Hosen und locker fallenden Kleidern kann man ihn um die Hüfte gebunden unauffällig tragen. Papiere und Geld werden zusätzlich durch eine Plastikhülle geschützt, denn Schweiß ist zerstörerisch, und unleserliche Bankbescheinigungen oder Flugtickets bringen Ärger.

Ausrüstung für Trekking-Touren

Für Trekking-Touren in der Regenzeit oder durch feuchte Wälder haben sich Dschungel-Boots aus Armeebeständen bewährt, bei mehrtägigen Touren in höheren Lagen empfiehlt sich ein warmer Schlafsack. Daunen sind ungeeignet, da sie bei hoher Luftfeuchtigkeit nicht trocknen. Das Gepäck zusätzlich mit einem Zelt, einem wetterfesten Schlafsack oder Iso-Matte zu belasten, lohnt sich nur, wenn entsprechende Vorhaben geplant sind. Für laue Tropennächte reicht ein Bettbezug oder Jugendherbergs-Schlafsack aus.

Die notwendige Ausstattung für Globetrotter und Outdoor-Fans bieten spezialisierte Reiseausrüster an, auch über das Internet, z. B. *Globetrotter Ausrüstung*, 💻 www.globetrotter.de. *Lauche & Maas Reiseausrüstung*, 💻 www.lauche-maas.de.

„Kleiderordnung"

Im Alltag kleiden sich Brasilianer informell: kurze Hosen, knappe Kleidchen und die klassischen Strandsandalen ***Havaianas*** gehören fast überall zum normalen Erscheinungsbild, in den Zentren der großen Städte ist dagegen eher konservativer Stil bzw. moderner City-Look angesagt. Alles in allem legen Brasilianer viel Wert auf ein gepflegtes Äußeres; unabhängig vom Einkommen versucht fast jeder, sich so hübsch wie möglich zu präsentieren. Ein schmuddeliges Outfit, ungewaschene Haare oder eine zerrissene Hose werden dagegen mit stiller Ablehnung quittiert. Besonders vom „reichen" Touristen erwartet man ein adrettes Erscheinungsbild. Was in Europa gerade noch so als „Traveller-Mode" akzeptiert wird, stößt in Brasilien leicht auf Unverständnis. Bei der Auswahl der richtigen Reisekleidung empfiehlt es sich also, nicht allzu sparsam vorzugehen. Gut ist eine Kombination aus lässig-bequemer Kleidung (tagsüber) sowie schickeren Sachen für gesellschaftliche Anlässe (Restaurant, Nachtclub etc.).

Auch am **Strand** sind die Regeln klar: je knapper desto besser – topless oder FKK sind jedoch verpönt! Touristinnen, die sich an belebten Stränden oben ohne sonnen, müssen damit rechnen, von einem Polizisten auf die öffentliche Badeordnung hingewiesen zu werden. Im geringsten Fall ernten sie kollektive Missbilligung. In Kirchen und Museen sind kurze Hosen und ärmellose T-Shirts nicht gern gesehen. Wird man auf der Reise von Einheimischen eingeladen, möglicherweise zu einem Familienfest, wird vom Gast erwartet, dass er sich dem Anlass entsprechend kleidet. Deshalb ist es nicht verkehrt, mindestens ein „gutes Stück" mitzuführen, das längere Reisen unbeschadet übersteht.

Für den **Amazonas** sollte man eine Regenjacke dabei haben, warme Kleidung ist im Winter im **Süden** und **São Paulo** unbedingt nötig (Mai–Sep). Wäsche wird fast überall innerhalb von 24 Std. für wenig Geld gewaschen und gebügelt.

Geld

Brasilien hat seit 1994 eine recht stabile Währung: den **Real** (Plural: Reais, R$), bestehend aus 100 **Centavos**. Bei der Einfuhr von Bargeld gibt es

Informationen und Notrufnummern

EC-Geldkarten mit Maestro/Cirrus-Logo: Informationen über die Hausbank, Standorte unter www.maestrocard.com/wheretouse (Mastercard ATM Locator). Karte sperren: 01805/021021.
MasterCard: 069/79330, Karte sperren über: 001/636 722 7111 (international kostenpflichtig), aus Deutschland: 0800/8191040. Standorte von Geldautomaten über: www.mastercard.com/atmlocator.
Visa: 069/920 110, im Verlustfall Karte sperren über gebührenfreie Hotline in Brasilien: 0800/8913680, oder per R-Gespräch: 001/410/5813836 (international gebührenfrei). Geldautomaten-Suche in Brasilien über: www.visa.de *(ATM Locator)*.
American Express: 069/9797 1000 (auch für Ersatzkarten), www.americanexpress.com/germany.

bis zu R$10 000 keine Probleme, höhere Beträge sind deklarierungspflichtig. Am sinnvollsten ist es, einen Teil des benötigten Geldes in Euro (bzw. Schweizer Franken) mitzubringen und dann in Wechselstuben *(Casa de Câmbio)* einzutauschen. Zusätzlich empfiehlt sich die Mitnahme von ein oder zwei internationalen **Kreditkarten** mit Geheimnummer, sowie einer **EC-Geldkarte** (Maestro/Cirrus), die jeweils auch zur Barabhebung bei Banken bzw. Geldautomaten verwendet werden können. Am besten ist es, man besorgt sich bereits bei der Ankunft am Flughafen per Kredit- oder EC-Geldkarte etwas Bargeld am Automaten. Travellerschecks sind wegen der hohen Gebühren weniger ratsam, zudem werden sie in Brasilien selten akzeptiert.

Bargeld, Geldwechsel und Wechselkurs

Es gibt Geldscheine im Wert von einem, zwei, fünf, zehn, zwanzig, fünfzig und hundert Reais und Münzen im Wert von einem, fünf, zehn, fünfundzwanzig und fünfzig Centavos sowie eine Ein-Real-Münze. Die Banknoten haben alle dieselbe Größe, aber unterschiedliche Farben, die Münzen unterscheiden sich in Größe und Material beträchtlich voneinander. Das Mitführen von großen Mengen Bargelds birgt auf Reisen das größte Risiko, da bei

Wechselkurse

1 €	=	2,76 R$	1 R$	=	0,36 €
1 sFr	=	1,78 R$	1 R$	=	0,56 sFr
1 US$	=	2,25 R$	1 R$	=	0,45 US$

Diebstahl gleich alles weg ist. Besser ist deshalb eine ausgewogene Mischung aus **Bargeld**, **Kreditkarte** und **EC-Geldkarte** (Maestro/Cirrus).

Euro-Scheine sind in Brasilien inzwischen überall bekannt, es ist nicht mehr nötig sich vor der Reise mit US-Dollars einzudecken. Sowohl Euros wie auch Schweizer Franken können ohne große Probleme bei vielen Banken und Wechselstuben eingetauscht werden. Auch einige Hotels oder zur Not Einzelhändler akzeptieren europäische Währungen, jedoch für den Reisenden immer zu ungünstigen Umrechnungskursen. Der **Wechselkurs** zwischen Euro bzw. Schweizer Franken und brasilianischem Real kann tagesaktuell im Internet abgerufen werden, z. B. bei www.oanda.com, auch für einzelne Tage rückwirkend.

Geldkarten (Cartão Débito)

Mit einer **EC-Geldkarte** mit Maestro/Cirrus-Symbol plus Geheimzahl kann man in Brasilien an vielen entsprechend gekennzeichneten Geldautomaten Bargeld abheben – oft die einfachste Form, um schnell an Cash zu kommen. Umgerechnet wird zum Briefkurs, die Gebühr beträgt pro Transaktion je nach Geschäftsbedingungen der Hausbank ca. 5 €. Der Maximalbetrag einer Abhebung in Brasilien beträgt in der Regel R$1000 pro Tag. Außerdem lassen sich mit der EC-Geldkarte (alternativ zur Kreditkarte) in vielen Restaurants, Hotels und Geschäften Rechnungen begleichen.

Kreditkarten (Cartão Crédito)

Eine beliebte Alternative sind Kreditkarten, die gebräuchlichsten in Brasilien sind ***Visa*** und ***MasterCard***. Mit der Karte kann man nicht nur Flugtickets, Einkäufe, Hotel- und Restaurantrechnungen bargeldlos bezahlen, sondern auch **Bargeld abheben**. Auszahlungs- und Akzeptanzstellen sowie Geldautomaten sind in Brasilien weit verbreitet, für die Barauszahlung am Geldautomaten benötigt man eine **Geheimzahl**. Gelegentlich können Barabhebungen an den Automaten fehlschlagen; den Bankbeleg sollte man in diesem Fall möglichst aufheben, da es vorkommen kann, dass das Konto trotzdem belastet wird.

Bisweilen wird vor **Kreditkarten-Missbrauch** gewarnt und dazu geraten, die Kreditkarte beim Bezahlen nicht aus den Augen zu lassen. Diese zweifellos sinnvolle Verhaltensweise ist im Alltag jedoch relativ schwer einzuhalten, besonders in Restaurants. Es empfiehlt sich deshalb, neben Vorsicht auch ein gutes Maß an Vertrauen mitzubringen und am besten den gesunden Menschenverstand walten zu lassen. In einem guten und ordentlichen Restaurant in Brasilien ist Kreditkarten-Missbrauch unwahrscheinlich.

Bei Verlust oder Diebstahl muss die Karte bei der Kreditkarten-Firma sofort gesperrt werden (maximale Haftung bis zum Eingang der Verlustmeldung 50 €).

Reiseschecks

Reiseschecks (Traveller Cheques) bieten zwar Sicherheit, sind in Brasilien jedoch kaum geläufig. Man erhält sie gegen eine geringe Provision bei jeder europäischen Bank z. B. in den Währungen Euro, Schweizer Franken oder US-Dollar *(Visa, Thomas Cook* oder *American Express)*. Da die Gebühr beim Einlösen pro Scheck berechnet wird, sollte man – wenn überhaupt – nur wenige Schecks mit einem höheren Wert mitnehmen. Bei Verlust oder Diebstahl werden sie im nächsten Vertragsbüro ersetzt. Wichtig ist, dass für den Nachweis die Kaufabrechnung an einer anderen Stelle aufbewahrt wird als die eigentlichen Schecks. Außerdem hilft eine Aufstellung aller bereits eingelösten Schecks, denn diese werden nicht ersetzt.

Banken

Zu den zuverlässigsten und am weitesten verbreiteten Banken zählen die staatliche ***Banco do Brasil*** und ***HSBC***. Die meisten Filialen und viele Geldautomaten akzeptieren **Maestro/Cirrus**-Geldkarten, **Master Card** und **Visa**. Die Öffnungszeiten sind in der Regel: Mo–Fr 10–16 Uhr *(Banco do Brasil)* bzw. Mo–Fr 10–18 Uhr *(HSBC)*. Eine Übersicht aller **Standorte** ist auf den Websites zu finden: 💻 www.bb.com.br, www.hsbc.com.br.

Ebenfalls weit verbreitet sind ***Banco Bradesco*** (oft nur Visa), ***Banco Real*** sowie Geldautomaten von ***Banco 24 Horas*** (meist alle Karten, aber Gebühr pro Abhebung: ca. R$6).

Geldautomaten

Geldautomaten (für Kredit- und EC-Geldkarten) sind praktisch, denn es sind keine Formulare auszufüllen und selten gibt es lange Warteschlangen. Allerdings haben sie auch ihre Tücken: So manch ahnungsloser Tourist stand schon vor verschlossenen Türen, denn aus Sicherheitsgründen werden die meisten Automaten nachts nicht betrieben (Ausnahme an Flughäfen oder Busbahnhöfen). Die Regelöffnungszeiten liegen zwischen 6 und 22 Uhr, in manchen Innenstädten kommt man sogar nur bis 20 Uhr an Bargeld heran. Wer eine wichtige Barzahlung anstehen hat, z. B. eine morgendliche Busfahrt, sollte die Abhebung also lieber nicht auf den letzten Drücker erledigen.

Überweisungen und Bargeldtransfer

Bei Überweisungen vom eigenen Konto (z. B. nach Kartenverlust) schickt die brasilianische Bank ein Fax an die Heimatbank (Fax-Nummer vorher notieren!) und fordert den entsprechenden Betrag an. Der überwiesene Betrag wird zum Devisenkurs umgerechnet und entweder bar oder in Traveller Cheques ausgezahlt.

Alternativ kann man Geld an die Zweigstelle von ***Banco do Brasil*** in Frankfurt überweisen und sich am selben Tag des Eingangs den Betrag von jeder Filiale in Brasilien auszahlen lassen (max. R$10 000, 15 €). Auskünfte: ✆ 069/299090.

Etwas schneller erfolgt der **Bargeldtransfer** über Finanzdienstleister wie *Moneygram* oder *Western Union*. Unmittelbar nach Bar-Einzahlung bei einer heimatlichen Zweigstelle kann der Begünstigte das Geld in einer Partnerbank in Brasilien in Empfang nehmen (ca. 15 Minuten später). Die Gebühren richten sich in der Regel nach der überwiesenen Summe, die Auszahlung erfolgt in Real. Weitere Informationen:

Moneygram, ✆ kostenfrei: aus Deutschland 00800/8971 8971, aus der Schweiz 00800/8668 8002, aus Österreich 0800/200288, dann 800/5923688. 💻 www.moneygram.de. Für 1000 € fallen etwa 30 € an (oder sFr50 für sFr1000), maximaler Überweisungsbetrag US$2900/Tag. Auszahlung vornehmlich über die Partnerbank *Banco Itaú*.

Hinweis

Ein häufiges Problem in Brasilien ist **Wechselgeld** *(Troco)*, denn vielerorts ist es knapp. Besonders in ländlichen Gegenden kann man schon beim Bezahlen mit kleinen Scheinen Schwierigkeiten bekommen, größere Noten (R$50 oder R$100) sollten deshalb grundsätzlich in größeren Einrichtungen benutzt werden: Tankstellen, Supermärkte, Shopping-Center etc.

Etwas teurer, aber mit einem dichteren Filialnetz, ist ***Western Union***, in Deutschland über alle Zweigstellen der Postbank, ✆ 0180/3030330, in der Schweiz über Filialen der Schweizerischen Post, in Österreich bei Postämtern und Raiffeisenbanken. Liste aller Agenturen über: 💻 www.westernunion.com.

Reisekosten

Brasilien ist im Vergleich zu Europa aufgrund des Wechselkurses ein eher günstiges Reiseland, dabei jedoch teurer als die meisten anderen südamerikanischen Länder. Die Höhe der Reisekosten hängen naturgemäß sehr davon ab, in welchem Stil man das Land bereisen möchte. Echte **Sparfüchse** können beim Ziehen aller Register (Unterkunft in Jugendherbergen oder auf Campingplätzen, selber kochen bzw. in einfachen Restaurants oder Lanchonetes essen, weitgehender Verzicht auf Ausflüge, Souvenirs etc.) ihre durchschnittlichen Tagesausgaben auf etwa R$50–70 drücken. Viel Komfort darf man dann allerdings nicht erwarten. Darüber hinaus stehen einem Traveller in Brasilien alle Qualitäts-Facetten offen, bis hin zum süßen Luxusleben.

Wer vorhat, dann und wann an einer geführten **Exkursion** teilzunehmen, die eine oder andere **kulturelle Veranstaltung** zu besuchen, abends auch einmal eine **Caipirinha** zu sich zu nehmen, vornehmlich mit dem **Bus** (statt dem Flugzeug) reist und sich ansonsten hauptsächlich in **Pousadas** und **Restaurants** mittlerer Kategorie bewegt, kann ungefähr mit durchschnittlichen Tagesausgaben zwischen R$100–150 pro Person rechnen.

Frauen unterwegs

Von Tina Wüst und Annika Stockmann

Ein fremdes Land auf eigene Faust zu erkunden, stellt Reisende vor Herausforderungen, denen sie in einer Gruppe nicht ausgesetzt wären – das gilt in Brasilien besonders für Frauen. Einerseits bestehen einmalige Möglichkeiten, den Volks- und Landescharakter hautnah zu studieren, auf der anderen Seite ist die Solo-Travellerin bei Unkenntnis des Landes abhängiger vom Rat anderer und verletzlicher. Direkte **Kommunikation** ist deshalb gefragt, um Land, Leben und Leute so umfassend und sicher wie möglich kennen zu lernen; im Idealfall mit einem Sprachkurs in Portugiesisch als Teil der Reisevorbereitung.

Obwohl die brasilianische Bevölkerung grundsätzlich sehr offen, freundlich und hilfsbereit ist, müssen sich allein reisende Frauen vor allem in den Großstädten einiger **Risiken** bewusst sein. Gerade aufgrund der oft überschwänglichen Offenheit und Herzlichkeit ist manchmal eine gewisse Zurückhaltung angebracht. Denn eines sollte klar sein: allein reisende ausländische Frauen fallen auf, ganz besonders, wenn sie blond und hellhäutig sind. Zwar sind die brasilianischen Männer meist temperamentvoll (ohne aggressiv zu sein) und direkt (sie flirten gern; das gehört zum „guten Ton"!), doch kann das angeblich amouröse Interesse auch einfach der als „reich" und in mehrerlei Hinsicht als „leichte Beute" identifizierten Touristin gelten. Es ist daher sinnvoll, sich jederzeit seiner Körpersignale bewusst zu sein und wenn nötig klare **Grenzen** aufzuzeigen.

Grundsätzlich gelten beim Alleinreisen für Frau und Mann die üblichen Sicherheitsregeln (s. S. 53). Wie in anderen Regionen der Erde sollte man unbekannte und einsame Orte meiden und sich beim Erkunden des Nachtlebens anderen Reisenden bzw. einheimischen Frauen anschließen, die sich auch tagsüber als vertrauenswürdig erwiesen haben.

Abschließend: Brasilien ist für allein reisende Frauen auf jeden Fall zu bewältigen. Um den Besuch richtig genießen zu können, hilft es, möglichst schnell eine Antenne für den Unterschied zwischen herzlichem Umgang der Brasilianer im Allgemeinen sowie negativen Absichten im Einzelfall zu entwickeln. Dabei ist es hilfreich, so viel wie möglich zu kommunizieren und zu erfragen. Mit gesundem Menschenverstand und etwas Vorbereitung wird *frau* sich in Brasilien gut zurechtfinden und um wertvolle Erfahrungen bereichert zurückkehren.

Reisen mit Kindern

Brasilien ist ein sehr kinderfreundliches Land und hat manches für die Kleinen zu bieten. Außer Strandabenteuern oder zoologischen Gärten (ein Pflichtprogramm besonders in **São Paulo**) locken um die 20 große und moderne Freizeitparks, sowohl **Parques Aquáticos** (Wasserparks) als auch **Parques de Diversões** (Vergnügungsparks). Besonders bei den Spaßbadanlagen mangelt es nicht an Superlativen, so wetteifern z. B. **Fortaleza** und **Arraial d'Ajuda** (Bahia) um den Titel eines lateinamerikanischen Größenrekords. Die Vergnügungsparks sind ebenfalls gigantisch, wie z. B. die 300 000 km^2 einnehmende **Terra Encantada** in **Rio de Janeiro** (Barra). Ebenfalls im Stadtteil Barra bietet der **Parque da Mônica** viel Spaß für die ganz Kleinen. Ein magnetischer Anziehungspunkt ist auch **Beto Carrero World** (Santa Catarina), einer der größten Abenteuerparks der Welt mit Zirkus, Pirateninsel, mittelalterlichem Schlachtfeld, Schlössern etc. Und in **Gramado** (Rio Grande do Sul) gibt es sogar eine Miniwelt („Minimundo"), mit Miniaturrepliken von europäischen Schlössern, Eisenbahnen, Werften, Schwebebahnen u. ä.

Die **Anreise** per Flugzeug und die damit verbundene Zeitverschiebung ist beschwerlich, muss jedoch nicht zum Stress werden. Am lästigsten sind die Wartezeiten auf den Flughäfen. Man kann sie nutzen, um sich und die Kinder in den Mutter und Kind-Räumen in Ruhe zu waschen, Zähne zu putzen oder die Kleidung zu wechseln, was in den Flugzeugtoiletten nur mit Mühe möglich ist.

Der **Komfort** im Flugzeug variiert nach Fluggesellschaft. Die renommierten bieten „schwebende" Kinderbettchen für Säuglinge und Kinder-Menüs an, welche meist vor den Mahlzeiten für Erwachsene ausgegeben werden, damit man den Kindern beim Essen helfen kann. Oft gibt es Spiele, Bastelmaterial oder ähnliches. Eine **Rückentrage** für die Kleinsten hat sich bestens bewährt, man kann sie notfalls auch im Flugzeug aufstellen und dem Kind somit etwas Bewegungsfreiheit geben. In jedem Fall empfiehlt sich eine Ausrüstung mit Windeln, Babynahrung und Wechselwäsche wie für eine Dreitagereise, denn für einen unvorhergesehenen Aufenthalt sollte man gewappnet sein.

Für die ersten Nächte **nach der Ankunft** braucht man ein gutes, möglichst ruhiges Hotel, in dem sich im Idealfall niemand übermäßig durch ein weinendes oder aufgedrehtes Kind gestört fühlt. Ältere, an Reisen gewöhnte Kinder kommen mit der Umstellung eher zurecht, doch sollte man auf großartige Unternehmungen gleich nach der Ankunft verzichten. In den ersten Nächten sollte etwas zu essen und zu trinken bereitgehalten werden.

Keine übertriebene Angst vor Schmutz, Krankheiten und fremder Sprache! Kinder haben normalerweise gute Abwehrkräfte, finden leicht Anschluss und regeln viele Sachen auch nonverbal. Sie verstehen schnell die Notwendigkeit, kein Wasser aus Wasserleitungen zu trinken etc. Vor der Reise sollte man das Kind gründlich untersuchen lassen und darauf achten, dass es alle erforderlichen **Impfungen** besitzt – einschließlich der gegen Kinderkrankheiten.

Natürlich bringt das Reisen mit Kind auch **Nachteile**. Zunächst einmal ist es teurer, denn das Übernachten unter freiem Himmel oder die Benutzung einer glitschigen Gemeinschaftsdusche sind mit Kindern kein Vergnügen. Folglich wird man mehr auf Mittelklasse- oder gehobene Unterkünfte zurückgreifen. Vom öffentlichen Nachtleben sind die Eltern in der Regel ausgeschlossen, es sei denn, man wechselt sich bei der Betreuung mit jemandem ab. Mit Kindern lassen sich auch keine Mammut-Touren unternehmen, dennoch muss mehr Geld für 1. Klasse-Busse oder Flüge ausgegeben werden.

Buspannen sind in Brasilien keine Seltenheit. Bei jeder noch so kurzen Fahrt sollte man deswegen etwas Proviant und zumindest ein Kinder-T-Shirt zum Wechseln im **Handgepäck** haben. Erwachsene können warten, bis es wieder etwas zu essen/trinken gibt – Kindern verdirbt eine unfreiwillige Hungerkur oder Durststrecke nachhaltig die Lust am Reisen.

Sehr wichtig ist das Einbeziehen der Kinder in die **Reisevorbereitung**. Kinder freuen sich meist, wenn sie an der Planung oder dem Kofferpacken teilnehmen dürfen und ihre Wünsche sollten im Rahmen des Möglichen auch berücksichtigt werden. Es ist hilfreich, darüber zu sprechen, was es in Brasilien zu sehen und zu erleben gibt. Welches Kind wird nicht von der Vorstellung zahlreicher Tiere, vom Buddeln am Strand und vom geheimnisvollen Dschungel begeistert sein?

Nicht vergessen!

- → Reisepass (oder Kinderausweis mit Lichtbild)
- → Impfpass
- → SOS-Anhänger (mit allen wichtigen Daten)
- → Kleidung (möglichst strapazierfähige, leichte Sachen)
- → Wegwerfwindeln
- → Babynahrung
- → Fläschchen für Säuglinge
- → Walkman und Kassetten
- → Spiele und Bücher
- → Fotos von wichtigen Daheimgebliebenen gegen Heimweh
- → Kuscheltier (muss gehütet werden wie ein Augapfel, denn ein verloren gegangener Liebling kann allen den Rest der Reise verderben – reiseerprobte Kinder beugen vor, indem sie nur das zweitliebste Kuscheltier mitnehmen)
- → Sonnencreme mit hohem Lichtschutzfaktor
- → Kopfbedeckung

Reisende mit Behinderungen

In Brasilien ist man auf behinderte Menschen alles in allem noch nicht gut eingestellt, doch behindertengerechte Einrichtungen nehmen zu, und insbesondere in den höheren Preisklassen dürfte es nicht allzu schwierig sein, Unterkünfte und Tourveranstalter zu finden, die sich auf die jeweiligen Bedürfnisse einstellen können. Wichtig ist, dass man sich rechtzeitig vor der Reise bei den Veranstaltern, Hotels und Fluggesellschaften danach erkundigt, ob sie die notwendigen Einrichtungen besitzen. Wer sich an die bekannten Urlaubsbadeorte und die kostspieligeren Touristenhotels hält, wird sicher eine rollstuhl- bzw. behindertengerechte Unterkunft finden. In dieser Hinsicht empfehlen sich besonders die großen internationalen Hotelketten, manche werben sogar mit behindertenfreundlichen Einrichtungen. Allerdings sollte man sich unbedingt im Voraus erkundigen, ob das Hotel auch wirklich auf die persönlichen Bedürfnisse zugeschnitten ist.

Wer über kein eigenes Fahrzeug verfügt, wird feststellen, dass das beste Transportmittel für weite Strecken das Flugzeug ist; Busse sind in der Regel nicht auf Behinderte ausgerichtet, und leider am wenigsten auf Rollstuhlfahrer.

Bei knapper Reisekasse und abseits der ausgetretenen Pfade findet man in Brasilien jedoch kaum behindertengerechte Einrichtungen; Rollstuhlrampen sind eine noch weithin unbekannte Erfindung. Auch Straßen und Bürgersteige sind selbst in den Großstädten oft in katastrophalem Zustand, und so hilfsbereit die Brasilianer auch sind, darf man sich doch nicht darauf verlassen, dass immer eine helfende Hand zur Stelle ist. Wer gern in Begleitung eines Nichtbehinderten reisen möchte und im Freundes- oder Familienkreis keinen passenden Partner hat, kann möglicherweise über eine der nachstehend genannten Organisationen jemanden finden.

Nähere **Informationen** zu Behindertenreisen bietet die Nationale Koordinationsstelle Tourismus für Alle (NatKo), Kötherhofstr. 4, 55116 Mainz, ✆ 06131/250 410, ℻ 214 848, ✉ info@natko.de, 💻 www.natko.de. Zusammenschluss mehrerer deutscher Behindertenverbände, jeweilige Links über die Homepage. Unter anderem nützliche Informationen zur Reiseplanung sowie Adressen empfehlenswerter Reiseveranstalter.

Eine weitere hilfreiche Informationsquelle ist die Datenbank von 💻 www.access-able.com.

Spezialveranstalter

Zwei auf Behinderte zugeschnittener Reiseveranstalter sind:

rfb-Touristik, im Hause Reisebüro Clemens, Lufthansa City Center, Marktstr. 5, 41236 Mönchengladbach, ✆ 02166/6189020, ℻ 619046, ✉ rfb-touristik@t-online.de, 💻 www.rfb-touristik.de.

Reisebüro mare nostrum, Am Schnarrenberg 12, 70376 Stuttgart, ✆ 0711/2858200, ℻ 2858201, ✉ info@mare-nostrum.de, 💻 www.mare-nostrum.de. Reisen auch aus der Schweiz, 💻 www.reiserolli.ch, und Österreich, ✆ 01/6987287, 💻 www.rollireisen.at.

Praktische Tipps

Übernachtung

Pousadas und Hotels

In den größeren Orten, Tourismuszentren und Kolonialstädten besteht ein reichhaltiges Angebot an **Hotels** und **Pousadas** in allen Kategorien und Preisklassen. Pousadas sind eine Art familiengeführte Pension, meistens mit einer kleinen Gartenanlage sowie Veranda mit Hängematten und Pool. Häufig sind sie geschmackvoller gestaltet als Hotels und das Klima ist persönlicher. Sehr beliebt sind Pousadas mit Einzelhäuschen (**Chalês**). Viele Ausländer, auch Deutsche, Österreicher und Schweizer, haben in Brasilien Pousadas eröffnet, oft in sehr guter Qualität. Auch Ausflugsprogramme sowie Buggy-, Boot- oder Fahrradverleih gehören nicht selten zum Angebot.

Hotel-Fazendas befinden sich in einem Parkgelände und offerieren in der Regel zahlreiche Sportmöglichkeiten. Immer beliebter werden **Lodges**, Unterkünfte mitten in der Natur, vor allem im Amazonas und im Pantanal. Zunehmend finden sich auch **Resorts**, Luxus-Hotelanlagen in Strandnähe.

Eine besonders exquisite Qualität darf man bei den Mitgliedern der Gruppe **Roteiros de Charme** erwarten, ein Zusammenschluss von mehr als 30 geschmackvollen Pousadas, verteilt übers ganze Land. Um in den erlesenen Zirkel aufgenommen zu werden, müssen die Anwärter strenge Auswahlkriterien erfüllen, darunter in den Bereichen Umwelt und Service, eine durchgehend hohe Qualität wird durch regelmäßige Qualitätskontrollen gesichert. 💻 www.roteirosdecharme.com.br.

Preiskategorien

Die Unterkünfte in diesem Buch sind nach den unten stehenden Preiskategorien eingestuft. Sie beziehen sich auf den Preis für ein Doppelzimmer. In der Hauptsaison (meist Dezember bis Februar sowie Juli) können die Preise deutlich nach oben abweichen.

❶	bis R$50
❷	R$50–75
❸	R$75–100
❹	R$100–150
❺	R$150–200
❻	über R$200

✤ Öko-Tipp

Einrichtungen, die sich durch besonderes Umweltengagement auszeichnen, sind in diesem Buch mit einem Symbol ✤ gekennzeichnet. Sie verwenden z. B. Solarenergie, verzichten auf Klimaanlagen, Fernseher oder Kühlschränke, sind auf harmonische und verträgliche Weise in die Natur integriert, stellen Umwelt-Informationen für die Touristen bereit etc.

Nach der Definition des brasilianischen Gastgewerbe-Verbands lauten die offiziellen Zimmer-Bezeichnungen: *Quartos* (mit Bad im Flur), *Apartamentos* (mit eigenem Bad), *Suite* (mit kleinem Wohnzimmer), *Bangalô* (kleines Haus ohne Nachbarn) und *Chalê* (Bangalô mit eigener Küche). Allerdings werden diese Bezeichnungen in der Praxis oft abweichend verwendet.

Grundsätzlich ist es in Brasilien möglich, beim Übernachtungspreis ein wenig zu verhandeln, bzw. nach einem „Rabatt" zu fragen *(disconto)*. Besonders in den größeren Hotels sollten die an der Rezeption ausgehängten Preise nicht für bare Münze genommen werden. Vor allem in der Nebensaison und bei längeren Aufenthalten (ab drei Nächten) sind Ermäßigungen keine Seltenheit. Auch kann man gelegentlich günstigere Preise erzielen, wenn man nach einem einfacheren Zimmer fragt, z. B. mit Ventilator statt Klimaanlage. Manche Pousadas haben sowohl Ventilator als auch AC in den Zimmern und bieten einen besseren Preis, wenn man die AC nicht einschaltet.

Eine Besonderheit sind Übernachtungen während der großen nationalen Feste, insbesondere **Karneval** und **Silvester**. In diesen Zeiträumen ist es in vielen Orten kaum möglich, Zimmer für weniger als fünf oder sechs Nächte zu bekommen; denn angeboten werden dann nur so genannte ***Pacotes*** (Pakete), in begehrten Urlaubsorten kosten sie R$1000 und mehr.

Jugendherbergen und Camping

Für Preisbewusste gibt es ein großes Netz an Jugendherbergen und Campingplätzen. Wer mit dem Zelt reisen möchte, findet Adressen auf der Homepage des **Camping Clube do Brasil**, ✆ 21/2210 3298, 💻 www.campingclube.com.br.

HI-Hostels und Nichtmitglieder

HI-Hostels sind in einem weltweiten Verband organisiert, der **Hostelling International Association**. Da die Netzwerk-Mitglieder Standardvorgaben zu erfüllen haben, ist die **Qualität** in der Regel gut bis sehr gut. Die Zahl der Hostels in Brasilien ist in den letzten Jahren stetig angewachsen, die meisten befinden sich im Südosten und Süden des Landes. Flyer und Poster, die in den Hostels ausliegen, sind eine gute Informationsquelle für andere Hostels im Land. **Ermäßigungen** gibt es mit dem internationalen Jugendherbergsausweis (**HI-Card**) und/oder dem internationalen Studentenausweis (**ISIC-Card**), dabei ist der Rabatt mit HI-Card größer als mit ISIC-Card. Die HI-Card kann ohne Altersbegrenzung in den HI-Hostels erworben werden (R$33) und gilt für ein Jahr. Nach rund 6–10 Übernachtungen hat sich die Anschaffung bereits amortisiert. Für viele Hostels kann man **Online-Reservierungen** tätigen: 💻 www.hostel.org.br oder 💻 www.hihostels.com. Weitere Informationen über: **Federação Brasileira de Albergues da Juventude** (FBAJ), Rua General Dionísio 63, Botafogo, Rio de Janeiro, ✆ 21/2286 0303, ✉ info@hostel.org.br. Die nicht im Dachverband organisierten Jugendherbergen werden im internationalen Sprachgebrauch oft als **Non-HI-Hostels** bezeichnet. Sie gewähren in der Regel keine Ermäßigungen, können aber dennoch in Preis und Qualität ebenbürtig oder gar besser sein, z. B. wegen einer günstigen Lage oder durch interessante Zusatzangebote, wie Sport, Aktivitäten etc. Da es bei diesen Hostels keine übergeordnete Qualitätskontrolle gibt, kann man allerdings auch an ziemliche Spelunken geraten.

Darüber hinaus gibt es in vielen Städten und Strandorten Plätze, die nicht im Verband organisiert sind. Die Standards brasilianischer Campingplätze sind zumeist einfach und mit den europäischen nicht zu vergleichen.

Jugendherbergen *(Hostels* oder *Albergues)* gehören zu den preiswertesten und bei Backpackern beliebtesten Unterkünften in Brasilien. Die Qualität ist in der Regel gut, zudem lässt sich schnell Kontakt zu anderen Travellern herstellen, darunter auch zu vielen Brasilianern, die gern ihr eigenes Land bereisen. Für das so anregende „Traveller-Feeling", das oft gerade durch die vielen internationalen Kontakte entsteht, sind brasilianische Hostels eine exzellente Adresse.

Da brasilianische Jugendherbergen sich erst seit 2004 offiziell **Hostel** nennen (vorher war das portugiesische *Albergue* üblich), ist der Begriff im Umgangssprachgebrauch noch nicht sehr weit verbreitet und die Frage auf der Straße nach einem „Hostel" kann eventuell Stirnrunzeln auslösen. Weiter kommt man im Zweifel mit dem brasilianischen Begriff *Albergue da Juventude.*

Die **Gruppenräume** (Dorms) sind in Brasilien fast immer nach Geschlechtern getrennt. Sie bestehen meistens aus 4–6 Betten, seltener findet man acht oder mehr Betten in einem Raum. **Doppelstockbetten** (Bunks) sind weit verbreitet, jedoch in der Qualität oft schwankend. Vom stabilen Massivholz-Bett bis zur schwächlichen Metallkonstruktion ist alles dabei. Die besten Hostels haben auch Einzelbetten. Neben Gemeinschaftsräumen bieten viele Hostels auch **Doppelzimmer** an.

Die meisten Hostels haben keine Klimaanlage, sondern fast immer **Ventilator**. **Bettwäsche** ist in der Regel im Preis enthalten, in manchen Hostels muss man jedoch zusätzlich dafür bezahlen (ca. R$3–6). Standard sind in HI-Hostels kostenlose **Schließfächer**, oft gibt es Internetzugang und Fernsehraum. Das **Frühstück** ist grundsätzlich im Preis enthalten, die Qualität meist zufrieden stellend. Einige Hostels, besonders in den Metropolen, gelten als „Party-Hostels", wem der Sinn eher nach Ruhe steht, sollte besser einen Bogen um sie machen. Viele Hostels bieten **Extras** an, z. B. Touren und Ausflüge (in die Umgebung, zu Fußballspielen, in Nachtclubs, ins Theater etc.), Sprach- und Tanzkurse, Leihbücher und vieles mehr.

Die **Preise** pro Person liegen landesweit etwa zwischen R$18–30 (mit HI-Card). Im Südosten und Süden sowie in den Großstädten sind sie generell etwas höher als im Nordosten oder im Westen sowie in den kleineren Ortschaften.

Mietwohnungen

Eine interessante Alternative in manchen Städten sind Mietwohnungen; strandnahe Apartments werden u. a. in **Rio de Janeiro** und **Salvador** von Vermittlungsagenturen für kurze und auch längere Zeiträume angeboten. Während des Karnevals und anderer Feste mit viel Besucherandrang vermieten auch in kleineren Städten viele Einwohner private Zimmer, Aushänge an den Häusern weisen darauf hin. In den Großstädten kann bei entsprechenden Sprachkenntnissen auch ein Blick in die lokalen Tageszeitungen weiterhelfen.

Motels

Motels sind die brasilianische Version des Stundenhotels und dürfen weder mit einem normalen Hotel noch mit einem Etablissement europäischen Stils verwechselt werden. Man erkennt sie leicht an den rot leuchtenden Amor-Engeln oder Neon-Herzen sowie den eindeutig-zweideutigen Namen. Für die brasilianische Gesellschaft spielen Motels eine wichtige Rolle, da junge Paare vor der Ehe aufgrund der meist beengten Wohnsituation selten ausreichend Raum für Privatsphäre haben. Gesellschaftlich sind sie deswegen auch weitgehend akzeptiert und haben somit nichts grundsätzlich Anrüchiges an sich. Die meisten Motels sind äußerst gepflegt und bieten sogar luxuriöse Extras wie Whirlpool und Kabel-TV. Auch eine ganze Nacht zu bleiben ist möglich *(per noite)*, oft ist dies sogar billiger als ein durchschnittliches Hotel. Im Notfall, z. B. bei ausgebuchten Hotels, kann ein Motel also durchaus mal als Übernachtung ohne Hintergedanken dienen. Die meisten Motels liegen jedoch ungünstig außerhalb der Zentren.

Reservierungen

In der **Hauptsaison** (in der Regel Juli bis in den August hinein sowie zwischen Weihnachten und Karneval) sind Reservierungen in touristisch belebten Orten sinnvoll. Am einfachsten lassen sie sich übers Internet oder telefonisch tätigen, allerdings sind englischsprachige Mitarbeiter rar (am ehesten noch in den besseren Pousadas und Hotels). In manchen Gegenden wird in Spitzenzeiten bei einer Reservierung eine **Anzahlung** *(Depósito)* verlangt. Diese muss dann *vor* Anreise bei einer vom Hotel angegeben Bank eingezahlt werden, ein eigenes Konto ist hierfür nicht nötig. Man geht einfach mit dem entsprechenden Bargeld-Betrag zum Schalter oder Geldautomaten und füllt dort ein Formular aus. Die Bankmitarbeiter helfen weiter.

Jugendherbergen

Vom **Deutschen Jugendherbergswerk** ist das *Internationale Jugendherbergsverzeichnis* für Übersee erhältlich. Es enthält u. a. Adressen von mehr als 4200 Jugendherbergen in über 60 außereuropäischen Ländern. Zu erhalten für 12,50 € in allen Jugendherbergen oder im Internet unter: www.djh-shop.de. Informationen über die nächste Ausgabestelle erteilen die Landesverbände. Hier kann man auch die Mitgliedschaft beantragen, sie kostet bis zum 27. Geburtstag 12 €, Einzelpersonen ab 27 Jahren, Familien und Partner zahlen 20 € jährlich. Eine Mitgliedschaft im Schweizer Jugendherbergsverband kostet bis 18 Jahre 22 sFr pro Jahr; Interessenten ab 18 Jahren zahlen 33 sFr, Familien 44 sFr. In Österreich ist die Mitgliedschaft im Jugendherbergswerk für Heranwachsende bis 18 Jahre kostenlos. Personen, die älter als 18 Jahre sind, zahlen 15 €.

Kontaktadressen:
DJH Service GmbH, Bismarckstr. 8, 32756 Detmold, ✆ 05231/74010, Fax 740149, ✉ service@djh.de, www.jugendherberge.de.
Österreichisches Jugendherbergswerk, Helferstorferstr. 4, 1010 Wien, ✆ 01/5331833, Fax 5331 83385, ✉ office@oejhw.or.at, www.oejhw.or.at.
Schweizer Jugendherbergen, Schaffhauserstrasse 14, 8042 Zürich, ✆ 044/3601414, Fax 3601460, ✉ bookingoffice@youthhostel.ch, www.youthhostel.ch.

Eine Übersicht über einige brasilianische Jugendherbergen findet man bei: www.hostels.com. Unter www.hihostels.com gibt es eine Übersicht über **Rabatte**, die Besitzern eines Jugendherbergsausweises in 30 Ländern gewährt werden (z. B. Ausflüge).

Essen und Trinken

*Von Emily Sasson Cohen**

Dass es in Brasilien eine eigene Gastronomie gibt, ist vielen Besuchern gar nicht bekannt. Doch internationale Spitzenköche weisen bereits darauf hin, dass Brasilien in naher Zukunft ein echtes gastronomischen Highlight sein wird – mit einer außerordentlich reichen und vielfältigen Küche. Die verschiedenen Gruppen von Einwanderern, v. a. aus **Europa**, haben die Vielfalt der brasilianischen Gastronomie wesentlich mitbestimmt, die größten Einflüsse sind jedoch auf folgende Gruppen zurückzuführen: die **Indianer**, die ersten Einwohner des Landes; die **Portugiesen**, die alte Kolonialmacht; sowie die **Afrikaner**, die als Sklaven in das Land kamen. Diese drei Völker formen die wesentlichen Säulen der brasilianischen Kochkunst. Dazu hat jede Region des Landes ihre typischen Gerichte, die sich aus den gegebenen klimatischen Bedingungen, den natürlich vorkommenden Produkten und aus der gelebten Geschichte heraus entwickelt haben.

In **Bahia** zum Beispiel, wo die meisten Sklaven eintrafen, überwiegen afrikanische Zutaten. Häufig werden **Meeresfrüchte** serviert, die auf einer Grundlage von ***azeite de dendê*** (ein aus der Kokosnuss der Dendê-Palme gewonnenes Öl), Kokosmilch und viel frischem Pfeffer zubereitet werden. Eine der Besonderheiten ist ***Acarajé***, ein Küchlein aus schwarzen Augenbohnen in ***azeite de dendê*** gebacken und gefüllt mit ***Vatapá*** (eine Maismehlcreme), getrockneten Krabben, Pfeffer und Tomaten-Zwiebelessig. Die verschiedenen Zutaten verbinden sich zu einer köstlichen Einheit! *Acarajé*-Bällchen werden überall an Straßenständen von bahianischen Frauen in ihren traditionellen Gewändern ganz frisch zubereitet.

In **Belém** (Pará), in der nördlichen Amazonasregion, dominieren ganz andere Gewürze. Manche Menschen behaupten, dass das Essen von dort das „brasilianischste" ist, da es nur geringen äußeren Einflüssen unterlag und noch immer wesentlich auf der indianischen Küche gründet. Das beliebteste Gericht ist ***pato no tucupi***, Ente in einer gelben Brühe, die aus den Wurzeln des wilden Manioks gewonnen und zubereitet wird. Exotisch und sehr schmackhaft!

Grundsätzlich kann man sagen, dass an jedem Ort Brasiliens Folgendes zum Essen gehört: eine begleitende ***Farofa*** (geröstetes und in Butter gebratenes Maniokmehl), das weit verbreitete ***mandioca*** (Maniok) in verschiedenen Variationen, ***feijão com arroz*** (Bohnen und Reis), sowie verschiedene Früchte – all dies wird mit regionalen Gerichten kombiniert. Die Portionen sind dabei stets üppig und die Zutaten fast immer ganz frisch, so dass dem entdeckungsfreudigen Gourmet in Brasilien eine kulinarische Welt mit riesiger Auswahl offen steht.

Brasilianische Essgewohnheiten

Brasilianer pflegen morgens leicht zu frühstücken, üblicherweise Baguette mit ***queijo minas*** (Käse aus Minas Gerais) oder ***queijo amarelo*** (Schnittkäse), ***requeijão*** (Quark), Obst wie ***mamão*** (Papaya) und ***melancia*** (Wassermelone), schwarzem Kaffee und Orangensaft. Gute brasilianische Hotels und Pousadas sind bekannt für Frühstückstafeln, die zu den besten der Welt zählen, mit einer breiten Auswahl an frischem Obst, Brot- und Käsesorten, wundervollen Säften, Omelettes, warmen Käsebroten (Käsetörtchen aus dem Ofen), Kokoswasser und Torten aus Maismehl, Schokolade, Orangen und geschlagenem Eiweiß.

Auch zu Mittag isst man in Brasilien gut. Eine komplette Mahlzeit besteht dabei aus einem üppigen warmen Gericht, Nachtisch und dem ***Cafezinho***, das starke „Kaffeechen". Ein traditioneller Mittagsteller besteht aus Zwiebelbeefsteak mit Bohnenreis und Pommes frites. Der Nachtisch ist in der Regel eher leicht, üblicherweise eine Süßspeise aus Obst. Und als krönender Abschluss der Kaffee: Wer in Rio de Janeiro einen leichteren Kaffee als Espresso möchte, bestellt einen ***Carioquinha***.

Gegen den kleinen Hunger am Nachmittag ist zwischen 17 und 17.30 Uhr ein Imbiss vorgesehen. Üblich sind hierzu ein ***Salgado*** (Salzgebäck) oder ein belegtes Brötchen, dazu ein Erfrischungsgetränk oder ein Saft. Zum Abendessen, gegen 20 Uhr, gibt man sich dann eher bescheiden. Suppen, belegte Brötchen oder leichte Gerichte stehen zur Auswahl.

Die beliebtesten Duos

Es gibt Zutaten, die so perfekt miteinander harmonieren, dass es praktisch unmöglich ist, sie zu trennen. Hier einige traditionelle Duos:

Feijão com arroz (Bohnen mit Reis) – Ob es sich um Vollkornreis, Klebereis, feuchten Reis oder grobkörnigen Reis handelt, ist ganz egal. Auch Bohnensorten gibt es unzählige verschiedene, sie dürfen weiß, schwarz oder braun sein und sie können mit sehr viel oder auch ganz ohne Brühe serviert werden (in diesem Fall als ***Baião de dois*** bezeichnet). Bohnen und Reis werden niemals getrennt serviert und in Brasilien gehören sie ganz selbstverständlich zu jedem Gericht. Neben dem Maniok ist dies definitiv die kulinarische Gemeinsamkeit aller Brasilianer zwischen Nord und Süd.

Queijo minas com goiabada (Käse aus Minas Gerais mit Guavenmarmelade) – Eine Erfindung der Bergleute, die sich von „Iapoque bis nach Chui", wie die Brasilianer sagen, verbreitet hat (die erste Stadt liegt im extremen Norden, die zweite im tiefsten Süden). Der *queijo minas* wird aus Kuhmilch hergestellt, er ist weiß, süßlich und sehr leicht, wenn auch nicht gereift. *Goiabada* ist eine aus Guavenschalen hergestellte Süßspeise in quadratischer Form mit rot-orangener Farbe. Die Kombination aus beidem ergibt einen leichten und erfrischenden Nachtisch.

Caldo de cana com pastel (Zuckerrohrsaft mit Pastete) – Wer gerne gastronomische Entdeckungsreisen unternimmt, geht am besten auf einen städtischen Markt *(Mercado)*. Hier findet man die unterschiedlichsten Zutaten, frisches Obst und Gemüse, freundliche Marktleute und die Möglichkeit, eine frisch gebackene Pastete aus dünnem Teig mit Fleisch-, Käse- oder Palmenherzfüllung zu probieren. Dazu ein frisch aus dem Pflanzenstängel gepresster Zuckerrohrsaft: grün und sehr süß.

Bolinho de bacalhau com azeite (Stockfischküchlein mit Olivenöl) – Man sagt, dass dieses Küchlein aus Portugal kommt, und ebenso wie dort steht es auch in Brasilien in jeder Kneipe als Häppchen auf der Speisekarte. Der Teig für die Küchlein besteht aus zerlegtem Stockfisch, Kartoffeln und einer Petersilie-Schnittlauch-Mischung. Mit etwas Olivenöl darüber und einem Bier dazu ist es das perfekte Duo für die späte Nacht.

Regionale Spezialitäten

Diese Gerichte sind der gebratene, gebackene, gekochte oder geröstete Beweis für die Existenz einer eigenen brasilianischen Gastronomie. Auch wenn es einen kulinarischen Austausch gibt, hat doch jede Region ihre typischen Gerichte.

Im Norden: Die lokale Kochkunst im Amazonas wird maßgeblich von den großen Flüssen und den vielen indianischen Stämmen bestimmt. Aus den Flüssen stammen Fische wie ***Tucunaré*** oder ***Pirarucu*** (der größte Schwarmfisch der Welt). In den Städten Manaus und Belém sollte neben ***Tucupi*** (s. o.) unbedingt ***Tacacá*** probiert werden, eine auf einem indianischen Rezept basierende Suppe aus *Tucupi*, Jambublättern (einer Pflanze, die ein leichtes, angenehmes Taubheitsgefühl der Zunge bewirkt), gekochter Maniokstärke, getrockneten Krabben und duftendem Pfeffer. Sie wird an Straßenständen angeboten und ist ein guter Nachmittagsimbiss.

Im Nordosten: In dieser Region findet sich die Dürre der Wüste ebenso wie der Reichtum des Meeres. Aus der Wüste stammen Gerichte wie ***Buchada de bode*** (aus Ziegeninnereien) und ***Carne-de-sol*** (gesalzenes Fleisch, das mindestens 12 Stunden in den Schatten gehängt wird), dazu ***farofa***, beides ist z. B. in João Pessoa oder Aracaju sehr beliebt. In Recife sollte man ***Chambaril*** (Rindfleisch mit Zimt und anderen Gewürzen) probieren, sowie ***Galinha*** (Hühnchen) ***à cabidela*** (mit Geflügelklein) oder ***ao molho pardo*** (im Blut des Tieres gekocht – am besten beim Essen nicht dran denken). In allen Städten des Nordostens gibt es die mit Käse und Kokos gefüllten, berühmten ***tapioca*** (aus leichtem Maniokteig).

In Fortaleza oder Natal sollte man unbedingt die Gelegenheit nutzen, ***Lagosta*** (Languste) zu Spottpreisen zu essen. Die Brühe ***caldo de sururu*** (aus einem kleinen Weichtier, das in anderen Staaten schwer zu finden ist) ist typisch für Maceió. Wer gern Krebs ***(caranguejo)*** isst, fährt am besten nach Parnaíba, Aracaju oder Fortaleza. Dort werden die Schalentiere als Ganzes serviert. Um den Panzer zu knacken und an das Fleisch zu kommen, erhält man ein spezielles Hämmerchen. Das typischste Gericht in São Luis ist ***arroz-de-cuxá com peixe*** (Reis mit Fisch, üblicherweise der delikate gelbe Seehecht). ***Cuxá*** ist eine Spezialität aus Maniokmehl, getrockneten Krabben, geröstetem Sesam – und das Wichtigste: ***Vinagreira***, ein leicht säuerliches Gras, welches dem Cuxá die grüne Färbung verleiht.

Der Staat **Bahia** verdient innerhalb des Nordostens einen eigenen Abschnitt. Durch den starken afrikanischen Einfluss haben viele Gerichte ihren Ursprung im *Candomblé*, der religiösen Vermischung von christlichen und afrikanischen Traditionen. Neben dem ***Acarajé*** (s. o.) sollte man auf keinen Fall die wunderbare ***Moqueca*** versäumen,

Überall im Land findet sich ein reichhaltiges Obst- und Gemüseangebot

die in Tontöpfen zubereitet wird. Es handelt sich dabei um einen Eintopf zumeist aus Meeresfrüchten, Krebsfleisch, Fisch und/oder Krabben. *Azeite de dendê,* Kokosmilch und Gewürze wie Koriander, Petersilie und Paprika bilden die Grundlage. Wer die *Moqueca* ohne Dendê-Öl bevorzugt (schwer zu finden), fragt nach einem ***ensopado***.

Ebenfalls probieren sollte man am Strand oder im Restaurant eine ***Lambreta***, eine Art Miesmuschel, deren Schale sich nach dem Erhitzen öffnen lässt. Zu allen Gerichten wird im Nordosten das typische ***Pirão*** serviert, eine breiige, schmackhafte Beilage, die nichts weiter ist als eine mit Maniokmehl gebundene Fisch- und Meeresfrüchtebrühe.

Im Zentralen Westen: Die weiten Ebenen des Westens sind dem Vieh vorbehalten, doch der Fischreichtum der Flüsse des Pantanal ergänzt die lokalen Geschmacksrichtungen. In Campo Grande lohnt es sich, nachts auf die *feira central* (Zentralmarkt) zu gehen, um dort eine ***Sobá*** zu probieren: eine von Einwanderern aus Okinawa mitgebrachte Brühe, die aus hausgemachten Makkaroni, Schweinefleisch, Ingwer, Silberzwiebeln und Ei zubereitet wird. Die Städte Bonito und Corumbá sind berühmt für die Piranhabrühe ***caldo de piranha***, man sagt, sie habe aphrodisierende Wirkung. Die am häufigsten servierten Fische in der Region sind ***Pintado*** und ***Pacu***.

Im Südosten: Hier liegen die großen Metropolen Brasiliens, und wie zu erwarten findet man in **Rio de Janeiro** und **São Paulo** auch die besten Restaurants des Landes mit internationaler Küche. Überall bekommt man portugiesisches, arabisches, italienisches, französisches und japanisches Essen. Auch außerhalb des großen japanischen Viertels *Liberdade* in São Paulo ist ***Sushi*** inzwischen beliebt, ja fast zu einer nationalen Obsession geworden, so wie es das ***Churrasco*** (Grillfleisch) schon seit jeher gewesen ist. Auch die besten ***Pizzas*** aus dem Holzofen und typische italienische ***Tascas*** findet man in **São Paulo**. Es bedarf schon einer gewissen Anstrengung, um dort schlecht zu essen.

In **Rio de Janeiro** sollte man sich am besten einen ganzen Nachmittag freihalten, um das Nationalgericht zu versuchen: die ***Feijoada***. Ursprünglich ein von den Herrschaften verpöntes Resteessen für Sklaven, wird sie heute in fast allen Restaurants angeboten; in verfeinerter Form selbst in den nobelsten Hotels. Es handelt sich dabei um einen Eintopf aus schwarzen Bohnen mit verschiedenen Sorten Schweinefleisch wie Rollschinken, ***Linguiça*** (einer dünnen Wurst), Lende, Haxe und Ohren. Serviert wird alles zusammen mit Reis, Kohl und Orangenstücken. Da es ein schwer verdauliches Gericht ist, sollte man nicht unbedingt an Reisetagen darin schwelgen. Ein anderes typisch einheimisches Gericht ist das ***Filé à Oswaldo Aranha,*** das in den Fleischrestaurants serviert wird. Es handelt sich um ein großes Stück Filet Mignon, belegt mit gebratenem Knoblauch. Unter den vielen Snacks in den Bars sind vor allem die ***bolinhos de bacalhau*** (s. o.) sowie das Bohnensüppchen ***caldinho de feijão*** hervorzuheben.

Die regionale Küche von **Minas Gerais** ist so ausgezeichnet, dass sie sich über das ganze Land verbreitet hat. Viele Gerichte enthalten Schweinefleisch, sind aber dennoch leicht bekömmlich. Zwei immer wiederkehrende Beilagen sind ***couve*** (in Knoblauchöl zubereiteter Kohl) sowie ***torresmo crocante*** (knusprige Grieben). Diese Spezialität der Hauptstadt Belo Horizonte ist vor allem in den vielen Bars erhältlich. Auch sollte man ***Doce de leite*** (eine Milchsüßspeise) probieren sowie die verschiedenen Früchtekompotts ***(Compotas de frutas)*** und Zuckerrohrschnäpse ***(Cachaças)***, die zu den besten des Landes gehören.

Im Süden: Ohne Frage ist der Einfluss europäischer Einwanderer hier am offensichtlichsten; viele Deutsche und Italiener, Holländer, Polen, Österreicher und Schweizer haben die Gegend bevölkert. In Blumenau isst man gefüllten ***Marreco (marreco recheado)***, eine brasilianische Entenart, die in ihren Innereien gebacken wird, dazu Rotkohl ***(repolho roxo)*** und – natürlich – Sauerkraut ***(chucrute)***. Auch Eisbein und Kassler dürfen auf der Speisekarte des Südens nicht fehlen.

Die große Spezialität in Gramado ist ***Fondue*** – mit Käse, Fleisch oder Schokolade. In Curitiba werden dagegen ***borcht*** (Borschtsch), ***platzki*** (Kartoffelpuffer) und ***Holopti*** serviert. Und in der kleinen Stadt Treze Tílias begegnet man österreichischen Gerichten wie Knödel ***(knodel)*** und Gulasch mit Spätzle ***(goulash com spatzle)***.

In **Caxias do Sul** trifft man dann auf das geballte italienische Erbe, dort isst man am liebsten Hühnchen vom Holzkohlengrill ***(galeto assado)*** mit gebratener Polenta ***(polenta frita)***. Aufgrund seiner Meereslage bietet Florianópolis wunderbare Meeresfrüchte, allen voran Austern ***(ostras)***. Nicht zu vergessen sind auch die Gaúchos, die stolzen Viehzüchter aus **Rio Grande do Sul**. Es ist kein Geheimnis, dass die besten ***Churrascarias*** (Grillrestaurants) des Landes in der Hauptstadt Porto Alegre zu finden sind.

Trinken mit Genuss

Trinken ist wichtig für einen ausgewogenen Wasserhaushalt und um die von der tropischen Hitze entzogene Energie zu erneuern; aber auch um die Nächte des Samba, Forró, Rock, Trance, Pagode, Hip-Hop usw. aufzupeppen.

Zum Erfrischen: Angeboten wird überall im Land eine reichhaltige und günstige Auswahl an frischen Fruchtsäften, von denen einige nur in Brasilien vorkommen, wie z. B. ***Açaí*** (Frucht der Açaí-Palme), ***Acerola, Umbu, Graviola, Cupuaçu*** oder ***Bacuri***. Auch die hervorragenden Frucht-Shakes wie Ananas mit Minze ***(abacaxi com hortelã)***, Papaya mit Orange ***(mamaõ com laranja)*** oder Erdbeermilch ***(morango com leite)*** sollte man unbedingt probieren. Neben den Säften ist auch das Kokoswasser ***(água de coco)*** immer ein exzellenter Energiespender, verkauft wird es eisgekühlt an allen Strandhütten. Zum Nachtisch bietet sich ***Açaí na Tigela*** an, eine dunkelrot-lilafarbene, süße Creme, die aus dem Fruchtfleisch der Açaí-Frucht zubereitet wird. Serviert wird sie meist eiskalt in einem Schälchen, vermischt mit Guaraná-Pulver, Müsli *(Granola)* und geschnittenen Bananen. Da die Açaí-Frucht als äußerst energie- und kalorienreich gilt, ist sie besonders bei Sportlern en vogue.

Das beliebteste industriell gefertigte Erfrischungsgetränk Brasiliens ist das süße, mit Kohlensäure versetzte ***Guaraná***, es stellt nordamerikanische Zuckerbrausen geschmacklich in den Schatten und kann sogar „süchtig" machen. Hergestellt wird es aus der Energie spendenden Amazonasfrucht gleichen Namens. Die beste und beliebteste Marke ist ***Antárctica***, das Getränk gibt es auch ohne Zucker „light".

Zum Spaß haben: Die beliebtesten alkoholischen Getränke Brasiliens sind der Zuckerrohrschnaps ***Cachaça*** (auch ***pinga*** oder ***aguardente*** genannt) sowie Bier ***(cerveja)***. Der hochprozentige ***Cachaça*** ist dabei wohl das „brasilianischste" Getränk überhaupt. Der Zuckerrohr-Sud, aus dem es hergestellt wird, wird gegoren, destilliert und muss anschließend reifen. Wenn *Cachaça* pur genossen wird, sind die zwei Jahre in speziellen Holzfässern gereiften, gelben Sorten zu bevorzugen. Im Supermarkt sind die teuren Marken auch die besten, man kann sich also ganz nach dem Preis richten.

Zu weltweitem Ruhm ist inzwischen der Cocktail ***Caipirinha*** gelangt, eine Mischung aus *Cachaça*, Eis, Zucker und Limetten- oder Zitronenstücken. Eine berühmte Variation ist die ***Caipirosca*** (oder ***Caipivodka***), die, wie der Name schon sagt, mit Wodka gemacht wird. Gerne wird sie auch mit süßeren Früchten kombiniert wie Erdbeere ***(morango)***, Carambola, Lychee, Cashew ***(caju)*** oder Ananas ***(abacaxi)***. Ein weiterer beliebter Drink ist die ***Batida***, bei der die Frucht-Cachaça-Mischung bereits im Entsafter hergestellt wird, was eine feinere und flüssigere Konsistenz und einen sehr süßen Geschmack bewirkt.

Trotz der vielen köstlichen Cocktails ist das in Brasilien am meisten konsumierte Getränk **Bier**: man trinkt es entweder aus der 600 ml-Flasche ***(garrafa)***, der 350 ml-Flasche ***(longneck***, sprich: *longinecki)*, der Dose ***(lata)*** oder frisch gezapft vom Fass ***(Chope)***. Letzteres ist leichter bekömmlich; es wird direkt aus dem Fass ins Glas gezapft und man darf sich darauf verlassen, dass die am besten besuchten Bars auch diejenigen sind, wo die besten Chopes gezapft werden.

Vegetarier in Brasilien

Um es vorweg zu nehmen: das Leben als Vegetarier in Brasilien ist kein Zuckerschlecken. Die Vielfalt fleischloser kulinarischer Möglichkeiten ist begrenzt, jedenfalls dann, wenn man einen minimalen Anspruch auf Abwechslung hat. Dies gilt natürlich nicht für die Großstädte wie São Paulo oder Rio de Janeiro, wo man meisterliche Küchen für jeden Geschmack findet. Aber wer isst dort schon jeden Tag?

Was ist also zu tun, um in Brasilien als Vegetarier zu bestehen? Die weltweit am weitesten verbreitete Möglichkeit besteht im Ausdrücken von **Sonderwünschen**. Man könnte den Koch nach einem einfachen vegetarischen Gericht fragen oder man bestellt einfach das, was auf der Karte steht mit dem Zusatz „bitte ohne Schinken, Fleisch" etc. *(por favor sem presunto, carne,* etc.). Ein Nachteil dieser Strategie besteht darin, dass oft genug das Essen trotz aller Interventionen *mit* Schinken, Fleisch etc. auf den Tisch kommt und man dann rätselt, an welcher Stelle auf den drei Metern zwischen Kellnerin und Koch die Information wohl verloren gegangen sein könnte. Nun gäbe es die Möglichkeit, auf die fehlerhafte Lieferung hinzuweisen, seine jahrelangen Essgewohnheiten und Lebensprinzipien zu erläutern oder aus Protest den Manager zu verlangen; dies wäre jedoch eine allzu **„europäische Reaktion"**. Andererseits, wie es nun mal so ist, knurrt meistens mächtig der Magen, und wer hat in einem Land wie Brasilien schon Lust auf lange Debatten? Zudem fehlt vielleicht gerade eine für die Protestnote elementare Portugiesisch-Vokabel und auch die freundliche Kellnerin lächelt so unschuldig herüber, so dass der Verdacht entsteht, ihr könnte der Fauxpas am Ende nicht einmal bewusst sein! Also bleibt die **„brasilianische Lösung"**: sie besteht darin, das Stück Schinken, Fleisch etc. entweder mit so viel Eleganz wie möglich aus dem Sandwich heraus zu pulen bzw. beiseite zu legen, oder (ausnahmsweise!) einfach mit zu verputzen – Augen zu und durch!

Das größte Problem für den konsequenten Vegetarier besteht darin, dass diesem einem Mal mit einiger Sicherheit weitere folgen werden. Dies zeigt alle Erfahrung. Denn in Brasilien wird man zum Fleischessen geradezu gezwungen. Die schleichende Gewöhnung an den Fleischkonsum dauert in der Regel genau bis zu dem Tag, an dem man herzhaft auf einen Schweineknorpel beißt. Plötzlich fällt einem die Verirrung wie Schuppen von den Augen und noch an Ort und Stelle schwört man sich die sofortige Rückkehr zu alten Prinzipien. Doch ist dies Brasilien, und so hält auch diese Phase nur bis zum nächsten großen Heißhunger, wenn man dann beschließt, dass es eigentlich auch reicht, zu Hause wieder ein „richtiger" Vegetarier zu sein...

Bier wird in Brasilien **immer** eiskalt getrunken *(estupidamente gelada* = blödsinnig kalt), und das Gezapfte hat stets eine ordentliche Schaumkrone.

Um sich „einheimisch" zu fühlen: Im Süden gehört der ***Chimarrão*** in allen gesellschaftlichen Kreisen zum guten Ton. Dabei handelt es sich um Mate-Tee, der mit heißem Wasser aufgebrüht wird (s. S. 110), eine gute Alternative zum Kaffee. Im heißen Klima des Zentralen Westens nennt der Tee sich ***Tereré*** und wird dort mit kaltem Wasser zubereitet und in einem Rinderhorn serviert.

Die Städte Garibaldi und Bento Gonçalves in **Rio Grande do Sul** liegen in den wichtigsten Weinanbaugebieten Brasiliens. Auch wenn das Land sich nur allmählich auf diesem Gebiet entwickelt, ist die Gegend doch einen Spaziergang wert und bietet eine gute Gelegenheit zu einer **Weinprobe**. Hierzu gehören auch die im Ausland hoch geschätzten Champagnersorten.

Die bekanntesten Biersorten

Bohemia – hochwertiges Traditions-Pils (seit 1853), auch als Weiss oder Schwarzbier mit cremiger Schaumkrone
Skol – bekömmlichste Pilssorte auf dem Markt
Antárctica und Brahma – weit verbreitet, ebenfalls recht mild
Kaiser – US-Bier mit viel Marketing, stets am Geschmack der Brasilianer vorbei
Cerpa – Draft Beer aus Pará, sehr schmakkhaft
Cintra – Pils mit Hopfen aus Hallertau (Deutschland)
Caracu und Cingu – Stout Bier, schwarz, süß und stark

Restaurants

Das Restaurant ist in Brasilien der gesellschaftliche Treffpunkt schlechthin, Esslokale finden sich zahlreich in allen Varianten und Preisklassen.

Wenn nicht viel Zeit fürs Mittagessen bleibt, empfiehlt sich ein Besuch im Buffet-Restaurant (Kilo-Restaurant): ***Restaurante de comida à quilo***. Hier kann man sich den Teller am Buffet nach Belieben mit warmen Gerichten, Salaten und Desserts füllen, und am Ende wird nach Gewicht gezahlt. In kleinen Städten ohne ausgeprägte Restaurantszene sind Kilo-Restaurants vermutlich die beste Alternative für **Vegetarier**, da es eigentlich immer eine gewisse Auswahl an Salaten und Gemüse gibt.

Wer auf der Suche nach einem kleinen Snack ist, findet an jeder Ecke eine ***Lanchonete*** (Imbissbude). Angeboten werden belegte Brötchen mit Fleischfilet *(sanduíches de filé)*, Hähnchen mit Salat *(frango com salada)* oder einfache kalte Sandwiches *(sanduíches naturais)*. Typisch ist auch Herzhaftes aus der Friteuse *(salgados fritos)* wie *coxinha de galinha* (Hühnchenschlegel), der arabische Klassiker *Kibe, Risole* und Pasteten *(pastéis)*. Dazu einen frisch gepressten Fruchtsaft.

Die **Bars** und **Kneipen** Brasiliens haben zwei Gesichter: Tagsüber bieten sie oft günstige Tagesgerichte an, üblicherweise zwei oder drei Standardgerichte. Am Abend wird die Auswahl reduziert, dann gibt es nur noch Snacks wie *Carne-de-sol acebolada com farofa* (gesalzenes Fleisch mit Zwiebeln und Maniokmehl), *bolinhos de bacalhau* (Stockfischküchlein), *batata frita* (Pommes frites), *Bolinhos de aipim com carne seca* (Maniokküchlein mit Trockenfleisch), *aipim frito* (gebackener Maniok) usw. Jedes Gericht wird stets begleitet von viel frischem *Chope*.

Für Fleischliebhaber, zu denen die Brasilianer mit Sicherheit zählen, gibt es die beliebten ***Churrascarias*** (Grillrestaurants). Hier kommen die Kellner im Minutentakt mit neuen Fleischspießen und verschiedenen frischen Fleischsorten an den Tisch, man kann das Angebotene dann annehmen oder auch nicht. Beilagen werden extra bestellt und sind im einmalig zu zahlenden Festpreis enthalten. Zusätzlich wird immer auch ein großes Salatbuffet angeboten, an dem man sich nach Herzenslust bedienen kann. Es ist üblich, sonntags in eine Churrascaria zu gehen und aus diesem Besuch die einzige Mahlzeit des Tages zu machen, da man anschließend quasi herausgerollt werden muss. Am Sonntag sind die Preise folglich auch höher als an anderen Tagen. Eine pfiffige Variante des *Churrasco* sind ***Rodízios***, die auf dem selben Prinzip basieren. An den Tisch gebracht werden jedoch statt Fleisch unterschiedlich zubereitete Pizzas, Nudeln, Käse oder Weine – oder alles andere, was dem kreativen Besitzer eingefallen ist.

Die ebenfalls vorhandenen ***Restaurants à la carte*** können unter Umständen anspruchslos, aber teuer sein. Vor allem in **Rio de Janeiro** und **São Paulo** jedoch gibt es eine unglaubliche Anzahl exzellenter Restaurants mit internationaler oder brasilianischer Küche.

Egal, wo man speist: 10% **Trinkgeld** sind im Endpreis immer bereits enthalten. Zusätzlich dazu muss man nichts mehr geben. Auch Münzen sollte man nicht auf dem Tisch liegen lassen, dies ist in Brasilien nicht üblich und wird im Zweifel eher als Affront missdeutet. Anders als in Europa braucht man auch nicht eilig den Tisch frei zu räumen, wenn man nichts mehr konsumiert. Auch nach dem Essen kann man einfach entspannt sitzen bleiben, so lange man möchte.

*Die Autorin *Emily Sasson Cohen arbeitet als Journalistin in Rio de Janeiro und hat 2005 einen Gastronomie-Guide für Brasilien veröffentlicht (Roteiros do Sabor Brasileiro, Chico Junior et al.).*

Verkehrsmittel

Fernbusse

Mit dem Fernbus durch Brasilien zu reisen ist gleichbedeutend mit der Entdeckung der Langsamkeit; Busse sind eine preiswerte, aber auch recht zeitaufwändige Alternative zum Flugzeug (z. B. Rio–Salvador 29 Std.). Die Vorteile von Busreisen liegen vor allem in dem unmittelbaren Kontakt mit dem brasilianischen Leben. Ein einziger Überlandstopp in einem winzigen Kaff kann mehr Erfahrungswerte in punkto brasilianischer Kultur mit sich bringen als diverse Flugreisen. Schon im „Mikrokosmos Bus" werden Bekanntschaften geschlossen und es lassen sich interessante Beobachtungen anstellen.

Dabei ist das **Ambiente** in brasilianischen Fernbussen nicht annähernd so chaotisch, wie das Klischee vielleicht hergeben mag: Die Reisen laufen in der Regel gesittet und ruhig ab, die Fahrgäste unterhalten sich in gemäßigtem Tonfall, selbst die Kleinkinder scheinen weniger zu quengeln als in Europa. Falls einmal jemand durch Lärm und überlaute Gespräche auffällt, sind es nicht selten *Gringos*. Fernbusreisen können aber auch zum anstrengenden Abenteuer werden, z. B. wenn im Niemandsland der Reifen platt ist und das Problem erst nach mehreren Stunden behoben wird. Zum Glück passiert dies aber eher selten, zudem haben die Busgesellschaften ein dichtes Netz an technischen Hilfsstationen installiert. Mit der nötigen brasilianischen Gelassenheit kann so eine Wartepause auch durchaus interessant sein.

Die meisten brasilianischen **Langstreckenbusse** – vor allem der großen Busgesellschaften – sind hochmodern und komfortabel, ganz besonders die nur nachts verkehrenden ***Leitos*** (Liegebusse, gegen Aufpreis) mit Bordprogramm, Kopfhörer, Decke, Kissen und Snacks. Aber auch die ***Semi-Leitos*** („Halb-Liegebusse"), mit einem etwas geringerem Neigungswinkel der Rückenlehne, bieten in der Regel schon einen recht guten Schlafkomfort. Busse des Typs ***Convencional*** sind dagegen am einfachsten ausgestattet, sie empfehlen sich eher auf kürzeren oder mittleren Strecken.

Das **Gepäck** wird vorm Einstieg an der Ladeluke des Busses bei einem Mitarbeiter eingecheckt, dabei erhält man einen Beleg, den man am Ende der Fahrt bei der Gepäckausgabe wieder vorzeigen muss. Manche Busgesellschaften erwarten beim Einsteigen auch einen ausgefüllten **Passagierschein** inklusive der Reisepassnummer. Erfahrene Traveller haben deshalb den Reisepass gleich zur Hand oder die Nummer im Kopf. Nachkontrolliert wird sie ohnehin selten.

Fahrkarten gibt es bei den Agenturen der Busgesellschaften oder direkt am Busbahnhof *(**Rodoviária**)*. In vielen Städten wird eine **Fahrscheinlieferung** *(Entrega)* nach Hause bzw. ins Hotel angeboten, angezeigt wird dies durch Begriffe wie ***Disk Passagem*** oder ***Agência Fone***. Für diesen bequemen Service zahlt man meist nicht mehr als R$3–4 je Lieferung, die Rezeption der Pousada kann bei der Bestellung weiterhelfen.

Einige Busstrecken werden nicht täglich befahren, am Busbahnhof kann man sich telefonisch nach den aktuellen Abfahrtszeiten erkundigen. Auf längeren Strecken und Übernachtfahrten sind **Pausen** im Abstand von 3–4 Stunden üblich, meist an gut ausgestatteten Raststätten mit Self Service Restaurant, Bäckerei, Souvenirshop usw. Wertvolles Handgepäck sollte während der Rast nicht unbeaufsichtigt im Bus liegen bleiben. Der Busfahrer kündigt die Dauer der Pause an, im Zweifel lieber noch einmal nachfragen. Denn es gilt: es wird pünktlich weitergefahren und nicht jeder Busfahrer zählt seine Schäfchen vor der Abfahrt noch einmal durch.

Tipps für Busfahrten

Beim **Gehen** durch den Bus an der Gepäckrinne festhalten (nicht an den Kopflehnen). Dies bringt mehr Stabilität und stört die anderen Mitreisenden weniger.
Bei der Wahl des **Sitzplatzes** den Stand der Sonne bedenken, denn meist scheint sie auf einer Seite stark rein und es wird heiß – und bei zugezogenem Vorhang sieht man nichts von der Landschaft. **Faustregel**: Fahrt nach **Norden**: vormittags links sitzen, nachmittags rechts. Fahrt nach **Süden**: vormittags rechts sitzen, nachmittags links. Fahrt nach **Westen**: rechts sitzen. Fahrt nach **Osten**: links sitzen. Im Zweifel beim Kartenkauf einfach fragen.
Die Busse fahren in der Regel sehr **pünktlich** ab, vor allem an Startpunkten!
Bei einigen Busgesellschaften muss man für eine komplette Strecke bezahlen, auch wenn man vor dem Zielort aussteigt. (z. B. *Nordeste:* João Pessoa nach Praia da Pipa, bezahlen bis Natal).

Große Busgesellschaften

1001, ✆ 0300/3131001, 21/2625 1001, 💻 www.autoviacao1001.com.br.
Águia Branca, ✆ 0800/7251211, 27/3346 1200. Von Rio de Janeiro/São Paulo/Salvador/Vitória: ✆ 4004 1010. Ilhéus: ✆ 73/3634 4121, Itabuna ✆ 73/3613 3181, 💻 www.aguiabranca.com.br.
Bomfim, ✆ 0300/789 8844, 💻 www.bomfim.com.br.
Guanabara, ✆ 85/4005 1992, 💻 www.expressoguanabara.com.br, (lokale Telefonnummern über den Link „Tele Vendas").
Gontijo, ✆ 0800/311312, 💻 www.gontijo.com.br (lokale Telefonnummern über den Link „Agência Fone"), gehört zu São Geraldo.
Itapemirim, ✆ 0800/7232121, 0300/7892002, 💻 www.itapemirim.com.br, (lokale Telefonnummern über den Link „Ligue Passagem").
Kaiowa, ✆ 45/3577 1033, 💻 www.kaiowa.com.br.
Nordeste, ✆ 84/3205 2222, 💻 www.viacaonordeste.com.br.
Progresso, ✆ 0300/7893334, 💻 www.autoviacaoprogresso.com.br.
Real Expresso, ✆ 0300/7887325, 61/2106 7100 (Brasília), 💻 www.realexpresso.com.br, (lokale Telefonnummern über den Link „Tele Passagem").
São Geraldo, ✆ 0800/311312, 💻 www.saogeraldo.com.br, (lokale Telefonnummern über den Link „Agência fone", Fahrkarten-Lieferung ins Hotel, u. a. in Aracaju, Belo Horizonte, Natal, Recife, Rio de Janeiro, Salvador, São Paulo und Vitória).

Flugzeug

Wegen der gewaltigen Entfernungen kann bei Reisen in Brasilien das Flugzeug ein nützliches Verkehrsmittel sein, u. U. auch der in Europa zu erwerbende **Airpass** (s. S. 16). Dieser muss vor der Reise im Heimatland gekauft werden, er berechtigt zu mehreren Inlandflügen und kostet ca. US$500. Er lohnt sich bei längeren Flugstrecken, denn die normalen Inlandflugpreise sind relativ hoch. Mittlerweile gibt es auch in Brasilien Low-Cost-Carrier; gut und zuverlässig ist z. B. *GOL* (zu buchen im Reisebüro, ausländische Kreditkarten werden im Internet bisher nicht akzeptiert). Wichtig ist es allgemein, rechtzeitig zu reservieren, da viele Flüge schnell ausgebucht sind. Inlandflüge können in Reisebüros oder direkt am Flughafen gekauft werden. Zum Einchecken ist ein Personendokument nötig.

TAM, ✆ 0800/5705700, 11/3068 7939 (São Paulo), 21/3212 9400 (Rio de Janeiro), 💻 www.tam.com.br.
Varig (dazu gehören auch die Regional-Airlines ***Nordeste*** und ***Riosul),*** ✆ von vielen Städten Ortswahl 4003 7000, ansonsten: 11/4003 7000 in São Paulo, 💻 www.varig.com.br.
BRA, ✆ 11/3017 5454, 💻 www.voebra.com.br.
GOL, ✆ 0300/7892121, 💻 www.voegol.com.br.
Trip, ✆ 0300/7898747, 19/3743 3100, 💻 www.airtrip.com.br. Fliegt u. a. nach Fernando de Noronha.
Webjet, ✆ 0800/7221212, 💻 www.webjet.com.br. Strecken v. a. im Süden und Südosten.

Schiff

Eine willkommene Abwechslung stellen Flussreisen dar. Besonders gut entwickelt ist die Fluss-Schifffahrt im **Amazonasgebiet** zwischen Belém und Manaus. Linien verkehren auch im **Parnaíba-Delta**, auf dem **Rio São Francisco** sowie auf eini-

Maria Fumaça, eine Dampflok-Fahrt als Touristenattraktion im „europäischen" Brasilien (Rio Grande do Sul)

gen Abschnitten des **Rio Paraná**. An Deck gibt es meistens Hängematten zum Schlafen, in größeren Booten kann man sich in der ersten Klasse in einer Kajüte niederlegen. Wer ohne Eile unterwegs ist, kann an der **Südküste Bahias** auf eigene Faust per Schoner oder Fischerboot von einem Traumstrand zum nächsten reisen. Auch die küstennahen **Inseln** wie Morro de São Paulo (Bahia) oder Ilha Grande (Rio de Janeiro) werden auf dem Wasserweg angesteuert. Wieder sehr im Kommen sind die großen **Kreuzfahrten** auf einem klassischen Luxusdampfer, es gibt zahlreiche Veranstalter mit den verschiedensten Routenangeboten.

Eisenbahn

Passagierzüge sind in Brasilien seit jeher unüblich, ein systematischer Ausbau des Bahnnetzes findet kaum statt. Eisenbahnen sind nur in wenigen Regionen Brasiliens in Betrieb, sie laufen höchstens unter der Rubrik Touristenattraktion, wie die berühmte Strecke zwischen Curitiba und Paranaguá.

Auto und Motorrad

Wer sich nicht gut auf Brasiliens Straßen auskennt, sollte das Autofahren lieber sein lassen, umso mehr, wenn man mit Sprache und kulturellen Besonderheiten nicht vertraut ist. Ansonsten können Autofahrten schnell zu riskanten Angelegenheiten werden. Zu den hauptsächlichen Gefahren und Hindernissen zählen:

→ Oft unzureichend ausgeschilderte **Straßenführungen**.

→ Oftmals miserable **Straßenverhältnisse**, besonders auf Überlandstrecken. Tiefe Schlaglöcher sind vor allem nachts kaum zu erkennen und keinem Gringo ist zu wünschen, im Dunkeln auf offener Strecke mit einer Wagenpanne liegen zu bleiben.

→ Viele brasilianische Autofahrer **rasen** und **überholen** auf den Landstraßen ähnlichen Hauptwegen wie die Lebensmüden, was zu erschreckenden Unfallstatistiken führt. Vor allem Sonntagabende sollte man wenn irgend möglich meiden, denn dann kehrt alle Welt von einem langen Strandtag zurück – nicht selten mit einigen Litern Bier intus.

→ In einigen Gegenden sind selbst Bundesstraßen abends und nachts unsicher und es kann zu **Überfällen** kommen. Nicht selten werden dabei von außen erkennbare Mietautos besonders ins Visier genommen.

→ Auch Begegnungen mit der **Militärpolizei** sind nicht immer von der angenehmen Art. Ein gültiger internationaler Führerschein samt beglaubigter portugiesischer Übersetzung, gültige Fahrzeugpapiere und Identitätsnachweis sind noch lange keine Garantie dafür, dass der Führerschein nicht doch einbehalten und erst gegen eine Geldzuwendung wieder herausgegeben wird.

Die Mehrzahl der Touristen ist deswegen gut beraten, auf die öffentlichen Verkehrsmittel Bus und Flugzeug zurückzugreifen. Beide Verkehrsnetze sind gut ausgebaut und in der Regel komfortabel und pünktlich. In abgegrenzten und verkehrsicheren Regionen mit wenig öffentlichem Transport kann ein Mietauto dagegen empfehlenswert sein, z. B. auf der Ilha de Santa Catarina.

Ein Auto zu mieten, ist in den größeren Städten kein Problem, so sind u. a. an jedem Flughafen alle großen Firmen vertreten. Vor Fahrtbeginn sollte man sich nach der Treibstoffart erkundigen, denn neben Benzin und Diesel wird in Brasilien auch Äthanol aus Zuckerrohr getankt.

Große Mietwagenfirmen

Avis, ✆ 0800/198456, 11/4225 8456,
🖳 www.avis.com.br.

Hertz, ✆ 0800/7017300, 11/4336 7300,
🖳 www.hertz.com.br.

Localiza, ✆ 0800/992000,
🖳 www.localiza.com.br.

LocarAlpha, ✆ 0800/551176, 11/3723 4255,
🖳 www.locaralpha.com.br.

Yes, ✆ 0800/7092535,
🖳 www.yes-rentacar.com.br.

Fahrrad und Trampen

Beide Fortbewegungsarten sind in Brasilien unüblich, wenig sicher und höchstens für radikale Abenteurer oder in Begleitung erfahrener Guides eine Option. Ansonsten wird davon abgeraten. Ausgenommen sind Kurzausflüge in überschaubaren Ferienorten oder Nationalparks.

Nahverkehrsbusse

Die zahlreichen Nahverkehrsbusse in den größeren Städten stellen eine preiswerte (R$1–2 pro Fahrt) und rasche Form der Fortbewegung dar und sind zugleich eine gute Möglichkeit, den brasilianischen Lebensalltag hautnah kennen zu lernen. Einstieg ist – von Stadt zu Stadt unterschiedlich – mal vorne beim Fahrer, und mal hinten. Immer zahlt man beim Schaffner *(Cobrador)* und tritt danach durch ein Drehkreuz in den Hauptbereich ein.

Das **Fahrgeld** sollte man am besten schon bereit halten; ansonsten lässt man am besten die anderen Fahrgäste vor, um den Bus nicht aufzuhalten. Größere Scheine als R$10 können in der Regel nicht gewechselt werden.

Auffällig sind die höflichen **Umgangsformen**, die Brasilianer auch im Bus pflegen. So ist es gute Sitte, älteren Menschen einen Sitzplatz anzubieten, außerdem nehmen die Sitzenden für die Stehenden oft deren Taschen oder Kinder auf den Schoß. Möchte man im Gang vorbei an anderen stehenden Fahrgästen, tut man dies so geschmeidig und rücksichtsvoll wie möglich. Keinesfalls werden andere Fahrgäste zur Seite geschoben. Eher stoppt man kurz ab, haucht ein freundliches *com licensa* (Verzeihen Sie) und schlängelt sich dann durch die anderen hindurch. Auf der anderen Seite sollte man aber auch nicht warten, bis sich die Menge von alleine wie das Rote Meer teilt, denn sonst steht man noch am Sankt Nimmerleinstag hinten an.

Häufig beschworene **Gefahren** wie Taschendiebstahl sind zwar nicht ganz von der Hand zu weisen, doch oft etwas übertrieben. Meistens gibt es für Touristen auf normal befahrenen Routen tagsüber wenig Probleme. Dennoch sollte man sicherheithalber vor stark überfüllten Bussen eher Abstand nehmen, besonders wenn man viel Gepäck dabei hat.

Auf eines muss jedoch in allen brasilianischen Nahverkehrsbussen geachtet werden: Die **Standfestigkeit**. Den Fahrern ist es nämlich ziemlich gleichgültig, ob ein Passagier schon Platz genommen hat oder noch durch die Sitzreihen schwankt. Abruptes Anfahren und Bremsen ist die Norm, so dass man sehr schnell lernt: Die Verantwortung, in einem brasilianischen Bus nicht umzufallen, liegt einzig und allein beim Fahrgast.

Metro (U-Bahn)

Einige Großstädte wie **Rio de Janeiro**, **São Paulo** oder **Porto Alegre** haben ein teils gut ausgebautes U-Bahn-Netz mit modernen, sauberen und sicheren Zügen. Mit der Metro ist man fast immer schneller am Ziel als mit dem Bus. In manchen Städten wie **Recife** sind die Haltestellen neben der schriftlichen Form auch mit bildlichen Symbolen gekennzeichnet. Diese auch für Touristen hilfreiche

Darstellung dient in erster Linie zur besseren Orientierung für den analphabetischen Teil der Bevölkerung.

Taxi

Taxifahren ist in Brasilien grundsätzlich billiger als in Mitteleuropa. Am wichtigsten ist, dass die Uhr *(Taxímetro)* eingeschaltet ist – oder alternativ *vor* Fahrtbeginn ein **Fixpreis** zum Zielort vereinbart wird. Letzteres hat den Vorteil, dass der Fahrer dann nicht der Versuchung ausgesetzt ist, den ortsunkundigen Touristen auf Umwegen zum Ziel zu bringen. Beim Fixpreis ist es üblich, nicht das erste Angebot des Fahrers zu akzeptieren. Auch wenn man keine ungefähre Preisvorstellung besitzt, empfiehlt es sich, ein wenig zu pokern – die Taxifahrer tun es auch – ohne es jedoch zu übertreiben.

Beim Einsteigen sollte man darüber hinaus ein Auge darauf haben, dass der Fahrer auch den richtigen Tagestarif *(Bandeira)* eingestellt hat: tagsüber gilt die günstigere **Bandeira 1** (in der Regel von 6–18 oder 20 Uhr). In den Nachtstunden wird der um etwa 20% höhere Tarif **Bandeira 2** eingeschaltet. Eine entsprechende Ziffer auf dem Taxameter zeigt dies an.

Bevor man allerdings mit dem Taxifahrer vorschnell in die Wolle gerät: Neben den Tagesregelungen gibt es weitere, für Ausländer kaum zu überblickende, auch regional verschiedene, Ausnahmeregelungen, nach denen Bandeira 2 auch am Wochenende, an Feiertagen oder auf bestimmten Strecken eingesetzt werden darf, z. B. zum Flughafen.

Feste und Feiertage

Details zu den Festen und Feierlichkeiten in den Regionalkapiteln.

Januar
1.1. **Neujahr***
1.1. ***Senhor Bom Jesus dos Navegantes***, religiöses Fest mit großem Umzug in Salvador (Bahia).
6.1. **Heilige Drei Könige**
Lavagem do Bonfim, zweiter Donnerstag im Januar, große Prozession mit ritueller Reinigung der Kirchentreppen (Salvador).

Februar
2.2. ***Festa de Yemanjá***, eines der hübschesten religiösen Feste, zu Ehren der afro-brasilianischen Meeresgöttin (Salvador).
Faschingsdienstag*
Karneval (die größten in Rio de Janeiro, Salvador, Olinda/Recife, São Paulo).

März
Semana Santa (Karwoche)*
Festival de Teatro, Theater-Festival in Curitiba (Paraná).

April
21.4. **Tiradentes-Tag*** (Gedenktag für den Nationalhelden Tiradentes).
Festa do Divino, 40 Tage nach Ostern (Alcântara/Maranhão).
Festa do Divino Espírito Santo, religiöses Fest portugiesischen Ursprungs (40 Tage nach Ostern), typische Tänze und Prozession (Parati/Rio de Janeiro).
Festival Amazonas de Ópera (Opern-Festival in Manaus).

Mai
1.5. **Tag der Arbeit***

Juni
Corpus Christi (Fronleichnam)*
Festas Juninas (oder ***Festas de São João***), bunte Folklorefeste im Nordosten und Norden.
Bumba-meu-boi, regionale Abwandlung der Festas Juninas, besonders spektakulär in São Luís/Maranhão (ganzer Monat) und Parintins/Amazonas (3 Tage Ende Juni).
Festival da Música do Pará, international renommiertes Klassikfestival mit Jazz-Anteil, eine Woche Anfang Juni (Belém/Pará).

Juli
Fortal, Karneval in Fortaleza (Ceará).
Festival de Dança, Ballett-Festival in Joinville (Santa Catarina).
Festival de Inverno, „Winterfest“ in mehreren Städten, u. a. Gramado (Rio Grande do Sul) und Ouro Preto (Minas Gerais).
Trancendence, großes Trance-Festival mit 8000 Zuschauern, 6 Tage Mitte Juli (Chapada dos

Veadeiros, Alto Paraíso/Goiás). 💻 www.trancendence.com.br.

August
Nossa Senhora da Boa Morte (Cachoeira/Bahia).
Festival de Cinema, internationales Kino-Festival in Gramado (Rio Grande do Sul).
Festa de Nossa Senhora dos Remédios, Fest zur Ehren der Schutzheiligen des Ortes, Ende August (Parati/Rio de Janeiro).

September
7.9. **Tag der Unabhängigkeit***
Semana Farroupilha, südbrasilianisches Folklorefest in Porto Alegre (Rio Grande do Sul).

Oktober
Procissão do Círio de Nazaré, berühmte Prozession am zweiten Oktober-Sonntag, das größte religiöse Fest Brasiliens (Belém/Pará).
Oktoberfest, Bierfest süddeutscher Machart in Blumenau (Santa Catarina).
12.10. ***Nossa Senhora da Aparecida*** (Mariä Erscheinung), Schutzpatronin Brasiliens*, gleichzeitig *Dia das Crianças* (Tag der Kinder).

November
1.11. **Allerheiligen**
2.11. **Allerseelen***
15.11. **Tag der Proklamation der Republik***
Maceió Fest, Karneval in Maceió (Alagoas).

Dezember
Carnatal, Karneval in Natal (Rio Grande do Norte).
Festa de Santa Bárbara, traditionelles Straßenfest mit Umzügen, alles kleidet sich in rot (Salvador).
25.12. **Weihnachten***
31.12. **Silvester**, großes Fest am Strand der Copacabana mit zwei Mill. Menschen (Rio de Janeiro).

* *An den gesetzlichen Feiertagen haben Schulen, Banken, Behörden und Fabriken geschlossen, viele Supermärkte, Apotheken und kleinere Geschäfte jedoch geöffnet.*

Einkaufen

Geschäftszeiten

Die Regelgeschäftszeiten sind Montag bis Freitag von 9 bis 18 Uhr und Samstag von 9 bis 13 Uhr. Viele Supermärkte, Einkaufszentren, Drogerien/Apotheken und Bäckerläden schließen jedoch erst um 22 Uhr oder sind gar durchgehend geöffnet, selbst an Sonn- und Feiertagen. Eine Siesta gibt es in Brasilien so gut wie nicht.

Souvenirs

Das Angebot an landestypischen Mitbringseln ist sehr groß. In allen touristischen Städten gibt es **Kunsthandwerksmärkte** in Verkaufshallen *(Mercado de Artesanato)* oder im Freien *(Feira de Artesanato)*. Zu den bekanntesten des Landes zählen die ***Feira Hippie*** in Rio de Janeiro (Ipanema) und die ***Feira de Arte e Artesanato*** in Belo Horizonte, größter Straßen-Kunsthandwerksmarkt Lateinamerikas mit 3000 Verkaufsbuden. Preiswert zu erstehen sind besonders **Halbedelsteinprodukte** und **Lederwaren**, Handeln ist auf den Märkten durchaus üblich.

Beliebte Souvenirs im Nordosten sind **Holzschnitzereien**, **Stickereien** und **Flechtarbeiten** aus Stroh und Lianen. Die günstigen, handwerklich gut gefertigten **Hängematten** aus Ceará sind ein gleichermaßen schönes wie praktisches Andenken. **Keramik**- und **Tonprodukte** sind zum Markenzeichen von Pernambuco geworden, hierzu zählen besonders die *Figuras de Barra*, einmalige Tonfiguren aus der Stadt Caruaru. Im Süden zählt das **Chimarrão**-Teeschlürfgefäß zu den originellsten Souvenirs, aus dem Amazonas und Teilen Bahias bieten sich **indianische Handwerksarbeiten** als hübsche Erinnerungsstücke an.

Beliebte Andenken sind auch die zahlreich vorhandenen **Musik**- oder **Rhythmusinstrumente**, wie das beim Capoeira verwendete *Berimbau* (auch in Miniaturausgabe). Fast obligatorisch sind für die meisten Traveller CDs mit **brasilianischer Musik**: Ob Bossa Nova-Klassiker oder moderner elektronischer Sound – bei der Fülle exzellenter Musik kann man beim Kauf kaum etwas verkehrt machen. Vorsicht jedoch bei regionaler Tanz-Musik wie *Forró* – in Urlaubsstimmung am Strand kann sie begeistern, zum Zuhören in den eigenen vier Wänden eignet sie sich weniger. Eine Musik-CD kostet im Handel etwa R$15–35, gebrannte CDs werden – obwohl offiziell nicht erlaubt – überall in Brasilien zu einem Bruchteil (R$5–10) angeboten.

Weitere gern gewählte Urlaubsandenken sind **T-Shirts** mit regionalen Motiven, **Badehosen** und **Bikinis** (der knappe *fio dental),* **Kaffee** (Marke „Pilão") und natürlich eine Flasche guten **Cachaça** für die Brasil-Revival-Party daheim.

Shopping

Die klimatisierten **Einkaufszentren** werden in Brasilien ***Shopping*** genannt, ihre Dimensionen sind zum Teil gewaltig. Bei der Bevölkerung sind sie dank ihrer Sicherheit und der angenehmem Temperierung äußerst beliebt, abends dienen die zentralen *Food-Courts* Jugendlichen als Treffpunkt. Aus touristischer Sicht ist das Einkaufsambiente sicher nicht besonders originell, doch wer genug von der schweißtreibenden Suche nach Mitbringseln hat, findet hier in konzentrierter Form alles was man braucht – wenn auch etwas teurer.

Oft günstig zu erstehen sind **Modeartikel**; die Modebranche in Rio de Janeiro und São Paulo darf inzwischen zum internationalen Chic gezählt werden. **Musik-Geschäfte** und **Bademoden** sind ebenfalls in jedem Shopping-Center zu finden, das gleiche gilt für moderne **Multiplex-Kinosäle**, in denen die neuesten Blockbuster gezeigt werden (oft im Original mit Untertiteln). Die Öffnungszeiten der Shoppings sind in der Regel: Mo–Sa 10–22, So 14–22 Uhr (Kino und Restaurants länger).

Post

Das brasilianische Postwesen kann als recht zuverlässig bezeichnet werden. Für viele Brasilianer ist es gar der einzige wirklich funktionierende Staatsbetrieb und genießt schier grenzenloses Vertrauen. **Postämter** *(Correios)* finden sich in jedem Stadtteil, in der Regel sind sie von Montag bis Freitag von 8 bis 17 Uhr und am Samstag von 8 bis 12 Uhr geöffnet. Postkarten und Briefe werden direkt dort abgegeben und gestempelt oder frankiert, Briefkästen gibt es eher selten. Im Durchschnitt benötigt eine Briefsendung zwischen Brasilien und Europa vier bis fünf Tage. Für Päckchen oder Pakete gibt es bei den Postämtern vorgefertigte Pappkartons. Trotz des großen Vertrauensbonus in der Bevölkerung sollten jedoch **Wertsendungen** – wenn überhaupt – nur als Einschreiben verschickt werden. Denn mit den Geschichten von rätselhaft abhanden gekommenen Päckchen könnte man eigene Bücher füllen.

Kommunikation

Telefon

Das brasilianische Telefonnetz ist gut ausgebaut und modern. Seit der Privatisierung der ehemals staatlichen Telefongesellschaft im Jahre 1999 gibt es inzwischen ähnlich wie in Europa viele regionale und einige nationale Telefonanbieter. Zu beachten ist, dass bei **Fern-** und **Auslandsgesprächen** nach der Null (bzw. den beiden Nullen, international) die **Kennzahl** einer Telefongesellschaft eingesetzt werden muss.

Hinweise zum Telefonieren

Ortsgespräche (gleiche Stadt)
Direkte Wahl der Nummer (ohne Vorwahl), egal ob ins Festnetz oder auf Handy.
Ferngespräche (andere Vorwahl als Standort oder gleiche Vorwahl, aber andere Stadt)
0 – Kennzahl (z. B. 21) – Vorwahl ohne Null (z. B. 71 für Salvador) – Rufnummer.
Auslandsgespräche
00 – Kennzahl (z. B. 21) – Landesvorwahl ohne Nullen (z. B. 49 für Deutschland, 41 für die Schweiz, 43 für Österreich), Vorwahl der Stadt (ohne Null) – Rufnummer.
R-Gespräche
Für Telefonate, die der Gesprächsempfänger zahlen soll, wählt man von jedem beliebigen Apparat aus bei Ferngesprächen eine 9 vor der Rufnummer-Kombination (also bei einem Anruf nach Salvador z. B. 9-02171-...). Bei einem Ortsgespräch wird die 9090 vor der Rufnummer gewählt. Eine Anleitung findet sich auch in jeder Telefonzelle.
Sondernummern
Die bei Firmen häufig gebräuchliche Sondernummer 0800 signalisiert einen kostenlosen Anruf, jedoch endet man oft bei Sprachcomputern. Nummern, die mit 0300 beginnen, kosten etwa R$0,30/Min.

Da viele Anbieter nur in bestimmten Regionen operieren, verwendet man am besten die Kennzahlen **21** (Embratel) oder **23** (Intelig), mit denen man in ganz Brasilien und ins Ausland telefonieren kann. Diese Kennzahlen werden in Brasilien in der schriftlichen Darstellung oft durch die Platzhalter „xx“ ersetzt, also z. B. 0xx71 für eine darauf folgende Rufnummer in Salvador (Orts-Vorwahlen s. S. 52). Nach der Kennzahl folgt bei Inlands-Ferngesprächen die **Orts-Vorwahl**, in Brasilien ist sie immer zweistellig (z. B. Rio de Janeiro 21, Salvador 71). Bei Auslandsgesprächen folgt die Ländervorwahl (z. B. Deutschland 49). Bei **Ortsgesprächen** fällt die Kennzahl weg. Gespräche in eine andere Stadt können mitunter die gleiche Vorwahl haben, aber dennoch als Ferngespräch gelten – die Kennzahl ist dann nötig. Die meisten Festnetz- und alle Handynummern sind achtstellig.

Öffentliche **Telefonzellen** stehen an jeder Straßenecke, besonders in den großen Touristenstädten. Die blauen Telefone werden im Volksmund **Orelhão** genannt (großes Ohr). Sie funktionieren mit **Telefonkarten**, die man an Kiosken oder in Geschäften kaufen kann, üblich sind 20, 40 oder 50 Einheiten (ca. R$5–7). Auch Postämter haben oft Telefone, hier ist die Gesprächsatmosphäre in der Regel ruhiger als auf der Straße. Sehr kostspielig sind Direktgespräche vom Hotelzimmer, da sie oft zum höchstmöglichen Tarif abgerechnet und mit einem Aufschlag versehen werden.

Die ominöse Ziffer „3“

Die Festnetz-Rufnummern in Brasilien wurden in den letzten Jahren sukzessive von sieben auf acht Stellen erweitert. Hierbei hat man sich eines einfachen Tricks bedient: vor die bereits bestehenden Nummern wurde einfach die **Ziffer 3** gesetzt. Nur in ganz seltenen Fällen hat sich mehr an der Nummer geändert, z. B. die ersten vier Stellen. Die Umstellung war Ende 2005 in den meisten Bundesstaaten abgeschlossen. Dort, wo in unserem Reiseführer noch 7-stellige Nummern aufgeführt sind, wurden sie möglicherweise inzwischen geändert. Falls bei einem Anruf also eine automatische Ansage erfolgt, sollte man einfach die selbe Nummer mit der vorangestellten 3 ausprobieren.

Fern- und Auslandsgespräche

Telefonkabinen für internationale Gespräche *(Posto telefônico)* finden sich selten, am ehesten in Flughäfen oder Busbahnhöfen. Immer häufiger kann man auch in den Internet-Cafés ins Ausland telefonieren. Man zahlt jeweils am Ende des Gesprächs (vorher nach dem Minutenpreis fragen!). Mit **internationalen Telefonkarten** brasilianischer Gesellschaften *(Cartão Telefônico Pré-pago)* kann man von jedem Telefon, also auch von Hotel oder öffentlichem Telefon, bargeldlos telefonieren – zu teilweise günstigen Tarifen. Hierzu wird eine Zugangsnummer angerufen und eine PIN gewählt. Das Guthaben kann über die Kreditkarte aufgestockt werden. **Brasilianische Telefonkarten** (bis zu 90 Einheiten) erlauben dagegen nur minimale Gesprächszeiten. Idealerweise lässt man sich von zu Hause **zurückrufen**; dies ist auch an Telefonzellen möglich, die Rufnummern stehen an den Apparaten. Webseiten wie 💻 www.billiger-telefonieren.de oder 💻 www.teltarif.de listen die aktuell günstigsten Anbieter für internationale Gespräche. Mit einer Billigvorwahl kann man nach Brasilien schon ab etwa 0,03 €/Min. telefonieren. Allerdings schwankt die Qualität der Verbindung je nach Anbieter.

T-Card / Deutschland Direkt

Die deutsche Telekom bietet die in über 75 Ländern benutzbare **T-Card** an, mit der man von den meisten öffentlichen Telefonen aus telefonieren kann. Gespräche werden über eine länderspezifische Zugangsnummer vermittelt; danach wird die Kartennummer sowie die gewünschte Rufnummer von einer deutschsprachigen Sprachbox abgefragt. Gesprächsguthaben können erworben werden über das Internet oder eine Hotline: ✆ 01805/330223. Erhältlich ist die Karte in allen Telekom-Läden oder per Online- bzw. Telefon-Bestellung. Bei einer Karte mit automatischer Aufladung beträgt die Vorlaufzeit 15 Tage, beim Kauf einer *prepaid*-Karte im T-Punkt-Laden erhält man die Karte umgehend (Vorauszahlung in bar).

Die Zugangsnummer bietet zudem die Möglichkeit, mit **Deutschland Direkt** R-Gespräche zu führen, sofern der Angerufene die Kosten übernimmt – ideal für Notfälle.

Preise für Verbindungen aus Brasilien nach Deutschland: T-Card 1,25 €/Min.; Deutschland Di-

Typische Telefonzelle in Porto Seguro (Bahia)

rekt (R-Gespräch): 1,25 €/Min. plus Verbindungsgebühr 3,99 €.

Zugangsnummer in Brasilien: ✆ 0800/890 4911, innerhalb Deutschlands: ✆ 0800/330 0222. Infos: T-Card ✆ 01805/330223, Deutschland Direkt ✆ 01805/330226, 💻 www.t-com.de/t-card.

Internationale Vorwahlen
Brasilien (0055), **Deutschland** (0049), **Österreich** (0043), **Schweiz** (0041), Argentinien (0054), Bolivien (00591), Chile (0056), Ecuador (00593), Französisch Guayana (00594), Guyana (00592), Kolumbien (0057), Paraguay (00595), Peru (0051), Surinam (00597), Uruguay (00598), Venezuela (0058).

Mobiltelefone

Immer mehr Reisende telefonieren im Auslandsurlaub mit dem eigenen Handy (portugiesisch: *Celular)*, auch in Brasilien ist dies inzwischen möglich. Am günstigsten ist es, sich bei einer brasilianischen Mobiltelefon-Gesellschaft anzumelden – meist kein größeres Problem, das Handy darf allerdings nicht für eine Auslandsnutzung gesperrt sein (vor der Abreise erkundigen).

Wichtige Telefonnummern

Polizei	✆ 190
Krankenhaus	✆ 192
Feuerwehr	✆ 193
Telefonauskunft	✆ 102

Die großen vier Anbieter sind: ***Vivo***, 💻 www.vivo.com.br, ***Claro***, 💻 www.claro.com.br, ***Tim*** (sprich: *Tschim)*, 💻 www.tim.com.br und ***Oi***, 💻 www.oi.com.br. Filialen gibt es wie Sand am Meer, in jedem größeren Shopping Center ist zumindest ein kleiner Stand vorhanden. Die Registrierung plus Chip kostet etwa R$40, darin enthalten ist bereits ein Gesprächsguthaben (in der Regel R$20). Zum Aufladen des Guthabens werden in vielen Kiosken und Geschäften Karten zu R$5, R$10 oder R$20 verkauft; ein einfacher Vorgang. Bei der Anmeldung ist zu beachten, dass nicht alle Anbieter die ganze Landesfläche abdecken – das Netz des Anbieters sollte deshalb vorher mit den eigenen Reiseplänen abgeglichen werden.

Handy-Nummern sind daran zu erkennen, dass sie mit den Ziffern 8 oder 9 beginnen. Sie tragen die **Vorwahl** des Ortes, in dem der Chip gekauft wurde. Da Ferngespräche teurer als Ortsgespräche sind, ist der Kauf-Ort eines Mobiltelefon-Chips somit nicht unbedeutend. **Beispiel**: Bei Kauf eines Handy-Chips in Salvador erhält die Rufnummer die Vorwahl 71. Plant man jedoch, die meiste Zeit seiner Reise in Rio de Janeiro zu verbringen, so würde man dort permanent mit einer ortsfremden Vorwahl telefonieren, d. h. also „Ferngespräche" führen, auch wenn man sich bloß mit Freunden „um die Ecke" verabredet, die eine lokale Vorwahl haben (21 für Rio de Janeiro). Am besten ist es also, sich nach Möglichkeit an dem Ort einen Chip zu kaufen, an dem man gedenkt, die meiste Zeit zu bleiben.

Das Versenden von **SMS** nach Europa ist oft nicht möglich, dafür aber der Empfang von europäischen Textnachrichten. Eine SMS innerhalb Brasiliens kostet ca. R$0,29.

Europäische Telefongesellschaften kooperieren zudem mit zahlreichen Netzwerkbetreibern in der ganzen Welt und bieten das so genannte „International Roaming" an. Beim **„Roaming"** bucht sich das Handy automatisch ins Netz des ausländischen Mobilfunk-Anbieters ein, mit dem die heimische Handy-Gesellschaft zusammenarbeitet (der Name erscheint auf dem Display). Man ist dann im Ausland unter seiner regulären Handy-Nummer erreichbar. Doch die Erreichbarkeit hat ihren Preis: Bei eingehenden Anrufen aus Europa zahlt der Anrufer in der Regel nur den heimischen Tarif, während die Kosten, die für die Vermittlung ins fremde Netz anfallen, zu Lasten des Empfängers gehen – je nach Land zwischen 0,70 € und 1,50 €/Min. Zudem berechnen einige ausländische Netzbetreiber zusätzliche Gebühren von bis zu 1,50 €/Min. Auch wer vom Ausland via Handy zu Hause anruft, muss sich auf hohe Kosten einstellen (bis zu 5 €/Min., SMS bis zu 0,70 €). Bei Gesprächen innerhalb des fremden Netzes werden in der Regel die landesüblichen Tarife berechnet. Wichtig: Vor der Reise bei der Mobiltelefon-Gesellschaft erkundigen, ob Roaming vom eigenen Handy unterstützt wird und über welches Netz das Mobiltelefon vor Ort betrieben werden kann.

Internet und E-Mail

Am einfachsten und billigsten ist die Kommunikation via E-Mail, per Messenger-Chat oder beim Telefonieren übers Internet, z. B. mit dem Programm Skype. Einrichtungen mit **Internet-Zugang** gibt es in Brasilien fast überall – oft ausgestattet mit einer **schnellen Verbindung**, moderner **Software** und der aktuellsten **Hardware** (Webcam, Headphone, Mikrofon, Brenner für Foto-CDs etc.). Die **Preise** variieren dabei oft erheblich: Günstig und gut surft man meist in Backpacker-Hostels, wo man ebenso wie in den zahlreichen **Internet-Cafés** in der Regel zwischen R$2 und R$8 pro Stunde zahlt.

Übersicht Vorwahlen (Auswahl)

Südosten	
São Paulo	11
Rio de Janeiro	21
Ilha Grande, Paraty, Búzios	24
Vitória	27
Belo Horizonte, Ouro Prêto	31
Süden	
Curitiba	41
Foz do Iguaçu	45
Florianópolis	48
Porto Alegre	51
Zentraler Westen	
Brasília	61
Goiânia	62
Cuiabá	65
Campo Grande, Bonito	67
Nordosten	
Salvador	71
Itacaré, Ilhéus, Porto Seguro	73
Morro de São Paulo, Lençóis	75
Aracaju	79
Recife, Olinda, F. de Noronha	81
Maceió	82
João Pessoa	83
Natal, Praia da Pipa	84
Fortaleza	85
Teresina	86
Canoa Quebrada, Jericoacoara	88
São Luis	98
Norden	
Palmas	63
Belém	91
Manaus	92
Santarém	93

In einigen Touristenorten werden bis R$15/Std. verlangt, in abgelegenen Gegenden über R$20/Std., dafür findet man in mancher touristisch unberührten Kleinstadt schnelle Verbindungen schon für R$1/Std. Während in **Rio de Janeiro** das Internet verhältnismäßig teuer ist (R$6–8/Std.), kann man in **Salvador** und anderen Metropolen des Nordostens günstig surfen (R$3–4/Std.). Ein **Tipp**: Wer sich längere Zeit an einem Ort aufhält, kann nach so genannten **Pacotes** (sprich: *Pakotschies)* fragen, also „Stunden-Pakete". Man kauft eine bestimmte Stundenzahl im Voraus zu reduzierten Preisen, die man nach und nach in Anspruch nimmt.

Empfehlenswert für die Reise sind kostenlose **Webmail-Adressen**, die von jedem Internet-Café abgerufen werden können; z. B. unter 💻 www.web.de oder 💻 www.gmx.de einfach einzurichten. Wer mit **Laptop** reist, braucht theoretisch nur einen Telefonanschluss und ein Modem, um Online zu gehen. Auf der Webseite 💻 www.kropla.com findet man nützliche Infos zu Providern (lokal, global und roaming), außerdem eine Auflistung aller Landesvorwahlen und Angaben über die jeweiligen elektrischen Systeme. Wer **HotSpots** für Laptops mit WLAN sucht, wird sicher auf 💻 www.hotspot-locations.com oder 💻 www.wifinder.com fündig.

Sicherheit

Die Sicherheitslage in einem beschaulichen brasilianischen **Badeort** oder einer **Kleinstadt** ist vergleichbar mit der eines Nordsee-Heilbades oder eines Alpendörfchens: man kann sich im Grunde völlig sorgenfrei bewegen. Im Gegensatz dazu stehen die hohen Kriminalitätsraten in den brasilianischen **Großstädten**, die stets gut für Schlagzeilen im Ausland sind. Besonders Diebstahl, Raub, Gewaltverbrechen und Entführungen sorgen in Städten wie Rio de Janeiro, São Paulo, Recife und Belém immer wieder für Aufsehen und werden medial ausgeschlachtet – innerhalb und außerhalb des Landes. Die Dauerberieselung mit *bad news* kann zu einer verzerrten Wahrnehmung und überhöhten Risikoeinschätzung führen.

Ohne die zweifellos bestehenden Probleme verharmlosen zu wollen, sollte man sich jedoch vor Augen führen, dass ein Großteil der Verbrechen in Stadtvierteln geschieht, in die durchschnittliche Touristen gar nicht gelangen. Hierzu zählen die berühmt-berüchtigten, und oft von Drogenbanden kontrollierten Elendsviertel (**Favelas**), in denen die *Traficantes* (Drogendealer) untereinander oder mit der Polizei Schießereien austragen. Ohne Wenn und Aber ist um eine Favela ein großer Bogen zu machen! (Einzige Ausnahme ist das Betreten in Begleitung eines absolut vertrauenswürdigen Führers). In den von Touristen frequentierten Stadtteilen ist vor allem nach Einbruch der Dunkelheit Vorsicht angebracht: zu vermeiden sind abends und nachts wenig belebte Straßen sowie die Strände.

Gelegentlich sind in einigen Städten die klimatisierten Pendel-Busse zwischen Innenstadt und Flughafen überfallen worden. Wer auf Nummer Sicher gehen will, sollte ein Taxi nehmen. Auch kommt es in einigen Städten manchmal zu Überfällen in Nahverkehrsbussen, darüber hinaus gehören Überlandbusse auf bestimmten Strecken immer wieder einmal zu den Zielen von organisierten Banden.

Die wichtigste Verhaltensregel lautet: Falls es zu einem Überfall kommen sollte, **keinen Widerstand leisten** und das Gewünschte ohne Umschweife hergeben.

Drogen und rechtliche Vorschriften

Brasilien ist ein Land, in dem man Drogen problemlos aus dem Weg gehen kann – wenn man nicht nach ihnen fragt und diesbezügliche Angebote entschieden ablehnt. Vor Drogenkonsum wird ausdrücklich gewarnt, die brasilianische Polizei geht gezielt dagegen vor. An manchen Orten wird das Gepäck von „auffälligen" Rucksackreisenden auf Drogen untersucht. Schon bei der Mitführung geringer Mengen illegaler Drogen drohen hohe Strafen.

Drogenhandel und **sexueller Missbrauch** von Kindern und Jugendlichen sind kriminelle Akte, die in Brasilien sehr hart (mit Gefängnisstrafen) bestraft werden. Die Haftbedingungen in brasilianischen Gefängnissen sind kaum erträglich; Ausländer, die sich o. g. Vergehen schuldig gemacht haben, dürfen keinesfalls mit Hilfe von Seiten der diplomatischen Vertretungen ihres Landes rechnen.

Weitere Verhaltenstipps (besonders in Großstädten)

→ nicht mit größeren Summen Bargeld oder Pass auf die Straße gehen.
→ grundsätzlich wenig Aufsehen erregen, z. B. durch auffällige Fotoapparate, Videokameras, wertvollen Schmuck oder andere teure Wertgegenstände.
→ am besten mit so wenig Wertsachen wie möglich reisen. Den Verlust jedes einzelnen Gepäckstücks gedanklich durchspielen und in der Lage sein, ihn im Notfall zu verkraften. Wer sich um seine materiellen Güter nicht zu sorgen braucht, reist von vornherein befreiter.
→ unauffällige Kleidung tragen (keine typischen „Touri-Klamotten"), das Outfit möglichst an die landesübliche Mode anpassen.
→ Bargeld ist am besten an geheimen Orten am Körper versteckt. Für den Fall eines Übergriffs hat man immer R$20–30 griffbereit in der Hosen- bzw. Handtasche.
→ in Hotels und Pousadas Wertgegenstände in den Safe schließen.
→ wichtige Dokumente kopieren, Originale im Hotel-Safe lassen und die (beglaubigte) Kopie mit sich führen.
→ auf offener Straße nicht mit großen Scheinen herumwedeln. Klein- und Wechselgeld vorher bereitlegen, um nicht umständlich in der Geldbörse kramen zu müssen.
→ nicht mit dem Riesen-Stadtplan vor der Brust durch die Straßen laufen. Sich *vor* Ankunft an einem neuen Ort zumindest eine grobe Orientierung verschaffen. In zwielichtigen Gegenden zielstrebig wirken und Ortskenntnis wenigstens vorschützen, möglichst wenig Unsicherheit ausstrahlen.
→ an die Stadtstrände keine Wertsachen mitnehmen, keine Taschen, kein Handy – und nicht mehr Geld, als für ein paar Getränke und einen Imbiss nötig ist.
→ Diebstähle und Überfälle bei der Polizei, oder wenn vorhanden bei der Touristenpolizei, anzeigen. Die Vorlage einer Anzeige *(boletim de ocorrência)* ist u. a. wichtig für Passersatz und Reisegepäckversicherung.
→ Vorsicht auch vor Trickdieben: verbreitet ist die Masche, das Opfer auf die unterschiedlichsten Arten abzulenken und ihm dann Handtasche oder Kamera zu entreißen.
→ Barabhebungen an Geldautomaten möglichst tagsüber und in geschlossenen Räumen (im Bankgebäude, Flughafen etc.) tätigen; das Geld möglichst bald nach der Abhebung am Körper verstecken.
→ besondere Vorsicht während des Karnevals: überall wo viel los ist, kommt es zu Straftaten (s. S. 99).
→ von der Prostitution weiten Abstand halten, im Umfeld der Szene kommt es zu Diebstählen, Raub etc.
→ Laptops nicht in der Laptop-Tasche transportieren, sondern unauffällig verstauen.
→ Ausweispapiere generell nicht im Gepäck aufbewahren.
→ Vorsicht bei der Nutzung von Handys des Systems TDMA im näheren Umkreis von Flughäfen (v. a. in Rio de Janeiro, Foz de Iguaçu und São Paulo), da diese geklont und von Dritten mitgenutzt werden können.

Notruf ✆ 190 (gratis)

Die Täter sind in der Regel nur an den Wertsachen interessiert, jedoch schrecken sie vor Gewaltanwendung nicht zurück, wenn sie herausgefordert werden. Um einen möglichen Angreifer zufrieden zu stellen, sollte man **immer** etwas Bargeld (mindestens R$20) bei sich tragen.

Bei allen Vorsichtsmaßnahmen und Warnungen sollte man jedoch auch nicht verkrampfen. Am besten ist es, möglichst unbefangen und mit gesundem Menschenverstand das Land zu erkunden. Die weitaus meisten Traveller kommen in Brasilien ohne Probleme über die Runden. Zudem bekommt man vor Ort schnell ein Gespür für die Sicherheit und dafür was man tun sollte und was nicht. Wer die wichtigsten Verhaltenstipps konsequent beherzigt, minimiert Risiken und kann die schönen Seiten Brasiliens besser genießen.

Auch beim **Tier-** und **Pflanzenschutz** gibt es strenge Vorschriften, die bei Verstößen zu Haftstrafen führen können. Dies gilt besonders für den Export frei lebender und geschützter Pflanzen und Tiere, besonders Zierfische aus dem Amazonas, Pflanzensetzlinge und -samen sowie Insekten und Spinnen. Schon der Transport von einem Bundesstaat in einen anderen ist ohne staatliche Genehmigung strafbar! Im Hinblick auf die unübersichtliche Menge geschützter Tiere und Pflanzen wird dringend geraten, diese weder zu kaufen noch auszuführen.

Brasilien besser verstehen

Spontaneität und Lebensgenuss

Nicht wenige besuchen Brasilien wegen der besonderen Mentalität seiner Menschen, man kann fast schon von einem Mentalitätstourismus sprechen. Die unbekümmerte „Leichtigkeit des Seins", die direkte Art zu kommunizieren und Gefühle zu zeigen sowie die spontane Ausgelassenheit versetzen manchen Fremden in ungläubiges Erstaunen. Besonders im afrikanisch geprägten Bahia ist diese Eigenart deutlich spürbar.

Im ganzen Nordosten wie auch im Norden ist es leicht, Kontakte zu finden und Freundschaften zu schließen. Vom tropischen Klima begünstigt, bieten diese Regionen viele Treffpunkte unter freiem Himmel mit Musik und Tanz. Dabei geht alles sehr unförmlich zu, Altersgruppen vermischen sich und Ausländern wird aufgeschlossen und neugierig gegenüber getreten.

Der **Respekt** gegenüber den Mitmenschen ist allgemein stark ausgeprägt und die Umgangsformen sind ebenso höflich wie direkt. Jeder redet mit jedem, sei es an der Straßenecke, am Strand oder in der Schlange vorm Bankschalter. Auch Straßenverkäufern hört man üblicherweise erst einmal zu und schenkt etwas Aufmerksamkeit, auch wenn letztlich nichts gekauft wird. Bei alldem werden nicht selten Erledigungspläne spontan umgeworfen; **Unpünktlichkeit** gehört zum festen Bestandteil eines Lebensprinzips, das sich weitgehend von Stimmungen leiten lässt. Zu spät kommen ist im Prinzip akzeptabel. Wenn es jedoch wirklich wichtig ist, wie bei einem großen Fußballspiel oder einem Karnevalsumzug, ist plötzlich wieder Zuverlässigkeit die Regel.

Der Stil ist alles

Die Form zu wahren ist wichtiger als die Gesetze zu beachten. Die schöne Phrase ist besser als die Wirklichkeit. Stur recht haben wollen – so etwas kommt bei den Brasilianern nicht gut an. Knickriges Nachzählen von Wechselbeträgen zeugt von schlechter Erziehung. Wer wird den anderen schon so platt betrügen wollen? Selbst der übelste „malandro" (Tunichtgut) achtet auf Stil, und wer den nicht hat, ist „chato". „Chato" ist es, am Schalter der Fluglinie mit dem Hinweis auf die eigene besondere Position oder wichtige Termine eine Buchung erzwingen zu wollen. Wer dagegen unter Tränen schildert, wie sehnsüchtig die Geliebte am Zielort wartet, hat bessere Karten. Auch von abstrakten Dingen wie Uhrzeit, Geld oder Paragraphen lassen Brasilianer sich selten beeindrucken. Der Mensch, die Person zählt mehr. Auch in der Politik: Gewählt werden Personen und nicht Parteien oder Programme. Der Hang zur Grundsatzdebatte und Prinzipienreiterei ist „chato" – und auch die Unfähigkeit, Erotik im Alltag zuzulassen. Der Puritanismus ist bisher nicht bis Brasilien gekommen. Die Spaltung von Geist und Körper haben die Brasilianer nicht mitgemacht. Man fasst sich an, streichelt, herzt und küsst sich mit Wonne. Die Brasilianer haben die Sonne im Gemüt.

Tudo bem?

„Tudo bem?" wird gefragt. Wie geht's? Den Daumen nach oben: Tudo bem! Heißt: Alles klar, natürlich, schon recht, na gut, wenn's denn sein muss. Alles ist tudo bem! Wir hungern, aber wir leben, tudo bem, der Wagen ist schrottreif, aber wir haben keinen Kratzer abbekommen, tudo bem, sie hat nun das Baby gekriegt, und der Vater ist getürmt. „Tudo bem" ist die Philosophie des Minimalismus, des Glücks im Unglück, der vitalen Reserve, der Leidensfähigkeit und des Fatalismus. Ergebenheit, Einverständnis, Resignation, Lethargie, Kompromissbereitschaft, Friedfertigkeit, Zustimmung, Kritik, Begeisterung: alles tudo bem. Tudo bem? Kein Brasilianer antwortet darauf etwa: hundsmiserabel, prächtig, bestens oder schlimm! Nein, die Antwort lautet: Tudo bem. Es erspart eine Menge Worte und Energie in dieser Hitze, in dieser Hetze. „Tudo bem" ist ein Seufzer der brasilianischen Seele oder ihr Jubelschrei.

Das brasilianische Internet-Phänomen Orkut

Wer Freundschaft mit einem jungen Brasilianer oder einer Brasilianerin schließt, wird heutzutage in der Regel nach vier Dingen gefragt: E-Mail, Chat-Adresse, Telefonnummer – und Orkut: „Você está no Orkut?" – „Bist du im Orkut?". Wo bitte schön bin ich? Orkut ist eine Internet-Community, eine „Freundschafts-Plattform", an der man nur nach Einladung eines Mitglieds teilnehmen kann. Der Benutzer sieht seine Freunde hübsch mit Bildchen auf dem Monitor und neben vielen anderen Funktionen kann er ihnen kurze Nachrichten hinterlassen oder in den unzähligen Themenforen über Gott und die Welt diskutieren. Kurzum: Ein Medium des 21. Jahrhunderts zur Freundesverwaltung. Wie geschaffen für die nach Harmonie strebenden Brasilianer, wo die Anzahl der Freunde ein Statussymbol ist.

Ersonnen hat das erfolgreiche Modell ein Google-Programmierer armenischer Herkunft namens Orkut Buyukkokten. Nicht erwartet hatte er wohl, wie begeistert Orkut besonders von den Brasilianern aufgenommen werden würde. Von den über 3,5 Mill. Nutzern im März 2005 stammten 75% aus Brasilien. Als erste Sprache wurde die Website vom Englischen ins Portugiesische übersetzt, inzwischen gibt es sie auch auf Deutsch.

Die Brasilianer lieben Orkut und wer heute sozial mithalten möchte, ist auf eine Orkut-Präsentation fast angewiesen. Das Sammeln von Freunden erscheint dabei teilweise wie Leistungssport: weniger als 100 Freunde nennt kaum jemand sein eigen. Ab 500 Freunden darf angenommen werden, dass jemand sehr beliebt ist oder DJ. In jedem Fall verfügt er über viel Freizeit. In Büros und Geschäften sind viele Mitarbeiter über MSN und Orkut permanent online, da stört der Kunde beim Chatten oft nur – Untersuchungen über Folgen für die brasilianische Volkswirtschaft stehen noch aus. Doch egal wie man zu Orkut steht; es ist zumindest eine nette Form, mit Freunden im Ausland in Kontakt zu bleiben.

💻 www.orkut.com

Sonstiges

Arbeiten in Brasilien In einem Land mit vielen Arbeitslosen will man nicht noch Ausländer hereinholen, die die Absicht haben, in Brasilien einen Job anzunehmen. Die Chancen, eine Daueraufenthaltsgenehmigung zu bekommen, sind so schlecht wie an die „Green Card" in den USA zu gelangen. Ausländer benötigen für einen Aufenthalt von mehr als 180 Tagen in Brasilien eine Aufenthaltserlaubnis. Diese wird entweder in Form eines Dauervisums *(visto permanente)* oder eines befristeten Visums *(visto temporário)* erteilt. Grundsätzlich gilt, dass die brasilianische Regierung die Vergabe der entsprechenden Visa zunehmend restriktiv handhabt.

Prinzipiell gibt es fünf Wege, an die Aufenthaltserlaubnis zu gelangen: man heiratet und/oder zeugt ein Kind mit einem brasilianischen Partner, wartet bis zur Rente (mindestens 2000 Dollar monatlich), investiert einen Batzen Geld (umgerechnet mindestens 200 000 Dollar) in Brasilien oder ergattert einen Arbeitsvertrag. Aber auch der wird genau geprüft.

Alle Verfahren sind recht bürokratisch und werden in Brasilien üblicherweise von spezialisierten Beratungsbüros, sog. „Despachantes", betreut, die über einschlägige Erfahrungen und Kontakte zu den zuständigen Behörden verfügen und deren Beauftragung sich in aller Regel auszahlt.Das Verfahren selbst dauert üblicherweise ein bis zwei Monate, jedoch sollten für die Zusammenstellung der erforderlichen Unterlagen (die nicht selten auch während des Verfahrens sukzessive nachgefordert werden) noch einmal mindestens drei Monate einkalkuliert werden.

Fachkräfte, die keine Geschäftsführungsposition ausüben sollen, können ein befristetes Visum für i. d. R. zwei Jahre, verlängerbar um nochmals zwei Jahre, beantragen. Die Erteilung dieses Visums ist gekoppelt an das Bestehen eines Arbeitsvertrages mit einem brasilianischen Unternehmen, der vom Arbeitsministerium genehmigt werden muss. In dem Verfahren ist darzulegen, warum die entsprechende Position nicht mit einem Brasilianer besetzt werden kann. Dies ist bei hochspezialisierten Technikern in der Regel unproblematisch. Allerdings werden die generellen Anforderungen von Seiten des Arbeitsministeriums zunehmend verschärft.

Der Inhaber eines befristeten Visums ist lediglich berechtigt, bei der Firma, die den Arbeitsvertrag hat genehmigen lassen, zu arbeiten. Und bei dieser Firma müssen wenigstens zwei Drittel der Arbeitnehmer Brasilianer sein, wobei nicht die Anzahl der Mitarbeiter, sondern die Gehälter maßgeblich sind. Bei neuen Gesellschaften mit wenig Personal kann dies ein Problem darstellen.

Unabhängig von der Anstellung von Mitarbeitern sieht das brasilianische Ausländergesetz verschiedene Sonderregelungen vor, etwa für Montagepersonal sowie für Techniker, die aufgrund eines beim brasilianischen Patentamt (INPI) eingetragenen Vertrages in Brasilien tätig werden. Sprachlehrer, Au-Pair-Kräfte oder die typischen Ferienjobs fallen nicht darunter. Die Folge ist, dass viele Ausländer in Brasilien im „grauen Bereich" jobben und in regelmäßigen Abständen aus- und wieder einreisen, um ihr Visum zu erneuern.

Baden Am Strand überwiegt bei den Frauen der möglichst knappe („Zahnseiden"-)Bikini *(fio dental),* fast nie sieht man Badeanzüge. FKK und Topless sind in ganz Brasilien eher verpönt, von sieben freigegebenen Stränden abgesehen. Peinlich ist der typische „Gringo-Sonnenbrand", den sich viele unvorsichtige Neuankömmlinge an den ersten Tagen zulegen. Gesundheitsschädliche Verunreinigungen des Wassers werden häufig durch rote Hinweistafeln angezeigt. Auf **Strömungsgefahren** und **Brandungsrisiken** muss man an fast jedem brasilianischen Strand achten! Ganz besonders dort, wo sich sonst niemand im Wasser befindet. Viele Brasilianer können nicht schwimmen und halten sich nur am Rand auf oder nehmen ein kurzes Abkühlungsbad.

Elektrizität Die Stromspannung schwankt je nach Region zwischen 110 und 220 Volt, im Zweifel ist es nötig, sich vor Ort zu erkundigen. Große Hotels haben oft beide Anschlüsse.

Fotografieren Brasilianer/innen lassen sich im allgemeinen gern fotografieren, am liebsten in Gruppen. Auf jeden Fall sollte man immer vorher fragen, dies fördert zugleich die Kontaktaufnahme. In Kirchen und Museen ist Blitzlicht zumeist verboten. Normalfilme sind in Brasilien nur wenig teurer als in der Heimat, von Profi-Diafilmen abgesehen.

Gewichte und Maße Es gilt das metrische System.

Toiletten In fast ganz Brasilien wirft man das Toilettenpapier nicht in die Toilette, sondern in ein nebenstehendes Eimerchen. Auch wenn es am Anfang nicht leicht fällt: An diese Regel sollte man sich so schnell wie möglich gewöhnen. Denn nichts ist unangenehmer, als eine unappetitliche Flutung des Hotelzimmers erklären zu müssen.

Trinkgeld Die meisten Restaurants berechnen inzwischen automatisch zehn Prozent Trinkgeld. Es ist weder üblich noch notwendig, darüber hinaus etwas zu geben. Wichtig ist, größere Rechnungen nachzuprüfen, da Irrtümer vorkommen können. Hotels, vor allem jene der Luxuskategorie, nehmen oft eine Service-Gebühr („Taxa") von fünf oder zehn Prozent. Beim Taxifahren ist Trinkgeld nicht obligatorisch, es wird jedoch erwartet, dass die Summe auf den nächsten vollen Real aufgerundet wird. Schuhputzern und anderen Dienstleistern kann man etwas mehr als verabredet geben.

Wäsche In allen Städten gibt es ein dichtes Netz an Wäschereien. Man deponiert seinen Wäschebeutel und kann ihn in der Regel am nächsten Tag wieder abholen. Gelegentlich werden zur Identifizierung bunte Initialen in die Wäsche eingenäht. Viele Wäschereien bieten einen Abhol- und Bringservice an, der unwesentlich teurer ist. Sehr oft können auch die Pousadas weiterhelfen, wo sich Angestellte gerne ein paar Reais dazu verdienen. Der Wäscheservice der meisten Hotels ist unverhältnismäßig teuer und grenzt an Luxus. In vielen Jugendherbergen gibt es zudem die Möglichkeit, selbst zu waschen.

Zeit In Brasilien gibt es vier Zeitzonen. Im überwiegenden Teil des Landes gilt die **Uhrzeit von Brasília** *(a hora de Brasília),* MEZ minus 4 Stunden: Im gesamten Süden, Südosten und Nordosten, sowie im Zentralen Westen in Goiás und Brasília (Distrito Federal), außerdem in den Amazonas-Staaten Tocantins und Amapá sowie dem östlichen Pará.

In Mato Grosso und Mato Grosso do Sul sowie im westlichen Pará, Roraima, Rondônia und fast dem ganzen Bundesstaat Amazonas ist es gegenüber der Standardzeit eine Stunde früher (MEZ minus 5 Std.), im äußersten westlichen Amazonas und in Acre gar zwei Stunden (MEZ minus 6 Std.). Nur auf dem Archipel Fernando de Noronha ist es eine Stunde später (MEZ minus 3 Std.).

Kompliziert wird es, wenn zwischen Mitte Oktober und Mitte Februar in einigen Teilen Brasiliens die Uhren auf **Sommerzeit** (also eine Stunde vor) gestellt werden. Dies geschieht im Süden und Südosten sowie dem Zentralen Westen, also u. a. in Brasília und Rio de Janeiro, der Zeitunterschied zur MEZ beträgt dort dann minus 3 Stunden, im Pantanal minus 4 Stunden. Im Nordosten und Norden werden die Uhren dagegen nicht verstellt, der Zeitunterschied bleibt z. B. in Salvador bei minus 4 Stunden.

Zu berücksichtigen ist auch die **europäische Sommerzeit**, wenn der Zeitunterschied sich um eine Stunde vergrößert. Als Faustregel kann man sich merken, dass in Rio de Janeiro der Unterschied zu Europa immer zwischen 3 und 5 Stunden beträgt, in Salvador 4–5 Stunden. Eine Eselsbrücke: Im kalten europäischen Winter rücken die Menschen zusammen, dann ist auch die Zeitdifferenz zu Brasilien geringer.

Erfinderische Namensgebung

Bei einer Bevölkerung von 180 Mill. Menschen muss sich ein Individuum irgendwie abgrenzen. Vielleicht sind Brasilianer deshalb so erfinderisch, wenn es um die Namensgebung ihrer Sprösslinge geht. Die lateinamerikanischen Dauerbrenner wie Maria oder José hat natürlich jeder schon einmal gehört, und sie kommen auch in Brasilien vor. Doch wer kennt schon Vornamen wie Anízia, Thaís, Laís oder Adailton? Nichts ungewöhnliches in Brasilien. Auch bei den Schreibweisen versucht man die eine oder andere Pointe zu setzen. Was spricht dagegen, Wanessa mit W zu schreiben? Die zweifelhafte Ehre des wohl ungewöhnlichsten Namens des Landes dürfte den Eltern des Polizeipräsidenten von Goiás gebühren: sie nannten ihren Sohnemann Hitler Mussolini.

Brasilien und seine Bewohner

Land und Geografie

Größe und Lage

Ohne Superlative kommt kaum ein Reiseführer aus, wenn es um die Beschreibung Brasiliens geht: der größte Regenwald, der wasserreichste Fluss, der längste Küstenstreifen, die gewaltigsten Wasserfälle und die reichste Flora und Fauna des Planeten. Brasilien ist der Riese unter den Ländern Lateinamerikas – mit fast kontinentalen Ausmaßen. Bei einer Fläche von 8,5 Mill. km^2 ist Brasilien das fünftgrößte Land der Erde und 24-mal so groß wie Deutschland. Bis auf Chile und Ecuador hat es mit allen Staaten Südamerikas eine gemeinsame Grenze. Die Ost-West-Ausdehnung ist fast gleich mit der Nord-Süd-Distanz und entspricht in etwa einer Strecke von Lissabon bis Moskau. Aber nicht nur die reine Größe erinnert an einen Kontinent, sondern auch die Vielfalt an Kulturen, Völkern, Landschaften und klimatischen Bedingungen.

Flagge und Nationalhymne

Nicht zuletzt wegen der Trikots der Fußball-Nationalmannschaft werden die Farben **grün** und **gelb** von vielen sofort mit Brasilien in Verbindung gebracht. Sie gehen auf die Flagge zurück, die sich Brasilien 1889 gegeben hat, als Kaiser Dom Pedro II abgesetzt und die Republik gegründet wurde. Sie zeigt eine gelbe Raute auf grünem Grund. Im Volksmund wird das Grün oft als Symbol für die Regenwälder, das Gelb für die reichen Vorkommen an Bodenschätzen genannt. Ursprünglich geht jedoch das Grün auf die portugiesische Adelsfamilie Braganza (Herkunft Kaiser Dom Pedros I) und das Gelb auf die Habsburger (Haus der Kaiserin Leopoldina) zurück. Die blaue Kugel in der Raute zeigt den Himmel über Rio de Janeiro am 15. November 1889 um 8.30 Uhr: Ort und Stunde der Proklamation der Republik. Die 27 Sterne stehen für die 26 Bundesstaaten und den Bundesdistrikt Brasilia. Auf dem weißen Spruchband steht das Motto „**ordem e progresso**" (Ordnung und Fortschritt). Es geht auf die positivistischen Ideen des französischen Philosophen Auguste Comte zurück, von denen die Gründerväter der Republik geleitet waren.

Die **Hino Nacional Brasileiro** (Nationalhymne) wurde von Francisco Manuel da Silva (1795–1865), dem Hofkomponisten von Pedro II, komponiert, der Text stammt von Joaquim Osório Duque Estrada (1870–1927). Seit 1890 ist sie offiziell Hymne des Landes.

Regionen

Die offizielle Aufteilung unterscheidet zwischen fünf **Großräumen**: Norden, Nordosten, Südosten, Süden und Mittelwesten. Diese sind eingeteilt in 26 **Bundesstaaten** und einen Hauptstadt-Bundesdistrikt. Die Regionen entsprechen zum Teil der naturräumlichen Gliederung des Landes, lassen sich aber auch kulturgeschichtlich deutlich abgrenzen. Ihre Eroberung und Besiedlung erfolgte zu unterschiedlichen Zeitphasen.

Heute hat Brasilien einen kleinen **industrialisierten** Teil im Südosten und Süden, dessen ökonomische Kennwerte an mitteleuropäische Verhältnisse heranreichen. Das weitaus größere Gebiet im Norden und Nordosten ist wirtschaftlich **unterentwickelt** und hat die typischen Probleme eines Entwicklungslandes. Landflucht, d. h. die Migration aus dem ärmeren Nordosten in die Großstädte des Südostens, ist ein großes soziales Problem des 20./21. Jhs. Für diesen Exodus sind zwei Gründe maßgeblich verantwortlich: Zum einen haben sich seit der Kolonialzeit Eigentums- und Sozialstrukturen verfestigt; die landlose Bevölkerung hat keine ausreichende Existenzgrundlage und keine Chance zum sozialen Aufstieg. Zum anderen führte die Modernisierung der Landwirtschaft zur Verdrängung von Kleinbauern.

Der **Nordosten** (Nordeste) kann als die Wiege der brasilianischen Kultur bezeichnet werden. In Bahia wurde Brasilien „entdeckt", Salvador war die erste Hauptstadt des Landes. Das Inselarchipel Fernando de Noronha liegt hier, außerdem neun Bundesstaaten. Politisch und wirtschaftlich sind Bahia, Pernambuco und Ceará am bedeutendsten. Der **Südosten** (Sudeste) ist – aus europäischer Sicht gesehen – die zweitälteste Region Brasiliens. In ihren Metropolen São Paulo, Rio de Janeiro und Belo Horizonte schlägt das wirtschaftliche Herz des Landes. 70% der Bevölkerung leben im Nord- und Südosten, die zusammen nur 30% Anteil am Territorium haben.

Im **Norden** (Norte) und **Mittelwesten** (Centro-Oeste) leben nur 14% der Bevölkerung – obwohl die beiden Regionen zwei Drittel der Landesfläche ausmachen. Der Norden liegt größtenteils im **Amazonasbecken**, das fast die Hälfte Brasiliens einnimmt. Er ist damit die bei weitem größte Region. Hier kann es vorkommen, dass man Tage oder Wochen keinen einzigen Menschen trifft, dafür ist der Reichtum der Tier- und besonders Pflanzenwelt umso größer. Im Mittelwesten liegt das nach Amazonien zweitgrößte Naturreservat Brasiliens, das Feuchtgebiet des **Pantanal**. In dieser *Terra de Ninguem* (Niemandsland) genannten Region leben ebenfalls nur wenige Menschen, auf jeden Einwohner kommen jedoch um die 40 Kaimane (und zahlreiche andere Tierarten). Der Mittelwesten ist außerdem von ausgedehnten Savannen und tropischem Grasland geprägt. Hier liegt die 1960 gegründete Bundeshauptstadt Brasília.

Der kleine **Süden** (Sul) macht nur 7% des Landes aus. Er wurde erst im 19. Jh. nachhaltig besiedelt: durch europäische Immigranten. In seinen drei Bundesstaaten ist die importierte Kultur der Deutschen, Italiener, Schweizer, Polen etc. bis heute spürbar. Neben dem Südosten hat der Süden die modernste Wirtschaft Brasiliens. Größte Zentren sind Curitiba und Porto Alegre. Ganz im Süden (Rio Grande do Sul) liegen die Pampas genannten Tiefebenen, traditionelle Regionen der Weidewirtschaft.

Flüsse

Brasilien wird von zwei gigantischen Stromsystemen bestimmt, deren Ausmaße nicht mit europäischen Verhältnissen vergleichbar sind. 55 500 km^2 Süßwasser, das sind knapp 14% der Gesamtfläche unserer Erde, konzentrieren sich auf dieses eine Land.

Der **Amazonas** ist das größte Flusssystem der Erde und hat eine einer Länge von 6500 km (der Rhein hat 1300 km). Die Quelle des Amazonas wurde erst 1971 in den südlichen Anden von Peru beim Vulkan Misti in 4000 m Höhe entdeckt. Seine Breite beträgt in der brasilianischen Tiefebene sechs bis acht Kilometer, im Mündungsgebiet bei Belém sind es sogar 250 km. Dort entlässt er pro Sekunde 175 Millionen Liter Wasser in den Atlantik, genug, um in einer halben Minute den Durst aller Erdenbewohner zu stillen. Er besitzt rund 1000 Nebenflüsse mit einer schiffbaren Strecke von ca. 50 000 km.

Der **Rio Paraná** bildet zusammen mit dem **Rio Paraguay** und dem **Rio Uruguay** die zweite riesige Flusslandschaft, das Paraná-Paraguay-System. Der Rio Paraná entspringt in Minas Gerais und erreicht bis Rio de la Plata, dem großen Mündungsdelta bei Buenos Aires, eine Länge von 3700 km. Er speist zahlreiche Wasserkraftwerke, u. a. **Itaipu**, das weltgrößte, oberhalb der Einmündung des Rio Iguaçu im Bundesstaat Paraná gelegen. Mächtiger Nebenfluss des Rio Paraná ist der in Mato Grosso entspringende Rio Paraguay (2200 km).

Der **Rio Iguaçu** erlangte wegen seiner gewaltigen Wasserfälle Berühmtheit. Er entspringt bei Curitiba, durchläuft bis zu den Wasserfällen 1320 km, bis er am Grenzpunkt zwischen Brasilien, Paraguay und Argentinien in den Rio Paraná eintritt.

Der größte rein brasilianische Fluss ist der **Rio São Francisco** mit 3161 km Länge. Er entspringt in Minas Gerais, führt durch Bahia und mündet zwischen Aracaju (Sergipe) und Maceió (Alagoas) im Nordosten in den Atlantik. Er hat große Bedeutung für die Ökologie des Sertão, des trockenen Landesinneren (s. S. 69, Kasten).

Naturräume und Gebirge

Brasilien lässt sich in fünf verschiedene Landschaftseinheiten gliedern: Das **Amazonas-Tiefland**, den **Pantanal**, die **Ostküste**, die Ausläufer des **Berglandes von Guayana** und das **Berg- und Tafelland**. Letzteres nimmt den größten Teil des Landes ein. Die wichtigsten Gebirgsketten sind die Serra da Mantiqueira, die Serra do Mar und die Serra Geral. Höchste Erhebung des Berglandes ist der Pico da Bandeira im äußersten Südosten (2890 m). Zur Küste hin fällt es teilweise steil ab, nach Norden senkt es sich allmählich zum Tiefland des Amazonas ab. Dieses steigt nach Norden hin wieder zum Bergland von Guayana an. Hier befindet sich an der Grenze zu Venezuela mit dem **Pico da Neblina** (3014 m) die höchste Erhebung Brasiliens, durchaus eine Herausforderung für passionierte Bergsteiger. Brasilien besitzt neun weitere Berge mit einer Höhe von über 2500 m. Insgesamt jedoch liegen nur 0,5% des nationalen Territoriums höher als 1200 m.

Naturfreunde steuern gern den 425 km östlich von Salvador gelegenen Parque Nacional da **Chapada Diamantina** an. Er ist Teil einer ausgedehnten schluchtenartigen Gebirgslandschaft mit zahlreichen Tafelbergen, Grotten und Wasserfällen. Eine ähnliche Region findet sich nur noch im Süden Brasiliens, nicht weit von der Küste an der Grenze zwischen Rio Grande do Sul und Santa Catarina: die Nationalparks von **Aparados da Serra** und **Serra Geral** mit ihren Schluchten Itaimbezinho und Fortaleza.

Strände und Inseln

Die brasilianische Küste ist mit 7491 km Länge die längste der Welt. Sie bietet dem Besucher ein reiches Angebot an Strandvergnügen. Immer noch finden sich v. a. im Nordosten verlassene Paradiese, wo man den Eindruck hat, am Ende der Welt zu sein.

Während im Norden das 250 km breite **Amazonas-Delta** mit den vielen Flussläufen das Bild bestimmt, ist der Nordosten reich an weiten Dünenstränden mit der charakteristischen Palmenvegetation. Die ausgedehntesten Dünenlandschaften befinden sich in **Lençóis Maranhenses** 370 km östlich von São Luís, in **Jericoacoara** 312 km nordöstlich von Fortaleza und in **Genipabu** bei Natal. Von besonderem Reiz sind auch die vielen Inseln, besonders **Fernando de Noronha** (Pernambuco), **Morro de São Paulo** und **Boipeba** (Bahia) und **Ilha Grande** (Rio de Janeiro) sowie die Halbinsel **Armação de Búzios** (Rio de Janeiro). Besucher des Südostens treffen zudem auf große Strandabschnitte mit üppigem Atlantischem Regenwald, vor allem entlang der Costa Verde („Grüne Küste") bei **Angra dos Reis**. An einigen Küstenregionen, besonders in **Rio de Janeiro**, erstrecken sich die Ausläufer großer Bergmassive reizvoll bis in den Atlantik hinein, bekanntestes Beispiel ist der steil aus dem Meer herausragende Zuckerhut. Im Süden Brasiliens dominieren dagegen flache und ebene Küstenstreifen, Palmen verschwinden aus dem Strandszenarium und Baden ist im kühlen Winter nur selten möglich. Höhepunkte sind hier die **Ilha do Mel** (Paraná) und die **Ilha de Santa Catarina**.

Flora und Fauna

Flora

Die Flora Brasiliens weist von allen Gebieten der Erde den **buntesten Artenreichtum** der Pflanzenwelt (allein 55 000 Blütenpflanzen) auf. Das Amazonasbecken mit 40% der Fläche Brasiliens ist die größte genetische Bank der Welt. Dort finden sich allein schon 2500 Baumarten und 1000 Arten Farne und Orchideen. Aber auch der Cerrado, die weite zentrale Hochebene und Trockensavanne (23% Landesanteil) birgt eine bislang wenig bekannte Vielzahl von Pflanzen. Diesen botanischen Schatz so richtig entdeckt hat **Carl Friedrich Philipp von Martius** (1794–1868). Mit seinem vierzigbändigen Mammutwerk *Flora brasiliensis* hat der deutsche Forscher eine vollständige Inventarisierung und Klassifizierung versucht, deren wissenschaftlicher, vor allem aber auch ästhetischer Wert bis heute unumstritten ist.

Suchen wir mit diesem Pflanzenatlas heute die Fundstellen des botanischen Bienenfleißes von Martius auf, werden wir feststellen müssen, dass die Erde ärmer geworden ist. Menschenhand verwandelte den „grünen Riesen" Brasilien nicht selten in eine Wüste.

Einschließlich der Waldmeere Amazoniens sind nur noch ganze 35% des Staatsgebietes bewaldet – ein Anteil, der nicht wesentlich größer ist als der in Deutschland. Bis auf kümmerliche Restbestände von knapp 5% wurde der Wald in den Küstenstaaten Paraná, Santa Catarina, São Paulo, Rio de Janeiro, Espírito Santo und Bahia ausradiert. Früher konnte sich ein Affe vom Atlantik bis zum Pazifik durchhangeln, heute bleibt er besser im Zoo. Im Botanischen Garten von Rio de Janeiro mag man einen Eindruck tropischer Vegetationskraft gewinnen: da entspricht der Dschungel noch unseren Träumen.

Vier große tropische **Biotope** zeichnen Brasilien aus: die Regenwaldzone (Amazonien, Mata Atlântica), die Feuchtsavannenzone (Pantanal, Randgebiete des Amazonasbecken), die Trockensavannenzone (Cerrado) und die Dornensavannenzone (Caatinga im Nordosten).

Südlich der Linie Curitiba – Foz de Iguaçu geht die Vegetation in subtropische und gemäßigte Formen über. Charakteristisch für Paraná ist die **Araukarie**, eine Kiefer mit weit ausladender Krone. Brasiliens „Nationalbaum" ist das unscheinbare Rotholz ***Pau brasil***, aus dem die Portugiesen Textilfarbstoff gewannen.

Kautschukbaum, Kaffeestrauch und Kakaobaum wurden und werden ebenso wenig wie das Zuckerrohr und die Sojabohne zur Grundversorgung der Bevölkerung angebaut, sondern vor allem für den Export. Zwei Drittel aller Brasilianer ernähren sich von „arroz e feijão", Reis und Bohnen.

An der Küste und in großen Gebieten des Nordostens bildet die **Palme** das Grundgerüst zum Überleben. Martius hat einige Tausend Palmenarten in Brasilien gefunden. Die Kokospalme mag die bekannteste sein. In Pará ist es die der gleichnamigen Nuss. Buriti-, Açaí- und Ölpalme kommen hinzu. Bis ins Mark ist eine Palme vollständig verwertbar – als Nahrungsmittel, Textilfaser und Baustoff. Die Palme ist das Symbol der Tropen. Aber sie braucht Wasser, das im Cerrado nur periodisch und in der Caatinga kaum vorhanden ist. Auf der weiten zentralen brasilianischen Hochebene finden sich Palmen nur entlang der Flussläufe und am Rande der Sümpfe.

Die Bäume der Trockensavanne sind aus anderem, knochenhartem, feuerresistentem Holz geschnitzt. Der ständige Wechsel von monatelangen Trockenperioden und regenreichen Intervallen zwingt die Pflanzen zu besonderen Techniken gegen Austrocknung und Fäulnis. Die Bäume in der Savanne wachsen kaum häuserhoch, die Natur presst sie in Bonsai-Format. Zäh und verwachsen widerstehen sie den Unbilden des Klimas und krallen sich in den nährstoffarmen Boden. Einen guten Überblick über die Cerrado-Vegetation vermittelt der Botanische Garten von Brasília.

Fauna

Was über den Reichtum der Flora Brasiliens gesagt wurde, gilt auch für die Fauna. Auch hier ist wieder das Amazonasgebiet eine besonders reich gefüllte **biologische Schatzkammer**. 3000 Wirbeltierarten, ebenso viele Süßwasserfische, immerhin noch 524 Säugetierarten und 51 Spezies von Primaten wurden gezählt – und es werden mit Fortschreiten der Forschung immer mehr. Beinahe überflüssig zu sagen, dass die Amphibien (517 Arten) und Reptilien (468 Arten) besonders reich vertreten sind – allerdings von einer Tierklasse bei weitem regelrecht überflügelt werden: durch die Insekten, deren Gegenwart der Reisende immer wieder schmerzlich spürt.

Die wenigsten Traveller werden mit „wilden" Tieren Bekanntschaft machen. Lange vorbei sind die Zeiten, in denen undurchdringliche Wälder den gesamten Kontinent bedeckten, wo es in allen Ecken kreuchte und fleuchte. Der Mensch hat diesen Tempel der Natur geplündert. Wissenschaftler haben ausgerechnet, wie viele Lebensformen durch den Menschen unwiderruflich ausgerottet wurden und werden. Eigentlich sind alle Arten außer Hausratten und Küchenschaben bedroht. Hinzu kommt, dass die meisten Tiere des Regenwaldes (aber auch des Cerrado) nachtaktiv sind und dass der Artenreichtum sich eben auf enorme Flächen verteilt. Birdwatcher sollten deshalb besser in den Pantanal reisen als nach Amazonien – in diesem relativ kleinen Gebiet konzentriert sich die Tierwelt weit höher um die „Wasserlöcher".

Vögel

Brasiliens Wappentier ist der Papagei, genauer: der **Ara**. Es gibt blaue (selten), grüne und rote, die alle mit gelben Rücken-, Brust- oder Halsfedern laut kreischend wie eine Fußballmannschaft in Pulks aufzutreten pflegen. Bekanntermaßen sind sie sprachbegabt, und die Indianer halten sie als Hausschmuck. „Der Ara", so meint Tiervater Alfred Brehm, „unterscheidet sich von anderen Papageien durch einen gewissen Ernst."

Ernst ist aber auch der **Tukan**. Sein Schnabel ist so groß, dass er ihn selten öffnet. Wenn er über das tropische Blätterdach flattert, gewinnt man den Eindruck, dass da ein Schnabel fliegt, an dem ein Vogel hängt: eine schwarz-weiße oder gelb-orange Krähe.

Winziger als der Tukan und lustiger als der Ara ist der **Kolibri**. Der Floh unter den Vögeln ist ein Weltmeister im Kunstflug. Die Brasilianer nennen sie zärtlich und zutreffend „Blumenküsser" (Beija-Flor) und füttern sie aus kleinen Flaschen mit Zuckerwasser.

Die Brasilianer sind übrigens große Vogelfreunde, und in den Provinzstädten des Binnenlandes werden sonntags große Vogelmärkte abgehalten. In Minas Gerais übertreibt man es: Aus den bei uns so lieben „Peterchens" und „Hansis", den friedlichen **Kanarienvögeln**, hat man dort Kanarien-Killer gezüchtet; Kampfhähne des kleinen Mannes sozusagen, die sich im Wettkampf (mit Geldeinsatz) gegenseitig umbringen.

Rabengeier gehören beinahe schon zum üblichen Stadtbild Brasiliens. Man findet die hühnergroßen Aasfresser auch an den Badestränden als bekanntlich nützliche „Gesundheitspolizisten", aber ihre Gegenwart signalisiert eben nur das reichliche Vorhandensein von Müll und Unrat.

Aras

Säugetiere

Südamerika war wie Australien zusammen mit der Antarktis lange Zeit vom Rest der Welt isoliert. Viele vierbeinige Tiere sind noch Zeugen dieser eigenen Entwicklung aus dem frühen Paläozän. Damals waren die Säugetiere fast überall noch kleine, unspezialisierte Lebewesen. Das Zeitalter der Reptilien (Saurier) war kaum vorüber, und die Säuger hatten ihre große Entwicklungsphase noch nicht begonnen. In Südamerika blieben viele Arten auf dieser Stufe stehen, als „primitive" Säuger (Beuteltiere und Edentaten). Drei von ihnen trifft man relativ häufig in Brasilien an: das Faultier, den Ameisenbär und das Gürteltier.

Das **Faultier** macht wegen seiner zeitlupenartigen Bewegungen seinem Namen Ehre und sieht darüber hinaus die Welt auch noch auf dem Kopf stehend, indem es sich mit seinen Greifklauen hängend im Geäst bewegt. Entfernt verwandt mit dem Klauenkletterer der Bäume ist der **Ameisenbär**, der Tamanduá, der die Trockensteppen des brasilianischen Hochlandes nach schmackhaften Termiten und Kerbtieren „durchfegt". Sein langer buschiger Schwanz vergrößert den plumpen Klauengänger optisch um das Doppelte. Das **Gürteltier**, der Tatú, wiederum ist ein so genannter „zahnloser" Edentat. Alle Dutzend Arten der Gürteltiere sind mit Hornpanzer und kräftigen Grabklauen ausgestattet. Behender als unsere Maulwürfe vermögen sich die Tatús vor dem Feind im Staub zu vergraben – wenn sie es nicht vorziehen, sich zu einer Panzerkugel zusammenzukrümmen. Am geläufigsten sind in Brasilien die katzengroßen „Hühner-Tatús", die gelegentlich am Straßenrand von Freizeitjägern angeboten werden. Indianervölker halten sie auch als eine Art Mini-Hausschwein. Die Tatús gelten als (verbotene) Delikatesse. In manchen Fernfahrerkneipen kriegt man sie heimlich als „Spanferkel" vorgesetzt.

Dem Menschen etwas näher stehend ist das hundsgroße Wasserschwein, das **Capivara**, ein friedlicher Vegetarier im Amazonasgebiet und Pantanal. Das Wasserschwein ist der größte Nager der Welt.

Die kleinsten fliegenden Warmblüter sind in Brasilien besonders reich vertreten: ein Dutzend Arten von **Fledermäusen** hat man gezählt. Sie haben sich dem urbanen Ambiente der Großstädte bestens angepasst und verkoten bevorzugt weiß gestrichene Villen. Im Nordosten Brasiliens lebt eine Vampirart, die wie das Ungeheuer von Loch Ness jedes Jahr mit Schreckensmeldungen über ausgesaugte Menschenbabys von sich reden macht. In

Baianas

Praia do Campeche auf der Ilha de Santa Catarina

Tuiuiu

Ilha do Mel, Paraná

Die Wasserfälle von Iguaçu, Paraná

Orelhão – "große Ohren" heißen die überall zu findenden Telefonzellen

Anhangabaú Valley, São Paulo

Museu de Arte Contemporânea, Rio de Janeiro (Niterói)

Avenida Paulista bei Nacht, São Paulo

Seilbahn am Zuckerhut, Rio de Janeiro

Nach einem sonnigen Strandtag in Rio

Wirklichkeit begnügen sich die Blutsauger aber meist mit Rinderblut.

Brasiliens (und Südamerikas) größtes einheimisches Säugetier ist der **Tapir**, die Anta. Ihre weit entfernten, größeren Vettern und Cousinen heißen Nashorn und Pferd. Fossile Vorfahren der Tapire sind in Europa, Asien und Nordamerika gefunden worden. Als die Landbrücke zwischen den Kontinenten zerbrach und sich die Vegetation veränderte, fand der Tapir seine ökologische Nische im tropischen Südamerika. Wie das Nilpferd liebt der Dickhäuter das nasse Element. Goldgräber und Rinderzüchter haben die behenden Fleischklopse, deren Braten etwas nach Wildschwein schmecken soll, fast ausgerottet.

Menschenscheu und trotzdem fast vernichtet sind auch die Großkatzen der Neuen Welt – die **Jaguare**, die Onças, die in brasilianischen Volkserzählungen etwa die gleiche Rolle spielen wie bei uns der Wolf im Märchen. „Vor mir auf dem hohen Baume saßen sie und führten ein so schauerliches Konzert auf, dass man wähnen könnte, alle wilden Tiere des Waldes seien in einem tödlichen Kampf gegeneinander entbrannt", schilderte die Prinzessin Therese von Bayern einst ihren Urwald-Trip in Amazonien. Hoheit meinten natürlich die **Brüllaffen**, jene lautstarke und zahlreiche Schar der Neuwelt-Affen, die in den höheren Etagen des Waldes hausen. Wegen ihrer Geschicklichkeit haben die Brüllaffen keine natürlichen Feinde, nur die Indianer schätzen sie gebraten.

Wie die Onça im Dschungel gilt der Boto im Wasser als brasilianisches Fabeltier. Es handelt sich um den Süßwasser- oder **Langschnauzendelphin**, das nach dem Menschen intelligenteste Tier, gemessen an seinem relativen Hirnvolumen. Am häufigsten sieht man auf den Amazonasflüssen den rotbauchigen Boto. Heute gilt bei den Caboclos am großen Fluss als sicher, dass der Boto in Wahrheit ein Latin Lover ist, der in lauen Nächten ans Ufer kommt, um Jungfrauen zu verführen. Nachdem amerikanische Wissenschaftler festgestellt haben, der Delphin könne auf Grund seiner enormen Intelligenz sogar Gedichte schreiben, klingt die Geschichte beinahe glaubhaft.

Fische, Amphibien, Reptilien

3000 verschiedene Süßwasserfischarten gibt es im Amazonasgebiet und dem Pantanal, und eigentlich werden davon nur zwei Prozent als Speisefische genutzt. Der größte und bekannteste davon: der **Pirarucu**, der bis zu 68 kg schwer und 2 m lang werden kann. Nicht weniger bekannt ist natürlich der „Killerfisch" **Piranha**, der sich in der Regel in stillstehenden amazonischen Gewässern aufhält und sich bei unscheinbarer Körperform und mittlerer Größe durch ein scharfes Gebiss auszeichnet. In Rio de Janeiro bezeichnet man leichte Mädchen an der Copacabana ebenfalls als Piranhas.

Wenn die Nacht in Brasilien hereinbricht und die Luft nicht allzu trocken ist, hebt das Konzert der **Frösche** an. Es sind aber nicht die Bässe der den Europäern bekannten Amphibien, sondern die Soprane winziger Laubfrösche, die so hell „quaken", dass man meint, es handele sich um Nachtigallen.

Die Chance solche „Laubenpieper" zu sehen ist geringer, als über ein Krokodil zu stolpern – jedenfalls wenn man sich auf einer Piste durch den Pantanal bewegt, wo sich die „Jacarés", die fischfressenden **Alligatoren**, sonnen. Solange die Panzerechsen mit dem Kopf zum rettenden Nass liegen, kann man sich ihnen relativ gefahrlos nähern – sie werden ins Wasser flüchten.

Auf eine giftige Schlange zu treten ist der Albtraum jeden Brasilianers. Die Wahrscheinlichkeit ist aber bei einer europäischen Kreuzotter nicht viel höher. **Schlangen** sind in der Nähe von Siedlungen kaum anzutreffen, obgleich es davon in Brasilien 214 Arten geben soll.

Insekten

Bekanntlich übertrifft das Lebendgewicht aller **Ameisen** dieses Planeten das der darauf lebenden Menschen. In Brasilien dürfte es sogar noch weit höher liegen. Blattschneiderameisen oder winzige Hausameisen sind praktisch überall anzutreffen, gelten aber als weniger schädlich als die **Termiten**, deren „Zuckerhüte" so charakteristisch für Viehweiden im Cerrado sind.

Dass Insekten die Erforschung und Durchdringung des Amazonasgebiets behindert haben, ist nicht zuviel gesagt. Sie sind auch heute noch für die meisten Tropenkrankheiten verantwortlich. Eine ist darunter, die in Brasilien besonders heimisch ist: die Chagas-Krankheit, die im ariden Nordosten des Landes endemisch ist und durch Parasiten einer Wanze übertragen wird.

Dengue-Fieber, übertragen durch die Stechmücke Aedes Aegyptii, tritt mittlerweile in fast jeder brasilianischen Gemeinde auf. Die Behörden unternehmen große Anstrengungen, dieses an sich nicht lebensgefährliche Fieber zu bekämpfen, indem die Brutstätten des **Moskito** (Pfützen und stehende Gewässer) beseitigt werden.

Die Bekanntschaft mit einer besonders hartnäckigen Spinne kann dem Brasilienbesucher zustoßen, wenn er durch den Wald streift: Die **Zecke** (Carapato) hat es sich buchstäblich in den winzigen Kopf gesetzt, sich in ihr Opfer zu verkrallen – die Entfernung ist umständlich und eine Dosis Antibiotika ist angebracht, da mit der Zecke üble Viren in den Körper gelangen, die zu langwierigen Infektionen und schweren körperlichen Schäden führen können.

Natur und Ökologie

Nationalparks

Brasilien verfügt derzeit über 53 Nationalparks, von denen etwas mehr als die Hälfte für Besucher zugänglich sind. Die touristisch wichtigsten (Detailhinweise in den einzelnen Regionalkapiteln) werden nachstehend aufgeführt.

Südosten

Im Stadtgebiet von Rio de Janeiro ist der Parque Nacional da **Tijuca** ein leicht zugängliches Wandergebiet im Bergwald (Tophöhe 1000 m) mit schönen Aussichten auf die Atlantikmetropole; 150 km nordwestlich lädt die dramatische Gebirgsformation im Parque Nacional do **Itatiaia** zum Wandern ein, wo es im Winter schon mal friert – der höchste Gipfel ist der Pico das Agulhas Negras (2787 m). Zwischen Petrópolis und Teresópolis, rund 100 km von Rio gelegen, ist der Parque Nacional da **Serra dos Órgãos** ein Kletter- und Wanderparadies, in dessen dichten Wäldern sich allerdings jedes Jahr Besucher verirren. Alle drei Parks verfügen über eine gute touristische Infrastruktur.

Halbwegs zwischen Rio de Janeiro und Sao Paulo gelegen ist der Parque Nacional da **Serra da Bocaina** schon weniger leicht zugänglich – aber er bietet dem Besucher die ganze Palette der üppigen Flora und Fauna eines küstennahen Regenwaldes.

Bei São Paulo umfasst der Iparonga-Park einen Restbestand von Urwald. An der Grenze zwischen Minas Gerais und Espírito Santo liegt der Parque Nacional de **Caparão** mit großer Artenvielfalt und dem dritthöchsten Berg Brasiliens, dem Pico da Bandeira (2890 m); auch hier gibt es zahlreiche markierte Wanderwege. Nordöstlich von Belo Horizonte lädt der Parque Nacional da **Serra do Cipó** ein, die karstige Gebirgslandschaft kennen zu lernen. Ebenso sehenswert in Minas Gerais ist der Parque Natural do **Caraça** mit zahlreichen Wasserfällen und Grotten.

Süden

Mehr als 340 Vogel- und 40 Säugetierarten beherbergt der tropische Wald im Parque Nacional do **Iguaçu** bei den gleichnamigen Wasserfällen, die zum UN-Naturerbe der Menschheit gehören. Auf argentinischer Seite das Pendant: der Parque Nacional de **Iguazú**.

An der Küste von Paraná liegt der Parque Nacional do **Superaguí** mit noch weitgehend unberührtem Küstenwald. Besonders eindrucksvoll ist die Orchideen-Vielfalt.

Der im Westen von Santa Catarina gelegene Parque Nacional de **São Joaquim** ist mit seinen Araukarien-Forsten und den tiefsten Temperaturen in Brasilien (regelmäßig ein paar Tage mit Schnee) für Brasilianer eine große Attraktion.

Im südlichsten Staat, Rio Grande do Sul, ist der Parque Nacional de **Aparados da Serra** mit seinen tiefen Schluchten (z. B. Cânion do Itaimbezinho, 700 m tief) für Kletter- und Raftingfans von Bedeutung.

Zentraler Westen und Pantanal

Der Pantanal rechtfertigt allein schon eine Brasilienreise. Hinweise hierzu wie zum südlich gelegenen Schutzgebiet **Bonito** sowie zum nördlich gelegenen Parque Nacional da **Chapada dos Guimarães** mit seinen Wasserfällen und Schluchten sind im Regionalkapitel zu finden.

200 km nördlich von Brasília liegt der Parque Nacional da **Chapada dos Veadeiros**, der in den letzten Jahren zum Mekka der Ökotouristen aus der Hauptstadt geworden ist. Die typische Cerrado-Vegetation macht auch den Reiz des abseits gelegenen Parque Nacional das **Emas** aus.

Touristisch noch kaum erschlossen ist das **Jalapão-Schutzgebiet** mit seiner Halbwüste im neuen Bundesstaat Tocantins.

Nordosten

Im Landesinneren von Bahia ist der Parque Nacional da **Chapada Diamantina** eine besondere Attraktion. Grotten, Schluchten, Wasserfälle und anspruchsvolle Trekking-Touren locken hier.

An der südlichen Küste von Bahia liegt der Parque Nacional de **Monte Pascoal**, dessen Vegetation durch Brandfrevler schwer gelitten hat. Der „Osterberg" war das erste Stück Land, das Brasiliens „Entdecker" Cabral anno 1500 vom „neuen" Kontinent gesehen hatte.

Rund 80 km vor der Südküste Bahias liegt das **Abrolhos-Archipel** mit seiner reichen Meeresfauna. Für Taucher und Birdwatcher ist die kleine Insel Fernando de Noronha, rund 350 km vor der Küste Natals, attraktiv. Das gesamte Archipel steht unter strengem Naturschutz.

Im Bundesstaat Maranhão verfügt der Parque Nacional dos **Lençóis Maranhenses** über eine einmalige Dünen-Lagunen-Mangrovenlandschaft, wie sie sonst nirgends in der Welt anzutreffen ist.

Norden

Die im Amazonasgebiet befindlichen Nationalparks und Schutzzonen sind durchweg schwer zu erreichen und bieten so gut wie keine touristische Infrastruktur. Empfehlenswerter ist es, sich für eine der beinahe einhundert **Gäste-Lodges** zu entscheiden, die namentlich im Umkreis von 200 km um Manaus wie Pilze aus dem Boden gewachsen sind. Diese Gästehäuser legen alle Wert darauf, Besuchern ein Maximum an Naturerlebnissen zu offerieren. Näheres im Regionalteil.

Der Regenwald

„Grüne Hölle" oder „Lunge der Erde" – der Bezeichnungen für den tropischen Regenwald in Amazonien sind viele. Komplizierter noch als die klimatischen Kreisläufe sind die der Nährstoffe im Regenwald. Erst seit wenigen Jahren hat man sie genauer erforscht. Ergebnis: Die Üppigkeit des Pflanzenwuchses entspringt nicht nährstoffreichen Böden, sondern ist letztlich Ausdruck ihres **Nährstoffmangels**. Angesichts der ungeheuren pflanzlichen Biomasse müsste man eine gewaltige Humusschicht aus abgestorbenen Pflanzen und Tieren im Regenwald vermuten. Weit gefehlt! Man kratzt am Boden, und purer Sand kommt zum Vorschein. Humus ist erst gar nicht entstanden, weil im Ökosystem des Regenwaldes die Pflanzennährstoffe über eine höchst differenzierte Nahrungskette direkt und nicht aus dem Boden aufgenommen werden. Der Regenwald am Amazonas wächst also nicht aus, sondern auf dem Boden. Der Nährstoffkreislauf des Amazonas-Regenwaldes ist in sich so geschlossen, dass er wenig Zufuhr von außen benötigt.

Der Hauptstrom des Solimões/Amazonas bringt aus den Anden Milliarden Tonnen von Schwebstoffen und Materialien mit, die die Nahrungsgrundlage für ein reiches aquatisches Leben bilden – die kristallinen Zuflüsse aus dem Zentralplateau hingegen sind nährstoffarm, und die dunklen „Schwarzwasser", deren Färbung durch pflanzliche Gerbstoffe an Tee erinnert, sind wegen ihrer Säure wenig biofreundlich. Das bedeutet: weniger Fische, aber auch weniger Moskitos.

Der **geschlossene Nährstoffkreislauf** setzt Artenvielfalt voraus: jede Pflanze, jedes Tier hat eine ganz spezielle Aufgabe in diesem Biotop. Es ist so wie mit der Biene, die die Apfelblüten bestäubt – nur sind im Regenwald nicht nur Bienen, sondern zigtausende von Arten mit Millionen Apfelbäumen am Werk. Nimmt man einen Dominostein aus diesem fein justierten Kreislauf heraus, droht das ganze System zusammenzubrechen. Brandrodung bewirkt genau das.

Fressen und gefressen werden: Bereits die großen Naturforscher Amazoniens, Sir Walter Bates und Henry Wallace, Zeitgenossen und Kollegen von Charles Darwin, waren von den Anpassungsmechanismen und Techniken des Überlebens in der Amazonasfauna und –flora tief beeindruckt. Denn was Mutter Natur im Regenwald an biochemischen und genetischen Experimenten anstellt, übertrifft jede Phantasie. Spätestens seit der Entdeckung des Fiebermittels Chinin in einer Baumrinde wissen wir, welche biologischen Reichtümer die Tropenwälder beherbergen.

Artenreichtum

Nur um einmal einen Begriff von der biologischen Vielfalt zu geben: 1500 verschiedene **Vogelarten** hat man in Amazonien bislang gezählt – ein Fünftel aller weltweit erfassten Arten –, ebenso viele **Fischarten** (in Europa sind es gerade mal 60), und auf jedem Baum leben bis zu 100 verschiedene **Insektenarten**, die alle zusammen 80% der tierischen Biomasse im Regenwald ausmachen. Über 60 000 **Pflanzenarten** haben die Botaniker gezählt, und auf einem Quadratkilometer Regenwald finden sich mehr Spezies als in ganz Europa zusammengenommen.

Die Ureinwohner des Amazonas haben sich den natürlichen Kreisläufen im Regenwald angepasst: wie sonst hätten sie überlebt? Zwei bis drei Millionen Waldindianer mögen es gewesen sein, die auf diesem riesigen amphibischen Kontinent zur Zeit der Ankunft der ersten Europäer gelebt haben; eine winzige Zahl von Individuen im Vergleich zu den großen Siedlungen und Städten der vorkolumbischen Hochkulturen im Andenraum. Und selbst diese kleine Menschenmenge, verstreut in der Weite des grünen Meeres, war (und ist) noch untereinander sprachlich und kulturell so stark ausdifferenziert, dass manche indianischen Gemeinschaften nie über einige hundert Personen hinauswuchsen und Indianervölker wie die Yanomamis mit einigen zehntausend Menschen immer schon eher eine Ausnahme darstellten.

Ökologie

„Die wachsende Einsicht in den Reichtum der Lebensformen und -prozesse Amazoniens hat uns die Augen geöffnet über die Einmaligkeit dieser Landschaft und dieses Ökosystems. Aber auch darüber, dass wir dabei sind, mit unserer Zivilisation genau das zu zerstören“, warnte 1984 der Tropenforscher Harald Sioli. Sein Kollege José Lutzenberger, der Deutsch-Brasilianer, wurde in den 80er Jahren der Guru der Grünen und der blaue Engel des Regenwalds. Er konnte die komplizierten Zusammenhänge zwischen den Kreisläufen im Regenwald, des Klimas und der Landwirtschaft so griffig darstellen, er war so mitreißend in seinen apokalyptischen Predigten, die er polyglott und von einem Termin zum anderen hetzend vortrug, dass er schnell zur Symbolfigur der weltweiten Umweltschutzbewegung aufstieg: „Was wir Fortschritt nennen, ist der Weg in den Selbstmord!“ wetterte er gegen die Abholzung des Regenwalds, die Verschmutzung der Umwelt, die Konsumgesellschaft.

Anfangs belächelt, schließlich bewundert, schwang sich Helmut Kohl zum Beschützer der tropischen Regenwälder auf; er setzte gegen den Widerstand seiner Kollegen im Kreis der G-7-Staaten ein Pilotprogramm zur „Bewahrung der uns anvertrauten Natur“ durch. Der **UN-Weltgipfel von Rio de Janeiro**, 1992, war eine historische Wendemarke: Zum ersten Mal in der Geschichte der Menschheit bekannten sich alle Nationen zu ihrer Verantwortung, den Planeten Erde zu schützen. Amazonien wird von der UNO als „gemeinsames Erbe der Menschheit“ geadelt. Aber die Theorie ist leichter als die Praxis. Das musste schon José Lutzenberger erfahren, der als Umweltminister eines korrupten Präsidenten (Collor) endete, mit der Erkenntnis, dass sein eigener Laden wie „eine hundertprozentige Tochter des Holzhandels“ hinter seinem Rücken agierte. Letzte Szene: Lutzenberger beim Kompostieren. Aus dem Kosmologen, der zuletzt die These von James Lovelock verbreitete, die Erde selber sei ein Super-Organismus, war ein resignierter Spitzwegscher Kaktusfreund geworden.

Gleichwohl: seit der UN-Weltkonferenz über Umwelt und Entwicklung 1992 in Rio de Janeiro ist das Thema Ökologie und Umweltschutz aus der öffentlichen Debatte in Brasilien nicht mehr wegzudenken. Das Land hat sich eine umfassende und strikte **Umweltgesetzgebung** gegeben. Jedoch klaffen zwischen der Rechtsnorm und der Wirklichkeit Welten. Der Kongress in Brasília mag beschließen, was er will, und die Bundesregierung kann Regeln und Normen erlassen so viel sie will: vor Ort in einem Nest am Amazonas sieht es anders aus. Die örtlichen „Kaziken“ (Honoratioren) sind meistens tief in die Geschäfte von Holzhändlern, Minenbetreibern, Viehfarmern oder anderen Unternehmen verstrickt, die auf die Umwelt keine Rücksicht nehmen und den Raubbau an der Natur zum Geschäftsprinzip gemacht haben. Diejenigen, die solches zu verhindern trachten, sind viel zu schwach oder werden einfach beiseite geräumt. Das Amazonasgebiet ist weitgehend Freiraum für Ökokriminelle, die sich der Kontrolle leicht entziehen können.

Die Erklärung für die dünne menschliche Besiedlung Amazoniens ist die gleiche, die für die Nahrungskreisläufe und die Artenvielfalt gilt: mangelnde Nährstoffbasis, hoch angepasste Nischentechnik. Indianische Kulturen im Regenwald konnten über eine nomadenhafte Jäger- und Sammlergesellschaft nicht hinauswachsen bei Strafe der Zerstörung des eigenen Lebensraumes.

Die Zerstörung des amazonischen Lebensraumes

Diese Zerstörung erfolgt nun schon seit 500 Jahren im Zuge der Eroberung der Region durch Europäer. Hier einige Faktoren:
Viehwirtschaft – Seit 1990 hat sich die Anzahl der Rinder in der Region von 30 auf 60 Mill. verdoppelt, das ist ein Drittel des gesamten Bestandes in Brasilien. Die Weidewirtschaft hat besonders im Süden von Pará den Tropenwald verdrängt.
Landkonflikte – Mehr als 800 Menschen wurden in den vergangenen 25 Jahren wegen Landkonflikten ermordet. Meistens sind die Opfer kleine Krauter oder ihre Fürsprecher, die den Bodenspekulanten im Wege stehen.
Indianerschutzzonen – Sie machen 20% der Fläche Amazoniens aus, und in diesen Reservaten finden sich wertvolle Edelhölzer und Bodenschätze. Teilweise mischen die Chefs der Indianergemeinschaften bei dem Geschäft mit, das Naturkapital zu verschleudern.
Bodenschätze – Grobe Rechnungen gehen davon aus, dass in Amazonien Bodenschätze im Wert von sieben Billionen Dollar ruhen. Besonders Bauxit und Mangan, aber auch Eisenerz und Kupfer – und Gold. Letzteres lockt Heerscharen von *Garimpeiros* (Goldsucher) in die Tiefen des Dschungels. Die kaum zu kontrollierende Goldschürferei verursacht schwerste Umweltschäden, beispielsweise durch die Vergiftung der Flüsse mit Blei.
Holzwirtschaft – Sie setzt pro Jahr 2,5 Mrd. Dollar um. Greenpeace und andere NGOs schätzen, dass 90% der Hölzer in Amazonien illegal geschlagen werden.
Soja – Die agroindustrielle Anlage von Soja-Plantagen schreitet immer weiter nach Norden vor. In Rondônia und Mato Grosso ist es die Soja-Wirtschaft, die den größten Hunger nach kahlgeschlagenem Land hervorbringt.
Drogen – Westamazonien ist Durchgangsstation von Drogenschmuggel aus Paraguay, Bolivien, Peru und Kolumbien. Kokain-Kartelle nutzen kaum überwachte Flugpisten im Amazonasgebiet. Das Radarüberwachungssystem SIVAM soll diesen Schmuggel verhindern helfen.

Geschichte

Urbewohner

Bereits vor 50 000 Jahren müssen Menschen in Amerika gelebt haben – ob sie aber asiatischer Herkunft, also Ur-Indianer waren, ist nicht völlig gesichert; möglicherweise verdrängten diese gewissermaßen altamerikanische Neandertaler afrikanischer Wurzel. Jedenfalls finden sich die Spuren von Feuerstellen aus jener Zeit in den Höhlen von Piauí (Serra da Capivara/Sertão). Dortige Wandmalereien sind jüngeren Datums und werden auf 17 000 v. Chr. datiert. Sie belegen, dass damals **nomadische Völker** in der Savanne gelebt haben und Jagd auf inzwischen längst ausgestorbene Tiere wie Riesenhirsche und -Faultiere gemacht haben. Auch Tonscherben und Töpferwaren aus jener Zeit hat man gefunden – menschliche Skelette jedoch erst aus dem achten vorchristlichen Jahrtausend. Wenige Jahrhunderte v. Chr. gab es eine blühende Keramik-Kultur im Amazonasraum; ob diese altindianischen Gemeinschaften Verbindung zu den präkolumbischen Reichen im Andenraum gehabt haben, ist nicht belegt.

Wie viele indianische Ureinwohner auf dem Gebiet des heutigen Brasilien zum Zeitpunkt der Entdeckung durch die Europäer gelebt haben, ist nicht gesichert. Schätzungen gehen von drei bis fünf Millionen Menschen aus, die an der Küste, im zentralen Hochland und im Amazonasgebiet gesiedelt haben. Im Unterschied zur urbanen Hochkultur in den Anden finden sich im Tiefland Südamerikas kaum Spuren einer ausdifferenzierten Zivilisation. Die in unzählige Sprachgruppen geschiedenen, meist ein halbnomadisches Leben führenden Volksgruppen hatten im Tiefland keine Staatenbildung vollzogen, daher konnte der Völkermord durch die weißen Eroberer beinahe widerstandslos erfolgen.

Die Portugiesen kommen

Die Königreiche Spanien und Portugal auf der iberischen Halbinsel waren im 15. und 16. Jh. teils getrennt, teils vereint, die unbestrittenen See- und Weltmächte Europas, erst recht nach der Vertreibung der Araber aus Andalusien. Sie hielten das Monopol des Gewürzhandels mit dem Orient und teilten die Welt mit päpstlichem Segen unter sich auf. Im **Vertrag von Tordesillas** (1494, zwei Jahre nach der Entdeckung „Westindiens" durch Kolumbus) wurde vereinbart, dass Portugal der östliche, Spanien der westliche Teil der „Neuen Welt" zustehen sollte. So segelte denn Brasiliens „Entdecker" **Pedro Álvares Cabral** mit zwölf Karavellen über den Äquator hinaus nach Westen und stieß am 22. April 1500 auf Land. „Porto Seguro" nannten die Seebären die ruhige Bucht an der Mündung eines Flüsschens. Eine Messe wurde gelesen, ein Holzkreuz errichtet und zwei Schwerverbrecher wurden zurückgelassen. Cabral ging nicht von Bord. Nach elf Tagen Proviantierung segelte seine Flotte weiter – ihrem eigentlichen Ziel entgegen: Indien. Das gerade erst entdeckte Land, voller Papageien und nackter Wilder, schien für den Handel nicht besonders attraktiv zu sein.

Pedro Vaz de Caminha erstellte als Chronist Cabrals die ersten Aufzeichnungen über Brasilien, das zu dieser Zeit „Terra da Santa Cruz" genannt wurde. „Diese Menschen erscheinen mir von einer solchen Unberührtheit..." notierte er über die vom Fischfang und Ackerbau lebenden Völker der Tupi und Guarani, die im östlichen und südlichen Teil des Subkontinents lebten. 1501 und 1502 bereist **Amerigo Vespucci** die brasilianische Küste. Er wird später Namenspate des ganzen amerikanischen Kontinents und beweist in seinem Bericht „Mundus Novus" (1504), dass es sich bei dem neuen Land keineswegs um eine Insel handelt, wie zunächst angenommen. Vespucci beschreibt auch erstmalig das rote Brasilholz, das dem Land seinen Namen gab und das man in Europa zum Färben von Stoffen verwandte.

Im 16. Jh. sah es an der brasilianischen Küste nicht viel anders aus als bei der Stippvisite Cabrals. Ein paar Stapelplätze für das **Brasilholz**, aus dessen Asche man rote Textilfarbe gewann, ein paar kümmerliche Weiler mit einer Bevölkerung, die Nachkommen der Seeleute und ihrer indianischen Frauen waren, ein Dutzend Forts zur Sicherung der Küste – mehr war da nicht. Der hessische Landsknecht Hans Staden, anno 1550 mit portugiesischen Söldnern ins Papageienland verschlagen und beinahe von den Indianern verspeist, hatte nach seiner Rettung und Rückkehr 1555 eine „Warhaftige Historia und Beschreibung eyner Landschaft der Wilden, Nacketen, Grimmiger Menschenfresser Leutehn" geschrieben, die zum Bestseller der damals in Mode kommenden Abenteuerreiseberichte geriet.

In solch einem Land der Wilden sah Portugal keine große Zukunft. Um die Krone nicht mit überflüssigen Ausgaben für diese neue Kolonie zu belasten, gab König João III zwölf adligen Familien zweifelhaften Rufs das Land als Lehen. Die „**Capitanias**" – die Urformen der brasilianischen Bundesstaaten – hatte man grob von Nord nach Süd an der Küste markiert; wie weit sie ins Hinterland gingen, war völlig offen. Im Grunde blieb das Land vom Wahren Kreuz herrenlos.

Sklavenwirtschaft

1532 bringen die Portugiesen das Zuckerrohr nach Brasilien, ein Jahr später baut man die erste Zuckermühle. Der **Zucker** löst nun das Brasilholz als Ausfuhrprodukt ab. Mitte des 17. Jhs. ist die Kolonie der bedeutendste Zuckerproduzent der Welt. Das war nur möglich durch den Import von billigen Arbeitskräften – afrikanische **Sklaven**. Der transkontinentale Dreieckshandel belebte drei Jahrhunderte lang den südlichen Atlantik: Glasperlen, Spiegel und billiger Tand aus Europa als Zahlungsmittel an die (arabischen) Sklavenhändler in Afrika, massenweiser „Viehtransport" von Afrikanern nach Südamerika, dort der Einsatz auf den Zuckerrohrplantagen und im Haushalt der „Fazendeiros"; Export des Kristallzuckers nach Europa. 3–5 Millionen Menschen aus Afrika werden dabei zu Brasilianern wider Willen; die Sklaven sind aus dem Leben nicht mehr wegzudenken. „Herrenhaus und Sklavenhütte" sind die Grundpfeiler der Kolonialgesellschaft und auch des unabhängigen Brasiliens bis zum Ende des 19. Jhs.

Der erste Generalgouverneur **Tomé de Souza** gründet 1549 die Stadt Salvador da Bahia de Todos os Santos als Sitz der Kolonialregierung. 1551 wird das Bistum Salvador errichtet, und 1553 gründen Jesuiten eine Indianermission – Keimzelle des heutigen São Paulo. 1587 wird in Salvador dann der oberste Gerichtshof geschaffen. São Paulo wird Ausgangspunkt der „**Bandeirantes**", Gruppen von Eroberern und Sklavenjägern, die verstärkt ab Mitte des 17. Jhs. ins brasilianische Binnenland vorstoßen und dabei die im Vertrag von Tordesillas festgelegten Grenzen zugunsten der portugiesischen Krone weit nach Westen verschieben. Schon in diesen frühen Jahren der Kolonisation zeigt sich in Brasilien ein gewichtiger Gegensatz zum restlichen Mittel- und Südamerika.

Hans Staden

Um 1547 machte sich Hans Staden aus Homberg an der Efze Gedanken, wie er nach Indien kommen könnte. Er fuhr über Bremen und Holland nach Portugal und fand dann aber nur ein Handelsschiff, das ihn nach Nordostbrasilien mitnahm. Nach seiner Rückkehr trat er in spanische Dienste und fuhr mit der Flotte von Diego de Sanábria, des neuernannten Statthalters für das La Plata-Gebiet, zum zweiten Mal nach Südamerika. Auf der Höhe von Paranaguá, einer Hafenstadt im heutigen Bundesstaat Paraná, geriet die Flotte in einen Sturm. Hans Staden konnte dort landen und ein Ersatzschiff in São Vicente beschaffen. Bei Itanhaém, südlich von São Vicente, erlitt er jedoch 1549 wieder Schiffbruch, deshalb kehrte er an den Ausgangspunkt zurück.

Damals lebten die Siedler um São Vicente in Furcht vor Überfällen der Tupinambá-Indianer, die unter Leitung des mächtigen Häuptlings Cunhambebe standen. Auf der etwas weiter nördlich gelegenen Insel Santo Amaro wurde deshalb vor Bertioga beim heutigen Guarujá eine Befestigung aus Palisaden angelegt. Die Festung war lebenswichtig für São Vicente, da die Indianer den schmalen Kanal zwischen Festland und Insel nutzten, um die Siedlung anzugreifen. Hans Staden übernahm die Festung 1552 als Kommandant. Sie lag, wie er später schrieb, „dort, wo sonst kein Portugiese herein wollte". Das Festungswerk war das erste portugiesische Fort in Südbrasilien, genannt „Forte de São Felipe".

Ein Jahr später wurde er auf der Jagd von den Tupinambá-Indianern gefangengenommen und gen Norden in die Gegend, wo heute die Stadt Ubatuba liegt, verschleppt. Dort verbrachte er über zehn Monate bei den damaligen Menschenfressern. Er konnte nur überleben, weil er sich mit dem Medizinmann befreundete und dadurch respektiert wurde. Nach seiner Befreiung kehrte er 1555 nach Deutschland zurück.

Hans Stadens Bekanntheit ist auf die intensive Beschreibung seines Aufenthalts in Brasilien zurückzuführen, die er 1557 drucken ließ. Sein Buch *Wahrhaftige Historia...* hat mehr als 80 Auflagen erlebt, davon 15 in portugiesischer und 25 in deutscher Sprache. Es ist das älteste Werk mit einer genauen Beschreibung der Urbevölkerung Brasiliens. *Die Wahrhaftige Historia...* beschreibt mit fast wissenschaftlicher, neuzeitlich wirkender Schärfe das Land zwischen São Vicente und Ubatuba, seine Tier- und Pflanzenwelt.

Ist in den spanischsprachigen Ländern die Stadt das Herz der Entwicklung, so ist in Brasilien die ländliche Siedlung der wesentliche Motor.

Nicht immer nehmen die entwurzelten, verschleppten und geprügelten Afrikaner ihre Versklavung widerstandslos hin. Immer wieder kommt es zu Aufständen und rebellischen Akten. Vielerorts entstehen **Quilombos**, Wehrdörfer entlaufener Sklaven, die das Kolonialgefüge bedrohen. Palmares, der bekannteste Quilombo (1633–1695), ist mit 20 000 Einwohnern so mächtig, dass die Krone in Lissabon einen Vernichtungsfeldzug befielt.

Auch von außen ist die junge Kolonie bedroht; Franzosen und Niederländer drängen von der Karibik aus nach Süden, auch sie wollen am Zucker-/Sklaven-Geschäft verdienen. Die **Holländer** besetzen zwischen 1624 und 1654 Olinda und Recife im heutigen Bundesstaat Pernambuco. In der Zeit von 1637 bis 1644 steigt Recife zu einer der bedeutendsten Städte Lateinamerikas mit vorbildlicher sozialer Ordnung und blühender Wissenschaft auf. Unter dem Hessen **Johann Mauritz von Nassau** herrschte zwanzig Jahre lang eine aufgeklärte Kolonialverwaltung, die den Untertanen freie Religionsausübung und Handelsrechte zugestand, wie sie bis dahin in Südamerika undenkbar waren und auch noch Jahrhunderte blieben. Doch die Blüte Holländisch-Brasiliens war von kurzer Dauer, und 1654 fiel Recife als letzte Hafenfestung an Portugal zurück. Am Königshof in Lissabon sah man sich nun zu mehr Engagement veranlasst, um andere Seemächte, wie etwa Frankreich und England fernzuhalten.

Während das spanischsprachige Amerika schon in den ersten Jahrzehnten der Conquista immense Goldschätze ins Mutterland schickt, dauert es in Brasilien noch nahezu zwei Jahrhunderte, bis das erste Gold gefunden wird. Ende des 17. und Anfang des 18. Jhs. stößt man im heutigen Minas Gerais, Mato Grosso und Goiás auf riesige **Gold-** und **Diamantenvorkommen**. Also wuchs der Bedarf nach afrikanischen Zwangsarbeitern in den Minen. Mitte des 18. Jhs. war Brasilien kein Kostgänger der Krone mehr, sondern eine Goldgrube, aus der der Luxus am Hofe von Lissabon bezahlt wurde. Die Kolonie wurde deshalb 1762 in den Stand des „**Vize-Königreichs**" erhoben und Rio de Janeiro zur neuen Hauptstadt erkoren – über seinen Hafen wurden die Edelmetalle verschifft.

Der Weg in die Unabhängigkeit

1727 kommen die ersten Kaffeesträucher nach Brasilien, doch erst ab Mitte des 19. Jhs. gewinnt der Kaffee als Exportartikel Bedeutung. Die wirtschaftliche und politische Achse verschiebt sich mit den Goldfunden vom landwirtschaftlich geprägten Nordosten in den Südosten. Noch bevor 1763 Rio de Janeiro Salvador da Bahia als Hauptstadt ablöst, werden unter dem portugiesischen Außen- und Premierminister **Marquês de Pombal** 1759 die Jesuiten aus Brasilien vertrieben. Damit verlieren die Ureinwohner ihre Fürsprecher und Beschützer.

Die Kolonialmacht Portugal hatte Jahrhunderte lang erfolgreich die Entfaltung einer eigenständigen Industrie in Brasilien verhindert. 1785 ordnete der König in einem Edikt entsprechend der **merkantilistischen** Philosophie an, die Industrialisierungsbemühungen in der Kolonie einzustellen. Eine Maßnahme, die sich zugunsten Englands auswirkte, dessen Kaufleute schon durch den Vertrag von Methuen (1703), also mit Einsetzen der Goldströme aus Brasilien, viele Privilegien beim Absatz britischer Fabrikerzeugnisse erhalten hatten. In der zweiten Hälfte des 18. Jhs. ertönt unter dem Einfluss der Loslösung der USA von England auch in Brasilien der Ruf nach Unabhängigkeit. In der Minenstadt Ouro Preto verschwören sich einige Honoratioren unter der Führung von **Joaquim José da Silva Xavier** (genannt „Tiradentes", Zahnzieher) gegen die Kolonialmacht; die Verschwörung wird verraten und ihre Anführer werden 1792 hingerichtet. Die „Inconfidência Mineira" („Verschwörung von Minas Gerais") gilt als Fanal der Bestrebungen nach staatlicher Selbständigkeit.

Die Unabhängigkeit verdankt Brasilien aber im Grunde Napoleon: Nach der Eroberung Portugals durch die Truppen Napoleons flieht **König João VI** unter britischem Geleitschutz 1808 mit seinem etwa 15 000 Personen umfassenden Hofstaat nach Brasilien. Rio de Janeiro wird damit auch zur Hauptstadt des portugiesischen Königreiches. Für Brasilien beginnt eine Zeit intensiver Entwicklung. Noch im selben Jahr werden die Häfen geöffnet und das Manufakturverbot aufgehoben. Universitäten, Schulen, Banken, Industriebetriebe entstehen, und Akademiker aus Nordeuropa werden ins Land geholt. Ein Bündnis- und Handelsvertrag sichert England eine weitere wirtschaftliche Vormachtstellung in der Kolonie. König João VI erklärt Brasilien 1815 zum Königreich und kehrt 1821 nach Lissabon zurück. Sein Sohn **Dom Pedro** bleibt in Brasilien und proklamiert mit den Worten „Vaterland oder Tod!", dem „Schrei von Ipiranga", am 7. September 1822 die Unabhängigkeit von Portugal. Kein anderes Land Lateinamerikas hat sich seine Unabhängigkeit so friedlich erstritten. Brasilien war nun unabhängig. Am 12. Oktober 1822 lässt sich Dom Pedro I zum **Kaiser** krönen.

Das Kaiserreich

Während **Baumwolle** und **Tabak** mit Beginn des 19. Jhs. zu den wichtigsten Exportprodukten aufsteigen, wird das Land zwischen 1835 und 1845 im Norden und Süden von Volksaufständen und Autonomiebewegungen erschüttert, die militärisch niedergeschlagen werden. 1840 beginnt die durch administrative und legislative **Reformen** gekennzeichnete Regentschaft von Dom Pedro II, dem Sohn, der den Thron als Kind besteigt. 1850 wird unter dem Druck Englands ein Verbot der Sklaveneinfuhr ausgesprochen, 1888 folgt die vollständige **Abschaffung der Sklaverei**. Die mit der Unabhängigkeit beginnende **Einwanderung** erlebt ab Mitte des 19. Jhs. einen ersten Höhepunkt, als Kaiser Dom Pedro II vor allem Deutsche, Italiener, Spanier und Portugiesen ins Land ruft.

Dom Pedros fast 50 Jahre währende Regentschaft muss man als die **Goldenen Jahre** des jungen Brasiliens bezeichnen. Der Kaiser war ein Mann der Aufklärung und der Wissenschaft, er sprach so gut Portugiesisch wie Deutsch, Französisch oder Englisch, er trat bewusst zivil und bescheiden auf und galt als unermüdlicher Arbeiter. Unter Dom Pedro II wird Brasilien ein Imperium – auf Kosten wachsender Schulden allerdings. Immerhin verschwand das geliehene Geld nicht nur in privaten Taschen, sondern wurde in Straßen, Eisenbahnen, Telegrafenleitungen, Häfen und Schiffen angelegt. Auf dem kaiserlichen Schreibtisch im Sommerschloss von Petrópolis stand das erste Telefon (Herstellerfirma: Siemens) Südamerikas.

Während Kabinette kamen und gingen – der aufgeklärte Monarch Pedro II blieb und mit ihm die „Moderierende Macht". Er war sogar, wenn auch nicht ganz aus eigenem Entschluss bereit, die Sklaverei zu beenden. Doch das gefiel so manchen Latifundisten nicht. Auch die Generäle murrten und verlangten höheren Sold wegen ihres Sieges (in Allianz mit Argentinien und Uruguay) über Paraguay. So kam es zum **Putsch** gegen den Monarchen, der fortschrittlicher dachte als die Militärs, die den Kaiser 1889 zur Abdankung und ins Exil trieben.

Die Republik

1889 setzte der von den positivistischen Ideen Europas geleitete Marschall **Deodoro da Fonseca** Dom Pedro II ohne Blutvergießen ab und rief die Republik aus. Die deutlich von dem Rechtsgelehrten **Rui Barbosa** geprägte republikanische Verfassung (1891) zeigte eine große Nähe zur Verfassung der USA. Brasilien wurde eine Föderative Republik mit zunächst 20 Staaten. Senat und Kammer wurden als gesetzgebende Körperschaften direkt vom Volk gewählt, ebenso der für vier Jahre ins Amt berufene Präsident, der seine Minister selbst ernannte. Ein Bundesgericht wachte über die Verfassungsmäßigkeit der Gesetze.

Fritz Müller und die Mimikry

Wer hat schon von der „Müllerschen Mimikry" gehört? Ein paar Schmetterlingsforscher vielleicht. Mit dem Namen „Fritz Müller" wissen kaum mehr Leute etwas anzufangen. Und doch gehört die Entdeckung der Mimikry, also das abschreckende „Verkleiden" insbesondere unter Insekten, zu den bahnbrechenden Leistungen der Evolutionsforscher, und Fritz Müller aus dem südbrasilianischen Blumenau zu den großen Naturforschern des 19. Jhs. Charles Darwin, mit dem er eine rege Korrespondenz pflegte, nannte ihn den „Fürst der Beobachter".

Müller beobachtete, dass zwei Schmetterlingsarten eine ähnliche Warnfarbe zeigten, obwohl sie nicht miteinander verwandt waren. Und dass ungiftige Falter die Zeichnungen von giftigen Artgenossen übernahmen. So schützen sich also eine ganze Menge keineswegs eng verwandter Arten mit „falschen Federn" vor dem Schnabel ihrer gefiederten Feinde – Mimikry.

Fritz Müller war Autodidakt, Atheist und Kolonist, alles in einem. Der Student der Medizin aus Greifswald, 1822 geboren, verkehrt in revolutionären Kreisen, disputiert mit Marx und Feuerbach und kann und will sich wegen seiner agnostischen Haltung nicht als Pädagoge in den Staatsdienst übernehmen lassen; lieber schlägt er sich als Hauslehrer durch. Im Europa der Restauration nach 1848 sieht Müller, wie so viele kritische Geister, keine Zukunft mehr, er wandert aus. Im südbrasilianischen Blumenau gehört er zu den Pionieren der ersten Stunde.

Müller rodet, aber er schaut sich die tropische Natur vor allem genau an. Wegen seiner religionskritischen Ansichten hat es der engagierte Pädagoge und Naturkundler selbst in der Kolonie der deutschen Einwanderer schwer; man gibt ihm untergeordnete Posten. Doch Fritz Müller sammelt, sichtet, zeichnet und schreibt. 250 Werke kommen zusammen, und Müller liest in 15 Sprachen. Fritz Müller in Berlin oder München: er wäre als ein zweiter Humboldt gefeiert worden. Aber Müller hockte da unten im Dschungel, wo „Judas seine Stiefel verlor", wie man zu sagen pflegte. Und mit den Jahren wurde Fritz Müller immer eigensinniger, er wollte sich nicht helfen lassen, jedenfalls nicht unter Aufgabe seiner Überzeugungen. Fritz Müller starb verarmt und wohl auch verbittert 1897 in Blumenau.

Aber in Wahrheit war die (Erste) Republik wie die Monarchie ein Staat der **Honoratioren** und **Großgrundbesitzer**. Die Sklaverei hatte man als letztes Land in Lateinamerika aufgehoben, italienische – später japanische – Kontraktarbeiter waren auf den nun geradezu explodierenden Kaffee-Plantagen produktiver als Sklaven. Der Kaffee bestimmte nun 50 Jahre lang das Schicksal Brasiliens, und die **Weltwirtschaftskrise** 1929 sollte denn auch der Honoratiorenrepublik das Licht ausblasen. Aber zuvor bricht zur Jahrhundertwende der **Kautschukboom** aus, der Städte wie Manaus und Belém in ein gleißendes, elektrisches Licht versetzt. Die beginnende Automobilisierung in Europa und Nordamerika fährt auf Gummireifen – und der Gummi kommt aus dem Dschungel, rinnt als Kautschuk aus der Rinde von Hevea Brasiliensis. „Fitzcarraldo"-Szenen in Amazonien, unermesslich scheint der Reichtum zu sein, den man mit Naturkautschuk erzielen kann. Bis die Engländer den Kautschukbaum in ihren südostasiatischen Kolonien auf Plantagen anbauen und das brasilianische Monopol brechen; der Kautschuk aus Asien ist viel billiger als der aus Amazonien. Der Boom endet gegen 1914 so schnell wie er gekommen ist.

Die ökonomische Achterbahnfahrt Brasiliens geht mit dem **Kaffeeboom** weiter. Brasilien ertrinkt förmlich im Kaffee – und als 1929 die Weltwirtschaftskrise auf einen Schlag den Welthandel zum Erliegen bringt, bleibt die Nation auf Bergen praller Kaffeesäcke sitzen. Nur durch die partielle Vernichtung der Kaffeeernte gelingt es, den Preis der Bohne einigermaßen zu stabilisieren. Wieder einmal schrammt Brasilien knapp am Staatsbankrott vorbei; die innenpolitische Lage ist verworren. Die alte Honoratiorenrepublik weiß nicht weiter. Das Volk ruft nach einem Retter der Nation, und die Geschichte findet ihn.

Vargas-Ära

Durch einen Staatsstreich kommt am 24. Oktober 1930 **Getúlio Vargas** mit Hilfe ehrgeiziger junger

Stefan Zweig, Liebeserklärung an Brasilien

Die Landstraße von Rio de Janeiro kommend, niedrige Häuser, Krämerläden, eine Eckkneipe, linker Hand die Gasse hoch, Rua Gonçalves Dias 34, ein Gittertor, oben am Rasenhang das Chalet; hier nahmen sich am 23. Februar 1942 Stefan Zweig und seine Frau Lotte das Leben. Sie starben am Kriege.

„Man ist in einem Kurörtchen, einem Sommerresidenzchen, das ein wenig altväterisch anmutet mit seinen roten Brückchen und etwas antiquierten Villen", schildert Stefan Zweig Petrópolis bei seinem ersten Brasilienbesuch. Als er sich dort im November 1941 niederlässt, lobt er die erfrischende Stille der Stadt, „ein Ort so schön verlassen wie Bad Ischl im Oktober" (...) „Wenn es mir gelingt, hier Europa zu vergessen, allen Besitz, Haus, Bücher als verloren zu betrachten, gleichgültig gegen „Ruhm" und Erfolg zu sein und nur dankbar, dass man in einer göttlichen Landschaft leben darf, während Europa Hunger und Elend verheert, will ich zufrieden sein."

Stefan Zweig gelang es nicht, Europa zu vergessen. Petrópolis blieb die letzte Station auf seinem Leidensweg im Exil, und er ahnte es. Er war der meistgelesene zeitgenössische Schriftsteller Europas gewesen, ein Klassiker zu Lebzeiten, seine Bücher wurden in allen Weltsprachen gedruckt, er galt als unbestrittene literarische Autorität im deutschen Sprachraum, als kosmopolitischer Österreicher und vor allem als Europäer.

Er hatte das Unheil schon früh kommen sehen, das sich mit den Braunhemden im Herzen Europas breit machte. Jenseits der nahen Grenze, in Freilassing und Bad Reichenhall, fast einen Steinwurf von seinem Domizil auf dem Kapuzinerberg von Salzburg, wütete der Nazipöbel. Im Reich werden seine Bücher dem Scheiterhaufen übergeben, er ist ja Jude. Österreich bekommt noch eine kurze Galgenfrist geschenkt. Stefan Zweig spürt, dass es mit seiner Heimat zu Ende geht und mit seiner Ehe mit Frederike auch. 1934 eine doppelte Trennung. Er verlässt den Kontinent und geht nach England. Der „Anschluss", die Konferenz von München, der Einmarsch in Prag, der Überfall auf Polen: Krieg!

Militärs an die Macht, 1934 wird er dann durch Wahlen bestätigt. Noch im gleichen Jahr erlässt er eine neue Verfassung und schlägt 1935 einen kommunistischen und 1937 einen faschistischen Aufstand nieder. Ebenfalls 1937 ruft er den „**Estado Novo**“ aus, einen autoritären Staat, in den alle sozialen Gruppen zu kooperativer Mitwirkung eingebunden sind. Getúlio Vargas wollte Brasilien per Befehl entwickeln, modernisieren; darin unterschied er sich wenig von Argentiniens Perón, nur wandte er sanftere Methoden an und bezog die Arbeiter und Tagelöhner in sein politisches Projekt mit ein. Brasilien erhielt jetzt Sozialgesetze und (kontrollierte) Gewerkschaften.

Die Sklaverei lag gerade erst 50 Jahre zurück, die alte Republik hatte die Bürger von den Staatsgeschäften so gut wie ausgeschlossen. Brasilien war de facto nicht mehr als ein großes Latifundium. Aber inzwischen hatten Bevölkerungswachstum, Einwanderung, **Industrialisierung** und **Verstädterung** das Gesicht des Landes verändert. 1920 lebten über 30 Mill. Menschen in Brasilien, vierzig Jahre später waren es schon 75 Mill., die Hälfte davon lebt bereits in den Städten. Zum ersten Mal stößt Brasilien an seine physischen Grenzen – bis dahin waren sie im Norden und Westen, im Amazonasgebiet, gedachte Linien. Nun zieht Marschall **Candido Rondon** Telegraphenlinien durch den Dschungel und entdeckt, dass Indianer menschliche Wesen sind, weswegen sie unter staatlichen Schutz gestellt werden. Die Indianer werden Mode. Der Dadaismus wird Mode. Der Modernismus bricht sich Bahn zu freien Form. Ein Hauch von Weimar und von Wien zieht durch die brasilianischen Metropolen.

Der Marktflecken **São Paulo** explodierte förmlich zur größten Industriemetropole der südlichen Hemisphäre. Der französische Anthropologe Lévi-Strauss („Traurige Tropen“) beobachtet (1935): „Die Stadt entwickelt sich mit einer solchen Geschwindigkeit, dass es unmöglich ist, sich einen neuen Stadtplan zu besorgen: jede Woche müsste eine neue Ausgabe erscheinen…“.

Stefan Zweig entsinnt sich seines geliebten Brasiliens: „Das ist mein Land“, hatte er 1936 euphorisch von seiner Südamerika-Reise nach Hause geschrieben. Er war damals von der unbändigen Lebenslust Brasiliens völlig verzaubert. „Brasilien ist unglaublich, ich könnte heulen wie ein Schlosshund, dass ich hier weg soll.“ Stefan Zweig glaubte in Brasilien gefunden zu haben, wonach er so lange gesucht hatte: eine seelische Heimat. Das tropische Riesenreich schien ihm die Antithese zu allem Schlechten und Verhassten, dem jetzt in Europa Tür und Tor geöffnet war. „Wer Brasilien wirklich zu erleben weiß, der hat Schönheit genug für ein halbes Leben gesehen“. In Brasilien entsteht seine Liebeserklärung an das Exil, „Brasilien, ein Land der Zukunft“ (das Buch wollte er, wohl mehr ironisch, als „Handbuch“ verstanden wissen).
Den sechzigsten Geburtstag feiert Stefan Zweig ganz allein. Seine Welt, das alte, kultivierte Europa, ist untergegangen. Lotte, seine um Jahre jüngere Frau, leidet wie er unter den Tartarenmeldungen, die, wenn auch gedämpft, aus Übersee bis in die brasilianische Provinz gelangen, und dazu noch an schwerem Asthma. Seinen Freunden in Rio de Janeiro gelingt es, ihn und Lotte zu einem Besuch des Karnevals aus ihrem Nest in Petrópolis herunter in die Stadt zu locken. Das närrische, sinnliche Treiben auf den Straßen scheint beide für eine Weile aus ihren Depressionen gerissen zu haben. Am nächsten Tag, dem Karnevalsdienstag, melden die Zeitungen den Fall von Singapur. Stefan Zweig bricht seinen Aufenthalt in Rio ab. Draußen auf dem Pflaster trommelt die große Zabumba, die Tamburine und Agogôs scheppern, die Reco-Reco schnarren und die Maraca rasselt, die Tänzerinnen und Hofnarren von König Karneval, die bunte Meute der Jecken zieht durch die Stadt; Stefan Zweig aber will nichts mehr sehen, er hat mit seinem und dem Leben seiner Gefährtin abgeschlossen. Ihr Grab liegt, schwer zu finden, auf einem der Friedhöfe von Petrópolis. Auf düsteren Marmorplatten steht in lateinischer und hebräischer Schrift: „Elisabeth Charlotte Zweig, Kattowitz 8–5–1908/Petrópolis 23–2–1942“ und „Stefan Zweig, Vienna 28–11–1881/Petrópolis 23–2–1942“. Eine unbedeutende Straße im Stadtteil Laranjeiras von Rio de Janeiro trägt den Namen von Stefan Zweig.

Brasiliens Industrieproduktion hatte sich in den ersten drei Jahrzehnten des 20. Jhs. beinahe verfünffacht, und in den 30er Jahren nochmals verdoppelt. Auch in den folgenden Jahren und im Grunde bis 1964 steigerte sie sich um jährlich weit über fünf Prozent. Die staatlich gelenkte Industrialisierung und die Politik der Importsubstitution – also die Bevorzugung nationaler Produkte vor Importen – schien Früchte zu tragen. Stefan Zweig skizzierte mit seinem Buch „Brasilien, Land der Zukunft" das optimistische Lebensgefühl an der Copacabana.

Der Stern von Rio glänzte – weitab von den Kriegsschauplätzen der Welt. Aber die dunklen Schatten der Vergangenheit waren nicht gewichen. Krasse soziale Ungerechtigkeiten, latenter Rassismus und weit verbreitete Korruption waren nicht einfach verschwunden. Getúlio Vargas schuf Hunderte von neuen staatlichen Institutionen, aber im Grunde galt nur sein Wort. „Für meine Freunde alles, für meine Feinde das Gesetz": dieser Ausspruch sagt im Grunde schon alles.

Brasiliens Geschichte verlief bis dahin – und bis heute – trotz allem Auf und Ab meist friedlich. Die einzige kriegerische Auseinandersetzung, die jemals auf brasilianischem Hoheitsgebiet ausgetragen worden ist, war der **Paraguay-Krieg** (1864–1870), ein Feldzug gegen eine größenwahnsinnig gewordene kleine Nachbardiktatur.

Brasilien zählte auch im 1. und 2. **Weltkrieg** zu den Siegermächten. 1917 war der Kriegseintritt gegen Deutschland mehr symbolischer Natur, 1942 hingegen sandte Brasilien ein Expeditionscorps auf den Kriegsschauplatz in Italien. Ohne amerikanische Schützenhilfe wäre das nicht gegangen. Die Brasilianer nahmen an einigen kleineren Gefechten teil und hatten 457 Tote zu beklagen. Ihre Bereitschaft, an der Seite der Alliierten in den Krieg zu ziehen – wo doch Getúlio Vargas eine Zeit lang mit den Achsenmächten geflirtet hatte – wurde u. a. mit einem Stahlwerk (in Volta Redonda) belohnt.

Durch einen Staatsstreich der Militärs wurde Getúlio Vargas 1945 zum Rücktritt gezwungen. Ein Jahr später wurde die Demokratie durch eine neue Verfassung wiederhergestellt. In den Wahlen von 1950 kehrte Vargas als Präsident zurück und wurde 1954 erneut vom Militär zum Rücktritt gedrängt. Daraufhin beging er Selbstmord und hinterließ ein politisches Testament, in dem er die alten Eliten anklagt, die Entwicklung Brasiliens zu verhindern.

1956 begann die Präsidentschaft von **Juscelino Kubitschek**. Die Industrialisierung wurde deutlich vorangetrieben, und 1960 wurde **Brasília**, die neue Hauptstadt, in der geografischen Mitte des Landes eingeweiht. Kubitschek, der Arzt und Sohn tschechischer Einwanderer, betrieb anders als Vargas eine Entwicklungspolitik, die auf die Kräfte des **offenen Marktes** setzt. Ausländische Investoren sind willkommen, aber die Staatsausgaben wachsen mit dem Bau der neuen Hauptstadt in den Himmel.

Kubitscheks Nachfolger, die Linkspopulisten **Jânio Quadros** und **João Goulart**, bekamen weder die Staatsfinanzen in den Griff noch die aufgeputschten Massen, denen sie einen radikalen Strukturwandel und die Verstaatlichung der Banken versprachen, der jedoch vom konservativen Establishment abgeblockt wurde. Der Radikalisierung der Linken folgte eine noch stärkere Radikalisierung der Rechten, auf beiden Seiten kam es zu machtvollen Demonstrationen. Am 31. März 1964 wurde die Regierung Goulart durch einen **Militärputsch** abgesetzt. Die Militärregierung gibt sich Sondervollmachten. Marschall **Castelo Branco** übernimmt am 11. April 1964 als erster militärischer Präsident die Regierungsgeschäfte. Als Rechtfertigung für den Putsch dient der Kampf gegen den Kommunismus und die Verteidigung der Demokratie.

Militärs an der Macht

Castelo Branco schlug die linken und demokratischen Bewegungen nieder. Der Militär **Costa e Silva**, sein Nachfolger, öffnete Brasilien den internationalen Kapitalmärkten. Deutschland und andere reiche Länder gewährten hohe Kredite. Grundstoff- und Schwerindustrie wurden weiter ausgebaut, die Investitionen verdoppelten sich. Brasilien erlebte sein **Wirtschaftswunder**, und São Paulo mauserte sich zu einer Megalopolis. In diese Zeit fallen auch die meisten Großprojekte.

Nach sozialen und studentischen Unruhen 1968 wurde das Parlament aufgelöst; alle Macht fiel an den Präsidenten der Republik zurück. Etliche Intellektuelle und Politiker fanden sich im Gefängnis wieder, andere wurden gezwungen, ins Exil zu gehen. 1969 trat General **Medici** an die Stelle von Marschall Costa e Silva. Der wachsende Druck trieb einen Großteil der Kirchenvertreter – herausragende Gestalt: **Dom Helder Câmara**, der „rote Bischof" von Olinda und Recife – in die Arme der Opposition. Zu diesem Zeitpunkt traten auch die **Todesschwadronen** auf den Plan, eine Unterabteilung der Polizei, die Oppositionelle umbringt und Angst und Schrecken unter der Bevölkerung verbreitet. Aber das (exportorientierte) Wirtschaftswunder – es erfasste u. a. die Bereiche Energie, Luftfahrt, Rüstungsgüter und Mikroelektronik – setzte sich im Verein mit dem Aufschwung der multinationalen Konzerne fort.

1973 trat General **Ernesto Geisel** die Nachfolge General Medicis an. Im darauffolgenden Jahr gewann die Oppositionsbewegung die Wahlen, blieb jedoch durch geschickte Wahlmanipulation im ohnehin machtlosen Parlament völlig unterrepräsentiert. Bei den Kommunalwahlen 1976 gewann die Opposition erneut an Terrain. Im Jahr darauf wuchs der Widerstand gegen die harte innenpolitische Linie Geisels; große Teile der Bevölkerung setzten sich für die Wiedereinführung der Demokratie und eine Einstellung der Militärhilfe durch die USA ein.

Die Opposition gegen das autoritäre Militärregime, die bis Mitte der siebziger Jahre auf Studenten und Intellektuelle und einige mutige Kirchenmänner beschränkt war, gewann Kraft mit den Streiks im Industriedreieck um São Paulo. Die brasilianische Arbeiterschaft wollte nun auch ihren Anteil am Wirtschaftsboom haben – zum ersten Mal bilden sich **freie Gewerkschaften**, die sich nicht weiter von der Regierung gängeln und finanziell aushalten lassen. Nicht die politischen Honoratioren im (machtlosen) Kongress waren es, die auf eine demokratische Öffnung hinarbeiteten, sondern ein immer größeres Spektrum sozialer Gruppen. 1979 wurde General **João Baptista de Figueiredo** Präsident, und mit ihm beginnt die „abertura", der Übergang von der Militärherrschaft zur Demokratie. Das Militär zieht sich, teils aus Einsicht, teils unter dem Druck der Straße, in die Kasernen zurück. Die Pressezensur wird gelockert und neue Parteien werden zugelassen.

Rückkehr zur Demokratie

Millionen Menschen demonstrierten friedlich auf den Straßen für „Diretas já!" – für allgemeine und direkte Wahlen der Exekutive (des Präsidenten); diese Direktwahl kam im ersten Anlauf nicht zustande, der erste demokratisch gewählte, zivile Präsident, **Tancredo Neves**, ging 1985 durch Wahl aus dem Parlament hervor. Tancredo Neves verstarb am 21. April 1985, nur drei Wochen nach seiner Wahl, Vizepräsident **José Sarney** übernahm die Regierungsgeschäfte. Kaum geboren, so schien es, lag die Demokratie erneut in den Händen der alten Land-Aristokratie: José Sarney gehörte der halbe Bundesstaat Maranhão. Für Reformen war aber sowieso keine Zeit: Die galoppierende **Inflation** und der wieder wachsende Schuldenberg zwangen die Sarney-Regierung zu einer Währungsreform nach der anderen, ohne aber dauerhaft die Teuerung zu beseitigen. Genau dies versprach der Sarneys Nachfolger, **Fernando Collor de Mello**: „mit einem Karateschlag" werde er die Hyperinflation beseitigen, verkündete der alerte junge Mann aus der armen Nordost-Provinz Alagoas, der 1990 aus der direkten Wahl hervorging.

Eine der ersten Maßnahmen der Regierung Collor bestand darin, die Sparkonten der Brasilianer einzufrieren – und sehr schnell kam heraus, dass er und seine engsten Mitarbeiter ihr eigenes Kapital zuvor in Sicherheit gebracht hatten. Schlimmer noch – mit seinem „Financier" Paulo Cesar Farias hatte Collor ein ausuferndes Netz der Korruption ausgelegt: wer Staatsaufträge bekommen wollte, musste „Kommission" an Collor und Co. zahlen. Die Aufdeckung (ausgelöst durch den Bruder des Präsidenten) dieser und anderer Machenschaften führte zum Ausschluss (Impeachment) Collors durch den Kongress, der sich zu dieser dramatischen Aktion durch Massendemonstration gezwungen sah. Collor kam dem drohenden Ausschluss durch einen Rücktritt in letzter Minute zuvor. Sein Vize, **Itamar Franco**, übernahm nun die Geschäfte.

Das (erste) Impeachment eines Präsidenten empfand man in Brasilien als ein reinigendes Gewitter und eine Bewährungsprobe der Demokratie, die 1988 mit einer neuen Verfassung ein solides Fundament bekommen hatte. Die Verfassung war nach einer Volksbefragung und Monate langer Diskussionen zustande gekommen und wurde allseits als „perfekte Magna Charta" gefeiert; sie regelt bis ins Detail Dinge, die eigentlich zu normaler Gesetzgebung gehören. Die normale Gesetzgebung mit den notwendigen Reformen in Staat und Gesellschaft aber blieb liegen, auch im Interregnum von Itamar Franco, der mehr durch Ungeschicklichkeiten als durch Führungsstärke auffiel. Dafür stach umso mehr sein Finanzminister **Fernando Henrique Cardoso** hervor – er führte im März 1994 eine Währungsreform („Plano Real") ein, die der brasilianischen Wirtschaft zum ersten Mal seit Jahrzehnten ein solides Fundament verschaffte. Der Erfolg gab ihm Recht und ließ ihn bei den Wahlen im gleichen Jahr siegen.

Stabilitätspolitik

Fernando Henrique Cardoso, der Soziologie-Professor, leitete eine Phase der politischen und ökonomischen Stabilität ein. Das geschah mit den Rezepten einer neoliberalen Öffnungspolitik und einer maßvollen Haushaltspolitik. Doch in seiner – durch Verfassungsänderung bewirkten – zweiten Amtszeit kamen die Staatsfinanzen erneut ins Wanken. Die meisten Provinz-Gouverneure hielten sich nicht an die Sparappelle und liehen sich Geld in Brasília. Die Bundesregierung aber musste auf dem internationalen Finanzmarkt für die Kredite hohe Zinsen zahlen. Die **Staatsschuld** wuchs auf schwindelerregende 250 Milliarden Dollar. Selbst die „größte Privatisierungswelle der Welt", die 85 Milliarden Dollar meist ausländischer Investoren nach Brasilien gespült hatte, versickerte zu einem Rinnsal in der Staatskasse.

Vor der extremen Abhängigkeit seines Landes vom Zufluss ausländischen Kapitals hatte Präsident Fernando Henrique Cardoso immer wieder gewarnt, den Bankrott von Mexiko 1994/95 vor Augen. Gleichwohl schlitterte die Regierung in Brasília beinahe ins gleiche Desaster. Als die Asienkrise ausbrach, meinte man die Kapitalgeber durch immer höhere Zinsen – bis zu 50 Prozent! – zu halten. Aber das erschwerte nur die Schuldenlast.

Was kaum einer geglaubt hatte, geschah gleichwohl. Brasilien erholte sich aus eigener Kraft von der **Währungskrise** 1998/99. Die Inflation kehrte nicht zurück, die Wirtschaft wuchs weiter – doch mit dem Ende der zweiten Amtsperiode von Fernando Henrique Cardoso zogen durch die Weltrezession und das Debakel beim Nachbarn Argentinien erneut dunkle Wolken über Brasilien auf.

Reformversuche

Dem Professor folgte ein Proletarier im Amt: Bei den Wahlen im Oktober 2002 wurde **Luiz Inácio Lula da Silva** (kurz Lula genannt) zum Staatsoberhaupt gewählt, gleich im ersten Wahlgang. Das war ein beispielloser Triumph und geradezu eine Revolution: Vom Flüchtlingskind, dem Jungen, der auf der Gasse Erdnüsse verkaufte, dem Schlosser in Sao Paulo, dem Berufsagitator der Metaller und dem Gründer der Arbeiterpartei – vom Proleten zum Präsidenten.

Wall Street wollte Lula nicht. Brasilien drohte im Herbst 2002 an der Spekulation gegen Lula abzuschmieren. Der Real galt nichts mehr, das Rating sank in den Keller, die brasilianischen Staatspapiere fielen mit. Ein Brasilien-Bankrott schien so sicher wie das Amen in der Kirche.

Aber dann paukte Lula eine **Sparpolitik** durch, die man einem Erzkapitalisten zugetraut hätte, aber nicht einem Sozialisten wie Lula. Mit seinem Kriegsruf, den Hunger zu besiegen, hatte Lula die Wahl gewonnen. Gelungen sind ihm und seinem Minister Antonio Palocci, die Finanzen in Ordnung zu bringen. Der Real hat sich gegenüber dem Dollar behauptet, die Inflation ist gebannt, das Rating Brasiliens ist so gut wie seit Jahren nicht mehr. Aber auf eine soziale Besserung ihrer Lage warten Millionen armer Brasilianer immer noch.

Politische Gegenwart

Himmelhochjauchzend – zu Tode betrübt; die Geschichte Brasiliens scheint in diesen Achterbahnen zu verlaufen, gottlob ohne Bürgerkrieg und Blutvergießen. Hatte die Nation noch 2002 Präsident Lula da Silva als einen Herold gerechterer Zeiten begrüßt, so wurde sie spätestens Mitte 2005 eines Besseren belehrt, als nämlich herauskam, dass die Topfunktionäre von Lulas Arbeiterpartei PT mit schwarzen Kassen gearbeitet und mehrere Dutzend Abgeordnete mit **Schmiergeldern** bestochen hatten. Das gesamte System, dem Präsidenten im Kongress eine relativ stabile Mehrheit zu sichern, beruhte auf Geldgeschenken. Und das Geld holten sich die PT-Parteibosse aus überhöhten oder fingierten Regierungsaufträgen über Werbefirmen, PR-Agenturen und halbseidene Mittelsmänner wieder herein. Ausgerechnet die PT, die sich jahrzehntelang als Gralshüter der politischen Moral aufgeführt hatte, war dabei erwischt worden, wie sie im bislang größten Umfang Volksvertreter bestochen und eingekauft hatte. Und Präsident Lula soll davon nichts gewusst haben?

Weder seit dem Selbstmord von Getúlio Vargas im Jahr 1954, noch dem Militärputsch 1964 oder der Absetzung von Präsident Collor 1992, war Brasilien in eine solch tiefe Sinnkrise geraten. Die demokratischen Institutionen des Landes erwiesen sich als morsch und mürbe, und für die meisten Brasilianer bestätigte sich nun das, was viele schon immer sagten: Die Politik ist ein schmutziges Geschäft, und wer regiert, der schmiert.

Tatsächlich legte der Skandal um die PT und Lula offen zutage, was man als einen „Webfehler" der brasilianischen Präsidialdemokratie bezeichnen muss. In ihr wird der Präsident zwar vom Volk gewählt – aber er muss wie ein „zahnloser" Diktator auf Zeit immer mit einem Kongress regieren, der sich nicht als Partner oder fairer Opponent verhält, sondern als Fallensteller. Noch nie hatte ein brasilianischer Präsident eine sichere Mehrheit in beiden Häusern, und keiner wird sie je haben, solange die Verfassung nicht geändert wird. Der Kongress besteht nämlich längst nicht mehr aus Volksvertretern, sondern aus Berufspolitikern mit ihren Seilschaften, die primär daran interessiert sind, ihre *Amigos* in politischen Spitzenpositionen mit reichlichen Pfründen unterzubringen, oder selber so viel wie möglich durch opportunistischen Einsatz ihrer Stimme für sich selbst herauszuholen.

Alle Versuche, an diesem hypertrophen politischen Biotop mit seinen verschlungenen Nahrungsketten etwas zu ändern, verliefen bislang im Sande. Wie soll man auch eine solche Reform von denen erwarten, die vom bestehenden System am meisten profitieren? Das gilt nicht nur für den Kongress, die Legislative, das gilt auch für das Justizwesen. Die brasilianische Justiz ist überfrachtet mit Gesetzen, barock und formalistisch in ihren Verfahren, und sie schottet sich von den Bürgern geradezu ab. Mit den Hühnerdieben macht sie kurzen Prozess, die Großen lässt sie laufen. Käuflich ist die brasilianische Justiz nicht immer, aber träge ganz gewiss. Kein Wunder, dass der gewöhnliche Bürger den Umgang mit den Gerichten vermeidet und sein Recht auf oft etwas schiefen Bahnen sucht.

Bleibt nach mehr als zwei Jahrzehnten Demokratie seit dem Ende der Militärdiktatur festzuhalten, dass Brasilien von einer „Zivilgesellschaft" noch weit entfernt ist, weil seine Institutionen so schwach sind, dass sie immer wieder zur Beute derjenigen werden, die genug dafür bezahlen können.

Wirtschaft

Brasilien sei, Stefan Zweig zitierend, ein „Land der Zukunft" – und das werde es auch immer bleiben, behaupten die Spötter. Ein anderer populärer Spruch lautet: „Wenn die Politik schläft, arbeitet die Wirtschaft". Wie auch immer: Brasilien zählt heute unbestritten zu den „Walen" unter den Nationen, sieht sich selber in einer Klasse mit China, Indien oder Südafrika spielend und beansprucht einen Sitz im UN-Sicherheitsrat.

Das industrielle „**Schwellenland**" gehört ökonomisch zu den Top-Ten der Welt, erwirtschaftet insgesamt weit mehr als Russland und pro Kopf beinahe zehnmal soviel wie China. Sein Bruttosozialprodukt erreicht beinahe das Spaniens – bei vierfach größerer Bevölkerung allerdings. Brasilien sei eine Kombination von Belgien und Indien: „**Belindien**", so der Wirtschaftsprofessor Helio Jaguaribe. Eine konsumkräftige Klasse in der Größe Belgiens stehe einer armen Menschenmasse gegenüber; eine Zweidrittel-Gesellschaft sozusagen.

Das gilt nicht nur für die Einkommens- und Besitzverhältnisse, sondern auch für die Struktur der Wirtschaft. Hochmoderne Sektoren bestehen neben archaischer Subsistenzwirtschaft. Allerdings hat sich das ehemalige Agrar- und Rohstoffland erheblich gemausert. Waren früher Kaffee, Kakao und Tabak **Hauptexportprodukte**, so sind es heute Flugzeuge, Motorenteile, Soja und Eisenerz. Wer ahnt schon, dass jeder zweite O-Saft, der durch europäische Kehlen rinnt, aus Brasilien stammt?

Brasiliens Übergang in eine Industriegesellschaft mit urbanem Charakter (heute leben zwei Drittel der 180 Mill. Brasilianer in Städten) begann in den 30er Jahren unter dem Staatschef und Caudillo Getúlio Vargas; dieser zwang die Landaristokratie zur Investition in der Industrie, und Vater Staat tat alles, um die Entwicklung in diese Richtung voranzutreiben. So entstand eine autoritäre, korporatistische und **kapitalistische Planwirtschaft**, die sich im Grunde bis in die 60er Jahre des 20. Jhs. hielt.

Erst in den 1990er Jahren vollzog sich in der brasilianischen Wirtschaftspolitik ein Kurswechsel von kaum zu überschätzender Bedeutung. Er stand im Kontext einer Neuorientierung politisch-gesellschaftlicher Entwicklungsvorstellungen, die sich in mehreren lateinamerikanischen Ländern vollzog. Mit der **Privatisierung** staatlicher Unternehmen, der Öffnung zum Weltmarkt und dem Abbau von Marktmonopolen nahm Brasilien Abschied von einem Entwicklungsmodell, in dessen Zentrum der Staat als Unternehmer, Financier, Vormund und Behüter gestanden hatte. Der Umbruch ist noch nicht abgeschlossen. Seine **Auswirkungen** auf Wirtschaft und Gesellschaft sind jedoch unübersehbar. Während die Befürworter die wiedergewonnene Wettbewerbsfähigkeit der brasilianischen Wirtschaft und die Steigerung der ausländischen Investitionen hervorheben, verweisen Kritiker auf die sozialen Kosten des neuen, als neoliberal bezeichneten Entwicklungsmodells, das zu einer Steigerung der Arbeitslosigkeit und einer verstärkten Abhängigkeit der brasilianischen Wirtschaft von internationalen Finanzspekulationen führte.

Im Hinblick auf die **Auslandsverschuldung** Brasiliens, eines der brennenden Themen der 1980er Jahre, setzten die brasilianischen Regierungen im letzten Jahrzehnt nicht mehr auf einseitig erklärte Zahlungsmoratorien oder einen Schuldenerlass, wodurch ausländische Banken und Investoren abgeschreckt wurden. Argentiniens Bankrotterklärung 2001 gilt als warnendes Beispiel. Im Gegenteil konnten im Rahmen von Umschuldungsverhandlungen längere Zahlungsfristen erreicht und die Zinsen gesenkt werden. Allerdings hat sich die öffentliche Hand in den letzten Jahren im Inland zunehmend verschuldet und muss inzwischen einen beträchtlichen Anteil des Budgets für die Tilgung des Schuldendienstes aufbringen.

Einer der großen wirtschaftpolitischen Erfolge unter der Regierung Cardoso war sicherlich die Überwindung der Inflation durch den **Plano Real** von 1994. Es handelt sich um den vorläufig letzten und erfolgreichsten einer Reihe von Reformplänen, um die wirtschaftliche Stagflationsphase – wirtschaftliche Stagnation bei gleichzeitiger Inflation – zu überwinden. Die Währungsstabilisierung hatte tiefgreifende Auswirkungen auf die Einkommenssituation gerade der Armen. Der Kurseinbruch der brasilianischen Währung Anfang 1999 zeigte jedoch, dass dieses Modell immer noch erheblichen Risiken ausgesetzt war.

Der Stern von Rio

Katzenaugen, Mondsteine und Rosenquarz, eidechsengrüne Smaragde, preußischblaue Aquamarine, honigfarbene Topase, samtviolette Amethyste, Rubine rot wie Taubenblut; wenn Gold redet, schweigt alle Welt.

„H. Stern", der Stern von Rio, der Hans im Glück; an der Fifth Avenue, der Bahnhofstraße von Zürich, am Kudamm und auf der Kö vertreten, auf den Flughäfen der Welt zu Hause, mit 190 Filialen und einem Jahresumsatz von über einer Milliarde Dollar ist er, Hans Stern, der ungekrönte Edelsteinkönig der Welt.

Blind ist er damals, 1923, in Wuppertal auf die Welt gekommen; eine komplizierte Operation öffnete ihm die Augen. Die Nazis konfiszierten das Vermögen der Familie. Mit ein paar Habseligkeiten konnten die Eltern und der Junge fliehen. Hans Stern wurde mit 16 Jahren an die Copacabana gespült. Als Kommis in einem Handelskontor fing er an; ein paar Jahre später verkaufte er sein Akkordeon, um ein eigenes Juweliergeschäft zu gründen.

Heute beherrscht „H. Stern" weltweit den Markt der Farbsteine. Von seinem Hauptquartier im südlichen Rio leitet er ein Imperium von 4000 Angestellten und 300 000 Edelsteinen. Der Reichtum ist ihm nicht zu Kopf gestiegen. Man könnte ihn für einen kleinen Prokuristen halten, so unauffällig gibt er sich. Wenigstens zweimal im Jahr besucht er noch selber die Gruben in Bahia und Minas Gerais, die Goldgräbercamps und Diamantensucher. Von der Fundstelle bis zum Verkauf überwacht „H. Stern" die Verarbeitung der Rohlinge bis zum hochkarätigen, filigranen Schmuckstück. Der „Fingerabdruck" eines jeden Steines wird im Computer registriert. Aber die Seele des Geschäfts, so sagt der Firmengründer, sind immer noch Vertrauen und Verschwiegenheit. „Die Menschen, die mit mir arbeiten, werden genauso sorgfältig ausgewählt wie die Steine".

Wer im Edelstein- und Diamantenhandel ein einziges Mal sein Wort nicht hält, der wird von der ganzen Innung geschnitten. Hans Stern hat sein Wort immer gehalten und deshalb genießt er bis in das verlassenste Goldgräbernest einen sagenhaften Ruf.

Auch die Regierung Lula hat diesen Austeritätskurs gehalten und reagiert schon auf die geringsten Anzeichen eines Währungsverfalls mit Erhöhung der Zinsen und Haushaltskürzungen – auch wenn dies auf immer massivere Kritik aus den eigenen Reihen stößt. Auch zum Ende der ersten **Amtszeit Lula** bleibt die Bilanz zwiespältig. Einerseits wurde die ökonomische Stabilität erhalten, andererseits unterblieben wesentliche Fortschritte auf **sozialem Gebiet**. Lula war angetreten, den Hunger zu beseitigen. Aber schon die ersten beiden Jahre seiner Regierung haben gezeigt, dass die kurzfristigen wirtschaftspolitischen Sachzwänge wenig Spielraum lassen für einen radikalen Neuanfang. Die hohe öffentliche Verschuldung im In- und Ausland lastet mit exorbitanten Zinsen und kurzen Laufzeiten schwer auf dem Haushalt, und Investitionen in Infrastruktur sind praktisch nicht mehr möglich. Reformen in Staat und Gesellschaft sind ebenfalls schwierig, denn in Zeiten knapper Budgets fällt der Staat als Umverteilungsinstrument praktisch aus. Langfristige Reformen werden durch Besitzstandsdenken weitgehend blockiert. Zum Teil handelt es sich dabei aber auch um über einen langen Zeitraum angehäufte Erblasten.

Neben Entstaatlichung und Währungsstabilisierung ist ein drittes Element der neuen Wirtschaftspolitik die **Reform des Staatsapparates**. Der Schwerpunkt liegt dabei auf dem Abbau struktureller Defizite im Haushalt und der Steigerung der Effizienz staatlicher Politikbereiche. Sie geht weit über die bloße Kürzung öffentlicher Ausgaben hinaus und umfasst beispielsweise die Umstrukturierung des Gesundheits- und Rentensystems (die Staatspensionen fressen den Staatshaushalt buchstäblich auf), die Verbesserung des Bildungssystems und die Neuordnung des Beamtenapparates. Diese Reformen verlaufen bei weitem nicht geradlinig und sind immer wieder von Widerständen und Rückschlägen betroffen.

Zu Recht ist Brasilien international als eines der Länder mit der ungerechtesten Besitz- und Einkommensverteilung bekannt. Dies lässt sich deutlich an der Verteilung des Einkommens auf die Bevölkerung ablesen. Auf die 10% der Bevölkerung, die am besten verdienen, entfällt praktisch die Hälfte allen Volkseinkommens, während sich die ärmere Hälfte der Bevölkerung etwa 10% des Volkseinkommens teilen muss.

Die absoluten Zahlen über die **Einkommensgruppen** sind ebenfalls ernüchternd. Knapp zwei Drittel der brasilianischen Lohnempfänger verdienen bis zu zwei Mindestlöhne, müssen also mit etwas mehr als 100 Euro im Monat auskommen. Ein knappes Viertel verdient sogar nur die Hälfte. Auch hier schwanken die Zahlen beträchtlich zwischen den einzelnen Regionen. In den urbanen Zentren schlug sich diese soziale Kluft seit Beginn der Industrialisierung im Entstehen von so genannten **Favelas** nieder. Diese ursprünglich illegalen Armutssiedlungen, zuletzt unter der Militärdiktatur von Abriss und Umsiedlung bedroht, führen bis heute ein Paria-Dasein am Rande der Gesellschaft. Seit Jahren bemühen sich verschiedene Programme, die Favelas wieder an das offizielle Leben der Stadt heranzuführen.

Dieses Bild von der **sozialen Ungleichheit** wiederholt sich bei einem Blick auf die Landverteilung in Brasilien. Die Kleinst- und Kleinbetriebe bis 20 ha, die etwa zwei Drittel aller Betriebe ausmachen, bewirtschaften nur weniger als 6% der landwirtschaftlich genutzten Fläche. Den Großbetrieben mit mehr als 500 ha hingegen gehören fast zwei Drittel. Gerade auf dem Land liefern die Auseinandersetzungen um die Besitzverteilung großen sozialen Sprengstoff. Nachdem die wichtigsten Anläufe zu einer Agrarreform gescheitert sind, hat sich das Heer von landlosen Tagelöhnern und ehemaligen Kleinbauern in zahlreichen Basisorganisationen und der Landlosenbewegung MST zusammengeschlossen und besetzt auf eigene Faust brachliegende Großfarmen.

Brasilien ist ein bzgl. Klima (tropisch/subtropisch), Rohstoffen (Eisenerz, Kupfer, Landwirtschaftsprodukte) und reichlich vorhandener Energie (Wasserkraft, Erdöl) gesegnetes Land. Es könnte die halbe Welt ernähren und dabei selber satt und reich werden. Aber dazu müssten die eigenen strukturellen und sozialen Stolpersteine aus dem Weg geräumt werden. Ein solches Land lässt sich nicht wie eine Fazenda regieren.

Tourismus

Touristisch gesehen ist Brasilien ein **Schlafender Riese**. Kaum ein anderes Land unseres Planeten wurde von der Natur so üppig ausgestattet, kaum eines hat so viele touristische Attraktionen – nehmen wir nur mal den längsten Badestrand der Welt, die 7400 km lange Atlantikküste. Und trotzdem rangiert Brasilien in der Welt-Touristikstatistik nur unter „ferner liefen". Für den Individualtouristen hat das sowohl Vor- als auch Nachteile. Der **Vorteil**: keine Bettenburgen, keine ausgelatschten Highways des Massentourismus, traumhafte einsame Strände, authentische, kaum vermarktete Volkskultur. Der **Nachteil**: keine ausgefeilte touristische Infrastruktur, das heißt beispielsweise, dass kein Taxifahrer eine Fremdsprache spricht. Man muss sich durchschlagen – für Traveller mit Eigeninitiative ist das bei den aufgeschlossenen, herzlichen Brasilianern jedoch kein Problem, sondern eine willkommene Herausforderung.

Rein ökonomisch gesehen hat Brasilien bislang seine Chance verpasst. Während in der Karibik für manche Länder der Tourismus die größte Einnahmequelle ist, und selbst Argentinien noch auf 11% Anteil des Tourismus beim Bruttoinlandsprodukt kommt, liegt die Ziffer für Brasilien bei unter 5%. Schlimmer noch: jahrzehntelang verzeichnete Brasilien ein Negativ-Saldo im Tourismussektor. Die 90er Jahre waren besonders schlimm. Während überall in der Welt der Tourismus boomte, gingen die Zahlen der nach Brasilien Einreisenden bis 2002 auf 4,6 Mill. Personen ständig zurück (Kuba übertraf im gleichen Jahr die Zahl um das Doppelte) – wobei die *Embratur*-Statistik noch geschönt ist: als Reisende werden alle gezählt, die über die Grenze kommen, also Geschäftsreisende ebenso wie Tagespendler.

Die bisherige **Tourismus-Bilanz** Brasiliens kann also schlicht und einfach als katastrophal bezeichnet werden. Spät, aber vielleicht nicht zu spät, hat man in Brasília erkannt, wie wichtig ein blühender Tourismus für die Volkswirtschaft ist. Seit 2002 verbessern sich die Zahlen. Ein sehr ehrgeiziger **Nationaler Tourismusplan 2003–2007** wurde aufgestellt. Ziel: Schaffung von 1,2 Mill. neuer Arbeitsplätze, Verdoppelung der Einreisenden auf 9 Mill. pro Jahr, Deviseneinnahmen von 8 Mrd. Dollar pro Jahr, Verdoppelung der Flüge pro Jahr, Gesamtinvestitionen von 12 Mrd. Real zur Realisierung der Ziele.

„Trotz des Fortschritts sind wir noch weit von unseren Möglichkeiten entfernt", gibt der Tourismusminister in seinem jüngsten Report zu. Tatsächlich verzeichnete Brasilien 2004 erstmals wieder ein Plus von 4,5 Mill. Dollar im Tourismus, und alle Parameter zeigen eine (noch schwache) Tendenz nach oben. *Embratur* und die übrigen staatlichen Tourismus-Institutionen zeigen Initiative; das ist erfreulich und höchste Zeit. Die Tourismus-Beamten entdecken nun ihr eigenes Land: dass Brasilien mehr als nur *Beach* zu bieten hat. Der **Ökoturismus**, einst als europäische Marotte belächelt, wird nun Ernst genommen. Die Selbstdarstellung Brasiliens als Destination gewinnt an Professionalität. Allerdings hat sich das noch nicht bis zur Bundespolizei durchgesprochen. Wer, wie jeder Ankömmling aus dem Ausland, auf brasilianischen Flughäfen lange anstehen muss, um seinen Stempel zu ergattern, wird unnötigerweise negativ vorprogrammiert.

Der Tourismus ist viel zu wichtig, um ihn den Beamten zu überlassen. Viel zu lange hat man die Reisebranche in Brasilien planwirtschaftlich verwaltet. Anreize für privatwirtschaftliche Investitionen fehlten. Nur die Privatinitiative schafft aber neue Märkte – etwa den des Ökotourismus; das war so in Amazonien mit den Dschungel-Lodges, im Pantanal mit den Ferien auf der Fazenda, und in Städten wie Rio de Janeiro, als die ersten Hostels für Rucksacktouristen aufkamen. Da Brasilien ein Spätzünder im Tourismus ist, hat es wenigstens die Chance, die Fehler zu vermeiden, die andere Nationen gemacht haben.

Der Tourismus ist empfindlich; ein paar Attentate mit Todesopfern unter Touristen genügen, um mit einer ganzen Region touristisch tabula rasa zu machen. Andererseits stört sich Massentourismus nicht an einer Maulkorbpolitik a la Fidel Castro. Brasilien ist frei von Terrorismus und Tyrannei – und trotzdem hat das Land es schwer, sich zu „verkaufen". Sind es die Negativ-Schlagzeilen von Drogenkriminalität und Straßenkindern? Ist es die Sprachbarriere? Es gibt keine schlüssige Erklärung, obgleich man so viele Umfragen gemacht hat. Das Grund-Image von Brasilien in Deutschland/Europa ist positiv mit den Begriffen Fußball, Samba, Sonne besetzt, aber trotzdem „fährt keiner hin". Dabei wollen die, die einmal dort waren, fast alle noch einmal das Land besuchen. Was ausländische Touristen in Brasilien stört, weiß man den Umfragen nach auch: Dreck, Lärm und Kleinkriminalität. Aber sonst: wunderbar!

Eine professionelle Tourismuspolitik reagiert nicht auf Negativ-Schlagzeilen, sondern betreibt eine Vorwärtspolitik. Sie erobert neue Märkte, neue Kunden. Und kein anderes Land der Erde wäre besser geeignet, **Naturtouristen** anzulocken. Brasiliens touristische Vorbestimmung ist der Ökotourismus.

Ökotourismus wird in Brasilien definiert als: „Ein Segment des Tourismus, welches das natürliche und kulturelle Erbe auf nachhaltige Weise nutzt; dessen Erhalt fördert, die Schaffung eines Umweltbewusstseins anstrebt und die Lebensqualität der beteiligten Bevölkerungsgruppen verbessert" (Interministerieller Erlass 001 vom 20. April 1994).

Der Ökotourismus ist für Brasilien von ausgesprochener Wichtigkeit, denn in seinem Konzept sind soziale und wirtschaftliche Aspekte integriert. Aufgrund der geografischen und kulturellen Vielfalt dieses Landes gibt es zahlreiche ausgedehnte Gebiete mit großem Potenzial.

Vom Norden bis zum Süden, vom Osten bis in den Westen trifft man die verschiedensten Ökosysteme an: den tropischen Regenwald am Amazonas, den Atlantischen Küstenregenwald, die offenen Hochlagen, den savannenähnlichen Cerrado, das Feuchtgebiet Pantanal, Küsten, Mangrovenwälder und Inseln, verschiedene Schutzgebiete, National- und Landesparks.

All diese Gebiete können aus der Entwicklung des Ökotourismus sozioökonomischen Nutzen ziehen: der ansässigen Bevölkerung werden Entfaltungsmöglichkeiten geboten, sie können in ihrer Heimat verbleiben, die Landflucht nimmt ab, die Ressourcen werden geschont, es entstehen lokale Arbeitsplätze – die Region erlebt eine nachhaltige Entwicklung. Der Ökotourismus trägt auch zur Verbesserung der Infrastruktur in den Bereichen Transport, Kommunikation sowie Wasser- und Abwasserwirtschaft bei.

In Brasilien wächst das Geschäft mit dem Ökotourismus mit jedem Tag. Neue, spezialisierte Reisebüros werden eröffnet, neue Destinationen erschlossen. Amazonas und Pantanal sind bereits Renner. Die Bonito-Region, der Jalapão, das Hinterland im Nordosten, die kolonialen Städtchen in Minas Gerais: all dies und noch mehr muss nun nicht mehr unter wochenlangen Strapazen erreicht werden, sondern liegt „um die Ecke." Brasilien hat diese Infrastruktur schon lange – nun muss sie nur noch touristische Farbe bekommen.

Bevölkerung

Im Jahr 2002 überraschte US-Präsident George W. Bush seinen brasilianischen Amtskollegen Fernando Henrique Cardoso mit der Frage *„Do you have Blacks, too?"*. Ihm war offensichtlich nicht bekannt, dass Brasilien das Land mit den meisten Schwarzen außerhalb Afrikas ist und dass dort mehr als doppelt so viele Menschen afrikanischer Abstammung leben wie in den USA.

Bei der Volkszählung im Jahr 2000 hatte Brasilien 169,8 Mill. Einwohner. Die Bevölkerung hat sich im 20. Jh. also quasi verzehnfacht (1900 waren es noch 17,4 Mill.). Fast die Hälfte der Brasilianer (45%) gibt ihre Hautfarbe mit „schwarz" oder „dunkel" an, 53% sind weiß. Zudem gibt es etwa eine Million Menschen asiatischer sowie um die 700 000 indianischer Abstammung (verteilt auf 170 Stämme). Diese Zahlen sind jedoch nicht sehr zuverlässig, da sie weitgehend auf Selbsteinstufungen basieren. So versuchen viele Schwarze als Mischling zu gelten und hellhäutigere Mischlinge als Weiße, zu stark sind noch die Diskriminierungen aufgrund der dunklen Hautfarbe. Die weibliche Bevölkerung ist leicht in der Überzahl: auf 100 Frauen kommen 96,9 Männer. Die Population ist sehr jung, das Durchschnittsalter beträgt 24,2 Jahre. Über drei Viertel der Bevölkerung lebt in Städten überwiegend in Küstennähe, die Landflucht setzt sich auch im 21. Jh. fort.

Die Vielfalt der Hautfarben und Kulturen erklärt sich aus der wechselvollen Geschichte Brasiliens. Drei bis fünf Millionen Indianer lebten ursprünglich im Land, fast ebenso viele Menschen folgten durch Einwanderung aus der ganzen Welt. Die größte Immigrantengruppe waren Portugiesen, gefolgt von Italienern, Spaniern und Deutschen. Viele Umsiedler kamen auch aus Asien, besonders aus Japan. Einen großen Einfluss auf die brasilianische Kultur hat die ethnische Vermischung mit afrikanischen Sklaven, besonders aus Angola, Moçambique, Nigeria und dem Sudan (s. Kasten). Etwa 3,6 Mill. Afrikaner wurden vom 16. bis Mitte des 19. Jhs. nach Brasilien verschleppt.

Mit gutem Grund kann man deshalb behaupten, dass Brasilien das Volk mit dem ausgeprägtesten Rassengemisch der Erde ist. Kaum anderswo auf der Welt sieht man so viele unterschiedliche Hautfarben und Menschentypen.

Samba, Karneval, Capoeira – Ausdrucksformen afro-brasilianischer Kultur

*Von Dr. Petra Schaeber**

Samba und Karneval sind – neben Fußball – die bekanntesten Symbole brasilianischer Identität und Quintessenz der *brasildade,* der Brasilianität. Nach Brasilien kamen Europäer und Afrikaner, die hier auf die indianischen Ureinwohner trafen. Sie brachten ihre Religionen und Gebräuche mit, ihre Musik, ihre Tänze und ihre Art sich zu bewegen. Neben den religiösen wurden vor allem musikalische und tänzerische Ausdrucksformen geschaffen, erhalten und gepflegt, die als afro-brasilianische Kultur bezeichnet werden. Dazu gehören die Religion des Candomblé, der Kampftanz Capoeira und der Karneval. Die Afro-Brasilianität zeigt sich genauso in den bildenden Künsten wie im Alltag, in der Sprache und der Küche des Landes.

Quelle der Inspiration der afro-brasilianischen Kultur sind bis heute die Mythologie und Praktiken des Candomblé, der Religion, die auf den mündlich überlieferten Geschichten der afrikanischen Götter basiert. Musik und Kunst, Samba und Capoeira, Karneval und Feijoada, der brasilianische Bohneneintopf, der Zutaten aus Herrenhaus und Sklavenhütte vereint – die Wurzel liegt in den religiösen Kultstätten und zwischen allen gibt es enge Beziehungen, sind die Übergänge teilweise fließend. Nach einer religiösen Zeremonie kann es ebenso eine *roda de samba* geben, wie zum Abschluss einer Capoeira-Runde. Früher versteckten sich die Capoeiristas vor der Polizei in den *terreiros* und schützten die Kultstätten gleichzeitig vor ungebetenen Eindringlingen. Und Samba und Feijoada werden in Rio de Janeiro zusammen serviert: Die bekanntesten Sambaschulen öffnen einmal im Monat ihre Vereinssitze um dort Feijoada anzubieten, während die Trommeln im Sambarhythmus vibrieren.

Zum Beispiel Samba. Der Bauchnabeltanz der afrikanischen Sklaven, der *umbigada* (umbigo = Bauchnabel) oder *semba* genannt wurde, erinnert an die bis heute übliche Form des Samba de Roda. Bei einem Samba de Roda wird allein oder als Paar innerhalb eines Kreises getanzt. Die Außenstehenden begleiten die Tanzenden mit rhythmischem Klatschen und Gesang und immer wieder bilden sich neue Paare aus den Umstehenden – das erinnert an eine Capoeira-Roda. Samba de Roda ist eine von vielen Arten des Samba, wie er in ganz Brasilien verbreitet ist, wird aber vor allem in Bahia getanzt. Bis heute streiten Rio de Janeiro und Bahia darüber, wo die Ursprünge des richtigen Samba liegen. Historisch gesehen war zunächst Salvador als Hauptstadt des Kolonialreiches und wichtigstem Sklavenhafen für die Entwicklung des Samba von Bedeutung. Oft waren es nach Rio de Janeiro gezogene Bahianer(innen), welche die afro-brasilianischen Traditionen pflegten.

Die bekannteste Sambaform wurde der Samba der *escolas de samba,* der Sambaschulen Rio de Janeiro. Der von den mehrere hundert Mitglieder umfassenden Perkussionsgruppen gespielte **Samba de Enredo** begleitet die farbenprächtigen Umzüge der Sambaschulen. Mehrere tausend Mitglieder hat so eine Sambaschule, deren Präsentationen aus dem Sambódromo Rio de Janeiros in alle Welt ausgestrahlt werden. Die Sambaschulen haben eine lange Tradition in ihren Stadtvierteln, Arme-Leute-Gegenden, die oft auf den Hügeln Rio de Janeiros liegen.

Zum Beispiel Karneval. Der Karneval war eine europäische Festtradition, welche die Portugiesen mit in die Neue Welt brachten. Hier waren die Karnevalsfeste zunächst den Eliten vorbehalten. Von den pompösen Bällen, die auch vom portugiesischen König besucht wurden, waren die Sklaven ausgeschlossen. Ihnen blieb die Straße und sie nutzten die freie Zeit für ihre Art des Feierns. Zunächst war es das *entrudo,* bei dem die nicht ganz so feinen Portugiesen vormachten, wie man sich vor der Fastenzeit mit Mehl und Wasser Straßenschlachten liefern konnte. Nach dem Verbot des Entrudo Mitte des 19. Jhs. begannen die Sklaven und freien Schwarzen auch die pompösen Maskenbälle zu kopieren: Karnevalsfeiern auf der Straße und prunkvolle Karnevalsumzüge in Festkleidern. Ende des 19. Jhs. erregten die *afoxé* genannten Karnevalsgruppen aus Salvador die Gemüter: Als „Candomblé auf der Straße" bezeichnete der französische Forscher Bastide diese Gruppen, deren Wurzeln in den religiösen Kultstätten liegen. Die Liedtexte der meisten von ihnen werden bis heute in der Yoruba-Sprache gesungen.

Ende des 20. Jhs. waren es dann die *blocos afros,* wie Olodum und Ilê Aiyê, deren Rhythmen zur Basis einer neuen Musikrichtung wurden, der Axé-Music. Die Blocos Afros wurden von jungen Schwarzen in Salvador gegründet, die auf der Suche nach einer eigenen, schwarzen brasilianischen Identität waren. Ihre Inspiration kam von den Nachrichten über Malcolm X, Nelson Mandela und die Unabhängigkeit der letzten afrikanischen Länder von den Kolonialmächten, dem Hören von Soul-Musik und den ersten Reggae-Platten. Mit afrikanisch anmutenden Kostümen und perkussiver Musik, zu der sie Protestlieder sangen, nahmen sie am Karneval teil. Viele Blocos Afros haben sich über den Karneval hinaus zu Selbsthilfeorganisationen von Afro-Brasilianern entwickelt, die in ihren Stadtvierteln Freizeit- und Bildungsangebote für Kinder und Jugendliche anbieten – immer in Bezug zur afro-brasilianischen Identität. Der bekannteste Bloco Afro ist **Olodum**. Die Musik der Trommler vom Pelourinho-Platz in Salvador begeisterte nicht nur Millionen Brasilianer, sondern auch Paul Simon und Michael Jackson, die mit der Gruppe Platten und Video-Aufnahmen machten. Die Blocos Afros lösten eine Diskussion in Brasilien aus, die zu einer neuen Sichtweise der Rassenbeziehungen führte.

Zum Beispiel Capoeira: Capoeira ist eine Mischung aus Tanz und Kampf, Spiel und Ernst, Gesang und Perkussion, rituellen Handlungen und Improvisation. Von außen sieht man die *roda,* den Kreis, in dem sich je zwei Kontrahenten begegnen. Sie versuchen mit Tritten und kreisenden Bewegungen, vorgetäuschten Angriffen und konkreten Wurftechniken ihr Gegenüber zu dominieren. Die Roda wird kommandiert durch das Berimbau – ein Instrument, das an einen Bogen erinnert, an dessen einem Ende eine Kalebasse befestigt ist und dessen Metallsaite mit einem Stöckchen angeschlagen wird. Das Berimbau gibt den Rhythmus vor, während ein Sänger die Lieder anstimmt. Die Außenstehenden im Kreis klatschen und singen im Chor dazu. Die Paare in der Roda wechseln, immer wieder neue Herausforderer treffen aufeinander.

Ob es Capoeira in Afrika gegeben hat, ist umstritten. Daran, dass die afrikanischen Sklaven Capoeira in Brasilien praktiziert haben, gibt es jedoch keinen Zweifel. Die musikalischen und tänzerischen Elemente sollten über das Kampftraining hinwegtäuschen. Lange Zeit war die Capoeira verboten, galten die Capoeirista als finstere Gesellen. Erst als in den 30er Jahren des 20. Jhs. der Capoeira-Meister Bimba das Capoeira-Training formalisierte und in seiner Capoeira-„Schule" für Ordnung sorgte, wurde der Kampftanz legalisiert. Mestre Bimba übernahm Elemente aus asiatischen Kampfsportarten in die Capoeira. Er bezeichnete diese neue Art Capoeira zu spielen als „Capoeira Regional". Diese sportlichere Variante der Capoeira ist inzwischen in der ganzen Welt verbreitet. Als „Capoeira Angola" wird die ursprüngliche Art der Capoeira bezeichnet, bei der die Musik und die theatralischen Elemente stärker im Vordergrund stehen. Heute erheben insbesondere die Angoleiros den Anspruch, die politisch korrekte Capoeira der Afro-Brasilianer zu praktizieren.

Samba, Karneval, Capoeira – die afro-brasilianische Kultur vereint – wortwörtlich – afrikanische und brasilianische Elemente. Sie ist einzigartig durch ihre Vielfalt und Flexibilität, ihre Stärke und Präsenz. Es ist eine Kultur, die von den untersten Bevölkerungsschichten geprägt wurde und heute, zumindest teilweise, auch Stolz der Eliten des Landes ist.

**Dr. Petra Schaeber hat über die kulturelle Bewegung der schwarzen Karnevalsgruppen aus Salvador/Bahia promoviert. Dort lebt sie seit mehreren Jahren als freie Journalistin.*

An einigen Orten fallen ethnisch-regionale Besonderheiten ins Auge, z. B. blonde, blauäugige Brasilianer in Pomerode oder Blumenau (Santa Catarina), die überwiegend dunkelhäutige Bevölkerung in Salvador, Menschen indianischer Abstammung in Belém und Manaus oder asiatische Gesichtszüge in São Paulo. Alle jedoch fühlen sich als Brasilianer, verbunden durch ein gesundes Nationalgefühl und große Toleranz gegenüber Andersartigkeit.

Doch es gibt auch die andere Seite der Medaille, die sich in der ungerechten Verteilung von Geld und Besitz zeigt: Die reichsten 20% der Bevölkerung verfügen über zwei Drittel des Einkommens der Gesellschaft. Großgrundbesitzern (1% aller Landwirte) gehören 45% der registrierten Fläche. Fast ein Drittel der Bevölkerung lebt unterhalb der Armutsgrenze. Besonders benachteiligte Gruppen sind dabei Schwarze und Indianer. Es gibt zwar deutlich weniger offene Diskriminierung als z. B. in den USA, doch zeigt sie sich subtil im starken sozialen Gefälle. Dunkelhäutige gehören meist der Unterschicht an, ihr Bildungsniveau ist niedriger und ihre Einkommen sind geringer. Dagegen sind die reichsten 10% des Landes zu 85% Weiße.

Religionen

„**Deus é Brasiliero**" – *Gott ist Brasilianer*, da sind sich viele Brasilianer ganz sicher. „Welcher Gott eigentlich?" könnte man rückfragen, denn *den* Gott gibt es in Brasilien nicht. Der katholische Dreieinige? Olorúm, der afro-brasilianische Schöpfergott? Oder der Gott eines Alain Kardec, dem Begründer des kardicistischen Spiritismus?

Die Mehrheit der brasilianischen Bevölkerung ist eher **mystisch** als religiös veranlagt, und dabei sehr tolerant gegenüber anderen Glaubensgemeinschaften. Eine weltabgewandte und lustfeindliche Religiosität würde zu den meisten Brasilianern nicht passen, es widerspricht ihrem Lebensgefühl. Auch **Aberglaube** ist weit verbreitet, quer durch alle Schichten. Selbst so mancher Staatspräsident soll sich Rat von Sehern eingeholt haben oder seine Termine nach astrologischen Daten gelegt haben.

Auf dem Papier sind 74% der Brasilianer Katholiken, 15% Protestanten, 7% konfessionslos. Dazu kommen diverse Minderheiten von Buddhisten, Bahai, Muslimen und Juden; nicht zu vergessen die indigenen Religionen. Damit ist Brasilien laut Statistik immer noch die **größte katholische Nation** der Erde. Doch die alltägliche Realität sieht ganz anders aus. Beim genaueren Hinsehen entsteht der Eindruck eines Jahrmarktes alter und neuer Religionen. Viele Brasilianer setzen sich aus den verfügbaren Angeboten ihre **persönliche Religion** zusammen. Selbst fromme Katholiken adaptieren afrikanische Kulte und nehmen schon mal an einer spiritistischen Feier teil.

Zu den traditionellen Religionen gehören neben der katholischen Kirche die afro-brasilianischen Kulte. Jüngeren Datums sind die **Pfingst- und evangelikalen Kirchen**, die im 20. Jh. ihren Eroberungsfeldzug durch Südamerika angetreten haben.

Römisch-Katholische Kirche

Religion in Brasilien? Da denken viele immer noch ausschließlich an den Katholizismus. Der erste Eindruck bestätigt tatsächlich das Klischee einer allgegenwärtigen katholischen Kirche: „Jesus" steht in dicken Lettern auf dem Lastwagen, Heiligenbildchen zieren das Cockpit des Taxifahrers. Selbst in Nachtclubs hängen Kreuze an der Wand. Doch mit dem Katholizismus aus Rom, seinen Geboten und Dogmen, hat dies wenig zu tun.

Die katholische Religion hat eine wechselvolle Geschichte in Brasilien. Zeitweise genoss sie hohes Ansehen, u. a. da es ihr gelang, Elemente aus indigenen und afrikanischen Traditionen einzubinden. Zur Zeit des Militärputsches unterstützten konservative Teile der Katholiken die Militärs. Gleichzeitig formierte sich unter der Militärherrschaft ab 1964 eine **Kultur des Protests**. Es entstanden kirchliche Basisgemeinden, die Glauben und Politik miteinander verbanden. In der Nachfolge Christi ging es ihnen um Gerechtigkeit für die Armen und Vernachlässigten. Im Laufe der 70er Jahre waren es gesellschaftspolitisch aktive Theologen, unterstützt von regimekritischen Bischöfen, die politische Emanzipation einforderten. Charismatische Führer dieser **Theologie der Befreiung** waren in Brasilien **Leonardo Boff** und Bischof **Dom Hélder Camara**. Sie stellten sich auf die Seite der Unterdrückten und Benachteiligten.

Von Seiten der römischen Kirchenleitung gab es jedoch bald Bestrebungen, die Befreiungstheologie zu unterdrücken, v. a. aus Furcht vor marxistischer Unterwanderung der Kirche. Mit der Rückkehr zur

Demokratie gab die katholische Kirche ihre gesellschaftspolitische Rolle zugunsten von Gewerkschaften und Parteiorganisationen ab. Es entstand zunehmend der Eindruck, die katholische Kirche sei hauptsächlich für die Mittel- und Oberschicht da. Während der Katholizismus aktuell immer mehr an Terrain verliert, sind protestantische Kirchen und Sekten stark auf dem Vormarsch.

Protestantische und Pfingstkirchen

Noch bis ins 19. Jh. war Brasilien offiziell mehr oder weniger zu 100% katholisch. Erst die europäischen Einwanderer brachten in der zweiten Hälfte des 19. Jhs. den **Protestantismus** ins Land, v. a. die **Lutheraner** gewannen im Süden großen Einfluss. Mit der Gründung der Republik 1890 wurde eine Trennung von Staat und Kirche durchgesetzt, auch neue Kirchen durften gegründet werden. Trotzdem hatten alle protestantischen Gemeinschaften 1940 lediglich einen Anteil von knapp 3% an der brasilianischen Bevölkerung. Doch später stieg der Anteil der protestantischen Kirchen auf knapp 15% – während die Zahl der Katholiken rückläufig ist. Einen ähnlich rasanten Anstieg hat nur die Gruppe der Konfessionslosen zu verzeichnen.

Die Mehrheit der protestantischen Glaubensgemeinschaften gehört heute jedoch nicht mehr zu den traditionellen evangelischen Richtungen, sondern zu **Pfingstkirchen** und z. T. fundamentalistischen und sektenartig organisierten Gemeinschaften. Diese gehen v. a. in den ärmeren Schichten auf Fang und locken mit **Heilsversprechen**. Oft wird gezielt soziale und psychische Abhängigkeit erzeugt. Im Vordergrund steht dabei kein abstrakter Glaube, sondern die konkrete Interpretation der Lebenswelt. Es gibt klare Vorschriften und Regeln, so ist es z. B. in allen Pfingstkirchen den Anhängern nicht erlaubt, zu rauchen oder zu trinken; auch vorehelicher Geschlechtsverkehr und gleichgeschlechtliche Beziehungen sind untersagt. Probleme wie Arbeitslosigkeit, Krankheit, Ehestreit werden als Werk des Teufels dargestellt. Dabei wird die Gutgläubigkeit der Mitglieder oft schamlos ausgenutzt. Bestes Beispiel hierfür ist die 1977 gegründete **Igreja Universal do Reino de Deus** (Universalkirche von Gottes Reich). Ihr Gründer Bispo „Bischof“ Edir Macedo ist ein gerissener Geschäftsmann und begnadeter Prediger zugleich. Von den Gläubigen, auch den Ärmsten der Armen, wird erwartet, 10% des Einkommens an die Kirche abzugeben. Versprochen wird göttliche Gegenleistung, nicht erst im Jenseits. So ist genug Geld da, immer mehr und größere „Tempel“ zu bauen – oder Fernsehstationen zu kaufen: 1989 ging einer der bedeutendsten brasilianischen Fernsehkanäle, *Rede Record,* in den Besitz von Macedo über. Der Kauf des eigenen Seelenheils durch Spenden an die Kirche, das weckt Erinnerungen an überwunden geglaubte düstere Zeiten in der Geschichte der katholischen Kirche. Bei Licht betrachtet sind die Finanzierungsformen mancher Pfingstkirchen durchaus vergleichbar mit mittelalterlichem Ablasswesen. Immer stärker setzen die Pfingstkirchen elektronische Medien geschickt für ihre Zwecke ein. Die zahlenmäßig größte Pfingstkirche in Brasilien ist die **Igreja Assembléia de Deus** mit über 8 Millionen Gläubigen.

Afro-brasilianische Religionen

Das helle Neonlicht erleuchtet den weißen Festsaal, den *Terreiro.* Links sitzen die Frauen, rechts die Männer. Die Luft ist ölig, es riecht nach Weihrauch. Am Kopfende steht ein kunstvoll geschnitzter Holzstuhl. Die *Mãe de Santo*, die Chefin der Zeremonie, nimmt Platz. Eine Ecke des Raumes ist für die Musiker reserviert. Virtuos erzeugen sie komplizierte Rhythmen auf drei Trommeln. Würdenträger betreten den Saal, verbeugen sich, umarmen Gemeindemitglieder. Die Atmosphäre ist feierlich und ernst. Frauen tragen weite weiße Spitzenröcke und Tücher, zu Turbanen gebunden. Sie formieren einen Kreis und beginnen sich rhythmisch zu bewegen. Einige Zeit später fangen die ersten an zu taumeln, zu zucken, sich zu versteifen. Ihre Gliedmaßen bewegen sich unkontrolliert: Ein **Orixá**, ein Candomblé-Gott, ergreift Besitz von ihrem Körper.

Aus Staaten wie Benin, Nigeria, Niger, Kongo und Angola wurden vom 16.–19. Jh. afrikanische Sklaven nach Brasilien verschleppt. Sie brachten ihre Götter, die Orixás, mit über den Atlantik. Durch **Zwangstaufe** wurden sie oberflächlich christianisiert, blieben aber weiterhin fest in ihrem Glauben verwurzelt. Aus Angst vor Verfolgung gaben sie ihren Göttern die Namen katholischer Heiliger. Damit war die Grundlage für verschiedene **synkretistische** Religionen gelegt, womit die Kunst des gegenseitigen Einbindens und Verschmelzens gemeint ist.

Die Götter des Candomblé und ihre Feste

*Von Dr. Erica Jane de Hohenstein**

Blumen werden ins Meer geworfen, Opferteller unter Bäume und Büsche gestellt, das rote Palmöl an Kreuzungen vergossen. Man sieht und fühlt sie überall in Salvador da Bahia: Die **Macht der afro-brasilianischen Götter**. Zwanzig **Orixás** werden heute in ca. 3000 Kultstätten verehrt, gefeiert. Sie verkörpern die **Naturelemente** Luft, Wasser, Erde, Feuer, Wind und Eisen. In der Trance fahren sie in die Gläubigen ein, dann werden Menschen zu Göttern und Götter zu Menschen. Nicht nur Afrobrasilianer glauben an die Macht der Götter, sondern auch die weiße Oberschicht. Politiker, Künstler, Intellektuelle befragen die Götter, bevor sie eine wichtige Entscheidung treffen; sie opfern ihnen, fürchten sie sogar. Wer sind diese *orixás?*

Oxalá ist das Oberhaupt des Pantheons, er wird der Vater aller Orixás genannt und ist die höchste Autorität. Sein Wille ist unwiderruflich, sein Wort endgültig. Er ist der stets weiß gekleidete Gott der Schöpfung, der Herr des Friedens. Viele Bahianos tragen am Freitag ihm zu Ehren weiße Kleidung.
Am **2. Donnerstag im Januar** wird für Oxalá das größte Fest von Salvador gefeiert: *Lavagem do Nosso Senhor do Bonfim.* Die Stufen der Bonfim-Kirche werden von Candomblé Frauen gereinigt und die Gläubigen laufen, begleitet von lauter Musik, Gesang und eisgekühltem Bier, 10 km vom Mercado Modelo bis zur Bonfim-Kirche.

Yemanjá ist die Herrscherin der Meere und die Mutter aller Orixás. Sie ist der populärste Orixá in Bahia. In fast jeder Bar hängt ihr Bild. Ihr Körper ist mit Muscheln, Perlen und Korallen geschmückt, ihre Brüste sind prächtig und prall. Sie strahlt eine Sinnlichkeit aus, die Männern den Verstand raubt, ihr Locken gleicht dem betörenden Gesang der Lorelei. Grausam und zugleich sanft soll sie sein. Sie zögert nicht, in Seenot geratene Fischer in die Tiefe zu ziehen und zu verschlingen. Aber wenn sie guter Laune ist, besänftigt sie die Wellen und rettet den Seemann samt Fracht. Yemanjá ist herrschsüchtig, kann aber durch Gaben besänftigt werden. In ihrer Eitelkeit begehrt sie Kämme, Spiegel und Blumen, die an Festtagen in große Körbe gelegt und auf hoher See ins Meer geworfen werden.
Am **2. Februar** wird in Rio Vermelho ihr zu Ehren ein großes Straßenfest abgehalten. Zahllose Fischerboote und Luxus-Jachten fahren, mit den reichhaltigen Geschenken der Gläubigen beladen, aufs offene Meer und opfern ihr. Die weiß gekleideten Gläubigen harren am Strand in gespannter Erwartung, ob die Herrin ihre Geschenke annimmt. Manche Wartende werden besessen. In sich versunken stoßen sie schrille Schreie aus, bewegen sich zuckend, drehen sich um die eigene Achse, immer schneller und schneller. Yemanjá ist in sie eingedrungen.

Yansã ist die machtvolle Göttin der Winde und Blitze. Sie ist unberechenbar, wild und leidenschaftlich. In den Mythen war sie einst eine Büffelkuh und lebte in der Wildnis, wo sie von Zeit zu Zeit sich in eine wunderschöne Frau verwandelte. Ihre Speise ist *acará,* ein Bällchen aus Bohnen und Maniokmehl. Weder Heirat noch Mutterschaft hindert sie daran, das zu tun, was ihr gefällt. Die Frauen von Salvador lieben Yansã wegen ihres Mutes und Durchsetzungsvermögens. Sie flehen sie an, sie bei ihrer Arbeit oder waghalsigen Taten zu unterstützen.
Am **4. Dezember** findet im Pelourinho, der historischen Altstadt von Salvador, eine große Prozession statt. Sie beginnt bei der Sklavenkirche Rosário dos Pretos und endet bei der Feuerwehr, deren Schutzpatronin sie ist. Dort wird der Umzug von den Feuerwehrmännern mit Salven und Wasserstrahlen begrüßt.

Oxum ist die liebliche Göttin des Süßwassers, der Flüsse und Wasserfälle. Sie wird als Göttin der Liebe, Schönheit und Fruchtbarkeit verehrt. Im Candomblé munkelt man, dass Oxum mit ihrer Geschicklichkeit einem Mann die Ho-

Candomblé-Fest im Terreiro von Joãozinho da Gomeia, Salvador da Bahia, um 1950

sen ausziehen kann, ohne dass er es bemerkt. Ihrem lieblichen Zauber können die wenigsten widerstehen, sie ist das ewig lockende Weib. Frauen, die sich Kinder wünschen, bitten sie um eine glückliche Schwangerschaft. Wenn sie ihren religiösen Pflichten nicht nachkommen, werden sie durch Ausbleiben der Menstruation oder starke Blutungen bestraft. Und wenn bahianische Frauen Liebeskummer haben, dann flehen sie Oxum an ihnen zu helfen, ihre Probleme mit den stets unzuverlässigen, treulosen Männern zu lösen.
Am **8. Dezember** wird ihr zu Ehren eine Messe in der Kirche Conceição da Praia in der Unterstadt von Bahia abgehalten, die in einer Prozession mündet.

Xangô ist der Herrscher über den Donner und das Feuer. Er ist stolz, ungestüm und duldet keine Widerworte. Er liebt die Frauen und die köstlichen Speisen, ist ein genusssüchtiger Bonvivant. Die großen Candomblé-Kultstätten von Salvador wurden im 19. Jh. von Xangô-Priestern gegründet. Im Nordosten Brasiliens hat sich der Xangô-Kult verselbstständigt und bildet eine eigene Religionsgemeinschaft, die seinen Namen trägt.
Am **24. Juni** wird das Fest **São João** insbesondere im Nordosten Brasiliens mit großem Feuer und lauten Feuerwerken gefeiert. Auf diesen beliebten Volksfesten vermischt sich die Figur des katholischen São João, Sankt Johannes, mit der des *Orixás* Xangô.

Exú ist der Götterbote, der ewig Reisende zwischen den Menschen und den Orixás. Er trägt die heilige Kraft *axé* zu den Menschen. Exú ist das Prinzip der Dynamik, der Kommunikation und der Sexualität per se. So wird er mit einem großen Phallus und mit einem Dreispitz oder sieben Schwertern dargestellt.
Jede Zeremonie und jedes Fest im Candomblé beginnt mit einer Zeremonie für ihn, denn nur er kann die Wege zwischen den Welten öffnen. Erweist man Exú nicht die gebührende Ehre, ist er zutiefst beleidigt und stürzt alles ins Chaos. Aus diesem Grund opfert man ihm an den Kreuzungen Zuckerrohrschnaps und dicke Zigarren, die er begehrt. Exú ist ein Orixá der Straßen, der Nächte, der Unordnung, und so wird er nur im Freien verehrt. Exú liebt das wilde Leben und die Erotik. Seine widersprüchliche Gestalt und seine unbändige Lebenslust machen ihn zu dem menschlichsten von den Göttern.

**Dr. Erica Jane de Hohenstein hat über die Frauen im Candomblé promoviert. Sie lebt und arbeitet als TV Producerin in Salvador/Bahia. www.bahiahotmedia.com, ericajane@uol.com.br, 0055/71/3237 6020, Handy 0055/71 9981 3166.*

Einige Elemente des Volkskatholizismus ließen sich besonders gut verbinden, wie die Heiligenverehrung, Gelübde, Wallfahrten und familiäre Frömmigkeit. Aber nicht immer wurden die afrobrasilianischen Kulte toleriert. Unter Getúlio Vargas wurden die Anhänger gar als „schwarze Zauberpriester" verurteilt und eingesperrt. Doch bis heute hilft den Brasilianern afrikanischer Abstammung die Integrationskraft des Glaubens ihrer Vorfahren, eine eigene Identität zu behaupten. Afro-Kulte spielen besonders im Nordosten Brasiliens eine große Rolle. Mittlerweile erfahren sie zunehmende gesellschaftliche Anerkennung als eigenständige Religion und Kultur. In Touristenzentren wie Salvador hat man längst ihr Marketing-Potenzial erkannt, ihrer Rituale haben Eingang in Folklore-Shows gefunden. Drei große Glaubensgemeinschaften afrikanischen Ursprungs lassen sich regional zuordnen: **Candomblé** findet man in Bahia (v. a. Salvador und Cachoeira) und Recife, **Macumba** und **Umbanda** in Rio de Janeiro und anderen Großstädten des Südostens.

Am ehesten wird der Besucher mit **Candomblé** in Kontakt kommen, besonders zu den zahlreichen Festen in Salvador. Der Kult ist vor allem von Afrikanern aus Benin und Nigeria, den Yoruba- und Bantu-Völkern geprägt worden. Ganz oben in der Hierarchie steht die *Mãe de Santo* oder der *Pai de Santo*. Die Töchter und Söhne *(Filhas* und *Filhos de Santo)* empfangen im Trance-Zustand ihren spezifischen Orixá, dessen Eigenschaften sie dann verkörpern. Von ihnen geht eine heilende Kraft auf die gesamte Candomblé-Gemeinde über. Bis heute umgibt den Kult etwas Geheimnisvolles: Kenntnisse von Pflanzen zu medizinischen und religiösen Zwecken, die Fähigkeit mit geheimen Ritualen Probleme zu lösen oder die Zukunft vorherzusagen – Candomblé wird sowohl verehrt als auch gefürchtet. Öffentliche Feste sind für Gäste zugänglich, an den internen Zeremonien dürfen nur die in das Ritual eingeweihten Personen teilnehmen. Die *Terreiros* sind in der Regel abgelegen und schwer zu finden.

Die **Umbanda** hat sich aus dem Candomblé entwickelt. Sie ist um 1930 im Zusammenspiel mit den Urbanisierungsprozessen im Südosten des Landes entstanden. Verschiedene kulturelle und religiöse Traditionen flossen ein, wie z. B. indianischer Schamanismus, Volkskatholizismus und **kardecistischer Spiritismus**. Letzterer geht zurück auf den Franzosen Alan Kardec (1804–1869, „Buch der Geister"), dessen religiöse Bewegung alle Religionen zur „einzig wahren christlichen Tradition" vereinen wollte. Zentrale Rolle spielt der durch Medien vermittelte Verkehr mit Geistern. Im Laufe der Zeit wurde die Umbanda zu einem allgemeinen Begriff für alle neuen Formen synkretistischer religiöser Spielarten in den urbanen Zentren Brasiliens.

Auch die **Macumba** ist in Rio und São Paulo beheimatet gewesen, ging aber im 20. Jh. zum großen Teil in der Umbanda auf. Immer wieder wurde die Macumba verkürzt als unspezifischer, oft negativ besetzter Begriff für schwarze Magie und Hexerei benutzt.

Kultur

Musik

Brasilien, mein brasilianisches Brasilien,
Meine geliebte Mulattin, ich werde dich in diesen Versen besingen.
Oh, deine Samba, deine sinnlichen Tänze,
Das Brasilien, das ich liebe, Land unserer Väter,
Brasilien mein, mein, mein.

So beginnt der Samba-Klassiker *Aquarela do Brasil* von Ary Barroso, dessen Melodie auch in Europa viele wiedererkennen werden. Brasilien hat eine offizielle Nationalhymne, aber Hymnen an das Land und seine Bevölkerung gibt es viele. Musik ist **allgegenwärtig** in Brasilien, der Ort spielt dabei keine Rolle. Aus den Lautsprechern der Strandbars tönt sie, im Bus oder Taxi hört man die neuesten Hits, ganz normale Autos sind fahrende Beschallungsanlagen. Auf irgendeinem Dorfplatz wird der Kofferraum aufgeklappt, zum Vorschein kommen große Lautsprecher und die **Spontanparty** geht los.

Aber eigentlich brauchen sie keine Technik zum Musizieren; genauso selbstverständlich, wie sie aus einem „Stofffetzen eine bunte Fahne zaubern, aus irgendeinem Gedanken eine Fete werden lassen" so entsteht „aus irgendeinem Holzstück ein Musikinstrument", so **Gilberto Gil**, der große Star aus Bahia. Selbst wer ganz ohne musikalische Ausbildung ist, macht oft ausgezeichnete Musik. Dabei ist die menschliche Stimme das wichtigste Instrument. Wenn es den Titel des musikalischsten Volkes der Erde gäbe, die Brasilianer wären sichere Anwärter.

Das Universum brasilianischer Musik auf ein paar Seiten zu beschreiben, ist fast utopisch. Zu groß ist die Vielzahl an Rhythmen und Stilen, Komponisten und Interpreten. Dabei ist alles in einem ständigen Wandel begriffen. Altes wird aufgegriffen, Einflüsse aus verschiedenen Regionen oder anderen Ländern integriert, und am Ende entsteht wieder etwas Neues, sehr Brasilianisches. Um zu verstehen, was Brasiliens Musik ausmacht, hilft nur eins: dabei sein und die Rhythmen selbst erfahren. Bei einer Forró-Party des Nordostens, auf dem von Trommelrhythmen vibrierenden Kopfsteinpflaster Salvadors, oder während einer Samba-Party in Rio.

Die „klassische Musik", oder **Música Erudita** – wörtlich übersetzt „gelehrte Musik" – spielt eine vergleichsweise untergeordnete Rolle in Brasilien. Zwar gab es seit Ende des 18. Jhs. immer wieder herausragende Künstler, die wenigsten erlangten jedoch nationale oder gar internationale Anerkennung. Einer der ersten brasilianischen Opernkomponisten war **Antonio Carlos Gomes** (1836–1896). Er machte Ende des 19. Jhs. mit seinen Opern im italienischen Stil von sich reden. Sein größter musikalischer Erfolg war sein Werk „Il Guarany", das nach dem gleichnamigen Roman von José de Alencar entstand und ihn in Europa bekannt machte. Vielen der klassischen Komponisten aus Brasilien ist gemeinsam, dass sie einen großen Teil ihrer musikalischen Ausbildung in Europa erhielten und meist europäischer Abstammung waren.

Eine Ausnahme machte **Heitor Villa-Lobos** (1887–1959) aus Rio de Janeiro, vielleicht der bekannteste brasilianische Komponist überhaupt. Er ließ sich weder in Europa ausbilden, noch war er Sohn von Einwanderern. Seine Begegnung mit Darius Milhaud und Arthur Rubinstein Anfang des 20. Jhs. verhalf ihm zum internationalen Durchbruch. Seine Werke werden heute in ganz Europa und den USA gespielt. Es ist schwierig, brasilianische Kunstmusik klar von populärer Musik abzugrenzen. Villa-Lobos ist dafür das beste Beispiel. Er war seit seiner Jugend von brasilianischer Volksmusik begeistert, studierte sie intensiv und ließ Elemente in zahlreiche seiner 3000 Kompositionen einfließen. Vor allem der Samba-Vorläufer *Choro* (s. u.) fand bei ihm und zahlreichen anderen brasilianischen Komponisten immer wieder Eingang in klassische Kompositionen. Dies ist eine Besonderheit der brasilianischen Kunstmusik: Komponisten und Musiker überschreiten regelmäßig die Grenzen zur populären Musik und umgekehrt.

Die **populäre Musik** ist in mehrerer Hinsicht extrem vielfältig. Zum einen die Verschiedenheit der Rhythmen und Stile, die ihren Ursprung im ethnischen Cocktail der Bevölkerung hat. Europäische, besonders portugiesische Traditionen trugen ihren Teil bei, wie auch die afrikanische und indianische Kultur. Dann die regionale Vielfalt der Musik. So gut wie jedem ist der in Rio de Janeiro entstandene Samba ein Begriff, hinzu kommen ungezählte Stile und Tänze aus dem Norden, Nordosten, dem Hinterland *(Música Sertaneja)* oder der *Música Gaúcha* ganz im Süden. Nicht zuletzt wird die Vielfältigkeit der Musik bedingt durch eine sehr hohe Anzahl begabter Musiker, von denen nur ein Bruchteil im Ausland bekannt ist.

Die **Música Popular Brasileira**, kurz **MPB**, wird oft als Sammelbegriff verwendet für fast alles, was nicht zur *Música erudita* gehört. Andere definieren MPB als „Generation Post-Bossa-Nova" und gliedern einige Stile aus (Rock, Axé, Pagode und regionale Musik). Man kann den Begriff am ehesten mit **Pop-Musik** übersetzen, wobei es deutliche Unterschiede zu dem gibt, was in Europa unter „Pop" verstanden wird. Zum einen identifiziert sich in Brasilien nicht nur die Jugend mit der MPB, sondern sie ist Kultur der ganzen Bevölkerung. Zum anderen hebt sich die MPB durch eine außergewöhnlich hohe Qualität hervor – sowohl der Musik als auch der Texte. Letztere sind mindestens gleichberechtigt mit der Musik. Es ist erstaunlich zu sehen, wie Brasilianer die Songs ihrer Idole von der ersten bis zur letzten Zeile mitsingen können. Die Autoren der Liedtexte werden oft genauso verehrt wie Komponisten und Interpreten. Wenn Brasilianer hören, dass im deutschsprachigen Raum die meisten Musiktexte auf Englisch gesungen werden, können sie nur den Kopf schütteln.

Choro und Samba

„Quem não gosta de samba bom sujeito não é
É ruim da cabeça ou doente do pé" –
(„Wer den Samba nicht mag, ist kein guter Mensch,
der hat entweder etwas am Kopf
oder er ist fußkrank")

singt Dorival Caymmi in „Samba da minha terra". Sicherlich würden ihm die Cariocas (Einwohner von Rio de Janeiro), wahrscheinlich aber die große Mehrheit der brasilianischen Bevölkerung zustimmen. Denn bis heute ist der Samba zentraler Bestandteil der MPB, Freudenfest und Trostspender zugleich. Doch der Reihe nach:

Vor dem Samba stand der **Choro**, ursprünglich eine Karnevalsmusik wie der Samba auch, jedoch wesentlich ruhiger. Der Musikstil wurzelt in europäischen Klängen wie Polka, Walzer oder Mazurka. Das Instrumentalensemble des Choro bestand zunächst aus Flöte als Soloinstrument, Gitarre, und einem Cavaquinho (Ukulele, eine kleine Gitarre), hat sich aber im Laufe der Jahrzehnte verändert. Einflussreichster Komponist war der aus Rio de Janeiro stammende Alfredo da Rocha Viana Filho (1898–1973), genannt **Pixinguinha**. Der Choro hatte bis zu den 20er Jahren seinen Höhepunkt, wird aber bis heute quer durchs Land immer noch gespielt und gilt sogar als Hauptinstrumentalmusik Brasiliens. Dazu trug vor allem der berühmte „Prinz des Samba" **Paulinho da Viola** bei.

Der Samba entstand zwischen 1910 und 1920 in den Vorstädten von Rio de Janeiro, wo der Choro und der afro-brasilianische Musikstil *Batuques* verbreitet waren. Die beiden Stile verbanden sich zu etwas Neuem. Als erster Samba gilt das „Pelo Telefone" (1918) des Gitarristen **Donga**. Die erste Sambaschule mit Namen *Deixa Falar* („Lass sie reden") wurde 1928 gegründet. Derer gibt es heute zahlreiche, die Proben sind häufig öffentlich und können besucht werden (s. S. 262, Rio de Janeiro).

Es ist heute falsch, von dem einen Samba zu reden, denn zu viele verschiedene Stile haben sich im Laufe der Zeit herausgebildet. Der *Samba do Enredo* z. B. ist weltweit berühmt als die Musik des Karnevals von Rio. Der ganze Körper wird vom wuchtigen Rhythmus der Trommeln erfasst. Die Liedform des Sambas ist der *Samba-Canção;* ein Beispiel ist das eingangs zitierte Lied *Aquarela do Brasil* von **Ary Barroso**. Die extravagante Sängerin und brasilianische Ikone **Carmen Miranda** (1909–1955) hat Barrosos Sambas in Hollywood-Filmen gesungen und damit weltweit bekannt gemacht. Ein „Samba mit Unterbrechung" ist der *Samba Breque;* er hat meist eine humoristische Note. Auch das beliebte Pagode ist eine Weiterentwicklung des Samba, mit stärker improvisativem Charakter. **Beth Carvalho**, **Jorge Aragão** und **Zeca Pagodinho** waren die Pioniere. Pagode wurde aber im Laufe der Zeit zu einem Überbegriff für eine kommerziellere und Rock-/Pop-orientiertere Samba.

Bossa Nova

Samba plus Jazz gleich Bossa Nova; das wäre die Kurzformel der Entstehung. Bossa Nova, die „Neue Welle", entstand zu einer Zeit (1950er Jahre), als der Wind einer Aufbruchstimmung durch das Land zog. Präsident Juscelino Kubitschek wurde demokratisch gewählt, er verwirklichte den Traum einer modernen Hauptstadt im Landesinneren, die Industrie modernisierte sich. Kurzum, überall war Optimismus zu spüren. In diesem Geiste entstand der Bossa Nova in der Intellektuellen-Szene Rio de Janeiros. Im neuen Stil vermischten sich Samba-Elemente mit Jazz bis hin zu impressionistischen Einflüssen.

Der große Meister und Erfinder des neuen Rhythmus war **Tom (Antonio Carlos) Jobim** (1927–1994), Genie und brasilianische Legende.

Die erste Platte brachte **João Gilberto** heraus, der den Bossa-Nova-Gesang und das charakteristische, gefühlvolle Gitarrenspiel prägte wie kein anderer. Dem Bossa Nova und insbesondere ihm ist zu verdanken, dass sich die akustische Gitarre als wichtigstes Instrument in der MPB etabliert hat.

Aber nicht nur die Musik, auch die Texte waren neuartig, wofür hauptsächlich **Vinicius de Moraes** verantwortlich war. Auf seinem Theaterstück basiert der zu Herzen gehende Film **Orfeu Negro**, der den Bossa Nova weltweit bekannt machte (Regie Marcel Camus, Musik Tom Jobim). Der Streifen wurde 1959 mit einer Goldenen Palme in Cannes ausgezeichnet und gewann einen Oscar für den besten ausländischen Film. Bekanntester Bossa Nova-Titel ist das von Tom Jobim komponierte und ungezählte Male gecoverte **A Garota de Ipanema**. In Europa wurde vor allem **Baden Powell** berühmt, ein weiterer Gesangspoet des Bossa Nova.

Die Bossa-Nova-Welle schwappte auch in die USA, legendär sind die Aufnahmen João Gilbertos mit dem amerikanischen Saxophonisten **Stan Getz**. Während sie in Nordamerika 1964 ihren Höhepunkt erreichte, ebbte sie allerdings in Brasilien bereits ab. Hier musste das Land die bittere Pille des Militärputsches schlucken. Eine neue Generation politisch engagierter Musiker wurde populär.

Kinder aus der berühmtesten Rhythmusgruppe Brasiliens: Olodum

Musik gegen die Repression

So paradox es klingt: das autoritäre Militärregime wirkte wie ein Katalysator für die Geburt einer neuen Form politisch-kritischer Populärmusik, der modernen **Música Popular Brasileira**. Journalistische und künstlerische Meinungsfreiheit waren zunehmend eingeschränkt, Liedtexte wurden einer direkten Zensur unterzogen. Viele Musiker gingen sogar eine Zeitlang ins Exil. Glücklicherweise gelang es den Militärs jedoch nicht, durch Überwachung die Musikproduktion vollständig zu kontrollieren, im Gegenteil. Sie bewirkte sogar eine neue, kreative Musik, die subtil und zwischen den Zeilen ihren Protest äußerte. In dieser Zeit begann der Aufstieg des **Chico Buarque**, bis heute eine der herausragenden Persönlichkeiten der MPB. Er begann als Sambista, entwickelte aber im Laufe der Jahrzehnte einen eigenen Stil, der sich neben schwermütigen Melodien vor allem durch anspruchsvolle lyrische Texte auszeichnet.

Zur gleichen Generation gehört **Elis Regina** (1945–1982) aus Porto Alegre, für viele die beste MPB-Sängerin aller Zeiten, die „Königin der MPB". Sie wurde bekannt für romantischen Rock, Boleros und Sambas. Meilenstein war 1974 das Album „Elis & Tom" mit Tom Jobim, eine legendäre Zusammenarbeit in der brasilianischen Musikgeschichte. Elis Regina hinterlässt ein brillantes Gesamtwerk, das für Liebhaber brasilianischer Musik zum Standardrepertoire gehört.

Ein Genie als Songschreiber und Sänger ist **Milton Nascimento**, der auch als prominenter Sprecher der schwarzen Brasilianer bekannt geworden ist. Weitere bedeutende Persönlichkeiten der MPB sind u. a. **Marisa Monte**, **Adriana Calcanhoto**, **Lenine**, **Cássia Eller** oder **Djavan** (s. S. 97, Kasten),.

Tropicalismo

Auch der gegen Ende der 60er Jahre entstandene Tropicalismo – obwohl seinem Selbstverständnis nach zunächst gar nicht politisch gefärbt – war den Militärs ein Dorn im Auge. **Caetano Veloso** und **Gilberto Gil** sind die berühmtesten Vertreter, beide mussten kurz ins Gefängnis und zwei Jahre ins Exil nach London gehen. Das Quartett vervollständigen **Gal Costa** und Caetanos Schwester **Maria Bethânia**.

Der Tropicalismo ist eine musikalische Bewegung aus Salvador in Bahia (Nordosten). Charakteristisch am Tropicalismo war das Bestreben, internationale Einflüsse (bis hin zu Jimi Hendrix) mit den Musikrichtungen Brasiliens zu vereinen, eine nicht ganz unumstrittene Wendung. Zeitweise wurden Caetano und Gil sogar ausgepfiffen. Man betrachtete sie als unpatriotisch, weil sie sich von ausländischem Rock inspirieren ließen, E-Gitarren einsetzten etc. Gilberto Gil unternahm zuletzt einen Ausflug in die Politik und gehört der Lula-Regierung seit 2002 als Kulturminister an. Nebenbei ist er immer noch einer der führenden Künstler Salvadors, jedes Jahr live zu sehen beim Karneval.

Música Nordestina

Mit Gilberto Gil wurde bereits die Musik des Nordostens und ihr pulsierendes Zentrum Salvador gestreift. Doch zunächst ist ein kleiner zeitlicher Sprung zurück notwendig, denn die Anfänge der Música Nordestina liegen viel früher: Durch den Akkordeonisten und Sänger **Luiz Gonzaga** (1912–1989) aus Pernambuco wurden nordöstliche Musikstile wie *Forró* und *Baião* in den 1940er Jahren landesweit bekannt. Einer seiner großen Hits war „Asa branca" (Weißer Flügel), weitere die am Anfang des Beitrags erwähnten Hymnen – jeder Brasilianer kann sie mitsingen!

Forró ist eine mitreißende und sehr gut tanzbare Musik, der man an vielen Orten im Nordosten begegnet. In jedem noch so kleinen Fischerdörfchen gibt es abends eine Forró-Party in einer einfachen Strand-Barraca. Nur Akkordeon, Triangel und Zabumba (Tragetrommel) sind notwenig, und natürlich ein Sänger. Die ursprüngliche Formation hat sich bis heute weiterentwickelt. Neue Instrumente kamen hinzu, der Sound veränderte sich. Eine der bekanntesten Bands ist **Falamansa** aus São Paulo.

Weitere Stile sind der bereits erwähnte **Baião** (ähnliche Besetzung), der **Frevo**, die Karnevalsmusik von Recife mit synkopisch-akzentuierten Rhythmen, und der **Maracatu**, der afrikanische Rhythmen mit portugiesischen Melodien verbindet. Viele Musiker wurden durch die nordestinische Folklore geprägt, Stars des Nordostens sind u. a. **Geraldo Azevedo, Raimundo Fagner**, **Elba Ramalho** und **Alceu Valença**.

Der Bundesstaat **Bahia** ist eine musikalische Welt für sich. Die afrikanischen Einflüsse sind hier besonders stark, was man deutlich in der Musik spürt. Bei der Entstehung neuer Musikrichtungen spielt der Karneval eine herausragende Rolle. Er ist die Bühne, über die nahezu alle großen Künstler Bahias Bekanntheit erlangt haben. Zu den bekanntesten Namen gehören **Ivete Sangalo, Margareth Menezes**, seit vielen Jahren bereits **Daniela Mercury** und der männliche Hauptstar **Carlinhos Brown**. Sie prägten einen Stil, der als **Axé-Music** bekannt wurde, ein engergiegeladener Mix aus mitreißenden Samba- und Reggae-Rhythmen. Weitere bekannte Namen sind **Ara Ketu, Chiclete com Banana** und **Timbalada**.

Afro-brasilianische Blocos wie **Olodum, Ilê Aiyê** („Haus der Schwarzen") oder **Filhos de Gandhi** pflegen in Salvador die afrikanischen Traditionen. Olodum (s. S. 99, Kasten) begründete Ende der 1980er den Stil des *Samba-Reggae:* eine groovende, zum Tanzen animierende Mischung aus Samba und Reggae. Die Trommelgruppe wurde international bekannt durch eine Zusammenarbeit mit Paul Simon und Michael Jackson.

In den 1980er Jahren kam in Bahia **Lambada** in Mode. Er entstand ursprünglich in Belém im Amazonasgebiet als Weiterentwicklung des **Carimbó**-Rhythmus. Dieser wurde mit Merengue-, Salsa- und Reggae-Elementen verfeinert. Die bahianische Fassung war poppiger und mit Synthesizer-Klängen angereichert.

Andere Stile

Seit Mitte der 1960er Jahre gibt es Gruppen, die im Bereich des **Rock** Musik machen. Zur sog. *Jovem Guarda* gehörten z. B. der international bekannte Künstler Jorge Benjor und Roberto Carlos (heute mehr für romantische Schnulzen bekannt). Bei den Anfängen brasilianischer Rockmusik war auch bereits **Rita Lee** mit den **Mutantes** dabei. Die 70er Jahren prägte vor allem **Raúl Seixas** aus Salvador, der Rock mit Elementen aus dem Nordosten mischte. In den 1980er und 90er Jahren kamen neue Wellen aus São Paulo und der Hauptstadt Brasília. Bekannte Gruppen sind **Kid Abelha, Legião Urbana, Titãs, Barão Vermelho** und **Skank**. Die Ikone **Cazuza** (1958–1990) war dabei Grenzgänger zwischen Rock und MPB, ebenso wie **Lulu Santos** (bis heute).

In Rio de Janeiro und Salvador hat sich in punkto Rock wenig getan. Statt dessen gab es Künstler, die Funk, Soul und Disco-Musik als ihre Ausdruckform entdeckten – z. B. **Tim Maia** und später dessen Sohn **Ed Motta**. Brasilianischer Funk – meist rap-geprägte Musik aus den Armenvierteln

– hat mit dem anglo-amerikanischen Verständnis von Funk allerdings wenig zu tun. Einen interessanten Weg schlug **Chico Science** mit der Band **Nação Zumbi** aus Recife ein. Sie kombinierten Maracatu-Rhythmen mit Hip-Hop und E-Gitarre, eine Richtung, die als **Mangue Beat** populär wurde. Chico Science starb 1997 bei einem Autounfall, aber die Band geht den erfolgreichen Weg weiter.

Auch in der Gegenwarts-Musik hat Brasilien eine kreative Szene, die sich international sehen lassen kann. Als **Música Eletrónica** (elektronische Musik) wird alles bezeichnet, was durch moderne Einflüsse wie Hip-Hop, Drum´n Bass, Breakbeat u. a. geprägt ist. Diese Musikrichtung ist besonders bei Jugendlichen äußerst populär und wird inzwischen mehr gehört als alles andere. Ein prominenter Vertreter ist **Marcelo D2**, sehr hörenswert. Eine interessante Fusion aus Bossa Nova und modernen Elementen haben die Töchter zweier Musik-Legenden eingeschlagen und sind so selber zu Stars aufgestiegen: **Bebel Gilberto**, die Tochter von João Gilberto, und **Maria Rita**, die Tochter von Elis Regina.

Ein Tipp: Auf dem berühmten **Jazzfestival in Montreux** sind regelmäßig brasilianische Künstler zu Gast, eine gute Gelegenheit einige Stars der MPB kennen zu lernen. Programm unter 💻 www.montreuxjazz.com

Kunst und Architektur

Als die ersten Europäer ihren Fuß auf den Boden des heutigen Brasiliens setzten, lebte hier seit Jahrhunderten die indigene Urbevölkerung. Kunst im europäischen Sinne trafen die Neuankömmlinge wenig an, lediglich einige Felsmalereien, Steinwerkzeuge und vereinzelt Steinskulpturen. Im Amazonasgebiet fanden Forscher bemerkenswerte Keramiken der Marajó-Indianer, z. T. aus dem Jahre 1000 v. Chr. Kunsthistoriker sehen hierin die höchstentwickelte **präkolumbische Kunst** überhaupt.

In der frühen Kolonialzeit bis 1650 stand die Missionsarbeit im Vordergrund. 1549 trafen bereits die ersten Jesuiten ein und begannen zusammen mit den Indianern den Bau von Kirchen und Dörfern. Einige Jahrzehnte später entstanden die ersten dauerhaften Monumente aus Stein. Beeindruckendstes Bauwerk aus der Zeit der **Jesuitenmissionen** ist die Kirche von São Miguel das Missões (1744) in Rio Grande do Sul.

Ab Mitte des 17. Jhs. begann die Blütezeit der brasilianischen Architektur und Kunst, wobei es sich größtenteils um Kunst im Dienst der Kirche handelte. Bedeutendstes Beispiel ist die monumentale Jesuitenkirche von Salvador (heute Kathedrale, s. S. 332). Der brasilianische **Kolonialbarock** war überwiegend vom damaligen europäischen Barockstil geprägt. Die wichtigsten Auftraggeber waren die verschiedenen Orden (Jesuiten, Franziskaner, Benediktiner). Neben **Salvador** finden sich die bedeutendsten Gebäude in **Olinda**, **São Luís** und Minas Gerais, v. a. in dem zum Weltkulturerbe zählenden Minenstädtchen **Ouro Preto**. Hier verwirklichte sich der geniale Künstler und Baumeister Antônio Francisco Lisboa, genannt **Aleijadinho** (Krüppelchen). Seinen Spitznahmen erhielt er wegen einer lepraähnlichen Erkrankung. An seine verkrüppelten Hände ließ er sich Arbeitswerkzeuge binden, um seiner Arbeit weiter nachgehen zu können. Aleijadinho studierte intensiv europäische Barock- und Rokoko-Traditionen, entwickelte aber im Laufe der Zeit seinen eigenen Stil, wobei er nur einheimische Materialien benutzte. Die Architektur der meisten Kirchen von Ouro Preto trägt seine Handschrift. Der Maler **Manuel da Costa Ataíde** war ihm dabei ein wichtiger Partner bei der Ausgestaltung der Innenräume.

Seit 1808 setzte mit der Übersiedlung des portugiesischen Hofes nach Rio de Janeiro ein Europäisierungsprozess ein. Unter König João VI begann Brasilien wirtschaftlich und kulturell zu prosperieren. Besonders die Ankunft einer Gruppe von französischen Künstlern (1816) um **Joachim Le Breton** bereicherte den Kunstbetrieb von Rio. Es setzte sich stilistisch im 19. Jh. der Klassizismus durch, später der Jugendstil. Zahlreiche neue Bauten entstanden, z. B. das Teatro Amazônico von Manaus, oder das Teatro da Paz in Belém.

Das 20. Jh. wurde dominiert von der **Architektur der Moderne**. Eine neue Generation von Architekten setzte sich durch, allen voran **Oscar Niemeyer** (geb. 1907). Er wurde in seinen Ideen vom Schweizer **Le Corbusier** beeinflusst, verharrte aber nicht in dessen Funktionalismus, sondern entwickelte ihn weiter: Harmonie, Anmut und Eleganz waren seine zentralen Ziele.

Die zeitgenössische Kunst in Brasilien

Von Barbara Bux/Nikolaus A. Nessler**

Auf der Dokumenta 11 (2002) in Kassel konnten die überraschten Besucher Eis am Stiel aus *klarem Wasser* kaufen, angeboten aus den typischen Plastikkarren der brasilianischen Eisverkäufer. Cildo Mereiles (geb. 1948, Rio de Janeiro) fand damit einen künstlerischen Weg, auf die globale Wasserverknappung hinzuweisen. Mereiles, einer der herausragenden und prägenden brasilianischen Künstler, äußert sich mittels seiner Kunst zu **brisanten Themen** – so bedruckte er während der Zeit der Diktatur in den 60er und 70er Jahren Geldscheine und Coca Cola-Flaschen mit Namen von verschleppten Personen und brachte sie in Umlauf. Mit seinem Kollegen Waltérico Caldas, einem weiteren Vordenker der **südamerikanischen Konzeptkunst** und **Minimal-Art**, gründete er eine Kunstzeitung, die zur Plattform für die innovativen Strömungen jener Jahre wurde. Zu dieser Künstlergeneration gehören außerdem Lygia Clark, Hélio Oiticica, José Resende und Tunga, alle bis heute international ausgestellt. Gegenstand der künstlerischen Auseinandersetzung sind oft die **politischen** und **wirtschaftlichen Verhältnisse** des Landes sowie die gefährdete **Umwelt.**

Die kulturellen Zentren Europas hatten immer wieder großen Einfluss auf die südamerikanische Avantgarde, wie heute auch New York und Los Angeles. Seit Ende des 19. Jahrhunderts war es daher für jeden brasilianischen Maler, Bildhauer und Architekten obligatorisch, einige Monate in **Europa** zu verbringen.

Die erste große Bewegung in Brasilien fand mit dem **Salon Moderner Kunst** 1917 in São Paulo statt. Ähnlich wie in den europäischen Metropolen jener Jahre rief diese Veranstaltung zahlreiche junge Literaten und Denker auf den Plan. Eine junge, kritische Künstlergeneration, unter ihnen der Maler Emiliano Di Cavalcanti, rebellierte 1922 auf der **Semana de Arte Moderna** (Woche der modernen Kunst) gegen Einfluss und Zwang der traditionellen Kunstakademien – ein markantes Datum, das wie eine „Einführung" der Moderne in Brasilien, wenn nicht sogar in ganz Südamerika, gesehen werden kann. Auch wenn die Modernisten sich nicht den neuesten europäischen Strömungen verschlossen, gingen ihre Motive doch in der Regel auf den eigenen Kulturkreis zurück.

Avantgardistische Anstöße, die die Kunstszene belebten und stärkten, gingen später von Künstlern aus, die während des zweiten Weltkrieges aus Europa und Japan geflohen waren. In Rio de Janeiro und São Paulo entstanden mit staatlicher Unterstützung und der Hilfe privater Mäzene eindrucksvolle neue Museen. Seit 1951 trägt die **Biennale von São Paulo** wesentlich zum Kontakt zwischen brasilianischer und europäischer bzw. nordamerikanischer Kunst bei. Sie findet immer zu geraden Jahreszahlen im Ibirapuera-Park in São Paulo statt. Ein Highlight für Kunstinteressierte! Viele brasilianische Künstler sind heute weltweit in Galerien, Museen und auf internationalen Biennalen vertreten, unter anderen Karin Lambrecht, Francisco Klinger Caravalho, Emmanuel Nassar, Artur Barrio und Jac Leirner. Einer der bekanntesten „postmodernen" Maler ist Siron Franco, der sich politisch motiviert mit der brasilianischen Gegenwart auseinandersetzt.

Das Provisorische und Chaotische der Lebensumstände in Südamerika ist der Kontext, in dem die bedeutenden **Fotografen** Miguel Rio Branco, Mario Cravo Neto, Rosángela Rennó und Sebastião Salgado ihre Motive finden und damit jenes romantisierende Bild der südamerikanischen Länder, das mancherorts noch immer kursiert, auf feinfühlige Weise zurechtrücken.

Brasilien ist heute politisch und wirtschaftlich Teil der globalen Gesellschaft und hat mit einer eigenständigen und zugleich internationalen Formensprache im weltweiten Diskurs der zeitgenössischen Kunst eine **eigene Stimme** entwickelt.

**Barbara Bux arbeitet als freischaffende Künstlerin in Frankfurt und bereiste Brasilien mehrfach.*

**Nikolaus A. Nessler lebte zwei Jahre in Brasília, arbeitet nun in Frankfurt, ist freischaffender Künstler, Grafiker und Kurator.*

Charakteristisch für Niemeyer sind seine futuristisch anmutenden Entwürfe mit geschwungenen Formen. Seine Inspiration komme dabei von den Frauen, ihren Rundungen, ihrer Poesie, sagte Niemeyer selbst über seine Arbeit. In der auf dem Reißbrett entworfenen Hauptstadt **Brasília** entwarf Niemeyer alle wichtigen öffentlichen Gebäude. Eines seiner bekanntesten Werke ist das an ein Ufo erinnernde Museum von Niterói auf einem Felsen am Meer gegenüber von Rio.

Unterhaltung

Das Nachtleben pulsiert fast überall in Brasilien. In den Metropolen sowieso, aber auch in jedem noch so kleinen Fischerdorf im Nordosten. Der Mensch ist ein soziales Wesen, das trifft ganz besonders auf Brasiliens Bevölkerung zu. Freunde treffen, quatschen, eiskaltes Bier trinken; dazu Musik und vielleicht noch ein improvisiertes Churrasco – mehr braucht man hier nicht zum Glücklichsein. Gäste sind dabei meistens willkommen, auch Ausländer werden herzlich integriert. Oft wird im Freien gefeiert, sei es am Strand oder einfach auf der Straße.

Bars, Clubs und Live-Musik

Nicht nur tagsüber ist der Strand bevorzugter Ort des sozialen Lebens. Abends steigen oft Tanzpartys und Konzerte an den **Barracas**, den brasilianischen Strandbars. In größeren Orten gibt es schickere Kneipen und Clubs. **Boteco** wird die traditionelle Bier-Bar aus Rio genannt, **Boate** ist ein Tanzschuppen oder eine Disco. Sehr oft wird **Música ao vivo** (Live-Musik) gespielt, auch in Restaurants, dabei wird meist ein kleiner Zusatzbetrag *(Couvert*, R$3–5) erhoben. Der brasilianische Hinweis **GLS** *(Gay, Lésbica e Simpatizante)* bedeutet, dass sich in dem entsprechenden Lokal vor allem homosexuelles Publikum trifft.

Der Liedermacher und Sänger Djavan

Fast jede Brasilianerin kann die romantischen Songs des Sängers Djavan von der ersten bis zur letzten Silbe mitsingen. Seit seinem Debüt-Album „A voz e a violão" *(Die Stimme und die Gitarre)* von 1976 zählt der Sänger aus dem nordöstlichen Staat Alagoas zu den großen Musikstars des Landes – und zu den kreativsten brasilianischen Komponisten aller Zeiten. Mit seiner gefühlvollen Stimme, den anspruchsvoll poetischen Texten sowie dem unnachahmlichen Gespür für harmonische Melodien und außergewöhnliche Rhythmik begeistert der farbige Interpret bereits mehrere Generationen von Musikliebhabern. Seine Musik ist inzwischen zu einer Art verbindendem Element brasilianischer Kultur und Identität geworden. Von der Churrascaria im Süden bis zur Amazonas-Hütte: Keine Bar, in der nicht die ungezählten Hits des Djavan von einem Gitarristen oder per CD intoniert werden. Djavans Musik besteht dabei hauptsächlich aus synkopierten Samba-Stücken sowie Balladen, darüber hinaus lässt sich der Künstler gerne von anderen Musikstilen inspirieren wie Reggae, afrikanischen und nordestinischen Rhythmen oder Jazz. Besonders in den 80er Jahren arbeitete Djavan mit internationalen Pop- und Jazz-Musikern zusammen, seine Lieder wurden u. a. von Al Jarreau und Manhattan Transfer interpretiert. Es gibt viele Strömungen in der Musiklandschaft Brasiliens, aber mit Djavan scheinen die Brasilianer eine Art „gemeinsamen Nenner" gefunden zu haben. Auch mehr als 30 Jahre nach dem Karrierebeginn füllt der immer noch jugendlich wirkende Interpret (Jahrgang 1949) mit Leichtigkeit alle Hallen und Stadien des Landes. Verwunderlich ist angesichts der immensen musikalischen Kreativität und Ausstrahlungskraft bloß, wie die internationale Musikindustrie der europäischen Öffentlichkeit den Ausnahmekünstler über all die Jahre vorenthalten konnte.

Der erste große Hit von Djavan war das Lied *Flor de Lis* von 1976, ein sentimentaler Samba, der inzwischen zum brasilianischen Klassiker geworden ist. Unzählige weitere große Hits folgten, darunter u. a.: *Eu te devoro, Oceano* oder *Açaí*. Eine gute Auswahl der größten Erfolge ist zu hören auf der exzellenten Live-Doppel-CD „Djavan ao vivo", ein geeignetes Werk, um die Musik des Djavan kennen zu lernen (und eine gute Mitbringsel-Idee).

Karneval in Salvador

Es ist der größte Karneval des Landes: Zwei Mill. Menschen, darunter 800 000 Touristen, folgen den mehr als 200 Blocos auf 26 km Straße durch die Stadt. Der Karneval in Bahia wurde vom Guinness Buch der Rekorde 2005 sogar als **größtes Fest der Erde** eingestuft. Eine Explosion von Musik und Farben versetzt Salvador in einen einwöchigen Ausnahmezustand. Trommelnde Rhythmusgruppen und Trucks *(Trios Elétricos)* ziehen durch die Straßen; aus gigantischen Boxen dröhnt die *Axé*-Musik der Live-Bands auf den Wagen. Begleitet werden die Züge von einer frenetisch tanzenden Menge. Wer die Bedeutung von Ekstase erfahren möchte, ist hier richtig!

Die Circuitos

Es gibt drei Circuitos (Umzugsstrecken). Die beiden wichtigeren wurden benannt nach den Urvätern des örtlichen Karnevals, Osmar und Dodô, welche 1950 auf einem Ford mit lauter Musik durch die Straßen gezogen sind:

1. Campo Grande (Osmar) (7 km) – Dieser traditionelle Umzug führt vom Campo Grande zur Praça Castro Alves. Hier findet die feierliche Eröffnung statt, es ist die Strecke des „einfachen" Volks. Frappierend ist der Unterschied zum Barra-Umzug, denn Touristen sieht man hier kaum, die durchschnittliche Hautfarbe ist auffällig dunkler. Viele der *Blocos Afro* laufen nur hier. Wer sich von den zahlreichen Sicherheitswarnungen abschrecken lässt, verpasst ein authentisches Erlebnis. Wahr ist aber: Hier geht es eng und hitzig zu; fremde Hände in den Taschen kann man als Gringo außerhalb der Blocos so sicher erwarten wie das Amen in der Kirche (s. weiter unten, Sicherheit).

2. Barra (Dodô) (4 km) – Dieser Parcours wird allgemein als der sicherere eingestuft, hier läuft die weiße Mittelschicht entlang und es spielen häufig die bekannteren Bands. Hinzugefügt wurde er in den 80er Jahren. Beginn ist am **Farol da Barra**, es geht immer am Meer entlang bis nach Ondina.

3. Centro Histórico (Batatinha) – Dieser Circuito findet im Pelourinho statt und unterscheidet sich erheblich von den anderen beiden: Es ist nicht der bombastische Karneval, für den Salvador berühmt ist, es gibt keine Trios Elétricos, es geht merklich ruhiger zu. Die Straßen sind geschmückt und kleine Bühnen und Shows dominieren die Szenerie. Trommel- und Blasorchester ziehen durch die Altstadtgassen. Musikalisch ist der Circuito stark von Samba geprägt, so ist auch der Beiname eine Hommage an einen großen Samba-Musiker.

Die Party

Es gibt drei Formen der Teilnahme:

1. Ein **Bloco** ist wie ein Verein, dem man angehört. Man erwirbt eine Mitgliedschaft durch den Kauf eines *Abadá;* das sind bunte T-Shirts, die die Blocos optisch voneinander unterscheiden (ca. R$200–1200 für 3 der 5 Tage). Die Teilnehmer begleiten die Trios Elétricos tanzend in einem sicheren, von Kordeln abgeschirmten Bereich. Besonders sehenswert sind die energetisch aufgepumpten **Blocos Afro**, wie z. B. **Ilê Aiyê**, der erste Bloco Afro Bahias, oder **Olodum**. Viele sind nur offen für Menschen afrikanischer Abstammung. Sehenswert sind die tollen **Kostüme** in Anlehnung an traditionelle afrikanische Gewänder. Eine Augenweide! Schön anzusehen sind auch die Kinderblocos von Samstag bis Dienstag (10–17 Uhr).

2. In der **Pipoca** steht das „Fußvolk". Man zahlt nichts, steht am Rand der Umzugsstrecke und sieht die Trios Elétricos vorbeiflanieren. Die ekstatisch hüpfende Menge sieht von weitem aus wie aufspringendes **Popcorn** (port. „Pipoca"). Die Sicherheitslage ist hier am problematischsten, Diebstahlversuche an engen Stellen sind trotz reichlicher Polizeipräsenz kaum zu vermeiden. Wer eine Toilette aufsuchen muss, hat es schwer, viele Frauen helfen sich mit Getränkeverzicht über die Runden.

3. Die **Camarotes** sind die Luxus-Lösung: teure VIP-Boxen entlang der Strecke, oft nur mit Einladung. Abgeschirmt von der wilden Menge steht man auf einem Balkon und verfolgt aus sicherer Entfernung das bunte Treiben auf der Straße. Aber auch hier kann es lustig zugehen:

getrunken, gegessen und getanzt wird nicht zu knapp, zusätzlich zum Straßenprogramm sorgen eigene DJs und Bands für Stimmung.

Die Musik

Salvador ist das Königreich des **Axé**, eine schnelle Musik mit afrikanischen Rhythmen als treibende Basis. Nach einem Tag Karneval in Salvador kann jeder sie unter Tausenden wieder erkennen. Ungekrönter König ist der Sänger und Komponist **Carlinhos Brown**, aus dessen Feder eine unglaubliche Anzahl Karnevalshits stammt. Ebenfalls verbreitet ist **Afro**, Perkussionsmusik, gespielt von großen Rhythmusgruppen. Seltener hört man in Salvador – im Gegensatz zu Rio de Janeiro – andere Stile wie **Samba**, **Pagode** oder **Afoxé**.

Die bekanntesten Bands

Chiclete com Banana und **Timbalada** spielen sehr schnelle Musik, haben viele Hits. Vor allem wenn Chiclete vorbeizieht, geht es hoch her im Publikum, und oft auch rüde – nichts für ruhige Gemüter! Chiclete geht meist mit den Blocos Nana Banana, Vôa Vôa oder Camaleão.

Ivete Sangalo: Die Prinzessin des Karnevals, die Heroine. Während Daniela Mercurys Stern etwas am Verblassen ist, ist Ivete die Königin der Gegenwart. Ihren Karnevalshit Sorte Grande (Poeira) wird man wohl auch in fünfzig Jahren noch auswendig mitsingen können. Ivete geht meist mit dem Bloco Coruja.

Margareth Menezes: Die große „alte" Dame des Karnevals entfesselt jedes Jahr aufs Neue ihre Fans. Wenn Margareth kommt, ist Stimmung angesagt! Ihr Bloco heißt Os Mascarados, die Mitglieder verkleiden sich am ersten und letzten Tag in eigenen Kostümen (Donnerstag und Dienstag).

Olodum: Die berühmteste Rhythmusgruppe Brasiliens schafft es immer die Massen zu begeistern. Sie hat einen eigenen Bloco.

Filhos de Gandhy: Eine bekannte Afoxé-Band, die Jungs des zugehörigen Blocos (nur Männer sind erlaubt) sieht man überall auf den Straßen, erkennbar an den weißen Gewändern und Turbanen. Sie besprühen Leute mit Parfum und bilden sich viel auf ihre Wirkung bei Frauen ein.

Die Sicherheit

Vermutlich hat jeder Besucher unzählige Geschichten über die mangelnde Sicherheit in den brasilianischen Karnevals-Hochburgen gehört. Und um es klar zu sagen: die meisten stimmen. Versuchter **Taschendiebstahl** kommt am häufigsten vor, oft auf dreiste Art und Weise. Es kann geschehen, dass ein Fremder einem die Hosentaschen durchwühlt und danach anlächelt. Hier ist Gelassenheit gefragt.

Regel Nummer Eins: Keinerlei Wertsachen wie Uhren oder Schmuck mitnehmen. Ansonsten helfen kreative **Verstecke** für Schlüssel oder Bargeld, z. B. im Schuh. Doch aufpassen: Schon mancher hat mehr Geld beim scheinbar harmlosen Toilettengang verloren, als durch fiese Räuber. Auch von **Prügeleien** wird jedes Jahr ausgiebig in den Medien berichtet. Angesichts eines Mega-Events, bei dem sich Millionen von Menschen eine Woche lang bei tropischen Rhythmen und Alkohol aufheizen, erscheint die Zahl der Vorfälle eher noch gering. Dennoch: Aus allen unübersichtlichen Situationen heraushalten! Manche **Frauen** berichten von „Anmache", die das übliche Maß überschritt. Generell gilt: Bloco und Camarote sind sicherer als Pipoca.

Das Ende

Am **Aschermittwoch** findet das traditionelle Treffen aller Trios Elétricos an der Praça Castro Alves und am Farol da Barra statt – ein letztes großes Happening, bevor die Party-Gemeinde sich entweder erschöpft oder vergrippt in ihre Häuser zurückzieht, oder – wer immer noch nicht genug hat – noch ein paar Tage auf **Morro de São Paulo** bei der klassischen **Ressaca** (dem „Katerfest") weiterfeiert. Also dann, viel Spaß! Bis zum Aschermittwoch heißt es: **É só Alegria!**

Informationen und Tickets für Blocos beim:
Central do Carnaval (Aeroclube), ✆ 71/3372 6000. ◷ Mo–Sa 12–23, So 12–22 Uhr.
Central do Carnaval (Iguatemi), ✆ 71/3480 3715. ◷ Mo–Fr 9–22, Sa 9–21, So 14–20 Uhr.
Offizielle Internetseite: 💻 www.portaldocarnaval.gov.br, www.carnaval.salvador.ba.gov.br.

Kinos

In vielen größeren Städten gibt es Kulturzentren mit Programmkinos, die z. T. auch europäische Filme zeigen. Moderne Multiplex-Kinos mit großen Sälen finden sich in fast allen großen Shopping Centern. Hier werden die neuesten Blockbuster aus den USA gezeigt, oft im Original mit Untertiteln.

Karneval

An Karneval steht das ganze Land Kopf; man darf die Maske der Anständigkeit ablegen, lässt seine soziale Zugehörigkeit hinter sich, sprengt die gesellschaftlichen Fesseln. Alle sind gleich und wollen das Gleiche: ausgelassen feiern, tanzen und flirten. Gefeiert wird in fast ganz Brasilien (weniger im Süden), aber drei Orte sind die Hochburgen: **Rio de Janeiro**, **Salvador** und **Olinda/Recife**.

Ursprünglich war der Karneval eine europäische Festtradition, die von den Portugiesen nach Brasilien gebracht und von der hellhäutigen Elite gefeiert wurde. Dies hat sich schnell grundlegend geändert: Die afrikanischen Sklaven und ihre Nachfahren machten den Karneval zum Raum für ihre eigenen Traditionen, z. T. vermischt mit europäischer Kultur. Christliche Spuren sind nur noch mit der Lupe zu finden.

Der bekannteste Karneval, medial vermarktet und in alle Welt übertragen, ist der von **Rio de Janeiro** – besonders im Ausland beliebt, werden doch die Brasilien-Klischees von Samba und leichtbekleideten Mulattinnen bestätigt. Richtig Stimmung kommt hier allerdings nur in den Clubs und im berühmten **Sambódromo** auf. Höhepunkt sind die beiden Nächte, in denen die 14 besten Sambaschulen durch das Tribünenstadion defilieren.

Die Karnavals von **Olinda** und **Salvador** (s. Kasten) sind hingegen echte Straßenfeste geblieben. Dabei ist die Party in Olinda kleiner und stark geprägt von Magie, Folklore und viel Fantasie, man verkleidet sich. Durch die engen Gassen ziehen afro-brasilianische und indianische Tanz- und Spielgruppen, begleitet von den charakteristischen Frevo-Rhythmen – ein einmaliges Erlebnis.

Sport

Auch wenn Brasilien bei Olympiaden im Medaillenspiegel nie sehr weit oben auftaucht, sind die Brasilianer ein äußerst sportbegeistertes Volk. Dies gilt grundsätzlich, wenn es um Fußball, Autorennen, Volleyball oder Tennis geht. Bei olympischen Spielen werden auch Judo, Schwimmen, Turnen, Reiten und Segeln gerne verfolgt. Auch den eigenen Körper strandtauglich zu halten spielt eine große Rolle – mit *Musculação* (Training im Fitness-Studio) oder Joggen und Klimmzügen am Strand. Gemeinsam ist den meisten Sporttreibenden eine geringe Verbissenheit, im Mittelpunkt steht fast immer die Freude am Spiel.

Fußball

Als einziges Land hat Brasilien an allen Weltmeisterschaften seit 1930 teilgenommen und dabei die Rekordzahl von fünf WM-Titeln erreicht (1958, 1962, 1970, 1994, 2002). Die Zweitplatzierten Italien und Deutschland kommen auf je drei WM-Triumphe. Gemessen an dem schier unerschöpflichen Reservoir an Nachwuchstalenten müsste Brasilien dabei eigentlich permanent Weltmeister sein.

Seit dem Auftreten von „König Pelé“ *(Rei Pelé)* – des besten Fußballspielers aller Zeiten – in den 50er Jahren ist Brasiliens Fußball das Maß aller Dinge. Doch wie eine alte WM-Weisheit besagt: schon ein einziges Spiel im Fußball genügt, um den König vom Thron zu stoßen.

Ein unendliches Nachwuchs-Reservoir

In Brasilien hat man sich schnell für den von englischen Einwanderern mitgebrachten Sport begeistern können. Seither kicken und bolzen Kinder und Jugendliche barfuß an den Stränden, auf Feldern, wo immer sich Platz findet, mit allem was rollt. Sensationelles Ballgefühl und Bewegungsgeschick sind die Folge. Zwischen 2002 und 2005 verließen 2500 Spieler das Land, um in einer ausländischen Profi-Liga zu spielen, damit ist Brasilien auch Export-Weltmeister an bezahlten Fußballern. Problemlos wird dieser jährliche Exodus an Klassespielern durch junge Kräfte aufgefangen. Wie reichhaltig der Talentepool ist, zeigt die Tatsache, dass Spieler, die in Brasilien kaum jemand kennt, in starken ausländischen Ligen zu Spitzenspielern werden; so gehören z. B. in der deutschen Bundesliga zwei Brasilianer zu den erfolgreichsten Stürmern aller Zeiten, die in ihrer Heimat quasi als No-Names gelten: **Giovane Elber** und **Ailton**.

Die brasilianische Liga

Das *Campeanato Brasileiro* oder auch *Brasileirão,* ist erst seit 2003 eine „richtige" Fußball-Liga mit Hin- und Rückspielen; davor wurde der Titelträger noch im Play-Off-Modus nach einer einfachen Runde mit 26 Teams ausgetragen. Die landesweite Liga wurde 1971 gegründet und wird zwischen April und Dezember ausgespielt. Zwischen Januar und März finden die Meisterschaften innerhalb der einzelnen Bundesstaaten statt, ein aus europäischer Sicht anachronistischer Modus, der vor allem durch die große Tradition und die starken Rivalitäten der Vereine verständlich wird, besonders in Rio de Janeiro und São Paulo.

Fußball wie von einem anderen Stern

Der brasilianische Fußball gilt als erfolgreichster und attraktivster Spielstil der Welt und hat Anhänger in jedem Winkel dieser Erde. Leichtfüßig und geschmeidig dribbeln sich die brasilianischen Stars wie Ronaldinho Gaúcho, Ronaldo (Fenómeno), Kaká, Robinho und Adriano an den Gegenspielern vorbei und in die Herzen der Fans. Und das mit einer beeindruckenden tänzerischen Eleganz – die Bezeichnung „Samba-Fußball" trifft genau ins Schwarze. Der Stil des brasilianischen Fußballs kann dabei mit Fug und Recht als einzigartig bezeichnet werden: Kein anderes Land versteht es in dieser Perfektion offensive Kreativität und Spielwitz, Tempo, mentale Stärke, balltechnische und spieltaktische Fähigkeiten sowie Effizienz zu vereinen. Und anders als manche technisch begabte Nationen vergessen Brasilianer auch nie das Ziel des Spiels: Tore zu schießen. Doch der brasilianische Fußball ist nicht nur erfolgreich und schön anzuschauen, auch dank des fast immer tadellosen und sympathisch bescheidenen Auftretens seiner Spieler wird er überall respektiert und geliebt.

Die Leistungsstärke der brasilianischen Liga wird von Europäern gern als „zweitklassig" eingestuft, eine hochnäsige Haltung – und eine falsche. Denn aus welcher zweitklassigen Liga gingen je hunderte Weltstars hervor? Schade ist allerdings die oft fehlende Atmosphäre in den Stadien (die Liga hat einen Zuschauerdurchschnitt von etwa 10 000 pro Spiel).

In Brasiliens erster Liga ist die Schere zwischen reichen und armen Klubs geringer als in Europa, so gab es bisher auch keinen über Jahre oder Jahrzehnte dominierenden Verein à la Bayern München. Die Liga zeichnet sich durch eine hohe Ausgeglichenheit aus, jeder kann jeden schlagen und vor der Saison gleicht es einem Roulettespiel, den späteren Meister richtig vorherzusagen. In 34 Jahren konnten 17 verschiedene Vereine den Meistertitel erringen; Rekordmeister ist **Flamengo** (aus Rio de Janeiro) mit fünf Meisterschaften, gefolgt von **Vasco da Gama** (ebenfalls Rio) und den Klubs aus São Paulo, **Palmeiras** und **Corinthians** (alle vier Titel). Noch nie wurde eine Mannschaft dreimal in Folge Champion, und erst fünfmal überhaupt gelang eine erfolgreiche Titelverteidigung. Mit der Übernahme des Vereins Corinthians durch einen russischen Öl-Magnaten könnte sich dies aber bald ändern – im ersten Jahr holte man prompt die Meisterschaft (2005).

Die Vereine

Die berühmtesten und erfolgreichsten Klubs stammen aus dem reicheren Südosten und Süden des Landes, besonders aus Rio de Janeiro, São Paulo, Belo Horizonte und Porto Alegre. Legendär sind die Derbys in Rio zwischen den vier Traditionsklubs **Flamengo**, **Vasco da Gama**, **Botafogo** und **Fluminense**, vor allem das Derby *Fla-Flu* elektrisiert die Fans wie kein anderes. Auch die Vergleiche zwischen **Palmeiras**, **Corinthians** und **São Paulo** sind von uralter Rivalität geprägt und ziehen die Zuschauermassen an. Selten schafft es dagegen ein Verein aus dem Nordosten, Norden oder Zentralen Westen, sich über längere Zeit in der Liga zu behaupten, in der Saison 2005 kamen von 22 Vereinen nur vier nicht aus dem Süden oder Südosten: **Fortaleza** (Ceará), **Goiás** (Goiânia), **Brasiliense** (Brasília) und **Paysandu** (Belém/Pará) – die beiden Letzteren stiegen ab. Bekannteste Vertreter aus dem Nordosten sind **EC Bahia** und **Vitória** aus

Salvador sowie **Sport** und **Náutico** aus Recife (Pernambuco), die allesamt aber zuletzt in der Zweitklassigkeit kickten. Dabei haben gerade die Vereine im Nordosten oft das begeisterungsfähigste Publikum und die meisten Anhänger. Zu Spielen von Bahia strömten auch in der 2. Liga bis zu 50 000 Menschen ins Estádio Fonte Nova. Für einen guten Support sind auch Fortaleza, Santos und Goiás bekannt.

Volleyball

„Vira, vira, vira – virou!" Wenn der Schlachtruf des Fernsehreporters bei der Punkteroberung wichtiger Bälle erklingt, dann ist Volleyball-Time: die zweite große Ballspiel-Leidenschaft der Brasilianer. Die brasilianische Herren-Nationalmannschaft in der Halle ist dabei ähnlich dominant wie die Kollegen vom Fußball: Unter dem Erfolgstrainer **Bernardo Rezende** gelangen seit 2001 diverse Weltliga-Siege, Weltmeisterschaften und der Olympiasieg 2004 in Athen. Stars wie die Angreifer **Giba** und **André Nascimento**, Mittelblocker **Gustavo** oder der langjährige Kapitän **Nalbert** besitzen dabei eine Popularität, die mit den besten Fußball-Cracks vergleichbar ist; einschließlich der Vermarktung durch Werbung. Sowohl bei den Männern als auch bei den Frauen zählt brasilianischer Hallen-Volleyball zur absoluten Weltspitze, viele Spieler und Spielerinnen verdienen ihr Geld in europäischen Top-Ligen. Ein besonders farbenfrohes und fröhliches Spektakel sind stets die Heimspiele der jährlich ausgespielten Volleyball-Weltliga, oft in großen Hallen vor 10–15 000 begeisterten, grüngelb gekleideten Zuschauern. Enthusiastisch, dabei immer friedlich, beklatscht das junge Publikum Ballwechsel und feiert Punktgewinne. Wer einmal die Chance auf ein Weltliga-Spiel der Männer oder Frauen hat, sollte sie ergreifen.

Noch populärer ist in Brasilien die Strandvariante **Volei da Praia**, bei der sich je zwei Athleten im tiefen Sand gegenüberstehen. Überall im Land stehen Netze an den Stränden und oft kann man Spielern dabei zusehen, wie sie mit teilweise atemberaubender Athletik schmettern, hechten und lobben. Lange Zeit ein reines Strandvergnügen an der Copacabana, ist Strandvolleyball inzwischen weltweit ein echter Trendsport und seit 1996 sogar olympische Disziplin. Auch beim Publikum kommt *Volei da Praia* an – vermutlich nicht bloß wegen der knackigen Körper und der knappen Outfits, sondern auch wegen der rasanten Ballwechsel und der Dynamik des Spiels. Beim Strandvolleyball besteht eine ähnliche brasilianische Vorherrschaft wie in der Halle: wichtige Titel werden nur über die brasilianischen Vertreter vergeben, alle ins Rennen geschickten Paare zählen stets zu den Top-Favoriten. Aktuelle Höhepunkte waren 2004 bei den Olympischen Spielen in Athen die Goldmedaille von **Ricardo** und **Emanuel** sowie die Silbermedaille von **Adriana Behar** und **Shelda**.

Formel-1

Die brasilianischen Piloten der Königsklasse des Automobilsports gehören zu den besten der Welt. Bekanntester Fahrer ist der bis heute vergötterte **Ayrton Senna** (1969–1994), einer der erfolgreichsten Formel-1-Piloten überhaupt (Weltmeister-Titel 1988, 1990, 1991). Der Ausnahmerennfahrer verunglückte am 1. Mai 1994 mit seinem Williams-Renault beim Großen Preis von San Marino in Imola tödlich, als er mit Tempo 300 km/h in eine Betonwand raste – ein traumatisches Erlebnis für das ganze Land, auf das drei Tage Staatstrauer angeordnet wurde. Weitere brasilianische Weltmeister und Nationalhelden waren **Nelson Piquet** (1981, 1983, 1987) und **Emerson Fittipaldi** (1972, 1974), der aktuelle Star ist **Rubens Barrichello**. Der **Große Preis von Brasilien** wird jährlich in Interlagos/São Paulo ausgetragen.

Aktivsport

Sport in herrlicher, oft unberührter Natur ist ein echter Trumpf Brasiliens, der in Europa kaum bekannt ist. Dabei gibt es Möglichkeiten für sportliche Aktivitäten aller Art, allen voran natürlich **Wassersport** an der 8000 km langen Küste, auf Lagunen und Seen oder einem der vielen Flüsse. Aber auch zahlreiche Nationalparks bieten gute Bedingungen zum **Wandern**, **Reiten**, **Bergsteigen** oder für **Extremsportarten**.

Wandern, Klettern, Abseilen

Herrliche Wandergebiete gibt es in den Nationalparks und im Küstengebirge, besonders im Süden und Südosten. Im Staat Rio de Janeiro v. a. im Nationalpark **Serra dos Órgãos**, in der **Itatiaia-Region** und auf der **Ilha Grande**. Zwischen Rio

Auf dem Weg zum Strand

und São Paulo liegt der **Parque Nacional da Serra da Bocaina** mit herrlicher Flora und Fauna. Weitere gute Wandermöglichkeiten gibt es in Paraná im **Parque Estadual Marumbi**, in Santa Catarina auf der **Ilha de Santa Catarina**, in Rio Grande do Sul im **Parque Nacional de Aparados da Serra** in der Gegend von Gramado/Canela. Im Westen liegt in der Nähe von Brasília der Nationalpark **Chapada dos Veadeiros** (Bundesstaat Goiás) mit Wasserfällen und Felsformationen. Abenteuerliche Trekking-Touren birgt die beeindruckende Natur der **Chapada Diamantina** in Bahia. Weitere Informationen s. S. 67, Nationalparks.

Wer **klettern** möchte, muss sich in Brasilien nicht gegen den Strand entscheiden, denn oft liegen Strand und Berge nah zusammen. **Rio de Janeiro**, eines der Kletterzentren Brasiliens, ist das beste Beispiel (s. S. 264, Rio). Nördlich von Rio liegt der Nationalpark **Serra dos Órgãos**, eines der besten Kletter- und Bergsteigerreviere. Im gleichen Staat eignet sich ebenfalls die **Itatiaia-Region**.

Abseilen *(Rapel)* ist eine beliebte Trendsportart, bei der man sich spektakulär an Felswänden abseilt, oft an einem Wasserfall, was den Vorteil einer gleichzeitigen Abkühlung hat. Professionelle Ausrüstung und eine gute Einführung des Veranstalters sind wichtig für die Sicherheit. Beliebte Gebiete sind z. B. die **Chapada Diamantina** und die **Serra dos Órgãos**.

Surfen

Pegar ondas („Wellen nehmen") ist eine Lieblingsbeschäftigung der sportlich ambitionierten Brasilianer. Gute Wellen finden sich an vielen Stränden entlang der Küste und ganz besonders im Süden. Dort geht es los in Rio Grande do Sul mit **Torres** (Praia da Cal). An der Südküste von Santa Catarina liegt ein guter Surferstrand neben dem anderen, die besten finden sich in **Garopaba** (Praia da Silveira und da Ferrugem) und **Guarda do Embaú**. Auf der **Ilha de Santa Catarina** gehört die Praia Joaquina zu den bekanntesten Stränden, denn hier finden die Brasilianischen Surfmeisterschaften statt. Auch **São Francisco du Sul** hat gute Wellen. In Paraná gibt es auf der **Ilha do Mel** ein paar gute Strände, im Staat Rio de Janeiro **Saquarema**, **Búzios** und **Itacoatiara** (Nähe Niterói).

In Rio selbst hat der etwas außerhalb liegende Strand **Prainha** die besten Wellen. Zur Surferhauptstadt von Bahia hat sich **Itacaré** entwickelt. Die Strände sind hier wirklich paradiesisch, nicht nur für Surfer. Und auch wenn es ums Surfen geht, darf das Inselarchipel **Fernando de Noronha** nicht fehlen, besonders der Strand Cacimba do Padre.

Gute Bedingungen für **Windsurfen** findet man entlang der Küste von Ceará, ein beliebter Ort ist das traumhafte **Jericoacoara**. In Fortaleza eignen sich die Praia do Futuro und Praia de Iracema. Aber auch in südlicheren Gefilden ist das Windsurfen möglich, z. B. im mondänen Badeort **Búzios** (Staat Rio de Janeiro) oder im Staat São Paulo in **Ilhabela** und **Boiçucanga**.

Kite-Surfen ist der letzte Schrei unter den Wassersportarten. Auf einem kleinen Surfbrett lässt sich der Kiter von einem Lenkdrachen gezogen über das Wasser peitschen. Durch den Auftrieb des Drachens kommt es zu hohe Sprüngen – bis zu 10 m Höhe und 40 m Länge! Die Sportart sollte in einer entsprechenden Kite-Surf-Schule erlernt werden. Es gibt einige gute Surfspots im Nordosten. **Cumbuco** in Ceará beginnt sich zu *dem* Kitesurferort zu entwickeln.

Tauchen und Schnorcheln

Für Freunde des Tauchsports bietet Brasilien mancherorts nahezu paradiesische Bedingungen. Drei Inselgruppen sind hier besonders hervorzuheben. Das Archipel **Fernando de Noronha**, eine Flugstunde nordöstlich von Natal im Nordosten ist für Taucher das attraktivste brasilianische Revier. In dem glasklaren Wasser mit einer Sichtweite bis zu 40 m sind etwa 230 Fisch-, 100 Algen- und 15 Korallenarten anzutreffen.

Im Süden Bahias liegt der **Parque Nacional Marinho dos Abrolhos**, eine Inselgruppe, die sich ebenfalls wegen ihres Fischreichtums, der 18 verschiedenen Korallenarten und einer Unterwassersichtweite von bis zu 20 m hervorragend zum Tauchen eignet.

Als drittbestes Tauchgebiet Brasiliens gilt **Búzios** (s. S. 308, Kasten) im Staat Rio de Janeiro. Schließlich ist noch die in der Nähe von Rio de Janeiro gelegene **Ilha Grande** zu erwähnen, hier findet sich eine große Fülle an Fischen, Korallen, Schwämmen, Seesternen und Seeigeln. Ganz im Süden bietet **Porto Belo/Bombinhas** (Santa Catarina), v. a. bei der **Ilha do Arvoredo** die besten Bedingungen.

In den glasklaren Flüssen von **Bonito** (Mato Grosso do Sul) kann man traumhaft zwischen bunten Fischen schnorcheln.

Rafting

Bei dieser in Brasilien weit verbreiteten Abenteuersportart befährt ein Team aus bis zu 8 Leuten in einem stabilen Schlauchboot einen Wildwasserfluss, unter Leitung eines erfahrenen Steuermannes. In der Regel sind die kommerziellen Anbieter gut ausgerüstet und stellen erfahrene Guides zur Verfügung, so dass Rafting als relativ sicheres Vergnügen gilt. Zur Ausrüstung gehören dabei Schwimmweste und Helm, manchmal auch ein Neoprenanzug. Die Flüsse haben unterschiedliche Schwierigkeitsgrade zwischen 1 und 5 (am schwersten). Viele Flüsse in Santa Catarina eignen sich bestens zum Raften; auch in Bahia z. B. auf dem **Rio de Contas** bei Itacaré oder an den Wasserfällen von **Iguaçu ist** Rafting möglich.

Eine dem Rafting verwandte Sportart ist **Bóiacross**: Dabei lässt man sich 1–2 Std. lang in einem aufgeblasenen Reifen einen tosenden Fluss hinunter treiben; z. B. auf dem Rio Nhundiaquara bei **Morretes** (Paraná). Zur Ausrüstung gehören nur ein Helm und eine Schwimmweste.

Reiten

Nicht nur im Süden bei den Gaúchos, den früheren brasilianischen Cowboys, ist Reiten bis heute eine beliebte Freizeitbeschäftigung, auch an vielen der langen, einsamen Strände können Pferde ausgeliehen werden, oder man erkundet hoch zu Ross Naturschutzgebiete oder Teile eines Regenwaldes. Die Qualität der Reitpferde ist jedoch unterschiedlich. Gut gepflegte Pferde bekommt man meistens über Pousadas oder Fazendas, die Pferdetouren anbieten. Besonders gut eignen sich die Nationalparks für Reitausflüge, wie z. B. die **Chapada Diamantina**, das Sumpfgebiet **Pantanal** oder auch Inseln wie die **Ilha de Santa Catarina**. In Minas Gerais können Teile der alten Goldstraße Estrada Real per Pferd erkundet werden.

Weitere Sportarten

Drachenfliegen *(Asa-Delta)* sowie **Paragliding** *(Parapente)* ist in Brasilien an vielen Orten möglich, z. B. in Rio de Janeiro (s. S. 264) – die umweltfreundlichste Möglichkeit, Brasilien aus der Luft kennen zu lernen. Ein Tandem-Flug *(Vôo-Duplo)* mit einem erfahrenen Paraglider ist einfach und ein einmaliges Erlebnis – und im Vergleich zu Europa preiswert.

Gute Voraussetzungen zum **Segeln** sind v. a. im Staat Rio de Janeiro gegeben, dabei besonders auf der **Ilha Grande**, in **Angra dos Reis** oder **Búzios**. Auch auf der Insel **Morro de São Paulo** (Bahia) kann man sich Segelboote leihen.

Angeln und **Sportfischen** ist eine weitere beliebte Sportart, die in einigen der **Amazonas**-Flüsse oder dem **Pantanal** (nur Februar bis Oktober) ausgeübt wird. Besonders der **Rio Araguaia** in Goiás und Tocantins ist bekannt für seinen Fischreichtum.

Medien

Brasilien ist das Land der „Telenovelas", der Endlosserien im **Fernsehen**, die so etwas wie der rote Faden im Leben der Brasilianer sind. Wer die aktuelle Telenovela nicht kennt, gilt als Sonderling. Die Helden der allabendlichen Streifen sind bekannt wie bunte Hunde und weitaus populärer als Hollywood-Stars. Über ihr Leben berichtet die Klatschpresse ausführlich – und die Nation nimmt an ihrem Luxusleben virtuell teil. Warum sind die Brasilianer solche begeisterten Konsumenten dieser Herz-und-Schmerz-Dramen? Was macht die Faszination dieser Soap-Operas aus? Zuerst einmal sind sie leicht konsumierbar – vor jeder Folge wird der bisherige Handlungsablauf noch einmal skizziert; man kann also durchaus einige Kapitel auslassen, und ist immer noch „up-to-date". Außerdem ist die Handlung selber äußerst spärlich – es geht eigentlich nur darum: wer kriegt wen? Da vom ersten Augenblick an die Guten und die Bösen schon äußerlich leicht zu erkennen sind, bleibt nur noch die Frage, mit welchen Tricks sich die Protagonisten behelfen. Eine Telenovela ist also Anschauungsunterricht für den „Jeitinho", die elegante Art, sich aus der Schlinge zu ziehen.

Dass Arbeit und Mühen in der Fernsehserie keinen Platz haben, ist eigentlich selbstverständlich: der Mensch will sich ergötzen und verzaubern lassen. Und er will nach Feierabend auch keine Rechenaufgaben lösen, wie sie die deutschen Krimiserien bieten.

Telenovelas – die größten Sender bringen zwei oder drei an einem Abend – sind billigst produzierte Streifen, deren Handlungsablauf teilweise durch Publikumsbefragung auch im Laufe der Herstellung noch geändert werden kann. Oft greifen die Novelas des „Globo"-Konzerns auch historische Themen auf – etwa zuletzt die Saga um die „Mad Maria", die Dschungel-/Kautschukbahntrasse, die man Anfang des 20. Jhs. durch Amazonien schlug. Oder sie werden an Schauplätzen abgedreht, die dadurch auf einmal ins Blickfeld der breiten Massen fallen – so war es zum Beispiel mit der Novela „Pantanal".

Die brasilianischen **Fernsehkanäle** befinden sich beinahe ausnahmslos in privater Hand. „TV Globo" ist der weitaus größte unter ihnen, gegründet von Roberto Marinho, den man schon mal als Medienzar Brasiliens bezeichnet hatte. Zeitweise rangierte TV Globo unter den Top Fünf der Fernsehkonzerne weltweit. Neben diesem Riesen, der in ganz Brasilien zu empfangen ist, hat sich „SBT" als Nummer Zwei etabliert – ein recht niveauloser Kanal, der einem Mann gehört, der als Krawattenverkäufer auf der Straße angefangen hatte. „TV Record", die Nummer Drei, gehört dem Sektenprediger „Bischof Macedo"; der Kanal hütet sich allerdings, evangelikale Botschaften unter das Volk zu bringen.

Neben den alles beherrschenden Kommerzsendern gibt es noch einige öffentliche kümmerliche Kanäle wie etwa TV Cultura in São Paulo und die Sender des Kongresses und der Justiz: Langweiler, die Fensterreden übertragen, die sich keiner anschaut. Einen Sender mit der Vielfalt anspruchsvoller Nachrichten, Dokumentationen und Unterhaltungsprogrammen wie sie in Europa (noch) zu finden sind, sucht man in Brasilien vergeblich.

Das gilt leider auch für das **Radio**. Bis auf den Sender des Kultusministeriums (Radio MEC) sendet keine Station etwa Jazz oder Klassik. Sonst ist alles nur ein ewiger Brei Mainstream-Musik, unterbrochen von marktschreierischer Propaganda für Pillen und Prothesen. So gut wie jede größere Siedlung – ab 10 000 Einwohner – hat einen oder gar mehrerer UKW-Sender, deren Reichweite kaum über die Stadtgrenze hinausreicht. Da es an lokalen Printmedien fehlt, werben die örtlichen Supermärkte, Restaurants oder Friseure im Radio. Aber der Löwenanteil der Werbeausgaben entfällt in Brasilien auf das Fernsehen, das über ein de-facto-Monopol bei der Mediennutzung verfügt.

Radiolizenzen und Fernsehkanäle sind nicht nur Goldgruben für ihre Eigentümer, sie sind auch ganz wichtige Instrumente für die Wahlkampagnen; die politische Klasse in Brasilien betrachtet sie daher als ihre Pfründe, um die hart gerangelt wird. Jeder dritte Volksvertreter im Kongress besitzt selber oder über seine Sippe eine Sendegenehmigung; nur wenige dieser Sender produzieren allerdings eigene Programme – in der Regel beschränken sie sich darauf, die Sendungen der großen Konzerne auszustrahlen.

Die **Printmedien** setzen Leser voraus; in einem Land, in dem der Analphabetismus keineswegs beseitigt ist, haben es die Zeitungen schwer. Für die meisten Brasilianer sind sie einfach auch unerschwinglich. Die Printmedien sind Sache reicher Konsumenten. Oder der Gebildeten. Brasilien verfügt über immerhin vier gute Tageszeitungen *(Globo* und *Jornal do Brasil* aus Rio, sowie *Folha* und *Estado de São Paulo),* die einen Vergleich mit europäischen Qualitätszeitungen nicht zu scheuen brauchen. Aber auch die Zeitungen der brasilianischen Landeshauptstädte sind keine billigen Sensationsblätter.

Wochenmagazine wie *Veja* und *Epoca* eifern den Vorbildern *Newsweek* oder *Time-Magazin* nach, erreichen aber nur in der nationalen Berichterstattung mit eigenen Beiträgen ein gewisses Niveau. Darüber hinaus sind die Kioske in Brasilien mit vielen Dutzend Special-Interest-Magazinen, Klatsch- und Sexpresse gepflastert. Das meiste ist mit heißer Nadel gestrickt.

Der Beruf des **Journalisten** ist nicht hoch angesehen. Reporter oder Redakteur zu sein, ist in Lateinamerika überhaupt kein leichtes Brot. Es bedeutet von mittags bis spät in die Nacht in schrottreifen Autos auf Achse zu sein, sich mit defekten Telefonen herumzuschlagen und die Reportage irgendwo in einer Ecke hinzukritzeln. Die Aufnahmestudios gleichen Besenkammern, die Redaktionen Hühnerställen, und die Technik stammt in der Regel aus dem letzten Jahrhundert. Die Universitäten entlassen jedes Semester Heerscharen junger Leute, die davon träumen, groß herauszukommen, aber die kaum je eine Bibliothek von innen gesehen haben – weil es sie nicht gibt. Zeitungen, Radio und Fernsehen verschleißen die jungen Talente; wie kann man den Hungerlohn, der kaum ausreicht, um eine Familie zu ernähren, aufbessern? Viele Presseleute betreiben den Journalismus nur als Zubrot, sie sind in Wahrheit Regierungsangestellte, Kofferträger von Politikern – oder deren Verwandte. Nur die wenigsten Kolumnisten und Fernsehreporter können sich eine eigene Meinung leisten: weil sie aus einflussreichen Familien stammen oder sich politisch rückversichern.

Das **Internet** verändert die Mediennutzung auch in Brasilien auf grundlegende Weise. Positiv daran ist der potenzielle Zugang für alle. Deshalb plant die Regierung mit Billigcomputern an allen Schulen diese virtuelle Bibliothek der Zukunft zu eröffnen. Negativ schlägt zu Buche, dass die Abbildung der Wirklichkeit immer abstrakter, konfektionierter und „sauberer" wird – im Sinne einer Entsinnlichung. Doch eines hat das Internet schon jetzt geschafft: internationale Quellen sind nun endlich offen. Während man früher gerade mal in Rio de Janeiro oder São Paulo ausländische Presseerzeugnisse mit gehöriger Verspätung und zu gesalzenen Preisen bekam, ist nun rund um die Uhr der internationale Kanal offen. Das bedeutet aber nicht, dass man in Brasilien und dessen Hauptstadt etwa viele ausländische Publikationen liest. Große Länder wie Brasilien richten ihren Blick lieber nach innen, als ob die Informationen dem Gesetz der Gravitation folgen würden.

Der Süden

Sich in **Foz do Iguaçu** von den imposantesten Wasserfällen der Welt bis auf die Haut durchnässen lassen.

Eins werden mit der einmaligen Natur der **Ilha de Santa Catarina.**

Surfen oder die Surfer bestaunen in **Praia do Rosa,** einem der schönsten Strände Brasiliens.

Auf den Spuren deutscher Einwanderer wandeln in **Blumenau** und **Pomerode.**

Sich in **Gramado** mit Fondue und Schokolade den Bauch voll schlagen oder sich in der **Serra Gaúcha** von brasilianischem Wein berauschen lassen.

Auf der **abenteuerlichen Bahnstrecke** durch den Dschungel von **Curitiba** nach **Paranaguá** fahren und ein paar relaxte Tage auf der **Ilha do Mel** verbringen.

Wenn der Nordosten Brasiliens Klein-Afrika ist, dann ist der Süden so etwas wie **Mini-Europa**. In kaum einer anderen Region des Landes werden die Brasilien-Klischees so wenig bestätigt wie hier. Es entbehrt nicht einer gewissen Skurrilität, in **Blumenau** auf deutsche Fachwerkarchitektur zu stoßen, in **Gramado** Schweizer Käsefondue zu essen oder in **Pomerode** auf der Straße Deutsch zu hören. Auf Brasilianer wirkt das exotisch, ebenso wie das Klima und die hügelige Landschaft mit manchmal winterlichen Temperaturen.

Die drei südlichsten Bundesstaaten Brasiliens Rio Grande do Sul, Santa Catarina und Paraná bilden gemeinsam die **Região Sul**. Sie macht 7% der Landesfläche aus und ist vergleichbar mit der Größe Frankreichs. Hier ist der Lebensstandard deutlich höher als in den übrigen Teilen Brasiliens.

Klima und Reisezeit

Im Vergleich zu Restbrasilien sind die Jahreszeiten in Südbrasilien deutlicher ausgeprägt. Das Klima ist subtropisch mit heißen Sommern (bis zu 35–40 °C) und milden Wintern. In den höheren Lagen sind Temperaturen von weniger als 10 °C keine Seltenheit. Gelegentlich gibt es Nachtfrost oder Schnee. Als Reisezeit bietet sich daher die wärmere Jahreszeit (Nov–März) an. Wer hitzeempfindlich ist, sollte die heißesten Monate meiden (Dez–Feb).

Rio Grande do Sul

Der **Gaúcho** trug einen breitkrempigen Hut, weite Reithosen und ein Messer am breiten beschlagenen Gürtel. Im 18. Jh. trieb er noch Vieh über die Pampa, im 19. Jh. wurde er zum Auslaufmodell. In Rio Grande do Sul jedoch lebt der Mythos des wackeren Gaúchos weiter: in Trachten, Folklore und Lebensart. Und als Namensgeber für die Bevölkerung eines ganzen Bundesstaates.

Die Siedlungsgeschichte Rio Grande do Suls unterscheidet sich vom Rest des Landes. Die europäischen Pioniere des Landes waren **Jesuiten**, die bereits in der 1. Hälfte des 17. Jhs. Missionsstationen gründeten. Die Portugiesen besetzten den südlichen Zipfel Brasiliens von allen Landesteilen als letzten. Der erste **deutsche Siedlertrupp** kam 1824 in São Leopoldo, nördlich der Hauptstadt Porto Alegre an. Auch heute noch hat Rio Grande do

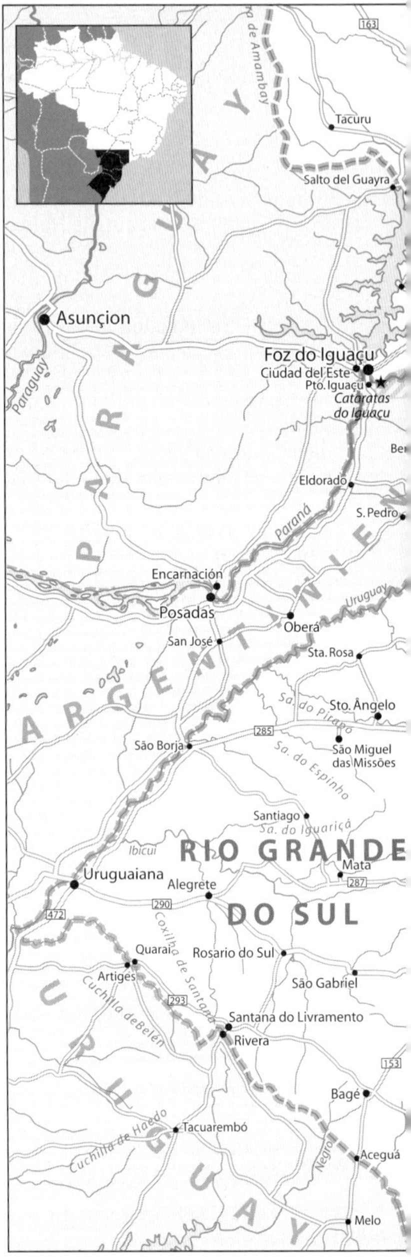

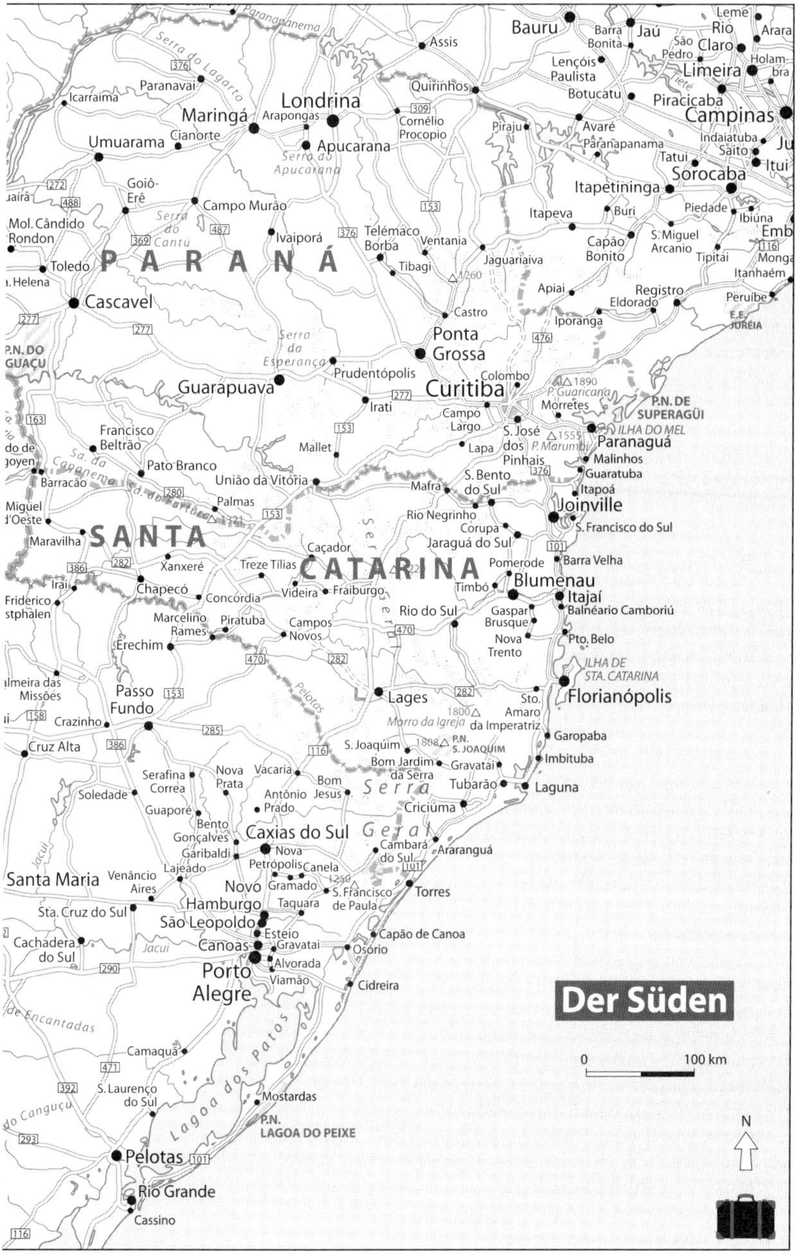
Der Süden
PARANÁ
SANTA CATARINA
Bauru
Jaú
Barra Bonita
São Pedro
Rio Claro
Leme
Arara
Holambra
Limeira
Lençóis Paulista
Botucatu
Piracicaba
Campinas
Assis
Quirinhos
Londrina
Arapongas
Maringá
Paranavaí
Icarraima
Umuarama
Cianorte
Apucarana
Serra do Apucarana
Cornélio Procopio
Piraju
Avaré
Paranapanema
Indaiatuba
Saito
Itui
Tatui
Sorocaba
Itapetininga
Itapeva
Buri
Piedade
Ibiúna
Capão Bonito
S. Miguel Arcanio
Tipitai
Itanhaém
Peruíbe
E.E. JURÉIA
Registro
Eldorado
Iporanga
Apiai
Jaguariaiva
Ventania
Telêmaco Borba
Tibagi
Castro
Ponta Grossa
Curitiba
Colombo
P. Guaricana
1890
Morretes
P.N. DE SUPERAGÜI
ILHA DO MEL
Paranaguá
Malinhos
Guaratuba
Itapoá
Joinville
S. Francisco do Sul
Barra Velha
Pomerode
Blumenau
Timbó
Itajaí
Balneário Camboriú
Gaspar
Brusque
Nova Trento
Pto. Belo
ILHA DE STA. CATARINA
Florianópolis
Sto. Amaro da Imperatriz
Garopaba
Imbituba
Laguna
Tubarão
Gravataí
Criciúma
Araranguá
Torres
Capão de Canoa
Osório
Cidreira
Serra do Lagarto
Goiô-Erê
Campo Murão
Serra do Cantú
Ivaiporá
Mol. Cândido Rondon
Toledo
Cascavel
P.N. DO IGUAÇU
Serra da Esperança
Prudentópolis
Guarapuava
Irati
Campo Largo
S. José dos Pinhais
P. Marumbi
1555
Lapa
Mallet
Francisco Beltrão
Pato Branco
Barracão
Sa. da Canoinha
União da Vitória
Mafra
S. Bento do Sul
Rio Negrinho
Corupá
Jaraguá do Sul
Palmas
Miguel d'Oeste
Maravilha
Xanxerê
Chapecó
Treze Tílias
Caçador
Videira
Fraiburgo
Concórdia
Irai
Frederico Westphalen
Marcelino Rames
Piratuba
Campos Novos
Rio do Sul
Erechim
Palmeira das Missões
Passo Fundo
Pelotas
Lages
1800
Morro da Igreja
S. Joaquim
1808
P.N. S. JOAQUIM
Bom Jardim da Serra
Crazinho
Cruz Alta
Serafina Correa
Soledade
Nova Prata
Vacaria
Bom Jesus
Antônio Prado
Serra Geral
Guaporé
Bento Gonçalves
Garibaldi
Caxias do Sul
Nova Petrópolis
Canela
Gramado
Cambará do Sul
S. Francisco de Paula
Taquara
Lajeado
Venâncio Aires
Santa Maria
Sta. Cruz do Sul
Novo Hamburgo
São Leopoldo
Esteio
Canoas
Gravataí
Alvorada
Viamão
Porto Alegre
Cachadera do Sul
Jacuí
Encantadas
Camaquã
Lagoa dos Patos
Mostardas
P.N. LAGOA DO PEIXE
S. Laurenço do Sul
Canguçu
Pelotas
Rio Grande
Cassino
0
100 km
N

Sul von allen brasilianischen Staaten den größten Anteil an Deutschstämmigen.

Rio Grande do Sul ist ein bedeutsamer Industriestandort und hat darüber hinaus eine produktive Landwirtschaft. In der **Serra Gaúcha** liegt das wichtigste Weinanbaugebiet des Landes. Diese Region um die Orte **Gramado** und **Canela, Bento Gonçalves** und **Nova Petrópolis**, auch **Rota Romântica** genannt, ist gleichzeitig eine touristische Hauptattraktion. Hier begegnet man auf Schritt und Tritt europäischer Einwanderungskultur.

Rio Grande do Sul ist der einzige Küstenstaat, der nicht mit Traumstränden gesegnet ist. Lediglich **Torres** im Norden kann mit den Strandorten von Santa Catarina mithalten. Ein weiteres touristisches Highlight sind neben der **Hauptstadt Porto Alegre**, die zu den modernsten und kulturreichsten Städten Brasiliens gehört, die Ruinen der **Jesuitenmissionen** ganz im Westen. 💻 www.rs.gov.br

Porto Alegre

Die 1,4 Mill. Einw. zählende Stadt Porto Alegre heißt wörtlich übersetzt „fröhlicher Hafen". Sie ist Hauptstadt und Herz des **Gaúcho-Landes**. Strategisch günstig gelegen am Rio Guaíba, der einige Kilometer weiter in die Lagoa dos Patos („Entenlagune") übergeht, im Herzen von **Mercosul**, Südamerikas Freihandelszone, ist sie eine wichtige Hafenstadt und **Handelszentrum**.

Die Gaúcho-Traditionen werden in Porto Alegre stolz weitergeführt, was u. a. an den vielen Chimarrão-Trinkern (s. Kasten) sichtbar ist und nicht zuletzt am Churrasco, der brasilianischen Version des Grillens (s. S. 113). Porto Alegre hat eine lebendige Intellektuellenszene. Nicht nur im Nachtleben der Stadt macht sich ein aktives Studentenleben bemerkbar. Der Statistik nach ist Porto Alegre der Ort in Brasilien, deren Einwohner am meisten lesen. Folgerichtig findet hier jährlich Anfang November die bedeutendste **Buchmesse** des Landes statt. Traditionell politisch eher links gerichtet, war Porto Alegre mehrmals Veranstaltungsort des **World Social Forum**, jener Gegenveranstaltung zu den Gipfeln der Welthandelsorganisation, die zum Symbol der Globalisierungskritik geworden ist.

Einwanderer verschiedener Nationalitäten prägen Porto Alegre bis heute. Die ersten waren 60 Ehepaare von den Azoren, die 1752 die Hafenstadt **Porto dos Casais** („Hafen der Ehepaare") gründeten. Ab den 20er Jahren des 19. Jhs. hinterließen v. a. **Deutsche** und **Italiener** ihre Spuren. Heute leben hier Nachkommen von 51 ethnischen Gruppen.

Chimarrão, das Kultgetränk der Gaúchos

Es ist eines der ersten Dinge, die auffallen in Porto Alegre. Vom Arbeiter bis zum Anzugträger und quer durch alle Generationen: jeder hält in einer Hand ein bauchiges Gefäß mit Metalltrinkröhrchen, in der anderen eine Thermoskanne mit heißem Wasser. Ein Gaúcho ohne Chimarrão wäre wie ein Bayer ohne seine Maß Bier. Gesünder allerdings ist der Chimarrão, jener grüne Mate-Tee, den schon die Guarani-Indianer tranken. Ihn zuzubereiten ist eine hohe Kunst.

Das Gefäß heißt Cuia, ein ausgehöhlter und getrockneter Flaschenkürbis. Das Röhrchen, aus dem man trinkt, ist die Bomba. Die Mate-Teeblätter werden liebevoll in die Cuia eingefüllt. Das Wasser kann sehr oft nachgegossen werden. Man trinkt immer, bis das charakteristische Schlürfgeräusch ertönt. Danach wird zum Nachbarn weitergereicht.

Folgende 5 Tipps vermeiden Peinlichkeiten beim unerfahrenen Chimarrão-Trinker:

→ Chimarrão trinken ist ein gemeinschaftliches Ritual, alleine ist es nur halb so schön.

→ Manchem mag das Trinken so vieler Leute aus dem gleichen Röhrchen unhygienisch scheinen. Denken darf man es, sagen nicht!

→ Das gleiche gilt für die Temperatur des Tees. Wer ihn zu heiß findet, behält das besser für sich!

→ Der Tee ist bitter. Auf die Idee, ihn mit Zucker zu trinken, kommen allerdings nur Gringos.

→ Niemals eine halbe Cuia trinken! Da muss jeder ganz durch. Bis zum Schlürfgeräusch.

Eine Einführung in die Welt des Kulttees gibt der „Mestre de Chimarrão" Senhor Fritz vom Galpão Crioulo (s. S. 42, Essen). Zubehör und den Tee selbst gibt es in Läden des Mercado Público.

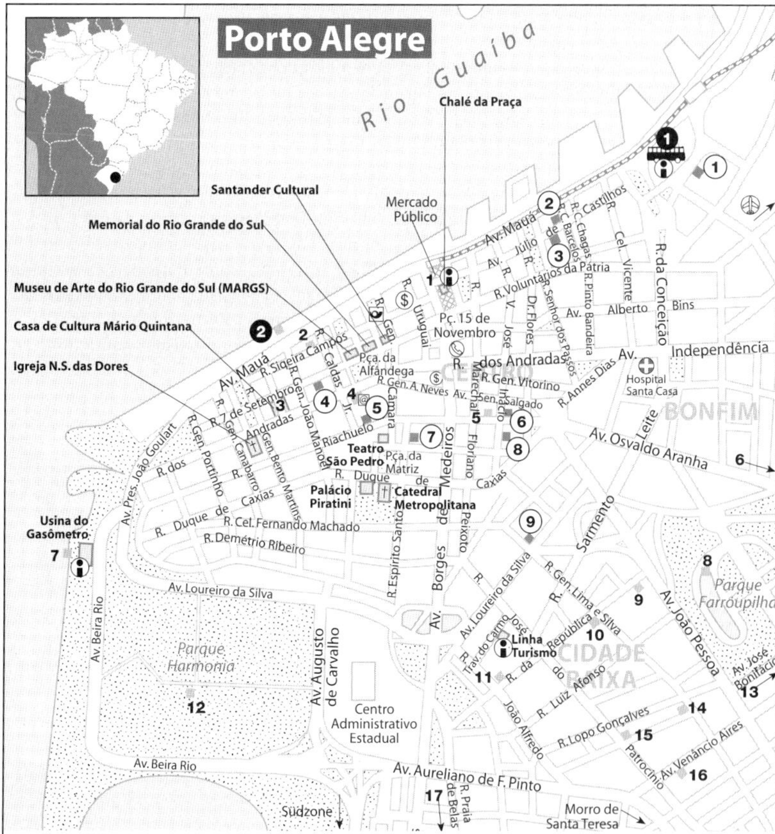

Übernachtung:
(1) Hotel Continental
(2) Hotel Express Mauá
(3) Hotel Erechim
(4) Hotel Açores
(5) Grande Hotel Master
(6) Hotel Palácio
(7) Hotel Praça da Matriz
(8) Harbor Regent Suites
(9) Hotel Master Express

Läden, Restaurants etc.:
1 Telúrico
2 Sabor Natural
3 Café Concerto Majestic
4 Rua da Praia Shopping, Era Virtual
5 Atelier de Massas
6 Occidente
7 Bar Flutuante
8 Café do Lago
9 República do Pastel
10 Pingüim
11 Ossip
12 Galpão Crioulo
13 Maomé
14 Consulado Cafe
15 Opinião
16 Spin
17 Praia de Belas Shopping

Transport:
1 Rodoviária
2 Cisne Branco

Sehenswertes

Die wichtigsten Attraktionen kann man an einem Tag erkunden.

Auch bei Einheimischen beliebt ist die **Linha Turismo**: Ein doppelstöckiger Bus mit offenem Oberdeck, der alle Sehenswürdigkeiten abfährt (Erläuterungen auf Englisch). Abfahrt in der *Cidade Baixa*, Trav. do Carmo 84, ✆ 51/3212 3464. ⏲ Di–So, Abfahrt 5x tgl., Dauer 1 1/2 Std., R$7.

In Porto Alegre stößt man immer wieder auf neoklassizistische Bauten, allen voran der **Mercado Público**, der sich als Ausgangspunkt für einen Stadtrundgang anbietet. Der 1869 errichtete Bau ist der traditionelle Einkaufsmarkt der *Porto Alegren-*

ses. Hier gibt es Lebensmittel und Typisches aus Rio Grande do Sul, außerdem viele Restaurants und Imbissstände in angenehm untouristischer Atmosphäre. ⌚ Mo–Sa 7.30–19.30 Uhr. Auf der zentralen **Praça 15 de Novembro** vor dem Mercado lädt das traditionelle Bar-Restaurant **Chalé da Praça** zu einer Pause ein, ⌚ tgl. 11–24 Uhr.

Ein paar Schritte weiter erreicht man die **Rua dos Andradas** (im Volksmund auch **Rua da Praia**, da der Fluss einmal bis hier reichte). Sie ist die älteste Straße der Stadt und heute eine belebte Fußgängerzone. Etwas ruhiger wird es erst ab der schattigen **Praça da Alfândega** mit ihren prachtvollen Museumsgebäuden. Hier findet jedes Jahr die **Feira do Livro** (Buchmesse) statt. Die Rua da Praia führt in östlicher Richtung zum großartigen Kulturzentrum Casa de Cultura Mário Quintana (s. S. 114) und zur **Igreja N. S. das Dores**, der ältesten Kirche der Stadt in portugiesischem Neobarock-Stil. An ihr wurde ab 1833 knapp 100 Jahre lang gebaut. Ein paar Hundert Meter weiter lässt sich am Flussufer die **Usina do Gasômetro**, ein weiterer Ort der Kultur, nicht verfehlen, erkennbar an ihrem Schornstein.

Von der Rua da Praia geht es den Hügel aufwärts zur **Catedral Metropolitana**, ein mächtiges neoklassizistisches Gebäude aus dem 20. Jh. ⌚ Mo–Sa 8–19 Uhr. Das prächtige Gebäude rechts neben der Kathedrale ist der **Palácio Piratini**, der Regierungssitz des Staates Rio Grande do Sul. Der Platz davor, **Praça da Matriz**, ist ein beliebter Treffpunkt zum Verweilen. Hier liegt auch das ebenfalls im neoklassizistischen Stil erbaute **Teatro São Pedro** mit einer sehr guten Akustik (1858 eingeweiht). Seinen Innenraum prägt ein 600 kg schwerer Kronleuchter.

Porto Alegres Museumsmeile (alle Eintritt frei) konzentriert sich an der Praça da Alfândega. Das **Museu de Arte do Rio Grande do Sul** (MARGS), Rua 7 de Setembro 1010, beherbergt eine große Sammlung nationaler und internationaler Künstler. Allein das imposante Gebäude lohnt schon einen Besuch. ⌚ Di–So 10–19 Uhr.

Angrenzend befindet sich das im alten Postgebäude von 1914 untergebrachte **Memorial do Rio Grande do Sul**. Es lädt ein zu einer Zeitreise durch die Geschichte des Staates. ⌚ Di–So 10–18 Uhr.

Ein Haus weiter hat die Banco Santander in einem prachtvollen neoklassizistischen Gebäude vom Anfang des 20 Jhs. ein Kulturzentrum eingerichtet, das man nicht verpassen sollte: **Santander Cultural**, Programm unter 💻 www.santandercultural.com.br. Hochkarätige Ausstellungen und Konzerte. Programmkino und ein cooles Café im Keller. ⌚ Mo–Fr 10–19, Sa und So 11–19 Uhr.

Das Flussufer und die Parks von Porto Alegre laden zum Entspannen ein, insbesondere der **Parque Farroupilha**, im Volksmund „Redenção" genannt. Hier lässt es sich wunderbar flanieren, oder im *Café do Lago* (⌚ Mo–Fr 16–24, Sa und So 10–24 Uhr) am Seeufer Kaffee oder Bier trinken. Jeden Sonntag findet am Rande des Parks in der Av. José Bonifácio von 10–16 Uhr der **Brique da Redenção** statt, ein großer Floh- und Kunsthandwerksmarkt.

Sonnenuntergang am Rio Guaíba

Nicht wenige Porto Alegrenses halten „ihren" **Sonnenuntergang** für einen der schönsten Brasiliens. Allabendlich strömen sie bei schönem Wetter zum Fluss, um zu sehen, wie die glutrote Sonne langsam vom Rio Guaíba geschluckt wird. Ein Geheimtipp ist die **Dachterrasse der Usina do Gasômetro**, wo der Blick traumhaft ist. Ein besinnlicher Ort für Pärchen und solche, die es werden wollen. Weniger still, dafür oft mit Live-Musik, geht's auf der im Wasser schwimmenden **Bar Flutuante** zu, ⌚ tgl. 9-24 Uhr.

Übernachtung

Budget-Traveller müssen in Porto Alegre tiefer in die Tasche greifen als anderswo, bei oft bescheidener Qualität. Am Wochenende jedoch gibt es starke Ermäßigungen.

ZENTRUM – ***Hotel Erechim,*** Av. Júlio de Castilhos 341, ✆ 51/3228 7044, 💻 www.hotelerechim.com.br. Sauber und gepflegt, gute Option in der Nähe des Zentrums, allerdings an unschöner Hauptstraße. 10% Ermäßigung mit HI-Ausweis. ❶
Hotel Palácio, Rua Vigário José Inácio 644, ✆/📠 51/3225 3467. Seit 2003 unter neuer Leitung, was dem Traditionshotel sichtlich gut tut. Gute Budget-Option für Liebhaber von Altbauten. ❷

Hotel Praça da Matriz, Largo João Amorim de Albuquerque 72 (Praça da Matriz), ✆ 51/3225 5772. Hübscher Altbau mit einfachen überholungsbedürftigen Zimmern. Zentrale Lage, wenige Schritte vom Zentrum. ❷
Hotel Express Mauá, Av. Júlio de Castilhos 342, ✆ 51/3228 8080, 💻 www.hotelexpress.tur.br. Schicke Lobby und moderne Zimmer, Lage an der Hauptstraße. ❷
Hotel Açores, Rua das Andradas 885, ✆ 51/3221 7588, 💻 www.arcoreshotel.com.br, ✉ reservas@arcoreshotel.com.br. Renoviertes Hotel mit sauberen unspektakulären Zimmern; zentraler geht's nicht. ❸
Harbor Regent Suítes, Rua Vigário José Inácio 700, ✆ 51/3025 3200, 💻 www.hotelregentsuites.com.br. Modern und geschmackvoll eingerichtete Zimmer mit kleiner Küche inkl. Mikrowelle. ❹
Grande Hotel Master, Rua Riachuelo 1070, ✆ 51/3287 4411, 💻 www.master-hoteis.com.br. Schickes Business-Hotel, Internet inkl. Zentrale Lage im gleichen Haus wie das *Rua das Praias Shopping.* ❺
Sheraton Hotel, Rua Olavo Barreto Viana 18, ✆ 51/2121 6035, 💻 www.sheraton-poa.com.br. Luxus pur in thematischen Suiten auf 22 Stockwerken, im schicken Ausgehviertel *Calçada da Fama.* ❻

NÄHE RODOVIÁRIA – ***Hotel Continental,*** Largo Vespasiano Júlio Veppo 77, ✆ 51/3027 1900, 💻 www.hoteiscontinental.com.br. Gegenüber dem Busbahnhof, Pool auf dem Dach, Fitness-Center. ❹

CIDADE BAIXA – ***Hotel Master Express,*** Av. Loureiro da Silva 1840, ✆ 51/3023 9503, 💻 www.masterhoteis.com.br. Sehr modernes und schickes Hotel, 2005 eingeweiht. Hohes Niveau, aber ohne Sauna oder Pool, daher günstigere Preise, nah am Nachtleben. ❸–❹

Essen

Die reichhaltige kulinarische Szene ist ein großer Pluspunkt von Porto Alegre. Zahlreiche Straßencafés laden zum Entspannen ein. Die besten Restaurants von Porto Alegre befinden sich im Stadtteil **Moinhos de Vento**. Das lokale Kultbier heißt *Polar*, ein Name, den man sich merken sollte.

CHURRASCO – ***Churrascaria Na Brasa,*** Rua Ramiro Barcelos 389, Floresta. Beliebteste Churrascaria der Stadt mit mehr als 25 verschiedenen Fleischsorten und großem Buffet; Rodízio R$28. 🕓 tgl. 11.30–15 und 19–24 Uhr.
Galpão Crioulo, Av. Loureiro da Silva (Parque da Harmonia). Sehr große, auf Touristen eingestellte Churrascaria, bekannt für eine unterhaltsame **Gaúcho-Show**; Rodízio R$24. 🕓 tgl. 11–15 und 19–24 Uhr.

ITALIENISCH – ***Atelier de Massas,*** Rua Riachuelo 1482, Zentrum. 1. Wahl für Pasta: kreative hausgemachte Nudelgerichte in künstlerischer Atmosphäre, exzellente Weinkarte, zentrale Lage. 🕓 Mo–Sa 11–14.30 und 19–23.30.
Bazkaria, Rua Comendador Caminha 324. Hippe Pizzeria gegenüber dem Park Moinhos de Vento, 30 verschiedene Sorten. 🕓 Di–So 19–24 Uhr.

CREPE – ***O Francês,*** Rua Tobias da Silva 139, Moinhos de Vento. Crepes in allen Variationen, zu genießen in geschmackvoll eingerichteten Räumen, freundlicher Service. 🕓 Di–So 19–24 Uhr.

MITTAGESSEN – Buffet-Restaurants sind überall im Zentrum leicht zu finden, u. a. im **Mercado Público**. Eine Besonderheit ist das *Telúrico* im 1. Stock (Nr. 50), das einzige makrobiotische Restaurant der Stadt. 🕓 Mo–Sa 11.30–14.30 Uhr. Ein anderes sehr gutes vegetarisches Restaurant befindet sich in der Nähe des Hafens: ***Sabor Natural,*** Rua Siqeira Campos 890, Buffet R$8. 🕓 Mo–Fr 11–15 Uhr.

CAFÉS – ***Café do Porto,*** Rua Padre Chagas 293, Moinhos de Vento. Eines der interessantesten Cafés; selbstgerösteter Kaffee, reichhaltige Speisekarte (Frühstück, Wraps oder Quiche), Innenarchitektur mit Backstein und Gaudi-Elementen. 🕓 Mo–Fr 8–24, Sa 10–24, So 14–24 Uhr. Nach einem Bummel durch den Parque Farroupilha ist das ***Maomé,*** Av. José Bonifácio 655, der ideale Ort für die süße Sünde. Neben einer Riesenauswahl an Gebäck auch Frühstück, Mittag- und Abendessen. 🕓 tgl. 8.30–20.30 Uhr.

Tortaria, Rua Fernando Gomes 114, Moinhos de Vento. Der Schokokuchen mit Schokosoße trägt den politisch nicht ganz korrekten Namen „Negona" (große Negerin), ist aber sehr verführerisch; außerdem Sandwichs, Salate. Die gute Nachricht für alle, die deutsches Bier vermissen: hier gibt's Erdinger Weißbier und Warsteiner. ⌚ tgl. 11–1 Uhr.

Café Concerto Majestic, Rua dos Andradas 736, im 7. Stock des Casa de Cultura Mário Quintana, bietet von der Dachterrasse einen großartigen Blick auf den Rio Guaíba. Regelmäßige Live-Konzerte (MPB, Tango, Rock, R$5-10). Reservierungen und Infos ✆ 51/3226 0153. ⌚ Di–So ab 15, Konzerte ab 21.30 Uhr.

Kultur und Unterhaltung

Kulturinfos unter 💻 www.portoalegre.rs.gov.br; Rubrik SMC – cultura.

THEATER – Im ***Teatro São Pedro,*** Praça Marechal Deodoro, finden kulturelle Veranstaltungen von Konzert bis Theater statt. Das Haus hat ein eigenes Kammerorchester. Programm unter ✆ 51/3227 5100 oder 💻 www.teatrosaopedro.rs.gov.br.

KULTURZENTEN – ***Casa de Cultura Mário Quintana,*** Rua dos Andradas 736, 💻 www.ccmq.rs.gov.br, war früher das Luxushotel Majestic. Hier lebte der Dichter Mário Quintana von 1968 bis 1982. Es wurde als kulturelles Zentrum mit Ausstellungen, Kino und Dach-Café zu neuem Leben erweckt. ⌚ Di–Fr 9–21, Sa und So 12–21 Uhr; Eintritt frei.
Der 117 m hohe Schornstein der ***Usina do Gasômetro,*** Av. Pres. João Goulart 551, ist eine Landmarke. In der ehemaligen Energiefabrik wurde 1991 ein Kulturzentrum eingerichtet. ⌚ Di–So 9–21 Uhr. Es gibt Ausstellungsräume, Theater, eine Touristeninformation und das **Programmkino Sala P. F. Gastal** im 2. Stock. Das **Usina Café** ist ein schöner Ort für eine Pause im Besichtungsmarathon. Liebevoll zubereiteten Snacks, leckere Getränke und entspannte Musik. ⌚ Di–So 15–21 Uhr.

Nachtleben

Die besten Nightlife-Spots konzentrieren sich auf zwei Viertel der Stadt mit sehr unterschiedlichem Charakter. Die Calçada da Fama („Walk of Fame") im Stadtteil Moinhos de Vento umfasst die Straßen Rua Fernando Gomes und Rua Padre Chagas. Hier liegt eine schicke Bar neben der anderen.
Die Av. Goethe ist die Weiterführung der Calçada da Fama mit weiteren Kneipen und Restaurants. Angepasst an Brasilianisch hört sich „Goethe" in etwa „Gehtschi" an. Bürgerlicher, studentischer und relaxter geht es in der Cidade Baixa zu. Entlang der Rua Lima e Silva und in ihren Seitenstraßen wie der Rua da República fällt die Auswahl zwischen Kneipen, Restaurants und Cafés schwer.

CALCADA DA FAMA – ***Z Café,*** Rua Padre Chagas 314. Restaurant und Bar mit Live-Musik (Do–Sa), schöne Terrasse, mittags Buffet R$23/kg (Mo–Fr) bzw. R$19 (Sa und So). ⌚ Mo 12–14.30, Di–So 12–24 Uhr.
Dado Pub, Rua Fernando Gomes 80, seit Jahren angesagter schicker Ort zum Biertrinken. ⌚ tgl. ab 18 Uhr.
Cherry Blues Pub, Rua Marquês do Herval 52, im irischer Stil, Ebenfalls bekannt für seine guten Biere. Jeden Abend Live-Musik (Pop, Rock, Blues). ⌚ Di–Sa ab 19 Uhr.

CIDADE BAIXA – ***Consulado Cafe,*** Rua Lima e Silva 989, netter Ort für nachmittags oder für den Einstieg in den Abend; verschiedene Sorten brasilianischer und importierter Biere. ⌚ Mo–Fr 8–1, Sa und So 16.30–2 Uhr.
Pingüim, Rua Lima e Silva 507, Treffpunkt nach dem Fußballspielen zum Biertrinken. ⌚ tgl. 14.30–5 Uhr.
República do Pastel, Rua da República 46, lohnenswerter Stopp, um ein leckeres Pastel zu zischen. Bier und Snacks kommen aus Uruguay. ⌚ tgl. 10–1 Uhr.
Ossip, Rua da República 677, eine kleine Bar mit guter Stimmung, sowohl für Wein- als auch Bierliebhaber (20 Sorten). ⌚ tgl. 20–2 Uhr.

CLUBS – Besonders zwei Clubs halten die Rocktradition Rio Grande do Suls hoch: ***Opinião,*** Rua José do Patrocínio 834 (Cidade Baixa), Programm 💻 www.opiniao.com.br. Eine Institution, hat u. a. Lenny Kravitz und Norah Jones nach

Porto Alegre gebracht. ◷ Fr und Sa ab 22 Uhr sowie an Programmtagen. Und
Occidente, Av. Osvaldo Aranha 960, (am Parque Farroupilha). Zum Tanzen am Wochenende einer der besten Orte, freitags beliebt bei gay-lesbischem Publikum. ◷ Di–Do ab 20.30, Fr und Sa ab 21.30 Uhr.
Spin, Av. Venâncio Aires 59 (Cicade Baixa), 🖳 www.spinclub.com.br; elektronische Musik, internationale DJs. ◷ Do–Sa ab 23 Uhr.

Sonstiges

APOTHEKE – In der Fußgängerzone Rua dos Andradas.

EINKAUFEN – Flohmarkt/Kunsthandwerk: Brique da Redenção, s. S. 112.
Shopping Center: ***Praia de Belas Shopping,*** Av Praia de Belas 1181. Zentrumsnah. ◷ Mo–Sa 10–22, So 14–20 Uhr.
Rua da Praia Shopping, Rua dos Andradas 1001. Wesentlich kleiner, aber mitten im Zentrum. Praktisch für einen Snack, Internet oder Post. ◷ Mo–Fr 9–21, Sa 9–20, So 11–20 Uhr.

FESTE – **Porto Verão Alegre**, Januar/Februar, Theatervorführungen mit Gruppen aus dem ganzen Land.
Semana Farroupilha, 13.–20. September, Konzerte, Tänze, typisches Essen.

GELD – ***Banco do Brasil,*** Rua Uruguai 185, ◷ Geldautomat (internationale Karten) 6–22 Uhr.
Geldwechsel: ***Banco do Brasil*** im Flughafen, ◷ Mo–Fr 8.30–20 Uhr.
Prontur, Borges de Medeiros 445, ✆ 51/3221 6566. Oder im **Busbahnhof** (1. Stock) und im *Praia de Belas Shopping.*

INFORMATIONEN – 🖳 www.portoalegre.rs.gov.br/turismo; englische Infos 🖳 www.poaconvention.com.br.
Touristeninformation ✆ 0800/517686, Filialen: **Flughafen,** ◷ tgl. 7.30–23.45 Uhr. **Rodoviária,** ◷ 7–22 Uhr. **Usina do Gasômetro,** ◷ Di–So 9–18 Uhr. **Parque Farroupilha** (Redenção), Mercado do Bom Fim, Loja 12, ◷ tgl. 9–20 Uhr. **Mercado Público,** ◷ Mo–Sa 9–18 Uhr. **Cidade Baixa** (bei Linha Turismo), Trav. do Carmo 84, ◷ tgl. 8.30–18 Uhr.

INTERNET – Im **Rua da Praia Shopping** gibt es mehrere Internetcafés. Das modernste befindet sich im 2. Stock: ***Era Virtual,*** R$3/Std., ◷ Mo–Fr 9–22, Sa 11–21, So 13–21 Uhr.

MEDIZINISCHE HILFE – ***Hospital Santa Casa,*** Rua Prof. Annes Dias, ✆ 51/3214 8282.

POLIZEI – ***Polícia Federal/Ausländerpolizei,*** ✆ 51/3337 2111.

POST – **Hauptpost**, Rua Siqueira Campos 1100. Weitere Filiale im *Rua da Praia Shopping.*

SICHERHEIT – Das Zentrum Porto Alegres sollte man abends ab 22 Uhr lieber meiden oder sich per Taxi fortbewegen.

TELEFON – ***Posto Telefônico,*** Av. Borges de Medeiros 332. ◷ Mo–Fr 8–20, Sa 9–18 Uhr.

TOUREN – **Bootsfahrt** um die Inseln auf dem Rio Guaíba. Besonders schön zum Sonnenuntergang; ***Cisne Branco,*** Av. Mauá 1050, ✆ 51/3224 5222, 🖳 www.barcocisnebranco.com.br. Abfahrt am zentralen Eingang/Tor zum Hafen. Di–Fr 10.30, 15, 16.30, Sa und So 10.30, 15, 16.30, 18 Uhr; 1 Std., Abfahrt ab 10 Pers., R$10 p. P.
Ähnliche Bootsfahrten am Kai der Usina do Gasômetro (etwas günstiger, Zeiten vor Ort erfragen).

Nahverkehrsmittel

BUSSE – Die Stadt hat ein gutes, allerdings auf den ersten Blick unübersichtliches ÖPNV-System. Zentrale Haltestelle ist der Mercado Público. Von hier fahren die meisten **Stadtbusse** ab (R$1,75).
Neben den Stadtbussen gibt es schnellere und komfortablere Minibusse, sog. „**Lotações**" (R$2,50). Z. B. nach Moinhos de Vento/Parcão „Auxiliadora"/"T9". Zu- und Ausstieg überall.

METRO – Die Metro ist ein zuverlässiges, schnelles und preiswertes Fortbewegungsmittel, das Porto Alegre mit einigen umliegenden Orten verbindet. Der Busbahnhof und der Flughafen sind ideal angebunden. ◷ 5–23.20 Uhr (R$1,10).

TAXI – Die orangefarbenen Taxen fahren in der ganzen Stadt, die weißen verkehren nur zwischen Zentrum und Flughafen (R$20).

Transport

FLÜGE – Der ***Aeroporto Internacional Salgado Filho,*** ✆ 51/3358 2000, liegt unweit des Zentrums und ist leicht mit der Metro zu erreichen. ***Varig,*** ✆ 51/3210 3900, ***TAM,*** ✆ 51/3358 2050, ***Gol,*** ✆ 51/3358 2028, ***BRA,*** ✆ 51/3287 8787.

BUSSE – ***Rodoviária,*** ✆ 51/3210 0101, 1 Station vom Mercado, Ticket-Lieferung ✆ 51/3286 8230, 💻 www.rodoviaria-poa.com.br. Der Verkauf von Fahrkarten ist in zwei Bereiche eingeteilt: *intermunicipal* (innerhalb Rio Grande do Sul) und *interestadual* (andere Bundesstaaten).

Ziele **innerhalb Rio Grande do Sul:**
Cambará do Sul: *Citral,* ✆ 0800/991441, 6 Uhr, 5 1/2 Std., R$20.
Gramado/Canela: *Citral,* stdl. zwischen 6.30 und 20 Uhr, 2 Std., R$20.
Santo Angelo: *Ouro e Prata,* ✆ 51/3225 8771, 4x tgl., 6–7 Std., R$51–95.
São Miguel das Missões: *Ouro e Prata,* 6.45 Uhr, 9 Std., R$56.
Torres: *Unesul,* ✆ 51/3228 0029, alle 1-2 Std. zwischen 7.30 und 20 Uhr, 3 Std., R$26.

Ziele **außerhalb Rio Grande do Sul:**
Buenos Aires: *Pluma,* ✆ 51/3224 9291, tgl. 17 Uhr, 18 Std., R$170.
Curitiba: 11-12 Std., R$63–115 *(leito). Pluma,* tgl. 9, 19.30, 20 *(leito),* 22 Uhr. *Penha,* ✆ 0300/7892002, tgl. 7, 17.15, 19.15 (außer Sa), 19.45 Uhr *(leito).*
Florianópolis: 6 1/2 Std., R$45–90. *Santo Anjo,* ✆ 51/3225 6500, 4–5x tgl., *(leito)* So–Fr 23.45 Uhr. *Catarinense,* ✆ 51/3228 8900, 3–4x tgl.
Foz do Iguaçu: *Unesul,* 4x tgl., 19.15 Uhr direkt, 13 Std., R$86–93.

Nördlich von Porto Alegre

Nördlich von Porto Alegre liegt die **Serra Gaúcha**, das Hochland von Rio Grande do Sul, ein landschaftlich reizvolles Ausflugsziel. Im Juli und August kann es hier richtig kühl werden – viele Brasilianer freuen sich darauf, endlich einmal Schal und Winterjacke auspacken zu können. Sobald kalte Temperaturen angekündigt sind, strömen sie in Scharen nach **Gramado** und ins benachbarte **Canela**. Jedenfalls die, die es sich leisten können. Denn Gramado ist so etwas wie das St. Moritz Brasiliens.

Die beiden kleinen Städtchen haben ihren Ursprung im 19. Jh. als Pausenstation für Rinderhirten. Auch andere Orte in der näheren Umgebung wie **Nova Petropólis** und das für Weinanbau bekannte **Bento Gonçalves** sind Zeugnisse aus der Zeit deutscher und italienischer Kolonisation.

Gramado

Ein Winterurlaubsziel in Brasilien? Zugegeben, es liegt nicht oft Schnee hier. Aber wenn, dann ist es eine Sensation. Die Betuchten aus São Paulo oder Rio zögern dann nicht, den erstbesten Flieger nach Porto Alegre zu nehmen, um von dort möglichst schnell in die noble Stadt (29 000 Einw.) zu düsen.

Deutsche und italienische Einwanderer haben Gramado geprägt, doch die Schokoladenfabriken und zahlreichen Fondue-Restaurants erinnern eher an die Schweiz. Die malerische Lage mit Blick auf das Tal Vale do Quilombo, Fachwerkhäuser, schicke Hotels und gehobene Restaurants: eine „**Europa-World**" mitten in Brasilien.

Zu zwei Jahreszeiten steht Gramado im Mittelpunkt der Öffentlichkeit: Im **Dezember** wird der Ort zum Inbegriff von weihnachtlicher Romantik und liefert sich mit seinem Nachbarort Canela einen Wettbewerb um die am aufwändigsten geschmückten Straßen. Es gibt Hotels, die zu Weihnachten schon fünf Jahre im Voraus ausgebucht sind. In der ersten Augusthälfte bekommt Gramado während des **Festival de Cinema Brasileiro e Latino** einen Hauch von Hollywood, wenn während des wichtigsten Filmfestivals von Brasilien der brasilianische Oscar mit Namen *Kikito* verliehen wird.

Auch das ist Brasilien: Gramado im Schnee

Sehenswertes

Mitten im Zentrum liegt der **Palácio dos Festivais** (Av. Borges de Medeiros 709). Das Fachwerkgebäude ist Schauplatz des Filmfestivals und hat Platz für 1200 Gäste. Nur ein paar Schritte entfernt befindet sich die **Igreja Matriz São Pedro** (1952) mit ihrer markanten Basaltsteinfassade. Ihr gegenüber lädt die überdachte Straße **Rua Coberta** zum Shopping oder Kaffeetrinken ein.

Rund um den am Stadtrand liegenden **Lago Negro**, einem künstlicher See mit dunklem Wasser, kann man spazieren gehen oder Tretboot fahren. Einige der Bäume am Seeufer wurden aus dem Schwarzwald importiert.

Noch mehr Deutschland gibt es in der **Mini-Mundo**, Rua Horácio Cardoso 291. In dieser von einer deutschstämmigen Familie erbauten Miniaturwelt können mehr als 100 24-fach verkleinerte Attraktionen bewundert werden, die meisten aus Deutschland. 🕓 März–Nov tgl. 13-17, Dez–Feb tgl. 13–18 Uhr; Eintritt R$8.

Auf Schritt und Tritt begegnet man Schokoladenläden. Einige der Fabriken kann man besichtigen, z. B. **Schokoladenfabrik Planalto**, Rua João Carniel 689, 💻 www.chocolateplanalto.com.br, 🕓 Mo–Fr 8–11.30 und 13.30–17.30 Uhr.

Nahverkehrsbusse *Circular* verkehren zwischen Gramado und Canela von 6.40 bis 23 Uhr (20 Min.-Takt, abends seltener); 15 Min., R$1,30.

Übernachtung

Gramado hat weit über 100 Hotels und Pousadas, größtenteils schick und teuer. Zur Weihnachtszeit, an Ostern, im Juli und zum Filmfestival im August ist mit deutlich höheren Preisen zu rechnen. Nicht alle Unterkünfte haben Heizung.

Gramado Hostel, Av. das Hortênsias 3880, ✆ 54/3295 1020, 💻 www.gramadohostel.com.br. Kleine moderne Jugendherberge unter engagierter Leitung. Dorms und DZ, Internet, leckeres Frühstück in der Bäckerei gegenüber. Das Hostel liegt an der Straße nach Canela; erreichbar mit dem Bus nach Canela. ❶

Pousada da Colina, Rua Arthur Zwetsch 111, ✆ 54/3286 7355, 💻 www.pousadacolina.com.br. Hübsche Pousada mit persönlicher Atmosphäre, 9 individuell eingerichtete Zimmer, liebevoll zubereitetes Frühstück. ❷–❸

Pousada Sulla Collina, Rua Dr. Nilo Dias 99, ✆ 54/3286 4703, 💻 www.sullacollina.com.br. Geschmackvoll eingerichtete Zimmer mit TV und

Telefon, familiengeeignet, am Rande des Zentrums gelegen. ❸
Pousada Ares da Serra, Rua Cel. João Correa 214, ✆ 54/3286 4534, 🖳 www.pousadaares daserra.com.br. Modern und schick, freundliche Leitung, Pool. ❸
Giardino di Pietra Hotel, Av. Borges de Medeiros 2001, ✆ 54/3286 1210, 🖳 www.giardino hotel.com.br. Sehr schönes rustikales Hotel. ❹
Hotel Serrano, Av. das Hortênsias 1480, ✆ 54/3286 1332, 🖳 www.hotelserrano.com.br. Gramados Top-Hotel mit allem Komfort. Luxuriöse Zimmer und herrlicher Pool-Bereich mit Blick auf die Stadt. ❻

Essen

Fondue ist die Spezialität Gramados. Es wird meistens als *Seqüência de Fondue* serviert. Dabei wird mit Käsefondue gestartet, es folgt ein Fleischfondue, abschließend ein Schokofondue mit Früchten. Mahlzeit!
Viele Restaurants bieten einen Gratis-Abholservice vom Hotel an.

FONDUE – ***Maison de la Fondue,*** Av. Borges de Medeiros 2311, Reservierung/Shuttle ✆ 54/3295 1805. Rodízio für R$25/Person, 16 verschiedene Soßen zum Fleischfondue, 🕓 Di–So 11–14.30 und 18–24 Uhr.
Chez Pierre, Av. Borges de Medeiros 3022. Fondue und Raclette bei romantischem Kerzenlicht. 🕓 Mo–Sa 18.30–1 Uhr.

DEUTSCH – ***Gasthof Edelweiß,*** Rua da Carriérie 1119, Lago Negro. Der Eigentümer dieses exzellenten Restaurants war der Pionier des Fondue in Gramado. Die höheren Preise (Käsefondue R$64 für 2 Pers., Rodízio R$86) sind gerechtfertigt. Auch Eisbein, Kasseler, Rahmschnitzel. Schöner Wintergarten. 🕓 tgl. 12–15 und 19–23.15 Uhr.

ITALIENISCH – ***Atelier do Sabor,*** Rua Augusto Zatti 17. Das Restaurant verdient seinen Namen, denn hier sind sowohl Innenarchitektur als auch Essen Kunst. Die edle Speisekarte ist auf Risottos spezialisiert. 🕓 März–Dez Do und Fr ab 19, Sa und So 10–15 und ab 19 Uhr.

Cantina Pastaschiutta, Av. Borges de Medeiros 2083. Schmackhafte hausgemachte Pasta, 🕓 tgl. 11.30–15, 19–23.30 Uhr.

MITTAGESSEN – ***Kilo & Kilo,*** Av. das Hortênsias 1720. Mittags Kilo-Buffet (R$16/kg), abends *all you can eat.* 🕓 tgl. 11.30–15 und 19–22.30 Uhr.

SNACKS – ***Pasteleiro,*** Rua Pedro Benetti 32. Beliebter Imbiss neben der Kirche mit einer Riesenauswahl von *Pastéis* (gefüllte Teigtaschen von herzhaft bis süß). 🕓 tgl. 11.30–23 Uhr.

Nachtleben

Ein beliebter Treffpunkt sind die Bars und Cafés in der Rua Coberta, gegenüber dem Palácio dos Festivais. Außerdem:
Bill Bar, Av. das Hortênsias 3617 (neben dem Hostel). Bar, Club und Cachaçaria, Kegelbahnen und Billardtische. 🕓 Di–Sa ab 20 Uhr.
Botequim Santana, Av. das Hortênsias 3860 (schräg gegenüber dem Hostel). Cocktails in Barlounge-Atmosphäre. 🕓 Mi–So ab 20 Uhr.

Touren

Gramado ist ein idealer Ausgangspunkt für Touren in andere Teile der Serra Gaúcha. Der öffentliche Transport ist allerdings nicht gut ausgebaut. Es bietet sich an, ein Auto zu mieten oder sich einer organisierten Tagestour anzuschließen.

NOVA PETRÓPOLIS – Der „deutscheste" Ort in Rio Grande do Sul: 95% seiner Einwohner sind deutscher Abstammung. Im **Parque Aldeia do Imigrante**, Av. 15 de Novembro, wurde eine deutsche Kolonialsiedlung aus dem 19. Jh. nachgebaut. 🕓 tgl. 8–18 Uhr; Eintritt R$2. Nova Petrópolis ist der beste Ort, um einen authentischen **Café Colonial** zu probieren (s. S. 121, Kasten), z. B. in ***Opa's Kaffeehaus,*** Rua João Leão 96. 🕓 Di–Fr 14–20, Sa 13–20, So 12–20 Uhr.

VALE DOS VINHEDOS – Die Region um den Hauptort **Bento Gonçalves** ist der größte Weinproduzent Brasiliens. Die meisten Einwohner sind italienischer Abstammung Die *Vinícolas*

(Weingüter) sind offen für Besichtigungen und *Degustação de vinhos* (Weinproben).
Eine restaurierte Dampfeisenbahn mit dem klangvollen Namen **Maria Fumaça** fährt auf der Strecke zwischen Carlos Barbosa und Garibaldi-Bento Gonçalves. Unterwegs gibt es Showeinlagen und Weinproben. Reservierung ✆ 54/3455 2788 oder 🖳 www.mfumaca.com.br; R$35–R$39 inkl. Rücktransport per Bus.

CAMBARÁ DO SUL – Für einen Tagesausflug fast zu schade ist das großartige Naturschauspiel des **Parque Nacional de Aparados da Serra** (116 km von Gramado), ⌚ Mi–So 9–17 Uhr; Eintritt R$6. Wer mehr Zeit für Wanderungen einplanen möchte, sollte in Cambará do Sul übernachten, wo es einfache Unterkünfte gibt (Touristeninformation, ✆ 54/3251 1320, 🖳 www.cambaraonline.com.br). Die Hauptattraktion des Nationalparks sind die bis zu 720 m tiefen Schluchten des **Cânion do Itaimbezinho** inmitten subtropischer Vegetation. Mehrere Wasserfälle stürzen an der 7 km langen Strecke des Canyons hinab. Noch tiefer ist der **Cânion da Fortaleza** (bis zu 900 m) im benachbarten **Parque Nacional da Serra Geral**.

TOURVERANSTALTER – ***Rota Sul,*** Av. Borges de Medeiros 2889, ✆ 54/3295 1300, 🖳 www.rotasul.com. Tour durch Gramado und Canela (R$35); Tagestour zum Cânion Itaimbezinho (R$60); Tour in die Weinanbaugebiete mit Maria Fumaça (R$65).
Jardineira das Hortênsias, Av. das Hortênsias 1710, ✆ 54/3286 9324, 🖳 www.jardineiradashortensias.com.br. Ähnliche Angebote.

Sonstiges

AUTOVERMIETUNG – ***Gramadense,*** Av. das Hortênsias 1408, ✆ 54/3286 7232. Günstige Tarife ab R$35/Tag.

FAHRRADVERLEIH – ***Jardineira das Hortênsias*** (s. o.), R$20/Tag.

GELD – ***HSBC,*** Rua Garibaldi, gegenüber der Post; Geldautomat (internationale Karten) ⌚ 6–22 Uhr.

INFORMATIONEN – 🖳 www.gramadotur.com.br, www.gramado.rs.gov.br.
Informações Turísticas, Av. Borges de Medeiros, Ecke Av. das Hortênsias, ✆ 54/3286 1475, ⌚ Mo–Fr 9–18, Sa und So 9–19 Uhr. **Bento Gonçalves**: 🖳 www.bentogoncalves.com.br; **Nova Petrópolis**: 🖳 www.novapetropolis.com.br.

INTERNET – ***e-volution,*** Av. Borges de Medeiros 2861, 1. OG. Moderne PCs, R$3/Std., ⌚ Mo 13–23, Di–So 10–23 Uhr.

POST – Rua Garibaldi 520, ⌚ Mo–Fr 9–17 Uhr.

TELEFON – ***Posto Telefônico,*** Av. Borges de Medeiros 2889. Telefonate und Internet. ⌚ Mo–Sa 9–21, So 13.30–19.30 Uhr.

Transport

BUSSE – ***Rodoviária,*** Av. Borges de Medeiros 2100, ✆ 54/3286 1302. ⌚ 6–22 Uhr.
Porto Alegre: *Citral,* ✆ 0800/991441, stdl. zwischen 6.15 und 19.15 Uhr, 2 Std., R$20. *Semi-Diretos* 30 Min. länger.
Cambará do Sul: *Citral,* zunächst nach São Francisco (7.45, 15.15 Uhr, 1 Std., R$5); ab dort: 9.45, 17 Uhr, 2 Std., R$7,70.

Canela

Das 34 000 Einw. zählende Städtchen steht ein wenig im Schatten seines nur 8 km entfernten Nachbarortes. Ihm fehlt die pittoreske Architektur und der Glanz und Glamour Gramados. Der Vorteil für Budget-Traveller liegt hingegen in günstigeren Unterkünften. Außerdem ist Canela der bessere Ausgangspunkt für zahlreiche Aktivitäten in den Naturparks.

Die Hauptstraße Canelas ist die Av. Osvaldo Aranha. Sie geht über in die **Praça João Corrêa** (Touristeninformation). Im weiteren Verlauf folgt die Rua Felisberto Soares, an deren Ende sich die **Praça da Matriz** und die **Igreja Matriz N. S. de Lourdes** (1953) mit ihrem 64 m hohen Turm befindet.

Naturparks

Die Umgebung von Canela ist reich an weitgehend unberührter Natur. Die bekannteste Attraktion ist der 131 m hohe Wasserfall von Caracol im 9 km entfernten **Parque do Caracol** (Eintritt R$8; Panoramaaufzug R$4). Ambitionierte können 927 Stufen zum Fuß des Wasserfalls hinabsteigen. Der **Parque Floresta Encantada** ist nur 500 m vom Parque do Caracol entfernt. Hier bietet eine Fahrt mit dem **Sessellift** (🕒 tgl. 9–17 Uhr, R$10) herrliche Ausblicke auf den Wasserfall. 15 km von Canela entfernt liegt der **Parque da Ferradura**. Hier gibt es einen 420 m hohen Canyon zu bewundern, außerdem den berühmten Blick auf das hufeisenförmige Tal des Rio Caí.

Auf dem Weg zu den Parks liegt das **Castelinho Caracol**, eines der ersten Häuser Canelas von 1913. Es wurde ohne die Verwendung eines einzigen Nagels aus Tannenholz gebaut und beherbergt ein kleines Museum mit Ausstellungsstücken zur deutschen Kolonialisierung. Im kleinen Café wird Apfelstrudel serviert. 🕒 tgl. 9–13 und 14.20–17.40; Eintritt R$3.

Übernachtung

Pousada das Araucárias, Rua Borges de Medeiros 771, ✆ 54/3282 7282, 🖳 www.pousadadasaraucariasrs.com.br. Persönliche Atmosphäre, schöne Zimmer und gemütlicher Aufenthaltsbereich. Der hilfsbereite Eigentümer ist kompetenter Ansprechpartner für jede Art von Abenteuersport. ❷–❸

Pousada do Viajante, Rua Ernesto Urbani 132, ✆ 54/3282 2017, HI-Hostel mit einfachen DZ und Dorms gegenüber dem Busbahnhof, günstigste Option. ❶

Hotel Altavista, Rua Rodolfo Schlieper 257, ✆ 54/3282 0060, ✉ atendimento@hotelaltavista.com.br, 🖳 www.hotelaltavista.com.br. Großes, modernes Hotel gegenüber der Universität mit komfortablen Zimmern und freundlichem Service. TV, AC, Heizung. ❸

Serra Verde Hotel, Av. Osvaldo Aranha 610, ✆ 54/3278 9700, 🖳 www.serraverdehotel.com.br. Neu und luxuriös. Pool, Sauna und Fitnessraum. ❹

Essen

Garfo & Bombacha, Estrada do Caracol Km 2, ✆ 54/3278 3077. Beliebte Self-Service-Churrascaria mit Gaúcho-Folkloreshow. Ohne Auto schwierig erreichbar, Touranbieter wie z. B. *Rota Sul* (s. S. 119, Touren) organisieren Transportservice.

Olimpia, Av. Osvaldo Aranha 456. Stilvolles Keller-Ambiente, Kilo-Buffet zum Mittagessen; Suppenbuffet, Pizza und vieles à la carte. 🕒 Di–So 11–15 und 19.30–23 Uhr.

Boccatta, Largo da Fama. Café und Pizzeria im ehemaligen Bahnhof, kulturelle Veranstaltungen. 🕒 Mi–Mo 19–24 Uhr.

Strudelhaus, Rua Baden Powell 246. Norbert, der deutsche Koch, experimentiert viel mit deutschen Gerichten. Guter Apfelstrudel. Preiswert. 🕒 Di–Sa 15–15 und 19–22, So 12–15 Uhr.

Portinari, Praça João Corrêa 341. Schmackhafte Suppen (R$6–8) in unkonventionellem Ambiente, 🕒 Mi–Mo 18–24 Uhr.

Aktivitäten

Canela ist ein Mekka für Naturfreunde. Von **Wandertouren** bis zu ausgefallenen **Abenteuersportarten** ist vieles möglich.

Verschiedene Agenturen bieten Variationen des **Ökotourismus** an, u. a. Trekking-Touren, Mountainbiking, Rafting, Abseiling und Bungee-Jumping. Außerdem dürfen im Gaúcho-Land Reittouren nicht fehlen.

Ein guter Ansprechpartner ist die Touristeninformation.

Einer der besten Anbieter ist ***Atitude Ecologia & Turismo,*** Av. Osvaldo Aranha, ✆ 54/3282 6305, 🖳 www.atitude.tur.br. Auch Tour zum Canyon von Itaimbezinho (s. S. 119).

Sonstiges

GELD – ***Banco do Brasil,*** Av. Julio de Castilhos 465 (Praça João Corrêa), Geldautomat (internationale Karten) 🕒 6–22 Uhr.

INFORMATIONEN – 🖳 www.canelaturismo.com.br; ***Informações Turísticas,*** Largo da Fama, ✆ 54/3282 2200, 🕒 tgl. 8–19 Uhr.

INTERNET – ***Posto Telefônico,*** Av. Júlio de Castilhos 319. Internationale Telefonate und Internet (R$9/Std.)

Eines der ersten Häuser deutscher Einwanderer: das Castelinho Caracol

Schlemmen bis zum Abwinken

Café Colonial ist eine regionale Spezialität, für die großer Hunger empfehlenswert ist. Gemeint ist ein riesiges Buffet, unter dem sich die Tische biegen. Es besteht zumeist aus mehr als 50 verschiedenen süßen und herzhaften Leckereien, an denen man sich einen ganzen Nachmittag bis in den Abend hinein laben kann. Die Speisen erinnern z. T. an deutsche Küche, aber auch die Italiener sollen ihren Teil dazu beigetragen haben. Typisch sind Kuchen, Brot, Marmeladen, Waffeln, Wurst und Käse; auch Fleischbällchen, Galeto (Hähnchen) und Nudeln gehören oft dazu. Besonders üppig fällt das Buffet mit 80 verschiedenen Elementen aus beim **Gramado Café Colonial** (an der Straße Gramado-Canela 1168), Pauschalpreis R$25, ◷ tgl. 11–22 Uhr.

POST – Rua Dona Carlinda 130.

Nahverkehrsmittel

Zwischen Gramado und Canela verkehren regelmäßige **Nahverkehrsbusse** *Circular* von 6.40 bis 23 Uhr (20 Min.-Takt, abends seltener); 15 Min., R$1,30.

Die Parks rund um Canela sind nicht an das Nahverkehrsystem angeschlossen. **Taxen** werden je nach Ziel mit R$40–60 schnell teuer. Am einfachsten ist es, sich einer organisierten Tour anzuschließen.

Transport

Die ***Rodoviária***, ✆ 54/3282 1375, wird von Bussen der Gesellschaft *Citral* bedient. **Porto Alegre**: stdl. zwischen 6 und 19 Uhr (R$20).

Torres

Rio Grande do Sul hat zwar eine 500 km lange Sandküste, jedoch wenig schöne Strände. Das Seebad Torres (31 000 Einw.) an der Grenze zu Santa

Catarina bildet die rühmliche Ausnahme. Dies hat sich bis nach Argentinien und Uruguay herumgesprochen. Entsprechend kommt dem Brasilianer im Sommer vieles Spanisch vor.

Der Rio Mampituba markiert die Grenze zu Santa Catarina. Am anderen Ende der Stadt befindet sich der **Parque da Guarita,** ◷ tgl. 8–21 Uhr, Eintritt frei. Die gewaltigen **Basaltfelsen** („Türme") dieses Landschaftsparks gaben der Stadt ihren Namen. Hier kann man den herrlichen Blick von den Felsen genießen. Die einst vorhandene Infrastruktur (Restaurant, Toiletten) wurde 2004 durch einen Wirbelsturm zerstört. Der Weg von der Stadt dauert zu Fuß 30 Minuten. Im Park liegt die schöne **Praia Guarita,** die allerdings zum Baden gefährlich ist.

Weitere Strände sind die **Praia da Cal** am Fuße des Leuchtturmhügels, beliebt bei Surfern, und die 2 km lange **Praia Grande,** der belebteste Strand mit vielen Bars und Party-Stimmung.

Übernachtung

Im Sommer wächst Torres auf seine 10-fache Größe an. Zwischen Dez und März können die zahlreichen Unterkünfte ausgebucht sein. Dann ist v. a. am Wochenende Reservierung angeraten und mit deutlich höheren Preisen zu rechnen.

Mini Hotel Torres, Rua General Firmino Paim 569, ✆ 51/3664 1766. Süßes kleines Hotel, farbenfroh, drei Blöcke vom Strand. ❶–❷

Pousada da Prainha, Rua Alferes Ferreira Porto 138, ✆ 51/3626 2454, 💻 www.pousadadaprainha.com.br. Hübsche Pousada in Kolonialstil am Fuße des Leuchtturmhügels. Rustikale Einrichtung, charmante Zimmer mit Ventilator. ❷

Dunas Praia Hotel, Rua Marechal Deodoro 48, ✆ 51/3664 1011, 💻 www.dunashoteis.com.br. Älteres Hotel in privilegierter Lage nur wenige Meter zum Strand und nah am Zentrum; Meeresblick, Pool, AC. ❸–❹

Pousada La Barca, Av. Beira Mar 1020, ✆ 51/3664 2925, 💻 www.pousadalabarca.com.br. An der Strandpromenade; komfortable Zimmer mit Balkon und Meerblick, sehr gutes Frühstück. ❸–❹

Camping das Furnas, Av. Beira-Mar 917. Schön am Meer gelegener Campingplatz neben den Felsformationen des Parque da Guarita. R$11 p. P.

Essen

Die besten Restaurants von Torres konzentrieren sich am Ufer des Rio Mampituba. Einige Restaurants bieten *Seqüência de frutos do mar* an, eine *all you can eat*-Version verschiedener Meeresfrüchte. Zwei Küchenchefs konkurrieren um die kreativsten Fischgerichte:

Edgar vom ***Molhes,*** Av. Cristóvão Colombo 30, ◷ tgl. 11–15/ab 19 Uhr,

und Souza vom ***Gaivota,*** Rua Égidio Michaelsen 106, ◷ So–Do 11–16.30, Fr und Sa 11–24 Uhr, HS tgl. 11–24 Uhr. Beide ausprobieren!

Girardi, Av. Silva Jardim 12 (an der Lagune). Gutes Buffet (R$17/kg). ◷ tgl. 11.30–14.30 Uhr. Gegenüber ist die etwas günstigere

Padaria, Av. José Maia Filho 15, R$15/kg, ◷ tgl. 11.30–14 Uhr.

Mirador, im Dunas Praia Hotel (s. o.), hat sehr gute Meeresfrüchte. ◷ nur HS tgl. 12–15 und 20–23 Uhr.

CAFÉ – ***Doce Art Café,*** Av. Silva Jardim 295. Schönes Café zum Entspannen. Bei der Auswahl an Torten ist es schwierig zu widerstehen. ◷ Mo–Sa 9–20, So 14–20 Uhr.

Nachtleben

Im Winter ist Torres an Wochentagen wie ausgestorben, aber zwischen Dez und März tanzt der Bär.

Eine feste Größe ist das ***DaDo Bier*** am Flussufer, Av. Cristóvão Colombo 325. Am Wochenende legen DJs auf, Platz für bis zu 2000 Leute, ◷ Fr und Sa ab 20 Uhr, HS: Di–So, Eintritt R$12, Frauen weniger.

Das ***Regis,*** Rua Egídio Michaelsen 215, verbindet eine breite Speisekarte (üppiges Meeresfrüchte-Buffet, Sushi oder Hähnchen-Rodízio mit Nudeln) mit Live-Musik, Bar und Tanzfläche. ◷ Fr ab 20, Sa und So 11.30–16 und ab 20 Uhr (HS: tgl.).

Im ***Clube Capesca,*** Rua Joaquim Porto 461, Programm unter 💻 www.clubecapesca.com.br oder auf Plakaten, finden regelmäßig Konzerte und Disko statt.

Touren und Aktivitäten

Torres eignet sich neben Gramado als Ausgangspunkt für Touren zum **Parque Nacional de Aparados da Serra** (s. S. 119, 70 km Entfernung, knapp 2 Std. Fahrzeit). Ansprechpartner für diese und andere Touren in die Umgebung sowie für Abenteuersportarten wie Rafting oder Paragliding ist
Blue Beach Tur, Rua Júlio de Castilhos 477, ✆ 51/3664 3096, 💻 www.bluebeach.tur.br, 🕓 Mo–Sa 9–12 und 13.30–19, im Sommer tgl. 9–22 Uhr.
Esmmeralda Turismo & Cambio, Av. Silva Jardim 144, ✆ 51/3664 3951. Touren u. a. nach Gramado/Canela oder Santa Catarina. 🕓 Mo–Fr 9–19, Sa 9–12, im Sommer tgl. 9–22 Uhr.

BOOTSTOUR – Ein beliebtes Ausflugsziel per Boot ist die **Ilha dos Lobos**, ein Naturschutzgebiet wo sich zwischen Juli und Nov Seelöwen beobachten lassen. ***Barcos Marina*** bzw. ***Flamingo,*** Anleger an der Brücke Ponte Pênsil, Av. Cristóvão Colombo, ✆ 51/3626 2933, R$10.

Sonstiges

FAHRRADVERLEIH – ***Blue Beach Tur,*** Rua Júlio de Castilhos 477.

FESTE – **Festival de Balonismo**. Seit 1989 wird Torres alljährlich im April zur Hauptstadt der Heißluftballons. An dem internationalen Wettbewerb nehmen zwischen 30 und 50 Ballons teil.

GELD – ***Banco do Brasil,*** Rua 15 de Novembro 236, 🕓 Geldautomat 6–22 Uhr.
Geldwechsel bei *Esmmeralda Turismo & Cambio* (s. Touren).

INFORMATIONEN – 💻 www.clictorres.com.br.
Casa do Turista, Av. Barão do Rio Branco 315, ✆ 51/3626 5559, 🕓 Apr–Nov tgl. 9–20, Dez–März 7–24 Uhr.

INTERNET/TELEFON – ***InterPhone,*** Rua Júlio de Castilhos 477 (Itália Praia Shopping), Internet R$3/Std. 🕓 tgl. 9–24 Uhr.

MEDIZINISCHE HILFE – ***Hospital N. S. dos Navegantes,*** Rua General Osório 260, ✆ 51/3664 1100, privates Krankenhaus.

POST – Praça 15 de Novembro 24, 🕓 Mo–Fr 9–17 Uhr.

Transport

BUSSE – ***Rodoviária,*** im Zentrum, Av. José Bonifácio 524, ✆ 51/3664 1787.
Porto Alegre: *Unesul,* alle 1–2 Std. zwischen 6 und 18.30 Uhr (HS bis 20 Uhr), 3 Std., R$26.
Laguna: *Santo Anjo,* tgl. 12.45 Uhr, 4 Std., R$17.
Florianópolis: *União de Transportes,* tgl. 8.45, 13, 15 Uhr, 6 1/2 Std., R$42. *Santo Anjo,* tgl. 12.45 Uhr, 6 1/2 Std., R$ 30.
Imbituba: *Santo Anjo,* tgl. 12.45 Uhr, 4 1/2 Std., R$20.

Die Jesuiten-Missionen

Wer den weiten Weg in den Westen von Rio Grande do Sul auf sich nimmt, wird belohnt: Hier, im Grenzgebiet von Brasilien, Argentinien und Paraguay, befinden sich die historisch einmaligen Überreste von 30 Jesuitenreduktionen. Auf brasilianischem Boden ist die Mission von São Miguel (1687) die am besten erhaltene.

Die nächst größere Stadt ist **Santo Ângelo** (55 km entfernt). Von hier fahren bis zum frühen Abend regelmäßig Busse nach São Miguel und zurück. Eine Übernachtung in São Miguel bietet sich jedoch wegen der täglichen Lichtvorstellung Som e Luz an (s. u.).

São Miguel das Missões

Das 8000 Einw. zählende Örtchen entwickelte sich um die Ruinen der ehemaligen Reduktion. Es ist 485 km von Porto Alegre und 420 km von Foz do Iguaçu entfernt. Die Ruinen liegen in der Nähe der Unterkünfte und können zu Fuß erreicht werden.

Sítio Arqueológico Igreja de São Miguel Arcanjo

Noch als Trümmer rufen die monumentalen Ruinen von São Miguel Bewunderung hervor. Der Jesuitenarchitekt Giovanni Baptista Primoli baute die Kirche (1744) im Stil der späten italienischen Renaissance. 80–100 Indianer schufteten über 10 Jahre an dem Werk. Um die Kirche herum gab es zur Zeit der Blüte 1500 Häuser. Der Idee eines „christlichen Kommunismus" folgend wurden Kibbuzähnliche städtische Strukturen angelegt. Um einen großen rechteckigen Platz entstanden die Kirche, Wohnungen, Schule, Krankenhaus und Werkstätten. Die Indios arbeiteten an Zuckerrohrpresse oder Webstuhl, in der Schmiede, Schreinerei, Schlosserei oder Druckerei. Andere schufen beeindruckende Werke als Maler, Bildhauer oder Holzschnitzer.

1984 wurde São Miguel das Missões zum UNESCO-Weltkulturerbe erklärt. ⏲ tgl. 9–12, 14–18, HS bis 19 Uhr. Das kleine **Museu das Missões** zeigt eine Sammlung von Skulpturen aus der Missionszeit. ⏲ gleiche Zeiten; Eintritt R$5 (Ruinen und Museum). Abends werden die Ruinen in ein ganz besonderes Licht getaucht: Die Ton- und Licht-Show **Som e Luz** erzählt in 50 Min. die Missionsgeschichte der Jesuiten. Lohnenswert, auch ohne Portugiesisch-Kenntnisse. ⏲ 19 Uhr (Winter), 21 Uhr (Sommer); Eintritt R$5.

Übernachtung und Essen

Pousada das Missões, Rua São Nicolau 601, ✆ 55/3381 1202, ✉ pousada.missoes@terra.com.br, 💻 www.albergues.com.br/saomiguel. Gutes HI-Hostel nah an den Ruinen. DZ, 3–10er Dorms, Gemeinschaftsküche. ❶–❷

Wilson Park Hotel, Rua São Miguel 664, ✆ 55/3381 2000, 💻 www.wilsonparkhotel.com.br. Luxus-Option. Komfortable Zimmer mit AC und Kabel-TV. Pool, Tennisplatz. ❸ Das zum Hotel gehörige ***Pixé*** ist eines der besten Restaurants im Ort. In der HS auch Buffet (R$23). ⏲ tgl. 12–14 und 19–24 Uhr.

Jesuiten-Reduktionen

Die ersten Jesuiten kamen 1549 nach Brasilien, um als **Missionspriester** zu wirken. Sie suchten die Indianer auf und versuchten, ihr Vertrauen zu gewinnen, indem sie deren Sprache lernten und Lebensgewohnheiten anerkannten. So entstanden autarke Niederlassungen, in denen religiöses Leben sowie soziale und wirtschaftliche Entwicklung und die weitgehende **Respektierung der Guaraní-Kultur** in Einklang gebracht wurden. Die Jesuiten unterwiesen die Indianer in Handwerk und Ackerbau, aber auch in Musik und bildender Kunst. Ihr Ziel war es, die Indianer „zu einem politischen und humanen Leben hinzuführen" (span. *„Reducir a una vida política y humana"*, woraus sich der Begriff Reduktion ableitet).

Im Grenzgebiet des heutigen Westens von Rio Grande do Sul, Paraguay und Argentinien wurden mehr als 30 Reduktionen gegründet. Die Dörfer hatten Kirchen, Kollegien, Plätze und gut angelegte Straßen.

Östlich vom Rio Uruguai wurden sie unter dem Namen **Sete Povos das Missões** („Sieben Missionsdörfer") bekannt und liegen heute auf brasilianischem Gebiet. Hinzu kommen acht im heutigen Paraguay und 15 in Argentinien.

Dieses in Europa oft als „**Jesuitenstaat**" bezeichnete Modell bestand über 150 Jahre lang. Der Anfang vom Ende begann mit dem **Vertrag von Madrid** (1750), nach dem die Gebiete der sieben Missionen an Portugal fielen. Eine Zwangsumsiedlung war die Folge, was massiven Widerstand der Guaraní hervorrief. Im dadurch ausgelösten Krieg **Guerra Guaranítica** (1754–1756) wurden zahlreiche Indianer massakriert. Durch die Kämpfe um diese Gebiete und die letztendliche **Ausweisung der Jesuiten** 1767 begannen die Missionen zu verfallen. Der Urwald eroberte sie sich langsam wieder zurück.

Oft wurden die Reduktionen in Europa als alternative Gesellschaftsform idealisiert, Voltaire nannte sie gar einen „Triumph der Humanität". Tatsächlich darf man nicht die negativen Seiten des Systems verkennen, wie das Aufzwingen bestimmter Formen öffentlichen und religiösen Lebens. Auch das Modell der Jesuiten war eine Fremdherrschaft, allerdings eine weniger unterdrückende. Der großartige Film „**The Mission**" (1986) mit Robert De Niro und Jeremy Irons in den Hauptrollen dokumentiert sehr bewegend Aufstieg und Niedergang dieses christlichen Sozialsystems.

Touren

Agenturen in São Miguel und Santo Ângelo bieten Ausflüge und Touren (3–6 Tage) zu den anderen Ruinen an. Lohnenswert sind besonders **San Ignacio Miní** (Argentinien) und **Trinidad** (Paraguay). Wer sich auf eigene Faust auf den Weg machen will: **Encarnación** ist eine gute Ausgangsbasis für die paraguayischen, **Posadas** für die argentinischen Missionsstätten.

TOURVERANSTALTER – ***Missiotur Turismo*** (Santo Ângelo), Rua Antônio Manoel 726, ✆ 55/3313 5255. ***Missões Turismo*** (São Miguel), ✆ 55/3381 1319, 🖳 www.missoesturismo.com.br.

Sonstiges

GELD – ***Banco do Brasil,*** Rua 29 de Abril 165, São Miguel.

INFORMATIONEN – 🖳 www.rotamissoes.com.br, 🖳 www.santoangelo.rs.gov.br. **Touristeninformation São Miguel**: ✆ 55/3381 1294, **Santo Ângelo**: Praça Pinheiro Machado, ✆ 55/3312 0100.

Transport

FLÜGE – Der ***Aeroporto Santo Ângelo,*** ✆ 55/3313 2618, wird von kleinen Maschinen aus Porto Alegre (1 Std.) und São Paulo (3 Std.) angeflogen: ***Ocean Air,*** ✆ 55/3313 5113.

BUSSE – ***Rodoviária São Miguel*** ✆ 55/3381 1226. Von Porto Alegre aus erreicht man zunächst Santo Ângelo. Weiter nach São Miguel mit *Antonello,* ✆ 55/3312 2184, 4x tgl. (So seltener), 1 Std., R$6. Letzter Bus von São Miguel nach Santo Ângelo 18.15 Uhr.
Porto Alegre: ab **São Miguel,** *Ouro e Prata,* tgl. 8.45, So–Fr auch 21.45 Uhr, 8 Std., R$52–61; ab **Santo Ângelo,** *Ouro e Prata,* tgl. 12, 23, So–Fr auch 7, 17.15 Uhr, 6 Std., R$55–R$74.

Santa Catarina

Santa Catarina ist der kleinste Bundesstaat der **Região Sul** und liegt zwischen Paraná und Rio Grande do Sul. Seine Geschichte ist am stärksten von europäischer Besiedlung geprägt. Im 19. Jh. bestimmten besonders die Einwanderungswellen aus Deutschland die Entwicklung des Staates, aber auch Italiener, Polen und Russen ließen sich hier nieder. Bereits Mitte des 18. Jhs. erreichten die Portugiesen Santa Catarina, insbesondere Auswanderer von den Azoren, die die Insel Ilha de Santa Catarina befestigten. Hier liegt heute die Hauptstadt **Florianópolis**.

Die Deutschen ließen sich hauptsächlich nördlich von Florianópolis nieder, wo sie den **Rio Itajaí** als ihren „brasilianischen Rhein" entdeckten. Sie zogen den Fluss hinauf, rodeten Urwald, gründeten Höfe und Dörfer und bauten Handwerks- oder kleine Industriebetriebe auf. Einige davon wurden landesweit erfolgreich. Namen wie die *Textilfabrik Hering* oder die *Porzellanmanufaktur Schmidt* lassen unschwer auf das Heimatland ihrer Gründer schließen.

Die Region nennt sich heute **Vale Europeu** („Europäisches Tal"). Bekannteste Orte sind **Pomerode** und **Blumenau**. Letzterer ist durch das jährliche **Oktoberfest** über die Grenzen Brasiliens hinaus bekannt; deutsches Brauchtum wird als Chance für den Tourismus erkannt. Wie seine moderne Hauptstadt Florianópolis ist der ganze Staat gut organisiert. Vieles funktioniert hier besser als anderswo in Brasilien. Größte Stadt ist das ebenfalls von Deutschen kolonialisierte **Joinville**.

Neben seiner interessanten Kolonialgeschichte hat Santa Catarina die schönsten Strände Südbrasiliens zu bieten. Surfer finden gute Wellen auf der attraktiven **Ilha de Santa Catarina**, sowie südlich bei **Garopaba** und **Praia do Rosa**. Im brasilianischen Winter kann man in der Region außerdem Wale beobachten. Strände nördlich der Hauptstadt wie **Bombinhas** überraschen mit kristallklarem Wasser, ideal zum Baden und Tauchen. Informationen 🖳 www.sc.gov.br.

Ilha de Santa Catarina / Florianópolis

Florianópolis

Die „Florianopolitanos", die 340 000 Einwohner von Florianópolis, sind zu beneiden. Welche Großstadt kann schon neben der gut ausgebauten Infrastruktur einer sauberen und modernen Landeshauptstadt **42 Strände** und eine riesige **Lagune** inmitten von Bergen vorweisen? Ein perfektes Naherholungsgebiet zum Wellenreiten, Windsurfen, Wandern oder Reiten.

Kein Wunder also, dass Florianópolis (oft liebevoll Floripa abgekürzt) in der Regel als die Stadt mit der höchsten Lebensqualität Brasiliens angesehen wird. Wohlhabende Brasilianer richten sich hier gerne einen Zweitwohnsitz ein.

Sehenswertes

Florianópolis besteht aus zwei Hälften: eine auf dem Festland, die andere auf der Ilha de Santa Catarina, reizvoll verbunden durch zwei Brücken; die beeindruckende **Ponte Hercílio Luz** (1926) ist das meistfotografierte Motiv der Stadt. Besonders abends, wenn sie stimmungsvoll beleuchtet wird, ist sie hübsch anzusehen. Seit 1991 ist sie jedoch zur Renovierung geschlossen.

Vom Busbahnhof kommend sind es nur wenige Minuten zur Innenstadt. Der **Mercado Público** von 1898 beherbergt 144 Läden und Kneipen. ⌚ Mo–Fr 9–22, Sa 9–15 Uhr. Im neoklassizistischen **Casa da Alfândega** (1875) nebenan, dem ehemaligen Zollhaus, befindet sich ein Artesanato-Laden mit schönen Artikeln. Der zentrale Innenstadtplatz ist die schattige **Praça 15 de Novembro**. Ältere Florianopolitanos spielen Schach und klönen. Sie erzählen z. B. die Legende, dass derjenige, der viermal um den Platz herum läuft, seine große Liebe finden wird. Glücklicherweise ist der Platz nicht sehr groß. Die beeindruckendste und berühmteste Sehenswürdigkeit ist ein mehr als 130 Jahre alter **Feigenbaum** (portug. Figueira) in der Mitte.

Im prunkvollen **Palácio Cruz e Sousa** (1770) mit neoklassizistischen und barocken Stilelementen befindet sich heute das **Museu Histórico de Santa Catarina**. Ausgestellt werden historische Möbel und persönliche Gegenstände früherer Gouverneure. ⌚ Di–Fr 10–18, Sa und So 10–16 Uhr; Eintritt R$2. Die **Catedral Metropolitana** (1773)

Gegensätze zwischen Alt und Neu in der Innenstadt von Florianópolis (links die Catedral Metropolitana)

DER SÜDEN

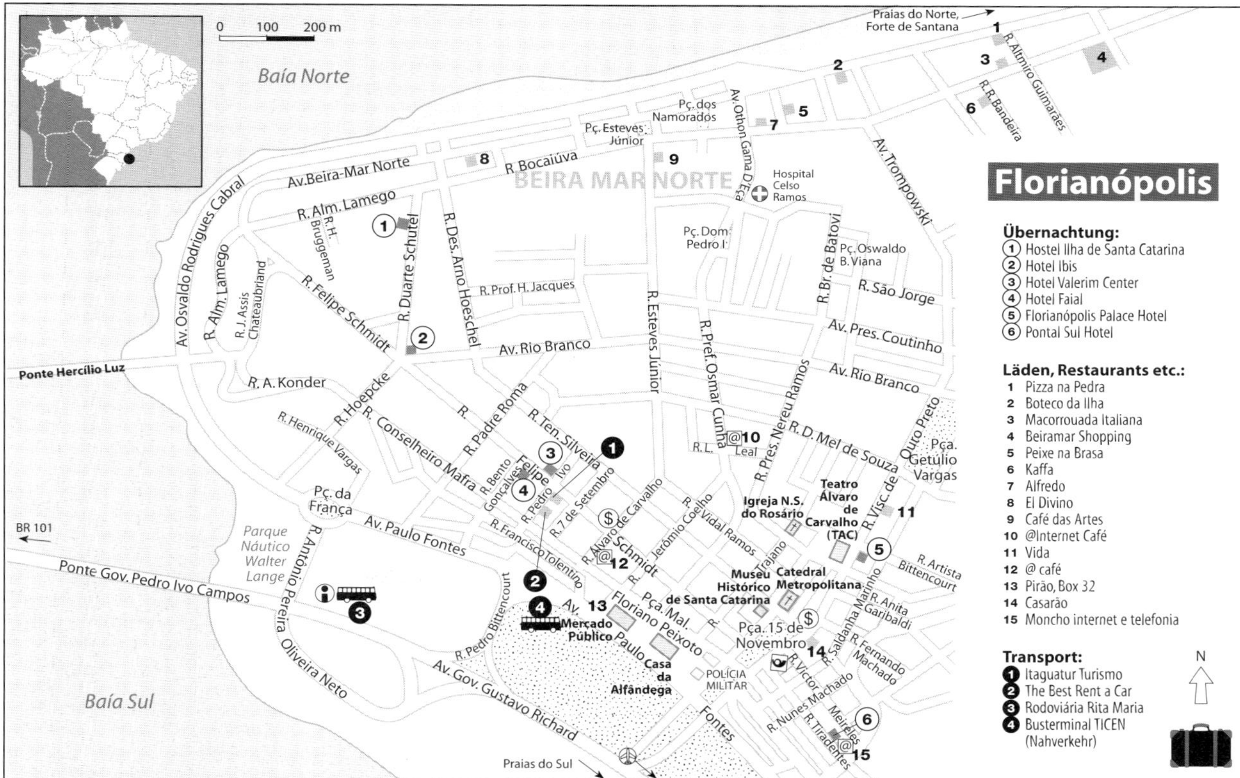

Florianópolis
Übernachtung:
1 Hostel Ilha de Santa Catarina
2 Hotel Ibis
3 Hotel Valerim Center
4 Hotel Faial
5 Florianópolis Palace Hotel
6 Pontal Sul Hotel
Läden, Restaurants etc.:
1 Pizza na Pedra
2 Boteco da Ilha
3 Macorrouada Italiana
4 Beiramar Shopping
5 Peixe na Brasa
6 Kaffa
7 Alfredo
8 El Divino
9 Café das Artes
10 @Internet Café
11 Vida
12 @ café
13 Pirão, Box 32
14 Casarão
15 Moncho internet e telefonia
Transport:
1 Itaguatur Turismo
2 The Best Rent a Car
3 Rodoviária Rita Maria
4 Busterminal TICEN (Nahverkehr)
N
0 100 200 m
Baía Norte
Baía Sul
Praias do Norte, Forte de Santana
Praias do Sul
BR 101
Ponte Hercílio Luz
Ponte Gov. Pedro Ivo Campos
BEIRA MAR NORTE
Av. Beira-Mar Norte
Av. Osvaldo Rodrigues Cabral
R. Alm. Lamego
R. J. Assis Chateaubriand
R. H. Bruggeman
R. Duarte Schutel
R. Des. Arno Hoeschel
R. Prof. H. Jacques
R. Felipe Schmidt
Av. Rio Branco
R. A. Konder
R. Hoepcke
R. Conselheiro Mafra
R. Henrique Vargas
R. Padre Roma
R. Ten. Silveira
R. Bento Gonçalves
R. Pedro Ivo
R. 7 de Setembro
R. Francisco Tolentino
R. Álvaro de Carvalho
R. Jerônimo Coelho
R. Vidal Ramos
R. Trajano
R. Esteves Júnior
R. Pref. Osmar Cunha
R. L. Leal
R. Pres. Nereu Ramos
R. D. Mel de Souza
R. Br. de Batovi
R. São Jorge
Av. Pres. Coutinho
Av. Trompowski
Av. Othon Gama D'Eça
R. Bocaiúva
R. Altmiro Guimarães
R. R. Bandeira
Pç. dos Namorados
Pç. Esteves Júnior
Pç. Dom Pedro I
Pç. Oswaldo B. Viana
Hospital Celso Ramos
Ouro Preto
Pça. Getúlio Vargas
R. Visc. de
Teatro Álvaro de Carvalho (TAC)
Igreja N.S. do Rosário
Catedral Metropolitana
Museu Histórico de Santa Catarina
R. Artista Bittencourt
R. Saldanha Marinho
R. Anita Garibaldi
R. Fernando Machado
R. Victor Meireles
R. Nunes Machado
R. Tiradentes
Pça. 15 de Novembro
POLÍCIA MILITAR
Pça. Mal. Floriano Peixoto
Av. Paulo Fontes
Mercado Público
Casa da Alfândega
R. Pedro Bittencourt
Av. Gov. Gustavo Richard
Pç. da França
Parque Náutico Walter Lange
R. Antônio Pereira Oliveira Neto

an der Stirnseite ist leider vielen baulichen Veränderungen unterzogen worden. Bedeutungsvoller ist die nahe gelegene **Igreja N. S. do Rosário**, gut erhaltene Kirche aus der Kolonialzeit.

Im nördlichen Teil der Innenstadt liegt das schicke Viertel **Beira-mar Norte** mit dem großen Beiramar Shopping. An der großzügig angelegten Uferpromenade konzentrieren sich zudem sich viele Restaurants und Kneipen.

Ilha de Santa Catarina

Die Ilha de Santa Catarina ist ein echtes **Naturparadies** und verdient wahrlich ihren Beinamen *Ilha da Magia* (Magische Insel). Eigentlich sind es nicht 42 (die offizielle Zahl), sondern weit über 100 Strände, viele davon komplett abgeschieden und ohne jegliche Infrastruktur. Hinzu kommen Lagunen und grüne Hügellandschaften. Der Nord- und Südteil der Insel könnten gegensätzlicher nicht sein: Im touristisch erschlossenen **Norden** gibt es vielen Hotels, Bars und Freizeiteinrichtungen. Zur Ferienzeit überschwemmen Stadtbewohner und Touristen, darunter viele aus Argentinien, die Strände. Dagegen ist der **Südteil** wesentlich ruhiger und der Tourismus sanfter. Die Natur ist größtenteils unberührt, aufgelockert von zauberhaften Fischerdörfchen. In der Inselmitte liegt wie ein gewaltiger Bergsee die **Lagoa da Conceição**, der zentrale Treffpunkt.

Lagoa da Conceição

Besonders hübsch anzusehen ist die Lagune am Abend, wenn sich die zahlreichen Lichter des Nachtlebens der **Av. das Rendeiras** in ihr spiegeln. Die Uferstraße ist gesäumt von Clubs und Restaurants; auf der anderen Brückenseite setzt sich im geschäftigen **Centro da Lagoa** die Kneipenmeile fort. Die beiden beliebtesten Strände der Ostküste liegen nicht weit von hier: Die **Praia da Joaquina** ist einer der bekanntesten Surferstrände Brasiliens. Die bis zur Lagune reichenden Dünen sind beliebt bei Sandboardern (s. Aktivitäten). Noch belebter ist die benachbarte **Praia Mole**. Auf dem Weg dorthin kommt man am Hügel **Morro de Lagoa** vorbei, wo sich ein Stopp anbietet, um die Aussicht auf die Lagune zu genießen. Von der Praia Mole erreicht man über einen Fußweg die **Praia da Galheta** (15 Min.), einen der wenigen FKK-Strände in Brasilien.

Im nahe gelegenen Örtchen **Barra da Lagoa** trifft sich eine alternative Szene. Die malerische Praia da Barra da Lagoa geht über in die **Praia do Moçambique**, mit 7,5 km Länge der größte Strand der Insel.

An der westlichen Lagunenseite liegt eine der ältesten Siedlungen der Insel, das auch heute immer noch sehr ursprüngliche **Costa da Lagoa**. Der Ort ist entweder per Schiff erreichbar (45 Min. ab dem Bootsanleger an der Av. das Rendeiras); alternativ bietet sich an, eine Strecke zu laufen (2 1/2 Std., s. Aktivitäten).

Süden der Insel

Der Süden ist genau das richtige für Naturfans. Südlich von Joaquina beginnt die **Praia do Campeche**, ein schöner, breiter Strand mit guten Surferwellen, von dem in den 20er Jahren schon Antoine de Saint-Exupéry beeindruckt war. Als Pilot landete er damals mehrfach in Campeche, wo sich früher der Insel-Flughafen befand.

Vor der Küste liegt die wunderschöne Insel **Ilha do Campeche.** Hier gibt es Strände mit ruhigem, kristallklaren Wasser: herrlich zum Baden und Schnorcheln. Eine weitere Attraktion sind die archäologischen Fundstellen mit mehr als 100 Felszeichnungen (mit Führung 1 Std., R$5). Die Insel ist mit Fischerbooten erreichbar von **Armação** (ab Hafen), Ansprechpartner dort ist die *Associão de Barqueiros,* ✆ 48/3237 5095, R$20 p. P. hin und zurück. 🕒 Apr–Nov nur für Gruppen nach vorheriger Anmeldung, in der HS auch direkt ab Praia do Campeche.

Die Straße auf dem Weg nach Armação führt am Aussichtspunkt **Morro das Pedras** vorbei, von dem sich ein beeindruckender Blick eröffnet. In der Nähe sieht man die **Lagoa do Peri**, die zweite Lagune der Insel liegen: ein Naturschutzgebiet mit schönen Wanderwegen. Armação selbst ist ein ehemaliger Walfang-Ort. Die zugehörige **Praia da Armação** hat kaltes Wasser und ist besser zum Surfen als zum Baden geeignet. In der Nähe, am **Praia do Matadeiro**, beginnt der Wanderweg zur einsamen **Praia Lagoinha do Leste**, einem der schönsten Strände der Insel. Der südlichste Ort an der Ostküste ist das verschlafene Fischerdorf **Pântano do Sul**. Hier findet man außerhalb der Saison die perfekte Idylle.

Ganz im Süden der Westküste befindet sich eine der ersten azoreanischen Siedlungen: **Riberão da**

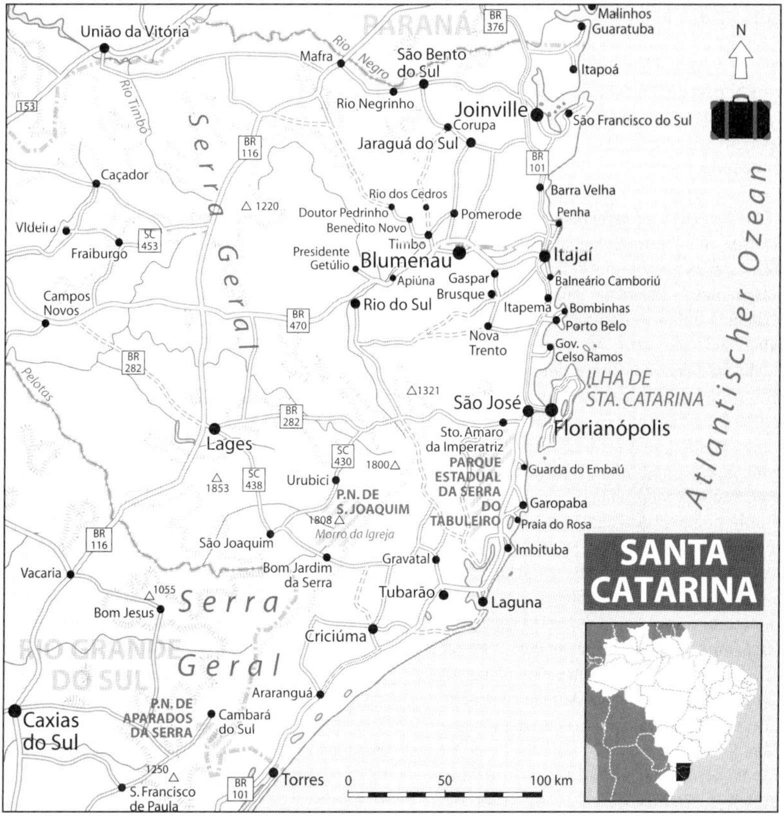

Ilha (1760). Sie hat einen hübschen kolonialen Hauptplatz mit der **Igreja N. S. da Lapa do Riberão** (1806).

Bekannt ist der Ort vor allem bei Austern-Liebhabern, denn von hier stammt mehr als die Hälfte der brasilianischen Austern-Produktion.

Norden der Insel

Das Pendant zu Riberão im Süden ist **Santo Antônio de Lisboa** im Norden, der zweite alte Inselort azoreanischen Ursprungs. Besonders schön ist hier die Stimmung beim Sonnenuntergang. Der belebteste Strand des Nordens ist die stark urbanisierte **Praia dos Ingleses**, der Name stammt von einem havarierten englischen Schoner. Die **Praia de Canasvieiras** ist vor allem bei Argentiniern und Uruguayern beliebt, hier geht es im Sommer heiß her. Die sich anschließende **Praia de Jurerê** ist ziemlich zugebaut, das benachbarte **Jurerê International** ist ein Strand mit vielen Nobel-Villas.

Im Nordteil gibt es einige interessante Befestigungsanlagen zu besichtigen, die zur Verteidigung von Florianópolis im 18. Jh. gebaut wurden. Das **Forte Santa Cruz de Anhatomirim** ist das größte Fort Südbrasiliens und zugleich das älteste der Insel. Man erreicht es per Schiff von der Praia de Canasvieiras. Zusammen mit dem **Forte Santo Antônio de Ratones** (auf der Ilha Ratones Grande, Boote ab Praia de Canasvieiras) und dem **Forte São José de Ponta Grossa** (erreichbar über Jurerê International) bildete es das strategische Verteidigungsdreieck der Portugiesen.

Übernachtung

Auf der Insel sind günstige Optionen rar. Im Allgemeinen ist der nördliche Teil wesentlich teurer als der Süden. Dort kann das Anmieten eines der vielen Privatapartments ein guter Deal sein (vorher anschauen!).

FLORIANÓPOLIS – ***Hostel Ilha de Santa Catarina,*** Rua Duarte Schutell 227, ✆ 48/3225 3781, ✉ alberguesfloripa@uol.com.br. Ordentliches, sauberes Hostel am Rand der Innenstadt, günstigste Option im Zentrum. Bettzeug und Handtuch kosten extra. ❶
Pontal Sul Hotel, Rua Tiradentes 167, ✆ 48/3224 6910, 💻 www.pontalsulhotel.com.br. Gute Budget-Option in zentraler Lage nur wenige Min. zur Praça 15 de Novembro; für bis zu 6 Pers. ❷
Hotel Ibis, Av. Rio Branco 37, ✆ 48/3216 0000, 💻 www.accorhotels.com.br. Modernes Hotel mit sehr gutem Preis-Leistungs-Verhältnis, Frühstück R$8. ❸
Hotel Valerim Center, Rua Felipe Schmidt 554, ✆ 48/3225 1100, 💻 www.hotelvalerim.com.br. Komfortable Zimmer und Zentrale Lage. ❸
Hotel Faial, Rua Felipe Schmidt 603, ✆ 48/3225 2766, 💻 www.hotelfaial.com.br. Ebenfalls zentral, schickes Restaurant. Manche Zimmer im neueren Turm haben großartigen Blick aufs Meer und die Brücke. ❹
Florianópolis Palace Hotel, Rua Artista Bittencourt 14, ✆ 48/3224 9633, 💻 www.floph.com.br. Eines der ersten Hotels der Stadt; herrschaftlicher Charme. Sauna, Piano-Bar. ❺–❻

LAGOA DA CONCEIÇÃO – ***Pousada Ilha da Magia,*** Av. A. Garibaldi Santiago 23, ✆ 48/3232 5468, 💻 www.pousadailhadamagia.com.br. Süße kleine Chalês für bis zu 6 Pers., in der Nachbarschaft der Bars. ❷–❸
Pousada das Rendeiras, Av. das Rendeiras 1990, am Ufer, ✆ 48/3232 5019, 💻 www.pousadadasrendeiras.com.br, Zimmer für bis zu 4 Pers., z. T. mit AC. Frühstück wird auf dem Zimmer serviert. ❸
Chalés do Canto, Rua Laurindo Januário da Silveira 2212, Canto da Lagoa, ✆ 48/3232 0471, 💻 www.chalesdocanto.com.br. Sehr schöne Chalês. Englischsprachiger, hilfsbereiter Eigentümer. ❸
Chris Hotel, Praia da Joaquina, ✆ 48/3232 5104, 💻 www.crishotel.com. Überholungsbedürftig, aber hervorragende Lage 10 m vom Strand. Zimmer mit Meerblick. AC nur in HS. ❸

BARRA DA LAGOA – ***The Backpackers Sharehouse,*** jenseits der wackligen Brücke, ✆ 48/3232 7606. Treffpunkt einer alternativen Backpacker-Community. Der Name ist Programm, alles wird geteilt. Privatsphäre gibt es hier nicht, die Zimmer sind eng. Schöne Lage am Hang mit Blick auf den Strand. Fahrrad, Surfboard und Schnorchel-Kit inkl. ❶
Pousada Barratur, Rua Felipa Benta Ramos 18, ✆ 48/3232 3000, 💻 www.pousadabarratur.com.br. Gepflegte Zimmer und Häuschen für 2–6 Pers., z. T. mit Küchenzeile. Englisch. ❷

SÜDEN DER INSEL – ***Pousada Maré de Lua,*** 50 m von der Kirche (Armação), ✆ 48/3237 5068, 💻 www.maredelua.com.br. Romantische Lage an der Flussmündung, liebevoll gestaltet, Gaudi-artige Mosaike. ❷–❸
Pousada do Pescador, Rua Manoel Vidal 257, (Pântano do Sul), ✆ 48/3237 7122, 💻 www.pousadadopescador.com.br. Familiär und entspannt, grüne und schattige Anlage. Apartments mit Küche bis zu 4 Pers., wenige Meter vom Strand. ❷
Pousada e Restaurante do Museu, (Riberão da Ilha), südliches Ortsende, ✆ 48/3237 8148, 💻 www.pousadadomuseu.com.br. Altes Kolonialstil-Haus direkt am Wasser. Kleines Museum über die ersten portugiesischen Einwanderer in Floripa. ❷–❹. Das Restaurant serviert typisch azoreanische Gerichte, ⏲ Do–Di 11–16 Uhr.
Pousada dos Tucanos, Estrada Rosalia P. Ferriera 2776 (Costa de Dentro), ✆ 48/3237 5084, 💻 www.pousadasitiodostucanos.com. Das Beste, was dem Naturliebhaber und Wanderfreund passieren kann. Etwas abgelegen, aber die freundliche deutsche Eigentümerin holt von der Bushaltestelle *Costa de Dentro* ab. Naturswimmingpool und eigene Quelle. ❸
Pousada Natur Campeche, Rua Servidão Nunes 59 (Praia do Campeche), ✆ 48/3237 4011, 💻 www.naturcampeche.com.br. Hübsche thematische Suiten, z. T. mit Whirlpool. Engagierte Leitung. Pool, Sauna. Gay-friendly. ❹–❻

NORDEN DER INSEL – Die meisten Hotels und Pousadas liegen in Ingleses und Canasvieiras.

Albergue da Juventude, Rua Dr. João de Oliveira 571 (Praia de Canasvieiras), ✆ 48/3266 2036, ✉ alberguesfloripa@uol.com.br. HI-Hostel, günstigste Option im Norden der Insel. 🕓 Mitte Dez bis Mitte März. ❶

Pousada do Santinho, Av. Vereador Onildo Lemos 1259 (Praia do Santinho), ✆ 48/3269 2836, 💻 www.pousadasantinho.hpg.com.br. Gutes Preis-Leistungs-Verhältnis. Zimmer z. T. mit Meerblick, Pool. ❸

Pousada da Vigia, Rua Cônego Walmor Castro 291 (Lagoinha), ✆ 48/3284 1789, 💻 www.pousadavigia.com.br. Luxus direkt am Meer. Super Blick, üppiges Frühstück bis 11 Uhr. Sauna, Fitness-Center, Pool. ❻

Essen

Die Speisekarte der Insel birgt einige regionale Spezialitäten. Allen voran: **Austern** *(Ostras)*, die in den Farmen am Ufer frisch geerntet werden. Sie werden roh mit Limonensaft verspeist, überbacken *(gratinada)* oder paniert *(à milanesa)*. **Camarão** (Krabben) werden oft als *Seqüência de camarão* serviert: zu einem günstigen Pauschalpreis gibt es Krabben satt in allen erdenklichen Zubereitungsarten. Auch den **Tainha** sollte man probieren, eine lokale Fischspezialität, frisch von den Fischern der Insel gefangen.

FLORIANÓPOLIS – In der Rua Felipe Schmidt gibt es einige einfachere Restaurants und Lanchonetes. Die besten Restaurants konzentrieren sich allerdings an der Uferstraße, v. a. in der Nähe des Einkaufszentrums.

International: ***Pizza na Pedra,*** Av. Beira Mar Norte. Gute Pizza neben dem Shopping-Center. 🕓 tgl. 19–24 Uhr.

Macarronada Italiana, Av. Beira Mar Norte 2458. Traditionsreiches Lokal, leckere Pizza und Pasta. 🕓 tgl. 11–1 Uhr.

Kaffa, Rua Vitor Meirelles 184. Arabisch, 🕓 Mo–Fr 11–15.30 und 18–24, Sa und So 11–24 Uhr.

Meeresfrüchte: ***Box 32,*** Mercado Público. Eine Institution in Floripa seit Anfang der 80er, beliebter After-Work-Treffpunkt, mehr Bar als Restaurant, sehr authentisch. Die Bar hat schon viele Promis gesehen, z. B. den Präsidenten Lula. Die *Pastel de camarão* soll die beste von Santa Catarina sein. Eigener Cachaça. 🕓 Mo–Fr 10–22, Sa 10–15 Uhr.

Peixe na Brasa, Trav. da Harmonia 50. Kleines süßes Restaurant, das sich auf gegrillten Fisch spezialisiert hat. 🕓 Mo–Fr 19–24, Sa 11.30–15 und 19–24 Uhr.

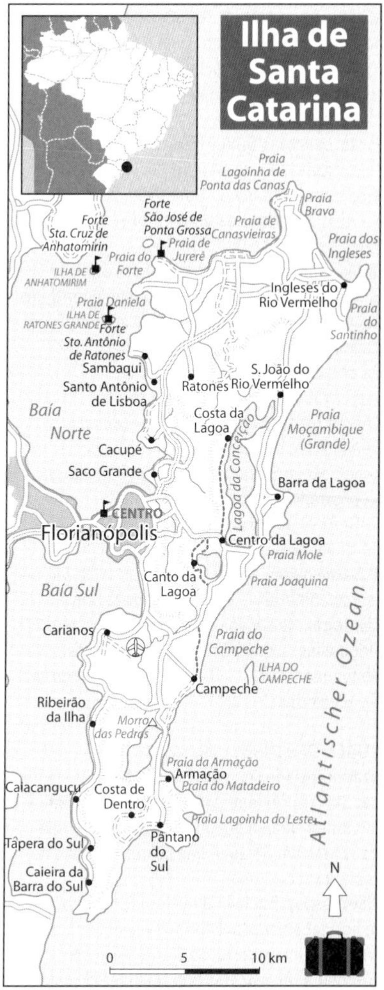

Mittagessen: ***Alfredo***, Rua Bocaiúva 1761. Der perfekte Ort fürs Mittagessen: Leckeres Buffet mit Niveau (R$16/kg) in hellen Altbauräumen, moderne Kunst an den Wänden. ⌚ tgl. 11.30–14 Uhr.
Pirão, beliebtes Buffet-Restaurant im *Mercado Público*, R$17/kg, ⌚ Mo–Sa 11–14.30 Uhr.
Vida, Rua Visconde de Ouro Preto 298. Vegetarisches Bio-Buffet-Restaurant. *All-you-can-eat* für R$9. ⌚ Mo–Fr 11.15–15 Uhr.
Cafés: ***Café das Artes***, Rua Esteves Júnior 734. Einladendes Café zum Zeitung lesen oder Seele baumeln lassen. Große Auswahl an Kaffees, Kuchen und Herzhaftem. ⌚ Mo–Fr 11.30–23, Sa und So 18–23 Uhr.

LAGOA DA CONCEIÇÃO – ***Chef Fedoca***, Rua Senador Ivo d'Aquino Neto 133. *Moqueca* schmeckt im Süden Brasiliens anders als im Nordosten. Hier ist der Ort zum Probieren! ⌚ Di–Fr 11.30–15 und 19.30–24, Sa 11.30–24, So 11.30–18 Uhr.
O Barba Negra, Av. das Rendeiras 1628. *Seqüência de camarão*. ⌚ Mi–Mo 11.30–23 Uhr.
Um Lugar, Rua Manoel Severino de Oliveira 371. Originelles, szeniges Kunst-Café und Restaurant, gehobene Preise. ⌚ Di–Sa 20–24; Dez–Feb Mo–Sa 20–24 Uhr.

SÜDEN DER INSEL – Für Austernfans ist das azorenanische Fischerdörfchen **Riberão da Ilha** ein Schlaraffenland. Viele Restaurants spielen mit ihrem Namen auf das wichtigste Produkt des Ortes an. So auch das bekannteste Austernrestaurant der Insel:
Ostradamus, Rodovia Baldicero Filomento 7640, in herrlicher Lage mit Tischen auf einem Steg im Meer. ⌚ Di–Sa 12–22, So 12–18 Uhr, in der HS tgl.
Rancho Açoriano, Rodovia Baldicero Filomento 5634, exzellent; eigene Austernzucht, ⌚ tgl. 12–24 Uhr.
Comida do Frances, Rodovia Baldicero Filomento 7487. Die originellste Küche des Ortes mit extravaganten französisch-brasilianischen Kreationen, z. B. *Ostras gratinadas ao molho de algas* (Austern mit Algensoße), ⌚ Do–Mo 11–23 Uhr, in der HS tgl.
In **Pântano do Sul** liegt am Strand eines der bekanntesten und traditionellste Restaurants der Insel, die ***Bar do Arante***. Die Eigentümer sind Fischer und bereiten in der Saison (Mai–Juni) selbstgefangenen *Tainha* zu. Sa und So *Buffet de frutos do mar*. Die Wände und Decke des Innenraums sind mit Zetteln bedeckt, auf denen Gäste aus aller Welt ihre Gedanken über Gott und die Welt aufgeschrieben haben. ⌚ tgl. 11.30–24.

Kultur und Unterhaltung

THEATER – ***Teatro Álvaro de Carvalho*** *(TAC)*, Programm auf der Seite der *Fundação Catarinense de Cultura*, 💻 www.sol.sc.gov.br/fcc/

KULTURZENTRUM – ***Sol da Terra*** (Espaço Cultural), Av. Afonso Delambert Neto 165 (Centro da Lagoa), ✆ 48/3232 2303, 💻 www.soldaterra.com.br. Nettes Kulturzentrum mit Internetcafé, Veranstaltungen (Musik, Tanz, Kino).

KINO – Große Kinos gibt es im **Beiramar Shopping**, Rua Bocaiúva 2468.

Nachtleben

FLORIANÓPOLIS – Im **Mercado Público** gibt es eine Hand voll Kneipen für ein entspanntes Bierchen unter Einheimischen.
Casarão, Praça 15 de Novembro 320. Mo–Fr abends Live-Musik in altem Kolonialhaus. ⌚ Mo–Fr 11–23, Sa 11–14.30 Uhr.
Boteco da Ilha, Av. Beira Mar 2100. Gut gezapftes Brahma-Bier an der schicken Uferstraße, ⌚ Di–So ab 18 Uhr.
El Divino, Av. Beira-Mar Norte. Lounge, Restaurant und Club. Schicker Tanzschuppen (Hip-Hop und House). ⌚ Di–So programmabhängig: 💻 www.eldivinobrasil.com.br.

LAGOA DA CONCEIÇÃO – Während der Norden der Ilha de Santa Catarina außerhalb der Sommermonate weitgehend ausgestorben ist, geht es an der **Lagoa** immer heiß her (in der NS v. a. an den Wochenenden). Hier ist die höchste Konzentration von Bars und Restaurants.
Latitude 27, Rua Jornalista Manoel de Menezes 565 (auf einer Anhöhe). Restaurant und Bar mit Tanzpiste. Herrlicher Blick auf die Lagune. ⌚ Di–So ab 20 Uhr.

John Bull Pub, Av. das Rendeiras 1046. Erste Adresse für Rock'n Roll und Blues. ⌚ Mi–Sa 21.30–4 Uhr.
Drakkar, Av. Afonso Delambert Neto 607. Tgl. Live-Musik (Rock, MPB, Blues, Jazz). ⌚ Di–So ab 19 Uhr.

Aktivitäten

Die Natur der Ilha de Santa Catarina ist äußerst vielfältig; ebenso die Möglichkeiten sportlicher Aktivitäten. Für Abenteuersportarten und ökologischen Tourismus gibt es eine gute Agentur: ***Adrenailha***, Rua das Gaivotas 610, Praia dos Ingleses, ✆ 48/3269 7950, 💻 www.adrenailhafloripa.hpg.com.br.

SANDBOARDING – *Areia radical* – „snowboarden" auf Brasilianisch – ist seit 1986 Mode an der Praia da Joaquina. Man braucht dafür nur ein entsprechendes Board (zu mieten für R$10) und eine große Düne. Der Sport wurde angeblich an einem Tag ohne Wellen von gelangweilten Surfern erfunden.

SURFEN UND WINDSURFEN – Die meisten Strände an der Ostküste sind zum Surfen geeignet, die beliebtesten sind **Praia Joaquina** und **Praia Mole**.
Surfschule: ***Paz na Terra***, Av. Campeche 1413 (Campeche), ✆ 48/3237 2025, 💻 www.paznaterra.com.br.
Die Lagoa da Conceição ist ein beliebtes Windsurf-Revier. **Windsurf-Schule**: ***Open Winds***, Av. das Rendeiras 1672, ✆ 48/3232 4443, 💻 www.openwinds.com.br

TAUCHEN UND SCHNORCHELN – Die **Ilha do Arvoredo** nördlich der Insel gehört zu den besten Tauchrevieren im Süden Brasiliens, Touren ab Praia de Canasvieiras. ***Acquanauta***, ✆ 48/3266 1137, oder ***Sea Divers***, ✆ 48/3284 1535.

WANDERN – Tourvorschlag 1: **Praia do Matadeiro** (neben Armação) bis **Praia Lagoinha do Leste** (2 1/2 Std.), dort den Strand genießen, dann weiter bis Pântano do Sul (1 1/2 Std.).
Tourvorschlag 2: **Lagoa da Conceição** (ab *Canto dos Araçás*, in der Nähe des *Centrinho da Lagoa)* bis zum Fischerdörfchen **Costa da Lagoa** (2 1/2 Std.), dort Stärkung in einer der netten Bars und Restaurants. Per Schiff zurück (45 Min.).
Tourvorschlag 3: **Riberão da Ilha** (ab Ende der Straße) bis **Naufragados** (1 Std.), mit dem Boot zurück. Oder Tagestour von Riberão da Ilha bis Pântano do Sul.

Sonstiges

APOTHEKE – An der Praça 15 de Novembro.

EINKAUFEN – Artesanato-Shop im **Casa da Alfândega**. Das größte Shopping-Center ist das moderne ***Beiramar Shopping***, Rua Bocaiúva 2468. ⌚ Mo–Sa 10–22, So 11–22 Uhr.

GELD – ***HSBC***, Rua Felipe Schmidt 376, ⌚ Geldautomat (internationale Karten) 6–22 Uhr.
Banco do Brasil, Praça 15 de Novembro (neben der Kathedrale), ⌚ Geldautomat (internationale Karten) 6–22 Uhr.

INFORMATIONEN – 💻 www.guiafloripa.com.br, **Info-Hotline Setur**, ✆ 48/3271 7000; **Touristeninformation** in der Rodoviária, ✆ 48/3212 3127, ⌚ tgl. 8–12 und 14–18, HS tgl. 8–22 Uhr.

INTERNET – **Zentrum**: ***@ café***, Rua Álvaro de Carvalho 132, R$3/Std. ⌚ Mo–Sa 8–22, So 15–21 Uhr.
@Internet Café, Av. Osmar Cunha 208, R$3/Std., schnelle Computer. ⌚ Mo–Fr 9–20, Sa 9–13 Uhr.
Insel: ***Cyber Net***, Rua Manoel Severino de Oliveira 669 (Centro da Lagoa), R$4/Std., ⌚ Mo–Fr 10–24, Sa 12–24, So 16–24 Uhr.

MEDIZINISCHE HILFE – ***Hospital Celso Ramos***, Rua Irmã Benwarda (nahe Av. Othon Gama d'Eça), ✆ 48/3251 7000.

POLIZEI – ***Polícia Militar***, Posten auf dem Largo da Alfândega, ✆ 190.
Polícia Federal, ✆ 48/3281 6500.

POST – Praça 15 de Novembro 242, ⌚ Mo–Fr 9–17.30, Sa 8–12 Uhr.

TELEFON – ***Moncho internet e telefonia,*** Rua Tiradentes 181, Telefonate und Internet (R$4/Std.). ◷ Mo–Fr 8.30–20, Sa 9–13 Uhr.

TOUREN – ***Itaguatur Turismo***, Rua Felipe Schmidt 515, ✆ 48/3225 3939, 🖳 www.itaguatur.com.br. Stadt- und Inseltouren, außerdem zu allen Tourismuszielen in der Umgebung. ◷ tgl. 8–19 (NS), 7–23 Uhr (HS).
Scuna Sul, Av. Osvaldo Rodrigues Cabral, ✆ 48/3225 1806, 🖳 www.scunasul.com.br, Ableger bei der Brücke Hercílio Luz, Praia de Canasvieiras, Barra da Lagoa. Schiffsausflüge um die Insel, z. B. zu den Forts, Ilha do Campeche, etc. Mit etwas Glück kann man auf einer der Touren Delphine unterwegs beobachten. Tagestouren für R$30–35.

Nahverkehrsmittel

Florianópolis hat ein ausgeklügeltes öffentliches Transportsystem, das die gesamte Ilha de Santa Catarina mit einbezieht; trotzdem kann das Fortkommen auf der Insel umständlich sein, v. a. im Südteil und in der Nebensaison. Die Wege sind lang und die Strände liegen weit auseinander. Ein Mietauto ist daher eine komfortable Möglichkeit, die Insel zu erkunden. Die Straßen sind gut ausgebaut. Weit verbreitet ist auch Per-Anhalter-Fahren.

SELBSTFAHRER – Im Sommer kommt es oft zu Staus. Es empfiehlt sich daher, möglichst früh zu den Stränden aufzubrechen und eine Rückfahrt zwischen 15 und 19 Uhr zu vermeiden. Autovermietungen gibt es am Flughafen. Außerdem:
The Best Rent A Car, Rua Pedro Ivo 162, ✆ 48/3225 4700, 🖳 www.the-best-rent-a-car.com.br. Günstige Tarife, zuverlässig und freundlich. ◷ Mo–Fr 8–19, Sa 8–12 und 14–18, So 8–12 Uhr.
Vera Car, 48/3259 1956, 🖳 www.veracar.com.br. Übergabe des Autos bei abgesprochenem Treffpunkt auf der Insel, z. B. einer Pousada. Günstige Preise ab R$50/Tag.

BUSSE – Busse verkehren zwischen dem Hauptterminal **TICEN** im Zentrum (neben der Rodoviária) und fünf weiteren zentralen Umsteigeterminals auf der Insel. Von diesen Stationen fahren jeweils weitere Busse sternförmig in die kleinen Orte. (je nach Tarifregion R$1,75–R$3). Zur Lagoa da Conceição bis Terminal **TILAG**.
Neben den Stadtbussen gibt es die komfortablen gelben **Executivos**. Sie fahren direkt zu den Stränden oder zur Lagoa da Conceição (R$4,50, mit Bus *Barra da Lagoa)*. Abfahrt u. a. ab Praça 15 de Novembro.

TAXI – eine gute Option im Zentrum; auf der Insel jedoch wegen der großen Entfernungen kostenintensiv. **Taxi-Stand** an der Praça 15, ***Radio-Táxi***, 48/3240 6009.

Transport

FLÜGE – ***Aeroporto Hercílio Luz,*** Av. Deomício Freitas, 12 km (auf der Insel), ✆ 48/3236 1426, wird angeflogen von ***GOL***, ✆ 48/3331 4127, ***TAM*** ✆ 48/3331 4085, ***Varig*** ✆ 48/3331 4150.

BUSSE – Die ***Rodoviária Rita Maria,*** ✆ 48/3212 3100, ist zu Fuß in wenigen Minuten von der Innenstadt aus zu erreichen.

Buenos Aires: *Flecha Bus,* ✆ 48/3222 8861, tgl. 10.25 Uhr *(cama,* 22 Std., R$256), Mo und Do auch 18.25 Uhr *(semi cama,* 24 Std., R$205). *Pluma,* ✆ 48/3223 1709, tgl. 10.15 Uhr, 25 Std., R$180.
Blumenau: *Catarinense,* ✆ 48/3222 2260, alle 1–2 Std. zwischen 8 und 22 Uhr, 2 1/4 Std., R$26, *Reunidas,* ✆ 48/3224 3727, 6x tgl., 3 Std., R$22.
Curitiba: *Catarinense,* alle 2 Std. zwischen 5.15 und 1.15 Uhr, 4 Std., R$28.
Foz do Iguaçu: 15–17 Std., R$80–100. *Pluma*, tgl. 15 und 18 Uhr. *Reunidas,* tgl. 13.15 Uhr.
Joinville: *Catarinense,* alle 2 Std. zwischen 5.15 und 1.15 Uhr, 2 1/4 Std., R$28, *Reunidas*, 12 und 21 Uhr, 4 Std, R$34.
Porto Alegre: *Santo Anjo,* 3–4x tgl., *(leito)* So–Fr 23.45 Uhr, 6 1/2 Std., R$43–86. *Eucatur,* ✆ 48/3901 1630, 3x tgl., R$42–60.
Rio de Janeiro: *Itapemirim/Penha,* ✆ 48/3223 3697, tgl. 14 Uhr, 18 Std., R$105–150, *(leito)* So 16 Uhr, R$200.
São Paulo: *Auto Viação 1001,* ✆ 48/3223 7766, *Catarinense, Reunidas,* jeweils mehrmals tgl. abends, 10–12 Std, R$64–76, *(leito)* R$100–120.

Ziele **am Litoral von Santa Catarina**
Garopaba: *Paulo Tur,* ✆ 48/3244 2777, alle 1–2 Std. zwischen 6.20 und 22.30 Uhr, 2 Std., R$12.
Imbituba: *Santo Anjo,* ✆ 48/3224 9001, 6–8x tgl., 1 1/2 Std., R$15.
Laguna: *Santo Anjo,* 6–8x tgl., 2 Std., R$20.
Porto Belo: *Catarinense,* tgl. 18 Uhr, 1 1/4 Std., R$12.

Litoral Sul

Laguna

Das historische Örtchen Laguna (48 000 Einw.) ist die zweitälteste Stadt Santa Catarinas. Im Jahre 1839 wurde sie kurzzeitig Hauptstadt der **República Juliana**, eine Episode während der Farroupilha-Revolution (1835–45), in der die Freiheitskämpferin Anita Garibaldi eine zentrale Rolle spielte. Sie ist die bekannteste Tochter der Stadt. In der hübschen kopfsteinbepflasterten Altstadt begegnet man ihr auf Schritt und Tritt. Es lohnt sich ein Blick ins **Museu Anita Garibaldi**, Praça República Juliana, ✆ 48/3644 4947, mit historischen Dokumenten, Waffen und Artesanato. ⌚ tgl. 8–18 Uhr, Eintritt R$2, oder ins **Casa de Anita Garibaldi** (1711), Praça Vidal Ramos. ⌚ tgl. 8–18 Uhr; Eintritt R$1.

Neben seiner interessanten Geschichte ist Laguna auch ein beliebter Badeort. Viele Bars und Restaurants gibt es an der **Praia Mar Grosso**. Die Hauptattraktion liegt allerdings 20 km südlich: der Leuchtturm **Farol de Santa Marta** (1891), einer der ältesten Südamerikas, reizvoll umgeben von Dünen und Stränden. Man erreicht ihn per Bus und Fähre.

Übernachtung und Essen

Viele Pousadas liegen an der Praia Mar Grosso, z. B. das
Laguna Hostel, Rua Aurélio Rótolo 497, ✆ 48/3647 0675, 💻 www.schostel.com.br. HI-Hostel. 100 m vom Strand. Mit Bus zur Praia Mar Grosso. ⌚ Nur Dez–März und Juli. ❶
Hammers Hotel, auch in Mar Grosso, Av. João Pinho 492, ✆ 48/3647 0598, 💻 www.hammers.com.br. 18 einfache Apartments mit Ventilator und Kabel-TV. Nach den ruhigeren Zimmern im hinteren Bereich fragen. ❶–❷
Meeresfrüchte-Restaurants sind in der Gegend einfach zu finden, z. B. das ***Arrastão,*** Av. Sen. Galotti 629 in Mar Grosso: eines der traditionellsten und besten Restaurants von Laguna. ⌚ Mo–Sa 11–15 und 18.30–24, So 11–16 Uhr.
Praça de Anita, Praça República Juliana 109, in der Altstadt. Leckeres Mittagsbuffet für R$14. ⌚ Mo–Sa 11–16 Uhr.

Sonstiges

GELD – ***Banco do Brasil,*** Praça Vidal Ramos 85.

INFORMATIONEN – 💻 www.lagunagolfinho.com.br. **Touristeninformation,** Av. Calistrato Muller Salles, ✆ 48/3644 2441, ⌚ Mo–Sa 8–18, So 8–13 Uhr.

POST – Rua Oswaldo Cabral 113.

Transport

BUSSE – Nach **Florianópolis**: *Santo Anjo,* ✆ 48/3646 0119, 4–6x tgl., 2 Std., R$21.
Catarinense/Eucatur, ✆ 48/3644 0208, 3x tgl.
Imbituba: *Santo Anjo,* 6–10x tgl., 40 Min., R$6.
Catarinense/Eucatur, 3x tgl.
Porto Alegre: *Santo Anjo,* tgl. 0.40, 16.45, 14.45 Uhr (via Tubarão), 6–7 Std., R$38. *Catarinense/Eucatur,* tgl. 11.30, 14.45, 22 Uhr.
Torres: *Santo Anjo,* tgl. 0.40, 16.45 Uhr, 5 Std., R$18.

Praia do Rosa

Ein Strand wie aus dem Bilderbuch: 2 km weißer feinkörniger Sand in einer lang gezogenen, sichelförmigen Bucht; Surfer sind auf der Suche nach der perfekten Welle. Und ihre Chance ist nicht schlecht, sie hier zu erwischen. Aber auch wer nicht surfen möchte, kann hier an einem der wohl schönsten Strände Brasiliens wunderbar entspannte Tage verbringen; viele märchenhafte Pousadas versüßen den Aufenthalt. Während es im Sommer in Praia do Rosa hoch her geht, bettet sich der Ort zwischen April und Oktober zum Winterschlaf. Die Touristen gehen, aber eine echte Attraktion kommt: Gewaltige Wale bevölkern die Bucht. (s. Kasten).

Informationen 💻 www.praiadorosa.tur.br

Wale: Von der Jagd zur Tourismusattraktion

Jedes Jahr zwischen Juli und November ziehen die mächtigen **Glattwale** (port. Baleia Franca, im Fachjargon *Eubaleana australis)* aus antarktischen Gefilden zur südlichen Küste von Santa Catarina, um dort in den warmen geschützten Buchten ihre Jungen zur Welt zu bringen und zu säugen. Die Tiere schwimmen während dieser Zeit langsam und kommen erstaunlich nahe an die Küste – Gewohnheiten, die ihnen ab dem frühen 17. Jh. zum Verhängnis wurden. Seit diesem Zeitpunkt wurden sie gnadenlos gejagt, bis 1973 der letzte Wal gesichtet und die letzte Walfangstation *(Armação)* geschlossen wurde. Erst 1980 ließen sich wieder einige der Ozeangiganten blicken. Mittlerweile ist der Walfang in Brasilien per Gesetz verboten und es gibt Non-Profit-Organisationen, die sich für den Schutz der immer noch vom Aussterben bedrohten Tiere einsetzen, wie z. B. das **Instituto Baleia Franca** (IFB) mit Büro auf dem Gelände der *Pousada Vida Sol e Mar,* unter anderem werden Beobachtungstouren angeboten.

Turismo Vida Sol e Mar, ✆ 48/3355 6111, 🖳 www.vidasolemar.tur.br; Mitarbeiter des IFB begleiten die Touren und geben fachkundige Auskünfte.

Übernachtung und Essen

Praia do Rosa hat eine große Auswahl an niveauvollen Pousadas, einige haben einen überwältigenden Blick auf die Bucht. Aber auch Budget-Traveller werden fündig. Die Pousadas sind ausgeschildert. Außerhalb der Saison ist es ruhig, in den Ferienmonaten gehört Praia do Rosa zu den beliebtesten Orten südlich von Florianópolis. Die Zahl der Bewohner verdreifacht, die Preise verdoppeln sich.

Pousada & Restaurante go pack, ✆ 48/3355 7076. Schöne Apartments mit Küchenzeile, ansprechende Architektur, exzellentes Preis-Leistungs-Verhältnis. Der junge Eigentümer ist Surfer. Hervorragendes vegetarisches Restaurant, ◷ in der HS 18–24 Uhr. Internet (R$6/Std.). ❶–❷

Albergue Dinda Rosa, ✆ 48/3355 7139, ✉ dindarosa@gsurf.com.br, 🖳 www.gsurf.com.br/dindarosa. Zentraler Treffpunkt im Ort mit Lanchonete und Terrasse. Etwas enge Zimmer. Dorms bis zu 12 Pers. Ein paar DZ. Internetcafé (R$4/Std.) ◷ tgl. 7–24 Uhr. ❶

Pousada Halliny de la Rose, Av. Porto Novo, ✆ 48/3355 6000, 🖳 www.intergate.com.br/pousada. Alle Zimmer mit Mikrowelle oder Küche. ❷–❸

Pousada Vida Sol e Mar, ✆ 48/3355 6111, 🖳 www.vidasolemar.tur.br. Anlage mit direktem Strandzugang, in die natürliche Vegetation integriert. Großzügige Chalês mit Küche, eigener Whirlpool. Organisation von Freizeitaktivitäten wie Reitausflüge, Rafting, Bootsausflüge, Walbeobachtung, Touren in die Umgebung. Surfschule. ❻

Pousada Caminho do Rei, letzte Pousada am *Caminho do Morro,* ✆ 48/3355 6062, 🖳 www.caminhodorei.com.br. In diesen King-Size-Betten ist guter Schlaf garantiert. Schon beim Einschlafen freut man sich auf den Ausblick am nächsten Morgen. Der Pool hat die schönste Aussicht im ganzen Ort. ❺–❻

Quinta do Bucanero Guest House, ✆ 48/2255 6056, 🖳 www.bucanero.com.br. Luxus und Romantik pur bietet diese charmante Pousada mit Meerblick, Pool, Whirlpool und eigenem Pfad zum Strand. Keine Kinder unter 14 Jahren. ❻

Tigre Asiático, ✆ 48/3355 7045. Hervorragendes asiatisches Restaurant, Thai-Spezialitäten, sehr leckeres *Tom Yum Goong* (mit Fisch, Krabben, Shitake, Kokosmilch und Limone). Gehobene Preise. ◷ tgl. ab 19 Uhr.

Margherita, krosse Pizza, preiswert. ◷ tgl. 19–24 Uhr.

Transport

BUSSE – Richtung Süden über Imbituba, dort weiter mit *Santo Anjo,* ✆ 48/3255 1833.

Florianópolis: ab Garopaba mit *Paulotur,* ✆ 48/3254 4850. Oder Zustieg in Fernbus an der Hauptstraße BR 101.

Garopaba: *Expresso Garopaba,* ✆ 48/3354 1977, regelmäßig bis 21 Uhr (Mo–Fr) bzw. 18.30 Uhr (Sa und So), 40 Min., R$2,50.

Imbituba: *Santo Anjo,* 4–8x tgl., 1 1/2 Std., R$2,50.

Garopaba

Garopaba ist Santa Catarinas Surferhauptstadt. Während der Ort selbst wenig sehenswert ist, sind die Strände ein Traum. Die zentrale **Praia de Garopaba** ist ein traditioneller Fischerstrand, hier wird noch mit Hand gefischt. Das Wasser ist ruhig und sicher, auch für Kinder zum Baden geeignet. Die in eine hügelige grüne Landschaft eingebettete **Praia da Silveira** ist mit bis zu vier Meter hohen Wellen einer der besten Surfstrände Brasiliens, jedoch ist Baden hier gefährlich.

Auch die starken Wellen der **Praia da Ferrugem** sind bestens zum Surfen geeignet. Der Strand ist im Sommer zudem Treffpunkt der Jugend, das heiße Nachtleben ist über die Stadtgrenzen bekannt.

Übernachtung

Es ist mit deutlichen Aufschlägen in der Hochsaison zu rechnen. Dann wird es in Garopaba so voll, dass kaum mehr Parkplätze im Ort zu finden sind.

ZENTRUM – ***Lobo Hotel,*** Rua Marques Guimarães 81, ✆ 48/3254 3745, 💻 www.gtn.com.br/lobohotel. Von netter Familie geführt. Solide Zimmer mit TV, gutes Frühstücksbuffet. ❶
Pousada Maré Mar, Av. dos Pescadores 43, ✆ 48/3254 4368, 💻 www.pousadamaremar.com.br. Hübsche Apartments mit Küche und Meerblick am zentralen Strand. ❷–❸
Pousada Mariana da Praia, Rua Lauro Severiano Muller 207, ✆ 48/3254 3192, ✉ pousadamarina@terra.com.br. Bunt eingerichtete Zimmer, z. T. mit Whirlpool, nicht weit zum Strand. ❷–❸

PRAIA DA FERRUGEM – ***Hostel Praia do Ferrugem,*** ✆ 48/3254 0035, 💻 www.hostelferrugem.hpg.com.br. Solides HI-Hostel, Zimmer mit Ventilator, 6er-Dorms. Anreise mit dem Bus von Garopaba nach Ferrugem, gegenüber dem Restaurante Tribus aussteigen. ❶

PRAIA DA SILVEIRA – ***Morro da Silveira Eco Village,*** auf dem Weg zur Praia da Silveira, ✆ 48/3354 1740, 💻 www.morrodasilveira.com.br. Hier stimmt einfach alles: Traumhafte Lage auf einem Hügel mit überwältigendem Blick. Außenpool mit Aussicht, SPA mit beheiztem Pool, Sauna, Fitness Center. Solarenergie. Abendessen. ❹–❻

Essen

Viele Restaurants und Bars sind nur im Sommer geöffnet.
Recanto Tio Tia, Rua Marquês Guimarâes 157, gutes Mittags-Buffet, R$14/kg. 🕒 tgl. 11.30–15 Uhr.
Gelomel, Av. dos Pescadores 285. Buffet R$18/kg. Rodízio de Pizza, R$10. 🕒 10.30–2 Uhr.
Embarcação, Av. dos Pescadores 295. Meeresfrüchte in schöner Lage direkt am Meer. 🕒 tgl. 10.30–21 Uhr.

Sonstiges

AKTIVITÄTEN – **Surfen**: Surfschule ***Vento Sul,*** Rua das Amendoeiras 1555, Morrinhos, ✆ 48/3254 4520, 💻 www.ventosul.com.br.
Sandboarding in den bis zu 40 m hohen Dünen an der **Praia do Siriú**.

EINKAUFEN – Garopaba ist Sitz mehrer Hersteller von Surfmode. ***Mormaii,*** eine der bekanntesten Surfermarken Brasiliens, kommt aus Garopaba. Neben dem Laden in der Av. João Orestes de Araújo 12001 ist die schicke ***Mormaii Surf Bar*** (mit Internet-PCs für R$10/Std.), ein Treffpunkt zum Start in die Nacht. 🕒 tgl. 9–1 Uhr.

GELD – ***Banco do Brasil,*** Av. João Orestes de Araújo 740, Geldautomat (internationale Karten) 🕒 6–22 Uhr.

INFORMATIONEN – 💻 www.garopaba.sc.gov.br, keine Touristeninformation, aber es gibt Stadtpläne in den Pousadas, an der Rodoviária und in manchen Geschäften.

INTERNET – ***Telenet,*** Av. João Orestes de Araújo 550, moderne Computer (R$3/Std.) und internationale Telefonate/Fax, auch Geldwechsel. 🕒 Mo–Fr 8–22, Sa 8–21, So 17–21 Uhr.

POST – Rua 30 de Dezembro 50. 🕒 Mo–Fr 9–12 und 14–17 Uhr.

Transport

BUSSE – ***Rodoviária,*** Praça Ivo Silveira, ✆ 48/3254 4335. *Expresso Garopaba* bedient die Strecke entlang der Strände nach **Praia do Rosa** (R$2,25, über **Praia da Ferrugem**). Abfahrt alle 30-60 Min. ab Rodoviária oder Praça Principal. Für viele Ziele südlich von Garopaba ist umsteigen in Imbituba erforderlich.
Imbituba: *Santo Anjo,* 6.30, 8.40, 13, 14.15 Uhr; 45 Min., R$5,50.
Florianópolis: *Paulotur*, alle 1–2 Std., 2 Std., R$14.

Guarda do Embaú

Das Fischerdörfchen Guarda do Embaú ist ein kleines Paradies und – trotz der Nähe zu Florianópolis (70 km) – vom internationalen Tourismus noch weitgehend unentdeckt. Besonders außerhalb der Saison strahlt der Ort eine wohltuende Ruhe aus. Dann verirren sich nur ein paar einzelne Surfer hierher, angezogen von den hohen Wellen.

Friedlich liegt er da, der weite **Strand** mit seinen großen **Dünen** und den bewaldeten Hügeln als Kulisse. Landschaftlich reizvoll fließt der Rio da Madre parallel zum Strand und trennt diesen vom Dorf, bevor er sich mit dem Meer vereinigt. Die Fischer des Dorfes nutzen diese Laune der Natur als willkommenen Zuverdienst und bringen Badelustige für ein kleines Trinkgeld über den Fluss. Informationen 🖳 www.guardadoembau.com.br

Übernachtung und Essen

Im Vergleich zu anderen Strandorten ist der Pousadamarkt noch sehr übersichtlich. Es gibt v. a. einfache Surfer-Unterkünfte mit moderaten Preisen. In der Hochsaison ist mit deutlichen Aufschlägen zu rechnen. Zwischen April und November sind viele Einrichtungen geschlossen.
Pousada & Restaurante Bila, Rua Hercílio Nicolau dos Santos, ✆ 48/3283 1256, 🖳 www.pousadadabila.com.br. Einfache Zimmer, z. T. mit Stockbetten bis zu 4 Pers. Einige Apartments mit Küche. Faire Preise. Frühstück für R$5. ❶. Restaurant im Erdgeschoss mit einfachen und guten Speisen der Region; der *Prato Feito* macht satt und ist lecker, ◷ tgl. 12–16 und 18–21, HS tgl. 12–24 Uhr. ❶
Pousada Anjo da Guarda, Rua Inês Maria de Jesus 156, ✆ 48/3283 2527, 🖳 www.pousadaanjodaguarda.com.br. Komfortable Zimmer mit Ventilator, TV und Hängematte. Familiäre Atmosphäre, das Frühstück gibt's im Haus der Eigentümer. ❷
Zululand, Servidão do Cumbatá, ✆ 48/3283 2093, 🖳 www.zululand.com.br. 10 Chalês (Ventilator oder AC; Küche) in einer großzügigen, familienfreundlichen Anlage mit Pool mitten im Grünen am Fuß eines Hügels. Eigentümer ist der national bekannte Surfer und Telenovela-Darsteller Paulo Zulu. Mai–Aug geschlossen. ❹–❺

Transport

BUSSE – *Paulo Tur,* ✆ 48/3223 7424, bedient die Strecke von und nach **Florianopolis** alle 1–2 Std. zwischen 5.30 und 21.30 Uhr, 1 1/2 Std., R$8.
Wer von Süden kommt, erreicht Guarda do Embaú mit Bussen der Linie Imbituba–Florianópolis *(Santo Anjo)*. Diese halten nur an der Hauptstraße BR 101 (Einfahrt nach Guarda do Embaú), dort weiter per Anhalter oder warten auf *Paulo Tur*-Bus.

Litoral Norte

Porto Belo, Bombas und Bombinhas

Die drei Orte liegen auf einer Halbinsel und sind bekannt für ihre guten Tauchmöglichkeiten. Entsprechend selbstbewusst hat sich Bombinhas den Titel „Hauptstadt des Tauchens“ *(Capital do Mergulho Ecológico)* gegeben. Die meisten Tauchfreunde verlieren daher auch keine Zeit im Hauptort Porto Belo und fahren gleich zu den schöneren Stränden **Praia de Bombas** und **Praia de Bombinhas**. Am Ende des Strandes von Bombinhas befindet sich der Steg, wo die Boote für Tauchausflüge ablegen. Die benachbarte **Praia da Sepultura** eignet sich gut zum Schnorcheln, erreichbar ist sie über einen kurzen Wanderweg. Surfer müssen für gute Wellen noch einige Kilometer weiter fahren, bis zur lang gezogenen **Praia do Mariscal**.

Übernachtung und Essen

PRAIA DE BOMBINHAS – Hier gilt die Faustregel: Je näher am Strand, desto teurer. Die Rua

Tainha ist gesäumt von Pousadas. Ganz am Ende zum Beispiel die kleine familiäre

Pousada La Luna, Rua Tainha 933, ✆ 47/3369 2113, ✉ la.luna@terra.com.br, 🖳 www.pousadalaluna.cjb.net. Mit Pool und gemeinsamem Wohnzimmer. ❷

Albergue Toca da Moréia, Rua do Trapiche 51, ✆ 47/3369 2699, ✉ tocadamoreia@yahoo.com.br, neben der Tauchschule Submarine. Unkonventioneller Taucher-Treff, nur zwei 8er–Dorms, netter Aufenthaltsbereich. Preisgünstiger für Taucher! Kein Frühstück. ❶

Pousada do Arvoredo, Rua Tilápia 99, ✆ 47/3369 2355, 🖳 www.pousadadoarvoredo.com.br. Zauberhafte Anlage am Hang. Häuschen mit Reetdächern. Restaurant mit Panoramablick, ⏲ tgl. 12–23 Uhr. ❹

Pousada Vila do Farol, Av. Ver. Manoel José dos Santos 800, ✆ 47/3393 9011, 🖳 www.viladofarol.com.br. Modernes Luxus-Hotel in mediterraner Architektur. Direkt am Strand, Herrlicher Poolbereich. ❻

Das ***Casa da Lagosta,*** Av. Ver. Manoel José dos Santos 987, serviert sehr gute Fisch-, Krabben- und Langustengerichte. ⏲ Mo–Sa 11–22.30, So 11–17, HS tgl. 10–24 Uhr.

Comandante Dória, Av. Ver. Manoel José dos Santos 1292, hat sehr gute Paella und *Moqueca* auf der Karte. ⏲ tgl. 19.30–24 Uhr, Mai–Aug geschlossen.

PRAIA DE BOMBAS – ***Pousada do Holandês,*** Rua Albatroz 553, ✆ 47/3369 1281, ✉ holandes@terra.com.br, 🖳 www.pousadaholandes.com. Schöne einfache Chalês mit Ventilator. ❷

Camping Costão, Rua Águia 322, ✆ 47/3393 6106. Direkt am Strand, gute Infrastruktur, R$15 p. P. Mai–Okt geschlossen.

PORTO BELO – ***Pousada Sonho Meu,*** Rua São Luiz 500, ✆ 47/3369 4624, 🖳 www.pousadasonhomeu.com. Chalês für bis zu 6 Pers. schmiegen sich an den Hang, Balkon mit Hängematte und Meerblick. Einige mit Küche. Pool. ❷–❸

Refugio do Estaleiro, Rua Flavia V. Martelini 400, Araçá, ✆ 47/3369 8282, 🖳 www.refugiodoestaleiro.com.br. Anfahrt z. T. über Erdpiste, am besten mit Taxi oder Abholservice vereinbaren. Der Panoramablick (Pool!) auf das Meer dieser in den Regenwald integrierten neuen Pousada von 2004 entschädigt. Einrichtung und Gestaltung vom Feinsten. ❻

Sonstiges

AKTIVITÄTEN – **Tauchen** und **Schnorcheln**: Mehrere Anbieter haben Ausflüge zur **Ilha do Arvoredo**, im Programm, dem besten Tauchrevier der Umgebung (2 Std. Bootsfahrt, R$125 inkl. Ausrüstung):

Patadacobra, ✆ 47/3369 2119, 🖳 www.patadacobra.com. Kleine Gruppen und guter Service. ⏲ Mo–Do 9–18.30, Fr und Sa 9–21, So 9–18, HS tgl. 8–23 Uhr.

GELD – ***Banco do Brasil,*** Av. Gov. Celso Ramos 2626, Geldautomat (internationale Karten) ⏲ 6–22 Uhr. **Geldautomat** (Bradesco) neben Supermercado Schmid, Bombas.

INFORMATIONEN – 🖳 www.portobelo.com.br, 🖳 www.bombinhas.sc.gov.br, 🖳 www.guiabombinhas.com.br

Touristeninformation Porto Belo*:* Av. Gov. Celso Ramos, ✆ 47/3369 5030, ⏲ Mo–Fr 8–19, HS tgl. 8–21 Uhr. **Bombinhas:** Av. José Manoel dos Santos 864, ✆ 47/3369 2350.

POST – In **Porto Belo**: Rua Gualberto Leal Nunes 240; in **Bombas**: Av. Falcão 1001 (Straße Richtung Zimbros)

TOUREN – Im Zentrum von Porto Belo an der Praça dos Pescadores (Bootsanleger, ✆ 47/33694185) legen Boote ab zur **Ilha de Porto Belo** und anderen Zielen (R$8–10 p. P.), Fischertouren (R$25/Std).

Transport

BUSSE – Die ***Rodoviária*** von **Porto Belo** liegt in der Hauptstraße, ✆ 47/3369 4092. Von dort geht es weiter zu den Stränden **Bombas** und **Bombinhas** mit den Bussen der lokalen Gesellschaft *Praiana,* ✆ 47/3369 4092.

Florianópolis: *Rainha,* ✆ 47/3348 1277, Mo–Fr 7–9x tgl., Sa und So 3–4x tgl., 2 Std., R$ 10.

Catarinense, ✆ 47/3369 4092, tgl. 18 Uhr.

Balneário Camboriú: *Praiana*, regelmäßig zwischen 5 und 23 Uhr; bis Porto Belo 1 Std, R$6; bis Bombinhas 1 1/2 Std., R$9.

Balneário Camboriú

Der oft wegen seiner Hochhaus-Silhouette auch als Mini-Copacabana bezeichnete Ort hat sich v. a. unter jungen Brasilianern und Argentiniern einen Namen als Party-Eldorado gemacht. Der 6 km lange Stadtstrand ist im Sommer voll mit Touristen, zugleich wird er zum teuersten Ort in Santa Catarina. Tanzen und Shoppen rund um die Uhr – Ballermann pur.

Die touristische Hauptattraktion ist eine Seilbahn, die die Stadt mit der **Praia de Laranjeiras** verbindet, einem hübschen Strand mit einigen Restaurants. Am höchsten Punkt, der **Estação Mata Atlântica**, sollte man aussteigen, um im Regenwald des **Parque Unipraias Camboriú** (🕓 Mi–So 9.30–18, HS tgl. 9–20 Uhr; R$20) umherzuwandern und die großartigen Ausblicke auf die Bucht zu genießen.

Wer Lust auf Klettern und Balancieren hat, kann hier im **Parque de Aventuras** die Möglichkeit zum *Arvorismo* (1 1/2 Std., R$20) nutzen, eine Art Baumwandern über Wege, Brücken oder Netze auf 7 m Höhe. Hinter der Praia de Laranjeras liegt die **Praia do Pinho**, Brasiliens erster offizieller FKK-Strand.

Das von weitem sichtbare Wahrzeichen von Balneário Camboriú ist der **Cristo Luz**, eine auf einem Hügel thronende 33 m hohe Kopie der Christus-Statue von Rio de Janeiro. Nachts wird sie in bunten Farben kitschig angestrahlt. Vom Panoramarestaurant hat man einen grandiosen Blick auf die Stadt. 🕓 des Areals: Di–So 10–1 Uhr, HS tgl.; Eintritt R$5 (tagsüber), R$12 (nachts). Mit Buffet im Restaurant (ab 19 Uhr) R$18 inkl. Eintritt zum Cristo. Kostenloser Transport vom Zentrum.

Übernachtung und Essen

Es gibt so gut wie keine Budget-Unterkünfte in Balneário Camboriú, teure (aber nicht immer schöne) Hotels hingegen sind zahlreich.

Hotel Gênova, Rua 3700 Nr. 160, 📞 47/3361 8892, 💻 www.hotelgenova.com.br. Modernisierte Zimmer, ein Block vom Strand, fairer Preis. ❷

Tropikalya Hotel, Rua 401 Nr. 15, 📞 47/3367 2570, 💻 www.tropikalya.com.br. Solides Hotel mit gutem Preis, moderne Lobby und Frühstücksraum. 100 m vom Meer. ❸

Hotel Topazio, Rua 11 Nr. 15, 📞 47/3367 1022, ✉ hoteltopazio@terra.com.br. Renoviertes Hotel mit hellen, sauberen Zimmern; mitten im Geschäftszentrum. ❸

Marambaia Hotel, Av. Atlântica 300, 📞 47/3267 4099, 💻 www.marambaia.com.br. Älteres Traditionshotel an der Uferstraße. Beheizter Pool, Fitness-Center. Im Erdgeschoss das ***Restaurant Sapore di Mare***, mittags sehr gutes Buffet *(all you can eat* R$10 oder R$15/kg,), Sa *Café Colonial*, 🕓 Mo–Fr 11.30–14.30 und 19.30–23, Sa 11.30–14.30 und 16–20 Uhr. ❹–❻

Das Restaurant ***O Pharol***, Av. Atlântica 5740, ist bekannt für sein *Rodízio de frutos do mar*, Sa Feijoada. 🕓 tgl. 11–24 Uhr.

Darüberhinaus konzentrieren sich viele Bars und Restaurants an der Flussmündung in der **Via Gastronômica**.

Sonstiges

GELD – ***Banco do Brasil***, Av. do Estado 3277, Geldautomat (Visa), 🕓 6–22 Uhr. ***HSBC***, Av. Central 541, internationale Karten.

INFORMATIONEN – 💻 www.secturbc.com.br. **Touristeninformation**, Av. do Estado 5041 (Ortseingang) und Rodoviária, 📞 47/3367 8122.

POST – Av. Central 540; Av. Brasil 855.

Transport

FLÜGE – nächster Flughafen: ***Navegantes***, 📞 47/3342 1132. *(Gol, Tam* und *Varig).*

BUSSE – ***Rodoviária***, 📞 47/3367 2901. Im Sommer 24 Std.-Service: Der *Bondindinhos*-Bus fährt entlang der wichtigsten Straßen; R$2,25.

Blumenau: *Catarinense*, 📞 0800/470470, stdl., 1 3/4 Std., R$13. *União*, 📞 47/3366 3026, Mo–Fr 11.20, 19.35, Sa 19.35, So 21.20 Uhr, 1 1/2 Std., R$11.

Florianópolis: *Catarinense*, stdl., 1 3/4 Std., R$16. *Reunidas*, 📞 47/3367 2156, 9.30 und 20.40 Uhr, 1 1/2 Std., R$15.

Joinville: *Catarinense,* alle 1–2 Std., 1 1/2 Std., R$18. *Reunidas,* 7.45 Uhr, 2 1/2 Std., R$18. *Santo Anjo,* ✆ 47/3367 3517, 6x tgl., 1 1/2–2 1/2 Std., R$16.
Porto Belo: *Praiana,* ✆ 47/3367 1224, 1 Std., R$9.

São Francisco do Sul

São Francisco do Sul (32 000 Einw.) ist ein koloniales Bilderbuchstädtchen in malerischer Lage an der **Baía da Babitonga**. Die Stadt ist die drittälteste Brasiliens und hat den fünftgrößten Containerhafen des Landes. Es ist eine Wonne, durch die Gassen des historischen Zentrums zu flanieren und die Atmosphäre auf sich wirken zu lassen. 1504 ging hier der französische Seefahrer Binot Paulmier de Gonneville vor Anker und setzte damit den Anfangspunkt der Siedlung, die später von portugiesischen Einwanderern erbaut wurde. Im 19. Jh. landeten deutsche Immigranten hier, um das Binnenland zu kolonisieren.

Im Zentrum steht am Ufer der hübsche **Mercado Público** von 1900. Auf einer Anhöhe schaut die **Igreja N. S. da Graça** (Ende 17. Jh.) an der schönen **Praça Getúlio Vargas** auf das Treiben am Hafen hinab.

Ein Besuch der Stadt lohnt sich schon wegen des hochinteressanten und aufwändig gestalteten **Museu Nacional do Mar**, Rua Manoel Laurenço de Andrade 133, ✆ 47/3444 1868, 💻 www.museunacionaldomar.com.br. Das Museum illustriert die Geschichte der brasilianischen Seefahrt mit einer beeindruckenden Sammlung von Originalschiffen und Modellen aus allen Regionen des Landes. Ein eigener Saal ist dem brasilianischen Abenteurer Amyr Klink gewidmet. Hier ist auch jenes Ruderboot ausgestellt, mit dem er 1984 alleine den Atlantik überquerte. Viel Zeit einplanen, die Ausstellungsfläche ist riesig! 🕓 Di–Fr 10–18, Sa und So 11–19 Uhr; Eintritt R$5.

Auch die schönen Strände (15 km vom historischen Zentrum) machen São Francisco zu einem lohnenswerten Ziel. Am beliebtesten ist die **Praia da Enseada**, hier gibt es die meisten Pousadas und Bars. An der **Prainha** (Praia da Saudade) und der lang gestreckten **Praia Grande** trifft sich die Surferszene.

Übernachtung und Essen

ALTSTADT – ***Kontiki Hotel,*** Rua Babitonga 211, ✆ 47/3444 2232, ✉ hotel@hotelkontiki.com.br. Süße Zimmer, z. T. mit AC und Meerblick. ❸
Zibamba Hotel und Restaurante, Rua Fernandes Dias 27, ✆ 47/3444 2020, ✉ zibamba@saofranciscodosul.com.br. Großer Meerblick-Balkon und hübscher Pool-Bereich. Eigenes Fisch-Restaurant mit Buffet (R$19 pauschal). 🕓 tgl. 12–14.30 und ab 19 Uhr. ❹
Restaurante Portela, Rua Babitonga 84, etwas günstiger, ebenfalls Buffet (R$13) und à la carte. Herrliche Lage am Wasser. 🕓 tgl. 9–24 Uhr.
Ilha Tripical, Rua Mal. Floriano Peixoto 22, untergebracht in einem schönen alten Kolonialhaus aus dem Jahr 1873. Mittags Buffet (R$7), abends à la carte. 🕓 Mo–Mi 12–14.30, Do–Sa 12–14.30 und 20–24 Uhr.

STRÄNDE – An der gut mit öffentlichen Verkehrsmitteln erreichbaren **Praia de Enseada** gibt es die meisten Unterkunftsoptionen.
Pousada da Ilha, an der Ostküste, 50 m vom Surferstrand Prainha, ✆ 47/3449 0756, 💻 www.pousadadailha.com, schon von weitem an der Dachaufschrift sichtbar. Sympathische Pousada mit Apartments von *simples* bis *super-luxo*. Besonders günstig ist das *Indoor-camping* unter dem Dach. Englischsprachiger Pächter. ❷
Restaurante Calamares, Av. Atlântica 1516, Praia de Enseada, einfaches, gutes Meeresfrüchte-Restaurant mit Tradition. 🕓 tgl. 10–22, HS 10–24 Uhr.

Sonstiges

FESTE – **Festilha**, der Geburtstag de Ortes (15. 4.) wird Mitte/Ende April mit azoreanischem Essen und folkloristischen Aufführungen gefeiert.

GELD – ***Banco do Brasil,*** Rua Hercilio Luz 53, Geldautomat (internationale Karten) 🕓 6–22 Uhr.

INFORMATIONEN – 💻 www.saofranciscodosul.com.br. **Touristeninformation**, ✆ 47/3444 5380, Trailer neben dem Mercado Municipal, 🕓 tgl. 10–16 Uhr.

INTERNET – ***Hi-Tech,*** Rua Fernandes Dias 59, gegenüber Hotel Zibamba. R$2,50/Std. ⌚ tgl. 10–22 Uhr.

POST – Praça Getúlio Vargas 3.

TOUREN – Bootstour durch die Baía de Sãi Francisco, vorbei an 14 Inseln. Tickets und Informationen: ***Embarcações Portela,*** Rua Babitonga 84 (beim gleichnamigen Restaurant), ✆ 47/3444 1579. 2 1/2 Std., R$12 bzw. R$ 20 mit Mittagessen.

Transport

BUSSE – ***Rodoviária,*** ✆ 47/3444 8086. Die o. g. Strände werden von lokalen Bussen bedient.
Joinville: *Catarinense,* ✆ 47/3444 2280, 7.20, 18.50 Uhr, R$7, 1 Std. *Verdes Mares,* ✆ 47/3444 2947, alle 1–2 Std. zwischen 5.20 und 18.45 Uhr.
Florianópolis: via Joinville.

Das Hinterland

Für Brasilianer ist eine Reise ins **Vale Europeu**, das „Europäische Tal", wie ein Abstecher nach Europa ohne Brasilien verlassen zu müssen. Inmitten einer romantischen Mittelgebirgslandschaft liegen zahlreiche Siedlungen europäischer Einwanderer. Hier ist die Geschichte deutscher Einwanderung mit ihren Traditionen und Bräuchen bis heute lebendig. Wirtschaftliches, touristisches und kulturelles Zentrum ist **Blumenau** im Tal des Rio Itajaí.

Blumenau

Wenn es eines Beweis bedurft hätte, wie brasilianische Lebensweise und deutsche Kultur zusammenpassen: Die 260 000 Einw. zählende Stadt Blumenau wäre ein perfektes Beispiel. Hier leben deutsche Kultur und Folklore so ungebrochen fort wie nicht einmal in der früheren Heimat. Während in Deutschland immer mehr Jugendliche einer *Capoeira*-Gruppe beitreten, sind in Blumenau die **Schützenvereine** oder die *Grupo Folclórico* fester Bestandteil der Sozialisation der Jugend. Mehr als 20 verschiedene gibt es in Blumenau, sie tragen Namen wie *Fröhliche Jugend, Blumenstrauß* oder *Freiheitstanzgruppe.*

Erstaunlich ist, dass die Blumenauer trotz allem eine ausgeprägte brasilianische Identität besitzen. So hört man Deutsch auch nur noch selten; vielmehr ist es der visuelle Eindruck, der die Abstammung verdeutlicht: Hellhäutige, oft blonde Menschen bevölkern die gepflegten Straßen, Fachwerkhäuser prägen das Stadtbild, Hotels und Restaurants heißen *Himmelblau, Frohsinn* oder *Wunderwald.*

Eine deutsche Erfolgsstory

Ohne Dr. **Hermann Bruno Otto Blumenau** (1819–1899) gäbe es sie nicht, die nach ihm benannte Stadt, die weit über die Grenzen Brasiliens hinaus für die deutschen Einwanderung in Brasilien steht. Der Apotheker aus Hasselfelde im Harz beschloss erstmals 1846, nach Brasilien zu fahren; bis 1848 bereiste er den Süden auf der Suche nach fruchtbarem Boden und leicht zu erschließendem Land. Seine Wunschvorstellungen fand er schließlich erfüllt im Tal des Rio Itajaí. Als **Naturfreund** war er begeistert von der Pflanzenwelt und der Schönheit der Landschaft. Blumenau gründete die Kolonie im Jahre 1850 zusammen mit weiteren 17 Kolonisten. Zu Hause rührte er kräftig weiter die Werbetrommel. Bis 1854 folgten 309 Einwanderer, zu dem Zeitpunkt gab es bereits Zucker- und eine Maniokmühle sowie zwei Krämerläden. Fünf Jahre später wurde schon die erste Schützengesellschaft gegründet. Zehn Jahre nach der Gründung der Kolonie ging Blumenau das Geld aus, er musste sein Projekt an die brasilianische Regierung übergeben. Er selbst blieb als **Verwalter** vor Ort. Auch in den folgenden Jahren riss der Zustrom nicht ab: Im Jahre 1880 zählte die Siedlung bereits 15 000 Bewohner. Die meisten Emigranten kamen aus Pommern, Holstein und Niedersachsen, später gesellten sich auch Brasilianer und Italiener hinzu. Unter ihnen waren viele Bauern, aber auch Handwerker, die aus Blumenau bald ein florierendes industrielles Zentrum machten. Bis heute schlägt hier das Herz der brasilianischen Industrien für Textilien, Porzellan und Glas.

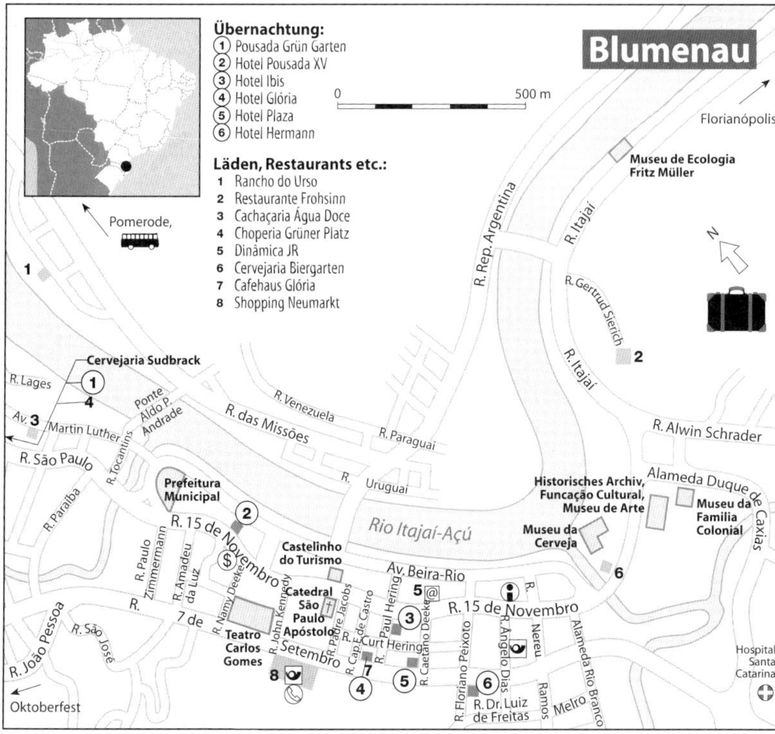

Im Tourismus nutzt die Stadt geschickt die Andersartigkeit ihrer Traditionen aus. Bestes Beispiel ist das **Oktoberfest**, das für den Durchbruch zu landesweiter Bekanntheit sorgte. Dessen Entstehung hatte ganz praktische Gründe: Wegen heftiger Überschwemmungen in den Jahren 1983 und 1984 hatte die Stadt zwei Probleme: erstens war die Stadtkasse leer, zweitens die Stimmung der Bevölkerung im Keller. Beides sollte ein großes Volksfest nach Münchener Vorbild richten. Es zeigte sich, dass diese Idee Gold wert war. Mittlerweile strömen rund eine Million Besucher zum ursprünglich kleinen Stadtfest, sie verspeisen Zehntausende Eisbeingerichte mit Sauerkraut und konsumieren etwa 300 000 Liter Bier. Das Oktoberfest ist weltweit das Zweitgrößte – nach München. Für den musikalischen Part sorgen 30 Blaskapellen, einige werden sogar eigens zu diesem Anlass aus Deutschland eingeflogen. Und getanzt wird in Dirndl oder Lederhose.

Sehenswertes

Im Blumenau von heute gibt es nur noch wenige historische Gebäude aus der Zeit der Kolonisation. In den 70er Jahren wurden viele der alten Häuser abgerissen und durch „deutsche", z. T. künstlich wirkende Fassaden ersetzt.

Die zentrale Einkaufsstraße ist die Rua 15 de Novembro; sie hieß bis 1890 noch **Wurststraße**. Hier liegt eines der bekanntesten Fachwerkgebäude Blumenaus, das **Castelinho do Turismo** (Nr. 1050). Gegenüber fällt die von Klemens Holzmeister entworfene, architektonisch reizvolle Bischofskirche **Catedral São Paulo Apóstolo** (1958) auf. Einen Block weiter befindet sich das **Teatro Carlos Gomes** von 1939 (s. Kultur und Unterhaltung), das für das ungewöhnlich reiche Kulturleben Blumenaus steht.

Die Reste des historischen Zentrums von Blumenau befinden sich in der Alemada Duque de Ca-

Das Rathaus von Blumenau

xias 78 (Rua das Palmeiras): Im **Museu da Familia Colonial** sind drei Fachwerkhäuser inklusive Einrichtung aus dem 19. Jh zu besichtigen, ⌚ Di–Fr 9–17, Sa 9–12 und 14–16.30, So 9–12 Uhr; Eintritt R$1. Hier lebte einst die Theaterschauspielerin Edith Gärtner, eine Großnichte des Herrn Blumenau. Sie pflegte eine Leidenschaft für Katzen. Der Nachwelt hinterließ sie einen Katzenfriedhof im Garten hinter den Häusern, wo u. a Schnurr, Mirl und Peterle in Frieden ruhen. Nebenan befindet sich das **Historische Archiv** und das Kulturzentrum **Funcação Cultural** mit dem **Museu de Arte**, das Werke von Künstlern aus der Region zeigt. ⌚ Mo–Fr 8–12 und 13.30–17.30 Uhr.

Einen anderen Schwerpunkt setzt das **Museu da Cerveja**, Praça Hercílio Luz 160, auf der anderen Straßenseite, nämlich auf die Geschichte der Bierproduktion in Blumenau. ⌚ Mo–Fr 9–18, Sa 10–18, So 10–15 Uhr. Die bekannteste Biermarke der Stadt heißt „Eisenbahn". Dessen Herstellung – selbstverständlich nach deutschem Reinheitsgebot – kann in der **Cervejaria Sudbrack** besichtigt werden, Rua Bahia 5181, außerhalb der Stadt, ✆ 47/3330 7371. ⌚ Mo–Fr 16–24, Sa 10–24 Uhr. An der Hauptstraße nach Florianópolis liegt das **Museu de Ecologia Fritz Müller**, Rua Itajaí 2195. Hier wohnte Dr. Fritz Müller aus Erfurt, einer der bedeutendsten Biologen seiner Zeit, der mit Charles Darwin zusammenarbeitete. Ausgestellt sind ausgestopfte Tiere, Schmetterlinge und Utensilien des Forschers. ⌚ tgl. 8–11.30, 13.30–17.30 Uhr; freiwillige Spende.

Pomerode

Gepflegte Vorgärten und Straßen, norddeutsche Backstein- und Fachwerk-Architektur – es wird wohl kaum jemand dem 31 km von Blumenau entfernt liegenden Städtchen den Titel der *Cidade mais alemã do Brasil,* der **deutschesten Stadt Brasiliens**, absprechen wollen. Mehr als drei Viertel der 22 000 Einw. sind deutschstämmig, ein Großteil spricht noch Deutsch: mit pommerschem Akzent. Ab 1861 siedelten sich ihre Vorfahren aus Pommern am Rio do Testo an und gründeten Bauernhöfe. Erste Manufaktur war die Porzellanfabrik Schmidt, heute die größte Porzellanfabrik Brasiliens. Aufgrund der abgeschiedenen Lage und schlechter Verkehrsverbindungen hat sich die ursprüngliche Kultur weit besser erhalten als anderswo. Hier geht es noch ein gutes Stück „deutscher" zu als in Blumenau.

Um den Ort Pomerode zu Fuß zu erkunden, sollte man etwas Zeit mitbringen, denn die Sehenswürdigkeiten liegen weit auseinander. Besser geht es mit Fahrrad oder Mietwagen.

Einige historische Stätten geben Einblick in die Zeit der Einwanderung des 19. Jhs., z. B. das Restaurant **Wunderwald** (s. Essen) oder das Museum **Casa do Imigrante Carl Weege**, Rua Leopoldo Blaese 11 (außerhalb). Zu sehen sind persönliche Gegenstände eines der ersten Einwanderer. ⌚ Mi–So 9–16 Uhr.

Übernachtung

BLUMENAU – Während des Oktoberfestes ist Reservierung lange im Voraus erforderlich.
Pousada Grün Garten, Rua São Paulo 2457, ✆ 47/3323 4332, 💻 www.grungarten.com.br. Schönes HI-Hostel in hübscher Villa; außerhalb der Stadt, aber nur 15 Min. zu Fuß zum Busbahnhof (über die Ponte do Tamarinho). Vom Zentrum aus: Bus Linie 10 *Fonte Aterro/via rua São Paulo.* ❶–❷
Hotel Hermann, Rua Mal. Floriano Peixoto 213, ✆ 47/3322 4370, 📠 3326 0670. Einfaches Hotel, stilvoll und gepflegt. Einige Zimmer (2–4 Pers.) mit Gemeinschaftsbad, z. T. AC. ❶–❷
Hotel Pousada XV, Rua 15 de Novembro 1290, ✆/📠 47/3322 8328. Zentrale Lage in der Fußgängerzone, gemütliche Zimmer, mit oder ohne eigenes Bad. ❶–❷
Hotel Ibis, Rua Paul Hering 67, ✆ 47/3221 4700, 💻 www.accorhotels.com.br. Modern und gepflegt, zentrale Innenstadtlage. ❸
Hotel Glória, Rua 7 de Setembro 954, ✆ 47/3326 1988, 💻 www.hotelgloria.com.br. Gutes Traditionshotel mit z. T. renovierungsbedürftigen Zimmern. ❸–❹
Hotel Plaza, Rua 7 de Setembro 818, ✆ 47/3231 7000, ✉ blumenau@plazahoteis.com.br, 💻 www.plazahoteis.com.br. Blumenaus Top-Hotel im Zentrum. ❻

POMERODE – ***Pousada Max,*** Rua 15 de Novembro 257, ✆ 47/3387 3070, ✉ pousadamaxpomerode@terra.com.br. 15 hübsche Apartments mit AC im Zentrum des Ortes. ❷–❹

Essen und Nachtleben

Wie nicht anders zu erwarten ist die regionale Küche von den deutschen Einwanderern geprägt. Typische Gerichte sind *Eisbein (Joelho de Porco), Kassler, Marreco Recheado* (Wildente mit Füllung und Rotkohl).

BLUMENAU – ***Restaurante Frohsinn,*** Rua Gertrud Sierich 940. Deutsche und internationale Küche, abends Klaviermusik, Blick auf die Stadt. ⌚ tgl. 11.30–0.30 Uhr.
Cafehaus Glória, Rua 7 de Setembro 934. Traditionsreiches Lokal, bestes *Café Colonial* der Stadt (R$14). ⌚ tgl. 6–10 und 15–20 Uhr. Im Restaurant: mittags Buffet R$14/kg, abends Suppenbuffet (R$9). ⌚ Mo–Fr 11–14 und 18–22, Sa 11–14 Uhr.
Churrascaria Ataliba, Rua Porto Rico 51, Ponta Aguda. Sehr gutes gegrilltes Fleisch, Rodízio R$30. ⌚ tgl. 11.30–16 und 19–24 Uhr.
Cervejaria Biergarten, Rua XV de Novembro 160, Zentrum. Der beste Ort für ein *Chope*, vernünftige Preise. ⌚ tgl. 10–24 Uhr.
Choperia Grüner Platz, Rua São Paulo 1120. Acht Sorten frisch gezapftes Bier, wie *Eisenbahn, Bierland, Brahma.* ⌚ Di–Sa 17–1, Sa und So 12–15 Uhr.
Choperia Bierkrug, Rua Antônio da Veiga 390, Victor Konder (1,5 km vom Zentrum). Mittags Buffet, abends à la carte, viefältige Speisekarte, oft Live-Musik. ⌚ Mo–Sa 12–14.30 und ab 18 Uhr.
Cachaçaria Água Doce, Rua Carlos Rieschbieter 61, Boa Vista. Sehr gutes Essen aus Minas Gerais. Immer voll, manchmal Live-Musik. ⌚ tgl. ab 17 Uhr.
Rancho do Urso, Rua Buenos Aires 275, Ponta Aguda. Romantische Restaurant-Bar, Treffpunkt der Verliebten. ⌚ Mo–Sa 19–23 Uhr.
Zum Tanzen sind beliebt (jeweils Live-Musik am Wochenende):
Bar Dona D Pub, Rua Marechal Deodoro 686, Velha (4 km vom Zentrum), Eintritt R$ 7. ⌚ Do–Sa 22–4 Uhr.
Observatório, Rua Antônio da Veiga 171, Victor Konder (1,5 km vom Zentrum) ⌚ Fr und Sa ab 21 Uhr.

POMERODE – Eine Reise in die Vergangenheit garantiert die Siedlung um das Restaurant

Wunderwald, Rua Ricardo Bahr 200 (am Stadtrand) mit typisch deutscher Kolonial-Küche. *Marreco rechado* heißt hier Fritz, Frida & Cia. Die Kellner tragen typische Trachten. ⏲ Mo–Sa 11.30–15 und 18–22, So 11.30–15 Uhr. Nebenan können Gästezimmer im kolonialen Stil gemietet werden. ❸

Direkt im Zentrum liegt das traditionellste Café von Pomerode mit dem einladenden Namen ***Torten Paradies,*** Rua 15 de Novembro 211. *Café Colonial,* ⏲ Mo–Fr 7.30–20, Sa 7.30–19.30, So 8–11.30 und 14.30–19.30 Uhr.

DER SÜDEN

Kultur und Unterhaltung

THEATER UND KONZERTE – ***Teatro Carlos Gomes,*** (Blumenau), 💻 www.teatrocarlosgomes.com.br. Das Kammerorchester zählt zu den besten in Brasilien.

KINO – ***GNC Cinemas,*** Neumarkt Shopping (Blumenau), 💻 www.neumarkt.com.br.

Aktivitäten

Parque Ecológico Spitzkopf, ✆ 47/3336 5422. 14 km von Blumenau, 5 Millionen m^2 Urwald, Wasserfälle, natürliche Swimmingpools, Camping-Möglichkeit, Wanderwege zum Aussichtspunkt von 936 m Höhe (6 km), Aussicht an klaren Tagen bis zum Meer. ⏲ tgl. 7–19 Uhr; Eintritt R$5.

Ativa Rafting, Base Vale do Itajaí, BR 470 km 109, Apiúna, ✆ 47/3353 1392. 💻 www.ativarafting.com.br. Professionelle Agentur für Rafting und andere Abenteuersportarten in der Gegend um Blumenau.

Rota Turismo Receptivo, Rua Dr. Nereu Ramos 1140, Gaspar, ✆ 47/3332 7472, 💻 www.rotaturismo.tur.br. Professionelle und kompetente Agentur für Touren durch Blumenau, Pomerode und Umgebung.

Sonstiges

EINKAUFEN – Blumenau ist bekannt für seine Kleider und Glas/Kristalle. Handgefertigte Glaskunst gibt es im ***Glaspark,*** Rua Rudolf Roedel 147 (Salto Weissbach), der Industriedesignerin Christine aus Bayern; Vorführungen des Glasblasens, großer Verkaufsraum. ⏲ Mo–Fr 9–18, Sa 9–13 Uhr.

Shopping Neumarkt, Rua 7 de Setembro 1213. Größtes Einkaufszentrum. ⏲ tgl. 10–22 Uhr.

FESTE – **Blumenau**: *Oktoberfest,* auf dem PROEB-Gelände, Rua Alberto Stein 199, 💻 www.oktoberfestblumenau.com.br. 18 Tage, Umzug und Freibier auf der Straße.

Pomerode: Die *Festa Pomerana* wird an 10 Tagen um den 21. Januar, dem Gründungstag von Pomerode, gefeiert. Auf dem Programm stehen Wettbewerbe in „typischen Disziplinen" wie Holzhacken, Knüppelwerfen und Hau-den-Lukas. Dazu gibt es traditionelles Essen wie Eisbein oder *Marreco recheado* und Vorführungen von Folkloregruppen.

GELD – ***Banco do Brasil,*** Rua 15 de Novembro 1305. Geldautomat (internationale Karten). ⏲ 6–22 Uhr.

INFORMATIONEN – 💻 www.valeeuropeu.com, 💻 www.blumenau.com.br, 💻 www.pomerode.com.br. **Touristeninformation,** Rua 15 de Novembro 420 (Blumenau), ✆ 47/3326 1516, ⏲ tgl. 9–21 Uhr; Rua 15 de Novembro 818 (Pomerode), ✆ 47/3387 2627, ⏲ Mo–Fr 8–18, Sa und So 9–16 Uhr.

INTERNET – ***Dinâmica JR,*** Rua 15 de Novembro 696. Internet und Telefonate, R$5/Std., ⏲ Mo–Fr 8–19.45, Sa 8.30–12.45 Uhr.

MEDIZINISCHE HILFE – ***Hospital Santa Catarina,*** Rua Amazonas 301, ✆ 47/3231 2240.

POST – Rua Ângelo Dias 79 und Shopping Neumarkt, Sala 28.

TELEFON – ***Posto Telefônico,*** Shopping Neumarkt, ⏲ Mo–Sa 10–22, So 14–20 Uhr.

Nahverkehrsmittel

BUSSE – Stadtbusse in Blumenau (R$1,65). Zusätzlich gibt es **Vermelhinhos**, R$2, klimatisiert; keine festen Haltestellen, Zustieg z. B. in der Rua 15 de Novembro.

Busse zwischen **Blumenau** und **Pomerode**: *Catarinense,* ✆ 47/3387 2403, 3x tgl., 30 Min., R$5. Weitere Verbindungen (stdl.) mit der lokalen Gesellschaft *Volkmann,* ✆ 47/3387 1321. Zustieg auch an der Av. Beira Rio (Blumenau).

TAXI – ***Radio Táxi,*** ✆ 47/3222 1977. (24 Std.).

Transport

FLÜGE – ***Aeroporto Navegantes,*** 60 km entfernt an der Küste, ✆ 47/3342 1132. (*Gol, Tam* und *Varig).*

BUSSE – ***Rodoviária*** (Blumenau), Rua 2 de Setembro 1222, ✆ 47/3323 0690.
Balnéario Camboriú: *Catarinense,* ✆ 47/3323 0690, stdl., 1 1/2 Std., R$10.
Curitiba: *Catarinense,* alle 2 Std., 3 1/2 Std., R$21–25.
Florianópolis: *Catarinense,* alle 1–2 Std., 2 1/4 Std., R$24.
Joinville: *Catarinense,* alle 1–2 Std., 1 1/2 Std., R$17.

Joinville

Auch in Joinville, der größten Stadt in Santa Catarina (430 000 Einw.), erinnern Bauformen, Kultur und Bevölkerung an europäische und insbesondere **deutsche Einwanderung**. „Schuld" an dem französisch klingenden Namen war allerdings der französische Prinz François Philippe von Joinville. Er entschied sich 1843, die brasilianischen Prinzessin Francisca Carolina zu ehelichen. Die Gegend um das das heutige Joinville war die Mitgift dieser Eheschließung und trug ursprünglich den Namen *Dona Francisca*. Gegründet wurde die Kolonie 1851 von Einwanderern aus Deutschland, der Schweiz und Norwegen. Auf vielen Straßenschilder erinnern **doppelte Aufschriften** an diese Geschichte: so war die zentrale Rua 15 de Novembro früher der *Mittelweg*, die Rua 9 de Março hieß *Hafenstraße* und die Rua Princesa Isabel war als *Ziegeleistraße* bekannt. Heute ist Joinville eine moderne Industriestadt.

Im **Museu Nacional de Imigração e Colonização**, Rua Rio Branco 229, dokumentieren alte Möbel, Bilder und Werkzeuge aus dem 19. Jh. die Entwicklung der Kolonie. ⌚ Di–Fr 9–17, Sa und So 11–17 Uhr; Eintritt R$2. Beheimatet ist das Museum im Prinzenpalast **Palácio dos Príncipes** (1870). Die beeindruckenden, hohen Palmen davor (1873 gepflanzt) bilden die **Rua das Palmeiras**. Ursprünglich sollte sie als Prachtstraße zur Sommerresidenz des Prinzenpaares dienen, doch das Paar zog hier nie ein.

Am nächsten kommt man der Stimmung der Einwandererjahre auf dem unter Denkmalschutz stehenden Einwandererfriedhof **Cemitério dos Imigrantes**, Rua 15 de Novembro 978. Er diente 1851–1913 zur Bestattung der deutschen Einwanderer und hat heute einen ganz eigenen morbiden Charme. Auf den zum Teil überwucherten und verfallenen Grabsteinen sind noch die deutschen Inschriften zu erkennen. Die verrosteten schmiedeeisernen Geländer wurden einst in Deutschland gefertigt. Gleich nebenan hat der **Deutsche Kulturverein Joinville** seinen Sitz, ✆ 47/3433 5598. Unter der Woche ist nachmittags meist jemand anwesend, der Deutsch spricht. Mit etwas Glück bekommt man eine Friedhofsführung.

Der im Fachwerkstil erbaute **Mercado Municipal**, Praça Hercílio Luz, ist zentraler Treffpunkt der Einheimischen; Di und Do ab 21 Uhr wird Live-Musik gespielt (MPB, Jazz), Sa 11–17 Uhr Samba und Chorinho; Eintritt frei. ⌚ Mo–Fr 7–19, Sa 7–13 Uhr. Ein originelles Museum für Fahrradfans ist das **Museu da Bicicleta**, Rua Leite Ribeiro, ✆ 47/3455 0372. Hier, im alten Bahnhof von Joinville, sind mehr als 1000 antiquarische Tretesel zu bestaunen. ⌚ Di–So 9–12 und 14–17.30 Uhr.

Übernachtung

Die meisten Hotels geben am Wochenende deutliche Rabatte.
Hotel Sabrina, Praça Hercílio Luz 234, ✆ 47/3433 9527, 💻 www.hotelsabrina.com.br. Einfache, gemütliche Zimmer mit Ventilator oder AC in zentraler Lage. ❷
Príncipe Hotel, Rua Jerônimo Coelho 27, ✆ 47/3433 4555, 💻 www.hprincipe.com.br. Zimmer z. T. mit AC und Kabel-TV. ❷
Anthurium Parque Hotel, Rua São José 226, ✆ 47/3433 6299, 💻 www.anthurium.com.br. Hotel im alten Bischofshaus. Romantische Suiten mit Himmelbett, Gartenrestaurant. Hübsche Anlage, Sauna, Pool. ❸

Le Village, Av. Dr. Albano Schulz 815, ✆ 47/2101 8500, 💻 www.hoteislevillage.com.br. Alle Zimmer mit Küche und Mikrowelle, Kabel-TV, AC; für ein Top-Hotel vergleichsweise günstig. ❸–❹

Hotel Tannenhof, Rua Visconde de Taunay 340, ✆ 47/3433 8011, 💻 www.tannenhof.com.br. Traditionshotel, Mix aus Hotel-Hochhaus im Schwarzwald-Stil, schöner Blick auf die Stadt, Internet inkl. ❹–❺

Blue Tree Towers, Av. Juscelino Kubitschek 300. ✆ 47/3461 8000, 💻 www.bluetree.com.br. Modernes Luxus-Hotel in zentraler Lage, Sauna- und Fitnessbereich. ❻

Essen

Die europäischen Ursprünge Joinvilles sind in der Gastronomie spürbar. In den beiden großen **Shopping-Centern** (s. u.) kann man gut und günstig essen.

Piazza Italia, Rua Anita Garibaldi 79. Italienisches Gastronomie- und Kulturzentrum mit mehreren italienischen Restaurants unter einem Dach. Leckeres *Rodízio de massas* (verschiedene Nudelgerichte *all you can eat,* R$16). 🕒 tgl. 11.30–14.30 und 18–24 Uhr.

Delicatesse Viktoria, Rua Sen. Felipe Schmidt 400. Leckere Kuchen, Torten und Herzhaftes. *Café Colonial* ab 15 Uhr. 🕒 Mo–Sa 10–20, So 15.30–20 Uhr.

Sopp, Rua Mal. Deodoro 640. Vielfältige Speisekarte mit Schwerpunkt auf deutscher Küche (z. B. Eisbein). 🕒 Mo–Sa 18–24 Uhr.

Empadas Jerke, Rua Dr. João Colin 393. Seit 1922 berühmt für seine *Empadas,* ein gefüllter Teig-Snack, 🕒 Mo–Fr 8–21, Sa 8–13 und 17–21, So 17–21 Uhr.

Paviloche, Rua 9 de Março 724. Bestes Eis von Joinville. 🕒, Mo–Di und Do–Sa ab 11, So ab 13 Uhr.

Nachtleben

Die *Rua Visconde de Taunay* ist unter Joinvillenesern bekannt als **Alameda Gastronômica**, es gibt es verschiedene Bars und Restaurants, eines der besten ist

Biergarten, Rua Visconde de Taunay 1183. Kultige Bierkneipe mit leckerem Essen. Zu *Filé Helmuth Kohl* gehört etwas Mut. Vielleicht doch lieber ein *Sandwich Boris Becker* oder eine *Salada Nina Hagen*? Selbst das Bier ist deutsch: serviert wird *Warsteiner.* Trotzdem durch und durch brasilianische Atmosphäre. Internet-PC (gratis) und Abholservice vom Hotel. 🕒 tgl. ab 11 Uhr.

Biero, Rua Ministro Calóngeras 791. Programm: 💻 www.biero.com.br. Restaurant, Bar und angesagter Club mit Live-Musik. Do–Sa Disco. 🕒 Di–Fr ab 18, Sa ab 19 Uhr.

Expresso, Av. Juscelino Kubitschek 536. Szeniges Bar-Restaurant mit Live-Musik, Di–So (Pop, Rock, MPB). 🕒 tgl. ab 18 Uhr.

Kultur und Unterhaltung

TANZ – Joinville ist einziger Ort weltweit mit Sitz einer Schule des Bolshoi-Balletts außerhalb Russlands. ***Escola do Teatro Bolshoi,*** ✆ 47/3422 4070, 💻 www.escolabolshoi.com.br. 🕒 für Besucher Fr 9–18 Uhr. Die Schule ist im ***Centreventos Cau Hansen,*** Av. Beira Rio 315, untergebracht. Das 2000 eröffnete Veranstaltungszentrum ist eine moderne Arena für Theater, Shows, Sportveranstaltungen und Kongresse.

KINO – ***Cidadela Cultural Antártica,*** Rua 15 de Novembre 1383, ✆ 47/3451 8222. Die stillgelegte Fabrik beherbergt neben einem guten Programmkino auch einen Theatersaal und weitere Kulturangebote. Mainstream-Kinos gibt es in den großen Shopping-Centern.

Sonstiges

APOTHEKEN – Z. B. in den Einkaufszentren.

EINKAUFEN – ***Mercado Municipal,*** Praça Hercílio Luz. 🕒 Mo–Fr 7–19, Sa 7–13 Uhr.

Shopping Cidade das Flores, Rua Mário Lobo 106.

Shopping Mueller Joinville, Rua Visconde de Taunay 235. 🕒 Mo–Sa 10–22, So 14–20 Uhr.

FESTE – **Festival Internacional de Dança,** 💻 www.festivaldedanca.com.br. Centreventos Cau Hansen, eines der größten Tanzfestivals Brasiliens; 2. Julihälfte.

Festa das Flores, traditionelles Blumenfestival (Orchideen!) im November.

Festa das Tradições, Bierfest mit deutscher und italienische Folkloremusik, das Oktoberfest von Joinville.

GELD – ***Banco do Brasil***, Shopping Cidade das Flores, Geldautomat ⌚ 6–22 Uhr.
HSBC, Rua Jeronimo Coelho 128. (jeweils internationale Karten)

INFORMATIONEN – 💻 www.promotur.com.br.
Hotline für Informationen ✆ 0800/6435015.
Touristeninformation im ***Pórtico*** (Stadttor, außerhalb Richtung BR 101), ⌚ tgl. 8–18 Uhr.
Centro de Eventos Cau Hansen, ⌚ tgl. 8–17 Uhr.
Shopping Müller, ⌚ Mo–Fr 8–18, Sa und So 8–20 Uhr.

INTERNET – ***Virtual.com*** (Shopping Cidade das Flores). R$3,50/Std. ⌚ Mo–Sa 10–22, So 12–22 Uhr.

MEDIZINISCHE HILFE – ***Hospital Dona Helena***, Rua Blumenau 123, ✆ 47/3451 3333.

POST – Rua Princesa Isabel 394.

TOUREN – **Bootstour** mit der ***Príncipe de Joinville***, ✆ 47/3455 4444, 💻 www.barcoprincipe.com.br, in der Baía de Babitonga. 350 Plätze, Pool und Bars; Mittagessen inkl., R$60, Das Schiff fährt durch die Bucht, vorbei an 14 Inseln und macht Zwischenstation in São Francisco. Im Sommer Badesachen mitnehmen. Abfahrt im Stadtteil Espinheiros um 10, Ankunft 15.30 Uhr (NS Do–So, HS tgl.). Ein ähnlicher, deutlich billigerer, aber weniger luxuriöser Bootsausflug wird von São Francisco aus angeboten (s. S. 142).

Transport

FLÜGE – ***Aeroporto Santos Dumont***, 10 km vom Zentrum, ✆ 47/3467 1000. Flüge nach São Paulo, Porto Alegre, Rio de Janeiro, Curitiba, Florianópolis, Navegantes.

BUSSE – ***Rodoviária***, Rua Paraíba 769, ✆ 47/3433 2991.
Blumenau: *Catarinense*, ✆ 47/3433 2195, stdl., 1 1/2–2 Std., R$17.
Curitiba: *Catarinense*, stdl., 2 Std., R$13–18.
Florianópolis: *Catarinense*, 2 1/4 Std., R$26. *Reunidas*, ✆ 47/3433 0681, 2.25 und 17.50 Uhr, 3 Std., R$30.
São Francisco do Sul: *Verdes Mares*, ✆ 47/3433 7373, 4–5x tgl., 1 Std., R$8; bis Praia da Enseada 1 1/2 Std., R$10. *Catarinense*, 8.30 und 20.25 Uhr, 1 1/2 Std., R$11.

Paraná

Paraná ist der nördlichste Bundesstaat der **Região Sul**. Mit 200 000 km^2 entspricht seine Fläche 2,3% von ganz Brasilien. Dies scheint nicht gerade viel. Die Bedeutung des Staates ist jedoch ungleich größer. Die Hauptstadt **Curitiba** ist nicht nur eine boomende Industriestadt, sondern v. a. als ökologische Modellstadt bekannt. Paraná ist einer der wohlhabendsten Bundesstaaten des Landes. Neben der Industrie spielt immer noch die Landwirtschaft eine wichtige Rolle. Güter wie Soja, Getreide, Baumwolle und besonders Kaffee werden angebaut und über Paranaguá, einen der bedeutendsten Exporthäfen des Landes, verschifft. Mit dem **Staudamm von Itaipu** hat Paraná eines der größten Wasserkraftwerke der Welt und ist einer der zentralen Stromlieferanten des Landes. An der Küste Paranás ziehen sich die steil ansteigenden Bergketten der **Serra do Mar** entlang, ein bis zu 1900 m hohes Küstengebirge. Die dortigen tropischen Regenwälder gelten als eine der artenreichsten Naturregionen Brasiliens. Die touristischen Hauptattraktionen Paranás sind die **Wasserfälle von Iguaçu**, die **Zugfahrt** durch die Serra do Mar von Curitiba nach Paranaguá und die **Ilha do Mel** in der Bucht von Paranaguá. 💻 www.pr.gov.br/turismo/.

Curitiba und Umgebung

Curitiba ist etwas Besonderes: Mit Florianópolis streitet sich die Landeshauptstadt (1,6 Mill. Einw.) um den Titel der Metropole mit der höchsten Lebensqualität. Und das bei Lebenshaltungskosten, die um 30% niedriger sind als die von São Paulo oder Rio de Janeiro. Curitiba hat **26 Parks**, auf jeden Einwohner kommen 55 m^2 Grünfläche, ein weit überdurchschnittlicher Wert.

DER SÜDEN

Müll, der kein „Müll" ist: Curitiba, die Ökohauptstadt Brasiliens

Sicher, Curitiba hat die gleichen Probleme wie andere Großstädte in Brasilien – aber gleichzeitig die intelligenteren Antworten auf viele der drängenden Fragen. Kaum eine Stadt in Brasilien hat sich seit den 60er Jahren so explosionsartig entwickelt. Während sie 1965 noch weniger als 500 000 Einwohner hatte, sind es heute schon fast 1,6 Mill. Um diese Entwicklung in den Griff zu kriegen, wurde 1965 das „Institut für Forschung und Planung der Stadt Curitiba" gegründet, das mit immer neuen und oft ungewöhnlichen Programmen ein umwelt- und sozialorientiertes Stadtmanagement betreibt. Zu Recht hat Curitiba dafür verschiedene Auszeichnungen bekommen wie 1990 den Umweltpreis der Vereinten Nationen oder 1996 den World Habitat Award.
Curitiba hat den Ruf, „Capital ecológica" zu sein, also die **Ökohauptstadt** Brasiliens. Als erste Stadt Brasiliens erhob sie den Umweltschutz zum Leitthema ihrer Kommunalpolitik. Der charismatische Ex-Bürgermeister Jaime Lerner, der in seinen drei Amtszeiten die Stadt prägte wie kein anderer, hat großen Anteil an dieser Entwicklung. Es war seine Initiative, als 1972 die erste Fußgängerzone einer brasilianischen Landeshauptstadt eingerichtet wurde. Gegen den Protest von Autofans natürlich, aber Lerner und seine Leute fanden ein unkonventionelles und wirkungsvolles Mittel: Man ließ eine Kinderschar in der Fußgängerzone spielen und malen, eine Tradition, die sich bis heute erhalten hat. 1992 wurde in einem Park die **Universidade Livre do Meio Ambiente**, eine „freie Umweltuniversität" zur Erforschung und Vermittlung umweltschonender Entwicklung eröffnet.

Eine der wichtigsten Errungenschaften ist das Nahverkehrssystem. Die Grundlagen hierfür wurden 1974 gelegt, als Expressbusse mit eigenen Sonderspuren eingeführt wurden. Heute ist die gesamte Stadt inklusive der Armenviertel in ein dichtes Netz eingebunden. Die Nutzungsrate ist entsprechend hoch: 500 000 Menschen benutzen heute den ÖPNV täglich. Eine positivere Energiebilanz und eine Reduzierung der Schadstoffe sind die Folge. Die anspruchvoll gestalteten gläsernen Röhren der Bushaltestellen muten futuristisch an und fallen sofort im Stadtbild auf. Hier docken die Busse an und brauchen dafür kaum länger als eine U-Bahn. Aufzufallen, das gehört zum geschickten Marketingkonzept, von dem alle Programme begleitet werden. Schon die junge Bevölkerung wird mit ungewöhnlichen Maßnahmen wie Cartoons, Fernsehspots oder didaktischen Programmen an Schulen auf Umweltprobleme aufmerksam gemacht.
Einen zweiten Schwerpunkt setzen die Stadtplaner auf Programme der Mülltrennung und Wertstoffsammlung. Mit dem Projekt „**lixo que não é lixo**" (Müll, der kein Müll ist) wurden die Curitibanos zur Mülltrennung erzogen. Das Programm „**compra do lixo**" (Müllabkauf) richtet sich v. a. an die unteren Schichten. An mehr als 50 Stellen der Stadt kann vorsortierter Hausmüll gegen Lebensmittel getauscht werden, mittlerweile ein fester Posten im Haushaltsplan vieler Familien. Weitere Angebote sind die „Leuchttürme des Wissens", Bildungszentren mit Basisbibliotheken in ärmeren Quartieren oder „fahrende Klassenzimmer": ausrangierte Busse, in denen Kurse zur Weiterbildung angeboten werden.

Curitiba ist ein zentraler **Verkehrsknotenpunkt** mit modernem Flughafen und guten Busverbindungen in alle Richtungen. Daher führen viele Wege nach oder durch diese Stadt. Z. B. beginnt hier die Bahnfahrt nach Paranaguá, eine der Hauptattraktionen der Region.

Die Siedlungsgeschichte von Curitiba begann im 17. Jh. mit Goldfunden in der Region. Dort, wo heute eine Millionenstadt ist, wurde 1640 ein Goldgräberlager gegründet. Die Lage an wichtigen Handelswegen nach São Paulo und zum Ausfuhrhafen Paranaguá begünstigte die Entwicklung hin zur Stadt. Im 19. Jh. war es der Mate-Tee-Boom, im 20. Jh. der Kaffeeanbau, der für Entwicklungsschübe sorgte.

In der 1. Hälfte des 19. Jhs. begann die Einwanderung **europäischer Siedler**, eine Zeit, die Curitiba sehr prägte. Die Deutschen kamen ab 1833,

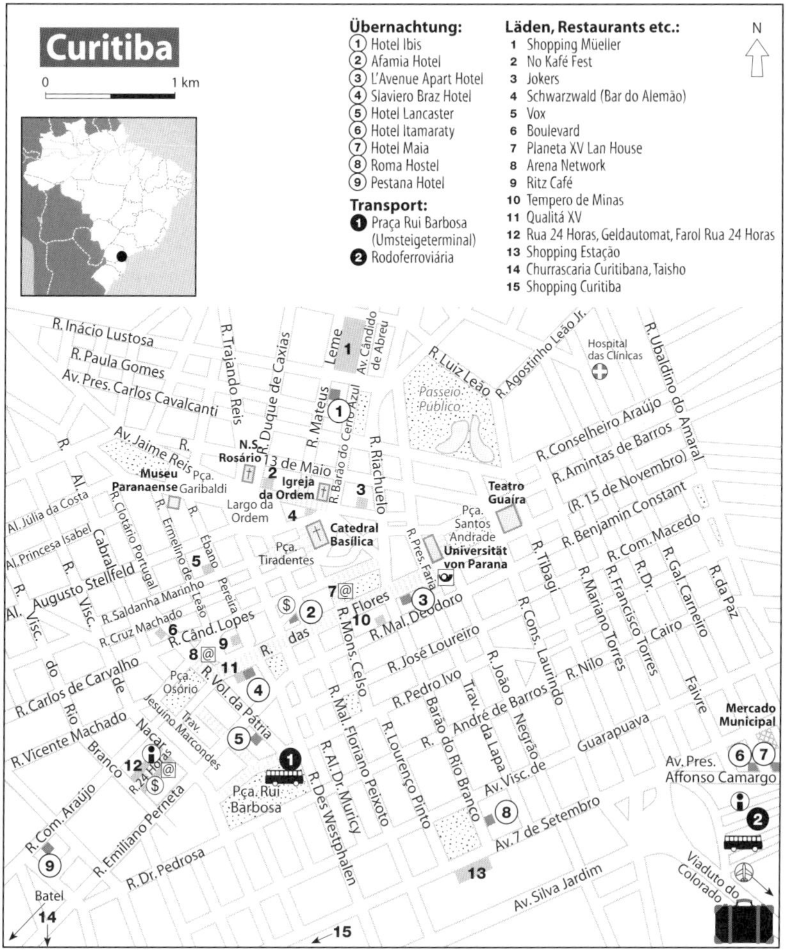

später Immigranten aus Italien, Polen und der Ukraine. 1912 wurde die Bundesuniversität von Paraná gegründet, die erste brasilianische Universität überhaupt. Seitdem prägt eine rege Studentenszene das kulturelle Leben der Stadt. Mit der Gründung einer „Cidade Industrial de Curitiba" begann der Aufstieg zur modernen **Wirtschaftsmetropole**. Firmen wie Volvo, Daimler-Chrysler, BMW oder Audi, die zunehmend Mega-Städten wie São Paulo den Rücken kehren, entdecken heute den Standort Curitiba.

Sehenswertes

Viele Sehenswürdigkeiten haben montags Ruhetag, so auch die **Linha Turismo**, ein zwischen den wichtigsten Sehenswürdigkeiten von Curitiba verkehrender Spezialbus, 🕒 Di–So, 9–17.30 Uhr, reine Fahrzeit 2 1/2 Std., 30-Min.-Takt). Man kann an einer beliebigen Haltestelle zusteigen, zahlt einmalig R$15 und hat die Möglichkeit, an vier Stationen seiner Wahl auszusteigen. Dies ist eine komfortable Möglichkeit, Curitiba kennen zu lernen, da die meisten Sehenswürdigkeiten recht weit voneinan-

Das Museu Oscar Niemeyer, auch das Auge *genannt*

der entfernt liegen. Als Haltestelle zum Zusteigen im Zentrum bietet sich die Praça Tiradentes oder die Rua 24 Horas an.

Einen Stadtrundgang beginnt man am besten bei der **Catedral Basílica Menor de N. S. da Luz** an der **Praça Tiradentes**. 1893 in neogotischem Stil erbaut, ist sie kunsthistorisch von geringer Bedeutung. Die Gebäude des historischen Zentrums von Curitiba konzentrieren sich rund um den **Largo da Ordem**, gleichzeitig das Ausgehviertel mit vielen Kneipen.

Es lohnt sich ein Blick in die beiden Kirchen **N. S. Rosário** und **Igreja da Ordem** (1737), die älteste Kirche der Stadt, zu werfen. Ein paar hundert Meter entfernt liegt das lohnenswerte **Museu Paranaense**, Rua Kellers 289, das erste Museum von Paraná. Es hält Informationen über die Geschichte des Staates bereit. 🕒 Mo–Fr 9.30–17.30, Sa und So 11–15 Uhr.

Die **Rua das Flores** (Blumenstraße) – eigentlich **Rua 15 de Novembro** – war Brasiliens erste Fußgängerzone. An ihrem östlichen Ende, an der **Praça Santos Andrade**, stehen sich zwei bedeutende Bauwerke gegenüber: Die **Universität von Paraná** und das **Teatro Guaíra**, eine der renommiertesten Bühnen Brasiliens.

Orientierung und Sicherheit

Hat man die zentrale Fußgängerzone **Rua 15 de Novembro**, im Volksmund Rua das Flores genannt, gefunden, fällt die Orientierung leicht. Der zentrale Platz im Zentrum ist die **Praça Tiradentes**, eine Parallelstraße nördlich der Fußgängerzone. Hier befindet sich die **Kathedrale**, hinter der wiederum das Altstadtviertel um den **Largo da Ordem** liegt. Einige Sehenswürdigkeiten, darunter die bekannten **Parks** und das **Museu Oskar Niemeyer** liegen weiter außerhalb.
Wie in allen Großstädten Brasiliens ist auch in Curitiba nach 22 Uhr im Zentrum Vorsicht geboten, wenn kaum mehr Menschen auf der Straße sind. Die Rua das Flores jedoch wird komplett von Kameras überwacht und gilt auch nachts als weitgehend sicher.

Am anderen Ende der Rua das Flores befindet sich die **Praça Osório**, ein gepflegter Innenstadtplatz.

Ein paar Blöcke weiter liegt die **Rua 24 Horas**, eine 120 m lange Galerie u. a. mit Bars, Restaurants, Geldautomaten, einer Polizeistation und Touristeninformation, die 1991 zur Belebung der Innenstadt gegründet wurde.

Das **Museu Oscar Niemeyer,** Rua Marechal Hermes 999, 💻 www.pr.gov.br/mon, liegt außerhalb im Nordosten der Stadt und ist am besten mit der Linha Tourismo zu erreichen. Das aufgrund seiner Form „olho" (das Auge) genannte Museum wurde 2002 eingeweiht und ist einer der größten Ausstellungsräume Brasiliens. Die Architektur Niemeyers und die Ausstellungen zeitgenössischer Kunst sind gute Gründe, dieses Museum nicht auszulassen. 🕒 Di–So 10–18 Uhr; Eintritt R$4, erm. R$2.

Parks

Die vielen Parks wurden geschaffen, um dem Ideal einer menschengerechten Stadt näher zu kommen. Als günstiger Nebeneffekt wirken die unversiegelten Areale, Waldflächen und künstlichen Seen dem Überschwemmungsrisiko entgegen. Einige der Grünanlagen wurden als Themenparks angelegt. 💻 www.parques-curitiba.com. Alle hier beschriebenen Parks sind durch die Linha Turismo miteinander verbunden.

Der **Jardim Botânico** (🕒 tgl. 6–20 Uhr) bietet Aussicht auf die Skyline von Curitiba. Das prächtige **Gewächshaus**, eine Art Mini-Version des Londoner Crystal Palace von 1851, gehört zu den meist fotografierten Motiven, besonders schön nachts bei Anstrahlung. Im **Parque das Pedreiras** (🕒 Di–So 8–21) Uhr, ist die Hauptattraktion die als Theater dienende **Ópera de Arame**. Sie gehört wegen ihrer auffälligen Glas-Stahl-Konstruktion und ihrer idyllischen Lage in einem ehemaligen Steinbruch zu den interessantesten Sehenswürdigkeiten. Direkt nebenan liegt die **Pedreira Paulo Leminski**, eine in die Natur eingebettete Open-Air-Bühne für große Konzerte. Der **Parque Barigüi** ist der belebteste Park der Stadt mit weiten Grünflächen und einem See in der Mitte, angeblich die Wohnstätte eines Alligators. Diese Geschichte hält sich hartnäckig, ist aber wohl eher in die Kategorie Loch Ness einzuordnen. Vom Park aus sieht man von weitem den **Torre Panorâmica Mercês**, einen 110 m hoher Aussichtsturm mit Rundumblick auf Curitiba, 🕒 Di–Fr 11–20, Sa und So 10–20 Uhr; R$3. Der **Passeio Público** im Stadtzentrum ist der ehemalige Botanische Garten aus dem 19. Jh., heute der älteste Park Curitibas, mit Mini-Zoo. 🕒 Di–So 6–20 Uhr.

Übernachtung

An Art und Preisen der Hotels macht sich Curitibas Aufstieg zur Business-Stadt bemerkbar. Es gibt wenige wirklich günstige Unterkünfte, allerdings werden besonders am Wochenende Ermäßigungen gegeben. Wer die Stadt erkunden möchte, dem sei eine zentrumsnahe Unterkunft empfohlen. Für manche ist Curitiba jedoch nur Zwischenstation, um Richtung Paranaguá oder Ilha do Mel weiterzufahren. In diesem Fall ist es am einfachsten, in der Nähe der Rodoviária zu übernachten. Die meisten Hotels dort liegen aber an der lauten Hauptstraße.

NÄHE RODOVIÁRIA – ***Hotel Maia***, Av. Afonso Camargo 355, 📞 41/3264 1684. Einfach und sauber. ❶
Hotel Itamaraty, Av. Afonso Camargo 279, 📞 41/3362 2022, 💻 www.hotelitamaratycwb.com.br. Nicht mehr ganz frisch, aber komfortabel. ❷

ZENTRUM – ***Roma Hostel,*** Rua Barão do Rio Branco 805, 📞 41/3224 2117, 💻 www.hostelroma.com.br. Einfaches, solides HI-Hostel direkt neben Shopping Estação, eine der wenigen zentralen Budget-Optionen. ❶
Afamia Hotel, Rua Cândido de Leão 15, 📞/📠 41/3322 6767, 💻 www.afamiahotel.com.br. Charmantes Traditionshotel schräg gegenüber der Kathedrale, in herrschaftlichem alten Gebäude, vom ehemaligen Grand-Hotel blieb noch der Service und die Einrichtung, Internet inkl. ❷–❸
L'Avenue Apart Hotel, Rua 15 de Novembro 526, 📞/📠 41/3222 5525, 💻 www.lavenueaparthotel.com.br. Zentral in der Fußgängerzone gelegenes freundliches Hotel mit sehr gutem Preis-Leistungs-Verhältnis, geräumige Apartments mit Küchenzeile und Mikrowelle, sehr leckeres Frühstück. ❸
Hotel Ibis, Rua Mateus Leme 358, 📞 41/3324 0469, 💻 www.accorhotels.com.br, modern eingerichtet. ❸
Slaviero Braz Hotel, Avenida Luiz Xavier 67, 📞 41/3322 2829, 💻 www.hotelbraz.com.br. Perfekte Lage in der Rua das Flores, gemütliche Zimmer, Balkon-Bar mit Blick auf die Fußgängerzone. ❸–❹
Hotel Lancaster, Rua Voluntários da Pátria 91, 📞 41/3322 8953, 💻 www.lancaster-hoteis.com.

Schöne Zimmer im klassischen Stil, sehr gutes Frühstück. ❹

Pestana Hotel, Rua Comendador Araújo 499 (Batel), ✆ 41/3017 9900, 💻 www.pestana.com. Das Top-Hotel in Curitiba, wunderschöne Zimmer, Spa mit Stadtblick, großer Pool. ❻

Essen

Gourmets kommen in Curitiba voll auf ihre Kosten. Wer die vielfältigen kulinarischen Genüsse der Stadt wirklich kennen lernen möchte, wird allerdings um eine gelegentliche Taxifahrt nicht herumkommen. Curitibanos gehen mit Vorliebe nach **Santa Felicidade** zum Essen, ein Stadtteil italienischer Kolonisation. Die meisten Restaurants liegen an der Hauptstraße Av. Manoel Ribas.

Boulevard, Rua Volutário da Pátria 539, Reservierungen ✆ 41/3224 8244. Das beste Restaurant der Stadt liegt direkt im Zentrum und hat seinen Preis; französische Küche mit italienischen und brasilianischen Einflüssen, exzellente Weine. 🕒 Mo–Fr 12–14.30 und 19.30–24, Sa 19.30–24 Uhr.

Churrascaria Curitibana, Av. Iguaçu 1315, ein gutes Grill-Restaurant mit angenehmem Ambiente, etwas außerhalb südlich des Zentrums, 🕒 Mo–Sa 11.30–14.30, 19–23, So 11–15.30 Uhr.

Schwarzwald (Bar do Alemão), im Zentrum am Largo da Ordem, ist eine Institution seit 1979 in der Altstadt. Der Eigentümer ist nicht deutsch, trotzdem herrscht Schwarzwaldhaus-Atmosphäre. Wie wär's mit Bockwurst, Eisbein oder gefüllter Ente und zum Nachtisch eine Torta Floresta Negra (Schwarzwälder Kirsch)? Große Portionen, Bier vom Fass. 🕒 tgl. 11–2 Uhr.

Taisho, Av. Iguaçu 1815, ein japanisches Sushi-Restaurant. Besonderheit: Es wird Rodízio angeboten, d.h. Sushi satt für R$35, 🕒 Mo, Mi–Sa 19–24, So 12–15 und 19–23 Uhr.

Tempero de Minas, Rua Marechal Deodoro 303. Leckeres Buffet aus Minas Gerais. R$17/kg, 🕒 Mo–Sa 11–15 Uhr.

Qualitá XV, Rua Luiz Xavier 71. Buffet mit riesiger Auswahl, R$16/kg. 🕒 Mo–Sa 11–15 Uhr.

CAFÉS – ***Ritz Café,*** Rua Èbano Pereira 19. In einer Seitenstraße der Fußgängerzone, perfekt zum Entspannen bei einem guten Kaffee. 🕒 Mo–Fr 7.30–22, Sa 8.30–20, So 9.30–15 Uhr.

No Kafé Fest, Rua Duque de Caxias 4. Buffet zum Mittagessen und Café Colonial (Erläuterung s. S. 121) mit 50 verschiedenen Gerichten. Sehr guter Tee. 🕒 So und Mo 11.30–14, Di–Fr 11.30–14 und 16–20.30, Sa 16–20.30 Uhr.

Kultur und Unterhaltung

Curitiba hat ein reichhaltiges kulturelles Leben. Allgemeine Informationen (nur auf Portugiesisch) gibt es auf der Seite der **Fundação Cultural de Curitiba** 💻 www.fccdigital.com.br. Verschiedene Zeitungen geben aktuelle Programmhinweise z. B. des Heft **Caderno G** in der **Gazeta do Povo**.

THEATER – **Teatro Guaíra,** Rua 15 de Novembro 971. Eine der besten Bühnen des Landes, tgl. Programm unter ✆ 41/3315 0979 oder 💻 www.pr.gov.br/guaira.

Nachtleben

Das Nachtleben von Curitiba ist intensiv und auf den ersten Blick unübersichtlich. Um es ein wenig zu vereinfachen: Man trifft sich vor allem in zwei Teilen der Stadt: rund um das Altstadtviertel **Largo da Ordem** und im Stadtteil **Batel**. An der **Avenida Batel** und ihrer Verlängerung reiht sich eine Bar an die andere. Insgesamt geht es in Batel schicker zu als am Largo da Ordem. Hier ist „Sehen und gesehen werden" die Devise. Die Kneipen in der Altstadt sind hingegen der Ort, um in angenehmer Abendatmosphäre ein Bierchen zu trinken und zu klönen. Die ***Bar do Alemão*** (s. Essen) ist ein beliebter Treffpunkt.

Für Tanz und Party sind die beiden folgenden Orte Kult:

Jokers, Rua São Francisco 164, angesagte Mischung aus Café, Pub, Restaurant und Club. Di und Mi Live-Musik (MPB, Jazz, Samba), Do–Sa heizt ein DJ auf der kleinen Tanzfläche unter dem Dach ein (House, Black, Disco). 🕒 Mo–Sa ab 9 Uhr durchgängig.

Vox, Rua Èbano Pereira 269, Curitibas Adresse Nummer 1 zum Tanzen bis zum Morgengrauen, aktuelles Programm unter 💻 www.voxbar.com.br, 🕒 Mi und Do ab 19.30, Fr und Sa ab 22 Uhr.

Einkaufen

SHOPPING CENTER – Alle ⌚ Mo–Sa 10–22, So 14–20 Uhr.
Shopping Müeller, Av. Cândido de Abreu 127, vermutlich das beste der Stadt.
Shopping Estação: Av. Sete de Setembro 2775.
Park Shopping Barigüi, Rua Professor Pedro Viriato Parigot de Souza 600.
Shopping Curitiba, Av. Brigadeiro Franco 2300.

MÄRKTE – ***Feira de Artesenato***, Largo da Ordem, 💻 www.feiradolargo.com.br. Mischung aus Kunsthandwerk-, Antiquitäten- und Flohmarkt im historischen Zentrum, traditionelles Sonntagmorgenprogramm; auch wenn es nach einer durchfeierten Samstagnacht schwer fallen sollte, möglichst früh kommen! Es wird sehr voll, Vorsicht vor Taschendieben im Gedränge! ⌚ So 9–14 Uhr.

Mercado Municipal, Rua 7 de Setembro 1865 (gegenüber Rodoviária). ⌚ Mo 6–14, Di–Sa 6–18, So 8–15 Uhr.

Touren

ZUGFAHRT – Nach **Paranaguá** bzw. **Morretes** (s. S. 156, Kasten). Abfahrt und Ticket-Verkauf bei der Bahnstation ***Estação Ferroviária***, auf der Rückseite des Rodoviária, ✆ 41/3323 4007, 💻 www.serraverdeexpress.com.br, ⌚ Mo–Sa 7–18.30, So 7–12 Uhr. Es gibt zwei Arten von Zügen, den normalen „**Trem**" und den luxuriösen „**Litorina**" mit AC, Getränkeservice, zweisprachigen Führern und Panoramafenstern. Der „Trem" teilt sich in drei Klassen auf, wobei „**Econômica**" die günstigste ist (nur Transport, ohne Service, die Aussicht ist aber die gleiche).
Trem: ab Curitiba tgl. 8.15 Uhr, an Morretes 11 Uhr, an Paranaguá 12 Uhr (nur Sa, So, feiertags), Econômica R$25, Turística R$45, Executiva R$70.
Litorina: ab Curitiba tgl. 9.15 Uhr, an Morretes 12 Uhr, R$105.
Die Rückfahrt (14 Uhr ab Paranagá, 15 Uhr ab Morretes) ist jeweils günstiger. Die Abfahrtszeiten und Preise variieren von Saison zu Saison.

TAGESAUSFLUG – Wer genug von der Großstadt hat, für den ist ein Tagesausflug nach **Ponta Grossa** in die herrliche Natur des **Parque Estadual de Vila Velha** (⌚ Mi–Mo 8–16 Uhr, möglichst früh losfahren) genau das Richtige. Zu bewundern ist hier die „Stein-Stadt", ausgewaschene Felstürme mit bizarrem Charakter. Ihre Entstehungsgeschichte reicht 350 Mill. Jahre zurück. Ab Rodoviária Curitiba fahren Busse nach Ponta Grossa, 1 Std. 30 Min. Fahrzeit. Vom Besucherzentrum ist es noch eine 30 Min.-Wanderung zu den Felsformationen. Der Park ist seit der Neueröffnung 2004 mit einer guten Infrastruktur ausgestattet. Wer Lust auf ein kühlendes Bad im Pool hat, sollte Badesachen mitnehmen. Ponta Grossa liegt auf dem Weg von Curitiba nach Iguaçu. Wer also zu den Wasserfällen fährt, kann hier zusteigen.

WANDERN – Im **Parque Estudual Marumbi**. Dieses Paradies für Wanderfreunde ist am besten erreichbar mit dem Zug ab Curitiba, Ausstieg bei der Bahnstation Marumbi, wo es Informationen und Karten gibt. Die Wanderwege wie der **Graciosa-** oder **Itupava-Weg** sind von dort aus gut ausgeschildert. Sie waren bis zum 18. Jh. die einzige Verbindung des Hochlandes mit der Küste, heute sind sie v. a. aufgrund der Aussichten und des Reichtums an Flora und Fauna attraktiv. Es gibt die Möglichkeit, kostenlos im Park zu campen. Ansonsten bietet sich Morretes als Übernachtungsort an. Für weitere Informationen und geführte Wanderungen: **Calango Expedições** (s. S. 158, Morretes).

Sonstiges

APOTHEKEN – In der Innenstadt sind Apotheken leicht zu finden, z. B. in der Rua das Flores oder in den Shopping Centern.

FESTE – **Festival de Teatro**, größtes Theaterfestival des Landes, findet jährlich in der 2. Märzhälfte 11 Tage lang statt, Infos und aktuelle Termine unter 💻 www.festivaldeteatro.com.br.

GELD – ***Banco do Brasil***, Rua Cândido de Leão 33 (Praça Tiradentes), Geldautomat tgl. 6–22 Uhr. In der Rua 24 Horas: **Banco do Brasil**-Geldautomat und **Banco 24h**-Geldautomat, ⌚ jeweils 24 Std.

INFORMATIONEN – 🖳 www.viaje.curitiba.pr.gov.br; Infos auf Englisch 🖳 www.curitibacvb.com.br. Die **Touristeninformation** ist in Curitiba gut organisiert. Die zentrale **Infonummer** ist ✆ 41/3352 8000; bei den verschiedenen *Postos de Informação Turística* sind gute Stadtpläne erhältlich: **Rodoferroviária**, ⏲ Mo–Fr 8–18, Sa 8–14 Uhr; **Aeroporto**, ⏲ tgl. 7–23 Uhr; **Rua 24 Horas**, meistens spricht hier jemand Englisch, sehr hilfsbereit, ⏲ Mo–Fr 8–24, Sa und So 8–22 Uhr.

INTERNET – Kostenloser Internetzugang der Stadt: ***Farol Rua 24 Horas***, 1 Std. pro Tag und 3 Ausdrucke kostenlos. Anmeldung am Vortag erforderlich, ⏲ tgl. 7–1 Uhr.
Planeta XV Lan House, Rua Monsenhor Celso 57, R$4/Std., ⏲ Mo–Fr 9–23, Sa 9–22, So 14–22 Uhr.
Arena Network, Rua Cândido Lopes 333, R$4/Std., ⏲ Mo–Fr 9–21, Sa 9–22 Uhr.
KRANKENHAUS – Gut und zentral gelegen ist das ***Hospital das Clínicas***, Rua General Carneiro 181, ✆ 41/3360 1800.

POLÍCIA – ***Polícia Militar***, 190, Rua 24 Horas, ✆ Kurznummer 190, ⏲ 24 Std., ***Polícia Civil***, ✆ 197.

POST – **Hauptpost**, Rua 15 de Novembro 700.

Nahverkehrsmittel

BUSSE – Curitiba ist zu Recht stolz auf sein Nahverkehrsystem (s. Info-Kasten). Eine Besonderheit sind die Tube-Haltestellen, Röhren, in denen man beim Betreten das Ticket kauft. Die normale Stadtbusfahrt kostet R$1,90. Größter Umsteigebahnhof ist die **Praça Rui Barbosa**. Eine weitere zentrale Haltestelle in der Innenstadt ist die **Praça Tiradentes**. In sog. Terminals kann man in einen beliebigen Bus umsteigen, ohne neu zu zahlen. Praktisch sind die weißen „**Circular Centro**"-Busse: Sie halten auf Handzeichen (fahren allerdings nicht am Wochenende).
Von der **Rodoferroviária** ins Zentrum: Bus mit der Aufschrift *Circular Centro*, R$1, Haltestelle schräg rechts gegenüber dem Busbahnhof.

TAXI – Ist besonders abends die komfortabelste Möglichkeit, sich in der Stadt zu bewegen. Preis zum Flughafen R$80, zum Busbahnhof R$10.

Eine abenteuerliche Bahnfahrt durch den Urwald

Dichter Dschungel, tropische Seen, rauschende Wasserfälle, bedrohliche Schluchten: Alles wirkt ein wenig unwirklich, so dicht hinter der Großstadt Curitiba. Der Zug tuckert quietschend mit 20–30 km/h durch die atemberaubende Landschaft und schneidet sich einen Weg durch die schwüle Luft. Wie in einem Film zieht die unberührte Natur am Fenster vorbei. Alle paar hundert Meter hupt die Lokomotive, als ob sie wilde Tiere verscheuchen müsste. Im Minutentakt eröffnen sich Aussichten in die weiten Täler der Serra do Mar. An den attraktivsten Stellen fährt die Bahn besonders langsam oder hält an. Glück hat, wer einen klaren Tag erwischt. Bei Regen und Nebel kann man vieles nur erahnen, denn die Wolken hängen tief und lassen keinen Blick in die Weite zu. Schwindelerregend geht es über 30 filigran wirkende Brücken und durch 14 Tunnel.
Der Bau der 110 km langen Bahnstrecke wurde teuer bezahlt. Nachdem Kaiser Pedro II. 1875 sein Placet gegeben hatte, ging es 1880 in drei Teilabschnitten gleichzeitig los. Bis zur Einweihung 1885 mussten 5000 Arbeiter ihr Leben lassen, viele andere gaben nach kurzer Zeit auf, obwohl Höchstlöhne gezahlt wurden. Die Endstation des Zuges ist zurzeit wochentags das malerisch gelegene Städtchen **Morretes**. Bis hier erstreckt sich der spektakulärste Teil der Bahnfahrt (wer links sitzt, hat übrigens die schöneren Aussichten). Nur am Wochenende geht es weiter bis **Paranaguá**. Ein Halt zum Ein- und Aussteigen ist **Marumby**, zwischen Curitiba und Morretes – ein guter Ausgangspunkt für Wanderungen durch die Serrra do Mar. (Details zu Preisen und Zeiten s. Touren).

Transport

FLÜGE – ***Aeroporto Internacional Afonso Pena***, ✆ 41/3381 1515, liegt 17 km außerhalb der Stadt Richtung Florianópolis. Flughafentransport s. Nahverkehrsmittel.

Flughafentransport: Die einfachste und komfortabelste Möglichkeit ist ein *Aeroporto Executivo*-Bus (mit AC), er fährt vom Flughafen zur Rodoferroviária und den wichtigsten Punkten der Innenstadt (40 Min. von der Rua 24 Horas bis zum Flughafen), ⌚ Abfahrt im 20 Min.-Takt ab Flughafen, tgl. 6–23.30 Uhr; R$6.
Fluggesellschaften: ***Gol,*** ✆ 41/3381 1735, ***TAM,*** ✆ 41/3381 1620, ***Varig/Riosul,*** ✆ 41/3381 1588, ***BRA,*** ✆ 41/3381 1383, ***Trip,*** ✆ 41/3381 1710.

BUSSE – Busbahnhof und Eisenbahnhof liegen am Rande des Zentrums und bilden zusammen die **Rodoferroviária**, ✆ 41/3320 3000. Der Busbahnhof gliedert sich in zwei Bereiche: im vorderen Teil finden sich die Busgesellschaften für den Verkehr von und in andere Bundesstaaten *(interestadual)*, auf der Rückseite sind die Gesellschaften, die Orte innerhalb Paranás bedienen *(estadual)*.
Foz do Iguaçu: *Catarinense,* ✆ 0300/1470470, 8x tgl., 9–11 Std., R$70–150. *Pluma,* ✆ 0300/7891300, tgl. 21 Uhr, 10 Std., R$55.
Florianópolis: *Catarinense,* alle 1–2 Std. zwischen 5.15 und 1.15 Uhr; 4–5 Std., R$30–40; (morgens und abends *leito)*: 3 3/4 Std., R$46.
Morretes: *Graciosa,* ✆ 41/3223 0873, 9x tgl. zwischen 7 und 23 Uhr, 1 Std. 20 Min., R$11.
Paranaguá: *Graciosa,* stdl. zwischen 5.15 und 23.15 Uhr, 1 1/2 Std., R$14.
Pontal do Sul: *Graciosa,* 5x tgl. zwischen 7.30 und 20.45, 2 Std., R$17.
Porto Alegre: *Pluma,* ✆ 0300/7891300; *Penha,* ✆ 0300/7892002: jeweils morgens und abends, 11 Std., R$63–R$115 *(leito)*.
Rio de Janeiro: *Penha,* 19.30, 20, 21 Uhr, 13 Std., R$80–130.

São Paulo: *Itapemirim,* ✆ 0300/7892002, 15x tgl. zwischen 6 und 24 Uhr. *Cometa,* ✆ 41/4004 9600, 17x tgl. zwischen 7 und 0.20 Uhr. Jeweils 6 Std., R$40–74.

EISENBAHN – s. Touren.

Östlich von Curitiba

Morretes

Der ruhige Kolonialort Morretes wurde 1733 von Jesuiten gegründet und hat heute 15 000 Einw. Der Name leitet sich von seiner Lage inmitten von Hügeln (portugiesisch *morro)* ab. Die gut erhaltene Altstadt liegt malerisch am Rio Nhundiaquara.

Außer den beiden Kirchen **Igreja São Benedito** und **Igreja Matriz de N. S. do Porto** (beide aus dem 18. Jh.) gibt es wenig zu besichtigen, aber es ist die entspannte Atmosphäre, die einen Besuch lohnenswert macht. Zudem ist Morretes aufgrund seiner zentralen Lage ein idealer Ausgangspunkt für Wanderungen in die Bergregion **Serra do Mar**. Weitere mögliche Aktivitäten sind *Rafting* und das damit verwandte *Bóia-cross* (s. Aktivitäten). Die Hauptgeschäftsstraße in Morretes ist die **Rua 15 de Novembro**.

Eine schöne Tagestour führt in das verträumte Nachbarörtchen **Antonina**, ehemals eine bedeutsame Hafenstadt aus der Hochzeit des Mate-Tee-Anbaus. Die Uferpromenade und zahlreiche hübsche Kolonialhäuschen laden zum entspannten Bummeln ein.

Übernachtung und Essen

Hotel e Restaurante Nhundiaquara, Rua General Carneiro 13, ✆ 41/3462 1228, gute Budget-Option in verträumter Lage am Fluss, Zimmer z. T. ohne eigenes Bad. ❶–❷ Das Restaurant serviert Essen der Region auf einer Terrasse über dem Ufer. ⌚ Mo–Fr 11–15, Sa 11–23, So 11–19, in der HS tgl. 11–22 Uhr.
Pousada Trilha da Serra, Rua Luiz Brambilla 64, ✆ 41/3462 2391, 💻 www.trilhadaserra.com.br, gepflegte und moderne Zimmer, hilfsbereite Gastgeber, Pool; auf der gegenüberliegenden Seite des Flusses. ❷
Porto Real Palace Hotel, Rua Visconde do Rio Branco 85, ✆ 41/3462 1344, komfortables Hotel im Zentrum mit einfachen, aber hübschen Zimmern, z. T. mit AC. ❷
Wer nach Morretes kommt (und nicht Vegetarier ist) sollte unbedingt **Barreado** probieren, die kulinarische Attraktion dieser Region mit 200 Jahre alter Tradition: ein deftiges Gericht aus Rindfleisch, Tomaten, Knoblauch, Zwiebeln und Ge-

würzen. Die Zutaten müssen über 10 Stunden köcheln. Serviert wird Barreado mit Maniokmehl, Bananen und oft mit Orangenscheiben. Um dem Magen bei der Verdauung zu helfen, bietet sich ein Glas **Cachaça mit Bananengeschmack** an, eine weitere Spezialität aus Morretes. Alternativ ein Mittagsschlaf.
Armazém Romanus, Rua Visconde do Rio Branco 141, bekannt für leichten Barreado mit Fleisch ohne Fett, der weniger schwer im Magen liegt. Verkauft auch *Bala de Banana*, eine leckere Nascherei aus reiner Banane, ⌚ Mo 10–16, Di–Sa 10–22, So 9.30–18 Uhr.
Madalozo, Rua Almirante Frederico de Oliveira 16, jenseits der Metallbrücke am Ortseingang, schöne Terrasse direkt am Fluss, verschiedene Arten von Barreado, z. B. mit Fisch oder Krabben. ⌚ Di–So 11–16 Uhr, in der HS tgl.

Aktivitäten

BÓIA-CROSS – Ein aufregender Sport, für den sich hervorragend der durch Morretes fließende Rio Nhundiaquara eignet. Man lässt sich in einem aufgeblasenen Reifen den tosenden Fluss hinuntertreiben. Der Ausgangspunkt in Porto de Cima ist mit einem Bus der Gesellschaft *Graciosa* erreichbar (Richtung „São João" ab Rodoviária Morretes).
Ibrahim und sein Team von der ***Pousada Itupava,*** ✆ 41/3462 1925, 💻 www.itupava.com.br, vermieten Ausrüstung und fahren mit einem Kleinbus bis zum Ausgangspunkt der Tour. Der Preis für Transfer, Reifen, Helm und Schutzweste beträgt R$12 pro Person. Vorsicht, Bóia-cross ist nicht bei jedem Wasserstand möglich. Normalerweise dauert die 3 km lange Abfahrt 1–2 Std.

WEITERE AKTIVITÄTEN – Rafting, geführte Wanderungen auf den alten Kolonialwegen und verschiedene andere Touren bietet ***Calango Expedições,*** Rua das Flores 20, ✆ 41/3462 2600, 💻 www.calangoexpedicoes.com.br. Das junge Team hat sich auf Öko-Tourismus spezialisiert, auch Verleih von Camping-Ausrüstung. ⌚ tgl. 9–18 Uhr.

Sonstiges

FAHRRADVERLEIH – ***Calango Expedições,*** s. Aktivitäten, verleiht Mountainbikes für R$30/Tag, R$15/halber Tag.

GELD – Mit ausreichend Bargeld anreisen, denn zum Recherchezeitpunkt gab es in Morretes noch keinen Geldautomaten für internationale Karten. ***Banco do Brasil*** in der Rua 15 de Novembro, ⌚ Mo–Fr 10–15 Uhr.

INFORMATIONEN – 💻 www.morretes.pr.gov.br. **Touristeninformation** nahe am Bahnhof, Rua Visconde do Rio Branco 45, ✆ 41/34621024, ⌚ tgl. 9–15 Uhr.

INTERNET – ***Calango Expedições*** (s. o.), R$5/Std., ⌚ tgl. 9–18 Uhr.

POST – Largo Rômulo Pereira 61, akzeptiert mit Glück EC-Karten zur Bargeldauszahlung am Schalter, ⌚ Mo–Fr 9–17 Uhr.

Transport

Um von Curitiba aus Morretes zu erreichen, muss die **Serra do Mar** durchquert werden. Es lohnt sich, dies über die **Estrada da Graciosa** mit ihren wunderbaren Ausblicken zu tun, entweder über die beschriebene Bahnstrecke oder mit Auto bzw. einem Bus. Beides lässt sich bei einem Tagesausflug verbinden, wenn man morgens den Zug nimmt und nachmittags für den Rückweg den Bus.

BUSSE – Die **Rodoviária** liegt am südlichen Ende der Stadt, vom Bahnhof aus nach rechts. Alle wichtigen Verbindungen von und nach Morretes bedient die Busgesellschaft *Graciosa*, ✆ 41/3462 1115.
Antonina: 8x tgl. zwischen 8.20 und 0.15 Uhr, 30–45 Min., R$3.
Curitiba: 10x tgl. zwischen 5.30 und 21.10, 1 Std. 20 Min., R$10.
Paranaguá: bedarfsabhängig, ca. stdl., 1 Std., R$2–6.

Paranaguá

Für viele ist Paranaguá (127 000 Einw.) schlicht der Ausgangspunkt zur **Ilha do Mel**. Es lohnt sich aber, ein paar Stunden zur Besichtigung einzuplanen, immerhin ist Paranaguá die älteste Stadt des Bundesstaates (17. Jh.). Seinen früheren Reichtum verdankt Paranaguá dem bedeutenden Hafen, von dem man heute in der Innenstadt nichts mehr bemerkt, da er in die Bucht ausgelagert wurde.

Alle Sehenswürdigkeiten sind leicht zu Fuß erreichbar und in wenigen Stunden zu erkunden. Vom Busbahnhof kommend sind es nur ein paar hundert Meter zum Rio Itiberê und damit zur Uferpromenade **Rua da Praia** (eigentlich Rua General Carneiro), mit der das historische Zentrum beginnt. Nicht zu verfehlen ist das alte **Jesuiten-Kolleg**, ein festungsartiger Bau aus dem 18. Jh. In ihm ist heute das **Museu de Arqueologia e Etnologia** untergebracht (Rua 15 de Novembro 575). Das aufwändig gestaltete Museum versetzt den Besucher zurück in das Leben der Indianer und der Bewohner von Paraná in den letzten 400 Jahren. ⌚ Di–Fr 9–12 und 13–18, Sa und So 12–18 Uhr; Eintritt R$2.

Kurz dahinter kommt man am **Mercado Municipal do Café** (Ende 19. Jh.) vorbei. In seiner Architektur sind Stilelemente des Klassizismus und des Jugendstils vermischt. Hier bietet sich ein Stopp an, um sich bei einem Regionalgericht zu stärken oder ein Bier zu trinken. Gegenüber steht der im Stil der Neo-Renaissance erbaute **Mercado do Artesenato**, der ehemalige Fischmarkt der Stadt, heute ein Markt für Kunsthandwerk und Souvenirs. ⌚ Mo–Sa 9–18, So 9–12 Uhr.

Paranaguá hat einige lohnenswerte Kirchen, allen voran die **Catedral Basilica N. S. do Rosário**, Rua Marechal Deodoro, von 1578. Sie war die erste Kirche auf dem Boden von Paraná und ist heute die Bischofskirche der Diözese Paranaguá. Die schlichte **Igreja da Ordem Terceira de São Francisco das Chagas** (1741) wird inzwischen als Theater (Teatro da Ordem, Rua 15 de Novembro) benutzt. Der 1885 eingeweihte Bahnhof **Estação Ferroviária** ist der Ausgangspunkt der historischen Bahnstrecke Paranaguá–Curitiba.

Übernachtung

Es gibt wenig schöne Unterkunftsmöglichkeiten, dafür sind die Preise moderat.

Hostel Continente, Rua General Carneiro 300, ✆ 41/3423 3224, 💻 www.hostelcontinente.com.br. HI-Hostel in perfekter Lage gegenüber dem Anleger zur Ilha do Mel, DZ und 4-er/6er-Dorms, alle Zimmer mit TV und Ventilator, Internet R$5/Std. ❶

Pousada Itiberê, Rua Princesa Isabel 24, ✆ 41/3423 2485. Gute Alternative zum Hostel, zentrale Lage am Ufer. ❶

Hotel Ponderosa, Rua Presciliano Corrêa 68 (gegenüber Teatro da Ordem) ✆ 41/3423 2464. Guter Komfort für nur leicht höheren Preis, schönes altes Haus mit geschmackvollen Zimmern, z. T. mit Flussblick, alle mit AC, zentral gelegen. ❶–❷

Essen

Im **Mercado do Café** am Ufer kann man gut ein Bier trinken und eine Kleinigkeiten essen.

Buffet Caiobá, Rua Marechal Deodoro 170. Hier essen die Einheimischen zu Mittag, einfache Einrichtung, aber sehr gutes und vielfältiges Buffet, auch asiatische Gerichte. ⌚ tgl. 11–14.30 Uhr.

Churrascaria 3 Irmãos, Rua João Eugênio 1078, im Norden der Stadt. Gutes Grillfleisch, Rodizio (R$13) und reichhaltiges Buffet, ⌚ Mo, Mi–Sa 11–22.30, So 11–15.30 Uhr.

Sabores do Mar, Rua da Praia 16. Meeresfrüchterestaurant an der Uferpromenade, mittags Buffet (R$14/kg bzw R$16 am Wochenende), abends à la carte. ⌚ tgl. 11.30–1 Uhr.

Danúbio Azul, Rua 15 de Novembro 95. Große Auswahl an Meeresfrüchten, abends auch Pizza, Blick auf den Fluss, viele Touristen. ⌚ Mo–Sa 11–16, 19–24, So 11–16 Uhr.

Sonstiges

GELD – ***Banco do Brasil***, Largo Conego Alcindino 27, alle internationalen Karten, ⌚ Mo–Fr 10–15, Geldautomat 6–22 Uhr.

INFORMATIONEN – 💻 www.paranagua.pr.gov.br. ***Informacões Turísticas*** in der Estação Nautica, Rua General Carneiro, gegenüber dem Bootsanleger, ✆ 41/3425 4542, ⌚ tgl. 8–18, in der HS bis 20 Uhr.

INTERNET – ***Teleposto Telepar***, Praça Fernando Amaro 116, Internet (R$4/Std.) und internationale Telefonate, ⌚ Mo–Fr 8–22, Sa und So 8–18 Uhr.

KRANKENHAUS – ***Hospital Paranaguá***, Rua Nestor Victor 222, ✆ 41/3423 3466, öffentliches Krankenhaus.

POST – Av. Arthur de Abreu 293.

TOUREN – Der Parque Nacional do Superagüi in der Bucht von Paranaguá besteht aus den Inseln Ilha das Peças und Ilha de Superagüi und ist bekannt für seine Pflanzenvielfalt und exotischen Tiere. Der Nationalpark ist erreichbar mit dem Boot ab Paranaguá (unregelmäßige Abfahrtszeiten, Informationen in der *Estação Nautica*, ✆ 41/3425 4542), oder im Örtchen Guaraqueçaba (💻 www.guaraquecaba.com; erreichbar mit Bus ab Curitiba oder Paranaguá). Einfache Pousadas gibt es im Dorf Barra do Superagüi.

Transport

BUSSE – ***Rodoviária*** ✆ 41/3420 2925.
Curitiba: *Graciosa,* ✆ 41/3423 1215, in hoher Frequenz zwischen 5.15 und 23 Uhr, 1 1/2 Std., R$14.
Morretes: *Graciosa,* bedarfsabhängig, ca. stdl., 55 Min., R$6.

BOOTE – Es gibt nur wenige Boote zur **Ilha do Mel**, daher am besten gleich bei Ankunft die Abfahrtszeiten zur Insel erfragen *(Estação Nautica,* an der Uferpromenade). Boote der Gesellschaft ***Abaline,*** ✆ 41/3455 2616, wechselnde Abfahrtszeiten, morgens, mittags und nachmittags, R$11 Hinfahrt, R$10 Rückfahrt.

EISENBAHN – ***Ferroviária***, Serra Verde Express, ✆ 41/3422 8817, 💻 www.serraverdeexpress.com.br. Abfahrt nach Curitiba nur am Wochenende, 14 Uhr (s. S. 155).

Ilha do Mel

Vorsicht, diese Insel zerstört Reisepläne! Aus zwei Tagen werden hier leicht zwei Wochen. Manche bleiben sogar für immer. Keine Autos, keine Motorräder, noch nicht einmal Straßen gibt es. Dafür fast überall unberührte Natur. Am besten gewinnt man von einem der zahlreichen grünen Hügel einen Überblick. Wahrscheinlich wird sich hier auch in den nächsten Jahrzehnten wenig verändern, denn der größte Teil der Insel steht unter Naturschutz, und für den Rest gibt es strenge Auflagen.

Wer kann, sollte die Hauptsaison meiden, denn im Sommer wird es voll. Wer Pech hat, wird sogar gar nicht mehr auf die Insel gelassen: Nur maximal 500 Touristen sind erlaubt, dann ist sie sozusagen geschlossen.

Die Ilha do Mel hat einen großen unbewohnten Teil im Norden und einen kleineren im Süden mit den beiden Siedlungen **Brasília** und **Encantadas**. Verbunden sind sie durch einen dünnen Sandstrand von gerade mal 20 m Breite. 1980 waren es noch 130 m.

Am besten lässt sich die Insel von **Brasília** oder **Vila do Farol** aus erkunden. Die Alternative ist die **Praia das Encantadas** ganz im Süden Hier gibt es zahlreiche Strandbars mit einem intensiven Nachtleben, außerdem kann man malerische Sonnenuntergänge genießen. Zum Schwimmen wird der Strand allerdings nicht empfohlen, denn die Abwässer werden direkt ins Meer geleitet.

Die **Gruta das Encantadas** ist nur wenige Gehminuten von der Praia das Encantadas entfernt. Sie ist der Sage nach vielen Seemännern zum Verhängnis geworden. Angelockt vom unwiderstehlichen Gesang der Nixen, die in der Grotte gewohnt haben sollen, seien zahlreiche Schiffe gesunken. Heute geht von ihr lediglich eine Gefahr für Touristen aus, die auf den glitschigen Steinen auf dem Weg zur Grotte ausrutschen.

Die Hauptsehenswürdigkeiten sind der Leuchtturm **Farol das Conchas** (ein sehr romantischer Ort zum Sonnenuntergang!) sowie das alte Fort **Fortaleza N. S. dos Prazeres**. Der Leuchtturm wurde 1872 größtenteils in Glasgow gefertigt und per Schiff nach Brasilien transportiert. Er weist noch heute den Schiffen den Weg. Das Fort ist eine große Befestigungsanlage von 1767, gebaut zur Verteidigung der Bucht von Paranaguá. Vom Fort aus führt ein kurzer Weg auf den **Morro da Baleia**, von dem man einen schönen Blick über den nördlichen Teil der Insel hat. Das Inland dieses Teils ist ein ökologisches Reservat und darf nicht betreten werden.

Die beiden wichtigsten Utensilien für die Insel sind eine Taschenlampe, um sich abends und nachts zurecht zu finden, sowie Insektenschutz

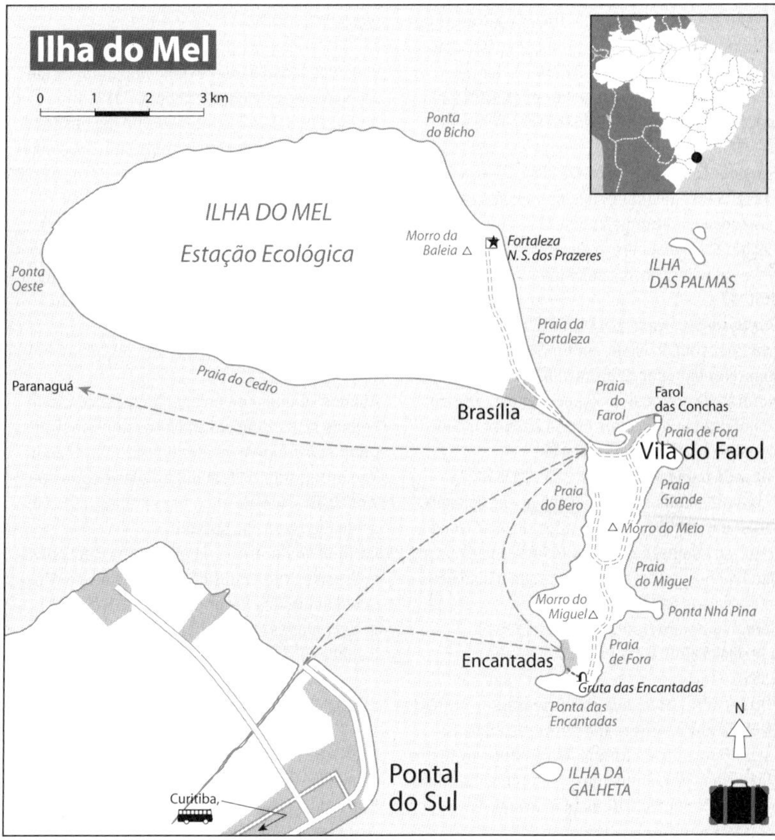

(evtl. Moskitonetz), denn die stechenden Plagegeister sind zahlreich.

Übernachtung

Außerhalb der Sommermonate findet man problemlos eine Unterkunft, ansonsten ist eine Reservierung dringend angeraten. Im Mittelteil der Insel, rund um Brasília und Vila do Farol, findet sich die reichste Auswahl an Pousadas, von „günstig" bis „Luxus", und man hat die beste Ausgangsposition, um die Insel zu erkunden. Die Pousadas in der Nähe des Forts sind die richtige Wahl für jene, die den Touristenströmen entkommen wollen. Von Encantadas aus ist der Norden der Insel schwerer erreichbar, aber es gibt viele Bars und Restaurants und die einzige Jugendherberge der Insel.

VILA DO FAROL/PRAIA GRANDE – ***Pousada Maresia,*** ✆ 41/3426 8033. Kleine hübsche Zimmer, auch Dorm-Unterkunft, Gäste werden herzlich von der deutschsprachigen Susan und Guapo empfangen. Guapo ist der zur Pousada gehörende inselbekannte Hund, ein beliebter Spielkamerad von Einheimischen und Gästen. Weiterer Pluspunkt: Frühstück bis 11 Uhr. ❶ ***Pousada das Meninas,*** ✆ 41/3426 8023, 💻 www.pousadadasmeninas.com.br. Ohne Zweifel ein Highlight auf der Insel. Verspielt eingerichtet, einfach zum Wohlfühlen. Kommunikativ gestaltete Aufenthaltsbereiche mit Hängematten; optimal, um andere Reisende kennen zu lernen. Eigentümerin Suzi kocht lecker mit Bio-Zutaten. Nach Absprache Abholservice vom Festland. ❷–❹

Pousada Enseada, ✆ 41/3426 8040, 💻 www.pousadaenseada.com. Abseits vom Weg am Fuße des Leuchtturms, ruhige Unterkunft mit familiärer Atmosphäre, 4 wunderschöne Zimmer; leckeres Frühstück mit selbstgebackenem Brot. ❸

Grajagan Surf Resort, ✆ 41/3426 8043, 💻 www.grajagan.com.br. Nicht nur für Surfer ein Genuss. Nur ein paar Schritte von der Praia Grande entfernt, aber trotzdem kaum sichtbar, herrlich eingebettet in die Natur. Einige Zimmer mit unglaublichem Meerblick. ❸–❺

Pousada Canto da Figueira, ✆ 41/3426 8127, 💻 www.cantodafigueira.com.br. In den liebevoll eingerichteten Zimmern ist jeder einzelne Gegenstand vom deutschen Ehepaar Jutta und Klaus mit Bedacht ausgewählt, alle Badezimmer sind unterschiedlich gestaltet. Ventilator und Kabel-TV. ❹

Camping Sonho Dourado, Praia do Farol, ✆ 41/3426 8013. Gute Infrastruktur. R$10 p. P.

FORTALEZA – ***Pousada dos Prazeres,*** ✆ 41/3243 9649, 💻 www.pousadadosprazeres.com.br. Letzte Pousada am Strand, einige hundert Meter hinter dem Fort, abgelegen, dadurch sehr ruhig, bunt und freundlich, direkt am Strand. ❷

PRAIA DAS ENCANTADAS – ***Hostel Zorro,*** ✆ 41/3426 9052, 💻 www.hostelzorro.com.br. Strandbar, Restaurant und schönes HI-Hostel in einem. ❶

Pousada e Restaurante Fim da Trilha, ✆ 41/3426 9017, 💻 www.fimdatrilha.com.br. Schöne Zimmer mit AC und TV. ❷ Zur Pousada gehört das beste Restaurant des südlichen Teils der Insel mit spanisch-brasilianischer Küche. Spezialität sind Paella und *Moqueca.* 🕓 tgl. 12–15, 20–22.30 Uhr.

✖ ***Pousada e Restaurante Estrela do Mar,*** ✆ 41/3426 9013, 💻 www.pousadaestreladomar.com.br. Durchdachtes Öko-Konzept: Regenwasserauffang, Abwasseraufbereitung, Solarenergie, Mülltrennung und Kompostierung; saubere Zimmer mit TV und AC, die komfortableren im 1. Stock. Abholservice vom Festland möglich. ❷

Essen

Viele Pousadas haben eigene Restaurants, die normalerweise auch für andere Gäste offen sind. An der Praia das Encantadas sind besonders jene der *Pousadas Fim da Trilha* und *Zorro* empfehlenswert.

Der beliebteste Treffpunkt in der Nähe des Leuchtturms ist das *Restaurante Mar e Sol,* 🕓 tgl. 11–22 Uhr, wo man gut und günstig essen kann. Gegenüber hat die *Pousada Colméia* eine nette Lanchonete für den Imbiss zwischendurch.

Nachtleben

Abends könnte man gelegentlich denken, man befinde sich irgendwo im Nordosten Brasiliens. Denn *Forró*, eigentlich der typische Tanz jener Region, ist sehr beliebt auf der Ilha do Mel. Sowohl in Brasília als auch Encantadas finden regelmäßig Forró-Partys statt.

Im *Toca do Abutre*, in der Nähe des Bootsstegs in Brasília, trifft man sich abends bei Live-Musik oder kulturellem Programm. 🕓 tgl. 9–23 Uhr.

In *Encantadas* konzentriert sich das lebhafte Nachtleben in den zahlreichen Bars am Strand.

Aktivitäten

RADFAHREN – Der nördliche Teil der Insel lässt sich entlang einsamer Strände schön mit dem Fahrrad umrunden. Zu Fuß ist die Tour nur für Ambitionierte empfehlenswert (mind. 5–6 Std. einplanen). Wichtig: Gezeiten beachten, viel zum Trinken und Insektenschutz mitnehmen.

SURFEN – Auch für Surfer ist die Ilha do Mel ein Paradies. Die besten Wellen gibt es an der östlichen Küste, besonders an der Praia Grande und der Praia de Fora.

WANDERN – Die Insel eignet sich hervorragend für ausgedehnte Wanderungen. Von Brasília bis zum Fort braucht man 1/2–1 Std., bis Praia Grande ist es ein Katzensprung von 15 Min., bis zum Leuchtturm 30 Min., bis zur Gruta das Encantadas sollte man hingegen mindestens 2 Std. einplanen. Wer nicht zurück laufen möchte: Von der Praia das Encantadas fahren Boote nach Brasília.

Sonstiges

APOTHEKEN – ***Posto de Saude de Nova Brasília,*** ✆ 41/3426 8003. Gesundheitszentrum mit Apotheke wenige Meter vom Bootssteg in Brasília. ***Posto de Saúde da Encantadas,*** ✆ 41/3426 9002.

FAHRRADVERLEIH – ***Bikes for Rent,*** ✆ 41/3426 8138. Tony vermietet nicht nur Fahrräder (R$5/Std.), sondern gibt auch gern Auskunft bei Fragen zur Insel. ⌚ tgl. 8–20 Uhr.

GELD – Unbedingt mit Bargeld anreisen, es gibt keine Bank auf der Insel.

INFORMATIONEN – Die Seite 💻 www.ilhadomel online.com gibt Informationen über die Insel auf Portugiesisch und Englisch. Webmaster ist Charles (s. Internet). Eine offizielle Touristeninformation gibt es nicht, dafür viele hilfsbereite Inselbewohner.

INTERNET – ***Ilha do Mel Café,*** Vila do Farol, ⌚ tgl. 9–21 Uhr. Kleines privates Internetcafé. Hier kann man einen Cappuccino oder Saft trinken, Leute treffen und nebenbei das Wichtigste über die Insel erfahren. Der Eigentümer Charles spricht perfekt Englisch und freut sich, Travellern weiterhelfen zu können. Er hat außerdem eine Buchtauschbörse eingerichtet, bietet Telefon- und Digitalkamera-Service.

POST – In Brasília (Vila do Farol) und Encantadas. ⌚ unregelmäßig.

TAXI – In Brasília gibt es Bootstaxis, die gegen einen Preis von R$15–25 zeitlich flexibel verschiedene Zielen auf der Insel ansteuern. Z. B. von Brasília nach Encantadas oder von Brasília zum Fort.

Transport

Die Ilha do Mel ist erreichbar mit dem Boot ab Paranaguá oder Pontal do Sul. Beide Orte werden von Bussen ab Curitiba angefahren. Die schnellere Möglichkeit ist die Fahrt über Pontal do Sul (2 Std. Bus, 1/2 Std. Boot). Die Busfahrt nach Paranaguá ist zwar 30 Min. kürzer, jedoch dauert die Überfahrt wesentlich länger (2 Std.). Wer mit der Eisenbahn ab Curitiba fährt, hat keine andere Wahl, als das Boot ab Paranaguá zu nehmen.

BUSSE – Nach **Curitiba** mit *Graciosa,* ✆ 41/3455 1341 (Pontal), ✆ 41/3423 1215 (Paranaguá):
Ab **Pontal do Sul/Hafen** 5x tgl. zwischen 7.05 und 20.05 Uhr, 2 Std., R$17.
Der Bus nach Curitiba fährt direkt ab dem Hafen Pontal do Sul oder ab Rodoviária (10 Min. später). Der Kauf der Fahrkarte ist im Bus nicht möglich, daher empfiehlt es sich, möglichst die Rückfahrkarte schon vorher zu kaufen. Andernfalls muss man zunächst mit Taxi oder lokalem Bus zur Rodoviária fahren, um ein Ticket zu lösen.
Ab **Paranaguá** mit zahlreichen Bussen zwischen 5.15 und 23 Uhr, 1 1/2 Std., R$14.
BOOTE – *Abaline,* ✆ 41/3455 2616, verkehrt zwischen Ilha do Mel und Pontal do Sul bzw. Paranaguá. Die Boote von Paranaguá fahren erst nach Brasília und dann weiter nach Encantadas.
Pontal do Sul (✆ 41/3455 1144): stdl. zwischen 7.30 und 17.30 Uhr (NS) bzw. halbstdl. zwischen 7.30 und 19 Uhr (HS), 30 Min., R$6 plus R$4 (Steuer).
Paranaguá: nur 2–3x tgl., morgens, (mittags) und nachmittags, 2 Std., R$11 Hinfahrt, R$10 Rückfahrt.

Foz do Iguaçu und Umgebung

„Paradise really exists", mit diesem Slogan wirbt die Stadt Foz do Iguaçu auf Tourismusmessen; wer einmal hier war, ist geneigt dem zuzustimmen. Gemeint ist allerdings die Hauptattraktion, die weltbekannten Wasserfälle von Iguaçu „**Cataratas**" auf Portugiesisch.

Die 260 000 Einw. zählende Stadt selbst ist unspektakulär. Sie bietet sich jedoch als Ausgangspunkt zu den Attraktionen der Umgebung an: die brasilianische und argentinische Seite der **Wasserfälle** sowie der **Staudamm Itaipu**.

Foz do Iguaçu liegt im Dreiländereck Brasilien – Paraguay – Argentinien. Seine Nachbarstädte auf paraguayischer Seite heißen **Ciudad del Este**, auf argentinischer Seite **Puerto Iguazú**. Der Bau des Staudamms von Itaipu, ein brasilianisch-paraguayisches Gemeinschaftsprojekt, löste für beide Städte einen Entwicklungsschub aus.

Klima und Reisezeit

Die Gegend um Foz do Iguaçu hat subtropisches Klima mit sehr hoher Luftfeuchtigkeit. Die durchschnittliche Temperatur beträgt 14 °C im Winter und 26 °C im Sommer, an heißen Tagen steigt das Thermometer leicht auf über 40 °C. Ein Besuch ist das ganze Jahr über möglich. Zu empfehlen ist jedoch der brasilianische Sommer (Dez bis März). Denn dann führt der Rio Iguaçu mehr Wasser, die Fälle sind beeindruckender und die Vegetation ist üppiger.

Im Gepäck sollte neben Sonnencreme unbedingt auch Insektenschutz sein. Durch das feuchte Klima gibt es viele Moskitos, was insbesondere bei Wanderungen durch den Urwald unangenehm werden kann. An heißen Tagen Badesachen mitnehmen, an kühleren Regenschutz, da bei den Wasserfällen immer mit Spritzwasser zu rechnen ist.

Orientierung in der Stadt

Die Av. Jorge Schimmelpfeng, benannt nach dem ersten Bürgermeister der Stadt, ist die Straße fürs Nachtleben. Von ihr geht die Av. Brasil ab, die zentrale Shoppingmeile. Die meisten Busse fahren über die parallel verlaufende Verkehrsader Av. Juscelino Kubitschek (abgekürzt „J.K.", gesprochen „Schotta-ka"). An ihrem nördlichen Ende liegt der zentrale Busbahnhof für den Nahverkehr, das Terminal de Transporte Urbano (TTU).

Übernachtung

Foz do Iguaçu kann sich über Touristenmangel nicht beklagen. Für die meisten der zahlreichen Hotels muss man daher tiefer in die Tasche greifen als anderswo. Zum Glück gibt es aber zwei von einer Familie (Vater und Sohn) geführte gute Jugendherbergen. Beide bieten günstige Touren zur argentinischen Seite der Wasserfälle an.

HOSTELS – ***Hostel Paudimar Campestre,*** Rodovia das Cataratas, km 12,5, ✆ 45/3529 6061, 💻 www.paudimar.com.br. Treffpunkt Nr. 1 für Backpacker. Fern der Stadt, dafür nahe Flughafen und der brasilianischen Seite der Wasserfälle. An der Bar am Pool tauscht ein internationales Publikum Reiseerfahrungen aus. Weitflächige Anlage mit Fußballplatz. Camping möglich. Anreise am einfachsten mit Taxi (das Hostel übernimmt R$10 der Taxikosten vom Rodoviária bei mind. zwei Übernachtungen) Alternativ fährt ein Stadtbus ab Innenstadt *(Parque National)* oder Flughafen *(Centro)* die Hauptstraße entlang. Auf Höhe des Viertels „Remanso Grande", gegenüber dem Hotel San Juan, kann in einen kostenlosen Shuttle-Bus umgestiegen werden, der direkt zum Hostel fährt. ❶

Hostel Paudimar Falls, Rua Antonio Raposo 820, ✆ 45/3028 5503, 💻 www.paudimarfalls.com.br. Kleiner als das Hostel Campestre, aber ebenfalls mit Pool und Barbereich, zentrale Lage in der Stadt, kostenloses Internet, mageres Frühstück; organisiert Bustickets nach Buenos Aires. ❶

HOTELS – ***Hotel 3 Fronteiras,*** Av. Jorge Schimmelpfeng 605, ✆ 45/3523 2202, 5231521, 💻 www.hotel3fronteiras.com.br. V. a. wegen seiner zentralen Lage empfehlenswertes Hotel, wenige Schritte zu den Nightlife-Spots. Schlichte, saubere Zimmer; Pool. ❷

Hotel Tarobá, Rua Tarobá 1048, ✆ 45/3028 7700, 💻 www.grupomendes.com. Komfortable Zimmer zu vernünftigem Preis. Dachterrasse mit Pool und Sauna. ❸

Dany Hotel, Av. Brasil 509, ✆ 45/3523 1530, ✉ danyhotel@foznet.com.br, Modernes Hotel, zentral in Haupteinkaufsstraße gelegen. AC, Kabel-TV. ❸

Tropical das Cataratas Eco Resort, Parque Nacional do Iguaçu, ✆ 45/3521 7000, 💻 www.tropicalhotel.com.br. Luxus-Hotel in Kolonialarchitektur. Die Lage nur wenige 100 m von den Wasserfällen ist unschlagbar. Einige (fast unbezahlbare) Zimmer haben Blick auf das Naturschauspiel. Zahlungskräftiges Publikum, hauptsächlich aus Europa. ❻

CAMPING – ***Camping Clube do Brasil,*** Av. das Cataratas Km17, ✆ 45/3523 8599, 💻 www.campingclube.com.br. Schattiges Camping auf Rasen direkt neben dem Besucherzentrum des brasilianischen Nationalparks. R$13,50 p. P. ❶

Essen

RESTAURANTS – ***Sushi Hokkai,*** Rua Marechal Deodoro 550, Ecke Av. Jorge Schimmelpfeng. Bestes Sushi weit und breit. ⌚ Mo–Sa 18–24, So 12–15 und 18–24 Uhr.

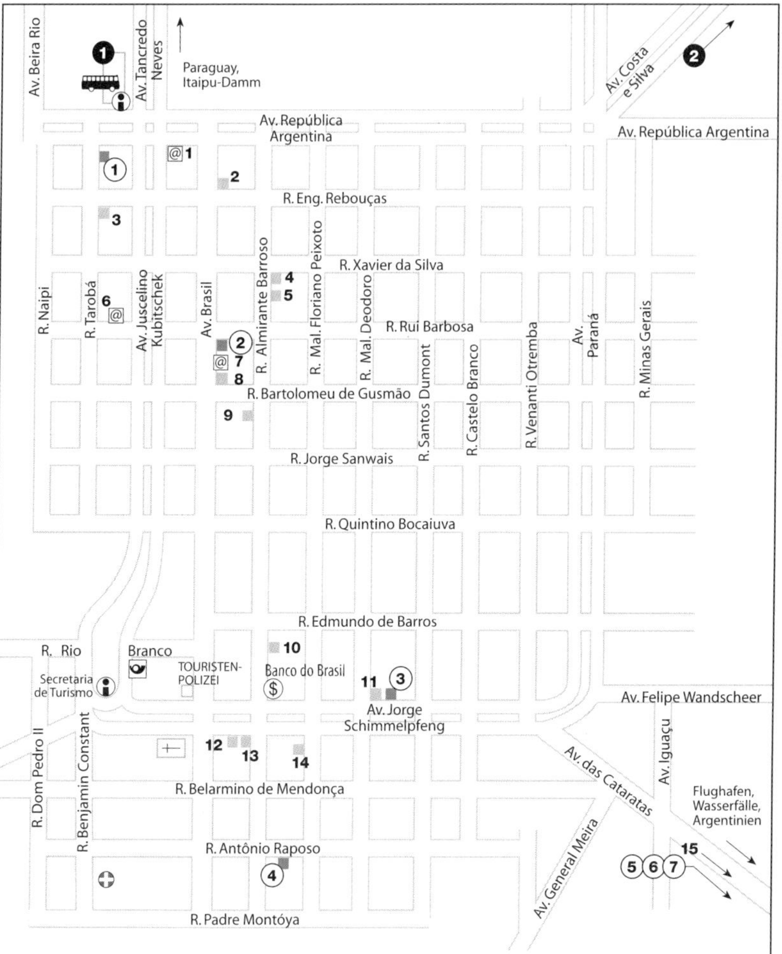

Übernachtung:
1. Hotel Tarobá
2. Dany Hotel
3. Hotel 3 Fronteiras
4. Hostel Paudimar Falls
5. Hostel Paudimar Campestre
6. Tropical das Cataratas Eco Resort
7. Camping Clube do Brasil

Transport:
1. Terminal de Transporte Urbano (TTU)
2. Rodoviária

Läden, Restaurants etc.:
1. Plus-Master
2. Rafain Brasil
3. Bufalo Branco Churrascaria
4. International Disco Club
5. Famiglia Maran
6. NetPub CyberCafe
7. US-net Posto Telefônico
8. Safira Turismo
9. Ver o Verde
10. Marias & Maria
11. Sushi Hokkai
12. Oficina do Sorvete
13. Capitão Bar
14. Tass
15. Shopping Iguassu Boulevard

Foz do Iguaçu

0 100 m

N

Bufalo Branco Churrascaria, Rua Rebouças 530. Bestes Grillhaus der Stadt, Rodízio R$36. ⏲ tgl. 12–23.30 Uhr.

MITTAGESSEN – ***Ver o Verde,*** Rua Almirante Barroso 1713. Natur-Restaurant mit leckerem Mittagsbuffet, kein rotes Fleisch. R$8/kg bzw. R$10 (Sa und So). ⏲ tgl. 11.30–15 Uhr.
Marias & Maria, Av. Brasil 1285. Gutes und günstiges Buffet, R$5. ⏲ Mo–Sa 11–15 Uhr.

CAFÉS – Oficina do Sorvete, Av. Jorge Schimmelpfeng 244. Traditionsreiches Eiscafé mit 48 verschiedenen leckeren Sorten. Besonders beliebt: doce de leite und morango (Erdbeere). ⏲ tgl. 12–24 Uhr.
Famiglia Maran, Rua Almirante Barroso 1968. 24 Std. geöffnetes modernes Café mit reichhaltiger Speisekarte von Kuchen bis Sandwichs, leckere Säfte, abends Suppenbuffet. ⏲ tgl. 24 Std.

Nachtleben

Das Nachtleben konzentriert sich auf die Bars der **Av. Jorge Schimmelpfeng**. The *place to be* ist die ***Capitão Bar,*** Av. Jorge Schimmelpfeng 288, ⏲ tgl. ab 16.30 Uhr. Jede Nacht voll und bekannt für ihre verführerischen Cocktails wie *La-Cu-Karacha*, ein in einer Ananas servierter Drink.
In der Av. Brasil lohnt es sich bei ***Rafain Brasil*** (Nr 157) vorbeizuschauen, einer Open-Air-Bar, wo man bei Live-Musik (MPB, Rock, Forró) ein frisch gezapftes *Chope* trinken kann. ⏲ tgl. ab 21.30 Uhr.
Die Clubszene ist in Foz do Iguaçu übersichtlich. Man trifft sich zu später Stunde entweder im ***Tass,*** Av. Jorge Schimmelpfeng 450, ⏲ Fr und Sa ab 23 Uhr, oder im etwas schickeren, zum Hotel *Internacional Foz* gehörigen ***International Disco Club,*** Rua Almirante Barroso 2006, ⏲ Do–Sa ab 24 Uhr.

Touren

Es gibt viele Touranbieter in Foz do Iguaçu, die ihr Geld mit Transfers zu den Wasserfällen machen, oft ergänzt um den Staudamm Itaipu. Hier lässt sich einiges Geld sparen, wenn man auf eigene Faust loszieht. Sowohl die brasilianische Seite der Wasserfälle als auch Itaipu ist einfach mit öffentlichen Verkehrsmitteln zu erreichen. Nur für den argentinischen Teil empfiehlt sich wegen der Grenzformalitäten der Anschluss an eine Gruppe. Die günstigste Tour bieten die beiden Hostels für R$25 (s. o.).

Sonstiges

APOTHEKEN – Die Apotheken konzentrieren sich im nördlichen Teil der Av. Brasil, einige bleiben 24 Std. geöffnet.

GELD – Viele Banken befinden sich in der Av. Brasil; alle hier aufgeführten akzeptieren internationale Karten: ***Banco do Brasil,*** Av. Brasil 1377; ***Banco24h***-Geldautomat am Rodoviária, **Banco do Brasil**-Geldautomat am Flughafen.
Safira Turismo, Av. Brasil 567, kompetentes englischsprachiges Reisebüro, das u. a. Geldwechsel anbietet. ⏲ Mo–Fr 8.30–18, Sa 8.30–12 Uhr.

INFORMATIONEN – 🖳 www.iguassu.tur.br, zentrale **Hotline**: ✆ 0800/451516, ⏲ 7–23 Uhr; ***Secretaria de Turismo,*** Praça Getúlio Vargas, ✆ 45/3521 1455, ⏲ tgl. 7–23 Uhr. **Touristeninformation** außerdem am **lokalen Busbahnhof** TTU, ⏲ tgl. 7–19 Uhr; **Aeroporto**, ⏲ tgl. 10–1 Uhr; **Rodoviária**, ✆ 45/3522 1027.
Informationen zum brasilianischen Nationalpark: ✆ 45/3521 4400, 🖳 www.cataratasdoiguacu.com.br (auch auf Deutsch); zum argentinischen: ✆ +54/03757/420722, 🖳 www.iguazuargentina.com.

INTERNET – Das Internet kostet in Foz günstige R$2–3/Std. ***Plus-Master,*** Av. República Argentina 778, ⏲ 24 Std.
NetPub CyberCafe, Rua Rui Barbosa 549, mittags all-you-can eat-Buffet, ⏲ tgl. 8–24 Uhr.

MEDIZINISCHE HILFE – ***Hospital Ministro Costa Cavalcanti,*** ✆ 45/3576 8000. Privates Krankenhaus.

POST – Praça Getúlio Vargas 72.

TELEFON – ***US-net Posto Telefônico***, nationale und internationale Telefonate und Internet, Av. Brasil 549, ⏲ Mo–Sa 9–22, So 9–13 und 18–22 Uhr.

TOURISTENPOLIZEI – Av. Brasil 1374, ✆ 45/3523 3036, ⏲ tgl. 8.30–12 und 13.30–18 Uhr.

Nahverkehrsmittel

Zusätzlich zur Rodoviária gibt es für den Nahverkehr ein zweites Terminal, das **Terminal de Transporte Urbano** (TTU). Innerhalb dieses Busbahnhofs kann der Bus gewechselt werden, ohne neu zu zahlen (Integração). Von hier aus fahren Busse zu allen wichtigen Attraktionen. Die Busse Richtung Flughafen/brasilianischer Nationalpark fahren über die Achse Av. Jorge Schimmelpfeng/Av. Juscelino Kubitscheck, wo man auch zusteigen kann.
Zum Flughafen: Bus *Parque National*, alle 20 Min., So alle 30 Min., R$1,65.
Zur Rodoviária: Bus *Rodoviaria* ab TTU, in umgekehrter Richtung *TTU/Centro.*
Zu den Wasserfällen (bras. Seite): Bus *Parque National* ab TTU, 30 Min., R$1,65.
Zu den Wasserfällen (argent. Seite): Bus *Puerto Iguazú* ab TTU bis zur Grenze; hier Grenzformalitäten über sich ergehen lassen (Pass mitnehmen!), damit ist in der Regel ein Zeitverlust verbunden, so dass man auf den nächsten Bus warten muss (jede 1/2 Std.). Umstieg in Puerto Iguazú in einen Bus zu den Wasserfällen. Fahrt kann bis zu 2 Std. dauern! Wichtig ist, die bei der Einreise erhaltene *Cartão de Entrada* mitzunehmen, falls man abends nicht wieder nach Brasilien zurückfahren möchte (Geldstrafe).
Ciudad del Este (Paraguay): regelmäßige Busse ab TTU in kurzen Abständen, R$3, 30 Min., vor der Freundschaftsbrücke oft Stau.
Itaipu: zahlreiche Busse, z. B. *Conjunto C/Vila C/Cidade Nova*, 30 Min, R$1,65.

Transport

FLÜGE – Der ***Aeroporto Internacional***, ✆ 45/3521 4200, *(Varig/Riosul, TAM* und *Gol)* liegt 16 km von Foz do Iguaçu entfernt, auf dem Weg zur brasilianischen Seite der Wasserfälle.
Flughafentransport: Bus *Centro*, Mo–Sa alle 20 Min., So alle 30 Min., R$1,65. Taxi: R$35, bis Hostel Paudimar R$22.

BUSSE – ***Rodoviária*** von Foz do Iguaçu, ✆ 45/3522 2590, an der Av. Costa e Silva, 4 km nordöstlich vom Stadtzentrum.

Nach **Buenos Aires** (Argentinien): viele Reisende schauen sich die Wasserfälle der argentinischen Seite an, fahren dann mit dem Bus weiter von Puerto Iguazú nach Buenos Aires – ab **Foz do Iguaçu**: *Cruzero del Norte*, ✆ 45/3575 1032, 14 Uhr. *Pluma*, ✆ 45/3522 2352, 13 Uhr, jeweils 18 Std., R$100; ab **Puerto Iguazú** (Argentinien): *Expreso Singer*, 14, 17.45 Uhr, R$125 *(cama total)*, R$105 *(cama)*, R$95 *(semi-cama)*, 18 Std. *Crucero Del Norte*, 5x tgl., 17 Std., R$92–100.
Nach **Asunción** (Paraguay) ab **Foz**: *Rysa*, ✆ 45/3522 3080, 14.30, 20 Uhr. *Catarinense/Nuestra Señora de la Assunción*, ✆ 45/3522 2050, 18.30, 24 Uhr, jeweils 5 Std., R$40–45. Weitere Busse ab **Ciudad del Este**.

Curitiba: *Pluma*, 20.30 Uhr, 9 Std., R$62. *Catarinense*, ✆ 45/3522 2050, 7–9x tgl. zwischen 7 und 21.30 Uhr, 9 Std., R$66-85; 21 Uhr *(leito)*, R$150.
Florianópolis: 14–15 Std., R$90–150. *Pluma* und *Catarinense* jeweils 3x tgl. abends. *Reunidas*, ✆ 45/3522 2808, 16 Uhr.
Porto Alegre: *Unesul*, ✆ 45/3522 2070, 4x tgl., 16 Std, R$100, So abends *leito*, R$135.
Rio de Janeiro: 22–23 Std., R$140. *Pluma*, 3x tgl.; *Kaiowa*, ✆ 45/3522 1080, um 14.40 und 18 Uhr.
São Paulo: 15–16 Std., R$100 *(conventional)*, R$150 *(leito)*. *Pluma* und *Kaiowa* jeweils 3x tgl.

Die Wasserfälle von Iguaçu

Iguaçu „große Wasser", nannten die Tupi-Guarani-Indianer, die ursprünglich das heutige Grenzgebiet von Brasilien und Argentinien bewohnten, die Wasserfälle. Ein bescheidener Ausdruck für eines der gigantischsten **Naturwunder** der Welt. Worte können das Erlebnis nur schwer beschreiben. Was von der Ferne märchenhaft wie ein Gemälde wirkt, wird je näher man kommt zur schaurigen Faszination angesichts der rohen Gewalt der Natur.

Der **Rio Iguaçu** ist ein Nebenfluss des **Rio Paraná** von 1200 km Länge und entspringt in der Nähe der Serra do Mar. Kurz bevor er in den Paraná mündet, donnert er mit unglaublicher Macht durchschnittlich 60 m in die Tiefe. Er formt dabei einen Halbkreis, der sich über 2,7 km erstreckt. Das Gebiet der Wasserfälle teilt sich Brasilien mit Argentinien. Der kleinere Teil (800 m) liegt dabei auf brasilianischem Boden. Je nach Wasserstand sind **150–270 verschiedene Fälle** zu bewundern, die bis zu 6500 Kubikmeter Wasser pro Sekunde nach unten befördern. Mit einer Höhe von bis zu 80 m sind sie höher als die Niagarafälle. In punkto Breite müssen selbst die Victoria-Fälle in Afrika kapitulieren.

Beide Seiten der Wasserfälle sind seit den 30er Jahren Nationalparks und seit 1984/1986 **Weltnaturerbe der UNESCO**. Der Urwald besteht aus geschätzten 2000 Pflanzenarten. Er ist Heimat für 420 Vogel- und 68 verschiedene Säugetierarten, außerdem von Reptilien und Amphibien, von denen viele vom Aussterben bedroht sind. Zwischenzeitlich stand der brasilianische Nationalpark auf der roten Liste der gefährdeten Welterbe durch die illegale Öffnung einer Straße und häufige Helikopterflüge. Die Vernunft hat jedoch gesiegt – Die Straße ist nun wieder geschlossen und die Helikopter müssen höher fliegen.

Beide Seiten der Wasserfälle lohnen einen Besuch. Den besseren Überblick bietet der brasilianische Teil, für die nähere und intensivere Erfahrung muss man jedoch über die Grenze nach Argentinien fahren. Der brasilianische Nationalpark ist einfacher zu erreichen und schneller zu besichtigen. Wer es eilig hat, dem reicht hier ein halber Tag. Am besten sind die Lichtverhältnisse morgens, wenn auch die schönsten Fotos entstehen (Vorsicht, Mo morgens geschlossen!). Für nachmittags bietet sich ein Besuch des Staudamms oder ein Shopping-Ausflug nach Ciudad del Este an. Für den argentinischen Part ist es sinnvoll, einen ganzen Tag zu reservieren, zum einen weil die Anreise länger dauert (Grenzformalitäten), zum anderen, weil die Wanderwege länger und die Möglichkeiten vielfältiger sind.

Argentinische Seite

Der Eintritt zum argentinischen **Parque Nacional Iguazú** (🕓 tgl. 8–18 Uhr, im Sommer (Sep–März) 8–19 Uhr) kostet Arg$30. Darin enthalten ist die Fahrt mit der Bimmelbahn „Tren Ecológico" (insgesamt 3 Stationen, Abfahrt alle 25 Min.) zur Garganta del Diablo, dem absoluten Höhepunkt der Wasserfälle. Zur Ausstattung des Parks gehören Restaurants und Cafés sowie erste Hilfe-Stationen an den beiden Bahnhöfen. Überall wird brasilianisches Geld akzeptiert.

Rundgänge

Es gibt drei Rundgänge mit ganz unterschiedlichen Perspektiven auf die Wasserfälle: Der **Circuito Inferior** (1,7 km, 1–2 Std.) bietet den wohl intimsten Kontakt mit den Wasserfällen. Die Wassermassen erscheinen hier zum Greifen nahe. Unten am Wasser angekommen, fährt in kurzen Abständen ein Boot zur **Isla San Martin** mit einigen kürzeren Wanderwegen (1/2–1 Std.).

Der **Circuito Superior** (650 m, 1/2–1 Std.) führt oberhalb der Fälle entlang. Der Weg zum **Garganta del Diablo**, dem Teufelsschlund (1 km, 1–2 Std.) ist der krönende Abschluss. Es lohnt, ihn bis zum Schluss aufzuheben. Wie in einem gigantischen Whirlpool vereinen sich die Fluten von allen Seiten mit ohrenbetäubendem Lärm. (Vorsicht, Spritzwasser!). Vom Circuito Superior kommend gibt es die Möglichkeit, ab der Estación Cataratas mit dem Zug bis zur letzen Station zu fahren, wo der Weg zum Teufelsschlund beginnt.

Touren

Neben den geschilderte Wanderwegen ist eine Bootsfahrt zu den Wasserfällen ein beliebtes Vergnügen, angeboten von der gut organisierten Crew von *Iguazu Jungle Explorer,* ✆ 03757/421696, 💻 www.iguazujunglexplorer.com (mehrsprachige Führer). Es werden drei verschiedene Arten von Bootstouren angeboten. Bei den ersten beiden Touren sollte man keine Scheu vor Wasser haben: Mit einem Speed-Boot wird bis an die Fälle herangefahren, Adrenalinschübe und totale Durchnässung sind die Folge – aber es ist ein einmaliges Erlebnis. An warmen Tagen ist Badekleidung unbedingt empfehlenswert.

„Gran Aventura", eine 8 km Geländewagentour durch den Urwald mit einigen Erklärungen zur Vegetation, danach 6 km Bootstour. Langsam steigt die Spannung, während sich das Boot auf dem Rio Iguaçu von unten den Wasserfällen nähert (1 Std., R$60.).

„Aventura Náutica", alle 20 Min. legt ein Boot vom Anleger gegenüber der Isla San Martin ab, gleicher Adrenalin-Faktor wie bei der teureren Tour; wer Geld sparen will, sollte es hier tun. Fahrtdauer 15 Min., R$25.

„Paseo Ecológico", Startpunkt ist der Bahnhof am Garganta del Diablo, 30 Min.-Bootstour auf dem oberen Teil des Flusses, R$13.

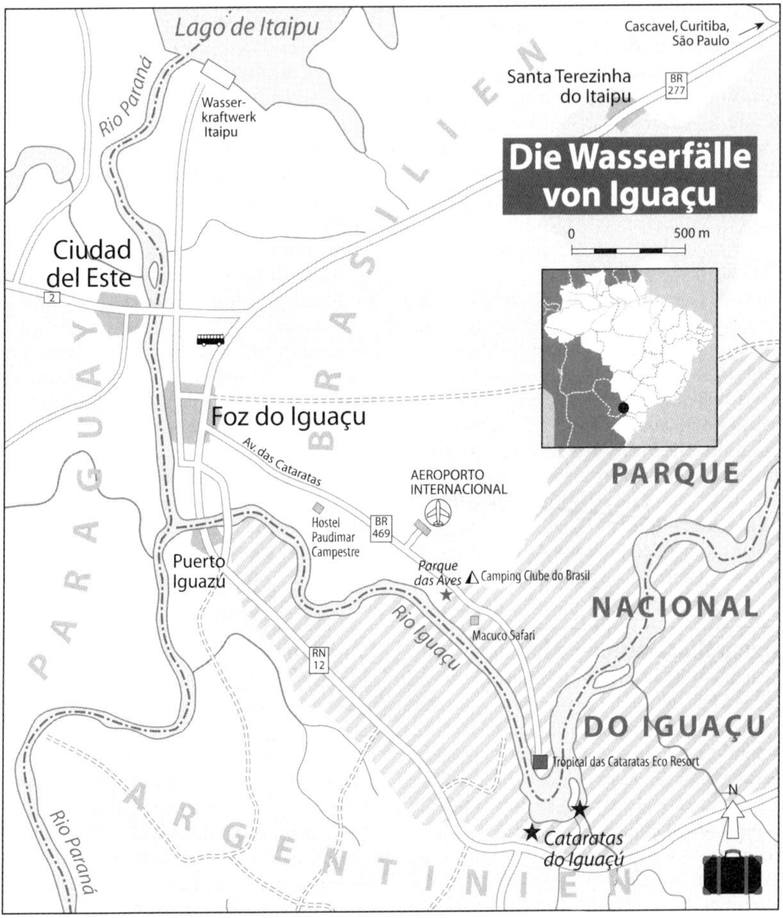

Brasilianische Seite

Der **Parque National do Iguaçu** (🕓 Apr–Sep Mo 13–17, Di–So 8–17, Okt–März bis 18 Uhr, Eintritt R$20) gehört mit 700 000 Besuchern pro Jahr zu den meistbesuchten Sehenswürdigkeiten in Brasilien. Am Besucherzentrum wartet ein Pendelbus (im Preis enthalten), der die verschiedenen Stationen des Nationalparks miteinander verbindet. (Autos haben keine Zufahrt, sie müssen gegen eine Gebühr von R$10 geparkt werden).

An der **Estação Trilha das Cataratas** (gegenüber dem Hotel Tropical) beginnt ein schöner Wanderweg mit atemberaubenden Aussichten. Ab und zu laufen *Coatis* über den Weg, putzig aussehende Nasenbär-ähnliche Tiere mit langem gestreiftem Schwanz. Diese sind mittlerweile aufgrund gutmeinender Touristen auf Futter konditioniert und suchen, z. T. aggressiv, nach Essbarem. Gegen Ende des Weges beginnt ein Laufsteg über das Wasser Richtung Garganta do Diablo: ein wahrer Hexenkessel! Ein Aussichtsturm bietet danach noch einen letzten herrlichen Überblick.

An der **Estação Porto Canoas** angekommen, der hintersten Station, fährt der Bus zurück zum

Eingangsbereich. Vorher laden ein Café und Restaurant zum Verweilen ein.

Nach den Wasserfällen bietet sich ein Besuch des **Parque das Aves** an (Rodovia das Cataratas KM 15, ✆ 45/3529 8282, 🖳 www.parquedasaves.com.br). Hier sind 1000 Vögel (160 verschiedene Arten von fünf verschiedenen Kontinenten) in ihrer natürlichen Umgebung zu bewundern. 🕒 tgl. 8.30–17.30 Uhr; Eintritt R$16.

Touren

Ähnliche Touren wie auf der argentinischen Seiten werden von **Macuco Safari** angeboten (erste Station des internen Busses), 🕒 Mo 13–17.30, Di–So 8.30–17.30 Uhr, ✆ 45/3574 4244, 🖳 www.macucosafari.com.br. Die beliebteste Tour besteht aus einer 3 km-Jeep-Fahrt, 600 m Spaziergang durch den Wald und einer 25-minütigen Bootsfahrt zu den Wasserfällen. Optional: Rafting auf der Rückfahrt. (1 3/4 Std., US$33, Aufschlag für Rafting). Auch für geführte Wanderungen durch den Regenwald ist das Team von *Macuco Safari* der richtige Ansprechpartner.

Usina Hidrelétrica de Itaipu

„Itaipu" - singender Fels – so nannten die indianischen Ureinwohner die Gegend. Der Fels existiert wohl nicht mehr bzw. wurde unter mehreren Billionen m^3 Wasser begraben. Hier liegt nun ein Stausee von der dreifachen Größe des Genfer Sees.

Der 12 km von Foz do Iguaçu entfernte **Staudamm von Itaipu**, ✆ 45/3520 6999, 🖳 www.itaipu.gov.br, war stets ein umstrittenes Prestigeprojekt der brasilianischen und paraguayischen Regierung. Mit 14 000 Megawatt (20 Generatoren) bei vollem Betrieb ist es das leistungsstärkste Kraftwerk seiner Art weltweit. Es liefert mehr als ein Viertel der Stromenergie Brasiliens und 90% der Paraguays. Brasilien sei seit Itaipu nicht mehr Teil der sog. „Dritten Welt", sagte selbstbewusst Präsident Lula. Kritiker entgegnen, mit 20 Billionen US-Dollar sei der Bau extrem teuer gewesen und habe Brasilien in immense Auslandsschulden gestürzt. Zudem habe das Projekt verheerende soziale und ökologische Folgen: Erhebliche Eingriffe in die Landschaft, Abholzung von Regenwald, Verlust von Tier- und Pflanzenarten, Zwangsumsiedlungen. Auch die „**Sete Quedas**" waren dem Projekt zum Opfer gefallen: Wasserfälle des Paraná-Flusses, die in ihrer Schönheit den Iguaçu-Fällen in nichts nachgestanden haben sollen. Auf der anderen Seite fällt die Relation zwischen Eingriff in die Natur und der enormen Menge an produzierter Energie im Vergleich zu anderen Wasserkraftwerken wesentlich günstiger aus. Letztendlich muss sich jeder selbst seine Meinung bilden.

Das Standard-Besuchsprogramm umfasst einen Dokumentarfilm von 15 Min mit anschließender Bustour und einem Besuch des Ecomuseums. Der Film verklärt mit vielen schönen Bildern das „Weltwunder" der modernen Zeit; der Bus fährt anschließend zum Fuß des Dammes und zum Stausee. Auf der Fahrt gibt es Erklärungen auf Portugiesisch, Spanisch und Englisch. 🕒 Tourbeginn Mo–Sa 6x zwischen 8 und 15.30 Uhr.

Das **Ecomuseu de Itaipu** gibt Infos zur Geschichte der Region, zum Bau des Kraftwerks, zur Tier- und Pflanzenwelt. 🕒 So und Mo 14–17.30, Di–Sa 8.30–11.30 und 14–17.30 Uhr; Eintritt frei.

Ciudad del Este (Paraguay)

Eine Fahrt in die zweitgrößte Stadt Paraguays hat in den meisten Fällen nur einen Zweck: Die Jagd nach Schnäppchen. Die 7 km von Foz do Iguaçu entfernte Stadt ist ein einziges riesiges Einkaufszentrum: Menschen- und Warenfluten statt Wasserfluten. Wie auf einem Basar bieten Straßenhändler Alkoholika, Parfüm, Elektrogeräte oder Computertechnik an. Doch Vorsicht: Vieles ist Fake und von schlechter Qualität. Wer sicher gehen will, lässt am besten die Finger weg von den fliegenden Händlern und kauft in den Läden wie **Galeria Americana** oder **Casa China**. Die Preise sind in Dollar ausgezeichnet, aber auch Real werden akzeptiert. Einkäufe bis US$150 sind steuerfrei. Paraguay ist eine Stunde hinter der brasilianischen Zeit, die Geschäfte schließen daher bereits um 17 Uhr (nach brasilianischer Zeit).

Ciudad del Este ist über die **Ponte da Amizade** mit Brasilien verbunden. Wegen häufiger Überfälle sollte man darauf verzichten, über die Brücke zu laufen. Es fahren regelmäßig Busse von Foz do Iguaçu nach Ciudad del Este (s. Nahverkehrsmittel).

São Paulo und Minas Gerais

In **São Paulo** Kultur und Nightlife genießen.

Auf der **Ilhabela** Wassersport treiben.

In **Maresias** und **Camburi** tanzen und flirten.

In **Iporanga** riesige Grotten besichtigen.

In **Ouro Preto** und **Tiradentes** in die Zeit des Goldrausches zurückkehren.

In **São Tomé das Letras** von leuchtenden Felsen aus Besucher aus dem All erwarten.

In den Mineralbädern von **São Lourenço** alle Krankheiten auskurieren.

Im **Parque Natural do Caraça** mitten in der Natur bei Mönchen wohnen.

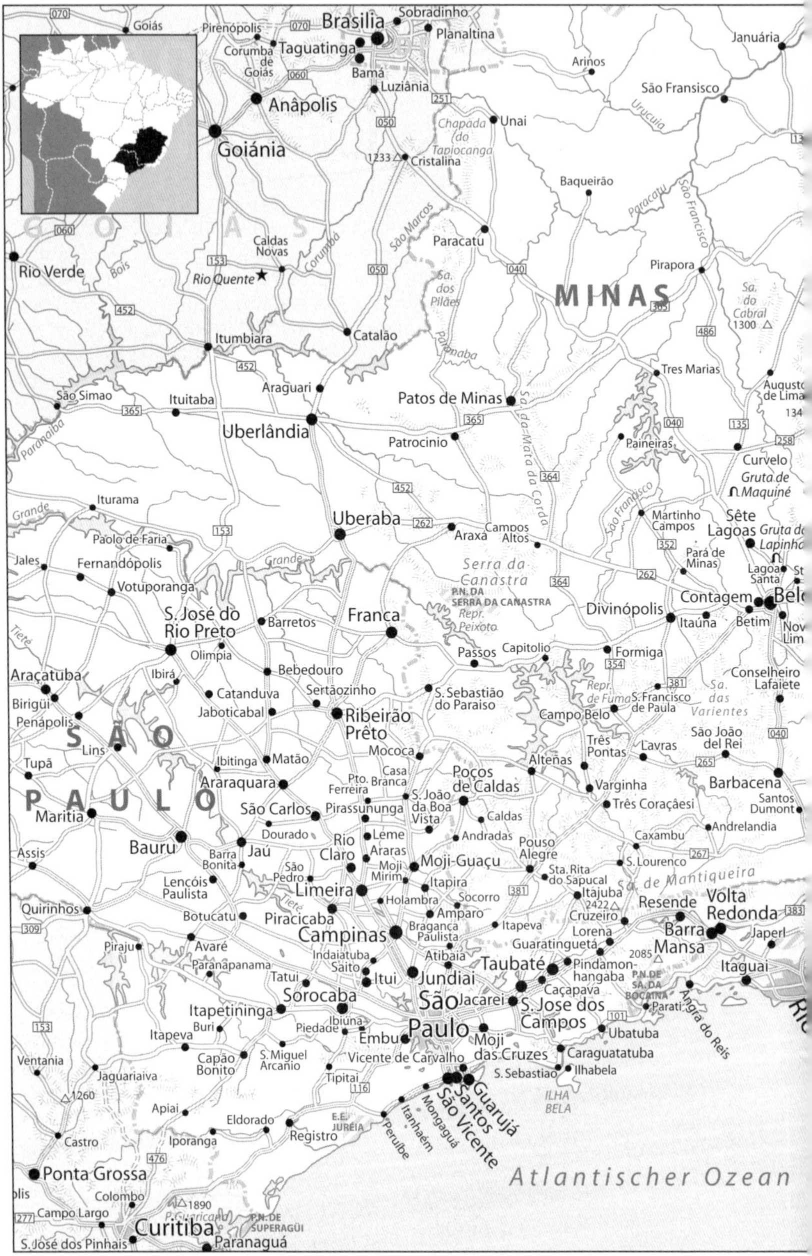
Goiás
Pirenópolis
Brasilia
Sobradinho
Planaltina
Corumba de Goiás
Taguatinga
Bamá
Luziânia
Anâpolis
Goiânia
Chapada do Tapiocanga
Unai
1233
Cristalina
Januária
Arinos
São Fransisco
Urucuia
Baqueirão
Paracatu
São Francisco
G O I Á S
Caldas Novas
Rio Quente
Rio Verde
Bois
Corumbá
São Marcos
Paracatú
Sa. dos Pilães
MINAS
Pirapora
Sa. do Cabral 1300
Itumbiara
Catalão
Paranaba
Tres Marias
Augusto de Lima
Araguari
São Simao
Ituitaba
Patos de Minas
Uberlândia
Patrocinio
Sa. da Mata da Corda
Paineiras
Curvelo
Gruta de Maquiné
Paranaiba
Iturama
Grande
Uberaba
Campos Altos
Araxá
Martinho Campos
Sête Lagoas
Gruta de Lapinha
Paolo de Faria
Pará de Minas
Lagoa Santa
Jales
Fernandópolis
Votuporanga
Serra da Canastra
P.N. DA SERRA DA CANASTRA
Repr. Peixoto
Contagem
Divinópolis
Betim
Itaúna
S. José do Rio Preto
Barretos
Franca
Tietê
Olimpia
Passos
Capitolio
Formiga
Araçatuba
Ibirá
Bebedouro
Conselheiro Lafaiete
Birigüi
Catanduva
Sertãozinho
S. Sebastião do Paraiso
Repr. de Fuma
S. Francisco de Paula
Sa. das Varientes
Penápolis
Jaboticabal
Ribeirão Prêto
Campo Belo
S Ã O
Lins
Mococa
Três Pontas
Lavras
São João del Rei
Tupã
Ibitinga
Matão
Alteñas
Barbacena
Araraquara
Casa Branca
Poços de Caldas
Varginha
P A U L O
Pto. Ferreira
S. João da Boa Vista
Três Coraçâesi
Santos Dumont
Maritia
São Carlos
Pirassununga
Caldas
Andrelandia
Dourado
Leme
Andradas
Caxambu
Bauru
Jaú
Rio Claro
Araras
Pouso Alegre
Assis
Barra Bonita
São Pedro
Moji Mirim
Moji-Guaçu
Sta. Rita do Sapucal
S. Lourenco
Lençóis Paulista
Limeira
Itapira
Itajuba
Sa. de Mantiqueira
Volta Redonda
Quirinhos
Holambra
Socorro
2422
Resende
Botucatu
Piracicaba
Amparo
Cruzeiro
Barra Mansa
Bragança Paulista
Itapeva
Lorena
Japerl
Campinas
Guaratinguetá
Piraju
Avaré
Indaiatuba
Atibaia
2085
Paranapanama
Saito
Taubaté
Pindamonhangaba
Itaguai
Tatui
Itui
Jundiai
P.N. DE SA. DA BOCAINA
Sorocaba
Caçapava
Parati
Itapetininga
São Paulo
Jacarei
S. Jose dos Campos
Angra do Reis
Ibiúna
Piedade
Buri
Itapeva
Embu
Moji das Cruzes
Ubatuba
Ventania
Capão Bonito
S. Miguel Arcanio
Vicente de Carvalho
Caraguatatuba
Jaguariaiva
Tipitai
S. Sebastiao
Ilhabela
Guarujá
Santos
São Vicente
ILHA BELA
1260
Apiai
Mongaguá
Itanhaém
Eldorado
E.E. JURÉIA
Peruíbe
Registro
Castro
Iporanga
Ponta Grossa
Atlantischer Ozean
Colombo
1890
Campo Largo
P. Guaricana
P.N. DE SUPERAGÜI
Curitiba
S. José dos Pinhais
Paranaguá

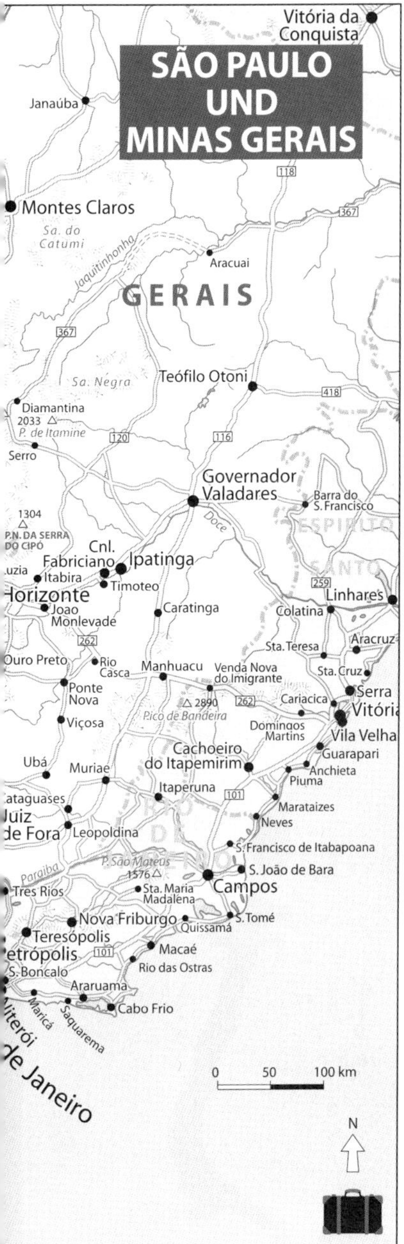

São Paulo

São Paulo (City)

São Paulo ist mit 10 434 300 Einw. nach Tokio und Mexiko-City die drittgrößte Stadt der Welt, nach der Zahl der Skyscraper liegt sie hinter Hongkong, New York und Singapur an vierter Stelle. Für den Besucher ist es nicht leicht, sich in dieser **Megalopolis** zurechtzufinden. In den 96 auf 1525 km² verteilten Distrikten fühlt man sich wie in einem gigantischen Labyrinth, auch die Natur hilft nicht mit markanten Orientierungspunkten wie in Rio de Janeiro. Statt Hügeln und Felsen sind es Straßenschluchten und Wolkenkratzer, die das Gesicht der Stadt bestimmen.

Skyscraper

Im Zentrum befinden sich drei berühmte Hochhäuser, zwei davon mit Aussichtsterrasse. Das älteste und schönste ist das 1925 gebaute **Martinelli**, mit einer Höhe von 130 m und 30 Stockwerken damals der erste Wolkenkratzer Brasiliens. Das neoklassizistische Gebäude mit der rosafarbenen Fassade diente zunächst als Spielkasino, Luxushotel, Kino und Ballhaus. In den 50er Jahren verfiel es, wurde jedoch 1992 renoviert und unter Denkmalschutz gestellt (Av. São João 33, Centro, Metrostation São Bento, keine Terrasse).

1939 entstand das **Banespa-Haus** als brasilianischer Versuch, das Empire State Building zu kopieren; mit 161 m Höhe blieb es lange das größte der Stadt. Von der Terrasse im 35. Stock bietet sich ein 360-Grad-Panoramablick (Rua João Brícola 24, Centro, Metrostation São Bento, 🕓 Mo–Fr 10–17 Uhr).

1966 wurde schließlich das 165 m hohe **Edifício Itália** gebaut. Vom Restaurant „Terraço Italia" im 41. Stock (ab 12 Uhr, Verzehrzwang R$25 p.P.) hat man selbst bei Smog einen fantastischen Ausblick, u. a. auf das S-förmige *Edifício Copan*, São Paulos größten Wohn- und Bürokomplex. Faszinierend ist ein Besuch in der Abenddämmerung mit den angehenden Lichtern der Stadt (Av. Ipiranga 344, Centro, Metrostation República).

Die Stadt der Kunst und Kultur

Wichtige Museen:
Museu de Arte de São Paulo (MASP), Av. Paulista 1578, Metrostation Trianon Masp, ✆ 11/3251 5644, 💻 www.masp.art.br. Bedeutendstes Museum für okzidentale Kunst in Lateinamerika; mehr als 5500 Werke alter und neuer Meister, darunter Cézanne, Cranach, Di Cavalcanti, El Greco, Gauguin, Goya, Lasar Segall, Matisse, Miró, Monet, Picasso, Portinari, Rafael, Rembrandt, Renoir, Tizian, Toulouse Lautrec, van Gogh und Velazquez. 🕒 Di–So 11–18 Uhr; Eintritt R$10.
Museu de Arte Moderna (MAM), Av. Pedro Álvares Cabral, Portão 3, Parque do Ibirapuera (nächste Metrostation Brigadeiro), ✆ 11/5549 9688, 💻 www.mam.org.br. São Paulos zweitwichtigstes Kunstmuseum, zahlreiche Werke lateinamerikanischer und europäischer Maler und Bildhauer des 20. Jhs. 🕒 Di–So 10–18 Uhr; Eintritt R$6.
Museu de Arte Contemporânea (MAC), Rua da Reitoria 160, Cidade Universitária (Bahnstation), ✆ 11/3091 3039. Zeitgenössische Kunst mit Werken von Anita Malfatti, Calder, Di Cavalcanti, Ernst, Matisse, Miró, Modigliani, Paul Klee, Picasso, Portinari, Tarsila do Amaral u. a. 🕒 Mo–Fr 10–18, Sa 10–14 Uhr; Eintritt R$5.
Pinacoteca do Estado de São Paulo, Praça da Luz 2, Luz, Metrostation Luz, ✆ 11/3229 9844. Neoklassizistischer Prachtbau, 4000 Gemälde und Plastiken der kirchlichen und modernen Kunst aus dem 19. und frühen 20. Jh., u. a. von Rodin, Pedrosa, Ohtake, Brecheret und Tarsila do Amaral, auch zahlreiche Fotos; hinter dem Gebäude nettes Garten-Café. 🕒 Di–So 10–18 Uhr; Eintritt R$4.
Museu Paulista (do Ipiranga), Parque da Independência, Ipiranga (Bahnstation), ✆ 11/6165 8000, 💻 www.mp.usp.br. Möbel, Kleider und Kunst aus den Kinderjahren der Republik, interessanter Eindruck von der geschichtlichen Entwicklung der Stadt. Auf dem Parkgelände, das den Gärten von Versailles ähnelt, sagte sich Prinzregent Pedro 1822 vom Vater (-land) los und erklärte die Unabhängigkeit Brasiliens. 🕒 Di–So 9–16.45 Uhr; Eintritt R$2.

Theater und Orchester:
Teatro Municipal, Praça Ramos de Azevedo, Centro, ✆ 11/223 3022. Nobelste Adresse für

Museu Paulista (do Ipiranga)

anspruchsvolle Konzerte, Choräle und Ballett; sehr prunkvolles, der Pariser Oper nachempfundenes Gebäude (1896-1911) mit Platz für 1580 Zuschauer; im Innern Freskenmalereien, Skulpturen und gewaltige Kronleuchter. 🕓 Di–So 9–17 Uhr (tel. Voranmeldung erforderlich).

Teatro Brasileiro de Comédia (TBC), Rua Major Diogo 315, Bela Vista, ✆ 11/3104 5523. 1948 eingeweiht, Geburtsstätte der professionellen Dramaturgie São Paulos. Schöner, 1999 reformierter Bau mit vier Vorführungssälen und Café.

Estação Júlio Prestes, Praça Júlio Prestes, Luz, Metrostation Luz, ✆ 11/3337 5414, 💻 www.osesp.art.br. Der 1926–38 erbaute Bahnhof beherbergt seit 1999 die „Sala São Paulo", Sitz des „Orchestra Sinfônica do Estado de São Paulo", und ist nun ein wahrhaftiger Tempel anspruchsvoller Kunstmusik. Atmosphäre und Akustik sind fantastisch. 🕓 Besichtigung Mo–Fr 12.30–16.30, Sa und So 13 Uhr; Konzerte Do und Fr 21, Sa 16.30 Uhr (Programm siehe Website oder Tageszeitung).

Programmkinos:

Espaço Unibanco de Cinema, Rua Augusta 1475, Cerqueira César, ✆ 11/3266 5115. In diesem Kinokomplex mit fünf Sälen und einem Café hat man die größte Chance, die jeweils besten und neuesten Kultfilme zu sehen; auch Austragungsort des Festivals Mix Brasil.

Cinesesc, Rua Augusta 2075, Cerqueira César, ✆ 11/3082 0213. Kino-Klassiker, Raritäten und Kultstreifen, die man sogar rauchend und trinkend von einem Café aus genießen kann.

Kulturzentren und Kunstgalerien:

Centro Cultural do Banco do Brasil, Rua Álvares Penteado 112, Centro, Metro-Station Sé, ✆ 11/3113 3651. Lobenswertes Projekt der Staatsbank; Ausstellungen, Theater- und Filmvorführungen; auch gutes Restaurant und Kultur-Café. 🕓 Di–So 10–21 Uhr; Eintritt frei.

Centro Cultural São Paulo, Rua Vergueiro 1000, Paraíso, Metrostation Vergueiro, ✆ 11/3277 3611, 💻 www.centrocultural.sp.gov.br. Modernes Kulturzentrum mit Theater, Shows, Ausstellungen und Internet gratis; einzigartige 7000 Titel umfassende Comic-Bibliothek. 🕓 Di–Fr 10–20, Sa und So 10–16 Uhr.

Goethe-Institut, Rua Lisboa 974, Pinheiros, ✆ 11/3088 4288, 💻 www.goethe.de. Deutschkurse, Kulturveranstaltungen und Bibliothek (auch deutsche Zeitungen und Zeitschriften).

Metrostation Luz

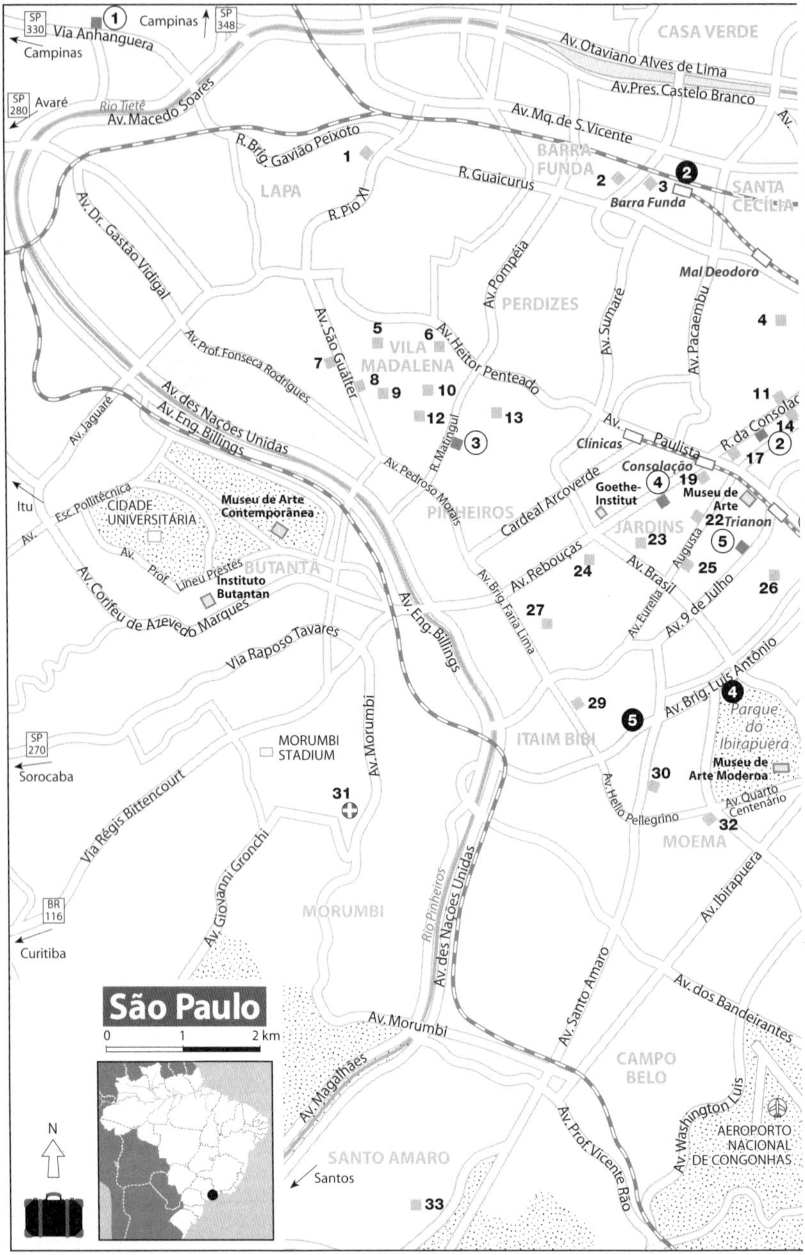
São Paulo
0
1
2 km
N
SP 330
Via Anhanguera
Campinas
Campinas
SP 348
SP 280
Avaré
Rio Tietê
Av. Macedo Soares
CASA VERDE
Av. Otaviano Alves de Lima
Av. Pres. Castelo Branco
Av. Mq. de S. Vicente
R. Brig. Gavião Peixoto
BARRA FUNDA
R. Guaicurus
Barra Funda
SANTA CECÍLIA
LAPA
R. Pio XI
Av. Dr. Gastão Vidigal
Av. Pompéia
PERDIZES
Av. Sumaré
Av. Pacaembu
Mal Deodoro
Av. Prof. Fonseca Rodrigues
Av. São Gualter
VILA MADALENA
Av. Heitor Penteado
Av. Jaguaré
Av. des Nações Unidas
Av. Eng. Billings
R. Matingui
Av. Paulista
Clínicas
R. da Consolação
Consolação
Av. Pedroso Morais
Cardeal Arcoverde
Goethe-Institut
Museu de Arte
Trianon
Itu
Av. Esc. Politécnica
CIDADE UNIVERSITÁRIA
Museu de Arte Contemporânea
PINHEIROS
JARDINS
Augusta
Av. Prof. Lineu Prestes
BUTANTÃ
Av. Rebouças
Av. Brasil
Instituto Butantan
Av. Corifeu de Azevedo Marques
Av. Brig. Faria Lima
Av. Eurella
Av. 9 de Julho
Via Raposo Tavares
Av. Eng. Billings
Av. Brig. Luís Antônio
Parque do Ibirapuera
SP 270
Sorocaba
MORUMBI STADIUM
Av. Morumbi
ITAIM BIBI
Museu de Arte Moderna
Av. Hélio Pellegrino
Av. Quarto Centenário
MOEMA
Via Régis Bittencourt
Av. Giovanni Gronchi
BR 116
Curitiba
MORUMBI
Rio Pinheiros
Av. des Nações Unidas
Av. Ibirapuera
Av. Santo Amaro
Av. dos Bandeirantes
Av. Morumbi
Av. Magalhães
CAMPO BELO
Av. Prof. Vicente Rão
Av. Washington Luís
AEROPORTO NACIONAL DE CONGONHAS
SANTO AMARO
Santos

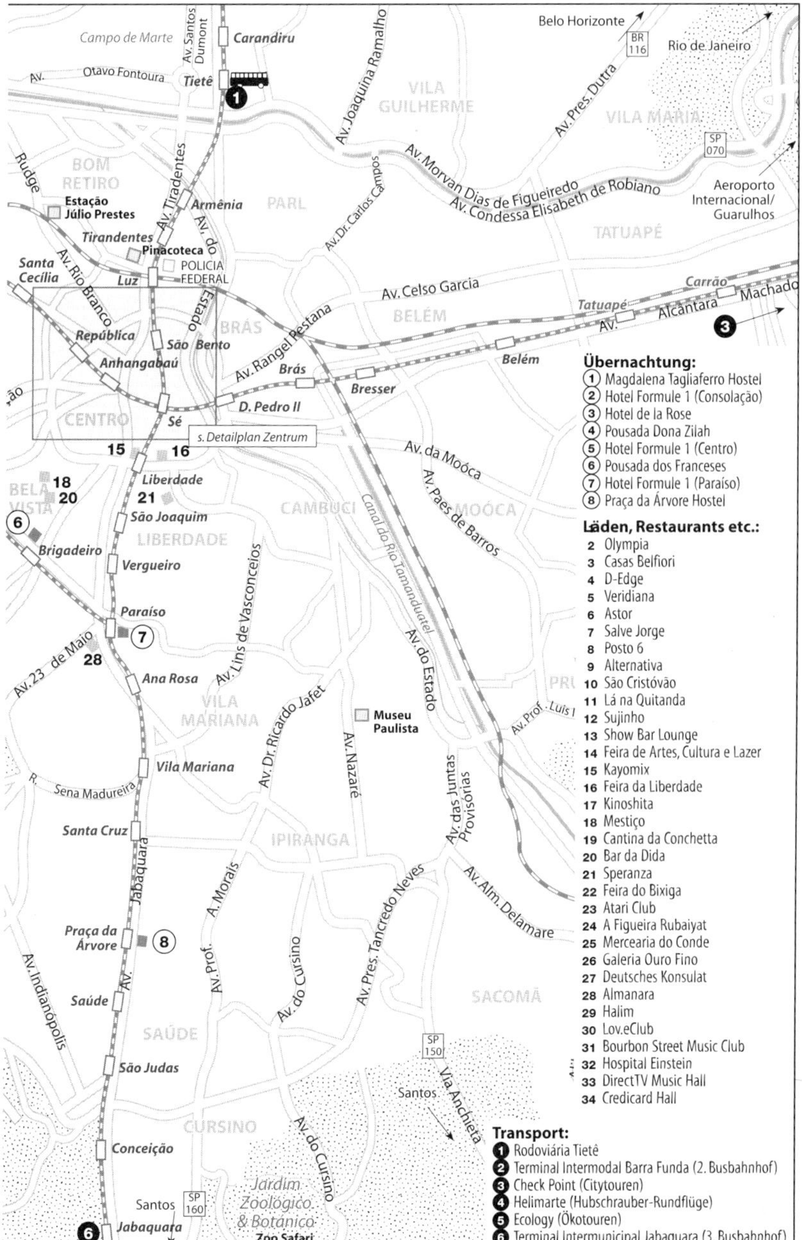
Campo de Marte
Carandiru
Av. Santos Dumont
Av. Otavo Fontoura
Tietê
Av. Joaquina Ramalho
VILA GUILHERME
Belo Horizonte
BR 116
Rio de Janeiro
Av. Pres. Dutra
VILA MARIA
SP 070
Av. Morvan Dias de Figueiredo
Av. Condessa Elisabeth de Robiano
Aeroporto Internacional/ Guarulhos
Rudge
BOM RETIRO
Estação Júlio Prestes
Av. Tiradentes
Armênia
PARI
Av. Dr. Carlos Campos
TATUAPÉ
Tirandentes
Pinacoteca
POLICIA FEDERAL
Av. do Estado
Santa Cecília
Luz
Av. Rio Branco
Av. Celso Garcia
Carrão
Tatuapé
Av. Alcântara Machado
BELÉM
República
São Bento
BRÁS
Av. Rangel Pestana
Anhangabaú
Brás
Belém
Bresser
CENTRO
Sé
D. Pedro II
s. Detailplan Zentrum
15
16
Av. da Mooca
18
20
BELA VISTA
Liberdade
21
CAMBUCI
Av. Paes de Barros
MOÓCA
Canal do Rio Tamanduatei
São Joaquim
LIBERDADE
Brigadeiro
Vergueiro
Av. Lins de Vasconcelos
Paraíso
Av. do Estado
Av. 23 de Maio
28
Ana Rosa
VILA MARIANA
Av. Dr. Ricardo Jafet
Museu Paulista
Av. Prof. Luis I
Vila Mariana
R. Sena Madureira
Av. Nazaré
Av. das Juntas Provisórias
Santa Cruz
IPIRANGA
Av. Jabaquara
A. Morais
Av. Pres. Tancredo Neves
Av. Alm. Delamare
Praça da Árvore
Av. Indianópolis
Av. Prof.
Av. do Cursino
Saúde
SACOMÃ
SAÚDE
SP 150
São Judas
Santos
Via Anchieta
CURSINO
Av. do Cursino
Conceição
Santos
SP 160
Jardim Zoológico & Botânico
Jabaquara
Zoo Safari
Übernachtung:
1 Magdalena Tagliaferro Hostel
2 Hotel Formule 1 (Consolação)
3 Hotel de la Rose
4 Pousada Dona Zilah
5 Hotel Formule 1 (Centro)
6 Pousada dos Franceses
7 Hotel Formule 1 (Paraíso)
8 Praça da Árvore Hostel
Läden, Restaurants etc.:
2 Olympia
3 Casas Belfiori
4 D-Edge
5 Veridiana
6 Astor
7 Salve Jorge
8 Posto 6
9 Alternativa
10 São Cristóvão
11 Lá na Quitanda
12 Sujinho
13 Show Bar Lounge
14 Feira de Artes, Cultura e Lazer
15 Kayomix
16 Feira da Liberdade
17 Kinoshita
18 Mestiço
19 Cantina da Conchetta
20 Bar da Dida
21 Speranza
22 Feira do Bixiga
23 Atari Club
24 A Figueira Rubaiyat
25 Mercearia do Conde
26 Galeria Ouro Fino
27 Deutsches Konsulat
28 Almanara
29 Halim
30 Lov.eClub
31 Bourbon Street Music Club
32 Hospital Einstein
33 DirectTV Music Hall
34 Credicard Hall
Transport:
1 Rodoviária Tietê
2 Terminal Intermodal Barra Funda (2. Busbahnhof)
3 Check Point (Citytouren)
4 Helimarte (Hubschrauber-Rundflüge)
5 Ecology (Ökotouren)
6 Terminal Intermunicipal Jabaquara (3. Busbahnhof)

Neben dem weiten Häusermeer sind die endlosen Autoschlangen ein weiteres Merkmal von São Paulo. Im Großraum der Stadt zirkulieren sechs Millionen Autos, ein Viertel der gesamten Flotte Brasiliens. Die Abgasbelastung ist mit einer Monoxyd-Emission von jährlich 1,7 Mill. Tonnen sehr hoch und bewirkt häufig Smog. An Werktagen werden 100 km Staus registriert, im Durchschnitt kommt man im Schneckentempo von 32 km/h voran. Dabei benutzt nur ein Drittel der Bevölkerung das Auto, die anderen gehen zu Fuß oder fahren mit **öffentlichen Verkehrsmitteln**, überwiegend Omnibussen. Die moderne Metro verfügt nur über ein Streckennetz von 50 km und ist häufig überlastet, das 270 km lange Stadtbahnnetz ist veraltet und reparaturbedürftig. Geschäftsleute wählen immer mehr den Luftweg, die lateinamerikanische Business-Hauptstadt besitzt die meisten Hubschrauber (ca. 500) und Heli-Points (130) der Welt.

Aus dem **Wirtschaftsraum** Groß-São-Paulo (ABC) stammen ein Viertel der nationalen Industrieproduktion bzw. 10% des gesamten BIP. Die meisten Multis haben hier ihre Hauptniederlassung, São Paulo gilt sogar als die „größte deutsche Industriestadt im Ausland". São Paulo ist reich und arm zugleich. Die Banken verzeichnen jedes Jahr höhere Rekordgewinne und bestimmen mit 2000 Filialen immer mehr das Straßenbild. Andererseits gibt es viele Obdachlose und im Städtevergleich die höchste Arbeitslosenquote Brasiliens. Fast ein Viertel der Bevölkerung lebt in Favelas und Elendsquartieren. Hinsichtlich der **Lebensqualität** ist São Paulo unter den brasilianischen Hauptstädten vom zweiten auf den fünften Platz zurückgefallen. Die Kriminalität ist nach offiziellen Angaben seit 2000 zwar leicht zurückgegangen, doch nach einer Umfrage wurde jeder fünfte Bürger innerhalb von zwölf Monaten Opfer irgendeiner Form von Gewalt.

All diesen Problemen zum Trotz lieben die Paulistas ihre Stadt. Was wäre, wenn alles friedlich und geregelt verliefe oder wenn kaum Autos führen? Dann, sagen sie, wäre es eben nicht São Paulo. Was die Schattenseiten für viele kompensieren mag, ist das schier unendliche Angebot an Freizeitmöglichkeiten. Die Stadt ist zu Lateinamerikas **Kulturmetropole** Nummer 1 aufgestiegen und liegt selbst im internationalen Vergleich auf den obersten Rängen. Es gibt 121 Theater, 272 Kinos und 70 Museen. Auch lebt und vergnügt man sich hier noch relativ preiswert. Laut einer US-Studie von 2005 zu den 140 teuersten Städten der Welt liegt São Paulo recht weit unten: auf Platz 119.

Geschichte

Während einer Messe im Pátio do Colégio gründeten am 25. Januar 1554 die Jesuitenmönche Manuel da Nóbrega und José de Anchieta die Missionsstation *São Paulo de Piratininga*. 1560 erhielt sie mit 60 Einwohnern Dorfstatus, 1711 wurde sie zur Stadt erklärt. Lange siechte der von Handel und Küste abgeschnittene Ort auf der Basis einfacher Agrar- und Subsistenzwirtschaft vor sich hin. Stärkere Impulse gingen lediglich vom Zuckerrohranbau im Umland aus, bis sich Anfang des 19. Jhs. herausstellte, dass in dieser Region (ebenso wie in Rio de Janeiro) äußerst günstige Bedingungen für den Kaffeeanbau vorlagen. 1854 gab es in der Provinz São Paulo bereits 2 618 Kaffee- und nur noch 667 Zuckerrohrplantagen. In den 1870er Jahren betrug der Exportwert von **Kaffee** etwa drei Viertel des Gesamtwertes aller brasilianischen Exporte.

Der zunehmende Mangel an Sklaven konnte durch einen massenhaften Zustrom von Arbeitskräften aus Europa kompensiert werden. Bis Ende des 19. Jhs. kamen mehr als eine Million **Einwanderer** nach Brasilien, die Mehrheit davon – überwiegend Italiener – ging in die Provinz São Paulo und arbeitete dort auf den Kaffeeplantagen. Der neue Wirtschaftsboom und die Zunahme der Bevölkerung bewirkten eine rasante Veränderung des Stadtbildes (Eisenbahnen, Straßenbahnen, Elektrizität, Handelshäuser, Banken und kulturelle Einrichtungen).

Rechtzeitig vor dem Niedergang der Kaffeewirtschaft (1929/30) investierten die Kaffeebarone einen Teil ihrer Gewinne in die aufkommenden Sektoren der Textil- und Nahrungsmittelindustrie und leiteten damit den endgültigen Aufstieg São Paulos zur größten Industriemetropole Südamerikas ein. Ab 1890 gab es hier mehr Betriebsgründungen als in der Hauptstadt Rio de Janeiro, 1910 überholte São Paulo den Konkurrenten als **Industriestandort** und 1950 auch hinsichtlich der Bevölkerungszahl. Mitte des 20. Jhs. folgte eine starke Migrationswelle von Lohnarbeitern aus dem Nordosten Brasiliens, Impuls zum Aufbau eines neuen Wirtschaftszweiges: der bis heute sehr wichtigen Automobilindustrie. Das 20. Jh. war entscheidend für

São Paulos Aufstieg zu einer Megacity. Lebten dort 1900 erst 240 000 Menschen, sind es heute im Großraum 75-mal soviel.

Rundgang durch die Altstadt

Ausgangspunkt ist die **Praça da República**, einer der Hauptplätze im historischen Zentrum. Anfang des 19. Jhs. weideten hier noch Vieh- und Lasttierherden, heute finden auf dem parkartigen Gelände Märkte und Veranstaltungen statt. Auf der Av. Ipiranga geht es ein Stück am Platz entlang und dann nach rechts in die Fußgängerzone der Rua Barão de Itapetininga. An deren Ende links steht das prunkvolle, im Pariser Stil der Gründerjahre erbaute **Teatro Municipal**. Weiter geradeaus führt der Weg über die 1892 aus Deutschland importierte Metallbrücke „Viaduto do Chá“. In der darunter liegenden Senke des **Anhangabaú** fanden um 1820 die ersten Versuche statt, in Brasilien Tee zu kultivieren.

Auf der anschließenden Rua Direita gelangt man bald zur **Praça da Sé**, São Paulos geschichtsträchtigstem Platz. Im 16. Jh. standen hier nur zwei kleine Kirchen und einige Lehmhäuser. 1913 begannen die Bauarbeiten zur Errichtung der gewaltigen neogotischen **Catedral da Sé**. Sie wurde erst 1954 nach 42 Jahren Bauzeit fertig gestellt. 400 Tonnen Marmor waren nötig, um diesen 111 m langen und 46 m breiten Kirchenpalast mit seiner 65 m hohen Kuppel und den beiden 92 m aufragenden Türmen zu vollenden. Im Innern fallen die hohen

Säulen auf, die mit Motiven der Flora und Fauna Brasiliens geschmückt sind, sowie die mit biblischen Motiven versehenen Glasfenster. Die aus Italien stammende Orgel besitzt 10 100 Pfeifen, das Glockenspiel 65 Glocken. ⏲ tgl. 7–19 Uhr.

Am unteren Ende des Platzes kommt man durch die kleine Rua Pátio do Colégio zur **Capela de Anchieta** (mit angeschlossenem historischen Museum und dem schön im Grünen gelegenen Café do Pátio). Hier begann die Geschichte der Stadt, als der Jesuitenmönch José de Anchieta 1554 von Indianern eine kleine Kapelle bauen ließ. Sie fiel 1896 zusammen und wurde durch eine originalgetreue Replik ersetzt. ⏲ Di–So 9–17 Uhr.

Weiter geht es durch die kleine Rua Anchieta bis zur Fußgängerstraße Rua 15 de Novembro, dort nach rechts bis zur Praça Antônio Prado und dann noch ein kleines Stück durch die Rua São Bento bis zum gleichnamigen Largo mit der **Basílica de São Bento** (1650 errichtet, später abgerissen und 1912–22 wieder aufgebaut). Besonderes Detail der byzantinischen Fassade ist die älteste Uhr der Stadt von 1921. Der Innenraum wirkt wegen der warmen Braun- und Ockertöne besonders harmonisch. Die Deckenmalerei zeigt die Geschichte der Kirche und des Klosterlebens von São Bento. Die erst 1954 eingeweihte Orgel besitzt 6000 Pfeifen. Sie wurde ebenso wie das Fensterglas aus Deutschland importiert. Zur Stärkung kann man sich vor der Kirche in einem kleinen Laden mit Törtchen und von Mönchen aus Maniok gebackenem Brot *(pão São Bento)* eindecken.

Sicherheit

Obwohl durch verschiedene Maßnahmen ein drastischer Rückgang an Überfällen registriert wurde, ist die Av. Paulista immer noch mit Vorsicht zu genießen. Viele Taschendiebe gibt es auch an der Praça da Sé. Am Abend sollte man im Zentrum nicht durch einsame Gassen laufen. Ansonsten gelten die üblichen Verhaltensregeln (keine Provokation mit auffälligen Wertsachen, kein Portemonnaie in der Gesäßtasche, möglichst keine Rucksäcke tragen, nicht mehr mitnehmen als man braucht, im Ernstfall nie Gegenwehr leisten).

Ein Stück die kurze Rua São Bento zurückgehend fällt rechts die historisierende Fassade des **Edifício Martinelli** ins Auge, São Paulos erster Wolkenkratzer. Der Weg führt nun über eine abschüssige Fußgängerstraße an dem Gebäude entlang und überquert dann wieder die Anhangabaú-Senke in entgegengesetzter Richtung bis zur Av. São João. Bei Nr. 677 befindet sich die traditionsreiche **Bar Brahma**, ein wichtiges Stück Altstadt und würdiger Abschluss des Rundgangs (s. Bars und Kneipen unter „Nachtleben").

Avenida Paulista, das neue Zentrum

Die 1891 eingeweihte Av. Paulista war die erste asphaltierte und von Bäumen gesäumte Prachtstraße der Stadt. Hier sollten inmitten von Bananenhainen die Wohnpaläste der reich gewordenen Kaffeebarone errichtet werden. Heute ist in der bekanntesten Straße Brasiliens nur noch eine dieser alten Villen erhalten (Nr. 1919). In den 50er Jahren zogen die Büros der renommiertesten Geschäftshäuser von der Altstadt in die „Paulista". Nostalgiker und Romantiker hatten das Nachsehen, der Vertikalisierungsprozess der Avenida mit ihren Hochhaustürmen aus Glas und Beton war nicht mehr aufzuhalten.

Inzwischen haben fast alle wichtigen Unternehmen und Banken hier eine Vertretung, auf knapp 3 km reiht sich ein Bürohaus an das andere. Der am Tage ununterbrochene Verkehrsstrom endet auch nachts nicht, wenn alles zu den umliegenden Nightlife-Revieren fährt. Auch kulturell hat die Avenida einiges zu bieten, vor allem das Museu de Arte de São Paulo (s. S. 174, Kasten). Berühmt wurde sie ferner als Austragungsort von politischen Demonstrationen, gewaltigen Umzügen (Parada Gay), Sportveranstaltungen (Marathonlauf von São Silvestre) und Festen (Silvester).

Das japanische Liberdade

Schlendert man durch die Rua Galvão Bueno, entsteht leicht der Eindruck, mitten in Tokio zu sein. Die Straße mit den vielen japanischen Laternen ist der Mittelpunkt eines ganzen ostasiatischen Stadtteils namens Liberdade (Freiheit), der sich seit 1940 entwickelt hat. Die Geschichte der Immigration ist sehr reichhaltig im **Museu Histórico da Imigração Japonesa** in der Rua São Joaquim 381 dokumentiert. Heute leben in São Paulo 465 000

Menschen japanischer und 50 000 koreanischer Abstammung, fast die Hälfte davon in Liberdade, der größten Gemeinde außerhalb Japans. Die meisten haben sich hier im Handels-, Gewerbe- und Dienstleistungssektor niedergelassen.

Der quirlige Stadtteil ist die ganze Woche von einem regen Wirtschaftstreiben geprägt. In vielen kleinen Läden werden asiatische Produkte aller Art, besonders Elektro- und Bekleidungsartikel sowie kunstvoll bemalte Porzellanwaren angeboten. Sonntags findet auf der Praça da Liberdade ein großer Kunsthandwerksmarkt statt (s. Einkaufen). Auffällig sind die zahlreichen Massage-, Akupunktur-, Karate- und Judo-Studios. Viele Zuwanderer haben auch Sushi-Bars aufgemacht (s. Essen).

Parks, Zoo, Safari und Schlangen

Der riesige **Ibirapuera-Park** (nächste Metrostation Brigadeiro) wurde 1954 nach einem Projekt von Oscar Niemeyer und Burle Marx angelegt. Er besitzt mehr als 1 Mill. m^2 Grünfläche und verwandelt sich am Wochenende in ein einziges Sport- und Freizeitgebiet. Die Einheimischen nennen diesen Park sogar ihre *Praia*, also ihren Strand, nicht nur wegen des großen Sees, auf dessen Uferwiesen gern ein Sonnenbad genommen wird. Andere joggen, fahren Rad, spielen Tennis oder vergnügen sich auf Rollschuhen und Skateboards. ◷ tgl. 6–24 Uhr. Auch finden hier häufig große Open-Air-Konzerte statt sowie zwei bedeutende Kunst-Events, einmal die *Bienal Internacional de Arte de São Paulo* (in geraden Jahren, Datum variabel) sowie die *Bienal de Artes de São Paulo,* Pavilhão da Bienal, 💻 www.bienalsaopaulo.org.br. Eintritt frei.

Sehr zu empfehlen ist ein Besuch des **Zoologischen Gartens** (Jardim Zoológico), Av. Miguel Stéfano 4241, Água Funda, nächste Metrostation Jabaquara, ✆ 11/5073 0811, 💻 www.zoologico.sp.gov.br. Der fünftgrößte Zoo der Welt befindet sich auf einem Gelände von 824 000 m^2 mit viel Grün, einem Stück echten Dschungels, 3000 Tieren und mehr als 400 Arten. Besondere Attraktionen sind der vom Aussterben bedrohte blaue Papagei *(Arara azul)* und die seltene Affenart *Mico-leão-dourado.* ◷ Di–So 9–17 Uhr; Eintritt R$10.

Interessant ist auch das kleine Safari-Abenteuer im **Zoô Safári**, Av. do Cursino 6338, Vila Moraes, nächste Metrostation São Judas, ✆ 11/6336 2131. Hier sieht man frei herumlaufende wilde Tiere aus nächster Nähe, Affenhorden stürzen sich gierig auf die Fahrzeuge und versuchen eine Banane zu ergattern. ◷ Di–So 9.30–16.30 Uhr; Eintritt R$10, mit eigenem Pkw oder Van.

Im bedeutendsten Zentrum für Schlangenpharmakologie Südamerikas, dem **Instituto Butantan**, ✆ 11/3726 7222, 💻 www.butantan.gov.br, kann man sowohl im Freien als auch hinter Glas zahlreiche der giftigsten Schlangen der Welt besichtigen, u. a. die kleine *Corral* mit roten Querstreifen, die *Surrucucú* mit gelblichem Rücken und rhombischen roten Flecken, die *Urutú* mit regelmäßen grauen Flecken, die dunkle *Charara* mit querlaufenden Streifen und die *Jararaca* mit grünem Rücken und dunklen Flecken. Insgesamt hütet und „melkt" das Institut 80 000 Nattern, Vipern und Ottern. Deren Gift wird Pferden eingeimpft, um Schlangenseren zu gewinnen. Ein naturkundliches Museum erläutert die Arbeit. Av. Vital Brasil 1500, Buntantã, Anfahrt: bis Metrostation Paraíso, anschließend Bus „Vila Gomes". ◷ Di–So 9.30–16 Uhr; Eintritt R$3.

Übernachtung

São Paulo besitzt mehr als 430 Hotels mit 42 700 Zimmern. Wegen der hohen Zahl von Geschäftsreisenden ist die Luxusklasse besonders stark repräsentiert, die fünf größten internationalen Hotelketten sind ebenfalls vertreten. Es gibt jedoch auch zahlreiche günstige Optionen, darunter viele Hostels. Das alte Stadtzentrum besitzt mehr Atmosphäre, in den neueren Zentrumsvierteln findet sich dagegen eine ausgeprägtere Infrastruktur und ein intensiveres Nachtleben.

ALTES ZENTRUM – ***São Paulo Hostel*** (HI), Rua Barão de Campinas 94 (ganz nahe der Metrostation República), ✆ 11/3338 1414, 💻 www.hostel.com.br. Hervorragendes und sehr gepflegtes Hostel von 2004 in restauriertem Gebäude. 125 Betten in 45 Zimmern; 4-Bett-Dorms mit Ventilator (R$23 p.P.), DZ mit AC (R$68), Kühlschrank und TV (Kabel-TV nur im Gemeinschaftsraum). Ständiger Internetzugang (R$4/Std.), kostenlose Percussion- und Forró-Kurse. ❶

Gran Hotel Corona, Rua Basílio da Gama 101 (nahe Praça da República, Metro), ✆ 11/3214 0043, 💻 www.grancorona.com.br. Ruhiges Mittelklassehotel, komfortable Zimmer. ❹

NEUERE ZENTRUMSVIERTEL – ***Pousada dos Franceses*** (Non-HI), Rua dos Franceses 100, Bela Vista, 11/3262 4026, www.pousadadosfranceses.com.br. Sehr einfach und renovierungsbedürftig, DZ (R$54), Dorms (R$25 p.P.) mit Außentoilette, Küchenbenutzung. Noch günstige Lage einige Blöcke von der Av. Paulista entfernt. Anfahrt per Metro bis Paraíso, dort umsteigen nach Brigadeiro, ein Stück zu Fuß in nordwestliche Richtung auf der Av. Paulista, dann nach rechts in die Rua Joaquim Eugênio de Lima bis Rua dos Franceses. ❶

Formule 1, Rua Vergueiro 1571/1591, Paraíso (Metrostation), 11/5085 5699, www.formula1.com.br. Neueres Hotel der erfolgreichen Budget-Kette Accor mit exzellentem Preis-Leistungs-Verhältnis. Sehr kleine Zimmer (12 m^2) bis 3 Pers., AC, kleiner Schreibtisch, Kabel-TV, Waschbecken mit warmem Wasser und franz. Dusche, kleine Toilette. Telefon in jedem Stockwerk, Internetzugang in der Lobby, Frühstück R$4. Man zahlt bei Hoteleintritt in bar oder mit Kreditkarte. In der Nähe zwei weitere Formule 1-Hotels: Rua da Consolação 2303, Consolação, 11/3123 7755; Av. 9 de Julho 3597, 11/8886 4600. Ein viertes eröffnet 2006 in der Av. São João im alten Zentrum. ❷

Hotel de la Rose, Praça dos Amaguás 106, Pinheiros, 11/3812 9097, www.hoteldelarose.com.br. Sympathisches kleines Hotel im Herzen von Pinheiros gegenüber einem Platz mit vielen Bäumen, einige Zimmer mit schöner Veranda. ❷

Pousada Dona Zilah, Al. Franca 1621, Jardim Paulista, 11/3061 5413, www.zilah.com. Renoviertes altes Privathaus; 18 einfache, aber nett eingerichtete Zimmer; Internetzugang und TV-Raum; in ruhiger Straße nahe der belebten Av. Rebouças. ❸–❹

Hotel Pergamon, Rua Frei Caneca 80, 11/3120 2021, www.pergamon.com.br. Modernes Designhotel aus dem Jahre 1999 mit 123 Zimmern, zeitgemäßes Mobiliar aus den Werkstätten einheimischer Künstler, trotz Größe und kosmopolitischer Atmosphäre nicht unpersönlich; exzellentes Restaurant. ❺

AUSSERHALB DER ZENTREN – ***Praça da Árvore Hostel*** (HI), Rua Pageu 266, Chácara Inglesa (südl.), 11/5584 5319, alberguesp.com.br. Früher das beste Hostel der Stadt in großem modernem Gebäude, verliert jedoch etwas gegenüber dem neueren São Paulo Hostel im alten Zentrum. 44 Betten, DZ (R$46), 4- und 10-Bett-Dorms mit Bunks (R$23 p.P.); Bettwäsche R$3, Decke R$2, Handtuch R$2. Schränke mit Einzelschlüssel, Küchen- und Wäschereibenutzung, Internetcafé, Gemeinschaftsraum mit Kabel-TV, Bar; Portugiesisch-, Percussion- und Forró-Kurse. Lage in ruhigem und freundlichem Wohnviertel, aber weit außerhalb des Zentrums nahe Metrostation Praça da Árvore. ❶

Magdalena Tagliaferro Hostel (HI), Estr. Turística do Jaraguá, Anfang von KM 18 der Via Anhanguera (nordwestlich), 11/3258 0388, www.alberguesp.com.br. 50 Betten, keine DZ, nur 4-Bett-Dorms (R$18 p.P.), mittlerer Komfort. Schöne Lage im Parque do Jaraguá, aber weit außerhalb. Anfahrt ab Rodoviária per Metro bis Estação Anhangabaú, dort in der Rua Xavier de Toledo Bus 8696 nach Jaraguá und Fahrer bitten, beim Haupteingang *(Entrada principal)* des Parque do Jaraguá zu halten; Anfahrt ab Flughafen per „Airport Service Bus“ bis Praça da República, von dort zu Fuß bis Rua Xavier de Toledo, Bus wie oben. ❶

Essen

Es mag übertrieben sein, aber São Paulo reiht sich selbst gern unter die besten kulinarischen Zentren der Welt ein, neben Paris, New York und Tokio. Auf jeden Fall ist die Küche dieser Stadt sehr kosmopolitisch. Zumindest von der Quantität der Lokale her braucht sie keinen internationalen Vergleich zu scheuen. Mehr als 12 000 Restaurants soll es geben mit Leckereien aus 46 verschiedenen Ländern. Am preiswertesten sind die kleinen *Pastel*-Imbisse, die man an fast jeder Straßenecke in einfachen Stehbars bekommt. Die Pastel-Manie der Paulistas begann mit den Japanern, die hier während des 2. Weltkrieges viele solcher Lokale eröffneten. Auch japanische Sushi-Bars sind sehr in Mode gekommen und wirklich zu empfehlen. Man findet sie in der ganzen Stadt, besonders jedoch in Liberdade. Süchtig geradezu sind die Einheimischen nach Pizza, eingeführt von der Heerschar italienischer Immigranten im 19. Jh. Nur die Churrascarias und

Feijoada-Lokale können einigermaßen mit dem Pizza-Kult konkurrieren. Wegen der Menge der Restaurants wird es nicht schwerfallen, nahe der Unterkunft etwas Geeignetes für jeden Geldbeutel zu finden. Dennoch ein paar Tipps, die auch die Mühe eines kleinen Anwegs lohnen:

ARABISCH – ***Halim,*** Rua Doutor Rafael de Barros 64, Paraíso (Metrostation). Ganz einfacher Araber ohne jeden Luxus, reichliche Portionen (ein Gericht reicht für zwei Pers.). ⌚ Mo–Sa 8–24, So 8–20 Uhr.

Almanara, Rua Oscar Freire 523, Cerqueira César. Einer der traditionellsten Araber der Stadt, die Klassiker unter den Leckerbissen sind *Charutos de Folha de Uva* und *Esfiha de Verdura.* ⌚ tgl. 11.30–24 Uhr.

BRASILIANISCH – ***Sujinho,*** Rua da Consolação 2078, Consolação (Metrostation). *Pé-sujo* heißen sie, die ebenso schmuddeligen wie beliebten Billig-Kneipen. Das „Sujinho" gehört zu den traditionsreichsten und führt auch den nicht ganz wörtlich zu nehmenden Beinamen „Bar das Putas" (Nuttenbar). Am besten bestellt man *Picanha* (Rumpsteak) und samstags Feijoada. ⌚ tgl. 11–6 Uhr.

Mestiço, Rua Fernando de Albuquerque 277, Consolação (Metrostation), ✆ 11/3256 3165. Gute und variationsreiche Küche von bahianisch *(Acarajés)* bis asiatisch, aufmerksame Bedienung. Am Wochenende wird's voll, daher früher kommen oder reservieren. ⌚ tgl. 11.45–24 Uhr.

Mercearia do Conde, Rua Joaquim Antunes 217, Pinheiros. Populäres Lokal mit kreativer Hausmannskost, am Abend empfiehlt sich Pizza. Bunte Pop-Art-Dekoration mit verkäuflichen Kunstobjekten, sympathischer Service, Preise eher gehoben. ⌚ tgl. 12–24 Uhr.

A Figueira Rubaiyat, Rua Haddock Lobo 1738, Jardim Paulista. Bras. Gerichte mit internationalem Einschlag, viele bestellen *Picanha argentina,* aufmerksame Bedienung, gehobene Preise. Man sitzt schön unter Glasdächern um einen 14 m hohen und 300 Jahre alten Feigenbaum *(Figueira).* ⌚ Sa 12–1, So–Fr 12–15.30 und 19–0.30 Uhr.

ITALIENISCH – ***Cantina da Conchetta,*** Rua 13 de Maio 560, Bela Vista. Eines der empfehlenswertesten Lokale des italienischen Viertels, einfach und preiswert, besonders das Teigwaren-Rodízio; Klänge aus einer Mini-Orgel und Glöckchenton bei Ankunft jedes neuen Gastes. ⌚ tgl. 12–23 Uhr.

Famíglia Mancini, Rua Avanhandava 81, Bela Vista. Traditionelles In-Lokal mit exzellenter süditalienischer Küche, gutem Service und der buntesten Dekoration der Stadt. Vor 20 Uhr hingehen, am Wochenende Warteschlangen (keine Reservierung möglich), mittlere Preise. ⌚ tgl. 11–2 Uhr.

Speranza, Rua 13 de Maio 1004, Bela Vista. Eine der Top-Pizzarias der Stadt, zu der Gäste sogar aus anderen Vierteln anreisen. Der Renner ist die Pizza *Marguerita.* Sa und So abends sehr voll. ⌚ tgl. 18–2 Uhr.

Veridiana, Rua Dona Veridiana 661, Higienópolis. Laut amerikanischem Tourismus-Magazin Condé *Nast Traveler* der „meistbesuchte Pizza-Salon der Welt". Kein billiges Vergnügen, aber die Qualität ist bemerkenswert und man sitzt wie in einer umgebauten Fabrikhalle zwischen grün bewachsenen Steinmauern. ⌚ tgl. 19–2 Uhr.

JAPANISCH – ***Kayomix,*** Rua da Consolação 3215, Consolação (Metrostation). Besonders die gemischten *Combinados* sind sehr preiswert, die *Jumbo*-Version reicht für 5 Pers. Gern von Nachtschwärmern im Morgengrauen besucht.

Kinoshita, Rua da Gloria 168, Liberdade. Einer der besten Japaner der Stadt, unübertreffliche *Combinados,* lockere Atmosphäre. Der sympathische Chef Murakami empfängt viele japanische Stammkunden und gibt gleichzeitig deutsche Lieder zum Besten. ⌚ Mo–Sa 11.30–14, 18.30–22 Uhr.

VEGETARISCH – ***Lá na Quitanda,*** Rua Rodésia 128, Vila Madalena (Metrostation). Mit Tischchen auf einer offenen Terrasse über einem Obst- und Gemüseladen in ruhiger Straße, alles ganz natürlich. ⌚ tgl. 12–16, Mo–Sa auch 19–23 Uhr.

Alternativa, Rua Fradique Coutinho 910, Vila Madalena (Metrostation). Exzellentes und noch preiswertes Naturkost-Restaurant hinter einem Ökoladen. ⌚ Mo–Fr 9–20, Sa und So 10–18 Uhr.

Nachtleben

Tausende von Bars und Kneipen, ein vielfältiges Szene-Leben und große Showhäuser mit Live-Konzerten der Spitzenklasse machen São Paulo zu der Stadt mit dem reichhaltigsten Nachtleben Brasiliens. Im schicken Viertel Vila Olímpia brodelt es rund um die Uhr, im noblen Vila Madalena (umgangssprachlich *Vila Madá*) treffen sich gern betuchtere Studenten, Intellektuelle und Künstler. Sehr lebendig ist es auch in Itaim Bibi, Tatuapé, Moema, Jardim und den Jardins. Etwas einfacher und alternativer, aber auch gemischt, ist die Szene in der Rua 13 de Maio im italienischen Viertel Bela Vista, *Bexiga* genannt. Es ist eine schon etwas aus der Mode geratene Vergnügungsmeile *(Broadway)* mit vielen urigen Kneipen, Bars und Musiklokalen (auch Jazz).

BARS UND KNEIPEN – ***Bar Brahma,*** Av. São João 677, Centro. Vielleicht das traditionsreichste Lokal der Stadt, sowohl Kneipe als auch Restaurant im Stil der 60er Jahre mit deutschem Einschlag, gemischtes Publikum aller Altersgruppen und Geldbeutel. ◷ tgl. ab 11.30 Uhr.

São Cristóvão, Rua Aspicuelta 533, Vila Madalena (Metrostation). Mitten im schicksten Ausgehviertel der Stadt eine populäre einfache Kneipe, deren Wände voll sind mit Fotos, Trikots und Zeitungsartikeln aus der Welt des Fußballs. Nur der Service lässt zu wünschen übrig. ◷ tgl. 12–2.30 Uhr.

Casas Belfiori, Rua Souza Lima 67, Barra Funda (Metrostation). „In"-Lokal, auch als „Bar do Rock" bekannt, viel guter alter Rock im Stil David Bowies. ◷ Di–Sa 18.30–1 Uhr.

Bar do Léo, Rua Aurora 100, Santa Ifigênia. Nach der „Bar Brahma" die zweittraditionsreichste Kneipe der Stadt, hier trinkt man sein stets kühles *Chopp* meistens im Stehen auf dem Bürgersteig, samstagmittags quillt der Laden über. ◷ Mo–Fr 11.30–20.30, Sa 10–16 Uhr.

Bar da Dida, Rua Dr. Mello Alves 98, Cerqueira César. Sehr nette Kneipe, auch Tische auf dem Bürgersteig, klein und immer gut besucht, megagemischtes Publikum. Die Wirtin boykottiert nordamerikanische Produkte, neben italienischem Kaffee sind die Caipirinhas hier vom Feinsten.

Astor, Rua Delfina 163, Vila Madalena (Metrostation). Bar mit interessanter Dekoration im Stil der 30er bis 50er Jahre, gute Stimmung, hoher Flirt-Faktor am Wochenende, gemischtes Publikum von chic bis alternativ, alle Altersgruppen. ◷ Mo–Do 18–3, Fr–So 12–4 Uhr.

Posto 6, Rua Aspicuelta 644, Vila Madalena (Metrostation). Belebte Kneipe, inspiriert durch die traditionsreiche *Bar Luiz* in Rio, nur etwas moderner und mit Sushi-Bar im Nebentrakt, an den Wänden Fotos vom alten Rio, am Sonntagnachmittag besonders belebt. ◷ tgl. 17–2.30 Uhr.

Salve Jorge, Rua Aspicuelta 544, Vila Madalena (Metrostation). Schön dekorierte große Bar, erst Ende 2004 eröffnet und erfolgreich wie „Posto 6" (gleicher Besitzer), am Wochenende schon um 19 Uhr voll, überwiegend jüngeres Publikum, MPB-, Jazz- und Blues-Klänge. ◷ tgl. 12–24 Uhr.

DISCOS UND LIVE-MUSIK – ***Bourbon Street Music Club,*** Rua dos Chanés 127, Moema, ✆ 11/5561 1643. Bester Jazz- und Blues-Schuppen der Stadt, auch Soul und MPB. Inspiriert von den Bars in New Orleans, B.B. King spielte bei der Eröffnung. Gute Live-Bands, Tanzfläche, modern-rustikales Ambiente, langer Tresen, Sitzplätze für 400 Gäste, Publikum ab 25 Jahre. ◷ Di–So ab 21 Uhr, Showbeginn 23.30 Uhr; Eintritt R$35.

Show Bar Lounge, Rua Cardeal Arcoverde 1393, Vila Madalena (Metrostation), ✆ 11/3031 4550, 💻 www.showbarlounge.com.br. Eine der beliebtesten Discos der Stadt mit Pop-Rock und Forró sowie Showeinlagen und Performance-Stückchen der Barkeeper. Eintritt R$20.

D-Edge, Alameda Olga 170, Barra Funda (Metrostation), ✆ 11/3667 8334. Einer der besten Underground-Clubs der Stadt (House, Punk-Rock, Hip-Hop, Techno), Lichtorgeln mit mehr als 1000 Farbnuancen im Rhythmus elektronischer Musik, Top-DJs, viel Tanz, junges Publikum. ◷ Mo, Mi–Sa ab 24 Uhr; zwischen 24 und 2 Uhr Eintritt frei.

Lov.eClub, Rua Pequetita 189, Vila Olímpia, ✆ 11/3044 1613. Stark frequentierte Techno-Disco (sonntags *black music),* wo bis zum Mittag des nächsten Tages durchgetanzt wird. Berühmte DJs aus Brasilien und dem Ausland. ◷ Di, Mi, Fr–So ab 24 Uhr.

Atari Club, Alameda Lorena 2155, Jardim Paulista, ✆ 11/3085 0424, 💻 www.atariclub.com.

Beliebt wegen der sanfteren Rock-Klänge der 80er Jahre, gut frequentierte Tanzpiste, jüngeres Publikum.

KONZERTHÄUSER – Es gibt mehrere große Show- und Konzerthäuser, hier die wichtigsten (Programme s. Website oder Tageszeitung „Folha de São Paulo"):
Credicard Hall, Av. das Nações Unidas 17 955, Santo Amaro, ✆ 11/6846 6000, 💻 www.credi cardhall.com.br. Lateinamerikas modernstes Showhaus für 12 000 Gäste.
DirectTV Music Hall, Alameda dos Jamaris 213, Moema, ✆ 11/6846 6040.
Olympia, Rua Clélia 1517, Lapa, ✆ 11/3866 3000, 💻 www.olympia.com.br.

Feste

Januar: *Aniversário de São Paulo,* diverse Shows zum Geburtstag der Stadt (25.), in Bela Vista verschlingen Hunderte von Gästen eine riesige Torte.
Februar/März: *Carnaval/Pólo Cultural Anhembi,* ✆ 11/6224 0643, 💻 www.anhembi.com.br. Karnevalsumzüge der Grupo Especial im Sambódromo (Fr und Sa nachts, Datum variabel), fast so prachtvoll wie in Rio, Kartenverkauf ab Nov.
April: *Skol Beats,* ein Muss für Freunde elektronischer Musik (Datum variabel), Hunderte von DJs aus aller Welt, Anhembi.
Bienal Internacional do Livro, Buchausstellung mit Tausenden von Ständen und Lesungen (in geraden Jahren, Datum variabel), Expocenter Norte.
É Tudo Verdade-Festival Internacional de Documentários, brasilianische und ausländische Dokumentarfilme in diversen Kinos (Datum variabel).
Mai: *Feira de Arte da Pompéia,* Kunsthandwerk, Kleidung und Essenstände auf einem Straßenmarkt rund um die Av. Pompéia (Datum variabel).
Mês Internacional da Fotografia, Foto-Ausstellungen und Workshops den ganzen Monat über in vielen Teilen der Stadt.
Juni: *Parada do Orgulho GLST (gays, lésbicas, simpatizantes* und *transgêneros),* mit fast 2 Mill. Teilnehmern weltgrößter schwul-lesbischer Umzug, Av. Paulista bis Rua da Consolação, Abschluss-Show an der Praça da República (Sonntag nach *Corpus Christi).*
Juli: *Dia da Pizza,* alle Pizzerien der Stadt erfinden neue Rezepte und locken mit Sonderangeboten (10.).
Anima Mundi, interessantes Comics-Festival mit filmischen Kostproben aus vielen Ländern der Welt (Datum variabel), SESC Pompéia.
Festa das Estrelas, das „Fest der Sterne" ist ein sehr farbenfrohes Spektakel im Stadtteil Liberdade. Bei einem Umzug in japanischen Kostümen schreiben die Bewohner ihre Wünsche auf bunte Papierstreifen, binden diese an Bambusstäbe und schmücken anschließend damit die Straßen (2. Monatshälfte).
August: *Feira de Artes da Vila Madalena,* Kunststraßenmarkt in diversen Ecken von Vila Madalena (22.).
Festival Internacional de Curtas-Metragens, größtes Kurzfilm-Festival Lateinamerikas mit Darbietungen aus der ganzen Welt (Datum variabel), in zahlreichen Kinos.
Oktober: *Mostra Internacional de Cinema em São Paulo,* wichtigstes internationales Filmfestival des Jahres (Datum variabel), viele *Independent*-Filme, in wechselnden Programmkinos.
November: *Mix Brasil,* Filmfestival zum Thema Homosexualität in verschiedenen Kinos; diverse Parallelveranstaltungen in der ganzen Stadt (Datum variabel).
TIM-Festival, Free-Jazz-Festival, Orte und Zeiten wechseln jedes Jahr, Ankündigung in Zeitungen und auf Info-Plakaten.
Parada da Paz, Festival der elektronischen Musik (Datum variabel), Parque do Ibirapuera.
Dezember: *Corrida de São Silvestre,* traditioneller Dauerlauf am letzten Tag des Jahres, Start Av. Paulista.

Einkaufen

Das beliebteste Ausgehprogramm der Paulistas ist das Shopping Center oder ein Bummel durch die verschiedensten Einkaufstraßen. 72 Shoppings und 230 000 Läden soll es geben, von Luxusgeschäften in der Rua Oscar Freire im Nobelviertel Jardins bis zu den Billigläden in der Rua José Paulino und den populären Märkten in und um die Rua 25 de Março im Zentrum, wo tgl. bis zu 500 000 Menschen durchkommen, darunter Backpacker aus aller Welt.

ANTIQUITÄTEN – ***Feira de Artes, Cultura e Lazer da Praça Benedito Calixto***, Praça Benedito Calixto, Pinheiros. Zwischen alten Büchern, CDs, Münzsammlungen, Spielzeug etc. flaniert hier ein bunt gemischtes Publikum auf der Suche nach billigen Raritäten. Ab 14.30 Uhr *Chorinho*-Konzerte, um den Platz herum viele einfache Bars und Restaurants mit Tischen auf dem Bürgersteig, z. B. *Consulado Mineiro*. ⌚ Sa 9–19 Uhr.
Feira do Bixiga, Praça Dom Orione, Bela Vista. Trödelmarkt mit Möbeln, Geschirr, Acessoires, Büchern und Zeitschriften. ⌚ So 10–18 Uhr.

GALERIEN – ***Grandes Galerias***, Rua 24 de Maio 62, Ecke Av. São João 439, Centro, Metrostation República. Auch bekannt als „Galeria do Rock", mehr als 140 Läden mit CDs und allem, was mit Rock zu tun hat (T-Shirts der Bands, Accessoires, Tätowierungen, Piercing und Fanclubs).
Galeria Ouro Fino, Rua Augusta 2690, Cerqueira César. Beliebteste Alternativ-Meile der Stadt mit preiswerten Läden, schräger Mode, Tätowierung, Piercing usw.

MÄRKTE – ***Feira da Liberdade***, Praça da Liberdade (Metro Liberdade). Asiatischer Markt mit preiswertem Kunsthandwerk, Pflanzen, Gewürzen und Delikatessen wie *Sukiyaki*. ⌚ So 10–19 Uhr.
Mercado Municipal Paulistano, Rua da Cantareira 306, Parque Dom Pedro. Größter Lebensmittelmarkt der Stadt in schöner Halle mit bunten Gläsern, für viele Nachtschwärmer letzte Absakker-Station. Die *Bar do Mané* ist berühmt für ihre riesigen Mortadella-Sandwiches. ⌚ Mo–Sa 6–18, So 8–13 Uhr.

SUPERMÄRKTE – Viele rund um die Uhr geöffnet, z. B. ***Extra***, Av. Brigadeiro Luís Antônio 2013, Bela Vista.

Touren

Check Point, Rua Jacques du Cerceau 84, Penha, ✆ 11/6091 1316, 💻 www.checkpoint.com.br. 6-stündige Tour zu den wichtigsten Sehenswürdigkeiten und Vierteln der Stadt mit englischsprachigem Guide, R$300 p.P., bei Gruppen Ermäßigung.
Ione (Coopline Tur). Die englischsprachige Reiseleiterin Ione, ✆ 11/9807 0894, bietet 3-stündige Touren zu Fuß vorbei an historischen Gebäuden.
Ecology, Rua Coronel Joaquim Ferreira Lobo 203, Vila Olímpia, ✆ 11/3845 0273, 💻 www.ecology.com.br. 8-stündige Tour (mit englischsprachigem Guide) zum Parque da Cantareira in der Nordzone, dort dreistündige Wanderung (9,5 km) mit Beobachtung der Flora und Fauna und Panoramablick auf die Stadt, Gang durchs historische Zentrum von São Paulo und weitere Sehenswürdigkeiten. R$250 p.P.
Helimarte, Campo de Marte (Startplatz), ✆ 11/6221 3200, 💻 www.helimarte.com.br. Hubschrauber-Rundflüge mögen sich in São Paulo lohnen, da es anders als in Rio an natürlichen Aussichtspunkten mangelt. Weitere Anbieter sind ***Master***, ✆ 11/6221 2177, 💻 www.masterhelicopteros.com.br, und ***LRC***, ✆ 11/6221 5498, 💻 www.lrc.com.br.

Sonstiges

APOTHEKEN – In São Paulo gibt es fast mehr *Farmácias* oder *Drogarias* als Kneipen. Die diversen Filialen der ***Drogaria São Paulo*** sind bis 23 Uhr geöffnet, z. B. in der Rua São Luís 34, Centro, ✆ 11/3258 8872.

DEUTSCHE SCHULEN – ***Colégio Visconde de Porto Seguro***, Rua Clementine Brenne 30, Morumbi (Bahnstation), ✆ 11/3749 3250, 💻 www.portoseguro.org.br.
Colégio Humboldt, Av. Engenheiro Alberto Kuhlmann 525, Interlagos, ✆ 11/5686 4055, 💻 www.colegiohumboldt.com.br.

DIPLOMATISCHE VERTRETUNGEN – **Deutschland**, Av. Brig. Faria Lima 2902, 12. Stock, Cerqueira César, ✆ 11/3097 6644.
Österreich, Rua Dr. Cardoso de Melo 1340, 7. Stock, Itaim, ✆ 11/3842 7500.
Schweiz, Av. Paulista 1754, Bela Vista, ✆ 3372 8200.

GELD – Für *cash* gibt es zahlreiche **Geldwechselstuben** *(Casa de câmbio)*, häufig auch in Reisebüros untergebracht. **24 Std.-Geldautomaten** finden sich bei der BBVA (Av. Paulista 1111 und

Av. 15 de Novembro 206) sowie bei einigen BR-Tankstellen in der Av. Rebouças 2036 (Pinheiros), der Rua Inácio Pereira da Rocha 50 (Vila Madalena, Metrostation) und der Av. Juscelino Kubitschek 1069 (Vila Olímpia). Fast alle Bankfilialen besitzen **Geldautomaten** (bis 22 Uhr), z. B.:
Banco do Brasil, Rua São Bento 465, Centro (Hauptstelle).
Bradesco, Praça da República 410 (Centro) und Av. Paulista 778.
Citibank, Av. Rio Branco 436 (Centro) und Av. Paulista 854.
HSBC, Praça da República 511 (Centro) und Av. Paulista 949.

INFORMATIONEN – ✆ 11/6224 0400, 🖳 www.cidadedesaopaulo.com.
Die Touristeninformationen heißen in São Paulo **Centrais de Informações Turísticas (CIT)**, Büros gibt es an zahlreichen Stellen:
CIT Aeroporto (Guarulhos), Terminal 1 und 2, Desembarque. 🕓 tgl. 6-22 Uhr.
CIT Tietê, Terminal Rodoviário Tietê, Desembarque. 🕓 tgl. 7–22 Uhr.
CIT República, Praça da República, Centro, gegenüber Rua 7 de Abril. 🕓 tgl. 9–18 Uhr.
CIT Paulista, Av. Paulista, gegenüber Parque Trianon. 🕓 tgl. 9–18 Uhr.

INTERNET – Internetcafés gibt es viele, am besten fragt man bei der Hotelrezeption nach dem nächstgelegenen. Gute Adressen sind ***Suplicy Cafés Especiais,*** Alameda Lorena 1430, Jardim Paulista, ✆ 11/3061 0195, sowie Rua Dr. Renato Paes de Barros 198, Itaim, ✆ 11/3079 7926. Man sitzt relaxt auf dem Sofa, trinkt guten Kaffee und hat kostenlosen Internetzugang.

MEDIZINISCHE HILFE – ***Hospital Einstein,*** Av. Albert Einstein 627, Morumbí, ✆ 11/3747 1233. Eines der besten Privatkrankenhäuser Lateinamerikas.

NOTFALL – ***Polizei,*** ✆ 190; ***Ambulanz,*** ✆ 192; ***Feuerwehr,*** ✆ 193.

POST – Hauptpostamt: Rua Boa Vista 88, Praça da Sé, Centro. Kleinere Postämter finden sich zahlreich, oft nur wenige Schritte vom Hotel.

STADTPLÄNE – In den zahlreichen Zeitungskiosken werden überall gute und preiswerte Stadtpläne *(Mapa da Cidade)* angeboten, kleinere Karten gibt es kostenlos bei den Touristeninformationen.

TELEFON – Mit Telefonkarte *(Cartão telefônico),* erhältlich an allen Zeitungskiosken, kann man von öffentlichen Kabinen, so genannten *Orelhões* („große Ohren"), preiswert Ortsgespräche führen. Günstige Tarife für Telefonate ins Ausland bieten die Internetcafés, auch gibt es viele Telefonbüros.

TOURISTENPOLIZEI – ***Delegacia Especializada de Atendimento ao Turista*** *(DEATUR),* Av. S. Luís 91, Centro, ✆ 11/3214 0209. 🕓 tgl. 8–20 Uhr; weitere Posten an den beiden Flughäfen. Viel Einsatz ist nicht zu erwarten, aber ein Anzeigenprotokoll *(Boletim de ocorrência)* kann für die heimische Versicherung ganz nützlich sein. Bei Diebstählen im Hotel reicht oft eine Bestätigung durch die Hoteldirektion.

VISAANGELEGENHEITEN – ***Polícia Federal,*** Rua Prestes Maia 700, Metrostation Luz, ✆ 11/3616 5000. Visumverlängerung gegen Vorlage des Rückflugtickets. 🕓 Mo–Fr 8–16 Uhr.

ZEITUNGEN UND ZEITSCHRIFTEN – Zahlreiche Zeitungskioske *(Bancas)* mit allen wichtigen brasilianischen Tageszeitungen; den größten Veranstaltungsteil bietet die *Folha de São Paulo.* Die beste überregionale Wochenzeitschrift ist *Veja.* Im Zentrum sowie in Pampulha gibt es häufig auch die *FAZ* (1 Tag später) und den *SPIEGEL* (3–4 Tage später), allerdings sehr teuer.

WÄSCHEREIEN – Meistens findet sich eine Wäscherei *(Lavanderia)* unweit des Hotels: an der Rezeption fragen. Die Preise sind relativ niedrig (oft nach Gewicht) und man bekommt alles am selben Tag schrankfertig zurück.

Nahverkehrsmittel

In São Paulo gibt es 1291 **Bus- und Vanlinien** mit 15 000 Fahrzeugen, dennoch ist das Netz lückenhaft und weniger flächendeckend als in Rio. Vor allem spät nachts kommt man oft nicht mehr

weg. Von und zu den Flughäfen gibt es spezielle Linien (s. Transport). Es empfiehlt sich, bei den Lotto-Büros ein *Bilhete Único* zu kaufen (R$2); es erlaubt die Benutzung mehrerer Busse innerhalb von 2 Std. Auch gibt es kombinierte Bus-/Metro-Fahrscheine.
Die moderne **Metro** ist im Verhältnis zur Größe der Stadt schwach ausgebaut und in Stoßzeiten oft überfüllt, bietet aber eine schnelle und sichere Alternative zum Straßentransport und ist kaum teurer als der Bus. Fürs Zentrum, die Av. Paulista und andere zentrumsnahe Viertel ist sie das ideale Transportmittel, das Netz ist dort sehr dicht, fast alle Sehenswürdigkeiten und Hotels sind auf diesem Wege zu erreichen. ◷ tgl. 6–24 Uhr, ◷ Fahrkartenschalter 6–22 Uhr.
Ein Teil der Stadt wird über mehrere **Bahnlinien** der Gesellschaft CPTM versorgt, die Preise sind mit den Metropreisen identisch, bei den Stationen Brás und Barra Funda gibt es ohne Aufpreis integrierte Bahn-Metro-Tickets. ◷ 4–24 Uhr.
Taxis, die es genügend gibt, sind in São Paulo teurer als im restlichen Brasilien, aber immer noch bedeutend preiswerter als in Europa. Nur die roten und weißen Funk-Taxis verlangen höhere Preise. Bei längeren Strecken ist es ratsam, vorab einen Fixpreis auszuhandeln, um nicht die üblichen Stauzeiten mitbezahlen zu müssen Taxi-Kooperativen: ***São Paulo Táxi***, ✆ 11/5073 2814, ***Central Comum Rádio Táxi***, ✆ 11/5063 0404.

Transport

FLÜGE – ***Aeroporto Internacional de São Paulo*** *(Cumbica)*, Guarulhos, 30 km nordöstlich des Zentrums, ✆ 11/6445 2945. Brasiliens wichtigster Flughafen, die meisten **internationalen** Flüge gehen über São Paulo.
Flughafentransport: Häufige, komfortable Transferbusse (alle 30–60 Min.) in alle Ecken des Zentrums sowie zur Rodoviária Tietê, ✆ 11/6445 2505, 💻 www.airportservice.com.br, Fahrpreis R$24. Bei der Rückfahrt dem Fahrer die Fluggesellschaft mitteilen (Inlands- oder Auslandsflug), um näher an den richtigen Schalter zu gelangen. Am Flughafen befinden sich Büros der wichtigsten Mietwagen-Firmen *Hertz* und *Interlocadora*.
Aeroporto de Congonhas, Av. Washington Luís, Santo Amaro, 14 km vom Zentrum, ✆ 11/5090 9000. Flughafen für die meisten **innerbrasilianischen** Flüge, auch Shuttle Service (Luftbrücke) nach Belo Horizonte, Brasília, Curitiba, Rio de Janeiro und Porto Alegre.

Die wichtigsten **nationalen Airlines**:
Gol, nur Büros an den beiden Flughäfen, ✆ 11/5033 4200, 💻 www.voegol.com.br.
TAM, Av. São Luís 276, ✆ 11/3256 1515, 💻 www.tam.com.br.
Varig, Rua da Consolação 362, ✆ 11/5091 2009, 💻 www.varig.com.br.

Die wichtigsten **internationalen Airlines**:
Aerolinas Argentinas, ✆ 11/3214 6022, 💻 www.aerolinas.com.ar.
Air France, ✆ 0800 8803131 (gratis), 💻 www.airfrance.com.br.
Alitalia, ✆ 11/3218 7610, 💻 www.alitalia.com.br.
British Airways, ✆ 11/3145 9700, 💻 www.ba.com.
Iberia, ✆ 11/3218 7130, 💻 www.iberia.com.
KLM, ✆ 11/3372 2800, 💻 www.klm.com.br.
Lan Chile, ✆ 11/2121 9000, 💻 www.lanchile.com.
Lufthansa, ✆ 11/3048 5800, 💻 www.lufthansa.com.br.
Swiss, ✆ 0800 7074750 (gratis).
Spainar, ✆ 11/3017 3200, 💻 www.spanair.com.br.
Tap Air Portugal, ✆ 11/3100 1310, 💻 www.tapbrasil.com.br.

BUSSE – São Paulo hat drei große Busbahnhöfe. Vom Terminal ***Rodoviária do Tietê*** an der Av. Cruzeiro do Sul 1800, Metrostation Tietê, ✆ 11/3235 0322, fahren die meisten Fernbusse (Ausnahmen beachten, s. u.) sowie die Busse zum nördlichen Küstenabschnitt von São Paulo (nördlich von Santos).
Vom ***Terminal Intermodal Barra Funda*** in der Rua Mário de Andrade 664, Barra Funda (Metrostation), ✆ 11/3392 2110, starten die Busse zu den meisten Zielen in Paraná und den Bundesstaaten Rondônia, Mato Grosso und Mato Grosso do Sul.
Vom ***Terminal Intermunicipal Jabaquara*** in der Rua dos Jequitibás, Jabaquara (Metrostation), ✆ 11/5012 2256, fahren die Busse zum südlichen Küstenabschnitt von São Paulo, beginnend bei Santos.

Belo Horizonte: *Cometa,* ✆ 11/3868 5800, 3x tgl. zwischen 7.45 und 11 Uhr, 7 Std., R$62.
Brasília: *Real Expresso,* ✆ 11/2142 7100, 5x tgl. zwischen 13 und 22 Uhr, 14 Std., R$108.
Campos do Jordão, ab Rodoviária Tietê: *Mantiqueira,* ✆ 11/6221 0244, 6x tgl. zwischen 6 und 19.30 Uhr, 3 Std., R$26.
Curitiba: *Cometa,* ✆ 11/3868 5800, 4x tgl. zwischen 7 und 11 Uhr, 6 Std., R$46.
Florianópolis: *Viação 1001,* ✆ 11/6221 9596, tgl. um 19.55 Uhr, 10 1/2 Std., R$74 (weitere Verbindungen mit der Busgesellschaft *Catarinense).*
Foz do Iguaçu, ab Rodoviária Barra Funda: *Expresso Kaiowa,* ✆ 11/3392 7606, um 16, 20.45 und 21 Uhr, 16 Std., R$113.
Guarujá, ab Rodoviária Jabaquara: *Rápido Brasil,* ✆ 11/5011 4201, alle 30 Min. zwischen 6 und 22.30 Uhr, 1 1/2 Std., R$17.
Maresias, ab Rodoviária Tietê. *Mantiqueira,* 5x tgl. zwischen 8.30 und 19.30 Uhr, 3 1/2 Std., R$28.
Porto Alegre: *Itapemirim,* ✆ 11/2121 7513, 4x tgl. zwischen 14 und 22.50 Uhr, 18 Std., R$129.
Rio de Janeiro: *Viação 1001,* 12x tgl. zwischen 6.20 und 1.11 Uhr, 5 Std. 20 Min., R$63.
Salvador: *São Geraldo,* ✆ 11/2109 1333, um 9.30 und 21.40 Uhr, 32 Std., R$199.
Santos, ab Rodoviária Jabaquara: *Expresso Brasileiro,* ✆ 11/5012 0210, alle 15 Min. zwischen 5.45 und 1 Uhr, 70 Min., R$14.
Ubatuba, ab Rodoviária Tietê: *Mantiqueira,* 6x tgl. zwischen 7 und 21 Uhr, 4 Std., R$36.

São Paulos Küste

Insgesamt sind die Küstenorte von São Paulo etwas weniger reizvoll als die von Rio oder des Nordostens. Hauptsächlich liegt dies an dem schon kühleren Klima, dem geringeren tropischen Flair und den stellenweise zu vielen Gästen aus der nahen Großstadt. Auch die Preise ziehen wegen der besser situierten Paulistas immer mehr an. Die wohlhabende Mittelschicht, darunter viele Familien und Jugendliche, strömen in das größere **Guarujá**, in die noch näher gelegene Hafenstadt **Santos** oder zu den kleineren Badeorten **Maresias** und **Camburi**. Zwischen Letzteren liegt das noch recht authentische und nicht so überlaufene Fischerdorf **Boiçucanga**. Landschaftlich sehr reizvoll ist die Region um **Ubatuba** mit vielen (auch einsameren) Stränden. Highlight ist jedoch die sehr grüne Ilhabela, die über **São Sebastião** zu erreichen ist und viele Optionen für naturnahen und alternativen Tourismus bietet. Für ökologische Abenteuer sind auch **Cananéia** mit der berühmten Ilha do Cardoso sowie **Iguape** interessant.

Ubatuba

Die Region um Ubatuba ist mit 80 Stränden, 90 km Küstenlinie und üppigem Atlantischem Regenwald eine der landschaftlich schönsten des unteren Südostens, nur sind viele Abschnitte mit Sommerhäuschen übersät. Es kommen viele Wochenend- und Saisonurlauber aus São Paulo. Der Ort selbst (66 860 Einw.) war im 18. Jh. wegen seines Hafens einmal reich, bewahrt jedoch nur wenig historische Architektur. Das Zentrum ist klein und wenig reizvoll, die schöneren Unterkünfte liegen außerhalb und gehören zum gehobenen Preisniveau. In der **Rua Guarani** befinden sich viele Läden, Bars und Restaurants. Im Sommer wird es recht voll und chaotisch. Sehenswert im Zentrum ist das **Projeto Tamar** mit vier Meeresschildkrötenarten, darunter die 150 kg schwere *Cabeçuda*. Rua Antônio Athanasio da Silva 273, ✆ 12/3832 6202, ⏲ tgl. 10–18 Uhr.

Strände

Die urbanen Strände **Cruzeiro** und **Itaguá**, mit belebter Promenade und Fahrradweg, sind zum Baden ungeeignet. Am Ende von Itaguá genießt man einen wunderbaren Blick auf die Serra do Mar. Auch befindet sich dort ein **Aquário** mit mehr als 100 Fischarten, einem Pantanal-Kaiman, vier Pinguinen und sogar einem Hai der Spezies *Tubarão-lixa.* Rua Guarani 859, ✆ 12/3832 1382, ⏲ tgl. außer Mi 10–20 Uhr; Eintritt R$8. Beim Ausgang ist ein Fahrradverleih, die *Bicicletas* gehören zu den beliebtesten Transportmitteln der Region.

Südlich des Zentrums zwischen Itaguá und Saco da Ribeira liegen einige schöne saubere Strände (**Tenório**, **Grande** und **Toninhas**) mit netten Strandbars. Ein häufig besuchter Aussichtspunkt *(Mirante)* ist die Spitze von **Saco da Ribeira**, dicht bei den Booten, mit denen man Ausflüge und Tauchfahrten zu den vorgelagerten Inseln machen kann (z. B. **Anchieta**). Hinter Saco da Ribeira liegt die **Praia do Lázaro**. In ruhigem Wasser kann man hier stundenlang relaxen. Weiter südlich folgen sowohl weitläufige Strände wie **Dura** und **Barra** als auch kleinere wie der Surfer-Treff **Brava** und schließlich, 27 km vom Zentrum, der Taucherstrand **Fortaleza**, eine der schönsten Badebuchten der Region mit ruhigem und kristallklarem Wasser. Busse zu den südlichen Stränden mit der Aufschrift „Maranduba-Tabatinga" ab Zentrum, Rua Hans Staden, Ecke Rua Conceição.

Am reizvollsten sind die entfernteren Strände in nördlicher Richtung. Nach 12 km kommt man zur **Praia de Itamabuca**, berühmt durch hohe Wellen und viele Surf-Wettbewerbe (besonders im Winter). 30 km weiter folgt die einsame **Praia da Fazenda** mit dichtem Atlantischem Regenwald bis ans Wasser. Nicht umsonst hat der Mediengigant Globo an dieser Stelle im Jahr 2004 eine historische Telenovela gedreht *(„Como uma onda")*, denn nur hier ist die Landschaft noch wie vor 100 Jahren. Der nächste Strand, 7 km weiter, heißt **Picinguaba**, wegen der vielen Fischerboote nicht gerade sauber, aber mit der sehr beliebten Picim-Bar (s. Essen). Busse zu den nördlichen Stränden mit der Aufschrift „Picinguaba-Divisa" ab Centro, Rua Hans Staden, Ecke Rua Conceição.

Übernachtung

Cora Coralina Hostel (HI), Rodovia Oswaldo Cruz, Praia de Itaguá, ✆ 11/3258 0388, 🖳 www.alberguesp.com.br/albergues. Vier Zimmer/16 Betten, keine DZ, nur 4-Bett-Dorms (R$18 p.P.) mit Bunks und privaten Bädern, Gemeinschaftsküche, Wäscherei, Freizeitbereich, TV-Saal; Bettwäsche gegen Gebühr. Anfahrt: ab Rodoviária Ubatuba Bus „Horto Florestal" und aussteigen bei der Haltestelle „Experimental de Plantio de Mudas". ❶

Pousada da Praia, Praia do Félix, ✆ 12/3845 1196, 🖳 www.praiadofelix.com.br. Apartments für 2–3 Pers. mit 2 Zimmern, Küche und Bad sowie Chalês für 2–5 Pers. Anheimelnde, schöne Anlage umgeben von Atlantischem Regenwald. Anfahrt mit Bus Richtung Parati, aussteigen bei KM 32,5 (Kabine der Polícia Rodoviária), dann 1,5 km zu Fuß. ❹

Pousada Recanto das Toninhas, Praia das Toninhas, ✆ 12/3842 1410, 🖳 www.toninhas.com.br. Gehört zur preisgekrönten Kette „Roteiros do Charme", 54 Zimmer mit sämtlichem Komfort, Veranda, entweder Pool- oder Meerblick, modern und gemütlich zugleich, Dächer aus Stroh oder Holz, großer Tennisplatz auf der anderen Straßenseite, Restaurant. ❻

CAMPING – ✖ ***Camping Itamambuca Eco Resort,*** Rod. Rio-Santos (BR-101), KM 36, 12 km von Ubatuba in Richtung Parati (Platz ausgeschildert), ✆ 12/3834 3000, 🖳 www.itamambuca.com.br. Eine der besten Campinganlagen Brasiliens; 6000 m^2, 250 Zeltplätze, 50 m vom Strand, fester Sandboden, viele Bäume und Schatten, zwei Flüsse, hervorragende Infrastruktur (2 Pools, viele Bäder und Toiletten, Kantine, TV- und Spielsaal, Stromspannung 220 V); reichliches Aktivitätenangebot (Sportplätze, Kajak-Touren auf dem Rio Itamambuca, Wanderpfade); ab R$16 p.P. ❶

Essen und Nachtleben

Picim-Bar, Picinguaba. Fangfrischer Fisch und Meeresfrüchte, Spezialität Krebstorte *(Tortinha de siri),* Traumlage an einer Strandecke, sehr gepflegt und sauber, mit gelb bemalten Wänden, lokalem Kunsthandwerk und vielen Blumen, preiswert. ◷ tgl. 9–22 Uhr.

100 Miséria, Av. Leovigildo Dias Vieira 216, Praia de Itaguá. Preiswertes Selbstbedienungslokal, auch Frühstück; schöne Lage am Meer. ◷ tgl. 11–22 Uhr.

Peixe com Banana, Rua Guarani 255, Praia do Cruzeiro. Bester Ort, um die lokalen Fischspezialitäten zu probieren; sehr kreative Rezepte; mittlere bis gehobene Preise, aber viele Gerichte (z. B. *Azul-marinho)* reichen für 3 Pers. ◷ Mo–Fr 12–22, Sa und So 12–24 Uhr.

Bar do Pirata, Praça Anchieta 60, ✆ 12/3832 7384. Neuere Bar in altem Kolonialhaus, viel Música Popular Brasileira. ◷ Di–Sa 17 Uhr bis zum Morgengrauen.

Beethoven, Av. Leovegildo Dias Vieira 1180, ✆ 12/3833 7385. Sehr abwechslungsreiches Musikprogramm, jeden Abend ein anderer Sound. ◷ tgl. ab 19.30 Uhr.

Sonstiges

GELD – Filialen und Geldautomaten von **Banco do Brasil, Bradesco, Itaú** und **Banespa**.

INFORMATIONEN – ***Secretaria de Turismo,*** Av. Iperoig 331, Praia do Cruzeiro, ✆ 12/3833 7300. ⏲ tgl. 8–18 Uhr.

TAUCHEN – ***Omni Mare,*** Rua Guaicurus 30, Itaguá, ✆ 12/3832 2005, 💻 www.omnimare.com.br. Tauchkurse für Anfänger (1 Tag R$190) und Ausfahrten zum Tauchen, z. B. zur Ilha de Anchieta, R$55 p.P.

TOUREN – ***Mykonos Turismo,*** Saco da Ribeira (blaues Häuschen), ✆ 12/3832 2042. 4-stündige Bootstour im Schoner von Saco da Ribeira zur Ilha de Anchieta R$22 p.P.; 4-stündige Tour von der Praia de Itaguá zur Ilha de Prumirim R$20 p.P.

Transport

BUSSE – Der **Hauptbusbahnhof** liegt in der Rua Prof. Thomaz Galhardo 513, ✆ 12/3832 6912. Busse in die nähere Umgebung inkl. Strände starten von der Rua Hans Staden, Ecke Rua Conceição.
Parati: *São José,* ✆ 12/3832 6912, um 9.40, 16.45 und 18.40 Uhr, 1 Std., R$8.
Rio de Janeiro: *São José,* ✆ 12/3832 6912, um 10.40 und 23.40 Uhr, 5 Std., R$49.
São Paulo: *Litorânia,* ✆ 12/3832 3622, 6x tgl. zwischen 5 und 18 Uhr, 4 Std., R$35.
São Sebastião: Bus nach **Caraguátatuba** (40 Min., R$4), anschließend São Sebastião (30 Min., R$8).

São Sebastião

Die meisten Besucher dieses 58 040 Einw. zählenden Ortes kommen hier auf dem Weg zur Ilhabela eher gezwungenermaßen vorbei. Die Stadt selbst ist kein touristisches Ziel, zumal hier Ende der 60er Jahre ein großer Petroleum-Terminal errichtet wurde. Viele ortsnahe Strände sind verschmutzt oder mit Sommerhaus-Siedlungen bis ans Wasser zugebaut. Schön ist nur **Juquehy** und 18 km südlich **Calhetas**, eine kleine ursprüngliche Halbinsel mit Felsen und zwei Stränden mit feinem weißem Sand (Zugang nur per Boot).

Besorgt wegen des Besucherrückgangs haben die Stadtväter immerhin erreicht, dass die alte Architektur von São Sebastião unter Denkmalschutz gestellt wurde. Während der früheren Wirtschaftszyklen des Zuckerrohr- und Kaffeeanbaus entstand eine recht wohlhabende Siedlung. Durch die schmalen Gassen mit den bunt bemalten niedrigen Kolonialhäuschen zu schlendern ist ein lohnendes Programm, um die Wartezeit bis zur Inselüberfahrt zu überbrücken.

Im **historischen Zentrum** befinden sich einige architektonische Sehenswürdigkeiten wie die Igreja Matriz de São Sebastião (18. Jh.), das Hauptgebäude der Polícia Militar (früher Rathaus und Gefängnis), das alte Hotel Praia und die Capela de São Gonçalo (17. Jh.) mit dem kleinen Museu de Arte Sacra, ⏲ 10–17 Uhr.

Übernachtung

Eine gute, preiswerte Option sind die Chalês des Campingplatzes (s. u.).
Hotel Pousada San Sebastian, Rua Vapapesca 320, Porto Novo, 10 km vom Zentrum, ✆ 12/3887 1057, 💻 www.vapapesca.com.br. 25 Apartments mit Ventilator, Kühlschrank, Küche, TV, außerdem 16 Standard-Zimmer (Ventilator, Küche); max. 6 Pers.; Bar, Imbissstube, Spielsaal, großer Pool, Fußballplatz, Angeln, Bootstouren; schön im Grünen gelegen. Anfahrt: Bus vom Zentrum in Richtung Caraguátatuba, bei McDonalds-Schild aussteigen und 60 m zu Fuß. ❶
Gaivota Praia Hotel, Rua José Paulino Ferreira 152, Enseada, ✆ 12/3861 1243, 💻 www.gaivotapraiahotel.com.br. 9 Chalês und 10 Apartments für max. 7 Pers.; Ventilator, Kühlschrank und TV; Strandlage in grünem Park (2000 m^2), zwei Pools, Bars, Frühstück am Meer; div. Ausflugsangebote (Schonerfahrten, Hochseefischen, Wandern). ❷

CAMPING – ***Camping Pinon,*** Av. Vereador Antonio Borges 1000, Praia Grande, São Sebastião, ✆ 12/3862 6183, 💻 www.campingpinon.com.br. 800 m2, 65 Plätze, Rasenboden, Bäume und Schatten, Pools, Restaurant (Frühstück und Self-Service), Grillmöglichkeit, TV-Saal, Billard-Tisch, Stromspannung 220 V; R$15 p.P. Auch Chalês (2 Pers. R$60, 3 Pers. R$80, 4 Pers. R$100) mit AC oder Ventilator, TV und Küche. ❶

Essen

Canoa, Rua da Praia 234. Gutes Fischlokal (z. B. *Calderada),* mittlere Preise, interessanter Platz zum Gucken. ◷ tgl. ab 10 Uhr.
Bistrô, Av. Mãe Bernada 637, Juqueí. Ausgefallene Gerichte, z. B. pikante Krabben mit Orangensauce, gehobene Preislage. ◷ tgl. 13–22 Uhr.

Sonstiges

GELD – Mehrere Banken an der Av. Guarda Mor Lobo Viana, u. a. ***Banespa*** (wechselt Reiseschecks) und ***HSBC*** (mit Geldautomaten); ***Banco do Brasil*** mit Visa-ATM in der Rua Duque de Caxias 20.

INFORMATIONEN – ***Centro de Informações Turísticos*** *(Cectur),* Av. Dr. Altino Arantes 174 (Rua da Praia), ✆ 12/3892 1808. ◷ Mo–Fr 8–20, Sa und So 12–20 Uhr.

Transport

BUSSE – ***Terminal Rodoviário,*** Praça da Amizade 10, Centro. Alle 15–30 Min. fahren Busse zu den Stränden in nördlicher und südlicher Richtung. Außerdem Busse von und nach *Guarulhos*, sehr gut organisiert, erst Ticket am Schalter kaufen (Ausgang links, 3. Loja, R$24), davor ist die Haltestelle. Komfortable Busse, fahren in viele Stadtteile, u.a. zu allen Hotels auf der Av. Paulista (ca. 1 Std.), auch zur Praça da República (ca. 45 Min. und zur Rodoviária Tietê; Abfahrt alle 30–60 Min.
Rio de Janeiro: *União,* ✆ 12/3892 3986, um 9 und 22 Uhr, 7 Std., R$57.
São Paulo: *Litorânea,* ✆ 12/3892 1072, 6x tgl. zwischen 4.30 und 17.30 Uhr, 4 Std., R$31.

FÄHREN – Die Personenfähren ***Dersa,*** ✆ 12/3892 1576, zur **Ilhabela** fahren über **Perequê** bis zum Hauptort **Vila**, tgl. alle 20 Min. zwischen 7 und 17 Uhr, 15 Min., R$4.

Ilhabela

Ilhabela (20 840 Einw.) heißt „Schöne Insel", ein durchaus zutreffender Name, offiziell sagt man jedoch Ilha de São Sebastião. Die Insel ist nur ein Teil eines 360 km² umfassenden Archipels, aber mit ihren 43 Stränden, 365 Wasserfällen, viel Atlantischem Regenwald und 14 zwischen 600 und 1300 m hohen Berge die größte und interessanteste. Der erste Gast war Amerigo Vespucci, der das Eiland 1502 entdeckte. Bis heute ist es recht ursprünglich geblieben und gering bevölkert; in der Saison kommen jedoch bis zu 125 000 Besucher, häufig der Mittelschicht von São Paulo zugehörig. Das Preisniveau ist relativ hoch, aber die Optionen sind vielfältig und rechtfertigen einen mehrtägigen Aufenthalt. Besonders Segler, Surfer, Taucher und Wanderer kommen hier voll auf ihre Kosten. Wandern ist auf Ilhabela eine der Hauptaktivitäten. 85% der Insel bestehen aus einem Naturschutzgebiet mit üppiger Flora und Fauna und zahlreichen Wanderpfaden. Besonders beliebt sind die Wege zu den vielen Wasserfällen.

Die Pousadas liegen alle entlang der landwärtigen Küste. Besucher quartieren sich gern in der Nähe des hübschen Hauptorts Ilhabela ein, kurz **Vila** genannt. Anfang des 19. Jhs. pflegte eine portugiesische Adlige hier ihre Ferien zu verbringen, was zur Namensgebung Villa Bella da Princesa führte; 1940 hieß der Ort Formosa und heute wieder Vila. Die pittoreske **Rua do Meio** mit ihren bunten Häuschen, vielen Bars, Restaurants, Läden, einem Cybercafé und dem Kulturzentrum Casa de Cultura (wechselnde Ausstellungen) ist die beliebteste Straße im kleinen Zentrum. Am Pier liegen zwei nette Restaurants und ein *Azulejo*-Kunstwerk zeigt alte Ansichten der Stadt.

Strände

Hauptattraktion der Insel sind die Strände, die sehr unterschiedlichen Charakter haben. Es gibt so viele, dass man selbst in der Hochsaison zwischen stark besuchten und einsameren Buchten wählen kann. Mehr als 30 Strände liegen an der geschützteren, dem **Festland zugewandten Seite**, dem so genannten Canal de São Sebastião. Hier sind günstige Bedingungen für Wassersportler, insbesondere Segler und Windsurfer, vorhanden. Am südlichsten Punkt, zugleich dem Ende der Asphaltstraße, liegt die **Praia dos Frades**.

Weiter nordöstlich trifft man auf die reizvollen Buchten von **Veloso** und **Curral**, letztere ist im Sommer die beliebteste und meistbesuchte der Insel. Zwischen diesen Stränden befindet sich ein

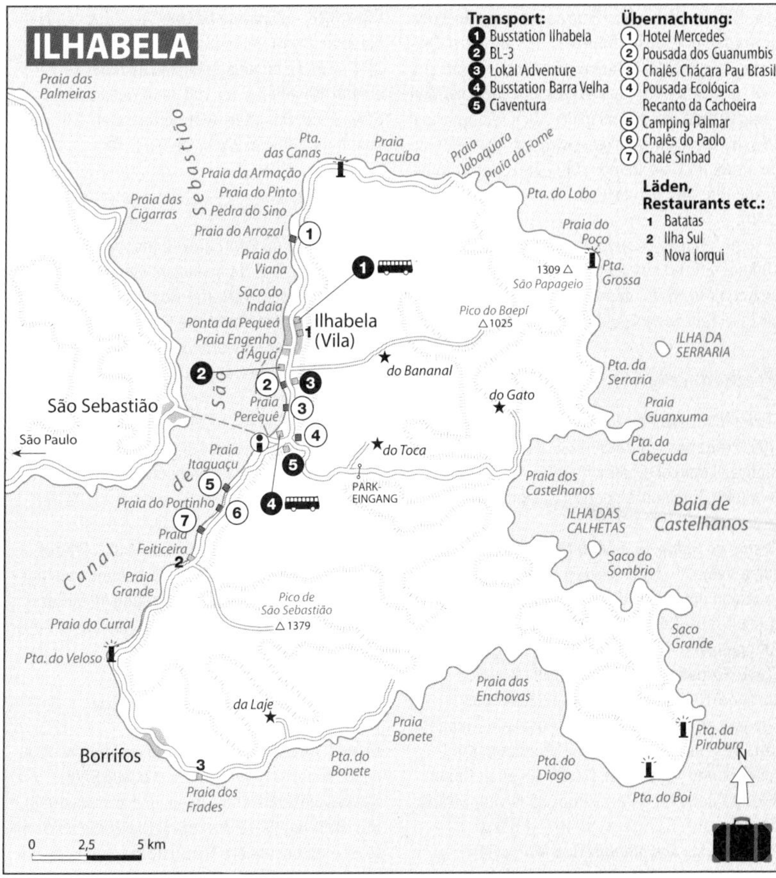

Hügel mit der Capela da Exaltação, von oben genießt man eine schöne Aussicht. Die weiter nordöstlich gelegene **Praia do Portinho** besitzt einen kleinen Hafen und davor farbenfroh bemalte Fischerhäuschen, die z. T. vermietet werden. Von dort sind es 15 Min. zu Fuß bis zu dem Wasserfall Três Tombos.

Die näher zur Vila hin gelegenen Strände werden immer urbaner, wie **Engenho d'Água** mit seinem Fahrradweg und **Ponta da Pequeá** mit seinen Sportplätzen. Weiter nördlich der Vila befindet sich eine der ältesten Attraktionen der Insel, die Pedra do Sino (Glockenstein). Es handelt sich um mehrere am Ufer oder im Meer gelegene Felsen, die bei einem Aufschlag einen glockenähnlichen Ton von sich geben. Von Holzdecks aus gelangt man nahe heran und kann reichlich experimentieren. Ganz im Norden schließlich liegen die berühmten Strände von **Pinto** und **Armação** mit einer Kapelle am Ende, ideale Orte, um sich ein Häuschen zu mieten und in der Hängematte ein wenig die Welt zu vergessen.

Zur **anderen Inselseite** ist der Zugang bedeutend beschwerlicher, nur nach Jabaquara gelangt man die meiste Zeit des Jahres noch ohne großen Aufwand. Am schnellsten und bequemsten ist der Wasserweg, die beliebtesten Bootsausflüge führen nach **Bonete** im Süden, **Fome** und **Saco do Poço** im Norden und **Castelhanos** in der Mitte der Ostküste. Zur Praia do Bonete kann man dann per Boot zurückfahren. Man vergesse jedoch nie den Mückenschutz, besonders in der Abenddämmerung sind die hiesigen Mückenschwärme unerbittlich. Zur Praia do Castelhanos führt eine 22 km lange Straße, die nur per Jeep zu befahren ist (1 Std., R$50).

Vom ebenso schönen wie einsamen Castelhanos-Strand aus geht es in 45 Min. zu Fuß zur Cachoeira do Gato, dem bekanntesten Wasserfall der Insel (gut ausgeschildert; Eintritt R$4).

Übernachtung

Chalés Chácara Pau Brasil, Av. Princesa Isabel 1788, Perequê, ✆ 12/3896 2239, 💻 www.chacarapaubrasil.com.br. Chalês für max. 4 Pers. mit Ventilator, Kühlschrank und TV; 1 km vom Strand. ❷

Chalés do Paolo, Rua João Maiettini 114, Barra Velha, ✆ 12/3895 8503, 💻 www.chalesdopaolo.com.br. Chalês für max. 3 Pers. mit Kühlschrank, Küche und TV; Frühstück extra/optional. ❷

Chalé Sinbad, Av. Riachuelo 3905, Praia do Portinho, Süden der Insel, ✆ 12/3894 9359, 💻 www.chalesinbad.com.br. Rustikale Anlage ganz aus Holz; 10 Zimmer mit Ventilator, Kühlschrank und TV; sowohl DZ ❷ als auch Chalês ❸ mit Küche für 4 Pers.; Pool, 30 m vom Strand. ❷–❸

Pousada dos Guanumbis, Rua Morro da Cruz 460, Praia do Itaguassu, ✆ 12/3896 2009. DZ mit AC, Kühlschrank, TV; Pool, 150 m vom Strand. ❸

✖ ***Pousada Ecológica Recanto da Cachoeira,*** Rua Benedito Garcês 180, ✆ 12/3896 3098, 💻 www.ecoilha.com.br. Nahe dem Park (Parque Estadual) und weit ab vom Strand, mit Meditationsraum und vegetarischer Küche. ❹

Mercedes, Av. Leonardo Reale 2220, Praia de Mercedes, ✆ 12/3896 1071, 💻 www.hotelmercedes.com.br. Schöne parkähnliche Anlage am Meer nahe dem Hauptort; 49 komfortable, geräumige und geschmackvoll eingerichtete Zimmer; zwei Pools, gutes Restaurant, Boutique und Bootskai. ❺

CAMPING – ***Camping Palmar,*** Av. Princesa Isabel 2150, Barra Velha (Zentrum der Insel), ✆ 12/3895 8336, 💻 campingpalmar@backpacker.com.br. Rasenplatz für 100 Zelte, 500 m vom Strand, viel Schatten, warme Duschen, Stromspannung 110 und 220 V; R$20 p.P. ❶

Essen

Batatas, Rua da Padroeira 12 (neben kleiner Kirche), Vila. Der Name kommt von der Spezialität des Hauses: Kartoffel-Rösti mit diversen Füllungen, auch thailändische Gerichte, dazu Gitarrenklänge oder Klaviermusik des alteingesessenen Pianisten Marcelo Totó, preiswert. 🕓 tgl. 18–23 Uhr.

Ilha Sul, Av. Riachuelo 287, Feiticeira, Reservierung sinnvoll, ✆ 12/3894 9426. Gutes Fisch- und Meeresfrüchte-Lokal, nautisches Ambiente, mittlere Preise. 🕓 in der Saison tgl. 13–23 Uhr, März–Dez nur Fr–So.

Nova Iorqui, Av. Perimetral Sul 18 322, Frades. Fisch und Meeresfrüchte, sehr beliebt, von hier genießt man den Sonnenuntergang im äußersten Süden der Insel. Beherbergt auch eine Pousada und Chalês.

Aktivitäten

MOUNTAINBIKING – ***Lokal Adventure,*** Av. Princesa Isabel 171, Perequê, ✆ 12/3896 5770, 💻 www.lokaladventure.com.br. Fahrradverleih, Std. R$5, Tag (8–18 Uhr) R$25. Die *Trilha do Bonete* ist eine besondere Herausforderung in positiver und negativer Hinsicht: Weglöcher, Steine und bei Regen Schlamm zwingen oft zum Absteigen und Schieben, dennoch ein beliebter Abenteuer-Pfad.

Arvorismo (Baumsport)

Eco Point, Rua dos Carijós 2100, Barra Velha, ✆ 12/3895 1017, 💻 www.ecopoint.com.br. Tarzan lässt grüßen! In 11 Etappen kämpft man sich über 20 m hohe Hängebrücken von Baumkrone zu Baumkrone; auch Schwimmen, Sauna, Wandern und Klettern (Tagespreis R$30); ganztägiger Betrieb.

SEGELN – Die geschützte Lage des Canal de São Sebastião macht die Insel zu Brasiliens Segelrevier Nr. 1. Das ganze Jahr über finden diverse Wettbewerbe statt, im Juli die *Semana internacional de vela* (Internationale Segelwoche). Diverse Segelschulen bieten Schnellkurse für Anfänger und Ausrüstungsverleih, z. B. ***BL-3***, Praia Engenho d'Água, ✆ 12/3896 1271, 🖳 www.bl3.com.br; Basiskurse (4 Tage à 3 Std.) R$400 p.P.

SURFEN UND WINDSURFEN – Die besten Stellen sind Praia do Bonete und Praia de Castelhanos. In Bonete lohnt sich ein längerer Aufenthalt, nach Castelhanos unternehmen viele nur einen Tages-Trip oder verbringen eine Nacht auf einem Campingplatz. Windsurfer gehen nach Ponta das Canas im extremen Norden; geeignet sind auch Pinto, Armação und Feiticeira.

TAUCHEN – Freunde des Tauchsports kommen hier voll auf ihre Kosten, Favorit ist die Ilha das Cabras. Weitere Reviere sind Portinho (inkl. der Strände von Julião und Oscar), Praia da Fome, do Poço, da Serraria, da Caveira, Vermelha und Saco do Sombrio. Auch gibt es mehr als 50 Schiffswracks, z. B. *Príncipe das Astúrias.* Eine gute Agentur ist ***Colonial Diver***, Ilha das Cabras, ✆ 12/3894 9459, R$180 inkl. Ausrüstungsverleih und Tauchlehrer.

WANDERN UND TREKKING – *Trilha da Água Branca,* 2100 m langer Pfad mit hervorragender Ausschilderung, populärste Wanderstrecke der Insel mit Wasserfällen zum Erfrischen, Start am Wachhäuschen des Parque Estadual an der Estrada de Castelhanos; *Trilha do Bonete,* 13 km, recht mühsamer Pfad an mehreren Wasserfällen vorbei, Hinweg 3-4 Std., evtl. in Bonete übernachten; *Pico do Baepi,* 1025 m hoher Gipfel, den man in ca. 4 Std. über einen Waldpfad erreicht (bei Regen meiden), nur mit Erlaubnis der Parkverwaltung und in Begleitung eines Guides. Von oben weiter Blick über die Berge der Insel, den Kanal und einen Teil der Serra do Mar.

Sonstiges

FESTE – **Mai**: *Festa de São Benedito,* seit mehr als 200 Jahren ausgerichtetes Volksfest mit viel Musik, Tanz und Elementen afrikanischer Traditionen. Die *Congada* zeigt Ritualkämpfe zwischen rivalisierenden religiösen Gruppen (Christen und Mauren), das Fest findet an einem Wochenende von Freitagnachmittag bis Sonntag statt, Beginn mit einem Feuerwerk vor der Igreja de N. S. d'Ájuda.
August: *Festival gastronômico de camarão,* Krabben und andere Meeresfrüchte bis zum Abwinken.

GELD – Filialen und Geldautomaten von **Banco do Brasil**, **Bradesco**, **Itaú** und **Banespa**.

INFORMATIONEN – ***Secretaria de Turismo***, Rua Bartolomeu de Gusmão 140, Pequeá, ✆ 12/3896 2440, 🖳 www.ilhabela.sp.gov.br. ◷ Mo–Fr 9–18 Uhr.

MÜCKENSCHUTZ – Die schöne Insel hat nur eine Plage: die unerbittlichen *Borrachudo*-Mücken, die besonders bei Anbruch des Abends und in der Nähe von Wasserfällen attackieren und bei manchen Besuchern gar einen voreiligen Ferienabbruch bewirken.

TOUREN – ***Ciaventura***, Av. Princesa Isabel 605, Perequê, ✆ 12/3896 2899, 🖳 www.ciaventura.tur.br. Jeep-Touren zum Strand von Castelhanos (6 Std., R$40 p.P.), Segelturns zu einsamen Stränden (R$30 p.P.).

Nahverkehrsmittel

BUSSE – Die verschiedenen Inselorte sind gut per Bus erreichbar. Von Barra Velha nach Norden (Mehrzahl der Pousadas und Restaurants) fahren stdl. Busse mit der Aufschrift „Armação", nach Süden (meistfrequentierte Strände) mit der Aufschrift „Borrifos". Die Busschilder sind jedoch oft irreführend, vor dem Einsteigen beim Fahrer vergewissern; Busstation Ilhabela, Rua Dr. Carvalho 136, ✆ 12/3895 8709.

TAXI – Meist stark überteuert und nicht kontrollierbar (keine Taxameter vorhanden), entweder Festpreis aushandeln oder Busse nehmen.

Transport

FÄHREN – Die Personenfähren *(Lanchas)* nach **São Sebastião** starten beim Hauptort Vila (mit Halt in **Perequê**), ✆ 12/3892 1576, tgl. alle 20 Min. zwischen 7 und 17 Uhr, 15 Min., R$4.

Maresias

In den Ferien und an langen Wochenenden wird das kleine Maresias zum Ibiza der Paulista-Jugend, die weder Hitze noch Staus auf den 175 km ab São Paulo scheut, um sich in den vielen Sommerhäuschen der Eltern, im Shopping Center oder im Tanzclub zu vergnügen. Hier wird gefeiert wie an keinem anderen Ort. Neben Sonne, Meer und einem berühmten, 4 km langen Surfer-Strand mit Wettbewerben ist hier Nightlife angesagt; die Diskotheken, Strandbars und Techno-Partys sind in der Saison chronisch überfüllt. Maresias ist ein idealer Ort für jüngere Leute, die sich rund um die Uhr vergnügen und keine Flirt-Chance auslassen wollen. Auch gibt es zahlreiche Sportangebote (Surfen, Bodyboard, Kanufahrten, Schwimmen).

Übernachtung

Maresias Hostel (HI), Rua Sebastião Romão César 406, ✆ 12/3865 7584, 🖳 www.maresiashostels.com.br. Komfortables Hostel mit 62 Betten, DZ (R$55) und 3-Bett-Dorms (R$18 p.P.); Küchenbenutzung. Bei Anfahrt ab Rodoviária São Paulo Busfahrer bitten, an der Praia de Maresias gegenüber dem Friedhof *(Cemitério)* zu halten (Geldautomat von Bradesco), kleiner Fußmarsch auf Sandweg, am Ende 50 m nach rechts bis zum Hostel. ❶

Pousada e Albergue San Sebastian (HI), Rua Sebastião Romão César 406, ✆ 12/3865 7584, 🖳 www.maresiashostels.com.br. DZ (R$36) und 5-Bett-Dorms (R$18 p.P.) mit Ventilator; Gemeinschaftsküche, TV-Raum, Spielsaal, Pool, 80 m vom Strand. ❶

Chalés do Leonel, Rua Colombo 101, ✆ 12/3865 7491, 🖳 www.chalesmaresias.com.br. Zimmer und nette Chalês für max. 4 Pers. mit Ventilator, Kühlschrank, Küche und TV; Spielsaal; anheimelndes ruhiges Ambiente, 900 m vom Strand. ❷

Essen

Legends, Av. Francisco Loup. Surf-Museum, in dem man preiswert Pizza im Format eines Surfbretts essen und Surf-Videos anschauen kann; auch leckere Sandwiches und Süßspeisen, von der Bar dezente Hintergrundmusik.

Restaurante e Churrascaria do Gordo, Rua dos Navegantes 66. In diesem Lokal „des Dicken" gibt es stattliche Churrasco-Portionen für Ausgehungerte zu günstigen Preisen, auch Imbisse und frisch gepresste Fruchtsäfte.

Terral, Rua dos Navegantes 542. Bekanntestes Lokal am Strand, variationsreiche Speisekarte für jeden Geschmack und Geldbeutel. 🕓 Mo–Sa 12–22.30, So 12–20 Uhr.

Sonstiges

AKTIVITÄTEN UND TOUREN – ***Green Way Atividades Outdoor***, Av. Mãe Bernarda 3221, Praia de Juquey. Trekking, Surf-Schule, Boots- und Kajak-Touren.

GELD – Es herrscht kein Mangel an Banken und Geldautomaten.

NACHTLEBEN – ***Sirena***, Rua Sirena 418, ✆ 12/3865 6681. Disco-Club für 3200 Gäste, mehrfach zum besten Brasiliens gekürt, 6 Bars und japanisches Restaurant, kaum ein Promi ist hier noch nicht eingekehrt.

Transport

BUSSE – Alle 30–40 Min. zwischen 6 und 20 Uhr fahren Busse an der Küste entlang zu den diversen Nachbarorten, ✆ 12/3893 1072.

Boiçucanga

Boiçucanga ist eines der wenigen noch relativ authentischen Fischerdörfchen an diesem Küstenabschnitt und doch gut per Bus zu erreichen. Der kleine Badeort, wo alles leicht zu Fuß erreichbar ist, liegt nur 7 km südwestlich vom touristischen Maresias und 5 km vom belebten Camburi. Der Strand ist nicht so voll, alles ist preiswerter und abends ist man schnell im Nightlife der Nachbarorte. Es gibt schon diverse Pousadas, in der Saison sollte man jedoch reservieren. Das Publikum besteht aus Familien und vielen jungen Leuten. Hauptbeschäftigung ist der Strandaufenthalt. Das Meer ist recht sauber, an einigen Stellen herrscht starker Wellengang, am linken Strandende befinden sich rustikale Bars.

Übernachtung

Pousada Casarão, Rua Apiacás 44, ✆ 12/3865 1690, 🖳 www.casaraopousada.com.br. 14 Zimmer mit Kühlschrank und TV, einige für 4 Pers.; Bar, Pool, Tennisplatz; in kleiner Nebenstraße nahe Strand. ❷

Pousada Lugar Comum, Trav. Amauri Teixeira Leite 10, ✆ 12/3865 1965, 🖳 www.pousadalugarcomum.com.br. 18 Zimmer mit Kühlschrank und TV (z. T. AC), einige für 6 Pers.; Bar und Pool. ❸

CAMPING – ***Porongaba Camping,*** Trav. dos Periquitos 99, ✆ 12/3865 1384, 🖳 www.porongaba.com.br. 5000 m2 Rasenplatz für 50 Zelte, viel Schatten, Pool mit Wasserfall, Sportplatz, Restaurant (Frühstück, Nudelgerichte), Grillanlage, ausreichend sanitäre Anlagen, Stromspannung 220 V; R$20 p.P. ❶

Essen

Malibu, Rua Maria Aparecida de Moura 160. Sehr preiswertes Lokal, viel Pizza, Imbisse und Säfte.

Cheiro Verde, Rua Beijamim Manoel dos Santos 74. Preiswertes Restaurant à la carte, spezialisiert auf Krabben-Gerichte, diverse Fruchtsäfte.

Girassol, Rua Beijamim Manoel dos Santos. Sowohl Self-Service als auch à la carte, große Auswahl an Gerichten, vor allem Meeresfrüchte, auch frisch gepresste Fruchtsäfte, preiswert.

Transport

BUSSE – Alle 30-40 Min. zwischen 6 und 20 Uhr fahren Busse an der Küste entlang zu den diversen Nachbarorten. In Boiçucanga mehrere Stopps an der Hauptstraße, z. B. vor der Bäckerei Big Pão.

Camburi

Der kleine Badeort, in den 80er Jahren fast nur von Surfern besucht, macht heute dem belebten Maresias einige Konkurrenz. Er besitzt ebenfalls eine gut entwickelte Infrastruktur mit vielen Pousadas, Campingplätzen, Restaurants und Bars und bietet ein ähnlich reges Nachtleben (s. Galião). Ansonsten ist auch hier der Strand das Wichtigste. Er besteht aus feinem, gelblich gefärbtem Sand und liegt reizvoll zwischem einem Hügel und einer Halbinsel. Dahinter stehen umzäunte Villen im Schatten riesiger *Amendoeira*-Bäume. Wie die Anwohner ist auch das Publikum eher wohlhabend. Neben Familien kommen viele jüngere Leuten, um am kleinen Nachbarstrand Camburizinho zu surfen und/oder sich ins Nachtleben zu stürzen.

In kurzen Abständen fahren Busse zu den umliegenden Küstenorten.

Übernachtung

Camburi Hostel (HI), Rua Tijucas 2300, Sertão do Camburi, ✆ 12/3865 4160, 🖳 www.ajcamburi.com.br. Seit 2002 bestes Hostel gemäß HI-Kriterien, 50 Betten, DZ (R$60) und 6-Bett-Dorms mit Bunks (R$18 p.P.), Bettwäscheverleih, großer Pool, Spielsaal, Wäscherei, Küche, Gemeinschafts-TV, Restaurant, Transfer-Service; 3 km vom Strand. Bei Anfahrt ab São Paulo Busfahrer bitten, vor Ortsbeginn beim Supermarkt *(Supermercado)* Empório Isabel zu halten, dort aussteigen, beim Hostel anrufen und um Abholung bitten. ❶

Chalés do Camping Camburi, nette Chalês für 2 Pers. (s. Camping). ❷

Villa Paradiso, Rua Tubarão 1510, ✆ 12/3865 2557, 🖳 www.pousadavillaparadiso.cjb.net. Eine der schönsten Pousadas der Region, direkt am Strand. ❺

CAMPING – ***Camping Camburi,*** Estr. do Camburi 932, ✆ 12/3865 1312, 🖳 www.campingcamburi.cjb.net. 2500 m2 Sandplatz für 140 Zelte, 100 m vom Strand, nur z. T. Schatten, warme Duschen, Restaurant (Frühstück, Tagesgerichte und à la carte), TV-Saal, Stromspannung 110 V. Auch Chalês für 2 Pers. ❶

Essen

Coma Bem, Estr. do Camburi 425. Speisen à la carte, Spezialität Fischfilet mit Krabbensoße, auch Imbisse, sehr preiswert.
Ticura, Estr. do Camburi 1182. Gerichte à la carte, spezialisiert auf Steinofen-Pizza, mittlere Preise.

Sonstiges

AKTIVITÄTEN – ***Eco Dynamic,*** Rua Olímpio Faustino 56, Praia de Camburi, ✆ 12/3865 2545. Tauchen, Trekking, Bike, Rapel, Cascading, Klettern und Surfen.

GELD – Es herrscht kein Mangel an Banken und Geldautomaten.

NACHTLEBEN – ***Galeão,*** Estr. de Camburi 79, ✆ 12/3865 1515. Wegen dieser Adresse staut sich häufig der Verkehr. Im Restaurant-Bereich gibt es Salate und Pizzas, in den 4 Bars Caipirinhas mit Früchten der Saison und in der Disco heiße Rhythmen (Funk, Techno, Rap, Rock und MPB). Das Publikum ist ebenso gemischt wie die Musik, überwiegend jedoch schickere Mittelschichtjugend. ◷ Fr und Sa nachts.

Guarujá

Guarujá (264 810 Einw.) ist eine Miniaturausgabe von São Paulo am Meer. Der teure Ferienort der Mittelschicht-Paulistas ist mit hohen Apartment-Häusern zugebaut und in der Saison mit dem Verkehrsaufkommen hoffnungslos überlastet. Ende der 50er Jahre gewann er den Beinamen „Perle des Atlantiks", dank reizvoller Strände und vieler luxuriöser Sommerresidenzen. In den 80er und 90er Jahren kam die Stadt etwas herunter, bis im Jahr 2000 mit einer großen Reurbanisierung und Sanierung der Küstenabschnitte begonnen wurde. Seitdem ist der Tourismus wieder der wichtigste Wirtschaftszweig. Kaum ein Besucher lässt es sich nehmen, das größte Aquarium Südamerikas zu besuchen. Im **Acqua Mundo**, Av. Miguel Stéfano 2001, ✆ 13/3351 8867, befinden sich mehr als 700 Arten von Meeresbewohnern, auch Haie, Schildkröten und Pinguine. ◷ Di–So 10–18 Uhr; Eintritt R$15.

Festungen

Die **Fortaleza de Santo Amaro da Barra** Grande wurde 1584 von Spaniern errichtet, um die Zufahrt nach Santos zu schützen. In der **Fortaleza de São Felipe e São Luiz** (16. Jh.) wohnte für einige Monate der deutsche Abenteurer Hans Staden und schrieb sein Buch „Estranhas Terras da América". Etwas außerhalb, an der Praia do Tombo, steht das erst während des 2. Weltkriegs eingeweihte **Forte dos Andradas**. Eine Besichtigung der militärischen Anlagen, Schächte und Tunnel ist interessant, auch der Blick vom Festungshügel. Rua Horácio Guedes Barreiros, ✆ 13/3354 2888, ◷ Sa und So 10–17 Uhr; Eintritt R$3.

Strände

Die 7 km lange **Enseada** ist urban, doch nur mit vierstöckigen Häusern bebaut. Trotz gelegentlicher Verschmutzung wird in dem ruhigen Meer viel gebadet, auch Segeln und Windsurfen ist hier möglich. Abends versammelt sich die Jugend an Treffpunkten wie dem östlich gelegenen Jachthafen Costão das Tartarugas oder dem westlich gelegenen Anglerplatz Morro do Maluf. Südlich an Enseada angrenzend liegt **Pitangueiras**, oft verschmutzt, mit hartem Sandboden und dennoch von allen Stränden am meisten frequentiert. Die kräftigen Wellen ziehen viele Surfer an. Im Hintergrund erheben sich große Apartmentblöcke.

Reizvoller sind die Strände nördlich von Enseada, vor allem die 7 km entfernte **Praia de Pernambuco**, ebenfalls ein Surfer-Point. Sie ist 1,5 km lang, besitzt feinen weißen Sand und bietet einen schönen Blick auf die grüne Ilha dos Arvoredos. Von hier starten Ausflugsboote zu den anderen nördlichen Stränden (São Pedro, Iporanga, do Pinheiro), die wegen geschlossener Wohnsiedlungen nur schwer auf dem Landweg zu erreichen sind.

Übernachtung

Pousada Ocaporanga, Rua das Camélias 10, Praia da Enseada, ✆ 13/3392 1929. Nette einfache Unterkunft nahe Strand, früher Jugendherberge. ❷
Praia do Tombo Bed & Breakfast, Rua José Saúda 201, Tombo, ✆ 13/3355 6372, 💻 www.praiadotombo.com.br. Pousada mit 6 kleinen Zimmern zu einem schönen Garten hin, Grillanlage und Gemeinschaftskühlschrank. ❸

CAMPING – ✖ ***Camping São José***, Prainha Branca, herrlich in wilder Natur und nahe dem Strand gelegener Platz (6000 m2, max. 300 Zelte), abgeschieden und ruhig, viele Bäume und Schatten, harter Sandboden, warme Duschen, einfaches Restaurant, Strom nur im Allgemeinbereich (Taschenlampen mitnehmen), Infrastruktur wie Supermärkte, Banken usw. nur in Bertioga (Fähranleger dorthin 1,5 km entfernt), Ausflüge zu den Wasserfällen der Region. ❶

Essen und Nachtleben

Periquito's, Av. D. Pedro I Nr. 1332, Enseada. Gemischte Speisekarte, ein Renner sind die guten Sandwiches, auch frisch gepresste Fruchtsäfte. 🕓 tgl. 8.30–1 Uhr, Sa und So bis zum Morgengrauen.

Pastelão, Rua Cav. Nami Jafet, Pitangueiras. Spezialisiert auf 30 cm lange Riesen-Pasteten, preiswert. 🕓 Mi–Mo 13–24 Uhr.

Avelino's, Estr. Guarujá-Bertioga Nr. 1985, ✆ 13/3353 3033. Berühmtes Showhaus mit Live-Konzerten bekannter Sänger, viele Gäste kommen dafur extra aus São Paulo angereist; auch Tanzpiste und Restaurant.

Nahverkehrsmittel

BUSSE – Vom **Busbahnhof** in der Via Santos Dumont Busse 1 oder 15 zum Strand, 52 und 25 eignen sich für eine Stadtrundfahrt. Zu den einsameren Stränden im Norden der Insel (Branca, Preta und Camburi) Bus ab Pitangueiras oder Enseada bis Perequê, dort Bus bis Balsa de Bertioga (Fähre), rechts neben der Fährstation Pfad zu den Stränden.

Transport

BUSSE – Vom **Busbahnhof** in der Via Santos Dumont, ✆ 13/3386 2325, jede halbe Std. zwischen 6 und 22.30 Uhr Busse nach **São Paulo**, *Rápido Brasil*, 90 Min., R$17.

FÄHREN – Anleger am Ende der Av. Adhemar de Barros, ✆ 13/3358 2741, nach **Santos**: alle 10 Min. bis 23.30 Uhr, 5 Min. Überfahrt, R$2.

Santos

Den besten Eindruck von der Lage dieser Stadt gewinnt man vom Hügel **Monte Serrat**, auf dem sich auch das Santuário de N. S. do Monte Serrat, der Schutzheiligen von Santos, befindet. Der Blick streift über den Hafen, das Zentrum, die große Küstenparkanlage, die Strände und reicht bis zu den entfernteren Orten Guarujá, Cubatão, São Vicente und Praia Grande. Santos ist hauptsächlich eine Hafenstadt mit rund 418 000 Einw., besitzt jedoch eine mit der Copacabana vergleichbare belebte Strandpromenade und ein sehenswertes historisches Zentrum.

Hafen

In ihrem „Südamerika"-Bericht von 1949 schrieben die Tschechen Jiri Hanzelka und Miroslav Zikmund: „Um ein reales Bild von Santos zu geben, müssen wir einige Zahlen nennen. Die Hafenmolen sind über sechs Kilometer lang; auf den Lagerplätzen arbeiten rund hundertfünfzig Kräne und über hundert fahrbare Brücken. In den sechzig Lagerräumen können fünf Millionen Sack Kaffee untergebracht werden. Seine Molen bieten gleichzeitig fünfundsechzig Ozeandampfern Platz, von denen vierzig täglich mit Kaffee beladen werden können." Damals ging gut die Hälfte des exportierten brasilianischen Kaffees über den Hafen von Santos. Bis heute ist Santos der größte Hafen Brasiliens geblieben, die meisten der im 72 km entfernten São Paulo erzeugten Industriewaren und Exportprodukte werden von hier aus in alle Welt verschifft.

Zentrum

Das geschäftliche Leben hat das äußere Bild der Stadt nicht gerade verschönert, andererseits wurden viele Monumente der Vergangenheit erhalten oder restauriert. Eine alte Bahn aus den 20er Jahren *(Linha Turística de Bonde)* fährt ab Praça Mauá/Rathaus durch die ganze Altstadt (Di–So 11–17 Uhr, alle 15 Min., R$0,50). Der geschichtliche Reichtum von Santos wird schnell sichtbar an den vielen Prachtbauten in kolonialem, barockem oder neogotischem Stil. Überall erscheinen kunstvolle Details in Marmor, Azulejos, Statuen, Fresken und Malereien. Die **Bolsa do Café** (Kaffee-Börse) von 1922 in der Rua 15 de Novembro 95 ist eines der bedeutendsten Baudenkmäler des ganzen Staates. Im *Salão de Pregões* beeindrucken die Glasvitrinen,

Marmorböden, das kostbare Mobiliar und die Malereien von Benedicto Calixto. ✆ 13/3219 5585, ◷ Di–So 10–17 Uhr; Eintritt R$4. Werke desselben Malers sind auch im Innern der barocken **Igreja de N. S. do Carmo** von 1599 zu sehen.

Strände

Die Strandpromenade von **Gonzaga** kann es durchaus mit Rios Copacabana aufnehmen, ist aber sicherer und sauberer. Auch hier gibt es ein reges Nachtleben. Etwas heruntergekommene Hotels, darunter das traditionsreiche Atlântico, zeugen vom Glanz vergangener Zeiten, als noch ein Teil der Hafenumsätze in die Gemeindekasse zurückfloss. Zwischen den Kanälen 3 und 4 liegt der stark von Einheimischen frequentierte Strand von **Boqueirão**. Surfer zieht es zur wellenreichen Praia **José Menino**, vom Strandeingang bietet sich ein schöner Blick auf die sagenumwobene grüne Ilha de Urubuqueçaba. Zum Baden wenig geeignet ist die zwischen Mauern gelegene schmale **Ponta da Praia**, hier beginnen jedoch die Bootsausflüge bzw. Hafenrundfahrten. Das dort befindliche **Museu do Mar**, Rua República do Equador, ✆ 13/3261 4808, zeigt Meeresflora und -fauna sowie 12 000 maritime Kuriositäten. ◷ tgl. 9–18 Uhr; Eintritt R$8.

Übernachtung

Hotel Caravelas, Av. Sem. Pinheiro Machado 1023, José Menino, ✆ 13/3237 2645, 💻 www.hotelcaravelas.com.br. Gut erhaltenes Kolonialhaus nahe Strand; 39 einfache, aber ordentliche Zimmer (z. T. AC, z. T. Ventilator); im Restaurant Hausmannskost. ❸

Hotel Indaiá, Av. Ana Costa 431, Gonzaga, ✆ 13/3289 5559, 💻 www.indaiahotel.tur.br. Gute Lage im belebtesten Teil der Stadt mit leichtem Zugang zu Restaurants, Läden und Transportmitteln; allerdings etwas laut. ❹

Essen und Nachtleben

Café Carioca, Praça Mauá 1. Uraltes traditionsreiches Café im Herzen der Stadt. ◷ tgl. 6–21 Uhr.

Maria Farinha, Rua Alexandre Herculano 168. Gutes vegetarisches Restaurant. ◷ tgl. 11.30–15.30 und 19–24 Uhr.

Pizzaria do Porto, Rua 15 de Novembro 112. Der Gegenbeweis zum verbreiteten Urteil, dass es an der Strandpromenade keine gute Pizza gibt. ◷ tgl. 12–15 und 19–23 Uhr.

Mythos, Rua Brás Cubas 340, ✆ 13/3224 7032. Tanzlokal für 2300 Gäste, gemischtes Musikprogramm, Fr *black music*. ◷ Fr und Sa 23–6 Uhr.

Sonstiges

APOTHEKEN – ***Drogaria Iporanga,*** 24 Std., Kette mit zahlreichen Filialen.

GELD – Hier sind alle größeren Banken vertreten. Filialen und Geldautomaten von **Banco do Brasil, Bradesco, Itaú, Real** u. a.

INFORMATIONEN – ***Secretaria de Turismo,*** Largo Marquês de Monte Alegre, ✆ 0800 173887. ◷ Mo–Fr 8–18 Uhr.

MEDIZINISCHE HILFE – ***Santa Casa,*** privates Krankenhaus, Av. Dr. Claúdio Luiz da Costa 50, ✆ 13/3202 0600.

Nahverkehrsmittel

BUSSE – Neben der Rodoviária (s. u.) befindet sich ein städtischer Terminal, von dem Busse zu allen Stränden starten.

Mit der *Linha Conheça Santos* ab Praça das Bandeiras, Gonzaga, kann man in 1 1/2 Std. an 20 Sehenswürdigkeiten der Stadt (inkl. Bolsa do Café) vorbeifahren; ✆ 0800 173887, Sa, So und feiertags um 9, 11.30, 14 und 16.30 Uhr, R$3.

Transport

BUSSE – ***Rodoviária,*** Praça dos Andrades 45, Centro, ✆ 13/3219 2194.

Rio de Janeiro: *Viação Útil,* ✆ 13/3219 7010, 6x tgl. zwischen 9 und 0.15 Uhr, 8 Std., R$75.

São Paulo: *Expresso Ultra,* ✆ 13/3219 7931, alle 15 Min. zwischen 4 und 24 Uhr, 1 Std., R$13.

FÄHREN – Nach **Guarujá**, ab Ponta da Praia, ✆ 13/3358 2741, alle 10 Min. zwischen 6 und 23.30 Uhr, 5 Min., R$2.

Iguape

Dieser kleinere Ort mit 27 430 Einw. besitzt die größte Konzentration historischer Bauwerke des ganzen Bundesstaates, 62 davon stehen unter Denkmalschutz und wurden sorgfältig restauriert. Alles in dieser alten Stadt strahlt Geschichte aus. Archäologische Funde wie Steinwerkzeuge, Keramiken, Knochen und Muschelschmuck deuten darauf hin, dass hier schon vor mehr als 5000 Jahren Menschen lebten. Einiges kann man besichtigen im **Museu Histórico e Arqueológico**, untergebracht im Gebäude der Antiga Casa de Fundição de Ouro in der Rua das Neves 45.

Historiker nehmen an, dass das Dorf schon 1498 von Spaniern gegründet wurde, bevor es die Portugiesen 1538 übernahmen. Die ruhigen Wasser der Bucht erleichterten die Edelmetall-Expeditionen den Rio Ribeira de Iguape hinauf. Die Ausbeute war lohnend, und im 18. Jh. wurden die ersten Steinhäuser errichtet, damals noch mit Walöl und Bienenwachs zusammengehalten. Zwischen 1787 und 1856 entstand im Zentrum die **Basílica do Senhor Bom Jesus de Iguape**, heute mit einem Museu de Arte Sacra. ⏲ tgl. 6.30–18.30 Uhr.

Zwischen 1820 und 1900 erhielt die Wirtschaft mit dem Reisanbau einen weiteren Schub. Die in diesen Blüteperioden des 18. und 19. Jhs. entstandene Architektur macht heute den Charme und touristischen Wert des Ortes aus. An den bunten Kolonialhäuschen im **historischen Zentrum** entlangzuschlendern ist wie eine beschauliche Zeitreise in die Vergangenheit.

In letzter Zeit entwickelt sich die noch reich von Atlantischem Regenwald überzogene Region auch als beliebtes Ziel des Ökotourismus, und die Stadt wurde ins Projekt **Pólo Ecoturístico** einbezogen. Zwei Drittel der 80 000 ha der Estação Ecológica Juréia-Itatins befinden sich im Gebiet von Iguape. Zahlreiche Wanderrouten ermöglichen das Studium der Flora und Fauna. Der Canal de Mar Pequeno zwischen Iguape und der Ilha Comprida bietet ideale Bedingungen für den Kanu- und Rudersport. Hier lassen sich auch viele Vogelarten beobachten.

Strände und Insel

Lediglich drei Strände lohnen einen Besuch, wobei die Anwege recht aufwändig sind. Zur **Praia do Leste** gelangt man über eine 16 km lange Sandstraße. Der Strand eignet sich zum Baden und Fischen, auch besteht die Möglichkeit zu Bootsausflügen bis Juréia. Die **Praia da Juréia** ist die schönste von allen, sie liegt in einer herrlichen Landschaft, bietet starke Wellen und schwefelhaltigen Sand. Auf dem Landweg sind es 20 km Sandstraße, die jedoch nur bei Ebbe befahrbar ist; per Fähre sind es 15 Min. Gern wird in Juréia auch gewandert oder Rad gefahren. Surfer zieht es nach **Barra do Ribeira** im Norden der Stadt, dort trifft das Meer auf den Rio Ribeira und erzeugt kräftige Wellen; die Anfahrt geschieht per Bus ab Rodoviária (1x tgl. um 6.30 Uhr, Rückfahrt 17 Uhr, R$4) oder in 15 Min. per Fähre. Zur **Ilha Comprida**, einer 86 km langen und nur 3 km breiten Insel mit viel Atlantischem Regenwald und hohen Dünen, gelangt man entweder per Bus über eine Brücke oder per Fähre (R$6).

Übernachtung und Essen

Portal da Juréia, Av. Papa João XXIII Nr. 537, Barra do Ribeira, ✆ 13/3849 1521, 💻 www.pousadajureia.hpg.vip.com.br. 10 große Zimmer mit Doppelbett und Bunks (max. 8 Pers.), Kühlschrank und kleiner Küche; Bettwäsche und Handtücher werden nicht geliefert; auch kein Frühstück; Lage 200 m vom Strand. ❶

Hotel Silvi, Rua Ana Cándida Sandoval Trigo 515, Centro, ✆ 13/3841 1421, 💻 www.silvihotel.com.br. Große und saubere Zimmer, sowohl bessere als auch preiswertere mit weniger Komfort; Restaurant; nur zwei Blöcke vom historischen Zentrum. ❸

O Beco, Rua Augusto Rolo Jr. 15. Beliebte Pizzeria mit Tischen auf dem Bürgersteig, am meisten bestellt wird *Caiçara* (Pizza mit Krabben, Palmherzen und Mozzarella). ⏲ tgl. ab 19 Uhr.

Panela Velha, Rua 15 de Novembro 190. Beste Fischküche der Stadt zu mittleren Preisen. ⏲ tgl. 11–23 Uhr.

Sonstiges

GELD – Filialen und Geldautomaten von **Banco do Brasil, Bradesco** u. a.

INFORMATIONEN – ***Prefeitura*** (Rathaus), Rua 15 de Novembro 272. ⏲ Mo–Fr 8–11 und 13–17 Uhr.

WANDERN – ***Morro do Espia*** (Hügel und Aussichtspunkt), gut ausgeschilderter 3 km langer Pfad ab Rua do Largo da Basílica, von oben schöner Blick auf den Ort, die Ilha Comprida und über Mangrovenwälder.
Estação Ecológica Juréia-Itatins, Infos zu organisierten Touren über die Parkverwaltung, Av. São Pedro 189, Barra do Ribeira, ✆ 13/3849 1293.

Transport

BUSSE – **Busbahnhof,** Rua Padre Mathias Whirtz, ✆ 13/3841 1209.
São Paulo: *Intersul,* ✆ 13/3841 1209, 4x tgl. zwischen 6 und 20.15 Uhr, 3 1/2 Std., R$32.

FÄHREN – Nach **Barra do Ribeira**: ständiger Betrieb, 15 Min. Überfahrt, Mo–Fr R$6, Sa und So R$9 (hin und zurück).
Cananéia: *Dersa,* ✆ 13/3851 1268, ab Ilha Comprida, alle 30 Min. zwischen 6 und 24 Uhr, Passagiere kostenlos.

Cananéia

Der alte Küstenort (gegründet 1531) mit 12 300 Einw. wirkt ganz nett und gepflegt, besitzt mehrere grüne Plätze, gut erhaltene Kolonialarchitektur in der Rua Tristão Lobo und reizvolle Natur und Strände auf der nahen **Ilha Cardoso** (s. u.). Doch zusätzlich gibt es einige Besonderheiten und Kuriositäten. Dazu gehört einmal die **Igreja de São João Batista** (1577/1769) an der Praça Martim Afonso de Sousa. Sie diente während der Kolonialzeit auch als Festung und wurde daher ohne Fenster gebaut. ◷ Mi–So 9–12 und 14–18 Uhr.

Eine Besonderheit sind ferner die mehr als 5000 Jahre alten **Muschelablagerungen,** *Sambaquis* oder *Ostreiros* genannt. Die Kooperative „Cooperostra" züchtet hier Austern, die wegen ihrer Qualität sogar auf dem internationalen Markt gefragt sind.

Ein Besuchermagnet ist auch das **Museu Municipal,** Rua Tristão Lobo 78, wo der zweitgrößte jemals gefangene und nun einbalsamierte weiße Hai *(Carcharodon carcharias)* zu besichtigen ist. Er ging Ende 1992 ein Stück vom Strand entfernt ins Netz, ist 5,50 m lang und wiegt 3,5 t (das größte Exemplar befindet sich in Australien, ist 5,7 m lang und wiegt 4 t). ◷ Mo–Fr 9–18, Sa und So 9.30–18.30 Uhr; Eintritt R$2.

Ilha do Cardoso

Diese Insel genießt in vielen ausländischen Magazinen den Ruf der ökologisch interessantesten der Welt. Sie steht unter Naturschutz und wurde von der UNESCO als Patrimonium der Menschheit und Biosphären-Reservat klassifiziert. 90% der Fläche sind von Atlantischem Regenwald überzogen, 1000 Pflanzenarten sind vertreten. Überall rauschen Wildbäche und Wasserfälle (Cachoeira Grande, Piscina de Pedras, Poço das Antas), zahlreiche Meeresvogelarten nisten und leben hier, die Sambaquis sind besonders häufig und im Meer tummeln sich Delfine.

Die schönsten **Strände** der Region befinden sich ebenfalls auf der Insel. Es sind Perequê (Sitz der Parkverwaltung, Naturkundemuseum, Wanderpfade), Marujá (zwischen dem Meer und dem Canal de Ararapira, 18 km lang), Cambriú (aufwändiger Zugang, Tauchen und Fischen) und Ipanema (schwieriger Zugang, Tauchen und Baden).

Übernachtung und Essen

Golfinho Plaza, Av. Independência 885, Rocio, ✆ 13/3851 1655, 💻 www.golfinhoplazahotel.com.br. 38 Zimmer mit AC, Kühlschrank und TV; Spielsaal, Pool, Volleyballfeld; an der Straße zum Stadteingang, wird viel von Gruppen besucht. ❶
Pousada Recanto do Marujá, Ilha do Cardoso (Marujá), 200 m vom Fähranleger, ✆ 13/3851 1488, 💻 www.ilhacardoso.com.br. Einfache Zimmer mit Bunks, Bar und Restaurant, auch 8 Zeltplätze. ❷
Porto Camarão, Av. Independência 661. Spezialisiert auf Fischgerichte, vor allem *Moqueca* (reicht für 2 Pers.). ◷ tgl. 11–23 Uhr.
Babbo, Rua Tristão Lobo 133. Gute Nudelgerichte und Pizza zu mittleren Preisen. ◷ Do–So 19–24 Uhr, Dez–Feb tgl.

Sonstiges

EINKAUFEN – ***Rua do Artesanato,*** Kunsthandwerk der Region, auch Muschelschmuck.

INFORMATIONEN – ***Secretaria de Esporte e Turismo,*** Rua Tristão Lobo 78, ✆ 13/3851 1753, 💻 www.cananet.com, 🕒 Mo–Fr 8.30–12 und 13.30–18 Uhr.

TOUREN – ***Biltur,*** Rua Silvino de Araújo 116, ✆ 13/3851 1613. Im Schoner zur Ilha do Cardoso, entweder nach Perequê, 5 Std., R$15 p.P. oder nach Marujá, 7 Std., R$30 p.P., mit Badestopps; ab Píer Municipal, Dez–Feb am Wochenende.

Transport

BUSSE – **Busbahnhof,** Rua Talis Bernardis 101, ✆ 13/3851 0312.
São Paulo: *Intersul,* ✆ 13/3851 1715, 4x tgl. zwischen 6 und 20 Uhr, 4 Std., R$38.

BOOTE/FÄHREN – **Ilha Comprida**: *Dersa,* ✆ 13/3851 1268, jede halbe Std. zwischen 6 und 23.30 Uhr, 10 Min., Überfahrt für Passagiere kostenlos.
Ilha Cardoso: Nach Perequê per Boot oder Schoner, ab Píer Municipal de Cananéia, nur in der HS; nach Marujá auch reguläre Fähren *(Dersa),* ✆ 13/3851 1268, Mo, Mi, Do (Rückfahrt Di, Mi, Fr), 3 Std., R$41.

São Paulos Hinterland

Neben São Paulo City und den Küstenorten bietet der Bundesstaat nur wenige außergewöhnliche Reiseziele. Das berühmte Rodeofest in **Barretos** zieht nur einmal im Jahr an 11 Tagen im August eine Million Besucher an. Lediglich **Campos de Jordão**, die sog. brasilianische Schweiz, lockt wegen der erfrischenden Kühle, der alpinen Atmosphäre und der Biergärten eine Heerschar von Mittelschicht-Paulistas, besonders im Juni und Juli. Zudem gibt es zahlreiche Optionen für naturnahen und Abenteuer-Tourismus. **Iporanga** schließlich gilt als Brasiliens Hauptstadt der Grotten mit vielen Wandermöglichkeiten innerhalb eines üppig grünen Parks.

Iporanga

Der kleine Ort mit nur 4560 Einw. liegt im Süden des Bundesstaates, 320 km von São Paulo City entfernt. Im 18. und 19. Jh. wurde hier viel Gold gefunden, einige historische Bauwerke und die Igreja Santana (1802) zeugen noch von dieser wohlhabenden Epoche. Das Hauptinteresse der Besucher gilt jedoch dem **Parque Estadual Turístico do Alto Ribeira** (Petar). Neben Wildbächen und Wasserfällen (Véu da Noiva, 78 m; Arapongas, 52 m) finden sich dort 280 Grotten, die große Mehrzahl ist jedoch nur Forschern zugänglich. 🕒 tgl. 8–17 Uhr; Eintritt R$3 inkl. einer geführten Besichtigung der Santana-Höhle.

Im **Núcleo Santana**, dem meistbesuchten Teil im Süden des Parks, 17 km von Iporanga, sind fünf Höhlen zur Besichtigung freigegeben. Für die *Santana* (490 m, Durchgang 1 1/2 Std.) braucht man nur einen elektronischen Guide, für *Morro Preto, Couto, Água Suja* und *Cafezal* ist ein persönlicher Guide erforderlich. Der Zutritt erfolgt mit Schutzhelm und Laterne (über Parkverwaltung oder Guide); sportliche Kleidung (rutschfeste Tennisschuhe usw.), Proviant und Mückenschutz sind anzuraten.

Im **Núcleo Ouro Grosso**, 16 km entfernt, finden sich nur zwei Höhlen, für Gruppen gibt es einfache Schlafhütten und Kochstellen. Der **Núcleo Caboclos** liegt 86 km entfernt in der Mitte des Parks, ist schwieriger zugänglich, bietet aber einfache Unterkünfte und Camping.

Die meisten Pousadas organisieren geführte Touren. Besuche sind das ganze Jahr über möglich, im Sommer können jedoch einige Grotten bei starken Regenfällen vorübergehend gesperrt sein.

Übernachtung und Essen

Capitão Caverna Hostel (HI), Rua João Evilásio Nunes 160, Alto do Coqueiro, ✆ 15/3556 1125, 💻 www.ajcapitaocaverna.com.br. Interessantes Hostel mit 40 Betten, DZ und einfache 6-Bett-Dorms mit Bunks; gut ausgestattete Gemeinschaftsküche. Liegt oben in der Stadt, kleiner Hügelaufstieg, herrliche Aussicht. Ausflüge zu den Grotten und Ausrüstungsverleih für Wildwassersport. ❶
Pousada Casa de Pedra, Rua Rio Ribeira de Iguape 517, ✆ 15/3556 1157, 💻 www.pousadacasadepedra.com.br. 10 einfache rustikale Zimmer für max. 6 Pers. mit Bunks; Bar und Restaurant. Flusslage, Kajak-Fahrten, Höhlen-Touren. ❷

Pousada das Cavernas, Estr. p/Apiaí, Bairro da Serra (13 km bis Núcleo Santana), ✆ 15/3556 1476, Reservierung: ✆ 11/3814 9153, 💻 www.pousadadascavernas.com.br. Einfache Zimmer mit Bunks, auch teurere Apartments und Chalês, schöner Blick auf die Hügellandschaft; Bar- und Restaurantbereich, Sauna, Naturpool; Organisation von Touren. ❸

Transport

BUSSE – Die **Busstation** liegt in der Rua Pedro Silva. Um nach **São Paulo** zu kommen, fährt man erst bis **Eldorado** (1x tgl.) und von dort 5 Std. mit *Intersul* bis zur Rodoviária Barra Funda (S.P.), R$25.

Campos do Jordão

„Je kühler, desto heißer", könnte man in einem Satz die Besonderheit dieses Ferienortes (44 250 Einw.) umschreiben. In der 1700 m hohen Serra da Mantiqueira ist es im Winter mit fast 0 °C bitterkalt. Aber genau darum strömen im Juni 400 000 und im Ferienmonat Juli 1,2 Mill. Besucher in die sog. brasilianische Schweiz. Zu dieser Zeit ist alles überfüllt und überteuert, in den Hotels wird ein Mindestaufenthalt von mehreren Tagen verlangt. In der wärmeren Nebensaison kommen dagegen im Monatsdurchschnitt „nur" 200 000. 70% der Gäste sind Paulistas, 85% gehören der Mittel- und Oberschicht an. Alle wollen es einmal ganz europäisch, sowohl klimatisch und landschaftlich als auch architektonisch und gastronomisch.

Barretos – größtes Rodeo der Welt

Der Koloss stampft, stößt, stöhnt. Er rammt die Hörner in das Holz, presst die Flanken an die Planken, spannt den Körper bis zum Platzen an, keilt und kocht vor Wut. Eine Tonne Muskeln, Hufe, Horn und Zorn. Über seinem Schädel dröhnt und brummt ein Bienenschwarm. Irgendwer will ihm ans Fell, krallt sich an den Hals, reizt ihn bis aufs Blut. Der Stier tobt. Er steigt und stürzt, bockt und buckelt, schlägt die Hufe in die Luft, schleudert, schäumt und schüttelt. Wie von der Tarantel gestochen stürmt er durch die Arena und versucht den Reiter abzuschütteln. Der Veitstanz dauert eine Ewigkeit und doch bloß höchstens zehn Sekunden. Dann liegt der Toureiro im Staub und glaubt noch, er sei Sieger. Jedesmal wenn die Helden dort unten ihr Leben riskieren, stockt den anfeuernden Voyeuren einen Herzschlag lang der Atem. Und dann brüllen sie los, schwenken ihre Sombreros, greifen zur Schnapsflasche, jubeln, jauchzen und tanzen auf den Tribünen des Stadions. Die Nachtluft kocht von Kuhdung, Pferdemist und Holzbrand über. Rodeo: das sind Rinder, Rösser, Reiter, Churrasco, Machos, Mädchen und Macheten. Ist das Texas? Nein, das ist Barretos in Brasilien, das größte Rodeo der Welt mit einer Million Gästen. Die „Festa do Peão Boiadeiro" verwandelt die 422 km nordwestlich von São Paulo gelegene Provinzstadt (103 910 Einw.) zwischen dem 20. und 31. August in einen riesigen Ameisenhaufen. Mag sein, dass kein Texaner davon etwas ahnt. Aber erstens richtet man in Brasilien seit 50 Jahren Rodeos aus, zweitens züchten die Brasilianer nach den Yankees die meisten Rinder der Welt und drittens gilt als Cowboy-King aller Rodeos der mehrfache Weltmeister Adriano Moraes aus dem südbrasilianischen Kaff Matão. 400 Cowboys und Stiere und drei mal so viele Pferde treten in Barretos an. Die Kampfarena, der von Oscar Niemeyer entworfene **Parque dos Peões**, ist so groß wie 4000 Fußballfelder. Alle international anerkannten Rodeo-Disziplinen – vom Bullriding über das Zureiten wilder Pferde bis zum Einfangen junger Rinder mit dem Lasso – werden hier prämiert. Aber natürlich hat das Rodeo in Barretos, wie der brasilianische Fußball, seinen eigenen, ausgelassenen Stil: mit Pausenclowns, der Mutter Maria, dem reitenden Padre Pedro, den sentimentalen Schnulzen der Musica Sertaneja, dem zahnlosen Lachen von der Sonne gegerbter Gesichter, den breitgängigen Machos vom Lande, den schwarzen Köchinnen und den kühlen Wasserstoff-Blondinen, die sich bei der Wahl der Miss Cowboy wie Milchkühe vorführen lassen.

Der frühere Kurort für Tuberkulose-Kranke ist berühmt für seine frische Luft, die gesünder ist als im französischen Chamonix oder im schweizerischen Davos. Dazu wird überall kräftig Alpenatmosphäre nachgeahmt. Viel Holz, Fachwerk, Fondue und Wollpullover sollen dazu beitragen.

Alles touristische Leben konzentriert sich in drei Vierteln. Am belebtesten ist **Capivari**, hier finden sich die meisten Hotels, Restaurants, Bars, Clubs und Shoppings sowie ein beliebter Sessellift. Mit einer kleinen Straßenbahn *(Bonde urbano)* bzw. am Wochenende per Dampflok *(Maria fumaça)* gelangt man in 40 Min. zu den beiden anderen Stadtteilen. Erst geht es durch Jaguaribe, den ältesten Teil der Stadt, in dem noch am stärksten europäische Einflüsse zu spüren sind.

Das nächste Viertel **Abernéssia** erstreckt sich bis zum Portal des Ortseingangs. Hier konzentrieren sich Verwaltung (Rathaus), Banken und kommerzielle Einrichtungen für die lokale Bevölkerung. Es ist alles billiger als in Capivari, auch finden sich günstigere Unterkünfte. Gern besucht wird der Stadtmarkt Mercado Municipal.

Die **Umgebung** von Campos do Jordão ist noch recht ursprünglich. Araukarien- und Pinienwälder sowie Hortensien bestimmen die üppige grüne Landschaft. Die Fauna ist reichhaltig, besonders die Vogelwelt. Es bestehen zahlreiche Optionen für den Sport- und Ökotourismus (s. Aktivitäten).

Übernachtung

Campos do Jordão Hostel (HI), Rua Pereira Barreto 22, Vila Abernéssia, ✆ 12/3664 1707, 💻 www.camposdojordaohostel.com.br. Gutes Hostel in Gebäude aus den 30er Jahren; 60 Betten, DZ (R$160) und 8-Bett-Dorms (R$40 p.P.). Im Preis enthalten sind Frühstück, Nachmittags-Tee, Bettwäsche, Decken, Handtücher und Seife. Im Juli Mindestaufenthalt von 4 Tagen. Bei Anfahrt ab Rodoviária São Paulo in Campos de Jordão an der Rua Brigadeiro Jordão, Ecke Rua Pereira Barreto aussteigen. ❶–❷

Pousada Sobre as Nuvens, Rua Antonio Martinho Ferreira 219, Abernéssia, ✆ 12/3662 5588, 💻 www.pousadasobreasnuvens.com.br. 10 gemütliche Zimmer mit holzgetäfelten Wänden und TV. ❸

Pousada Villa Capivary, Av. Dr. Victor Godinho 131, Capivari, ✆ 12/3663 1736, 💻 www.villacapivary.com.br. 15 Zimmer mit Kühlschrank, TV und Telefon (2 mit Whirlpool); Bar und Spielsaal. ❻

Essen und Nachtleben

Dona Bella, Av. Januário Miráglia 1976, Abernéssia. Bäckerladen mit ganztägigem Self-Service-Buffet (Kaffee, Säfte, Brot, Käse, Wurst, Pizza, Kuchen, Torten) zu sehr günstigen Preisen. 🕓 tgl. 6.30–22 Uhr.

As Alegrias do Gato Gordo, Av. Campos Eliseos, Rancho Alegre. Auf dem Weg zum Horto Florestal im Wald, Biergarten mit Wildbachrauschen und Vogelgezwitscher, spezialisiert auf Pizza und Forellen.

Sabor da Província, Av. Dr. Januário Miraglia 2594, Jaguaribe. Preiswertes Mittagessen zum Fixpreis, leckere Nudel- und Forellengerichte zu mittleren Preisen. 🕓 tgl. 10–18 Uhr.

Baden Baden, Rua Djalma Forjaz 93, Capivara. Ganz deutsch, beliebtester Treff der Stadt, Musik und Tanz, hart umkämpfte Sitzplätze im Biergarten, neben Snacks 5 Biersorten nach deutschem Rezept aus eigener Brauerei. 🕓 tgl. 10.30–2 Uhr.

Phoenix, Rua Fonte Renato, Capivara. Großes Tanzlokal für 2500 Gäste mit Lounge und 2 Pisten, diverse nationale und internationale Rhythmen.

Aktivitäten

Horto Florestal/Parque Estadual de Campos de Jordão, Av. Pedro Paulo, ✆ 12/3663 3762. Gern besuchter Naturschutzpark (8341 ha) mit vielen Wasserfällen und Mineralquellen, zu erreichen ab Capivari auf dem 12 km langen „Caminho do Horto" (dort Restaurants und Kunsthandwerkläden). Im Park mehrere leichte Wanderpfade (200 m bis 8 km) sowie eine Mountain Bike-Strecke. 🕓 tgl. 8–17 Uhr; Eintritt R$3.

Pedra do Baú. Gewaltiger Granitblock von 540 m Breite und 340 m Höhe, je nach Blickwinkel verändert sich die Form, von oben weiter Panoramablick auf die Serra do Mantiqueira und Vale do Paraíba. Fahrt ab Campos do Jordão mit Abholung vom Hotel und Kletteraufstieg mit deutsch- und englischsprachigen Guides über die Agentur ***Altus,*** ✆ 12/3663 4122, R$65 p.P., Transport-Van extra (ab 4 Pers. R$130).

Pesca na Montanha, Estr. do Campista, Caminho da Pedra do Baú, KM 8, São Bento do Sapucaí (20 km entfernte Nachbarstadt), ✆ 12/3662 1987, 🖳 www.pescanamontanha.com.br. Reiten, Kletterwand, Pfeil-und-Bogen-Schießen, Mountainbiking, Wandern und Forellen-Fischen, auch Restaurant und Chalé-Unterkünfte. ⌚ tgl. außer Di 9–18 Uhr; Eintritt R$4.

Rancho Santo Antônio, Av. Pedro Paulo 7997, Estr. do Horto (9 km entfernt), ✆ 12/3663 7400. Landsitz mit vielen Wanderpfaden, Reitmöglichkeiten und Baumsportabenteuern zwischen Araukarien-Gipfeln (ab R$40 p.P.), Guides vor Ort, gern von Familien mit Kindern besucht, auch relativ teure Unterkünfte (Zimmer und Chalês). ⌚ tgl. 9–18 Uhr.

Sonstiges

FESTE – Juli: *Festival de Inverno,* Winterfest mit klassischer Musik und Tanz (fast den ganzen Monat), berühmte Interpreten aus der ganzen Welt, Auditório Cláudio Santoro, Capivara, ✆ 12/3662 6000.

GELD – Banken mit Geldwechselautomaten: ***Bank Boston,*** Rua Djalma Forjaz 139, Capivari; ***Bradesco,*** Shopping Cadij, Capivari; ***HSBC,*** Av. Frei Orestes Girardi 931, Abernéssia; ***Itaú,*** Shopping Cadij, Capivari.

INFORMATIONEN – *Secretaria de Turismo,* Pórtico (Portal Ortseingang, 2 km von Abernéssia), ✆ 12/3262 2799, 🖳 www.camposdojordao.com.br. Gutes Info-Heft *Nosso Guia.* ⌚ tgl. 8–18 Uhr.

Touren

Teleférico, Parque Turístico Capivari, ✆ 12/3663 1530. 600 m langer Sessellift zum Morro do Elefante, Panoramablick auf die Stadt und die Ferienhaus-Siedlungen an den Hügeln. ⌚ tgl. 10–17.30 Uhr; R$7.

Busfahrt ab Parque Turístico Capivari zum Wasserfall Ducha de Prata und Felsen Pico do Itapeva (2035 m), bei gutem Wetter Blick auf 15 Orte.

Bahnfahrt auf der Estrada de Ferro Campos de Jordão von der Ferroviária in Capivari zur Nachbarstadt Santo Antônio do Pinhal, max. 40 Passagiere, ✆ 12/3663 1531, 2 1/2 Std. hin und zurück, Mo–Fr 10 und 14, Sa und So 10 und 13.30 Uhr, R$25 p.P. Schöne Strecke durch die Serra da Mantiqueira über Alto do Lageado, mit 1743 m höchster Eisenbahnpunkt Brasiliens. Falls kein Nebel, Blick auf den Pedra do Baú und andere Hügel der Region. In Santo Antônio do Pinhal 30 Min. Aufenthalt, um das Orchideen-Haus *(Orquidário)* zu besuchen und vom Mirante de N. S. Auxiliadora aus die Nachbarstädte Pindamonhangaba, Tremembé und Taubaté zu sehen.

Transport

BUSSE – Busbahnhof, zwischen Capivari und Jaguaribe in der Av. Dr. Januário Miráglia.

São Paulo: *Mantiqueira,* ✆ 12/3662 1996, 7x tgl. zwischen 6 und 19.30 Uhr, 3 Std., R$22.

Ubatuba: 7x tgl. Bus nach Taubaté (R$9), von dort Bus nach Ubatuba (R$15).

Minas Gerais

Minas Gerais bedeutet „allgemeine Minen". Die große Bergbauprovinz wirkt wie ein stürmisches Landmeer. Die weite Dünung des zentralen brasilianischen Hochlands türmt sich in Richtung Küste zu immer kürzeren, steilen Wellen. Durch diese geologische Brandung war lange Zeit schwer hindurchzustoßen. Sklavenjäger *(Bandeirantes)* und Goldsucher aus São Paulo waren die ersten Weißen, die den Flussläufen entlang das Hinterland erschlossen. Als die ersehnten Goldbrocken gefunden wurden, gab es kein Halten mehr. Endlich schien Brasilien den Preis seiner Entdeckung wert zu sein. Im Laufe des 18. Jhs. überholte die brasilianische Ausbeute die Gesamtmenge an **Gold**, die Spanien aus seinen Kolonien herausgeholt hatte. Der Pro-Kopf-Ertrag der schwarzen Sklaven war damals der höchste in der ganzen Welt – und die Arbeiter waren bereits nach fünf Jahren Fronarbeit erschöpft und ausgelaugt. „Weihestätten für Verbrechen, Vagabunden und Übeltäter" nannte ein portugiesischer Kolonialbeamter das Eldorado in Minas Gerais, ein anderer rühmte den kulturellen und materiellen Reichtum. Verständlich, dass hier Aufstände gegen die portugiesischen Ausbeuter stattfanden, die nur daran interessiert waren, das Gold und die Edelsteine aus dem Lande zu schaffen. Den widerspenstigen Geist sagt man den Bewohnern von Minas bis heute nach. Doch die *Mineiros* trügen ein Herz aus Gold unter einer eisernen Brust. Statt Samba zu tanzen blieben sie lieber wachsam und wehrhaft, stets bereit ihre Anrechte und Traditionen zu verteidigen.

Ähnlich bewahrend wie die Menschen wirken die vielen **Kolonialstädtchen**, in denen die Zeit stehengeblieben scheint. Verträumte **Bergdörfer** wie Lavras Novas ziehen Naturfreunde an, und zu den bunten Felsen von São Tomé das Letras strömen scharenweise Esoteriker. Überall präsent sind Hügel, Wasserfälle und Mineralquellen, besonders in Caxambu und São Lourenço. Eine Reihe von Nationalparks verstärken den Eindruck des Ursprünglichen und Natürlichen. Nur die Hauptstadt Belo Horizonte zeigt sich als moderne und pulsierende Metropole.

Belo Horizonte

Die Hauptstadt von Minas Gerais ist mit 2 238 530 Einw. die **drittgrößte** Stadt Brasiliens. Historischer Ausgangspunkt war eine Goldgräbersiedlung von 1701 mit dem Namen „Arraial Curral del Rei". Belo Horizonte wurde jedoch erst 1897 gegründet und – wie später Brasília – ganz und gar auf dem Reißbrett entworfen. Die Straßen sind, dem Modell von Washington folgend, schachbrettförmig angelegt; um das Zentrum herum führen viele ringförmige Umgehungsstraßen. Allerdings ist die Peripherie schneller gewachsen als erwartet und drückt nun alles in der Mitte zusammen. Die Verkehrsprobleme nähern sich bald jenen von São Paulo. Die Luftverschmutzung ist hoch, nicht nur der vielen Autos, sondern auch der regen Industrietätigkeit wegen. In der Stadt selbst dominiert der Dienstleistungs- und Handelssektor, doch südöstlich davon bis kurz vor Ouro Preto befindet sich eine der größten **Eisenerz**-Lagerstätten der Welt. Der Magnetismus ist so stark, dass an manchen Stellen Fahrzeuge ganz von allein bergauf rollen.

Trotz der Umwelt- und Verkehrsprobleme wurde Belo Horizonte vom „Population Crisis Committee" der Vereinten Nationen als die Stadt mit der höchsten Lebensqualität Lateinamerikas gewürdigt. Es gibt 27 öffentliche Parks, imposante Bauten in neoklassizistischem wie modernem Stil, viele Museen und eine reiche Kultur- und Nightlife-Szene, doch kommen die wenigsten Besucher nur deswegen. Belo Horizonte dient eher als verkehrstechnischer Ausgangspunkt, um zu den verschiedenen Barockstädtchen zu gelangen. Nicht versäumen sollte man jedoch einen Besuch der Praça da Liberdade im Zentrum sowie des berühmten Vororts Pampulha.

Praça da Liberdade

Es ist ein im 19. Jh. nach französischem Vorbild angelegter Platz mit viel Grün, auf dem sich die Einheimischen treffen und wo auch viele Märkte stattfinden (Donnerstag und Sonntag Kunsthandwerk, Freitag Blumen, Samstag Antiquitäten und Lebensmittel). Eine lange Palmenallee führt direkt zum neoklassizistischen **Palácio da Liberdade**, heute Verwaltungssitz der Landesregierung. 🕓 letzter So im Monat 9–17 Uhr.

Um den Platz herum stehen weitere imposante Gebäude, darunter die moderne, von Oscar Niemeyer entworfene **Bibliotéca Pública** (Stadtbibliothek), das ebenfalls von ihm stammende kurvenförmige Wohnhaus **Edifício Niemeyer** aus den 50er Jahren, fünf Landesministerien sowie das interessante **Museu de Mineralogia Professor Djalma Guimarães**, Av. Bias Fortes 50, Funcionários, ✆ 31/3271 3415. Hier kann man 800 verschiedene Mineralien besichtigen, von Gold und Diamanten über Amethyste und Smaragde bis zu Saphiren, Aquamarinen und Topasen. 🕓 Di–So 9–17 Uhr; Eintritt frei, Filmen und Fotografieren erlaubt.

Pampulha

Hauptattraktion von Belo Horizonte sind die Sehenswürdigkeiten im 8 km nordwestlich des Zentrums gelegenen Pampulha (Bus 2004 von Av. Afonso im Zentrum; Mo vieles geschlossen). In den 40er Jahren beauftragte der damalige Bürgermeister und spätere Präsident Juscelino Kubitschek den noch ziemlich unbekannten Oscar Niemeyer mit der architektonischen Gestaltung. Für die Landschaftsplanung um den künstlich angelegten See (Lagoa da Pampulha) war Burle Marx verantwortlich. An der Uferpromende Av. Otacílio Negrão de

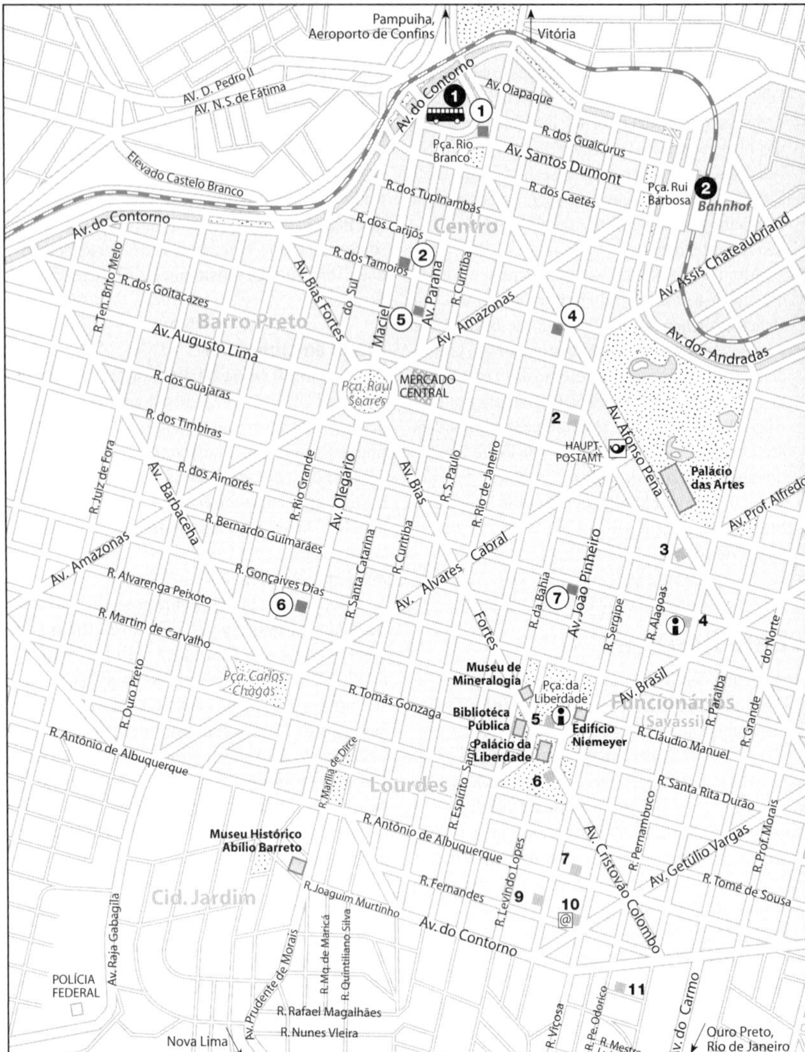

Übernachtung:
- (1) Hotel Esplanada
- (2) Hotel São Bento
- (3) Chalé Mineiro Hostel
- (4) Albuergues Pousadinha Mineira
- (5) Pampulha Palace
- (6) BH Platinum
- (7) Ibis Hotel

Läden, Restaurants etc.:
1. Bolão
2. Vatel
3. Deutsches Konsulat
4. Belotur
5. Secretaria de Estado de Turismo de Minas Gerais
6. Nini
7. Café com Letras
8. Feira de Arte e Artesanato
9. Redentor
10. Internet Club Café
11. Graças a Deus

Transport:
- ❶ Estação Rodoviária
- ❷ Estação Ferroviária

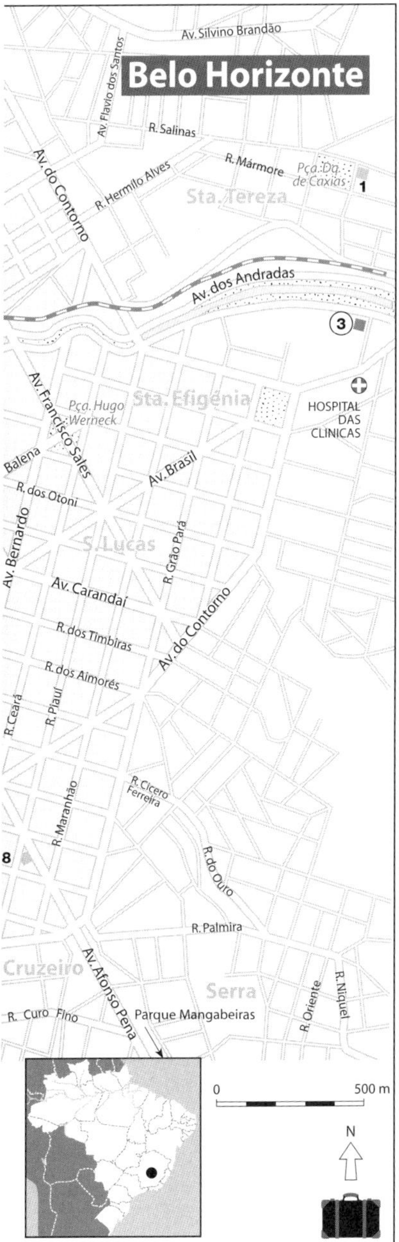

Lima entstanden mehrere Bauwerke, die ihren Schöpfer bald über Brasilien hinaus berühmt werden ließen. Kurvenförmig der Lagoa angepasst wurde das Haus **Casa do Baile** (Nr. 751); es zunächst als Tanzdiele, später als Spielkasino und ist heute ein Ausstellungsraum für Architektur, Urbanistik und Design. ✆ 31/3277 7443, ◷ Di–So 9–19 Uhr; Eintritt frei.

Im **Museu de Arte da Pampulha** (Nr. 16 585) sind etwa 900 Werke nationaler und internationaler Künstler ausgestellt, darunter Gemälde, Stiche, Skulpturen und Keramiken. ✆ 31/3443 4533, ◷ Di–So 9–19 Uhr; Eintritt frei.

Highlight ist jedoch die futuristisch anmutende **Igreja de São Francisco de Assis**. Nach der Einweihung 1943 blieb diese Kirche, deren parabolische Form spätere Projekte in Brasília vorwegnahm, zunächst für 14 Jahre geschlossen. Die Kirchenobrigen sahen in dem Bauwerk ein Symbol des Kommunismus, denn die Linien von Glockenturm und Fassade ließen angeblich Assoziationen mit Hammer und Sichel aufkommen. Heute kann man in der renovierten Kirche kunstvolle Azulejos sowie die 14 Kreuzwegstationen von Cândido Portinari bewundern. ◷ tgl. 8–17 Uhr; Eintritt R$1.

Am anderen Ende der Lagoa befindet sich an derselben Uferpromende bei Nr. 8000 der **Jardim Zoológico e Botânico**, sowohl ein Zoo mit etwa 900 Tieren bzw. 200 Arten als auch ein botanischer Garten. ✆ 31/3277 7100, ◷ Di–So 8.30–16 Uhr; Eintritt R$1. Bei Nr. 7111 beginnt der **Parque Ecológico Francisco Lins do Rego**, mit 300 000 m^2 die zweitgrößte Grünanlage der Stadt. Dort werden viele Pflanzen und Bäume aus unterschiedlichen Ökosystemen (Atlantischer Regenwald, Cerrado und Amazonaswald) gezüchtet. Auf dem Gelände gibt es Fahrrad- und Wanderwege. ✆ 31/3277 7289, ◷ Fr–So 8.30–17 Uhr, Di–Do nur nach Voranmeldung.

Fußballfans kennen das Pampulha-Viertel vor allem wegen des mächtigen und sehr schönen **Mineirão-Stadions**, Av. Antônio Abrahão Caram 1001, ✆ 31/3499 1100, ◷ tgl. 8–17 Uhr (falls kein Spiel); Eintritt R$2. Gleich daneben liegt das kleinere Mehrzweckstadion **Mineirinho**.

Weitere Sehenswürdigkeiten

Das neu im Gebäude des früheren Hauptbahnhofes eingerichtete **Museu de Artes e Ofícios**, Praça da Estação Ferroviária, ✆ 31/3261 6179, ist ein

Kunst- und Handwerksmuseum mit Ausstellungsobjekten vom 17. bis 20. Jh. Mehr als 1800 kunstgewerbliche Erzeugnisse aus Holz, Eisen, Leder und Keramik bezeugen den Reichtum der mineirischen Handwerkstradition. ◷ Besuchszeiten telefonisch erfragen.

Im **Museu Histórico Abílio Barreto**, im Haus einer Fazenda, die älter ist als die Stadt, Av. Prudente de Morais 202, Cidade Jardim, ✆ 31/3277 8861, sind Fotos und Dokumente aus der Anfangszeit Belo Horizontes zu sehen. Im externen Bereich wird der geschichtliche Fortschritt des 19. und 20 Jhs. dokumentiert, u. a. anhand einer Kutsche, einer Dampflok, eines Aufzugs und einer Straßenbahn. ◷ Di–So 10–17, Do 10–21 Uhr; Eintritt frei.

Der **Palácio das Artes**, Av. Afonso Pena, Centro, ✆ 31/3237 7399, ist ein wichtiger Kulturpalast mit Kunstgalerie, Kino, Theater, Bibliothek und dem Zentrum für das Kunsthandwerk von Minas Gerais (aus Speckstein, Holz, Ton, Zinn, Silber u. a.). ◷ Di–So 9–20 Uhr (nur nach Voranmeldung); Eintritt R$2.

Der **Parque das Mangabeiras** ist einer der größten Stadtparks Brasiliens, angelegt von dem Landschaftsarchitekten Burle Marx. Er liegt am Fuße der Serra do Curral und besitzt viel Atlantischen Regenwald. Die Flora und Fauna lässt sich über diverse Wanderpfade erkunden. Der Park besitzt auch Sportplätze, ein Arena-Theater und einen Aussichtspunkt *(Mirante)*. ✆ 31/3277 8272, ◷ Di–So 8–18 Uhr; Eintritt R$2.

Verde Folhas ist ein Freizeitpark mit Wasserfall (15 m), Badesee, Baumsportanlagen (600 m) u. a. Rua 11 Nr. 170, Recanto da Aldeia, Brumadinho, 35 km von Belo Horizonte, ✆ 31/3575 3129, ◷ Di–So 9–18 Uhr; Eintritt ohne Aktivitäten frei, mit Aktivitäten (Baumsport, Rafting, Rapel, Wandern und Klettern) R$50 p.P. Anfahrt ab Rodoviária Belo Horizonte mit Bus 008, Gesellschaft *Casa Branca*, tgl. um 8, 15.30 und 18.30 Uhr.

Übernachtung

Albuergues Pousadinha Mineira (Non-HI), Rua Espírito Santo 604, Ecke Av. Afonso Pena, ✆ 31/3273 8156. Sehr günstige Herberge; keine DZ, nur Dorms für max. 8 Pers. (R$13 p.P.) ohne jeglichen Komfort. Zweites Haus in der Rua Araxá 514, Floresta, ✆ 31/3423 4105. ❶

Chalé Mineiro Hostel (HI), Rua Santa Luzia 288, Santa Efigênia, ✆ 31/3467 1576, 🖳 www.chalemineirohostel.com.br. Ordentliches Hostel mit 54 Betten, nur ein DZ (R$45) und zwölf 6-Bett-Dorms (R$15) mit Bunks. Gepflegter Pool, Grill, TV-Saal, Gemeinschaftsküche und öffentl. Telefon. Frühstück nicht im Preis enthalten, kein Einlass nach 22 Uhr. Lage 2 km östlich vom zentralen Parque Municipal, nahe Savassi. Anfahrt mit Bus 9801 (Saudade/Santa Cruz) von der Rua dos Caetés nahe der Rodoviária, hält fast gegenüber dem Hostel; Anfahrt von den Flughäfen mit Bus der Gesellschaft *Unir* bis Rodoviária, anschließend wie oben; erreichbar auch per Metro bis Santa Teresa und dann Fußgängerbrücke zur Rua Santa Luzia. ❶

Tropfsteinhöhlen in der Umgebung

Von 3000 Grotten in Brasilien befinden sich 2000 in Minas Gerais, 500 davon in einer „Circúito das Grutas" genannten Region nahe bei Belo Horizonte, die zwölf Gemeinden umschließt. Die drei meistbesuchten Höhlen sind die unten beschriebenen, sie sind tagsüber für Einzelpersonen oder Gruppen zugänglich, die Besichtigung geschieht mit Guides, der Eintritt liegt um R$10. 50 km nordwestlich nahe der BR 010 liegt die **Gruta da Lapinha** (Lagoa Santa). Sie entstand vor etwa 600 Mill. Jahren, als hier im Rio-das-Velhas-Bassin noch Meeresgrund war. Der 511 m lange Rundgang führt bis in 40 m Tiefe. An den Wänden sieht man noch die Wasserstandsmarken eines früheren Höhlenflusses. 60 km nordwestlich, bei Sete Lagoas direkt an der nach Brasília führenden Hauptstraße BR 040, befindet sich die sehr schöne **Gruta Rei do Mato**. Die berühmteste Höhle der Region ist die **Gruta de Maquiné**, 126 km nordwestlich, nahe bei Cordisburgo. Sie besitzt sieben Kammern, die man in Gruppen besichtigen kann. Organisierte Ausflüge zu den Grotten sind im Programm der meisten Reisebüros, z. B. *Pampulha Turismo* (s. Touren). Zu allen drei Grotten fahren mehrmals täglich Busse ab Estação Rodoviária an der Praça Rio Branco.

Sossego da Pampulha Hostel (HI), Av. Cel. José Dias Bicalho 1258, São Luís, ✆ 31/3491 8020, 💻 sossegodapampulha@hotmail.com. Hostel von 2002 mit 60 Betten, DZ (R$84) und sechs 8-Bett-Dorms (R$25), drei davon mit privatem, drei mit Gemeinschaftsbad; Internetzugang und gemeinschaftliche Küchenbenutzung; Fahrradverleih; vom 23.12. bis 23.01. geschlossen. Das Haus hat einen Garten und liegt in ruhiger Umgebung 300 m von der Lagoa da Pampulha. Anfahrt ab Rodoviária mit Bus 5401 (São Luís/Dom Cabral), aussteigen zwischen Av. José Dias Bicalho und Alameda das Princesas und einen halben Häuserblock zu Fuß bis zum Hostel. ❶

São Bento, Rua Guarani 438, Centro, ✆ 31/3271 3399, 💻 www.hotelsaobento.com.br. Haus von 1965, 52 Apartments mit AC (in einigen), Kühlschrank, TV und Telefon sowie 9 Zimmer mit 5 Gemeinschaftsbädern; Internetzugang, Wäscherei. ❷

Hotel Esplanada, Av. Santos Dumont 304, ✆/📠 31/3273 5311. 105 Zimmer mit Kühlschrank, TV und Telefon; Whiskey-Bar; ganz nahe der Rodoviária. ❷

Ibis, Av. João Pinheiro 602, Lourdes, ✆ 31/3224 9494, 💻 www.accorhotels.com.br. Günstig gelegen nahe Praça da Liberdade und dem bewährten Konzept der Kette (gut, schön und preiswert) folgend. Das neuere Hotel von 2003 hat 130 Zimmer mit allem Komfort. Frühstück ist optional (R$8). ❸

Pampulha Palace, Rua Tupis 646, Centro, ✆ 31/3271 5974, 💻 www.hotelpampulha.com.br. Haus von 1959, 88 Zimmer verschiedener Größe mit AC, Kühlschrank, TV und Telefon; Self-Service-Restaurant; 150 m vom Mercado Central. ❹

BH Platinum, Av. Olegário Maciel 1748, Lourdes, ✆ 31/2125 3800, Reservierung ✆ 0800 7023320, 💻 www.promenade.com.br. Eines der besten Hotels der Stadt, erst 2004 eröffnet; in ruhigem Viertel und dennoch nahe bei den Attraktionen der Stadt. 70 Zimmer mit allem Komfort sowie Sauna, Fitnessraum und Restaurant. ❻

Essen

Bolão, Praça Duque de Caxias 288, Santa Tereza. Beim gut besuchten „Spaghetti-König" *(o Rei do Espaguete)* stärkt man sich preiswert in zwangloser Atmosphäre, zieht danach durch die Bohèmien-Kneipen von Santa Tereza und kehrt im Morgengrauen zum zweiten Mal ein. Das Ambiente ist höchst einfach, aber sehr originell; auch viele Tische auf dem Bürgersteig. 🕒 fast durchgehend 24 Std., So ab 18 Uhr geschlossen.

Vatel, Rua dos Goitacazes 48, Centro. Gutes und preiswertes Mittags-Buffet nach Gewicht, Ambiente und Service über dem Zentrums-Durchschnitt. 🕒 tgl. 11–15 Uhr.

Nini, Av. Cristóvão Colombo 631, Funcionários. Kleines und informell geführtes Lokal nahe dem Palácio da Liberdade, gemischte Speisekarte, zu empfehlen *Cozido de Cordeiro* (gekochtes Lamm) oder *Frango* (Hähnchen) mit *Quiabo* (Gemüse). 🕒 Di–So 12–15 Uhr.

Xapuri, Rua Mandacaru 260, Pampulha, ✆ 31/3496 6198 (am Wochenende reservieren!). Bestes Lokal der Stadt für die besondere Küche von Minas Gerais, auch leckere Nachspeisen wie *Cocada de maracujá*. Platz für 600 Gäste, Fazenda-Atmosphäre, lange Holztische im Grünen unter Palmdächern, mittlere bis gehobene Preise. 🕒 Di–Do 12–23, Fr und Sa 12–2 Uhr.

Feste

Januar/Februar: *Campanha de Popularização do Teatro e da Dança,* 53 Tage lang werden mehr als 100 Theater- und Tanzvorführungen an 34 Plätzen geboten, größter Event dieser Art von Minas Gerais, um 200 000 Besucher.

April: *Axé Brasil Extra,* größtes Axé-Fest Brasiliens mit 12 Bands aus Bahia, 2 Tage lang heiße Rhythmen von einer Riesenbühne im Estádio Independência (Horto), 80 000 Besucher (Anfang des Monats).

Juni/Juli: *Carnabelô,* Karneval außerhalb der Saison mit Trio Elétricos, Av. Afonso Pena, Centro (zum Monatswechsel).

Juli: *Festa Nacional da Cachaça,* großes Schnapsfest (Anfang des Monats).

Arraial do Belô, Folklore-Tanzfest im Rahmen der *Festas Juninas,* Praça da Estação, Centro (3 Tage am Anfang der 2. Juliwoche).

September: *Pop Rock Brasil,* eines der größten Rock-Festivals Brasiliens mit nationalen und internationalen Gruppen, Ort: Mineirão oder Independência (wechselnd) (2 Tage in der 2. Monatswoche).

Nachtleben

BARS UND CAFÉS – Das Kneipen- und Nachtleben von Belo Horizonte spielt sich hauptsächlich an der Praça Diogo de Vasconcelos ab sowie in der Rua Pernambuco/Rua Tomé de Souza im Stadtteil Funcionários. Die ganze Region wird populär ***Savassi*** genannt, Name einer traditionsreichen Konditorei am Platz. Weitere Flaniermeilen finden sich in den Vierteln São Pedro (Rua Major Lopes), Anchieta (Rua Montes Claros), Lourdes und Santo Antônio. Eher jugendliches Publikum zieht es nach Seis Pistas am Stadtausgang Richtung Nova Lima, dort geht richtig die Post ab.

Café com Letras, Rua Antônio de Albuquerque 781, Savassi. Nettes Buchladen-Café mit künstlerischem Touch, Live-Musik und Kleinigkeiten zum Essen. ⌚ So–Do 12–24, Fr und Sa 12–1 Uhr.

Graças a Deus, Rua Padre Odorico 68, São Pedro. Aktuelle In-Kneipe *(Boteco)* der Stadt, ideal fürs kühle Bier in animierter Runde, Platz für 200 Pers.

Krug Bier, Av. Paulo Camilo Pena 736, Belvedere. In-Kneipe mit eigener Brauerei, Braukesseln direkt im Lokal und Bier nach deutscher Rezeptur. Nach Feierabend (Happy Hour) gut besucht, auch Tanzfläche und Musik. Platz für 500 Pers. ⌚ Mo–Fr 18–1, Sa und So 12–1 Uhr.

Redentor, Rua Fernandes Tourinho 500, Savassi. Abends beliebte Bier-Kneipe im Carioca-Stil, am Tage Restaurant. ⌚ tgl. ab 11 Uhr.

DISKOTHEKEN UND CLUBS – ***Alambique Cachaçaria e Armazém,*** Av. Raja Gabablia 3200, Estoril. Großes Lokal für 700 Gäste mit Tanzpiste und Forró-Livemusik. ⌚ tgl. ab 19 Uhr.

Clube do Chalezinho, Alameda da Serra 18. Romantischste Adresse der Stadt, ideal für Liebespaare, Kapazität 300 Pers. ⌚ Do–So Abend.

Nasala Lounge & Disco, Ponteio Lar Shopping, BR 356 Nr. 2500, Loja 120 D, Santa Lúcia. Schickes Ambiente mit modisch gestyltem Publikum (ab 21 J.), einer der animiertesten Treffs der Stadt mit Platz für 400 Gäste, elektronische Musik und gute DJ's. ⌚ Do–Sa ab 23 Uhr.

Sonstiges

APOTHEKE – ***Araújo,*** Rua Curitiba 327, Centro, ✆ 31/3270 5000. ⌚ 24 Std.

EINKAUFEN – ***Feira de Arte e Artesanato,*** Av. Afonso Pena, Centro. Größter Straßen-Kunsthandwerksmarkt Lateinamerikas, 3000 Verkaufsbuden auf 1 km mit 60 000 Besuchern pro Sonntag. ⌚ So 8–14 Uhr.

Mercado Central, Av. Augusto de Lima 744, Centro. An 400 Verkaufsständen gibt es fast alles, von Obst und Gemüse über Blumen und medizinische Pflanzen bis hin zu Kunsthandwerk und religiösen Artikeln. Auch gute und preiswerte Cachaças, die man gleich probieren oder kaufen kann. ⌚ Mo–Sa 7–18, So 7–13 Uhr.

GELD – ***Banco do Brasil,*** Praça da Liberdade, Centro (auch alle anderen Banken sind vertreten); Wechselstube ***Notre Dame,*** Rua dos Otoni 296, 3. Stock, Funcionários (Savassi), ✆ 31/3241 2400; Wechselstube ***Portugal Câmbio e Turismo,*** Av. Cel. José Dias Bicalho 1235, Pampulha, ✆ 31/3492 4277; 24 Std.-**Geldautomat**, Av. Getúlio Vargas 1010 und Av. Afonso Pena 1500 im Zentrum, Av. Antônio Carlos 6640 in Pampulha.

INFORMATIONEN – ***Guia Turístico Belo Horizonte,*** sehr empfehlenswerter monatlich erscheinender Stadtführer (auch auf Englisch und Spanisch); viele aktuelle Infos und Tipps zu Sehenswürdigkeiten in und um B.H. (Kunst und Kultur, Restaurants, Hotels, Nachtleben, Einkaufen und Verkehr inkl. Buszeiten zu den Attraktionen und Barockstädten); kostenlos erhältlich an Zeitungskiosken und Infostellen.

Secretaria de Estado de Turismo de Minas Gerais, Praça da Liberdade, ✆ 31/3272 8567, 🖳 www.turismo.mg.gov.br. Staatl. Tourismusbüro für den ganzen Bundesstaat Minas Gerais. ⌚ Mo–Fr 8–18 Uhr.

Belotur, Rua Pernambuco 284, Centro, ✆ 31/3277 9777, 🖳 www.belotur.com.br. Hauptstelle der städt. Tourismusbehörde mit Infos, Prospekten und Karten zu B.H. ⌚ Mo–Fr 8–18 Uhr. Nebenstellen an den beiden Flughäfen, der Rodoviária sowie im Mercado Central, Mercado das Flores und Museu de Mineralogia.

INTERNET – ***Internet Club Café,*** Rua Fernandes Tourinho 385, Savassi, ✆ 31/3282 3132. Gut ausgestatteter Club mit Café und Whiskey-Bar im Freien.
Minas Internet Services, Rua da Bahia 1022, Shopping Bahia, Centro.
Livraria Nobel, Av. Pres. Carlos Luz 3001, Del Rey, ✆ 31/3415 8011. ◷ tgl. 10–23 Uhr.

KONSULAT – Deutsches Konsulat: ***Consulado da Alemanha,*** Rua Timbiras 1200, 5. Stock (511), Centro. ✆/℻ 31/3213 1568. ◷ Mo–Fr 10–12 und 15–17 Uhr.

MEDIZINISCHE HILFE – ***Hospital das Clínicas,*** Av. Alfredo Balena 110, Santa Efigênia, ✆ 31/3248 9300.

POST – Hauptpostamt: Av. Afonso Pena 1270, Centro.

TOUREN – ***Pampulha Turismo,*** Av. Amazonas 3825, ✆ 31/3372 7777, 🖳 www.pampulhasnet.com.br. Touren zu den Barockstädten und Grotten.
Marco Túlio Saldanha, ✆/℻ 31/3447 0244, Handy 9906 7098. Englischsprachiger Privat-Guide mit Pkw und Kleinbus, bietet Citytouren in Belo Horizonte und Ausflüge zu den Barockstädten.

VISAANGELEGENHEITEN – ***Departamento de Polícia Federal,*** Rua Nascimento Gurgel 30, Gutierrez, ✆ 31/3330 5200. Verlängerung von Touristenvisa und Registrierung von Ausländern.

Nahverkehrsmittel

Der Verkehr und die Verkehrsführung in Belo Horizonte sind kompliziert und chaotisch. Um mit dem **Auto** ohne Irrwege zu den zentralen Vierteln zu kommen, empfehlen sich die Rua Espírito Santo, die Rua Bahia und die Rua Timbiras.
Das **Busnetz** ist gut ausgebaut, sehr häufige Verbindungen in alle Stadtteile.
Die **Metro** besteht aus 2 Linien und fährt von 5.45 bis 23 Uhr.
Taxis gibt es reichlich, einfach irgendein fahrendes Taxi anhalten.

Transport

FLÜGE – Es gibt zwei Flughäfen in Belo Horizonte. Der ***Aeroporto Internacional Tancredo Neves,*** Estr. Velha de Confins, Confins, ✆ 31/3689 2700, wird angeflogen von TAM und Varig.
Flughafentransport: Der Transfer von und zu der Rodoviária geschieht mit der Busgesellschaft ***Unir,*** ✆ 31/3271 1335, 11x tgl. zwischen 6.15 und 17.15 Uhr, 40 Min., R$6.
Der ***Aeroporto de Pampulha,*** Praça Bagatelle 204, ✆ 31/3490 2001, wird angeflogen von *Gol, TAM* und *Varig.* Rodoviária-Transfer ebenfalls mit *Unir,* 11x tgl. zwischen 6.15 und 17.15 Uhr, 1 Std., R$6.

BUSSE – Der Fernbusbahnhof ***Estação Rodoviária*** liegt an der Praça Rio Branco, ✆ 31/3271 3000. Von dort (bzw. der dahinter liegenden Station für Busse zu den näheren Orten) Verbindungen nach:
Brasília: *Viação Itapemirim,* ✆ 31/3271 1019, tgl. um 19, 20.45, 21.15 und 21.30 Uhr, 12 Std., ab R$72.
Campo Grande: *Viação Gontijo São Geraldo,* ✆ 31/2104 6300, tgl. um 19.30 und 20 Uhr, 24 Std., R$140.
Caxambu: *Viação Sandra,* ✆ 31/3201 2927, tgl. um 11 Uhr, 7 Std., R$54.
Congonhas: *Viação Sandra,* 16x tgl. zwischen 6 und 20.30 Uhr, 80 Min., R$13.
Cuiabá: *Viação Gontijo São Geraldo,* tgl. um 9 um 20 Uhr, 26 Std., R$151.
Curitiba: *Viação Gontijo São Geraldo,* tgl. um 20 Uhr, 15 Std., R$98.
Diamantina: *Pássaro Verde,* ✆ 31/3280 9410, 6x tgl. zwischen 5.30 und 24 Uhr, 5 Std., R$43.
Goiânia: *Viação Gontijo São Geraldo,* tgl. um 7.45, 17, 19 und 20 Uhr, 13 Std., R$87.
Mariana: *Pássaro Verde,* ✆ 31/3280 9410, 18x tgl. zwischen 5.30 und 24 Uhr, 2 Std. 20 Min., R$17.
Ouro Preto: *Pássaro Verde,* 17x tgl. zwischen 6 und 23 Uhr, 1 3/4 Std., R$45.
Rio De Janeiro: *Util,* ✆ 31/0300 3131532, 6x tgl. zwischen 8 und 0.30 Uhr, 7 Std., R$60.
Sabará: *Viação Cisne,* ✆ 31/3672 1255, alle 15 Min. zwischen 5 und 22.36 Uhr, 30 Min., R$3.
Salvador: *Viação Gontijo São Geraldo,* tgl. um 18 und 19 Uhr, 23 Std., R$160.

Estrada Real – Goldstraßen für Touristen

Brasiliens größtes Tourismusprojekt der letzten Jahre nennt sich „Estrada Real“. Es handelt sich um die Nutzbarmachung der alten Goldstraßen für historisch und kulturell Interessierte sowie für Naturfreunde aus aller Welt.
Auf einer Strecke von 1400 km wird eine enorme Infrastruktur bereitgestellt, um den jährlich erwarteten 2,5 Mill. Besuchern die Reise in die Vergangenheit so interessant und angenehm wie möglich zu gestalten. Eigentlich sind es drei Wege, die bis Ende 2005 erschlossen und ausgebaut wurden, der „Caminho Velho“ (Alter Weg) von Parati bis Ouro Preto, der „Caminho Novo“ (Neuer Weg) von Rio de Janeiro bis Ouro Preto und der „Caminho dos Diamantes“ (Diamantenweg) von Ouro Preto bis Diamantina. 177 Gemeinden in drei Bundesstaaten (162 in Minas Gerais, acht in Rio und sieben in São Paulo) werden auf diesen Strecken durchquert. Alles wird ausgeschildert, um auch Individualreisenden eine sichere Orientierung zu geben. Viele Broschüren, auch auf Englisch, sind in Ausarbeitung (erhältlich bei den Touristeninformationen). Zahlreiche Guides werden ausgebildet und Reiseagenturen bieten schon Komplettprogramme an. Es mag sich lohnen, auf diese Weise tiefer in das Land und seine Geschichte einzudringen. 🖳 www.estradareal.org.br.

São João del Rei: *Viação Sandra,* 14x tgl. zwischen 6 und 19 Uhr, 3 Std. 20 Min., R$27.
São Paulo: *Viação Gontijo São Geraldo,* 14x tgl. zwischen 8 und 23 Uhr, 8 Std., R$57.
Tiradentes: *Viação Sandra,* direkt nur 1x wöchentl. Fr 17 Uhr, 4 Std., R$36; sonst Bus nach São João del Rei nehmen, von dort viele Anschlüsse nach Tiradentes.
Vitória: *Viação Itapemirim,* tgl. um 8.15, 21.45 und 22.45 Uhr, 9 Std., R$51.

EISENBAHN – ***Estação Ferroviária,*** Praça da Estação, Centro, ✆ 31/3279 4366. ◷ Mo–Fr 5.30–17.30, Sa 5.30–15.30, So 5.30–12 Uhr. Der mächtige, 1922 eingeweihte Bahnhof in neoklassizistischem Stil ist eine Sehenswürdigkeit für sich. Von hier fährt einer der letzten Fernverkehrszüge Brasiliens nach **Vitória** (Espírito Santo), tgl. 7.30 Uhr, Rückfahrt ab Vitória 7 Uhr, Dauer 12 1/2 Std., Preis R$34 *(convencional)* oder R$52 *(executivo).*

Kolonialstädte

285 km nördlich von Belo Horizonte liegt das reizvolle Diamantina, alle anderen wichtigen Kolonialstädte von Minas Gerais liegen nicht weit südlich der Hauptstadt in Richtung Rio. Am nächsten ist Sabará mit der aparten Igreja de N. S. do Ó als Hauptattraktion. Dann folgt das berühmte Ouro Preto, Brasiliens Weltkulturerbe Nummer 1. In Mariana, dem ältesten Ort des Staates, stehen gleich zwei imposante Kirchen direkt nebeneinander. In Congonhas wehren sich die kostbarsten Werke des Barock-Bildhauers Aleijadinho gegen den Zahn der Zeit. Im musealen Tiradentes ist der beschauliche Charme von damals noch am stärksten erhalten. Eine uralte Dampflok rattert gemächlich zur benachbarten Goldgräberstadt São João del Rei.

Diamantina

Dieser Ort mit 44 260 Einw. liegt 1100 m hoch unter einem steil abfallenden Felshügel im Jequitinhonha-Tal, dem Herzen des Sertão von Minas Gerais. Seit 1999 ist er geschütztes Weltkulturerbe. Neben einigen modernen Bauten aus der Feder von Oscar Niemeyer überwiegen die typischen Kolonialhäuser dieser einst reichen Region. Diamantina ist zwar nicht ganz so intakt wie Tiradentes, dafür aber weniger touristisch. Der von Studenten geprägte Ort wirkt ruhig, freundlich und friedlich. Obwohl von allen historischen Städten am weitesten von Belo Horizonte entfernt (298 km), lohnt sich ein Besuch, auch wegen der landschaftlich reizvollen Strecke, besonders auf dem Abschnitt zwischen Curvelo und den Hängen der Serra do Espinhaço.

Der Ortsname sagt schon, dass auch hier Diamanten die Basis für die architektonische und kulturelle Blüte waren. Im **Museu do Diamante** in der Rua Direita 14 sieht man Proben von Mineralien, Dokumente über den Bergbau, aber auch Folterinstrumente für Sklaven. ◷ Di–Sa 12–17.30, So 9–12 Uhr; Eintritt R$1. Die Edelsteinfunde waren so gewaltig, dass die Siedlung fast 100 Jahre der direkten Verwaltung des Königshauses unterstellt blieb. Alles war genehmigungspflichtig oder verboten, selbst Goldschürfen. So blieb Diamantina von der allgemeinen wirtschaftlichen Entwicklung abgeschnitten und konnte seinen ursprünglichen Charakter fast bis heute erhalten.

Sehenswertes

Zu den besonderen Attraktionen zählt das Gebäude **Casa da Chica da Silva** an der Praça Lobo Mesquita. Das ehemalige Haus der durch eine Liebschaft und spätere Heirat mit einem Diamantenhändler aufgestiegenen Sklavin – jetzt Zentrum für afro-brasilianische Studien – besitzt eine große Veranda, mehrere Balkone, 18 Zimmer und im Innenhof eine kleine Kapelle. ◷ Di–Sa 12–17.30, So 9–12 Uhr. Die inzwischen bereits durch eine Telenovela verewigte stolze Mulattin ging damals immer in die von ihrem Mann bestellte und finanzierte **Igreja do Carmo** (1758-65) in der Rua Bonfim. Der mächtigste und prachtvollste Religionstempel von Diamantina trägt bis heute den Beinamen „Chicas Kirche". Um den kostbaren Schlaf der Dame nicht zu stören, wurde der Glockenturm hinter die Kirche gesetzt. ◷ Di–Sa 8–12 und 14–18, So 8–12 Uhr; Eintritt R$1.

Die anderen, weniger interessanten Kirchen des Ortes sind die Igreja do Bonfim, die Igreja do Rosário und die Igreja de São Francisco de Assis. Viel besucht wird auch das Haus **Casa de Juscelino** in der Rua São Francisco. Dort hat der durch einen Autounfall ums Leben gekommene spätere Präsident Juscelino Kubitschek seine Kindheit verbracht. Ausgestellt sind Fotos und Dokumente aus seinem Leben. ◷ Di–Sa 9–17, So 9–14 Uhr. Hauptpostkartenmotiv der Stadt ist jedoch eine blaue Holzbrückenpassage zwischen der ehemals von Nonnen geführten Erziehungsanstalt **Instituto Casa da Glória** und dem gegenüberliegenden Wohntrakt. Mit diesem Übergang sollte verhindert werden, dass die frommen Damen in Berührung mit dem einfachen Fußvolk kamen. ◷ Di–So 13–18 Uhr.

Religion und Folklore

Das religiöse Erbe wird bis heute durch häufige **Barock-Konzerte** in den Kirchen gepflegt, auch die meisten Kunsthandwerkprodukte zeugen von der ausgeprägten Religiosität der Bewohner. Doch nicht immer sind es holzgeschnitzte Heiligenfiguren – der berühmte Künstler Marcela Brant bevorzugt als Rohstoff ausgediente Plastikartikel und Blechdosen. Profaner geht es auch bei den populären Serenaden-Umzügen vom Mercado Velho durch die historischen Gassen des Zentrums zu. Niemals fehlen darf das klassische Ständchen „Diamantina em serenata", welches bereits als Hymne der Stadt empfunden wird. Das ganze Projekt nennt sich **Diamantina Musical** und findet vom 1. Oktober bis Silvester statt. Wer nicht gerade zu der Zeit hier ist, kann die Musik der Akkordeon, Flöte und Gitarre spielenden Seresta-Gruppen das restliche Jahr über bestimmt im Beco da Mota vernehmen. Die einstige Prostituierten-Gasse ist heute kulturelles und intellektuelles Zentrum der Stadt.

Übernachtung

Pousada Gameleira, Rua do Rosário 209, ✆ 38/3531 1900. Reizvolle Altstadtlage, z. T. Sicht auf die Igreja de N. S. do Rosário; im OG 6-Bett-Dorms (R$20 p.P.), unten 15 Apartments und DZ (R$60), alle recht einfach. ❶–❷

Pousada Nhá Mocinha, Praça Brasília 36, ✆ 38/3531 3100, 💻 diamantinanet.com/nhamocinha Hübsches Haus mit 10 Apartments und 4 Zimmern in diversen Größen, Gemeinschaftsräume mit TV und Stereoanlage, zusätzlich Unterkünfte auf der anderen Straßenseite. ❷

Pousada Relíquias do Tempo, Rua Macau de Baixo 104, ✆ 38/3531 1627, 💻 www.pousadareliquiasdotempo.com.br. Restauriertes Gebäude aus dem 19. Jh., Mobiliar der Epoche und Dekoration aus Kunsthandwerk, 18 sehr schöne Zimmer mit TV und Telefon, zentrale Lage. ❹

Essen

Apocalipse, Praça Barão de Guacuí 78. Sehr gutes und preiswertes Mittags-Buffet nach Gewicht, schöne Lage im Obergeschoss eines Kolonialhauses mit Blick auf den Mercado Municipal. ◷ Mo–Fr 11–15 Uhr.

Caipirão, Rua Campos Carvalho 15. Hervorragende regionale Küche, sowohl à la carte als auch Buffet nach Gewicht (mittags) und Suppen zum

Fixpreis (abends); am Wochenende auch Churrasco; preiswert. ⌚ Mo–Sa 11–1, So 11–17 Uhr.
Trattoria La Dolce Vita, Rua da Caridade 147. Exzellente Teigwaren aus eigener Herstellung und Fleischgerichte zu mittleren Preisen, geführt von einem brasilianisch-schweizerischen Paar, gastfreundliche familiäre Atmosphäre. ⌚ Mo–Fr 18–24, Sa und So 12–23 Uhr.

Sonstiges

EINKAUFEN – ***Feira do Mercado Velho,*** Keramikfiguren und anderes Kunsthandwerk aus dem Jequitinhonha-Tal; auch Essenstände, Lebensmittel und Spirituosen sowie kulturelle Darbietungen. ⌚ Sa ab 7 Uhr.
Café no Beco, Beco da Mota. Traditionsreicher Markt mit Essen und Kulturveranstaltungen.
⌚ So ab 8 Uhr.

FESTE – **Juni**: *Festa de Corpus Christi,* die Straßen verwandeln sich in ein einziges Farbenmeer aus buntem Sand und Blumen.

GELD – Die wichtigsten Banken sind vertreten, u. a. **Banco do Brasil**, **Bradesco** und **Itaú**. Über der Itaú-Filiale an der Praça Correal Rabelo befindet sich im 2. Stock der ***Câmbio*** (Wechselstube) von Mauricinho mit günstigen Kursen.

INFORMATIONEN – ***Secretaria Municipal de Cultura e Turismo,*** Praça Antônio Eulálio 53, Centro, ✆ 38/3531 9530. ⌚ tgl. 12.30–18 Uhr.

INTERNET – ***Working Office,*** Rua Joaquim Feliciano 27 A, ✆ 38/3531 2966. ⌚ Mo–Fr 9–12 und 14–18 Uhr.

POST – Praça Dr. Prado 171.

TOUREN – ***Real Receptivo,*** Rua Campos Carvalho 19, ✆ 38/3531 1636, 💻 www.realreceptivo.com.br, ⌚ Mo–Sa 8–18, So 8–14 Uhr. Die Agentur bietet Touren zu den Sehenswürdigkeiten in der Umgebung. Dazu zählen: *Cachoeira da Toca* (Wasserfall, 5 km entfernt), *Cachoeira da Sentinela* (Wasserfall, 8 km), *Caminho dos Escravos* (Sklavenweg, 9 km) und *Biribi* (historisches Dorf, 14 km).

Transport

BUSSE – Der **Busbahnhof** liegt am Largo Dom João 134.
Belo Horizonte: *Pássaro Verde,* ✆ 38/3531 1471, 6x tgl. zwischen 6 und 1 Uhr, 5 Std., R$42.
São Paulo: *Conjigo São Gerardo,* ✆ 38/3531 1430, tgl. um 16 Uhr, 14 Std., R$82.

Sabará

Bereits 1674 von dem Bandeirante Fernão Dias gegründet, ist Sabará heute mit 115 350 Einw. die größte der Kolonialstädte von Minas Gerais. Der Ort wuchs stärker wegen seiner Nähe zur Hauptstadt Belo Horizonte (20 km), auch die Lage an den beiden Flüssen Rio Sabará und Rio das Velhas kam dem Goldtransport und dem gesamten Handel zu Gute. Die Folge der rasanten Urbanisierung war eine Zerstörung der ursprünglichen Architektur und Landschaft. Nur wenig erinnert noch an die herrlichen Bilder von Guignard aus der ersten Hälfte des 20. Jhs., andererseits wirkt das geschäftiglebendige Sabará dadurch zeitgemäßer und nicht so museal wie Tiradentes.

Lediglich im Zentrum und besonders in der schönen Rua D. Pedro II mit dem alten Steinpflaster sind die oft blau-weiß getünchten Kolonialhäuschen noch gut erhalten. Im Unterschied zu Ouro Preto, wo zweistöckige *Sobrados* dominieren, gibt es hier fast nur eingeschossige *Casas*. Eine Ausnahme stellen zwei historische Prachtbauten in der Rua D. Pedro II dar, zum einen das heutige Rathaus im **Solar do Padre Correia** (1773) mit Kapelle und goldenem Altar, (✆ 31/3672 7701, ⌚ Mo–Fr 8–12 und 14–16 Uhr), zum anderen das 1819 eingeweihte **Teatro Municipal**, das zweitälteste der noch in Betrieb befindlichen Stadttheater Brasiliens. Die eher schlichte architektonische Gestaltung des Innenraums folgt englischen Mustern. Auffällig sind die vielen auf drei Stockwerke verteilten Logen, bemerkenswert die außerordentlich gute Akustik. Im 19. Jh. gehörten die beiden Kaiser Pedro I. und II. zu den illustren Besuchern. ✆ 31/3672 7728, ⌚ tgl. 8–12 und 13–17 Uhr; Eintritt frei.

Wie in anderen Minas-Städtchen sind auch in Sabará die recht gut erhaltenen Kirchen die wichtigsten Attraktionen, die drei bedeutendsten stammen alle aus dem 18. Jh. Am interessantesten ist die zwischen 1717 und 1719 errichtete winzige **Capela de N. S. do Ó**. Sie steht 3 km abseits vom Zentrum in Richtung Caeté an einem ruhigen verlassenen Platz auf der anderen Seite des Rio Sabará und der Bahnlinie. Ihr Miniaturformat und die äußerliche Simplizität stehen in einmaligem Kontrast zum prallen Interieur. Sie ist nicht die schönste, aber bestimmt die originellste und bezauberndste aller Kirchen von Minas Gerais. Das Innere präsentiert sich als ein reich vergoldeter Barock-Tempel mit prunkvoll geschnitztem Chor und prächtigen Decken- und Wandmalereien in roten und blauen Tönen. Der deutlich spürbare chinesische Einfluss rührt von der Tatsache her, dass der Stifter der Kirche vor seiner Brasilien-Zeit in Macau lebte. ⌚ Di–So 9–12 und 14–17 Uhr; Eintritt R$1.

Auf dem Rückweg zum Zentrum stößt man bei der Praça Getúlio Vargas auf die zwischen 1701 und 1710 entstandene **Igreja N. S. da Conceição**, ebenfalls von außen schmucklos und schwerfällig, im Innern jedoch außerordentlich reichhaltig mit Gold, Schnitzereien und Malereien verziert. ⌚ tgl. 9–12 und 14–17 Uhr. Noch näher beim Zentrum steht an der Rua do Carmo, dem höchsten Punkt der Stadt, die zwischen 1763 und 1778 erbaute **Igreja de N. S. do Carmo**. Hier dominieren wieder die Werke des Bildhauers Aleijadinho; an der Fassade Arbeiten aus Speckstein, im Innern die Kanzeln und Stützfiguren des Chors sowie Skulpturen an den Seitenaltären. Reizvoll ist der Kontrast zwischen den schlichten weißen Wänden des Kirchenschiffs und dem glitzernden Prunk im Altarbereich. ⌚ Di–So 9–11.30 und 13–17 Uhr.

Übernachtung

Pousada Dona Zarita, Rua Comendador Viana 126, Centro, ✆ 31/3671 1447. Zimmer mit Ventilator, Kühlschrank und TV; einfach, familiäre Atmosphäre. ❷

Pousada Villa Real, Av. Serafim Mota Barros 76, Centro, ✆ 31/3671 2121, 💻 www.pousadasantana.tour.br. 12 Zimmer mit Ventilator, Kühlschrank, TV und Telefon; Pool, Küchenbenutzung. ❷–❸

Pousada Solar dos Sepúlvedas, Rua da Intendência 371, Centro, ✆ 31/3671 2705, 💻 www.solarsepulvedas.com.br. Schönes Kolonialhaus aus dem 18. Jh. neben dem Museu do Ouro; 10 Zimmer mit Kühlschrank und TV; Pool und Sauna. ❸

Hotel Fazenda Recanto dos Fonda, Ravena (14 km vom Zentrum), ✆ 31/2105 9661, 💻 www.recantodosfonda.com.br. Zimmer mit Ventilator, Kühlschrank und TV; Restaurant mit Minas-Gerichten aus dem Steinofen; Pool mit kleinem Wasserfall; viele Sport- und Freizeitangebote (Wandern, Mountainbiking, Reiten, Fischen und Tretbootfahren). Anfahrt ab Rodoviária mit Bus 5504 der Gesellschaft *Saritur,* auf der BR 262 in Richtung Vitória beim *Corte de Pedra* bzw. der 1. Haltestelle nach KM 30 aussteigen und anschließend 4 km zu Fuß bis zum Hotel. ❺–❻

Essen

314 Sabarabuçu, Rua D. Pedro II Nr. 279, Centro. Am Tage preiswertes Selbstbedienungs-Buffet (nach Gewicht), Sa und So auch Churrasco, abends Pizza. ⌚ tgl. 11–24 Uhr.

Cê Qui Sabe, Rua Mestre Caetano 56. Self-Service-Buffet (nach Gewicht) und Gerichte à la carte, die immer für 2 Pers. reichen; preiswert. ⌚ tgl. 7–23 Uhr.

Sonstiges

GELD – Es gibt Filialen der **Banco do Brasil** und von **Bradesco**.

INFORMATIONEN – ***Secretaria de Turismo,*** Rua D. Pedro II 223, ✆ 31/3672 7690. ⌚ Mo–Fr 8–17 Uhr.

INTERNET – ***Spider Lan House,*** Rua Luiz Cassiano 84, ✆ 31/3671 1420. ⌚ Mo–Sa 9–22 Uhr.

Transport

BUSSE – Die **Busstation** befindet sich an der Av. Victor Fantini, ✆ 31/3672 1255.

Belo Horizonte: *Viação Cisne,* ✆ 31/3672 1255, alle 15 Min. zwischen 5 und 22 Uhr, 30 Min., R$3.

Ouro Preto

Das 1179 m hoch gelegene und trotz der Kühle sehr anheimelnde Barockstädtchen Ouro Preto (Schwarzes Gold) war von 1823–1897 Hauptstadt von Minas Gerais und trägt seit 1980 den UNESCO-Titel eines Weltkulturdenkmals. Seinen kunsthistorischen Reichtum verdankt es gewaltigen Goldfunden in der Vergangenheit, der Ort hieß ursprünglich Vila Rica (Reiches Dorf). Hier fand man das reinste Gold des Landes, zwischen 1770 und 1820 waren es schätzungsweise 500 Tonnen. Der plötzliche Wohlstand ließ Ouro Preto schnell zur größten Stadt Amerikas anwachsen, im 18. Jh. wohnten hier schon 120 000 Menschen, dreimal so viel wie in New York. Heute sind es mit 66 280 Einw. nur noch halb so viele.

Praça Tiradentes

Die zentrale **Praça Tiradentes** erhielt ihren Namen als Hommage an eine große Persönlichkeit Ouro Pretos. Joaquim José da Silva Xavier, im Volksmund nach seinem Beruf „Tiradentes" (Zahnzieher) genannt, war Anführer der mineirischen Unabhängigkeitsbewegung *(Inconfidência Mineira)* gegen Portugal. 1792 wurde er in Rio hingerichtet. Seinen Kopf stellte man auf dem Marktplatz von Ouro Preto öffentlich zur Schau, genau dort, wo heute das **Monumento à Inconfidência** steht. Das **Museu da Inconfidência** befindet sich ebenfalls an der Praça Tiradentes (Nr. 139). Es beherbergt Graburnen der erhängten Freiheitskämpfer, Möbel, Porzellan und Silberobjekte, aber auch Heiligenfiguren und Holzstatuen von Aleijadinho. ◷ Di–So 12–17.30 Uhr; Eintritt R$6. Am selben Platz befindet sich bei Nr. 20 das **Museu de Ciência e Técnica** mit der größten Edelstein- und Kristallsammlung Brasiliens. ◷ Di–So 12–17 Uhr; Eintritt R$2.

Aleijadinho-Tour

Die Praça Tiradentes dient auch als Ausgangspunkt für eine kleine „Aleijadinho-Tour", in Ouro Preto *Circuito Aleijadinho* genannt. Mit einem einzigen Eintrittsticket kann man ein Museum und drei Kirchen besichtigen. Die wichtigste, die **Igreja de São Francisco de Assis** (1776-1812), liegt am Largo de Coimbra etwas unterhalb der Praça Tiradentes. Diese ausnehmend schöne Kirche, für den französischen Kunstgelehrten Germain Bazin „eines der vollkommensten Kunstdenkmäler der westlichen Welt", entstand gänzlich unter der Leitung sowie Mitarbeit von Aleijadinho. Von ihm stammen die Pläne der sich auf einem achteckigen Grundriss erhebenden Kirche, die Skulpturen am Fassadenportal, die Holzschnitzereien der Chorkapelle und der sechs übrigen Altäre. ◷ Di–So 8.30–12 und 13.30–17 Uhr; Eintritt R$5.

Aleijadinho

Die Hauptattraktion von Ouro Preto ist, neben den malerischen Kolonialhäusern und romantischen Altstadtgassen, die **barocke Kirchenkunst**. Die mehr als 20 Kirchen sind neben denen von Salvador das architektonisch Wertvollste, was Brasilien zu bieten hat. Viele Werke sind verbunden mit dem Namen **Antônio Francisco Lisbôa**, liebevoll auch Aleijadinho (kleiner Krüppel) genannt. Der bedeutendste brasilianische Bildhauer des Barockzeitalters („Brasiliens Michelangelo") wurde 1730 oder 1738 (das genaue Datum ist unbekannt) als unehelicher Sohn des portugiesischen Baumeisters Manuel Francisco da Costa Lisbôa und der afrikanischen Sklavin Isabel geboren. Sein Leben war bis zu seinem Tode 1814 von einem unermüdlichen Schaffensprozess geprägt. Als seine Hände aufgrund einer Lepraerkrankung immer mehr verkrüppelten, ließ er sich die Arbeitswerkzeuge an den Armstümpfen festbinden. Trotz der Behinderung entstanden unzählige Meisterwerke.

Vor der Kirche befindet sich ein ständiger großer Kunsthandwerksmarkt, hinter der Kirche gelangt man über die Rua das Mercês zur **Igreja N. S. das Mercês e dos Perdões** (1740–73). Das interne Gestaltungsprojekt stammt ebenfalls von Aleijadinho, ist jedoch wegen fehlender Restauration in einem weniger ansehnlichen Zustand. Ein paar Schritte weiter begegnet man in der **Igreja Matriz de N. S. da Conceição** (1727–60) den Grabstätten des Bildhauers und seines Vaters, der diese Kirche entworfen hatte.

In der angrenzenden Sakristei ist das **Museu do Aleijadinho** mit einigen seiner Skulpturen untergebracht. ◷ Di–Sa 8.30–12 und 13.30–17, So 12–17 Uhr; Eintritt R$4.

Weitere Sehenswürdigkeiten

Um die prunkvollste Kirche der Stadt zu besichtigen, die bereits vor der Schaffenszeit von Aleijadinho entstandene **Igreja Matriz de N. S. do Pilar** (1730–41), muss man wieder zurück zur Praça Tiradentes und auf der anderen Seite ein Stück hinunter gehen. Mit 434 kg reinem Gold, 400 kg Silber

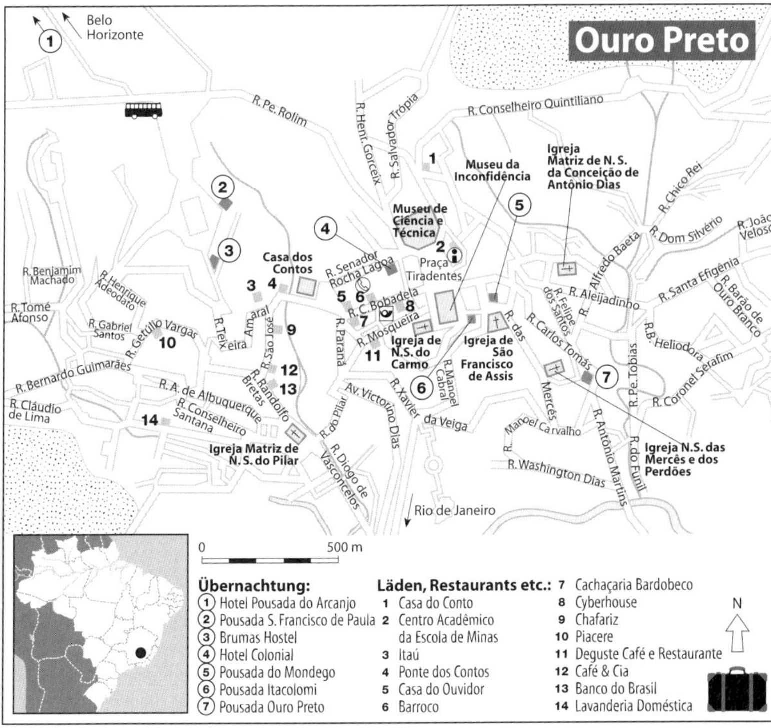

und 472 Engelskulpturen versehen, ist sie eine der am reichsten bestückten Kirchen Brasiliens, übertroffen lediglich von der Igreja de São Francisco in Salvador. Die meisten Werke, besonders die Holzschnitzereien der Chorkapelle, stammen von Francisco Xavier de Brito, einem der Lehrer von Aleijadinho. Im Untergeschoss befindet sich ein **Museu de Arte Sacra**. 🕓 Di–So 9–10.45 und 12–16.45 Uhr; Eintritt R$3.

Zurück geht es durch die Rua Dr. Getúlio Vargas bis zur Rua São José, wo bei Nr. 12 das 1782 entstandene Gebäude **Casa dos Contos** steht. Der schönste Profanbau der Stadt diente früher dem Einschmelzen, Wiegen und Versteuern des Goldes und zeitweise auch als Gefängnis. Heute sind noch die Schmelzöfen zu sehen sowie Mobiliar aus dem 18. und 19. Jh. 🕓 Mo 14–18, Di–Sa 10–18, So 10–16 Uhr. In der Straße befinden sind die meisten Banken, Läden und Restaurants der Stadt.

Weiter führt der Weg durch die **Rua Conde de Bobadela**, hier kann man im Casa Guignard Werke des berühmten Malers sowie das Haus mit der schmalsten Fassade Brasiliens (weniger als 1 m) besichtigen. In der belebten Gasse gibt es viele Studenten-Wohngemeinschaften *(Repúblicas)* mit den Namen Masmorra, Maternidade, Gaiola de Ouro oder Tabu sowie mehrere Pousadas, Kunstgewerbeläden, Bars und Restaurants.

Übernachtung

Brumas Hostel (HI), Rua Padre José Marcos Pena 68, Centro, ✆ 31/3551 2944, 💻 www.brumashostel.com.br. Nettes Hostel mit 45 Betten; 4 DZ mit Kühlschrank und TV (R$60), vier 8-Bett-Dorms (R$25 p.P.); Küchenbenutzung, Waschmaschinen (R$7); einmalige Aussicht; nur 150 m von der Rodoviária. ❶

Pousada S. Francisco de Paula, CP 176, Centro, ✆ 31/3551 3456, 💻 www.cidadeshistoricas.com.br. Sehr hübsches Gästehaus, 8000 m² Grünfläche, Panoramablick, Ökotourismus-Angebote, nur 100 m vom Busbahnhof. ❷

Pousada Itacolomi, Rua Antônio Pereira 43, ✆ 31/3551 2891, 💻 www.itacolomi.ubbi.com.br. 7 Zimmer mit Kühlschrank und TV, auch 3-Bett-Zimmer. Zentrale Lage neben dem Museu da Inconfidência. ❸

Hotel Colonial, Trav. Padre Camilo Veloso 26 (nahe der zentralen Praça Tiradentes), ✆ 31/3551 3133, 💻 www.hotelcolonial.com.br. Unter Denkmalschutz stehendes Haus aus dem 18. Jh., 18 Zimmer mit Kühlschrank, TV und Telefon ❹

Pousada Ouro Preto, Largo Musicista José dos Anjos Costa 71, ✆ 31/3551 3081, 💻 www.pousadaouropreto.com.br. Gepflegte Unterkunft, 17 Zimmer mit TV, auf einem Hügel gelegen mit herrlichem Blick auf die Stadt. ❹

Hotel Pousada do Arcanjo, Rua São Miguel Arcanjo 270, ✆ 31/3551 4121, 💻 www.arcanjohotel.com.br. 24 Zimmer mit AC, Kühlschrank, Telefon (selbst im Bad), Kabel-TV und Internetzugang; im Gemeinschaftsbereich schottische Bar, Wintergarten und Kamin; erstes Hotel von Minas Gerais, das sich der geschichtlichen Aufklärung verschrieben hat und an Wandtafeln Personen und Ereignisse der *Inconfidência Mineira* darstellt; selbst das Personal schmückt sich mit historischen Attributen; Sa Theatervorführungen. ❺

Pousada do Mondego, Largo de Coimbra 38, Centro, ✆ 31/3551 2040, 💻 www.mondego.com.br. Gut erhaltenes Kolonialhaus von 1747, 1988 als Pousada eingeweiht. 22 Zimmer mit Kühlschrank, TV, Telefon und Safe sowie 2 Suiten; schön dekoriert mit Möbeln des 18. Jhs., Gemälden und Plastiken. Alle Unterkünfte sind in Größe und Fenstermaß verschieden. Weitläufiger, gut organisierter Gemeinschaftsbereich mit Restaurant, schottischer Whiskey-Bar, Internetzugang, Pool und Sauna. Trotz zentraler Lage sehr ruhig, auf der Höhe von 1180 m reizvoller Blick ins Tal und auf die Igreja do Carmo. ❺

CAMPING – ***Camping Clube do Brasil*** *(CCB),* Rodovia dos Inconfidentes, São Cristóvão, KM 91, 3 km vom Zentrum, ✆ 31/3551 1799. 200 Zeltplätze, Volleyballfeld, viel Grün, doch nur 1 Bad mit 2 Duschen für Männer, 2 Bäder für Frauen. Anfahrt ab Zentrum mit Buslinie *Transcota* (Ouro Preto – Cachoeira Mota), ab R$17 p.P. ❶

Essen

Casa do Ouvidor, Rua Conde de Bobadela 42. Hervorragende traditionelle Küche von Minas Gerais, die preiswerten Gerichte reichen stets für 2 Pers. 🕒 tgl. 11–15 und 18–22 Uhr.

Café & Cia, Rua São José 187. Preiswertes Self-Service-Lokal, abends auch Nudelgerichte und Gegrilltes à la carte. 🕒 tgl. 11.30–23.30 Uhr.

Boca da Mina, Rua Dom Silvério 108 A. Typische Gerichte der Region, geschmackvolles Ambiente mit Holzbalken und Steinwänden, 5 km vom Zentrum bei der Goldmine, mittlere Preislage (auch hier macht ein Gericht 2 Pers. satt). 🕒 tgl. 8–17.30 Uhr.

Besuch einer Goldmine

Die 1719 entdeckte **Mina de Ouro da Passagem** gilt als die älteste Brasiliens. Von den zur Besichtigung freigegebenen ist sie eine der größten der Welt. Sie liegt 5 km von Ouro Preto und 4 km vom Mariana entfernt. In kleinen Transportwagen auf Schienen fährt man 315 m durch unterirdische Gänge. In 120 m Tiefe wird 30 Min. Halt gemacht, und ein Guide führt die staunenden Besucher zu Grotten und einem kristallinen See. Die früheren Goldschätze, etwa 35 t, sind jedoch schon im Laufe des 18. und 19. Jhs. fast vollständig ausgebeutet worden. 1985 wurde die Mine stillgelegt und für den Tourismus erschlossen. Beim Ausgang kann man gegen eine kleine Spende Steinchen aus der Mine mit nach Hause nehmen, auch befindet sich dort ein kleines Museum mit Arbeitswerkzeugen und interessanten Karten. Auf einer wird demonstriert, dass der 450 m ü.d.M. liegende tiefste Punkt der Mine weit höher liegt als der Zuckerhut von Rio. ✆ 31/3557 5000, 💻 www.minasdapassagem.com.br, 🕒 Mo–So 9–17 Uhr; Eintritt R$17.

Ouro Preto war einst Hauptstadt von Minas Gerais

Casa do Conto, Rua Camilo de Brito 21, Centro. Üppiges Minas-Buffet und viel Nachtisch. In einer Sklavenhütte aus dem 18 Jh. mit Steinwänden, modernem und historischem Dekor; mittlere Preise. ⌚ tgl. 11.30–23 Uhr.
Chafariz, Rua São José 167. Selbstbedienungsrestaurant mit typischen Gerichten der Region und Nachtischen, mittlere Preise. Fröhliches Ambiente in gelben, blauen und roten Farben. Historisch gesehen handelt es sich um das erste Speiselokal von Ouro Preto. ⌚ tgl. 12–16.
Deguste Café e Restaurante, Rua Coronel Alves 15. Zwischen romantisch beleuchteten rauen Wänden isst man zu mittleren Preisen vom reichen Minas-Buffet und ab 15 Uhr à la carte; Bestell-Tipp: *Vaca atolada,* eine regionale Spezialität aus Rinderrippchen und Maniok; Fr und Sa abends Live-Musik. ⌚ tgl. 12–23.20 Uhr.
Piacere, Rua Getúlio Vargas 241. Hinter der einfachen Fassade verbirgt sich ein geräumiges und gestyltes italienisches Restaurant in einem Keller aus dem 17. Jh. mit Steinwänden, Kerzenlicht und dezenter Musik. Vor den Augen der Gäste wird hier gut gekocht, die *Fettucine* des Hauses sind ein besonderer Renner. ⌚ Di–Sa und 19–24, So 12–16.30 Uhr.

Nachtleben

In Ouro Preto leben sehr viele junge Leute und Studenten, entsprechend gibt es genügend Kneipen und Musik-Bars, die jeden Abend geöffnet sind. Die meisten befinden sich in der Rua Conde de Bobadela, besonders das traditionsreiche ***Barroco*** (Nr. 106), sowie in der Rua São José, v. a. die Bar ***Ponte dos Contos*** (Nr. 56).
Bei der Praça Tiradentes gibt es ebenfalls diverse Lokale.
Voller Atmosphäre mit Steinwänden und Holzbalken und dennoch modern ist die ***Cachaçaria Bardobeco*** in der Trav. da Arieira 15, hier gibt es die meisten und besten Cachaças.
Größter und beliebtester Schüler- und Studenten-Treff ist das ***Centro Acadêmico da Escola de Minas (CAEM),*** Praça Tiradentes, ✆ 31/3551 2452. Viel MPB, Forró und Axé; trotz schlichtem Ambiente nach Mitternacht übervoll.

Touren

Associação de Guias de Turismo de Ouro Preto (AGTOP), Praça Tiradentes 41, ✆ 31/3559 3269. Die Vereinigung bietet viele nützliche Informatio-

Deutscher Tourveranstalter

Arcosur, 💻 ejhoffmann@arcosur.de. Agentur eines Deutschen (Dr. Ernst Hoffmann) in Rio de Janeiro, die Fahrten zu den alten Goldstädten und entlang der früheren Goldhandelsroute anbietet.

nen und Touren in und um Ouro Preto mit englischsprachigen Guides, Büro bei der Secretaria de Turismo (s. Informationen). 🕓 tgl. 8–18 Uhr.
Congonhas, Tagesausflug im Pkw mit dem englischsprachigen Guide Alexandre zu den Sehenswürdigkeiten der Nachbarstadt. 📞 31/9117 0626.

Sonstiges

EINKAUFEN – Großer **Kunsthandwerksmarkt** unter freiem Himmel am Largo de Coimbra. 🕓 tgl. 9–18 Uhr.

FESTE – **Ostern:** Messen, Prozessionen und Blumenteppiche, 30 000 Besucher aus Brasilien und aller Welt.
April: *Semana da Inconfidência Mineira,* Gedenkwoche zur mineirischen Unabhängigkeitsbewegung (16.–21.).
Juni/Juli: *Festas Juninas,* Folklore-Feste.
Juli: *Festival do Inverno,* 💻 www.festinverno.unibh.br (mit Programm). Winterfestival mit Musik, Theater und Kunst-Events (1.–31.), Studententreff von Minas Gerais mit 40 000 Gästen, unbedingt Zimmer reservieren (auch in WGs, den sog. *Repúblicas).*
September: *Tudo é Jazz,* Jazz-Festival mit brasilianischen und internationalen Interpreten sowie Foto-Ausstellung (1. Wochenende des Monats), Infos: 💻 www.ouropreto.com.br/festivaldejazz, Ort: Centro de Artes e Convenções da Universidade Federal de Ouro Preto, Rua Diogo de Vasconselos 328, Pilar. Eintritt: R$90 pro Tag, 3 Tage R$200.
November: *Semana do Aleijadinho,* Festwoche zu Ehren des Bildhauers Antônio Francisco Lisboa (14.–18.).

GELD – Die wichtigsten Banken sind vertreten, darunter ***Banco do Brasil,*** Rua São José 195; ***Itaú,*** nahe Casa dos Contos, und **Bradesco**. Es gibt jedoch keine 24-Std.-Geldautomaten. Geldwechseln ist in vielen Juwelierläden möglich.

INFORMATIONEN – ***Secretaria de Turismo,*** Praça Tiradentes 41, 📞 31/3559 3269, 💻 www.ouropreto.com.br. 🕓 tgl. 8–18 Uhr. Weiteres Büro am Ortseingang, Rua Padre Rolim, 📞 31/3551 2655, Infos, Stadtpläne und Zimmervermittlung. 🕓 tgl. 8–20 Uhr.

INTERNET – ***Cyberhouse,*** Rua Conde Bobadela 109, 📞 31/3552 2808. 🕓 tgl. 10–20 Uhr.

POST – Das Hauptpostamt liegt in der Rua Conde Bobadela 180.

WÄSCHEREI – ***Lavanderia Doméstica,*** Rua Benedito Valadares 162 B, 📞 31/3552 5501. 🕓 Mo–Fr 9–17 Uhr.

Transport

BUSSE – ***Terminal Rodoviária 8 de Julho,*** Rua Padre Rolim 661. Von dort gelangt man per Taxi für nur R$6 zum Zentrum.
Belo Horizonte: *Pássaro Verde,* 📞 31/3551 1081, 12x tgl. zwischen 6 und 20 Uhr, 2 Std., R$14.
Brasília: *Pássaro Verde,* 📞 31/3551 1081, 1x tgl. um 19.30 Uhr, 11 Std., R$80.
Congonhas: keine Direktbusse, erst nach Conselheiro Lafaiete.
Lavras Novas: *Transcotta,* 📞 31/3551 6096, 4x tgl. zwischen 6 und 17 Uhr, 1 Std., R$3.
Mariana: *Transcotta,* tgl. jede halbe Std. zwischen 5.30 und 23.30 Uhr, 40 Min., R$2.
Rio de Janeiro: *Útil,* 📞 31/3551 3166, tgl. um 22 Uhr, 7 Std., R$46.
São João del Rei: *Vale do Ouro,* 📞 31/3551 5679, tgl. um 7, 17.25 und 18.25 Uhr (letzte Abfahrtzeit variabel), 4 Std., R$32.
São Paulo: *Vale do Ouro,* tgl. um 7, 17.25 und 18.25 Uhr (letzte Abfahrtzeit variabel), 12 Std., R$70.
Vitória: *Vale do Ouro,* jeden 2. Tag um 21 Uhr, 8 Std., R$42.

Mariana

Die kleine Stadt mit 46 710 Einw. wird von vielen wegen einer alten Arp-Schnittger-Orgel besucht (s. u.), ansonsten gibt es einige Kirchen, die aber kunsthistorisch hinter denen von Ouro Preto, Congonhas und Tiradentes zurückfallen. Die touristische Infrastruktur ist begrenzt, das Freizeitangebot gering, auch gibt es nur wenige, recht einfache Pousadas.

Mariana, ältester Ort von Minas Gerais und erste Hauptstadt, wurde nach der Entdeckung von Goldvorkommen Ende des 17. Jhs. von dem Bandeirante Antônio Dias gegründet und 1711 zum Dorf erklärt.

Es ist eine der ersten Siedlungen Brasiliens, die planmäßig angelegt wurden, d.h. mit geraden Straßen und runden Plätzen. Der Name ist eine Hommage an die österreichische Königin Maria Ana, Gattin von Dom João V.

Sehenswertes

An der zentralen Praça Minas Gerais steht eine imposante Gebäudegruppe: Das Bauwerk **Casa de Câmara e Cadeia** (1784), heute Rathaus, gilt als ein Meisterwerk der Profanarchitektur. Ferner finden sich hier zwei gut erhaltene Barock-Kirchen direkt nebeneinander. Die **Igreja São Francisco de Assis** (1763–94) mit ihren quadratischen Türmen und den Portalreliefs von Aleijadinho beeindruckt im Inneren durch Deckenmalereien von Ataíde, dem in Mariana geborenen bedeutendsten mineirischen Maler der Barockzeit. Nach seinem Tode 1837 erhielt er sein Grabmal in dieser Kirche. ⌚ Di–So 9–12 und 13–17 Uhr.

Die benachbarte **Igreja N. S. do Carmo** (1748) mit den zylindrischen Türmen war eine der ersten Arbeitsstätten des Malers. Sie fiel jedoch einem großen Brand zum Opfer, der lediglich den Hauptaltar verschonte, und wurde kürzlich restauriert. ⌚ Di–So 8–11 und 13–17 Uhr. Von der Praça Minas Gerais gelangt man über die Rua João Pinheiro und die Rua Direita zur belebten Praça Cláudio Manoel mit dem wichtigsten Kirchenmonument der Stadt.

Die **Catedral Basílica da Sé** (1711–60) besitzt ein Dutzend goldene Altäre, Kristall-Lüster aus Böhmen, Malereien von Ataíde und vor allem eine in Brasilien einmalige **Arp-Schnittger-Orgel** aus Deutschland von 1701, Geschenk des portugiesischen Königs Dom João V. Sie wurde 2002 mit deutscher Hilfe restauriert und ist heute vielleicht die größte Sehenswürdigkeit des Ortes. Jeden Sonntag um 12.15 Uhr kann man miterleben, welche gewaltigen Klänge aus dieser Anlage herauszuholen sind. ✆ 31/3557 1216, ⌚ Di–So 7–18 Uhr. Gegenüber der Kathedrale befindet sich in der Rua Frei Durão 49 das **Museu Arquidiocesano de Arte Sacra** (Erzbischöfliches Museum) mit Skulpturen von Aleijadinho, Malereien von Ataíde und sakralen Objekten aus dem 18. und 19. Jh. ⌚ Di–So 8.30–12 und 13.30–17 Uhr.

Etwas abseits vom Zentrum, von der Praça Minas Gerais die Rua Dom Silvério hinaufsteigend, kann man die **Basílica de São Pedro dos Clérigos** (1752) besichtigen. Der Weg dorthin lohnt sich auch wegen des schönen Panoramablicks auf Mariana. Die Granitfassade der Kirche ist schlicht, die plumpen Türme kamen erst 1920 hinzu, doch im Inneren fasziniert ein prunkvoller, aus Holz geschnitzter Hauptaltar, geschmückt mit Bildern von Ataíde. ⌚ Di–So 8–12 und 13–16 Uhr.

Übernachtung

Pousada das Gerais, Av. N. S. do Carmo 890, ✆ 31/3557 4146, 💻 www.hpdasgerais.com.br. 26 Apartments und 5 Zimmer mit Kühlschrank, TV und Telefon Große Zimmer; die 3. Person zahlt nur R$30. ❷

Pousada da Chácara, Rua Amélia Alves 61, Centro, ✆ 31/3557 2750, 💻 www.pousadadachacara.com.br. 15 moderne Zimmer mit Ventilator, Kühlschrank und TV. Auf dem 8500 m² großen Gelände viel Grün, Pool, Sportplatz und Grill. ❸

Pousada Gamarano, Rua Raimundo Gramano 1, São Pedro, ✆ 31/3557 1835, 💻 www.pousada gamarano.com.br. 10 Zimmer mit TV; schlicht, aber ordentlich und gemütlich (Kamin); Mobiliar aus dem Atelier des Künstlers Gamarano; wegen der begrenzten Räumlichkeiten schnell Kontakt zu anderen Gästen; Panoramablick auf die Stadt; 10 Min. vom Zentrum. ❸

Essen

Rancho da Praça, Praça Gomes Freire 108, Centro. Einfaches Ambiente, freundliche Bedienung, niedrige Preise. Mittags Buffet, am Wochenende abends auch à la carte. ⏲ Di–Fr 11–15, Sa und Do ab 11 Uhr.

Pizzaria Dom Silvério, Rua do Seminário 290, Centro. Das Mekka für Freunde guter Steinofen-Pizzas, die preiswert in reicher Auswahl angeboten werden; ein Klassiker ist die Pizza mit *Tomate seco*, die mittelgroße Portion *(média)* reicht für 2 Pers. ⏲ tgl. 18.30–24 Uhr.

Sonstiges

FESTE – Ostern: *Procissão das Almas* (Karfreitag 24 Uhr), die Stadt empfängt 20 000 Besucher.

GELD – Filialen von **Banco do Brasil, Bradesco, Itaú, Real** u. a.

INFORMATIONEN – ***Associação dos Guias,*** Rua Antônio Olinto, Ecke Praça Tancredo Neves, ✆ 31/3557 1158. Die Guide-Vereinigung bietet nützliche Tipps und kostenlose Karten, gleich neben der staatl. Touristeninformation; auch Vermittlung englischsprachiger Guides und Tourangebote. ⏲ tgl. 8–18 Uhr.

Secretaria de Cultura e Turismo, Rua Antônio Olinto, Ecke Praça Tancredo Neves, ✆ 31/3558 2315. Offizielle Touristeninformation. ⏲ Mo–Fr 9–12 und 13–17, Sa 9–17 Uhr.

Transport

BUSSE – Von der ***Rodoviária dos Inconfidêntes,*** ✆ 31/3557 1215, nach

Belo Horizonte: *Viação Pássaro Verde,* ✆ 31/3351 1081, 7x tgl. zwischen 6 und 19 Uhr, 2 Std. 20 Min., R$16.

Ab **Rua Antônio Olinto**, Ecke Praça Tancredo Neves nahe Touristeninformation, nach

Ouro Preto: *Transcotta,* ✆ 31/3551 6096, tgl. jede halbe Std. zwischen 5.30 und 23.30 Uhr, 40 Min., R$2.

Congonhas

Wer die typische Atmosphäre und Architektur der historischen Barockstädte von Minas Gerais genießen will, sollte Congonhas (41 260 Einw., 82 km von Belo Horizonte) eher links liegen lassen. Nur wenig erinnert noch an die Zeit des Goldrausches; viel Modernes und Hässliches, auch viel Industrie (Eisenerz) und Kommerz prägen inzwischen das Stadtbild. Es gibt natürlich einige Barockkirchen, darunter die Igreja de São José, die Igreja de N. S. da Conceição (Fassade von Aleijadinho) und die Igreja do Rosário (älteste Kirche der Stadt). Doch nichts davon ist wirklich überragend und einen Besuch wert.

Dennoch gehört Congonhas zu den touristischsten Orten der Region, und zwar wegen eines einzigen, vom Zentrum aus gut ausgeschilderten Hügels mit herrlicher Aussicht auf die Stadt, auf dem die schwärmerisch gerühmten und angeblich bedeutendsten Werke von Aleijadinho zu finden sind (Bus „Basílica" ab Av. Juscelino Kubitschek, jede halbe Std., 15 Min., R$2). Der ganze Komplex wurde 1985 von der UNESCO zum Weltkulturdenkmal erklärt.

Es handelt sich zunächst um die 1757 begonnene und Anfang des 19. Jhs. vollendete **Basílica do Senhor Bom Jesus de Matosinhos**. ✆ 31/3731 3100, ⏲ Di–So 6–18 Uhr; Eintritt frei. Interessanter als dieser Tempel ist vielleicht der kuriose Ausstellungsraum für Votivgaben im Nebengebäude. Kunstgeschichtlich bedeutsamer sind die Speckstein-Statuen der **Doze Profetas**, der zwölf Apostel (1796–1805) auf der Treppenbrüstung vor der Kirche. Von ihnen sind Jonas und Daniel je aus einem einzigen Steinblock gehauen. Sie werden gänzlich Aleijadinho zugeschrieben, die Figur des Daniel gilt als sein absolutes Meisterwerk. Leider sind die lebensgroßen frei stehenden Statuen, die nach dem brasilianischen Dichter Carlos Drummond de Andrade so „großartig, fürchterlich, ernsthaft und zart" wirken, der allmählichen Erosion ausgesetzt. Manche Stadtväter wollen sie nun durch Repliken ersetzen und die Originale in ein neues Museum verlagern. ⏲ ständig; Eintritt frei.

Unterhalb der Apostel befinden sich die **Capelas dos Passos**, sechs kleine Kapellen oder Pavillons mit Szenen der Kreuzwegstationen. Sie besitzen 66 Zedernholz-Skulpturen (1796–1799), in der Mehrzahl aus der Hand von Aleijadinho unter Beteiligung des Malers Manuel da Costa Ataíde. 2004 wurden sie auf Staatskosten sowie mit internationaler Hilfe restauriert. Bei der Besichtigung sollte man die Figuren von unten nach oben abgehen. Die „Capela da Ceia", die älteste von allen, zeigt das Abendmahl, die „Capela do Horto" Christus am Öl-

Die zwölf Apostel von Aleijadinho

berg und die „Capela da Prisão“ die Gefangennahme (Werke von Schülern Aleijadinhos). In der vierten Kapelle stammt nur die Christus-Figur von dem großen Meister, während die Peinigungsszenen von Gehilfen ausgearbeitet wurden. Die Szene der fünften Kapelle ist der Kalvarienberg, die letzte Kapelle zeigt die Kreuzigung. Als Aleijadinho 1814 starb, waren alle Skulpturen fertig, aber drei Kapellen wurden erst 50 Jahre später vollendet. ⌚ ständig; Eintritt frei.

Übernachtung und Essen

Hotel Freitas, Av. Marechal Floriano Peixoto 69, Centro, ✆/℻ 31/3731 1543. Günstigste Option im Ort; 16 Zimmer mit Ventilator, Kühlschrank, TV und Telefon; Bad sowohl intern als auch extern (geringe Preisdifferenz). ❶–❷
Hotel Colina, Rua Doutor Paulo Mendes 371, Basílica, ✆/℻ 31/3731 2117. 27 Zimmer mit Ventilator und TV. ❷
Hotel Colonial, Praça da Basílica 76, Basílica, ✆ 31/3731 1834, 💻 www.hotelcolonialcongonhas.com.br. 13 einfache Zimmer und Apartments mit Ventilator, TV und Telefon, schönes altes Gebäude mit Pool und Restaurant. ❸

Brasa Grill, Praça Juscelino Kubitschek 14, 2. Stock. Sehr beliebtes, preiswertes und gutes Self-Service-Lokal, am Wochenende auch Menüs und Live-Musik. ⌚ tgl. 11–15 und 19–22 Uhr.
Cova do Daniel, Praça da Basílica 76, Basílica, ✆ 31/3731 1834 (reservieren). Restaurant des Hotel Colonial (s. o.). Gute Minas-Küche, exzellente Fleischgerichte, nettes Dekor, mittlere Preise. ⌚ tgl. 11–22 Uhr.

Sonstiges

FESTE – **Ostern**: eine Woche lang Prozessionen und dramatische Inszenierungen.
September: *Jubileu do Senhor Bom Jesus do Matosinhos,* Hunderttausende von Pilgern steigen auf den Hügel der Kirche (7.–14.)

GELD – Mehrere Banken (**Banco do Brasil**, **Bradesco**, **Itaú** u. a.) nahe der Praça Juscelino Kubitschek; es fehlen jedoch Cash-Wechselstuben.

INFORMATIONEN – ***Centro de Apoio ao Turista,*** Av. Júlia Kubitschek 1982 (nahe der Rodoviária), ✆ 31/3731 3100. ⌚ tgl. 8–18 Uhr.

TOUREN – In Ouro Preto gibt es Guides, die Tagestouren im Pkw nach Congonhas anbieten. Einer heißt **Alexandre** und spricht Englisch, ✆ 31/9117 0626.

Transport

BUSSE – **Belo Horizonte**: *Viação Sandra*, ✆ 31/3201 2927, 16x tgl. zwischen 6 und 20.30 Uhr, 80 Min., R$13.
Ouro Preto: keine Direktbusse, zuerst nach **Conselheiro Lafaiette** (alle 45 Min. zwischen 5.30 und 22.30 Uhr, 30 Min., R$3) und von dort Weiterfahrt nach Ouro Preto (3–5x tgl. zwischen 7 und 18 Uhr, 2 1/2 Std., R$12).

Tiradentes

Dieses charmante, verkehrsberuhigte Goldgräberstädtchen mit nur ca. 5760 Einw. gilt als das besterhaltene von ganz Minas, so dass man sich wie in einem kolonialbarocken Museum fühlt. Es entstand in kürzester Zeit während des Goldrausches und hat sich seitdem kaum verändert. So bildet Tiradentes die ideale Kulisse für viele Telenovelas mit historischen Themen aus der Sklavenzeit. Alles ist liebreizend, aufgeräumt, getüncht und sorgfältig konserviert. Der stark museale Charakter mag manchen abschrecken, die meisten Besucher kommen jedoch gerade deswegen. Im Ortskern macht sich der florierende Tourismus negativ an überteuerten Pousadas und Restaurants sowie an zahllosen Kunsthandwerksläden bemerkbar. Im Hintergrund liegen die Hügel und Wälder der *Serra São José*, die seit 1990 unter Naturschutz stehen und anders als bei Ouro Preto nicht bebaut werden dürfen. Die Bergregion ist ideal zum Wanden, Reiten und Rad fahren.

Sehenswertes

Am Largo das Forras im Zentrum stehen viele Kutschen (40-minütige Tour zu den Attraktionen, R$25 für 4 Pers.). Empfehlenswerter ist jedoch, den kleinen Ort gemächlich bei einem Spaziergang zu erkunden. Ausgangspunkt ist der Largo das Forras, von wo aus man in die Rua Direita einbiegt. Hier befinden sich viele Souvenirläden, auf dem Weg liegt die **Igreja N. S. do Rosário dos Pretos**, die 1708 von und für Sklaven erbaute älteste Kirche der Stadt. In den Seitenaltären sind Bilder schwarzer Heiliger zu sehen. ⏲ Di–So 9–12 und 14–17 Uhr; Eintritt R$1. Ein Stück weiter steht das Haus **Casa de Padre Toledo**, hier fand die erste Versammlung der mineirischen Unabhängigkeitskämpfer statt.

Kurz danach ist man bei der sehr sehenswerten **Matriz de Santo Antônio** (1710, 2002 renoviert), wegen ihrer vergoldeten Altäre eine der reichsten Kirchen des Landes. Ein Schmuckstück ist die bunt bemalte portugiesische Orgel von 1788. Die erst 1810 vollendete Fassade zählt zu den letzten Werken Aleijadinhos. ⏲ tgl. 9–17 Uhr; Eintritt R$2.

Zurück geht es durch die Rua da Câmara mit dem **Sobrado Ramalho**, eines der ältesten Häuser der Stadt, in dem heute das *Instituto do Patrimônio Histórico e Artístico Nacional (Iphan)* untergebracht ist und gelegentlich Ausstellungen stattfinden. Wieder bei der Rua Direita angelangt trifft man auf die alte **Cadeia** (Gefängnis), heute **Museu de Arte Sacra**. Die Rua da Cadeia führt hinab bis zum Fluss Córrego Santo Antônio, den man bei der Rua do Chafariz überqueren kann. Am anderen Ufer steht der imposante Brunnen **Chafariz de São José** von 1749. Er ist stets umsäumt von Touristen, die hier ihre Wasserflaschen auffüllen.

Am Ende der Rua do Chafariz liegt die **Villa Paolucci**, eines der charmantesten Hotels der Region auf dem Gelände einer alten Fazenda mit den Bergen der „Serra São José" im Hintergrund. Hier warten Guides, um Reitausflüge oder Wanderungen anzubieten, z. B. zum Balneário de Águas Santas (Pool und See).

Übernachtung

Hinweis: Die Unterkünfte im Ortskern sind oft deutlich teurer als die etwas außerhalb gelegenen.

Pousada São Geraldo, Rua dos Inconfidentes 407, ✆ 32/3355 1278. Einfache Zimmer mit TV und Bad. ❶–❷

Pousada da Sirlei, Rua Antônio Teixeira de Carvalho 113, ✆ 32/3355 1440, 💻 www.guiatiradentes.com.br. 14 Zimmer mit Kühlschrank und TV; Pool, Sauna und Grill; Nachmittags-Tee gratis; Dona Sirlei kümmert sich höchstpersönlich um ihre Gäste. ❸

Pousada Quinta do Conde, Rua Padroeiro Santo Antônio 80, Cascalho (2 km vom Zentrum),

✆ 32/3355 1523, 🖳 www.quintadoconde.com.br. 10 Zimmer mit Kühlschrank, TV und folkloristischer Dekoration. Pool, Grill und ein Brunnen, um den ab 16 Uhr der traditionelle Tee serviert wird. ❹

Pousada Pequena Tiradentes, Av. Gov. Israel Pinheiro 670, ✆ 32/ 3355 1664, 🖳 www.pequena tiradentes.com.br. 62 Zimmer mit Ventilator, Kühlschrank, TV und Telefon; in der Luxuskategorie auch Badewanne und Kamin; im oberen Stock mehr Privatsphäre. Zwei Pools (für Erwachsene und Kinder, mit Wasserfall), Barservice (eine Bar sogar im Pool), Sauna und Thermalbad für 20 Pers. mit Whirlpool. Die Anlage imitiert ein koloniales Dorf des 18. Jhs. mit kleinen Gassen, alten Lampen und Gärten. ❻

Essen

Sapore d' Italia, Rua São Francisco de Paula 13, Centro. Alte Kunstwerke, Ziegelsteinwände und italienische Schnulzen kreieren ein Ambiente historischer Tavernen. Die guten Nudelgerichte, z. B. Spaghetti mit Broccoli, halten sich preislich in Grenzen. 🕓 Mo–Fr 19–23, Sa und So 12–24 Uhr.

Quinta de Cabo Vila, Rua Martins Paolucci 20, Centro. Im gelb getünchten Vorraum fühlt man sich wie in Omas Wohnstube, das gemütliche Restaurant ist ganz im lusitanischen Stil und bietet neben portugiesischen Spezialitäten auch internationale Leckereien zu mittleren Preisen. 🕓 Do–So 12–22 Uhr.

Tragaluz, Rua Direita 52. Eines der besten Lokale der Stadt mit exzellenter Minas-Küche; sehr fantasievolle Gerichte, berühmt ist die Nachspeise *Goiabada frita com Castanha de Caju, Catupity e Sorvete de Goiaba;* restauriertes Kolonialhaus mit großem, schön dekorierten Speisesaal; mittlere Preise. 🕓 Mo–Fr 19–22.30, Sa und So 12–24 Uhr.

Uai, Praça do Chafariz 73. Man sitzt an rustikalen Tischen mit den Füßen im Sand, alles ist einfach und locker. Zu mittleren Preisen (ein Gericht reicht jedoch für 2–3 Pers.) gibt es kreative Varianten der mineirischen Küche; die dem Hähnchen-Sud beigemischten *Ora-pró-nobis*-Blätter stammen aus dem eigenen Vorgarten. 🕓 tgl. 12–22 Uhr.

Sonstiges

AKTIVITÄTEN – ***Caminhos e Trilhas,*** Rua dos Inconfidêntes 207, ✆ 32/3355 2477. Wandern und Trekking durch die Serra de São José (Trilha do Carteiro, 3 1/2 Std.; Cachoeira do Mangue, 2 Std.; Travessia do primeiro Paredão da Serra, 4 1/2 Std.), Reitausflüge (Fazenda do Menino Maluquinho, 1 1/2 Std.; Calçada dos Escravos, 2 Std.; Vitoriana Velloso "Bichinho", 3 Std.) und Radtouren (Trilha dos Macacos – Bichinho, 3 1/2 Std.; Estrada da Caixa d'Água, 2 1/2 Std.), Start 9 und 13 Uhr. 🕓 tgl. 8–19.30 Uhr.

EINKAUFEN – Im 6 km von Tiradentes entfernten Dorf Vitoriano Veloso, populär ***Bichinho*** genannt (Distrikt Prado), befinden sich zahlreiche offene Ateliers, Werkstätten und Läden, in denen geschmackvolles Kunsthandwerk aus Stoff, Holz, Metall oder Pappe hergestellt und verkauft wird. Man kann den Künstlern bei der Arbeit zusehen. Anfahrt per Bus der Gesellschaft *Viação Presidente,* Mo–Fr 4x tgl., Sa und So 2x tgl.

FESTE – **Januar**: *Aniversário da Cidade,* Geburtstag der Stadt (19.).
Mostra de Cinema, Filmfestival mit nationalen Produktionen (21.–29.).

Künstleratelier besonderer Art

Das berühmteste Atelier ist das Oficina de Agosto mit 50 Mitarbeitern, Rua São Bento 419, ✆ 32/3353 7080. Das „Atelier" des Künstlers Agosti Totti gleicht einem Freilufttheater. Wie auf einem Schrottplatz liegen Abrisshölzer, Eierkartons, Spülbecken, Farbeimer, Gusseisen, Fensterrahmen, Waschbretter, Benzinfässer und Regentonnen durcheinander und warten darauf, in die Hand genommen zu werden. Agosto Totti zaubert Kunst aus Abfall. 100 Leute sägen, hämmern, malen und lackieren unter der Anleitung des Meisters. Zum Oficina de Agosto pilgern Sammler, die ein Faible für Objekte haben, die naiv und attraktiv, magisch und simpel erscheinen, ganz in der Tradition der Volkskunst und nicht zu verwechseln mit dem Folklore-Kitsch der Souvenirläden.

Ostern: Prozession *Descendimento da Cruz* (Karfreitag abends), *Festa da Ressurreição* (So).
August: *Festival de Gastronomia*, Küchenchefs aus ganz Brasilien zeigen hier ihre Künste.

GELD – Banken von **Bradesco** und **Itaú**; 24-Std.-Geldautomat am Largo das Forras 50, im Eingang zur Pousada Mãe d'Água

INFORMATIONEN – ***Secretaria Municipal de Turismo***, Rua Resende Costa 71, Ecke Largo das Forras, Centro, ✆ 32/3355 1212, 🖳 www.portaltiradentes.com.br. ⌚ tgl. 9–19 Uhr.

TOUREN – ***Maria Fumaça***, ✆ 32/3371 8485. Beliebte Zugfahrt nach São João del Rei. Die älteste Dampflok der Welt stammt aus Kaisers Zeiten und kämpft sich 12 km bzw. eine halbe Stunde durch die Serra São José. Tgl. 10 und 15 Uhr, Rückfahrt 13 und 17 Uhr; R$12 (hin), R$20 (hin und zurück).

Transport

BUSSE – Die Fernverkehrsbusse fahren fast alle vom benachbarten größeren **São João del Rei** ab. Dorthin gelangt man mit *Viação Presidente*, ✆ 32/3371 6568, tgl. jede halbe Std. zwischen 5 und 22 Uhr, 40 Min., R$2.

São João del Rei

Die 78 620 Einw. zählende Stadt besitzt ein geschäftiges Zentrum mit einigen sehr schönen Zeugnissen des brasilianischen Barock. Sie wuchs während der Zeit des Goldrausches um den Fluss **Córrego do Lenheiro** und war von 1708-09 einer der Hauptschauplätze des Krieges der „Emboabas", in dem die Bandeirantes aus São Paulo gegen Portugiesen und Brasilianer anderer Regionen um die Goldadern kämpften. São João del Rei wurde aber nicht so reich wie andere Orte in Minas. Lediglich im historischen Zentrum befinden sich einige Straßen mit altem Kopfsteinpflaster, gut erhaltenen Herrschaftsvillen, Kirchen und alten Brücken aus dem 18. Jh.

Eisenbahn

Bekannt ist São João del Rei vor allem durch die Eisenbahn und den Bahnhof. Es war einer der ersten Orte der *Estrada de Ferro Oeste de Minas*, eingeweiht 1881 durch Kaiser Pedro II. Die älteste noch in Betrieb befindliche Dampflok der Welt heißt **Maria Fumaça**, der Zug verbindet die Stadt mit dem 12 km entfernten Tiradentes, die halbstündige Fahrt geht durch die Serra São José und ist ein vielleicht infantiles, aber bei Brasilianern beliebtes Freizeitvergnügen.

Im **Museu Ferroviário**, Av. Hermílio Alves 366, sind noch andere Lokomotiven zu besichtigen sowie Güterwagen, Fotos und Dokumente, ⌚ Di–So 9–11 und 13–17 Uhr.

Am Bahnhof werden auch Touren zu diversen Zinnfabriken *(Fábricas de estanho)* angeboten. Die traditionsreichste, 1960 eingeweihte, heißt *John Somers*. Im Nebengebäude befindet sich das interessante **Museu do Estanho** mit Zinn-Objekten aus verschiedenen Epochen, sowohl aus Brasilien als auch aus Europa, und sogar Raritäten aus Mitte des 17. Jhs. vor der Küste gesunkenen Schiffen. Av. Leite Castro 1150, ⌚ tgl. 9–16 Uhr.

Rundgang

Bei der Praça Frei Orlando, einem schönen Platz mit Palmen aus der Kaiserzeit, erhebt sich die mächtige **Igreja de São Francisco de Assis**, 1774 nach Plänen von Aleijadinho gestaltet und mit einigen seiner Skulpturen geschmückt. Die Kirche besitzt einen prunkvollen Hauptaltar im Rokoko-Stil und im Schiff einen prachtvollen Lüster aus Bacarat-Kristall, ein Geschenk von Kaiser D. Pedro II. ⌚ Mo–Sa 8–17.30, So 8–16 Uhr. Auf dem hinter der Kirche gelegenen Friedhof befindet sich das Grab von Ex-Präsident Tancredo Neves.

Auf dem Weg durch die Rua Padre José Maria Xavier in Richtung *Córrego do Lenheiro* kann man bei Nummer 7 das **Memorial Tancredo Neves** besuchen. ⌚ Mi und Fr 13–18, Sa und So 9–17 Uhr. In einem Gebäude aus dem 18. Jh. befinden sich Fotos und Dokumente aus dem Leben des hier geborenen berühmten *Mineiro*, der sich während der Militärherrschaft stark für direkte Präsidentschaftswahlen *(Diretas já)* eingesetzt hat.

Über die alte Brücke **Ponte de Rosário** geht es nun auf die andere Seite des Flusses zu der 1719 von Sklaven errichteten Igreja de N. S. do Rosário und von dort wenige Meter auf der Rua Getúlio Vargas zur **Catedral de N. S. do Pilar** (1721). Die vergoldeten Altäre sind einzigartig in der Stadt und charakteristisch für den mineirischen Barockstil. ⌚ Di–So 6–10.30 und 13–19 Uhr.

Die Straße bis zum Ende weitergehend gelangt man an einen Platz mit der **Igreja de N. S. do Carmo** (1734); eine Besonderheit sind ihre achteckigen Türme. Von dort geht es über eine neuere Brücke zur „Dampf-Maria".

Gleich beim Bahnhof in der Av. Hermílio Alves sollte man sich noch das alte, schön renovierte **Teatro Municipal** (städtisches Theater) von 1891 anschauen.

Übernachtung und Essen

Pousada São Benedito, Rua Marechal Deodoro 254, ✆ 32/3371 7381. Eine der preisgünstigsten Optionen im Zentrum in einem großem Familienhaus. ❶

Hotel Província de Orense, Rua Marechal Deodoro 131, ✆/℻ 32/3371 7960. 65 Apartments und Zimmer verschiedener Größe, nett und einfach; mit Telefon, z. T. mit Kühlschrank und eigenem Bad. ❷

Pousada Casarão, Rua Ribeiro Bastos 94, ✆ 32/3371 7447, 💻 www.pousadacasarao.com. Hübsches altes Kolonialhaus gleich neben der São Francisco-Kirche. 19 Zimmer mit Kühlschrank, TV und Telefon; Pool und Spielsaal. ❸–❹

Hotel Villa Buonabitacolo, Rua Santo Antônio 400, ✆ 32/3371 1014, 💻 www.buona.cjb.net. 10 Zimmer mit Ventilator, Kühlschrank und TV; auch Chalês mit Wohnzimmer, zwei Schlafzimmern und Küche. Tennis- und Volleyballplatz, Spielsaal, Grill und viel Grün. ❹

Del Rei Café, Av. Tiradentes 553. Zum Mittagessen wählt man zwischen drei Gerichten, sonst à la carte. Stets gibt es Espresso, Sandwiches und Süßspeisen. ⌚ Mo–Fr 9–23, Sa und So 9–1 Uhr.

Feitiço Mineiro, gute Minas-Küche, riesige Portionen (reichen immer für mind. 2 Pers.), oft gewählt wird *Filé a parmegiana.* ⌚ Mo–Fr 17–22.30, Sa und So 10–2 Uhr.

Sonstiges

GELD – Alle wichtigen Banken sind im Ort vertreten, u. a. **Banco do Brasil**, **HSBC**, **Bradesco** und **Itaú**.

INFORMATIONEN – ***Secretaria Municipal de Cultura e Turismo,*** Praça Frei Orlando 90 (gegenüber der Igreja São Francisco de Assis), ✆ 32/3372 7338. ⌚ Mo–Fr 12–18 Uhr.

INTERNET – ***World Games,*** Rua Min. Gabriel Passos 281, ✆ 32/3372 3865. Sehr preiswert: R$3/Std. ⌚ tgl. 10–22 Uhr.

MEDIZINISCHE HILFE – ***Hospital de N. S. das Mercês,*** Praça Barão de Itambé 31 (bei der Igreja de N. S. das Mercês), ✆ 32/3379 2800.

Transport

BUSSE – ***Rodoviária Prefeito Octávio Olmeida Neves,*** Rua Coronel Antônio Maria Clarete da Silva 599, ✆ 32/3373 4700.

Belo Horizonte: *Viação Sandra,* ✆ 32/3371 7646, 7x tgl. zwischen 6 und 19 Uhr, 3 1/2 Std., R$26.

Ouro Preto: *Vale do Ouro,* ✆ 32/3371 5119, tgl. um 3 und 17.30 Uhr (Nacht-Ticket am Vortag kaufen), 4 Std., R$32.

Tiradentes: *Viação Presidente,* ✆ 32/3371 3844, 9x tgl. zwischen 7 und 19 Uhr, 40 Min., R$2.

Einsame Bergdörfer

Noch ruhiger als in den Barockstädtchen verläuft das Leben in einigen Bergdörfern. Das winzige Lavras Novas empfängt an den Wochenenden viele Besucher aus dem 113 km entfernten Belo Horizonte, die eine letzte von Bergen geschützte Oase der Ruhe und des Friedens suchen. Wer dagegen nach São Tomé das Letras pilgert, sucht außer dem Naturerlebnis auch noch geheimnisvolle Kraftfelder und den Kontakt zu außerirdischen Besuchern.

Lavras Novas

Obwohl dieser Ort nur 10 km von Ouro Preto entfernt liegt, gehört er nicht zu den historischen Barockstädtchen. Sein Reiz liegt in der Landschaft und der idyllischen Dorfatmosphäre. Hufeisenförmig angelegt, gibt es nur zwei Hauptstraßen, einen Platz, eine kleine Kirche (Igreja Cristo Redentor) und einen Hauch von Hippie- und Alternativszene. Auf den ersten Blick mag das Städtchen an Visconde de Mauá im Staat Rio de Janeiro erinnern, so wie es vor längerer Zeit einmal war.

Doch auch im 1000-Seelen-Nest Lavras Novas macht sich seit dem Zustrom der Städter langsam ein Wandel bemerkbar. Wenigstens hat sich so eine passable touristische Infrastruktur herausgebildet. Gleich am Ortseingang, bei der Rua Alto do Campo, finden sich diverse Pousadas und in der Rua N. S. dos Prazeres Restaurants und Kunsthandwerksläden. Man sollte jedoch genügend **Bargeld** mitnehmen, es gibt keine Automaten und Kreditkarten werden selten akzeptiert. In der nahen Umgebung bestehen viele Möglichkeiten des naturnahen Tourismus, besonders beliebt sind Wanderungen und Reitausflüge zu den diversen Wasserfällen mit Bademöglichkeit. 💻 www.lavrasnovas.com.br

Übernachtung und Essen

An Wochenenden kann alles belegt sein, unter der Woche dagegen sind manche Pousadas geschlossen (vorher erkundigen).

Pousada Serra do Luar, Rua N. S. dos Prazeres 119, ✆ 31/3554 2021, 💻 www.lavrasnovas.com.br. Haus von 1995 mit 10 einfachen rustikalen Zimmern, die Hälfte davon mit Kühlschrank und TV; schöne Sicht auf die Hügellandschaft. ❶

Pousada Veredas, Rua Alto do Campo 99 (Ortseingang), ✆ 31/3554 2079, 💻 www.lavrasnovas.com.br. Neuere Unterkunft von 2001, nur 5 Zimmer mit Kühlschrank und TV, 3 davon mit Veranda. ❷

Nova Opção, Rua N. S. dos Prazeres 226. Regionale Küche, preiswerte Tagesgerichte sowie Selbstbedienungs-Buffet inkl. Nachtisch zum Fixpreis.

Taberna Casa Antiga, Rua Alto do Campo 215. Gehobene Küche von Minas, man sieht die Kochstelle und hört (am Wochenende) Live-Musik. 🕓 Mo–Do 12–17 und 20–23, Fr–So ab 18 Uhr.

Aktivitäten

Die natürlichen Attraktionen liegen alle nahe beieinander und können in wenigen Ausflügen zusammenhängend besucht werden. Sie sind jedoch nicht leicht zu finden und erfordern die Hilfe von Guides. Diese sind sehr preiswert, lassen auch mit sich handeln und nehmen höchstens R$10 p.P.

REITEN – ***Chalet Galo do Canto,*** Rua Alto do Campo 215, ✆ 31/3554 2040. Geboten werden drei Routen mit Guide: 1. bis *Santuário dos Gaviões,* 1 1/2 Std., R$25; 2. zu den Wasserfällen *Três Pingos* und *Namorados* sowie zum Stausee *Bacia do Custódio,* 4 Std., R$50; 3. zur *Fazenda do Engenho,* 9 Std., R$60 inkl. Mittagessen.

WANDERN – ***Serra do Trovão,*** 30 Min. ab Ortseingang Alto do Campo auf leichtem Pfad, faszinierender Sundowner, 360-Grad-Panoramablick über die Hügellandschaft.

Pocinhos, 30 Min. ab Zentrum auf leichtem Pfad, mehrere Wasserfälle mit Bademöglichkeit.

Três Pingos, 1 Std. ab Zentrum auf leichtem Pfad: Mehrere von einem Felsen herabstürzende Wasserfälle (35 m), der letzte (3 m) eignet sich gut zum Baden.

Dos Namorados, 1 1/2 Std. ab Zentrum auf leichtem Pfad, kleine Wasserfälle und Wasserbecken zum Baden.

Bacia do Custódio, 1 1/2 Std. ab Zentrum auf leichtem Pfad, 3 km breiter Stausee, Möglichkeit zum Baden und Campen (jedoch keine Infrastruktur).

Transport

BUSSE – Es gibt keine Direktverbindungen nach Belo Horizonte, lediglich nach **Ouro Preto**: *Transcotta,* ✆ 31/3551 6096, nur 1x tgl. (aktuelle Uhrzeit erfragen).

São Tomé das Letras

Dies ist einer der magischsten Orte Brasiliens (6200 Einw.). Er liegt über einer uralten Quarz-Schicht. Je näher man herankommt, tauchen neben der grünen Hügellandschaft immer mehr bizarre Felsen auf, die weiß, gelb, rosa oder grün schimmern. Die leuchtenden Formationen und die exponierte Höhenlage (1400 m) ziehen seit Jahren Scharen von Esoterikern an, die meinen, hier seien besondere kosmische Energien gebündelt oder sogar Außerirdische im Anmarsch. Der neuere **Esoterik-**

Tourismus ist inzwischen schon der drittwichtigste Wirtschaftszweig der Stadt, übertroffen nur von Viehzucht und Keramikherstellung. Die farbigen Kacheln und Fliesen werden sogar bis nach Japan exportiert.

Zahlreiche Läden im Zentrum versorgen die Gläubigen mit kraftgeladenen Felsbrocken oder sonstigen Energieträgern. Auch die Namen mancher Etablissements, z. B. „O Alchimista" oder „Senhor dos Anéis", erinnern daran, wo man hier ist. Beim Stadteingang setzt sich das felsige Element der Natur in groben unregelmäßigen Pflasterplatten fort. Das Tourismusbüro von Minas Gerais hat es sich nicht nehmen lassen, in Konkurrenz zum Circuito das Águas für die Orte Carrancas, Luminárias, Sobradinho und eben auch São Tomé das Letras einen Felsenroute namens **Circuito das Pedras** zu kreieren. Raue Landschaften, Höhlen, Wasserfälle und kleine Weiler machen das abgelegene Dorf zu einem idyllischen Ausgangspunkt für authentische Naturerlebnisse.

Sehenswertes

Kommt der unbedarfte Neuling am Hauptplatz bei der Igreja da Matriz an, wird ihm von eifrigen jungen Hilfs-Guides *(Guias mirins)* schnell klar gemacht, dass die hiesigen Attraktionen alle weit auseinander liegen. Zum Aussichtspunkt *(Mirante)* ist es vom Zentrum aus nur 1 km, aber zum Vale das Borboletas sind es 2,5 km, zum Wasserfall von São Tomé 4 km, zur Ladeira do Amendoim 6 km, zur Cachoeira do Véu da Noiva 10 km und zur Gruta do Sobradinho 12 km. Man kann sich den kleinen Experten ruhig anvertrauen, sie verlangen nicht viel Geld oder lassen mit sich handeln und wissen genau, wie man wo am besten hinkommt oder welcher Wasserfall gerade der sauberste ist.

Einige Sehenswürdigkeiten lassen sich aber direkt im Zentrum bei der Praça Barão de Alfenas ausmachen. Dort steht die gegen Ende des 18. Jhs. erbaute **Igreja da Matriz**, von außen in mineirischem Barockstil und innen reich an Rokoko-Elementen. Gleich daneben befindet sich die **Gruta de São Tomé**, auch „Toca das Letras" genannt. Der Legende nach entstand hier der Name der Stadt. Ein entlaufener Sklave hätte sich in der Grotte versteckt, als dort ein Heiliger erschien und ihm ein Freilassungsgesuch zur Übergabe an seinen Herrn reichte. Der über den Brief erstaunte Sklavenhalter wollte daraufhin selbst in der Höhle nach dem Rechten sehen und fand lediglich eine Figur des São Thomé, des Schutzheiligen der Stadt, sowie einige mysteriöse Wandzeichnungen, die heute den *Cataguases*-Indianern oder noch älteren Kulturen zugeschrieben werden.

Ein Besuch des **Mirante da Casa da Pirâmide** (Aussichtspunkt) gehört ebenfalls zum esoterischen Pflichtprogramm (1 km vom Zentrum). Von dort sieht man die ganze Stadt sowie die umliegende Berg- und Tal-Landschaft; viele steigen noch zum Sterngucken oder Meditieren auf eine einsame Felsspitze. Auch die mehr als 30 Wasserfälle ziehen Besucher an, vor allem **Véu da Noiva** und **Vale das Borboletas**, ferner Grotten wie **Sobradinho** mit einer Ausdehnung von 100 m, oder **Carimbado** mit einem angeblichen Geheimgang bis Machu Picchu in Peru. Ähnlich mysteriös ist die **Ladeira do Amendoim**. Hier muss man in einem Fahrzeug sitzen, an einem exakten Punkt den Gang heraus nehmen und sich einer dicken optischen Täuschung hingeben: Während der Wagen hinabrollt und irgendwann zum Stehen kommt, entsteht der gegenteilige Eindruck des Bergauffahrens.

Übernachtung und Essen

Pousada Reino dos Magos, Rua Gabriel Luiz Alves 47, Centro, ✆ 35/3237 1300, 💻 www.reinodosmagos.com.br. Eine der berühmtesten Pousadas der Region; 15 einfache rustikale Apartments mit TV und Telefon; Sauna und Spielsaal. ❶–❷

✖ ***Fundação Harmonia,*** Estrada para Sobradinho, Cantagalo (4 km vom Ort), ✆ 35/3237 1280, 💻 www.fundacaoharmonia.org. Gelände mit verschiedenen Pousadas; 20 Apartments, acht 4-Bett-Chalês und zehn 4-Bett-Zimmer; 2 Pools, Sauna, Volleyballfeld, Fitnessbereich, Rad fahren und Reiten; abseits vom Zentrum in isolierter Atmosphäre zwecks Übung gemeinschaftlichen Zusammenlebens und esoterischer Studien; bietet Massagen, Meditation und vegetarische Küche; auch Platz für 10 Zelte. Anfahrt nur per Taxi, keine öffentlichen Transportmittel. ❷

Pousada Arco-Íris, Rua João Batista Neves 19, Centro, ✆ 35/3237 1212, 💻 www.pousarcoiris.com.br. 15 Apartments und Chalês (einst von Sklaven errichtet) mit Kühlschrank, TV und Telefon; Pool, Sauna und Spielsaal; Frühstücksraum und Pool auf der anderen Straßenseite. ❸

Massaroca, Praça Br. de Alfenas 31, Centro. Gemischte Speisekarte, preiswert. 🕓 Do–Di 11–23 Uhr (Nebensaison nur 16–23 Uhr).

O Alquimista, Rua Cap. Pedro José Martins 7. Typische Minas-Gerichte im Steintopf, mittlere Preise. 🕓 Di–So 11.30–21.30 Uhr (Nebensaison nur Do–So).

Sonstiges

EINKAUFEN – ***Feira de Artesanatos***, Kunsthandwerksmarkt, neben Praça Barão de Alfenas. 🕓 Sa und So 8–18 Uhr.

FESTE – **August**: *Festas de Agosto*, Straßenfeste mit Musik-Shows für Feriengäste (Wochenende).

Dezember/Januar: *Mystic Festival*, Esoterik- und Mystizismus-Event, Stadthalle u. a. (um den Monatswechsel).

GELD – Es gibt die Bank ***BEMGE***, Rua Alameda Virgílio de Andrade Martins 6 B, 🕓 nur bis 14 Uhr; ferner **Itaú**.

INFORMATIONEN – ***Secretaria Municipal de Turismo e Cultura***, Rua José Cristiano Alves 4, ✆ 35/3237 1461. 🕓 tgl. 9–12 und 14–17 Uhr.

POST – Rua Marcionilio Ribeiro Costa.

Transport

BUSSE – Den Ort erreicht man per Bus nur über die 34 km entfernte größere Stadt **Três Corações** (34 km).

Mineralbadeorte

Die größten und berühmtesten Orte sind Caxambu und São Lourenço. In den Mineralbrunnen und -bädern kann man alles für die Gesundheit tun und zudem noch im Freien die Ruhe genießen, durch Parks wandern, in Kutschen oder mit einer alten Eisenbahn fahren sowie vom Sessellift die grüne Hügellandschaft der Serra da Mantiqueira bewundern. Die Region trägt den Namen „Circuito das Águas" und umschließt außer den zwei genannten noch sieben weitere Orte: Baependi, Cambuquira, Campanha, Conceição do Rio Verde, Heliodora, Lambari und Soledade de Minas. In den 30er- und 40er-Jahren gab es hier große Luxushotels mit Kasinos; ein Spielkasino befand sich z. B. im Hotel *Glória* von Caxambu. Kapitalkräftige Investoren hofften, die reichsten Rheumageplagten aus der ganzen Welt hierher zu locken. Leider – oder vielleicht zum Glück – ging die Rechnung nicht ganz auf, dafür ist bis heute das Provinzielle und Dörfliche nicht ganz verschwunden und auch die Natur noch weitgehend intakt.

Caxambu

Dieses ehemals mondäne Kurbad (22 130 Einw.) besitzt bis heute die Badeanlagen und den Kurpark mit Trink-Quellen. Schon 1868 gab die Kaiserfamilie dem 904 m hoch gelegenen Gebirgsdorf die Ehre, vor allem aus Sorge um die angegriffene Gesundheit der blutarmen Prinzessin Isabel. Stolz erzählen die Einwohner, dass ihre radioaktiven Quellen sogar die Fertilitätsprobleme der höfischen Gesellschaft gelöst und zum Fortbestand des Imperiums beigetragen hätten. Die Reputation von Caxambu als einem der bedeutendsten Mineralbadeorte des Landes geht historisch auf das 1912 konstruierte **Balneário** zurück, eine Anlage aus Saunen, Thermen und Bädern im Kolonialstil, oft mit portugiesischen oder englischen Fliesen und Kacheln sowie französischen Fenstern verziert. Wie es sich gehört, ist alles strikt nach Geschlechtern getrennt, bis heute würde es anders in Brasilien nicht gehen. 🕓 Di–Sa 8.30–12 und 15–17, So 8.30–12 Uhr. Bäder ab R$12.

Touristisches Aushängeschild der Stadt ist jedoch der **Parque das Águas**, offiziell Parque Dr. Lisandro Carneiro Guimarães genannt. Auf einem 210 000 m2 großen Gelände befinden sich zwölf Quellen in neun gepflegten und stilistisch unterschiedlichen Pavillons. In einem dieser Pavillons mit dem Namen „D. Pedro" befindet sich eine überdimensionale Replik der Kaiserkrone, ein anderer mit dem Namen „Princesa Isabel" wird besonders bei Anämie empfohlen, „D. Leopoldina" hilft bei Leber- und Darmbeschwerden, „Viotti" löst Nierensteine und „Ernestina Guedes" dient der Behandlung von Hautkrankheiten. Außer Mineralwasser trinken kann man im Park auch spazieren gehen und sich an Seen, Gärten und schönen Bauten aus dem Anfang des 20. Jhs. ergötzen. 🕓 tgl. 7–18 Uhr; Eintritt R$2.

Mit einem 908 m langen **Teleférico** aus dem Jahre 1988 gelangt man vom Parque das Águas zum 1090 m hohen Morro Caxambu. Kaum jemand wird diese Fahrt versäumen, der Panoramablick auf einen See, die grüne Landschaft der Serra da Mantiqueira und nicht zuletzt auf eine 15 m hohe Christus-Statue ist ein Erlebnis für sich. 🕓 Mo–Fr 9–12 und 13.30–17, Sa und So 9–17 Uhr; Eintritt R$10.

Gegenüber dem Parkeingang befindet sich das **Centro de Artesanato** mit mehr als 20 Kunsthandwerksläden, Verkaufsrenner sind in Stroh gefasste Mineralwasserflaschen aus Plastik für das heimatliche Souvernirdepot. 🕓 tgl. 9–18 Uhr.

Außerhalb des Parks lassen sich viele Gäste noch mit der Pferdekutsche herumfahren, um weitere Attraktionen von Caxambu kennen zu lernen. Dazu gehört die ab 1868 in neogotischem Stil errichtete Kirche **Santa Isabel de Hungria** sowie die ebenfalls 1906 vollendete neogotische **Igreja da Matriz**, in der bis heute die wichtigsten religiösen Zeremonien der Stadt abgehalten werden. Die Tour führt an den blühenden Gärten der **Praça Dezesseis de Setembro** vorbei, daneben befinden sich die meisten Läden, Bars und Restaurants.

Keine 10 km entfernt liegt **Baependi**, einer der ältesten Orte von Minas Gerais, mit alten Kolonialhäusern, Kirchen (besonders die Igreja de Nhá Chica) und ökotouristischen Angeboten wie Ausflügen zu den berühmten Wasserfällen. Ebenfalls in der Nähe befindet sich **Campanha**, die älteste Stadt von Minas mit Museen zur Geschichte des Landes.

Übernachtung

Caxambu verfügt über zahlreiche Unterkünfte, die meisten befinden sich im Umkreis des Parque das Águas. Hotels mit Fazenda-Charakter liegen weiter außerhalb. Dort wird fast immer Vollpension angeboten, was sowohl vom Preis als auch von der Qualität der Küche her durchaus zu empfehlen ist.

São Francisco, Rua João Pinheiro 130, ✆ 35/3341 4787. 18 Zimmer mit Kühlschrank, TV und Telefon (14 mit Veranda, 2 mit Whirlpool). In ruhiger Straße, 100 m vom Parque das Águas. ❷

Pousada Haras Coqueiro Verde, BR 354 in Richtung Itamonte, KM 65,5; 4 km vom Ort, ✆ 35/3341 1413, 💻 www.pousadaharascoqueiroverde.com.br. 15 ruhige Apartments (mit TV) in einem Park; Pool, Volleyballfeld und Jogging-Pfad; Möglichkeiten zum Reiten und Fischen (See). ❸

Hotel Glória, Av. Camilo Soares 590, Centro, ✆ 35/3341 3000, 💻 www.hotelgloriacaxambu.com.br. Eines der traditionsreichsten Hotels der Stadt mit 123 komfortablen Zimmern; Pool, Sauna, Mineralquelle, Bar, Restaurant, Sportplatz, Spielsaal. Gegenüber Parque das Águas. VP. ❻

Essen

Avenida Café, Av. Camilo Soares 648. Sehr preiswertes kleines Lokal mit Tischen auf dem Bürgersteig; sowohl Mahlzeiten (Forelle, Spaghetti u. a.) als auch Snacks, Sandwiches, Säfte und Kaffee; nahe beim Eingang zum Parque das Águas. 🕓 tgl. 8–22 Uhr.

Bom Sabor, Rua João Pinheiro 329, Loja 11, Galeria João Branco. Preiswertes Self-Service-Buffet nach Gewicht, auch Forellen und Fleisch. 🕓 tgl. 11.30–15 Uhr.

Tarantela Pizzaria, Rua João Pinheiro 326, Centro. Italienische Pizzeria; Spezialität ist die Pizza *Caxambu* mit Mozzarella, Minas-Käse, Schinken und Orégano; mittlere Preise.

Sonstiges

GELD – Es gibt Filialen von ***Banco do Brasil,*** z. B. in der Rua Oliveira Mafra, **Bradesco** und **Itaú**, alle mit Geldautomaten.

INFORMATIONEN – ***Secretaria de Turismo,*** Rua João Carlos 100, ✆ 35/3341 1298, 💻 www.caxambu.mg.gov.br. 🕓 Mo–Fr 8–11 und 14–17 Uhr.

MEDIZINISCHE HILFE – ***Hospital São Vicente de Paulo,*** Rua Monsenhor João de Deus 92, ✆ 35/3341 3222.

POST – Av. Camilo Soares (nahe Hotel Glória).

Transport

BUSSE – Die **Busstation** liegt an der Praça Cônego José de Castilho Moreira, 1 km südlich des Zentrums, ✆ 35/3341 5566.
Belo Horizonte: *Viação Sandra,* ✆ 31/3201 2927 (Schalter in Belo Horizonte), tgl. um 5.30 Uhr, 6 Std., R$53.
São Lourenço: *Coutinho,* ✆ 35/3341 5040, 8x tgl. zwischen 7 und 21 Uhr, 1 Std., R$5.
Auch Direktverbindungen nach **Rio de Janeiro** (2x tgl.) und **São Paulo** (6x tgl.).

São Lourenço

Hier ist man wie in Caxambu in einem alten Kurbad, das heute eine große Badelandschaft besitzt. Die 36 930 Einw. zählende Stadt ist eine der jüngsten von Minas Gerais, in den letzten Jahren jedoch stark gewachsen und recht touristisch. Von allen Orten des „Circuito das Águas" finden sich hier die meisten Unterkünfte, viele mit Freizeitanlagen und häufig von Familien mit Kindern frequentiert. Alle Unternehmungen werden einem hier leicht gemacht, per Kutsche (beim Parque das Águas), Zug, Pferd oder Fahrrad hat man in zwei Tagen alle Sehenswürdigkeiten abgehakt und auch noch Zeit, in den vielen Souvenirläden im Zentrum Kunsthandwerksprodukte, Liköre, Schnäpse, Käse, Kristalle oder T-Shirts zu kaufen.

Kurpark

Hauptattraktion ist auch hier der **Parque das Águas** bzw. Parque das Fontes. Er liegt auf einem Gelände von 430 000 m², besitzt gepflegte Gärten und Rasenflächen, Orchideen- und Hortensien-Pflanzungen, einen großen See mit der Ilha dos Amores in der Mitte sowie sechs Brunnen. Am Wochenende kann man am Stand von Nestle, Vertreiber der lokalen Mineralwassermarke, gratis einen Konditionstest machen und sich Behandlungstipps geben lassen. Die Quellen des Parks sind vor allem berühmt für ihre antitoxischen Eigenschaften, und der Andrang Heilungsbedürftiger ist groß. Inzwischen gibt es auch noch den **Parque das Águas II**, vom ersten Park nur durch die Rua Saturnino da Veiga getrennt. Der Haupteingang führt zu beiden Anlagen. Im neuen Teil kann man unter Mineralquellen duschen, sich auf Sportplätzen vergnügen, Fahrräder ausleihen oder sich einfach nur sonnen. ⌚ tgl. 8–17.20 Uhr; Eintritt R$3.

Ferner bietet das **Balneário** salzhaltige Bäder, schottische Duschen, Schaumbäder, Saunen (feucht und trocken), Massagen und Shiatsu. ⌚ Mo–Sa 8–12 und 14–16.50, So 8.30–12 Uhr, Bäder ab R$7, Massagen ab R$30.

Attraktionen außerhalb des Parks

Zu den beliebtesten Unternehmungen gehört eine Fahrt im **Teleférico** vom Zentrum zu einem der höchsten Punkte der Stadt, ⌚ tgl. bis 18 Uhr; Eintritt R$5. Einen schönen Panoramablick gewährt auch das **Memorial Tancredo Neves**, ein achtstöckiges Gebäude aus dem Jahre 1989 in der Rua Wenceslau Braz 475 (Centro) mit transparentem Aufzug und Aussichtsturm auf dem Dach. Im Inneren befinden sich Bilder des plastischen Künstlers Benigno Ribeiro, die Persönlichkeiten der brasilianischen Geschichte zeigen. ⌚ tgl. 9–18 Uhr; Eintritt R$2,50. Höchster Punkt der Stadt ist der **Montanha Sagrada**. Der „heilige Berg" ist voll mit Antennen, wird aber von der esoterischen „Sociedade Brasileira de Eubiose", die in São Lourenço einen viel besuchten Tempel unterhält, als spezielles Kraftfeld angesehen.

Für Nostalgiker ist der **Trem das Águas** unverzichtbar. An der Praça Dr. Ismael de Souza, fünf Minuten vom Zentrum entfernt, wartet die *Maria Fumaça*, eine amerikanische Dampflok der Marke Baldwin aus dem Jahre 1929. Früher fuhr sie bis São Paulo, heute dauert die Reise nur noch zwei Stunden bis zum 80 km entfernten Soledade de Minas. Die Fahrt durch eine reizvolle Landschaft führt am Rio Verde entlang, einmal wird für eine halbe Stunde an einem kleinen Kunsthandwerksmarkt gehalten. ✆ 35/3332 3011, Sa, So und feiertags 10 und 14.30 Uhr, Fahrpreis R$15. Wer nicht einsteigen will, sollte sich wenigstens die **Estação Ferroviária** anschauen. Der Bahnhof im europäischen Baustil aus dem Anfang des 20. Jhs. ist geschmückt mit englischen Fliesen. Dort befindet sich auch das Gebäude **Casa da Cultura**, wo alte Fotos die Entwicklung der Stadt dokumentieren.

Für ökologisch Interessierte bietet São Lourenço ebenfalls einiges. 15 Min. vom Zentrum liegt der **Horto Florestal**, ein grüner Park mit Zierpflanzen, Vögeln und einem kleinen See. Im Park **Fundação Cima's** werden medizinische Pflanzen kultiviert, in einem Parkabschnitt sind Kunstwerke von Salvador Dalí ausgestellt. Vom Porto do Maneco nahe bei der Teleférico-Station werden Bootstouren den **Rio Verde** aufwärts geboten, die Fahrzeit schwankt zwischen 15 und 30 Min. Abenteuerlichere Optionen sind Kletterpartien auf die Berge, Kanufahrten oder Rafting durch Wildbäche und Wasserfälle oder Reitausflüge in das ländliche Umfeld.

Übernachtung

Recanto dos Carvalhos Hostel (HI), BR 460, KM 78 (4 km nach der Weggabelung São Lourenço/Caxambú), ✆ 35/3799 4000, 🖳 www.recantodoscarvalhos.com.br, Reservierung in São Lourenço: Rua Wenceslau Braz 188. Sehr gutes Hostel mit 70 Betten; Chalês (mit Küche) für 2 Pers. (R$70) und Dorms (R$25 p.P.); Fazenda, Herberge und Camping auf einem Anwesen; Restaurant, TV-Raum mit Kamin, Spielsaal, Pool, Sauna, Wasserfall, Fußball- und Tennisplätze; Reitausflüge und Öko-Touren; Anfahrt ab Rodoviária mit *Viação Cidade do Aço,* Ticket nach Vidinha kaufen, aussteigen beim Armazém Chagas, von dort 400 m zu Fuß bis zur Rezeption. ❶
Hotel Aliança, Av. D. Pedro II Nr. 505, ✆ 35/3332 4300, 🖳 www.hotelalianca.com.br. Älteres Haus von 1934; 30 Zimmer mit Kühlschrank, TV und Telefon (7 mit AC); die hinteren Zimmer sind ruhiger; Restaurant, Pool und Sauna; 100 m vom Parque das Águas. ❷
Hotel Brasil, Alameda João Lage 87, ✆ 35 3332 1313, 🖳 www.hotelbrasil.com.br. Eines der traditionellsten Hotels der Stadt Baujahr 1917); 142 Zimmer mit allem Komfort; Pools, Sauna, Thermalquelle, Fitness Center, Sportplatz, Spielsaal; direkt beim Parque das Águas. ❻

CAMPING - ***Camping Recanto dos Carvalhos,*** BR 460, KM 78, ✆ 35/3332 7900, 🖳 www.recantodoscarvalhos.com.br. 150 Zeltplätze in schönem Fazenda-Gelände (Näheres s. Recanto dos Carvalhos Hostel). ❶

Essen

4 Amigos, Rua 15 de Novembro 55. Preiswertes Self-Service-Buffet nach Gewicht, 300 m vom Parque das Águas. 🕓 tgl. 11–15 Uhr.
Agostini, Av. Comendador Costa. Gute Pizza und Pasta sowie Forellen, mittlere Preise, gegenüber Parque das Águas. 🕓 tgl. 11–16 Uhr.

Sonstiges

EINKAUFEN - ***Empório de Minas,*** Av. Getúlio Vargas 129. Kunsthandwerkliche Erzeugnisse von Minas. 🕓 tgl. 9–19 Uhr.

GELD – Es gibt Filialen von **Banco do Brasil, HSBC, Bradesco, Itaú** u. a.

INFORMATIONEN – Touristenbüro gegenüber dem Parque das Águas. 🕓 tgl. 7–19 Uhr.

Transport

BUSSE – Die **Busstation** liegt in der Rua Manuel Carlos 130, 2,5 km südöstlich des Parkeingangs.
Caxambu: *Coutinho,* ✆ 35/3331 1903, 8x tgl. zwischen 6 und 22 Uhr, 1 Std., R$5.
Auch Verbindungen nach **Rio de Janeiro** (5x tgl.) und **São Paulo** (4x tgl.).

Nationalparks

Die Nationalparks von Minas Gerais liegen in der Übergangszone zwischen der krüppeligen *Cerrado*-Vegetation Zentralbrasiliens und dem Gebiet der Atlantischen Regenwälder. Die meisten **Niederschläge** fallen zwischen Oktober und Februar, häufig sind die Wanderpfade in dieser Zeit durchnässt und erschweren die Erkundung dieser Gebiete. In den Hochlagen kann es in den Wintermonaten sehr kalt werden, selbst Schneefall ist möglich. Höhencamps *(Campos rupestres)*, wo die Vegetation vor allem aus Kräutern und Gräsern besteht, findet man in Lagen über 900 m. Typische **Pflanzen** sind auch Vellosiaceen, Orchideen, Eriocaulaceen sowie Kakteen und Bromelien. Zur **Fauna** gehören Schild- und Kapuzenkolibris, der schwarze Langschopf-Mohrentyrann mit den abstehenden Federn am Hinterkopf und der große Feldspecht mit dem gelben Hals und dem schwarzen Scheitel. Häufig zu sehen sind hühnerähnliche Vögel wie Pampahühner, Tataupas und Steißhühner. Die Parks sind teilweise gut erschlossen und auf eigene Faust erkundbar (Caraça), andere sollte man eher mit einem Guide besuchen (Cipó).

Parque Natural do Caraça

Caraça war ein Kloster mit Schule, das heute zum Teil als Pousada fungiert (s. u.). Der 110 km^2 große Park trägt dessen Namen und gehört nach wie vor der katholischen Kirche. Er liegt in der Serra do Espinhaço und besteht aus Resten von Atlantischem Regenwald mit vielen Wasserfällen; in den Höhencamps *(Campos rupestres)* finden sich kargere Gras- und Strauchflächen. Die noch ursprünglichen Waldgebiete des Parks dienen als wichtiges Reservat für einige vom Aussterben bedrohte Affenarten, z. B. Schwarzpinseläffchen und Schwarzköpfige Springaffen. Außerdem leben hier auch noch Pumas, Mähnenwölfe sowie La-Plata-Ottern. Viele leicht zu begehende Wanderpfade ermöglichen es, den Park auf eigene Faust zu erkunden, besonders an den Berghängen entlang.

Die höchsten Gipfel sind **Pico do Sol** (2070 m), **Alto da Inconfidência** (2068 m), **Pico da Trindade** (1908 m), **Morro do Piçarrão** (1839 m) und **Pico da Conceição** (1803 m). Die beiden ersten Erhebungen stellen eine besondere Herausforderung für Kletterer dar, ein Guide ist unverzichtbar. Der einfachste, beliebteste und gut markierte Pfad, die **Trilha Parque**, ist 5,7 km lang, beginnt bei Catas Altas und endet bei Morro D'Água Quente. Er führt vorbei an den Wasserfällen *Maquiné* und *da Santa* sowie dem *Oratório de São Judas* und dem Stausee des Unternehmens Vale do Rio Doce. ⌚ 7–17 Uhr; Eintritt R$10 pro Auto.

Die parknächste Stadt ist **Santa Bárbara**, sie hat 24 180 Einw. und liegt 112 km von Belo Horizonte entfernt. Dies ist ein guter Ausgangspunkt für Touren durch den Park. Die Straßen dorthin sind gut ausgeschildert und asphaltiert. In Santa Bárbara gibt es einige schöne Barockkirchen, an deren Bau z. T. Aleijadinho mitgewirkt hat. Dazu gehören die **Matriz do Santo Antônio** (1724), die **Matriz de N. S. da Conceição** (1738) und die **Matriz de São João Batista** (1764). Ein besonderer Anziehungspunkt ist das 25 km entfernte, mitten im Park liegende Kloster bzw. heutige Gästehaus **Hospedaria do Colégio Caraça** (s. Übernachtung), zugleich Sitz der Parkverwaltung. Dort erhält man Unterstützung bzgl. Aktivitäten und Touren inkl. Guide-Vermittlung und gute Karten. Es gibt keine Buslinien dorthin, ein Taxi kostet um R$40 plus R$10 Eintritt pro Fahrzeug.

Übernachtung und Essen

Camping ist in der Region nicht erlaubt. Direkt im Park gibt es nur eine Unterkunft, ansonsten mehrere einfache Pousadas im nahen Santa Bárbara.

Quadrado, Praça da Matriz, Santa Bárbara, ✆ 31/3832 3106. Liebevoll restauriertes altes Haus von 1920, einige Wände und der Boden in der Rezeption sind noch im Originalzustand; 20 Zimmer mit allem Komfort; vom Frühstücksraum schöner Blick auf den Park. ❷.

✖ ***Hospedaria do Colégio Caraça,*** Parque Natural do Caraça, 25 km von Santa Bárbara, ✆ 31/3837 2698. Umgebauter Teil eines schönen alten Klosters, 41 einfache Zimmer, z. T. mit Bad. Abgeschieden in den Bergen mitten in der Natur mit See und Wasserfällen. Recht spartanisches Restaurant. Gäste sparen den Eintritt für den Park. Anfahrt per Taxi (R$40 plus Parkeintritt von R$10 pro Fahrzeug). ❸

Tapera, Rua Antônio Pereira Rocha 448, Santa Bárbara. Preiswertes einfaches Lokal mit gemischtem Speisenangebot. ⌚ Di–Sa 17–24, So 11–24 Uhr.

Transport

BUSSE – Zwischen **Santa Bárbara** und **Belo Horizonte** verkehren tgl. 5–10 Busse, 2 1/2 Std., R$15.

Parque Nacional da Serra do Cipó

Dieser schöne, 33 800 ha große Nationalpark befindet sich 120 km nordöstlich von Belo Horizonte. Er unterteilt sich in einen tiefer und einen höher gelegenen Bereich (1000-1500 m). Die Hauptattraktion im unteren Teil sind einige Wasserfälle. Dazu gehören **Cachoeira da Capivara** (30 Min., leichter Pfad), **Cachoeira da Farofa** (2 Std., leichter Pfad) und **Taioba** (2 1/2 Std., mittelschwerer Pfad). Die oberen Regionen sind geprägt von der typischen Vegetation der **Höhencamps** *(Campos rupestres)* mit ihrer spezifischen Flora und Fauna. Es besteht die Möglichkeit einer längeren Wanderung oder Reittour als Tagesausflug. Nicht selten ist man im

Park fast allein, eine ortskundige Begleitung ist anzuraten. Häufig überquert man im unteren Teil private Weideflächen und sollte nicht vergessen, die Tore wieder zu schließen. ⏲ tgl. 8–17 Uhr; Eintritt R$3. Anstrengendere Sportarten lassen sich nur in der Umgebung und nicht innerhalb des Parkes praktizieren (Angebote s. Aktivitäten).

Übernachtung und Essen

In Parknähe gibt es keine bewohnten Orte. Daher bietet sich an, von Belo Horizonte aus Komplettprogramme zu buchen. Eine gute Option ist: ***Fazenda do Cipó***, ✆ 31/3344 8986, 💻 www.tropaserrana.zip.net. Große Fazenda beim Nationalpark, mit Flussstrand, Restaurant, spezialisiert auf Reitausflüge. Gäste werden von der Rodoviária in Belo Horizonte abgeholt. Der Übernachtungspreis (R$150 p.P.) ist inkl. Reiten. ❹

Aktivitäten

ABENTEUER- UND ÖKOTOURISMUS – ***Cipó Aventuras***, Serra do Cipó, ✆ 31/3718 7014, 💻 www.cipoaventuras.com.br.

REITEN – ***Tropa Serrana-Passeios a Cavalo***, ✆ 31/3344 8986, 💻 www.tropaserrana.zip.net. Reitausflüge ab Fazenda do Cipó (s. Übernachtung/Essen) auf der Goldroute (1 Tag, mind. 5 Pers., R$150 p.P.), Smaragdroute (1 1/2 Tage, mind. 5 Pers., Übernachtung in der Fazenda do Cipó und Frühstück, R$190 p.P.) und Diamantenroute (2 Tage, mind. 5 Pers., Übernachtung, Frühstück und Picknick, R$400 p.P.).

Transport

BUSSE – Von **Belo Horizonte** fahren Busse der Gesellschaft *Saritur* nach Conceição do Mato Dentro. Vor Ankunft in diesem Ort steigt man in **Cardeal Mota** aus, dem parknächsten Punkt (3 km nördlich der Brücke über den Rio Cipó).

Parque Nacional do Caparaó

Der 31 800 ha große Park liegt direkt an der Grenze zwischen Minas Gerais und Espírito Santo im Gebiet der Küstenkordillere. Seine Besonderheit sind die sehr hohen **Berge**, die höchsten Südostbrasiliens. Der Pico da Bandeira ist mit 2890 m der zweithöchste Gipfel des ganzen Landes, ferner befinden sich hier der Pico do Cruzeiro (2860 m), der Pico Calçado (2840 m) und der Pico Cristal (2798 m). Wegen der rundlichen Formen wird deren geologisches Alter auf über 500 Mill. Jahre geschätzt.

Die ursprüngliche Bergidylle hat zwar durch Brandrodung, Landwirtschaft, Holzkohlegewinnung und Kaffeeanbau gelitten, besitzt aber trotzdem eine sehenswerte **Flora** und Fauna. Im „Vale Verde" und auf der unzugänglichen Ostseite existiert immer noch originärer Atlantischer Regenwald mit vielen Epiphyten und Baumfarnen. In anderen Teilen, den *capoeiras* genannten Wiederaufforstungsflächen, finden sich kleinere Bäume und Buschwerk. Die unberührten Hochlagen ab 2400 m zeichnen sich durch die Vegetation der Höhencamps aus.

An **Tieren** sieht man häufiger kleinere Affenarten, mitunter auch Opossums, Pakas, Wildkatzen und Waldfüchse. In den unteren Lagen dominiert eine reiche und wegen der nicht besonders dichten Vegetation leichter zu beobachtende Vogelwelt, darunter Finkenarten wie das Schmuckpfäffchen, der Graunacken-Kronfink und der Haubenfink, ferner die zutrauliche Morgenammer, die Rotbauchdrossel, die bunt gefärbten Tangare sowie die hühnerartigen Tataupas und Schakupembas.

Der Park wird gern zum **Wandern** aufgesucht. Vom Ort Alto Caparaó gelangt man nach 2 km zum Eingang mit Besucherzentrum. Dort beginnt ein gut erschlossener Weg bis zum Gipfel des Pico da Bandeira. Nach 300 m folgt eine Gabelung, nach links bergauf gehend ist man nach 2 Std. bzw. 6 km beim 1970 m hohen Aussichtspunkt Tronqueira mit Campingmöglichkeit und Waschräumen. Weiter bergauf führt der Weg 1 1/2 Std. bzw. 4,5 km bis zum 2370 m hohen Terreirão, einer kleinen Nothütte. Jetzt sind es noch weitere 1 1/2 Std. bzw. 4,5 km bis zum Pico da Bandeira. Um diese Tour an einem Tag hin und zurück zu schaffen, braucht man eine gute Kondition und muss früh starten. Die Agentur *Transjeep* in Alto Caparaó bieten Jeep-Touren bis Tronqueira, eine gute Möglichkeit den Aufstieg zu erleichtern, ✆ 32/3747 2537, bis 4 Pers. R$40.

Die günstigste **Besuchszeit** sind die Monate Juni bis August. Die Temperaturen können dann zwar bis auf den Gefrierpunkt sinken (warme Kleidung!), aber dafür regnet es weniger und bilden sich auch weniger Nebelfelder. In der Regenzeit, besonders von November bis Januar, können die oberen Lagen in dichten Nebel gehüllt sein. Außer der Sichtbehinderung ist die Gefahr des Sichverlaufens sehr groß. Park ⌚ 7–22 Uhr; Eintritt R$3.

Übernachtung und Essen

Der günstigste Ausgangspunkt in Parknähe ist der Ort Alto Caparaó, 4 km entfernt. Im Zentrum gibt es wenige einfache Restaurants. Besser ist das Essen in der Pousada do Bezerra (s. u.).

Pousada Montanhas do Sol, Av. Ver. Inimá Novaes Campos 500, Alto Caparaó, ✆ 32/3747 2527, 💻 www.pousadamontanhasdosol.com. 17 Zimmer mit TV; Pools, Bar, Grill und Spielsaal; zu Fuß 4 Min. vom Zentrum. ❷

Pousada do Bezerra, Av. Ver. Inimá Novaes Campos, ✆ 32/3747 2628, 💻 www.pousadadobezerra.com.br. Schöne Flussuferlage, 32 Zimmer mit Kühlschrank und TV. In der Anlage Wasserfall, Pool, Restaurant und Spielsaal. Transfer vom Ortszentrum gratis. VP. ❹

Transport

BUSSE – Von **Belo Horizonte** und **Vitória** aus bestehen Busverbindungen nach **Manhumirim**, von dort fahren tgl. um 8 und 12 Uhr Busse nach **Alto Caparaó**.

Rio de Janeiro und Espírito Santo

Vom Corcovado und Zuckerhut in **Rio de Janeiro** den Blick auf die schönste Stadt der Welt genießen. ✓

Die **Ilha Grande**, Brasiliens grünste Insel entdecken.

Im kleinen Kolonialort **Parati** eine Zeitreise in die Vergangenheit antreten.

Sich im verträumten **Visconde de Mauá** von der Welt zurückziehen.

Klettern und Wandern in den Nationalparks von **Itatiaia** und **Serra dos Órgãos.**

Wellenreiten in **Saquarema**, Brasiliens Surfparadies Nummer eins.

Im schicken **Búzios** Nightlife und Traumstrände erleben. ✓

Im Badeort **Itaúnas** Ursprünglichkeit und Fischerdorfidylle genießen.

In **Piúma** (Espírito Santo) nach der seltensten Muschel der Welt suchen.

Rio de Janeiro

Rio de Janeiro (City), das Haupteintrittsportal des Landes (5 857 900 Einw.) fasziniert durch eine auf der Welt einzigartige Lage, eingebettet zwischen Felsen, Meer und Urwald. Südwestlich von Rio-City erstreckt sich die **Costa Verde** (Grüne Küste), reich gesegnet mit Atlantischem Regenwald, 365 vorgelagerten Inseln und 2000 Stränden. Westlich von Rio in Richtung São Paulo liegt die **Itatiaia-Region** mit einem herrlichen Nationalpark und schön in die Natur eingebetteten idyllischen Orten. Nördlich von Rio erstreckt sich die **Serra do Mar** mit dem Nationalpark Serra dos Órgãos und Gebirgsorten wie Petrópolis, Teresópolis und Nova Friburgo, die an die Schweiz oder Süddeutschland erinnern. Und östlich von Rio liegen die reizvollen **Badeorte** der Região dos Lagos (Lagunen-Region) bzw. Costa do Sol (Sonnenküste). International am bekanntesten ist Búzios, eine Halbinsel mit 23 Stränden und regem Nachtleben. Weitere Orte sind Cabo Frio, Arraial do Cabo und Saquarema.

Rio de Janeiro (City)

In dieser Stadt, so schreibt Stefan Zweig in seinem Buch „Brasilien – Ein Land der Zukunft", „hat die Natur in einer einmaligen Laune von Verschwendung von den Elementen der landschaftlichen Schönheit alles in einen engen Raum zusammengerückt, was sie sonst sparsam auf ganze Länder verteilt und vereinzelt [...] Es gibt – wer sie einmal gesehen, wird mir nicht widersprechen – keine schönere Stadt auf Erden." In einem Reisebericht zweier Tschechen (Jiri Hanzelka, Miroslav Zikmund: Südamerika, 1949) heißt es nicht weniger schwelgerisch: „Wenige Stunden in Rio genügen, um seinem Zauber zu unterliegen, um allen bewundernden Superlativen zuzustimmen. Rio de Janeiro ist eine märchenhafte Stadt, die schönste von allen."

Tatsächlich stimmen auch heute noch die meisten Besucher solch euphorischen Urteilen zu, zumindest was die landschaftliche oder topografische Seite betrifft. „Überall ist die Natur eine überschwängliche und doch harmonische, und inmitten der Natur die Stadt selbst, ein steinerner Wald, mit ihren Wolkenkratzern und kleinen Palästen, mit ihren Avenuen und Plätzen und farbig orientalischen Gässchen, mit ihren Negerhütten und gigantischen Ministerien, mit ihren Badestränden und Kasinos – ein Alles-Zugleich, eine Luxusstadt, eine Hafenstadt, eine Geschäftsstadt, eine Fremdenstadt, eine Industriestadt, eine Beamtenstadt." Stefan Zweig hat Recht, in Rio vermischt sich alles, Natur und Architektur, Altes und Neues, Schönes und Hässliches. Am Anfang mag dieses Durcheinander befremdlich wirken, doch bald wird man merken, dass gerade dies die Seele der Stadt und ihrer Menschen ausmacht. Man nimmt hier alles nicht so genau und keiner stört sich daran, wenn neben alten Kirchen moderne Bürohochhäuser in den Himmel ragen oder neben Armensiedlungen Luxusvillen entstehen.

Das stadtplanerische *laisser-faire* entspricht der allgemeinen Lockerheit der Menschen. Der Verkehr rollt trotz flotter Fahrweise entspannt und aggressionsarm, niemand hupt oder schimpft über irgendwelche Regelverletzungen. Leger sind auch die Kleidungsvorschriften (es gibt sie nämlich kaum) sowie der Umgang mit Uhrzeiten und Verabredungen. Größere Verspätungen sind normal, falls man überhaupt kommt. Den Abschiedsgruß *te ligo* (ich ruf dich an) sollte man auf keinen Fall wörtlich nehmen. Doch der Fremde fühlt sich trotz anderer Gewohnheiten hier schnell wohl. Die allgemeine Leichtigkeit des Seins wirkt angenehm entspannend und lässt schnell den heimischen Alltagsstress vergessen.

Rio hat sein Gesicht in der letzten Zeit positiv verändert. Die Stadt, insbesondere die wohlhabendere Südzone, macht einen gepflegten und zivilisierten Eindruck. Bettelnde Kinder sieht man immer seltener. Die Strände und Promenadenwege sind sauberer und laden zum Sonnenbaden und Flanieren ein. Viele Küstenstraßen werden an Sonn- und Feiertagen für den Autoverkehr gesperrt. Wo früher Autos parkten, verläuft nun ein Fahrradweg. Immer häufiger gibt es spontane Grill-Treffs mit Samba, und auch der fast verschwundene Straßenkarneval lebt wieder auf.

Geschichte

Rio de Janeiro, auf Deutsch „Bucht des Januars", wurde am 1. Januar 1502 von einer portugiesischen Expedition unter Gaspar de Lemos entdeckt. Für „Bucht" gab es damals sowohl den Namen *baía* als auch den Begriff *rio*, was heute nur noch „Fluss"

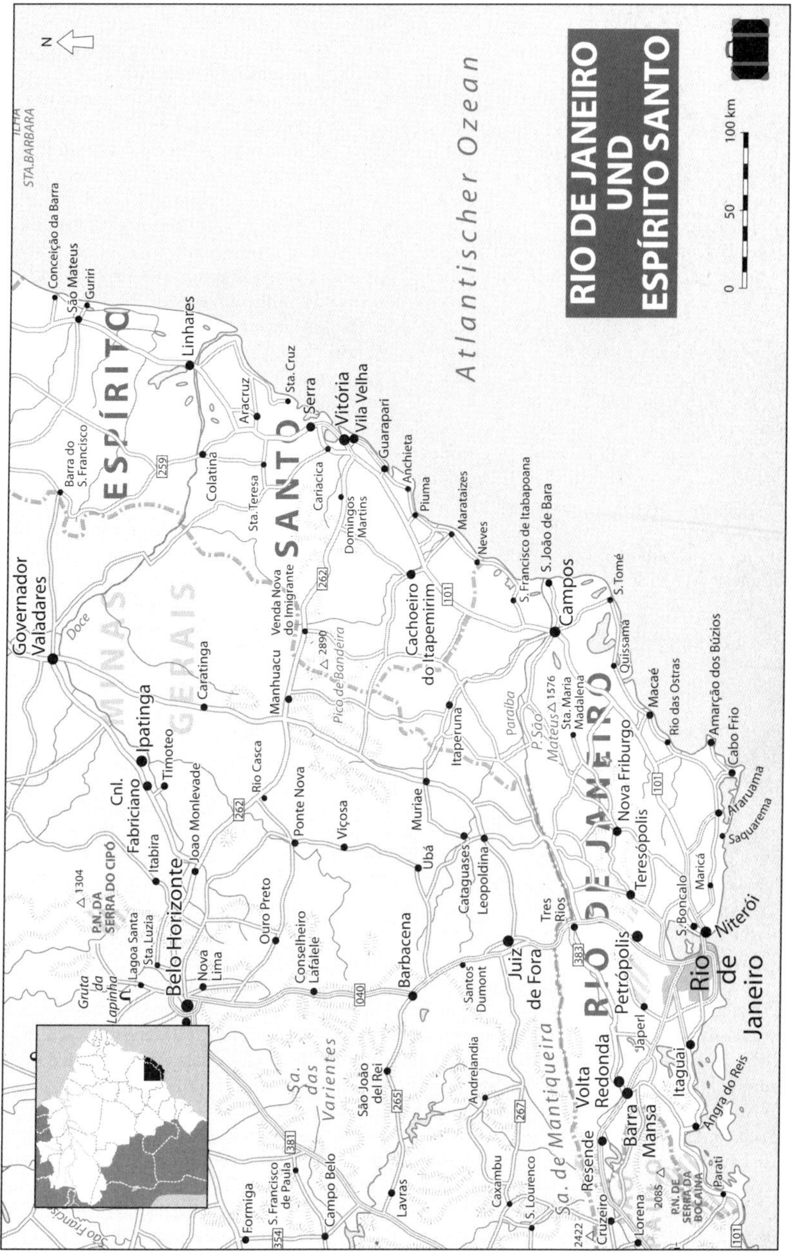
RIO DE JANEIRO UND ESPÍRITO SANTO
Atlantischer Ozean
0
50
100 km
N
ESPÍRITO SANTO
MINAS GERAIS
RIO DE JANEIRO
Vitória
Vila Velha
Serra
Linhares
São Mateus
Conceição da Barra
Guriri
Aracruz
Colatina
Guarapari
Anchieta
Piuma
Marataizes
Cachoeiro do Itapemirim
Campos
Macaé
Cabo Frio
Nova Friburgo
Teresópolis
Petrópolis
Niterói
Rio de Janeiro
Volta Redonda
Barra Mansa
Resende
Angra do Reis
Parati
Juiz de Fora
Barbacena
Belo Horizonte
Ipatinga
Governador Valadares
Ouro Preto
Muriae
Ubá
Viçosa
Manhuacu
Caratinga
São João del Rei
Lavras
Sa. de Mantiqueira
Pico de Bandeira
△ 2890
Doce
Paraíba

heißt. Diese Zweideutigkeit ist wenig bekannt, so dass später den Entdeckern nachgesagt wurde, Rio mit einem falschen Namen, nämlich „Fluss des Januars“, getauft zu haben. Zwei Jahre später folgten die Pioniere unter Gonçalo Coelho, gingen am Strand von Uruçumirim (heute Glória und Flamengo) an Land und bauten dort das erste Wohnhaus aus Stein, welches die Tamoio-Indianer *carioca* (Haus des Weißen) nannten. Bis heute werden daher die Einwohner von Rio **Cariocas** genannt.

In der Folgezeit zeigten die stark im Handel mit Brasilholz engagierten Franzosen größeres Interesse an Rio als die Portugiesen, bis 1565 portugiesische Truppen unter Estácio de Sá die französische Kolonie França Antártica einnahmen und am 1. März offiziell die Stadt São Sebastião do Rio de Janeiro gründeten. Etwa 200 Kolonisatoren siedelten sich auf dem Hügel von Castelo an, errichteten eine Kirche, eine Jesuitenstation, ein Gefängnis und ein Regierungsgebäude.

Wichtigster Exportrohstoff war bis Ende des 16. Jhs. das **Brasilholz**. Parallel entwickelte sich zunehmend der Anbau von Zuckerrohr auf einem Gelände, das heute von der Copacabana bis zum Jardim Botânico reicht. 1698 wurden in Minas Gerais große Gold- und 1729 reiche **Diamantenvorkommen** entdeckt; Mitte des 18. Jhs. erreichte die Goldförderung die Rekordmarke von 16 Tonnen jährlich. Eine Straßenverbindung in die Bergbaugebiete wurde geschaffen und bewirkte einen regen Handelsaustausch. Die Verschiffung der neuen Reichtümer nach Lissabon erfolgte über den strategisch günstig gelegenen Hafen von Rio. Wirtschaftlich aufgeblüht löste Rio 1763 Salvador da Bahia als Hauptstadt Brasiliens ab, Regierungsgebäude wurde der Palácio dos Vice-Reis, heutiger Paço Imperial. In dieser Zeit wuchs die Bevölkerung der Stadt rapide an, und 1803 zählte Rio schon knapp 47 000 Einwohner.

1807/08 flüchtete der portugiesische Hof unter Prinzregent **Dom João VI.** aus Furcht vor der bevorstehenden napoleonischen Invasion nach Rio. Diese in der Geschichte einzigartige Umverlagerung der Macht in eine Kolonie bedeutete einen entscheidenden Impuls für die Entwicklung der Stadt. Die 15 000 Aristokraten aus Lissabon brachten nicht nur enorme Schätze aus der Heimat mit, sondern gedachten auch ihren gehobenen Lebensstil in der neuen Welt fortzuführen. Im Zentrum, besonders in der Rua do Ouvidor, entstand ein modernes Handels- und Geschäftsviertel. Der Hafen wurde für die Schiffe befreundeter Nationen geöffnet, durch den damit bewirkten Wegfall des portugiesischen Zwischenhandels wurden Importwaren bedeutend günstiger. Aus aller Welt kamen Luxusgüter und Kapital, die Banco do Brasil wurde gegründet, Wohnpaläste gebaut sowie Krankenhäuser, Theater und die Biblioteca Nacional. Die erste Zeitung („A Gazeta“) kam heraus, ein Botanischer Garten wurde angelegt und Künstler der Missão Artística Francesa kamen, um die Stadt zu verschönern und Künstler auszubilden.

Wegen innenpolitischer Unruhen wurde D. João VI. 1821 zur Rückkehr nach Lissabon gezwungen, sein Sohn Dom Pedro I. zog es jedoch trotz Drängen vor, in Brasilien zu bleiben, 1822 die Unabhängigkeit auszurufen und sich gleich zum Kaiser krönen zu lassen. Seine kurze Regierungszeit war geprägt von Skandalen und Zwistigkeiten, bis er 1831 überraschend zugunsten seines erst fünf Jahre alten Sohnes Pedro de Alcântara abdankte und doch nach Portugal ging. Nach einer zehnjährigen Übergangsregierung bzw. Regentschaftszeit wurde der inzwischen 15-jährige Thronfolger 1841 zum Imperador do Brasil, fortan unter dem Namen Dom Pedro II. Der aufgeklärte und für alles Neue aufgeschlossene Kaiser regierte das Land fast 50 Jahre lang und bewirkte besonders in Rio einen starken Modernisierungsschub. Unter ihm wurden der Hauptbahnhof und die ersten Eisenbahnen gebaut (nach Petrópolis und zum Corcovado), Straßenbahnlinien angelegt, das Post- und Telegrafennetz entwickelt, Gasbeleuchtung in den Straßen eingeführt sowie viele Schulen und Theater geschaffen. Durch natürliches Wachstum, Einwanderung und Binnenwanderung verzehnfachte sich die Bevölkerung von Rio während des 19. Jhs. und erreichte an der Wende zum 20. Jh. die Zahl von 480 000 Einwohnern.

Die wirtschaftliche Basis der neuen Blütezeit war neben der weiter expandierenden Zuckerproduktion der auf São Paulo und Rio konzentrierte Kaffeeanbau und -export, der 1831 erstmals die Zuckerausfuhr übertraf. Fast die gesamte Kaffee-Ernte Brasiliens wurde über Rios Hafen verschifft. Die Fazenda-Besitzer wurden schnell wohlhabend und bereicherten das Stadtbild durch prachtvolle Villen und Gärten. Die Abschaffung der Sklaverei 1888 (in Rio arbeiteten zu der Zeit allein auf den

Zuckerrohr-Plantagen 35–40 000 Sklaven) verschärfte jedoch das Arbeitskräfteproblem und bewirkte, dass sich viele der vom Kaiser enttäuschten konservativen Großgrundbesitzer der republikanischen Bewegung zuwandten. Nachdem sich auch die jüngeren Offiziere mit den Republikanern verbündet hatten, kam es zu einem Putsch und am 15. November 1889 zur Ausrufung der Republik.

Viele Straßen und Plätze von Rio erhielten neue Namen, die wirkliche Umwandlung der Stadt ereignete sich jedoch ab 1902 unter dem Einfluss des Bürgermeisters **Pereiro Passos**, eines in Paris ausgebildeten Ingenieurs. Um 1906 waren schon die charakteristischen Züge des neuen *Rio da Belle Époque* erkennbar, einer modernen Stadt mit einer den kapitalistischen Anforderungen genügender Infrastruktur. Die ärmere Bevölkerung wurde aus dem Zentrum vertrieben und der Straßenhandel verboten. Sanitäre Einrichtungen wurden geschaffen und Impfkampagnen durchgeführt. Der Hügel von Castelo, Geburtsstätte der Stadt, wurde abgetragen, um Platz für breite, moderne Alleen zu schaffen wie die heutige Av. Rio Branco, für deren Bau 650 Häuser weichen mussten. Elektrische Straßenbeleuchtungen und Oberleitungen für die Straßenbahn wurden angebracht sowie Tunnel zu den äußeren Stadtbezirken der Südzone gebaut. Der Hafen wurde modernisiert und der Tourismus angekurbelt. Eine Freizeitindustrie entstand, vor allem mit der Gründung vieler Kinos um die Praça Floriano, die so den bis heute beibehaltenen Namen Cinelândia erhielt.

Eine ähnlich radikale Veränderung des Stadtbildes ereignete sich nur noch während der Herrschaft der **Militärs** (1964–1985). 1960, vier Jahre vor deren Machtantritt, hatte Rio schon die Hauptstadtrolle an Brasília abgeben müssen. Das wirtschaftliche Zentrum des Landes hatte sich bereits um 1910 von Rio nach São Paulo als Industriestandort verlagert. Um den doppelten Bedeutungs- und Funktionsverlust von Rio auszugleichen, sollte das Zentrum in ein riesiges Verwaltungs- und Bankenviertel umgewandelt werden. Tausende von Kolonialvillen wurden abgerissen, um an deren Stelle moderne Bürohochhäuser zu errichten.

In den 90er Jahren hat man sich jedoch auf den Wert der historischen Architektur zurückbesonnen, zahlreiche Bauten wurden unter Denkmalschutz gestellt und restauriert. Gerade noch rechtzeitig wurde die viel besungene *Cidade Maravilhosa* (Wunderbare Stadt) vor dem städtebildlichen Niedergang gerettet. Heute gibt es zumindest noch soviel alte Bausubstanz, um sich vorstellen zu können, wie schön die Stadt einmal war. Viele architektonische Schandtaten gehen jedoch auf das explosionsartige Bevölkerungswachstum bzw. die Migrationswelle in die großen Städte zurück. Hatte Rio um 1900 erst 480 000 Einwohner, so waren es im Jahre 2000 schon fast sechs Millionen. Knapp ein Fünftel davon lebt in Armenvierteln, so genannten *Favelas*.

Zuckerhut und Corcovado

Die bekanntesten Besucherattraktionen in Rio sind der Zuckerhut und der Corcovado mit der gigantischen Christus-Statue. Von beiden Punkten aus genießt man einen einzigartigen Blick auf die Stadt, die Strände und die Bucht von Guanabara. Bei Ausländern war der Zuckerhut stets das wichtigere Emblem von Rio und nicht selten Gegenstand höchster Elegien: „Der Wächter über die Tore der Stadt und den Schoß des Meeres, der ureigenste Berg Rio de Janeiros. Ein Leuchtturm, auf dem man weder das Kreischen der Bremsen noch den Lärm der Orchester, noch das Weinen der Kinder hört. Eine Insel, nahe genug, um den Atem der Großstadt spüren zu lassen, und weit genug, um ihrem romantischen Zauber zu erliegen." (Jiri Hanzelka, Miroslav Zikmund: Südamerika, 1949).

Mit dem Loose-Autor durch Rio

Helmuth Taubald, Verfasser dieses Buchkapitels, lebt seit 16 Jahren in Rio und bietet hier ganz persönlich geführte Sightseeings im Privatwagen oder Kleinbus an. Kontakt: ✆ 21/9241 3782, ✉ heltau@ig.com.br, 💻 rio-insider.com. Zur Auswahl stehen zwei verschiedene Tagestouren („basic" und „more"), ein kleiner Ausflug nach Niterói und Petrópolis („outside") sowie ein Programm am Abend („night"). Die meisten Punkte werden von den großen Sightseeing-Bussen der Reiseagenturen gar nicht angesteuert, einige sind noch echte Geheimtipps. Die Besichtigungsziele können auf Wunsch auch variiert oder kombiniert werden. Loose-Travellern wird ein Preisnachlass gewährt.

Ein lauschiges Plätzchen

Vor oder nach der Auffahrt zum Corcovado sollte man sich unbedingt den **Largo do Boticário** anschauen, von der Zahnradbahnstation nur 400 m weiter in der Rua Cosme Velho 822. Es ist ein verstecktes lauschiges Plätzchen mit hübschen, jedoch nicht mehr im Originalzustand erhaltenen Kolonialvillen, in denen ab 1831 Joaquim Luís da Silva Couto, der Drogist des Kaisers und seine Familie wohnte. Heute leben hier die französischen Nachfahren der Bittencourts, die früher in Rio eine Tageszeitung herausbrachten. Auch ein Wildbach, der „Rio Carioca", fließt hier vorbei, bis 1896 wurde er über die Arcos da Lapa zu zwei Brunnen im Zentrum geleitet. Badete man darin, so garantierten die Tamoio-Indianer, gewinnen die Frauen Schönheit und die Männer Potenz. Heute jedoch ist das Flüsschen nicht mehr so quellfrisch.

Zum 396 m hohen **Pão de Açucar** gelangt man in zwei Etappen mit einer Seilbahn *(Bonde)*. Sie wurde von der Kölner Firma Poligh Heckel erbaut und 1914 fertig gestellt. Inzwischen ist die Gondelbahn jedoch moderner und größer, die seitlich transparenten Kabinen befördern 75 Passagiere. Noch nie ist etwas passiert, lediglich im James-Bond-Film „Moonraker – Streng geheim" kam es zu einem fiktiven Unfall. Av. Pasteur 520, Urca, ✆ 21/2546 8400, 💻 www.bondinho.com.br, 🕒 tgl. 8–22 Uhr, R$30, Anfahrt per Bus 511 oder 512 ab Ipanema und Copacabana, 107 und 442 ab Zentrum und Flamengo, sonst per Taxi.

Viele mögen sich fragen, welches denn der schönste Aussichtspunkt von Rio sei, im Zweifelsfalle ist jedoch dem 709 m hohen **Corcovado** (Der Bucklige) der Vorzug zu geben. Die Auffahrt geschieht entweder per Serpentinenstraße durch den Urwald oder per Zahnradbahn. Oben sieht man wirklich die ganze Stadt. 1921 anlässlich der bevorstehenden Hundertjahrfeier der Unabhängigkeit (1922) wurde der Grundstein für die Christusstatue gesetzt, 1926 war Baubeginn, 1931 die Einweihung. Ohne den Sockel ist die Figur 30 m hoch, die ausgebreiteten Arme erreichen 28 m, das Gewicht beträgt 1145 t. Am Abend wird die Statue beleuchtet. Per Zahnradbahn ab Estação Trem Corcovado, Rua Cosme Velho 513, ✆ 21/2558 1329, 💻 corcovado.com.br, tgl. 8.30–18.30 Uhr, R$30; Busse zur Talstation ab Zentrum: 422, 497 oder 498; ab Copacabana: 583. Hinweis: Wer scharfe Fotos schießen möchte, sollte wegen der Lichtverhältnisse früh morgens zum Zuckerhut und nachmittags zum Corcovado fahren.

Strände

Nach dem Zuckerhut und Corcovado sind Rios Strände die berühmtesten Attraktionen der Stadt. Für die Cariocas sind Strandnachmittage und Vergnügen ein Synonym, alles ist frei zugänglich und vor allem umsonst. Anders als im restlichen Brasilien sind die ganze Woche überall Badegäste anzutreffen, vorausgesetzt das Thermometer überschreitet die 30 Grad-Marke. Viele joggen auch oder spielen Volleyball. Die Damen sorgen sich um die *Marcinha de praia*, wie hier der Farbkontrast zwischen den bedeckten und bestrahlten Körperteilen genannt wird. Von den Surfern abgesehen kühlt man sich nur gelegentlich in Ufernähe ab, denn kaum jemand kann schwimmen, auch gibt es Strömungen und das Wasser ist nicht überall sauber. Um Getränke braucht man sich nicht zu sorgen, es gibt genügend Verkaufstände und fliegende Händler. Also die Badesachen eingepackt, das Strandtuch *(Canga)* gekauft und los!

Die **Praia de Flamengo** ist landschaftlich reizvoll und bietet einen herrlichen Blick auf den Zuckerhut. Trotz des verschmutzten Wassers wird sie gern von einfacheren Leuten aus der Nordzone besucht, oft wird spontan zum Samba aufgespielt. Sonntags ist der Aterro do Flamengo für Autos gesperrt und die Parkanlage wird zu einem beliebten Sport- und Freizeitzentrum. Man halte jedoch die Augen offen, denn auch Diebe kommen gern hierher.

Die **Praia de Botafogo** bietet den allerschönsten Blick auf den Zuckerhut und den Morro da Urca, wegen der abseitigen Buchtlage und des Jachthafens ist es jedoch der verpestetste Strand der ganzen Stadt, hier spielen höchstens ein paar Jungen Fußball.

Die kleine, idyllisch unterm Zuckerhut gelegene **Praia Vermelha** im Stadtteil Urca mit dem rötlich gefärbten Sand ist geografisch gesehen der erste Atlantikstrand, wegen der Nähe zur Buchteinfahrt jedoch ebenfalls verunreinigt. Hier sonnen sich die Familien der dort wohnenden Militärs. Am rechten

Ende befindet sich ein Club, in dessen hinteren Teil (man geht durch eine schwarze Glastür und dann wieder hinaus) liegt wunderschön im Freien Rios einziges Restaurant direkt am Meer.

Die **Praia do Leme** ist ein angenehmer Badestrand mit etwas weniger Wellen als an der benachbarten Copacabana. Nur am Ende ist die Brandung stärker und zieht viele Surfer an. Dort befindet sich an einem Felsen ein Anglersteg, von dem sich ein herrlicher Blick bietet. Auf der Höhe des Hotel Meridien muss man damit rechnen, viele Prostituierte anzutreffen.

Faule Cariocas in Rio – fleißige Paulistas in São Paulo

„Cariocas mögen keine roten Ampeln", lautet der Text eines populären Songs. Im wörtlichen Sinn gilt dies ebenso für die Paulistas, doch die Metapher will sagen: Cariocas sind offener, transitiver oder einfach vergnügungssüchtiger. „In São Paulo wird gearbeitet, in Rio gelebt", so lässt sich ein ebenso altes wie hartnäckiges Klischee zusammenfassen.

Wer in Rio werktags an den Strandpromenaden von Copacabana und Ipanema entlangflaniert, mag sich fragen, ob denn hier niemand arbeitet. Wer durch die Straßen schlendert, mag sich wundern, wie denn zu Geschäftszeiten so viele Menschen in einer der zahlreichen Eckkneipen hocken oder irgendwo zeitvergessen ein Schwätzchen führen können. In São Paulo dagegen verläuft der Alltag gehetzter und durchorganisierter, es ist eine Industriestadt mit viel Verkehr. Viel Zeit und Nerven verliert man in endlosen Auto- und Omnibusschlangen.

So hält sich bis heute die Mär von den geschäftig-agilen Paulistas und den relaxten Müßiggängern aus Rio. Historisch gesehen gibt es jedoch einen realen Hintergrund für diese Rivalität. Seit 1910 wurde São Paulo in wirtschaftlicher Hinsicht die wichtigere Stadt, es gab sogar zwei Aufstände (1924 und 1930), um sich von den sog. Gaunern der parasitären Hauptstadt Rio abzukoppeln. Umgekehrt beschimpfen die Cariocas die Paulistas seitdem als „Rebellen", „Renegaten" und vor allem als „aufgeblasene Materialisten", die nur ans Geldscheffeln und Ackern denken.

Heute relativieren sich diese Unterschiede jedoch immer mehr. Eine neuere Statistik besagt, dass die Cariocas im Durchschnitt 41 Stunden pro Woche arbeiten, viel mehr dürfte es in São Paulo auch nicht sein. Nur wird die freie Zeit in den beiden Städten unterschiedlich genutzt, in der einen mehr *indoor*, in der anderen mehr *outdoor*. Außer am Klima liegt dies auch an natürlichen Gegebenheiten, geografischer Lage usw. Nach Feierabend geht es in Rio häufig direkt zum Sport an den Strand oder zur After-Work-Party in den Altstadtgassen, in São Paulo dagegen quält man sich durch den Verkehr nach Hause und verschwindet dann wieder in geschlossenen Räumen wie Restaurants, Kinos oder Shoppings. Die Mittelschicht von São Paulo verfügt auch über mehr Geld, während die Cariocas die kostenlosen Freizeitprogramme unter freiem Himmel bevorzugen. So verwundert es nicht, wenn Besucher beider Städte in Rio mehr Menschen sich draußen vergnügen sehen. Auch für die bedeutendsten Dichter, Sänger und Chronisten ist Rio seit langem Synonym für *Rua, Botequim, Praia* und *Amor*.

Trotz der oft bissigen Rivalität zwischen Cariocas und Paulistas gibt es eine zunehmende Gruppe von Menschen, die aus der Differenz beider Städte und Lebensarten für sich eine ideale Synthese herstellt. Man genießt im Shuttle die Vorzüge einer Mega-Doppel-City von 450 km Ausdehnung, dem sog. „São Rio", Wortschöpfung des paulistaner Werbefachmanns Alex Pericinito. Angefangen hat es bei vielen mit einem berufsbedingten Umzug in Brasiliens Wirtschaftsmetropole Nr. 1, die zunächst als abweisender Beton-Moloch und graue Smog-Stadt erlebt wurde. Doch dann kam die Entdeckung, dass die Paulistas in ihrem eintönigen Straßenlabyrinth unendlich viel Kultur und Vergnügen für jeden Geschmack und Geldbeutel bereit halten. Nur Strand und Urwald muss man noch in Rio suchen, vielleicht auch ein wenig *laisser-faire*.

Die 3 km lange **Praia de Copacabana** gilt als der berühmteste Stadtstrand der Welt. Der Sandstreifen ist sehr breit und das Wasser meistens zum Baden geeignet, nur höhere Wellen und häufige Strömungen mahnen zur Vorsicht (Gefahr wird durch rote Hinweistafeln angezeigt). Vor dem Hotel Othon Palace treffen sich gern „Gringos" und Prostituierte. Es ist der Hauptstrand der Touristen, fast alle Hotels liegen hier. Auffällig ist auch die hohe Zahl älterer Menschen, die hier wohnen und schon frühmorgens am Strand erscheinen. Am Posto 6 liegen bunte alte Fischerboote, von dort ist die Aussicht sehr schön.

Besonders charmant ist die **Praia do Arpoador.** Von ihren Felsen lässt sich der herrlichste Sonnenuntergang Rios genießen. Der Strand ist ruhig, ohne Autos oder angrenzende Straße, nur an warmen Wochenenden kommen hier viele Vorstädter her (manchmal gefährlich), auch gibt es zahlreiche Surfer.

Die **Praia de Ipanema** ist fast so bekannt wie die Copacabana und landschaftlich ähnlich reizvoll. Auch hier kann man meistens baden, es gibt jedoch kräftige Wellen. Das Publikum besteht überwiegend aus Einheimischen der weißen Mittel- und Oberschicht. Auch Stars und Sternchen zeigen gern ihre durchtrainierten Formen oder knappen Bikinis. Am Posto 9, dem belebtesten der ganzen Stadt, treffen sich die Studenten, nicht selten ziehen Marihuana-Düfte vorbei. Beim Posto 8 verabredet sich die recht große GLS-Gemeinde *(gays, lesbicas e simpatizantes)*. Am ganzen Strand wird viel Sport getrieben.

Die **Praia do Leblon** ist die Fortsetzung des Strandes von Ipanema und hat vergleichbare Eigenschaften. Am Ende ist das Wasser jedoch meistens verschmutzt. Das Publikum besteht überwiegend aus Anwohnern, häufig Familien, es gibt sogar einen Baby-Point *(Baixo Bebê)*.

Die **Praia de São Conrado** ist umgeben von einer reizvollen grünen Hügellandschaft. Der schattenlose Strand wird jedoch nur von wenigen Anwohnern und im vorderen Teil von ärmeren Leuten aus der nahen Favela Rocinha besucht. Am Ende liegt der Strandabschnitt Pepino, an dem die Drachenflieger landen.

Die **Praia da Barra** hat sich zu einem der beliebtesten Strände Rios entwickelt. Kilometerlanger feiner Sand, türkisgrünes sauberes Wasser und viele Kioske ziehen nicht nur die Bewohner des Viertels an, sondern auch Cariocas aus anderen Stadtteilen. An der „Barraca do Pepê" im vorderen Teil des Strandes treffen sich oft Promis, darunter Schauspieler, Models und Fußballstars; im Sommer gibt es auch Live-Musik. Insgesamt wird an der Praia da Barra viel gesurft und Wassersport betrieben. Von der Copacabana aus fahren viele Busse und Vans.

Die sehr schöne **Praia da Reserva** liegt bei der Av. Sernambetiba zwischen Barra und Recreio in einem Naturschutzgebiet ohne Häuser. Sie ist auch an warmen Wochenenden recht einsam und gilt als Treffpunkt für Liebespaare. Die **Praia do Recreio** liegt am Ende der Av. Sernambetiba und ist wegen der Distanz und weniger Anwohnern ruhiger oder einsamer als der Strand von Barra.

Kurz nach Recreio folgt der kleine **Strand Prainha**, er liegt landschaftlich sehr reizvoll in einem üppig grünen Naturschutzgebiet. Hier tummeln sich viele Surfer, am hinteren Ende befindet sich eine schöne Strandbar. An warmen Sommersonntagen sollte man jedoch von einem Besuch absehen, denn bei der Rückfahrt gibt es erhebliche Verkehrsprobleme. (Anfahrt per Bus oder Van bis Recreio, danach zu Fuß oder per Taxi). 2 km hinter Prainha folgt der ebenfalls schön in der Natur gelegene Strand von **Grumari**. Am Anfang liegt der Abschnitt **Abríco**, Rios einziger offizieller FKK-Strand, im Sommer von bis zu 400 Naturalisten besucht. Die beste Stelle ist ganz am Ende neben einem ins Meer ragenden Felsen, der auch als Wellenbrecher fungiert. Dort sind mehrere Strandbars, an denen Fisch und Meeresfrüchte serviert werden. Auch diesen Strand sollte man am Sonntag besser meiden. (Anfahrt per Bus bis Recreio und danach per Taxi).

Südzonenviertel an der Bucht von Guanabara

Im zentrumsnahen **Glória** ist noch ein wenig zu spüren, dass hier einmal die Kaffeebarone und Aristokraten residierten.

Hervorstechendstes Monument ist die ab 1714 errichtete **Igreja de N. S. da Glória do Outeiro.** Der wie ein Leuchtturm auf einem Hügel stehende Barock-Tempel mit dem achteckigen Grundriss war die Lieblingskirche der Kaiserfamilien. Von oben blickt man auf den Jachthafen der Marina da

Glória. Das *Grand Hotel Glória* zeugt noch von alter Pracht und Herrlichkeit.

Das angrenzende quirlige **Catete** wirkt schon einfacher, obwohl hier im Palácio do Catete in der Rua do Catete 153 bis 1954 (Suizid von Getúlio Vargas) fast alle brasilianischen Präsidenten wohnten. Seit der Verlegung der Hauptstadt nach Brasília dient er als **Museu da República.** ⌚ Di–Fr 12–17, Sa und So 14–18 Uhr. In der Nähe finden sich zahlreiche Budget-Unterkünfte.

Der Stadtteil **Flamengo** besitzt wieder einen herrschaftlicheren Anstrich. Seit der Ausdehnung der Stadt unter dem Bürgermeister Pereira Passos (1902–1906) entstanden an der Praia do Flamengo elegante Wohnpaläste mit kunstvollen Fassaden. Das in florentinischem Stil erbaute **Edifício Seabra** (Nr. 88) gewann kurz nach Fertigstellung in den 30er Jahren eine Auszeichnung als schönstes Gebäude Brasiliens.

Auffällig ist das wie ein Schlösschen wirkende **Centro Cultural Oduvaldo Vianna Filho** (1916), auch *Castelinho do Flamengo* genannt (Nr. 158). Beeindruckend ist die Jugendstilfront des **Edifício Biarritz** (Nr. 268).

Im angrenzenden **Botafogo** finden sich ebenfalls viele historische Prachtvillen, die jedoch im Stadtbild hinter einer Vielzahl von hässlichen Wohnblocks und neueren Geschäftsbauten zurücktreten. Interessant ist das **Museu do Índio** in der Rua das Palmeiras 55. ⌚ Di–Fr 9–17, Sa und So 13–17 Uhr; Eintritt R$3. In diesem Viertel befindet sich auch der riesige Prominenten-Friedhof **São João Batista**. Hier ruhen u. a. der Dichter Machado de Assis, der Flugpionier Santos Dumont, der Musiker Antônio Carlos Jobim, der Kommunistenführer Luiz Carlos Prestes und die Tänzerin Carmen Miranda.

Urca, Rios kleinstes und wegen der Militärpräsenz sicherstes Viertel unter dem Zuckerhut, liegt sowohl an der Bucht mit dem Jachthafen als auch am Atlantik. Der hübsche Stadtteil entstand erst ab 1922, 1932 folgte das *Hotel Balneário,* das ein Jahr später zu einem berühmten Casino umfunktioniert wurde. Nach dem Glücksspiel-Verbot von 1946 wurde es geschlossen, von 1952 bis 1980 diente es als Sitz von TV Tupi, dem ersten Fernsehsender Brasiliens. Seit 2003 gehört das Gebäude der Stadt, wird nun restauriert, eventuell kommt hier ein Stadtmuseum *(Museu do Rio)* hinein.

Sicherheit

Rio und Gewalt gilt fast schon als Synonym. Wissen sollte man jedoch, dass sich die schwere Gewaltkriminalität auf Favelas und Randbezirke konzentriert, in denen kaum Touristen präsent sind. „Gringos" sind eher Opfer von Diebstahldelikten. Diese ereignen sich vorwiegend an der Copacabana (z. T. auch in Ipanema und Leblon) sowie in Lapa und Santa Teresa. Die beste Vorbeugung ist, sich einfach zu kleiden, nur wenig mitzunehmen, die teure Kamera in eine Plastiktüte zu packen und vor allem auf Rucksäcke zu verzichten. Diebe sind nur an Geld und Wertgegenständen interessiert, die man im Ernstfall ohne Zögern herausgeben sollte! Jede Gegenwehr kann zu unberechenbaren Eskalationen führen, die schon mancher mit dem Leben bezahlt hat. Unbedingt zu vermeiden sind Strandbesuche bei Dunkelheit, denn der Bereich nahe dem Wasser ist abschüssig und durch die Kameraüberwachung an der Promenade nicht erfasst. Auch durch Tunnel sollte man nicht zu Fuß gehen. Ansonsten berichten fast alle Besucher, dass sie sich die Kriminalität viel schlimmer vorgestellt hätten. Und wenn etwas passiert ist, war man oft selbst schuld.

Südzonenviertel am Atlantik

Nichteingeweihte werden das **Leme**-Viertel für einen Teil der Copacabana halten. Die Strände gehen nahtlos ineinander über, nur die breite Av. Princesa Isabel markiert einen deutlichen Trennungsstrich. Hier geht es etwas familiärer und sittlicher zu. Am Ende der Av. Atlântica befinden sich die Edel-Churrascarias von *Marius*, Nachtclubs sucht man vergeblich.

An der **Copacabana** wurde 1923 das bis heute bekannteste und schönste Grand Hotel Brasiliens, das *Copacabana Palace*, eröffnet. Stilistisch ist es dem Hotel Negresco an der französischen Riviera nachempfunden. Damals standen hier nur wenige vereinzelte Villen, doch ab 1940 begann der große Umzug der Reichen von Santa Teresa ans Meer. Heute besitzt das 300 000 Einwohner zählende Viertel die höchste Bevölkerungsdichte der Welt. In den 50er und 60er Jahren war die Copacabana *der* gesellschaftliche Treffpunkt schlechthin, in den zahlreichen Bossa-Nova-Lokalen traten die bedeutendsten Musiker des Landes auf. In den 80er und 90er Jahren begann der soziale Niedergang, beim 100. Geburtstag 1992 beherrschten Überfälle, Lynchjustiz und Drogenkriege das Straßenbild.

Heute ist das Viertel jedoch wieder sicherer. Der Strand ist hell beleuchtet, Überwachungskameras wurden installiert, finstere Plätze umzäunt und die früher chaotische Promenade gewann neue Kioske und einen Fahrradweg. Das Forte de Copacabana (1914) ist seit 1987 zur Besichtigung freigegeben und enthält nun das **Museu Histórico do Exército**. Das Besondere ist aber der herrliche Weitblick über den ganzen Strand; an einem Wochenende kommen bis zu 2000 Besucher. ⌚ Di–So 10–17 Uhr; Eintritt R$4.

Ipanema entstand später als die Copacabana und wurde erst in den 70er Jahren berühmt, nicht zuletzt durch den dort von Antônio Carlos „Tom" Jobim komponierten Song „Garota de Ipanema" bzw. „The Girl from Ipanema". Es ist ein reines Mittel- und Oberschichtviertel mit weißer Bevölkerung. Die Strand-Avenue ist die teuerste Wohnmeile Rios, die Rua Visconde de Pirajá die eleganteste Einkaufsstraße der Stadt, die Juwelier-Ketten Stern und Amsterdam Sauer haben hier ihre Hauptfilialen und Edelstein-Museen, an teuren Nobel-Lokalen und modernen Cafés mangelt es nicht. Auch der Hippiemarkt erinnert schon lange nicht mehr an frühere Zeiten. Hinter dem Jardim de Alah und einem Verbindungskanal zwischen dem Meer und der Lagoa Rodrigo de Freitas beginnt das High-Society-Viertel **Leblon**. Es ähnelt in allem sehr dem benachbarten Ipanema.

Weiter in südwestlicher Richtung gelangt man nach wenigen Kilometern in das noblere Strandviertel **São Conrado**. Die sozialen Kontraste Brasiliens sind hier besonders deutlich sichtbar, denn direkt angrenzend befindet sich die Rocinha, Lateinamerikas größte Armensiedlung *(Favela)*. Inzwischen wurde sie sogar als Sightseeing-Ziel entdeckt, mehrere Veranstalter bieten täglich Besichtigungen an.

Ein Stück weiter beginnt das neuere Mittelschicht-Viertel **Barra da Tijuca**, wegen des amerikanischen Lebens- und Wohnstils auch das Miami oder Kalifornien Brasiliens genannt. Die Neureichen leben hier abgeschottet von der gefürchteten Außenwelt in vielstöckigen Hochsicherheits-Condomínios, zum Einkaufen fährt man im verriegelten Auto zum riesigen *Barra-Shopping* oder dem gigantischen Vergnügungspark *Terra encantada*. Rios größtes Kongresszentrum, das *Riocentro*, befindet sich ebenfalls in Barra, auch das modernste Showhaus *Claro hall*. Der 18 km lange Strand ist bei den Cariocas besonders beliebt. Angrenzend folgt noch das reizvollere **Recreio**, Rios letzter Stadtteil am Atlantik. Das architektonische Bild ist hier schon angenehmer und der Landschaft entsprechender, und die meisten Häuser besitzen nur zwei bis drei Stockwerke. Die gastronomische und kommerzielle Infrastruktur ist jedoch bescheidener. Interessant ist hier die Volkskunstsammlung des Museu Casa do Pontal (Adresse s. weiter unten).

Floresta da Tijuca und Jardim Botânico

Rio ist eine sehr grüne Stadt, rechnet man den Urwald hinzu, wohl die grünste der Welt. Am häufigsten ist der viel Schatten spendende Amendoeira-Baum anzutreffen, der ursprünglich aus Indien kommt, gefolgt vom Flamboyant aus Madagaskar und dem Casuarina aus Australien. Von den 600 000 Bäumen der Stadt sind nur 16% brasilianischer Herkunft, am meisten vertreten ist der Ipê, dessen Blüten violett, rosa oder gelb sein können. Inzwischen wurde ein Gesetz erlassen, wonach bei Neupflanzungen heimische Arten zu bevorzugen sind.

Der **Parque Nacional da Floresta da Tijuca** ist mit 3360 ha der größte städtische Urwald der Welt. Er geht zurück auf eine 1861 von Kaiser Pedro II. angeordnete Wiederaufforstungsaktion. Durch Abholzung und Kaffeeanbau war damals der ursprüngliche Atlantische Regenwald fast ganz zerstört und die Wasserversorgung der Stadt gefährdet. 13 Jahre lang setzten elf Sklaven, zehn Männer und eine Frau, etwa 80 000 neue Pflanzen, von denen die Hälfte anging und den heutigen Sekundärwald mit zahllosen Palmen, Baumfarnen und Epiphyten entstehen ließen. Wegen des jüngeren Alters lässt sich die Flora jedoch kaum mit dem üppigen Regenwald in Amazonien vergleichen. Auch die Tierwelt ist eher spärlich vertreten, nur die kleinen *Mico*-Äffchen wird man überall antreffen, manchmal auch Nasenbären und Faultiere sowie die farbenprächtigen Tangare und Kolibris.

Der Park besteht aus drei Teilen (ein vierter wird noch erschlossen): die Waldzone um den Corcovado, die bei Drachenfliegern beliebte Region um die Pedra Bonita und Pedra da Gávea sowie ein ausgedehnter Nordwestteil mit vielen gut ausgeschilderten Wanderpfaden, Picknick-Plätzen, Sportgeräten, Wasserfällen, Lagunen und Höhlen. Hier liegt auch Rios höchste Erhebung (1021 m), der Pico da Tijuca. Vom Haupteingang (Praça Afonso Viseu, Alto da Boa Vista, ⌚ tgl. 9–18 Uhr, Eintritt frei; Bus 454 ab Copacabana) mit dem Wasserfall Cascatinha Taunay geht man weiter geradeaus, folgt später dem Schild nach Bom Retiro, benutzt dann einen schmalen Wanderpfad und zuletzt in Felsen gehauene Treppenstufen, bis man nach insgesamt 1 1/2 Std. oben ist und mit einem grandiosen Ausblick auf die Stadt belohnt wird. Auf dem Rückweg kann man noch im Waldrestaurant „Esquilos" oder im „Floresta" einkehren, beide sind gut ausgeschildert.

Ein kleineres ökologisches Programm ist der Besuch des 137 ha großen **Jardim Botânico** (Botanischer Garten), mit über 6000 tropischen Pflanzen- und mehr als 140 Vogelarten der reichhaltigste Lateinamerikas. Sehr markant ist eine Allee mit 30 m hohen Königspalmen, besonders sehenswert das Orchideen- Haus und daneben das Bromelien-Haus sowie die Reste einer alten Schießpulverfabrik. Alle Baumarten sind mit Informationstafeln versehen. Am Eingang ist ein sehr guter viersprachiger Übersichtsplan erhältlich. ⌚ tgl. 8–17 Uhr (Eingänge Rua Jardim Botânico 920 und 1008), Eintritt R$6; Busse mit der Aufschrift „Jardim Botânico". Manche Besucher sind jedoch etwas enttäuscht, da man das Dichte, Wilde und Wuchernde vermisst.

Beeindruckender ist vielleicht der **Sítio Burle Marx** bei der Estrada Roberto Burle Marx 2019 in dem entfernteren Vorort Barra da Guaratiba, 45 km vom Zentrum Rios. Dort finden sich 3500 Pflanzenarten in z. T. übervollen, duftgeschwängerten Gewächshäusern. ✆ 21/2410 1412, Di–So um 9.30 und 13.30, So nur um 9.30 Uhr fachkundige englischsprachige Führung, R$5; Anfahrt im Rahmen einer organisierten Tour oder Bus bis Recreio und anschließend Taxi.

Ganz in der Nähe des Botanischen Gartens liegt die **Lagoa Rodrigo de Freitas**, ein großer See mit Freizeitanlagen, Skate-Piste, Kiosken mit Musik und Essen (z. B. ein guter Japaner) und einem 7 km langen Rundweg für Spaziergänger und Radfahrer. Am Wochenende ist es ein beliebter Treff von Mittelschichtfamilien mit Kindern. Von oben gesehen erinnern die Umrisse der Lagoa an ein Herz oder einen Schmetterling. Um Weihnachten steht hier der größte Lichterbaum der Welt mit etwa drei Mill. Lampen. Der Name Rodrigo de Freitas rührt von dem Besitzer einer Zuckerrohrplantage her, die sich im 18. Jh. um den See herumzog. Als der portugiesische König 1808 von Lissabon nach Rio kam, nahm er diese Ländereien in Besitz, um hier den Botanischen Garten und eine Schießpulverfabrik zu errichten.

Rundgang im Zentrum

Ein Gang durch das Zentrum von Rio sollte an einem Werktag oder Samstag Vormittag stattfinden (sonntags ist alles wie ausgestorben). Beginn ist an der **Praça Floriano**, die dortige Metrostation heißt wegen der vielen Kinos Cinelândia. Die Hauptattraktion an diesem Platz ist das prachtvolle **Teatro Municipal** von 1909. Der dem Stil der Pariser Oper nachempfundene Bau in neoklassizistischem Stil ist im Innern reich ausgestattet mit Kristallglas, Carrara-Marmor und kunstvollen Deckengemälden. Außen prangt rechts oben der Name des Dichterfürsten Goethe und links des Komponisten Wagner. ⌚ Mo–Fr 10–17 Uhr, Besichtigung nur mit Führung (auch auf Englisch), ca. jede Std., Dauer 50 Min.; Eintritt R$5.

Schräg gegenüber steht der neoklassizistische weiße **Palácio Pedro Ernesto** (1923), seit 1977 Sitz des Stadtrats. Auf der anderen Seite der Av. Rio Branco, bei Nr. 219, erhebt sich das imposante Gebäude der **Biblioteca Nacional** (1910) mit dem größten Archivbestand Lateinamerikas (3 Mill. Bände). Interessant ist ein Blick in die Eingangshalle, die Bücher sieht man jedoch nur mittels einer Führung. ✆ 21/2220 9367, ⌚ Mo–Fr 9–18 Uhr, Führungen Mo–Fr um 11, 13 und 16 Uhr; Eintritt R$2. Nach Verlassen des Museums wenige Meter nach rechts befindet sich das **Museu Nacional de Belas Artes** (1908) mit einer Gemäldesammlung ausländischer und brasilianischer Künstler des 17.–20. Jhs. ⌚ Di–Fr 10–18, Sa und So 14–18 Uhr; Eintritt R$4. Um zuletzt noch ein wenig das Straßenleben zu beobachten, kann man sich in der traditionsreichen Eckkneipe „Amarelinho" in einem großen ockerfarbenen Haus niederlassen.

Von der Praça Floriano geht es dann links am Theater vorbei durch die Av. 13 de Maio und danach die erste Straße nach links. Nach 100 Metern erhebt sich auf der linken Seite das mächtige würfelförmige Hauptgebäude der staatlichen Petroleum-Gesellschaft **Petrobras** und ein kleines Stück weiter geradeaus die modernistische Konstruktion der **Catedral Metropolitana** (1976) mit dem außerhalb stehenden Glockenturm. Die Cariocas lieben ihre neue katholische Hauptkirche nicht sehr, im Volksmund trägt der ikonische Bau mit den Lamellen sogar den spöttischen Beinamen „Bienenarsch". Die Kathedrale ist wirklich nicht gerade schön, beeindruckt aber durch vier in Kreuzform angeordnete bunte Glasfenster sowie durch ihre Größe: stehend sollen hier 20 000 Menschen Platz finden.

Danach geht es wieder 200 m zurück und dann nach links zu einem weiteren großen Platz, dem **Largo da Carioca** (1903). Auf den ersten Blick fällt der Kontrast zwischen den modernen Bürohochhäusern und einer gegenüber auf einem Hügel liegenden Kirchen- und Klosteranlage ins Auge. Es handelt sich um die **Igreja de Santo Antônio** aus dem Jahre 1620, den dazugehörigen Konvent links und die **Igreja da Ordem Terceira de São Francisco da Penitência** rechts. Diese 1657 begonnene und erst 1747 fertig gestellte Franziskanerkirche ist neben dem Benediktinerkomplex **São Bento** (Rua Dom Gerardo 68, nahe Praça Mauá, ⌚ tgl. 7–11 und 14.30–18 Uhr; Eintritt frei) das Prachtvollste, was Rio an barocker Kirchenkunst zu bieten hat. Alles hier ist aus mit Blattgold überzogenem Zedernholz und das Deckengemälde von Caetano da Costa Coelho gilt als die erste Perspektivmalerei Brasiliens. ⌚ Di–Fr 9–12 und 13–16 Uhr, Zugang per Aufzug; Eintritt R$2.

Am Ende des Largo da Carioca führt der Weg nach links in die **Rua da Carioca**, früher eine der wichtigsten Straßen der Stadt mit vielen alten Läden und Bars. Bei Nr. 39 befindet sich die deutsche **Bar Luís**, die als die älteste von Rio gilt. Einige Fotos zeigen noch, wie schön die etwas karge Kneipe früher war. Bei Nr. 49 folgt das im Jugendstil erbaute und 1909 eingeweihte **Cine Íris**, Rios ältestes Kino, in dem heute leider nur noch Pornostreifen laufen. Die Straße führt dann zu der früher bedeutenden **Praça Tiradentes** mit einer Reiterstatue Kaiser Pedros I. in der Mitte.

Nach rechts gehend gelangt man hinter dem Platz zur Rua Luís de Camões, in der sich bei Nr. 30 das **Real Gabinete Português de Leitura** befindet. Diese 1887 in neo-manuelinischem Stil errichtete Königliche Bibliothek, ein Geschenk Portugals an Brasilien, besitzt über 350 000 wertvolle alte Ausgaben portugiesischer Literatur, beeindruckt aber vor allem durch die kafkaesk anmutende architektonische Gestaltung des Innenraums. Eine schönere Bibliothek wird man rund um den Globus kaum finden.

Hat man die Bibliothek verlassen, geht man nach links und dann gleich in die erste Straße links, die direkt zur populären Einkaufszone **SAARA** im Zentrum führt. In der Rua da Alfândega, der Rua Buenos Aires, der Rua Senhor dos Passos u. a. findet man alle möglichen Billigwaren des Alltagsgebrauchs. Am Rande stehen die Hallen des **Mercado Popular**, ein recht asiatisch anmutender Basar, in dem bis auf das Verkaufspersonal alles gefälscht oder geschmuggelt ist. Die billigen CDs für R$5–10 lassen sich sogar meistens problemlos abspielen. Der Basar reicht bis zur belebten Rua Uruguaiana. Geht man diese Straße 100 m nach links bis zur Av. Presidente Vargas, sieht man gleich rechts den mächtigen Tempel der **Igreja de N. S. da Candelária** (1877), die größte der alten Kirchen Rios. Allein die Kuppel wiegt 630 Tonnen, im Innern findet sich weder viel Gold noch Holzschnitzwerk, dafür jedoch reichlich Marmor aus Carrara. Der Weg geht nun wieder 200 m zurück durch die Rua Uruguaiana, dann nach links und gleich wieder rechts durch die Rua Gonçalves Dias.

Bei Nr. 32/36 befindet sich auf der linken Seite die **Confeitaria Colombo**, Rios schönstes Kaffeehaus, das allen Vergleichen mit Wien, Paris oder Buenos Aires standhält. Es wurde 1894 von den Portugiesen Joaquim Borges Meirelles und Manuel Joaquim Lebrão eröffnet und zwischen 1914 und 1918 noch um einigen Luxus erweitert. Stilistisch finden sich viele Jugendstilelemente, fast alles wurde aus Europa importiert. Besonders beeindruckend sind die acht gewaltigen Spiegel aus Antwerpen, vier an jeder Seite, wodurch sich der große Raum ins Unendliche weitet. An den vielen kleinen Marmortischen sitzen heute überwiegend Touristen, während hier früher die bedeutendsten Dichter, Sänger und Philosophen der Stadt einkehrten. ⌚ Mo–Fr 8–20, Sa 9–17 Uhr.

Danach sollte man noch die **Rua do Ouvidor** bis zu ihrem Ende ablaufen. Diese schmale Gasse

Anziehungspunkt für Touristen: Die Treppe des Chilenen Selaron in Lapa

war im 19. Jh. Rios eleganteste Einkaufs- und Flaniermeile, auch die erste Fußgängerzone der Stadt (1829) und erste Straße mit Gasbeleuchtung (1854). An ihrem Ende befindet sich ein gut erhaltener Altstadtkern. Werktags füllt es sich hier sowie in der quer verlaufenden Travessa do Comércio schon ab 19 Uhr zur After-Work-Party (Happy Hour).

Hinter dem bogenförmigen Ausgang der Travessa do Comércio liegt die historisch bedeutsame **Praça 15 de Novembro**. Der Blick fällt gleich auf ein großes weißes Bauwerk namens **Paço Imperial**, hier residierte ab 1808 die portugiesische Krone, die sich aus Angst vor den Truppen Napoleons im brasilianischen Vizekönigreich verschanzte. Bis 1888 blieb es das wichtigste Regierungsgebäude des Kaiserreiches.

Dahinter erhebt sich der mächtige klassizistische **Palácio Tiradentes** (1926). Er beherbergte bis 1960 das Parlament Brasiliens und ist seitdem Sitz des Landesparlaments von Rio de Janeiro. Man kann den Palast besichtigen und gelangt sogar bis an den Plenarsaal. Vor dem Gebäude steht eine Statue des Freiheitskämpfers Tiradentes. ⌚ Mo–Fr 9–17 Uhr.

Lapa

Gleich neben dem Zentrum liegt das ältere Bohème-Viertel Lapa. Der Hauptplatz unter den **Arcos da Lapa**, einem 1750 für die Wasserversorgung der Stadt erbautem Aquädukt, war bis Anfang der 40er Jahre so etwas wie der Place Pigalle in Paris. Als Spielsalons und Cabarets verboten wurden, begann die Phase des Niedergangs, zumal die Reichen nun alle an die Copacabana zogen. Seit einigen Jahren jedoch erlebt der Stadtteil ein fantastisches Comeback. Es begann in der Rua do Lavradío, als diverse Antiquitätenläden Samba- und Chorinho-Bands zum Tanz aufspielen ließen.

Das dreistöckige **Rio Scenarium** ist inzwischen eines der beliebtesten Lokale der Stadt. Ständig eröffnen neue Schuppen in schönen alten Kolonialbauten, besonders am Anfang der Rua Mem de Sá gleich hinter den Arcos da Lapa. Zur Revitalisierung des Viertels hat auch stark der chilenische Künstler Selarón beigetragen. Am bekanntesten ist „seine" Treppe, die **Escadaria do Selaron**, deren 215 Stufen er seit 1988 unermüdlich mit auserlesenen Kacheln aus 42 Ländern befliest. Er freut sich immer, wenn Gäste ihm eine neues Mosaikstück mitbringen. Meistens sitzt er auf der Treppe neben seinem Atelier und malt gerade wieder eine schwangere Frau – über 20 000 Bilder mit immer demselben Motiv hat er schon geschaffen.

Santa Teresa

Vorzugsweise besucht man das Viertel mit einer uralten **Straßenbahn** *(bonde)*, die im Zentrum startet: Terminal dos Bondes, Av. República de Chile, Ecke Rua Lélio da Gama, tgl. 8–21 Uhr, alle 15 Min., Fahrpreis R$0,60. Es gibt zwei Linien, eine nach „Paula Mattos", die andere nach „Dois Irmões". Man steigt einfach in die erstbeste Bahn, fährt bis Endstation und evtl. gleich wieder zurück. Immer wieder wollte die Stadtverwaltung diese altmodischen Ungetüme aus dem Verkehr ziehen, bis 2005 ein Weltbank-Kredit zu Hilfe kam.

Wie man die Fahrt damit noch heute empfindet, haben zwei Tschechen bereits 1949 geschildert: „Wacklige Archen, Museumsschaustücke, die versehentlich noch einmal auf Schienen gestellt wurden und nun durch die Nebenstraßen von Rio rattern. Mitunter ist schwer festzustellen, ob die *bonde* oder ihre Fracht mehr Lärm macht. Für einen Zwanziger fährt sie jeden durch Rio, solange er über Zeit, Geduld, widerstandsfähige Trommelfälle und über die Greiftechnik eines Affen verfügt. Die Straßenbahn von Rio zeichnet sich nämlich dadurch aus, dass man in ihr mehr hängend als stehend oder gar sitzend fährt" (Jiri Hanzelka, Miroslav Zikmund: Südamerika). Wahrlich bekommt man hier einen lebendigen Eindruck von der eigentlichen Bedeutung des Wortes „Trittbrettfahrer". Wer an der Seite auf den Trittbrettern steht oder hängt, braucht nämlich nichts zu bezahlen.

Während der Fahrt wird man schnell merken, wie sich in Santa Teresa immer wieder neue Ausblicke auf das Zentrum bieten. Unten liegt die moderne Großstadt, oben das alte Rio. Bis in die 40er Jahre lebten hier die Reichen in prachtvollen Villen aus der Jahrhundertwende, bis die Copacabana in Mode kam und alles langsam umzog. Die verlassenen herrschaftlichen Paläste verfielen, die Mietpreise ebenfalls und bald kam ein neues alternatives Publikum von Künstlern und Aussteigern, viele auch aus Europa.

Die Bahnlinie nach „Dois Irmões" führt am **Castelo do Valentim** vorbei, dem schönsten Wohnschlösschen von Santa Teresa, Rua Almirante Alexandrino 1405. Fährt man von der jeweiligen Endstation wieder zurück, sollte man beim **Largo dos Guimarães** im Herzen des Viertels aussteigen, sich ein paar hübsche Kunstläden ansehen und in eines der vielen Lokale gehen. Dicht beieinander finden sich die Adega do Pimenta (deutsch), die Bar do Arnaudo (portugiesisch), das Sobrenatural (touristisch) und die Bar do Mineiro (alternativ). Anschließend gelangt man zu Fuß in 20 Min. zum **Museu Chácara do Céu** (erst bis zur Bahnhaltestelle Curvelo und dort der Ausschilderung folgen). Hier wohnte bis 1968 der Kunstsammler Raymundo Ottoni de Castro Maya; neben Stilmöbeln und Porzellan beeindrucken Gemälde von Picasso, Dalí, Miró, Matisse, Di Cavalcanti u. a. 🕒 Mi–Mo 12–17 Uhr; Eintritt R$2.

Auf demselben Gelände wenige Meter weiter befindet sich der **Parque das Ruinas**. Es handelt sich um die Überreste der früheren Residenz von Laurinda dos Santos Lobo, einer 1946 verstorbenen Aristokratin, in deren Villa die bedeutendsten Empfänge der Stadt stattfanden. 1994 wurde das Haus von der Stadt restauriert und war eine Zeit lang für Besichtigungen zugänglich. Falls es gerade mal wieder freigegeben ist, sollte man unbedingt auf die Dachterrasse steigen, denn dies ist einer der schönsten Aussichtspunkte von Rio mit Panoramablick auf das Zentrum und die Bucht. Von dort sieht man auch das ockerfarbene quadratische Dach und den Turm des **Convento de Santa Teresa** (1750). Die barfüßigen Karmeliterinnen leben dort weltabgeschieden in der strengen Glaubenstradition der spanischen Heiligen Teresa Sanchez de Ahumada von Ávila, kurz Santa Teresa d'Ávila genannt. Von daher rührt auch der Name des Viertels.

Die Nordzone

In diesem Teil der Stadt sind vor allem drei Besichtigungsziele erwähnenswert. In dem ausgedehnten Park Quinta da Boa Vista in São Cristóvão (Metrostation, auch Busse) befindet sich Rios **Jardim Zoológico** mit 2100 Tieren, historisch der erste Brasiliens (1888), der Zoo von São Paulo ist jedoch bedeutend interessanter. 🕒 Di–So 9–16.30 Uhr; Eintritt R$5. Im gleichen Park steht auch das **Museu Nacional** mit mehr als 4000 Ausstellungsstücken. Von 1808 bis 1889 residierten hier die Kaiserfamilien, 1891 wurde der Palast in ein Museum umgewandelt. Die Sammlung im zoologisch-botanischen Teil gilt als äußerst wertvoll, der archäologisch-ethnologische Teil beherbergt u. a. ägyptische Mumien und Objekte diverser Indiostämme. Der Bestand ist jedoch ziemlich zusammengewürfelt und etwas verwirrend angeordnet. 🕒 Di–So 10–16 Uhr.

Ganz in der Nähe des Parks, schnell zu Fuß erreichbar – sonst per Bus oder Metro bis Maracanã – liegt das weltbekannte **Maracanã-Stadion**, 1950 für die damals in Brasilien abgehaltene WM eingeweiht. Beim Endspiel zwischen Brasilien und Uruguay kamen 199 854 Besucher, immer noch die offizielle Rekordmarke. Mit 90 000 Sitzplätzen ist es heute nicht mehr das größte der Welt, sondern liegt nach dem Azteca in Mexiko-City (114 000) und dem Nou Camp in Barcelona (98 000) nur noch an dritter Stelle. Schön oder architektonisch interessant ist es auch nicht, entscheidend ist aber der seit Pelé unsterbliche Mythos. Das Stadion ist inzwischen auch zum legendären Konzertpalast geworden, mit Stars wie Frank Sinatra, Tina Turner, Paul McCartney, den Rolling Stones, Santana, Madonna u. a. Zur Besichtigung kommt man mit einem Aufzug in die oberste Etage, seit 2004 darf man sogar bis dicht an den heiligen Rasen. ✆ 21/2299 2941, 🕒 tgl. 9–17 Uhr (falls kein Spiel), Eingang Portão 16; Eintritt R$14 (inkl. einer perfekt gemachten Broschüre zur Geschichte des Stadions).

Übernachtung

Die meisten Rio-Besucher quartieren sich in einem Hotel der **Südzonenviertel** (nachstehend abgekürzt zu SZV) am Atlantik ein, besonders an der Copacabana oder in Ipanema. Die berühmtesten Stadtstrände der Welt dicht vor der Haustür zu haben ist von besonderem Reiz. Von den Hostels abgesehen sind die Preise hier jedoch höher, günstiger wohnt man in Botafogo, Flamengo, Catete und Glória. Diese Viertel liegen an der Bucht von Guanabara zwischen der Copacabana und dem Zentrum.

SZV AM ATLANTIK – **Hostels** (die angegebenen Preise beziehen sich bei HI-Hostels auf Ermäßigung mit HI-Card): ***Adventure Hostel*** (HI), Rua Vinícius de Morães 174, Ipanema, ✆ 21/3813 2726, ✉ hostel@adventurehostel.com.br, 💻 adventurehostel.com.br. Gutes neues Hostel, 7 Zimmer mit 40 Betten, sowohl DZ mit AC (R$130) als auch 4-Bett-Dorms mit gemeinschaftlichem Bad (R$40 p.P.); Frühstück inkl.; Internetcafé und Kabel-TV; günstige Lage in Strandnähe (5–10 Min.) mit vielen Bars, Cafés und Restaurants in der direkten Umgebung; Ausflugsangebote zum Floresta da Tijuca, Corcovado, Zuckerhut, Maracanã–Stadion, Stadtzentrum und nach Niterói. ❶–❷

Copa Praia (Non-HI), Rua Tenente Marones de Gusmão 85, Copacabana, ✆ 21/2547 5422, ✉ copaprai@vetor.com.br, 💻 www.wcenter.com.br/copapraia. Hostel-ähnliche Unterkunft von 1994 in älterem Gebäude; 55 Apartments, sowohl DZ (R$100) als auch 6-Bett-Dorms (R$25 p.P.), alle mit Bad, Kühlschrank und kleiner Küche, kein Frühstück.

Copinha (Non-HI), Rua Felipe de Oliveira 11, Copacabana, ✆ 21/2275 8520 ✉ copinha@antares.com.br. 6-Bett-Dorms (R$35 p.P.) mit Bunks, Bad und WC; Internetzugang, Frühstück inkl. ❶

Das Szene–Hostel

Ché Lagarto Hostel (HI) ist in Rio gleich 2x vertreten. **Erstens:** Rua Anita Garibaldi 87, Copacabana, ✆ 21/2256 2778, 📠 2256 2777, ✉ copacabana@chelagarto.com, 💻 www.chelagarto.com. Neues Party–Hostel (2004) einer Kette (Santiago de Chile, Buenos Aires), 7 Stockwerke, 11 Zimmer, 64 Betten, DZ mit Bad (R$90), Dorms für 4–8 Pers. (R$38 p.P.), einige Zimmer mit Meerblick, AC oder Ventilator; Fernsehzimmer, auf jeder Etage Internetzugang; schöne Lage in grüner, ruhiger Seitenstraße, aber doch nichts für Gäste, die ihre Ruhe suchen. Im 1. Stock DJs von Do–Sa, im 2. Stock Lounge am Abend; Ausflüge zu Nightclubs, Fußballspielen etc.; die zum Hostel gehörige Bar *Code* ist bereits ein bekanntes In-Lokal in Rio und multikultureller Kontakthof. Anreise ab Busbahnhof oder Airport per Buslinie *Real* bis Av. Atlântica, auch Transfers über das Hostel. ❶

Zweitens: Rua Paul Redfern 48, Ipanema, ✆ 21/2512 8076, ✉ adm@chelagarto.com, 💻 www.chelagarto.com. Ganz neues Haus von 2005, keine DZ, 60 Bunks in 7 Zimmern mit WC und Bad, AC, Frühstück inkl. ❶

Crab Hostel Brasil (Non-HI), Rua Prudente de Moraes 903, Ipanema, ✆ 21/2227 6130, ✉ Ipanema@crabhostel.com.br, 🖳 www.crabhostel.com.br. Dorms mit bis zu 12 Bunks, Ventilator, Gemeinschaftsbad (R$40 p.P.). Bar, Sauna, Pool, 24 Std.-Internetzugang, Kabel-TV, günstige Lage 30 m vom Strand, auch viele Bars, Cafés, Restaurants, Boutiquen und Buchläden im Umkreis, recht sichere Region. ❶

Ipanema Beach House (Non-HI), Rua Barão da Torre 485, Ipanema, ✆ 21/3202 2693, ✉ ipanemahouse@ipanemahouse.com, 🖳 www.ipanemahouse.com. „5-Sterne-Hostel" von 2004 in einem unter Denkmalschutz stehenden Gebäude, schicke Anlage mit Pool und Bar, hübschem Innenhofgarten und luftigen Aufenthaltsräumen. 10 Zimmer, sowohl DZ mit Ventilator (R$120) als auch 6-Bett-Dorms (R$40 p.P.) mit und ohne Bad. Die Bereiche B und C sind freundlicher und besitzen Verandas, die ruhigsten Zimmer sind im Nebengebäude *(Anexo)*. Kabel-TV im Gemeinschaftsraum, ständiger Internetzugang (R$8 pro Std.), Küchenbenutzung. ❶–❷

Newton's Roof Top (Non-HI), Rua Siqueira Campos 482, Copacabana, ✆ 21/2545 7499, ✉ newtonsrooftop@openlink.com.br, 🖳 www.newtonsrooftop.com. Neueres Haus von 2004, sehr preiswerte (R$20 p.P.), aber enge 4-Bett-Dorms, Gemeinschaftsbad; DZ (R$50) mit Ventilator und Bad; kein Internetzugang, schöne Dachterrasse. ❶

Rio Backpackers (Non-HI), Trav. Santa Leocádia 39, Copacabana, ✆ 21/2236 3803, 🖳 www.riobackpackers.com.br. DZ (R$90) und 5-Bett-Dorms (R$30 p.P.), Gemeinschaftsbad, Bettwäsche inkl. Geführt von zwei Frauen, die Gäste auf Wunsch ins Nachtleben ausführen. ❶

Shenkin Hostel (HI), Rua Santa Clara 304, Copacabana, ✆ 21/2257 3133, ✉ info@shenkinhostel.com, 🖳 www.shenkinhostel.com.br. Gleicher Besitzer wie Ché Lagarto (s. Kasten), ebenfalls Party-Hostel, aber weniger Gäste, daher etwas ruhiger; 8 Dorms bis max. 10 Pers. (R$30 p.P.), teilweise mit AC und Bad; Frühstück, Bettwäsche und Küchenbenutzung inkl. Treffpunkt vieler israelischer Backpacker (der Name ist hebräisch), Lage etwas ungünstiger als das Ché Lagarto, ab Busbahnhof oder Airport per Linie *Real* bis Av. Atlântica, Ecke Rua Santa Clara. ❶

Hotels und Pousadas: *Hotel Angrense,* Trav. Angrense 25, Copacabana, ✆ 21/2548 0509, 🖳 www.angrensehotel.com.br. Einfaches kleines Gästehaus, 40 Zimmer mit AC, Telefon und TV. Ruhige Lage in autofreier Sackgasse, nur 300 m bis zum Strand. ❹

Hotel Santa Clara, Rua Décio Vilares 316, Copacabana-Peixoto, ✆ 21/2256 2650, ✉ reserva@hotelsantaclara.com.br, 🖳 www.hotelsantaclara.com.br. Klein und familiär, 25 Zimmer mit AC, Telefon und TV. Wirkt wie eine Pousada, sehr ruhige Lage im unter Denkmalschutz stehenden Peixoto-Viertel, 15 Min. zu Fuß bis zum Strand der Copacabana, Metrostation Siqueira Campus nur wenige 100 m entfernt. Ein Nachteil ist das etwas karge Frühstück, das man im Zimmer serviert bekommt. ❹

Atlantis Copacabana Hotel, Rua Bulhões de Carvalho, Arpoador, ✆ 21/2521 1142, 🖳 www.atlantishotel.com.br. Vom Preis-Leistungs-Verhältnis her eines der empfehlenswertesten Hotels der Stadt, 87 Zimmer mit AC, Kühlschrank, Telefon und TV. In einer ruhigen Seitenstraße genau zwischen Copacabana und Ipanema, zu beiden Stränden jeweils nur 5 Min. zu Fuß, Strandblick von der Dachterrasse mit Pool. ❺

Hotel Debret, Av. Atlântica 3564, Copacabana, ✆ 21/2522 0132, ✉ sales@debret.com, 🖳 www.debret.com. 95 Zimmer mit allem Komfort, etwas marode und manchmal leichte Gerüche aus einer Kläranlage, sonst aber mit Stil und Flair. Günstige Option am Strand der Copacabana mit Meerblick, freundlicher und aufmerksamer Service. ❺

Copacabana Mar Hotel, Rua Viveiros de Castro 155, Copacabana, ✆ 21/2542 5141, 🖳 www.copacabanamar.com.br. Modernes Hotel mit 96 komfortablen Zimmern, geschmackvolle Einrichtung, Dachterrasse mit Pool, Sauna und Bar, von dort Blick aufs Meer und den Corcovado. Ruhige Lage in Seitenstraße, 300 m zum Strand, 400 m zur Metrostation Arcoverde, im Umfeld viele Bars, Restaurants und Nachtclubs. ❺

Arpoador Inn, Rua Francisco Otaviano 177, Arpoador, ✆ 21/2523 0060, 🖳 www.ipanema.com/hotel/arpoador-inn. Kleines Hotel mit 50 Zimmern in schöner Lage am autofreien Strand von Arpoador zwischen Ipanema und Copacabana, teurere Zimmer zum Meer hin (sehr ruhig), preiswertere in Seitenlage und zur Straße hin (dort viel Verkehrslärm). Im Hotel befindet sich Rios einziges Restaurant direkt am Meer. ❻

Sol Ipanema, Av. Vieira Souto 320, Ipanema, ✆ 21/2525 2020, 💻 www.solipanema.com.br. Komfortables Hotel an der Strand-Avenue von Ipanema, 90 Zimmer mit AC, Safe, Kühlschrank und Kabel-TV, wahlweise mit oder ohne Meerblick. Wenige Schritte entfernt treffen sich beim Strandposten Nr. 9 die Studenten und *Girls from Ipanema,* in den Seitenstraßen zahlreiche Bars und Restaurants. ❻

Mietwohnungen: ***Fantastic Rio,*** Av. Atlântica 974, Copacabana, ✆ 21/2541 6015, ✉ hpcorr@hotmail.com, 💻 www.fantasticrio.hpg.com.br. Der Besitzer Hans Peter Corr vermietet mehrere 1–4-Bett–Apartments. ❸

Apartments, Copacabana Holiday Ltda., Rua Barata Ribeiro 90 A, ✆ 21/2542 1525, 💻 www.copacabanaholiday.com.br. Seriöse Firma mit möblierten Unterkünften an der Copacabana und in Ipanema. ❸

Av. Atlântica 3196, Copacabana, ✆ 21/2255 0681, ✉ temporadacopacabana@ig.com.br. In einem scheinbar normalen Wohnhaus an der Strand–Avenue der Copacabana werden zu günstigen Preisen zahlreiche möblierte Apartments mit Meerblick vermietet, störend ist nur der ständige Verkehrslärm. ❹

Camping: ***Camping Clube do Brasil–10,*** Estrada do Pontal 5900, Recreio, ✆ 21/2490 3400, 💻 www.campingclube.com.br. Sehr schöne schattige Anlage, Sportplätze, Imbiss, 5 Dusch- und Toilettenanlagen, 220-Volt-Strom. Gleich beim reizvollen Strand von Recreio gelegen, aber weit südwestlich von der Stadt, es gibt jedoch Direktbusse zur Copacabana (1 Std.) und ins Zentrum (1 1/2 Std.). ❶

SZV BEI BUCHT VON GUANABARA – Hostels (die angegebenen Preise beziehen sich bei HI-Hostels auf Ermäßigung mit HI-Card): ***Catete Hostel Brasil,*** (Non-HI), Rua do Catete 92, Casa 1, Catete, ✆ 21/3826 0522, ✉ info@catetehostel.com.br, 💻 www.catetehostel.com.br. Gepflegtes Gästehaus, 24 Std.-Empfang, 9-Bett-Dorms mit Ventilator und Kleiderschrank (R$25 p.P.), Bettwäsche und Frühstück inkl.; Küche, Bar, Internetzugang, Kabel-TV-Raum, medizinische Assistenz. Günstige Lage im Herzen von Catete nahe dem Flamengo-Strand, dem Bohéme-Viertel Lapa, dem Künstlerviertel Santa Teresa sowie dem Zentrum, Metro-Station und Busse direkt vor der Haustür. ❶

El Misti Hostel, (Non-HI), Praia de Botafogo 462, Casa 9, Botafogo, ✆ 21/2226 0991, ✉ elmistihostel@hotmail.com, 💻 www.elmistihostel.com. Ordentliches Haus mit 6 Zimmern, davon 2 DZ mit Ventilator (R$80) und 4 Dorms bis max. 9 Pers. (R$25 p.P.), Bad/WC gemeinschaftlich; Küchenbenutzung, Bettwäsche und Frühstücks-Buffet inkl.; mehrsprachig, auch Deutsch. Im Allgemeinbereich Restaurant, Café, Bar, TV-Raum, Internetzugang, Safe, Waschservice; Tourenvermittlung und Transfers. Nahe Metrostation und Buslinien, gute Lage zwischen der Südzone und dem Zentrum. ❶

Rio Hostel (HI), Rua General Dionísio 63, Botafogo, ✆ 21/2286 0303, 📠 2286 5652, ✉ riohostel@riohostel.com, 💻 www.hostel.org.br. Der Klassiker unter den Rio-Hostels, älteste HI-Unterkunft der Stadt, schöne Villa mit 4 Etagen und Lift. Vorbildlich geführt und gern besucht, 24 Std.-Empfang, englischsprachig. 70 Betten, DZ mit AC und Bad (R$80) und 4-/6-/8-Bett-Dorms mit Ventilator, teilweise Gemeinschaftsbad (R$28 p.P.). Im Allgemeinbereich Aufenthaltsraum, TV/Video-Raum, Küche und Café. Anfahrt ab Busbahnhof per Linie 173, 170 oder 172, aussteigen eine Station nach dem Largo dos Leões, dann ein Stück durch die Rua Voluntários da Pátria bis zur quer verlaufenden Rua General Dionísio; ab Flughafen Bus bis Airport Santos Dumont, dann Bus oder Taxi bis Rua Oswaldo Cruz in Flamengo, anschließend Bus 172, 176 oder 409 und aussteigen wie oben. ❶

Rio Hostel (Non-HI), Rua Joaquim Murtinho 361, Santa Teresa, ✆ 21/3852 0827, ✉ riohostel@riohostel.com, 💻 www.riohostel.com. DZ mit AC (R$100) und max. 10-Bett-Dorms (R$35 p.P.) mit Ventilator und Gemeinschaftsbad; Küche, Wäscherei, 24 Std. Internetzugang, Kabel-TV, Billardtisch; Frühstück inkl. ❶

Rio Tijuca Hostel (HI), Rua Araújo Pena 58, Tijuca (weiter von der Bucht entfernt in Rios Westzone), ✆ 21/2204 5059, ✉ reserva@riotijuca hostel.com.br, 💻 www.riotijucahostel.com.br. Gepflegte 2-stöckige Villa in ruhiger schattiger Seitenstraße, freundliches Personal (englischsprachig), familiäre Atmosphäre. 70 Betten, DZ mit AC und Ventilator (R$90), 4–7-Bett-Dorms (bei Unterbelegung auch für 2 Pers.) für R$32 p.P., gute Matratzen, separater Spindschlüssel pro Bett, Gemeinschaftsbad. Frühstück noch passabel (kein Buffet), preiswertes Abendessen. Gemeinschaftsraum mit TV und Stereoanlage, Internet frei. Metro-Station S. Francisco Xavier in der Nähe, Anreise ab Busbahnhof mit den Linien 233 oder 234 bis Metro-Station, dann zu Fuß bis Largo da Segunda-feira und 2. Straße rechts, vom Flughafen Bus bis Centro und weiter per Metro. ❶

Sun Rio Hostel (Non-HI), Praia de Botafogo 462, Casa 5, Botafogo, ✆ 21/2539 5522, 💻 www.sunriohostel.com.br. Mit Suites, DZ mit Bad (R$110) und 6-Bett-Dorms (R$25 p.P.); Bettwäsche und Frühstück inkl.; Bar, TV-Raum, Internetzugang, Touristeninformation, Guides, Fahrradverleih, Vermittlung von Drachenflügen, Boots- und Citytouren, Transfer Airport/Busbahnhof. Günstige Lage zwischen den Stränden der Südzone und den Attraktionen im Zentrum. ❶

Bed & Breakfast: ***Cama e Café,*** Rua Progresso 67, Ecke Largo das Neves, Santa Teresa, ✆ 21/2221 7635, ✉ reservas@camaecafe.com.br, 💻 www.camaecafe.com.br. Man füllt einen Fragebogen aus (auch vorher per E-Mail) und wird dann bei Anwohnern von Santa Teresa untergebracht, stets saubere und sichere Zimmer (EZ, DZ und Dorms für 4 Pers.), wahlweise der Kategorie *Econômico*, *Standard* oder *Superior* mit entsprechenden Komfort-Unterschieden. Immer üppiges Frühstück, andere Serviceleistungen wie Internetzugang, Waschdienst, Küche und Telefon optional. Das vorbildliche Konzept dient dem internationalen Kulturaustausch und Entwicklungsprojekten; DZ je nach Kategorie R$80–160.

Hotels und Pousadas: ***Pousada Favelinha,*** Rua Antônio Joaquim Batista, Casa 13, Vila Pereira da Silva, Laranjeiras, ✉ info@favelinha.com, 💻 www.favelinha.com. Die 2005 eröffnete Pousada mit 5 komfortablen Zimmern für 2–4 Pers. und 5 privaten Verandas liegt in einer kleinen ungefährlichen Favela mit fantastischem Blick auf die Bucht von Guanabara und den Zuckerhut. Der 15-minütige Aufstieg ist jedoch etwas beschwerlich, eher ein Treff für junge Backpacker; in direkter Nähe keine Infrastruktur, im Hause wird jedoch gut gekocht. ❶

Hotel Turístico, Ladeira da Glória 30, Glória, ✆ 21/2557 7698, 📠 2558 9388. Kolonial anmutendes Gebäude, 50 Zimmer mit Ventilator, TV und kleinen Balkonen. Etwas versteckt in einer ruhigen Seitengasse auf einer Anhöhe gelegen, nur wenige Schritte zur Metrostation Glória. ❸

Hotel Regina, Rua Ferreira Viana 29, Flamengo, ✆ 21/2556 1647, 💻 www.hotelregina.com.br. Gern gewählte Unterkunft, komfortable Zimmer, freundlicher Service, üppiges Frühstücksbuffet. Ruhigere Seitenstraße wenige Meter von der Bucht von Flamengo, Metrostation ganz in der Nähe, gutes Preis-Leistungs-Verhältnis. ❹

Essen

Im Folgenden werden eher Restaurants angeführt und kaum Frühstückslokale. Meistens ist das morgendliche Buffet in den Hotels recht üppig, auch gibt es in Rio nicht so viele Cafés. Die Einheimischen frühstücken zu Hause oder in einer einfachen Lanchonete. Das schicke ***Cafeína*** in Ipanema, Rua Farme de Amoedo 43, wird mehr von Ausländern besucht. Das Frühstück ist hervorragend, auch der Espresso am Nachmittag. Als bestes Café hat eine Prominenten-Jury das ***Armazem do Café,*** Leblon, Rua Ludolf 87 B, auserwählt. Hier hat die Kaffeetasse endlich die gewohnte deutsche Größe und der Cappuccino ist nicht durchgerührt. Außer in Leblon gibt es von dieser Kette noch 5 weitere Cafés in anderen Vierteln. 🕒 tgl. 8–1 Uhr.

BRASILIANISCH – ***Cosmopolita,*** Trav. do Mosqueiro 4, Lapa. Älter geht's kaum, in diesem 1926 eröffneten Lokal ist die Zeit stehen geblieben, selbst die Kellner sind in die Jahre gekommen. Das Essen ist hervorragend und preiswert. 🕒 So–Do 11–1, Fr und Sa 11–5 Uhr.

El Cid, Rua Ministro Viveiros de Castro 15, Ecke Princesa Isabel, Copacabana. Einfaches kleines Lokal, das jedoch von der Qualität der Fleischgerichte (z. B. *Filet mignon* oder *Picanha)* kaum zu

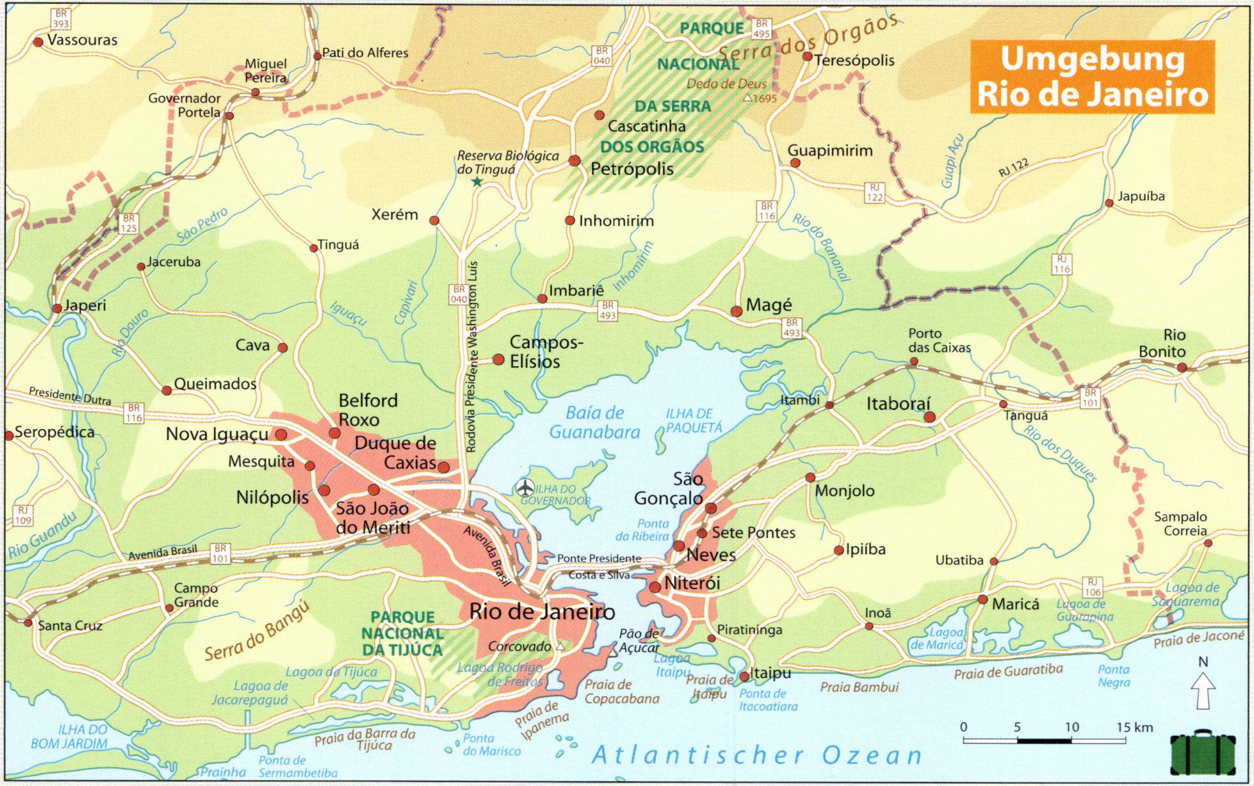
Umgebung
Rio de Janeiro
Vassouras
Pati do Alferes
Miguel Pereira
Governador Portela
Japeri
Jaceruba
São Pedro
Rio Douro
Cava
Queimados
Tinguá
Xerém
Reserva Biológica do Tinguá
Petrópolis
Cascatinha
Inhomirim
Imbariê
Campos-Elísios
Rodovia Presidente Washington Luís
Iguaçu
Capivari
Presidente Dutra
Seropédica
Nova Iguaçu
Belford Roxo
Duque de Caxias
Mesquita
Nilópolis
São João do Meriti
Avenida Brasil
Rio Guandu
Campo Grande
Santa Cruz
Serra do Bangú
PARQUE NACIONAL DA TIJUCA
Rio de Janeiro
Corcovado
Lagoa Rodrigo de Freitas
Lagoa da Tijúca
Lagoa de Jacarepaguá
ILHA DO BOM JARDIM
Praia da Barra da Tijúca
Ponta de Sermambetiba
Prainha
Ponta do Marisco
Praia de Ipanema
Praia de Copacabana
Pão de Açucar
Ponte Presidente Costa e Silva
ILHA DO GOVERNADOR
Baía de Guanabara
ILHA DE PAQUETÁ
PARQUE NACIONAL DA SERRA DOS ORGÃOS
Serra dos Orgãos
Dedo de Deus
1695
Teresópolis
Guapimirim
Guapi Açu
RJ 122
Japuíba
Rio do Bananal
Magé
Itambi
Porto das Caixas
Itaboraí
Tanguá
Rio Bonito
Rio dos Duques
São Gonçalo
Ponta da Ribeira
Sete Pontes
Neves
Niterói
Monjolo
Ipiíba
Ubatiba
Sampalo Correia
Piratininga
Lagoa Itaipu
Praia de Itaipu
Itaipu
Ponta de Itacoatiara
Inoá
Lagoa de Maricá
Maricá
Lagoa de Guarapina
Lagoa de Saquarema
Praia de Jaconé
Praia Bambui
Praia de Guaratiba
Ponta Negra
Atlantischer Ozean
N
0 5 10 15 km
BR 393
BR 125
BR 116
BR 040
BR 493
BR 495
BR 101
RJ 109
RJ 116
RJ 122
RJ 106

Cidade de Samba
Av. Rodrigues
Av. Venezuela
Praça Mauá
R. Livramento Cabral
R. S. Januária
R. Belo
Campo do S. Cristovão
R. Escobar
Cristovão
R. S. Luiz Gonzaga
SÃO CRISTÓVÃO
Av. Francisco Bicalho
R. Santo Cristo
GAMBOA
R. do Camerino
Uruguaiana
R. Uruguaiana
Av. do Exercito
Museu Nacional
Av. Pedro Segundo
R. Pedro Alvares
Pres. Vargas
Av. Presidente Vargas
CENTRO
Pç. Onze de Julho
Pç. da República
R. da Carioca
Jardim Zoôlogico
R. Almirante Baltazar
R. Francisco Eugenio
Central
R. Marquês de Sapucaí
R. Visconde do Rio Branco
Av. República do Chile
Maracanã
Av. Presidente Castelo
R. Teixeira Soares
Viaduto dos Fuzileros
Praça Onze
R. da Relação
São Cristovão
R. Joaquim Palhores
Av. Salvador de Sá
Av. Mem de Sá
MARACANÃ
Estácio
R. Frei Caneca
R. do Catumbi
2
3
4
R. do Riachuela
Av. Maracana
R. Estácio de Sá
LAPA
R. S. Francisco Xavier
R. Maris e Barros
Francisco Xavier
Afonso Pena
Av. Paulo de Frontin
L. do Catumbi
SANTA TERESA
CATUMBI
R. Almirante Cochane
R. Hadock Lobo
R. Itapiru
CATETE
R. Bardo de Itapagipe
R. Bispo
R. Estrela
LARANJEIRAS
R. Conde de Bonfim
RIO COMPRIDO
R. Pinheiro Marbado
R. das Laranjeiras
R. Paissandu
TIJUCA
Parque Nacional da Floresta da Tijuca
Largo do Boticário
5
R. Cosme Velho
Museu Internacional de Arte Naif
1
Estrada do Mirante de Dona Maria
6
Botafogo
R. S. Clemente
Estrada Dom João Mamede
Lad. do Ascurra
Tunel Andre Rebouças
R. Real Grandeza
R. Voluntários da Patria
Estrada do Sumaré
Estrada do Redentor
Estrada do Corcovado
Estrada dos Paineiras
COSME VELHO
R. Arnaldo Quintela
R. Gen. Severiano
R. Gen. Polidoro
BOTAFOGO
Corcovado
10
R. Pinheira Guimarães
R. Humaitá
Friedhof São João Batista
Morro São João
JARDIM BOTÂNICO
R. Jardim Botânico
12
LAGOA
R. Frei Veloso
Arcoverde
13
Av. Borges de Medeiros
14
Lad. dos Tabajaras
R. Tonelero
R. Pacheco Leão
R. Figueiredo Magalhaes
Siqueira Campos
Nossa Senhora
Jardim Botânico
Morro dos Cabritos
R. Jardim Botânico
Av. Epitácio Pessoa
COPA-CABANA
Posto 3
Lagoa Rodrigo de Freitas
R. Pompeu Loureiro
R. Barata Ribeiro
Jockey Club Brasileiro
3
Posto 4
Praia de Copa
s. Detailplan Ipanema und Leblon
Av. Padre Leonel Franca
Av. Mario Ribeiro
Av. Nossa Senhora de Copacabana
Av. Atlântica
Posto 5
R. Raul Pompeia
LEBLON
Av. Borges de Madeiros
IPANEMA
R. Visconde de Pirajá
Av. Ataulfo de Paiva
R. Prudente de Morais
15
Av. Gen. San Martin
Av. Vieira Souto
Av. Delfim Moreira
R. Francisco Otaviano
Praia de Ipanema
Praia do Leblon
Parque Garota de Ipanema

Rio de Janeiro

0 — 1 km

Läden, Restaurants etc.:

1 Feira de São Cristóvão
2 Café Cultural Sacrilégio
3 Carioca da Gema
4 Gohan
5 Mamma Rosa
6 Escola Corcovado
7 Garota da Urca
8 Oi Noites Carioca
9 Canecão
10 Cobal do Humaíta
11 Rio Sul Shopping Center
12 Devassa
13 Caroline Café
14 Miss Tanaka
15 Feira Hippie

Transport:

❶ Estação Trem Corcovado (Zahnradbahn)
❷ Helisight (Morro da Urca)
❸ Helisight (Lagoa)

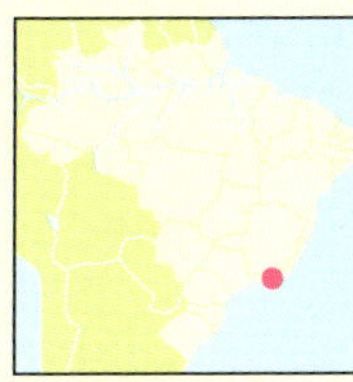

Läden, Restaurants etc.:
1 Dito & Feito
2 Feira de Antigüidades da Praça Quinze
3 CitiBank
4 Central Fone
5 HSBC
6 Bar Luís
7 Banco do Brasil
8 Rio Scenarium
9 Goethe-Institut
10 Feira da Rua do Lavradio
11 Circo Voador
12 Asa Branca
13 Cosmopolita
Transport:
1 Terminal Estação Marítima de Passageiros
2 Estação das Barcas (Fährstation)
3 TAM
4 Varig
5 Terminal dos Bondes
Ilha das Cobras
Pier Mauá
Mosteiro e Igreja de São Bento
Morro de São Bento
Praça Mauá
Av. Rodrigues Alves
Av. Venezuela
R. Sacadura Cabral
R. Dom Gerardo
R. São Bento
R. Visc. de Inhaúma
R. Visc. de Itaboraí
Centro Cultural do Banco do Brasil
Igreja da Candelária
Praça Pio
R. 1 de Março
Trav.
R. da Candelária
Morro da Conceição
R. Visc.
R. Miguel Couto
Av. Presidente Vargas
R. da Quitanda
R. do Rosário
R. do Ouvidor
Av. Rio Branco
R. da Alfândega
R. Buenos Aires
R. Gonçalves Dias
Confeitaria Colombo
R. 7
Uruguaiana
R. Uruguaiana
MERCADO POPULAR
R. dos Andradas
SAARA
R. da Conceição
Av. Passos
Largo de São Francisco de Paula
Igreja de São Francisco da Penitência
R. 7 de Setembro
R. da Carioca
Real Gabinete Português de Leitura
R. de Camões
GAMBOA
Pres. Vargas
R. Regente
Av. Marechal Floriano
CENTRO
Cine Íris
Convento e Igreja de Santo Antônio
Av. República
R. Buenos Aires
Feijó
R. Luís
Praça Tiradentes
Av. Tomé de Souza
Av. Presidente Vargas
Av. República
Campo de Santana
Praça da República
Central
R. do Lavradio
Av. Gomes Freire
R. Visconde do Rio Branco
R. do Senado
R. dos Inválidos
R. Henrique Valadares
R. Azeredo Coutinho
R. Moncorvo Filho
1
3
6
8
10

Rio de Janeiro
Zentrum
0
200 m
Baía
de Guanabara
Niterói,
Ilha de Paquetá
Espaço Cultural
da Marinha
Av. Presidente
Kubitschek
Praça 15
de Novembro
Av. Alfredo Agache
do Mercado
do Comércio
1
2
Paço
Imperial
Palácio
Tiradentes
R. Dom Manuel
Lg. da Misericórdia
AEROPORTO
SANTOS
DUMONT
de Setembro
R. da Assembléia
Av. Erasmo Braga
Praça do
Expedicíonario
Av. Gen. Justo
Av.
Presidente Antônio Carlos
R. Santa Luzia
Av. Mal. Câmara
Av. Churchill
Av.
Franklin Roosevelt
Abfertigungs-
gebäude
Av. Nilo Peçanha
Av. Alm. Barroso
Av.
Graça
Aranha
R. México
R. Araújo de Porto Alegre
Largo da
Carioca
4
5
Carioca
Museu Nacional
de Belas Artes
Teatro
Municipal
Biblioteca
Nacional
Av. 13 de Maio
Praça
Floriano
R. Santa Luzia
Av. Presidente Wilson
Av. Beira Mar
Av. Infante Dom Henrique
do Chile
Palácio
Pedro Ernesto
Cinelândia
3
4
7
Amarelinho
Av. Rio Branco
Petrobras
5
R. Sen. Dantas
R. Evaristo de Veiga
Museu de
Arte Moderna
(MAM)
do Paraguai
LAPA
Parque
do
Flamengo
Catedral
Metropolitana
Passeio
Público
9
Arcos da Lapa
R. Teixeira
de Freitas
Av. Augusto
Severo
N
Largo
da Lapa
Av. Mem
de Sá
12
11
Santa Teresa
13
Treppe von Selaron

Rio de Janeiro
Flamengo und Botafogo
STA TEREZA
GLÓRIA
CATETE
FLAMENGO
BOTAFOGO
Enseada da Glória
Marina da Glória
Largo da Glória
Lg. Paula Cândido
Glória
Igreja da Glória
Morro de Nova Cintra
267
Catete
Museu da República
Parque do Catete
Parque Guínle
Largo do Machado
Pça. José de Alencar
Pça. del Prete
Pça. S. Salvador
Flamengo
Morro de Mundo Novo
128
Pça. Bariloche
Morro da Viúva
Praia do Flamengo
Parque do Flamengo
Enseada de Botafogo
Praia de Botafogo
Pça. Pimental Duarte
Botafogo
Morro do Pasmado
Museu do Índio
R. do Oriente
R. Mte. Alegre
Ld. do Castro
Alexandrino
R. Sta. Cristina
R. Áurea
R. Arão Reis
Almirante
R. Francisca de Andrade
R. Aprazível
Cândido Mendes
Benjamin Constant
R. Sto. Amaro
R. da Glória
do Catete
Av. Beira Mar
R. do Russel
Ld. de Nossa Senhora
R. Pedro Américo
R. Silveira Martins
R. Correia Dutra
R. Ferreira Viana
Bento Lisboa
R. Buarque de Macedo
R. 2 de Dezembro
R. Machado Assis
R. Paulo C. de Andrade
R. Gago Coutinho
R. das Laranjeiras
R. Barão do Flamengo
R. Conde de Baependi
R. Ipiranga
R. Esteves Júnior
R. São Salvador
R. Sen. Correia
R. Sen. Vergueiro
R. Paissandu
R. Soares Cabral
R. Pinheiro Machado
R. Coelho Neto
R. Alice
R. M. Portela
R. das Laranjeiras
R. Cardoso Júnior
R. Prof. Luis Cantanheda
R. Gen. Glicério
R. Mundo Novo
R. Paulo VI
R. Marquês de Abrantes
R. Senador Vergueiro
R. Cruz Lima
R. Barão de Icaraí
R. Barão do Itambi
Praia do Flamengo
Av. Infante Dom Henrique
Av. Osvaldo Cruz
Av. Rui Barbosa
Praia de Botafogo
Av. das Nações Unidas
R. Marquês de Olinda
R. Asunção
Bambina
Barreto
Muniz
R. Prof. Alfredo Gomes
R. Ed. Guinle
R. B. de Lacerna
R. São Clemente
R. Nelson Mandela
Av. Reporter Nestor Moreira
Av. Pasteur
R. Voluntários da Pátria
R. das Palmeiras
R. São João Batista
R. Sorocaba
R. Paulo Barreto
R. Prof. Fernandes
R. Alvaro Rodrigues
R. Gen. Polidoro
R. da Passagem
R. Clotilde
R. Mena Barreto
R. T. Guimarães
R. Am. Quintela
R. Gen. Severiano
Av. L. Sodré
Av. V. Brás
Übernachtung:
1 Cama e Café/B & B
2 Rio Hostel, Santa Teresa
3 Hotel Turístico
4 Catete Hostel Brasil
5 Pousada Favelinha
6 Hotel Regina
7 Sun Rio Hostel
8 El Misti Hostel
9 Rio Hostel, Botafogo
Läden, Restaurants etc.:
1 Konsulat der Schweiz
2 Bar do Mineiro
3 Mercado Mundo Mix
4 Feira Cultural e Ecológico da Gloria
5 Belmonte
6 City Farma Flamengo
7 Churrascaria Porcão Rio's
8 Konsulat von Deutschland
9 Tanzschule Jaime Arôxa
10 Chega de Saudade Botequim
11 Raajmahal
12 Curtirio (Agentur für Klettersport)
13 Tanzschule Carlinhos de Jesus
Transport:
1 Rio Hiking Tours
2 Saveiros Tour
N
0 100 200 m

Rio de Janeiro
Copacabana
0 100 200 300 400 500 m
Morro de São João
Arcoverde
Pça. Cardeal Arcoverde
Siqueira Campos
LEME
COPACABANA
ARPOADOR
Copacabana Palace
Pça. Serzedelo Correia
Pça. Edmundo Bitencourt
Pça. do Lido
POSTO 2
POSTO 3
POSTO 4
POSTO 5
POSTO 6
POSTO 7
Praia de Copacabana
Atlantischer Ozean
Museu Histórico do Exército Forte de Copacabana
Ponta de Copacabana
Pça. Col. Eugênio Franco
Pça. do Arpoador
Parque Garota de Ipanema
Praia do Diabo
Av. Nossa Senhora de Copacabana
Av. Atlântica
Av. Princesa Isabel
R. Francisco Otaviano
Av. Rainha Elisabete da Bélgica
Übernachtung:
1 Copinha
2 Copacabana Holiday Ltda.
3 Hotel Santa Clara
4 Copacabana Mar Hotel
5 Fantastic Rio
6 Newton's Roof Top
7 Copa Praia
8 Shenkin Hostel
9 Ché Lagarto Hostel
10 Hotel Angrense
11 Rio Backpackers
12 Av. Atlântica 3196
13 Hotel Debret
14 Atlantis Copacabana Hotel
15 Arpoador Inn
Läden, Restaurants etc.:
1 Cervantes
2 Farmácia do Leme
3 El Cid
4 Azumi
5 Copa-Dor (Krankenhaus)
6 Churrascaria Carretão (I)
7 Balcony
8 La Trattoria
9 Modern Sound
10 Siqueira Grill
11 Churrascaria Carretão (II)
12 Confeitaria Gourmet
13 X-Press Quality Cleaners
14 Belmonte
15 Dr. Strattner
16 Lavanderia
17 Locutório
18 Banco do Brasil
19 Millenium Cyber Café
20 Konsulat von Österreich
21 @internet
Transport:
1 Avis
2 Unidas
3 Varig
4 TAM
N

Rio de Janeiro
Ipanema und Leblon
Übernachtung:
1 Adventure Hostel
2 Ipanema Beach House
3 Ché Lagarto Hostel
4 Crab Hostel Brasil
5 Sol Ipanema
Läden, Restaurants etc.:
1 Bar Lagoa
2 Plataforma
3 Vegetariano Social Club
4 Informal
5 Touristenpolizei
6 Belmonte
7 Starbrazil
8 Churrascaria Porcão
9 Banco do Brasil
10 Capricciosa
11 New Natural
12 Gula Gula
13 Celero
14 Sushi Leblon
15 Bradesco I
16 Café Ubaldo
17 Bradesco II
18 Lord Jim Pub
19 Fontes
20 Zazá Bistrô Tropical
21 CitiBank
22 Cafeína
23 Code
24 Garota de Ipanema
25 City Farma Leblon
26 Nam Thai
27 Guapo Loco
28 Armazem do Café
29 Natraj
Transport:
1 Brasil Eco Travel Center
2 Special Bike
3 Varig
0 100 200 300 m
N
Lagoa Rodrigo de Freitas
ILHA DOS CAIÇARAS
Jóquei Clube
Clube de Regatas Flamengo
Pça. N.S. Auxiliadora
Pça. Milton Campos
Pça. Baden Powell
Pça. Min. Romeiro Neto
Pça. Grecia
Jardim de Alah
Pça. Alm. Saldenha Gama
Pça. Alm. Belfort Vieira
Pça. Antero Quental
Pça. Nossa Senhora da Paz
Lg. da Memória
IPANEMA
LEBLON
Praia do Leblon
Praia de Ipanema
Atlantischer Ozean
POSTO 9
POSTO 10
POSTO 11
POSTO 12
Av. Borges de Medeiros
Av. Epitácio Pessoa
Av. Bartolomeu Mitre
Av. Afrânio de Melo Franco
Av. Ataulfo de Paiva
R. Visconde de Pirajá
R. Prudente de Morais
Av. Vieira Souto
Av. Delfim Moreira
R. Gilberto Cardoso
R. Adalberto Ferreira
R. Conde de Bernadotte
R. Humberto de Campos
R. Marlo Ribeiro
R. Artur Araipe
Av. Rodrigo Otávio
Av. Padre Leonel França
Albuquerque
R. Cap. C. de Andrade
R. Fadel Fadel
R. Itiquira
R. Codajás
R. Dias Ferreira
R. General
R. José Linhares
R. João Lira
R. Carlos Góis
R. Cupertino Durão
R. Almirante Guilherm
R. General San Martin
R. General Urquiza
R. Venâncio Flores
Av. General Artiges
R. Rainha Guilhermina
R. Aristotle Espinola
R. Jerônimo Monteiro
Av. Visconde
R. Paul Redfern
Av. Henrique Dumont
R. Anibal de Mendonça
R. Garcia d'Avila
R. Maria Quitéria
R. Joana Angélica
R. Vinicius de Morais
R. Farme de Amoedo
R. Barão da Torre
R. Nascimento Silva
R. Barão de Jaguaripe
R. Redentor
R. Alberto de Campos

überbieten ist, zudem preiswert (ein Gericht reicht für 2 Pers.). ⌚ tgl. 12–4 Uhr.

Cervantes, Av. Prado Junior 335, Copacabana. Nettes kleines Lokal mit der üblichen brasilianischen Speisekarte, stadtbekannt für die besten Fleisch-Sandwiches (um R$6) und lange Öffnungszeit. ⌚ Di–So 12–6 Uhr.

Confeitaria Gourmet, Av. N. S. de Copacabana 686, Copacabana, sehr gutes Self-Service-Buffet, reichhaltige Auswahl an Salaten, auch Sushi, R$20 pro kg. ⌚ tgl. 6–24 Uhr.

Siqueira Grill, Rua Siqueira Campos 16 B, Copacabana. Eines der besten Selbstbedienungsrestaurants der Stadt mit Fleisch vom Spieß, Sushi und einem großen, variationsreichen Buffet, an dem auch Vegetarier ihre Freude haben. Sauber und modern, aber nicht besonders anheimelnd. Abgerechnet wird nach Gewicht, preiswert. ⌚ tgl. 12–24 Uhr.

Churrascaria Carretão, Rua Ronald de Carvalho 55 A, Copacabana. Vom Preis-Leistungs-Verhältnis die günstigste Churrascaria der Stadt (R$26 p.P.), neben Fleisch gibt es auch Sushi und Salat. Stilvolles modernes Ambiente, aufmerksame Bedienung. ⌚ tgl. 12–24 Uhr. Weitere Filiale in der Rua Siqueira Campos (100 m vom Strand), Copacabana. ⌚ tgl. 12–24 Uhr.

Familia Italiana, Av. Sernambetiba 2578, Barra da Tijuca. Moderne große Self-Service-Churrascaria mit Strandblick, an den Wänden Trikots berühmter Fußballspieler. Promi-Point mit illustren Gästen wie Romário und Ronaldinho Gaúcho, die im Nachbarhaus Apartments besitzen. Trotz der Prominenz sehr günstige Preise bei guter Qualität, lohnt sich jedoch nur, wenn man sowieso in Barra ist. ⌚ 24 Std.

Bar do Arnaudo, Rua Almirante Alexandrino 316-B, Santa Teresa. Gemütliches kleines Lokal mit guter Küche des Nordostens, vor allem *Carne do Sol,* mittlere Preise. ⌚ tgl. 12–1 Uhr.

Celero, Rua Dias Ferreira 199, Leblon. 11 von 12 Prominenten haben dieses Lokal zum besten Salat-Restaurant der Stadt gekürt, große Auswahl am Buffet, das Ambiente gleicht einer modern-rustikalen Bäckerei. ⌚ tgl. 10–17 Uhr.

Gula Gula, Rua Aníbal de Mendonça 132, Loja A, Ipanema. Eine Institution in Rio, berühmt für hervorragende Salate, auch gute Fleischgerichte wie *Picanha* oder Hähnchen mit Pesto, als besondere Leckerei warme Schokoladen-Mousse. ⌚ tgl. 12–24 Uhr.

Casa da Feijoada, Rua Prudente de Morais 10, Loja B, Ipanema. Spezialisiert auf Brasiliens deftiges Nationalgericht Nr. 1, das man in anderen Lokalen nur samstags bekommt; eine Caipirinha wird stets mitserviert, gute Qualität bei mittleren Preisen. ⌚ tgl. 12–24 Uhr.

Porcão, Rua Barão da Torre 218, Ipanema. Edel-Churrascaria mit dem besten Rindfleisch der Stadt, immer direkt vom Spieß auf den Teller, riesiges Beilagen- und Salat-Buffet. Stilvolles modernes Ambiente, nicht überteuert. Ein weiteres Lokal der Kette namens ***Porcão Rio's*** befindet sich in der Rua Infante Dom Henrique, Aterro do Flamengo. Bucht-Lage mit schönem Blick auf den Zuckerhut. ⌚ tgl. 12–0.30 Uhr.

INDISCH – ***Rajmahal,*** Rua General Polidoro 29, Botafogo. Ältestes indisches Restaurant der Stadt, dezentes Ambiente bei meditativen Klängen. Köstlichkeiten vom Buffet und Spezialitäten à la carte, z. B. *okashimiri murghi korma* (Hähnchen mit Kaju-Kastanie, Nüssen und Rosinen), mittlere Preise. ⌚ Mo–Fr ab 18, Sa und So ab 12 Uhr.

Natraj, Av. General San Martin 1219, Leblon. Entspannendes Kontrastprogramm zur Großstadthektik, die Chefinnen sind weit über Rio hinaus bekannt, die nicht ganz billigen Gerichte vom Feinsten, z. B. Lamm mit Jogurt *(roghan ghost).* ⌚ So ab 13, Mo–Sa ab 19 Uhr.

ITALIENISCH – ***La Trattoria,*** Rua Fernando Mendes 7 A, Copacabana. Gut besuchtes Lokal im typischen Trattoria-Stil, an den Wänden Poster aus Italien, sehr beliebt bei Einheimischen wie Ausländern, auch preiswerte Tagesgerichte. ⌚ tgl. 11–1 Uhr.

Mamma Rosa, Rua das Laranjeiras 506, Laranjeiras (dicht bei der Bahnstation zum Corcovado). Der italienische Besitzer bürgt für gute Pizzas und Nudelgerichte, drinnen mit Wandpostern aus Italien, auch Außenterrasse, aufmerksamer Service. ⌚ tgl. 11–1 Uhr.

Capricciosa, Rua Vinicius de Morães 134, Ipanema. Seit Jahren hält dieses Lokal den Ruf der besten Pizzeria von Rio, eine 12-köpfige Prominenten-Jury hat dies schon mehrmals bestätigt.

Der Teig kommt natürlich aus dem Steinofen, nicht gerade billig. ⌚ tgl. 18–2 Uhr.

JAPANISCH – ***Miss Tanaka,*** Rua Pacheco Leão 758, Jardim Botânico. Gutes Sushi-Lokal, ruhig und gemütlich; Besonderheit ist die große Teestube im Seitentrakt mit Kerzen, Laternen, Blumen, verschiebbarem Glasdach und sogar Heizung, ideal zum Aufwärmen im Winter und für Freunde des Zen, zum Tee kann man auch ein Menü mit 10 Gängen bestellen. ⌚ Mo–Fr 18–24, Sa–So 13–1.30 Uhr.

Azumi, Rua Ministro Viveiros de Castro 127, Copacabana. Sehr traditionelles und authentisches Sushi-Lokal, das selbst anspruchsvolle Japaner gern aufsuchen. Wer will, kann auch am Tresen essen und dem Sushiman bei der Arbeit zuschauen. ⌚ Di–So 18–24 Uhr.

Sushi Leblon, Rua Dias Ferreira 256, Leblon. Bekannt für stets frischen und unbedenklich genießbaren rohen Fisch, von einer Prominenten-Jury 2004 zum besten Japaner gekürt. ⌚ tgl. 12–16 und ab 19 Uhr.

MEXIKANISCH – ***Guapo Loco,*** Rua Rainha Guilhermina 48, Leblon. Fröhliches Haus mit knallbunten Wänden, Kakteen und Sonnenschirmen. Das Essen ist eher „Texmex", eine Anpassung mexikanischer Küche an amerikanische Gaumen. Bei der sog. *porradita* kippen einem die Kellnerinnen den Tequila direkt in den Mund. ⌚ tgl. ab 12 Uhr.

THAILÄNDISCH – ***Nam Thai,*** Rua Rainha Guilhermina 95, Leblon. Der Koch David Zisman gilt als einer der besten von Rio, gehobene Preise. Sehr angenehmes Ambiente, schick. Tipp: hervorragende Vorspeisen. ⌚ Di–Fr 12–16 und 19–1, Sa–Mo ab 19 Uhr.

Zazá Bistrô Tropical, Rua Joana Angélica 40, Ipanema. Erstklassige Küche, teils draußen. Unten sitzt man an normalen Tischen, oben zwischen Kerzen auf Kissen am Boden; viele pikante Suppen und diverse Fischgerichte. ⌚ Mo–Sa ab 19.30 Uhr.

VEGETARISCH – ***Gohan,*** Rua Joaquim Silva 127, Lapa (in der Nähe des Aquädukts Arcos da Lapa). Salate, Hähnchen- und Fischgerichte (auch Sushi), nettes einfaches Ambiente, preiswert und gut. ⌚ Mo–Mi 11–21, Do–Sa 11–24 Uhr.

Fontes, Rua Visconde de Pirajá 605 D, Ipanema. Eines der besten Lokale dieser Art in der Stadt, mittlere Preise. Gute Tofu-Gerichte mit Gemüse, Soja-Fleisch, Fisch und leckere Torten, z. B. *Torta de cacau.* Man bedient sich am Tresen und setzt sich zu Unbekannten an den Tisch. ⌚ Mo–Sa 11–22, So 12–20 Uhr.

New Natural, Rua Barão da Torre 173, Ipanema. Selbstbedienung; sehr lecker, mit angegliedertem Bioladen. ⌚ tgl. 11–24 Uhr.

Vegetariano Social Club, Rua Conde de Bernadotte 26, Leblon. Durchgestyltes In-Lokal, vegetarische Leckerbissen aus aller Welt, jüngeres Publikum, mittlere Preise. ⌚ Mo–Sa 12–24, So 12–18 Uhr.

Nachtleben

BARS UND KNEIPEN – Brasilianer lieben besonders die einfachen Eck- und Stehkneipen, die es in Rio wie Sand am Meer gibt. Auf einer Bierkiste oder auf billigen Blechstühlen zu sitzen, ist hier kein Statusverlust. Je hässlicher die Bar, desto voller – dies scheint die Grundregel zu sein, was aber auch an den Preisen liegen mag. An stilvolleren Lokalen mangelt es aber nicht, besonders in den Stadtteilen Ipanema und Leblon sowie – etwas alternativer – in Lapa.

Travessa do Comércio / Rua do Ouvidor, Centro. In diesen beiden schönsten Altstadtgassen der Stadt gleich bei der Praça 15 im Zentrum treffen sich Mo–Fr ab 19 Uhr die Büroangestellten zur After-Work-Party; eine gute Option für den früheren Abend, man sitzt an Straßentischen, beobachtet das animierte Treiben oder drängelt sich in eine der vielen Tanzbars, manchmal Live-Musik; Eintritt frei oder sehr gemäßigt.

Amarelinho, Praça Floriano 55, Cinelândia, Centro. Traditionsreiches Ecklokal am belebten Platz vor dem Teatro Municipal. 1968 fanden hier ständig Razzien der Militärpolizei statt, 1984 feierten hier Politikergrößen das Ende der Diktatur. Heute kommen viele Touristen und nach Feierabend Büroangestellte. ⌚ tgl. 11–1 Uhr.

Balcony, Av. Atlântica, an der Ecke zur Praça do Lido. Eine der stilvollsten Bars der Copacabana, modern-rustikal, langer Tresen, viele Tische mit

Barhockern, auch Sitzbereich im Freien, Video-Clips, internationale Longdrinks und sogar Weizenbier, gute Pizza (nur etwas teuer) und Snacks. Das Publikum besteht fast nur aus *Gringos* und *Garotas de programa.* ⌚ tgl. 12–6 Uhr, in der Nebensaison erst ab 17 Uhr.

Bar do Mineiro, Rua Paschoal Carlos Magno 99, Santa Teresa (an der Tram-Linie in Richtung Paula Matos). Beliebteste Kneipe des Künstlerviertels, an den Wänden ältere Fotos von brasilianischen Gesangsstars und naive Bauernmalerei aus Minas Gerais. Gute und preiswerte Speisen (samstags Feijoada), immer kühles Bier. ⌚ Di–Do 12–2, Fr–Sa 12–4, So 12–20 Uhr.

Bar Lagoa, Av. Epitácio Pessoa 1674, Lagoa/Ipanema. Diese alte deutsche Restaurant-Bar mit kahlen grünen Wänden, mürrischen Kellnern und rabiatem Service ist immer *in* und voll. Das Publikum ist gemischt, darunter viele Studenten einer benachbarten Universität; auch Außenterrasse mit Blick auf die Lagoa. Auf den Teller kommt meistens Wurst mit Kartoffelsalat und Sauerkraut, mittlere Preise. ⌚ Di–So 12–2 Uhr.

Bar Luís, Rua da Carioca 39, Centro. Von den noch existierenden die älteste Kneipe Rios, vor der Hitler-Ära nach dem damaligen Eigentümer Bar Adolf genannt. Schlichtes Ambiente, aber schöne Fotos aus der Anfangszeit des Lokals. V. a. zum Mittagessen gut besucht von Angestellten; deutsche Küche, mittlere Preise. ⌚ Mo–Sa 11–23.30, So 11–17 Uhr.

Belmonte, erfolgreichste Kneipenkette der letzten Zeit, nach europäischen Mustern gestaltet. Sauberkeit, kühles Bier und schneller Service sind hier Trumpf. Gemischtes Publikum, stets voll bis auf die Straße. Mehrere Filialen: Praia do Flamengo 300, Flamengo; Rua Bolivar, Copacabana (150 m vom Strand); Rua Texeira de Melo 53 B, Ipanema; Rua Dias Ferreira 521, Leblon. ⌚ alle Filialen tgl. 12–2 Uhr.

Caroline Café, Rua J.J. Seabra 10, Jardim Botânico. Schickeres Musik-Café mit gemischtem brasilianischem Mittelschicht-Publikum von alternativ bis cool, auch Ausländer. Flotte Rock-, Pop- und MPB-Klänge aus dem Lautsprecher. Schöne Terrasse, kleine Speisen (Tipp: *Carol Burger)* und ausländische Biere, nicht ganz billig. Ein zweites Lokal befindet sich im Zentrum in der Rua da Assembléia 13. ⌚ tgl. ab 12 Uhr.

Chega de Saudade Botequim, Rua Dona Mariana 81, Botafogo. 2005 eröffnete Kneipe in einem 2-stöckigen Haus von 1914, ganz im Bohème-Stil der guten alten Zeiten des Bossa Nova. Die an Holzdekoration stammt von Bäumen der eigenen Fazenda, die Tischdecken tragen das Wellenmuster des Bürgersteigs der Copacabana, an den Wänden Fotos und Poster von Kultfiguren. Hier trinkt man *chope,* Kleinigkeiten zu essen gibt es auch. ⌚ Di–Fr 17.30–1, Sa und So 12–1 Uhr.

Cobal do Humaíta, Rua Voluntários da Pátria 448, Botafogo. Großer Platz mit vielen Tischen im Freien und zahlreichen kleinen Restaurants und Snack-Bars im angrenzenden Gebäudekomplex. ⌚ tgl. ab 12 Uhr.

Code, Rua Paul Redfern 48, Ipanema. Die 2005 eröffnete Bar gehört zum Party-Hostel Ché Lagarto (s. o.) und hat sich schnell zu einer kosmopolitischen Begegnungsstätte entwickelt, sowohl ausländische Backpacker als auch *Cariocas.* Das Ambiente imitiert Szene-Lokale von Berlin und New York: schwarze Theke und rosafarbene Barbeleuchtung; auch ein paar Tische draußen. ⌚ tgl. ab 18 Uhr.

Devassa, Av. Lineu de Paula Machado 696, Jardim Botânico. Wie das Belmonte eine relativ junge Erfolgskette, orientiert an stilvollen europäischen Café-Bars, eher Mittelschichtpublikum. ⌚ tgl. 18 Uhr bis zum letzten Gast.

Garota de Ipanema, Rua Vinícius de Moraes 49, Ipanema. Hier, im „Mädchen von Ipanema" entstand der Erfolgssong von Tom Jobim und Vinicius de Morães, ein paar Fotos erinnern noch daran, auch T-Shirts mit den Noten des Liedes. Nostalgiker, überwiegend aus dem Ausland, kommen an dieser Bar nicht vorbei. Wer nur gut essen will, bestelle hier das hervorragende *Picanha*-Fleisch. ⌚ tgl. 11.30–2 Uhr.

Garota da Urca, Av. João Luis Alves 56, Urca. Netteste Kneipe von Urca, schön vor einem kleinen Buchtstrand gelegen mit Blick auf den Corcovado, beliebter Treff der Viertelanwohner. Probieren sollte man die köstliche und preiswerte Hühnersuppe *(Canja).* ⌚ tgl. ab 12 Uhr.

Informal, Rua Conde de Bernadette 26, Leblon. Ableger einer erfolgreichen Bar in São Paulo, in Rio schnell zu einer In-Kneipe der Mittelschicht avanciert. Gepflegt und dennoch zwanglos, nett

mit Postern dekoriert, das Bier hat nach deutschem Vorbild eine Schaumkrone. Besonders saubere Toiletten sollen die Damen anziehen (und damit viele trinkfreudige Männer). ⌚ Mo–Fr 18–24, Sa und So 12–24 Uhr.
Lord Jim Pub, Rua Paul Redfern 63, Ipanema. Vor dem Eingang steht eine alte englische Telefonkabine, drinnen auf zwei Etagen typisches Pub-Ambiente. Beliebter Treff von Ausländern und Brasilianer/innen, die ihr Englisch ausprobieren wollen, manchmal Live-Musik; im Obergeschoss gute Gerichte der britischen Küche. ⌚ Mo–Do 9–24, Fr–So ab 18 Uhr; zwei weitere ähnliche Lokale, ebenfalls in Ipanema, sind ***The Irish Pub*** in der Rua Jangadeiros 14 A, und ***Shenanigan's Irish Pub*** in der Rua Visconde de Pirajá 112.

DISCOS UND LIVE-MUSIK – Disco-Clubs nach internationalem Zuschnitt sind in Rio so zahlreich wie in jeder westlichen Großstadt und in fast allen Stadtteilen zu finden. Authentischer ist eine typisch brasilianische Szene, die in letzter Zeit besonders in Lapa ein Revival erlebt. Hier hört man immer häufiger Samba und Chorinho in stilvollen Kolonialhäusern oder umfunktionierten Antiquitätenläden. Am Freitagabend findet nahe den Arcos da Lapa ein großes alternatives Straßenfest statt.

Rummel à la Rio

Feira de São Cristóvão *(Centro Luis Gonzaga de Tradições Nordestinas),* Campo de São Cristóvão. 60 Jahre lang fand der beliebte Nordost-Tanzmarkt in provisorisch am Wochenende aufgebauten Zeltbuden statt, bis 2004 alles in ein aufwändig restauriertes Stadion verlegt wurde. Hunderte Verkaufstände, preiswerte Restaurants und zwei große Live-Bühnen mit Forró-Bands garantieren eine vergnügliche Volksfeststimmung. Ein Besuch ist ungefährlich, auch die Hygiene in den Lokalen sowie die Toiletten neben den Bühnen wie an den Stadionseiten sind akzeptabel. Anfahrt per Taxi oder Bus (Linie nach São Cristóvão). ⌚ Fr–Sa 18–4, So 10–22 Uhr (zu diesen Zeiten mit Live-Musik), Di–Sa zusätzlich mittags zum Essen; Eintritt frei.

Asa Branca, Av. Mem de Sá 17, Lapa (beim Aquädukt). Riesiges Tanzlokal mit vielen Tischen, Piste und langem Tresen; bekannte Forró-Live-Bands, in den Spielpausen Disco; eher jüngeres und einfaches Publikum aus dem Nordosten Brasiliens, das hier die ganze Nacht durchtanzt; richtig voll und lebendig wird es nur Fr und Sa ab Mitternacht, Einlass 22 Uhr, publikumsfreundliche Eintrittspreise.
Café Cultural Sacrilégio, Av. Mem de Sá 81, Lapa, ✆ 21/2222 7345. Künstlerisch dekoriertes kleines Lokal in schönem Altbau gleich neben dem bekannteren „Carioca da Gema". Live und publikumsnah aufgespielt wird Samba, Chorinho und MPB. Zum Wochenende hin reservieren, da nur wenige Tische. ⌚ Di–Sa 19–1 Uhr; Eintritt R$14.
Carioca da Gema, Av. Mem de Sá 79, Lapa, ✆ 21/2221 0043. Beliebtes kleines Musikcafé in einem Altbau, künstlerisches Ambiente, Mittelschicht-Publikum mit alternativem Touch, ab 21 Uhr hervorragende Samba-, Chorinho- oder MPB-Live-Musik und Tanz. Zum Straßenbild gehören einige sich prostituierende Transvestiten. Am Wochenende reservieren, da nur wenige Tische. ⌚ Mo–Do 18–24, Fr–Sa 18–3 Uhr; Eintritt R$8.
Circo Voador, Rua dos Arcos, Lapa, ✆ 21/2533 5873. Nach Jahren der Unterbrechung 2004 neu eröffnetes modernes Showzelt mit Tribünen, Piste und Video-Leinwand auf großem Gelände gleich unter den Arcos da Lapa. Schwerpunkt auf Rock und Techno (aktuelles Programm telefonisch erfragen oder über die Zeitung), jüngeres Fan-Publikum. ⌚ Fr–So ab 22 Uhr.
Dito & Feito, Trav. do Comércio 16, Centro. Der beliebteste und bestorganisierte Tanzschuppen in Rios After-Work-Meile. Erfolgsmagnet ist der Di und Do von 18–20 Uhr stattfindende Männer-Strip für Frauen, danach dürfen dann alle rein. ⌚ Mo–Fr 18–1 Uhr.
Oi Noites Cariocas, Morro da Urca, Urca. Einen besseren Ort für Feste, nämlich oben auf dem kleineren Nachbarberg des Zuckerhuts, kann es gar nicht geben; mit Show-/Theatersaal, Live-Musik, Disco, Tanzpisten und Bars; vieles unter freiem Himmel mit herrlichem Blick auf das nächtliche Rio. Hinauf geht es mit der Seilbahn. ⌚ Unregelmäßig, oft Fr, aktuelle Termine siehe 💻 www.oinoitescariocas.com.br.

Abtanzen bis zum Abwinken

Rio Scenarium, Rua do Lavradio 20, Lapa, ✆ 21/3852 5516, 💻 www.rioscenarium.com.br. Das derzeitige In-Lokal für Freunde des Samba, Chorinho, Bossa Nova und Jazz. Drei Stockwerke voll mit den urigsten Antiquitäten, unten Live-Bühne und Piste, auch Restaurant-Service. Ab 19.30 Uhr spielt eine Vor-Band, ab 22.30 Uhr die flottere Hauptband. Zum Wochenende hin reservieren, falls man unbedingt einen Tisch will (für einen Sitzplatz im unteren Stock bei der Bühne muss man bis 20 Uhr eintreffen, im 1. St. bis 21 und im 2. bis 22 Uhr). 🕓 Di–Sa 19–2 Uhr; Eintritt R$20.

Feste und Feiertage

Januar: *Dia de São Sebastião,* Festtag zu Ehren des Schutzheiligen der Stadt (20. 01.). *Fashion Rio,* Modewoche, Museu de Arte Moderna (Datum variabel).

Februar: *Carnaval,* Rios Karneval nimmt sich im Vergleich zu Salvador und Recife/Olinda eher bescheiden aus. Kleinere Straßenumzüge gibt es zwar in fast allen Vierteln (besonders in Ipanema), richtig zur Sache geht es aber nur in diversen Clubs (Scala, Monte Libano u. a.) sowie im berühmten Sambódromo, einem Tribünenstadion für 62 000 Zuschauer. Zwei Nächte lang ziehen hier die 14 besten Sambaschulen mit mehr als 4000 Teilnehmern durch, am Samstag darauf folgt ab 19 Uhr die Siegerparade der 8 Bestplatzierten. Av. Presidente Vargas (Metrostation Central), Centro, Infos zu Kartenvorverkauf über Riotur oder 💻 www.carnaval.com (bessere Plätze erst ab R$200).

April: *Chivas Festival,* Jazz-Festival (Datum variabel).

Juli: *Fashion Rio,* eine weitere Modewoche mit der Winterkollektion, Museu de Arte Moderna (Datum variabel).

Anima Mundi, Comic-(Film-)Festival mit Werken aus der ganzen Welt, Centro Cultural do Banco do Brasil (Datum variabel).

August: *Grande Prêmio Brasil,* internationales Pferderennen, Jockey-Club, Gávea (Datum variabel).

September: *Festival do Rio,* größtes Film-Festival der Stadt, in diversen Kinos (Datum variabel).

Oktober: *Tim Festival,* Festival moderner Musik (auch Jazz und Rock), Museu de Arte Moderna (Datum variabel).

Dezember: *Dia do Samba,* vom Hauptbahnhof „Central do Brasil" fährt ein Samba-Zug bis in den Vorort Oswaldo Cruz, in jedem Wagen spielt eine Samba-Band und am Ziel wird weitergefeiert (02.12.).

Natal (Weihnachten), wichtigstes religiöses Fest Brasiliens, fast wie in Deutschland mit Familientreffen, Weihnachtsmännern, Lichterbaum und gemütsvollen Liedern, nur eben unter Palmen und bei 35–40 °C. Viele Häuserfassaden und Baumstämme sind mit Lichterketten geschmückt, besonders beeindruckend ist ein 80 m hoher Lichterbaum mitten in der Lagoa Rodrigo de Freitas mit knapp 3 Mill. Lampen (Guiness-Rekord). Viele Restaurants sind Heiligabend ab 18 Uhr geschlossen, nach Mitternacht gibt es jedoch einige Alternativfeste. Am 25. ist noch Feiertag, aber alle Lokale sind wieder geöffnet. Der 26. ist ein normaler Werktag.

Dezember/Januar: *Reveillon,* Silvester in Rio ist eines der größten Spektakel der Welt. Am Strand der Copacabana kommen 2–3 Mill. Menschen zusammen, zu Ehren der Meeresgöttin *Iemanjá* häufig in Weiß gekleidet. Am späten Nachmittag und frühen Abend finden afrobrasilianische Rituale und Spendenaktionen statt. Das 20-Min.-Feuerwerk ist wirklich berauschend, ebenso ein vom Dach des Hotel Meridien herabfallender Feuerteppich. Danach spielen auf mehreren Bühnen brasilianische Gruppen. Die An- und Abfahrt ist chaotisch, von den angrenzenden Vierteln sollte man zu Fuß gehen. In dieser Zeit nehmen viele Hotels, besonders an der Copacabana, den mehrfachen Preis des Normalen und akzeptieren nur fünftägige Buchungen. Feiern kann man auch an den Stränden von Flamengo, Ipanema und Barra, ebenfalls mit Feuerwerk und Shows.

Kultur und Unterhaltung

KONZERTHÄUSER – ***Canecão,*** Av. Venceslau Brás 215, Botafogo, beim Shopping-Center Rio Sul, ✆ 21/2543 1241, 💻 www.canecão.com.br. Riesige Konzerthalle mit vielen Tischen, Piste und Live-Bühne; häufig Auftritte großer Stars der brasilianischen Populärmusik; Karten an der Abendkasse; ⏲ Di–Do 21, Fr–Sa 22, So 22.30 Uhr; Eintritt R$20–50.

Claro-Hall, Av. Ayrton Senna 3000, Barra da Tijuca, ✆ 21/2156 7300. Rios modernstes und größtes Showhaus mit Platz für 8000 Pers., nationale und internationale Spitzenbands, aktuelles Programm s. Zeitung; Eintritt R$20–50.

KULTURZENTREN – ***Centro Cultural do Banco do Brasil*** *(CCBB)*, Rua 1° de Março 66, Centro (schräg gegenüber der Igreja da Candelária), ✆ 21/3808 2020, 💻 www.bb.com.br/cultura. Das schöne neoklassizistische Gebäude von 1880 war früher Hauptsitz der Banco do Brasil und ist heute eines der besten Kulturzentren von Rio, mit häufigen Ausstellungen, Theater, Kino und Bibliothek. ⏲ Di–So 10–21 Uhr; Eintritt frei oder gering.

Cidade do Samba, zwischen dem Zentrum und dem Hafen liegt die riesige „Sambastadt", ein Ausstellungs-, Workshop- und Showkomplex, der die brasilianische Samba-Kultur in allen Varianten präsentiert.

MUSEEN – Hier werden nur die Museen angeführt, die im Hauptteil oben nicht erwähnt wurden.

Museu de Arte Moderna *(MAM)*, Av. Infante Dom Henrique 85, Centro (nahe Airport Santos Dumont), ✆ 21/2240 4944, 💻 www.mamrio.org.com. Um das Gebäude herum schöne von Burle Marx angelegte Gärten, im Innern (3. St.) die permanente Coleção Gilberto Chateubriand und wechselnde Ausstellungen; auch Events wie Fashion Rio, Tim Festival u. a. ⏲ Di–Fr 12–18, Sa und So 10–19 Uhr.

Museu Histórico Nacional, Praça Mal. Âncora, Centro. Interessantes großes Museum in einer früheren Festungsanlage zur Geschichte Brasiliens. Gemälde, Möbel, Uniformen, Waffen, Kutschen, Oldtimer, eine Apotheke von 1847 und Münzsammlungen. ⏲ Di–Fr 10–17, Sa und So 14–18 Uhr.

Palácio da Ilha Fiscal, in dem neogotischen Schlösschen auf der früheren Zollinsel in der Bucht von Guanabara wurde am 9. 11. 1889 der letzte Ball des untergehenden Kaiserreichs gefeiert. Die prachtvollen Säle, wertvollen Gemälde und die größte Uhr des Imperiums sind zu besichtigen. ⏲ Do–So um 13, 14.30 und 16 Uhr; Eintritt R$8; Boot ab Espaço Cultural da Marinha, Av. Alfred Agache, Centro.

Museu Internacional de Arte Naif, Rua Cosme Velho 561 (nahe der Bahnstation zum Corcovado). Großer Bestand an in- und ausländischen Werken der Naiven Kunst und Malerei, 3 Stockwerke. ⏲ Di–Fr 10–18, Sa und So 12–18 Uhr; Eintritt R$8.

Museu Casa do Pontal, Estr. do Pontal 3295, Recreio. In 12 thematisch angeordneten Sälen sind 4500 Objekte einer privaten Sammlung von Werken der Volkskunst zu besichtigen. Es handelt sich überwiegend um Miniaturen aus Ton, Gips oder Holz. ⏲ Do–So 9.30–17 Uhr; Eintritt R$10.

Espaço Cultural da Marinha, Av. Alfred Agache (an der Bucht nahe Igreja da Candelária und Centro Cultural do Banco do Brasil). In einem großen Gebäude kann man die Geschichte der Seefahrt nachvollziehen und am Pier das U-Boot Riachuelo sowie das im 2. Weltkrieg gegen Deutschland eingesetzte Kriegsschiff Baura besichtigen (auch innen). ⏲ Di–So 12–17 Uhr; Eintritt frei.

SAMBASCHULEN – ***Estação Primeira da Mangueira***, Rua Visconde de Niterói 1072, Mangueira, ✆ 21/2567 4637, 💻 www.mangueira.com.br. Hier wird in den Monaten vor dem Karneval kräftig und lautstark jeden Samstagabend für den großen Auftritt geübt. Mangueira ist die traditionsreichste Sambaschule Rios, die Proben *(Ensaios)* in der Halle des Clubs werden gern von ausländischen Gästen besucht. Am besten fährt man in einer Gruppe hin (auch aus Sicherheitsgründen), Buchung über die Hotelrezeption, Eintritt R$10 plus Transfer. Auch die anderen Sambaschulen besitzen solche Hallen, die für Besucher offen sind (s. unter Kulturzentren: *Cidade do Samba*).

TANZ-SHOWS – ***Starbrazil***, Av. Afrânio de Melo Franco 296, Leblon, ✆ 21/2511 2391. Super-Show für Touris mit mehr als 60 Tänzern und Artisten; im Repertoire ein breites Stilpanorama von Karibik- und Afro-Rhythmen bis zu brasilianischen Traditionen wie *Maculelê, Gafieira, Frevo, Axé, Capoeira* und *Samba*; trotz forciertem künstlerisch-professionellen Einsatz manchmal kitschig bis peinlich. ⏲ tgl. 22 Uhr, ab 18 Jahren; Eintritt R$110.

Plataforma, Rua Adalberto Ferreira 32, Leblon, ✆ 21/2274 4022. Ähnlich wie Starbrazil, nur stärker auf die rein brasilianische Traditionen konzentriert. ⏲ tgl. 22 Uhr; Eintritt R$110.

Einkaufen

ANTIQUITÄTEN UND KUNSTHANDWERK – ***Feira de Antigüidades da Praça Quinze,*** Praça XV de Novembro, Centro. Gehobener Flohmarkt, auf dem sich Raritätensammler und Schnäppchenjäger alles herauspicken, was das 20. Jh. an Kuriositäten hervorgebracht hat, von Jugendstil-Lampen über alte Münzen, Uhren und Telefonkarten bis zu kugelförmigen Fernsehern. ⏲ Sa 9–16 Uhr; Eintritt frei.

Feira Hippie, Praça General Osório, Ipanema. Früher ein echter Hippie-Treff, heute ein gehobener Kunsthandwerks-Markt. Großes Angebot an Lederwaren, Halbedelsteinen, Schmuck, Keramikartikeln, Kleidung (T-Shirts), Bildern, Möbeln usw. ⏲ So 9–19 Uhr.

Feira da Rua do Lavradio, in dieser Straße im Viertel Lapa (nahe beim Aquädukt) befinden sich zahlreiche Antiquitätenläden; an jedem ersten Samstag des Monats werden die Objekte unter freiem Himmel ausgestellt; vieles passt nicht in den Koffer, aber interessant ist es doch.

KLEIDUNG UND ACCESSOIRES – ***Babilônia Feira Hype,*** Jockey Club Brasileiro, Tribuna C, Rua Jardim Botânico 1003, Jardim Botânico, ✆ 21/2267 0066, 💻 www.babiloniahype.com.br. Mehr als 150 Verkaufsstände mit flippiger Alternativ-Mode, Accessoires, Dekorations- und Kunstgegenständen zu günstigen Preisen sowie Musik- und Performance-Shows. ⏲ Sa und So 14–22 Uhr (normalerweise alle 14 Tage); Eintritt R$5.

Bumbum, Rua Visconde de Pirajá 351, Ecke Loja B, Ipanema, 💻 www.bumbum.com.br. Die auf Deutsch „Hintern" genannte Boutiquenkette verkauft die berühmtesten „Zahnseiden"-Bikinis der Welt. ⏲ Mo–Fr 9–20, Sa 10–14 Uhr.

Mercado Mundo Mix, Marinha da Glória, Av. Infante Dom Henrique, Aterro do Flamengo. Rios erster Performance-Markt, auf dem nicht nur Alternativ-Mode, sondern auch künstlerische und musikalische Programme geboten werden. ⏲ Sa und So 14–22 Uhr; Eintritt R$5.

Rio Sul Shopping Center, Rua Lauro Müller 116, Botafogo (beim Tunnel zur Copacabana). Europäischen Standards entsprechendes großes Kaufhaus mit vielen Boutiquen und Läden auf vier Etagen; auch Bars, Restaurants und Kinos. ⏲ Mo–Sa 10–22, So 15–21 Uhr.

MUSIK – ***Modern Sound,*** Rua Barata Ribeiro 502, Copacabana, 💻 www.modernsound.com.br. In dem stilvollen Geschäft finden Musikliebhaber das größte und bestsortierte Angebot an CDs in Brasilien; neben nationalen auch internationale Titel, die selbst in der Heimat schwer zu finden sind; ein Laden für Kenner, die genau wissen, was sie wollen – Reinhören ist leider nicht gestattet. ⏲ Mo–Fr 9–21, Sa 9–20 Uhr.

✖ **ÖKO-MARKT** – ***Feira Cultural e Ecológico da Glória,*** Rua do Russel gegenüber Nr. 300, Glória. Organisiert von der „Associação dos Agricultores Biológicos do Rio", Straßenmarkt mit vielen Verkaufsbuden für Bio-Produkte, z. B. der Stand der Schweizerin Françoise Oestreicher, an dem alle Varianten von Ziegenkäse geboten werden. ⏲ Sa 7–13 Uhr; Eintritt frei.

SUPERMÄRKTE – In Rio gibt es sehr viele Supermärkte, vom Hotel aus muss man oft nur wenige Schritte gehen (an der Rezeption nach dem *Supermercado mais próximo* fragen). Am besten ist die Kette ***Zona Sul*** mit Qualitätswaren, vorbildlicher Hygiene und fast durchgängigen Öffnungszeiten: Rua Dias Ferreira 290 A/B, Copacabana; Rua Visconde de Pirajá 504–508, Ipanema; Rua Gustavo Sampaio 679, Leme.

Aktivitäten

AEROBIC UND FITNESS – Hunderte *Academias* sorgen in Rios Südzonenviertel für den perfekt gestylten Body. Die folgenden Studios bieten auch Schnellkurse, um in kürzester Zeit fit zu werden oder Kalorien zu verbrennen:

Bory Tech, Rua Visconde de Pirajá 365, Sobreloja, Ipanema, ✆ 21/2523 3898, mit *power plate* (Muskelstimulierung), *power jump* (Trampolin-Gymnastik) und *hidro training.*

Curves, Rua Anita Garibaldi 9, Loja A, Copacabana, ✆ 21/2255 0011, Aerobic und Muskeltraining in 30 Min.
Estação do Corpo, Av. Borges de Medeiros 4926, Lagoa, ✆ 21/2219 3134, *two fast spin and run,* 40–60 Min.-Programme mit Laufen und Radsport in geschlossenen Räumlichkeiten.
Intense, Rua Uruguaiana 9, Centro, ✆ 21/3852 1891, *aero jump* und *body combat.*
Pro Forma, Rua Dias Ferreira 33, Leblon, ✆ 21/2540 7999, *multi training* und *sand running.*

BEACH-VOLLEYBALL – Rios Strände sind das Eldorado der Volleyball-Fans. Wegen vieler internationaler Erfolge steht der Sport in der Beliebtheitsskala nach dem Fußball bereits an 2. Stelle. An der **Copacabana**, in **Ipanema** oder in **Barra** sind Tag und Nacht Teams in Aktion, oft kann man sich einfach anschließen und mitspielen. Es gibt auch viele Volleyball-Schulen, die jedoch Monatsbeiträge nehmen. Verhandelbar ist die Gebühr beim ***Jackie Clube de Esportes,*** geübt wird an den Stränden von Copacabana und Leblon, ✆ 21/2494 6970, 💻 www.jackiesilva.com.br.

GOLF – ***Gávea Golf & Country Club,*** Estr. da Gávea, São Conrado, ✆ 21/3322 4141. Der einzige für Nichtmitglieder offene Platz (18 Loch) entstand 1921 aus einer zwischen Bergen und dem Strand von São Conrado gelegenen Kaffeefarm. Das Gelände der hinteren Bahnen ist recht hügelig. Die oft engen Faiways und eher kleineren Greens sowie Roughs, die nichts verzeihen, verlangen ein exaktes Spiel. Doch Gary Player stellte hier 1974 mit 59 Schlägen einen neuen Weltrekord auf. Die Liste der Spielerstars ist lang und so wundert es nicht, dass man bei dieser Nobeladresse für eine Runde Golf mit Caddy locker R$350 liegen lässt.

KLETTERN – ***Casa do Alpinista,*** Rua Mena Barreto 105, Botafogo, ✆ 21/2286 9564, ✉ companhia@guiadaurca.com, 💻 www.guiadaurca.com. Gleich hinter der Seilbahnstation zum Zuckerhut im Stadtteil Urca befindet sich die beliebteste Felswand für Anfänger. Eine künstliche Übungswand von ***Curtirio,*** einer Agentur für Kletterspotler, gibt es in der Rua São João Batista 27 in Botafogo, ✆ 21/2558 5606.

Etwas Fortgeschrittene versuchen sich gern beim 842 m hohen Pedra da Gávea im Nationalpark von Tijuca, der Aufstieg dauert etwa 6 Std., Guides über ***Arte Radical,*** (Umzug ins Zentrum geplant), ✆ 21/8111 2209, 💻 www.arteradical.com.

SEGELFLIEGEN – Asa-Delta-Flüge im Tandem sowie Paragliding im Stadtteil São Conrado, Praia do Pepino, Start von der Rampe des Pedra Bonita, nur bei Aufwind vom Meer. Zahlreiche professionelle Fluglehrer warten stets am Strand auf Gäste, das Mitfliegen im Tandem kostet bei einer Durchschnittsdauer von 15 Min. R$250 (inkl. Hoteltransfer und manchmal belichtetem Film), der weite Blick über die grüne Hügellandschaft ist fantastisch. Besonders zu empfehlen sind folgende Fluglehrer: **Konrad Heilmann,** ✆ 21/9843 9006, ✉ konrad@globo.com, 💻 www.airadventures.net, einziger perfekt Deutsch sprechender Anbieter (auch Englisch), ehemaliger brasilianischer Meister, seit 1987 aktiv; **Paulo,** ✆ 21/9798 1804, Vorsitzender der Pilotenvereinigung; **Ricardo Lima,** ✆ 21/7814 4103, sehr professioneller Pilot, der die Windverhältnisse maximal nutzt, belichteter Film gratis.

SURFEN – An fast allen Atlantikstränden Rios wird gesurft, es gibt jedoch zwei besonders beliebte Spots: in **Arpoador** zwischen Copacabana und Ipanema sowie weiter außerhalb an einem herrlichen, in einem grünen Naturschutzgebiet gelegenen Strand namens **Prainha** (Bus oder Van bis Recreio, dann wenige km per Taxi). Wer nur mal kurz surfen will, wird immer jemanden finden, der gegen ein Trinkgeld sein Brett ausleiht. Eine gute Surfschule unterhält Jürgen Oliveira, ausgebildet an der Sportuni Hamburg, deutschsprachig, Intensivkurs 3 Tage à 2 Std., ✆ 21/9265 91 78.

TANZEN – Rios bester und berühmtester Tanzlehrer, **Carlinhos de Jesus,** gibt Kurse zu lateinamerikanischen Tänzen in seiner gleichnamigen Tanzschule, Rua Alvaro Ramos, Botafogo, ✆ 21/2541 6186, 💻 www.carlinhosdejesus.com.br. Kräftig geschwoft wird auch bei **Jaime Arôxa** in einem Hinterhaus mit 2 Etagen, Rua São Clemente 155, Botafogo, ✆ 21/2539 8779, ✉ cdja@jaimearoxa.com.br, 💻 www.jaimearoxa.com.br.

TAUCHEN – ***Projeto Mergulhar Aquamar,*** Av. Armando Lombardi, 949, Loja D, Barra da Tijuca, ✆ 21/2495 5491, 💻 www.projetomergulhar.com.br. Tauchkurs R$675, Zertifikat R$72. 🕒 Mo–Fr 9–20 Uhr.

WANDERN – Im ***Parque Nacional da Tijuca,*** dem größten innerstädtischen Urwald der Welt, gibt es ein ausgedehntes, ausgeschildertes Wegenetz. Am Parkeingang bei Alto da Boa Vista, kann man im Souvenierladen Kartenmaterial erwerben. Geführte Touren bieten:
Rio Hiking Tours, Rua Almirante Alexandrino 3226/404, Santa Teresa, ✆ 21/2245 4036, 💻 www.riohiking.com.br, halber Tag R$60, ganzer Tag R$90;
Brasil Eco Travel Center, Rua Visconde de Pirajá 572, 2. Stock, Ipanema, ✆ 21/2512 8882, 🕒 Mo–Fr 9–18 Uhr.

Touren

Rio-Insider-Tour, Helmuth Taubald (Mitautor dieses Buches), ✆ 21/9241 3782, ✉ heltau@ig.com.br, 💻 www.rio-insider.com. Er lebt seit 1990 in Rio und bietet drei verschiedene Tagestouren (Rio basic, Rio more, Rio outside) sowie Rio by night, entweder im Pkw oder bei größeren Gruppen im Kleinbus, Sondertarife für Loose-Traveller.
Favela Tour, Marcelo Armstrong, Estr. das Canoas 722, Sala 125, São Conrado, ✆ 21/3322 2727, ✉ info@favelatour.com.br, 💻 www.favelatour.com.br. Besuch der Favelas Rocinha und Vila Canoa. Es geht nicht nur um das Zeigen der Armut, Marcelo erklärt auch die Probleme und besucht Sozialeinrichtungen. Er spricht Englisch, Spanisch und Französisch. Preis: R$65 p.P. (direkt buchen ist preiswerter als über die Hotelrezeption).
Ilha de Paquetá, diese kleine autofreie Insel mit 4500 Einw. in der Bucht von Guanabara kann man auf eigene Faust in einem Tagesausflug besuchen. Die einstündige Bootsfahrt ab Estação das Barcas (Praça XV, Centro, 6x tgl. zwischen 7.10 und 23 Uhr, R$6) lohnt sich sowohl wegen der Sicht auf Rio als auch wegen der Insel selbst. Hier residierte schon Dom João VI., sehenswert sind neben dem Königspalast Solar del Rei die Kapelle São Roque (1698), der Park Darke de Matos und einige Herrschaftsvillen. Auch die Strände sind reizvoll, besonders Moreninha und José Bonifácio, das Wasser ist jedoch verschmutzt. Die Rundtour um die Insel geschieht per Pferdekutsche (30 Min./R$15) oder gemietetem Fahrrad.
Saveiros Tour, ✆ 21/2225 6064, 💻 www.saveiros.com.br. Fahrt durch die Bucht von Guanabara und vorbei an Atlantikstränden und Felseninseln (Cagarras) der Südzone, Start tgl. 9.30 und 11.30 Uhr ab Marina da Glória, Aterro do Flamengo, 2 Std., R$30 p.P.
Helisight, Rua Conde Bernadote 26, Loja 119, Leblon, ✆ 21/2511 2141, 💻 www.helisight.com.br. Teure Hubschrauber-Rundflüge (die man in Rio eigentlich nicht braucht, da es genügend natürliche Aussichtspunkte gibt), Start tgl. zwischen 9 und 17 Uhr von drei *Helipontos*: Morro da Urca, Lagoa und Morro Dona Marta, dort Infotafel zu den Routen und Preisen (z. B. 7 Min. R$150 p.P.).

Sonstiges

APOTHEKEN – In Rio gibt es fast so viele Apotheken wie Kneipen, im Bedarfsfall frage man an der Hotelrezeption nach der nächstgelegenen *(Farmácia mais próxima)*. Viele sind durchgehend geöffnet, z. B. ***City Farma Flamengo,*** Rua Marquês de Abrantes 27, Loja A, Flamengo; ***Farmácia do Leme,*** Av. Prado Junior 237, Copacabana; ***CityFarma Leblon,*** Rua Dias Ferreira 618, Loja A, Leblon.

AUTOVERMIETUNGEN – Im allgemeinen Teil (s. S. 46, Praktische Tipps) wird vom Selbstfahren abgeraten. Wer es trotzdem wagen will, sollte sich an die großen und seriösen Unternehmen wenden. Alle haben ein Büro in der Ankunftshalle der Flughäfen sowie in der Av. Princesa Isabel zwischen Copacabana und Leme, z. B.:
Avis, Av. Princesa Isabel 350, Copacabana, ✆ 21/2543 8481, 📠 2543 8488;
Unidas, Av. Princesa Isabel 166/A, Copacabana, ✆ 21/3685 1212, 📠 2295 3628.

DEUTSCHE SCHULE – ***Escola Corcovado,*** Rua São Clemente 312, Botafogo, ✆ 21/2537 8811, 💻 www.ac-rio.de. Renommierte große Privatschule in schöner Villa mit Park.

DIPLOMATISCHE VERTRETUNGEN – **Argentinien**, Praia de Botafogo 228, Sobreloja 201, ✆ 21/2553 1646. ◷ Mo–Fr 10–13 und 13.30–15.30 Uhr.
Bolivien, Av. Rui Barbosa 664/101, Flamengo, ✆ 21/2552 5490. ◷ Mo–Fr 9–14 Uhr.
Deutschland, Rua Presidente Carlos de Campos 417, Laranjeiras, ✆ 21/2554 0004, 📠 2553 0184. ◷ Mo–Fr 8.30–11.30 Uhr.
Österreich, Av. Atlântica 3804, Copacabana, ✆ 21/2102 0020, 📠 2521 61 80. ◷ Mo–Fr 9–13 Uhr.
Paraguay, Praia de Botafogo 242, ✆ 21/2553 2294. ◷ Mo–Fr 9–16 Uhr.
Peru, Av. Rui Barbosa 314, 2. St., Flamengo, ✆ 21/2551 9596. ◷ Mo–Fr 9–15 Uhr.
Schweiz, Rua Cândido Mendes 157, 11. St., Glória, ✆ 21/2221 1867, 📠 2252 5951, ◷ Mo–Fr 9–12 Uhr.
Uruguay, Praia de Botafogo 242, 6. St., ✆ 21/2553 6030. ◷ Mo–Fr 9–16 Uhr.
Venezuela, Praia de Botafogo 242, 5. St., ✆ 21/2554 5955. ◷ Mo–Fr 9–13 Uhr.

FAHRRADVERLEIH – ***Special Bike,*** Rua Visconde de Pirajá 135/B, Ipanema, ✆ 21/2521 2686, ✉ sbike@specialbike.com.br, 💻 www.specialbike.com.br. R$15/Std., R$60/Tag. Das Fahrrad wird in Rio eher für sportliche Zwecke statt als normales Fortbewegungsmittel benutzt. Vom Strand von Recreio bis zum Zentrum gibt es einen fast durchgehenden 40 km langen Fahrradweg. Sonntags Verleih direkt an der Strandpromenade der Copacabana. Abzuraten ist vom Fahren auf den Autostraßen.

FILME UND FOTOARBEITEN – Filme nachkaufen an fast allen Zeitungskiosken sowie in den zahlreichen Fotoläden, entwickelt wird in 1 Std.

GELD – **Wechselstuben:** am Schalter der ***Banco Safra,*** Aeroporto Internacional, Terminal 2, Desembarque Internacional. Gleich bei Eintritt in die Flughafenhalle, ohne Ausweise;
American Express, gegenüber dem Schalter der Banco Safra oder in der Av. Atlântica 1702 vor dem Hotel Copacabana Palace, Kursinfos: ✆ 21/2548 2148, 0800/7020777 (gratis), Reisepass vorlegen.

Geldautomaten: Kurse günstiger als in Wechselstuben, bis 22 Uhr zugänglich, Airport Santos Dumont 24 Std. Am meisten akzeptiert werden Visa, Mastercard und EC/Maestro.
Einige Adressen der wichtigsten Banken:
Banco do Brasil, Rua Senador Dantas 105, Centro (Hauptsitz); Av. N. S. de Copacabana 594; Rua Joana Angélica 124 A, Ipanema; Av. Bartolomeu Mitre 438, Leblon.
HSBC, Shopping Rio Sul, Botafogo; Av. Rio Branco 156, Centro; Av. N. S. de Copacabana 817; Rua Visconde de Pirajá 608, Ipanema.
Bradesco, Rua Siqueira Campos 96, Copacabana; Av. Ataulfo de Paiva 368, Leblon; Rua do Catete 222, Catete; Rua Visconde de Pirajá 216, Ipanema.
CitiBank, Rua da Assembléia 100, Centro; Av. N. S. de Copacabana 619, Rua Visconde Pirajá 459, Ipanema.

INFORMATIONEN – **Websites**: 💻 www.riodejaneiro.com (Wirtschaft, Politik, Kultur und Tourismus; auf Englisch);
💻 www.riodejaneiro-turismo.com.br (offizielle Tourismus-Seite);
💻 www.rio-insider.com (HP des Loose-, DuMont- und Marco Polo-Autors Helmuth Taubald; auf Deutsch).
Riotur (offizielle Touristeninformation der Stadt), Av. Princesa Isabel 183, Copacabana, ✆ 21/2541 7522; ferner am internationalen Airport, ✆ 21/3398 5050, sowie am Busbahnhof Novo Rio, ✆ 21/2263 4857. ◷ Mo–Fr 9–18 Uhr (alle drei Büros).
Riotur (Hauptbüro im Zentrum), Rua da Assembléia 10/9, ✆ 21/2217 7575, 💻 www.riodejaneiro-turismo.com.br. ◷ Mo–Fr 9–18 Uhr.
Secretaria de Turismo (Tourismusamt für den Bundesstaat), ✆ 21/2215 0011, 💻 www.turisrio.rj.gov.br. ◷ Mo–Fr 9–18 Uhr.
Alô Rio, telefonischer Info-Service auf Portugiesisch und Englisch, ✆ 21/2542 8080, 0800/7071 1808 (gratis). ◷ Mo–Fr 9–18 Uhr.

INTERNET – Die meisten Hotels besitzen Internetzugang, manchmal gratis, manchmal teuer. In den Straßen, besonders der touristischen Viertel, gibt es viele preiswerte Cyber-Cafés, von denen man meistens auch billig nach Hause telefonieren kann. Hier nur einige Adressen:

Locutório, Av. N. S. de Copacabana 1171, Copacabana. ⌚ tgl. 10–22 Uhr.
Millennium Cyber Café, Av. N. S. de Copacabana 709/1108, Copacabana. ⌚ Mo–Sa 9–21 Uhr.
Café Ubaldo, Rua Visconde de Pirajá 276, Ipanema. ⌚ tgl. 8–24 Uhr.
Central Fone, Av. Rio Branco 156, Centro. ⌚ Mo–Fr 9–20, Sa 10–16 Uhr.

KULTURINSTITUT – ***Goethe-Institut,*** Rua do Passeio 62, 1. St., Centro (nahe Cinelândia), ☏ 21/2533 4862, 💻 www.goethe.de/riodejaneiro. ⌚ Mo–Fr 9–14 und 15–19 Uhr. Bibliothek und Zeitschriften-Lesesaal im 2. St. ⌚ Di und Mi 10–13 und 15–19, Do 15–19, Fr 15–18, Sa 10–13 Uhr.

MEDIZINISCHE HILFE – Die privaten Ärzte und Krankenhäuser bieten in der Regel einen Standard, der mit europäischem vergleichbar ist. Die ambulanten Behandlungen sind vorab in bar oder mit Kreditkarte zu bezahlen, die Rechnung mit Namen, Diagnose und Therapie ist für die spätere Rückerstattung durch die Versicherung aufzubewahren. Das beste Krankenhaus der Südzone ist das ***Copa-Dor,*** Rua Figueiredo Magalhães 85, ☏ 21/2545 3600, ⌚ 24 Std., die meisten Ärzte sprechen Englisch. Fremdsprachige Ärzte vermittelt auch der ***Rio Health Collective Service*** *(RHC),* zudem kostenlose Behandlung von Tropenkrankheiten, Av. das Américas 4430, Sala 303, Barra da Tijuca, ☏ 21/3325 9300 (nicht immer geöffnet, Telefonnummer für Rückruf hinterlassen).

NOTFALL – **Polizei** ☏ 21/190, **Ambulanz** ☏ 21/192, **Feuerwehr** ☏ 21/193 (auch bei Unfällen oder Verletzungen).

Deutschsprachiger Arzt

Bei kleineren Problemen sollte man den sehr qualifizierten und gut Deutsch sprechenden prakt. Arzt **Dr. Ralf Strattner** konsultieren; seine Praxis liegt in der Av. N. S. Copacabana 1018/602, ☏ 21/2521 3723. ⌚ Mo–Mi und Fr 10–13 und 15–19 Uhr. Er arbeitet auch für eine sehr gute Privatklinik in Gávea und kann im Notfall eine schnelle Einweisung veranlassen.

POLIZEI – ***Delegacia de Atendimento ao Turista,*** Rua Humberto de Campos 315/Av. Afrânio de Melo Franco 159, Leblon, ☏ 21/3399 7170. ⌚ 24 Std. Dieses speziell für Touristen eingeführte Polizeirevier mit Englisch sprechendem Personal ist zuständig für Anzeigen und Diebstahlmeldungen. In der Regel sind keine großen Fahndungsaktivitäten zu erwarten, aber man bekommt immerhin eine Bescheinigung für die Versicherung zu Hause. Die *Polícia Federal* braucht man normalerweise nur bei „Visaangelegenheiten" (s. u.).

POST – Postämter gibt es in Rio reichlich, mehrere in jedem Stadtteil. Am besten fragt man bei der Hotelrezeption nach der nächsten *Correio*-Adresse. Die Öffnungszeiten sind Mo–Fr 9–17 und Sa 9–12 Uhr. Ansichtskarten gibt es an jedem Zeitungskiosk, Briefmarken direkt bei der Post. Hier einige Adressen.
Centro: Av. Pres. Vargas 3077, Rua 1° de Março 64; **Botafogo**: Praia de Botafogo 324; **Copacabana**: Av. N. S. de Copacabana 540 A, 1059 A, 1133 Loja 107, 1298 A/B; **Leme**: Av. Princesa Isabel 323 A; **Ipanema**: Rua Visconde de Pirajá 452 Ss; **Leblon**: Av. Ataulfo de Paiva 822.

SPRACHSCHULEN – Viele Sprachschulen bieten Portugiesisch-Kurse für Ausländer, diese lohnen sich jedoch nur, wenn man Monate in Rio bleibt. Empfehlenswerter sind Privatstunden, z. B. bei **Monica Marraccini**, ☏ 21/3820 2286, Handy 9952 1758, ✉ monicamarra@infolink.com.br. Sie spricht gut Deutsch, Englisch und Italienisch und hat in Berlin Linguistik mit Magisterabschluss studiert. Unterricht bei ihr zu Hause (R$50 pro Std.) oder im Hotel (R$70 pro Std.).

STADTPLÄNE – In jedem der äußerst zahlreichen Zeitungskioske gibt es diverse Karten und Stadtpläne, oft sogar von Falk. Gut ist ebenfalls der Stadtplan von „Guia Brasil 4 rodas" mit eingezeichneten Sehenswürdigkeiten, schön gemacht ist auch die bunte *mapa turística*.

TELEFON – In der Südzone, besonders an der Copacabana, finden sich zahlreiche Telefondienste und Internetcafés mit Telefonkabinen; am besten erfragt man die nächste Adresse bei der Hotelrezeption; einen 24 Std.-Service für internationale Gespräche gibt es in der Av. N. S. Copacabana 462 im 2. St.

VISAANGELEGENHEITEN – ***Polícia Federal do Rio de Janeiro,*** Av. Venezuela 2, Praça Mauá, Centro, ✆ 21/3213 1400. Hier kann man gegen Vorlage der Einreisedokumente und des Rück- oder Weiterflug-Tickets die Aufenthaltserlaubnis verlängern lassen, Anfahrt mit Bussen der Aufschrift „Praça Mauá", Zutritt in Shorts oder Sandalen untersagt. ⌚ Mo–Fr 10–16 Uhr.

WÄSCHEREIEN – Eine *Lavanderia* findet man in Rio in fast jeder Straße, die nächste Adresse erfragt man am besten bei der Hotel-Rezeption. Normalerweise wird nach Gewicht berechnet, der Preis ist günstig und liegt weit unter dem in Hotels berechneten. Nach wenigen Stunden ist alles schrankfertig; Service häufig inkl. Abholen und Bringen.

X-Press Quality Cleaners, Rua Santa Clara 36 A, Copacabana. Moderne Wäscherei, Preise pro Kleidungsstück.

Lavandaria, Rua Sá Ferreira 44, Loja E, Copacabana. Niedrige Preise nach Gewicht, auch Abhol- und Bring-Service.

ZEITUNGEN UND ZEITSCHRIFTEN – In mehreren Läden oder Kiosken der Südzone bekommt man die FAZ (1 Tag später), den SPIEGEL (am Do) und manchmal auch den STERN u. a.; an der Copacabana z. B. in einem kleinen Zeitungs-Shop an der Av. N. S. Copacabana 10 m vor der Kreuzung mit der Rua Prado Junior, in Leme in einem Kiosk an der Av. Princesa Isabel nahe beim Eingang zum Hotel Meridien.

Nahverkehrsmittel

BUSSE – Was die Einwohner Rios am meisten loben, ist das dichte Busnetz. Tausende von Bussen fahren in kurzen Abständen in fast jeden Winkel der Stadt. Man steigt dort ein, wo ein Schaffner sitzt (manchmal hinten, manchmal vorn), entrichtet einen recht niedrigen Einheitspreis von R$1,80 (Fahrschein gibt es nicht), geht durch eine Drehtür und steigt am Ziel nach einem Knopfdruck wieder aus. Der Fahrstil ist jedoch rasant, man sollte sich immer gut festhalten. Haltestellen werden nicht besonders geachtet, andererseits darf man oft zwischendurch auf- oder abspringen. Hier eine Liste der Busverbindungen zwischen den wichtigsten Stadtteilen (inkl. Busbahnhof Rodoviária Novo Rio) mit Busnummern:

Von Copacabana nach Ipanema (570, 572), Leblon (132, 512, 574), Jardim Botânico (570, 572, 584), São Conrado (175, 177, 523), Barra (175, 523), Catete/Flamengo (569, 571, 573), Botafogo (569, 571, 573), Lapa (571), Centro (123, 125, 132), Rodoviária Novo Rio (126, 127, 128), Laranjeiras/Bahn zum Corcovado (569, 583), Maracanã (464), Urca/Zuckerhut (511).

Von Ipanema nach Copacabana (571, 573), Leblon (132, 512, 574), Jardim Botânico (570, 572, 584), São Conrado (175, 177, 523), Barra (175, 523), Catete/Flamengo (569, 571, 573), Botafogo (569, 571, 583), Lapa (571), Centro (123, 125, 132), Rodoviária Novo Rio (128, 474, 485), Laranjeiras/Bahn zum Corcovado (569, 583), Maracanã (464), Urca/Zuckerhut (511).

Von Leblon nach Copacabana (511, 571, 583), Ipanema (511, 571, 583), Jardim Botânico (512, 574, 584), São Conrado (175, 177, 523), Barra (175, 177, 523), Catete/Flamengo (571, 573, 583), Botafogo (571, 573, 583), Lapa (571), Centro (128, 132, 172), Rodoviária Novo Rio (128, 172, 173), Laranjeiras/Bahn zum Corcovado (570, 583, 584), Maracanã (464), Urca/Zuckerhut (511).

Von Catete/Flamengo nach Copacabana (570, 572, 573), Ipanema (569, 571, 573), Leblon (570, 584, 574), Jardim Botânico (170, 178, 571), São Conrado (178, 179, 524), Barra (175, 179, 524), Botafogo (574, 583), Lapa (434, 571, 572), Centro (170, 178, 180), Rodoviária Novo Rio (172, 178), Laranjeiras/Bahn zum Corcovado (180, 569, 583), Maracanã (434, 464).

Von Botafogo nach Copacabana/Ipanema (572, 574, 584), Leblon (512, 569, 574), Jardim Botânico (158, 583, 592), São Conrado/Barra (179, 524), Catete/Flamengo (178, 571, 583), Lapa (434, 571, 572), Centro (170, 172, 179), Rodoviária Novo Rio (170, 172, 173), Laranjeiras/Bahn zum Corcovado (570), Maracanã (464), Urca/Zuckerhut (512).

Von Lapa nach Copacabana (433, 464, 572), Ipanema (464, 571, 572), Leblon (434, 464, 571), Jardim Botânico (158, 410, 571), Catete/Flamengo (158, 571), Botafogo (434, 571, 572), Centro (247).

Vom Centro nach Copacabana (121, 123, 125), Ipanema (123, 175, 132), Leblon (128, 132, 172), Jardim Botânico (170, 172, 179), São Conrado (175, 177, 179), Barra (175, 179, 225), Botafogo (170, 172, 179), Lapa (247), Rodoviária Novo Rio (128, 127, 171), Laranjeiras/Bahn zum Corcovado (180, 422), Maracanã (238, 239), Urca/Zuckerhut (107).
Von Laranjeiras/Bahn zum Corcovado nach Copacabana/Ipanema/Leblon (570, 584), Jardim Botânico (569, 583, 584), Catete/Flamengo (180, 497, 498), Botafogo (583), Lapa/Centro (180, 184), Rodoviária Novo Rio (180, 406, 422).
Von Maracanã nach Copacabana/Ipanema (456, 457), Leblon (434, 435, 464), Catete/Flamengo (434), Botafogo (434, 435), Lapa (238, 247, 464), Centro (247, 249), Rodoviária Novo Rio (266).
Von Urca nach Copacabana/Ipanema/Leblon (512), Jardim Botânico (511, 512), Centro (107).
Vom Busbahnhof Rodoviária Novo Rio nach Copacabana (126, 127, 128), Ipanema (474, 485), Leblon (110, 128, 172), Jardim Botânico (170, 172, 173), Barra (233, 234), Catete/Flamengo (170), Botafogo (136, 170, 172), Lapa (362, 497), Centro (127, 128, 170), Laranjeiras/Bahn zum Corcovado (497, 498), Aeroporto Internacional (Real), Aeroporto Santos Dumont (Real).
Vom kleineren **Busbahnhof an der Praça 15** im Zentrum fahren viele Busse in die näher gelegenen Vorstädte, der Preis ist dann ein wenig höher.

VAN-TRANSPORTER – Immer zahlreicher werden die privaten Van-Transporter. Sie sind etwas billiger als die Busse und gelangen schneller ans Ziel, nur sitzt man oft eingequetscht wie in einer Sardinenbüchse.

METRO – Sehr zu empfehlen ist die Benutzung der Metro, die modern, recht sicher, sauber und mit R$2 nur wenig teurer als der Bus ist. Nachteil ist lediglich, dass man nichts von der Stadt sieht. Auch gibt es nur zwei Linien, die erste führt von der Station Siqueira Campos (Copacabana) bis Saens Peña (Tijuca), die zweite von Estaçio über Maracanã bis zum Vorort Pavuna. ⌚ Mo–Sa 5–24, So und feiertags 7–23 Uhr.

TAXIS – Eine Besonderheit von Rio sind die vielen Taxis, über 42 000 soll es geben, die meisten fahren (anders als in São Paulo) ständig herum und man kann sie einfach an der Straße anhalten. Die normalen, preiswerteren Taxis haben eine gelbe Farbe. In der Regel gibt es keine Probleme, man sollte jedoch (falls man keinen Festpreis aushandelt) darauf achten, dass das Taxameter eingeschaltet (Startpreis R$3) und der richtige Tarif gewählt ist. Mo–Sa von 6–21 Uhr gilt der Tarif 1 *(bandeira 1),* er kostet R$1 pro km. Zu den anderen Zeiten als auch an Feiertagen, im ganzen Monat Dezember sowie bei Bergstraßen gilt der 20% teurere Tarif 2. Koffer können extra berechnet werden, aber nur mit R$1 pro Stück im Umfang von 60 x 30 cm. Auch sollte man darauf achten, ob in dunklen Tunneln oder wenn der Fahrer zuviel redet die Uhr hochgedreht wird. Neben den normalen gelben gibt es noch drei Unternehmen mit Spezialtaxis: ***Coopertramo,*** weiße Farbe, ✆ 21/2560 2022; ***Cootramo,*** blau, ✆ 21/2560 5442; ***Transcoopass,*** rot, ✆ 21/2560 4888. Sie operieren hauptsächlich von den Airports aus. In der Ankunftshalle befinden sich Fahrkartenschalter, an denen die Tarife zu den diversen Zielstadtteilen angeschlagen sind. Man zahlt vorab, etwa 50% mehr als bei normalen Taxis, hat dann aber garantiert mehr Sicherheit und Komfort.

Transport

FLÜGE – ***Aeroporto Internacional Antônio Carlos Jobim,*** kurz **Galeão** genannt, 15 km nördlich des Zentrums auf der Ilha do Governador, ✆ 21/3398 4132. Über ihn werden alle Auslands- und auch die meisten Inlandsflüge abgewickelt.
Flughafentransport: Vom internationalen Airport bis Downtown fahren Taxis, wenige normale Stadtbusse sowie klimatisierte Flughafenbusse der Gesellschaft *Real,* (💻 www.realautoonibus.com.br), Letztere zur Rodoviária Novo Rio, zum Aeroporto Santos Dumont und über das Zentrum bis in die Südzonenviertel São Conrado und Barra da Tijuca, Mo–Fr alle 30 Min., Sa und So alle 40 Min. zwischen 5.30 und 23.30 Uhr. Sie halten vor den großen Hotels und haben vorn einen roten Streifen, so dass man sie von weitem leichter identifizieren kann.
Ferner gibt es nahe beim Zentrum an der Bucht von Guanabara einen kleineren Flughafen, den

Aeroporto Nacional Santos Dumont, jedoch nur für einen geringen Teil der Inlandflüge, in erster Linie zwischen Rio und São Paulo: Praça Salgado Filho, ✆ 21/3814 7070. Man sollte sich auf jeden Fall stets vorher versichern, welcher Flughafen auf dem Ticket angegeben ist.

Flughafentransport: Von beiden Airports verkehren regelmäßig in kurzen Abständen komfortable, preiswerte Transferbusse bis spät in die Nacht. Ab Aeroporto Santos Dumont verkehren außer *Real* (s. Aeroporto Internacional) noch folgende normale Linien: nach Copacabana, Ipanema und Leblon (128, 132), nach Catete und Flamengo (126, 132, 497) und nach Laranjeiras (497).

Nationale Airlines:

Gol, Aeroporto Internacional, ✆ 21/3398 5132, 💻 www.voegol.com.br;
Aeroporto Santos Dumont, ✆ 21/3814 7446.

TAM, Av. Rio Branco 245, Centro, ✆ 21/3212 9300, 💻 www.tam.com.br;
Rua Domingos Ferreira 201, Copacabana, ✆ 21/2255 8045;
Aeroporto Internacional, Terminal 2, ✆ 21/3398 2179.

Varig, Av. Rio Branco 277, Centro, ✆ 21/2510 6650, 💻 www.varig.com.br: Rua Rodolfo Dantas 16 A, Copacabana, ✆ 21/2541 6343; Rua Visconde do Pirajá 351 C/D, Ipanema, ✆ 21/2523 1954; Aeroporto Internacional, Terminal 2, ✆ 21/3398 5050; Aeroporto Santos Dumont, ✆ 21/3814 7321.

Internationale Airlines:

Aerolineas Argentinas, Av. Rio Branco 134, 7. St., Centro, ✆ 21/2242 7272, 0800/7073313 (gratis), 💻 www.aerolineas.com.ar.

Air France, Av. Presidente Antônio Carlos 58, 9. St., Centro, ✆ 21/3212 1818, 3398 3490, 💻 www.airfrance.com.br;
Aeroporto Internacional, Terminal 1, Setor Vermelho, ✆ 21/3398 3490, 0800/837 0109 (gratis).

Alitália, ohne Büro in Rio, Reservierung ✆ 0800/7040206 (gratis), 💻 www.alitalia.com.br.

British Airways, Aeroporto Internacional, Terminal 1, Setor Vermelho, ✆ 21/3398 3888, 💻 www.british-airways.com.

Iberia, Av. Pres. Antônio Carlos 51, 9. St., Centro, ✆ 21/2282 1336, 💻 www.iberia.com;
Aeroporto Galeão, Terminal 1, Setor vermelho, ✆ 21/3398 3425.

KLM, kein Büro in Rio, ✆ 0800/23 1818 (gratis), 💻 www.klmbrasil.com.br.

LAB Airlines, Av. Calogeras 30, Centro, ✆ 21/2262 0154, 0800/118111 (gratis), 💻 www.labairlines.com.br.

Lan Chile, Rua da Assembléia 92, 13. St., Centro, ✆ 21/2240 9388, 💻 www.lanchile.com.br;
Aeroporto Internacional, Setor Vermelho, ✆ 21/3398 3601, 0800/7074377 (gratis).

Lufthansa, kein Büro in Rio, Buchungen: ✆ 21/2215 1560 oder über Varig, 💻 www.lufthansa.com.

Swiss, kein Büro in Rio, Buchungen: ✆ 0800/7074750 (gratis), 💻 www.swiss.com.

Spanair, Av. Marechal Camâra 160, Centro, ✆ 21/2544 6779, 💻 www.spanair.com.

TAP, Av. Rio Branco 311 B, Centro, ✆ 21/2131 7770, Buchungen: ✆ 0800/7077787, 💻 www.tap-airportugal.com.br.

BUSSE – Der Busbahnhof für interurbane Nahstrecken und Fernverbindungen ist die ***Rodoviária Novo Rio,*** Av. Francisco Bicalho 1, São Cristóvão (nördl. des Zentrums nahe beim Hafen), ✆ 21/3213 1800, 💻 www.novorio.com.br. Dort gibt es Ticketschalter der diversen Busgesellschaften, die unterschiedliche Zielorte in Brasilien ansteuern. Der Flughafenbus hält direkt vor dem Busterminal. Die unten angeführten Preise beziehen sich auf die billigste Kategorie *(convencional),* die anderen Bustypen *(executivo* und *leito)* sind 20 bzw. 60% teurer.

Angra dos Reis: *Costa Verde,* ✆ 21/2516 2437, 21x tgl. zwischen 4 und 22.40 Uhr, 2 1/2 Std., R$20.

Arraial do Cabo: *1001,* ✆ 21/3849 5001, 9x tgl. zwischen 5 und 23.59 Uhr, 3 Std., R$ 16.

Belo Horizonte: *Cometa,* ✆ 21/4004 9600, 6x tgl. zwischen 15 und 23.25 Uhr, 6 1/2 Std., R$45.

Brasília: *Itapemirim,* ✆ 21/2516 8284, 4x tgl. zwischen 13.30 und 21 Uhr, 17 Std., R$100.

Búzios: *1001,* 8x tgl. zwischen 6.30 und 19.30 Uhr, 3 Std., R$21.

Cabo Frio: *1001,* 40x tgl. zwischen 6 und 19.30 Uhr, 2 Std./40 Min., R$16.

Campo Grande: *Andorinha,* ✆ 21/2253 7289, 4x tgl. zwischen 8.30 und 19.30 Uhr, 21 Std., R$152.

Curitiba: *Itapemirim,* 4x tgl. zwischen 9.30 und 20 Uhr, 13 Std., R$79.
Florianópolis: *Itapemirim,* tgl. 16.30 Uhr *(exec.),* Fr 15.15 Uhr *(conv.),* Mo, Mi, Fr 15.50 Uhr *(leito),* 18 Std., R$ 100–170 (je nach Bustyp).
Foz do Iguaçu: *Kaiowa,* ✆ 21/2263 9221, tgl. um 9 und 14 Uhr, 22 Std., R$150.
Itatiaia: *Cidade do Aço,* ✆ 21/2253 8471, 5x tgl. zwischen 6.15 und 19.15 Uhr, 3 Std., R$17.
Mangaratiba: *Costa Verde,* 7x tgl. zwischen 4 und 21 Uhr, 2 Std., R$15.
Nova Friburgo: *1001,* 20x tgl. zwischen 5.30 und 21.10 Uhr, 2 Std. 40 Min., R$20.
Ouro Preto: *Útil,* ✆ 21/3868 8034, tgl. 23.30 Uhr, 7 Std., R$37.
Penedo: *Cidade do Aço,* tgl. um 11.05 und 17.05 Uhr, 2 Std. 40 Min., R$17.
Petrópolis: *Fácil,* ✆ 21/2263 8792, tgl. alle 30 Min. zwischen 5.30 und 24 Uhr, 1 1/2 Std., R$13.
Parati: *Costa Verde,* 20x tgl. zwischen 4 und 22.40 Uhr, 4 Std., R$20.
Porto Seguro: *São Geraldo,* ✆ 21/2672 1122, tgl. 20.15 Uhr, 19 Std., R$122.
Salvador: *Águia Branca,* ✆ 21/4004 1010, tgl. 8.20 und 14.30 Uhr, 28 Std., R$175.
São Paulo: *Cometa,* 13x tgl. zwischen 6 und 1.05 Uhr, 6 Std., R$45;
Saquarema: *1001,* mehrmals tgl. (Zeiten variabel) zwischen 6.30 und 20.30 Uhr, 2 Std., R$13.
Teresópolis: *Teresópolis,* ✆ 21/2233 4625; 19x tgl. zwischen 6 und 24 Uhr, 1 Std. 40 Min., R$17.
Visconde de Mauá: *Cidade do Aço,* Fr 14 und 19.35, Sa 5 und 7 Uhr, 3 1/2 Std., R$19.
Vassouras: *Normandy,* ✆ 21/2263 9424, 9x tgl. zwischen 4 und 19.30 Uhr, 2 1/2 Std, R$18.

BOOTE, SCHIFFE UND FÄHREN – Von der ***Estação das Barcas,*** Praça 15 de Novembro im Zentrum Rios, ✆ 21/2533 4343, fahren tgl. in kurzen Abständen, ab 24 Uhr nur noch zu jeder vollen Stunde, Personenfähren *(Balsas)* zum Zentrum der Nachbarstadt **Niterói**, 20 Min., R$2,50. Zum Strandviertel Charitas in Niterói gibt es moderne Katamaran-Schnellboote, ebenfalls in kurzen Abständen, aber nur Mo–Fr zwischen 7 und 20.30 Uhr, 15 Min., R$5. Vom Fähranleger geht es auch zur **Ilha de Paquetá** in der Bucht von Guanabara, 6x tgl. zwischen 7.10 und 23 Uhr, 1 Std., R$6.

Der ***Terminal Estação Marítima de Passageiros*** an der Praça Mauá wurde für Kreuzfahrtschiffe aus Übersee gebaut, *Administração do Porto do Rio de Janeiro,* Praça Mauá, Ecke Av. Cons. Rodrigues Alves 20, ✆ 21/2516 2341.

Niterói

Rios kleinere Nachbarstadt (459 500 Einw.) gehört noch nicht lange zu den offiziell als touristisch eingestuften Orten. Die Aufwertung ist durchaus verdient, denn neben einer ganzen Reihe neuerer Niemeyer-Bauten sind die Atlantikstrände (Itaipu, Prainha de Piratininga, Camboinhas und andere) von besonderem landschaftlichem Reiz und nicht wie in Rio von Häusermeeren umlagert. Um sich jedoch gleich in Niterói einzuquartieren, bietet die Stadt wiederum zu wenig, auch liegen die schöneren Strände weit außerhalb und sind nur über längere Buswege bzw. ausschließlich per Auto zu erreichen.

Von daher empfiehlt sich, Niterói in einem **Tagesausflug** kennen zu lernen. Von der Av. Princesa Isabel zwischen Copacabana und Leme fährt ein Direktbus 740 D mit der Aufschrift „Charitas" (R$4), er hält auch in Botafogo, Flamengo, Catete, Glória und dem Zentrum, bevor er nonstop über die Perimetral-Hochstraße und anschließend über die 13 km lange **Ponte Rio-Niterói** fährt. Dieses ingenieurtechnische Meisterwerk aus dem Jahre 1974, damals die längste Brücke der Welt, ist für sich schon eine Sehenswürdigkeit, und der Blick aus 70 m Höhe über die Bucht von Guanabara ist fantastisch.

In Niterói sollte man kurz vor Ankunft im Zentrum zunächst beim Fischmarkt **Mercado São Pedro** aussteigen. Es ist der größte im ganzen Bundesstaat, in zahlreichen Läden bietet je eine Fischertruppe ihren Fang an, im Durchschnitt werden pro Woche 50 t verkauft, zu Ostern gar 150 t. Im 1. St. befinden sich mehrere einfache, aber beliebte Fisch-Restaurants. Ponta d'Areia, 🕒 Di–Sa 6–17, So 6–12 Uhr.

Von dort geht man 10 Min. bis zum *Terminal* und nimmt den Bus 47 B. Er hält nach wenigen Minuten direkt vor dem 1996 eingeweihten, an eine Fliegende Untertasse erinnernden **Museu de Arte Contemporânea** (Museum für zeitgenössische Kunst), Mirante de Boa Viagem, 🕒 Di–So 11–18 Uhr. Es ist die größte Touristenattraktion der Stadt und weit über den Bundesstaat Rio hinaus bekannt. In einem einzigen Januar verzeichnete das Museum 21 800 Besucher, die Hälfte davon aus dem Ausland. Es werden wechselnde Ausstellungen mittleren Rangs gezeigt; das eigentliche Kunstwerk ist der futuristische Bau selbst, eine der überzeugendsten Leistungen des Architekten Oscar Niemeyer und bereits offizielles Emblem von Niterói. Außer in Brasília gibt es nirgendwo so viele Niemeyer-Werke wie hier, die meisten wurden erst 2005 fertiggestellt und als Komplex mit dem Namen **Caminho Niemeyer** (Niemeyer-Weg) versehen. Zwischen dem Museum und dem Zentrum angesiedelt, sind es mehrere Bauten, die von den geschwungenen Formen und der Betonlastigkeit her schnell die Handschrift ihres Schöpfers erkennen lassen, u. a. der Templo Batista, die Fundação Oscar Niemeyer, das Memorial Roberto Silveira, das Teatro Popular, die Catedral Católica, die Estação Hidroviária und das Centro Petrobras de Cinema.

Nach dem Museumsbesuch geht man ein kleines Stück bergab bis zu dem langen Strand von **Icaraí**. Von dort bietet sich eine der herrlichsten Aussichten auf Rio überhaupt. In perfekter Harmonie erscheint die gesamte Hügellandschaft der Nachbarstadt (Zuckerhut, Dois Irmões, Pedra da Gávea, Corcovado, Pico da Tijuca), besonders bei Sonnenuntergang ein überwältigendes Szenarium. Die Cariocas versteigen sich sogar zu der recht hochmütigen Behauptung, dieser Blick sei das Einzige, was Niterói zu bieten hätte. Die Stadt belegt jedoch laut einer UN-Studie zur Lebensqualität den dritten Platz in Brasilien und lässt damit den berühmten Nachbarn weit hinter sich. Nicht wenige Prominente sind deswegen bereits auf die andere Seite der Bucht umgezogen. Das Schulsystem und die medizinische Versorgung sind besser, das ökologische Bewusstsein ist ausgeprägter, die Kriminalität geringer, der Alltag ruhiger. Bei einem Spaziergang an der Promenade von Icaraí, Niteróis bestem Viertel, wird dies schnell deutlich. Leider gibt es aber fast keine gastronomische Infrastruktur, auch keine Bars oder Kioske wie an der Copacabana.

Nach dem Strandspaziergang nimmt man den hier vorbeikommenden Bus 33 mit der Aufschrift „Jurujuba/Fortaleza". Er streift zunächst das beliebte Ausgehviertel **São Francisco**, links sieht man viele noble Restaurants und schicke Bars (Churrascaria Porcão, Devassa Bar, O Velho Armazem, Pizza Queen, Sunsaki, Família Paludo u. a.). Nach der nächsten Linkskurve fährt der Bus durch **Charitas**, an dessen populärem Buchtstrand mit vielen rustikalen Bars sich an warmen Wochenenden eher einfache Gäste treffen. Schön im Bali-Stil dekoriert ist die Bar Nr. 15 mit einem Heineken-Schild zur Straße.

Seit 2005 besitzt Charitas auch eine moderne Fährstation (Estação Hidroviária), ebenfalls ein bemerkenswertes Niemeyer-Werk mit noblem Aussichtsrestaurant im 1. Stock. Per Schnellboot (Katamaran) ist man in 15 Min. an der zentralen Praça 15 in Rio.

Der Bus 33 fährt an diesem Anleger vorbei und dann weiter durch das Fischerdörfchen Jurujuba. Schließlich sieht man bei den beiden idyllischen Stränden von Adam und Eva ein Schild mit mehrsprachigen Begrüßungsformeln (darunter sogar „Herzlich willkommen"). Es handelt sich um die Zufahrt zum **Fortaleza de Santa Cruz** am äußersten Ende der Bucht von Guanabara, 🕒 Di–So 9–16 Uhr. Der Grundstein zu dieser mächtigen Festungsanlage wurde 1555 von den Franzosen gelegt, 1567 wurde sie von den Portugiesen erobert und später mehrfach ausgebaut. Mit Guides der Militärverwaltung kann man sie besichtigen, die Erklärungen sind jedoch nur in der Landessprache. Faszinierender ist vielleicht der Ort selbst, aus beträchtlicher Höhe schweift der Blick über den Atlantik, die Buchteinfahrt mit dem gegenüberliegenden Zuckerhut und die Baía de Guanabara. Hier wurde Rio entdeckt, erobert und umkämpft, mehrere rostige Kanonen zeugen noch von dieser unruhigen Vergangenheit.

Der **Rückweg** nach Rio kann wieder mit Bussen geschehen: Nr. 33 bis kurz vor der Fährstation in Charitas und dort umsteigen in den Bus 740 D, letzte Fahrt gegen 23 Uhr. Eine abwechslungsreiche Variante ist das Schnellboot von Charitas zur Praça 15 im Zentrum Rios (nur Mo–Fr, letzte Fahrt 20 Uhr, R$5) oder die einfache Fähre *(balsa)* vom Centro in Niterói ebenfalls zur Praça 15 (tgl. rund um die Uhr, am Tage in kurzen Abständen, ab 24 Uhr nur stdl., R$2,50).

Costa Verde

Das erste Küstenbild nach einer Stunde Autobahnfahrt ab Rio macht dem Namen „Costa Verde" oder auch „Caribe Brasileiro" sofort alle Ehre. Von den Hügeln der Serra do Mar zieht sich der **Atlantische Regenwald** bis dicht ans Ufer. Nirgendwo sonst in Brasilien, wo bereits 92% der Küstenwälder vernichtet sind, ist er noch so intakt. Zwei zauberhafte Stunden schlängelt sich die Straße noch reizvoll zwischen Urwald und Meer entlang. Dann geht es, falls man nicht schon vorher von Mangaratiba aus übergesetzt hat, von Angra dos Reis per Fähre oder Schoner zur üppigsten Insel Brasiliens.

Ilha Grande

Mit 150 km Küstenlinie und 106 Stränden ist die Ilha Grande (4700 Einw.) die größte und am besten erschlossene von den 365 Inseln in der Bucht von Angra dos Reis. Jahrhunderte lang war sie fest in der Hand von Piraten. Die Seeräuber kamen aus Frankreich, England, Holland, Spanien, Portugal und Argentinien und überfielen hier die reich mit Gold und Diamanten befrachteten portugiesischen Karavellen. Von 1903 bis 1994 diente das Eiland ausschließlich als Gefängnisinsel (Colônia Penal Cândido Mendes). Auch deswegen blieb die Natur hier recht unangetastet. Es gibt nichts Grüneres in Brasilien, zumindest nicht im Meer. Sintflutartige Regengüsse wie sonst nirgendwo im Land lassen die Natur immer wieder neu ersprießen. Schon von der Fähre aus sieht man einen großen Urwaldteppich, ein Stück Amazonien mitten im Ozean.

Nach gut einer Bootsstunde geht es in Vila do Abraão an Land, praktisch der einzige Ort der Insel. Der erste Eindruck ist sehr angenehm, nette kleine Pousadas, einfache Strandlokale, alternatives Publikum und alles nicht so aufgesetzt wie z. B. in Búzios. Das Leben ist zwangloser und natürlicher, Sehen und Gesehenwerden ist hier nicht die oberste Devise. Doch es gibt auch Probleme. Der kleine Hauptort kann oft die Masse der anströmenden Besucher nicht bewältigen. Pro Tag kommen durchschnittlich 200 überwiegend ausländische Gäste, die sich in 110 Pousadas einquartieren. Die Müllentsorgung ist nicht immer zu bewältigen und manchmal wird das Wasser knapp. Nur *ein* Zivilisationsproblem hat die Insel nicht: Autos sind hier verboten, man geht zu Fuß oder steigt in ein Boot.

Die erste Unternehmung ist meistens eine Erkundung der ortnächsten Strände. Auf einem alten, noch von den Tupinambá-Indianern geschlagenen Wanderpfad gelangt man schnell zu den kleinen Traumstränden von **Júlia**, **Bica**, **Comprida** und **Crena** und dann über knorrige Baumwurzeln durch den Regenwald zum malerischen Strand von **Abraäozinho**. An der anderen Seite des Ortes befindet sich die **Praia Preta**, berühmt wegen ihres schwarzen Heilsandes. Manche machen sich noch auf den mühsamen Weg zu diversen kleinen Fischerdörfern (Praia Provetá, Araçatiba, Vermelha, Matariz, Longa und Aventureiro), die man jedoch bequemer per Boot erreicht. Die einzige größere Straße der Insel ist lediglich ein Sandweg und führt zum ehemaligen Zuchthaus (zu Fuß 6 Std. hin und zurück). Viele besteigen auch die Gipfel des **Ferreirinha** (742 m), **Papageio** (990 m) oder **Pedra d' Água** (1031 m), die Aussicht ist fantastisch.

Häufigstes Freizeitprogramm sind die diversen **Segelturns** in einem der großen Schoner, die täglich um zehn Uhr vom Pier aus starten. Dort kauft man auch die Tickets, am besten schon am Vorabend. Zwecks Hebung des Adrenalinspiegels ist die dem offenen Meer zugewandte Südseite der Insel spannender. Bei der Umrundung des östlichen Zipfels wird selbst der mächtigste Schoner kräftig hin- und hergeschüttelt. Danach geht es vorbei an dem Surferstrand von **Lopes Mendes**, mit 3 km Länge der größte der Insel. Ein Stück weiter folgt die Bucht von **Dois Rios**. Geankert wird in einigem Abstand zum Strand, so dass man nur schwimmend oder watend an Land gelangt. Dort befinden sich die breiten Mündungen zweier Flüsse, ideal für ein erfrischendes Süßwasserbad. Dazwischen liegt jedoch die unheimlichste Attraktion der Insel, die Trümmerruinen des ehemaligen Zuchthauses, unter den Militärs auch ein gefürchtetes Foltergefängnis.

Übernachtung

Holândes Hostel (HI), Rua da Assembléia, Vila do Abrãao, ✆ 24/3361 5034, Reservierung in Rio de Janeiro: ✆ 21/3833 7979, ✉ pousadaholandes@bol.com.br, 💻 www.holandeshostel.com.br. Gut geführte und empfehlenswerte Anlage mit 28 Betten, DZ (R$40) und 8-Bett-Dorms (R$20 p.P.), auch einige Chalês. Küchenbenutzung und Wäscherei, ruhige Waldlage weiter

Autofrei: die Insel Ilha Grande

oberhalb des Ortes, etwas mühsamer Treppenaufstieg. ❶

Pousada Aconchego, Rua Amâncio F. de Souza 14, Vila do Abraão, ✆ 24/3361 1593. Suiten mit Ventilator, Kühlschrank und TV. Großer Garten, 50 m vom Strand. ❶

✖ ***Pousada D'Pillel,*** Rua do Bicão 51, Vila do Abrãao, ✆ 24/3361 5075, ✆ in Rio de Janeiro: 21/2592 4679, 💻 www.ilhagrande.com.br/pousadas/dpillel.html. Sehr hübsche Anlage mit viel Grün, Zimmer mit Ventilator, Kühlschrank und je 2 Verandas (eine davon mit Hängematte und nicht einsehbar). Üppiges Frühstück in offenen Hütten zum Wald hin; Freizeiträume mit TV, Video, Videothek, Musikanlage, Billard und diverse Karten- und Brettspielen; Kayak- und Schnorchelausrüstung im Preis inbegriffen; nur 5 Min. vom Strand. Der Besitzer spricht gut Englisch und Spanisch, auch kümmert er sich liebevoll um seine Gäste und gibt viele Tipps. ❷

Pousada do Canto, Vila do Abraão, Praia do Canto, ✆ 24/3361 5115, Reservierung: ✆ 24/3263 1131. Gepflegtes Haus mit 11 sehr komfortablen Zimmern. Aufmerksamer Service, familiäre Atmosphäre, Pool. Ruhig am äußersten Rand des Ortstrandes gelegen, 800 m vom Bootsanleger (Inseltouren), nur wenige Min. zu Fuß zu den reizvollen Stränden von Júlia, Bica, Comprida und Crena. ❹–❺

Recanto da Bruna, Rua Getúlio Vargas 420, Vila do Abraão, ✆ 24/3361 5269, 💻 www.recantodabruna.ilhagrande.com. 5 Min. zu Fuß vom Dorf; 10 einfache Zimmer (bis 4 Pers.), einige ohne jeglichen Komfort, andere mit Ventilator, Kühlschrank und TV; Reinigungsservice alle 2 Tage. ❶

CAMPING – ***Camping Toca do Guaiamum,*** Rua Getúlio Vargas 351, Vila do Abraão, ✆ 24/3361 5314, 💻 www.ilhagrande.com.br. Großer Sandplatz mit Schatten im Hauptort 30 m vom Strand, 28 Zeltplätze, auch Zimmer und Suiten. Gute Infrastruktur (warme Duschen, Kantine), Natur-Pool, Stromspannung 110/220 V, ganzjähriger Betrieb. Ab R$10 p.P. ❶

✖ ***Camping Toca dos Meros,*** Praia de Proveta 35, ✆ 24/3361 9813, 💻 www.ilhagrande.com.br/tocadosmeros. 200 m^2 mitten im Regenwald direkt am Meer, jedoch weiter vom Hauptort, 24 Plätze, harter Sandboden, schlichte Infrastruktur, Kantine, 110 V, ganzjähriger Betrieb. Ein Ort für Naturfreunde, Umweltbewusstsein wird groß geschrieben. Ab R$10 p.P. ❶

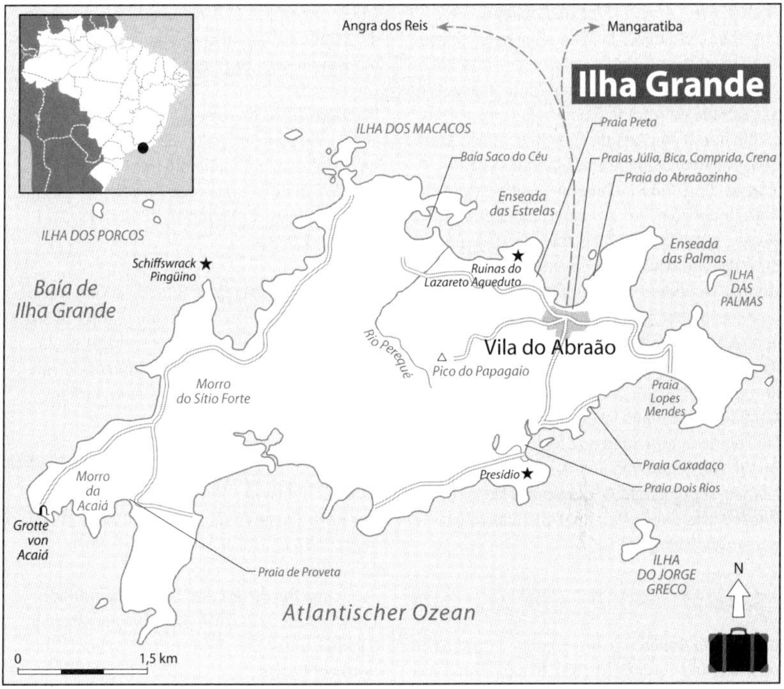

Essen

Kathe's Coffee House, Rua Santana, Vila do Abraão. Sympathisches Café, preiswerte Sandwiches, Kuchen, Cappuccino, Espresso. 🕓 tgl. 15–23 Uhr.

Sotéro Café & Travel Centre, Rua Alice Kury 101, 2. Stock (von der Straße unten eher unauffällig), Vila do Abraão. Cocktail- und Café-Bar mit einladender Atmosphäre, CD-Musik, Fernsehecke, Internet und interessanten internationalen Gerichten, mittlere Preise. 🕓 tgl. 17–2 Uhr.

Lua e Mar, Rua da Praia, Vila do Abraão. Populäres Fisch- und Meeresfrüchte-Lokal, man sitzt im Freien direkt am Wasser. Vom Althippie bis zum Pauschalreisenden ist hier alles vertreten, mittlere Preise. 🕓 Di–So 11–23 Uhr.

Casarão da Ilha, Rua da Praia 20, Vila do Abraão. Stets gut besuchtes Fisch- und Meeresfrüchte-Restaurant, Spezialität des Hauses ist *Peixe a casarão,* mittlere Preise. Schöne Uferlage mit Tischen draußen, zentral am Hauptplatz nahe Bootsanleger, wo in der Saison häufig Live-Konzerte stattfinden. 🕓 tgl. außer Di 12–23.30 Uhr.

Aktivitäten

TAUCHEN – Neben Fernando de Noronha und der Costa do Sol gehört die Region der Costa Verde mit ihrem großen Fisch- und Korallenreichtum zu den drei besten Tauchgebieten Brasiliens. Anziehungspunkt sind auch 16 Schiffswracks, besonders die 1966 vor der Bucht von Sítio Forte gesunkene und gut erhaltene ***Pingüino*** (19 m tief, Sichtweite 8 m). Weiteres beliebtes Tauchziel ist die Grotte von Acaiá, die von erfahrenen Tauchern durch einen Unterwassertunnel erreicht werden kann. Eine gute Agentur ist *Sudoeste SW Turismo* (s. „Touren").

WANDERN – ***Abraão-Pico de Papagaio,*** 3 1/2 Std.-Tour bis zum 902 m hohen Gipfel, die Spitze ist 50 m breit und erlaubt notfalls eine Übernachtung oder Camping, herrlicher Panoramablick. Ab der Estrada de Abraão Richtung Dois Rios Pfad mitten durch den Atlantischen Regenwald, starke Steigungen und einige Flussüberquerungen.
Abraão-Dois Rios-Caxadaço, 2 Std. von Vila de Abraão bis Dois Rios auf einer Straße, dann 40 Min. auf einem Pfad bis zum nur 15 m breiten Strand von Caxadaço, Gesamtstrecke 21 km.
Abraão-Aqueduto-Saco do Céu, 1 Std. ab Vila do Abraão über einen gut ausgeschilderten und leichten Pfad bis zum Aqueduto von 1873. Er diente der Wasserversorgung eines Lazaretts für Opfer ansteckender Krankheiten. Nahe dem Aquädukt führt nach links ein Pfad zum Wasserfall Feiticeira und Saco do Céu, einer ruhigen Bucht mit Mangroven und Palmen.
Abraão-Lopes Mendes, Pfad zum 3 km langen Hauptstrand der Surfer; auf dem Rückweg längeres Stück bergauf.

Touren

Ilhagrande Adventure, Rua Getúlio Vargas 35, Vila do Abrãao, ✆ 24/3361 5590, Reservierung von Pousadas und Hotels: ✆ 19/3455 0986, 🖳 www.ilhagrandeadventure.com.br. Reisebüro mit breitem Tourenangebot, auch Abenteuer-Tourismus (Kayak, Trekking, Hiking, Speed Boat, Tauchen, Schnorcheln, Biken, Segeln, Surfen), ferner Internetzugang, Ferngespräche und Laden von Digitalkameras.
Sudoeste SW Turismo, Rua da Praia 647, Vila do Abraão, ✆ 24/3361 5516, 🖳 www.sudoestesw.com.br. Trekking, Tauchen und Inselturns, gute englischsprachige Guides.
Phoenix Turismo, ✆ 24/3361 5822, 🖳 www.phoenixturismo.com.br. Touren zur Lagoa Azul und Lagoa Verde in großem Schoner mit viel Schattenbereich, ohne Zeit raubende Mittagspause wie bei anderen Veranstaltern, R$40.

Sonstiges

FESTE – 20. Januar: ***São Sebastião,*** Kirchenfest zu Ehren des hl. Sebastian; 29. Juni: ***São Pedro,*** Prozession auf dem Meer.

GELD – Es gibt keine Geldautomaten auf der Insel, daher genügend cash mitnehmen; Kreditkarten werden zum Bezahlen häufig akzeptiert.

INFORMATIONEN – Eine gute Website ist 🖳 www.ilhagrande.com (mit vielen Pousadas). Gleich beim Hafenanleger befindet sich in einem Kiosk das ***Centro de Informações Turísticas,*** ✆ 24/3361 5508. 🕒 HS: tgl. 9–13 und 15–19 Uhr, NS: 9–11 und 15–17.30 Uhr.

INTERNET – ***Cyber Café,*** Rua Alice Kury, Vila do Abrãao. Mit Satelliten-Verbindung, R$0, 20 pro Min.; es gibt noch ein zweites weniger gutes direkt neben dem Büro von Ilhagrande Adventure, Rua Getúlio Vargas 35, Vila do Abrãao.

Transport

BUSSE – Zwischen **Rio de Janeiro** und **Angra dos Reis**: *Costa Verde,* ✆ 21/2516 2437, 21x tgl. zwischen 4 und 22.40 Uhr, 2 1/2Std., R$20; (anschließend Überfahrt per Fähre).
Zwischen **Rio de Janeiro** und **Mangaratiba**: *Costa Verde,* ✆ 21/2516 2437, 7x tgl. zwischen 4 und 21 Uhr, 2 Std., R$15; (anschließend Überfahrt per Fähre).

FÄHREN – Ab **Angra dos Reis** tgl. 15.30 Uhr, zurück 10 Uhr (Dauer der Überfahrt 1 Std.); ab Mangaratiba Mo–Fr 8 und 9 Uhr, Sa, So und feiertags 8 Uhr (Dauer 1 Std.), zurück Mo–Fr 10, Sa und So 17.30 Uhr. Die Zeiten können sich ändern, daher vorher bei der zentralen Fährauskunft in Rio anrufen: ✆ 21/2533 7524. Wer die preiswerte Fähre verpasst (R$5), kann besonders in der Saison auf zusätzliche private Transfers (R$15 p.P.) zurückgreifen. Wer von Rio per Bus nach Angra dos Reis kommt, sollte sich auf dem Fußweg vom Busbahnhof zum Hafen häufiger durch Fragen nach dem Weg versichern oder besser noch ein Taxi nehmen. Umgekehrt ist es einfacher, denn der Bus wartet schon direkt beim Fähranleger, bevor er zur Rodoviária fährt.

Angra dos Reis

Wenn die Brasilianer von „Angra“ schwärmen, ist damit selten der Ort selbst, sondern die ganze Region der Costa Verde gemeint. Die Stadt mit 119 250 Einw. ist eher ein hässliches Hafennest, außerhalb der Saison langweilig, viele Strände sind nicht zugänglich und trotzdem ist alles teuer.

Am 6. Januar 1502 durch Gonçalo Coelho entdeckt, handelt es sich um eine der ältesten Städte Brasiliens. Bald schon ein wohlhabender Ort mit Bananen-, Zuckerrohr- und Kaffeeplantagen sowie Cachaça-Brennereien, ist Angra heute eine Reichen-Enklave mit Luxusvillen, Jachthäfen, Kreuzschiff-Stopps und Nobel-Hotels. Vom Zentrum aus nicht zu sehen, stehen eine Bucht weiter jedoch zwei Atomkraftwerke, eines von Siemens. Obwohl sich bereits riesige Mengen Atommüll angesammelt haben, wird noch ein drittes Werk gebaut.

Wer trotzdem hierher kommt, kann im Zentrum einen schönen Platz mit bunt bemalten Häuserfassaden bewundern, ferner die Ruine des Convento São Bernardo sowie die Igreja da Lapa e da Boa Morte mit einem bedeutenden **Museu de Arte Sacra**. Ferner gibt es diverse Kunstläden, einige von berühmten plastischen Künstlern wie Paulo Lira, Maria Goretti oder Ícaro Miranda. Das Hauptinteresse der Besucher gilt jedoch den Insel-Turns und den ökotouristischen Angeboten der Region.

Übernachtung

Angra Hostel (HI), Praça da Matriz 152, Centro, ✆ 24/3364 4759, ✉ aj@riobracui.com.br, 💻 www.riobracui.com.br. DZ (R$60) und 8-Bett-Dorms (R$25 p.P.) mit Bunks, Ventilator und eigenem Bad; TV im Gemeinschaftsraum, Internetzugang, Küchenbenutzung. Zentrale Lage nahe der Praça do Porto (Kai) und der Post neben der Hauptkirche. Gleicher Besitzer wie Bracui Hostel. ❶

Bracuí Hostel (HI), Estrada Santa Rita 5, Bracuí (25 km vom Zentrum Angras), ✆ 24/3363 1234, ✉ aj@riobracui.com.br, 💻 www.riobracui.com.br. Abgelegenes ruhiges Hostel neben dem Bracuí-Fluss; 35 Betten, bessere Chalês und Suites sowie einfache DZ (R$50) mit Ventilator und Kühlschrank als auch 4-Bett-Dorms ohne jeglichen Komfort (R$20 p.P.); TV im Gemeinschaftsraum. Gleicher Besitzer wie Angra Hostel. Bei Anreise von Rio oder São Paulo bei KM 505 aussteigen (Brücke über den Rio Bracui gegenüber der Academia Congo). ❶

Pousada Jamanta, Estr. do Contorno 105, Bonfim (3 km vom Zentrum), ✆ 24/3365 1374, 💻 www.pousadajamanta.com.br. 10 Apartments am Strand für 4–6 Pers. mit AC, TV und kleiner Küche; im Allgemeinbereich Restaurant, Pool, Sauna und Spielsaal; auch Tauchschule, Tauchausflüge und Schonertouren. ❸

Pousada do Alemão, Estr. dos Marinas 991, Marinas (4 km vom Zentrum Angras), ✆ 24/3365 1593, 💻 www.pousadadoalemao.com.br. Schöne Strandlage, 8 Zimmer mit AC, Kühlschrank und TV; Pool, Bar, Restaurant; Bootssteg. ❹

Essen

Terra Grill, Rua da Conceição 148. Preiswertes Selbstbedienungs-Kilo-Restaurant, bei Beschränkung auf nur zwei Fleischsorten Fixpreis von R$5. 🕓 Mo–Sa 11–15.30 Uhr.

Verde Mar, Praça Lopes Trovão 35. Herrlicher Panoramablick auf die Bucht, gute Fisch- und Meeresfrüchtegerichte, exzellente Paellas, mittlere bis gehobene Preise. 🕓 tgl. 11–23.30 Uhr.

Sonstiges

EINKAUFEN – In der Rua do Comércio, Centro. Hier sind die meisten Läden, auch Dienstleistungsbetriebe und Banken.

INFORMATIONEN – ***Centro de Informações Turísticas,*** Av. Ayrton Senna, Praia do Anil, ✆ 24/3367 7826, ✉ cid@angra.rj.gov.br. Hauptinformationsbüro. 🕓 tgl. 8–20 Uhr. Ein kleineres Auskunftsbüro befindet sich in der Av. Júlio Maria 10, Centro, ✆ 24/3365 1175.

FESTE – **1. Januar**: *Procissão Marítima do Ano Novo,* in ganz Brasilien bekanntes Silvesterfest auf bunt geschmückten Booten, das schönste wird prämiert. Sammelplatz ist die Praia das Flechas, Ilha da Gipóia um 9 Uhr; Ausfahrt zur Praia do Anil (nördl. des Zentrums) gegen 12 Uhr.

GELD – 24 Std.-Geldautomat gegenüber der Touristeninformation im Zentrum. Alle wichtigen Banken sind im Ort vertreten, u. a. **Banco do Brasil**, **Bradesco**, **HSBC** und **Itaú**.

POST – Praça Lopes Trovão 142.

TOUREN – ***Mar de Angra,*** Av. Júlio Maria 16, ✆ 24/3365 1097, 🖳 www.mardeangra.com.br, ✉ agencia@mardeangra.com.br. Wandern, Tauchen und Touren im Schoner zu mehreren kleinen Inseln oder zur Ilha Grande mit Stopp an der Lagoa Azul und Mittagessen in Japaris, 6 Std., R$30, Start: Cais de Turismo.

Transport

BUSSE – **Parati**: *Colitur,* ✆ 24/3371 1224, 26x tgl. zwischen 4.40 und 22.30 Uhr, 2 Std., R$6.
Rio de Janeiro: *Costa Verde,* ✆ 21/2516 2437, 21x tgl. zwischen 4 und 22.40 Uhr, 2 1/2 Std., R$20;
São Paulo: *Reunídas Paulista,* ✆ 24/3365 1280, 3–5x tgl. zwischen 8 und 22 Uhr, 7 Std., R$50.

FÄHREN – s. Ilha Grande, „Transport".

Parati und Umgebung

Parati liegt am äußersten Ende der Costa Verde kurz vor der Grenze zum Bundesstaat São Paulo. Von Rio aus sind es 261 km, von Angra dos Reis 99 km.

Das sehr malerisch am Meer gelegene Kolonialstädtchen wurde unter **Denkmalschutz** gestellt und wirkt heute wie ein einziges museales Freilichttheater. Schon bei Ankunft fühlt man sich wie auf einer Zeitreise in die Vergangenheit. Nicht umsonst wurden vor dieser historischen Kulisse schon 35 Filme, 21 Telenovelas und diverse Videoclips gedreht, u. a. von Parati-Fan Mick Jagger. Die nur 29 550 Einwohner empfangen heute ein Mehrfaches an Besuchern, die sich auf dem von Sklaven angelegten Kopfsteinpflaster durch die schmalen Gassen drängeln, alte Kolonialhäuser mit verspielten Ornamenten und bunten Ziergittern bewundern oder die verschiedenen barocken Kirchen besichtigen. Auch die zahlreichen lokalen Feste ziehen viele Gäste an. Und nie fehlt im Urlaubsprogramm eine Bootsfahrt zu einigen der 65 vorgelagerten Trauminseln.

Geschichte

„Aquilo é *para ti*" (Das da ist für dich), beschreibt die Legende die Namensgebung des Ortes. Bei der Aufteilung der Erde zwischen Gott und dem Teufel überließ Ersterer diesen Landstreifen geringschätzig seinem Widersacher. Das war ein Fehler, denn bald schon strömten die Reichen des ganzen Landes wegen des berühmten Heilklimas zur Erholung ins 1646 gegründete Parati. Später erwies sich die günstige Lage des Hafens als weiterer Vorteil. Im 18. Jh. wurden Gold und Edelsteine über den *Caminho de Ouro* (Goldweg) aus Minas Gerais über Parati nach Portugal verschifft.

Im 19. Jh. wurde im nahen Vale do Paraíba erfolgreich Kaffee angebaut sowie Zuckerrohr verarbeitet. 1863 gab es bereits 150 Schnapsbrennereien. Eine davon gehörte übrigens den Großeltern von **Thomas** und **Heinrich Mann**, auch deren Mutter Julia lebte hier bis zu ihrem siebten Lebensjahr. Die aus dem 17. Jh. stammende Fazenda Boa Vista liegt 3 km vom Zentrum entfernt, seit langem schon wird versucht, hier ein Kulturzentrum und Thomas-Mann-Museum einzurichten. Mit dem Verlust der strategischen Bedeutung des Hafens setzte jedoch um die Jahrhundertwende eine Phase des wirtschaftlichen Niedergangs ein. Doch gerade die Dekadenz oder der Stillstand eröffneten für Parati neue Perspektiven im Tourismusgeschäft.

Sehenswertes

Zu den Hauptattraktionen des Ortes gehört die **Casa de Cultura** an der Rua Dona Geralda, Ecke Samuel Costa. Das zweistöckige Kolonialgebäude aus dem 18. Jh. diente früher als Wohnsitz, Lager, Schule und Club, bis es 2004 nach zweijähriger Restaurierung zu einem multifunktionalen Kulturzentrum umgestaltet wurde. Im unteren Stockwerk befinden sich Kunstausstellungen und die einzige Buchhandlung des Ortes, im zweiten Stock sind Fotos von Einwohnern Paratis zu sehen. In einem anderen Saal hängen Acrylkästen mit gespendeten Objekten, die man mittels einer Kordel auf Augenhöhe herunterziehen kann. Ferner gibt es einen Kunsthandwerksladen, ein Café und Computer, die die Stadtgeschichte und die wichtigsten Sehenswürdigkeiten zeigen. 🕒 Mo und Mi 10–18.30, Fr und Sa 13–21.30 Uhr; Eintritt R$5.

Die meistfotografierte Gasse von Parati ist die pittoreske **Rua do Fogo**, als architektonisch schönster Platz gilt die **Praça do Matriz** und den reizvollsten Blick auf Parati mit der **Igreja de Santa Rita** im Vordergrund genießt man vom Hafen aus.

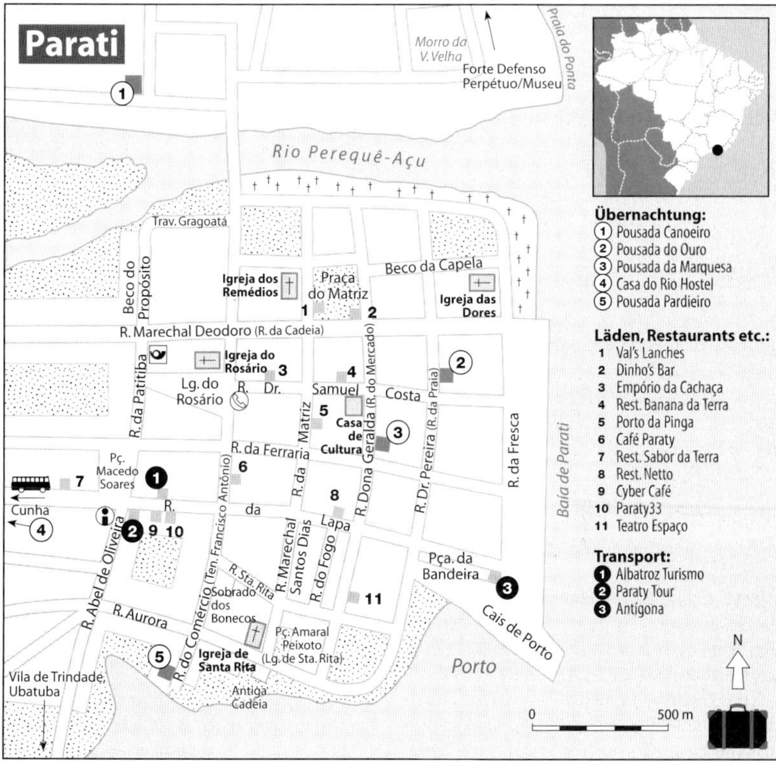

Die 1722 von „freien“ Sklaven errichtete Jesuitenkirche mit Barock- und Rokoko-Stilelementen im Inneren ist die älteste und prunkvollste des Ortes, daneben befindet sich ein Museu de Arte Sacra.

Parati besitzt noch drei weitere Kirchen: die **Igreja das Dores** von 1800 für die damalige Aristokratie, die neoklassizistische **Matriz de N. S. dos Remédios** in der dritten Neukonstruktion von 1873 für das weiße Bürgertum (heute mit Pinakothek) und die kleine **Igreja do Rosário** von 1725 für die den afrobrasilianischen Misch-Kulten zugewandten Sklaven.

Strände

Wer bei Parati schöne Strände auf dem Festland sucht, muss ein Stück aus dem Ort herausfahren. Das reizvollste Ziel ist **Vila de Trindade**, 30 km südlich von Parati, jederzeit per Van und mehrmals täglich per Direktbus zu erreichen. In den 70er Jahren war das Dorf ein Hippie-Redukt und Geheimtipp, heute gibt es schon mehr als 20 Pousadas sowie viele Restaurants und Bars, jedoch keine Apotheken, Tankstellen oder Geldautomaten. Die inzwischen asphaltierten Straßen ziehen immer mehr Besucher an, trotzdem finden sich unter den fünf Stränden zumindest in der Nebensaison noch Oasen der Ruhe und Abgeschiedenheit.

Als erstes gelangt man an den besonders bei Surfern beliebten Strand von **Cepilho**. Danach folgt die **Praia Grande** mit der besten touristischen Infrastruktur, gern besucht wird die zum Ende hin gelegene Bar Canto da Lua. Am dritten Strand, **do Rancho**, gibt es noch Fischer und Fischerboote. Beim vierten, **do Meio**, sitzt man schön an Kiosken direkt im Sand, das Wasser ist hier sehr klar und fast unbewegt. Von hier aus sind

Beliebt an allen Stränden Brasiliens: Beach-Volleyball

es noch 15 Min. zu Fuß über einen grünen Wanderpfad bis zur **Praia do Caxadaço**, die entfernt an Geribá in Búzios erinnert. Geht man vom Ende des Strandes aus noch 15 Min. weiter, wechselt plötzlich das Landschaftsbild und ein großes, von Felsen umsäumtes Wasserbecken taucht auf, in dem man wie in einer Badewanne liegen kann. Wer den Fußmarsch bis dorthin scheut, kann sich auch von der Praia do Rancho für R$10 mit dem Boot übersetzen lassen. Während der Fahrt entdeckt man kurz vor Ankunft noch einen nur vom Meer aus erreichbaren Ministrand, an dem die wenigen Gäste oft alle Hüllen fallen lassen.

Praia do Sono

Von Vila de Trindade 20 km östlich bzw. 40 km südöstlich von Parati liegt die Praia do Sono, auf Deutsch „Schlafstrand". Ruhiger geht es wirklich nicht mehr, auch dank der rigiden Umweltschutzbestimmungen (Bauverbot, nur ein paar Fischerhütten) und der schwierigen Erreichbarkeit. Die Fischer von Parati wie von Vila de Trindade nehmen bei vier Personen R$150 für den Hin- und Rücktransport, viele ausländische Gäste bevorzugen den 4 km langen Fußmarsch ab Vila de Trindade und bleiben manchmal eine Nacht im Zelt oder in der Hängematte. Elektrizität gibt es nicht, aber an den einfachen Kiosken bekommt man immer ein kühles Bier mit Eiswürfeln oder einen fangfrischen Fisch. Über einen Hügelpfad am Ende des Strandes lassen sich in 15 Min. noch die abgelegenen, gern von Surfern frequentierten Nachbarstrände **Antigos** und **Antiguinhos** besuchen. Hier ist Campen oder Übernachten jedoch absolut verboten.

Übernachtung

Casa do Rio Hostel (HI), Rua Antonio de Oliveira Vidal 120, ✆ 24/3371 2223, ✉ aj.hospcasadorio @uol.com.br, 💻 www.paratyhostel.com. Gutes Hostel mit 45 Betten, DZ (R$42) mit AC, Kühlschrank und TV sowie 6-Bett-Dorms mit Ventilator (R$21). 24 Std.-Rezeption, Gemeinschaftsküche, Wäscherei-Service, Bettwäsche-Verleih, Frühstück; auch Jeeps und Boote für Touren; nur 5 Min. zu Fuß von der Rodoviária. ❶

Pousada Canoeiro, Av. Otávio Gama, ✆ 24/3371 1322, 📠 3371 1458. Gepflegtes Anwesen mit viel Grün und einem Pool, 30 Zimmer in mehreren kleinen Häuschen mit AC, Kühlschrank und TV. Etwas abseits und sehr ruhig gelegen, nur wenige 100 m zum historischen Zentrum. Sehr empfehlenswert. ❷

Pousada dos Navegantes, Praia Grande (15 km von Parati), ✆ 24/3371 1259, ✉ pousadados navegantes@paratyinfo.com.br, 💻 www.paraty.com.br/navegantes.htm. Zimmer mit AC, Kühlschrank und TV; Hanglage mit herrlichem Meerblick; Bootsverleih; sehr gutes Frühstücksbuffet. Anfahrt: Bei KM 174 der Küstenstraße zwischen São Paulo und Rio plötzliche Abzweigung zum Meer hinunter. ❸

Pousada da Marquesa, Rua Dona Geralda 69, Centro Histórico, ✆ 24/3371 1012, ✉ reservas@pousadadamarquesa.com.br, 💻 www.pousadadamarquesa.com.br. Einfach, aber schön mit Antiquitäten dekoriert. 21 Zimmer mit AC, Kühlschrank, TV und Telefon ❹

Pousada do Ouro, Rua Dr. Pereira 145, Centro histórico, ✆/📠 3371 1311, 💻 www.pousadaouro.com.br. Kolonialhaus aus dem 18. Jh. mit 26 komfortablen Zimmern, Innenhof mit tropischem Garten und Pool, romantische Atmosphäre. Lieblingsunterkunft von Mick Jagger, Tom Cruise, Linda Evangelista u. a. ❹

Pousada Pardieiro, Rua do Comércio 74, ✆ 24/3371 1370, ✉ pp@pousadapardieiro.com.br, 💻 www.pousadapardieiro.com.br. Äußerlich unauffällige Pousada im typischen Kolonialstil der Region mitten im historischen Zentrum, innen sehr hübsch ausgestaltet. Die 26 komfortablen Zimmer liegen alle zum Patio mit Garten, Hängematten, Pool und Bar. ❻

CAMPING – ***Camping Beira Rio,*** Rua do Pontal 1, Centro, ✆ 24/3371 1985. Großer Platz mit viel Grün und Schatten an einem Flussufer; rund 300 Zeltplätze, Duschen, Stromspannung 110 und 220 V. R$10. ❶

Essen und Nachtleben

Val's Lanches, Rua Marechal Deodoro 21, Centro histórico. Gutes Imbiss-Lokal mit Sandwiches und anderen Kleinigkeiten, man sitzt sehr schön draußen nahe der Kirche beim Hafen. 🕒 tgl. 17–1 Uhr.

Sabor da Terra, Av. Roberto Silveira 180 (Ortszugangsstraße). Beliebtestes Selbstbedienungsrestaurant der Stadt, gemischtes Buffet, samstags Feijoada, mittlere Preise. 🕒 tgl. 11.30–22 Uhr.

Netto, Rua da Lapa 402, Centro histórico. Einfaches Lokal, aber freundliche Bedienung und gutes Essen, hauptsächlich Fisch und Meeresfrüchte, Spezialität ist *Polvo recheado* (gefüllte Krake), mittlere Preise (die Gerichte reichen aber für 2 Pers.).

Banana da Terra, Rua Dr. Samuel Costa 208. Auf Meeresfrüchte spezialisiertes Lokal im historischen Zentrum, bekannt für ausgefallene Rezepte mit regionalen Zutaten wie Banane und Cachaça, mittlere Preise. 🕒 Mo, Mi, Do 17–24, Fr–So 12–16 und 19–24 Uhr.

Café Paraty, Rua do Comércio 253. Beliebte große Bar, jeden Abend Live-Musik (MPB, Jazz und Bossa Nova). 🕒 tgl. 9–23 Uhr.

Dinho's Bar, Praça Matriz. Originellstes Musiklokal am Ort. 🕒 Fr und Sa ab 22 Uhr (mit Live-Musik), Mi–Mo ab 21 Uhr.

Paraty33, Rua Maria Jácome de Melo 357. Tgl. ab 19 Uhr Live-Musik und Cocktails. 🕒 tgl. 12–24 Uhr.

Feste

Parati bietet die meisten Feste im ganzen Südosten Brasiliens, neben Folklore- und kirchlichen Ereignissen dreht sich hier vieles um den Zuckerrohrschnaps.

Ostern: *Procissão do Fogaréu* (Do 24 Uhr), *Procissão dos Passos* (Fr).

Mai: *Festa do Divino Espírito Santo,* religiöses Fest portugiesischen Ursprungs (2. Maihälfte, 40 Tage nach Ostern), typische Tänze und Prozession, Feier in der Matriz de Nossa Senhora dos Remédios.

Juni/Juli: *Procissão Marítima de São Pedro,* Meeresprozession von São Pedro zur Ilha do Araújo (am So nach dem 29. 06.).

Juli: *Festa Literária Internacional de Parati,* erfolgversprechender Versuch (seit 2003) der englischen Projektinitiatorin Liz Calder, Paratis Ruf als Stadt der Schnaps-Feste durch Kulturveranstaltungen aufzuwerten (3 Tage am Monatsanfang); neben Lesungen und Podiumsdiskussionen auch Filmvorführungen, Musik-Shows und ein *OffFlip* genanntes Multimedia-Alternativ-

Event; zahlreiche Veranstaltungsorte in der ganzen Stadt, Programminfos: 🖳 www.flip.org.br.
August: *Exposição de Arte Popular,* Ausstellung populärer Kunst (2. Monatshälfte).
Festa da Pinga, traditionelles Volksfest rund um den Zuckerrohrschnaps (3. Wochenende des Monats).
August/September: *Festa de Nossa Senhora dos Remédios,* Fest zur Ehren der Schutzheiligen des Ortes (um die Monatswende).
November: *Festa de São Benedito,* Volksfest zu Ehren des Schutzheiligen der Sklaven, Prozessionen und Kirchenfeste (2. Woche des Monats).

Sonstiges

EINKAUFEN – Parati ist bekannt für guten Zuckerrohrschnaps *(Cachaça),* neben den fünf hier produzierten Marken werden bis zu 300 weitere aus ganz Brasilien angeboten:
Empório da Cachaça, Rua Samuel Costa 145, Centro Histórico. ◷ tgl. 10–23 Uhr.
Porto da Pinga, Rua da Matriz, Centro Histórico. ◷ tgl. 10–12 und 14–23 Uhr.

GELD – ***Banco do Brasil,*** in der Av. Roberto Silveira und bei der Rodoviária.

INFORMATIONEN – 🖳 www.paraty.com.br, umfangreiche Internetseite zu Geschichte, Kultur und Tourismus, viele Pousadas mit Fotos, auch auf Englisch. ***Informação Turística,*** Av. Roberto da Silveira 1, ✆ 24/3371 1897 (am Ortseingang). ◷ tgl. 9–21 Uhr.

INTERNET – ***Cyber Café,*** Av. Roberto da Silveira 17.

THEATER – ***Teatro Espaço,*** Rua Dona Geralda 327, ✆ 24/3371 1575, berühmtes Puppentheater für Jugendliche ab 14 und Erwachsene. ◷ Do–So 21 Uhr; Eintritt R$20.

TOUREN – ***Paraty Tour,*** Av. Roberto Silveira 11, ✆ 24/3371 1327, 🖳 www.paratytour.com.br. Ausflüge im Schoner mit Schnorcheltauchen. Recht beliebt ist der Ausflug zu den Inseln Sapeca, Catimbau und Algodão inkl. der Strände Lula und Vermelha, Dauer 5 Std., Preis R$20 inkl. Erfrischungsgetränken und Früchten. Auch andere Agenturen bieten Touren im Schoner, z. B. ***Antígona,*** Praça da Bandeira 2, ✆ 24/3371 2199, 🖳 www.antigona.com.br oder ***Albatroz Turismo,*** Av. Roberto Silveira 34 A, ✆ 24/3371 1470, 🖳 www.albatroz.com.br.
Das Büro ***Jeep e Cavalos Tours,*** Rua Antônio Vidal 120, ✆ 24/3371 2223, 🖳 www.paratyhostel.com, bietet Touren per Jeep, Boot und Motorrad sowie Reitausflüge; Besuchsziele sind Fazendas und Wasserfälle in der Umgebung.

Transport

BUSSE – ***Rodoviária,*** außerhalb des Zentrums in der Rua Manoel S. Pádua.
Angra dos Reis: *Colitur,* ✆ 24/3371 1224, 26x tgl. zwischen 4.40 und 22.30 Uhr, 2 Std., R$6.
Rio de Janeiro: *Costa Verde,* ✆ 21/2516 2437, 20x tgl. zwischen 4 und 22.40 Uhr, 4 Std., R$20;
São Paulo: *Reunídas Paulista,* ✆ 24/3365 1280, 4x tgl. zwischen 9.40 und 23.35 Uhr, 5 Std., R$28.
Ubatuba: *São Geraldo,* ✆ 24/3371 1277, 3x tgl. zwischen 7.50 und 18.30 Uhr, 1 Std., R$7.

Die Itatiaia-Region

Kern dieser Region ist der gut erschlossene Nationalpark von Itatiaia, in dem man herrlich wandern und bergsteigen kann. Die Flora und Fauna des Urwalds ist sehr reichhaltig und es gibt zahlreiche Wasserfälle und Wildbäche. Westlich des Parks, etwas tiefer gelegen, befindet sich das grüne Visconde de Mauá, ebenfalls ein Paradies für **Naturfreunde** sowie für Verliebte, die sich in romantische Chalês mit Kerzen, Kamin und Wolldecken zurückziehen wollen.

Vieles erinnert hier an die schweizerischen und deutschen Immigranten. Weiter unten, schon etwas abseits von der Hügellandschaft, liegt das von finnischen Immigranten gegründete Penedo. Hier fehlt natürlich in keiner Pousada eine Sauna. Beide Orte sind für hervorragende Gastronomie bekannt, besonders für köstliche Forellengerichte. Ganz billig ist es in dieser Sommerfrische wohlhabender Cariocas und Paulistas aber nicht.

Penedo

Dieser 1929 von finnischen (und schwedischen) Immigranten gegründete 40 000 Einw. zählende Ort, 170 km von Rio entfernt, ist ein kleines Stück Finnland mitten in Brasilien. Die Architektur der knallbunt bemalten zweistöckigen Häuschen erinnert sofort an Nordeuropa. Gleich am Ortseingang trifft man bei der Rua das Velas 100 auf den **Parque Pequena Finlândia**, der auf kleinem Raum eine künstliche Reproduktion von Penedo erzeugt. Von den Namen der Wege und Kunsthandwerksläden bis zum Essen ist hier alles finnisch. Selbst eine Replik des in Rovaniemi (Lappland) stehenden Hauses von *Joulupukki*, des Weihnachtsmannes, fehlt nicht und Gnome erklären alle Details.

Natürlich gibt es in der Av. das Mangueiras 2601 auch ein **Museu Finlandês** mit mehr als 1000 Objekten wie Briefmarken, Münzen, Geschirr, Kostümen und Teppichen. ⌚ Mi 13–17, Do–Sa 10–17, So 9–15 Uhr. Im angegliederten **Clube Finlandês** werden jeden Samstag Folkloretänze aus der Heimat vorgeführt; brasilianische Rhythmen hört man jedoch auch.

Auch wer nicht unbedingt an finnischer Kultur und Tradition interessiert ist, wird Gründe für einen Besuch dieses Ortes finden. Zunächst ist alles sehr sauber und aufgeräumt. In den hübschen Pousadas mit familiärer Atmosphäre finden sich immer ein Pool und eine Sauna, in den Zimmern flackert ein Kaminfeuer. Auch kann man hier hervorragend essen, vor allem Forellen aus eigener Züchtung. Wer Süßes mag, wird sich im Paradies der Schokoladen- und Trüffel-Fans wähnen. Hauptanreiz ist jedoch die grüne Hügellandschaft mit zahlreichen Optionen für naturnahen Tourismus. Unverzichtbar ist ein Besuch der Wasserfälle **Três Cachoeiras**, **Cachoeira de Deus** und **Poço das Esmeraldas**. Zu Fuß wegen der Steigungen etwas anstrengend, ist das beliebteste Fortbewegungsmittel das Pferd. Die meisten Reitausflüge, organisiert von „Haras from Penedo" finden auf dem Rücken von *„Manga-largas"* statt, einer Anfängern gegenüber sehr wohlgesonnenen Rasse; für Kinder gibt es Ponys. Für radikalere Sportarten bestehen ebenfalls Angebote, zudem kann man von Penedo aus den nahe gelegenen Nationalpark von Itatiaia besuchen.

Übernachtung und Essen

Marisca, Rua Esporte Clube 3, ✆ 24/3351 1154, 💻 www.mariska.com.br. Zwei Apartments und 5 Chalês (bis 5 Pers.) in gepflegter Anlage mit Garten, Pool, Sauna, Grill und Fußballplatz; zentral gelegen in ruhiger Straße. ❸

Pousada Pequena Suécia, Rua Toivo Suni 33, ✆ 24/3351 1275, 💻 www.pequenasuecia.com.br. Schöne Anlage im Grünen unter Bergen, 13 Zimmer und 4 Chalês. AC, Kühlschrank, Kabel-TV, Telefon und Kamin. Gutes Essen, Sauna, Pool, Spielsaal. Sehr zu empfehlen. ❹

Vernissage, Rua K 110, Fazendinha, ✆ 24/3351 1058. Mischung aus Restaurant und Kunstgalerie, Kaminfeuer und idyllische Lage am Ufer des Rio das Pedras. ⌚ Do–So 12–24 Uhr, Reservierung erforderlich (Do ab 10 Uhr).

Casa do Fritz, Av. das Mangueiras 518, Centro. Deutsche und schweizerische Spezialitäten (Wurst, Eisbein, Sauerkraut usw.). ⌚ Di–So 12–24 Uhr.

Sonstiges

EINKAUFEN – ***Chocolates Tonttulakki***, Rua das Velas 100. Kleine Fabrik, in der 18 köstliche Trüffelsorten produziert werden. ⌚ Mo–Mi 10–18, Do–So 10–20 Uhr.

FESTE – **Juni/Juli**: *Festival de Inverno*, stark besuchtes Winterfest mit vielen kulinarischen Angeboten und kulturellen Ereignissen.

GELD – Die einzigen Bankautomaten von **Bradesco** sind hier etwas versteckt, einmal innerhalb des Postamts im Shopping-Center Finlândia und einmal innerhalb einer Tankstelle auf der Zufahrtsstraße RJ 163.

INFORMATIONEN – ***Secretaria de Turismo***, Praça Mariana Rocha Leão 20, Itatiaia (Penedo besitzt keine Touristeninformation), ✆ 24/3352 1660. ⌚ Mo–Fr 8–17 Uhr.

POST – ***Agência dos Correios***, Shopping Finlândia.

TOUREN – ***Haras from Penedo,*** Rua das Palmeiras, ✆ 24/3351 1380, 🖳 www.penedo.com/frompenedo. Reitausflüge, R$10–30.
Pesque e Paque Truta Viva, Rua UU, Lotes 24/25, Quadra 48, Alto Penedo, ✆ 24/3351 1209. Forellenfischen.
Ralph Salgueiro, Trav. Laranjeiras 79, ✆ 24/3351 1823, 🖳 www.ecoralph.com. Klettern/Bergsteigen, Rapel, Offroad und Trekking.

Transport

BUSSE – In Penedo gibt es keinen Busbahnhof, nur **Haltestellen** von Bussen aus Rio de Janeiro, Itatiaia und Resende mit Endstation Av. Brasil.
Itatiaia: *Expresso Tupi,* ✆ 24/3360 1751, 10x tgl. zwischen 6.10 und 21.50 Uhr, 40 Min., R$1,20.
Resende: *Expresso Tupi,* 5x tgl. zwischen 5.30 und 23.30 Uhr, 40 Min., R$2,30; auch Vans, R$1,80.
Rio de Janeiro: *Cidade do Aço,* ✆ 21/2233 1218, tgl. 8.25 und 14.55 Uhr, 2 Std. 40 Min., R$17.

Visconde de Mauá

Der idyllische kleine Ort, 29 km von Penedo und 198 km von Rio entfernt, liegt 1300 m hoch in den Bergen und wird gern von Naturfreunden, Wanderern, Mountainbikern und Reitern, aber auch von Liebespaaren besucht. Natürlich sind die Zeiten vorbei, als hier noch die Indianer vom Stamme der *Puris* lebten, auch die Hippies sind seit Ende der 70er Jahre fast verschwunden. Seit 1980 wurde der touristische Wert der unter Naturschutz stehenden Serra da Mantiqueira entdeckt. Es mangelt nicht an Araukarienwäldern, Ipês, Bromelien und Orchideen, einer reichen Fauna und Vogelwelt sowie fischreichen Flüssen (Forellen!).

Der Ortsname rührt von Ireneu Evangelista de Souza her, dem Vicomte von Mauá, der hier um 1870 mit der Gewinnung von Holzkohle begann. Dann kamen Arbeiter aus Spanien, Italien, Polen und Ungarn, die eine erste Ausländerkolonie bildeten. Später entstanden Rinderfarmen und Landgüter. Heute sind viele Fazendas in Hotels umgewandelt worden, die dem Besucher ein reiches Freizeit-, Sport- und Ausflugsprogramm bieten.

Hauptattraktion der Region sind die zahlreichen **Wasserfälle**. Die Ortsteile sind weit auseinander gezogen und die Entfernungen recht groß. Am besten fährt man gleich bis zum letzten Dorf Maromba, um von dort zu Fuß zu den Wasserfällen Escorrega (30 m lange Rutschbahn), Santa Clara (40 m hoher Wasserfall), Toca da Raposa (zwei kleinere Fälle und Grotte) und Véu da Noiva (Wasserfall in reizvoller Landschaft) zu gelangen. Im Vale do Alcantilado kommt man während einer zweistündigen Wanderung sogar an neun Wasserfällen vorbei; wegen der Entfernungen empfiehlt sich eine organisierte Jeep-Tour.

Von einem 1800 m hohen Aussichtspunkt bei der Cachoeira da Saudade bietet sich ein herrlicher Panoramablick auf das **Vale das Flores**. Durch dieses „Blumental" kann man auch wandern, wegen schlechter Ausschilderung jedoch besser mit einem Guide. Zugang von der Estrada do Vale Alcantilado her. Vom 1755 m hohen **Pedra Selada** (Versiegelter Felsen), einem der Postkartenmotive der Region, eröffnet sich ein weiter Blick auf das Vale do Paraíba. Vom Fuße des Felsens, zu dem eine Straße führt, geht es in 2 Std. 1,7 km steil bergauf durch dichten Wald.

Übernachtung

Pousada Caminho do Pico, Estr. Vale das Cruzes, Vale das Cruzes, ✆ 24/3387 1058, 🖳 www.portalviscondedemaua.com/pousadacaminhodopico. Hostel-ähnliche Pousada mit DZ (R$50) und 4-Bett-Dorms mit Bunks (R$22). Zimmer mit TV, Bad und Kamin. Sehr freundlicher Service. ❶
Pousada Sítio dos Pinhais, Maromba (MG), ✆ 24/3387 1584, 🖳 www.portalviscondedemaua.com/pousadasitiodospinhais. Neuere Anlage von 1996, elf Chalês (R$140) für max. 4 Pers. mit Ventilator, Kühlschrank, TV, Kamin und Sauna; auf dem Nebengrundstück Campingplatz. Anreise per Bus bis Praça de Maromba, dann 20 Min. zu Fuß bis zur Pousada (ausgeschildert). ❷–❸
Pousada Visconde de Mauá, Rua Wenceslau Braz, Visconde de Mauá, ✆ 24/3387 1368, 🖳 www.pousadaviscondedemaua.com.br. Zentrale Lage im Hauptdorf der Region, nach hinten Flussuferlage am Rio Preto. 8 kleine Chalês mit Kühlschrank, TV und Kamin sowohl für 2 Pers. (R$90) als auch für 4 Pers. (R$140); auf dem Gelände Pool, Sauna und Spielsaal; Do–So Abendessen; am Eingang Kunsthandwerksladen. ❸

Essen

Paladar da Montanha, Maringá (RJ), Centro. Üppige Portionen, preiswert. Spezialität sind frische Forellen und Fondues. ⌚ Do–Mo 12–22 Uhr.
Gosto com Gosto, Rua Wenceslau Braz 148, Visconde de Mauá. Laut „Guia 4 Rodas" das beste Restaurant Brasiliens mit mineirischer Küche, typische Gerichte von MG werden mit Kreationen des Hauses verknüpft, vieles aus eigener Herstellung, Cachaça-Bar mit 500 Sorten. Gehobene Preislage. ⌚ So, Mo, Mi, Do 12–18, Fr und Sa 12–22 Uhr.

Touren

Ecoturismo, Trav. Laranjeiras 79, ✆ 24/3351 1823, 💻 www.ecoralph.com. Klettern, Rapel, Offroad und Trekking.
Gute's Ecological, Rod. Rubens Tramujas Mader 945, Sala 67, ✆ 24/3351 2131, 💻 www.gute.com.br. Klettern/Bergsteigen, Rapel und Offroad.

Deutsches Reisebüro

Arcosur, Rio de Janeiro, ✆ ejhoffmann@arcosur.de. Die von dem Deutschen Ernst Hoffmann geführte Agentur bietet 3-tägige Reit- oder Wandertouren durch die Serra da Mantiqueira bis nach Itamonte, unterwegs wird in einfachen Pousadas übernachtet.

Sonstiges

GELD – genügend cash mitnehmen, denn es gibt nur einen Geldautomaten von **Itaú**. Kreditkarten werden zum Bezahlen meistens akzeptiert.

INFORMATIONEN – ***Mauá-Tur,*** Ortseingang, ✆ 24/3387 1283, 💻 www.portalviscondedemaua.com. ⌚ Mo–Sa 10–20, So 10–14 Uhr.

MEDIZINISCHE HILFE – ***Posto de Saúde,*** Rua Wenceslau Braz.

Transport

BUSSE – In den Dörfern von Visconde de Mauá gibt es keine richtigen Busbahnhöfe, nur Haltestellen von Bussen aus Rio de Janeiro und Resende mit Endstation in Maromba. Die 16 km von der Autobahn Rio–São Paulo (Dutra) bis Visconde de Mauá bestehen aus einer schmalen Sandstraße, die bei starkem Regen unbefahrbar werden kann. Es gibt jedoch ein (umstrittenes) Asphaltierungsprojekt, Gegner befürchten Umweltzerstörungen und einen zu großen Zustrom von Gästen.
Rio de Janeiro: *Cidade do Aço,* ✆ 21/2233 1218, So 15 und 17, Mo 9.30 Uhr, 3 1/2 Std., R$19.

Parque Nacional de Itatiaia

Der älteste und am besten erforschte Nationalpark Brasiliens (1937) umfasst 300 km^2 und besteht aus einer zur Serra da Mantiqueira gehörenden **Bergkette**, die parallel zur Küstenkordillere 60 km im Landesinnern verläuft. Das Gestein ist vor etwa 70 Mill. Jahren auf eruptive Weise aus der Tiefe emporgehoben worden und besteht aus Syenit, das dem Granit ähnelt, aber keinen Quarz enthält. Aus dem 2400 m hohen Plateau ragen runde, ausgewaschene Felsformationen hervor; mit 2787 am höchsten ist der Pico das Agulhas Negras, gefolgt von der Serra do Maromba (2607 m) und Prateleiras (2548 m).

Der Park, einer der schönsten Brasiliens, liegt in der Vegetationszone der Atlantischen Regenwälder, die unteren Teile sind jedoch durch den früheren Kaffeeanbau nicht mehr ganz ursprünglich. Trotzdem ist die **Flora** sehr reichhaltig. Am üppigsten ist die Landschaft im tiefer gelegenen Teil ab 750 m über dem Meeresspiegel mit viel Wald, Flüssen und Wasserfällen. Zwischen Oktober und Dezember blühen die *Quaresmeiras*, häufig sieht man auch Cecropien und schlanke Assaipalmen. In der Waldzone bis 2000 m ist der Regenwald noch unversehrter, und 20–30 m hohe Bäume sowie Lianen und Epiphyten bestimmen das Bild. Weiter oben wird die Vegetation immer spärlicher, hier gedeihen nur noch Nadelbaumarten wie Araukarien und Stielfruchteiben sowie einige Kräuter und niedere Sträucher, z. B. Bodenbromelien, eine der Fuchsienarten und der *Taquara-mirim*-Bergbambus.

Die **Fauna** des Nationalparks ist ebenfalls sehr vielfältig, fast alle Arten der Atlantischen Regenwälder sind hier noch anzutreffen. Während Jaguare und Spinnenaffen vom Aussterben bedroht sind, überleben kleinere Säugetiere wie drei Affenarten, Gürteltiere, Agutis und Südamerikanische Nasenbären. Rund 300 Vogelarten wurden gezählt, darunter Papageien, Tukane und Tangare. Zahlreich sind die zu den Schnurrvögeln gehörenden Blaubrustpipras mit ihrem roten Scheitel und die Spitzschwanzpipras, ferner sieht man Schwalbentangare und zwei Trogonarten. Am häufigsten sind jedoch Insekten, 50 000 verschiedene soll es hier geben.

Der Park besitzt eine gute **Infrastruktur** und bietet ideale Bedingungen für naturnahen Tourismus. Vom Busbahnhof des nahe der Autobahn „Via Dutra" zwischen Rio und São Paulo gelegenen Ortes Itatiaia (176 km von Rio, 272 km von São Paulo) fährt ein preiswerter *Circular*-Bus zum 12 km entfernten Parkeingang und Besucherzentrum *(Centro de visitantes)*. Der Park ist zwar 24 Std. geöffnet, darf aber nur von 8–17 Uhr betreten werden (kein Einlass nach 14 Uhr); Eintritt R$4. Ein Stück hinter dem Eingang befindet sich das **Museu Regional de Fauna e Flora**, wo in Gläsern und Glaskästen viele Pflanzenarten und ausgestopfte Tiere ausgestellt sind. ⌚ Di–So 8–17 Uhr; Eintritt frei.

Vom Museum aus führt ein kurzer Seitenpfad zu dem Bachtal Lago Azul. Weiter auf dem Hauptweg, an einigen Hotels vorbei, sieht man bereits Tukane und Schnurrvögel. An den Bäumen hängen oft epiphytische Orchideen und Kakteen. Nach gut einer Stunde gelangt man in die Nähe einiger **Wasserfälle**. Von der Hauptstraße aus bei der Ponte (Brücke) da Maromba auf einem Wanderpfad 450 m nach rechts gehend, trifft man auf den 40 m tief fallenden Véu da Noiva; vom selben Ausgangspunkt nach 520 m auf den Itaporani mit gleich drei Fällen, und von der Straße 400 m nach links auf den Poranga (nur 10 m, aber sehr hohe Wassermengen). Der Weg führt dann weiter in die Hochlagen; nach mühsamen 20 km auf einem schwierigen Wanderpfad gelangt man zur **Berghütte** Abrigo Rebouças, die bis zu 24 Personen beherbergen kann.

Dort beginnen diverse Routen durch das **Hochplateau**. Zum Beispiel führt ein 30 km langer Weg an interessanten Felsformationen vorbei bis nach Visconde de Mauá; ein Guide und eine angemessene Ausrüstung sind unabdingbar. Sehr beliebt ist auch der Aufstieg zum **Pico das Agulhas Negras**, an der Weggabelung östlich des Abrigo Rebouças geht es links hinauf. Der dreistündige Aufstieg erfordert Kondition und Erfahrung und setzt ein trockenes Klima voraus. Die erste, leichtere Etappe ab Abrigo Rebouças bis zur Basis dauert eine Stunde, die zweite bis 2600 m zwei Stunden, für den Rest bis zum Gipfel (2787 m) ist eine Ausrüstung unverzichtbar. Die Begleitung eines Guide ist Pflichtauflage der Umweltbehörde Ibama, ebenfalls für den **Pico das Prateleiras** (2548 m). Dieser Berg lässt sich auf einem Wanderpfad und über wenige Kletterpartien in zwei Stunden ersteigen, von oben bietet sich ein weiter Blick auf die Vale do Paraíba.

Beim Hotel Simon beginnt die **Trilha dos Três Picos** – ein 8 km langer steiler Pfad führt zu einer durchschnittlich 1600 m hohen Formation aus drei Felsen; hin und zurück benötigt man fünf Stunden.

Die beste **Besuchszeit** für die höheren Lagen (Prateleiras und Agulhas Negras) sind die trockenen Monate von Mai bis August, es kann aber im Winter sehr kalt werden und sogar schneien (warme Kleidung mitnehmen!). Zwischen Oktober und Februar sind die niederen Lagen durchaus gut besuchbar, selbst wenn manchmal kräftige Güsse die Wanderpfade aufweichen.

Übernachtung

In Itatiaia gibt es mehrere Hotels, einige teurere (z. B. das „Simon") liegen direkt im Park an der Straße zum Wasserfall Véu da Noiva. An Wochenenden und während der Ferienzeit (Dez–Feb) kann alles belegt sein, deshalb vorherige Reservierung empfohlen. Notfalls gibt es Schlafplätze in der Hütte beim Lago Azul oder im Abrigo Rebouças (falls gerade geöffnet), Zelten ist dort ebenfalls möglich.

Pousada Ypê Amarelo (HI), Rua João Maurício Macedo Costa 352, Campo Alegre, ✆ 24/3352 1232, 💻 www.pousadaypeamarelo.com.br. Unterkunft mit Hostel- oder Jugendherbergs-Charakter, 9 Zimmer und 15 einfache Häuschen. In der Anlage Pool und Sauna, auch Rasenplatz für Camper. Fahrradverleih und Tourenangebote durch den Park. Am Anfang der Straße zum Park gelegen, vom Busbahnhof 15 Min. zu Fuß. ❷

Pousada Quatro Estações, Estr. do Parque Nacional 1390, ✆/📠 24/3352 6070, 💻 www.pousada4estacoesdeitatiaia.com.br. Neueres Haus von

2002 mit 10 nett eingerichteten Zimmern (Ventilator, Telefon, TV), 2 davon mit Kühlschrank und Veranda; Bar, Pool, Sauna und Fahrradverleih. ❸

Hotel Simon, Parque Nacional, ✆ 24/3352 1122, 💻 www.hotelsimon.com.br. Hübsches, etwas renovierungsbedürftiges rustikales Hotel von 1969; im Parkinnern 7 km nördl. des Haupteingangs bzw. 12 km von Itatiaia gelegen, kurz vor den Wasserfällen über einen nach rechts abgehenden Waldpfad zu erreichen; 60 Zimmer mit Ventilator, Kühlschrank, Telefon und TV; auch Internetzugang, Restaurant, Bar, Natur-Pool, Sauna, Spielhalle, Fußball- und Tennisplätze; Tourenprogramme durch den Park, Bustransfer von Itatiaia (gegen Entgelt) ab Praça São José. ❻

Essen

222, Rua Pref. Asumpção 222. Mittags-Buffet nach Gewicht, abends à la carte, gemischtes Angebot, preiswert. Liegt neben der Bar desselben Namens, Eingang von der Seitenstraße. 🕒 Mo–Sa 11–15 Uhr.

Do Ypê, Parque Nacional, 14 km vom Eingang. Gemischtes Self-Service-Buffet (Sa Churrasco) im Hotel do Ypê nahe den Wasserfällen an der höchsten Stelle des Parks, Fixpreis R$22. 🕒 tgl. 13–15 und 19.30–22 Uhr.

Sonstiges

GELD – Im Ort u. a. Filialen der **Banco do Brasil**, **Itaú** und **Banerj**.

INFORMATIONEN – ***Centro de Visitantes***, Besucherzentrum, ✆ 24/352 1461. 🕒 tgl. 8–17 Uhr.

Administração do Parque Nacional de Itatiaia, Parkverwaltung, ✆ 24/3352 1461, 💻 www.crescentefertil.org.br/parquenacional/hpn.com.

TOUREN – ***Gute's***, Rua Cel. Lauro Bernardes, ✆ 24/3351 2131, 💻 www.gute.com.br. Tourismus-Agentur, über die man Touren buchen und Guides anmieten kann. Die sich am Parkeingang anbietenden Führer sind bedeutend billiger, aber nicht immer qualifiziert. 🕒 Mo–Sa 10–18 Uhr.

Transport

BUSSE – Der **Busbahnhof** liegt direkt an der Autobahn „Via Dutra" zwischen Rio und São Paulo, ✆ 24/3354 1405. Der nächste Ort mit häufigen Busverbindungen zu den Großstädten ist das 17 km entfernte **Resende**, von dort oder dorthin verkehren werktags zwischen 7 und 23 Uhr alle 20 Min. und Sa und So alle 40 Min. Linienbusse.

Nördlich von Rio de Janeiro

Bei gutem Wetter sieht man von Rio aus eine langgezogene Bergkette mit dem berühmten Spitzfelsen Dedo de Deus (Finger Gottes). Er gehört zum Nationalpark Serra dos Órgãos (Orgelgebirge), reich an Atlantischem Bergregen- und Nebelwald und ideal für Wanderer und Alpinisten. An die Serra do Mar angelehnt befinden sich drei Städte mit ähnlichen Charakteristika. Ob in Petrópolis, Teresópolis oder Nova Friburgo, überall spürt, sieht und schmeckt man die **deutschen** und **schweizerischen** Einflüsse. In Petrópolis kommt noch hinzu, dass hier die Kaiserfamilie von Dom Pedro II. ihre Sommerresidenz und viele Villen besaß. In Vassouras, weiter westlich, regierten die Kaffeebarone, dort ziehen zahlreiche alte Fazendas Besucher an. In der ganzen Region sind beste Bedingungen für **Öko**- und **Abenteuerurlaub** gegeben.

Petrópolis

Die frühere Kaiserstadt (286 550 Einw.) liegt 68 km von Rio entfernt auf der Hälfte der früheren Goldroute nach Minas Gerais und ist eine der beliebtesten Sommerfrischen der Cariocas. Die wichtigsten Sehenswürdigkeiten lassen sich in einem Tagesausflug erschließen, montags ist jedoch alles geschlossen. Bei der Anfahrt über Serpentinenstraßen und Viadukte mit weiten Ausblicken auf die Hügellandschaft fällt der üppige Reichtum an Atlantischem Regenwald auf.

Schon Pedro I. begeisterte sich für die ebenso grüne wie kühle Bergregion in 800 m Höhe und kaufte 1830 dem deutschen Siedler Friedrich Koeler die Fazenda do Córrego Seco ab, die später auf seinen Sohn überging.

Unter Pedro II. entstand hier 1843 eine neue Stadt, deren Name auf den kaiserlichen Ahnherrn zurückgeht. Bald entstanden viele noch existierende herrschaftliche Paläste und Villen. Zwischen 1845 und 1864 ließ die Kaiserfamilie ihre Sommerresidenz, den Palácio Imperial errichten. Die 14 Säle dieses neoklassizistischen Palastes – heute **Museu Imperial** und Hauptattraktion der Stadt – sind fast originalgetreu erhalten und beherbergen große Schätze. Unter den Exponaten hebt sich neben dem Mobiliar, Festgewändern und Gemälden vor allem die goldene, mit 639 Brillanten und 77 Perlen bestickte Kaiserkrone aus dem Jahre 1841 hervor.

Am Museumseingang kann man einen sehr hilfreichen elektronischen Guide mieten (engl. oder portug., R$3). In einem Nebengebäude befinden sich mehrere Kutschen der Kaiserfamilie und die Dampflok der ersten Eisenbahnlinie Brasiliens (1854), die zwischen Rio und einem Tal vor Petrópolis verlief. ⌚ Di–So 11–18 Uhr; Eintritt R$8. Wer an einem Samstagabend hier ist, kann vor dem Museum noch dem Spektakel „Som e Luz" beiwohnen. Dabei wird vor einer bunt beleuchteten „Leinwand" aus Wasser ein 30-Min.-Film über das Zweite Kaiserreich gezeigt. ⌚ Sa 21.15 Uhr; Eintritt R$28.

Rundgang

Vor dem Museum warten Pferdekutschen, um Besucher zu den anderen Sehenswürdigkeiten der Stadt zu transportieren (30 Min. ohne Aussteigen, max. 5 Pers., insgesamt R$35.; mit Zwischenstopps für Besichtigungen R$50). Wegen der geringen Entfernungen empfiehlt sich jedoch der Fußmarsch. Nach Verlassen des Museumsgeländes geht man nach rechts, dann die erste Straße links und gelangt nach wenigen Minuten zur **Catedral de São Pedro de Alcântara**. Die im neogotischen Stil erbaute, 1884 fertiggestellte Kirche mit ihrem hohen, schlanken Spitzturm sowie den vielen farbigen Fensterbildern ist ein architektonisches Meisterwerk. Im Innern ruhen die sterblichen Überreste von Dom Pedro II. und seiner Gattin Teresa Cristina sowie von Prinzessin Isabel und ihrem Gatten Graf D'Eu. ⌚ Di–So 8–12 und 14–18 Uhr.

Ein kleines Stück weiter (ausgeschildert) steht der **Palácio de Cristal**, eine 1884 aus Frankreich importierte Glas- und Metallkonstruktion, damals für Orchideenausstellungen und höfische Festakte vorgesehen. Heute dient der Palast als Veranstaltungsort des „Bauernfestes" (Juni/Juli) und von Musikveranstaltungen. ⌚ Di–So 9–17.30 Uhr. An jedem Samstagabend finden um 18 Uhr MPB- oder Chorinho-Konzerte statt, an jedem letzten Donnerstag des Monats um 20 Uhr die „Serenata Imperial", der Eintritt ist frei.

Danach geht es wieder zurück zur Kathedrale und von dort durch die schön an einem Kanal gelegene **Av. Koeler**. Es ist die Straße mit den meisten Herrschaftsvillen, u. a. der Casa da Princesa Isabel (Nr. 42) und dem Palaçio Rio Negro (Nr. 255), ab 1890 von dem gleichnamigen Baron bewohnt und später Sommerresidenz diverser brasilianischer Präsidenten. Führungen Mo 12–17, Mi–So 9.30–17 Uhr.

Die Avenida führt direkt zur zentralen grünen Praça da Liberdade, wo sich auch ein Touristenbüro befindet. 100 m weiter geradeaus steht die Katholische Universität und gleich rechts davon auf einer Anhöhe die **Casa Santos Dumont** (1918), das eigentümliche Sommerhäuschen des brasilianischen Flugpioniers. Neben persönlichen Objekten kann man hier zwei seiner Erfindungen bestaunen: eine Treppe, die nur mit je einem Fuß zu betreten ist, und eine originelle Duschvorrichtung. ⌚ Di–So 9.30–17 Uhr, R$2.

1906, drei Jahre nach dem ersten Flug der Brüder Wright, brachte Santos Dumont einen Doppeldecker, die „14 bis" in die Luft. Der spätere Gebrauch von Flugzeugen für Kriegszwecke ließen den entdeckungsfreudigen, lebenslustigen Dandy zunehmend in Depression verfallen, bis er sich im Jahre 1932 das Leben nahm. Auch der österreichische Schriftsteller Stefan Zweig und seine Frau begingen hier Selbstmord, beide sind auf einem Friedhof in Petrópolis begraben.

Übernachtung

Quitandinha Hostel (HI), Rua Uruguay 570, Quitandinha, ✆ 24/2291 4483, ✉ info@.alberguequitandinha.com.br, 💻 www.alberguequitandinha.com.br. Sehr gutes Hostel von 2001 mit 65 Betten, 5 Dorms für max. 8 Pers. (R$28 p.P.) und 6 DZ (R$65) mit Ventilator; Preis inkl. Bettwäsche, Badbenutzung und Abendessen. Hinter dem Palácio Quitandinha gelegen, Anfahrt ab Busbahnhof per Linie 425 oder 405. ❶

Casablanca Palace, Rua 16 de Março 123, ✆ 24/2242 0162, 💻 www.casablancahotel.com.br. In der Hauptgeschäftsstraße gelegenes älteres Haus von 1953 mit 18 Zimmern (Ventilator, Kühlschrank, Telefon und TV), Einrichtung z. T. etwas abgenutzt, aber zentrale Lage und relativ preiswert. ❸

Pousada 14 bis, Rua Buenos Aires 192, ✆ 24/2231 0946, 💻 www.pousada14bis.com.br. Neuere Unterkunft in schön restauriertem Kolonialhaus; der Name „14 bis" bezieht sich auf den Doppeldecker von Santos Dumont (die erste thematisch ausgerichtete Pousada der Stadt), alles originell und freundlich dekoriert, 15 Zimmer (die teureren mit AC, Kühlschrank, TV und Veranda); Bar, Pool und Fahrradverleih; sehr hilfsbereite Besitzer, nur 150 m vom Busbahnhof. ❸

Pousada da Alcobaça, Rua Agostinho Goulão 298, Estr. do Bonfim, Corrêas, ✆ 24/2221 1240, 💻 www.pousadadaalcobaca.com.br. Haus von 1914 im Normandie-Stil, 11 Zimmer mit AC, Telefon und Kabel-TV. Auch gutes Restaurant, Bar, Pool, Sauna, Tennisplatz und Parkanlage mit Fluss. ❻

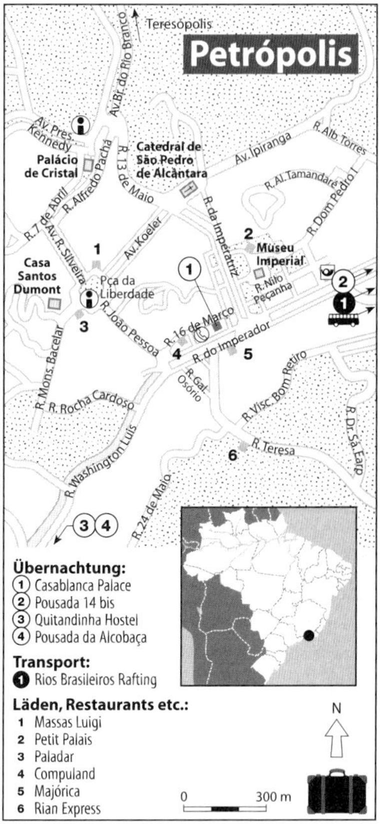

Essen

Paladar, Rua Barão de Amazonas 25, Centro (nahe Casa Santos Dumont). Schönes preiswertes Selbstbedienungslokal mit portugiesischem Einschlag, auch Tische auf der Veranda; Blick auf die Praça da Liberdade. 🕒 Di–So 11–15 Uhr.

Rian Express, Rua Teresa 400. Sehr preiswertes Selbstbedienungs-Restaurant, auch vegetarische Sandwiches. 🕒 Di–So 9–17 Uhr.

Petit Palais, Rua da Imperatriz 220. Hübsches kleines Bistro-Restaurant und Teehaus auf dem Gelände des Museu Imperial, Tische drinnen wie im Freien. Die deutsche Bockwurst mit Kartoffelsalat ist durchaus zu empfehlen, mittlere Preise. 🕒 Di–So 12–19 Uhr.

Massas Luigi, Praça Rui Barbosa 185. Schönes altes Gebäude, hausgemachte Teigwaren mit mehr als 20 Soßen zur Auswahl, auch diverse gute Steinofen-Pizzas zu mittleren Preisen, Fr und Sa Abend Live-Musik. 🕒 Mo–Sa 11–24 Uhr.

Majórica, Rua do Imperador 754, Centro, traditionellste Churrascaria der Stadt, groß, rustikal, mittlere Preise, à la carte (kein Rodízio). 🕒 tgl. 11–22 Uhr.

Aktivitäten

Bei der Touristeninformation ist ein Prospekt mit Adressen aller Veranstalter in Petrópolis und Umgebung erhältlich (Titel: „Ecoturismo, Lazer, Compras e Serviços"), hier nur eine Auswahl der zentrumsnächsten Agenturen:

Cabanas Açu Expedições e Ecoturismo, Estr. do Bonfim 3500, Corrêas, ✆ 24/2221 3832, 2236 0066, ✉ cabanasacu@bol.com.br, 💻 www.cabanasacu.com.br. Klettern/Bergsteigen, Kanusport, Trekking und Rapel. 🕒 tgl. 9.30–16.30 Uhr (nur bei vorheriger Anmeldung).

Campo de Aventuras Paraíso Açu, Estr. do Bonfim 3511, Corrêas, ✆ 24/2236 0003, ✉ capa@compuland.com.br, 💻 www.campodeaventuras paraisoacu.com.br. Wandern (auch durch den Parque Nacional da Serra dos Órgãos), Trekking, Rapel, Rafting, Cascading, Canyoning, u. a. ⏲ tgl. 10–17 Uhr (nur bei vorheriger Anmeldung).
Rios Brasileiros Rafting, Rua Silva Jardim 514/104, Centro, ✆ 24/2243 4372, ✉ rafting@rbrafiting.com.br, 💻 www.rbrafting.com.br. Spezialisiert auf Abenteuer-Tourismus (Rafting, Rapel, Wandern) mit Unterkunft, englischsprachigen Guides und individuellen Programmen.

Feste

Petrópolis ist eine Stadt mit vielen Festen und Veranstaltungen, hier nur die drei wichtigsten:
Juni/Juli: *Bauernfest* bzw. *Festa do Colono,* traditionelles Folklorefest der deutschstämmigen Einwohner (10 Tage um die Monatswende), in einer Burg-Replik beim Palácio de Cristal; Eintritt frei.
Juli: *Festival de Inverno,* Kunstmusik, Chöre, Populärmusik, Jazz, Tänze, Theater, Kino, plastische Kunst, Workshops und Gastronomie (1. Wochenende bis Ende des Monats); Programmüberblick: 💻 www.dellarte.com.br/festival oder 💻 www.mediamania.com.br; Veranstaltungsorte: Teatro Municipal Paulo Gracindo, Museu Imperial, Palácio Rio Negro, Palácio de Cristal, Praça Dom Pedro, Praça da Liberdade und Shopping Vilarejo (Itaipava); 70% der Eintritte sind frei, die anderen preiswert mit 50% Ermäßigung, wenn man eine Dose Milchpulver *(Lata de Leite em Pó)* spendet.
Juli: *Festival Sesc Rio de Inverno,* rund 250 kulturelle Darbietungen (Musik, Tanz, Theater, Kino und plastische Kunst) unter freiem Himmel im Parque Itaipava, im Teatro Santa Cecília und in den Sesc-Einrichtungen (2. Monatshälfte), 💻 www.sescrj.com.br, alle Veranstaltungen eintrittsfrei.

Sonstiges

EINKAUFEN – Petrópolis ist die Hauptstadt der Bekleidungsindustrie. Hier bekommt man fast alles zu Fabrikpreisen, besonders in der Marktstraße ***Rua Teresa***. ⏲ Mo 14–18, Di–So 9–18 Uhr.

GELD – Alle wichtigen Banken sind im Zentrum vertreten, u. a. **Banco do Brasil**, **Bradesco** und **Itaú**. Ein 24 Std.-Geldautomat findet sich an der Rua Marechal Deodoro, Ecke Rua General Osório.

INFORMATIONEN – Es gibt diverse Auskunftsbüros, die wichtigsten sind:
Casa do Barão de Mauá, Praça da Confluência 3, ✆ 24/2246 9300, 💻 www.petropolis.rj.gov.br/fcp. Städtisches Tourismusbüro, Karten und Prospekte gratis. ⏲ Mo–Fr 9–18 Uhr.
Informação Turística, Praça da Liberdade, Pläne und viele Prospekte (gratis) zu Unterkünften, Restaurants und Touren. ⏲ tgl. 9–17 Uhr. Filiale in der Rodoviária, ⏲ Mo–Do 8.30–18.30, Fr–Sa 8.30–20, So 8.30–17 Uhr.

INTERNET – ***Compuland,*** Rua 16 de Março 326, ⏲ Mo–Sa 9–19 Uhr.

MEDIZINISCHE HILFE – ***Hospital Beneficência Portuguesa,*** privates Krankenhaus, Av. Portugal 236, Valparaíso, ✆ 24/2237 6262.

POST – Rua do Imperador 350.

Transport

BUSSE – ***Rodoviária,*** Rua Dr. Porciúncula 75, ✆ 24/2237 0101.
Rio de Janeiro: *Fácil,* ✆ 24/2237 0101, tgl. alle 30 Min. zwischen 5.30 und 23.15 Uhr, 1 1/2 Std., R$12.
São Paulo: *Salutaris,* ✆ 24/2242 7890, tgl. um 23 Uhr, Mo und Fr zusätzlich um 9 Uhr, 6 Std., R$50.
Teresópolis: *Viação Teresópolis,* ✆ 24/2242 2260, 5x tgl. zwischen 7 und 19 Uhr, 1 1/2 Std., R$10.

Teresópolis

Dieser Ort liegt 55 km von Petrópolis und 96 km von Rio entfernt. Terê, wie die 138 100 Einwohner ihre Heimat nennen, ist die Ruhe in Form einer Stadt. Das wenig interessante Zentrum besteht aus einer einzigen langen Straße, allgemein Reta genannt, die etappenweise den Namen wechselt (Av. Lúcio Meira, Feliciano Sodré, Alberto Torres, Oliveiro Botelho und Rotariana). Kleinere und größere, nicht immer schöne Wohnblocks verteilen sich über die angrenzenden Viertel. Es gibt jedoch auch angesehene Hotels der Spitzenklasse und weiter außerhalb komfortable Fazenda-Hotels.

Anfang des 19. Jhs. besaß George March, ein portugiesischer Händler englischer Abstammung, hier eine große Obst- und Gemüse-Fazenda, die häufig von ausländischen Naturforschern, Agrarexperten sowie von Kurgästen aus Rio aufgesucht wurde.

Der damals noch „Santo Antônio do Paquequer" genannte Ort wurde über Brasilien hinaus sogar in Europa bekannt; 1891 erhielt er zu Ehren der Kaiserin D. Teresa Cristina den heutigen Namen Teresópolis. Bald wollten immer mehr Cariocas leben wie die Kaiser und erbauten hier ihre Sommervillen. Der gute Ruf des Ortes, das milde Klima und die Reize der Natur zogen bald auch viele europäische Einwanderer an.

Sehenswertes

Die Stadt selbst ist nicht besonders interessant, aber es handelt sich um die am höchsten gelegene des ganzen Bundesstaates Rio de Janeiro. Das Besondere ist ihre Einbettung in eine sehr grüne Hügel- und Berglandschaft, die man gut von zwei Aussichtspunkten überschauen kann.

Der eine ist die **Colina dos Mirantes** südlich des Zentrums im Viertel Fazendinha mit Blick auf die Serra dos Órgãos und die Stadt. Der zweite ist der **Mirante do Soberbo** gleich am südlichen Ortseingang mit einzigartiger Aussicht auf den Dedo de Deus.

Dorthin fährt am Wochenende auch ein Touristenbus (Linha Verde), der zudem noch folgende Ziele ansteuert: **Granja Comary** (Stadtteil), Parque Nacional da Serra dos Órgãos (Haupteingang), Fonte **Judite** (Quelle), **Horto Municipal** (Park), **Orquidário Aranda** (mehr als 3000 Orchideen) und **Cascata do Imbuí** (Wasserfall); ab Markt „Feirarte", Praça Higino da Silveira, Alto, 1 1/2 Std., bei jeder Attraktion 10 Min. Stopp, R$4.

Die schönen Naturerlebnisse am Tage finden abends häufig einen romantischen Ausklang. In den gemütlichen Pousadas flackert das Kaminfeuer, man trinkt Wein bei Kerzenlicht und genießt die gehobene Küche der Einwanderer aus Europa.

Übernachtung

Recanto do Lord Hostel (HI), Rua Luiza Pereira Soares 109, Barrio dos Artistas, ✆ 21/2742 5586, ✉ lordhostel@terra.com.br, 🖳 www.teresopolishostel.com.br. Kleines Hostel mit 26 Betten bzw. 4 Apartments für max. 6 Pers. (R$15 p.P.) und 6 DZ (R$40). Nur Ventilator, sonst keinerlei Komfort, Küchenbenutzung, von der Veranda schöner Blick auf die Serra dos Órgãos. ❶

Várzea Palace Hotel, Rua Prefeito Sebastião Teixeira 41 (hinter Praça da Matriz), ✆ 21/2742 0878, ✉ hotelvarzea@bol.com.br. Traditionelles und charmantes Grand Hotel von 1916, 40 schlichte Zimmer mit Ventilator. ❷

Center, Rua Prefeito Sebastião Teixeira 245, ✆ 21/2742 5890. Älteres Haus Baujahr 1983, 20 einfache Zimmer mit Ventilator, einige mit Kühlschrank und TV. 300 m von der Praça da Matriz und nahe bei diversen Banken, gutes Preis-Leistungs-Verhältnis. ❸

Hotel Teresópolis, Av. Oliveira Botelho 647, ✆ 21/2642 5610, 🖳 www.hotelteresopolis.com.br. Hauptvorteil ist die Lage nahe beim Eingang zum Nationalpark, 30 Zimmer mit AC, Kühlschrank, Telefon und TV. ❹

✖ ***Pousada Rosa dos Ventos***, Rodovia RJ 130 in Richtung Nova Friburgo, KM 22,6 (Campanha), 27 km von Teresópolis entfernt, ✆ 21/2644 9900, 🖳 www.hotelrosadosventos.com.br. Einziger brasilianischer Ableger der internationalen Kette „Relais & Châteaux"; 42 geräumige Zimmer mit allem Komfort, alpines Haupt- und 500 m entferntes Nebengebäude; parkähnliche Anlage mit Panoramablick, gutem Restaurant, Sauna, einem See, Kanusport und 12 km Wanderpfaden; Mindestalter 14; Anfahrt: gegenüber Hospital das Clínicas im Zentrum Bus der Gesellschaft „Viação Teresópolis" nach Vieiras, aussteigen in Campanha beim Waisenheim (Orfanato da Candi). ❻

Pousada Tankamana, Estrada Júlio Capuá, Vale do Cuiabá, Itaipava, ✆ 24/2222 9181/9182, ✉ tankamana@tankamana.com.br, 🖳 www.tankamana.com.br. Die Anlage besteht aus elf rustikalen Chalês aus Holz und Stein, alle mit Kamin, vom „Guia 4 Rodas Brasil" als „charmantestes Hotel des Jahres 2002" gepriesen. Möglichkeiten zum Baden in Naturquellen, Wandern und Reiten. Anfahrt vom Zentrum mit Bus der Gesellschaft *SIT* nach Vale do Cuiabá, aussteigen an der Endstation. ❻

CAMPING – ***Quinta da Barra,*** Rua Antônio Maria 100, Quinta da Barra, Teresópolis (3 km vom Zentrum, Ortsausgang in Richtung Petrópolis), ✆ 21/2643 1050. 30 000 m2, Rasen mit Bäumen und Schatten, Anlage mit Kantine, Pool, Sauna, Sport- und Spielplätzen, Stromspannung 220 V. R$14 p.P. ❶

Essen

Lá em Casa, Rua Heitor de Moura Estevão 352. Preiswertes Selbstbedienungs-Buffet nach Gewicht; am Wochenende *Feijoada light,* Fisch *(Moqueca),* Reis mit Krabben *(Bobó de Camarão)* und Fleischeintopf *(Cozidos).* ⏲ Do–So 11.30 bis zum letzten Gast.
Cheiro do Mato, Av. Delfim Moreira 140. Gutes Self-Service-Lokal für Vegetarier, Salate, Sandwiches; mittlere Preise. ⏲ tgl. 11–15.30 Uhr.
Dona Irene, Rua Tem. Luís Meireles 1800. Authentische russische Küche mit dem besten Stroganoff in Brasilien, Ambiente wie aus Zaren-Zeiten. ⏲ Mi–So 12–24.
Manjericão, Rua Flávio Bortoluzzi de Souza 314, Alto. Variantenreiches Angebot der besten Pizzas von ganz Brasilien mit dünnem, unter Verwendung von Mineralwasser hergestelltem Teig, gehobene Preise. ⏲ Do–Fr 18–23, Sa und So 12–23 Uhr.

Sonstiges

APOTHEKE – ***Farmácia,*** Av. Delfim Moreira 435, ✆ 21/2742 0313. ⏲ 24 Std.

EINKAUFEN – ***Feirarte,*** Praça Higino da Silveira, Alto. Ca. 700 Verkaufsstände mit viel Kleidung, Kunsthandwerk und Essen, zweitgrößter Markt Brasiliens. ⏲ Sa und So 10–18 Uhr.
Supermercado, Av. Lúcio Meira 85. ⏲ Mo–Sa 8–20, So 8–13 Uhr.

FESTE – **Juli**: *Festival de Inverno,* Orchester-Konzerte, Musik-Kurse, Folklore und Gastronomie.

GELD – Alle wichtigen Banken sind vertreten, u. a. **Banco do Brasil, Bradesco, Santander** und **Itaú**. Eine Wechselstube namens ***Vila Nova*** befindet sich in der Galeria der Rua Francisco Sá 179. ⏲ Mo–Fr 10–17 Uhr.

INFORMATIONEN – ***Divisão de Turismo,*** Av. Lúcio Meira (nahe Praça Olímpica), ✆ 21/2642 1737. Tourismusbüro der Stadt. ⏲ Mo–Fr 9–18, Sa 9–17, So 9–13 Uhr.
Terminal Turístico, Av. Rotariana, ✆ 21/2742 3352, Ramal 4089. ⏲ Mo–Fr 9–18, Sa 9–17, So 9–13 Uhr.

INTERNET – im Shopping Teresópolis, Rua Edmundo Bitencourt 101.

TOUREN – ***Mundo de Mato,*** Rua Major Carvalho 55, Teresópolis, Centro nahe Rodoviária, ✆ 21/2742 0811, ✉ mundodemato@ig.com.br, 💻 www.mundodemato.com.br. Infos, Guides, diverse ökologische und sportliche Angebote, 3-Tages-Tour durch den Park mit Übernachtung R$250 (1–2 Pers.), R$400 (3–5 Pers.).

Nahverkehrsmittel

Zum Haupteingang des Nationalparks Serra dos Órgãos nimmt man im Zentrum, Av. Lúcio Meira, den **Bus** nach „Soberbo", stdl., R$2. Noch häufiger verkehrt die Linie „Alto" (aussteigen an der Praçinha do Alto, dann ein kleines Stück zu Fuß). Eine **Taxi**fahrt kostet etwa R$25. Zum zweiten Parkeingang in Guapimirim fahren ebenfalls Busse vom Zentrum.

Transport

Rodoviária, in der Rua Primeiro de Maio, etwas außerhalb des Zentrums, ein Häuserblock von der Av. Lúcio Meira und nahe der Av. Tenente Luiz.
Nova Friburgo: *Viação Teresópolis,* ✆ 21/2742 2676, stdl. zwischen 7 und 19 Uhr, 1 1/2 Std., R$7.
Petrópolis: *Viação Teresópolis,* stdl. zwischen 6 und 19 Uhr, 1 Std., R$10.
Rio de Janeiro: *Teresópolis,* ✆ 21/2233 4625, 19x tgl. zwischen 6 und 24 Uhr, 1Std. 40 Min., R$17;
São Paulo: *Salutaris,* ✆ 21/2742 9818, tgl. 22 Uhr, 7 1/2 Std., R$55.

Parque Nacional da Serra dos Órgãos

Von 85 km entfernten Rio kann man ihn häufig sehen, den berühmten Dedo de Deus oder „Finger Gottes", Wahrzeichen des 1939 gegründeten Nationalparks. Die schmale und spitze Form dieses Felsens ist typisch auch für die anderen Berge dieser Region, von daher rührt der deutsche Name „Orgelgebirge". Er ist Teil der Serra do Mar; höchste Erhebung ist Pedra de Sino (2263 m), gefolgt von Pedra do Açu (2230 m), Agulha do Diabo (2020 m), Nariz de Frade (1919 m), Dedo de Deus (1692 m), Pedra da Ermitage (1485 m), Dedo de Nossa Senhora (1320 m) und Escalavrado (1300 m). In diesen Höhen ist es stets frisch, Wolken und Nebel umhüllen die Granit- und Gneis-Berge. Die höchsten Niederschlagsmengen im Bundesland Rio und eine Luftfeuchtigkeit von 80–95% sorgen für eine üppige grüne Vegetation. Auch gibt es viele Wasserfälle und Seen. Das Gebiet ist ideal zum Wandern und gilt als Brasiliens bestes Kletter- und Bergsteiger-Revier.

Die **Flora und Fauna** des Parks ist sehr reichhaltig und ursprünglich. Bis in 1800 m Höhe wächst überall Atlantischer Bergregen- und Nebelwald mit einer enormen Vielfalt an Palmen (besonders Assaipalmen), Farnen (häufig Baumfarne), Lianen und Epiphyten. Über 1800 m sind die Bäume niedriger und krüppeliger, es finden sich Schwarzmund- und Myrtengewächse sowie häufig die kletternde Königliche Fuchsie. Ab 2000 m beginnt die baumfreie Vegetation der Höhencamps, bestimmt durch niedrige Kräuter, Zwergsträucher der Familien der Süß- und Sauergräser, Bromelien, Erikagewächse und Korbblütler.

Fast alle Säugetierarten der Atlantischen Regenwälder sind im Park vorhanden, darunter drei Affenarten, Agutis, Pakas, Faultiere und Katzen.

Am auffälligsten ist jedoch der Vogelreichtum mit mehreren Steißhuhnarten, Tukanen, Tangaren, Kolibris, Baumsteigern, Zaunkönigen und vielen Ameisenvögeln.

Für **Unternehmungen** ist Teresópolis (S. 290) der beste Ausgangspunkt, der Park beginnt gleich am südlichen Stadtrand. Am Parkeingang gibt es ein Besucherinformationszentrum. Auch sind Eintrittsgebühren zu entrichten (R$4 plus R$10 für bestimmte Bergtouren) und Verantwortlichkeitsformulare auszufüllen. Gute bzw. vollständige Wegekarten sind nicht zu erwarten, auch lässt die Ausschilderung oft zu wünschen übrig. Deshalb sollte man einen (preiswerten) lokalen Guide anheuern, z. B. über Mundo de Mato, s. u. Die ersten 3 km führen auf einer Teerstraße bergauf in den Nebelwald bis Barragem Beija Flor, einem kleinen Trinkwasserreservoir; dort befindet sich eine Hängebrücke zwischen Bäumen (Trilha Suspensa).

In Barragem beginnt die beliebteste Wanderstrecke des Parks, die 9 km lange, durch Regenwald und Buschgestrüpp sowie am Wasserfall Véu da Noiva (35 m) vorbei führende **Trilha Pedra do Sino**. Sie ist mittleren Schwierigkeitsgrades, gut ausgeschildert und ohne Guide in gut vier Stunden zu bewältigen. Vor dem Rückmarsch empfiehlt sich für weniger Geübte jedoch eine Übernachtung. Pro Tag sind nur 100 Besucher zugelassen, ebenso pro Nacht. Von oben genießt man einen weiten Blick bis auf Rio und die Bucht von Guanabara.

Eine andere, vom Parkeingang leicht in knapp einer Stunde zu bewältigende Strecke, die **Trilha Moart Catão,** führt zum Mirante Alexander Oliveira (1100 m) mit einem schönen Blick auf die Stadt. Wer drei Tage Zeit hat (42 km-Tour) und einige Schwierigkeitsgrade aushält, kann auch den ganzen Park von Teresópolis bis Petrópolis durchqueren (Bonfim, Pedra do Sino, Pedra do Açu), doch nur mit guter Ausrüstung und einem Führer (über Mundo de Mato, s. u.). Auf dem Weg liegen ein paar Schlafhütten, die jedoch oft geschlossen sind (vorher erkundigen). Professionelle Kletterer nehmen gern die Herausforderung an, entweder den schwierigsten Berg Brasiliens, die **Terra dos Gigantes**, oder andere Felsen im Südteil des Parks zu erklimmen (Escalavrado, Dedo de Nossa Senhora, Dedo de Deus und Boca do Peixe; Schwierigkeitsgrade zwischen 2 und 4). Die Wege dorthin beginnen 2 km unterhalb der Abzweigung nach Teresópolis an der BR 116.

Als **Besuchszeit** empfehlen sich wegen der geringeren Regenfälle die Monate Mai bis September; in Hochlagen sind jedoch im Winter Temperaturen unterhalb des Gefrierpunkts möglich (warme Kleidung mitnehmen!). Von Oktober bis Februar ist mit viel Regen und Nebel zu rechnen. Der Park bzw. die Parkverwaltung ist von Di–So zwischen 8 und 17 Uhr geöffnet, für Bergwanderungen ist schon um 6 Uhr Einlass (Eintrittskarten am Vortag kaufen), um 18 Uhr muss man wieder hinaus.

Tukan

Übernachtung und Essen

Am besten wählt man eine Unterkunft im nahen Teresópolis. Direkt beim Park und auf dem Parkgelände gibt es nur einfachste Behausungen.
Schlafhütten 200 m vor dem Gipfel des Pedra do Sino sowie an anderen Stellen des Parks, u. a. bei der Pedra do Açu, Mehrbett-Dorms, doppelstöckige Betten, Bad mit Warmwasser, Küche. ❶
Camping 200 m vor dem Gipfel des Pedra do Sino sowie bei der Parkverwaltung II (s. u.). ❶
Je nach Tourdauer muss man sich mit **Proviant** eindecken. Bei den Schlafhütten gibt es Küchen. Ansonsten isst man besser in Teresópolis.

Sonstiges

INFORMATIONEN – ***Centro de Vistantes,*** Av. Rotariana (am Haupt-Parkeingang, am südlichen Stadtrand von Teresópolis, 4 km vom Zentrum), ✆ 21/2642 1070, 💻 www.parnaso.com.br. 🕒 Di–So 8–17 Uhr.
Parkverwaltung (Nebenstelle), ***Centro de Vistantes,*** Guapimirim, (10 km in Richtung Rio), ✆ 21/2632 2411, 🕒 Do–So 10–17 Uhr. Mit Campingmöglichkeit und Museu Martius (zu Ehren des deutschen Botanikers, der 1817–1820 in Brasilien Studien betrieb und das Standardwerk „Flora Brasiliensis" verfasste).

TOUREN – ***Mundo de Mato,*** Rua Major Carvalho 55, Teresópolis (Centro nahe Rodoviária), ✆ 21/2742 0811, ✉ mundodemato@ig.com.br. Infos und Guides, 3-Tages-Tour durch den Park R$250 (1–2 Pers.), R$400 (3–5 Pers.).

Nahverkehrsmittel

Vom Zentrum in Teresópolis, Av. Lúcio Meira, zum Haupteingang des Parks verkehrt stdl. die **Bus**linie *Soberbo* (R$2), häufiger die Linie *Alto* (aussteigen an der Praçinha do Alto, dann ein kleines Stück zu Fuß); eine **Taxifahrt** kostet etwa R$25. Zum Nebeneingang in Guapimirim fahren ebenfalls Busse vom Zentrum.

Transport

BUSSE – Anfahrt von **Rio de Janeiro** nach **Teresópolis**: *Teresópolis,* ✆ 21/2233 4625, 19x tgl. zwischen 6 und 24 Uhr, 1 Std. 40 Min., R$17.

Nova Friburgo

„Willkommen in der brasilianischen Schweiz", könnte auf dem Begrüßungsschild am Ortseingang geschrieben stehen. Die Landschaft, das Klima, die Architektur, die Uhren und sogar der löchrige Käse erinnern an die alte Heimat der Einwanderer. Das 137 km von Rio entfernte Nova Friburgo (173 418 Einw.) wurde 1820 von 300 Familien aus der Schweiz gegründet, nachdem Dom João VI. während der Napoleonischen Kriege die Übersiedlung gefördert hatte. Eine Hungersnot in der Schweiz war ein weiterer auslösender Faktor. Von 2000 Emigranten überlebten nur 1600 den beschwerlichen Kontinentenwechsel und ließen sich zunächst in der Fazenda do Morro Queimado nieder. Bald folgten Deutsche, Libanesen, Italiener, Portugiesen und Japaner. Heute ist der Ort trotz der schweizerischen Dominanz sehr multikulturell, was sich besonders in der Gastronomie, Folklore und vielen ethnischen Festen widerspiegelt.

Wer in Nova Friburgo ankommt und die ganze Region überschauen möchte, sollte sich vom Zentrum aus bei der Praça do Suspiro gleich in den **Sessellift** (*teleférico*), mit 1450 m einer der längsten Brasiliens, setzen und ganz bis zur zweiten Station hochfahren. ⌚ Mo–So 9.30–12 und 13–17 Uhr; Eintritt R$20). Vom Morro da Cruz sieht man ein weites Tal mit dem Ort und dahinter die Serra dos Órgãos mit einen riesigen Gürtel Atlantischen Regenwaldes. Häufiges Postkartenmotiv ist der Felsen von Cão Sentado (1111 m).

Ebenfalls im Zentrum befinden sich das **Colégio Anchieta** (1908), ein Jesuitenkolleg von 1908 in neoklassischem Stil, das einzige „historische" Gebäude der Stadt (Rua Gen. Osório 181, ⌚ Sa 13–17, So 9–15 Uhr, und der **Parque São Clemente**, ein Country Club mit viel Wald, Seen, Wanderpfaden und einem Joggingpfad, Av. Cons. Julius Arp 140, ⌚ Di–So 7–18 Uhr.

Die Umgebung von Nova Friburgo bietet zahlreiche Möglichkeiten für den Ökotourismus, die drei wichtigsten Trips führen durch den „Circuito da Ponte Branca", den „Circuito Terê-Fri" und den „Circuito das Águas"(in den meisten Pousadas zu buchen, das Centro de Turismo gibt Auskunft zu den Buslinien; Adressen von Veranstaltern s. „Touren").

Der 1998 kreierte **Circuito da Ponte Branca** bezieht sich auf den ruralen Tourismus und beinhaltet neben dem Landschaftserlebnis auch für Kinder interessante Fazenda-Besuche im Dorf Ponte Branca (4 km entfernt) mit Reiten (im Vale dos Cavalos), Wandern (über die Auberge Suisse), Infos zur Forellenzucht (Fazenda Prestofish), Ziegenkäseherstellung (Laticínio Montanhês, ✆ 22/2522 1165, ⌚ Sa und So. und Bromelienzucht (Sítio Dukaki Azul, ✆ 22/2522 4134, ⌚ tgl. 8–16 Uhr; Eintritt R$3).

Der **Circuito Terê-Fri** führt an der zwischen Nova Friburgo und Teresópolis gelegenen Estrada das Hortaliças entlang, einer der schönsten Straßen des Bundesstaates, am reizvollsten ist der Abschnitt zwischen Vieira und Campo do Coelho. Überall sieht man grüne Hügel und Obstpflanzungen sowie Käsefabriken wie die Queijaria Suíça mit dem Museu da Colonização Suíça. Eine Nebenstraße führt zum Parque Estadual dos Três Picos, sehr beliebt bei Wanderern und Kletterern.

Der landschaftlich üppige **Circuito das Águas** umschließt die kleinen Orte Muri, Lumiar, São Pedro da Serra, Rio Bonito und Macaé de Cima. Die Menschen sind überwiegend blond und blauäugig, die Häuschen, Herbergen und Gaststätten erinnern an deutsche und schweizerische Vorbilder. Hauptattraktion sind jedoch die reißenden und felsigen Wildbäche Macaé, Bonito, São Pedro und Boa Esperança, ein wahres Eldorado für den Rafting-Sport (Oktober bis April). In Lumiar, traditionell ein Hippie- und Alternativen-Treff, finden jeweils im September die brasilianischen Kanumeisterschaften statt. Andere Flüsse der Region erzeugen Wasserfälle wie den Cachoeira das Andorinhas, und Brunnen wie Feio, Belo, Verde, do Alemão und Indiana Jones. Im Naturreservat von Macaé de Cima führt ein schöner Wanderpfad durch die Wälder und teilweise am Rio Macaé entlang, an einer Flusskurve stößt man auf eine kleine Kirche in deutschem Stil mit Friedhof.

Übernachtung

Wegen der Nähe zur Natur sind hier Übernachtungen in den Fazendas der umliegenden Dörfer zu empfehlen. Das Problem ist nur der Transfer, denn es gibt keine Busse und man braucht eigentlich einen Mietwagen.

Alê Friburgo Hostel (HI), Rua Ernesto Bizzotto Filho 2, Braunes, ✆ 22/2526 3478, ✉ ajfriburgo

@yahoo.com.br, 🖳 www.ajfriburgo.cbj.net. Sehr gutes Hostel aus dem Jahre 2003 mit 20 Betten bzw. 4 DZ (R$60) und 3 Mehrbett-Dorms (4–8 Pers., R$20), familiäre Atmosphäre, Küchen- und Wäscherei-Nutzung, TV-Zimmer mit Kamin; Pool und Sauna. Anfahrt: Ab Rodoviária Bus nach Braunes, Vargem Alta oder Toledo, aussteigen in der Curva da Macumba. ❶

Hotel São Paulo, Rua Mons. Miranda 41, nahe Zentrum, ✆ 22/2522 9135, ✉ fale@hotelsaopaulo.com.br, 🖳 www.hotelsaopaulo.com.br. Das Haus hat 27 einfache Zimmer mit alten Möbeln, Kühlschrank, Telefon und TV. Es stammt aus dem Jahre 1944, was den eigentlichen Charme ausmacht; es gibt auch einen neueren Teil, der jedoch steriler wirkt. Internetzugang, Bar und Spielsaal; unter der Woche Preisnachlass. ❷

✖ ***Spa Maria Bonita,*** Rodovia Teresópolis-Nova Friburgo, KM 56, ✆ 22/2543 1218, Reservierung ✆ 21/2513 4050, ✉ apamb@netflash.com.br, 🖳 www.spamariabonita.com.br. Fazenda-Hotel mit 6 Suiten, 4 Chalês, 18 Apartments und 6 Zimmern. Im Vordergrund des Aufenthalts stehen zahlreiche sportliche Aktivitäten wie Schwimmen, Wanderungen und Yoga, auf dem Gelände befindet sich auch Brasiliens größte Baumsportanlage (s. u.). Mindestaufenthalt ist 1 Woche, mit Übernachtung, VP und Nutzung aller Sportangebote R$1400 p.P (Wochenpreis). ❻

✖ ***Pousada Fazenda Auberge Suisse,*** Rua 10 de Outubro, Amparo, 14 km nördl. von Nova Friburgo, 1 km vom Zentrum von Amparo, ✆ 22/2541 1270, 🖳 www.aubergesuisse.com.br. 12 Chalês mit viel Privatsphäre, Kamin, Kühlschrank, Telefon und Kabel-TV auf einem riesigen grünen Serra-Gelände; im Allgemeinbereich Pool, Sauna, Bar und Schweizer Restaurant (Fondue!); auch See, Wasserfälle, Wanderpfade und Pferde; Anfahrt per Bus nach Amparo oder Transfer über die Pousada vereinbaren. ❺

Essen und Nachtleben

Crescente, Av. Gen. Osório 4, Loja 4, ✆ 22/2523 4616. Nettes kleines Lokal mit nur sieben Tischen (evtl. reservieren), preiswerte Gerichte (Hähnchen, Ente, Kaninchen, Steaks und vor allem köstliche Forellen). 🕓 Mo–Di und Do–Sa 11–23, So 11–17 Uhr.

Távola, Rua D. João VI 222, 5,5 km. Wer schon immer an einem mittelalterlichen Wild-Bankett teilnehmen wollte, ist hier richtig. 🕓 Mo–Do 12–15, Fr–So 20–24 Uhr.

Majórica, Praça Getúlio Vargas 74. Das Lokal für fleischliche Genüsse, besonders Filet Mignon und Picanha, auch Selbstbedienungs-Buffet; mittlere Preise, ein Gericht reicht aber für 2 Pers. 🕓 tgl. 11–23 Uhr.

Das Nachtleben konzentriert sich im **Baixo Friburgo** in der Rua Francisco Sobrinho, dort vier Bars nebeneinander *(Ancoradouro, Campestre, Deixo Saudade* und *Frage Legal).*

Feste

Fast alles, was man essen, trinken oder riechen kann, wird in Nova Friburgo zu einem eigenen Fest, sei es das Käse-, Wein-, Schokoladen-, Blumen-, Bier- oder Sommerfest. Außerdem findet fast jeden Monat (an wechselnden Tagen) ein Immigrantenfest statt, bei dem stets eine Kolonie ihre Tänze, Musik, Folklore und Gerichte präsentiert. Veranstaltungsorte (wechselnd) sind Plätze, Theater sowie die Gärten der „Casa de Cultura".

Februar: *Festa afro-brasileira.*

März: *Festas das Colônias Húngaras e Austríacas* (ungarisch und österreichisch).

April: *Festa da Colônia Japonesa.*

Mai: *Friburgo Festival,* Bierfest.

Juni: *Festa da Colônia Italiana.*

Juli: *Festival de Inverno,* Winterfest mit Gratis-Musik-Shows.

August: *Festa da Colônia Suíça* (schweizerisch).

September: *Festa da Colônia Alemã* (deutsch).

Oktober: *Festa do Colonisador* (allgemein).

November: *Festa da Colônia Libanesa.*

Aktivitäten

KLETTERN – ***Três Picos das Salinas,*** der kleinere der drei Gipfel (2260 m) sowie der mittlere (2280 m) sind auf schwierigen Pfaden mit einer Steigung von 70 ° in ca. 4 Std. erreichbar, zurück sind es nur 3 Std.; Ausrüstung und Guide unverzichtbar (Gruppe bis 7 Pers.: R$100). Der höchste Berg (2316 m) ist nur etwas für Profis, der Kletteraufstieg kann bis zu 12 Std. dauern.

Baumsport

Central Radical Asa Branca, Rodovia Teresópolis–Nova Friburgo, KM 56, ✆ 22/2543 1218, ✉ apamb@netflash.com.br, 🖳 www.spamariabonita.com.br. Brasiliens größte Baumsportanlage auf dem Gelände des Fazenda-Hotels Spa Maria Bonita (s.o.), 2002 eingeweiht unter dem Namen „Central Radical Asa Branca". Man besteigt 30 m hohe Bäume, seilt sich an Kordeln ab und hangelt sich auf einer Strecke von 1300 m 2 Std. an Stahldrähten und -gittern in 7 m Höhe von Baumgipfel zu Baumgipfel, Ausrüstung wird geliefert.

WANDERN – ***Parque Furnas do Catete,*** ✆ 22/2527 2571. Naturschutzgebiet mit vielen Felsformationen, am berühmtesten ist die Pedra do Cão Sentado, die wirklich wie ein sitzender Hund aussieht; in 45 Min. auf einem 1 km langen Weg mit Treppen und Geländern durch viel Wald und Höhlen erreichbar; Rodovia RJ 116 nach Bom Jardim, neben der Mautstelle. 🕓 Di–So 8–18 Uhr; Eintritt R$5.
Pico da Calendônia, ✆ 24/2761 2105. Auf einem 8 km langen Pfad, 2 km recht steil, und über 630 Treppenstufen gelangt man zum 2219 m hohen Gipfel, von dem sich bei gutem Wetter eine fantastische Weitsicht bis zur Região dos Lagos und auf die Baía de Guanabara bietet; auch Startrampen für Drachenflieger; ab Cascatinha, 14 km außerhalb. 🕓 Di–So 7–16 Uhr.

Touren

Arcosur, Agentur eines Deutschen in Rio de Janeiro (Dr. Ernst Hoffmann), der Fahrten zu Kaffee-Fazendas organisiert. Kontakt: ejhoffmann@arcosur.de.
Associação Friburguense de Canoagem, Caldino do Vale 107, ✆ 22/2523 6506, ✉ equipeafrica@uol.com.br. Rafting am Sa und So (werktags nach Vereinbarung).
Walk and Bike, Estr. Constância Heringe 260, São Pedro da Aldeia (30 km außerhalb), ✆ 22/2542 3088, ✉ trilhasmagicas@walkandbike.com.br, 🖳 www.walkandbike.com.br. Reiten, Klettern, Mountainbiking, Rafting, Rapel und Trekking.

Sonstiges

GELD – Alle wichtigen Banken sind vertreten, u. a. **Banco do Brasil**, **HSBC**, **Bradesco** und **Itaú**.

INFORMATIONEN – ***Centro de Turismo,*** Praça Dr. Demerval Moreira, ✆ 22/2543 6307, 🖳 www.friweb.com.br/turismo, 🖳 www.pmn.rj.gov.br (Website der Stadtverwaltung). 🕓 tgl. 9–17 Uhr.

POST – Praça Getúlio Vargas.

Transport

BUSSE – Die Stadt besitzt zwei Busbahnhöfe. ***Rodoviária Norte,*** Praça Feliciano Costa, 2,5 km nördl. des Zentrums; ***Rodoviária Sul,*** Ponte da Saudade, ✆ 22/2522 0400, 4 km südl. des Zentrums.
Von beiden fahren **Stadtbusse** zur Praça Getúlio Vargas im Zentrum von Nova Friburgo.
Petrópolis: Rodoviária Norte, *Viação Teresópolis,* ✆ 22/2522 2708, tgl. 7, 15 und 17 Uhr, 3 1/2 Std., R$17.
Rio de Janeiro: ab Rodoviária Sul, *1001,* ✆ 22/3849 5001, 20x tgl. zwischen 5.30 und 21.10 Uhr, 3 Std., R$21.
Teresópolis: ab Rodoviária Norte, *Viação Teresópolis,* 5x tgl. zwischen 7 und 19 Uhr, 1 1/2 Std., R$7.

Vassouras

Wer Natur erleben und gleichzeitig eine Reise in die blühende Vergangenheit der Kaffeebarone (Mitte des 19. Jhs.) machen will, ist in Vassouras (31 500 Einw.) gut aufgehoben. Die nur 119 km von Rios Exporthafen entfernte Stadt war die reichste und wichtigste einer ganzen Reihe von Gemeinden, die den Namen „Ciclo do Café" tragen. Dazu zählen auch Barra do Piraí, Engenheiro Paulo de Frontin, Mendes, Miguel Pereira, Paracambi, Paty do Alferes, Piraí, Rio das Flores und Valença/Conservatória. Als die fruchtbaren Böden durch zu extensiven Anbau ausdörrten und der Kaffee-Zyklus generell in eine Krise geriet, verfielen die Orte zunächst in Dornröschenschlaf, bis man den touristischen Wert dieser Region entdeckte. Heute strömen die Besucher zuerst zum **Museu Chácara da Hera**, der früheren Residenz der reichen Mäzenin Eufrásia, die über ganz Vassouras herrschte. Rua Dr. Fernandes Junior 160, ⌚ Di–So 11–17 Uhr; Eintritt frei. Beeindruckend sind auch die Ingenieurs-, Medizin- und Philosophie-Akademien, doch der Hauptanreiz geht von den herrschaftlichen Fazendas in der Umgebung aus.

Fazendas

Insgesamt kann man mindestens elf interessante Fazendas besuchen, drei davon öffnen jedoch nur während des „Festival Vale do Café". Die erst 2004 zum Hotel umfunktionierte Fazenda **Galo Vermelho** zählt zu den beliebtesten Zielen des Öko- und Abenteuer-Tourismus (s. „Übernachtung"). Es war allerdings keine Kaffee-Farm, sondern hier züchtete man die edle Pferde-Rasse „Manga-larga marchador". Andere Anwesen bewahren noch Architektur, Möbel und Objekte der Kolonialepoche.

In der von neuen Besitzern restaurierten Fazenda **Cachoeira Grande** (1825) z. B. befinden sich noch ein seltenes Saiten-Piano von 1803, ein Stuhl von Dom Pedro II. und diverse Oldtimer, (☎ 24/2471 1264, 💻 www.fazendacachoeiragrande.com.br; Führung nach Voranmeldung für 10–30 Pers. tgl. 11.30 und 15.30 Uhr, R$25 p.P. inkl. Kaffee und Gebäck. In der Fazenda **Cachoeira do Mato Dentro** (1850) kann man 25 Räume inkl. einer Kapelle besichtigen, ☎ 24/9914 2286, Führung nach Voranmeldung, 20–40 Pers., R$30 inkl. Essen.

Die restaurierte neoklassizistische Fazenda **Secretário** (1830) besitzt zehn Säle mit alten Wandmalereien, kunstvoll angelegte französische Gärten und im Nebengebäude eine alte Kornkammer. Hier wurden mehrere historische Telenovelas gedreht. (☎ 21/2544 8850, 2-stündige Besichtigung nach Voranmeldung, Minimum 12 Pers., R$25 p.P. mit Frühstück. Viele Farmen stehen unter Denkmalschutz, dennoch entscheiden private Eigner über die Besichtigungskonditionen. Da Besuche meistens nur in Gruppen sowie nach Voranmeldung möglich sind, empfiehlt sich eine organisierte Tour (s. „Touren" und „Informationen").

Übernachtung und Essen

Pensão Tia Maria, Rua Domingos de Almeida 134. Gleich beim Busbahnhof gelegene sehr günstige Unterkunft ohne jeglichen Komfort und nur mit Einzelbetten; auch preiswertes Restaurant mit traditioneller Kost. ❶

Gramado da Serra, Rua Aldo Cavalli 7 (1 km vom Zentrum), ☎ 24/2471 2314, 💻 www.hotelgramado.com.br. Fazenda-Hotel, Chalês und 26 kleine Zimmer, teilweise mit AC, Kühlschrank, Telefon und TV; Restaurant-Bar, Pool und Sauna, Möglichkeiten zum Angeln und Reiten. ❸

✖ ***Fazenda Galo Vermelho,*** Rodovia RJ 121 Nr. 6814 (7 km vom Zentrum), ☎ 24/2471 1244, 💻 www.hotelfazendagalovermelho.com.br. 30 Zimmer mit AC und Kühlschrank; Pool und Restaurant (VP inkl.). Großes Grundstück mit Atlantischem Regenwald, Reitsport, Kanufahrten, Klettern, Wandern, Biken und Jeep-Touren; samstags „Chá Imperial" mit *Chorinho*-Live-Musik. Neben Gästen aus Rio und São Paulo viel von Ausländern besucht, englischsprachige Guides und Touren zu den Sehenswürdigkeiten der Umgebung. ❺

Nobellokale findet man in Vassouras nicht mehr, dafür aber viele kleine Pensionen, in denen Mama reichlich „Hausmannskost" auftischt. Eine davon ist die ***Pensão Tia Maria*** (s. Übernachtung). Richtig üppig isst man in der ***Fazenda Galo Vermelho*** (s. Übernachtung).

Sonstiges

FESTE – **Juli**: *Festival Vale do Café,* letzte Woche des Monats; Volksfest zum Gedenken an Kaffee-Zeiten, man hört klassische Konzerte und trinkt reichlich Bier und Wein; Veranstaltungsort sind die Fazendas, 💻 www.festivalvaledocafe.claralogic.com. Tickets per Internet (💻 www.ticketronicks.com.br) oder direkt über die Fazendas, R$35.

GELD – Im Zentrum finden sich u. a. Filialen der **Banco do Brasil**, der **HSBC** und von **Bradesco**.

INFORMATIONEN – ***Secretaria do Turismo,*** Rua Barão de Capaivari 20, ☎ 24/2491 9000. Infos zu Fazenda-Besuchen. ⌚ Mo–Fr 12–18 Uhr.
Casa de Cultura, Praça Barão do Campo Belo, ☎ 24/2471 2765. Infos zu Fazenda-Besuchen. ⌚ Mo–Fr 12–18, Sa 9–17, So 9–15 Uhr.

TOUREN – ***Arcosur,*** Agentur eines Deutschen (Dr. Ernst Hoffmann) in Rio de Janeiro, der Ausflüge zu den **Kaffee-Fazendas** organisiert. Kontakt: ✉ ejhoffmann@arcosur.de.

Transport

Der **Busbahnhof** liegt an der Praça Juiz Machado Jr, ✆ 24/2471 1055.
Rio de Janeiro: *Normandy,* ✆ 21/2263 9424, 9x tgl. zwischen 4 und 19.30 Uhr, 2 1/2 Std, R$18.

Östlich von Rio de Janeiro

Wenn in der Saison oder an warmen Wochenenden Staus auf der Brücke zwischen Rio und Niterói auftreten, wissen alle, dass die Cariocas wieder mal ans Meer fahren. Genauer gesagt geht es in die **Região dos Lagos**, die Lagunen-Region, bzw. an die **Costa do Sol**, die Sonnenküste. Hier scheint die Sonne wirklich häufiger als in Rio, d. h. an mehr als 200 Tagen im Jahr, denn der ständige Wind vertreibt schnell alle Regenwolken ins Landesinnere. Am berühmtesten und schönsten ist die Halbinsel Búzios mit 23 Stränden, wegen des Preisniveaus eher von Mittel-/Oberschichtspublikum und von Ausländern besucht. Bei den anderen sozialen Schichten ist der nette Badeort Cabo Frio am beliebtesten. In das eher hässliche, aber mit reizvollen Stränden gesegnete Arraial do Cabo kommen inzwischen immer mehr ärmere Gäste, die ihren Proviantbeutel gleich mitbringen. Saquarema schließlich ist einer der wichtigsten brasilianischen Surfer-Orte.

Saquarema

Die 52 400 Einw.-Stadt liegt 100 km von Rio entfernt in schöner Landschaft mit Lagunen, urwaldbewachsenen Bergen und weiten Stränden. Dennoch ist es ein eher durchschnittliches Urlauberziel und kommt nicht an die Nachbarorte Búzios, Cabo Frio oder Arraial do Cabo heran. Doch hier liegt *das* Mekka der Surfer – bis zu 3 m hohe Wellen locken zahlreiche Wassersportler aus ganz Brasilien und dem Ausland an. So ist Saquarema eher ein Treffpunkt der bebretterten Jugend. Andere Urlauber mögen sich hier bald langweilen, denn selbst in der Saison ist es eher ruhig und Sehenswürdigkeiten gibt es kaum.

Natürlich wird man gleich im Zentrum einen Hügel und die vielen Treppen bis zur großen weißen **Igreja Matriz de N. S. de Nazaré** von 1630 hinaufsteigen, um von dort den ganzen Ort und die große Lagune zu überblicken oder den herrlichen Sonnenuntergang zu genießen. Die Kirche ist eine besondere Anlaufstelle für religiösen Tourismus, und hier findet jährlich im September das nach Belém zweitgrößte Pilgerfest des ganzen Landes statt. Hinter der Kirche liegt die legendäre **Gruta de N. S. de Lourdes**.

Unterhalb des Hügels befindet sich die Einfahrt zur **Lagoa de Saquarema**, eine der zahlreichen Lagunen, die in der ganzen „Região dos Lagos" das Bild der Küstenlandschaft beherrschen. Die Lagoa ist recht sauber, urbanisiert und wird genutzt für Uferspaziergänge (im zentrumsnahen Abschnitt), zum Fischen und für Bootstouren (im Sommer, Start bei der „Ponte da vila", Motorboote nicht gestattet).

Strände

Unterhalb des Hügels mit der Kirche liegen die zentralen Ortsstrände, vor allem die belebte **Praia da Vila** mit vielen Bars und Restaurants. Kräftige Wellen ziehen auch hier Surfer an, zum Baden ist es eher gefährlich. 2 km nordöstlich des Zentrums folgt die **Praia de Itaúna**, einer der weltbesten Plätze für professionelle Surfer und Bodyboarder. Ende Juli/Anfang August finden hier internationale Surfmeisterschaften statt. Weiter oben schließt sich die einsame, unter Naturschutz stehende **Praia Massambaba** an, mit 15 km Ausdehnung die längste des Ortes, ideal zum Wandern und auch zum Surfen.

Fast alle Strände der Region besitzen ähnliche Merkmale, sie sind weitläufig und breit, haben feinen weißen Sand, hohe Wellen und vorgelagerte Felsinseln, die Unterwassersportler anziehen. Wer jedoch nur in ruhigerem Wasser schwimmen will, begebe sich nach **Laje**, auch *Ponta da Praia* genannt. Insgesamt ist das Meer bei Saquarema recht sauber, da umweltschädigende Industrien hier verboten sind. Zu allen Stränden fahren preiswerte Stadtbusse, Abfahrt nahe der Brücke im Zentrum.

Übernachtung

Pousada da Titia, Av. Min. Salgado Filho 774, ✆ 22/2651 2058. Eine der preiswertesten und populärsten Unterkünfte in Saquarema, beliebter Surfer-Treff, 25 hübsche Suiten und 6 Zimmer. ❶

Pousada Costa do Sol, Av. Min. Salgado Filho 5720, Praia de Barra Nova, ✆ 22/2651 1233. 32 Zimmer mit guten Betten und sauberen Bädern, die im oberen Stock besitzen Kühlschrank und TV; auch Bar, Restaurant und Spielsaal. Strandlage. ❷

Pousada Canto da Vila, Av. Min. Salgado Filho 52, Praia da Vila, ✆ 22/2651 1563, 💻 www.pousadacantodavilla.com.br. Eine der beliebtesten Unterkünfte des Ortes, 14 kleinere und 2 schöne größere Zimmer, teils zum Meer hin, teils nach hinten; mit AC, Kühlschrank und TV. Gleich am belebten Ortsstrand nahe bei der Igreja N. S. de Nazaré. ❸

Maasai, Trav. Itaúna 17, Praia de Itaúna, ✆ 22/2651 1092, 💻 www.maasai.com.br. Die beste Adresse im Ort, Anlage im Resort-Stil mit Pool, Bar, Sauna, Restaurant und Garten direkt am Wasser. 18 komfortable Zimmer mit AC, Kühlschrank und TV. ❹

Essen

Marisco, Praça Oscar de Macedo Soares 35, Centro. Traditionsreiche und preiswerte Restaurant-Bar mit guten Fisch-, Meeresfrüchte- und Fleischgerichten sowie Steinofen-Pizza, mittags Selbstbedienung, abends à la carte. 🕓 tgl. 10–24 Uhr.

Banzai Pizza House, Av. Oceânica 1900, Itaúna. Die Zahl der Tische am Bürgersteig ist gering, dafür stehen 20 verschiedene Pizzas zur Auswahl. Am preiswertesten ist *Mussarela,* am teuersten *Margherita especial*; gebacken wird auf einem vulkanischen Stein. 🕓 tgl. 17–23.30 Uhr.

Garota de Itaúna, Av. Oceânica 165. Großes offenes Lokal direkt am Strand mit Meerblick, nur bei stärkerem Wind ungemütlich. Normale brasilianische Küche (große Portionen, reicht für 2 Pers.) mit Schwerpunkt auf guten Fischgerichten; mittlere Preise. 🕓 tgl. 11–22, Nebensaison ab 18 Uhr.

Le Bistrô, Av. São Rafael 1134. Hübsches Lokal mit Qualitätsküche, mittlere Preise, spezialisiert auf Meeresfrüchte. 🕓 tgl. 18.30–22 Uhr.

Sonstiges

AKTIVITÄTEN – Um Saquarema existiert noch viel Atlantischer Regenwald mit zahlreichen Pfaden *(Trilhas)* für **Wanderer** und **Radfahrer**. Drei Routen sind besonders beliebt: die *Trilha dos Goonies,* die *Trilha da Lagoa Vermelha* und die *Trilha da Lagoa da Água Mineral.*

FESTE – 7.–8. **September**: *Festa da Padroeira,* Pilgerfest zu Ehren der Schutzpatronin N. S. de Nazaré mit 150 000 Teilnehmern; Igreja N. S. de Nazaré.

GELD – ***Banco do Brasil,*** Av. Saquarema 539.

INFORMATIONEN – ***Secretaria de Turismo,*** Rua Barão de Saquarema 253, ✆ 22/2651 4112. Viel ist hier jedoch nicht zu erwarten, oft bekommt man in den Pousadas mehr Tipps und Infos. 🕓 Mo–Fr 9–17 Uhr.

INTERNET – ***Gema Informática,*** Av. Saquarema 567, Lake Shopping, Itaúna. 🕓 tgl. 9–23 Uhr.

MEDIZINISCHE HILFE – ***Hospital N. S. de Nazareth,*** Rua Adolfo Bravo, Bacaxá, ✆ 22/2653 3123.

POST – Praça Oscar de Macedo Soares. 🕓 Mo–Fr 9–17 Uhr.

SUPERMARKT – Av. Oceânica 169. 🕓 Mo–Sa 8–18, So 8–12 Uhr.

SURFEN – ***Escola de Surfe de Saquarema,*** Av. Oceânica 180, Praia de Itaúna, ✆ 22/2651 4630, ✉ escoladesurfsaqua@hotmail.com. Brettverleih (R$50/6 Std.) und Unterricht inkl. Surfbrett (R$50/2 Std.); auch Fahrradverleih (R$30/Tag) und Touristeninformation.

Transport

BUSSE – **Cabo Frio**: Stadtbus bis Bacaxá, von dort alle 30 Min. Anschluss nach Cabo Frio.

Rio de Janeiro: *1001,* ✆ 21/3849 5001, mehrmals tgl. (Häufigkeit und Zeiten variabel) zwischen 6.30 und 20.30 Uhr, 2 Std., R$13.

Arraial do Cabo

Nach Búzios und Cabo Frio gehört dieser 23 800 Einw.-Ort zu den beliebtesten Ausflugszielen der Cariocas in der Região dos Lagos, er liegt nur 171 km von Rio entfernt. Häufig kommen eher ärmere Leute *(Farofeiros)* aus den Vororten Rios, die eine billige Alternative zu den anderen Badeorten suchen. Dafür nehmen sie in Kauf, dass es hier nicht so schön ist. Die Stadt ist eher hässlich, aber man kommt ja wegen der Strände. Diese sind wirklich reizvoll; die Auswahl ist zwar geringer als in Búzios, aber der mitunter gebrauchte Beiname *Caribe fluminense* scheint nicht ganz unberechtigt. Zum Urlaubsprogramm gehören auch Bootsausflüge an der Küste oder zu diversen Inseln, Grottenbesuche und Tauchabenteuer.

Strände

Eine der schönsten Buchten von Arraial do Cabo ist die abgeschiedene, nur per Boot zu erreichende **Praia do Forno** mit Felsformationen, Korallenriffen und grünlich schimmerndem Meer. Beeindruckend durch die Größe und den weißen Dünensand ist **Praia Grande**, nur ist hier die Wassertemperatur stets am niedrigsten. Nicht auslassen sollte man einen Besuch beim **Pontal do Atalaia**, dem wahrscheinlich schönsten Punkt der Stadt.

Von einem Hügel aus, der den Blick auf den Surfer-Strand von **Brava** freigibt, geht es zu Fuß auf einem grünen Pfad hinunter zu den kleinen **Prainhas**. Am populären „Quiosque do Jairo" gibt es Fisch, Meeresfrüchte, Getränke sowie ein Boot für Ausflüge. Andere Touren beginnen am Pier der **Praia dos Anjos** (s. Bootstouren unter „Touren"). Dieser Strand war historischer Ausgangspunkt der Kolonisierung des Ortes; 1503 wurde er von dem Entdecker Amerigo Vespucci noch „Praia da Rama" getauft. In der auf einer kleinen Anhöhe stehenden Igreja N. S. dos Remédios fand 1516 die erste Messe statt. Der heutige Bau stammt jedoch aus dem 18. Jh., an den Wänden der Kirche kann man ein wenig die Geschichte der Stadt studieren.

Vielversprechende Grotten

Highlight vieler Touren ist der Besuch der **Gruta Azul** (Blaue Grotte, 15 m) auf der Ilha do Cabo Frio. Bei Niedrigwasser ist vom Boot aus zu sehen, wie die goldenen und silbernen Wände der Höhle durch die Sonneneinstrahlung bläulich reflektieren, ein faszinierendes Naturschauspiel. Auch kann man hineinfahren (Boot Gruta Azul, Rua Getúlio Vargas 82, Praia Grande, ✆ 22/2622 2554, tgl. 10.30 Uhr, 4 Std., R$18 p.P.) sowie bei ruhigem Meer im Wasser der Grotte tauchen. Am rechten Ende der Prainha von Pontal befindet sich die **Caverna do Amor**. Wer zu zweit in diese Grotte geht, kommt – so verspricht die Legende – auf ewig verliebt wieder heraus.

Übernachtung

Marina dos Anjos Hostel (HI), Rua Bernado Lens 145, Praia dos Anjos, ✆ 22/2622 4060, ✉ marina dosanjos@arraialweb.com.br, 💻 www.marina dosanjos.com.br. Sehr gute neuere Jugendherberge (2002) in Strandnähe, 9 Zimmer für 4–7 Pers., Bettwäsche im Preis (R$24) enthalten, Internetzugang, Verleih von Fahrrädern und Tauchausrüstungen, Vergünstigungen bei einigen Restaurants. ❶

Pousada Estalagem do Porto, Rua Santa Cruz 12, Praia dos Anjos, ✆ 22/2622 2892, 💻 www. estalagemdoporto.com.br. 11 Zimmer, einige für bis 6 Pers., mit AC, Kühlschrank und TV; Internetzugang, Bar und gutes Restaurant (s. u.). ❸

Pousada Caminho do Sol, Rua do Sol 50, Praia Grande, ✆ 22/2622 1347, 💻 www.caminhodosol. com.br. Bessere Anlage im Resort-Stil auf einem Hügel mit schönem Blick auf den Ort, wenige Min. bis zur Praia Grande. 25 Zimmer mit AC, Safe, Kühlschrank, Telefon und TV; Internetzugang, Pool, Sauna und Bar. ❹

Essen

Trem do Cabo, Rua D. Pedro II 8. Preiswertes Self-Service-Lokal mit den landesüblichen Speisen, Abrechnung nach Gewicht, nahe beim Hafen. ⌚ Mo–Fr 11.30–15, Sa–So 11.30–17 Uhr.

Chinês e Japonês, Rua José Pinto de Macedo 356, Prainha. Ganz ordentlicher Asiate, recht preiswert (R$24) und für 2 Pers. ausreichend sind die Fleischgerichte mit Nudeln sowie die Hähnchen- oder Rindfleischgerichte mit Gemüse. ◷ Mi–Fr 18–23, Sa und So 13–23 Uhr.
Viagem dos Sabores, Rua Santa Cruz 12, Praia dos Anjos. Gern besuchtes Lokal innerhalb der Pousada Estalagem do Porto, abwechslungsreiche nationale und internationale Küche mit starkem Einschlag aus Bahia, Italien und Frankreich; mittlere Preise. ◷ Di–So 13–23 Uhr.

Aktivitäten

TAUCHEN – Arraial do Cabo zählt zu den besten Tauchgebieten Brasiliens. Hier finden sich mehr als 60 Arten Fische, Seesterne und Korallen, nur ist das Wasser mit Temperaturen zwischen 10 und 25 °C (selbst im Sommer) ungewöhnlich kalt (Schutzanzüge!). Nachts zu tauchen ist von der Umweltschutzbehörde Ibama verboten. Die beliebtesten Ziele sind **Ilha dos Porcos** (15 m tief, manchmal Meeresschildkröten), **Ponta d'Água**, **Saco do Cordeiro** (6–10 m tief, ruhiges Meer, bis 1 m hohe Korallen-Formationen) sowie das Schiffswrack **Thetis** (1830 gesunken, 18 m tief, Saco dos Ingleses, nahe der Gruta Azul).
Folgende Agenturen organisieren Ausflüge:
Acuatur, Rua Duque de Caxias 37, Praia dos Anjos, ✆ 22/2622 2924, 🖳 www.antares.com.br/cbpds. Zu verschiedenen Schiffswracks Sa, So und feiertags, vorher anmelden, Mindestzahl 5 Pers.
Deep Trip, Rua Getúlio Vargas 93, Praia Grande, ✆ 22/2622 1800, ✉ deeptrip@deeptrip.com.br, 🖳 www.deeptrip.com.br. Diverse Tauchziele, Anmeldung Fr–Mo 9–18 Uhr.
Sea Quest Sub, Rua D. Pedro I, 62, ✆ 2622 2334, 🖳 www.seaquest.com.br. Tauchen und Bootstouren ab 20 Pers., Abfahrt tgl. 10 Uhr, R$100 p.P.

Touren

BOOTSTOUREN – An der Praia dos Anjos sind diverse Anbieter. Eine beliebte Route (inkl. Stopps) führt zur Prainha do Pontal, Praia do Forno und Gruta Azul. Infos: ***Gruta Azul,*** ✆ 22/2622 2554, tgl. vor- und nachmittags (bei ruhigem Meer), 4 Std., R$20 p.P.

Insider-Trip

Jairo, der Inhaber einer Strandbar an der Prainha do Pontal, fährt in seinem Boot bei einem Minimum von 6 Gästen in 1 1/4 Std. ein Stück an der Küste von Pontal entlang, vorbei an Fenda do Boqueirão mit Meeresvögeln und herrlichem Blick auf die Ilha do Farol, Fenda de Nossa Senhora, Ninho das Gaivotas, Gruta Azul und Praia da Ilha (mit 20 Min. Badestopp).

Sonstiges

GELD – ***Banco do Brasil*** im Rathaus *(Prefeitura)*, Av. da Liberdade; mehrere Geldautomaten über den Ort verteilt.
Banco Itaú, Rua Dom Pedro I, Nr. 8, Centro.

INFORMATIONEN – **Touristenbüro** am Portal (Ortseingang), Estr. de Arraial do Cabo, 3 km vom Zentrum, ✆ 22/2620 5039, 🖳 www.arraial docabo_rj.com.br

POST – ***Banco Postal,*** Centro.

Transport

BUSSE – ***Rodoviária,*** an der Rua Nilo Peçanha im Zentrum, ✆ 22/2622 1488.
Búzios: *Salineira,* ✆ 0800/245454, tgl. alle 20 Min. zwischen 5 und 22 Uhr, R$3.
Cabo Frio: *Salineira,* tgl. alle 20 Min. zwischen 5 und 22 Uhr, R$3.
Rio de Janeiro: *1001,* ✆ 21/3849 5001, 8x tgl. zwischen 5 und 23 Uhr, 3 Std., R$ 16.

Cabo Frio

Arm war der 1615 gegründete Ort Santa Helena do Cabo Frio wegen des *Pau-brasil*-Holzes noch nie, obwohl sich Portugiesen, Engländer, Franzosen und Holländer über 100 Jahre lang um dessen Ausbeutung stritten. Die eigentliche Blütezeit begann jedoch erst Anfang des 19. Jhs. mit dem **Meersalz**. Bei der Anfahrt sieht man überall große Salzgewinnungsflächen, der Salzhandel ist heute der zweitwichtigste Wirtschaftszweig. An erster Stelle liegt jedoch der **Tourismus**; in der Hauptsaison und besonders während des Karnevals quillt die 126 800 Einwohner zählende Stadt über. Wenn die Cariocas aus dem 155 km entfernten Rio sagen, sie fahren in die Região dos Lagos, ist damit meistens Cabo Frio gemeint. Die meisten kommen wegen der Strände und ortstypischen Dünenlandschaften, aber auch zum Flirten und Feiern. Das bekanntere und teurere Búzios wird hoch geschätzt, doch der eigene Geldbeutel ebenso.

Ein für viele weniger wichtiges Kriterium ist, dass Cabo Frio mehr Geschichte besitzt als Búzios. An sehenswerten **historischen Bauten** bietet der Ort die gut erhaltenen Kirchen N. S. da Assunção (1615) und São Benedito (1701), den Convento de N. S. dos Anjos (1686) mit dem **Museu de Arte Sacra**, Largo Sto. Antônio, ⌚ Mi–Fr 14–20, Sa und So 16–20 Uhr; Eintritt R$1; die Capela de N. S. da Guia (1740) – zugleich Aussichtspunkt, 1 km Aufstieg – und vor allem das restaurierte **Forte de São Mateus** (1625) am nördlichen Ende der Praia do Forte mit einem schönen Ausblick, ⌚ Di–So 10–16 Uhr; Eintritt frei. Diese Festung markierte den Beginn der Kolonisierung und sollte die Piraten fernhalten, die sich mit Vorliebe zwischen dem Canal do Itajuru und der Lagoa de Araruama einnisteten. Heute befindet sich dort das modernisierte **Zentrum** mit dem Kai, einem Mercado de Peixe (Fischmarkt), vielen Läden und Lokalen, dem Shopping Aberto da Gamboa (mit den meisten Bikini-Shops Brasiliens), der Feirinha de Artesanato (kleiner Kunsthandwerksmarkt, ⌚ tgl. ab 17 Uhr) und einem Teil der historischen Monumente.

Strände

Am 7 km langen Ortsstrand **Praia do Forte**, schön lediglich wegen einiger Dünen, trifft sich mit Vorliebe die brasilianische Feriengemeinde, gleich davor liegen genügend Hotels, Pizzerien und Fastfood-Lokale. Nordöstlich vom Zentrum finden sich jedoch reizvollere Gefilde, zu denen man von der Av. do Contorno im Zentrum mit Nahverkehrsbussen plus einigen Minuten Fußweg gelangt. Dazu gehört zunächst die vegetationsreiche **Praia Brava**, wegen der starken Wellen gern von Surfern besucht, und die an Kakteenhügeln gelegene **Praia das Conchas**. Die wenigen Häuser stören kaum, da durch Gesetz eine maximal zweistöckige Bebauung vorgeschrieben wurde. Die ganze rechte Seite des Strandes säumen nette modernere Bars, in denen man gut Fisch oder Meeresfrüchte essen kann. Kinder und Jugendliche nutzen die preiswerten Reitausflüge über den Sand oder vergnügen sich am linken Strandende im *high jump*. Das Meer ist hier ruhiger und gut zum Schwimmen geeignet.

Angrenzend, bei Ebbe zu Fuß erreichbar, folgt die ebenfalls schöne und 7 km lange **Praia do Peró**, ebenfalls ein Surf-Point und berühmt für die imposanten Dünen aus feinstem Pulversand, an denen man per Sandboard herunter sausen kann.

Südlich des Zentrums befinden sich ebenfalls Dünenlandschaften, die im Rahmen von Exkursionen besucht werden können (s. Touren unter „Sonstiges“).

Übernachtung

Neben einigen günstigen Strandunterkünften empfehlen sich Pousadas in Zentrumsnähe. Dort sind die meisten Lokale, Läden und Sehenswürdigkeiten. Zu den entfernteren Stränden gibt es Stadtbusse ab Av. do Contorno.

Peró Hostel (HI), Rua Coutrim 13, Peró, ✆ 22/ 2647 7605, ✉ falecom@perohostel.com.br, 💻 www.perohostel.com.br. Sehr gutes Hostel mit 100 Betten, DZ und 4-Bett-Dorms, Öko-Trips per Jeep, Sa abends MPB-Konzerte, Anfahrt mit Bus nach „Peró“. ❶

Rund ums Surfen

Museu do Surfe, Av. Marimbá 64, Peró, ✆ 22/ 2648 3267. 2004 gegründetes erstes Surf-Museum Brasiliens, das schnell zu einer Besucherattraktion wurde. Der Betreiber Telmo Moraes surft selbst, sammelt schon seit den 70er Jahren und zeigt in seinem Museum Hunderte seltener Bretter aus der ganzen Welt, Anzüge berühmter Surfer sowie Unmengen von Zeitschriften, Fotos, Filmen und Trophäen vom Beginn der „Surfwelle“ in Polynesien und Australien in den 40er Jahren bis heute. Früher lebte Telmo in Santos und Rio, bis er in Cabo Frio seine Wahlheimat entdeckt hat: „Ich suchte eine Stadt zum Wohnen und war begeistert von der Praia do Forte mit ihren wunderbaren Wellen.“ ⌚ HS tgl. 14–20 Uhr, NS Do–So 18–20 Uhr.

Hotel Atlântico, Rua José Bonifácio 302, ✆ 22/2643 0996, 🖳 www.hotelatlantico.com.br. 32 große Zimmer mit AC, Kühlschrank und TV, drei Häuserblöcke von der Praia do Forte entfernt, gutes Preis-Leistungs-Verhältnis. ❸

Coqueiro Verde, Av. Excelsior 200, Jardim Excelsior, ✆ 22/2643 0975, 🖳 www.coqueiroverde.com. 16 Zimmer mit AC, Kühlschrank, TV. Anlage mit Pool und Grillmöglichkeit im Freien, auch Küchenbenutzung; nahe Busbahnhof. ❸

Pousada Água Marinha, Rua Rui Barbosa 996, ✆ 22/2643 8447, 🖳 www.pousadaaguamarinhacabofrio.com.br. 20 kleinere saubere Zimmer mit AC, Kühlschrank, Bad und TV, drei Blocks von der Av. Júlia Kubitschek, vier Blocks vom Strand. ❹

CAMPING – ***Dunas do Peró,*** Estr. do Guriri. Richtung Búzios/Bosque do Peró, ✆ 22/2629 2323, 🖳 www.dunasdopero.com.br. Baumreiches Gelände mit 250 Zeltplätzen (ab R$12 p.P.) sowie DZ ❷ und Dorms für Gruppen. Nur wenige Duschen und Bäder. Restaurant, Bar, Pool, Sauna, Spielsaal, Fuß- und Volleyballplätze. 4 km vom Zentrum, 1 km zur Praia do Peró. ❶–❷

Essen und Nachtleben

Restaurante da Ponte, Estr. dos Passageiros, Jacaré. Gutes und preiswertes Fisch- und Meeresfrüchtelokal im oberen Stock des Mercado Municipal mit schönem Blick auf den Kanal, Gerichte ausreichend für 2 Pers., z. B. *Caldeirada de frutos do mar* oder *Estrogonofe de camarão.* ◷ Mo–Do 11–18, Fr–Sa 11–23 Uhr.

Tia Maluca, Rua do Canal 109. Beliebtes touristisches Lokal an der belebten Zentrumsstraße mit interessanterem externen sowie Innenbereich (AC). Probierenswert: die mit Bananenblättern bedeckte *Picanha* oder die Meeresfrüchtesuppe *Caldo Leão Veloso*; mittlere Preise. ◷ tgl. 11–2 Uhr.

Confeitaria Branca, Praça Porto Rocha 15. Gern besuchtes preiswertes Café mit leckeren Desserts, auch Snacks. ◷ tgl. 8–23 Uhr.

Das Nachtleben spielt sich vor allem beim **Boulevard Canal** (alle Altersgruppen) sowie an einigen Kiosken der **Praia do Forte** (oft Live-Musik) ab.

Touren

DÜNENTOUR – ***Planeta Costa do Sol,*** Praça Porto Rocha 18, Loja 21, ✆ 22/2645 2023, 🖳 www.planetcostadosol.com.br. Tgl. Ausflüge zu den Dünen südlich der Stadt bei der Praia das Dunas und der Praia do Foguete inkl. der „Dama Branca“, der größten der Region. Eine organisierte Tour empfiehlt sich auch wegen Überfallgefahr bei abgelegenen Dünen; R$45 p.P.

SCHONERFAHRTEN – Diverse Optionen, z. B. mit der ***Don Vicenzo III*** vom Terminal an der Praia de São Bento zur Ilha do Papageio mit Tauchstopps, 2 Std., R$10 p.P.

TROLLEY-TOUR – Im offenen Laster ab Praia do Forte zu den wichtigsten Sehenswürdigkeiten und Stränden, ✆ 22/2647 2102, 2 Std., R$15 p.P.

Sonstiges

FESTE – **Oktober**: *Festa do Choro,* Musikfestival (erstmals 2005) mit brasilianischen Rhythmen aus der Zeit vor dem Samba.

GELD – ***Banco do Brasil,*** Praça Porto Rocha 44; ***Bradesco*** (Geldautomat), Av. Assunção 904; ***HSBC,*** Av. Assunção 793, mit 24 Std. zugänglichem Geldautomaten; auch die anderen großen Banken sind vertreten.

INFORMATIONEN – ***Secretaria do Turismo,*** Av. Contorno, nahe Praia do Forte, ✆ 22/2647 1689, ✉ turismo@cabofrio.rj.gov.br, 🖳 www.cabofrio.rj.gov.br. Hotelinfos, Karten und Pläne. ◷ Mo–Fr 9–17, Sa–So 9–14 Uhr.

Informação Turística, Praça Cristóvão Colombo, Praia do Forte. ◷ tgl. 9–16 Uhr.

INTERNET – ***Cyber Café,*** Rua 13 de Novembro 140.

MEDIZINISCHE HILFE – ***Hospital Santa Isabel,*** Rua Barão do Rio Branco 72, ✆ 22/2645 4040.

POST – Largo de Santo Antônio 55, Centro. ◷ Mo–Fr 8–18 Uhr.

TAUCHEN – ***Tridente Mergulho,*** Praça da Bandeira 362, Passagem, ✆ 22/2645 1705, 💻 www.tridente.tur.br, pro Ausfahrt R$330 p.P. inkl. Ausrüstung und Lehrer. An der ganzen Küste sowie bei den Inseln Comprida und do Papageio findet sich ein reiches Unterwasserleben mit vielen Fischen, Seesternen und Korallen; Tiefe bis 40 m, Sichtweite bis 25 m.

Transport

Rodoviária, Av. Juscelino Kubitschek 38 (2 km westl. des Zentrums).
Arraial do Cabo: *Salineira,* ✆ 0800/245454 (gratis), 6x tgl. zwischen 7.40 und 23.15 Uhr, 90 Min., R$3;
Búzios: *Salineira,* tgl. zwischen 5.40 und 23.40 Uhr alle 20 Min., danach jede Std., 1 Std., R$3;
Rio de Janeiro: *1001,* ✆ 21/3849 5001, 40x tgl. zwischen 6 und 19.30 Uhr, 2 3/4 Std., R$16.

Armação dos Búzios

Armação dos Búzios (18 200 Einw.), auf einer nur 16 km^2 großen Halbinsel mit 23 Stränden gelegen, ist der mondänste Badeort Brasiliens mit den meisten ausländischen Besuchern. Der Erfolg liegt zum Teil an dem sehr privilegierten Klima. Etwa 210 Sonnentage im Jahr und eine jährliche Durchschnittstemperatur von 26 °C garantieren einen wahren Bilderbuchurlaub. Selbst wenn es im 176 km entfernten Rio regnet, ist der Himmel drei Busstunden weiter nordöstlich häufig ganz klar; der konstante Wind dieser Region vertreibt die Wolken schnell. Hier gibt es Sun, Beach, Nightlife und Action in Überfülle, das einzige Problem ist: Alles geht sehr ins Geld.

Internationale Bekanntheit erlangte der Ort durch **Brigitte Bardot**. Angefangen hat es 1964 in Zimmer 8 der Pousada do Sol, in der sich die französische Filmdiva – recht bescheiden, wie es scheint – für mehrere Monate einquartierte. In ihren Memoiren liest man: „Es gab kein Telefon, keinen Kühlschrank, kein fließendes Wasser, aber ich war an einem Meer, das wie himmelfarbener Champagner war, und ich erlebte die schönsten Tage meines Lebens." Heute stößt der Besucher schon nach wenigen Schritten auf der **Orla Bardot** genannten Uferpromenade auf ihre bronzene Verewigung. Ernst und gedankenschwer blickt sie über den Horizont in Richtung Heimat. Dabei liebte sie doch ihr brasilianisches Fischerdörfchen nicht weniger als ihren damaligen Lover Bob Zagury. Der Urlaub war zudem umsonst, auf Einladung des Pariser Finanzmagnaten Luis Reis, der sich hier groß eingekauft hatte und nur noch eine gute Marketing-Idee brauchte, um die Hippies zu vertreiben und durch betuchtere Gäste zu ersetzen. Und der Jetset kam, darunter Pelé, Giselle Bündchen, Nina Hagen, Mick Jagger, Bill Gates usw.

Die Bewohner der Halbinsel leben heute fast alle vom Tourismus. Ebenso international wie das Publikum ist auch die Infrastruktur. Die meisten Pousadas, Restaurants, Bars und Läden in der **Rua das Pedras**, der zentralen Promeniermeile, gehören ausländischen Besitzern. Trotz des Zulaufs ist Búzios jedoch nicht zu einem Massentourismusziel mit hochgeschossigen Hotel- und Bettenburgen geworden. Die Höhe der Häuser darf zwei Stockwerke nicht überschreiten und die bebaubare Fläche auf jedem Grundstück unterliegt strengen Vorschriften. An vielen Stränden darf nicht gebaut werden.

Die reizvolle Landschaft dieser Region wurde somit kaum zerstört. An vielen **Aussichtspunkten** kann man sich davon überzeugen. Einer befindet sich nahe der Praia do Forno. Von der Küste geht man in die erste gepflasterte Straße nach links und am Ende des Aufstiegs nach rechts. Von oben sind die Praia do Forno, Brava und João Fernandes zu sehen. Ein anderer ist in João Fernandes gegenüber der Pousada Belvedere mit Blick auf die Strände von Brava, Rasa und Armação.

Strände

Nicht alle der 23 Strände sind gleichermaßen reizvoll und empfehlenswert, daher eine kleine Auswahl der besten. Von der Rua das Pedras leicht zu Fuß erreichbar sind die viel fotografierten kleinen Buchten von **Azeda** und **Azedinha**, beide mit klarem ruhigem Wasser und ideal zum Schwimmen oder Schnorcheln. Noch idyllischer ist der nächste Strand von **João Fernandes**. Palmen, feiner Sand, spiegelglattes Wasser und ein paar Bars und Fischlokale laden zum Verweilen. Der Platz gilt als der internationalste von Búzios, Spanisch und Englisch sind hier die Hauptsprachen. Nur wenige Meter weiter folgt die kleinere und abgeschiedenere Praia **João Fernandinho**.

Sicherheit

Die Strände **das Virgins, dos Amores, Olho-de-Boi** und **Foca** sind recht einsam und nur über Wanderpfade zu erreichen; daher möglichst in Gruppen bleiben.

Auf der anderen Seite der Halbinsel gehört die Praia do **Forno** zu den schönsten, sie liegt an einer kleinen Bucht mit Riffen und eignet sich gut zum Tauchen. Sehr reizvoll ist die Bucht von **Ferradura**, die wie eine große Lagune wirkt. Das wellenlose klare Wasser zieht Schnorcheltaucher und Schwimmer an, auch Segler kommen gern hierher. Manche mögen sich allerdings an den heulenden Motorbooten stören, die riesige Plastikbananen mit kreischenden Nichtschwimmern hinter sich her ziehen.

Wer jedoch Action mag, sollte den belebten Strand von **Geribá** aufsuchen. Hier trifft sich im Sommer mit Vorliebe die Jugend, manchmal gibt es Live-Musik, auch Silvester wird hier gefeiert. Der Strand ist so groß, dass man dem Trubel sogar etwas entfliehen kann. Feiner weißer Sand, flach abfallendes Wasser und eine kräftige Brandung (Surf-Point) sind einige der Vorteile dieses beliebten Treffpunkts. Ganz in der Nähe von Geribá, vom rechten Strandende über einen kleinen Hügelpfad zu erreichen, liegt ein besonderes Kleinod, der abgeschiedene Mini-Strand von **Ferradurinha** mit Felsen und ruhigen Gewässern. Nicht jeder kennt ihn, nicht jeder sucht ihn – es ist immer noch fast ein Geheimtipp, ein Hauch von Südsee mit allem, was dazu gehört. Für ausgedehnte Strandspaziergänge, selbst an Wochenenden ohne Badetrubel, empfiehlt sich die 8 km lange Bucht von **Manguinhos**, berühmt auch für traumhafte Sundowner.

Übernachtung

Die Hotel- und Pousada-Preise in Búzios liegen deutlich über dem Landesdurchschnitt. Eine günstige Alternative sind Mietwohnungen, zu buchen über Reisebüros in Rio oder vor Ort.

Búzios Hostel (HI), Rua Marissol 35, ✆ 22/2623 6024, ✉ reserva@buzioshostel.com, 💻 www.buzioshostel.com. Sehr gutes Hostel mit 34 Betten, DZ (R$50) und Mehrbett-Dorms (R$24 p.P.). Per Bus von Rio an der Hauptstraße beim Shopping 5000, Ecke Rua Marissol aussteigen. ❶

Hospedaria de Búzios, Rua Manoel Turíbio de Farias 351, ✆ 22/2623 1201, 📠 2623 7346. Am Hauptplatz neben der Rua das Pedras in einem Geschäftshaus mit Läden im Erdgeschoss. Nur sechs Zimmer mit AC, Kühlschrank und TV, ein größeres Zimmer (mit Whirlpool) für max. 6 Pers., kleiner Frühstücksraum. ❷

Solar do Peixe Vivo, Av. José Bento Ribeiro Dantas 994, ✆ 22/2623 1850, ✉ reservas@solardopeixevivo.com.br, 💻 www.buziosturismo.com/peixevivo. 10 einfache Chalês im Kolonialstil, unter Denkmalschutz stehend, in den 50er und 60er Jahren eine der Sommerresidenzen des Präsidenten Juscelino Kubitschek. Ruhige Lage am Meer, nur wenige 100 m bis zur Rua das Pedras; zu den entfernteren Stränden der Halbinsel kostenloser Bootstransfer. ❷

Pousada Santa Fé, Praça Santos Dumont 300, ✆ 22/2623 6404, 💻 www.pousadasantafe.com. Altbau in Top-Lage nahe der Rua das Pedras und der Orla Bardot, neun größere Zimmer (z. T. 4 Betten) mit AC, Kühlschrank und TV. Das Frühstück gilt als das beste am Ort (eigene Bäckerei). Deutscher Inhaber. In der HS kann es bis spät nachts wegen der Musik am Platz recht laut werden. ❸

Ponto House, Rua da Paz, ✆ 22/2623 1173, ✉ pontohouse@veloxmail.com.br, 💻 www.buziosturismo.com/pontohouse. Neuere und saubere Pousada mit Zimmern für 2–5 Pers., alle mit AC, TV, Minibar und Safe. Freundliche Anlage mit großem Veranda-Bereich und Pool, nur 50 m vom Busbahnhof am Rande des Zentrums gelegen, ruhig und dennoch nicht weit von der belebten Rua das Pedras. ❸

Pousada Byblos, Alto do Humaitá 8, ✆ 22/2623 1162, 💻 www.byblos.com.br. Komfortabel, AC-Zimmer mit herrlichem Meerblick, Terrasse mit Pool, sehr ruhig, etwa 10 Fußmin. von der Promeniermeile Rua das Pedras entfernt, deutscher Inhaber. ❻

CAMPING – ***Country Camping Clube***, Rua Maria Joaquina Justiniano de Sousa 895, Praia Rasa, ✆ 22/2629 1155, 💻 www.buzioscamping.com.br. Gut ausgestatteter, gepflegter Platz in schöner Parkanlage 1 km vom Strand, 12 km vom Zentrum, auch preiswerte Häuschen für 2 Pers. zum

Preis der Platzgebühr (R$18 p.P.) plus R$8. Ganzjähriger Betrieb. ❶

Essen

Die Vielfalt auf kleinstem Raum (im idyllischen Ortszentrum) ist einmalig in Brasilien. Fast alle Restaurants, viele der Gourmet-Klasse, befinden sich in bzw. in der Nähe der Rua das Pedras. Dort ist das Preisniveau generell höher. Hier ein paar Tipps auch abseits der zentralen Ess-Meile und z. T. bedeutend billiger.

✖ ***Bar dos Pescadores,*** Associação dos Pescadores de Manguinhos (Zugang gegenüber Clínica Búzios), Manguinhos. Mitten in der Fischerkolonie, alles fangfrisch, am Meer mit Tischen unter Bäumen; mittlere Preise. 🕒 Mo, Di und Do–So 12–18, Jan und Feb tgl. 12–19 Uhr.

Boom, Rua Manoel Turíbio de Farias 110. Preiswertes Self-Service-Lokal (nach Gewicht); breites Angebot an gegrilltem Fleisch, Nudeln, Sushi, Gemüse und Salaten. Sehr geschmackvolles Ambiente in rustikal-modernem Stil, gut organisiert und professionell geführt. 🕒 tgl. 12–23 Uhr.

Buzin, Rua Manoel Turíbio de Farias 273, fast an der Ecke des Platzes Santos Dumont. Sehr beliebtes, preiswertes Selbstbedienungsrestaurant (nach Gewicht). Große Auswahl an Grillfleisch, Pasta, Sushi, Gemüse und Salat. 🕒 tgl. 12–24 Uhr.

David, Rua Manoel Turíbio de Farias 260. Populäres traditionelles Lokal, immer gut; typische brasilianische Küche mit Schwerpunkt auf Fisch und Meeresfrüchten, mittlere Preise. 🕒 tgl. 12–24 Uhr.

Estância Don Juan, Rua das Pedras 178. Bekannteste Churrascaria des Ortes. Gute Qualität, stilvolles Ambiente, aufmerksamer Service, einige Tische draußen an der Straße, gehobene Preise; in der Saison Reservierung sinnvoll, ✆ 22/2623 2169. 🕒 Do–Di 12–23, Mi 18–23 Uhr.

Café Colonial-Bistrô, Praça Santos Dumont 300. Klein, gepflegtes Ambiente, Torten, Backwaren und leichte Speisen auch nach deutschen Rezepten, reichhaltige Sandwich-Auswahl, stadtbekanntes Frühstück. 🕒 Mi–Mo 8–23, Di 8–15 Uhr.

Café Minha Mousse, Orla Bardot (gegenüber der Statue von Brigitte Bardot), einladendes Café

europäischen Stils mit angegliedertem Buch-Shop, in dem man schöne Bildbände, Postkarten und sogar englischsprachige Bücher bekommt, 🕒 ganztägig bis abends.

Nachtleben

Búzios ist, zumindest in der Hauptsaison und an Wochenenden, Brasiliens Badeort mit dem intensivsten (aber nicht wilden) Nachtleben und ohne Nepp. In der Nebensaison ist jedoch vieles geschlossen. Das Publikum besteht überwiegend aus Familien oder Jugendlichen der weißen Mittel- und Oberschicht aus São Paulo, Rio, Belo Horizonte und Brasília sowie aus ausländischen Gästen, vornehmlich Argentiniern, Franzosen und Italienern. Fast das gesamte Nachtleben konzentriert sich in der Rua das Pedras und der Orla Bardot.

Café do Cinema, am einzigen (sehr anspruchsvollen) Kino des Ortes, dem „Cine Bardot" zwischen Praça Santos Dumont und Pier. Stilvolle, gemütliche Bar mit Live-Musik; Treffpunkt brasilianischer Künstler, TV-Stars, Politiker und der lokalen Intelligenz.

Chez Michou, Rua das Pedras 90. Seit vielen Jahren In-Treff an der Hauptpromeniermeile von Búzios. Crêperie und Open-Air-Musikbar im Tropical-Stil, jüngeres Publikum, im Juli gutes Jazz- und Blues-Festival. ⌚ tgl. 12–2 Uhr (Jan und Feb bis 5 Uhr); Eintritt frei.

Favela Chique, Rua das Pedras 151. Brasilianische Live-Musik (MPB, Rock, Pagode), auch Restaurant (Pizza, Teigwaren, Sushi und Crêpe), Publikumsniveau weit unter dem Búzios-Durchschnitt. ⌚ tgl. 12–24 Uhr.

Fishbone, am Strand von Geribá, ⌚ ab Einbruch der Dunkelheit, Pizza, Drinks, Disco und Live-Musik.

Guapo Loco, Rua das Pedras 233. Großes mexikanisches Restaurant, das sich nachts in ein beliebtes Tanzlokal verwandelt. ⌚ tgl. ab 19 Uhr, Disco ab 24 Uhr bis zum Morgengrauen, Mindestkonsum je nach Wochentag R$10–30.

Pátio Havanna, Rua das Pedras. Beliebtes, stilvolles Lokal mit Tropical-Ambiente, schon am frühen Abend gute Live-Bands, oft Blues und Jazz auf internationalem Topniveau.

Privilége, Orla Bardot. Große Disco-Bar, 5 Räumlichkeiten und Piste, gehört zu Brasiliens Top Ten. Mit Verandas und Open-air-Bereich, verschiedenste Musikstile, Performance-Shows, sehr attraktives Publikum, teurer Eintritt (R$50).

Zapata, Orla Bardot. Mexikanische Bar mit Tanzfläche.

Aktivitäten

GOLF – Der sehr moderne Platz (18 Loch/Par 72) gilt als bester und anspruchsvollster Brasiliens. Fast das ganze Jahr herrscht Nordwestwind. Dieser garantiert zwar schönes Wetter, macht aber das Spiel entsprechend schwierig. Greenfee R$80, Wochenende R$100, 7 Tage R$400.

SURFEN – ***Happy Surf,*** Av. José Bento Ribeiro Dantas 843, Lt. 1, ✉ happysurf@mar.com.br, Schule für Wassersport.

WINDSURFEN UND SEGELN – Das Eldorado für Wassersportler (mit Schulen und Clubs) und Austragungsort von Segel-Weltmeisterschaften ist die 8 km breite Bucht von Manguinhos im Norden der Halbinsel. Dort befinden sich die Agenturen ***Stormy Sailing School,*** Av. Maurício Dutra 303, Manguinhos, Kurse für Anfänger (6 Std. R$150), Ausrüstungsverleih (R$30 pro Std.), und ***Yucas Beach Club,*** Rua Maurício Dutra 365, Manguinhos, Windsurf-Schule. Andere geeignete Strände sind Rasa und die Baía Formosa.

Touren

Tour Shop, ✆ 22/2623 2763. Im seitlich offenen Lkw *(Trolley)* geht es in 2 Std. an zwölf Stränden (inkl. Tauch-Stopp) und zwei Aussichtspunkten vorbei; während der Fahrt gibt es Säfte, Mineralwasser, Biskuit und tropische Früchte; Start um 9, 12 und 15 Uhr, Orla Bardot, R$40 p.P.

Tauchen

Búzios gilt als Brasiliens drittbestes Tauchgebiet. Die interessantesten Stellen liegen bei den Inseln Gravatás und Filhote (18 m Tiefe, viele Fischschwärme, starke Strömungen, ideal für Fortgeschrittene, Anfahrt 30 Min.) sowie um die Insel Âncora (kaum Strömungen), die man per Boot in 50 Min. erreicht. Unterwegs tauchen manchmal Delfine auf, im Frühling ziehen sogar Wale vorbei. Die Südseite der Insel ist am interessantesten, denn die Sichtweite beträgt 12–25 m, Tiefe bis zu 41 m. Die Höhlengänge sind reich bewachsen mit Weichkorallen, Haarsternen, Gorgonen und Korallen, und die Fauna wirkt wie im vollgestopften Aquarium eines Gourmet-Restaurants: Kaiserfische, Snapper, Skorpionfische, Steinfische, Rochen, Moränen, Nacktschnecken, Doraden u. a. Jacques Cousteau konnte sich jedenfalls in Búzios nicht beschweren. Es gibt mehrere gute Tauchschulen mit Lehrern und Ausrüstungsverleih, z. B. **Mar Azul** und **Casamar**, beide in der Rua das Pedras nahe am Pier, wo alle Boote ablegen; internationaler Standard mit Briefing auf Englisch. Deutsch sprechende Taucher können ihre Tauchgänge meistens bequem von einem Tag auf den anderen bei jeder der Tauchschulen in der **Pousada Santa Fé** (**PADI**-Resort) buchen, die mehrere Monate im Jahr auch einen deutschen Tauchlehrer beschäftigt. ✉ tauchen@pousadasantafe.com.

Beachlife wird am Strand von Geribá groß geschrieben

Interbúzios, Rua Manoel Turíbio de Faria 203, ✆ 22/2623 6454, 💻 www.buziosexplorer.com.br. Im Schoner geht es in 2 1/2 Std. an mehreren Stränden vorbei mit Stopps bei João Fernandes, Tartaruga und der Ilha Feia (Tauchen), mehrmals tgl. ab *Pier Central* an der Praia do Canto, R$65 p.P. inkl. Mittagessen, Getränken und Obst an Bord sowie Schnorchelausrüstung. Ähnliche Touren mit der ***Queen Lory,*** ✆ 22/2623 1179, 2 Std. R$30 p.P., 3 Std. R$40 (ohne Essen) und der ***Lady Gabi,*** ✆ 22/2623 2312.

Sonstiges

FAHRRADVERLEIH – ***Bike Tour,*** Rua das Pedras 266, ✆ 22/2623 6365.

FESTE – **Juli**: *Búzios Jazz & Blues,* Gratis-Konzerte nationaler und internationaler Gruppen in den Bars Pátio Havanna und Chez Michou.

GELD – Für Kreditkarten und EC-Karte gibt es folgende Banken und Geldautomaten: ***City Bank,*** Praça Santos Dumont, schräg gegenüber Pousada Santa Fé; ***Banco do Brasil,*** neben der Post, und ***Bradesco,*** gegenüber Hotel Nikky Beach. **Wechselstuben** sind ebenfalls zahlreich, oft auch in Reisebüros, aber die Kurse sind erheblich ungünstiger als am Automaten.

INFORMATIONEN – Touristenbüro ***Pórtico,*** Trevo de Cem Praças, ✆ 22/2623 2099, 💻 www.visitbuzios.com.br. 🕒 tgl. 8–18 Uhr; **Infostand**, Praça Santos Dumont 111, Centro, ✆ 22/2623 2099, 🕒 tgl. 9–21 Uhr. **Deutschsprachig**: mangels anderer Optionen in der Pousada Santa Fé, auch per ✉ info@pousadasantafe.com.

INTERNET – ***Internet@Búzios,*** Estr. J.B. Ribeiro Dantas 92. R$5/30 Min. 🕒 tgl. 11–23 Uhr.

MEDIZINISCHE HILFE – **Notfallklinik**, Estr. J.B. Ribeiro Dantas 2000, ✆ 22/2623 2447.

POLIZEI – Praça Santos Dumont, ✆ 22/2623 1340.

POST – Hauptpostamt, Rua Manoel de Carvalhos 70, Loja 3, Centro. 🕒 Mo–Fr 9–17 Uhr.

Strand-Hoppser

Zu empfehlen ist die Miete eines **Strand-Buggys** (wegen einiger schwarzer Schafe nur über Pousadas, R$60 pro Tag), mit dem man innerhalb der Ortsgrenzen problemlos herumdüsen kann, ohne mit der Verkehrspolizei in Konflikt zu geraten. Mit einem Inselplan in der Hand kommt man so trotz mancher Irrwege auf abenteuerlich-vergnügliche Weise von Strand zu Strand.

Nahverkehrsmittel

Einige Strände lassen sich von der Rua das Pedras aus zu Fuß erreichen, zu entfernteren gibt es **Boote**, sog. *Aqua-taxis:* ab Praia dos Ossos oder Armação, nach Azedo oder João Fernandes R$5, auch normale **Taxis**: ab Praça Santos Dumont, ✆ 22/2623 2160; Preis nach Tabelle, z. B. zu den Stränden von João Fernandes oder Ferradura R$10, nach Geribá R$15, sowie die günstigen **Vans**: ab Trav. dos Pescadores, nahe Rua das Pedras, nach João Fernandes R$2, Geribá oder Ferradura R$ 3, Uhrzeit der Rückfahrt vereinbaren. Manche Pousadas bieten preiswerte bis kostenlose Transfers.

Transport

BUSSE – ***Rodoviária,*** Estrada da Usina Velha 444, Centro (neben dem Hotel Atlântico), ✆ 22/2623 2050.

Arraial do Cabo: *Salineira,* ✆ 0800/245454, 6x tgl. zwischen 7.40 und 23.15 Uhr, 1 1/2 Std., R$3; ab Praia dos Ossos.

Cabo Frio: *Salineira,* tgl. zwischen 5.40 und 23.40 Uhr alle 20 Min., danach stdl., 1 Std., R$3; ab Praia dos Ossos.

Rio de Janeiro: *1001,* ✆ 21/3849 5001, 7x tgl. zwischen 6.30 und 19.15 Uhr, 3 Std., R$22.

Espírito Santo

Dieser zwischen Rio und Bahia gelegene Bundesstaat, der nur 0,5% der Fläche Brasiliens ausmacht, gehörte noch nie zu den touristischen Hochburgen des Landes, holt aber in letzter Zeit kräftig auf. Die Infrastruktur ist gut entwickelt und die meisten Straßen sind in vorbildlichem Zustand. Außer 400 km Küste mit Dünen, Lagunen und Flüssen besitzt Espírito Santo noch reichlich **Atlantischen Regenwald**, grüne Hügel- und Berglandschaften sowie mehrere Nationalparks. Die Regierung kreiert eine Reiseroute nach der anderen, zuerst gab es nur die „Rota do Sol" (Sonnenroute), dann folgten die „Rota do Mar e das Montanhas" (Berg- und Meeresroute), die „Rota do Verde e das Águas" (Wasser- und Naturroute) und viele andere mehr. Die meisten Agenturen bieten Komplettprogramme für alle diese Touren.

Espírito Santo ist eine günstige Region für den **Natur-** und **Abenteuer-Tourismus**, der heute bereits einen wichtigen Wirtschaftszweig darstellt. Bis in die 60er Jahre lebte der Staat fast nur vom Kaffee, später folgten Bergbau und Schiffbau. Ökonomisches Zugpferd ist die Hauptstadt Vitória, deren moderner Exporthafen sich zu einem der bedeutendsten des Landes entwickelt hat. Strandurlauber, Taucher und Surfer zieht es jedoch mehr in die Nachbarstadt Vila Velha sowie in die kleineren Badeorte Itaúnas, Guarapari, Anchieta und Piuma. Die frühere Touristenhochburg Conceição da Barra ist fast ganz dem Meer zum Opfer gefallen. Die Uferpromenade wurde weggespült und anstelle der ehemaligen Vergnügungsmeile sieht man nur noch Steinhaufen, die als Wellenbrecher fungieren, sowie Schilder, auf denen Häuser zum Verkauf angeboten werden. Eine Lösung der Probleme ist zurzeit noch nicht in Sicht. Im Hinterland von Espírito Santo liegen in einer grünen Bergregion die deutsche Kolonie Domingos Martins und das italienische Einwandererstädtchen Santa Teresa.

Vitória und Vila Velha

Die Hauptstadt Vitória liegt 525 km von Rio und 602 km von Porto Seguro entfernt, eignet sich also gut für einen Zwischenstopp auf der Küstenroute. Ein Blick über den Ort lässt schnell Vergleiche zu Rio aufkommen. Mit 292 300 Einw. ist Vitória zwar kleiner, hat aber viele Hochhäuser, liegt zwischen Küste und Bergen (obwohl es kaum merklich eine Insel ist), besitzt große Brücken und einen an die Copacabana erinnernden Hauptstrand, die **Praia do Camburi**. Dort sind die meisten Hotels und Restaurants, sonntags versammelt sich hier die

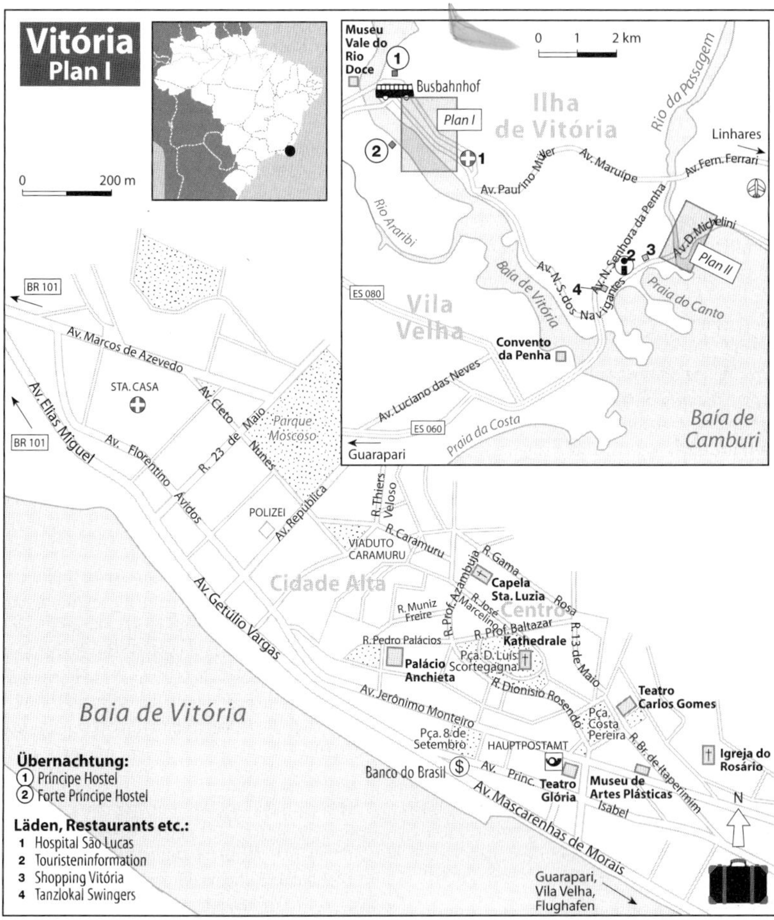

halbe Stadt und imitiert die Strandrituale der Cariocas. Die Nähe zum lebhaften Bahia drückt dem Alltag noch einen weiteren Stempel auf. Abends ist in Vitória einiges los, besonders im quirligen Vergnügungsviertel **Praia do Canto**. Geld zum Ausgehen fehlt weniger als in Bahia oder Rio – die Stadt ist dank ihrer Geschichte relativ wohlhabend.

Geschichte

Am 23. Mai 1535, zu Pfingsten, taufte der portugiesische Adlige Vasco Fernandes Coutinho die ihm in Brasilien als **Kapitanie** zugeteilten Ländereien auf den Namen Espírito Santo (Heiliger Geist). Sein Wohnsitz Vila Velha (Altes Dorf) wurde von den Goitacases-Indianern attackiert und Coutinho flüchtete auf eine gegenüberliegende Insel, die den Namen Vila Nova (Neues Dorf) erhielt. Nach dem späteren Sieg über die Ureinwohner nannten die Portugiesen dieses Dorf Vitória (Sieg). Engländer, Franzosen und Holländer behinderten jedoch noch lange den Besiedlungsprozess.

1823, im Gründungsjahr der Stadt, wohnten hier erst um 5000 Menschen. Doch mit dem **Kaffeeanbau** ab 1830 begann der ökonomische Aufschwung. Während des Ersten Weltkriegs hatte Vitória den zweitwichtigsten Kaffee-Exporthafen Brasiliens. Aus dieser Zeit stammen die meisten Urbanisierungsprojekte sowie die lange Hauptbrücke zum Festland, deren Bau elf Jahre in Anspruch nahm. Als 1942 die alte Eisenhandelsstraße nach Minas Gerais ausgebaut wurde, entwickelte sich der Hafen zum Hauptumschlagplatz von **Eisenerz**. Die jüngere wirtschaftliche Blütezeit von Vitória ist verbunden mit einem der modernsten Häfen der Welt, im Norden der Stadt bei der Tubarão-Brücke neu errichtet. Auch ein exzessiver Bauboom zeugt von der ökonomischen Expansion: bei einem Skyline-Ranking von 2005 lag Vitória mit einem Wolkenkratzer pro 1146 Einw. auf Platz zehn in der Welt.

Rundgang im Zentrum Vitórias

Der historische Teil der Stadt befindet sich in der Oberstadt (Cidade Alta) und besteht nur aus wenigen Sehenswürdigkeiten. Sie sind schnell zu Fuß zu erkunden, zumal die Ausschilderung für brasilianische Verhältnisse vorbildlich ist. Ausgangspunkt ist die **Praça Costa Pereira**, ein schöner Platz aus den 20er Jahren mit acht gewaltigen, mehr als 100-jährigen Palmen. Von dort ist man gleich bei den vier wichtigsten Bauwerken der Stadt.

Direkt am Platz steht das älteste Schauspielhaus von Espírito Santo, das **Teatro Carlos Gomes** von 1927, eine Replik der Mailänder Scala. Die älteste Kirche, die **Capela Santa Luzia** aus dem Gründungsjahr 1551, dient heute auch als Kunstgalerie, ◷ Mo–Fr 8–12 und 14–18 Uhr.

Kunst im Bahnhof

Museu Vale do Rio Doce, Pátio da antiga Estação Pedro Nolasco, Argolas, Vila Velha, ✆ 27/3246 1443. Wechselnde Ausstellungen zeitgenössischer Kunst (Gemälde, Fotos, Skulpturen) im schön restaurierten und bunt beleuchteten Gebäude des alten Bahnhofs, Werke in- und ausländischer Künstler, Einweihung unter Federführung von Joseph Beuys. Ein Teil der Räume dokumentiert die Geschichte der Bahnlinie zwischen Vitória und Minas Gerais; mehr als 5000 Besucher monatlich. ◷ Mo–Do 10–18, Fr 12–20, Sa 10–20 Uhr; Eintritt frei.

Riesig erhebt sich die **Catedral Metropolitana** (ab 1918), erbaut in neogotisch-byzantinischem Stil mit sehr kunstvollen Glasfenstern, ◷ So–Fr 6–11 und 14–17.30 Uhr. Letzte der Attraktionen ist der **Palácio Anchieta** (ab 1551), früher Jesuitenkolleg und Kirche, seit dem 18. Jh. Regierungspalast, ✆ 27/3321 3500, Besichtigung Mo–Fr nach Voranmeldung.

Vila Velha

10 km südlich von Vitória, zu erreichen über die 3,3 km lange Terceira Ponte (Dritte Brücke), liegt die 1535 gegründete und heute 346 000 Einw. zählende Nachbarstadt Vila Velha. Touristen und Einheimische besuchen sie vor allem wegen der 32 km langen Küste. Der längste, schönste und sauberste Strand der Region ist die **Praia da Costa**. Ganz in der Nähe befindet das Eremitenkloster **Convento da Penha** (1558), bedeutendstes religiöses Bauwerk des ganzen Bundesstaates. Die alte Kapelle wurde zwischen 1639 und 1643 erneuert und vergrößert, im 18. Jh. folgten weitere Gebäude, und 1945 fand eine Totalrestaurierung statt. Im Innern befinden sich portugiesische Heiligenfiguren und wertvolle Malereien, darunter die älteste Lateinamerikas, ein Bildnis der N. S. da Penha. Das Kloster liegt malerisch auf einem 154 m hohen Felsen und bietet einen grandiosen Blick auf Vila Velha und die ganze Bucht von Vitória. ◷ tgl. 5.30–16.30 Uhr.

Übernachtung

Príncipe Hostel (HI), Av. Dario Lourenço de Souza 120, Ilha do Príncipe, Vitória, ✆ 27/3322 2799, ✉ hotelp@terra.com.br. Hostel mit 51 Betten, nur EZ (R$20) und DZ (R$44 mit Ventilator, teurere mit AC), alle mit Bettwäsche und privatem Bad; nur 200 m vom Busbahnhof. ❶

Forte Príncipe Hostel (HI), Rua Aracruz 169, Vila Velha, ✆ 27/3339 1605, ✉ pousadaforteprincipe@hotmail.com, 🖳 www.forteprincipe.com.br. Hostel mit 96 Betten, DZ mit Ventilator und TV (R$30), 4-Bett-Dorms mit Bunks (R$15 p.P.), 700 m vom Busbahnhof. ❶

Ibis Vitória, Rua João da Cruz 385, Praia do Canto, ✆ 27/3345 8600, Reservierung ✆ 0800/7037000, 🖳 www.ibis.com.br. Neueres Hotel der französischen Accor-Kette von 2002, 140 Zimmer mit sämtlichem Komfort, aber kein Frühstück. Die geraden Nummern haben Totalblick auf den Strand von Camburi, direkt beim Nightlife-Zentrum von Praia do Canto und nicht weit zu Fuß bis zum Strand. ❸

Best Western Canto do Sol, Av. Dante Michelini 3957, Praia de Camburi, ✆ 27/3395 1700, 🖳 www.hphoteis.com.br. 169 Zimmer mit allem Komfort; Pool, Sauna, Restaurant, Bar, Tennisplatz; günstig am Hauptstrand gelegen. ❹

Essen

Shateau, Rua Comissário Octávio de Queiroz 1060. Sehr beliebtes und preiswertes Self-Service-Lokal nahe der Praia de Camburi. ⌚ Mo–Do 11–14.30, Fr–So 11–15.30 Uhr.

Pirão, Rua Joaquim Lírio 753, Praia do Canto. Bestes Lokal der regionalen Küche in Vitória, hauptsächlich Fisch und Meeresfrüchte; die nicht billige *Moqueca* reicht jedoch für 2–3 Pers. ⌚ Mo–Sa 11–15 und 18–22, So 11–17 Uhr.

Nachtleben

Die meisten Bars, Kneipen und Clubs liegen im sog. „Bermuda-Dreieck" (Triângulo das Bermudas) zwischen den Straßen João da Cruz, Joaquim Lírio und Aleixo Neto im Viertel Praia do Canto, darunter auch ***Wall Street***, Rua João da Cruz 195, unten Choperia, oben Tanz.

Beliebt sind auch die Tanzlokale ***Dona Penha***, Av. Dante Michelini 301, und ***Swingers***, Av. N. S. da Penha, beide mit jeden Abend unterschiedlichen Rhythmen.

In Vila Velha spielt sich das Nachtleben am Strand von ***Itapuã*** ab.

Sonstiges

APOTHEKE – Av. Princesa Isabel 261, ✆ 27/3222 6059. ⌚ 24 Std.

FESTE – **April**: *Festa da Penha*, Prozession bis Vila Velha (8 Tage nach Ostersonntag).

Juni: *Procissão marítima de São Pedro*, Bootsprozession ab Praia do Suá (Ende des Monats).

November: *Vital*, an drei Tagen findet an der Praia do Camburi eines der größten Sonder-

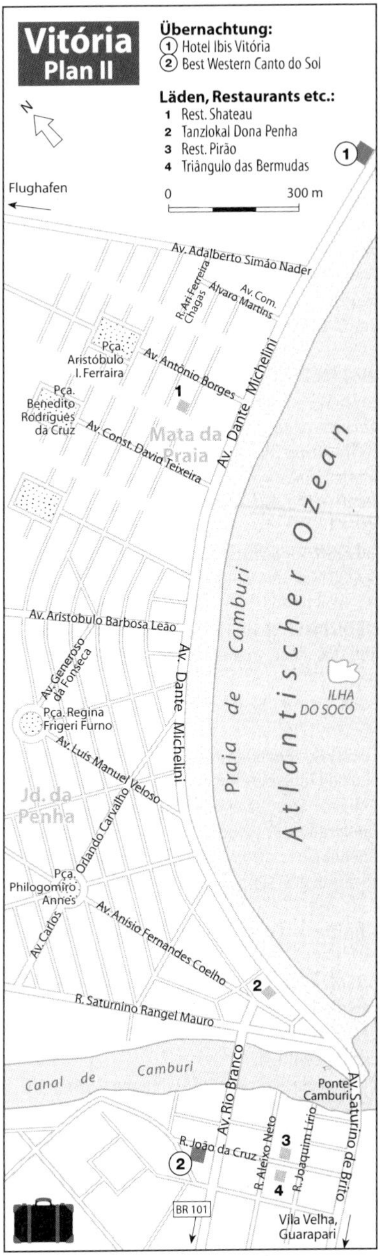

RIO DE JANEIRO UND ESPÍRITO SANTO

Karnevalsfeste statt, mit vielen *Trio-elétricos* und großen Umzügen.
Dezember: *Festa de São Benedito,* Messe, Prozession und Feuerwerk zu Ehren des hl. Benedikt (25./26.).

GELD – Alle wichtigen Banken sind vertreten, u. a. ***Banco do Brasil,*** Praça Pio XII, Centro; ein 24 Std.-Geldautomat findet sich einen Block weiter in der Av. Princesa Isabel, eine **Wechselstube** bei „Mar Azul" im Shopping Vitória, ✆ 27/3335 1187, ⌚ Mo–Sa 10–22, So 15–21 Uhr.

INFORMATIONEN – **Internet** 🖳 www.vitoria.es.gov.br, 🖳 www.vilavelha.es.gov.br.
Secretaria de Turismo (Setur), Av. N. S. da Penha 714, 3. St. (Praia do Canto), ✆ 27/3380 2225. Touristeninformation für den ganzen Bundesstaat, ⌚ Mo–Fr 9–18 Uhr.

INTERNET – ***Livraria Leitura,*** Shopping Vitória, R$4/30 Min. ⌚ Mo–Sa 10–22, So 15–21 Uhr.

MEDIZINISCHE HILFE – ***Hospital São Lucas,*** Rua Des. José Vicente 1533, ✆ 27/3381 3385.

POST – Av. Jerônimo Monteiro 310.

TOUREN – **Bootsfahrten** zu den Inseln do Boi und do Frade mit sauberen Stränden, diverse Anbieter, Start beim Iate Clube nahe Praça dos Namorados, Praia do Canto.
Ausflüge nach Domingos Martins, Santa Teresa sowie zu drei Grotten bei Vila Velha.

Nahverkehrsmittel

BUSSE – Zwischen den Stadtteilen und Stränden gibt es viele reguläre Buslinien. Nr. 111 fährt an der Praia do Camburi entlang, zur Rodoviária und durchs Zentrum.
Der von der Rodoviária abfahrende Bus nach „Vila Velha" fährt zur beliebten Praia do Costa (nahe beim Konvent gelegen), der Bus mit der Aufschrift „Itapuã" fährt ebenfalls nach Vila Velha, aber an die Praia de Itapuã (reges Nachtleben).

Transport

FLÜGE – Der ***Aeroporto de Vitória/Eurico Sales,*** ✆ 27/3235 6300, liegt 10 km nordöstl. des Zentrums und wird angeflogen von *Varig, Gol* und *TAM.*

BUSSE – ***Terminal Rodoviária,*** Ilha do Príncipe, 1 km westl. des Zentrums, ✆ 27/3222 3366.
Anchieta: *Planeta,* ✆ 27/3223 5761, jede Std. zwischen 5.10 und 20 Uhr, 2 Std., R$10.
Belo Horizonte: *Itapemirim,* ✆ 27/3322 0980, tgl. 8.55 und 22.40 Uhr, 8 Std. 40 Min., R$47.
Brasília: *Itapemirim,* 1x tgl. um 18.30 Uhr, 20 Std., R$110.
Conceição da Barra: *Águia Branca,* ✆ 27/4004 1010, tgl. um 6.40, 11.40 und 16.40 Uhr, 4 1/2 Std., R$28.
Domingos Martins: *Águia Branca,* 7x tgl. zwischen 6.25 und 19 Uhr, 1 Std., R$6.
Guarapari: *Planeta,* jede Std. zwischen 5.10 und 21.40 Uhr, 70 Min., R$6.
Ouro Preto: *Itapemirim,* und *São Geraldo,* ✆ 27/3223 0477, 1x tgl. zu variablen Uhrzeiten, die beiden Busgesellschaften wechseln sich ab, 8 Std., R$41.
Piúma: *Planeta,* jede Std. zwischen 5.10 und 20 Uhr, 2 1/2 Std., R$11.
Porto Seguro: *Águia Branca,* tgl. 14 und 21 Uhr, 10 Std., R$53.
Rio de Janeiro: *Águia Branca,* tgl. 12.30 und 22.50 Uhr, 8 Std., R$47.
Salvador: *Águia Branca,* tgl. 17 Uhr, 18 Std., R$149.
Santa Teresa: *Viação Lírios dos Olhos,* ✆ 27/3222 1477, 7x tgl. zwischen 5.50 und 17.20 Uhr, 2 Std., R$11.
São Paulo: *Águia Branca,* tgl. 15.35 Uhr, 14 Std., R$84.

Die Küste

Itaúnas

Das dicht an der Grenze zu Bahia liegende Itaúnas hat nur 2800 Einwohner, gilt aber als wichtigste touristische Region des ganzen Bundesstaates. Die ursprüngliche, mehr als 300 Jahre alte Siedlung

1 km entfernt an der anderen Seite des Rio Itaúnas, wurde in den 60er Jahren unter Wanderdünen begraben. Der hübsche neue Ort wirkt kaum weniger ursprünglich, er ist sehr tropisch mit vielen Palmen und besitzt nur zwei Hauptstraßen (Av. Bento Danher und Rua Demerval Leite da Silva) sowie einen zentralen Platz mit der Igreja de São Sebastião.

In den 70er Jahren war er noch ein Geheimtipp für Hippies und Alternative auf der Flucht vor der Zivilisation. Bis heute ist es in der Nebensaison recht einsam, im Sommer und im Juli strömen jedoch Tausende von jüngeren Gästen in die **Hauptstadt des Forró**. Immer mehr Fischer wechseln den Beruf und steigen ins aufstrebende Tourismusgeschäft ein. Eine Ausdehnung des Ortes ist jedoch schwer möglich, denn er liegt eingequetscht zwischen Dünen, einem Eukalyptuswald und dem **Parque Estadual de Itaúnas**. Ohne umzäunt oder begrenzt zu sein, nimmt dieser Park ein Gebiet von 3674 ha ein und beheimatet diverse Ökosysteme, wie die karge Restinga-Vegetation, Atlantischen Regenwald, Mangrovenwälder, Dünen und Feuchtsavannen. Die Fauna der Überschwemmungsgebiete kann man gut von der schmalen Brücke über den Rio Itaúnas beobachten, der Verbindung zwischen dem Ort und den Dünenstränden. Der Park lässt sich zu Fuß, per Pferd, per Fahrrad oder im Buggy durchqueren. Sämtliche Aktivitäten und Ausflüge in und um Itaúnas sind über die Agentur „Casinha de Aventuras" (s. u.) organisierbar, auch Besuche entfernterer Strände.

Strände

Zwei Küstenabschnitte zählen zu den berühmtesten Brasiliens: die endlose **Praia de Itaúnas** mit ihren 30 m hohen Sanddünen, sowie 16 km nordöstlich an der Grenzmarke zu Bahia der **Riacho Doce**, ein Flussmündungsstrand mit feinem Sand, schwachen Wellen und Korallenriffs. Der Zugang geschieht über eine Sandstraße mitten durch Eukalyptus-Pflanzungen oder besser per Pferd am Strand entlang, besonders in Vollmondnächten ein faszinierendes Erlebnis. Überall an den weiten einsamen Stränden trifft man auf *pedras negras* (schwarze Steine), die dem Wasser oft eine dunkle Färbung verleihen. In der Sprache der Tupi-Indianer heißen diese Steine „Itaúnas", von daher stammt der Name des Ortes. Von September bis März wird die Küste von vier der fünf brasilianischen **Meeresschildkrötenarten** aufgesucht. Deren Schutz wird überwacht durch das staatliche „Projeto Tamar".

Übernachtung

✖ ***Sol das Dunas Pousada Albergue,*** Rua Honário Pinheiro da Silva, ✆ 27/3762 5334. DZ (R$25) und Dorms mit 5 Bunks (R$12 p.P.), alle Zimmer mit Bad, Ventilator und Individualschränken; TV-Saal, mehr als 20 DVDs; großzügige Anlage mit viel Grün, Veranda mit Hängematten, Musik, Wäscherei (R$6/kg). Der Inhaber ist Englisch-Lehrer und Mitglied einer NGO, die sich dem Vogelschutz widmet (AMAR). ❶

Pousada A Nave, Rua Ítalo Vasconcelos, ✆ 27/3762 5102, 💻 www.anave.tur.br. 13 Zimmer (DZ und 6-Bett-Dorms mit Bunks) mit Ventilator, Veranda mit Hängematte, zentrale Lage 1 km vom Strand. Der Besitzer ist Bildhauer, das gesamte Mobiliar ist aus seiner Hand. Zur Anlage gehören eine Frühstücks-Bar *(A Nave)*, Öko-Agentur *(Nave Tur)* und ein Campingplatz (s. u.). In der Nähe Forró-Lokal *Buraco do Tatu.* ❷

Pousada das Araras, Rua Manuel Joaquim A. Jr., ✆ 27/3762 5273, 💻 www.pousadaararas.hpg.com.br. 12 Zimmer mit Ventilator, einige mit Wintergarten; vom Pool schöner Blick auf den Parque Estadual de Itaúnas; in der Bar auch Snacks und Suppen. ❸

CAMPING – ***A Nave,*** Rua Ítalo de Vasconcelos, ✆ 27/3762 5102. Beliebter Treff für Naturfreunde, günstige Lage im Zentrum, 1 km vom Strand, Rasen- und Sandboden, viel Schatten, Platz für 120 Zelte, 12 warme Duschen, Stromspannung 110 und 220 V, Grillmöglichkeit, Bar „A Nave" mit Frühstück, Öko-Agentur „Nave Tur". Ab R$10 p.P. Zur Anlage gehört auch eine charmante Pousada gleichen Namens (s. o.).

Essen und Nachtleben

Dona Tereza, Rua Denerval Leite da Silva. Eines der ältesten und traditionellsten Lokale des Ortes, Fisch und Meeresfrüchte (z. B. *Moqueca* oder *Bobó de Camarão*), Fleisch (z. B. *Bife de Filet Mignon*) und Hähnchen. Große Portionen, preiswert. 🕒 tgl. 12–22 Uhr.

Dona Pedrolina, Rua Leonório Lisboa Vasconselos. Preiswerte Tagesgerichte mit traditioneller Hausmannskost, die teureren Fisch-*Moquecas* reichen für 3 Pers. ⏲ tgl. 11–23 Uhr.

Restaurante do Cizinho, Rua Adolfo Pereira Duarte. Preiswertes Frühstück und Mahlzeiten mit regionalen und internationalen Fisch-, Fleisch- und Nudelgerichten; Spezialitäten wie Filet mit Käse und Banane, *Penne shoyo* u. a. Sehr anheimelndes rustikales Ambiente, aufmerksame Bedienung. ⏲ tgl. 12–24 Uhr.

Zahlreiche Bars und Clubs bieten Forró- und bahianische Axé-Rhythmen, z. B. die ***Bar Forró,*** Rua Denerval Leite da Silva, die ***Bar Fuxico*** und ***Buraco do Tatu,*** beide in der Rua Ítalo Vasconcelos, sowie ***Forró do Coco*** in der Av. Bento Damher, in der Nebensaison die einzige Option. Die Öffnungszeiten aller Lokale ändern sich ständig, daher vor Ort erkundigen.

Sonstiges

AKTIVITÄTEN – Die Agentur ***Casinha de Aventuras,*** nahe beim Parkeingang, ✆ 27/3762 5081, 💻 www.casinhadeaventuras.com.br, bietet **Reitausflüge** am Strand bis Riacho Doce (4 Std., R$30), ganztägige **Buggytouren** über die Strände der Costa Dourada und Riacho Doce (4 Pers., R$250), **Kajak**-oder Kanufahrten auf dem Rio Itaúnas bis zum Rio Angelim (2 Std., R$20 p.P.), **Mountainbiking** (R$20) sowie diverse Reit-, Jeep- und Wanderausflüge durch den Park von Itaúnas.

FESTE – **Juli**: *Festival Nacional de Forró,* mit bekannten Bands aus dem ganzen Land (2. Monatshälfte).

INFORMATIONEN – ***Casinha de Aventuras,*** wichtigste Tourismus-Agentur des Ortes (s. „Aktivitäten").

Transport

BUSSE – Die Fernbusverbindungen nach **Belo Horizonte** und **Vitória** beginnen am Busbahnhof des 20 km entfernten Conceição da Barra. Dorthin fahren je nach Saison 4–7x tgl. zwischen 8 und 16.30 Uhr Busse der Gesellschaft *Viação Mar Aberto,* ✆ 27/3762 2093, 45 Min., R$4.

Guarapari

Diese 88 400-Einwohner-Stadt 59 km südlich von Vitória ist in manchem eine kleine Variante von Fortaleza in Ceará. Die ruhigeren und schöneren Strände liegen etwas außerhalb, an den urbanen Küstenabschnitten überwiegen moderne Apartment-Hochhäuser, bessere Restaurants, Bars und Nachtlokale. Es ist ein Ort für reichere Brasilianer und deren Kids, die sich hier vergnügen wollen, Gäste aus dem Ausland sind eher selten. Im berühmten radioaktiven „Heil"-Sand der sog. **Cidade da Saúde** (Stadt der Gesundheit) suchen viele ältere Leute Genesung. Die Popularität der Stadt wirkte sich in einem immensen Immobilien-Boom aus, viele Hotels und Pousadas schossen aus dem Boden, und in der Saison ist in Guarapari einiges los. Vor 100 Jahren konnte der damalige Bürgermeister Juca Brandão von solch einer Entwicklung nur träumen. Der 1906 fertiggestellte Friedhof São João Batista konnte damals nicht eingeweiht werden, weil in dem gottverlassenen Nest erst zehn Jahre später jemand starb – einen Sarg musste man sich im Nachbarort Anchieta ausleihen.

Strände

Guarapari ist mit seinen 23 Stränden, leicht per Van oder Küstenbus zu erreichen, einer der beliebtesten Badeorte von Espírito Santo. Die **Praia da Areia Preta** (Schwarzer Sand) im Zentrum der Stadt besitzt – wie andere Strände auch – den besonderen Heilsand. An dessen Ende, bei der felsigen Halbinsel **Pedra do Siribeira**, sind häufig Schnorcheltaucher anzutreffen. Dahinter folgt die noch urbane, aber wenig verschmutzte **Praia do Meio**. Hier wie bei den angrenzenden kleinen Stränden von **Castanheiras** und **Namorados** finden sich die meisten Kioske und Strandbars. Etwas abseits vom Zentrum, aber noch zur Stadt gehörig, liegt die schöne 4 km lange **Praia do Morro**, beliebt bei Brett- und Windsurfern (2–3 m hohe Wellen) und abends bevorzugtes Revier der Nachtschwärmer. Weiter nördlich folgt **Três Praias**, einer der ruhigsten Strandabschnitte der Region mit schöner Palmenlandschaft.

10 km nördlich des Zentrums liegt **Setiba Pina**, der Hauptstrand der Surfer. Von dort führt eine Sandstraße zur Sommerfrische von Setiba, einem idyllischen grünen Plätzchen mit sauberem ruhigen Wasser, kleinen Strandkiosken und einer

vorgelagerten Felseninsel. Noch einsamer und ursprünglicher ist es im gepflegten **Parque Estadual Paulo César Vinha** an der Grenze zwischen Guarapari und Vila Velha. Auf 1500 ha vereinen sich saubere Strände *(do Sol, dos Corais)*, Wälder, Lagunen (z. B. die *Lagoa Caraís* mit dem rötlichen Wasser), Inseln und Dünen. Südlich des Zentrums gibt es kaum reizvolle Strände, eine Ausnahme bildet die 10 km entfernte alte Fischerkolonie **Meaípe**. Im Sand liegen bunte Boote, das Meer ist spiegelglatt und sauber, ein paar einfache Pousadas laden zum Verweilen ein.

Übernachtung und Essen

Guaralbergue Hostel (HI), Av. Antônio Guimarães, Quadra 40, Itapebussu, ✆ 27/3261 0475, ✉ guaralbergue@guaratur.com.br, 💻 www.guaratur.com.br/guaralbergue. Gutes Hostel mit 80 Betten; DZ (R$56) mit AC, Kühlschrank und TV; 10-Bett-Dorms mit Bunks, Bad und Ventilator (R$22 p.P.); nur 300 m vom Busbahnhof. ❶
Pousada Estrela do Mar, Rua Majorca 290, Praia do Morro, ✆ 27/3361 6514, 💻 www.pousadaestrelamar.com.br. Neuere Anlage von 2001, 12 große Zimmer (neun mit AC, drei mit Ventilator), Kühlschrank und TV; Lage in einem Wohnviertel zwei Blöcke vom Strand. Mit Ventilator ❶, mit AC ❷
Delícia Mineira, Rua Joaquim da Silva Lima 393, Centro. Preiswertes Selbstbedienungs-Lokal nach Gewicht, Gerichte aus Minas Gerais und Espírito Santo. 🕓 tgl. 11–14.30 Uhr.
Cantinho do Curuca, Av. Santana 96, Praia de Meaípe, ✆ 27/3272 1262 (reservieren). Gilt als bestes Lokal ganz Brasiliens mit der regionalen Küche von Espírito Santo, entsprechend gehobene Preise. Außer *Moquecas* gibt es gute *Bobós* und gegrillte Langusten, Krabben-Vorspeise gratis. Das Ambiente ist rustikal, z. T. Sandboden. 🕓 tgl. 11–22 Uhr.

Nachtleben

Im brasilianischen Sommer geht es in Guarapari hoch her, alle Bars und Clubs öffnen und sind gut besucht. In der Nebensaison ist es bedeutend ruhiger und viele Etablissements schließen.

Hier einige der wichtigsten Lokale (aktuelle Öffnungstage und -zeiten vor Ort erfragen):
Luazul, Nova Guarapari (zwischen Zentrum und Meaípe). Ältester Tanzclub der Stadt; einfach, aber mit Atmosphäre; Tanzboden im Freien.
Multiplace Mais, Meaípe (Süden). Größter Nightlife-Komplex der Stadt, 7000 m^2, auf dem Platz in der Mitte Shows und Performance, um den Platz herum 4 Lokale: die Tanzbar Marítima, die futuristische Bar Asteroíde, das mexikanische Restaurant Iguana und das italienische Restaurant Salamandra; ferner Pizzerien, Kneipen, Whiskeybar und Tabakladen.
Tribo de Gaia, Morro Enseada Verde, Meaípe (nahe Multiplace Mais). Sehr beliebte Bar mit Live-Musikbühne und Tanzpiste, Rock- und elektronische Musik, junges Publikum aus Guarapari und der Umgebung von Vitória.

Aktivitäten

TAUCHEN – Die Region mit vielen Inseln, Riffen und Wracks gehört zu den besten Tauchgebieten Brasiliens, die Sichtweite liegt um 15 m, außer bunten Fischschwärmen sieht man Rochen, Delphine und Meeresschildkröten. Anfänger und Schnorcheltaucher bevorzugen **Três Ilhas**. In der Nähe liegt die *Victory 8B,* die 2003 absichtlich versenkt wurde (15–35 m tief), um ein künstliches Riff zu erzeugen.
Erfahrene Taucher zieht es nach **Escalvadas**, Tiefe bis 30 m, viele Korallen und Fische. Ausfahrten über die Agentur ***Atlantes,*** ✆ 27/3361 0405, tgl. 8 Uhr, Dauer 6 Std., Minimum 4 Pers., R$90 p.P.

WANDERN – ***Parque Estadual Paulo César Vinha,*** ein leichter Pfad (2,5 km) führt zur Lagoa Caraís, Infos zu weiteren Wanderrouten über Reisebüros oder beim ***Centro de Visitantes*** (Besucherzentrum), Rodovia do Sol, KM 38, 🕓 tgl. 8.30–17 Uhr.

Sonstiges

GELD – Alle wichtigen Banken sind im Ort vorhanden, u. a. **Banco do Brasil**, **HSBC**, **Bradesco** und **Itaú**.

INFORMATIONEN – ***Informação Turística,*** Rua Paulo Soares de Águiar, Edifício Comercial Center Park, Lojas 50/51/52, Centro, ✆ 27/3262 8759, ⌚ Mo–Fr 8–18 Uhr.

Transport

BUSSE – Vom **Busbahnhof** in der Rua Araxa 50 (500 m nördl. des Zentrums), ✆ 27/3261 1308, fahren häufig Busse nach **Anchieta**: 40 Min., R$3; **Piúma**: 1 Std., R$4; und **Marataizes**: 2 Std., R$7. Nach **Vitória** fährt *Planeta,* ✆ 27/3362 9613, tgl. jede Std. zwischen 6.15 und 21.30 Uhr, 70 Min., R$6.

Anchieta

Anchieta (19 200 Einw.) liegt 89 km südlich von Vitória und ist ein netter Badeort mit schönen Buchten. In Strandnähe finden sich hübsche Sommerhäuschen, weiter hinten an den Hügeln sind es jedoch nur noch unverputzte Steinhütten. Anchieta besitzt auch einen See, einen Fluss und gute Optionen für Wassersportler und Ökotouristen. Hinzu kommt ein besonderes Stück Religionsgeschichte und eine mysteriöse Ruine.

Die Siedlung wurde 1565 von dem Jesuitenmönch José de Anchieta, dem „Apostel Brasiliens", gegründet. Mit Hilfe der Tupi-Indianer ließ er auch die **Igreja Matriz de N. S. da Assunção** errichten. Die Kirche, eine der ältesten Brasiliens, liegt abgeschieden auf einem Hügel mit schönem Blick auf die Mündung des Rio Benevente. Im **Santuário Nacional Padre Anchieta** ist heute ein Museum mit religiösen Objekten und einem Kerzenleuchter aus dem 18. Jh. untergebracht, ⌚ Mo–Fr 9–12, Sa 14–17, So 9–17 Uhr.

Interessanter noch mögen die **Ruinas do Rio Salinas** sein, eine Ansammlung seltsamer Säulen und Gemäuer aus Mörtel, Stein und Muscheln. Vermutlich geht die Anlage auf die Jesuiten zurück, die hier versteckt vor der portugiesischen Krone ein Salzwerk betrieben hatten. Vielleicht sollte es auch eine Kirche werden, die hier zusammen mit den Indianern erbaut und dann aufgegeben wurde. Man kann den geheimnisvollen Ort per Auto erreichen, einfacher ist jedoch der Wasserweg ab der Mündung des **Rio Benevente** (s. Touren unter „Sonstiges").

Strände

Südlich von Anchieta, im 7 km entfernten Distrikt **Iri**, liegt **Areia Preta** mit vielen Hotels, Pousadas und Restaurants. Im Sommer herrscht ein ziemlicher Trubel, vor allem während des Karnevals. Von hier werden auch Schonerfahrten ins offene Meer oder zu den vorgelagerten Inseln angeboten. Ganz in der Nähe befindet sich die ruhigere **Praia dos Namorados**, bei der – zur Freude der Surfer – nur die Wellen turbulent sind. Noch ursprünglicher und einsamer sind die Strände von **Coqueiro** und **Balanço** genau zwischen Iriri und Anchieta sowie Castelhanos, 5 km südöstlich von Anchieta an der Spitze einer Landzunge.

8 km nördlich von Anchieta gelangt man zu den idyllischen Fischerdörfern **Parati** und **Ubu** mit ruhigen Stränden. Ein Stück weiter in Richtung Guarapari liegt die **Lagoa de Mãe-Bá**, eine große Lagune mit vielen Ausläufern, nur Jet-Skis stören manchmal die herrliche Stille. Zu allen Stränden bestehen gute Nahverkehrsverbindungen (Busse und Vans).

Übernachtung und Essen

Pousada Passos de Anchieta, Rod. do Sol, Ponta dos Castelhanos, ✆ 28/3536 2676, 🖳 www.pousadapassosdeanchieta.com.br. Neuere Anlage von 2002 am Strand, DZ und 16 Holz-Chalês für max. 6 Pers. (1 Doppelbett und 2 Bunks); alle DZ sowie acht Chalês besitzen AC, Kühlschrank und TV; Pool, Bar, Tennis- und Fußballplatz. ❷

Pousada Aba Ubu, Rua Manoel Miranda Garcia, Praia de Ubu, ✆ 28/3536 5067, 🖳 www.abaubu.com.br. 32 Zimmer mit Ventilator, Kühlschrank und TV; Pool, Spielsaal und Tennisplatz; 50 m vom Strand. ❷

Pousada da Memeia, ✆ 28/3534 1534, 🖳 www.pousadadamemeia.com.br. Sehr hübsche Anlage; 47 Zimmer mit AC, Kühlschrank und TV; zwei Pools, Fitness-Studio, Video-Raum, Spielsaal, Spielplatz; 100 m vom Strand von Areia Preta. ❸

Doce Prazer, Rua Zulmira Rosa Antunes. Preiswertes Self-Service-Lokal (nach Gewicht) mit 30 verschiedenen warmen Platten. ⌚ tgl. 11–15.30 Uhr.

Peixada do Garcia, Av. Magno Ribeiro Muqui, Praia de Ubu, ✆ 28/3536 5050 (evtl. reservieren).

Seit 40 Jahren berühmt für die beste regionale Fischküche, v. a. *Moquecas;* mittlere Preise, Strandlage. ⏲ tgl. 10.30–18 Uhr.

Sonstiges

BOOTSTOUREN – An den Ufern des **Rio Benevente** ist die Mangrovenvegetation noch so gut erhalten wie sonst nirgendwo in Espírito Santo. Die Fahrt folgt der Route der italienischen Kolonisatoren, die im 19. Jh. auf diesem Weg das Hinterland erschlossen. Instruktionen für die Tour gibt es in der nahe dem Kai gelegenen **Casa de Cultura**, dem früheren Rathaus und Gerichtsgebäude. Hin und zurück dauert die Fahrt etwa 2 Std. inkl. Badestopp und Besuch einer Meeres-Farm.

FESTE – **Februar**: Anchieta ist berühmt für den größten und lebendigsten Straßenkarneval von Espírito Santo.

GELD – Vertreten ist **Banco do Brasil**.

INFORMATIONEN – ***Secretaria de Turismo de Anchieta,*** Rodovia do Sol KM 21,5, Vila Residencial, ✆ 28/3536 3669, 🖳 www.anchieta.es.gov.br, ⏲ Mo–Fr 12–17 Uhr.

Transport

BUSSE – Die **Busstation** liegt in der Av. Carlos Lindenberg 183 (Hauptstraße zum Zentrum).
Guarapari: tgl. alle 20–30 Min. zwischen 6 und 18.50 Uhr, R$3.
Vitória: *Planeta,* ✆ 27/3223 5761, 8x tgl. zwischen 5 und 20 Uhr, 2 Std., R$10.

Piúma

Dieser 100 km von Vitória entfernte Badeort (15 000 Einw.) besteht auf den ersten Blick nur aus Strand und einem 300 m hohen Berg, dem gern von Kletterern und Drachenfliegern besuchten **Monte Aghá**. Von oben sieht man, wie sich um den Ort der von Mangrovenwäldern umsäumte **Rio Piúma** schlängelt (Bootstouren). Auch lassen sich gut die wichtigsten Strandabschnitte überblicken, am urbansten und meistfrequentierten ist **Acaiaca**, südlich folgen **Itaputanga** und **Maria Neném** mit so vielen Surfern wie sonst nur in **Pau Grande** gleich nördlich des Zentrums.

Die größte Attraktion von Piúma entdeckt man jedoch nur aus nächster Nähe, nämlich ungewöhnlich viele **Muscheln** und **Perlen**, mit etwas Glück sogar die *Oliva zelindea*, die seltenste Muschel der Welt. Die sog. *Cidade das Conchas* (Muschelstadt) ist berühmt für entsprechende Kunsterzeugnisse. Die Mehrheit aller in Brasilien hergestellten Produkte dieser Art stammt von hier, tradiertes Erbe der Puri- und Tupiniquim-Indianer, die schon früher fleißig Perlenketten auffädelten. Heute sind die hiesigen Schmuckstücke in Form von Aschenbechern, Lampen, Spielzeug, Sandalen und Gardinen auf Ausstellungen in Argentinien, Uruguay und Chile sowie in amerikanischen und europäischen Geschäften zu sehen. Wer sich gleich in Piúma damit eindecken will, geht am besten zum **Mercado Municipal** (städt. Markthalle). Im Ort ansässig ist die **Banco do Brasil**, die alle wichtigen Kreditkarten nimmt (auch EC-Karte/Maestro), Reiseschecks und Cash tauscht sowie über Geldautomaten verfügt.

Inseln

Vor den Hauptstränden des Ortes liegen mehrere Inseln. Die **Ilha do Gambá** ist durch eine schmale Landenge mit dem Festland verbunden und kann so auch zu Fuß erreicht werden. Es ist ein Naturschutzgebiet mit vielen Vogelarten, in dem man gut wandern kann, bei Ebbe sogar bis zur **Ilha do Meio** mit ihren wilden Orchideen. Im Sommer gelangt man von der Ilha do Gambá auch per Boot dorthin, ebenfalls zur **Ilha dos Cabritos**.

Am interessantesten ist die **Ilha dos Franceses**, sie liegt 45 Min. vom Kontinent entfernt, besitzt einen 1730 von Franzosen errichteten Leuchtturm und eine reiche Fauna und Flora. Atlantischer Regenwald ist sonst an der Küste kaum mehr vorhanden, seit die englischen Ortsgründer im 19. Jh. fast alles abholzten. Auf der „Franzoseninsel" wird man jedoch reichlich entschädigt. In ihrer Mitte befindet sich zudem die sagenumwobene Gruta dos Judeus, wo es von Jesuiten verstecktes Gold und einen unterirdischen Geheimgang zur Stadt geben soll. Eher antreffen wird man eine ganz seltene, von dem Naturforscher Augusto Ruschi entdeckte Fledermausart *(Morcego-pescador)*, die sich von Fisch und Krabben ernährt.

Übernachtung und Essen

Solar de Brasília, Av. Eduardo Rodrigues 15, Centro, ✆ 28/3520 1521. 22 kleine Zimmer (einige mit AC, andere mit Ventilator), Kühlschrank und TV, kleiner Pool, viele junge Backpacker. ❶

Pousada Toca do Pescador, Av. Beira-Mar 26, ✆ 28/3520 1473, 💻 www.tocadopescador.com.br. Neueres Haus von 2002, sieben Zimmer mit AC, Kühlschrank und TV, Spielsaal, Strandlage (Stühle und Sonnenschirme von der Pousada). ❷

Die meisten Lokale befinden sich an der Av. Beira-Mar, darunter auch das

Ancoradouro, Av. Beira-Mar 1828, Praia de Acaiaca. Gute Gerichte à la carte, hauptsächlich Fisch und Meeresfrüchte, mittlere Preise. 🕒 Mo–Fr 18–24, Sa und So 11–24 Uhr (März–Dez Mo und Di geschlossen).

Aktivitäten

REITEN – Reitausflug zum vegetationsreichen Tal **Vale do Orobó**. Häufig sind Reiher zu sehen, die zum Rio Benevente fliegen. Auch treffen sich hier die Flüsse Novo, Iconha und Piúma, über Letzteren ist es möglich, auch per Boot hierher zu kommen (Vermittlung über Pousadas oder Reiseveranstalter).

Transport

BUSSE – **Vitória**: *Planeta*, ✆ 27/3223 5761, fast jede Std. zwischen 5 und 20 Uhr, 2 1/2 Std., R$11.

Das Hinterland

Domingos Martins

Am 21. Dezember 1846 kamen die ersten deutschen Siedler – vor allem aus Pommern – nach Vitória, zehn Jahre später gründeten sie 50 km entfernt im hügeligen Hinterland ihr eigenes Dorf, damals noch Campinhoberg genannt, heute Domingos Martins (30 560 Einw.). Im Museum der **Casa de Cultura**, Av. Pres. Vargas 520, in der Ortsmitte sind noch einige Objekte und Werkzeuge der ersten Einwanderer zu besichtigen, 🕒 tgl. 8–17 Uhr; Eintritt R$6.

In der Stadt merkt man zunächst nicht so viel von dem teutonischen Ursprung, höchstens das Stadttor, das Rathaus, die Kirche und das Hotel Imperador kommen einem vertraut vor. Doch bei genauerem Hinsehen fallen die zweisprachigen Aufschriften auf Parkbänken auf. Auch ist die blonde Haarfarbe weit häufiger vertreten als sonst. In der **evangelisch-lutherischen Kirche** *(Igreja luterana)* wird an jedem letzten Mittwoch des Monats die 14-Uhr-Predigt auf Deutsch abgehalten. Selbst Dialekte aus Pommern und dem Hunsrück sind noch lebendig. Während des Zweiten Weltkriegs wurden die Heimatsprachen verboten, sind aber heute wieder voll rehabilitiert. Das kulturelle Erbe wird bei diversen Festen gepflegt.

Domingos Martins, auch „Cidade Verde" (grüne Stadt) genannt, liegt in einer fruchtbaren Hügellandschaft. Von der BR 262 ab Vitória fällt schon von weitem der 1822 m hohe und oft bläulich schimmernde **Pedra Azul** ins Auge, wichtigstes Postkartenmotiv der Region im gleichnamigen 1200 ha großen Park.

In der **Reserva Kautsky** beim 850 m hohen Pico do Eldorado lassen sich Tausende von Orchideen bewundern, die der Botaniker Roberto Carlos Kautsky dort sowie bei seinem Haus am Südende der Stadt gezüchtet hat. Jeder Ortsbewohner zeigt Besuchern sofort den Weg zu dessen Wohnung, von wo Roberto die Gäste persönlich im Jeep durch sein Schutzgebiet fährt, meistens umsonst – und zudem spricht er Deutsch.

Übernachtung und Essen

Imperador, Rua Duque de Caxias 275, ✆/📠 27/3268 1115. Charmantes Hotel in deutschem Fachwerkstil, 30 Zimmer mit Ventilator, Pool und Sauna, zentrale Lage gegenüber der ev.-luth. Kirche. ❷

Pousada Schwambach, Rod. João Ricardo Schorling, Campinho (1,5 km vom Zentrum), ✆ 27/3268 1399. Neueres Haus von 2003, 11 Zimmer mit Kühlschrank und TV, daneben Pizzeria mit Gratis-Weinproben. ❸

Caminho do Imigrante, Rua João Batista Wernersbach 155. Wer möchte, kann hier die Küche von Minas Gerais probieren. Preiswertes Self-

Service-Lokal (nach Gewicht), Samstagabend à la carte. ⌚ tgl. 10.30–14.30 Uhr, Sa auch abends.

Bigosch, Rua Francisco dos Santos Silva 50 (gegenüber Casa da Cultura). Gute und preiswerte Wurst- und Bratgerichte aus deutschen Landen. ⌚ tgl. 11–22 Uhr.

Aktivitäten

VERANSTALTER – Die Agentur ***Emoções Radicais***, Rua João Batista Wernersbach 194, ✆ 27/3268 2165, 💻 www.emocoesradicais.com.br, ⌚ Mo–Fr 8–16, Sa und So 9–15 Uhr, bietet ab 4 Pers. inkl. Transport:
Canyoning in der ***Cascata do Galo***, R$50 p.P.; **Rafting** auf dem ***Rio Jucu***, 2 Std. die Stromschnellen hinunter, R$50 p.P.; **Rapel** in der ***Usina do Rio Jucu***, R$55 p.P.

WANDERN – ***Trilhas do Lagarto***, 3 Std.-Weg mittleren Schwierigkeitsgrades über felsigen oder gestrüppreichen Boden vorbei an diversen Teichen (Badesachen mitnehmen) bis zum Fuße des Pedra Azul. Start beim **Besucherzentrum** *(Centro de Visitantes)* im Parque Estadual da Pedra Azul, dort auch Guides, nur außerhalb der Regenzeit. ✆ 27/3248 1156; vor der Wanderung anmelden. Der Pfad hoch zur Pedra Azul ist seit 1995 gesperrt.

Sonstiges

FESTE – **Januar**: *Sommerfest*, gefeiert wird die Ankunft der ersten Immigranten mit viel Musik, Wurst und Bier (letztes Wochenende im Monat).
Juli: *Festival do Inverno*, folkloristisches Winterfest (Ende des Monats).
Oktober: *Blumenfest*.

GELD – Filiale der **Banco do Brasil** mit Geldautomaten.

INFORMATIONEN – ***Secretaria de Cultura e Turismo***, Ladeira Francisco de Santos Silva 28, ✆ 27/3268 1471, 💻 www.domingosmartins.com.br. ⌚ Mo–Fr 7.30–11.30 und 13–17 Uhr.

Transport

BUSSE – Die **Busstation** liegt an der Rua Bernadino Monteiro, ✆ 27/3268 1243.
Vitória: *Águia Branca*, ✆ 27/4004 1010, 7x tgl. zwischen 6 und 19 Uhr, 1 Std., R$6 (auch halten hier alle von **Belo Horizonte** nach Vitória bzw. in umgekehrter Richtung fahrenden Busse).
Santa Teresa: keine direkten Verbindungen, nur über den Umweg nach Vitória.

Santa Teresa

Die meisten *Capixabas*, wie sich die Einwohner von Espírito Santo nennen, sind italienischer Abstammung. Die zahlenstärkste Kolonie beherbergt Santa Teresa, 78 km von Vitória entfernt im hügeligen Hinterland der Serra Capixaba. Am 26. Juni 1875 kamen hier die ersten Immigranten an. Das früheste und älteste Wohnhaus, die **Casa do Lambert** in der Rua São Lourenço, ist noch gut erhalten. Der hübsche blumenbewachsene Hauptplatz und die Hauptkirche bewahren bis heute den Charakter der Gründungszeit, auch wenn der Ort inzwischen auf 20 630 Einwohner angewachsen ist. Die mitgebrachte Sprache ist nicht selten zu hören, sonntags nach der Messe singt man in der **Bár Elite** sogar italienische Arien. Dazu wird reichlich Wein getrunken, der hier aber nicht aus Trauben, sondern aus der Jabuticaba-Frucht gewonnen wird und im Geschmack dem Moscatel ähnelt.

Die Stadt trägt den Beinamen „Beija-flor do Espírito Santo“, denn nirgendwo gibt es so viele Kolibris wie hier. Der 1968 verstorbene Biologe Augusto Ruschi hat sich besonders dem Studium dieses Phänomens gewidmet. Auskunft darüber gibt das 1949 gegründete große **Museu Biológico do Professor Mello Leitão** in der Av. José Ruschi 4 im Zentrum. Es ist bestimmt die Hauptattraktion der ganzen Stadt. Dort befinden sich auch ein kleiner Zoo, eine Schlangenfarm und ein Schmetterlingsgarten. ✆ 27/3259 1696, ⌚ Di–So 8–17 Uhr; Eintritt R$2.

Übernachtung und Essen

Pousada Paradiso, Estrada da Lombardia, 1 km vom Ort, ✆ 27/3259 3191. Acht Zimmer mit TV.

Sauna, See und Fische; reizvoll in einem Tal gelegen, umgeben von intakter Vegetation. Diverse Wanderpfade, auf einem gelangt man in 20 Min. nach Santa Teresa; abends Suppen. ❷

Pierazzo, Av. Getúlio Vargas 115, ✆ 27/3259 1233, 💻 www.pierazzo.com.br. Älteres Haus von 1977, 22 schön eingerichtete Zimmer (EZ und DZ) mit Kühlschrank, TV und Telefon; im Allgemeinbereich Pool, Sauna, Restaurant und Spielsaal. ❸

Bár Elite, Cel. Bomfim Jr., gegenüber Igreja Matriz. Traditionsreiche Restaurant-Bar von 1934, sehr preiswerte Regionalküche, sonntags nach der Messe 9–14 Uhr Musik und Gesang *(Cantoria).* 🕒 Mo–Sa 7–22, So 8–14 Uhr.

Mazzolin di Fiori, Praça Domingos Martins. Die besten italienische Teigwaren der Stadt, Spezialität ist Agnolini. Self-service und Gerichte à la carte; preiswert. 🕒 Mo–Fr 11–14, Sa und So 11–16 Uhr.

Sonstiges

EINKAUFEN – Wer eine Flasche der hiesigen Wein-Spezialität mitnehmen will, geht in die *Cantina Mattiello* oder *Cantina Romanha*, beide in der Rua São Lourenço.

GELD – Filiale der **Banco do Brasil** mit Geldautomaten.

INFORMATIONEN – ***Secretaria de Turismo,*** Av. Getúlio Vargas 446, Centro, ✆ 27/3259 2268, 💻 www.santateresa-es.com.br. 🕒 Mo–Fr 8–11 und 12.30–15.30 Uhr.

Transport

Die **Busstation** ist in der Rua Ricardo Pasolini, ✆ 27/3259 1300.

Domingos Martins: keine direkten Verbindungen, nur über Vitória.

Vitória: *Viação Lírio dos Olhos,* ✆ 27/3222 1477, 7x tgl. zwischen 6 und 18.30 Uhr, 2 Std., R$11.

Bahia

Die einmalige Mischung von europäischer Geschichte und afrikanischer Kultur in **Salvador** in sich aufnehmen.

An der **Costa das Baleias** Buckelwale beobachten und in die bunten Unterwasserwelten der **Abrolhos-Inseln** abtauchen.

Die magische Abendstimmung in **Trancoso** und **Barra Grande** genießen.

Sich ins wilde Nachtleben stürzen in **Arraial d'Ajuda, Porto Seguro** oder **Morro de São Paulo**.

An den traumhaften Urwald-Stränden von **Itacaré** abhängen oder die perfekten Wellen surfen.

Entspannen an den unberührten Stränden der **Ilha de Boipeba** und der **Halbinsel Maraú**.

Die romantischen Dünendörfer **Imbassaí** und **Mangue Seco** kennen lernen.

Natur pur auskosten auf einer Trekkingtour durch die **Chapada Diamantina**.

Der Bundesstaat Bahia (mit 563 762 km^2 ungefähr so groß wie Deutschland) verbindet auf einzigartige Weise Geschichte, Kultur und landschaftliche Schönheit. Bei dem kleinen Küstenort Porto Seguro wurde Brasilien von den Portugiesen „entdeckt“, einige der ältesten Bauwerke lassen sich dort noch in der Oberstadt bewundern. **Salvador da Bahia** war die erste Hauptstadt der portugiesischen Kolonie, nirgendwo sonst im Land finden sich so viele architektonische Zeugnisse dieser glanzvollen Vergangenheit. Hierher kamen auch die meisten Sklaven aus Afrika und brachten ihre reichen kulturellen Traditionen mit. Bis heute ist die Stadt stark davon geprägt, sei es bei der Musik, den Tänzen, dem Karneval oder den afro-brasilianischen Kulten.

Zudem garantieren endlose **Traumstrände** einen wahren Bilderbuchurlaub. Die mit 1100 km längste Küste Brasiliens besticht durch eine üppige Palmen- und Mangrovenvegetation. Beliebteste Badeorte sind **Porto Seguro** mit den Nachbardörfern **Arraial d'Ajuda** und **Trancoso**, die Surfer-Hochburg **Itacaré**, die autofreie Insel **Morro de São Paulo** und das verträumte **Praia do Forte**. Weniger bekannte, doch mindestens ebenso reizvolle Strände und Inseln finden sich überall entlang der Küste. Sie wird in fünf Bereiche eingeteilt: vier gehören zum **Litoral Sul** (südlich von Salvador), einer zum **Litoral Norte**. Im Inland lockt die **Chapada Diamantina**, einer der schönsten Naturparks Brasiliens mit Wasserfällen und Schluchten – ein Paradies für Outdoor-Liebhaber. Informationen: 🖳 www.bahia.com.br.

Geschichte

Brasilien wurde im Gebiet des heutigen Porto Seguro entdeckt – dem „sicheren Hafen“, wo der Portugiese Pedro Álvares Cabral im Jahr 1500 seine Flotte vor Anker gehen ließ. Der erste Generalgouverneur Tomé de Souza gründete 1549 die Stadt Salvador als ersten Sitz der Kolonialregierung, vier Jahre später wurde das Bistum Salvador errichtet. Zu jener Zeit lebten im heutigen Bahia die Tupinambá- und Tupiniquim-Indianer. Nach Ankunft der Portugiesen ging ihre Zahl durch Kämpfe und Versklavung dramatisch zurück; heute leben indianische Stämme in Reservaten und Nationalparks.

Durch das rote **Brasilholz** (Pau Brasil) und **Zuckerrohr** erlangt die Region im 16. Jh. eine erste Infrastruktur. Um 1650 ist Brasilien wichtigster

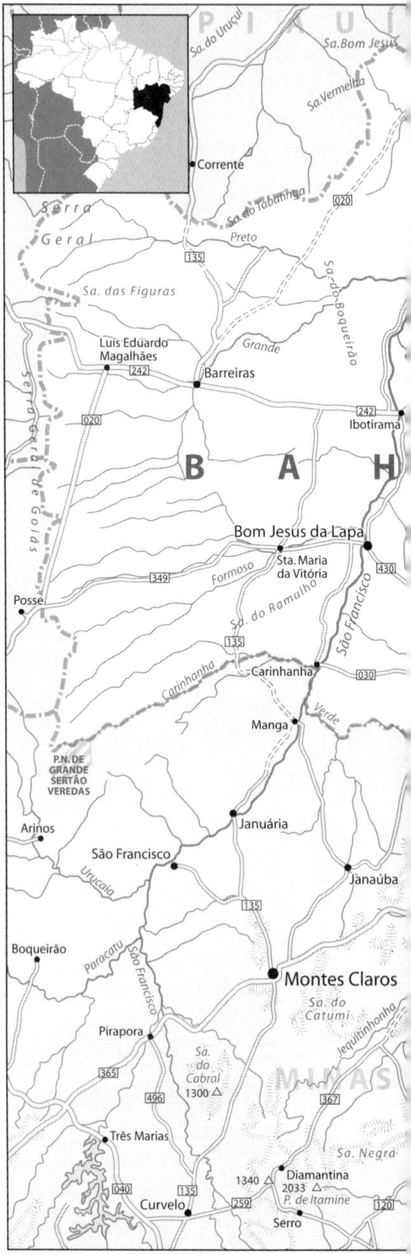

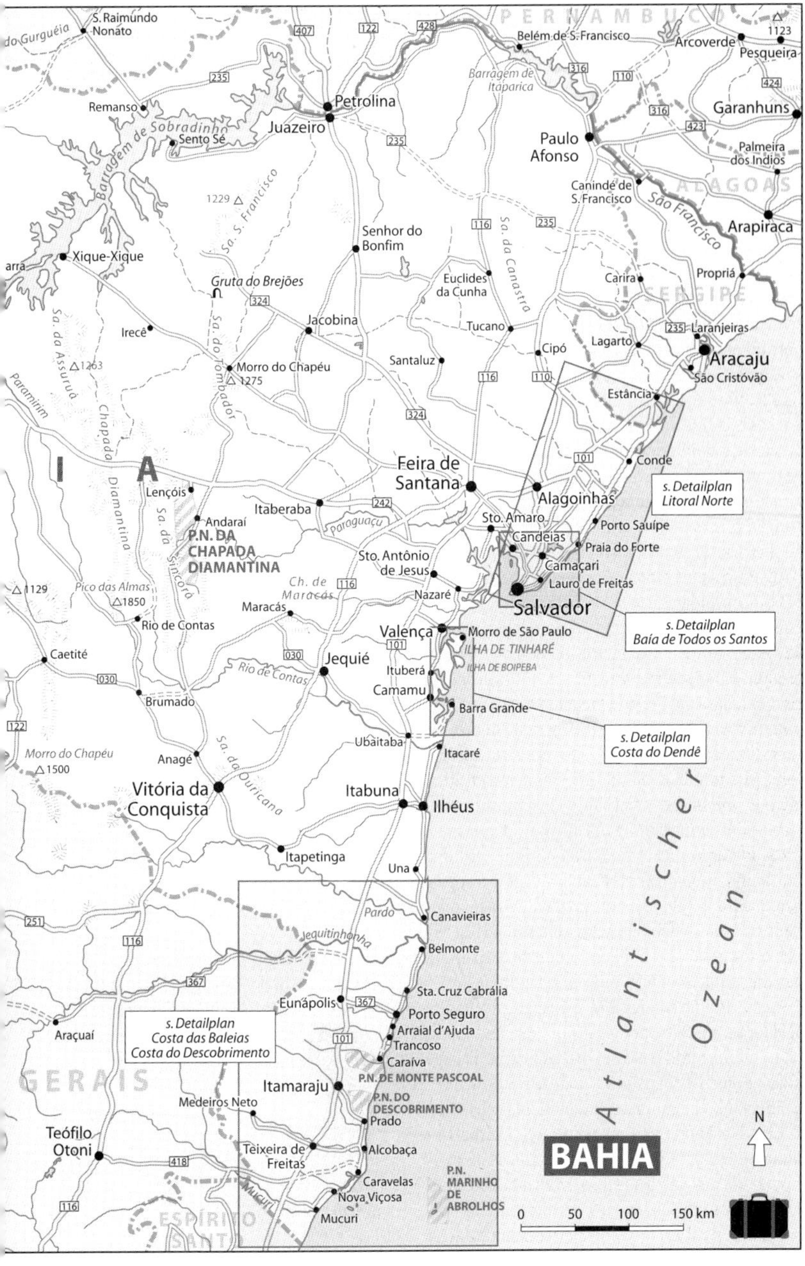
BAHIA
PERNAMBUCO
ALAGOAS
SERGIPE
GERAIS
ESPÍRITO SANTO
Atlantischer Ozean
S. Raimundo Nonato
Petrolina
Juazeiro
Remanso
Sento Sé
Barragem de Sobradinho
Belém de S. Francisco
Barragem de Itaparica
Arcoverde
Pesqueira
Garanhuns
Paulo Afonso
Palmeira dos Indios
Canindé de S. Francisco
São Francisco
Arapiraca
Senhor do Bonfim
Xique-Xique
Gruta do Brejões
Euclides da Cunha
Sa. da Canastra
Carira
Propriá
Jacobina
Tucano
Lagarto
Laranjeiras
Aracaju
São Cristóvão
Irecê
Morro do Chapéu
Santaluz
Cipó
Estância
Sa. da Assuruá
Sa. do Tombador
Chapada Diamantina
Paramirim
Conde
Feira de Santana
Alagoinhas
s. Detailplan Litoral Norte
Lençóis
Itaberaba
Andaraí
Paraguaçu
Sto. Amaro
Porto Sauípe
P.N. DA CHAPADA DIAMANTINA
Candeias
Praia do Forte
Sto. Antônio de Jesus
Camaçari
Lauro de Freitas
Pico das Almas
Ch. de Maracás
Nazaré
Salvador
Maracás
Rio de Contas
Valença
Morro de São Paulo
s. Detailplan Baía de Todos os Santos
ILHA DE TINHARÉ
ILHA DE BOIPEBA
Caetité
Jequié
Ituberá
Camamu
Brumado
Barra Grande
s. Detailplan Costa do Dendê
Ubaitaba
Itacaré
Anagé
Sa. da Ouricana
Vitória da Conquista
Itabuna
Ilhéus
Itapetinga
Una
Pardo
Canavieiras
Jequitinhonha
Belmonte
Sta. Cruz Cabrália
Eunápolis
Porto Seguro
Arraial d'Ajuda
Trancoso
Araçuaí
s. Detailplan Costa das Baleias Costa do Descobrimento
Caraíva
P.N. DE MONTE PASCOAL
Itamaraju
P.N. DO DESCOBRIMENTO
Medeiros Neto
Prado
Teófilo Otoni
Teixeira de Freitas
Alcobaça
Caravelas
Nova Viçosa
Mucuri
P.N. MARINHO DE ABROLHOS
0 50 100 150 km
N

Zuckerproduzent der Welt, dank seines Hafens wächst Salvador zur wohlhabenden Stadt. Doch der Wohlstand basiert überwiegend auf der Ausbeutung afrikanischer **Sklaven**: Salvador ist zeitweise größter Sklaven-Importhafen Mittel- und Südamerikas. Die gesellschaftlichen und kulturellen Folgen der fast 300 Jahre währenden Unterjochung sind bis heute in Bahia sichtbar: Kein brasilianischer Staat ist „schwärzer", nirgendwo sind die **afrikanischen Wurzeln** so präsent wie hier.

Von den Versuchen der Holländer und Franzosen, sich eine Scheibe des neuen Landes abzuschneiden, bleibt Bahia so gut wie unberührt. Die Machtkämpfe mit den kolonialen Konkurrenten spielen sich weiter nördlich, vor allem in Olinda und Recife sowie São Luís ab. Lediglich 1624 gelingt es den Holländern vorübergehend Salvador zu besetzen, sie hinterlassen zahlreiche Festungen.

Der langsame Abstieg Salvadors und Bahias beginnt mit den Gold- und Diamantenfunden vor allem in Minas Gerais Ende des 17./Anfang des 18. Jhs. Um 1750 ist Brasilien für das portugiesische Königshaus eine wahre Goldgrube, die wirtschaftliche und politische Macht verlagert sich vom landwirtschaftlich geprägten Nordosten in den Südosten. Im Jahr 1763 wird Rio de Janeiro neue Kolonialhauptstadt und löst Salvador nach mehr als 200 Jahren ab. Die Edelmetalle werden nun von dort nach Europa verschifft. Die neue, mächtige Rolle Rio de Janeiros wird weiter verstärkt, als das Königshaus 1808 aus Portugal nach Brasilien flüchten muss; die in der Folge einsetzende infrastrukturelle Entwicklung Brasiliens geht vom Südosten aus und nicht von Salvador. Eine wichtige Rolle im Kampf um die Unabhängigkeit von Portugal spielt das Inland Bahias: Das **Recôncavo** ist Zentrum von Widerstandsaktivitäten, die 1822 zur Loslösung vom Kolonialherren und zur Schaffung des Kaiserreichs unter Dom Pedro I. führen.

Bahia kann in der Folge bis zur Weltwirtschaftskrise 1929 zwar durch **Tabak**-, **Kakao**- und **Kaffeeboom** kurzfristige wirtschaftliche Erfolge erzielen, langfristig jedoch gerät der Nordosten gegenüber dem nun immer stärker industrialisierten Süden mehr und mehr ins Hintertreffen. Mit dem Verbot des Sklavenhandels 1850 und der Abschaffung der Sklavenhaltung 1888 verliert Bahia endgültig Boden in seiner wirtschaftlichen Entwicklung. Zeitgleich bringen europäische Einwanderer dem Süden neue Impulse und Arbeitskraft. Industrialisierung und Verstädterung sorgen im 20. Jh. für eine Massen-Landflucht, Millionen *Baianos* versuchen ihr Glück im reicheren Süden, vor allem in der explodierenden Metropole São Paulo. Die Militärdiktatur bis in die 1980er Jahre trägt nicht zu einer Lösung der strukturellen Probleme Bahias bei. Auch nach Wiedereinführung der Demokratie ist Bahias politische Kaste weitgehend von Vetternwirtschaft und Korruption geprägt. Einige wenige besitzen viel, die breite Masse lebt in blanker Armut, daran ändert sich wenig.

Dessen ungeachtet, hat sich Bahia in den letzten Jahren intelligent auf dem Tourismusmarkt positioniert. Ausschlaggebend hierfür war die grundlegende Restaurierung des Altstadtviertels Pelourinho in Salvador. Seit Mitte der 90er Jahre ist die Stadt unangefochtenes **Tourismusziel Nummer Eins** im Nordosten und Nummer Zwei in Brasilien, hinter Rio de Janeiro; der Staat Bahia ist mit seinen Traumstränden der größte Touristenmagnet des Landes.

Klima und Reisezeit

Bahia ist ein ganzjährig attraktives Reiseziel: an der **Küste** herrschen ideale klimatische Bedingungen mit einer Jahresdurchschnittstemperatur von 25 °C, mit nur geringen Schwankungen. Zwischen Juni und August wird es etwas kälter, dann fällt auch der meiste Regen. Auch im Sommer von November bis Februar gibt es Regenperioden, doch meist ist es warm und trocken.

Hauptsaison ist zwischen Weihnachten und Karneval, in vielen Orten auch im Juli und August. Die Preise ziehen dann stark an; ohne Reservierung kann es schwer sein, ein Zimmer zu bekommen. Außerhalb dieser Zeit geht es vielerorts ruhig zu, zwischen April und Juni schließen sogar manche Einrichtungen. In der **Chapada Diamantina** regnet es zwischen November und März, positiver Effekt: die Wasserfälle schwellen an. Im Rest des Jahres ist es recht trocken, im Winter kann es kühl werden.

Salvador

Capital da Alegria – Hauptstadt der Freude – nennt sie sich, die frühere Kolonialhauptstadt (1549–1763) und heutige Landeshauptstadt von

Bahia (2,5 Mill. Einw.). Und wer einmal hier war wird schnell verstehen, warum. Kaum ein Besucher, der nicht mitgerissen wird von der afrobrasilianischen Energie und der pulsierenden Lebensfreude der *Soterapolitanos*, wie die Einwohner genannt werden. Salvador ist in Brasilien die Stadt mit dem höchsten Anteil an Afro-Brasilianern (80%).

Nicht nur an Lebensenergie ist Salvador Brasiliens wohl reichste Stadt, sondern auch was das **kulturhistorische Erbe** betrifft. Sowohl hinsichtlich kolonialer Architektur als auch der (Kirchen-) Malerei und Goldschmiedekunst nimmt sie noch vor Ouro Preto den ersten Platz in Brasilien ein. Vor allem in der **historischen Altstadt** mit ihren 3000 historischen Gebäuden besteht Gelegenheit, diese Schätze zu bewundern. Der Sänger Gilberto Gil hatte das einst heruntergekommene **Pelourinho** als „größten Barock-Slum der Welt" bezeichnet. Doch nachdem der Stadtteil von der UNESCO im Jahre 1985 zum Kulturerbe der Menschheit erklärt wurde, kamen endlich die nötigen Mittel für die überfälligen Restaurationsarbeiten. Seit 1992 hat das Viertel ein neues Gesicht und ist einer der Haupttouristenmagneten Brasiliens.

Nach der Restaurierung wurde das Pelourinho auch zu einem lebendigen Zentrums des **Nachtlebens**. Scharenweise ziehen die Nachtschwärmer durch die Gassen dieses quirligen Bermuda-Dreiecks, in dem schon so mancher „abgesoffen" ist. Ständig wird auf mehreren Plätzen unter freiem Himmel etwas geboten, seien es Konzerte, Tanz oder Capoeira.

Und nicht zuletzt, oft übersehen: Außer Partys, Kunst und Kultur bietet Salvador auch reizvolle **Strände**, sie erstrecken sich an der Atlantikküste bis zum Flughafen.

Sicherheit

Die Stadt hat in den letzten Jahren viel zur Verbesserung der Sicherheit unternommen. So sind im **Pelourinho** an fast jeder Straßenecke Polizisten platziert und die Polizeipräsenz wurde stadtweit erhöht. Die allgemeine Sicherheitslage ist inzwischen weit besser als in den Metropolen des Südostens. Dennoch muss man sich darüber im Klaren sein, dass die krassen Gegensätze zwischen Arm und Reich auch in Salvador existieren und ein Touristenmagnet wie das Pelourinho Begehrlichkeiten weckt. So gehören Berichte von Taschendiebstahl und Überfall auch immer noch zur Tagesordnung; mit immer neuen **Tricks** wird versucht, ahnungslose Gringos zu erleichtern. Dies geschieht vor allem im Pelourinho, seltener in Barra und anderen Stadtteilen. Dennoch besteht kein Grund zur Panik. Neben Vorsicht und gesundem Menschenverstand ist der wirkungsvollste Schutz, erst gar keine Wertsachen bei sich zu tragen. Sicherheitsregeln wie das Vermeiden dunkler, unbekannter Straßen gelten natürlich auch hier (s. S. 53). Dies trifft besonders für die Gebiete angrenzend an das historische Zentrum sowie Teile der **Cidade Baixa** zu (besonders Av. Contorno wegen angrenzender Favelas) – hier sollte man auch tagsüber auf den ausgetretenen Pfaden bleiben. In der Dunkelheit sollte für den Nachhauseweg ein Taxi in Erwägung gezogen werden.

Bei Problemen hilft die auf Touristen spezialisierte Polizeidienststelle **Deltur**, Largo do Cruzeiro de São Francisco, Pelourinho. ⌚ 24 Std.

Ein ewiges Thema im Pelourinho sind **Belästigungen** aller Art: durch Betrunkene, Prostituierte, aggressive Straßenkinder etc. Hier ist Gelassenheit das beste Rezept. Zeigt man zu viel Aufmerksamkeit, ist man die ungebetene Begleitung meist so schnell nicht wieder los. Wer Straßenkindern Geld gibt, trägt übrigens nicht zur Lösung des Problems bei; eine Essensgabe ist meist die bessere Alternative. Ziel zahlreicher Projekte ist es, die Kinder von der Straße zu holen. Durch Geldgeschenke machen sie jedoch die Erfahrung, dass sich Betteln lohnt – und kaufen sich häufig davon Klebstoff oder andere Drogen.

Trotz aller Warnungen und Vorsichtsmaßnahmen: Die meisten Salvador-Touristen kommen ohne Probleme über die Runden, am besten lässt sich die Stadt möglichst unbefangen erkunden.

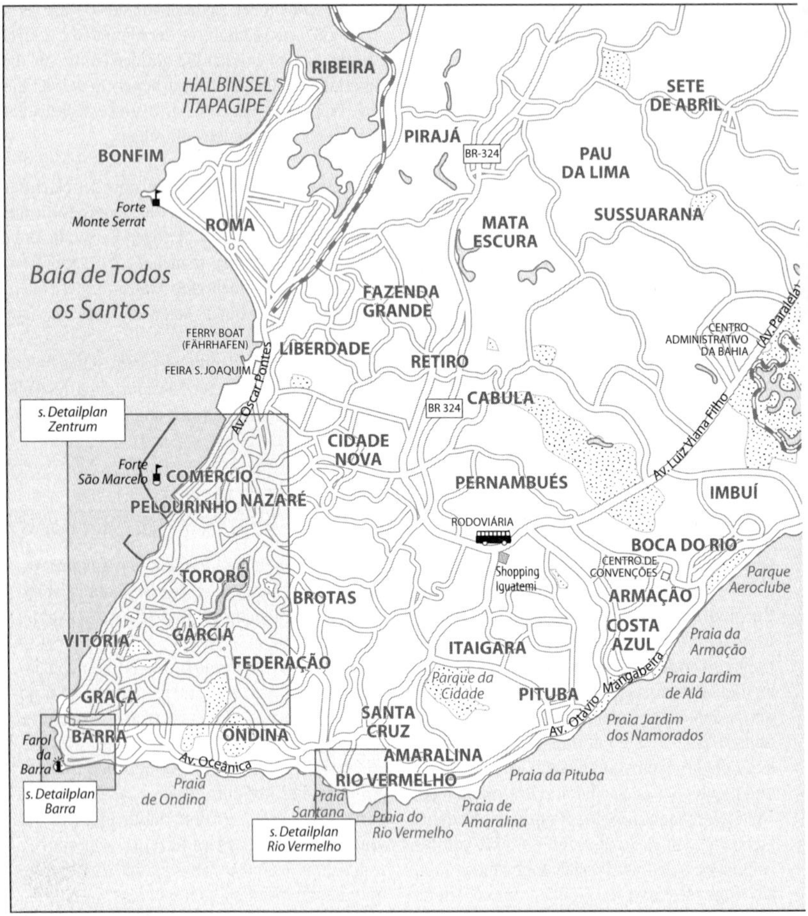

Orientierung

Der Standort der ersten Hauptstadt Brasiliens wurde mit Bedacht gewählt. Die geschützte Allerheiligenbucht war dank des sicheren Hafens und der Anhöhe ideal, um sie gegen Angriffe zu verteidigen. Die Unterstadt (**Cidade Baixa**) war früher Handelszone und ist bis heute traditionelles Büro- und Geschäftszentrum, Teile davon werden daher auch als **Comércio** bezeichnet. Über den Aufzug **Elevador Lacerda** gelangt man in die Oberstadt (**Cidade Alta**). Hier entstanden die Monumente geistlicher und weltlicher Macht: Kirchen, Klöster und Regierungspaläste. Heute nennt man das gesamte Gebiet auch **Centro Histórico** – das Historische Zentrum, dessen Kern das **Pelourinho** mit seinen angrenzenden Vierteln **Carmo** und **Santo Antônio** ist.

Die Altstadt zieht die meisten Touristen an, doch Salvador hat noch weit mehr zu bieten, z. B. die Halbinsel **Itapagipe**, nördlich vom historischen Zentrum, mit der berühmten Wallfahrtskirche **Igreja Senhor do Bonfim**, zu der im Januar Pilger aus ganz Brasilien strömen. Südlich vom **Campo Grande** in **Vitória** und **Barra** lebt die wohlhabende Mittelschicht. Hier findet man viel Kultur und

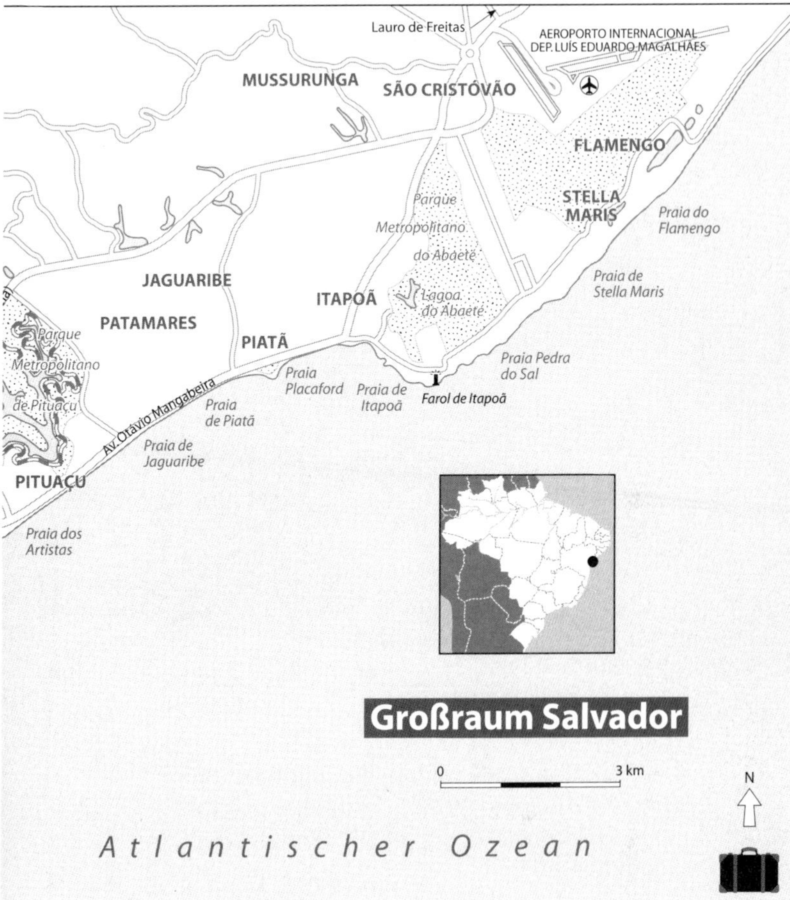

Nachtleben. **Barra** ist auch der zweite touristische Schwerpunkt **Salvadors** mit attraktiven Stadtstränden, doch tummeln sich dort weniger Touristen als im Pelourinho. Hier liegt eines der Wahrzeichen der Stadt: die erste Festung Brasiliens mit dem Leuchtturm **Farol da Barra**. Nach Barra kommt **Ondina**, ein unspektakulärer Stadtteil mit teuren Hotels.

Interessanter ist das benachbarte **Rio Vermelho**, ein beliebter Wohnort von Künstlern und Intellektuellen mit ausgeprägtem Nachtleben. Einige Kilometer weiter macht die Küste einen Knick Richtung Osten. An dieser Stelle liegt das ehemalige Fischerdorf **Itapoã**, kurz dahinter die schönen Strände **Stella Maris** und **Flamengo**.

Rundgang durch das Pelourinho (Centro Histórico)

Das kulturgeschichtlich bedeutende historische Zentrum war noch in den 80er Jahren geprägt von Kriminalität, Drogenhandel und Rotlichtszene und wurde erst mit Beginn umfangreicher Renovierungsarbeiten 1993 zu einem Tourismusmagneten und Ausgehviertel. Von der Unterstadt ist es in we-

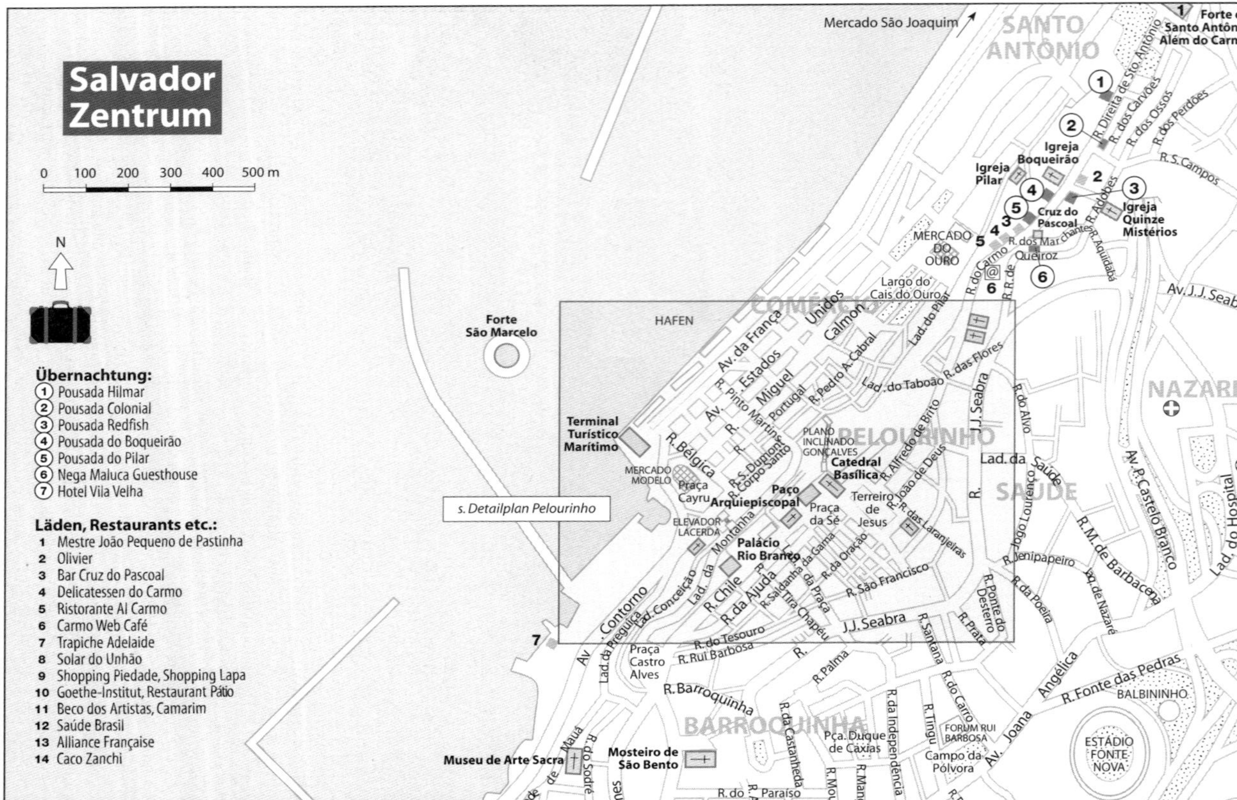
Salvador Zentrum
0 100 200 300 400 500 m
N
Übernachtung:
1 Pousada Hilmar
2 Pousada Colonial
3 Pousada Redfish
4 Pousada do Boqueirão
5 Pousada do Pilar
6 Nega Maluca Guesthouse
7 Hotel Vila Velha
Läden, Restaurants etc.:
1 Mestre João Pequeno de Pastinha
2 Olivier
3 Bar Cruz do Pascoal
4 Delicatessen do Carmo
5 Ristorante Al Carmo
6 Carmo Web Café
7 Trapiche Adelaide
8 Solar do Unhão
9 Shopping Piedade, Shopping Lapa
10 Goethe-Institut, Restaurant Pátio
11 Beco dos Artistas, Camarim
12 Saúde Brasil
13 Alliance Française
14 Caco Zanchi
Mercado São Joaquim
SANTO ANTÔNIO
Forte de Santo Antônio Além do Carmo
R. Direita de Sto. Antônio
R. dos Carvões
R. dos Ossos
R. dos Perdões
R. S. Campos
Igreja Boqueirão
Igreja Pilar
Cruz do Pascoal
Igreja Quinze Mistérios
R. Adobes
R. dos Marchantes
R. Aquidabã
Queiroz
MERCADO DO OURO
Largo do Cais do Ouro
R. do Carmo
Av. J.J. Seabra
Forte São Marcelo
HAFEN
COMÉRCIO
Av. da França
Unidos
Calmon
Estados
Miguel
Portugal
R. Pinto Martins
R. Pedro A. Cabral
Lad. do Pilar
R. das Flores
Lad. do Taboão
J.J. Seabra
R. do Alvo
NAZARÉ
Terminal Turístico Marítimo
R. Bélgica
R. S. Dumont
R. Corpo Santo
PLANO INCLINADO GONÇALVES
PELOURINHO
R. Alfredo de Brito
R. João de Deus
Catedral Basílica
Lad. da Saúde
SAÚDE
Av. P. Castelo Branco
Lad. do Hospital
MERCADO MODELO
Praça Cayru
Paço Arquiepiscopal
Praça da Sé
Terreiro de Jesus
R. das Laranjeiras
s. Detailplan Pelourinho
ELEVADOR LACERDA
Montanha
Palácio Rio Branco
R. Chile
R. da Ajuda
R. Saldanha da Gama
R. da Oração
R. São Francisco
Tira Chapéu
R. da Praça
Jogo Lourenço
R. Jenipapeiro
R. M. de Barbacena
Lq. de Nazaré
R. da Poeira
R. Ponte do Desterro
R. Prata
Av. Contorno
Lad. Conceição
Lad. da Preguiça
R. do Tesouro
R. Rui Barbosa
Praça Castro Alves
R. Palma
R. Santana
R. do Carro
Angélica
R. Fonte das Pedras
BALBININHO
R. Barroquinha
BARROQUINHA
R. da Castanheda
Pça. Duque de Caxias
R. da Independência
R. Tingu
FORUM RUI BARBOSA
Campo da Pólvora
Av. Joana
ESTÁDIO FONTE NOVA
Museu de Arte Sacra
Mauá
R. do Sodré
Mosteiro de São Bento
R. do Paraíso

Dique do Tororó
Barris
Garcia
Graça
Av. Vasco da Gama
Av. Presidente Costa e Silva
R. da Telebahia
Av. Garibaldi
Av. Cardeal da Silva
R. Pedro Gama
R. Sérgio de Cavalho
R. Afonso Oliva
R. Ferreira Santos
R. Caetano Moura
R. Garibaldi
R. Prediliano Pita
Av. Centenário
Av. Reitor Miguel Calmon
R. Ampara do Tororó
C. do Tororó
R. Ism. Ribeiro
R. Eloy Guimarães
Estação da Lapa
Coqueiro da Piedade
R. Rockefeller
R. Mesquita dos Barris
R. Junqueira Ayres
Av. Vale dos Barris
R. Almeida Sande
Cons. Spínola
R. Teod. Sampaio
R. Gen. Labatut
Lad. dos Barris
R. Alegria dos Barris
R. do Salete
Pça. da Piedade
N. S. da Piedade
Piedade
R. da Direita
Av. 7 de Setembro
R. C. Spínola
R. Politeama de Cima
R. Politeama de Baixo
Lad. da Fonte
Teatro Castro Alves
Banco do Brasil
R. da Curva Grande
R. Leovigildo Figueiras
R. Felix Mendes
R. C. M. da Costa
R. João das Botas
R. Forte de S. Pedro
R. Carlos Gomes
Aflitos
R. Tuiuti
R. Gabriel Soares
Av. Contorno (Av. Lafayete Coutinho)
Parque das Esculturas
Museu de Arte Moderna (Solar do Unhão)
R. Gamboa
Forte São Pedro
Campo Grande (Praça 2 de Julho)
Av. 7 de Setembro (Corredor da Vitória)
Av. Reitor Miguel Calmon (Vale do Canela)
Av. Araújo Pinho
R. M. Pinho
R. Marechal Floriano
R. P. Lessa
R. Basílio da Gama
Museu Geológico
Museu Carlos Costa Pinto
R. Dr. A. Carvalho
R. Dr. C. Aguiar
Tv. H. Wilson
Igreja N. S. da Vitória
Largo da Vitória
Lad. da Barra
R. Eng. S. Lima
R. da Graça
R. Florida
R. Teixeira Leal
R. 8 de Dezembro
Av. R. Leopoldina
R. A. Japi
R. Conde Filho
R. da Paz
R. H. de Campos
R. Euclides da Cunha
R. Barão de Loreto
R. Eng. Celso Torres
Av. Centenário
R. Caetano Moura
TV
1
7
8
9
10
11
12
13
14

nigen Sekunden mit dem 1930 erbauten Aufzug **Elevador Lacerda** zu erreichen, der mit seiner mächtigen Architektur die Szenerie beherrscht – das wohl bekannteste Postkartenmotiv Salvadors. Oben angekommen, bietet sich von der **Praça Tomé de Souza** (auch Praça Municipal) ein herrlicher Blick auf Hafen und Bucht mit der Insel Itaparica.

Der Platz wird vom wuchtigen **Palácio Rio Branco** dominiert, ehemaliger Sitz der Regierung von Bahia. Herrlich ist der Ausblick von der Veranda im 1. Stock. ⌚ Mo 14–18, Di–Fr 9–18, Sa 9–17 Uhr; Eintritt frei.

Gegenüber dem Palast steht eine Bausünde von 1986, in der die *Prefeitura* (Rathaus) untergebracht ist. Schöner ist der **Paço Municipal** an der Ostseite des Platzes, ein lang gezogener Bau mit Säulengang und Turm von 1660; hier kommt der Stadtrat zusammen.

Folgt man der Rua da Misericórdia in nördlicher Richtung, gelangt man zur benachbarten **Praça da Sé**. Jugendliche schieben hier rollende Kioske vor sich her; in den Thermoskannen ist *Cafezinho*, der „kleine Kaffee". Das auffällige Gebäude auf der linken Seite ist der **Paço Arquiepiscopal** (1715), ehemaliger Verwaltungssitz der Erzdiözese. Ganz hinten links in der Ecke führt eine kleine Stichstraße zum **Plano Inclinado Gonçalves**, einer Zahnradbahn in die Unterstadt.

Der nächste Platz ist der belebte **Terreiro de Jesus**, erkennbar an einem Brunnen, dessen Figuren die vier größten Flüsse Brasiliens symbolisieren. An der Ecke zur Praça da Sé erhebt sich die mächtige **Catedral Basílica**, Bischofssitz der Erzdiözese Salvador. Gleich nebenan liegt die alte medizinische Fakultät, sie beherbergt das **Museu Afro-Brasileiro**. Am gegenüberliegenden Ende befindet sich Salvadors prunkvollste Kirche, die **Igreja de São Francisco**.

Vom Terreiro de Jesus führen die Gässchen **Rua Alfredo de Brito** und **Rua João de Deus** zum steil abfallenden **Largo do Pelourinho**. Hier liegt das eigentliche Zentrum des Pelourinho. Auf der rechten Seite trägt die schöne, blau getünchte **Igreja do Rosário dos Pretos** zum romantischen Panorama bei; kaum jemand erinnert sich daran, dass dort, wo heute Touristen flanieren, früher Sklaven ausgepeitscht wurden: Pelourinho bedeutet übersetzt Pranger.

Am oberen Ende befindet sich ein **Museum**, das dem Leben und Werk des bekannten Schriftstellers **Jorge Amado** gewidmet ist. Schräg gegenüber, am Anfang der Rua Alfredo de Brito, liegt das ehemalige Wohnhaus des Autoren, heute ein Hotel. Folgt man dem abschüssigen Platz über Kopfsteinpflaster weiter nach unten, gelangt man auf der anderen Seite der Senke zur steilen **Ladeira do Carmo**, die ins nach dem Karmeliterkloster benannte Carmo-Viertel führt. Auf der linken Seite liegt am Ende einer steilen Freitreppe die fast immer geschlossene **Igreja do Santíssimo Sacramento do Passo**. Sie wurde bekannt durch den Streifen „O Pagador de Promessas" (1962), ein Klassiker des brasilianischen Cinema Novo, der die „Goldene Palme" von Cannes gewann. Der Film spielt fast vollständig auf den Treppenstufen.

Im Carmo-Viertel liegen, etwas abseits des größten Trubels, viele einfache Pousadas und Jugendherbergen sowie einige verfallene Kirchen. An einer Kreuzmarkierung, dem **Cruz do Pascoal**, geht die Rua do Carmo in die Rua Direita do Santo Antônio über; hier beginnt der boomende Stadtteil **Santo Antônio**. Das attraktive Viertel befindet sich seit einigen Jahren im Aufbruch: in den schönen Stadthäusern der Oberschicht aus dem 19. Jh. entstehen Geschäfte, Restaurants, Bars und luxuriöse Pousadas. Der Rundgang endet bei der Festung **Forte de Santo Antônio Além do Carmo** aus dem 17. Jh.

Kirchen

Dorival Caymmi besingt die stolze Zahl von 365 Kirchen, die Salvador angeblich ihr Eigen nennt – für jeden Tag eine. Auch wenn dies in den Bereich der Märchen und Mythen gehört, steht fest: Die höchste Konzentration an Kirchen im Nordosten Brasiliens findet sich in Bahia; und innerhalb Bahias in Salvador. Es dürften über 100 sein, aber nicht alle lohnen einen Besuch. Die wichtigsten werden hier beschrieben. Die Öffnungszeiten sind oft unregelmäßig.

Die **Catedral Basílica** gilt als die kunsthistorisch bedeutendste Kirche Brasiliens. Sie wurde vom Jesuitenorden im 16.–18 Jh. erbaut, der Kolleg in Salvador war der größte außerhalb Roms. Ab 1933 war sie Erzbischofssitz und damit zentrale Repräsentanz des Vatikans in Brasilien. Lediglich ein Flügel des 1903 durch einen Brand zerstörten

Igreja de São Francisco im Pelourinho, Salvador

Seminars ist noch erhalten. Der Innenraum der Kirche ist verhältnismäßig schlicht, hat klassische Proportionen und ist harmonisch ausgestaltet. Beeindruckend ist die Verkleidung der Frontseite sowie von Kanzel und Innenwänden des Schiffes mit portugiesischem marmorähnlichen Kalkstein: ein einzigartiger Luxus. Bemerkenswert ist auch die prachtvolle Decke mit vergoldeter Kassettendekoration. Die Sakristei mit ihren reichen Sakristeischränken ist nach Meinung von Kunsthistorikern die prachtvollste Südamerikas. Das ornamentale Deckengemälde zeigt eine der ersten Darstellungen brasilianischer Flora und Fauna. Schöne Azulejos aus dem 17. Jh. zieren die Wände. 🕒 Mo–Sa 8.30–11.30 und 13.30–17.30, So 10.30–12.30 Uhr.

Die **Igreja e Convento São Francisco**, Kirche und Kloster der Franziskaner, wurden ab 1686 (Kloster) bzw. 1708 (Kirche) im Auftrag des Franziskanerordens errichtet. Die Kirche ist berühmt für ihren üppig vergoldeten Innenraum. Es scheint jedoch, dass künstlerischer Mangel hier durch übergroße Mengen an Gold überdeckt worden ist. Selten sieht man soviel vergoldetes Schnitzwerk, prächtige Heiligenfiguren und vollbrüstige, fast schon unsittlich anmutende Puttenengel. Es fällt schwer sich vorzustellen, dass die Mönche sich hier auf ihr Gebet konzentrieren konnten. Im Kreuzgang sind die Wände mit einzigartigen Bildern aus blau-weißen Azulejos (18. Jh.) bestückt, die den Mangel an Moral des Kircheninnern wieder wettmachen. Dargestellt sind biblische Szenen und Motive zur Ethik des menschlichen Lebens nach Horaz. 🕒 Mo–Sa 8–17.30, So 7–17 Uhr; Eintritt R$3.

Links neben dem Franziskanerkloster liegt die Kirche des Laienordens der Franziskaner, die **Igreja da Ordem Terceira de São Francisco**. Das im Vergleich zur benachbarten Klosterkirche schlichte Innere wurde im 19. Jh. klassizistisch verändert. Es lohnt sich ein näherer Blick auf die Fassade. Man hat den Eindruck, sie sei aus Holz geschnitzt, in Wahrheit ist es portugiesischer Sandstein. Solch feine, figürliche Steinmetzarbeiten sind ansonsten nur vom spanischen Kolonialbarock bekannt. 🕒 Mo–Fr 8–17 Uhr; Eintritt R$2.

Die auffällige blaue Kirche **Igreja do Rosário dos Pretos** prägt das Stadtbild des Pelourinho wie keine Zweite. Sie wurde zwischen 1704 und 1781 von der Bruderschaft der Schwarzen für die afrobrasilianische Gemeinde errichtet – daher die außergewöhnlich lange Bauzeit – und ermöglichte ihnen die Pflege ihrer religiösen Traditionen, besonders des *Candomblé*. Im Kircheninnern sieht

Salvador
Pelourinho
(Centro Histórico)
0
100 m
Übernachtung:
1 Albergue do Carmo
2 Studio do Carmo
3 Pousada da Jô
4 Lucas Guesthouse
5 Albergue do Pelô
6 Albergue do Passo
7 Hotel Solar dos Romanos
8 Pousada Encontro dos Artistas
9 Laranjeiras Hostel
10 Arthemis Hotel
11 Pousada Solar dos Deuses
Transport:
1 Boote→Morro de São Paulo
Boote→Ilha de Itaparica
2 Tours Bahia
3 Schöne Reise Turismo
4 Bushaltestelle Pelourinho
Läden, Restaurants etc.:
1 Lojinha de Artesanato SESC, Teatro SESC/SENAC
2 Senac
3 Oficina de Investigação Musical
4 Teatro Miguel Santana
5 Uauá
6 Casa da Gamboa
7 Mamabahia
8 Dona Chika-ka
9 Bar Galícia
10 Casa do Olodum
11 Jardim das Delícias
12 Mestre King Kong
13 Botica da Terra
14 Internet Café.com
15 Instituto Mauá
16 Cine XIV
17 Teatro XVIII
18 Grupo Gay da Bahia
19 Zanzibar
20 Capoeira Mestre Bimba
21 Panorámico
22 O Cravinho
23 Fundo do Cravinho
24 Bahiacafe.com
25 Bradesco
26 Touristenpolizei Deltur
27 Maria Mata Mouro
28 Lupa
29 Romolo e Remo
30 O Coliseu
31 Mestre Lua
32 Le Glacier Laporte
N
HAFEN
Forte São Marcelo
Av. da França
R. da
HAUPTPOST
Estados
R.
Pça. da Inglaterra
Av.
R.
Miguel
Grécia
R.
Terminal Turístico Marítimo
R. Bélgica
R. Portugal
S.
R.
R.
Mercado Modelo
Bahiatursa
Praça Cayru
ELEVADOR LACERDA
Emtursa
Praça Tomé de Souza
Av. Contorno
Igreja N. S. da Conceição da Praia
Palácio Rio Branco
R. Chile
Lad. da Montanha
da
R.
R. Saldanha
Av. Contorno (Av. Lafayete Coutinho)
Lad. da Preguiça
Lad. Conceição
Praça Castro Alves
R. do Tesouro

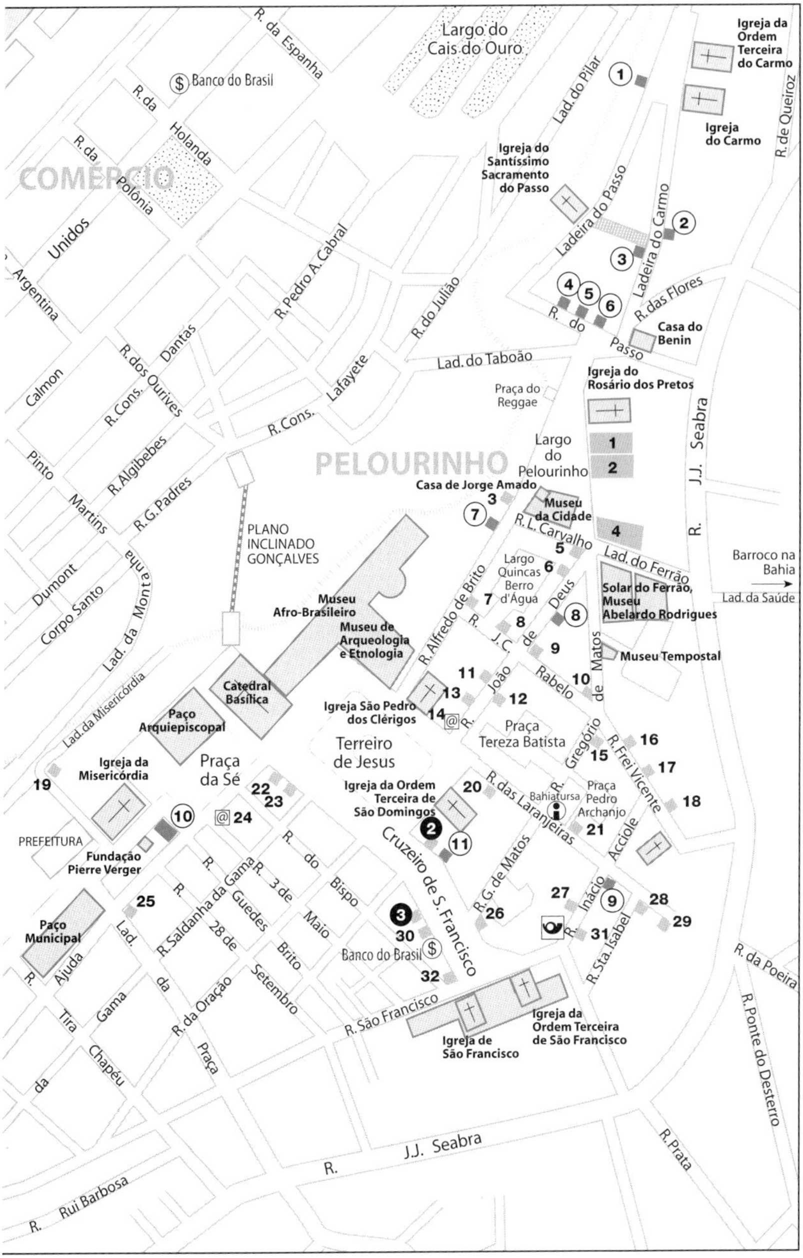
Largo do Cais do Ouro
R. da Espanha
Banco do Brasil
R. da Holanda
R. da Polônia
COMÉRCIO
Unidos
Argentina
Calmon
Pinto Martins
Dumont
Corpo Santo
Lad. da Montanha
Lad. da Misericórdia
R. Pedro A. Cabral
R. do Julião
R. dos Ourives
Dantas
R. Cons. Lafayete
R. Cons.
R. Algibebes
R. G. Padres
Lad. do Taboão
Lad. do Pilar
Igreja do Santíssimo Sacramento do Passo
Ladeira do Passo
Ladeira do Carmo
Igreja da Ordem Terceira do Carmo
Igreja do Carmo
R. de Queiroz
R. das Flores
R. do Passo
Casa do Benin
Igreja do Rosário dos Pretos
Praça do Reggae
PELOURINHO
Largo do Pelourinho
Casa de Jorge Amado
Museu da Cidade
R. L. Carvalho
Lad. do Ferrão
Solar do Ferrão, Museu Abelardo Rodrigues
Museu Tempostal
R. J.J. Seabra
Barroco na Bahia
Lad. da Saúde
PLANO INCLINADO GONÇALVES
Museu Afro-Brasileiro
Museu de Arqueologia e Etnologia
R. Alfredo de Brito
Largo Quincas Berro d'Água
R. J.C. de Deus
R. João de Deus
Rabelo
R. Gregório de Matos
R. Frei Vicente
Catedral Basílica
Paço Arquiepiscopal
Igreja São Pedro dos Clérigos
Terreiro de Jesus
Praça Tereza Batista
Igreja da Misericórdia
Praça da Sé
Igreja da Ordem Terceira de São Domingos
R. das Laranjeiras
Bahiatursa
Praça Pedro Archanjo
Acciole
PREFEITURA
Fundação Pierre Verger
Paço Municipal
R. do Bispo
Cruzeiro de S. Francisco
R. G. de Matos
R. Inácio
R. Sta. Isabel
R. Saldanha da Gama
R. Guedes Brito
R. 3 de Maio
R. 28 de Setembro
Lad. da Praça
R. Ajuda
Tira Chapéu
Gama
R. da Oração
Banco do Brasil
R. São Francisco
Igreja de São Francisco
Igreja da Ordem Terceira de São Francisco
R. da Poeira
R. Ponte do Desterro
R. Prata
R. J.J. Seabra
R. Rui Barbosa
1 2 3 4 5 6 7 8 9 10 11 12 13 14 15 16 17 18 19 20 21 22 23 24 25 26 27 28 29 30 31 32

man frühe Azulejos aus dem 17. Jh., erkennbar an der Verwendung der Farben blau, grün, gelb und rosa. ⌚ Mo–Sa 9–18, So 12–17 Uhr. Besuchenswert ist eine afrikanische Messe *(Missa Afro)* mit Gesang und Percussion (So 10 und Di 18 Uhr).

Der Konvent der Karmeliter im Carmo-Viertel wurde im 17. Jh. angelegt, die wichtigsten Gebäudeteile stammen aber aus dem 18. Jh. Ein Teil des Konvents wurde kürzlich zu einem Luxus-Hotel umgebaut. Zwei bedeutende Kirchen gehören zu der Anlage: die **Igreja do Carmo** (1709–1720) und die Kirche des Dritten Ordens (Laienordens) **Igreja da Ordem Terceira do Carmo** (1807). In der Konventskirche beeindrucken vor allem das geschnitzte Chorgestühl und die prächtige barocke Sakristei von 1726. Die Altäre beider Kirchen sind klassizistischen Stils und stammen aus dem 19. Jh. ⌚ Mo–Sa 9–13, 14–18 Uhr; Eintritt R$1.

Zwei weniger bedeutende Kirchen prägen den Charakter des Terreiro de Jesus: In der bunten **Igreja São Pedro dos Clérigos** (18./19. Jh.) vermischen sich Rokoko und neoklassizistischer Stil. ⌚ Mo–Mi, Fr 14–18, Do 15.30–18 Uhr.

Die **Igreja da Ordem Terceira de São Domingos** (1731) ist die Kirche des Laienordens der Dominikaner, ein einfacher Bau mit Perspektivmalerei an der Decke. ⌚ Mo–Fr 8.30–12, 14–17, So 8–10 Uhr.

Museen

In der ehemaligen medizinischen Fakultät am Terreiro de Jesus sind zwei interessante Museen untergebracht: Das **Museu de Arqueologia e Etnologia** sowie das **Museu Afro-Brasileiro**. Letzteres führt den Besucher zu den Wurzeln Salvadors. Es hält einige Aha-Erlebnisse zu den „drei großen C" der afro-brasilianischen Kultur bereit: Candomblé, Capoeira und Carnaval. ⌚ Mo–Fr 9–18 Uhr; Eintritt R$2.

Am Largo do Pelourinho befindet sich das **Museu da Cidade**. Gezeigt werden u. a. traditionelle Kostüme der Candomblé-Gottheiten (Orixás), Erklärungen auf Englisch. Im 2. OG kann man Gemälde und Skulpturen des bahianischen Künstlernachwuchses begutachten. ⌚ Mo, Mi–Fr 9.30–18.30, Sa 13–17, So 9–13 Uhr; Eintritt R$1.

Gleich nebenan hat die **Fundação Casa de Jorge Amado** ein kleines Museum über den berühmtesten bahianischen Autor eingerichtet. Neben einer Übersicht über seine in knapp 50 Sprachen übersetzten Bücher gibt es eine interessante Fotosammlung, die den Dichter mit Persönlichkeiten aus aller Welt zeigt. Infos auf Englisch: 💻 www.fundacaojorgeamado.com.br. ⌚ Mo–Sa 9–18 Uhr. Im *Café Teatro Zélia Gattai* kann man in schöner Atmosphäre einen Cappuccino trinken.

Am Fuße des Largo do Pelourinho steht das **Casa do Benin** mit einer kleinen Dauerausstellung über die kulturellen Wechselbeziehungen zwischen Benin und Brasilien. Holzschnitzereien, Musikinstrumente etc. zeigen, wie durch zurückkehrende Sklaven afro-brasilianische Elemente auch in die Kultur ihrer Heimat eingingen. ⌚ Mo–Fr 9–18 Uhr.

In der Nachbarschaft der Praça da Sé liegt die **Fundação Pierre Verger**, Rua da Misericórdia 9. Hier gibt es Bilder des französischen Fotografen zu sehen, der sich intensiv mit bahianischer Kultur und Religion beschäftigt hat. In einem kleinen Laden kann man Bücher, Poster und T-Shirts kaufen. ⌚ Mo–Sa 8–20; HS auch So 8–15 Uhr.

Das **Solar do Ferrão**, Rua Gregório de Matos, ist einer von zahlreichen Palastbauten reicher Grundbesitzer vom Ende des 17. Jhs. Das Gebäude diente eine Zeit lang als Jesuitenseminar. Heute ist hier das **Museu Abelardo Rodrigues** mit einer Sammlung von Barockfiguren untergebracht. ⌚ Di–Sa 13–18 Uhr; Eintritt R$1, Do frei. Im Nachbargebäude zeigt das **Museu Tempostal** alte Postkarten von Stadtansichten. ⌚ Di–Sa 13–18 Uhr; Eintritt frei.

Cidade Baixa

Für einen Ausflug ins quirlige Geschäftszentrum **Comércio** der Unterstadt bietet sich die Zahnradbahn **Plano Inclinado Gonçalves** an (Nähe Praça da Sé). Ein Spaziergang durch die bunte Mischung aus Geschäften, Restaurants und Bürohäusern ist ein kleines Erlebnis. In den südlichen Teil der Cidade Baixa gelangt man dagegen am einfachsten mit dem Aufzug **Elevador Lacerda**. Unten angekommen, sind es nur ein paar Schritte bis zum **Mercado Modelo** (1861), der ehemaligen Zollbehörde (**Alfândega**). Heute findet man hier Bahias größten Markt für Kunsthandwerk und Souvenirs. ⌚ Mo–Sa 9–18, So 9–12 Uhr. Von den Restaurants im 1. Stock eröffnet sich ein schöner Blick auf den alten Hafen. Auf der Rückseite des Marktes finden häufig Capoeira-Darbietungen statt. Gegenüber vom Mercado Modelo liegt das **Terminal Turístico Marítimo**, wo die Schiffe nach Itaparica und Morro de São Paulo ablegen. Vor den Hängen der Oberstadt bleibt der Blick an einer auffälligen Skulptur hängen. Das Werk aus dem Jahre 1970 wird im Volksmund „Hintern des Bürgermeisters" genannt – man ahnt warum. Das in der Bucht errichtete, kreisrunde **Forte São Marcelo** stammt von 1650.

Die weiter südlich gelegenen Sehenswürdigkeiten sollte man auch tagsüber mit Taxi oder Bus ansteuern, denn die Gegend ist nicht überall sicher. Nicht weit vom Mercado Modelo liegt die in einen Hang hineingebaute **Igreja N. S. da Conceição da Praia** (18. Jh.), eine der architektonisch bemerkenswertesten Kirchen der Stadt. Wie der Name andeutet, wurde sie seinerzeit direkt am Strand errichtet, bevor Teile der Bucht aufgeschüttet wurden. Die Decke ist mit interessanter Perspektivmalerei verziert (1772). 🕒 Sa–Mo 7–11.30, Di–Do 7–11.30 und 15–17 Uhr.

Eine weitere Attraktion ist das **Solar do Unhão** aus dem 16. Jh., ein Gebäudekomplex aus ehemaligen Verarbeitungsstätten für Zucker oder Reis, Sklavenunterkünften, Herrenhaus und einer Kapelle. Die Anlage gehört zu den ältesten dieser Art in Brasilien. Im Hauptgebäude ist seit 1966 das **Museu de Arte Moderna** untergebracht, ein Highlight für Freunde moderner Kunst. In den Gewölben darunter befindet sich ein atmosphärisches Restaurant, hier finden abendliche Folkloreveranstaltungen statt (s. Essen). 🕒 Museum: Di–So 13–19 Uhr; Eintritt frei.

Einen umfassenden Eindruck der reichen sakralen Kunst Salvadors bietet das **Museu de Arte Sacra** im **Convento e Igreja Santa Teresa**, Rua do Sodré 276. Die Kirche von 1670 beeindruckt durch harmonische Architektur und hochwertige Steinmetzarbeit an der Fassade. Das Museum befindet sich im Klostergebäude und beherbergt die größte und bedeutendste Sammlung kirchlicher Kunst Brasiliens. Hier finden sich einige Stücke aus der 1933 an der Praça da Sé abgerissenen Igreja da Sé, z. B. der aus reinem Silber bestehende Hauptaltar der Igreja Santa Teresa. Erklärungen z. T. auf Englisch. 🕒 Mo–Fr 11.30–17.30 Uhr; Eintritt R$5.

Ein paar 100 m weiter liegt an der Av. 7 de Setembro (Largo de São Bento) das Benediktinerkloster **Mosteiro de São Bento**. Mit dem Bau der Kirche wurde Ende des 16. Jhs. begonnen. Nach Zerstörung durch die Holländer wurde die Klosteranlage in der zweiten Hälfte des 17. Jhs. wieder aufgebaut und erweitert. Die riesengroße Kirche wirkt mit ihrer Kuppel aus dem 19. Jh. eher nüchtern. 🕒 Mo–Do 5.30–12, 16–19, Sa 5.30–9, So 5.30–12 Uhr (So 10 Uhr Messe mit gregorianischen Gesängen).

Barra und Vitória

Mit dem Campo Grande beginnen die südlichen Stadtteile Salvadors, bevorzugte Wohngebiete der Mittelschicht. Besonders in **Vitória** stehen zahlreiche alte Villen und moderne Apartmenthäuser mit beneidenswerten Aussichten auf die Allerheiligenbucht. Der **Campo Grande**, Praça 2 de Julho, ist ein Platz mit südeuropäischem Flair. Während des Karnevals spielt er eine zentrale Rolle. An seiner Stirnseite liegt das **Teatro Castro Alves**, wichtigstes Theater und Veranstaltungsort für Großkonzerte. Die lange Av. 7 de Setembro führt vom Campo Grande hinunter bis Barra, im Volksmund heißt sie auch Corredor da Vitória und später Ladeira da Barra. An ihr liegen einige interessante Museen:

Das **Museu Geológico**, Av. 7 de Setembro 2195, zeigt Edelsteine, Minerale und Goldsucher-Utensilien. 🕒 Di–Fr 13.30–18.30, Sa und So 14–18 Uhr.

Der Straße weiter folgend gelangt man zum **Museu Carlos Costa Pinto**, Av. 7 de Setembro 2490, in einer Kolonialvilla mit schönem Garten. Die Privatsammlung eines Mäzens war Ausgangspunkt des Museums. Zu sehen sind überwiegend dekorative Ausstellungsstücke aus der Kolonialzeit (Silber- und Goldbestecke, Porzellan, Kristallwaren, Möbel). Die Gemälde stammen von bahianischen Künstlern. Infotafeln auf Englisch. 🕒 Mi–Mo 14.30–19 Uhr; Eintritt R$5, Do frei. Im Hof gibt es ein hübsches **Café**.

Wem nach Wandern zumute ist, kann die Av. 7 de Setembro nach Barra gemütlich herabspazieren, mit meist prächtigem Blick auf die Bucht. Kurz vor dem alten Hafen stößt man auf die kleine **Igreja de Santo Antônio da Barra**, ein einfacher Bau mit einmaligem Blick aus dem 17. Jh.

Ein paar 100 m weiter ragt bereits auf dem Felsen das alte **Forte de São Diogo** empor, die erste von drei Befestigungsanlagen, mit denen die Bucht abgesichert wurde. Hier gibt es ein kleines Museum mit Fotoausstellung. 🕒 Di–So 9.30–17.30; Eintritt R$1.

Das Forte Santa Maria am Strand von Porto da Barra

Zwischen Forte de São Diogo und **Forte Santa Maria** (17. Jh.) liegt der hübsche Stadtstrand **Praia Porto da Barra**. Zahlreiche Touristen mischen sich auf dem schmalen Sandstreifen unter die Einheimischen. Das Wasser ist trotz der Stadtnähe überraschend sauber.

In der Ferne sieht man den **Farol da Barra**, den ältesten Leuchtturm Südamerikas. Er wurde im 19. Jh. auf dem Gelände des **Forte Santo Antônio da Barra** gebaut. Die Befestigungsanlage kann ebenso besichtigt werden wie das kleine **Museu Náutico da Bahia** mit Informationen zur Geschichte Barras sowie ein paar Buddelschiffen. ⌚ Di–So 8.30–19 Uhr; Eintritt R$4. Auf der Veranda befindet sich das *Café do Farol*, von hier aus eröffnet sich ein herrlicher Blick. ⌚ Di–So 9–22 Uhr. Die nächste Landmarke ist der **Morro do Cristo**, ein Hügel mit einer relativ klein geratenen Christus-Statue. Auch von hier ist der Blick großartig. Wegen der abgelegenen Lage ist am Forte Santo Antônio und am Christushügel abends Vorsicht geboten.

Nördlich vom Zentrum

Ein schöner Ausflug führt nach Ribeira auf der Halbinsel **Itapagipe** (Stadtbusse vom Elevador Lacerda). Auf dem Weg dorthin lohnt ein Stopp am Markt **Mercado São Joaquim** (seit 1964). Das Bild, das sich hier bietet, ist allerdings nichts für Tierschützer und sensible Mägen. Angeboten wird alles was irgendwie kreucht und fleucht, oder es mal tat. Als Ganzes oder in Einzelteilen. Aber auch Gemüse, Früchte und Zutaten für allerlei bahianische Gerichte findet man. ⌚ Mo–Sa 4–18, So 4–13 Uhr. Morgens ist der Markt am belebtesten.

In Itapagipe thront auf einem Hügel die berühmteste Wallfahrtskirche der Stadt, die **Igreja do Bonfim** (1754). Die meisten Besucher Salvadors werden indirekt schon mit ihr in Berührung gekommen sein, denn wem wurde noch nicht eines der bunten Bändchen *(Fitinhas)* mit der Aufschrift „Lembrança do Senhor do Bonfim da Bahia" ums Handgelenk gebunden? Dem Volksglauben nach hat man für jeden der drei Knoten einen Wunsch frei, der in Erfüllung geht, sobald das Band von selbst abfällt. Die Bedeutung der Kirche liegt weniger in ihrer Architektur als in ihrem afrobrasilianischen Religions-Synkretismus, d. h. in ihrer traditionellen Verbindung von Katholizismus und afrikanischen Glaubensformen. Mitte Januar findet hier das wichtigste Fest Salvadors statt, die **Lavagem do Bonfim**; eine rituelle Waschung der Kirchentreppen samt Prozession und karnevals-

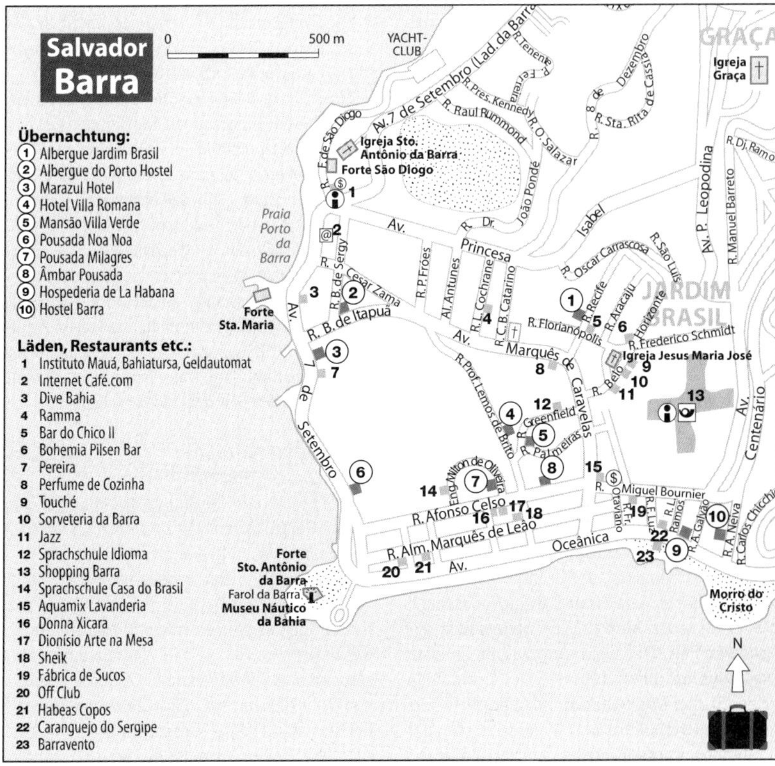

ähnlichem Tanzfest mit „Trio-Elétrico-Sound" (s. Feste).

Nach einer halben Stunde zu Fuß erreicht man über Ladeira do Bonfim und Rua Imperatriz die **Igreja N. S. da Boa Viagem** (1741). Von hier ist es ein schöner Spaziergang zur westlichen Spitze der Halbinsel **Ponta de Humaitá**, wo auf einer Anhöhe die schönste Festung Salvadors steht, das **Forte de Monte Serrat** (1587). Einige Meter weiter befindet sich die schlichte einschiffige **Igreja N. S. de Monte Serrat** (17. Jh.), die als Eremitage des Benediktinerklosters São Bento errichtet wurde.

Stadtstrände

Der nächste interessante Stadtteil nach Barra ist **Rio Vermelho**. An diesen Stadtstrand kommt man wegen des aktiven Nachtlebens, das ebenso wie in **Pituba** und **Boca do Rio** jede Menge zu bieten hat. Die Strände zwischen **Ondina** und **Piatã** sind zum Baden nicht besonders empfehlenswert. Es lohnt sich, mit dem Bus ein paar Kilometer weiter zu fahren, wo die schönen und sauberen Strände beginnen. Eine gute Idee ist es, mit dem Stadtbus nach **Flamengo** zu fahren und am Strand nach **Stella Maris** zu wandern. Die Strecke am Strand weiter nach Itapoã ist zwar schön, aber einsam. Von einem Spaziergang wird abgeraten.

Der kleine Strandort **Itapoã** besitzt in Brasilien dank eines Musikklassikers von Dorival Caymmi und Vinicius de Moraes Legendenstatus. Vom felsigen, idyllisch gelegenen Strand blickt man auf einen rot-weiß gestreiften Leuchtturm, und am Horizont erstreckt sich die Skyline von Salvador. Sonn- und feiertags herrscht in den Ess- und Tanzschuppen schon tagsüber Stimmung und man tanzt zu Live-Musik an den Tischen. Am belebten Hauptplatz **Praça Dorival Caymmi** steht die niedliche blaue Kirche **Igreja N. S. da Conceição**, die innen fast komplett mit Azulejos vertäfelt ist.

Besonders stolz sind die Menschen in Salvador auf die **Lagoa do Abaeté**, eine in Dünenlandschaft eingebettete Lagune mit weißem Sandstrand (mit Stadtbus ab Itapoã erreichbar). Die Bars mit Live-Musik sind vor allem am Sonntagnachmittag populärer Treffpunkt. Hier erspäht man kaum einen ausländischen Touristen. Freunde bahianischer Musik werden sich für das **Casa da Música** interessieren. Zu sehen sind Lebensläufe bekannter bahianischer Musiker wie Gal Costa oder Gilberto Gil sowie typische Musikinstrumente. Außerdem gibt es Erklärungen zum Karneval einschließlich den verschiedenen *Trios Elétricos* und afro-brasilianischen *Blocos*. ⌚ Di–Sa 9–17, So 9–16 Uhr.

Nördlich von Itapoã liegt die **Praia Stella Maris**, ein attraktiver Familienstrand. Die Brandung ist hier recht hoch, entsprechend gut ist das Meer zum Surfen oder Wellentauchen mit Adrenalin-Faktor geeignet. Die Busse nach Flamengo halten auch hier.

Flamengo ist der wohl schönste und beliebteste Strand in Salvador. An Wochenenden und Feiertagen findet man keinen freien Liegestuhl. Die vielen Strandbars verkaufen Snacks und Getränke, und *Frescobol*-Spieler dreschen den Hartball aufeinander und manchmal auch versehentlich ins unbeteiligte Publikum. Dann heißt es gute Miene machen und den Ball lächelnd zurückgeben.

Bach und Beethoven für die Tropenmetropole

Deutsche **Barockmusik** in der Hauptstadt des „schwarzen" Brasiliens? Es scheint auf den ersten Blick nicht zusammenzupassen. Doch wenn Hans Bönisch, der Gründer des **Kulturvereins Barroco na Bahia** („Barock in Bahia") darüber redet, hört es sich ganz selbstverständlich an. Was viele nicht wissen: In allen wichtigen Kirchen gab es vom 17. bis Ende des 19. Jhs. Traditionen kirchlicher Musik, die mehr als 100 Jahre brachlagen. Es war der damalige Kardinal-Erzbischof von Salvador, Dom Lucas Moreira Neves, der im Jahre 1992 die Kirchenmusik wieder beleben wollte. Seine Wahl fiel auf Pater Bönisch aus dem Bistum Mainz, der sich seitdem mit großem Engagement um die klassische Musik in Salvador verdient macht. So renovierte er eine Kolonialvilla im Stadtteil Saúde, ganz in der Nähe des Pelourinho, und richtete dort ein **Kulturzentrum** ein. Hier trifft sich seitdem wöchentlich ein Chor mit inzwischen 60 Mitgliedern. Ob Schwarz oder Weiß, katholisch oder nicht, spielt dabei keine Rolle. „Entscheidend ist die Freude an der Musik" sagt Padre Hans, wie er in Salvador genannt wird. 1993 wurde eine neue Orgel in der Kathedrale eingeweiht. Seitdem finden hier die beliebten **Sonntagskonzerte** statt. Pater Bönisch, mittlerweile Träger des Bundesverdienstkreuzes, beschränkt sich aber nicht nur auf Kirchenmusik: jedes Jahr inszeniert er eine **Oper** im Teatro Castro Alves. Mit bereits 700 Konzerten, neun Opern und mehreren CDs ist *Barroco na Bahia* größter Produzent klassischer Musik in Salvador.

In den letzten Jahren ist auch das Gelände des Vereins gewachsen: Im Nachbarhaus entstanden eine **Pousada** und ein **Kammermusiksaal**, seit 2005 hat sogar das **Deutsche Konsulat** hier seinen Sitz. Außerdem entstand ein handwerkliches Ausbildungszentrum. Auch günstige **Deutsch**- und andere **Sprachkurse** werden angeboten. Finanziert wird all dies über Spenden.

Wer das Projekt *Barroco na Bahia* persönlich kennen lernen möchte, kommt am besten zu einem der Konzerte. Im Anschluss öffnet das **Berlin Café** im Keller des Haupthauses mit guter deutscher Küche. ⌚ Sa 20–24, So 12–15.30 Uhr. Die hübschen Zimmer der familiär geführten Pousada werden vorzugsweise an Individualtouristen mit Kulturinteresse vermietet. Beim Frühstück gibt Pater Hans Tipps zu Salvador. *Pousada Barroco na Bahia,* 💻 www.pousadabarroco.com.br. ❸

Kontakt: Rua Jogo do Carneiro 34, Saúde, ✆ 71/3241 6031, ✉ barroco@barroconabahia.com.br, 💻 www.barroconabahia.com.br. Konzerte: So 11 Uhr in der Kathedrale; Eintritt frei. Sa abends im eigenen Kammermusiksaal.

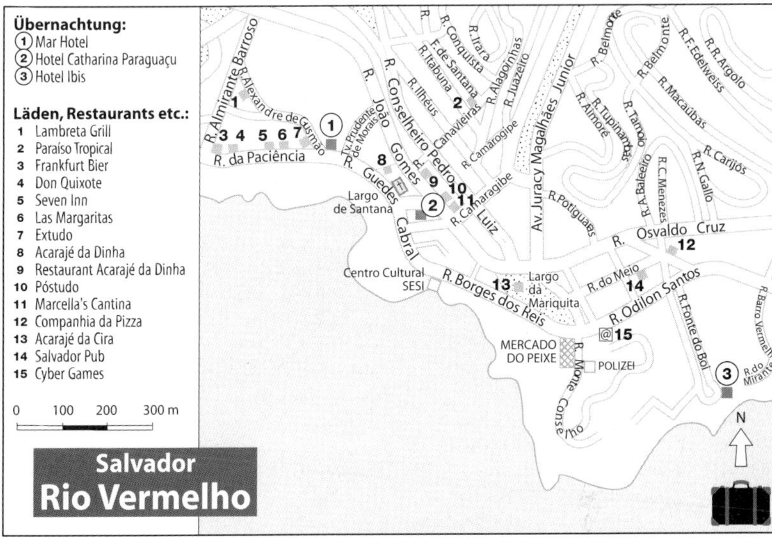

Das Baden ist an machen Stellen gefährlich (auf Schilder „Perigo" achten). Am Strandabschnitt Aleluja Beach tummelt sich szeniges, junges Publikum.

Übernachtung

Viele Besucher bevorzugen eine Unterkunft im Pelourinho, wegen der Nähe zu den Attraktionen. Allerdings sind die meisten Hotels betagt, der Qualitätsstandard oft bescheiden. Eine gute Alternative ist das angrenzende Santo Antônio mit vielen schicken Pousadas. Näher an den Stränden und am „wirklichen" Salvador ist man in Barra oder einem der Strandvororte.

PELOURINHO – Es gibt ein gutes HI-Hostel sowie eine große Anzahl billiger und sehr einfacher *Albergues*.

Laranjeiras Hostel, Rua Inácio Acciole 13, ✆ 71/3321 1366, ✉ hi@laranjeirashostel.com.br, 💻 www.laranjeirashostel.com.br. Einziges HI-Hostel im Zentrum. Beliebter Klassiker, gut um Leute kennen zu lernen. Zentral, sauber, schönes Haus. Dorms bis 12 Betten, z. T. dreistöckige *Bunks*. In belebter Straße, nicht immer leise. Schöne DZ (ruhig). Nettes Café, Internet. Reservierung empfohlen, v. a. für DZ. Englisch. Dorms R$22–25, DZ R$50–70. ❶–❷

Arthemis Hotel, Praça da Sé 398, ✆ 71/3322 0724, 💻 www.arthemishotel.com.br. Im 7. OG eines Bürohauses. Beeindruckender Blick über Salvador und die Bucht. Große, nicht ganz moderne Zimmer. Nach Zimmer mit Aussicht fragen. Englisch. ❷

Pousada Encontro dos Artistas, Rua João de Deus 23, ✆ 71/3242 7783. Wohltuende Ausnahme unter den Billighotels. Tipp für Frauen: hübsche Dorms (3–4 Pers.). Gute DZ, einige nur mit Fensterluke. Einfaches Gemeinschaftsbad. Schöner Frühstücksraum. Dorms R$28–30, DZ R$80–140. ❷–❹

Hotel Solar dos Romanos, Rua Alfredo de Brito 14 A, ✆ 71/3322 6158. Von außen hübsch, insgesamt noch eines der besseren Hotels. Nette Sonnenterrasse. Einfache Zimmer, Decken aus grauen Backsteinen, alte Fensterläden, glanzloses Mobiliar. ❸

Pousada Solar dos Deuses, Largo do Cruzeiro de São Francisco 12, ✆ 71/3321 1789, ✉ solardosdeuses@solardosdeuses.com.br. Persönliche Pousada mit Charme. Einrichtung und Lage vom Feinsten, schöner Kolonialbau. Frühstück aufs Zimmer. AC, TV, Internet im Zimmer. Deutsch. ❻

CARMO UND SANTO ANTÔNIO – In der Gegend um die **Rua Direita do Santo Antônio** sind in den letzten Jahren wunderschöne Pousadas in restaurierten Altbauten entstanden, zumeist mit Terrassen und herrlicher Aussicht auf die Bucht. Alle haben AC, TV und Frigobar. Einfache **Hostels** finden sich im Dutzend. Viele Anwohner vermieten **Privatzimmer**, rumfragen!

Hostels: ***Albergue do Passo,*** Rua do Passo 3, ✆ 71/3326 1951. Sehr einfache Dorms für 5–8 Pers. ❶
Ebenfalls simpel, aber einen Hauch netter ist es beim Nachbarn: ***Albergue do Pelô,*** Rua do Passo 5, ✆ 71/3242 8061. 4–10 Betten. ❶
Lucas Guesthouse, Rua do Passo 7, ✆ 71/3327 5746, 💻 www.lucasguesthousebahia.cjb.net. Ein z. T. nett gemachtes kleines Guesthouse. Gute Suite mit Moskitonetz (2–4 Pers.). ❶–❸
Nega Maluca Guesthouse, Rua dos Marchantes 15, ✆ 71/3242 9249. Einfache Traveller-Unterkunft mit dunklen Zimmern, aber freundlicher Atmosphäre. Schöne Terrasse. Dorms R$18. ❶

Pousadas: ***Pousada Hilmar,*** Rua Direita do Santo Antônio 136, ✆ 71/3243 4959, 💻 www.pousadahilmar.com.br. Steril, aber hervorragende Aussicht. ❶–❷
Albergue do Carmo, Rua do Carmo 6, ✆ 71/3326 3750. Eine der besten preiswerten Optionen. Ehemaliges Hostel, ruhige Lage. Je zwei Zimmer teilen sich Bad und Küche. Sauber und freundlich. Schöne Terrasse mit super Buchtblick. Internet gratis. ❷
Pousada da Jô, Ladeira do Carmo 22, ✆ 71/3243 8172. Leben und leben lassen, das ist das Motto dieser freundlichen Pousada. Hervorragendes Frühstück. Dorms R$25, DZ R$70. ❷
Pousada Colonial, Rua Direita do Santo Antônio 368, ✆ 71/3243 3329, 💻 www.colonialpousada.com. Sehr schöne Pousada, obwohl auf der „falschen" Straßenseite. Luxusapartments mit antiken Möbeln, einige mit Veranda. Frühstücksbuffet im Innenhof. ❹–❻
Studio do Carmo, Ladeira do Carmo 17, ✆ 71/3243 0646, 💻 www.studiodocarmo.com.br. Geräumige, hübsche Zimmer in Kolonialhaus. Ohne Frühstück, mit Küche und Kaffeemaschine. Ventilator. Rabatt bei längerem Aufenthalt. ❺
Pousada do Boqueirão, Rua Direita do Santo Antônio 48, ✆ 71/3241 2262, 💻 www.pousadaboqueirao.com.br. Wohl das Beste, was Salvador zu bieten hat. Wunderschöne, persönliche Pousada mit geräumigen Zimmern. Tipp: Nr. 1 ganz oben, gemütlich, mit Panoramafenster. Tolle Lobby, viel Holz und Kunsthandwerk. Traumhafte Terrassen mit fantastischer Aussicht. Englisch. ❺–❻
Pousada do Pilar, Rua Direita do Santo Antônio 24, ✆ 71/3241 2033, 💻 www.pousadadopilar.com. Luxuriöse Zimmer mit schönem Bad. Stil: Mischung aus klassisch und frühindustriell. Altes Mauerwerk und Stahlträger; Kronleuchter, schwere Holzmöbel, Rundfenster mit Gusseisengittern. Große Terrasse, toller Frühstücksbereich, höchster Balkon der Gegend. ❻
Pousada Redfish, Ladeira do Boqueirão 1, ✆ 71/3243 8473, 💻 www.hotelredfish.com. Luxus-Pousada mit geräumigen Zimmern, King-Size-Betten, alles vom Feinsten. Hübsches Bad. Eine Suite hat Terrasse mit Blick über das Centro Histórico. Englischer Besitzer. ❻

BARRA – ***Albergue Jardim Brasil,*** Rua Florianópolis 4, ✆ 71/3264 5359, 💻 www.hostelbrasil.com.br. Günstig, zentral im Ausgehviertel. Discount mit HI-Karte, obwohl kein HI-Hostel. Dorms R$15–19, DZ R$36–40. ❶
✖ *Âmbar Pousada,* Rua Afonso Celso 485, ✆ 71/3264 3791, 💻 www.ambarpousada.com.br. Sympathischer Traveller-Treffpunkt unter französischer Leitung; gut um Leute kennen zu lernen. Einfache 4–8er Dorms und DZ (im 1. und 2. OG sind die besseren). Nettes Personal, gutes Frühstück. Reservierung empfohlen. Internet. Dorms R$22, DZ R$70. ❶–❷
Hostel Barra, Rua Dr. Artur Neiva 4, ✆ 71/3245 2600, 💻 www.alberguebarra.com.br. Kleines, verwinkeltes, aber gutes HI-Hostel. Freundlich. 4–6er Dorms. Zwei schöne DZ (reservieren). Dorms R$25–35, DZ R$55–70. ❶–❷
Albergue do Porto Hostel, Rua Barão de Sergy 197, ✆ 71/3264 6600, 💻 www.alberguedoporto.com.br. Freundliches HI-Hostel. Schönes Haus, uralte Holzplanken, bunt und improvisiert. Hängematten, Kabel-TV, DVD. Dorms à 4–10 Betten, in der HS eng. Zwei kleine DZ, niedrige Decken. Internet. Dorms R$23–36 p. P., DZ R$60–72. ❶–❷

Pousada Milagres, Rua Eng. Milton Oliveira 46/210, ✆ 71/3264 4113, 💻 www.pousada milagres.com. Geschmackvolle Zimmer. Persönlicher Kontakt, gemeinsames Churrasco. Internet. ❷

Pousada Noa Noa, Av. 7 de Setembro 4295, ✆ 71/3264 1148, ✉ contact@pousadanoanoa.com, 💻 www.pousadanoanoa.com. Schicke Pousada mit modernen Zimmern (Kabel-TV, AC, DVD). Persönliche, sympathische Atmosphäre, französisch-brasilianische Besitzer. Lage an Hauptstraße, fantastischer Meerblick. Guter Preis. Auch 4er-Dorm, Gemeinschaftsküche. Englisch. ❷–❸

Mansão Villa Verde, Rua da Palmeira 190, ✆ 71/3264 3597, 💻 www.villaverde-flats.com. Komfortable Apartments mit Telefon, AC und Küchenzeile. Hübsch eingerichtet, gut für längere Aufenthalte. Laptop-Anschluss. Kein Frühstück. Deutsche Leitung. ❷–❹

Hospederia de La Habana, Av. Oceânica 84-B, ✆ 71/3495 3222, 💻-www.hospederiadelahabana.com.br. Schönes Haus, die meisten Zimmer haben Meerblick. An der Strandpromenade (Hauptstraße). ❹

Marazul Hotel, Av. 7 de Setembro 3937, ✆ 71/3264 8151, 💻 www.marazulhotel.com.br. Schniekes Hotel in erster Reihe. Saubere Zimmer mit modernem Bad und seitlichem Meerblick, Suiten mit frontaler Aussicht. In der NS Rabatte. 5% Tax. ❺

Hotel Villa Romana, Rua Prof. Lemos de Brito 14, ✆ 71/3264 6522, 💻 www.villaromana.com.br. Älteres Hotel, rustikal-geschmackvoll, ruhig. Zimmer z. T. mit schönem Ausblick. Pool. ❺

VITÓRIA – Die Hotels in Vitória sind größtenteils altbacken und eher teuer. Das beste Preis-Leistungs-Verhältnis bietet das

Hotel Vila Velha, Av. 7 de Setembro 1971, ✆ 71/3336 8722, 💻 www.hotelvilavelha.com.br. In der NS Ermäßigungen. Gay-friendly. ❹–❺

RIO VERMELHO – ***Hotel Ibis,*** Rua Fonte do Boi 215, ✆ 71/3330 8300, 💻 www.accorhotels.com.br. Unter der Woche Business-Hotel, am Wochenende Ermäßigungen und viel junges Publikum. Gute Lage, einige Zimmer mit Meerblick. Freundliches Personal. ❸

Mar Hotel, Rua da Paciência 419, ✆ 71/3335 1000, 💻 www.marhotelbahia.com.br. Hübsch renoviertes Hotel, nettes Bad. ❸

Hotel Catharina Paraguaçu, Rua João Gomes 128, ✆ 71/3334 0089, 💻 www.hotelcatharina paraguacu.com.br. Schönes Hotel mit antiken Möbeln, hübscher Blumengarten. Zwischen zwei stark befahrenen Straßen. ❺

ITAPOÃ – ***Camping Ecológico Praia de Itapoã,*** ✆ 71/3374 0102. Camping am Strand unter Palmen, z. T. wenig Schatten. Alte Sanitäranlagen. Bus von Itapoã nach Praia do Flamengo/Stella Maris, nach „Camping" fragen, dann Schildern folgen. R$8 p.P. ❶

Pousada Encanto de Itapoãn, Rua Nova Canaa 48, Farol de Itapoã, ✆ 71/3285 3504, 💻 www.encantodeitapoan.com.br. Edle Pousada, moderne Zimmer, gemütlicher Wohnbereich. Schöner Pool, Mietautos. ❺

Essen

PELOURINHO – Die **Rua Santa Isabel** ist eine nette Fressgasse mit vielen Restaurants.

Romolo e Remo, Rua das Laranjeiras 27. Feines Ambiente, leckere Pizza (R$8–14). Auf der versteckten Terrasse kann man gut vom Trubel abschalten. 🕒 tgl.19–24 Uhr.

Acarajé – Fast-Food auf Bahianisch

Die bahianische Küche ist stark von afrikanischen Einflüssen geprägt, ein gutes Beispiel dafür ist **Acarajé**. Auf vielen Plätzen stehen Stände, an denen die Bällchen aus braunen Bohnen, Wasser, Salz, Zwiebeln und getrockneten Krabben von **Baianas** in traditioneller Tracht zubereitet werden. Charakteristisch ist der Duft des **Dendê-**Öls, in dem der Teig frittiert wird. Serviert wird das Ganze mit getrockneten Krabben und **Vatapá** – einer Creme aus gemahlenen Krabben und Nüssen, Kokosmilch und Dendê. Jeden Monat werden allein in Salvador 12 Millionen dieser Bahia-Frikadellen verspeist. Die besten der Stadt findet man in **Rio Vermelho**: ***Acarajé da Cira,*** Largo da Mariquita, und ***Acarajé da Dinha,*** Praça da Santana (mit Restaurant gegenüber).

La Lupa, Rua das Laranjeiras 17. Hervorragende Pasta, schöne Einrichtung. Reservierung empfohlen, besonders Di. ◷ Mo–Sa 12–15, 19.30–24, So 19.30–24 Uhr.
Maria Mata Mouro, Rua Inácio Acciole 8, ✆ 71/3321 4244. Kleines Restaurant mit hoher Qualität, eins der besten im Pelourinho. Charmanter Garten, regionale Küche. Tipp: *Camarão Imperial.* Reservierung empfohlen (abends). ◷ tgl. 12–24 Uhr.
Casa da Gamboa, Rua João de Deus 32. Sehr gute bahianisch-italienische Küche. Schöne Deko, viel Holz und hohe Fenster. Blick auf das Treiben der Straße. ◷ Mo–Sa 12–23.30 Uhr.
Uauá, Rua Gregório de Matos 36. Typische Küche aus dem Inland des Nordostens *(Sertão).* Hübsche Deko, angenehme Atmosphäre. Oft voll. ◷ tgl. 11–15, 19–23 Uhr.
Jardim das Delícias, Rua João de Deus 12. Beliebtes Restaurant mit schönem großen Garten. Tipp: *Peixe de Tiêta* (gegrillter Fisch mit Pilzen, Shrimps, Buttersoße, Zitrone). Live-Musik. ◷ tgl. 12-24 Uhr.
Dona Chika-ka, Rua João Castro Rabelo 10. Exzellente bahianische Küche. Tische auf der Straße und im 1. OG. ◷ Mo–Sa 18–1 Uhr.
Senac, Largo do Pelourinho. Im 2. OG Buffet einer Restaurantfachschule: 40 bahianische Gerichte, darunter neun *Moquecas* und zwölf Desserts (R$20 p. P.). Geräumig und hell, Top-Service. Im EG Kilo-Restaurant (R$16/kg). ◷ Mo–Sa 11.30–15.30, 17–22 Uhr; EG Mo–Fr 11.30–14.30 Uhr.
Mamabahia, Rua Alfredo de Brito 21. Beliebtes Eckrestaurant für Fisch- und Fleischgerichte. ◷ tgl. 11–24 Uhr.
Mittagessen und Cafés: ***O Coliseu,*** Cruzeiro São Francisco 9/13, ✆ 71/3321 6918. Großes Mittagsbuffet, gehobene Preise; abends mit Folkloreshow (R$69, Reservierung). ◷ Mo–Sa 11–16, 19–23 Uhr.
Panorámico, Rua das Laranjeiras 18. Kleines, aber gutes Buffet (R$17/kg). ◷ Mo–Sa 11–16 Uhr.
Le Glacier Laporte, Largo do Cruzeiro de São Francisco 21. Hervorragendes Eis. ◷ tgl. 10–20 Uhr.

CARMO UND SANTO ANTÔNIO – ***Olivier,*** Rua Direita do Santo Antônio 61. Gemütliches Restaurant mit franco-bahianischem Essen. Live-Jazz und Bossa Nova (Do–Sa ab 21 Uhr), So ab 19 Uhr Jamsession. ◷ Di–So ab 19 Uhr.
Ristorante Al Carmo, Rua do Carmo 66. Der Balkon mit Blick auf die Bucht ist großartig und alleine einen Besuch wert. Do–Sa Live-Musik. ◷ Mo 17–24, Di–Sa ab 11.30 Uhr.
Delicatessen do Carmo, Rua do Carmo 68. Sehr gutes vegetarisches Self-Service, Frühstück und Sandwiches. Genial: *Açai na Tigela.* Schöne Aussicht. Die Besitzerin spricht Deutsch. ◷ Mo–Sa 7–20, So 8–15 Uhr, Self-Service: tgl. 12–17 Uhr.

CIDADE BAIXA UND NÖRDLICH – Im südlichen Teil der Cidade Baixa gibt es eine regelrechte Restaurantmeile. Die Gourmettempel haben herrlichen Blick auf die Bucht.
Trapiche Adelaide, Praça dos Tupinambás 2. Vielleicht das schickste Restaurant Salvadors. Gehobene Preise; günstiger ist ein Drink in der Bar auf einem Steg. Umwerfend bei Sonnenuntergang. ◷ Restaurant Mo–Sa 12–16 und 19–1, So 12–16 Uhr, Bar: Mo–Sa 17.30–1 Uhr.
Solar do Unhão, Av. do Contorno 8, ✆ 71/3329 5551. Restaurant in Kolonialhaus, bahianische Küche. Die Folkloreshows gehören zu den besten Salvadors (Mo–Fr 20.30, 22.30 Uhr, R$40, Buffet R$36). Schöner Steg mit Meerblick. ◷ Mo–Sa 12–24, So 12–17 Uhr.
Sorveteria da Ribeira, Praça General Osório 87, Ribeira. Der Besitzer bezeichnet seine Eisdiele (seit 1931) als beste Lateinamerikas und die Bewohner Salvadors stimmen ihm da zu: Am Wochenende bilden sich lange Schlangen. Die 50 Sorten werden aus Früchten der Region hergestellt. Publikumsrenner ist Coco, Autorenfavorit: Mangaba. ◷ tgl. 10–24 Uhr.

BARRA – ***Caranguejo do Sergipe,*** Av. Oceânica. Szeniges Restaurant, immer voll. Seafood und *Moqueca*, hier gibt's die besten Krebse der Stadt. Brasilianer lieben das Ritual, die Beine und Scheren der Caranguejos mit einem kleinen Holzhammer zu zertrümmern und auszulutschen. ◷ Di–So 11–2, Mo 15–2 Uhr.
Barravento, Av. Oceânica 814. Schon von weitem am großen, weißen Dach-Segel erkennbar. Romantische Atmosphäre, schöner Blick aufs

Meer. Etwas touristisch, lohnt sich aber mindestens für einen Drink (frisch gezapftes *Chope*!). ◷ tgl. 10–3 Uhr.

Dionísio Arte na Mesa, Rua Afonso Celso 340. Edel eingerichtet, künstlerischer Touch. Selbst gemachte Nudeln, besonders gut sind die *Spaghetti al Mare* mit *Camarão* und *Lula*. ◷ tgl. 11.30–15 und ab 19 Uhr.

Jazz, Rua Belo Horizonte, Jardim Brasil. Rustikales Straßen-Restaurant und Bar. Musik: Jazz, Rock, Latin. ◷ Mi–Mo 17–24 Uhr.

Mittagessen: ***Perfume de Cozinha***, Rua Marquês de Caravelas 358. Eines der besten Kilo-Restaurants der Stadt, mehrfach ausgezeichnet. Das Buffet ist klein aber fein. Sehr lecker. ◷ So–Fr 11.30–16 Uhr.

Ramma, Rua Lord Cochrane 76. Nicht ganz zentral gelegen, aber exquisites Buffet mit vielen vegetarischen Leckereien. ◷ Mo–Fr 11.30–15 und 16–20.30, So 11.30–15.30 Uhr.

Sheik, Rua Almirante Marques de Leão 389. Günstiges und einfaches Buffet (R$6, *all you can eat)*. ◷ tgl. 11.30–15.30 Uhr.

Cafés: ***Donna Xicara***, Rua Afonso Celso 330. Sehr leckere Torten. Auch Mittagessen. ◷ Mo–Sa 10–19 Uhr.

Fábrica de Sucos, Rua Miguel Bournier 114. *Açaí* und 30 tolle Saftsorten. ◷ tgl. 24 Std.

Sorveteria da Barra, Rua Belo Horizonte 90, Jardim Brasil. Beliebteste Eisdiele in Barra. ◷ tgl. 7–23 Uhr.

Touché, Rua Belo Horizonte 114, Jardim Brasil. Viele verschiedene Crêpes, süß und herzhaft. ◷ Di–So 17–2, Mo 16–1 Uhr.

VITÓRIA UND GRAÇA – ***Caco Zanchi***, Av. 7 de Setembro 2914, ✆ 71/3337 2805. Der perfekte Ort fürs erste Date. Romantisches Restaurant mit Kerzen, Traumaussicht auf die Bucht, hervorragende internationale Küche. Reservierung am Wochenende empfohlen. Im gleichen Haus hat Besitzer Caco Zanchi eine Kunstgalerie und eine schöne Bar, ebenfalls mit herrlicher Sicht (Live-Musik Mo und Di). ◷ Mo–Sa 18–24, Winter zum Sonnenuntergang ab 17 Uhr.

Pátio, Av. 7 de Setembro 1809, nahe Campo Grande. Gemütliches Café und Snack-Bar im Innenhof des Goethe-Instituts. Schönes Kolonialhaus, man sitzt unter einem riesigen Mangobaum. Regelmäßig Jazzkonzerte am Fr (18–20 Uhr, R$2), junges, studentisches Publikum. ◷ Mo–Fr 9–23, Sa 17–24 Uhr.

Saúde Brasil, Rua Humberto de Campos 6, Graça. Exzellentes Bio-Self-Service-Restaurant. Hell und freundlich. Köstlicher Kuchen. ◷ Mo–Fr 9–18, Sa und So 11–15 Uhr.

RIO VERMELHO – ***Paraíso Tropical***, Rua Feira de Santana 354, Parque Cruz Aguiar. Spitzenrestaurant mit Stil, Essen mit Pfiff. Leichte Landesküche, Spezialität: *Moquecas* mit tropischen Früchten (R$32–100). Unbedingt den gefrorenen *Suco* probieren. Luftige, überdachte Terrasse, elegant und abends sehr romantisch. ◷ tgl. 12–24 Uhr.

Companhia da Pizza, Praça Brigadeiro Faria Rocha. Hier gibt's die beste Pizza der Stadt. Nett an einem Platz gelegen, Tische auf dem Bürgersteig. Interessante Architektur: modern und rustikal. Immer voll. ◷ So–Mi 17.30–24, Do–Sa 17.30–1 Uhr.

Marcella's Cantina, Rua João Gomes 141. Familiärer, gemütlicher Italiener in altem Haus von 1890. Hausgemachte Pasta. ◷ Mo–Sa 19–23 Uhr.

Lambreta Grill, Rua Alexandre Gusmão 70. Lambreta ist eine Austernspezialität, serviert werden sie in ihrer Schale mit mehreren Soßen. Der familiäre *Lambreta Grill* des fröhlichen Besitzers Kenichi gilt als bestes Restaurant dieser Art. ◷ Mo–Do 18–24, Fr und Sa 18–2 Uhr.

STRANDVORORTE – ***Yemanjá***, Av. Otávio Mangabeira 4655, Jardim Armação. Eines der besten Restaurants für typisch bahianisches Essen. Wer bisher noch keine *Moqueca* gegessen hat, sollte es hier tun! Freundliche Bedienung. Bus: eine Haltestelle vorm Aeroclube. ◷ tgl. 11.30–24 Uhr.

Boi Preto, Av. Otávio Mangabeira, Boca do Rio, Jardim Armação. Bestes *Churrasco* der Stadt, ein klingender Name in Salvador. Für R$45 bringt der Kellner Nachschub so oft man möchte. Etwas kühles Ambiente. Schräg gegenüber vom Aeroclube. ◷ Mo–Do 12–24, Fr–Sa 12–1, So 12–23 Uhr.

Mistura Fina, Rua Prof. Souza Brito 41, Itapoã. Exzellenten Fisch bekommt man in diesem edlen Restaurant in der Nähe des Leuchtturms. ◷ tgl. 8–1 Uhr.

Nachtleben

PELOURINHO UND SANTO ANTÔNIO – Die Nightlife-Szene ändert sich schnell in Salvador. Eine Konstante jedoch bleibt: **Dienstag** ist Pelourinho-Nacht! Dann tritt **Olodum** auf, die bekannteste Rhythmustruppe Bahias, und verwandelt die **Praça Tereza Batista** in eine ekstatisch mitgehende Menschenmenge. Beginn 21 Uhr, Karten frühzeitig besorgen, z. B. im ***Casa do Olodum,*** ◷ Mo–Fr 9–18 Uhr, R$40 (keine Shows in der Zeit nach Karneval). Die Party geht danach weiter, das ganze Pelourinho brodelt bis in die frühen Morgenstunden.

Eine Übersicht über die wöchentlichen Veranstaltungen kann man den Info-Tafeln vor den drei großen Veranstaltungsplätzen entnehmen. Neben der Praça Tereza Batista sind dies der hofartige **Largo Quincas Berro D'Água** und die kleinere **Praça Pedro Archanjo**, jeweils mit Bars, Restaurants und Bühne. Weitere Veranstaltungen finden statt auf dem **Largo do Pelourinho**, dem **Terreiro de Jesus**, der **Praça do Reggae** sowie entlang der **Rua das Laranjeiras**.

BAHIA

Bars und Cachaçarias: ***Cruz do Pascoal,*** Rua Joaquim Távora 2, Santo Antônio. Diese bodenständige Bar mit Plastiktischen ist leicht mit einer Pinte zu verwechseln, doch der hintere Teil hat sich dank Veranda mit fantastischer Aussicht und günstiger Preise zu einem In-Treff entwickelt. Salgados und Tapas. ◷ Mo–Sa 11–24 Uhr.

O Cravinho, Terreiro de Jesus. Szenekneipe mit vielen Cachaça-Sorten. Spezialität Nelken-Likör *(Licor de Cravo)*. Der *Anti Gripal* ist beliebt zur Vorbeugung. Eine „Infusion" *(Infusão)* gibt's schon für R$1. Außer-Haus-Verkauf. ◷ tgl. 11–23 Uhr.

Fundo do Cravinho, Terreiro de Jesus 5. Versteckte, lässige Hinterhof-Kneipe mit täglicher Live-Musik (Samba, MPB). ◷ tgl. 16–23.30 Uhr.

Bar Galícia, Rua João Castro Rabelo/Rua João de Deus. Dienstags und am Wochenende quillt das Publikum auf die Straße vor dieser einfachen Traditions-Reggae-Bar. Man kommt sich schnell näher. Oft Live-Musik. ◷ tgl. ab 16 Uhr.

Zanzibar, Ladeira da Misericórdia 9. Wenn in der Zanzibar etwas läuft, wird es meistens wild. Oft Konzerte. Spektakulärer Blick. ◷ Mo–Sa ab 17.30 Uhr.

BARRA – Der so genannte **Jardim Brasil** bei der **Rua Belo Horizonte** ist die netteste Ecke mit vielen angesagten und weitgehend untouristischen Bars und Restaurants. Ebenfalls belebt am Wochenende sind die kleinen Straßen zwischen der **Rua Afonso Celso** und **Av. Oceânica**. Die Gegend um **Porto da Barra** ist an vielen Stellen touristisch mit entsprechenden Bars.

Bohemia Pilsen Bar, Rua Belo Horizonte 177, Jardim Brasil. Seit Jahren eine der hippsten Locations Salvadors, berühmt für gute Live-Musik. ◷ Mo 15–2, Di–So 11–2 Uhr.

Habeas Copos, Rua Marquês de Leão 172. Traditionsreiche Bar, Do–So Live-Musik. ◷ Di–So ab 17 Uhr.

Bar do Chico II, Rua Recife 86, Jardim Brasil. Typische Straßenbar, unspektakulär, aber nett. Hier trinken die Einheimischen gerne viel Bier. ◷ tgl. ab 12 Uhr.

Pereira, Av. 7 de Setembro 3959. Schicke Promi-Bar, feines Mobiliar mit flauschigen Sitzkissen. Terrasse. ◷ tgl. 18–1, Do–So 12–15 Uhr.

RIO VERMELHO – Hier treffen sich Intellektuelle, Künstler und Studenten. Das Nachtleben ist untouristisch und großstädtisch.

Es gibt zwei zentrale Plätze mit Open-Air-Bars und Acarajé-Ständen: Auf dem **Largo de Santana** sitzt man entspannt hinter der Kirche. Am **Largo da Mariquita** ist ab 19 Uhr oft kein Tisch mehr frei.

Der angrenzende Fischmarkt **Mercado do Peixe** ist frühmorgens Treffpunkt der Nachtschwärmer.

Las Margaritas, Rua da Paciência 92. Hübsche Szene-Bar (mexikanisch) mit Liebe zum Detail. Am schönsten loungt es sich im 2. OG (mit Galerie). Leckere tropische Cocktails. Live-Musik ab 21.30 Uhr (Mi, Do, Sa). ◷ So–Mi 18–24, Do–Sa 18–2 Uhr.

Frankfurt Bier, Rua Almirante Barroso 123. Die Bar ist weniger deutsch als der Name nahe legt. *„A Alemanha com o Sabor da Bahia"* (Deutschland mit dem Geschmack Bahias): Jung und lässig. Gutes Essen. Live-Musik. ◷ Di–So ab 19 Uhr.

Don Quixote, Rua da Paciência 145. Bar-Restaurant. Perfekt fürs Date: Schummrige Atmosphäre, gemütliche Nischen, angenehme Akustik. Di Live-Musik. ◷ Mo–Sa ab 18 Uhr.

Salvador Pub, Rua do Meio 154. Nennt sich englischer Pub, ist aber um einiges vornehmer. Am Wochenende viel los. ⌚ Mo–Sa ab 20 Uhr.
Póstudo, Rua João Gomes. Luftige Bar im 1. OG eines Betonklotzes. Älteres Publikum. Live-Jazz Do ab 21.30 Uhr. Couvert R$5. ⌚ Mo–Sa ab 12 Uhr.
Extudo, Rua Lídio Mesquita 4. Traditions-Treffpunkt der Intellektuellen-Szene. ⌚ Di–So 12–1 Uhr.
Seven Inn, Rua da Paciência 88. Oben Disco (Trance, House), unten Bar mit Live-Musik (Rock-Pop). ⌚ Mi–So 0.30–6, Bar ab 22 Uhr; Eintritt R$10 für beides.

ANDERE STADTTEILE – ***Aeroclube,*** Av. Otávio Mangabeira 6000, Boca do Rio, ✆ 71/3462 8000. Unterhaltungsareal amerikanischer Machart mit Bars und Clubs, viele Mittelschicht-Teenager. Darin: ***Café Cancun,*** Rock, Black Music, Hip Hop. ⌚ Di–Sa 21–4 Uhr. Und:
Rock in Rio Café, angesagte Groß-Disco mit harter Türpolitik. Selbst die Klitschko-Brüder wurden nicht rein gelassen – in Sandalen und Turnhosen. Axé, Pagode, Afro. ⌚ Di, Do–So ab 21 Uhr (HS tgl.).
French Quartier, Av. Otávio Mangabeira 2323, Jardim dos Namorados, Pituba. Schicke New Orleans Jazz und Blues-Bar mit loungigem Touch. Tgl. Live-Musik. Südstaaten-Küche, nicht billig. Besonders Do geht die Post ab. ⌚ Mo–Sa 17–2 Uhr.
Bahia Café, Largo dos Aflitos, Aflitos. Ein Mangobaum im Vordergrund, der herrliche Blick auf die Bucht – das Bahia Café ist einer der schönsten Orte für einen romantischen Abend. Live-Musik, am Wochenende Tanzpiste. ⌚ Mo–Fr ab 12, Sa ab 17.30 Uhr.
Fashion Club, Av. Otávio Mangabeira 2471, Pituba. Schicke Disco, wechselndes Musikprogramm. ⌚ Do–Sa 22–6, So 19–1 Uhr.
Tô nem aí!, Rua das Hortências 246, Pituba. Angesagte Open-Air-Bar. ⌚ Mo–Sa 17–2, So 12–24 Uhr.
Pimentinha, Rua Dom Eugênio Sales 11, Boca do Rio. Am Montag platzt der Laden aus allen Nähten. Abgefahrene, surreale Einrichtung, klapprig improvisiert um einen Baum herum. Bei Eintritt Segnung per Mistelzweig. Tipp: An den Tischen draußen spart man den Eintritt. Anfahrt am besten per Bus bis *Aeroclube*, von da mit Taxi. ⌚ tgl. ab 18 Uhr; Eintritt R$4.

SCHWUL UND LESBISCH – ***Grupo Gay da Bahia,*** Rua Frei Vicente 24, ✆ 71/3321 1848, 💻 www.ggb.org.br. Infos über lesbisch-schwules Leben in Salvador und Bahia. Donnerstag Treffpunkt ab 20 Uhr. ⌚ Mo–Fr 9–12 und 14–18 Uhr.
Off Club, Rua Dias D'Ávila 33, Barra. House, Techno. ⌚ Fr–So ab 23.30 Uhr; Eintritt R$12 plus R$5 Verzehr.
In der kleinen Gasse **Beco dos Artistas** (Av. Cerqueira Lima) nahe dem Teatro Castro Alves liegen mehrere angesagte Bars, darunter das ***Camarim,*** ⌚ tgl. ab 19 Uhr.

Kultur und Unterhaltung

Aktuelle Veranstaltungsübersichten in der Tageszeitung *A Tarde*, Programmteil *Caderno 2*.

KINOS – Drei gute Programmkinos:
Cinema do Museu, Av. 7 de Setembro 2195, beim Museu Geológico, Vitória. Hübsch und modern, mit Café und Terrasse.
Cine XIV, Rua Frei Vicente 12–14, Pelourinho.
Bahiano, Av. Princesa Leopoldina 398, Graça. Programminfos: 💻 www.saladearte.art.br, ✆ 71/3331 1279. Filme im OmU.
Die Shoppings **Iguatemi**, **Barra** und **Aeroclube** haben moderne Multiplex-Kinosäle und zeigen aktuelle Kinohits.

KULTURZENTREN – ***Goethe-Institut,*** Av. 7 de Setembro 1809, Vitória, ✆ 71/3337 0120. Deutsch-brasilianisches Zentrum mit Bibliothek, deutschen Tageszeitungen und Journalen sowie Kulturveranstaltungen.
Alliance Française, Av. 7 de Setembro 401, Vitória, ✆ 71/3336 7599, 💻 www.afbahia.com.br. Französisch-brasilianisches Kulturzentrum mit Galerie, Theater, Tanz- und Musikpräsentationen (Do–So). Terrasse mit Buchtblick.

THEATER – ***Teatro Castro Alves,*** Campo Grande. ✆ 71/3339 8000, 💻 www.tca.ba.gov.br. Landesweit bekanntes Musiktheater. Tipp: Günstige Auftritte hochkarätiger Künstler in der *Concha Acústica* (akustische Muschel).

Teatro SESC/SENAC, Largo do Pelourinho 19, Pelourinho. Portugiesischsprachige Produktionen. Do–Sa Folklore-Show.
Centro Cultural SESI, Rua Borges dos Reis 9, Rio Vermelho. ✆ 71/3334 6800. Theater- und Musikaufführungen.
Teatro Miguel Santana, Rua Gregório de Matos 47, Pelourinho. ✆ 71/3322 1962. *Balé Folclórico da Bahia* – mitreißende Folkloreshow mit traditionellen Tänzen. ◷ Mo–Sa 20 Uhr.
Teatro XVIII, Rua Frei Vicente 18, Pelourinho, 💻 www.theatroxviii.com.br. Kleines Theater mit wechselndem Programm, alle Vorstellungen R$3,50.
Teatro Vila Velha, Av. 7 de Setembro (Passeio Público), 💻 www.teatrovilavelha.com.br. Alternatives Theater mit Tanz- und Musikpräsentationen. Eintritt R$14.

Feste und Feiertage

Viele Feste sind religiösen Ursprungs. Von Dezember bis Karneval finden fast wöchentlich rituelle Reinigungen von Kirchentreppen statt: die sog. *Lavagem*. Der symbolische Akt – das Kehren der Treppe, Verstreuen von Blumen und Gießen von Duftwasser – beginnt frühmorgens und wird erweitert durch Musik-Shows und kulturelle Veranstaltungen – ein buntes Volksfest! Die wichtigste von ihnen ist die **Lavagem do Bonfim**. Sie findet am zweiten Januar-Donnerstag statt, eine große Prozession zieht von der **Igreja N. S. da Conceição da Praia** (Cidade Baixa) zur **Igreja do Bonfim** (Stadtteil Ribeira). Die anschließende Straßenparty geht bis in die Nacht.

Festa de N. S. dos Navegantes (1. Jan): Prozession von der Igreja N. S. da Conceição da Praia zur Igreja N.S. da Boa Viagem, Itapagipe.
Festa de Reis (6. Jan): Prozession zur Igreja da Lapinha, Nazaré.
Festa de Yemanjá (2. Feb): Eines der schönsten Feste Salvadors, ganz Rio Vermelho steht Kopf: Mit Zeremonien wird versucht, die Gunst der eitlen Meeresgöttin Yemanjá zu gewinnen: Höhepunkt ist eine Schiffsprozession, bei der Körbe mit Blumen und Parfum ins Meer geworfen werden. Auf der anschließenden Straßenparty spielen die besten Bands der Stadt.
Semana Santa (Woche vor Ostern): Veranstaltungen in der ganzen Stadt, Passionsspiele am Stadtsee Dique do Tororó.
N. S. da Conceição da Praia (8. Dez): Bunte Prozession und Zeremonien in der Cidade Baixa.
Karneval (s. S. 98). **Micareta** (April): Karneval außerhalb der Saison, Riesenparty.

Einkaufen

ANTIQUITÄTEN – Antiquitätenfans werden in der **Rua Rui Barbosa** (nahe Praça Castro Alves) fündig: ein Laden neben dem anderen.

EINKAUFSZENTREN – ***Shopping Iguatemi,*** Av. Tancredo Neves 148 (gegenüber Rodoviária). Größtes Einkaufszentrum der Stadt. ◷ Mo–Sa 9–22, So 14–20 Uhr.
Shopping Barra, Av. Centenário 2992. ◷ Mo–Fr 10–22, Sa 10–21, So 15–21 Uhr.
Aeroclube, Av. Otávio Mangabeira 6000, Boca do Rio. ◷ Mo–Sa 12–23, So 12–22 Uhr.
Shopping Piedade und **Shopping Lapa**, Portão da Piedade 155. ◷ Mo–Fr 9–21, Sa 9–20 Uhr.

JUWELEN – ***Donnini Gemas & Jóias,*** Rua José Pancetti, Barra, ✆ 71/3245 5313. Edelsteine direkt vom Großhändler, günstige Preise. Nur nach Anmeldung. Abholservice vom Hotel, Vorführungen auf Deutsch.

SOUVENIRS UND KUNSTHANDWERK – Bahia ist berühmt für sein kreatives Kunsthandwerk. Verwendet werden vor allem natürliche Materialien wie Holz, Leder und Muscheln. Raffiniertere Produkte werden aus Edel- und Halbedelsteinen, Gold, Silber, Bronze und Zinn angefertigt. Hauptthemen vieler Künstler sind Motive aus der Natur und den Religionen.
Das **Instituto Mauá** hat Verkaufsräume für Holzschnitzereien, Ton-, Textil- und Keramikprodukte: **Porto da Barra**, Largo da Barra. **Pelourinho**, Rua Gregório de Matos 27. ◷ Mo 10–18, Di–Fr 9–18, Sa und So 10–15 Uhr.
Mercado Modelo, Praça Visconde de Cairu 250, Comércio. Bahias größter Kunsthandwerk-Markt.
Lojinha de Artesanato SESC, Largo do Pelourinho. Kleines Geschäft mit hübschen Artikeln. ◷ Mo–Fr 9–18, Sa 9–13 Uhr.

Oficina de Investigação Musical, Rua Alfredo de Brito 24, Pelourinho, ✆ 71/3322 2386. Afro-brasilianische Musik- und Rhythmus-Instrumente, wie Berimbau, Djambé oder Calimba, größtenteils eigene Herstellung. Percussion-Kurse. ⌚ Mo–Sa 10–20, So 10–14 Uhr.

Kurse

CAPOEIRA – Es gibt zwei Richtungen: Der traditionelle Stil nennt sich *Angola,* er ist der langsamere. Bekannte Lehrer sind Mestre Lua und Mestre João Pequeno.
Mestre Lua, Rua Inácio Acciole 3, ✆ 71/3488 3600. Capoeira- und Percussion-Kurse, auch Verkauf von Instrumenten.
Mestre João Pequeno de Pastinha, ✆ 71/3397 6775. Im Forte Santo Antônio (am Ende der Rua Direita do Santo Antônio). Capoeira-Schule.
Der neuere **regionale** Stil wurde von **Mestre Bimba** gegründet, er ist schneller und kämpferischer. Wichtige Vertreter sind der Nachfolger des Gründers **Mestre Bamba** und **Mestre King Kong**.
Associação de Capoeira Mestre Bimba, Rua das Laranjeiras 1, ✆ 71/3492 3197, 💻 www.capoeiramestrebimba.com.br. Capoeira-Kurse und Präsentationen.
Mestre King Kong, Rua João de Deus, ✆ 71/8816 2996. Kurse Mo–Sa 9.30–11 und 19.30–21 Uhr.
Alle Schulen liegen im Pelourinho. Für Präsentationen *(Rodas)* nach den aktuellen Uhrzeiten erkundigen.

PORTUGIESISCH – ***Casa do Brasil,*** Rua Milton de Oliveira 231, Barra, ✆ 71/3245 5866, 💻 www.casa-do-brasil.net. Sehr empfehlenswerte Sprachschule: Kompetenz, Herzlichkeit, gute Lehrer. Angenehmes Ambiente in schönem Altbau. Exkursionen und Tanzkurse sind Teil des Programms. Leiterin Denise spricht Deutsch.
Idioma, Rua Greenfield 46, Barra, ✆ 71/3267 7012, 💻 www.portugueseinbrazil.com. Kleine Schule, günstig, Backpacker-Publikum.

TAUCHEN – ***Dive Bahia,*** Av. 7 de Setembro 3809, Porto da Barra, ✆ 71/3264 3820, 💻 www.divebahia.com.br. Tauchen in der Baía de Todos os Santos, interessant dank vieler Schiffswracks. Schönes Haus mit kleinen Zimmern für Tauchschüler.

Sonstiges

APOTHEKE – ***Botica da Terra,*** Rua João de Deus 8. Alternative Apotheke mit Naturprodukten (Kosmetik und Medikamente), in Kooperation mit der Universität (UFBA). ⌚ Mo–Fr 9–18, Sa 9–14 Uhr.

GELD – Alle genannten Filialen haben von 10–16 Uhr geöffnet (Mo–Fr), wenn nicht anders angegeben **Banco do Brasil.**
Pelourinho: Largo do Cruzeiro de São Francisco. ⌚ Geldautomat 7–22 Uhr (alle Karten).
Bradesco, Rua da Misericórdia. ⌚ Geldautomat (Visa/Master) 6–22 Uhr.
Barra: Rua Miguel Bournier 4, ⌚ Geldautomat 8–20 Uhr. **Porto da Barra**, ⌚ nur Geldautomat 6–22 Uhr.
Campo Grande: Av. Leovigildo Figueiras. ⌚ Geldautomat 7–20 Uhr.
Cidade Baixa: Av. Estados Unidos 561. ⌚ Geldautomat 6–20 Uhr.
Rodoviária: Geldautomaten am Eingang.
Geldwechsel: Am **Flughafen**, in den ***Banco do Brasil***-Filialen Pelourinho, Shopping Barra und Flughafen. Auch: ***Tours Bahia*** (s. Touren).

INFORMATIONEN – Bahias Tourismusbehörde ***Bahiatursa,*** 💻 www.bahia.com.br, hat eine kostenlose **Hotline**: ✆ 0800/716 622 und folgende Infostände: **Pelourinho**, Rua das Laranjeiras 12, ✆ 71/3321 2133, ⌚ tgl. 8.30–21 Uhr. **Rodoviária**, ⌚ tgl. 7.30–21 Uhr. **Flughafen**, ⌚ tgl. 8–23 Uhr. **Porto da Barra**, Largo da Barra, ⌚ Mo–Fr 9–18, Sa 9–13 Uhr. **Mercado Modelo**, ⌚ Mo–Sa 9–18 Uhr. **Shopping Barra**, ⌚ Mo–Fr 8–18 Uhr.
Die städtische Tourismusbehörde ***Emtursa*** hat ein Büro am **Aufzug Lacerda**, ✆ 71/3321 3127, ⌚ Mo–Fr 9–18 Uhr.

INTERNET – Es gibt unzählige Internetcafés im Zentrum. Die Preise liegen um R$3/Std.
Bahiacafe.com, Praça da Sé 20, Pelourinho. R$4/Std. ⌚ tgl. 9–24 Uhr.
Internet Café.com, Rua João de Deus 2, 1. OG, Pelourinho. Moderne PCs, (R$4/Std.), internatio-

nale Telefonate. Heller Raum, ruhig und gut belüftet, Cafeteria. ⌚ tgl. 9–21 Uhr. Außerdem: Av. 7 de Setembro 3713, Barra. R$4/Std. ⌚ 9–21 Uhr.

Carmo Web Café, Rua do Carmo 21. Gut organisiert, moderne Geräte, freundlich (R$3/Std.). ⌚ Mo–Fr 9–21, Sa 9–18, So 9–14 Uhr.

Cyber Games & Internet, Rua Odilon Santos 14, Rio Vermelho. Großes Internetcafé, klimatisiert (R$3/Std.). Café und Snacks. ⌚ Mo–Do und So 8–23, Fr und Sa 8–6 Uhr.

Corproni Cyber Café, Rodoviária, Flügel *Desembarque*, R$4/Std. ⌚ tgl. 7–22 Uhr.

MEDIZINISCHE HILFE – ***Hospital Aliança,*** Av. Juracy Magalhães 2096, Rio Vermelho, ✆ 71/3350 5600. Privatkrankenhaus mit 24 Std.-Notdienst.

POLIZEI – ***Polícia Civil*** und ***Touristenpolizei Deltur,*** Largo do Cruzeiro de São Francisco, Pelourinho. ⌚ 24 Std.

Polícia Federal, Av. Oscar Pontes 339, Comércio, Nähe Fährhafen, ✆ 71/3319 6000, Für Aufenthalts- und Visumsfragen. ⌚ Mo–Fr 10–16 Uhr.

POST – **Hauptpost**, Praça da Inglaterra, Cidade Baixa. ⌚ Mo–Fr 9–17, Sa 9–13 Uhr. **Pelourinho**, Rua Inácio Acciole. ⌚ Mo–Fr 9–17, Sa 9–13 Uhr. **Shopping Barra**, 1.OG. ⌚ Mo–Fr 10–19, Sa 10–17 Uhr.

TOUREN – Beliebt sind Touren zu den Inseln der Baía de Todos os Santos und Ausflüge ins Recôncavo.

Tours Bahia, Largo do Cruzeiro de São Francisco 4–6, Pelourinho, ✆ 71/3322 4383, 💻 www.toursbahia.com.br. Professionelles Reisebüro unter Schweizer Leitung. City- und Insel-Touren, Recôncavo, Candomblé. Englisch und Deutsch. Geldwechsel. ⌚ Mo–Fr 9–18, So 10–14 Uhr (HS 9–19 Uhr).

Schöne Reise Turismo, Largo do Cruzeiro de São Francisco 7, Pelourinho, ✆ 71/3321 3182, 💻 www.schonereise.com.br. Ähnliche Touren, gratis Internet für Kunden. ⌚ Mo–Fr 9–19, Sa 9–14 Uhr (HS Sa 9–17, So 9–14 Uhr).

Der deutsche Reiseleiter **Bodo dos Santos** bietet gut recherchierte Touren ins Landesinnere an: „Auf den Spuren der Edelsteinsucher". Infos: ✆ 71/3484 4053, 71/8148 4760, ✉ bodobahia@yahoo.com.br.

WÄSCHEREI – ***Aquamix Lavanderia,*** Rua Marquês de Caravelas 609, Barra. ⌚ Mo–Fr 8–19, Sa 8–15 Uhr.

Nahverkehrsmittel

Salvador hat zwei nicht alltägliche Verkehrsmittel: Der Aufzug **Elevador Lacerda** fährt für einen Groschen von der **Praça Tomé de Souza** hinunter zum Vorplatz des Mercado Modelo, ⌚ 24 Std. **Plano Inclinado Gonçalves** ist eine Zahnradbahn, Einstieg an der Praça da Sé oder der Rua G. dos Padres (Cidade Baixa), ⌚ Mo–Fr 7–19, Sa 7–13 Uhr.

BUSSE – Das Busnetz von Salvador ist gut ausgebaut, wirkt auf Fremde aber oft konfus. Eine einfache Fahrt kostet R$1,50, Sonderbusse (mit S gekennzeichnet) R$3–4,50. Infos unter ✆ 71/3371 1580.

Ab Busbahnhof: Es gibt mehrere Nahverkehrshaltestellen, nicht jeder Bus hält überall. Auskünfte bei der **Central de Informações** am Haupteingang. ⌚ tgl. 6–22 Uhr.

Die zentrale Haltestelle ist durch einen Fußgängertunnel zu erreichen. Von hier fahren u. a. Busse zu den Fährhäfen Terminal Turístico Marítimo (Aufschrift: *Terminal da França*) und Terminal São Joaquim, sowie zum Pelourinho *(S017 Imbuí/Praça da Sé)*.

Über eine große Fußgängerbrücke (vom Hauptausgang links) kommt man zum Nahverkehrsterminal **Estação Iguatemi**. Dort halten u. a. Busse zum Flughafen *(1021 Aeroporto/São Joaquim)*. Auch am Shopping Iguatemi (am Ende der Brücke) halten Busse, u. a. ins Pelourinho *(S004 Iguatemi/Praça da Sé)*.

Ab Flughafen ins Pelourinho mit Bus *S002 Praça da Sé/Aeroporto* (klimatisierter Minibus), über Rio Vermelho, Barra und Vitória (bis 22 Uhr alle 20–45 Min., 60–90 Min., R$4,20).

Zur Rodoviária (Estação Iguatemi) mit Bus *1061 Aeroporto/São Joaquim.*

Ab Pelourinho, zentrale Bushaltestelle in der Rua Chile, zum Flughafen: *S002 Praça da Sé/*

Aeroporto (über Barra und Rio Vermelho) (Fahrzeit 60–90 Min).
Praia do Flamengo: *S011 Praia do Flamengo/ Praça da Sé.*
Rodoviária: *S004 Iguatemi/Praça da Sé* zum Shopping Iguatemi, dort über die Fußgängerbrücke.
Terminal São Joaquim: Busse mit Aufschrift *Ribeira* (ab Unterstadt).
Ab Barra, Haltestellen an der Av. 7 de Setembro, ins Pelourinho mit *Praça da Sé*. Rio Vermelho (20 Min.) und Richtung Aeroclube/Itapoã/Flamengo: u. a. *Praia do Flamengo/Campo Grande, Aeroporto, Itapoã* (kurze Abstände). Flughafen: u. a. *S002 Aeroporto/Praça da Sé*. Rodoviária: u. a. *Grande Circular 1.*
Ab Terminal Turístico Marítimo zum Busbahnhof: u. a. *Rodoviária Circular R1.*
Ab Terminal São Joaquim zum Terminal Turístico Marítimo: viele Busse, z. B. *Grande Circular 1.* Flughafen/Rodoviária: u. a. *1021 Aeroporto/ São Joaquim.* Pelourinho/Santo Antônio: Busse Richtung Campo Grande bis Comércio, dann Aufzug. Barra: u. a. *Grande Circular 1.*

TAXI – Preisbeispiele (tagsüber):
Ab **Rodoviária**: **Barra** R$15–22, 20–30 Min.
Pelourinho R$12–15.
Ab **Flughafen** (Taxis in zweiter Reihe sind günstiger): **Barra** R$40,
Pelourinho R$40–50, 30–45 Min.
Barra bis Pelourinho ca. R$10.
Ligue Taxi, ✆ 71/3357 7777. ***Teletaxi***, ✆ 71/3321 9988.

FÄHREN – Ab **Terminal São Joaquim** (im Volksmund *Ferry Boat* genannt, sprich *„Fehi Bootschi")*, Av. Oscar Pontes, nach
Bom Despacho (Ilha de Itaparica): **Autofähren**, ca. 15x tgl. zwischen 6 und 23.30 Uhr, 45 Min., R$3–4; **Katamaran** 2–3x tgl., 30 Min., R$5.
Itaparica (Hauptort der Insel): **Katamaran**, 2–3x tgl., 1 Std., R$9.
Infos: ✆ 71/3319 2890, Sonntags höhere Preise.
Ab **Terminal Turístico Marítimo** (Terminal da França):
Mar Grande (Ilha de Itaparica): **Personenboot**, in kurzen Abständen zwischen 6 und 18 Uhr (HS länger), 30–40 Min., R$3–4.

Transport

FLÜGE – Der ***Aeroporto Internacional Luís Eduardo Magalhães***, ✆ 71/3204 1010, liegt 30 km nordwestlich vom Stadtzentrum in São Cristóvão.
Fluggesellschaften: *Varig*, ✆ 71/3204 1395, ***TAM***, 71/3204 1167, ***Gol***, ✆ 71/3204 1603, ***BRA***, ✆ 71/3204 1407, ***Nordeste***, ✆ 71/3377 0130, ***Ocean Air***, 71/3204 1502, ***Abaeté***, 71/3377 2573.
Angeflogen werden alle wichtigen brasilianischen Städte. Innerhalb Bahias **Porto Seguro** und **Ilhéus**.
Es gibt Direktflüge von/nach Europa mit ***TAP***, ✆ 71/3243 6122, und ***Condor***, 🖳 www.condor.de.

BUSSE – ***Rodoviária***, Av. Antônio Magalhães 4362, Iguatemi, ✆ 71/3460 8300
Orientierung: Der Busbahnhof ist für viele ein unübersichtliches Gewusel. Informationen zum Busverkehr hat die **Central de Informações** am Eingang. 🕒 tgl. 6–22 Uhr, ✆ 71/3460 8300. Darüber hängt eine **Tafel** mit den Nummern der **Verkaufsschalter** (1. OG). Es gibt u. a. Imbissstuben, Supermarkt, Apotheke und ein Informations-Büro von **Bahiatursa**. Der Busbahnhof wird rund um die Uhr überwacht. Koffer oder Rucksack können in einer 24-Std.-Gepäckaufbewahrung abgegeben werden (Flügel *Desembarque).*

Busse innerhalb Bahias (Intermunicipal)
Nach Süden: Oft ist es schneller, mit der Fähre nach **Bom Despacho** überzusetzen und dort einen Bus zu nehmen, als um die Bucht herum zu fahren.
Eunápolis (Umstieg für Trancoso und Arraial d'Ajuda) und **Teixeira de Freitas** (Umstieg für Caravelas): *Águia Branca,* ✆ 71/4004 1010 (Disk), tgl. 18.30, 20 Uhr, 9 1/2–11 Std., R$90–140.
Ilhéus: *Águia Branca,* tgl. 9, 12.45 und 22.45 Uhr, 7 Std., R$56–87.
Itacaré: *Águia Branca,* Mo, Mi, Fr 22.45 Uhr, 8 Std., R$58.
Porto Seguro: *Águia Branca,* tgl. 21 Uhr, 11 Std., R$84.
Nach Norden: Linha *Verde,* ✆ 71/3450 0321, fährt 2x tgl. ins Zentrum von **Praia do Forte**, 9.45 und 18.30, 1 1/2 Std., R$8. Alternativ: 7x tgl. bis 17 Uhr zum Ortseingang *(Entrada Praia do Forte).* Von

dort etwa 2 km laufen oder per Minivan. Alle Busse halten in **Arembepe** (1 Std., R$5). Weiterfahrt nach **Imbassaí** (1 3/4 Std., R$10) und **Conde** (4 Std., R$18).

Sítio do Conde: *Linha Verde,* 7 und 17 Uhr.
São Luiz, ✆ 71/3450 4582, 6 und 16.30, 4 Std., R$22.

Ins Landesinnere: **Cachoeira**: *Santana,* ✆ 71/3450 4951, stdl. bis 21.30 Uhr, 2 Std., R$13.
Lençóis: *Real Expresso,* ✆ 71/3450 9310, tgl. 7 und 23.30 Uhr, 6 Std., R$37.

Nationale Busse (Interestadual) nach:
Aracaju: *Bomfim,* ✆ 71/3460 0000, 7x tgl. zwischen 7 und 22 Uhr, 5 Std., R$46.
Belo Horizonte: *São Geraldo,* ✆ 71/3450 4488, 17 (ungerade Tage) bzw. 18 Uhr (gerade Tage), 24 Std., R$150.
Fortaleza: *Itapemirim,* ✆ 71/3450 1946, tgl. 20, Fr 19.10 Uhr, 24 Std., R$135–150.
João Pessoa: *Progresso,* ✆ 71/3460 0000, Mo, Mi, Fr 19 Uhr, 14 Std., R$110.
Bomfim, Di, Do, So 19 Uhr, 14 Std., R$107.
Maceió: *Bomfim,* tgl. 12.45 und 22 Uhr, 10 Std., R$77.
Natal: *São Geraldo,* 17 und 19.40 Uhr, 19 Std., R$125–155.
Petrolina (für Serra da Capivara): *São Luiz,* ✆ 71/3450 4582, 7, 8.30, 18 und 22 Uhr, 8 Std., R$50–70.
Recife: *Itapemirim,* tgl. 18.45 und 19.10 Uhr, 11 Std., R$80–110.
Rio de Janeiro: *Itapemirim,* tgl. 7 und 15 Uhr, 26 Std., R$185. *Águia Branca,* tgl. 9.30 und 13 Uhr, 30 Std., R$176–212.
Teresina: *São Geraldo,* tgl. 17.30 Uhr, 21 Std., R$125.
Vitória: *Águia Branca,* tgl. 14.10 Uhr, 19 Std., R$175.

FÄHREN – Nach **Morro de São Paulo** gibt es zwei Möglichkeiten:
Am schnellsten vom **Terminal Turístico Marítimo**, ✆ 71/3319 3431, per **Schnellboot** *(Lancha),* 8.30 und 11 Uhr, 1 3/4 Std., R$50, oder **Katamaran**, 9, 13.30 und 14 Uhr, 2 Std., R$50.
Billiger, aber umständlicher: Fähre ab **Terminal São Joaquim** nach **Bom Despacho** (Itaparica), dort per Bus nach **Valença** und weiter mit Boot. Gesamtreisezeit ca. 4 Std., ca. R$20–25.

Baía de Todos os Santos

Die Baía de Todos os Santos ist die größte Bucht Brasiliens. Sie wurde am 1. November 1501 von einer portugiesischen Expedition unter Amerigo Vespucci entdeckt und nach dem kirchlichen Kalender „Allerheiligenbucht" (Baía de Todos os Santos) getauft. Letztlich leitet sich auch der Name des Bundesstaates Bahia von ihr ab. In der Baía de Todos os Santos nahm der Aufstieg Salvadors zur ersten Hauptstadt Brasiliens seinen Anfang, vor allem dank des strategischen Hafens zum Export von Zuckerrohr aus den Farmen des Recôncavo. Das **Forte de São Marcelo** an der Buchteinfahrt schützte die Stadt vor holländischen Angriffen. In der Umgebung gibt es jedoch nicht nur historische Städtchen, es hat sich auch ein umfangreicher Industriepark angesiedelt, darunter Chemiefabriken und Erdölraffinerien. Umweltprobleme und Überbevölkerung sind die Schattenseiten des wirtschaftlichen Wachstums.

Ilha de Itaparica

Mit 240 km² ist Itaparica die größte Insel in der Baía de Todos os Santos und außerdem die größte Meeresinsel Brasiliens. Darüber hinaus hat sie allerdings wenig Superlative zu bieten. Die brauchen die Einwohner Salvadors aber auch nicht. Sie mögen „ihre" Insel und bevölkern sie zahlreich, besonders am Wochenende. An den Stränden sind viele *Condomínios* von begüterten Städtern entstanden. Ein Besuch lohnt sich vor allem, um an einem der Strände zu entspannen oder den historischen Hauptort Itaparica zu erkunden, wo an ruhigen Tagen die Zeit stehen geblieben zu sein scheint. Stets war Itaparica auch Anziehungspunkt für Künstler, Musiker und Intellektuelle. Prominentes Beispiel ist der Schriftsteller **João Ubaldo Ribeiro**, der hier aufwuchs und in seinen Büchern das Inselleben schildert.

Einen weiteren Vorteil hat Itaparica: Im Vergleich zu Salvador ist das Leben bedeutend günstiger; dies macht die Insel vor allem während des Karnevals attraktiv, wenn gegenüber auf dem Festland astronomische Pauschalpreise verlangt werden.

Orientierung und Strände

Ganz am nordwestlichen Zipfel liegt der namensgebende Hauptort **Itaparica**, im 17. Jh. von Holländern gegründet. Neben den hübschen Kolonialhäusern aus dem 18. und 19. Jh. bezeugt die beeindruckende Festung **Fortaleza de São Lourenço** Itaparicas bedeutsame Rolle in der Geschichte. Die Anlage wurde 1711 von Portugiesen auf den Ruinen einer holländischen Festung (1647) erbaut. Den gleichen Namenspatron wie das Fort hat die **Igreja São Lourenço** (1610) an der schattigen **Praça Tenente João das Botas**, dem Hauptplatz in der Altstadt. Hier konzentriert sich auch das Nachtleben mit Bars und Restaurants. Im Sommer steigen auf dem alten Marktplatz vor dem **Mercado** spontane Partys. Nur einige Schritte weiter lohnt die Kirche **Matriz do Santíssimo Sacramento** (1715) einen Besuch. Am Ortseingang gibt es eine mineralhaltige Heilquelle, die **Fonte da Bica** (1842). Das Quellwasser soll gegen allerlei Gebrechen helfen.

Mar Grande ist Verwaltungssitz des Bezirkes Vera Cruz, dem südlichen Teil der Insel. Der Ort ist kleiner und historisch weniger bedeutend als Itaparica, dafür erheblich lebendiger. Am Bootssteg treffen die Kutter aus Salvador ein, Verkehrsmittel für Einheimische wie Touristen.

Viele Strände sind durch Riffe geschützt, das ruhige Wasser lädt zum Baden ein. Sehr beliebt bei Einheimischen ist die **Praia Cacha-Pregos** am südlichen Ende. Hier legen Ausflugsboote ab zum **Pantanal Baiano**, einem Regenwaldsumpfgebiet.

Die **Praia Ponta de Areia** ist der schönste Strand am Nordende der Insel, nahe dem Ort Itaparica. Sie ist dank des ruhigen Wassers optimal zum Baden.

Übernachtung

ITAPARICA – ***Hotel Icaraí,*** Praça da Piedade, ✆ 71/3631 1110, 🖳 www.hotelicarai.hpg.com.br. Auch wenn eine Grundüberholung dem Hotel gut täte, verspürt man noch den Charme eines altehrwürdigen Badehotels aus besseren Zeiten. Liegt nahe am Strand. ❷

Pousada Tropicália, Av. Beira Mar, Praia Ponta de Areia, ✆ 71/3631 4620, 🖳 www.pousada tropicalia.com.br. Wenige Meter vom Strand, Zimmer mit TV, AC, Veranda (Hängematte). Deutsche Leitung. Internet. ❷

MAR GRANDE – ***Pousada Casa Grande,*** Praça Anísio Nelson de Brito 198, ✆ 71/3633 1748. Saubere, moderne Zimmer, z. T. etwas dunkel. Ventilator, TV. ❶–❷

Hotel Sonho de Verão, Rua São Bento 2, ✆ 71/3633 1316, ✉ sonhodeverao@internett.com.br. Schönes Hotel. Gute Zimmer mit AC, Frigobar und TV. Freundlicher Service, Pool, Internetzugang. Beherbergt Jazz-Club, an Wochenenden Live-Musik. ❷–❸

Pousada Arco Íris, Estrada da Gamboa 102, ✆ 71/3633 1130, ✉ parcoiris80@hotmail.com. Traditionelle Pousada mit antikem Charme. Eigentümer Antônio Carlos sorgt für lockere Atmosphäre. Im riesigen Garten Bühne für Kulturveranstaltungen. ❸

Essen

ITAPARICA –***Portal das Águas,*** Av. 25 de Outubro. Beliebtes Restaurant am Bootssteg (Marina da Itaparica). Fleisch- und Fischgerichte. Meerblick. ◷ Di–So 12–21 Uhr.

MAR GRANDE – ***Philippe,*** Praça São Bento. Vielfältige Speisekarte mit Fisch- und Fleischgerichten. ◷ 11–24 Uhr.

Manga Rosa, Estrada da Gamboa 102 (Pousada Arco Íris). Internationale und lokale Küche. Große Portionen. ◷ tgl. 12–1 Uhr.

Sonstiges

GELD – ***Banco do Brasil,*** Praça Anísio Nelson de Brito, Mar Grande. ◷ Mo–Fr 9–14, Geldautomat 6–22 Uhr (bisher keine internationalen Karten, Bargeld mit Visa am Schalter).

INFORMATIONEN – 🖳 www.itaparica.ba.gov.br, ***Secretaria de Turismo,*** ✆ 71/3631 1778.
Itaparica: ***Bahiatursa,*** an der Marina de Itaparica. **Bom Despacho**: Bereich Desembarque. ◷ häufige Änderungen.

POST – **Itaparica**: Praça Tenente Botas.
Mar Grande: Praça São Bento.

Nahverkehrsmittel

Die Anfahrt ist einfacher als der Transport auf der Insel selbst. Ankunft entweder in Bom Despacho oder Mar Grande; dort hat man (ohne eigenes Auto) nur zwei Möglichkeiten: Taxi (teuer) oder einen der klapprigen VW-Minibusse *(Coletivos),* die alle Orte ansteuern (ca. R$2).

MINIBUSSE – In **Bom Despacho**: Schilder markieren die Fahrtziele, die Minibusse fahren los, wenn ein neuer Schwung Passagiere angekommen ist.
In **Mar Grande**: Richtung Bom Despacho: Haltestelle 100 m gegenüber vom Fähranleger. Nach Itaparica oder Richtung Süden: 50 m rechts des Bootsanlegers. Die Fahrziele werden lautstark ausgerufen.

Transport

BUSSE – Ab **Rodoviária Bom Despacho** erreicht man die wichtigsten Orte südlich von Salvador. Informationen über Abfahrtszeiten am einfachsten über *Rodoviária Salvador,* ✆ 71/3460 8300. *Águia Branca* ✆ 71/3682 2777, *Cidade Sol* und *Camurujipe* fahren in kurzen Abständen nach **Camamu** (4 Std., R$16), **Ubaitaba** (5 Std., R$22 und **Valença** (2 Std., R$10).
Eunápolis: *Águia Branca,* 19.40 Uhr, 10 Std., R$50.
Ilhéus: *Águia Branca,* 8.30 Uhr, 7 Std., R$35.
Itabuna: *Águia Branca,* 8.30 und 19.40, 6 Std., R$30.
Porto Seguro: *Águia Branca,* 19.40, 11 Std., R$55.

BOOTE – Nach **Salvador** (aktuelle Fahrzeiten unter ✆ 71/3319 2890):

Personenboot von **Mar Grande** zum Terminal Turístico Marítimo: in kurzen Abständen zwischen 6 und 18 Uhr (HS bis 19.30 Uhr), 30–40 Min., R$2,50–3,50.
Autofähre vom **Terminal Bom Despacho** zum Terminal Marítimo de São Joaquim: ca. 15x tgl. zwischen ca. 6 und 23.30 Uhr, 1 Std., R$4.
Katamaran von **Bom Despacho** zum Terminal Marítimo de São Joaquim: 4–5x tgl. zwischen 8 und 16 Uhr, 20 Min. R$6. Von **Itaparica** 2–3x tgl., 1 Std.

Recôncavo

Eine Reise ins Recôncavo – das fruchtbare Gebiet rings um die Baía de Todos os Santos – ist eine Begegnung mit der barocken Kolonialarchitektur des 18. Jhs. Viele Kirchen und Bauwerke gehören zu den bedeutendsten jener Epoche in Brasilien. Die Fahrt von Salvador führt über Santo Amaro ins hügelige Landesinnere, wo sich am Rio Paraguaçu zwei Städtchen reizvoll gegenüberliegen: Cachoeira und São Felix. In der Kolonialzeit kamen die Ortschaften durch Zuckerrohranbau zu Reichtum, später auch mit Tabak und Baumwolle. Der fruchtbare Boden und die strategisch günstige Flusslage waren ideal für Anbau und Verschiffung. Hinzu kam im 19. Jh. die Verladung von Edelsteinen aus der Chapada Diamantina. Das Recôncavo ist eine Region mit starkem **afrikanischen Einfluss** und einer bis heute besonders lebendigen Mischung aus afro-brasilianischer Religiosität und Mystizismus. Eine kulinarische Spezialität sind die schmackhaften Süßliköre aus regionalen Früchten.

Santo Amaro

Santo Amaro ist die größte Stadt des Recôncavo (58 000 Einw.) und industrielles und landwirtschaftliches Zentrum (Papier, Töpferwaren). Das stille Fleckchen hat als Heimatort von zwei der berühmtesten Musiker Brasiliens nationale Bekanntheit erlangt: **Caetano Veloso** und seine Schwester **Maria Bethânia**. Sehenswert ist die zentrale **Praça da Purificação** mit einem schmiedeeisernenen Brunnen aus England (19. Jh.). Hier liegt die einfache **Igreja Matriz de N. S. da Purificação** (1668) mit seltenen dreifarbigen portugiesische Azulejos (Ende 17. Jh.). Ihre Decke ist mit Perspektivmalerei gestaltet. Wer genau hinschaut merkt: das Bild scheint sich zu bewegen. Teile des Innenraums wurden jedoch im 19. Jh. verkitscht. 🕓 Mo–Fr 8–12 und 14–17, Sa 8–12 Uhr; Eintritt R$1. Gegenüber steht das Rathaus **Paço Municipal** von 1727.

Kulturelles Highlight ist die **Lavagem da Purificação** (23. Jan–2. Feb), eine große Party mit Trio Elétricos. Höhepunkt ist die rituelle Reinigung der Kirchentreppen. Am 13. Mai findet **Bembé do Mercado** statt, eine Feier zur Abschaffung der Sklaverei. Im Rahmen des Festes gibt es Aufführungen afro-brasilianischer Folklore und Religion (Candomblé), mit Samba-de-Roda, Maculelê (Tanzchoreographie mit Stöcken und Macheten) und Capoeira.

Cachoeira

Cachoeira (30 000 Einw.) ist die schönste und interessanteste Stadt des Recôncavo. Sie liegt malerisch in einem Tal am Rio Paraguaçu, umgeben von Tabakplantagen und Orangenhainen. Die zweitälteste Siedlung Bahias (nach Salvador) besitzt einen der größten **kolonialen Architektur-Schätze** des Staates. Bis ins 19. Jh. war Cachoeira eine florierende Handelsstadt. Die Spuren dieser blühenden Vergangenheit sind an vielen Stellen in der Altstadt sichtbar. Seit einigen Jahren wird versucht, den Verfall der Barockfassaden zu stoppen. Doch der eigentliche Reiz liegt vielleicht gerade in dem morbiden Charme. Auf Schritt und Tritt begegnet man in Cachoeira afrikanischen Einflüssen. Weniger sichtbar ist, dass Cachoeira ein bedeutendes **Candomblé-Zentrum** mit über 50 Kulthäusern ist. Anders als in Salvador werden die Zeremonien meist ohne Touristen zelebriert. Von Gästen wird ein besonderer Respekt gegenüber dem Ritual erwartet (aktuelle Auskünfte zu Besuchsmöglichkeiten über die Touristeninformation).

Cachoeira und São Felix bieten sich als Ein- oder Zweitagesausflug an, besonders während einer der zahlreichen Feierlichkeiten.

Sehenswertes

Ein Spaziergang durch das kleine Zentrum gibt einen guten Eindruck vom baulichen Reichtum der Stadt, allen voran die zahlreichen Kirchen aus dem 17. und 18. Jh. Die **Igreja e Convento N. S. do Car-**

mo war das erste Karmeliterkloster Brasiliens. Die Anlage beherbergt heute eine Pousada. Weitaus bemerkenswerter ist die benachbarte **Capela de Oração da Ordem Terceira do Carmo** (1695–1745) des Laienordens der Karmeliter. Sie ist ein wunderbares Beispiel barocker Architektur. Eine Besonderheit sind die Passionsfiguren in der Sakristei. Sie stammen vermutlich aus der portugiesischen Kolonie Macao in China. Die **Igreja Matriz N. S. do Rosário** (1693–1754), Rua Lions Clube, ist ein verhältnismäßig einfacher Bau, bekannt für seine hübschen Azulejos. Ein Spaziergang auf den Hügel zur **Igreja N. S. da Conceição do Monte** (18. Jh.) lohnt sich wegen des schönen Blicks auf Tal und Stadt.

Am Hauptplatz **Praça da Aclamação** liegt der repräsentative Barockbau **Casa de Câmara e Cadeia** (1698–1712, heutiges Rathaus), der zweimal als Regierungssitz Bahias fungierte. Viele Sehenswürdigkeiten sind montags geschlossen.

Im **Museu Regional de Cachoeira** gegenüber vom Rathaus sind in einem der schönsten Bürgerhäuser der Stadt alte Kolonialmöbel zu besichtigen. ⏲ tgl. 8–12, Mo–Fr 14–18 Uhr; Eintritt R$2.

Das **Museu Hansen Bahia,** Rua 13 de Maio 13, zeigt expressionistische Holzschnitte des Hamburgers **Karl Heinz Hansen** (1915–1978). Der Künstler lebte lange im Pelourinho und in Cachoeira, wo er den Namen *Hansen Bahia* annahm. Wiederkehrendes Thema seiner Bilder ist die Hafenwelt Salvadors Mitte des 20. Jhs. ⏲ Di–Fr 9–17, Sa und So 9–14 Uhr; Eintritt R$2.

In der gleichen Straße hat die **Irmandade da N. S. da Boa Morte** ihren Sitz. Die „Schwesternschaft des guten Todes" entstand Anfang des 19. Jhs. als eine Art „Sklaven-Selbsthilfe" zur Unterstützung der Schwachen und Kranken. Im Erdgeschoss vermittelt eine Fotoausstellung einen lebendigen Eindruck von Arbeit und Riten der religiösen Gemeinschaft. Offiziell gehört die Irmandade zur katholischen Kirche, ist aber sehr von afrikanischen Traditionen geprägt. In der zweiten Augusthälfte findet die **Festa N. S. da Boa Morte** statt, ein großes Fest mit Totenwachen, Messen und Candomblé-Ritualen.

São Felix

Das Abenteuerlichste an São Felix (13 200 Einw.) ist seine 365 m lange Brücke aus Stahl und Holz über den Rio Paraguaçu: Die **Ponte Dom Pedro II** wurde von einer englischen Firma ursprünglich für den Nil gebaut und 1885 von Kaiser Pedro II persönlich eingeweiht. Obwohl sie einer TÜV-Überprüfung heute sicher nicht mehr standhalten würde, ist sie für den Pkw- und Eisenbahnverkehr sowie Fußgänger immer noch geöffnet. Beim Überqueren auf lose Planken achten!

Die Zwillingsstadt Cachoeiras hat eine ausgeprägte deutsch-brasilianische Vergangenheit. Ihr erster Bürgermeister war 1889 **Gerhard Dannemann**, ein emigrierter Zigarrenhersteller aus Bremen, der schnell zu einem der erfolgreichsten Unternehmer seiner Zeit aufstieg. Zigarren aus São Felix gehörten seinerzeit zu den gefragtesten Exportprodukten Brasiliens. Das erste Handelshaus von 1873 ist heute ein renommiertes Kulturzentrum: Im **Centro Cultural Dannemann** gibt es eine Galerie mit Ausstellungen lokaler Kunstwerke und im November findet ein viel beachtetes Künstlertreffen statt, die *Bienal do Recôncavo*. In den Arbeitsräumen darf man weiß gekleideten Baianas zuschauen, wie sie Zigarren nach alter Technik drehen. Av. Salvador Pinto 29, ✆ 75/3425 2208, 💻 www.centroculturaldannemann.com.br. ⏲ Di–Sa 8–12, 13–16.30 Uhr.

Übernachtung und Essen

CACHOEIRA – ***Pousada do Pai Thomaz,*** Rua 25 de Junho 12, ✆ 75/3425 1288. So alt und ehrwürdig wie die Pousada sind auch z. T. die Matratzen. Restaurant mit hohen Fenstern, hell und luftig. ⏲ tgl. 8–23 Uhr. ❶

Pousada do Convento do Carmo, Praça da Aclamação, ✆ 75/3425 1716, ✉ pousadadoconvento @hotmail.com. Im ehemaligen Karmeliterkloster. Charmante Pousada mit grünem Innenhof. Im 1. OG hohe Wandelgänge und schöne Zimmer mit AC, TV und Telefon. Im EG spartanisch mit Ventilator. Pool. ❶–❷

Cabana do Pai Thomaz, Rua 25 de Junho 15. Hier gibt es für ganz Hartgesottene „Schlangenschnaps", in Cachaça eingemachte Schlangen in Flaschen. ⏲ tgl. 10–1 Uhr.

A Confraria, im Convento do Carmo. Der Service ist nicht der Schnellste, doch angenehmes Ambiente im friedlichen Klosterhof. ⏲ tgl. 12–21.30 Uhr.

Pouso da Palavra, Praça da Aclamação 8. Schönes Gartencafé mit Bibliothek, Galerie und Souvenirverkauf. Manchmal Live-Musik. ◷ Di–Do 13–19, Fr–Mo 9–22 Uhr.
Fábrica de Licor, Nähe Mercado, ohne Schild. Treffpunkt der Kampftrinker. Hier gibt's 25 verschiedene Früchteliköre, ganz frisch gebrannt. Auf jeden Fall die Sorte *Jenipapu* probieren (Juni)!

SÃO FELIX – ***Pousada Paraguassú,*** Av. Salvador Pinto 1, ✆ 75/3438 3386, ✉ p-paraguassu@uol.com.br. Stimmungsvolle Pousada am Fluss mit Blick auf Cachoeira. Schöner Innenhof. Einfache Zimmer mit Ventilator, AC, TV. Gutes Restaurant. ◷ tgl. 11–15, 18–22.30 Uhr, Sa und So 11–22.30 Uhr. ❷

Feste

In Cachoeira:
Festa da Irmandade de N. S. da Boa Morte (ab 15. Aug, s. o.).
Festa de São João (Juni): Großes Fest mit viel Forró.
N. S. da Ajuda (erste Novemberhälfte).
N. S. do Rosário (Okt), Fest der Schutzheiligen der Stadt.

Sonstiges

GELD – ***Banco do Brasil,*** Rua Ana Nery 27, Cachoeira.

INFORMATIONEN – **Touristeninformation Cachoeira,** Praça da Aclamação. Stadtpläne. ◷ tgl. 8–18 Uhr.

Transport

BUSSE – ***Rodoviária São Felix,*** ✆ 75/3425 1401.
Salvador: *Santana*, ✆ 75/3425 2303 und *Jauá*, 10x tgl., 2 Std., R$10. Busse halten in Cachoeira.

Südlich von Salvador

Wer am **Litoral Sul** von Bahia reist, wandelt auf den Pfaden von Pedro Álvares Cabral: am 22. April 1500 setzte der Entdecker hier erstmals (europäischen) Fuß auf brasilianischen Boden. Entsprechend trägt der Küstenabschnitt um Porto Seguro den Namen **Costa do Descobrimento** (Küste der Entdeckung). Südlich davon liegt die **Costa das Baleias** (Walküste); nach den Meeressäugern, die der Küste jährlich einen Besuch abstatten, und nördlich die **Costa do Cacau** (Kakaoküste), bekannt für ihre wechselvolle Geschichte des Kakaoanbaus und -handels. Der vierte der attraktiven Abschnitte ist die **Costa do Dendê** mit ihren ausgedehnten Palmenplantagen, unmittelbar südlich von Salvador. Die Südküste von Bahia hat eine Ausdehnung von mehr als 800 km und ist eines der beliebtesten und schönsten Reiseziele Brasiliens. Die Touristenströme konzentrieren sich dabei auf wenige Orte, sodass der Besucher immer noch traumhafte, oft einsame Palmenstrände, ursprüngliche Fischerdörfer und entspannte Inselparadiese findet, wenn er sich ein wenig abseits der ausgetretenen Pfade bewegt.

Costa das Baleias

Die „Walküste" erstreckt sich vom südlichen Zipfel Bahias bis zur Landspitze Ponta do Corumbau. Hauptattraktion in vielen Orten entlang der Küste sind die **Walbeobachtungstouren** zwischen Juli und November. Dann ziehen die gewaltigen Buckelwale *(Baleias Jubartes)* vorbei, um sich zu paaren und ihre Jungen großzuziehen. Nachdem die Bestände Ende der 80er Jahre quasi ausradiert waren, wurden die Wale durch ein Gesetz geschützt. Heute kann man die geschätzten 3000 Exemplare fast überall entlang der Küste Bahias sehen. Der **Parque Nacional Marinho dos Abrolhos** (s. Kasten) ist eines der bedeutendsten Meeresschutzgebiete und Unterwasserreviere Brasiliens, Ausgangspunkt für die meisten Touren ist **Caravelas.** Weiteres Highlight der Region sind die **Strände**; von Süden nach Norden werden sie immer schöner.

Caravelas

Caravelas ist ein sympathisch-verschlafenes Nest mit 20 000 Einwohnern und zugleich angenehmer Ausgangspunkt für den **Nationalpark Abrolhos** sowie die **Walbeobachtungstouren** in der zweiten Jahreshälfte. Das Städtchen ist am besten per Fahrrad zu erkunden. Der nächste Strand ist die im Sommer belebte **Praia do Grauçá**, außerhalb im Ortsteil **Barra de Caravelas** (10 km). Das Meer hat hier wegen der Flussmündung eine leichte Trübung. Etwas attraktiver sind die weiter nördlich gelegenen **Praia Iemanjá** und **Praia da Ponta da Baleia**.

Übernachtung

Für eine Abrolhos-Tour empfiehlt sich dank des nahen Bootsanlegers eine Unterkunft entlang der dörflichen Hauptstraße Rua das Palmeiras/Av. Adalício Nogueira. Zum Zentrum sind es 10–15 Min. zu Fuß, mit dem Fahrrad 3–5 Min. Bei Ankunft halten die Busfahrer an der gewünschten Stelle entlang dieser Straße.

ZENTRUM – ***Pousada Caravelense,*** Praça Teófilo Otoni, ✆ 73/3297 1182. Solide Pousada gegenüber der Rodoviária. ❷

AN DER HAUPTSTRASSE – ***Pousada Canto do Atobá,*** Av. Adalício Nogueira 515, ✆ 73/3297 1009, 💻 www.geocities.com/pousadacantodoatoba. Farbige Pousada mit schattigem Garten und Pool. Sehr gutes Frühstück. Freundlich. ❶

Pousada da Torre, Rua das Palmeiras 115, ✆ 73/3297 1570. Freundlicher Service, gemütliche Zimmer mit AC oder Ventilator. ❶

Pousada dos Navegantes, Rua das Palmeiras 45, ✆ 73/3297 2074. Saubere, aber unspektakuläre Zimmer mit AC. ❷

Pousada Liberdade, Av. Adalício Nogueira 1551, ✆ 73/3297 2075, 💻 www.pousadaliberdade.com.br. Großer Garten mit Pool, schöne, geräumige Pavillons mit TV und AC. Anlage könnte eine Überholung vertragen. ❷

PRAIA DO GRAUÇÁ – ***Pousada do Juquita,*** ✆ 73/3674 1304. Sehr einfache, familiengeführte Unterkunft. Für den Preis überraschend gute Zimmer. Gemeinschaftsküche. ❶

Pousada das Sereias, ✆ 73/3674 1033. Wenige Meter vom Strand mit Garten, Pool, schönem Aufenthaltsbereich und kleiner Bibliothek. Altmodische Einrichtung. ❷

Parque Nacional Marinho dos Abrolhos

„Quando te aproximares da terra, **abre os olhos**", dies soll *Amerigo Vespucci* in sein Bordbuch geschrieben haben, als er sich 1503 den Abrolhos-Inseln näherte: „Wenn Du Dich dem Land näherst, öffne die Augen!" Aus diesem Ausruf wurde vermutlich später der Name *Abrolhos*. Klar ist: es wäre ein großer Fehler, dem Rat Vespuccis nicht zu folgen! Verpassen würde man zum Beispiel die farbenprächtigen **Korallenriffe**, die zu den schönsten im Atlantik gehören. Manche der seltenen Arten existieren nur hier. Das früher stark überfischte Revier hat sich dank der Einrichtung des Marinenationalparks weitgehend erholt. **Taucher** und **Schnorchler** können beeindruckende Unterwasserwelten mit Fischschwärmen und Meeresschildkröten erleben. Zwischen Dezember und März hat das kristallklare Wasser eine Sichtweite von bis zu 20 m. Weiterhin zu sehen sind seltene Seevögel wie der krummbeinige *Atobá* sowie zwischen Juli und November **Buckelwale**; sie verlassen das kalte antarktische Wasser auf der Suche nach wärmeren Gefilden und sammeln sich hier zur Fortpflanzung. Die fünf Inseln des Archipels entstanden aus vulkanischen Eruptionen vor 50 Millionen Jahren. Nur eine von ihnen, die **Ilha Siriba**, ist zum Betreten freigegeben, eine Übernachtung ist an Bord eines Schiffes möglich. Die Inselgruppe liegt 70 km vor der Küste, per Schnellboot in etwa 2 Stunden erreichbar.

Essen

Die Restaurants in Caravelas sind einfach, bieten jedoch gute Fischgerichte, v. a. *Moquecas* an.

Carenagem, Av. das Palmeiras 210 (neben der Tankstelle), hat Meeresfrüchte, einen günstigen *Prato Feito* und freundlichen Service. 🕓 tgl. ab 11 Uhr.

Encontro dos Amigos, Av. das Palmeiras 370, auf der Hauptstraße stadtauswärts rechts, ist ein traditionelles Familienrestaurant. Tipp: *Moqueca de Camarão.* 🕓 tgl. 12–15 und 18–23 Uhr.

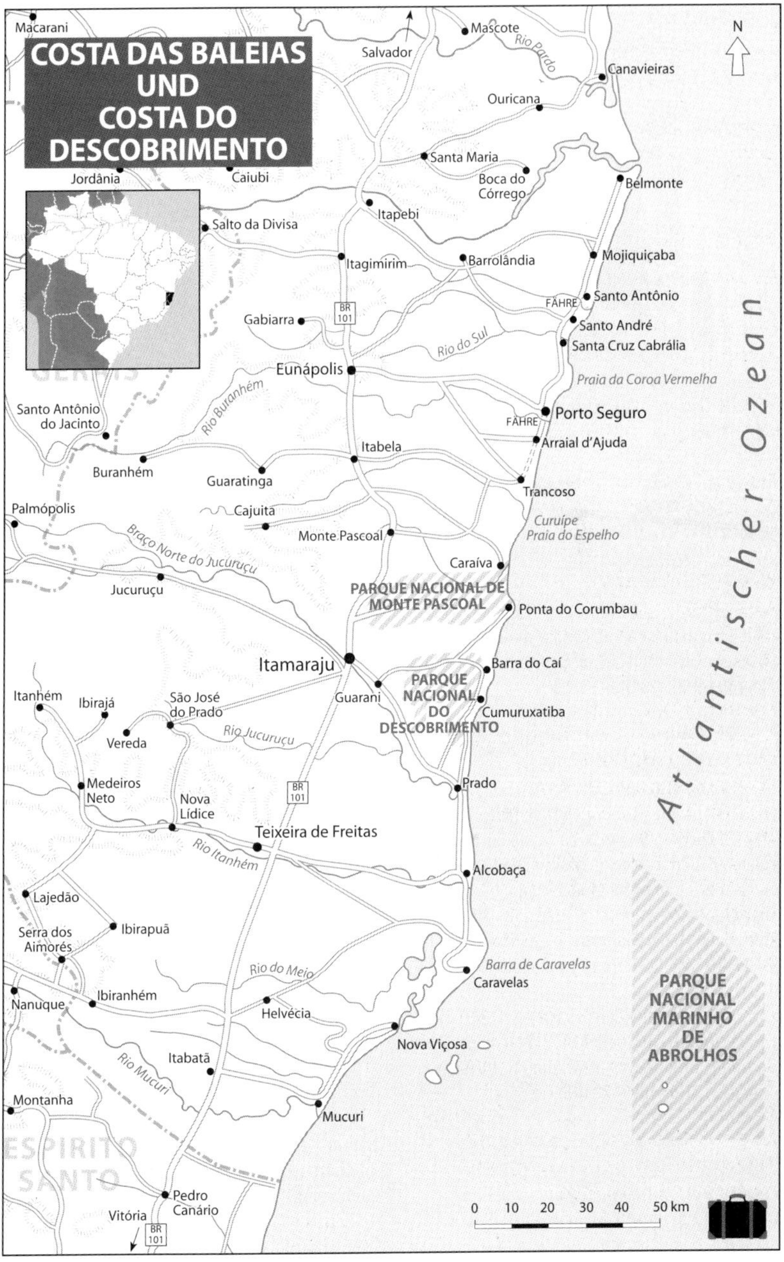
COSTA DAS BALEIAS UND COSTA DO DESCOBRIMENTO
N
Macarani
Salvador
Mascote
Rio Pardo
Canavieiras
Ouricana
Santa Maria
Boca do Córrego
Belmonte
Jordânia
Caiubi
Itapebi
Salto da Divisa
Itagimirim
Barrolândia
Mojiquiçaba
FÄHRE
Santo Antônio
Santo André
Santa Cruz Cabrália
Gabiarra
BR 101
Rio do Sul
Eunápolis
Praia da Coroa Vermelha
Rio Buranhém
Santo Antônio do Jacinto
Porto Seguro
FÄHRE
Arraial d'Ajuda
Itabela
Buranhém
Guaratinga
Trancoso
Palmópolis
Cajuita
Curuípe
Praia do Espelho
Monte Pascoal
Braço Norte do Jucuruçu
Caraíva
PARQUE NACIONAL DE MONTE PASCOAL
Jucuruçu
Ponta do Corumbau
Atlantischer Ozean
Itamaraju
Barra do Caí
PARQUE NACIONAL DO DESCOBRIMENTO
Itanhém
Ibirajá
São José do Prado
Guarani
Cumuruxatiba
Vereda
Rio Jucuruçu
Medeiros Neto
Nova Lídice
BR 101
Prado
Teixeira de Freitas
Rio Itanhém
Alcobaça
Lajedão
Ibirapuã
Serra dos Aimorés
Rio do Meio
Barra de Caravelas
Caravelas
PARQUE NACIONAL MARINHO DE ABROLHOS
Nanuque
Ibiranhém
Helvécia
Nova Viçosa
Rio Mucuri
Itabatã
Montanha
Mucuri
ESPIRITO SANTO
Pedro Canário
Vitória
BR 101
0 10 20 30 40 50 km

Dorfplatz in Caravelas

Pizzaria Caravelas, Praça 15 de Novembro. Wer keine Lust auf Fisch hat, ist hier richtig und kann angenehm draußen sitzen. Self-Service-Mittagstisch. ⌚ tgl. 12–23 Uhr.

Aktivitäten und Touren

TAUCHEN, SCHNORCHELN, WALBEOBACHTUNG – ***Abrolhos Turismo***, Praça Dr. Imbassahy 8, ☏ 73/3297 1149, 🖳 www.abrolhosturismo.com.br. Zuverlässige Agentur mit umfangreichem Tourangebot zum Inselarchipel, mit oder ohne Übernachtung (Tagestour R$180). Bootsfahrten durch die Mangroven des Rio Caravelas (3 Std., R$90, bis 4 Pers.). Freundliche Betreuung. ⌚ tgl. 7–19 Uhr.

Paradise, Rua das Palmeiras 313, ☏ 73/3297 1433. Abrolhos-Touren und Tauchausflüge. Gute Beratung. Schnorchelausrüstung R$10/Tag. ⌚ tgl. 7–19 Uhr, HS 7–22 Uhr.

Sonstiges

FAHRRADVERLEIH – ***Casa Zinderval***, Rua Marechal Teodoro 53. Kleiner Fahrradladen schräg gegenüber *Abrolhos Turismo*. Einfache Räder, geringe Gebühr. ⌚ Mo–Fr 7–13 und 15–19, Sa 7–16 Uhr.

GELD – ***Banco do Brasil***, Praça Dr. Imbassahy 306. ⌚ Mo–Fr 8–12, Geldautomat (Visa) 6–22 Uhr.

INFORMATIONEN – ***Instituto Baleia Jubarte***, Rua 7 de Setembro 178, nahe Banco do Brasil, 🖳 www.baleiajubarte.com.br. Informationen zu den Buckelwalen. ⌚ Mo–Fr 8–12 und 14–18 Uhr.

INTERNET – ***Disk Impacto***, Rua 7 de Setembro 234. Gut organisiert und modern (R$2/Std). ⌚ tgl. 9–23 Uhr.

POST – Praça Teófilo Otoni, gegenüber Rodoviária. ⌚ Mo–Fr 8–16 Uhr.

Transport

BUSSE – ***Rodoviária***, ☏ 73/3297 1151. Die meisten Busse von und nach Caravelas fahren über **Teixeira de Freitas** oder **Itamaraju** (jeweils via **Alcobaça**).

Teixeira de Freitas: *Brasileiro*, ☏ 73/3288 3560, 5x tgl. zwischen 5.30 und 18 Uhr, 2 1/2 Std., R$8.

Von dort nach **Norden** (Ilhéus, Eunápolis, Porto Seguro, Canavieiras) mit *Brasileiro.* Nach **Süden** (Belo Horizonte, São Paulo, Rio de Janeiro) mit *São Geraldo.*
Barra de Caravelas (Praia do Grauçá): Lokale Busse etwa stdl., 30 Min.

Prado

Prado ist ein Familienbadeort, der sich in den letzten Jahren hübsch herausgeputzt hat; vor allem in der Hauptsaison ist er belebt. Im Zentrum und am Strand von **Novo Prado** liegen schöne Pousadas, hier bekommt man in der ruhigen Nebensaison für wenig Geld exzellenten Gegenwert. Die besten Restaurants befinden sich in der hübschen Gasse **Beco das Garrafas** im Zentrum. Entlang der Hauptstraße Av. 2 de Julho gibt es kleine Kunsthandwerksgeschäfte. Am schönsten ist die Gegend um den Kirchplatz. Ganzjähriges Ausflugsziel ist die **Ilha da Alegria**: ein Vergnügungsareal mit Restaurants, Schwimmbädern, Saunen und Showbühnen.

Übernachtung

Die Pousadas in **Novo Prado** sind beliebt bei Familien mit Kindern. Zwischen Dez und März Reservierung empfohlen.

ZENTRUM – ***Pousada Terra Nostra,*** Rua Rui Barbosa 41, ✆ 73/3298 2599. Helle und saubere Zimmer mit AC, Kabel-TV, Balkon und Meerblick. Pool. ❶
Pousada Hannah, Av. 2 de Julho 180, ✆ 73/3298 1385, 🖳 www.portonet.com.br/hannah. Zentrale, schöne Pousada mit freundlichem Ambiente, z. T. etwas kleine Zimmer. AC und TV. ❷
Pousada Canto do Rio, Rua Alfredo Horcades 73, ✆ 73/3298 1402, 🖳 www.pousadacantodoriobahia.com.br. Romantische Pousada, sehr hübsche Zimmer mit Balkon, Hängematten und Blick auf den *Rio Jucuruçu.* Pool, Sauna, Bar, AC und TV. ❸

NOVO PRADO – ***Pousada Guaratiba,*** Rua VI 25, ✆ 73/3298 1514, 🖳 www.guaratiba.com.br. Geräumige Zimmer, weitläufige, schöne Gartenanlage mit Pool, Bibliothek, TV-Raum. ❷
Pousada Novoprado, Rua Moisés Santos Almeida 91, ✆ 73/3298 1455, 🖳 www.novoprado.com.br. Geschmackvolle Zimmer, schöne Betten, hübsche Gartenanlage. ❷

Essen und Nachtleben

Neo Cicerone, sehr gutes Restaurant am Kirchplatz. Zwölf verschiedene *Moquecas,* guter und günstiger *Prato Executivo.* ◷ tgl. 11–23 Uhr.
Tarrafa, Beco das Garrafas, regionale Küche, ◷ tgl. ab 18 Uhr. Gegenüber liegt das ***Jubiabá,*** bahianisch-iberische Küche (Stockfisch, Paella). ◷ tgl. 13–23 Uhr.
Banana da Terra, Beco das Garrafas, hübsches Restaurant mit bahianischen Gerichten. ◷ tgl. ab 12 Uhr.
Banana.com, Beco das Garrafas, Nudeln und Pizza, jüngeres Publikum. Luftig und farbig. Tipp: *Massa ao Presidente* (Nudeln mit Tintenfisch). ◷ tgl. 18–24 Uhr.
Am Strand von Novo Prado finden abends gelegentlich Partys statt. Eine Bar mit Live-Musik ist das
Maloca 22. Bars gibt es auch auf der Ilha da Alegria, ✆ 73/3298 1567, 🖳 www.ilhadaalegria.com.br; Eintritt R$45 (inkl. Mittagsbuffet, ganzjährig).

Sonstiges

GELD – ***Banco do Brasil,*** Av. 2 de Julho. ◷ Mo–Fr 9–13, Geldautomat 6–22 Uhr (alle Karten).

INFORMATIONEN – 🖳 www.acampe.com.br/prado

INTERNET – ***Hacker Computadores,*** Av. Pres. Kennedy 1090, neben der Rodoviária (R$2/Std.). ◷ tgl. 8–22 Uhr. ***Home Page,*** Rua Barão do Rio Branco 128, nahe Beco das Garrafas (R$3/Std.). ◷ tgl. 9–23 Uhr.

MOTOTAXI – In den Telefonzellen stehen Handynummern, zweimal klingeln lassen, die Fahrer holen einen ab.

POST – Rua Olinto Marcial da Cunha 22.

TOUREN – ***Prado Aventuras Ecoturismo,*** Av. 2 de Julho 229, ✆ 73/3021 0349, 🖳 www.prado

aventuras.com.br. Bootstouren in die Mangrovengebiete (R$20), Whale Watching (R$90, Juli–Nov), Ausflüge zum Nationalpark Monte Pascoal (R$70). ◷ 8–11.30 und 14–17.30 Uhr (HS 8–22 Uhr).

Transport

BUSSE – ***Rodoviária,*** ✆ 73/3298 1457.
Brasileiro, ✆ 73/3298 1273, über **Itamaraju** nach **Norden** (Porto Seguro, Eunápolis, Canavieiras, Itabuna, Ilhéus).
Cumuruxatiba: 3x tgl., morgens, mittags und nachmittags, 1 1/4 Std., R$5.
Itamaraju: 9x tgl. zwischen 6.45 und 19.30 Uhr, 1 1/4 Std., R$5.
Teixeira de Freitas: 7x tgl. zwischen 6.30 und 19 Uhr (z. T. nur bis Alcobaça), 2 Std., R$7.

Cumuruxatiba

Der Name dieses 6000-Einw.-Dorfes ist ein echter Zungenbrecher *(„Kumuruschatschiba“)*, zum Glück benutzen selbst die Einheimischen die Abkürzung **Cumuru.** Der Reiz von Cumuru lässt sich so zusammenfassen: idyllische Palmenstrände vor hohen Klippen, erstklassige Pousadas und gute Restaurants. Der Hauptstrand ist ein Gedicht, noch schönere Strände liegen allerdings in nördlicher Richtung: **Praia do Moreira** (3 km), **Imbassuaba** (5 km) und vor allem **Barra do Caí** (18 km). Bis zum einsamen do Moreira kann man gut am Strand entlang wandern (ca. 1 Std.), oder mit dem Fahrrad auf schöner Strecke durchs Landesinnere radeln.

Ein verfallener Steg und seine Geschichte

Beinahe hätte Cumuru seine friedliche Atmosphäre verloren, als man im 19. Jh. feststellte, dass sich aus dem dunklen Sand das Phosphat *Monazit* gewinnen lässt, das sich zur Herstellung von Farben, Kacheln und sogar Bomben eignet. Das Projekt rentierte sich auf Dauer jedoch nicht und wurde schließlich 1990 gestoppt. Überreste des für den Abtransport errichteten Steges sind kurioser Nachlass dieser Episode.

Übernachtung

Die Pousadas liegen im Zentrum (am Strand), auf dem Hügel Morro do Canta Galo sowie an den Stränden in nördlicher Richtung. Letztere sind schöne, ruhige Strandabschnitte, allerdings braucht man zum Zentrum Fahrrad oder Auto. In der NS sind echte Schnäppchen möglich.

ZENTRUM – ***Pousada Aleksandro,*** Av. 13 de Maio, ✆ 73/3573 1135, 💻 www.portonet.com.br/aleksandro. Einfache Pousada mit gutem Preis-Leistungs-Verhältnis. ❶
Pousada Clara, Rua Rui Barbosa, ✆ 73/3573 1112, 💻 www.portonet.com.br/pousadaclara. Großflächige, grüne Pousada mit Pool und Bar. Zimmer mit AC oder Ventilator. Freundlich. ❷
Pousada Axé, Av. Beira Mar, ✆ 73/3573 1030. Gut geführte Pousada, gepflegte Zimmer, schöner Garten. ❷
Camping Aldeia da Lua, Av. Beira Mar, ✆ 73/3573 1168, 💻 www.campingpousadaaldeiadalua.com.br. Riesiger Campingplatz, stacheldrahtumzäunt (R$9 p.P.). ❶

MORRO DO CANTA GALO – ***Pousada Luana,*** Rua Bela Vista, ✆ 73/3573 1090, ✉ campos.luana@uol.com.br, 💻 www.pousadaluana.com.br. Der Weg hinauf ist anstrengend, aber lohnenswert: kleine Apartmentanlage mit großartigem Meerblick, Pool, Volleyballfeld und Restaurant. AC und Ventilator. ❷

NÖRDLICHE STRÄNDE – ***Pousada Mandala,*** Alameda Roberto Pompeu 1, Praia do Rio do Peixe Grande, ✆ 73/3573 1143, 💻 www.pousadamandala.com.br. Traumhafte Gartenanlage mit indischem Touch, wunderschön am Strand gelegen. Luftiger Aufenthaltsraum. Geräumige, komfortable Zimmer mit Moskitonetzen. Pool. 3 km zum Dorf. ❷
Pousada das Cores, Praia Rio do Peixe Grande, ✆ 73/3573 1180, 💻 www.pousadacores.hpg.com.br. Einfache, aber hübsche Pousada mit familiärer Atmosphäre. Ventilator. Guter Preis in der HS. ❷

Essen und Nachtleben

Viele Restaurants haben nur im Sommer geöffnet.
Amnesia, Av. Beira Mar. Für Pasta *das* Restaurant der Wahl. Romantisches Ambiente, Kerzen, Tische am Strand. 🕓 tgl. 9–24 Uhr.
Restaurante do Hermes, Av. Beira Mar. Prämiertes Restaurant, Spezialität gegrillter Fisch *(Filé de Peixe Grelhado).* 🕓 tgl. 11–22 Uhr.
Mama África, Praia do Rio do Peixe Grande. Hübsches Bar-Restaurant am Strand mit grünem Garten. Die Küche ist eine fröhliche angolanisch-französisch-italienische Mixtur mit Schweizer Einfluss. Im Sommer oft Live-Musik. 🕓 tgl. 16–24 Uhr (nur HS).
Restaurante da Izabel, Rua Santo Antônio. Izabel serviert schmackhafte Fischgerichte. 🕓 tgl. ab 12 Uhr.
Sapoti, Rua Rui Barbosa. Gemütliches Restaurant im Zentrum. 🕓 tgl. 18–23, HS auch 13–16 Uhr.
Die ***Sorveteria Sorverão*** hat köstliches Eis aus frischen Früchten der Region: *Graviola, Cajá, Mangaba, Cacau, Pitanga.*
Das **Nachtleben** beschränkt sich auf ein paar Strandbars. Empfehlenswert ist das lockere **Alice's Point**, hier treffen sich die Emigranten aus São Paulo. Ab und zu Forró-Abende. Am Dorfplatz trinken die Einheimischen ihren Cachaça.

Sonstiges

FAHRRADVERLEIH – ***Elenilson*** an der Hauptstraße hat einfache Räder (R$10/Tag). 🕓 Mo–Sa 7–18, So 7–12 Uhr; Rückgabe jederzeit.

GELD – Es gibt bisher weder Bank noch Geldautomat.

INFORMATIONEN – 💻 www.cumuru.com.br

INTERNET – Im ***Cumuru Shopping,*** Av. 13 de Maio.

TOUREN – ***Aquamar,*** Av. Beira Mar 7, ☎ 73/3573 1360, 💻 www.aquamarba.com.br. Umfangreiches Ausflugsprogramm: Bootstouren nach Corumbau mit Schnorchelstopp (R$60), Whale Watching mit Hydrophon zum Abhören der Wal-Laute (R$80, Juli–Nov), Wanderungen zu Stränden (R$10–25), Kajaktouren (R$15–25). 🕓 tgl. 7.30–19.30 Uhr.
Barco Libra, ☎ 73/3573 1127. Seit Jahren bietet der charismatische Fischer Antônio Carlos Bootsfahrten mit Schnorchelstopp an: Corumbau (mind. 4 Pers., R$50/p.P.), Caraíva (mind. 6 Pers., R$60/p.P.). Abfahrt 9 Uhr, zurück 17 Uhr.

Transport

Anreise von Süden über Teixeira de Freitas, von Norden über Itamaraju.
Nach **Corumbau** und **Caraíva** am einfachsten (und schönsten) per **Bootsausflug** mit einer Agentur (2 bzw. 3 Std.) – allerdings bei oft unruhiger See.
Alternativ: nach Corumbau in umständlicher **Busfahrt** über Prado, Itamaraju und Guarani, dort hält der einzige Bus. Ankunft ca. 18 Uhr.

Ponta do Corumbau

In der Sprache der Indianer bedeutet Corumbau „weg von allem", und genau so fühlt man sich hier auch. Das Dorf an der Flussmündung des Rio Corumbau liegt an einem wunderschönen Strandabschnitt, der als Landzunge in das transparente Meer hineinragt. Auf der anderen Flussseite erstreckt sich der Nationalpark **Monte Pascoal** bis Caraíva. Das Dorf bestand Mitte der 80er Jahre nur aus einigen wenigen Familien, heute gibt es eine Hand voll Pousadas. Einige von ihnen werden von den Superreichen Brasiliens mit Privathubschraubern angeflogen. Es gibt weder Geldautomat noch Internet und keinen Strom nach 22 Uhr. Die Pousadas organisieren Touren in den Nationalpark Monte Pascoal und zum *Pataxós*-Indianerdorf per Buggy (R$20).

Übernachtung und Essen

Pousada e Restaurante Canal do Pampo, ☎ 73/8807 4725. Angenehme, einfache Pousada. Reservierung empfohlen. ❷
Pousada Casa das Minas, ☎ 31/3214 3267. ✉ valerias@gold.com.br. Herrliche Lage am Strand hinter dem Leuchtturm. ❷
✖ ***Jocotoka Eco Resort,*** Praia Jocotoka, ☎ 73/3288 2291, ✉ jocotoka@jocotoka.com.br,

💻 www.jocotoka.com.br. Wunderschöne Pousada unter deutscher Leitung, tolle Bungalows in großer Gartenanlage. Selbstgebackenes Brot, Freilandeier, sehr gutes Restaurant (Abendessen inkl.). Ausflüge: Reit-, Kajak- und Schiffstouren, Walbeobachtung, Wanderungen im Nationalpark, Besuch des *Pataxós*-Indianerdorfs. ❺–❻
Restaurante Barraca de Panela de Barro, am Strand. Gute *Moquecas.* 🕒 Mo–So 11–22 Uhr (nur HS). Vermieten auch kleine Zimmer.

Transport

Am besten erreichbar mit dem Schiff von Caraíva oder Cumuruxatiba.
Nach **Caraíva**: Am besten per **Boot**, z. B. mit dem Fischer *Negão* (R$70), einfach nach ihm fragen. Die schöne Fahrt dauert 1 1/2 Std. Das *Jocotoka Eco Resort* bietet ebenfalls Fahrten an. Einen Tag vorher organisieren.
Beschwerliche Alternative: mit dem *Brasileiro* **Bus** um 6 Uhr nach Guarani, dann über Itamajaru nach Caraíva.

BAHIA

Costa do Descobrimento

Die Europäer waren tief beeindruckt, als sie im Jahre 1503 die Region des heutigen Porto Seguro zum ersten Mal sahen. Berühmt ist der Ausruf von Amerigo Vespucci (1451–1512): „Wenn das Paradies hier auf Erden existieren sollte – dann bin ich ganz sicher nahe dran." Und in der Tat ist das Gebiet des südlichen Bahia eines der landschaftlichen Paradiese der 3000 km langen brasilianischen Küste. Nicht ohne Grund sind **Porto Seguro** und die Nachbarorte **Arraial d'Ajuda** und **Trancoso** wichtigstes touristisches Zentrum im Süden Bahias – und eines der größten des Landes. Die so genannte *Costa do Descobrimento* erstreckt sich von Belmonte bis Caraíva. An ihr liegen die größten zusammenhängenden und am besten erhaltenen Reste des atlantischen Regenwaldes. Zum Schutz des einzigartigen biologischen Reichtums gehören große Teile des Küstenstreifens zum Weltnaturerbe der UNESCO, darunter der **Parque Nacional do Monte Pascoal**.

Caraíva

Caraíva liegt idyllisch auf einer spitz zulaufenden Landzunge zwischen dem Atlantik und dem mangrovenreichen Rio Caraíva, am nördlichen Ende des **Nationalparks Monte Pascoal**. Das ehemalige Fischerdorf mit 800 Einwohnern kommt auch im 21. Jahrhundert noch ohne Strom, Telefonleitungen, Bank und Post aus – von den Bewohnern gewollt. Da es keine Straßenbeleuchtung gibt, wird es nachts stockfinster, Taschenlampe also nicht vergessen. In den letzten Jahren hat Caraíva eine rasche touristische Entwicklung durchlaufen. Im Sommer ist das Dorf ein trendiger Urlaubsort, die restliche Zeit findet man totale Ruhe und Abgeschiedenheit. Durch die Trennung vom Festland gibt es keinen Autoverkehr; die Wege bestehen aus dunklem Sand, doch Vorsicht: er wird glühend heiß.

Übernachtung

POUSADAS – Die Preise ziehen in der HS kräftig an, in der NS schließen manche Pousadas. Strom gibt es meist zwischen 18 Uhr und dem Frühstück. Die Straßen haben keine Namen.
Pousada Canto da Duca e Lua, Strand, ✆ 73/3668 2386, 💻 www.caraiva.tur.br/ducaelua. Freundliche, sehr einfache Budget-Option, luftig und bunt; Hippie-Flair. Zimmer z. T. mit Gemeinschaftsbad. ❶
Pousada Brilho do Mar, zwischen Strand und Fluss, ✆ 73/3668 5053. Einfache, helle Pousada, sehr sauber. Zimmer mit Ventilator. ❷
Pousada Nativa, zwischen Strand und Fluss, ✆ 73/9991 6376. Komfortable Zimmer mit Balkon in moderner Anlage. ❸
Pousada Casinhas da Bahia, bei der Kirche, ✆ 73/9985 6826, 💻 www.caraiva.com.br/casinhas. Adrette Pousada in Flussnähe. ❸
Pousada da Barra, Spitze der Landzunge, ✆ 21/2437 4273, 💻 www.caraiva.com. Idyllische Lage zwischen Meer und Fluss. Schlichte Bungalows, wenige Meter vom Strand. Schöner Lobbybereich mit Liege- und Sitzmöglichkeiten. ❸
Pousada Flor do Mar, Strand, ✆ 73/9985 1608, 💻 www.caraiva.tur.br/flordomar. Wunderhübsche Bungalows in grüner Gartenanlage, direkter Zugang zum Meer. Luftiger Lobbybereich mit einladenden Lese-Sitzecken. ❹–❺

Pousada Vila do Mar, südliches Strandende, ✆ 73/3668 5111, 💻 www.pousadaviladomar.com.br. Geschmackvolles Ambiente, herrliche Lage am Meer. Schöne, helle Zimmer mit Kingsize-Betten, AC, Ventilator und TV. Pool und Whirlpool im Garten. ❹–❺

CAMPING – Viele einfache Campingplätze, z. B. ***Camping Sombra e Água Fresca***, ✆ 73/9994 8743. Schattig, schöne Lage am Fluss, simple Open-Air-Gasküche. Die Betreiber sind Pataxós-Indianer. R$8 p.P., 🕓 ganzjährig. ❶

Essen und Bars

Viele Restaurants haben nur in der Hauptsaison geöffnet.

✖ ***Restaurant, Bar*** und ***Pousada Lagoa***, zwischen Strand und Fluss. Eine Institution, beliebter Treffpunkt am Abend. Restaurant mit Nudelgerichten und sehr guten Desserts *(Pavê Prestígio)*. Großer Garten mit Bungalows. Die Besitzerin setzt sich für nachhaltigen Tourismus ein. 🕓 tgl. 18–23 Uhr (HS länger, ganzjährig).

Parque Nacional Monte Pascoal

Teile des 1961 gegründeten Nationalparks wurden 1999 von den traditionell ansässigen **Pataxós-Indianern** besetzt. Interessanterweise führte dies nicht zu gewaltsamen Auseinandersetzungen, im Gegenteil: die staatliche Seite unterzeichnete 2002 einen Kooperationsvertrag mit den Indianern. Seit 2003 wird der Park gemeinsam von der Umweltbehörde *Ibama* und den Pataxós administriert. Gemeinsame Ziele sind der Schutz der natürlichen Ökosysteme, vor allem des atlantischen Regenwalds, in Einklang mit der Bewahrung der indianischen Kultur. Die Pataxós verteilen sich heute auf 16 Dörfer mit 14 000 Einwohnern.

Im größten Dorf **Aldeia Barra Velha** leben 500 Familien (3000 Einw.) vom Verkauf von Kunsthandwerk, Fischfang und Landwirtschaft. Ausflüge dorthin sind von Corumbau oder Caraíva möglich, für die Besucher wird eine kleine Zeremonie vorbereitet. Durch den Verkauf von Ketten und Schmuck sichern die Pataxós ihren Lebensunterhalt und pflegen gleichzeitig ihre Kultur.
Der Besuch des Nationalparks ist dagegen eingeschränkt, nur zwei Pfade sind für Touristen geöffnet. Zusammenhängende Wälder und frei lebende Tiere sind hauptsächlich im westlichen Teil zu sehen.

Boteco do Pará, Flussufer. Gute Fischgerichte, herrlicher Blick auf den Fluss. ⌚ tgl. 11–23 Uhr, ganzjährig.
Mangue Sereno, zwischen Strand und Fluss. Gute hausgemachte Pasta. ⌚ tgl. 18–23 Uhr.
Weitere nette Restaurants am Fluss sind ***Aquáriu's*** und ***Restaurante do Pelé,*** beide nur im Sommer geöffnet.
Gutes Essen ganzjährig auch in den Pousadas *Brilho do Mar* und *Canto da Duca e Lua* (vegetarisch).

STRAND- UND NACHTBARS – ***Bar da Praia,*** entspannte Bar mit einladenden Strandmatratzen unter Schatten spendenden Tüchern. Hängematten auf luftiger Holzterrasse. Cocktails und Sandwiches. ⌚ 9–18 Uhr.
Andere empfehlenswerte Bars sind das ***Paxa*** an der Praia do Pacha und das rockige ***Coco Brasil.*** ⌚ tgl. ab 8.30 Uhr.
Abends trifft man sich in der ***Lagoa Bar*** und schlendert dann weiter zum Forró.
Zwischen Weihnachten und Karneval tgl. Forró-Partys am Fluss, entweder bei ***Pelé*** oder im ***Forró do Ouriço.*** Letzteres ist eine nette Crêperie. ⌚ ab 17 Uhr.

BAHIA

Sonstiges

GELD – Kein Geldautomat, Kredit- und EC-Karten werden kaum akzeptiert. Genügend Bargeld mitbringen.

GESUNDHEIT – Achtung: Im Sand tummeln sich *Bichos do Pé,* unangenehme Parasiten, die sich Mensch und Tier in die Füße bohren und mit einem kleinen Schnitt wieder entfernt werden müssen.

INFORMATIONEN – 💻 www.caraiva.com.br (Englisch), www.caraiva.tur.br

INTERNET – ***Lagoa Bar*** und ***Forró do Ouriço*** (je R$15/Std.).

TELEFON – Die **Pousada Nascente** (gegenüber Pousada Brilho do Mar) hat ein kleines *Posto Telefónico.* ⌚ etwa 18–21 Uhr. Ein öffentliches Telefon steht neben der Schule.

TOUREN – Das Indianerdorf **Barra Velha** der Pataxós ist auf mehreren Wegen erreichbar: Per Boot über den Rio Caraíva, auf einem schönen Strandspaziergang (6 km) oder per Buggy (R$20). Empfehlenswert ist ein Spaziergang zur **Lagoa Satu** (bei Ebbe, 3 km, 1 Std.).

Transport

BUSSE – Abenteuerliche Fahrt über Buckelpisten und improvisierte Holzbrücken. Mit *Águia Azul* 2x tgl., 7 und 16 Uhr (HS auch 11 Uhr), nach: **Curuípe** (Ausstieg Landstraße, von da 4 km zum Strand, 45 Min., R$5), **Trancoso** (1 1/2 Std., R$8), **Arraial d'Ajuda** (2 1/4 Std., R$12) und **Porto Seguro** (bis Fähranleger in Arraial d'Ajuda, dort mit Fähre weiter, 2 1/2 Std., R$12).

Curuípe und Praia do Espelho

Diese beiden „Juwelen" werden oft zu den zehn schönsten Stränden Brasiliens gezählt. Das Wasser ist hier ruhig und kristallklar („Espelho" bedeutet Spiegel), zwischen den Riffen lässt es sich herrlich schnorcheln und in den natürlichen Pools bestens entspannen. Besonders beliebt sind die Zwillingsstrände bei den „Reichen und Schönen", entsprechend hoch sind die Übernachtungskosten in den wenigen Luxus-Pousadas. Am Strandeingang muss man sich ausweisen. Von Arraial d'Ajuda können die Strände bequem auf einem Tagesausflug erkundet werden; der letzte Bus fährt um 16.45 Uhr zurück. Von Caraíva oder Trancoso ist es eine schöne 3-4-stündige Strandwanderung (10 km).

Übernachtungsmöglichkeit bietet *Pousada Restaurante Pura Vida,* Praia do Espelho, ✆ 73/3668 5038. Fünf hübsche Apartments in perfekter Lage unter Palmen, wenige Meter vom Strand. Einige Zimmer haben Meerblick. Die Bar ist szeniger Lounge-Treffpunkt für Tagesausflügler. ⌚ tgl. 9–22 Uhr. ❺–❻

Trancoso

Restauranttische stehen unter Mandelbäumen vor pastellfarbenen Häuschen, ein Meer von Kerzen funkelt mit den Sternen des Nachthimmels um die Wette. Der magischen Abendstimmung an der zentralen Rasenfläche **Quadrado** kann sich kaum jemand entziehen. Die kleine Jesuitenkirche **Igreja de São João** von 1656 am Ende des Platzes ist Symbol für den Charme Trancosos – und ganz Bahias. Hinter ihr bietet sich ein spektakulärer Panoramablick auf das türkis-blaue Meer und den Rio Trancoso, der sich malerisch durch die weißen Strände schlängelt. Das von Jesuiten im 16. Jh. auf einer Klippe gegründete Dorf (6000 Einw.) wurde in den 70er Jahren von Hippies entdeckt. Auch Jahrzehnte später ist Trancoso noch Anziehungspunkt für Künstler und Freidenkende, doch hielten in den letzten Jahren zunehmend elegantere Gäste Einzug. Boutiquen und Designerläden haben aus Trancoso ein **Shoppingparadies** mit Charme gemacht. Und die Transformationsphase scheint noch nicht abgeschlossen. Ein internationales Ferienresort besteht bereits, ein großer Wohnkomplex mit Luxushotels und Golfplatz ist im Bau. Viele Bewohner haben begonnen sich für die soziale und ökologische Bewahrung des Dorfes einzusetzen.

Strände

Praia dos Coqueiros und **Praia dos Nativos** sind die nächst gelegenen Strände (ca. 10 Min. vom Quadrado). Sie sind hübsch, aber meist von Tagestouristen überlaufen. Leerer sind die südlichen Strände, wie **Ponta de Itapororoca** oder **Ponta de Itaquena**. Einige werden besonders von Ausländern gern für FKK genutzt, doch man sollte bedenken, dass dies von den meisten Brasilianern immer noch als befremdlich empfunden wird. Traumhafte Strandspaziergänge führen nach **Arraial d'Ajuda** (3 Std.) und **Praia do Espelho** (4 Std.). Nur bei Ebbe, vorher erkundigen.

Übernachtung

Im Dorfkern gibt es viele charmante Pousadas. Die Pousadas an der Praia dos Nativos liegen näher am Strand, doch sie haben den Nachteil, dass man oft vom Moto-Taxi abhängig ist. In der Hauptsaison sind überall Reservierungen empfehlenswert, die Preise steigen dann sehr stark an. V. a. im Mai und Juni kann man dagegen mit Preisnachlässen rechnen. In der Nebensaison servieren viele Pousadas kein Frühstück.

QUADRADO – ✗ ***Café Esmeralda,*** ✆ 73/3668 1527, ✉ cafeesmeralda@sulbanet.com.br. Alternative Pousada mit Herbergsflair. Die Besitzer engagieren sich sozial und ökologisch. Ventilator. (1)

Pousada Terra do Sol, Rua do Beco 50, ✆ 73/3668 1036, 🖳 www.pousadaterradosol.com.br. Kleine Pousada, Apartments mit hübscher Veranda. Pool. AC oder Ventilator. (1)–(2)

Pousada & Camping Miramar, neben der Kirche, ✆ 73/3668 1123, 🖳 www.pousadamiramar.com. Camping unter Bäumen mit tollem Panorama-Meerblick (nur HS). Einfache Zimmer mit Veranda. (1)–(2) Camping R$15 p.P.

Pousada Puerto Bananas, ✆ 73/3668 1017, 🖳 www.puertobananas.com.br. Freundliche französisch-brasilianische Besitzer. Bungalows mit Veranda und Hängematte, hübscher Aufenthaltsraum. Kein Pool, kein TV. (4)

Pousada Capim Santo, Rua do Beco, ✆ 73/3668 1122, 🖳 www.capimsanto.com.br. Luxus-Pousada mit persönlichem Flair. Paradiesischer Garten mit tollem Pool. Suiten mit Moskitonetzen und kleinem Gärtchen im Bad. 10% Tax. (4)–(6)

DORF UND STRÄNDE – ✗ ***Pousada Quarto Crescente,*** Rua Principal, ✆ 73/3668 1014, 🖳 www.quartocrescente.net. Urige Pousada mit Bibliothek, Pool, schattigem Garten und Bar. Die Bungalow-Zimmer sind ein Schnäppchen: schöne Balkone mit Holzmöbeln, Sofa und Hängematte. Gemütliche Zimmer im Haupthaus. Frühstück aus selbst produzierten Zutaten. Ökologisch bewusst, z. B. Solarenergie. Reservierungen telefonisch (HS), der holländische Besitzer spricht Deutsch. (2)

Pousada Calypso, Parque Municipal, ✆ 73/3668 1113, 🖳 www.pousadacalypso.com.br. Bunte Häuschen mit schönen Veranden, Garten mit Whirlpool. Großzügiger Aufenthaltsbereich. (2)–(4)

Pousada Raízes do Brasil, Rua Nova, ✆ 73/3668 1343, 🖳 www.pousadaraizesdobrasil.com.br. Entspannung pur. Charmante Pousada in grüner Oase, Pool als zentraler Treffpunkt. Schöne Holzmöbel, Bar. AC oder Ventilator, kein TV. (3)

Pousada Jequitibá, Rua do Bosque, ✆ 73/3668 1028, 🖳 www.trancosobahia.com.br/jequitiba. Gemütliche Pousada, von Einheimischen geführt. Das Frühstück wird auf der hübschen Veranda serviert. AC und TV. (3)

BAHIA

Pousada Mundo Verde, Rua do Telégrafo 43, ✆ 73/3668 1279, 🖳 www.pousadamundoverde.com.br. Schöne zweistöckige Bungalows mit großen Balkonen in tropischem Garten. AC, Ventilator, TV und Moskitonetz. Panoramablick vom Pool. Der dänische Besitzer Lars gibt Infos zur Region. ❹

Pousada Kalaluna, Rua Bom Jesus 290, ✆ 73/3668 2051, 🖳 www.kalalunapousada.com.br. Hübsche grüne Anlage mit Pool und Sauna. Luftiger Frühstücksraum, Bungalows mit AC oder Ventilator. Gay-friendly. ❺

Pousada Estrela d'Água, Praia dos Nativos, ✆ 73/3668 1030, 🖳 www.estreladagua.com.br. Etwas Magisches umweht diese Pousada, wenn man sich ihr abends vom Strand nähert. Fackeln tauchen die Anlage in warmes Licht, geschwungene Wege führen durch den Garten zum edlen Hauptgebäude, dem ehemaligen Haus der Sängerin Gal Costa. Exzellentes Restaurant. ❻

Essen

Am Quadrago:

A Portinha. Das bekannte Selbstbedienungs-Restaurant (seit 1982) hat sich seinen ursprünglichen Charme erhalten: unter dem Mandelbaum meint man noch die Vibes der 80er zu spüren. Oft lange Warteschlangen. 🕓 tgl. 12–24 Uhr, ganzjährig.

O Cacau. Edles, rustikales Restaurant, ein kulinarisches Erlebnis! Tipp: *Camarão Nativo* in Kokosmilch. 🕓 tgl. 18–23.30 Uhr.

Capim Santo. Traditions-Restaurant in schöner Gartenlage, eines der besten im Ort. 🕓 Mo–Sa 17–23 Uhr.

Cantinho Doce. Geschmackvoll eingerichtet, schöne Sitzkissen. Spezialität: *Moquecas.* 🕓 tgl. 16–24 Uhr.

Silvana & Cia. Restaurant-Klassiker unter einem Mandelbaum. Dona Silvana kocht seit 1977 jeden Tag selbst, berühmt sind ihre Moqueca- und Fisch-Kreationen *(Badejo* in Bananenblättern). Ohne Schild, rechte Seite. 🕓 tgl. 13–22.30 Uhr (HS länger).

Panificadora Pandoro, Rua Carlos Parracho. Bäckerei mit herrlichen Süßwaren und Sandwiches mit Belag nach Wunsch. 🕓 tgl. 7–22 Uhr.

Creperia du Blé Noir, Rua do Telégrafo. Leckere Crepes und *Salgados.* 🕓 Mi–Mo 16–23 Uhr.

Nachtleben und Strandbars

Trancosos Nachtleben kann sich im Sommer sehen lassen, in der Nebensaison kommt es aber fast zum Erliegen. An der **Praia de Taípe** finden gelegentlich große *Raves* statt.

Bossa Bar, Quadrado. Bar der bekannten Sängerin Elba Ramalho, sie ist in Trancoso zuhause. Elba lädt sich im Sommer gerne Stars der brasilianischen Musikszene ein. Die Auftritte im kleinen Garten unter Palmen geraten oft zu intimen und eindrucksvollen Konzerten. Tickets sind schwer zu bekommen, wer die Chance hat, sollte nicht lange zögern. An normalen Abenden MPB, Forró und Samba. 🕓 tgl. ab 22 Uhr (nur HS).

Pára-Raio, am Vorplatz des Quadrado. Nightlife-Klassiker, im Sommer tgl. Programm (von House bis *Brazilian Beats),* in der NS viel Forró. Sa oft Live-Shows. 🕓 ab 19 Uhr.

Tostex, Quadrado. Loungige Bar, Ableger aus São Paulo. Hübsch dekoriert, kuscheliger Liegebereich. 🕓 tgl. 17–2 Uhr (nur HS).

STRANDBARS – ***Tostex Praia,*** Praia do Rio Verde, 30 Gehminuten vom Quadrado. Szene-Strandbar. Cooles Partyvolk lässt sich unter Palmen von elektronischer Musik beschallen. Schrillbunte Liegen laden zum Chill-Out ein. Junges Publikum, hohe Preise. Im Sommer Partys. 🕓 tgl. 9–18 Uhr, ganzjährig.

⌘ ***Pé na Praia,*** Praia do Rio Verde, 35 Gehminuten vom Quadrado. Eine Institution, alternativ und relaxt, entspannte Musik, cooles, gemischtes Publikum. Liegen mit Bastmatratzen, moderate Preise. Säfte, Sandwiches, Obstsalate und vegetarische Gerichte. Im Sommer Bossa Nova oder Trance-Partys. 🕓 tgl. 8–19 Uhr, ganzjährig.

Sonstiges

GELD – ***Banco do Brasil,*** Geldautomat im *Supermercado Nogueira,* Rua do Deró 4. 🕓 7–20.30 Uhr (alle Karten).

Geldwechsel: Reiseagentur ***Brasil 2000*** (s. Touren).

INTERNET – ***Skywave Cyber Café,*** Rua Carlos Parracho 10. R$9/Std. 🕓 tgl. 8–22 Uhr.

POST – Praça da Independência, ca. 1,5 km vom Quadrado.

TOUREN – ***Brasil 2000***, Rua Carlos Parracho, ✆ 73/3668 2290, 💻 www.brasil2000turismo.com.br. Freundliche Agentur, Tagesausflüge (z. B. Praia do Espelho), Konzert-, Flug- und Bustickets *(Águia Branca)*. 🕒 Mo–Sa 9–22 Uhr.

Transport

BUSSE – Die unauffällige **Bushaltestelle** liegt an der Hauptstraße vor einem Zeitungskiosk. Dort auch Ticketverkauf für *Águia Azul*. Fahrkarten nach **Rio de Janeiro** oder **Salvador** (über Eunápolis) in der kleinen *São Geraldo* Agentur, Nähe Quadrado.
Arraial d'Ajuda und **Porto Seguro:** ca. stdl. zwischen 7 und 19.30 Uhr, 1 Std., R$5. Busse über die Asphaltstraße sind schneller und bequemer.
Caraíva: 8 und 17 Uhr, 2 Std., R$10. Die abenteuerliche Sandstraße ist nicht immer befahrbar. V. a. nach Regenfällen gibt es Probleme mit den Holzbrücken, manchmal wird der Verkehr für Monate eingestellt.
Eunápolis: 7.10, 9, 13.10 und 19.30 Uhr, 2 1/4 Std., R$11. Busse von Eunápolis nach Trancoso um 5.50, 10, 14 und 20 Uhr.

Arraial d'Ajuda

Der kleine Küstenort Arraial d'Ajuda (11 500 Einw.) wird von Porto Seguro durch den Rio Buranhém getrennt. Er steht für charmante Pousadas, exzellente Restaurants, internationales Publikum und ein reges Nachtleben. Vor allem im Sommer geht es heiß her, wenn sich junge Brasilianer in Feierlaune, Rucksacktouristen, Alt-Hippies und der ein oder andere Promi ein Stelldichein geben.

Der Name des Ortes geht zurück auf die ersten Jesuiten: sie trafen 1549 mit dem Portugiesen Tomé de Souza auf den Schiffen *Conceição* (Empfängnis), *Salvador* (Erlöser) und *Ajuda* (Hilfe) ein. Aus diesem Jahr stammt auch die **Igreja de N. S. d'Ajuda**, sie soll Schauplatz eines Wunders gewesen sein: Während einer lang anhaltenden Trockenperiode betete Jesuitenpater Francisco Pires um Wasser und siehe da: seine Gebete wurden erhört und eine Quelle begann zu sprudeln, die **Fonte Sagrada** (Heilige Quelle). Seither geht die Legende, dass jeder, der von dem Quellwasser trinkt oder in ihm badet, eines Tages nach Arraial d'Ajuda zurückkehrt.

Die Kirche liegt am Ende der Flaniermeile **Broadway**. Auf der anderen Seite ist die **Praça São Brás** ein zentraler Treffpunkt. Das meiste Leben mit zahllosen Restaurant und Bars jedoch spielt sich entlang der **Estrada do Mucugê** (auch Caminho do Mar) ab.

Arraial d'Ajuda ist mit wunderschönen, klippenreichen Stränden gesegnet. Die Bars des Hauptstrandes **Praia do Mucugê** sind im Sommer voll mit Menschen. Die besten Strände sind allerdings die südlichen: **Praia Pitinga** mit Korallenriffen sowie **Praia de Taípe**. Auf der herrlichen Wanderung nach Trancoso lernt man sie kennen (12 km, nur bei Ebbe). Gut zu schaffen in 3 1/2 Std.

Übernachtung

Arraial d'Ajuda ist gespickt mit hübschen Pousadas. In der NS gibt es Qualität zum Schnäppchenpreis; im Sommer vervielfachen sich die Tarife. Über Silvester und Karneval gibt es nur *Pacotes* (Pauschalangebote).
✖ ***Arraial d'Ajuda Hostel***, Rua do Campo 94, ✆ 73/3575 1192, ✉ arraial@arraialdajudahostel.com.br, 💻 www.arraialdajudahostel.com.br. Dieses HI-Hostel in einer kleinen Villa zählt zu den besten in Brasilien. Grüner Innenhof, Pool, Bibliothek, Wäscheservice, Billard und Spiele. Dorms à 6 Betten, schöne DZ. Dorms R$20–30 p.P., DZ R$60–80. ❶–❸
Pousada Alto Mar, Rua Bela Vista 114, ✆ 73/3575 1935, 💻 www.jungleimmersion.pro.br. Einfache, sympathische Pousada mit Dschungel-Feeling; ruhige Straße mit Traumaussicht. Dorms und DZ. ❶
Pousada do Ailton, Rua do Coqueiro, ✆ 73/3575 1074. Sehr freundliche, familiäre, saubere Pousada. Gute Budget-Option, besonders in der Spitzensaison über Silvester und Karneval. Zimmer für Gruppen und DZ. ❶
Pousada O Cantinho, Praça São Brás, ✆ 73/3575 1131, 💻 www.pousadacantinho.com.br. Am zentralen Platz; grüner Innenhof und Billard-Tisch. Teilweise AC. ❶–❷
Pousada 4 Ventos, Alameda dos Flamboyants 200, ✆ 73/3575 2281, 💻 www.pousada4ventos.

BAHIA

com.br. Ein Hauch indischer Stil, hübscher Garten, Pool und Snack-Bar. Tipp: die Suite im 1. OG: schöner Balkon, gleicher Preis. ❷

Pousada Machê, Alameda das Eugênias 33, ´ 73/3575 2011, pousadamache@uol.com.br. Ruhige Pousada, gepflegte, grüne Anlage mit großem Pool, drum herum hübsche zweistöckige Häuser. Alle Zimmer mit Balkon oder Veranda, die im 1. OG sind besser. AC. ❷

Pousada Bemvirá, Alameda dos Flamboyants 54, 73/3575 1714, www.bemvira.com.br. Freundliches Klima, Garten mit Pool, Veranda mit Hängematte. Sehr gutes Frühstück. AC oder Ventilator. Ganzjährig geöffnet. ❷

Pousada Erva Doce, Estrada do Mucugê 200, 73/3575 1113, www.ervadoce.com.br. Am Hauptweg zum Strand und doch mitten in der Natur. Zimmer mit allem Komfort. Grünanlage mit Pool, Video-Raum, Restaurant. ❸

Hotel Pousada Marambaia, Alameda dos Flamboyants 116, 73/3575 1275, www.hotel marambaia.com.br. Pousada mit großzügiger, grüner Außenanlage. Pool, Bar und Bibliothek. Hübsche Zimmer, allerdings kleines Bad. AC und TV. ❸

Vila do Beco Hotel Pousada, Beco dos Jegues 173, 73/3575 1230, www.viladobeco.com.br. Von außen unscheinbar, innen riesiger Tropengarten mit spektakulärer Pool-Anlage und Panorama-Aussicht. Rustikale Zimmer mit Moskitonetz, kleinem Balkon oder Terrasse. AC oder Ventilator. Kein TV. ❸–❹

Baixù Village Apart Hotel, Estrada do Mucugê 337, 73/3575 3061, www.baixuvillage.com.br. Stilvolles Hotel mit allem erdenklichen Luxus. Ästhetisches Highlight ist der Pool mit unglaublichem Meeres-Panoramablick. Die kleineren Apartments sind gemütlicher; Veranda mit Liegefläche. ❺

Pousada Canto d'Alvorada, Estrada do Arraial d'Ajuda 1993, 73/3575 1218, www.canto dalvorada.com.br. Familienpousada an der Straße zur Fähre. Wunderschöne Chalês in parkartiger Anlage, direkt am Strand. Spielplatz. ❻

Essen

Rosa dos Ventos, Alameda dos Flamboyants 24. Großartiges brasilianisch-österreichisches Restaurant. Urige Atmosphäre mit Blick auf schönen Garten. Nicht verzichten sollte man auf die Nachspeise, z. B. Apfelstrudel oder „Familiengeheimnis" (Haselnusstorte mit Schokoladenfüllung). Spezialgerichte wie Languste einen Tag vorher reservieren. Do–Di 17–24 Uhr.

A Portinha, Rua do Campo 1. Exzellentes Self-Service mit tgl. wechselnden thematischen Buffets, von Arabisch bis Italienisch. tgl. 12–22 Uhr.

Paulo Pescador, Praça São Brás 116. Traditionsrestaurant seit 1984. Nicht nur das Restaurant ist eine Institution, auch sein Eigentümer *Paulinho*, ein ehemaliger Fischer. Gute und günstige Fischgerichte. tgl. 12–22 Uhr.

São João, Praça Brigadeiro E. Gomes 41 (neben der Kirche). Das älteste Restaurant des Ortes ist bekannt für seine typisch bahianische Küche, v. a. *Moquecas*. Witzig: In den Speiseraum gelangt man durchs Wohnzimmer der Familie. Mo–Sa 12–23 Uhr.

Aipim, Beco do Jegue 131. Gute *Moquecas* in schöner Garten-Atmosphäre. Oft Live-Musik. tgl. ab 18 Uhr.

Boi nos Aires, Estrada do Mucugê 200. Beliebte Churrascaria; argentinisches Fleisch, Importbiere. Di–So ab 17 Uhr (HS tgl.).

Lothus Tai, Estrada do Mucugê 402-B. Thai-Restaurant, romantische Beleuchtung und Einrichtung. Do–Di 19–24 Uhr (HS tgl.)

Mil Delícias, Trav. São Benedito 210. Kleine, aber feine Lanchonete mit leckeren, hausgemachten Pastéis und Riesen-Fruchtsäften. Freundlich. Mo–Sa 8–20 Uhr (HS tgl.).

Nachtleben

Arraial d'Ajuda zählt zu den heißesten Nightlife-Zentren Bahias. Das Meiste spielt sich auf der **Estrada do Mucugê** ab, v. a. in den Bars der kleinen, herausgeputzten Gasse Beco d'as Cores. Zugpferde sind die ***Bar do Beco*** (Mi Live-Musik) oder ***Billy Cabeça's***, hier gibt's nach Expertenmeinung den besten *Capeta* der Stadt.

Ein weiterer Anziehungspunkt ist die Gegend um die ***Bar Girassol***.

Der ***Cactus Club***, Estrada do Mucugê 560, ist der richtige Ort für ein Bierchen nach dem Strand, oft mit Live-Musik.

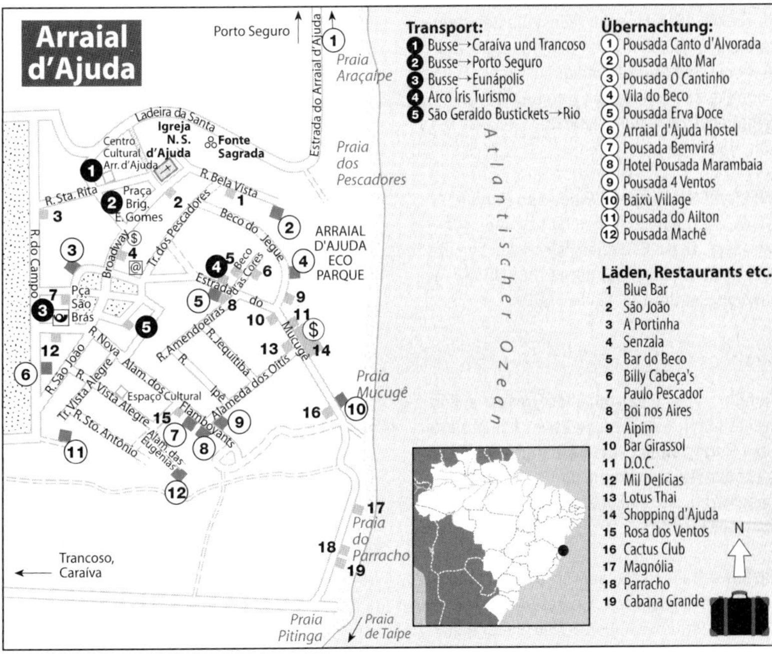

An manchen Abenden veranstaltet das ***D.O.C.*** (sprich *„Dockie")* Techno-Trance-Partys.
Im ***Senzala,*** Broadway, gibt es donnerstags Afro-Shows.
Am **Strand** finden im Sommer Riesen-Partys mit bis zu 6000 Menschen statt, meist im ***Parracho,*** *der* Traditions-Location. Ganz in der Nähe sind große Open-Air-Clubs wie ***Cabana Grande*** und das stylishe ***Magnólia*** (Fr: House, Tribal).
Auf der **Ilha dos Aquários** geht ebenfalls freitags die Post ab (s. Porto Seguro/Nachtleben).
Wer die einheimische Jugend treffen will, sollte Sonntagabend beim **Forró** im Amphitheater des **Shopping d'Ajuda** vorbeischauen.
Für ruhigere Momente sei die loungige ***Blue Bar,*** Rua Bela Vista 54, ans Herz gelegt. Relaxte Atmosphäre, gute Cocktails und herrlicher Ausblick. ⌚ Mo–Sa 16–24 Uhr.

Sonstiges

APOTHEKE – In der Estrada do Mucugê und auf dem Broadway.

CAPOEIRA – Im ***Espaço Cultural,*** Rua Vista Alegre, kann man bei Capoeira, Dança Afro oder Bauchtanz zusehen oder mitmachen.

GALERIEN – ***Centro Cultural Arraial d'Ajuda,*** Rua do Coqueiro 725. Kunstzentrum mit Ausstellungen örtlicher Künstler. Bilder zum Verkauf.

GELD – ***Banco do Brasil,*** Shopping d'Ajuda (keine Karten). Geldautomat im ***Casa do Pão,*** Praça Brigadeiro E. Gomes (alle Karten). ⌚ tgl. 6–22 Uhr.

INFORMATIONEN – 💻 www.arraial-dajuda.com.br, 💻 www.arraialdajuda.tur.br (Englisch).

INTERNET– Internetcafés wie Sand am Meer (ca. R$6/Std.). ***24-h-Internet,*** Trav. dos Pescadores. ⌚ 24 Std.

POST – Praça São Brás.

TOUREN – Die meisten Reisebüros sind auf der Estrada do Mucugê, z. B. ***Arco Íris Turismo,***

✆ 73/3575 1672. Eine der dienstältesten Agenturen, u. a. Schoner-Fahrt nach Curuípe. Die ***Agência São Geraldo*** verkauft Bustickets u.a. nach Rio de Janeiro (ab Porto Seguro oder Eunápolis). Rechtzeitig kaufen. ◷ Mo–Sa 9–18 Uhr, HS länger.

WELLNESS – ***Arraial d'Ajuda Eco Parque,*** 🖳 www.arraialecoparque.com.br. Riesiger Wasserpark mit Rutschen, Wellenbecken, Bars und Restaurants. ◷ tgl. 10–17 Uhr (NS unregelmäßig); Eintritt R$38, Kinder R$20.

Transport

Anfahrt: Am einfachsten über **Eunápolis**, dort weiter mit Bus *Águia Azul*. Etwas komplizierter über **Porto Seguro**: vom Busbahnhof per Linienbus oder Taxi zum Hafen, dort mit der **Fähre** übersetzen, die restlichen 4 km mit Bus oder Sammeltaxi (R$1).

BUSSE – Haltestellen am Fähranleger und an der Praça Brigadeiro E. Gomes (die Busse nach Caraíva, Trancoso halten etwas weiter in der Kurve) sowie Rua do Campo. Mitarbeiter von *Águia Azul* geben Auskünfte.
Caraíva: *Águia Azul*, ✆ 73/3575 1170, 2x tgl., 7 und 16 Uhr, 2 1/4 Std., R$12 (HS auch 11 Uhr). Nach **Curuípe**: Ausstieg Landstraße, 4 km zum Strand, 1 1/2 Std, R$10. Nach Regenfällen ist die Strecke oft unpassierbar.
Trancoso: *Águia Azul*, ca. stdl. zwischen 7.20 und 20.30 Uhr, 1 Std., R$5. Tipp: Einige Busse fahren die alte, ruinöse Sandstraße (über Praia de Taípe, Praia dos Nativos). Ins Zentrum ist es schneller und bequemer über die Asphaltstraße.
Porto Seguro: Busse zum Fähranleger bis 21 Uhr alle 15 Min., danach seltener (R$1,20). Fähre: 15 Min.
Eunápolis: *Águia Azul*, 8x tgl. zwischen 6 und 20 Uhr, 1 1/2 Std., R$6.
Salvador: Über Porto Seguro oder Eunápolis.
Caravelas: Über Eunápolis (*Brasileiro*, 13.30 Uhr, 3 1/2 Std., R$14) und Teixeira de Freitas (18.30 Uhr).

Porto Seguro

Das ehemals kleine Fischerörtchen Porto Seguro hat sich rasant zu *der* Touristenhochburg Bahias entwickelt: Noch im Jahre 1980 zählte man hier 5000 Einwohner, heute sind es 95 000. Nicht zu übersehen ist, dass die Region unter dem unkontrollierten Wachstum und dem Massentourismus leidet. Doch seit einiger Zeit bemühen sich die Verantwortlichen um mehr Klasse statt Masse. Neue Schwerpunkte sollen auf Kultur und Ökotourismus liegen.

Die Stadt besteht aus zwei Teilen: der historischen Oberstadt und der pulsierenden Unterstadt; hier spielt sich das Leben ab, besonders rund um die **Passarela do Álcool** (eigentlich Av. Portugal) mit ihren zahlreichen Artesanato-Läden, Restaurants und abendlichen Cocktail-Ständen. Am Ufer des Rio Buranhém, nahe der Fähre, findet frühmorgens ein Fischmarkt statt. In nördlicher Richtung liegen die lang gezogenen Strände. Die weiter entfernten sind die schöneren: **Praia Ponta Grande** (11 km) und **Praia do Rio dos Mangues** (9 km). Sehr belebt ist die **Praia de Taperapuã** (7 km).

Sehenswertes

Das **historische Zentrum** der Oberstadt (Cidade Histórica) bleibt von den meisten Touristen weitgehend unbeachtet. Dabei könnte es keinen größeren Kontrast zur Innenstadt Porto Seguros bilden: Ruhig überblickt es das pulsierende Treiben zu seinen Füßen und wirkt dabei wie ein Freilichtmuseum. Gleichzeitig spürt man förmlich die 500 Jahre Geschichte Brasiliens: einige historische Bauten aus der Entdeckerzeit sind gut erhalten, allen voran die **Igreja N. S. da Misericórdia** aus dem 16. Jh. Sie wurde später im barocken Stil verändert. Heute beherbergt sie das **Museu de Arte Sacra**. Bekanntestes Exponat ist eine Statue des heiligen Franziskus, die 1503 nach Brasilien gebracht wurde. ◷ Fr–Mi 9–12, 13–17 Uhr; Eintritt R$1.

Zu sehen sind zudem die Ruinen des Jesuitenklosters mit der **Capela de São Benedito** (1549). Die einfache **Igreja N. S. da Pena** von 1535 wurde 1730 rekonstruiert. ◷ tgl. 9–12 und 14–18.30 Uhr. Gegenüber steht der **Marco do Descobrimento** (Markstein der Entdeckung); eine Säule, die 1504 von Gonçalo Coelho und seiner Expedition errichtet wurde. Auf ihr sind die portugie-

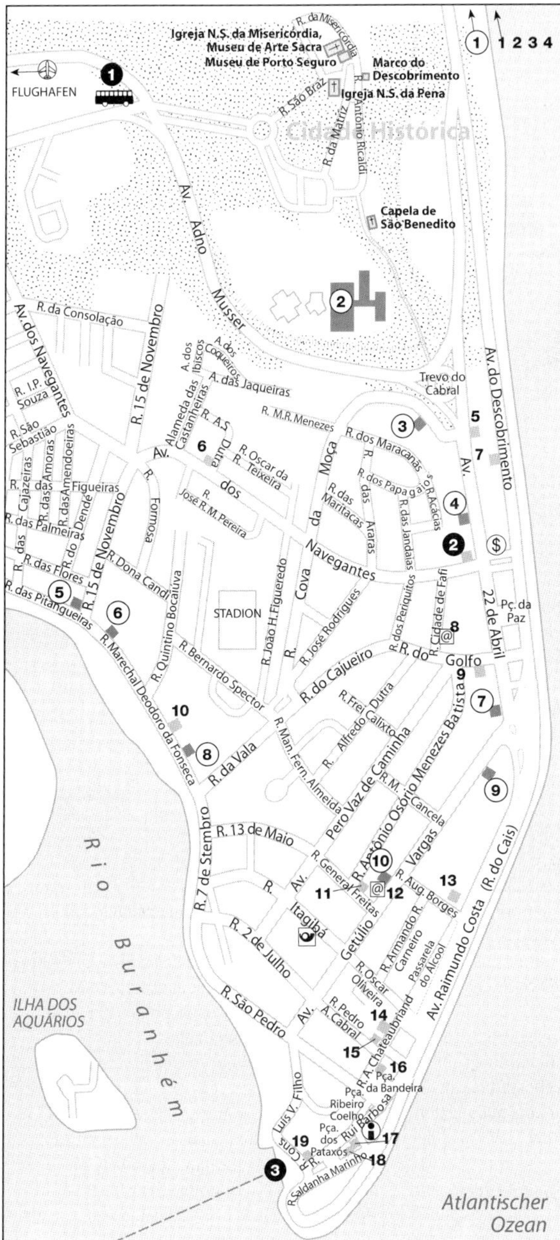

N

Porto Seguro

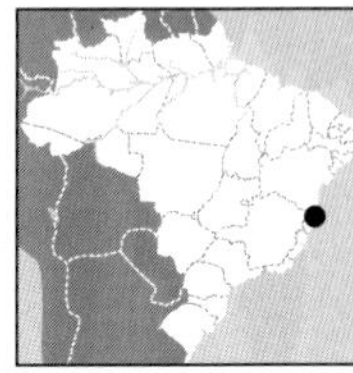

Übernachtung:

1. Camping Mundaí Praia
2. Vela Branca Resort Hotel
3. Porto Seguro Hostel
4. Pousada São Luiz
5. Pousada Casa Azul
6. Pousada da Casa Amarela
7. Hotel Navegantes
8. Hotel Estalagem
9. Solar dos Pássaros
10. Hotel do Descobrimento

Läden, Restaurants etc.:

1. Barraca do Gaúcho
2. Barramares
3. Axé Moi
4. Tôa Tôa
5. Bombordo American Bar
6. Expresso Oriente
7. Porto Caribe
8. @foneBar
9. Pirata do Porto
10. Mistura Fina
11. Point Açai
12. @cces Net
13. Pastamore
14. Anti$Caro
15. Sorveteria Coelhinho
16. Casa de Ingressos
17. Casa do Caldo
18. A Portinha
19. Sambuca

Transport:

1. Rodoviária
2. Brazil Travel
3. Fähre→Arraial d'Ajuda

0 100 200 300 m

BAHIA

Fischer in Porto Seguro

sische Krone und das Malteserkreuz zu sehen. An dem schönen Platz befindet sich auch der 1722 erbaute Paço Municipal. Er diente vor seiner Umwandlung ins **Museu de Porto Seguro** (s. Kasten) als Gefängnis. Die Oberstadt ist leicht per (Moto-)Taxi erreichbar, oder auch zu Fuß über die Treppen ab der Kreuzung *Trevo do Cabral* (mit dem Denkmal). Abends sollte man die Gegend lieber meiden.

Geschichte zum Anfassen

Das moderne **Museu de Porto Seguro** entführt den Besucher zu den Ursprüngen Brasiliens. Multimedial und übersichtlich wird die Geschichte der Entdeckung des Landes vorgestellt. Ein Schwerpunkt ist die Darstellung des Aufeinanderprallens von Indianerbräuchen und portugiesischer Kultur. ⌚ tgl. 9–18 Uhr; Eintritt R$5.

Übernachtung

Es gibt eine fast unbegrenzte Auswahl an Pousadas und Hotels, die meisten liegen im Zentrum, andere an der Passarela do Álcool. Etwas ruhiger ist es am idyllischen Ufer des Rio Buranhém. Die teuren Hotels liegen an den nördlichen Stränden.

ZENTRUM – ***Solar dos Pássaros***, Av. Getúlio Vargas 55, ✆ 73/3288 2062. Farbenfrohe, sehr freundliche Pousada mit hübschem Aufenthaltsbereich. Schöner Innenhof mit Pool und Palmen. Gute zentrale Lage, dennoch ruhig. TV, AC, Kühlschrank. ❶

Pousada do Cais, Av. Portugal 382, ✆ 73/3288 2112. Mitten im Trubel der Passarela do Álcool, einfach, geschmackvoll, kleine Zimmer. ❶

Hotel Navegantes, Av. 22 de Abril 212, ✆ 73/3288 2390. Schöne Apartments mit AC und Kabel-TV. Freundliches Ambiente, Pool. ❷

Pousada São Luiz, Rua 22 de Abril 329, ✆ 73/3288 2238, 💻 www.pousadasaoluiz.com.br. Niveauvolle Pousada. Zimmer mit AC und Kabel-TV, Hängematten und Pool. ❷

FLUSSUFER – ***Pousada da Casa Amarela***, Rua Marechal Deodoro 286, ✆ 73/3288 2221, 💻 www.pousadacasaamarela.com.br. Solide und hübsche kleine Zimmer mit AC. ❶

Pousada Casa Azul, Rua 15 de Novembro 11, ✆/📠 73/3288 2180. Sehr geschmackvoll eingerichtete Pousada in altem, blauem Kolonialhaus. ❷

Hotel Estalagem, Rua Marechal Deodoro 66, ☏/☏ 73/3288 2095, ✉ hotelestalagem@uol.com.br. Hier war ein guter Innenarchitekt am Werk: historische Mauern wurden in das rustikal-farbig gestaltete Hotel integriert. Individuell eingerichtete Zimmer mit AC, Kabel-TV. Pool. ❷–❸

RICHTUNG STRÄNDE – ***Porto Seguro Hostel,*** Rua Cova da Moça 720, ☏ 73/3288 1742, 🖳 www.portosegurohostel.com.br. Gutes HI-Hostel. 5er/6er-Dorms. Freundliche Atmosphäre, kleiner Pool, allerdings an der Straße. Bus Richtung Strände, Ausstieg am *Trevo do Cabral.* ❶

Vela Branca Resort Hotel, Av. Dr. Antônio Ricaldi 177, ☏ 73/3288 2318, 🖳 www.velabranca.com.br. Resort mit herrlichem Blick über Porto Seguro, neben der historischen Altstadt. Großer Pool. Tennisplatz, Billard, Tischtennis. ❺

CAMPING – ***Mundaí Praia,*** Av. Beira Mar, KM 4, Praia de Mundaí, ☏ 73/3679 2287. Schattiger Campingplatz mit hohem Komfort. R$15 p.P. ❶

Essen

Pastamore, Passarela do Álcool 292. Beste Pasta der Stadt, italienische Leitung. ◷ tgl. ab 11 Uhr.

Anti$Caro, Rua Assis Chateaubriand 26. Originelles Restaurant, eines der ältesten der Stadt. Eingerichtet wie ein Antiquitätenladen, vielfältige Speisekarte, Silberbesteck. ◷ Mo–Sa 18–24 Uhr (HS auch 13–16 Uhr).

Pirata do Porto, Rua do Golfo 31. Traditionsreiches Lokal, serviert sehr leckeren Fisch *(Badejo),* typisch bahianisch: z. B. *Filé grelhado com Molho de Camarão* (gegrillt mit Krabbensoße). ◷ tgl. 11–23 Uhr.

Casa do Caldo, Praça Manuel Ribeiro Coelho 7. Sympathisches kleines Suppenrestaurant (zehn Sorten). ◷ tgl. ab 19 Uhr.

Sambuca, Praça dos Pataxós 216. Erste Pizzeria der Stadt, gilt auch als die beste. ◷ tgl. ab 18 Uhr.

Barraca do Gaúcho, Av. Beira Mar 7000. Große Strandbar mit exzellentem Buffet (R$17, vegetarisch R$12). Sehr gutes Churrasco. ◷ tgl. 12–22 Uhr (HS länger).

MITTAGESSEN – ***Expresso Oriente,*** Av. dos Navegantes 670. Beliebtes Buffetrestaurant, mittags bilden sich Schlangen. Mischung aus chinesischer und brasilianischer Küche, viele Salate. ◷ tgl. 11–23 Uhr.

A Portinha, Rua Saldanha Marinho 32. Hervorragendes Buffetrestaurant. Ableger der gleichnamigen Restaurants in Trancoso und Arraial d'Ajuda. ◷ tgl. 12–22.30 Uhr.

CAFÉS – ***Point Açaí,*** Rua General Freitas 42. Leckere Säfte und *Açaí.* Nebenan im Restaurant vegetarisches Mittagessen (Buffet). ◷ Café tgl. 8–23, Restaurant Mo–Sa 12–16 Uhr.

Sorveteria Coelhinho, Rua Assis Chateaubriand 38. Köstliche, frische Eiscreme italienischer Art. ◷ tgl. 16–24 Uhr (HS länger).

Nachtleben

Porto Seguro ist in ganz Brasilien für sein intensives Nachtleben bekannt. Der Abend beginnt auf der **Passarela do Álcool**. Hier ist der Name Programm: es wird kräftig vorgeglüht für die Partys an den Stränden. Zu diesem Zweck bieten Cocktailstände mehr oder weniger gewagte Drink-Kombinationen an. Am beliebtesten ist *Capeta* (aus Guaraná, *Leite condensado*, Zimt, Ananas, Wodka und Eis) – Vorsicht, seine Wirkung wird leicht unterschätzt. Die Partys finden in täglich wechselnden Strandbars statt. Eine Übersicht gibt: 🖳 www.portonight.com.br. Ticketverkauf für Veranstaltungen im ***Casa de Ingressos,*** Rua Assis Chateaubriand.

STRANDCLUBS – An den Stränden reihen sich riesige **Strandbars** (Cabanas) in kurzen Abständen aneinander. Viele haben gigantische Bühnen aufgebaut und Platz für Tausende von Menschen. Tagsüber finden Tanzshows statt: Gut gebaute Vortänzer bringen dem meist weiblichen Publikum die neuesten Schritte näher, diese werden zur Abkühlung regelmäßig mit Wasser aus Türmen bespritzt. Abends steigen große *Luaus* (Partys ab 22 Uhr). Dorthin gibt es einen kostenlosen Shuttleservice (Haltestelle Trevo do Cabral). Die bekanntesten Cabanas sind: ***Barramares*** (größte Strandbar Brasiliens mit zwei Bühnen, Restaurant, Bars und Lanchonetes, Party mittwochs), ***Axé Moi*** (frz. ausgesprochen, montags) und ***Tôa Tôa*** (Do). Freitag ist der Abend für die **Ilha dos Aquários**, eine Insel auf dem Rio Buranhém. Außer einer Disco gibt es hier Restaurants, Bars, eine Kunstgalerie und vieles mehr. Die Besonderheit sind vier große Salzwasser-Aquarien, u.a. mit Haien.

BARS UND LIVE-MUSIK – ***Bombordo-American Bar***, Av. 22 de Abril 151. Nähe Trevo do Cabral. Reiferes Publikum. ⏲ Fr–Sa 23–5 Uhr; Eintritt R$12.
Mistura Fina, Rua Marechal Deodoro 100. 💻 www.misturaffina.com.br. Alternative Bar mit kulturellen Veranstaltungen und Live-Musik. ⏲ Mi, Fr, Sa ab 21 Uhr.

Touren

Beliebtestes Ausflugsziel sind die Riffe des **Recife de Fora**, doch die Korallen leiden unter dem Touristenansturm (bis zu 2000 Pers. tgl.). Ungezählte Agenturen haben diese Touren im Programm, nicht alle sind zertifiziert.

TOURVERANSTALTER – Empfehlenswert ist ***Brazil Travel***, Av. 22 de Abril 186, ✆ 73/3288 1824, 💻 www.braziltravel.com.br. Martina und Ton bieten mit ihrem deutsch- und englischsprachigen Team andere gut recherchierte Ausflüge an: z. B. Bootstour auf dem **Rio Buranhém**, **Dschungeltour**, Besuch des **Indianerreservats Jaqueira**.

Sonstiges

APOTHEKEN – Zahlreiche Apotheken in der Innenstadt, z. B. auf der Av. Getúlio Vargas.

GELD – ***Banco do Brasil***, Av. dos Navegantes 22. ⏲ 9–14, Geldautomat 6–22 Uhr (alle Karten). Flughafen. ⏲ 24 Std. (alle Karten).

Lambada

Porto Seguro ist traditionell eine Hochburg des **Lambada**. Heute zwar etwas aus der Mode gekommen, gibt es dennoch eine lebendige Lambada-Szene. Der Club der Wahl ist das ***Porto Caribe***, Av. do Descobrimento 500. am Meerufer. Lambada-Abende Do und So.

INFORMATIONEN – 💻 www.portosegurotur.com.br.
Touristeninformation auf der **Praça Ribeiro Coelho**, ✆ 73/3268 1390. Freundlich und hilfsbereit. ⏲ Mo–Sa 9–21 Uhr

INTERNET UND TELEFON – ***@cces Net***, Av. Getúlio Vargas, gegenüber HSBC, R$3/Std. ⏲ Mo–Sa 9–24, So 16–24 Uhr.
@foneBar, Rua Cidade de Fafe 76, Internet (R$6/Std.) und Telefon. ⏲ tgl. 10–23 Uhr.

MEDIZINISCHE HILFE – ***Hospital Municipal***, Rua Cova da Moça, ✆ 73/3288 1369.

POST – Rua Itagiba 85.

Nahverkehrsmittel

BUSSE – In der Av. Getúlio Vargas halten die meisten Buslinien (R$1,50). Zur **Rodoviária** fahren u. a. die Busse *Rodoviária, Baianão, Cambolo oder Fontana* (15 Min.).

FÄHRE – Die *Balsa* (sprich „Bausa") über den Rio Buranhém verbindet Porto Seguro mit Arraial d'Ajuda. Es gibt Fähren für Fußgänger (R$2) sowie Autos (R$6/Auto) und Fußgänger: Alle 15 Min., ab 24 Uhr stdl.; bezahlt wird nur nach Arraial d'Ajuda. Von dort pendeln Busse rund um die Uhr ins Zentrum.

Transport

FLÜGE – Der kleine Flughafen liegt nah am Zentrum, ✆ 73/3288 1877. Anfahrt: Von der Rodoviária zwei Haltestellen (Busse *Casas Novas/Campinho* oder *M. do Povo/Campinho*), dann 5 Min. zu Fuß (oder ganz laufen, 10 Min.).
Es gibt Flüge in alle größeren Städte Brasiliens. Auskünfte gibt die Flughafenverwaltung, ✆ 73/3288 1880, 💻 www.sinart.com.br.
Fluggesellschaften: ***BRA***, ✆ 73/3288 8937.
Gol, ✆ 73/3268 4460.
TAM, ✆ 73/3288 3399.
Varig, ✆ 73/3288 0301.

BUSSE – ***Rodoviária***, 2 km vom Zentrum, in der Nähe des Centro Histórico (Taxi ca. R$10).

Belo Horizonte: *São Geraldo,* ✆ 73/3288 1198, 14 und 15.30 Uhr, 18 Std., R$100–125.
Camamu: *Águia Branca,* ✆ 73/3288 1039, 7.30 und 20 Uhr, 7 1/2 Std., R$35.
Canavieiras: *Brasileiro,* ✆ 73/3288 3650, 6 und 16 Uhr, 6 Std., R$19.
Ilhéus: *Rota,* ✆ 73/3288 3791, tgl. 6.40, 8.40, 9.40 und 14.40 Uhr, 7 Std., R$24.
Itacaré: *Rota,* 5x tgl. zwischen 5 und 12.40 Uhr, 7 1/2 Std., R$35.
Rio de Janeiro: *São Geraldo,* tgl. 17 Uhr, 18 Std., R$140.
Salvador: *Águia Branca,* tgl. 19 Uhr, 11 Std., R$100–155.
Santa Cruz da Cabrália: *Brasileiro,* ✆ 73/3288 3650, 9x tgl., 40 Min., R$3.
Teixeira de Freitas: *Brasileiro,* 5x tgl. zwischen 6 und 19 Uhr, 5 Std., R$19.
Valença: *Águia Branca,* tgl. 7.30 und 20 Uhr, 8 1/2 Std., R$41.
Vitória: *Águia Branca,* tgl. 6.30, 9 und 21.30 Uhr, 11 Std., R$55–79.

Nördlich von Porto Seguro

Wer von Porto Seguro Richtung Norden unterwegs ist, kann sich gut mit Bus und Fähre bis **Belmonte** durchschlagen. Dort hört die Straße allerdings auf und es geht in einer abenteuerlichen Bootsfahrt durch Mangrovenwälder weiter nach **Canavieiras**.

Auf dem Weg liegen ein paar hübsche Orte und Strände, die eine Pause wert sind. Das nächste größere Städtchen hinter Porto Seguro ist **Santa Cruz Cabrália**. Der Weg dorthin führt an **Coroa Vermelha** vorbei, wo am 26. April 1500 die erste Messe auf brasilianischem Boden gehalten wurde. Ein symbolisches Kreuz erinnert daran, gegenüber verkaufen Pataxós-Indianer Kunsthandwerk. Beste Strände der Region sind die **Praia da Coroa Vermelha** und die benachbarte **Praia Ponta do Mutá**.

Das ruhige Santa Cruz Cabrália ist eine historische Stadt mit 24 000 Einwohnern. Die auf einer Anhöhe liegende **Igreja N. S. da Conceição** wurde Anfang des 18. Jhs. rekonstruiert. Der Ausblick von hier ist herrlich. Mit der Fähre über den Rio João de Tiba wird als nächstes **Santo André** erreicht, ein kleines Fischerdorf mit ursprünglicher Bewaldung und schönen Stränden. Vorbei an **Praia das Tartarugas, da Ponta de Santo Antônio** und **Praia Guaiu** geht es weiter bis zur Mündung des Rio Jequitinhonha. Hier, wo die Straße aufhört, liegt der friedliche Ort Belmonte. Die stark verfallenen Kolonialhäuser erinnern an bessere Zeiten. Am Fluss mit seiner charakteristischen rötlichen Färbung legen die Boote nach Canavieiras ab.

Übernachtung und Essen

Maracaia Hostel, Praia de Coroa Vermelha, ✆ 73/3672 1155, 💻 www.maracaiahostel.com.br. Solides HI-Hostel, an einer Hauptstraße, nahe zum schönen Strand. 6er Dorms, DZ, Pool. Von Porto Seguro Bus Richtung Cabrália, Ausstieg beim Supermarkt Coroa Vermelha. ❶
Pousada & Restaurant Gaili, Praia do Santo André, BA 001, KM 48, kurz von Santo André, ✆ 73/3671 4060, ✉ gaili@uol.com.br, 💻 www.gaili.com. Schöne Pousada mit zehn Chalês auf großer Anlage, unmittelbar am Strand. Schweizer Leitung, die Brötchen werden selbst gebacken. Kajaktouren und Segeltörns. Pool. ❹–❺
Fazenda Amendoeira, Praia das Tartarugas, BA 001, KM 44, ✆ 73/3282 1142, 💻 www.fazendaamendoeira.com.br. Weitläufige, schöne Hotel-Fazenda an idyllischem Strand mit Palmen. Ausflüge per Boot, Kanu oder Pferd, Wanderungen im atlantischen Regenwald. Restaurant mit hervorragenden Fischgerichten. ❹
Pousada Rao, Av. Presidente Vargas 127, Belmonte, ✆ 73/3287 2202. Gepflegte Pousada am Flussufer. Pool, AC. ❶

Sonstiges

GELD – ***Banco do Brasil,*** Rua Frei Henrique de Coimbra 83, Santa Cruz Cabrália. 🕓 9–13, Geldautomat 6–22 Uhr (internationale Karten).

INFORMATIONEN – 💻 www.portonet.com.br/cabralia

TOUREN – Schnorchel-Ausflüge zu Naturpools und Korallenriffen: **Parque Marinho de Coroa Alta** (10 Uhr ab Hafen Santa Cruz Cabrália, 6 Std., R$15/p.P.). **Recife de Araripe**, mit Schnellboot (40 Min., R$80) oder Segelschiff (6 Std., R$40) ab Santo André, Informationen bei *Pousada Gaili.*

Porto Seguro, Trancoso oder Arraial d'Ajuda?

Das **Dreigestirn** Porto Seguro, Arraial d'Ajuda und Trancoso zählt zu den beliebtesten Urlaubsregionen in Brasilien. Alle drei Orte haben eine starke Identität und jeder für sich ist auf seine Weise sehens-, erlebens- und besuchenswert. Welcher Ort ist für welche Art von Tourismus zu empfehlen? Hier einige Tipps für Reisende, die eine Auswahl treffen wollen (oder müssen).

Porto Seguro ist vor allem interessant für Leute, die Spaß an wilden Festen am Strand haben und sich gerne ins nächtliche Getümmel stürzen. Ein kulturelles Erlebnis sind die Axé-Dance-Shows in den riesigen Strandbars. Das Publikum in Porto Seguro ist jung und sucht vor allem Vergnügung. Ein Trumpf sind die vielen günstigen Hotels und Pousadas. Das historische Zentrum wird von den meisten links liegen gelassen, lohnt aber nicht nur für Geschichtsfreaks einen Besuch.

Trancoso ist der ruhigste und charmanteste der drei Orte, zu manchen Jahreszeiten aber auch der szenigste. Das Künstlerdorf zieht Intellektuelle und Bohemiens an, das Publikum ist im Schnitt älter und gebildeter. Die Strände zählen zu den schönsten der Region. In der Hauptsaison findet man ein reges Nachtleben, doch dies ist selten der Hauptgrund für einen Besuch. Die Preise in Trancoso sind im Schnitt höher als in der Nachbarschaft.

Arraial d'Ajuda ist eine Mischung aus dem Charme Trancosos und dem Nachtleben von Porto Seguro. Viele hübsche Pousadas und Restaurants sowie die atmosphärischen Kopfsteinpflasterstraßen geben dem Dorf eine sympathische Note. Das Nachtleben ist erheblich intensiver als in Trancoso, aber weniger exzessiv als in Porto Seguro. Preis- und altersmäßig liegt man ebenfalls zwischen den Nachbarn.

... oder vielleicht doch lieber Caraíva? Hier findet man totale Abgeschiedenheit in herrlicher Natur, fernab der Zivilisation. Keine Autos stören die Ruhe, Strom gibt es nur zu bestimmten Zeiten und das Nachtleben beschränkt sich auf Forró. In der Hauptsaison wird es voller; ansonsten ist Caraíva genau richtig für alle, die einfach nur die Seele baumeln lassen möchten.

Transport

Von **Santa Cruz Cabrália** Richtung **Norden**: Fähre nach Santo André (bis 20 Uhr alle 30 Min., danach alle 2 Std.; 15 Min., R$1, R$7/Auto). Richtung **Süden**: Bus nach Porto Seguro, Haltestelle vor der *Farmácia Coroa Alta*, ca. 5 Gehmin. vom Fähranleger.

Von **Santo André** nach **Santa Cruz Cabrália** mit der Fähre (s. oben). Nach **Belmonte**: Bus *Brasileiro,* 6.50, 9.20, 13.50 und 17.50 Uhr, 1 Std., R$5.

Von **Belmonte** nach **Canavieiras**: herrliche 1 1/2-stündige Bootsfahrt durch Mangrovengebiete (Linienboot R$15/p.P., Charter R$80/Boot; jeweils ab Flussufer). Nach **Santo André**: Bus *Brasileiro,* 5.40, 7.50, 11.50 und 16.20 Uhr, R$5.

Costa do Cacau

Der Name Costa do Cacau (Kakaoküste) erinnert an jene wechselvolle Zeit in der Geschichte Bahias, als die weiße Frucht über Reichtum und Armut ganzer Regionen entschied. Erst mit Ankunft deutscher und schweizerischer Einwanderer Anfang des 19. Jhs. wurde die ursprünglich aus dem Amazonas stammende Kakaopflanze hier systematisch angebaut. **Ilhéus**, die zweitgrößte Stadt Bahias, war ab 1890 Zentrum des großen **Kakaobooms**. Prächtige Bauten entstanden und dokumentieren heute die Epoche dieser wirtschaftlichen Blütezeit. Doch mit Eintritt der Weltwirtschaftskrise begann die Pracht schon zu verfallen. In den folgenden Jahren gab es massive Ernteausfälle und Nachfragerückgang zu beklagen, hervorgerufen durch sinkende Weltmarktpreise, Dürren und einen Pilz namens *Vassoura-de-bruxa*, der sich in den 80er Jahren verbreitete. Heute ist Brasilien von den billiger produzierenden westafrikanischen Ländern überflügelt worden, aber dennoch ist die Region um Ilhéus nach wie vor wichtigstes Kakaoanbaugebiet Brasiliens. Die Kakaoküste reicht vom beschaulichen **Canavieiras** im Süden bis **Itacaré**, einem der bekanntesten Surfstrände Brasiliens.

Canavieiras

Wer mit genügend Zeit unterwegs ist, hat vielleicht Freude an einem kurzen Stopp in diesem verschlafenen 35 000-Einwohner-Ort. Die Architektur aus der Zeit des Kakaobooms ist durchaus sehenswert, besonders die schön restaurierten Bürgerhäuser (Ende des 19. Jhs.) an der Promenade des Rio Pardo. Gut zum Entspannen sind die Strände der **Ilha de Atalaia**. Heilende Effekte werden den Schlammbädern auf der **Ilha das Garças** nachgesagt. Wichtigstes Event ist das Festival do Caranguejo im September.

Übernachtung und Essen

Im Zentrum liegen einfache Pousadas, bessere sind in Atalaia.

Pousada Mara, Rua General Pederneiras 208, Centro, ✆ 73/3284 1193. Einfache, freundliche Pousada. Zimmer mit AC und TV, Frigobar. ❶

Pousada O Casarão, Av. Cel. Augusto L. de Carvalho 439, Centro, ✆ 73/3284 2474. Drei Apartments in hübschem Kolonialhaus, Zimmer ohne Fenster. ❷

Ein gutes Restaurant an der hübschen Uferpromenade Av. Felinto Melo ist das ***Le Poivre***. ⌚ Mi–Mo 11–17, 19–24 Uhr (HS tgl.).

Das ***Restaurante Canes*** am Hafen hat typisch bahianische Küche. ⌚ tgl. 12–24 Uhr.

Im ***Bem Baiano,*** Praça Eduardo Campos, kann man nett draußen sitzen. ⌚ tgl. ab 8 Uhr.

Sonstiges

GELD – ***Banco do Brasil,*** Praça da Bandeira 161. ⌚ 10–15, Geldautomat 6–22 Uhr.

INTERNET – ***Intercanes,*** Praça do Cacau (R$2/Std.).

Transport

BUSSE – ***Rodoviária,*** ✆ 73/3284 1399.
Ilhéus: *Águia Branca,* 10x tgl. zwischen 6 und 19 Uhr, 2 Std., R$10.
Salvador: *Águia Branca,* 10.30 und 20 Uhr, 9 Std., R$81.

BOOTE – **Belmonte**: Informationen am Hafen, 1 1/2 Std.

Ilhéus

Ohne die schöne Mulattin Gabriela hätte Ilhéus vermutlich nicht seinen heutigen Bekanntheitsstatus. Gemeint ist die Hauptfigur des wohl berühmtesten Werks von **Jorge Amado** (1912–2001), dem international bekannten Romancier und Sohn der Stadt. Wie in dem großen Liebesroman *Gabriela wie Zimt und Nelken (Gabriela, Cravo e Canela)* machte Amado Ilhéus zum Schauplatz vieler seiner Geschichten. So verarbeitete er auch sein damaliges Stammlokal literarisch, die legendäre **Bar Vesúvio**. Hier arbeitete Gabriela in seiner Fiktion als Köchin, doch es spielten sich nicht nur Romanzen ab. Die Bar war Treffpunkt einflussreicher Kakao-Barone.

Noch heute erzählen die historischen Gebäude der 220 000 Einwohner-Stadt die Geschichte jener vergangenen Hochepoche als Ilhéus die reichste Stadt Brasiliens war und „Goldprinzessin von Bahia" genannt wurde. Auf einem Spaziergang durch die Innenstadt lässt sich alles bequem an einem Tag sehen. Dass Ilhéus erst seit relativ kurzer Zeit auf Tourismus setzt, ist teilweise noch an Infrastruktur und Dienstleistungen erkennbar.

Sehenswertes

Ein repräsentatives Beispiel für die prächtigen historischen Bauten ist der neoklassizistische **Palácio do Paranaguá** (1898–1907) an der Rua P. Valadares, der heutige Sitz der Stadtverwaltung. In der Rua Jorge Amado 21 befindet sich das **Casa de Cultura Jorge Amado**. Hier verbrachte der Dichter einen Teil seiner Jugend (1926–1937). Heute beherbergt es eine kleine Ausstellung mit Fotos und Titelbildern seiner Bücher. ⌚ Mo–Fr 9–12 und 14–18 Uhr, Sa und So nur angemeldete Gruppen; Eintritt R$1.

Die pompöse **Catedral de São Sebastião** am belebten Hauptplatz **Praça Dom Eduardo** ist neueren Datums. Ihr Bau wurde 1931 begonnen, aber erst 1967 abgeschlossen. Im Januar, am Tag des São Sebastião, werden ihre Stufen in einer feierlichen Prozession von den Gläubigen gereinigt. ⌚ Mo–Fr 9–11.30 und 14–18, Sa und So 9–11 Uhr. Viel älter ist die mehrfach restaurierte **Igreja de São Jorge** (Ende 17. Jh.) mit einem kleinen **Museum** für sakrale Kunst. Die **Igreja N. S. da Piedade** (1928) ist abends stimmungsvoll angeleuchtet, von hier hat man eine schöne Aussicht über die Stadt. ⌚ tgl. 8–18 Uhr.

Die **Praia do Cristo**, ganz am Zipfel der Landzunge, wird von einer 7 m hohen Christus-Statue geziert, von hier aus eröffnet sich ein toller Blick auf den Sonnenuntergang über der Bucht Baía do Pontal.

Strände

Die Strände in nördlicher Richtung sind ruhig und naturbelassen. Das Leben spielt sich eher an der südlichen Küste ab: an den Stränden **Praia do Sul**, **Praia Cururupe** und vor allem der belebten **Praia dos Milionários**. Hier ist das Wasser ruhig, der Sand fein und es gibt einige gute Strandbars mit exzellentem Service. Die Strände im 19 km entfernten Olivença sind vor allem für Surfer geeignet.

Übernachtung

Die Unterkünfte im Zentrum sind wenig modern, aber preiswert. Mehr Luxus findet man an den Stränden ab Praia do Sul. Die Preise steigen in der Hauptsaison stark an, ohne Reservierung ist dann kaum ein Zimmer zu finden.

ZENTRUM – ***Pousada Bandeirantes,*** Rua Antônio L. de Lemos 69, ✆ 73/3231 5610, ✉ pousaban@terra.com.br. Budget-Pousada ohne ästhetischen Anspruch, Treffpunkt der Backpacker-Community. Haus mit vier Stockwerken, alte Möbel und Betten. Zimmer für längere Zeiträume. ❶

Pousada Riso's de Ouro, Av. 2 de Julho 1041, ✆ 73/3633 7211. Einfache und saubere Zimmer, eins hat Balkon und schönen Buchtblick. ❶

Albergue da Ilha, Rua General Câmara 28, ✆ 73/3231 8938, ✉ murilo_fcosta@hotmail.com. 3 schlichte Dorms ohne Schränke, 1 nette Suite mit Ventilator, TV und Sonnenterrasse. Kein Frühstück. Internetcafé, kleine Bibliothek. Dorms R$20 p.P., Suite R$60. ❶–❷

Pousada Brisa do Mar, Av. 2 de Julho, ✆ 73/3231 2644. Die wohl netteste Pousada im Zentrum. Zweckmäßige Zimmer, einige mit Balkon und Strandblick. Kurzer Spaziergang von der Kathedrale. ❷

Ilhéus Hotel, Rua Eustáquio Bastos 144, ✆ 73/3634 4242, 🖳 www.ilheushotel.com.br. Ältestes Hotel der Stadt (1930), die Zimmer im 3. OG haben schönen Blick auf die Bucht. ❷

Ilhéus Praia Hotel, Praça Dom Eduardo, ✆ 73/3634 2533, 🖳 www.ilheuspraia.com.br. Zentrales, großes Hotel gegenüber der Kathedrale. Sterile Einrichtung, geschäftsmäßiger Service. Mit Self-Service Restaurant. ❷–❸

AUSSERHALB – ***Pousada Gira Sol,*** Praça Florêncio Gomes 460, Cidade Nova, ✆ 73/3634 3400, 🖳 www.pousadagirasol.com.br. Familiäre Pousada in Strandnähe, 10 Gehmin. vom Zentrum. Kleine, saubere Zimmer. Großes Apartment für 5 Pers. ❸

Hotel Praia do Sol, Praia do Sul, ✆ 73/3234 7000, 🖳 www.praiadosol.com.br. Geschmackvolle, große Hotelanlage an einem der besten Strandabschnitte. Pool, charmante Zimmer. Im Sommer Reservierung nötig. ❸

Opaba Praia Hotel, Av. N. S. Aparecida 1, Praia do Sul, ✆ 73/3234 8810, 🖳 www.opaba.com.br. Modernes Hotel, schöne Zimmer, Dachterrasse mit Pool. Die Einrichtungen des *Cana Brava Resort* (24 km südlich) können mitbenutzt werden. ❹

Essen und Nachtleben

Es gibt genügend Gelegenheiten, sich für ein paar Tage zu zerstreuen. In den Bars und Restaurants an der Av. 2 de Julho herrscht bei Sonnenuntergang eine nette Abendstimmung, z. B. in der Bar ***Ilha***. Die **Praça Castro Alves** ist ein beliebter Treffpunkt der Einheimischen, hier sitzt man bei *Cerveja* und *Acarajé* bei **Irene** bis spät in die Nacht an den Plastiktischen.

ZENTRUM – ***Barrakítika,*** Rua Dom Pedro II 39. Traditionelle Bar im Stil einer rustikalen Rock-

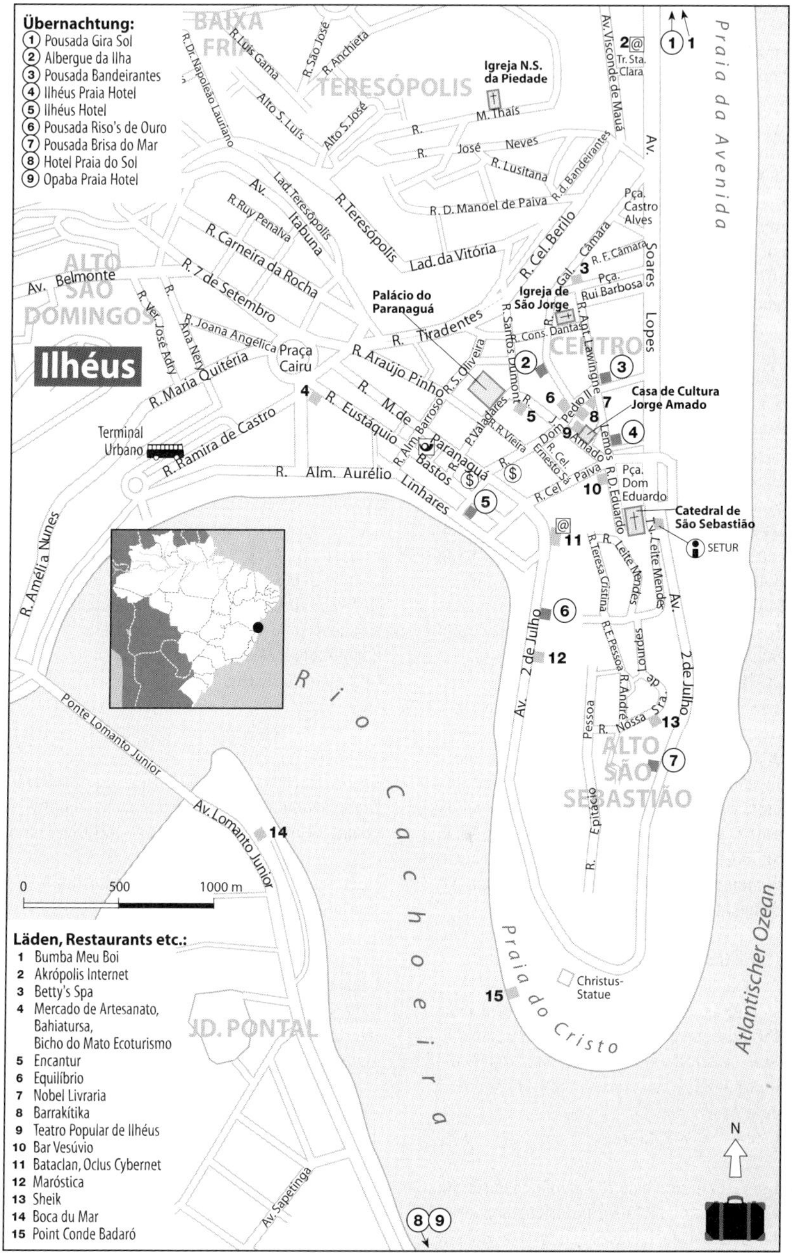
Übernachtung:
1 Pousada Gira Sol
2 Albergue da Ilha
3 Pousada Bandeirantes
4 Ilhéus Praia Hotel
5 Ilhéus Hotel
6 Pousada Riso's de Ouro
7 Pousada Brisa do Mar
8 Hotel Praia do Sol
9 Opaba Praia Hotel
Ilhéus
Läden, Restaurants etc.:
1 Bumba Meu Boi
2 Akrópolis Internet
3 Betty's Spa
4 Mercado de Artesanato, Bahiatursa, Bicho do Mato Ecoturismo
5 Encantur
6 Equilíbrio
7 Nobel Livraria
8 Barrakítika
9 Teatro Popular de Ilhéus
10 Bar Vesúvio
11 Bataclan, Oclus Cybernet
12 Maróstica
13 Sheik
14 Boca du Mar
15 Point Conde Badaró
BAIXA FRIA
TERESÓPOLIS
ALTO SÃO DOMINGOS
CENTRO
ALTO SÃO SEBASTIÃO
JD. PONTAL
Igreja N.S. da Piedade
Igreja de São Jorge
Palácio do Paranaguá
Casa de Cultura Jorge Amado
Catedral de São Sebastião
SETUR
Terminal Urbano
Praça Cairu
Pça. Castro Alves
Pça. Rui Barbosa
Pça. Dom Eduardo
Tr. Sta. Clara
Praia da Avenida
Praia do Cristo
Rio Cachoeira
Atlantischer Ozean
Christus-Statue
Av. Soares Lopes
Av. Visconde de Mauá
Av. Belmonte
Av. Itabuna
Av. 2 de Julho
Av. Lomanto Junior
Av. Sapetinga
Ponte Lomanto Junior
R. Amélia Nunes
R. Ramira de Castro
R. Maria Quitéria
R. 7 de Setembro
R. Carneira da Rocha
R. Ruy Penalva
R. Teresópolis
Lad. Teresópolis
Lad. da Vitória
R. Cel. Berilo
R. Tiradentes
R. Araújo Pinho
R. M. de Paranaguá
R. Eustáquio Bastos
R. Alm. Aurélio Linhares
R. Alm. Barroso
R. S. Oliveira
R. P. Valadares
R. Santos Dumont
R. Cons. Dantas
R. Ant. Lawingne
R. Dom Pedro II
R. Jorge Amado
R. Lemos
R. Cel. Paiva
R. D. Eduardo
R. Cel. Ernesto Sá
R. R. Vieira
R. Joana Angélica
R. Ana Nery
R. Ver. José Adry
R. Dr. Napoleão Lauriano
R. Luís Gama
R. São José
R. Anchieta
Alto S. Luís
Alto S. José
R. M. Thaís
R. José Neves
R. Lusitana
R. d. Bandeirantes
R. D. Manoel de Paiva
R. Gal. Câmara
R. F. Câmara
R. Leite Mendes
Tr. Leite Mendes
R. Teresa Cristina
R. E. Pessoa
R. André
R. Nossa Sra.
R. Lomanto
R. Epitácio Pessoa
0 500 1000 m
N

Kneipe. Lokales und internationales Publikum. Alternatives Kulturzentrum mit kleiner Bühne und Internetcafé. Do–Sa Live-Musik. ◷ Mo–Sa 10–1, HS auch So 18–1 Uhr.
Maróstica, Av. 2 de Julho 966. Gute italienische Nudel- und Fischgerichte, feines Ambiente. ◷ Mo–Sa 19–24 Uhr (HS tgl.).
Sheik, Alto de São Sebastião. Hat man den steilen Anstieg hinter der Kathedrale bewältigt, wird man mit einer hervorragenden Aussicht belohnt. *In-Bar* mit arabischer Küche, tgl. Live-Musik (MPB), manchmal bis frühmorgens. ◷ tgl. ab 18 Uhr.
Bar Vesúvio, Praça Dom Eduardo. Bar von 1919, ein Muss für alle Jorge Amado Fans. Zwar etwas touristisch, doch schöne Lage mit Blick auf den belebten Kathedralenvorplatz. Tipp: *Kibe* und *Suco de Cacau*. Dienstags Inszenierungen mit Figuren aus Amados Werken (ab 21 Uhr, HS tgl.). Live-Musik. ◷ tgl. 11–1 Uhr.
Bataclan, Praça José Marcelino. Zentrum der Bohemiens der 20er Jahre. Heute interessantes Bar-Restaurant mit kleinen Kulturveranstaltungen und Museum. Gelegentlich Live-Musik. Internet. ◷ tgl. 10–23 Uhr.
Equilíbrio, Rua Dom Pedro II 154. Solider Self-Service Mittagstisch (R$13/kg). ◷ Mo–Sa 11–15 Uhr.

AUSSERHALB – ***Boca du Mar,*** Av. Lomanto Júnior 15, Pontal, 🖳 www.bocadumar.com.br. Riesengroßes, luftiges Restaurant. Privilegierte Lage an der Baía do Pontal mit schönem Blick aufs Zentrum. Internationale Küche, Spezialität Sushi und bahianische Gerichte. Im Sommer manchmal Konzerte (bis zu 5000 Zuschauer). ◷ tgl. 11.30–2 Uhr.
Bumba Meu Boi, Av. Soares Lopes 1490, Cidade Nova. Beliebte Churrascaria. ◷ Mo ab 17, Di–Sa 12–15 und ab 17, So 11–22 Uhr.
Point Conde Badaró, Praia do Cristo, lässige Strandbar mit Blick auf die Bucht, traumhaft bei Sonnenuntergang. Kajakverleih. ◷ tgl. 7–18 Uhr, ganzjährig.

Touren

Reiseagenturen bieten Rundgänge durchs **historische Zentrum** (Centro Histórico) an oder Ausflüge zu einer **Kakao-Fazenda**.

An der **Lagoa Encantada** („verzauberte Lagune") gibt es Wasserfälle, sie wird ab der Ortschaft Sambaiatuba mit einem Boot angesteuert (Tagesausflug, R$50).
Bootstouren führen auch durch Mangrovenregionen über den **Rio do Engenho** (eigentlich Rio Santana) in die gleichnamige Ortschaft. Hier steht eine der ersten Zuckerrohrfabriken Bahias und die vermutlich drittälteste Kirche Brasiliens (1537).
Im **Ecoparque de Una**, 60 km südlich, führen 20 m hohe Brückenpfade durch die Baumkronen des tropischen Regenwalds, mit etwas Glück sieht man seltene Affen- und Vogelarten.

TOURVERANSTALTER – ***Encantur,*** Rua Jorge Amado 102, Centro, ✆ 73/2101 3900, 🖳 www.encantur.com.br. Sehr gut organisiertes Reisebüro, viele Touren. Bustickets, Flüge und Geldwechsel. Englisch und Deutsch. ◷ Mo–Fr 9–18, Sa 9–13 Uhr. Filiale am Flughafen: ✆ 73/3634 3600. ◷ tgl. 5.30–23.30 Uhr.
Bicho do Mato Ecoturismo & Aventura, Rua Eustáquio Bastos, Mercado de Artesanato, Loja 79, ✆ 73/3634 0709, 🖳 www.bichodomato.tur.br. Trekking, Tauchen, Abseiling oder Rafting, u. a. nach Itacaré, Maraú und in den Ecoparque de Una. ◷ tgl. 8–20 Uhr.

Sonstiges

EINKAUFEN – ***Mercado de Artesanato,*** großer Markt in neuem, luftigen Gebäude. Verkauf regionaler Handwerkskunst. ◷ tgl. 8–21 Uhr.

GELD – ***HSBC,*** Rua Marquês de Paranaguá 23. ◷ Mo–Fr 10–15 Uhr (alle Karten).
Banco do Brasil, Rua Marquês de Paranaguá 112, ◷ Mo–Fr 10–15, Geldautomat 6–22 Uhr. Auch am Flughafen (alle Karten).

INFORMATIONEN – Eine kleine ***Bahiatursa***-Butze befindet sich in Loja 6 des Behörden-Servicezentrum **SAC**, ✆ 73/3231 8679. ◷ Mo–Fr 8–17 Uhr. Die städtische ***SETUR*** hat eine Tourist-Info vor der Kathedrale ◷ tgl. 9–19 Uhr. 🖳 www.ilheus.ba.gov.br, www.jorgeamado.org.br.

INTERNET – ***Oclus Cybernet,*** Praça José Marcelino. Schnelle Rechner (R$5/Std.), im Bataclan.

Catedral de São Sebastião und die legendäre Bar Vesúvio

🕓 Mo–Fr 7.30–20, Sa 7.30–14 Uhr. Günstiger ist es im ***Mercado de Artesanato,*** etwas versteckt (R$3/Std.), 🕓 tgl. 8–21 Uhr, oder ***Akrópolis,*** Av. Soares Lopes 908, R$2,80/Std. 🕓 Mo–Fr 8–22, Sa und So 16–22 Uhr.

MEDIZINISCHE HILFE – ***Hospital Regional,*** ☎ 73/3634 3274.

POST – Rua Marquês de Paranaguá 200. 🕓 Mo–Fr 8.30–17, Sa 8–12 Uhr.

WELLNESS – ***Betty's Spa,*** Praça Rui Barbosa 138, ☎ 73/3634 9765. Tipp für Traveller, die sich nach anstrengenden Reisen mal richtig verwöhnen lassen wollen. Körpertherapeutin Bettina aus Zürich hat in hellen Räumen eine Wohlfühl-Oase geschaffen. Massagen, Haut- und Körperpflege, Yoga, Meditation, Reiki, Sauna und vieles mehr. 🕓 Mo–Fr 8.30–18, Sa 8.30–14 Uhr.

Nahverkehrsmittel

BUSSE – Zentrale Haltestelle der Stadtbusse (R$ 1,20) ist das **Terminal Urbano** am Rande der Altstadt.

Zur **Rodoviária** mit den Bussen *Circular II, Salobrinho* oder *Teotônio Vilela* (10–20 Min.). Gegenrichtung: Bus *Terminal Urbano,* Haltestelle an der Rückseite der Rodoviária.
Nach **Olivença** und zu den südlichen Stränden: Stadtbusse *Olivença* ab Terminal Urbano oder Rodoviária. *São Miguel* oder *Rota,* alle 30 Min., 30–45 Min. (ab Terminal Urbano), R$1–2.

TAXI – Vom Zentrum zur Rodoviária (R$10–12), zum Flughafen (R$10–15).

Transport

FLÜGE – **Flughafen,** ☎ 73/3231 8962.
Fluggesellschaften: ***TAM,*** ☎ 73/3234 5259, ***BRA,*** ☎ 73/3231 9998 (tgl. nach **São Paulo** und **Salvador**).

BUSSE – ***Rodoviária,*** ☎ 73/3231 6112.
Camamu: *Águia Branca,* ☎ 73/3634 4121, s. Valença, 3 Std., R$14.
Canavieiras: *Cidade Sol,* ☎ 73/3231 3392, 10x tgl., bis 21 Uhr, 2 3/4 Std., R$10.
Eunápolis (für Arraial d'Ajuda und Trancoso): *Cidade Sol/Brasileiro,* 5x tgl., 4 1/2 Std., R$19.

Itacaré: *Rota*, ✆ 73/3634 3161, ca. stdl. zwischen 7 und 21.45 Uhr, 1 1/4 Std., R$7.
Porto Seguro: *Rota*, 6.30, 13.15, 15.30 und 17.20 Uhr, 5 1/2 Std., R$30.
Salvador: *Águia Branca*, 9, 12.45 und 22 Uhr, 7 Std., R$59.
Valença: *Águia Branca*, 6.45, 8.55 und 14.15 Uhr, 5 Std., R$20.

Olivença

Die meisten der Strände des beschaulichen Küstenörtchens **Olivença** (20 km südlich von Ilhéus) sind felsig und mit Gras bewachsen; das Meer hat hohe Wellen. Die **Praia Back Door** gehört zu den besten Surfstränden Brasiliens. Allerdings ist das Baden aufgrund von Strömungen gefährlich, das gilt auch für die **Praia Batuba** und die **Praia Cai n'Água**. Weiter südlich gelangt man an ruhigere Abschnitte, wie die **Praia do Jairi**.

BAHIA

Übernachtung

Fazenda Tororomba, Rua Luiz E. Magalhães, ✆ 73/3269 1139, 💻 www.fazendatororomba.com.br. Abgeschiedenes HI-Hostel in einem Park am Ortsrand, wenige Minuten vom Strand. Schöner Aufenthaltsbereich mit Kabel-TV. Moderne Chalês, z. T. mit Whirlpool. Dorms R$18–20. ❶
Hotel Pousada Vila Verde, Rua Lúcio A. Soub 192, ✆ 73/3269 1211. Hübsche Pousada im Zentrum. AC und Pool. ❶–❷

Itacaré

Nur das alte Zentrum um die **Igreja de São Miguel** (1723) am Hafen erinnert noch daran, dass Itacaré Anfang des 18. Jhs. als Jesuitensiedlung begann. Heute ist der 18 000 Einwohner-Ort bekannt für traumhaft unberührte Strände vor Regenwaldhängen sowie perfekte Wellen. Entsprechend tummeln sich vor allem Surfer im Ort, Trendtouristen und Hippies komplettieren die Szenerie. In der Abendluft hängen meist Reggaemusik und der Duft bewusstseinserweiternder Substanzen. Besonders voll wird es im Sommer, dann vibriert der Ort zum Sound der diversen Partys. Doch auch in punkto Naturerleben bietet die Region interessante Möglichkeiten, z. B. einen adrenalinfördernden Rafting-Trip auf dem Rio de Contas oder eine faszinierende **Walbeobachtungstour** (Juli–Nov).

Orientierung

Zentraler Platz ist die **Praça dos Cachorros** (Praça Santos Dumont). Hier treffen sich zwei Straßen: die strandwärts führende, lange **Rua Pedro Longo** (auch: Rua Pituba) und die Richtung Busbahnhof verlaufende Restaurantmeile **Rua Lodônio Almeida**. Die Wege im Zentrum und zu den ortsnahen Stränden sind zum Teil weit, sie lassen sich am besten mit Fahrrad zurücklegen. Für die weiter entfernten Strände gibt es einen örtlichen Minibus-Nahverkehr.

Strände

Nach Meinung vieler Experten liegen die besten **Surfstrände** Bahias in Itacaré. Einige von ihnen sind in Privatbesitz und kostenpflichtig. Leicht zu erreichen ist die belebte **Praia da Concha**, mit kleinen Wellen und Strohhüttengastronomie zwischen Palmen. Die **Praia do Resende** und vor allem die **Praia Tiririca** sind beliebt bei Surfern. Es folgt die kleine **Praia do Costa** mit ebenfalls starken Wellen. Von der hübschen **Praia do Ribeira** (mit Riffen und einer Süßwasserlagune) führt ein Wanderweg (45 Min.) durch den Urwald zum „Strändchen", der **Prainha**. Eine glatte Untertreibung, denn es handelt sich um einen der schönsten Strände Bahias. (Eintritt R$5). Der Weg ist jedoch nicht leicht zu finden, schon mancher Surfer irrte mit Brett unterm Arm durch Urwald und Palmenhaine. Es empfiehlt sich daher, einen Guide zu nehmen (R$10) oder einfach einem Ortskundigen zu folgen.

Die sich südlich anschließenden, abgeschiedenen Strände sind nur motorisiert und in Verbindung mit längeren Fußmärschen zu erreichen. Der wohl schönste ist die **Praia Jeribucaçu**. Von einem Flusslauf umspielt, erreichbar über einen abenteuerlichen Pfad durch Urwald, Tümpel und Mangrovensümpfe (45 Min.). Näher an der Straße liegt die schöne **Praia Havaizinho**. Von hier führen Wege zur nicht weniger attraktiven **Praia Engenhoca**, wo sich Surf-Anfänger tummeln.

Übernachtung

Die meisten Pousadas liegen an der Rua Pedro Longo oder an der Praia da Concha. Vom Bus-

Praia Moreré auf der Ilha de Boipeba, Bahia

Karneval in Olinda/Recife

In Salvador, Bahia

Die Tafelberglandschaft der Chapada Diamantina, Bahia

Musikinstrumente, Salvador, Bahia

Igreja do Santíssimo Sacramento do Passo, Salvador, Bahia

Ponte dos Ingleses, Fortaleza, Ceará

Rio São Francisco, Nordosten

Die Sandfarben des Nordostens

Reitertrupp am Rio Sucuri, Bonito, Zentraler Westen

Der Pantanal: größter Süßwassersumpf der Erde

Schnorcheln im Rio Bonito, Zentraler Westen

Am Ufer des Amazonas

Entlang der Seitenarme des Amazonas blüht die Vitória Regia

Ara Caninde

bahnhof ist es eine gute Viertelstunde zu Fuß ins Zentrum, 20–25 Min. zur Praia da Concha. Ein Taxi kann bei der Pousada-Suche hilfreich sein. Tipp: Preis fürs Anschauen mehrerer Pousadas vereinbaren. Viele Pousadas präsentieren sich auf 🖳 www.itacare.com.

ZENTRUM – ***Albergue O Pharol,*** Praça Santos Dumont 7, ✆ 73/3251 2527, ✉ albergueopharol@yahoo.com.br, 🖳 www.albergueopharol.com.br. Beliebt. Moderne Zimmer im schönen Anbau. 4-6er Dorms. Camping R$7, Dorms R$15, DZ R$35–60. ❶–❷
Itacaré Hostel, Rua Lodônio Almeida 120, ✆ 73/9141 4372, 🖳 www.itacarehostel.com.br. HI-Hostel im Pousada-Stil. Schicke Dorms, z. T. mit AC, schöne DZ. Pool. Dorms R$25–30, DZ R$60–80. ❷
Pousada Maresia, Rua Pedro Longo 388, ✆ 73/3251 2338. Hell und einladend, sehr schöne, stilvolle Zimmer. AC und TV. Super Preis-Leistungs-Verhältnis. ❶
Pousada Hortelã, Rua Pedro Longo 350, ✆ 73/3251 2226. Sympathische, familiäre Budget-Pousada im Zentrum. Einfache Zimmer, hübsche Veranda mit Hängematte. Freundliche, hilfsbereite Besitzer. ❶
Pousada Tio Zé, Rua Pedro Longo 488, ✆ 73/3251 2084, ✉ ptioze@hotmail.com. Ideale Lage zwischen Zentrum und Stränden. Vier geräumige, gepflegte Apartments mit Veranda und Hängematte, AC und TV. Crêperie. ❷
Pousada Estrela, Av. Pedro Longo 34, ✆ 73/3251 2006. Beliebte Pousada, gute Lage zwischen Zentrum und Stränden. Ventilator oder AC, TV. ❷
Pousada dos Anjos, Rua João Coutinho 185, ✆ 73/3251 2482, ✉ btanjos@yahoo.com.br. Stilvolle, gediegene Pousada in umgebautem Kolonialhaus am Hafen. Veranda mit Meerblick. Gepflegte Zimmer mit Ventilator oder AC. ❷–❸
Pousada Ilha Verde, Rua A. Setubal 234, ✆ 73/3251 2056, 🖳 www.ilhaverde.com.br. Grüne Oase, sehr ruhig am Waldesrand gelegen. Individuell gestaltete Zimmer, Pool. ❸

PRAIA DA CONCHA – ***Camping Pop,*** Rua B, Qd. 38, ✆ 73/3251 2305, 🖳 www.pousadanavio.com.br. Alternativ-chilliger Campingplatz in schattiger Lage. Im Sommer beliebter Treffpunkt, Gemeinschaftsräume mit Bar. Camping R$16 p.P. Auch einfache Dorms und DZ. ❶
Pousada Nainas, Qd. B 51, ✆ 73/3251 2683, 🖳 www.nainas.com.br. Geschmackvolle Pousada unter Leitung zweier Frauen. Hübsches Außendeck mit Hängematten. Reichhaltiges Frühstück mit selbst gemachtem Brot, Kuchen, Keksen und Marmelade. Englisch. ❷
Casa Zaza, ✆ 73/3251 3022, ✉ trudy@borabora.nl. Haus mit individuell gestalteten Apartments, eines mit riesigem Bad und Whirlpool. Schöner Outdoor-Bereich mit Pool, selbst gefertigten Holz-Liegestühlen, bunten Kissen, Hängematten und Kerzen – perfekt zum Entspannen. Die holländischen Besitzer sehen ihr Haus als „Ort der Begegnung". AC, kein TV. ❷
Pousada Villa do Sol, ✆ 73/3251 3402, 🖳 www.villadosol.tur.br. Charmante Pousada gleich nebenan. Schöner Garten, ruhige Atmosphäre. AC und Telefon. ❸
Pousada Girassol, Lote 42/43, ✆ 73/3251 2089, ✉ girassolpousada@yahoo.com.br. Eine der wenigen Pousadas in erster Strandreihe, vorne links. Gepflegt. ❷–❸
Pousada da Lua, ✆ 73/3251 2209, 🖳 www.pousadadalua.com. Für Naturliebhaber, im Regenwald mit viel Vogelgezwitscher. Schattig, ruhig und gemütlich. Zimmer mit TV und Ventilator. ❸
Pousada Burundanga, Quadra D, Lote 6, ✆ 73/3251 2543, 🖳 www.burundanga.com.br. Niveauvolle Pousada mit afrikanischem Thema, sehr grün, Bananenbäume im Garten. Schöne Zimmer mit allem Komfort. ❺

PRAIA DE TIRIRÍCA – Die Pousadas liegen unmittelbar am Strand: ideal für Surfer, aber eher teuer.
Pousada Brisa do Mar, ✆ 73/3251 3021. Pousada von Einheimischen mit fünf kleinen, einfachen Zimmern. Große Terrasse mit herrlichem Meerblick und Hängematten. Die Oma der Familie kümmert sich liebevoll um die Gäste. Einfaches Restaurant. ❸–❹
Pousada Hanalei, ✆ 73/3251 2311, ✉ pousadahanalei@yahoo.com.br. Surferpousada mit wunderschöner Terrasse. Hier schläft man bei Meeresrauschen ein. Schöne Zimmer, annehmbares Preis-Leistungs-Verhältnis. ❹

AUSSERHALB – ✖ ***Pousada Arte na Mata (Artjungle Pousada)***, ✆ 73/9975 1224, 💻 www.itacare.com/artjungle. Hier streckte schon Sean Penn alle Viere von sich. Außergewöhnliche „Back to Nature"-Pousada auf hügeliger Fazenda mit Chalês, Baumhaus, Skulpturenpark, Pferden und Wasserfall. Abholen nach Absprache. Kein TV oder Ventilator. 12% Tax. ❻

Essen

ZENTRUM – ***O Restaurante***, Rua Pedro Longo 170. Traditions-Restaurant, die charmante Eigentümerin Sandra zaubert köstliche bahianische Gerichte; heimelige Veranda. ◷ tgl. 11–24 Uhr (HS Frühstücksbuffet).
Mistura Fina, Rua Pedro Longo 265. Weiterer Klassiker, spezialisiert auf Meeresfrüchte. ◷ tgl. 12–24 Uhr.
Dedo de Moça, Rua Plínio Soares 26. Hervorragende, kreative internationale Küche mit asiatischem Einschlag. Romantisch; gehobene Preise. ◷ tgl. 19–23 Uhr (HS 16–24 Uhr), Mai geschl.
Casa Sapucaia, Rua Lodônio Almeida 84. Exzellentes bahianisches Restaurant mit indisch-mediterranem Einfluss. Freundliche Atmosphäre. Eigener Biohof. Tipp: *Curry de Camarão*. ◷ Mo–Sa 19–23.30 Uhr (HS tgl. ab 18 Uhr).
Pizzaria Boca de Forno, Rua Lodônio Almeida 108 (Beco das Flores). Beliebte Pizzeria mit schönem Ambiente. Hier gehen die brasilianischen Promis ein und aus. In der HS oft voll, früh erscheinen. Im hübschen Café nebenan manchmal Live-Musik. ◷ tgl. ab 17 Uhr.
Casarão Amarelo, Av. Castro Alves. Edles Restaurant in alter Villa mit schöner Terrasse. Der Schweizer Küchenchef Alex kreiert Gerichte wie den *Prato do Chef Suiço* mit Hühnchen, Rösti und Champignons in Weißweinsoße. ◷ Di–So 19–24 Uhr.
Senzala, Av. Castro Alves. Self-Service (R$17), schön am Hafen gelegen. ◷ tgl. 12–22 Uhr.

PRAIA DA CONCHA – ***Éden***, Praia da Concha 16. Perfekter Spot für den Cocktail zum Sonnenuntergang. Wunderbare Holzveranda und Liegekissen im Thai-Stil. Sehr gutes Essen, freundliche holländische Besitzerin. ◷ Mo–Sa 17–22.30 Uhr.

Jardim dos Sabores, Conchas do Mar 50. Loungiges Restaurant in traumhaftem Tropenambiente. Kreative mediterrane Küche. Manchmal Live-Jazz. Deutschsprachige Besitzer. ◷ Di–So 17–23 Uhr.
Estrela do Mar, am Strand. Das Essen bekommt wechselnde Feedbacks, aber schöne Lage am Strand. Gut für einen Drink am Nachmittag. ◷ tgl. 7.30–22 Uhr.

Nachtleben

Das Nachtleben konzentriert sich auf die Hauptsaison. Dann finden die legendären Feste in den **Strand-*Cabanas*** statt, die zu Itacarés Ruf als Party-Hochburg wesentlich beigetragen haben. Im Fall eines Stromausfalls (nicht selten) ist die größte Herausforderung, durch stockfinstere Nacht unfallfrei heim zu finden.
Im Restaurant ***Mar e Mel***, Praia da Concha, gibt es Forró-Abende (Di, Do, Sa ab 21 Uhr), manchmal mit Capoeira-Show. ◷ tgl. 12–24 Uhr (NS 16–24 Uhr).
Danach ziehen die meisten weiter an die Hafenpromenade, z. B. zur Disco-Bar ***Casarão Amarelo*** (Trance, House, Reggae). Eintritt: R$5, Frauen bis 1 Uhr frei.
Ivan, Rua Pedro Longo, ist eine belebte Kneipen-Pizzeria mit Leinwand und lauter Musik.
In der urigen Cachaçaria ***Água Ardente***, Rua Lodônio Almeida, herrscht meist ausgelassene Stimmung, die Live-Musik reicht hier von Bossa Nova bis Jazz. ◷ Mo, Mi, Fr 18–1 Uhr (HS tgl.).

Aktivitäten

TOUREN – Beliebt sind **Kanu-** und **Rafting-Touren** auf dem **Rio de Contas** ab Taboquinhas, z. T. mit Abseiling. Eine herrliche Abenteuer-Tour geht per Allrad-Jeep auf die **Halbinsel Maraú** bis zum traumhaften Schnorchelstrand **Taipú de Fora**. Sie führt durch fast unwegsames Gelände vorbei an Regenwäldern und einsamen Stränden.
Freundliche, professionelle **Tourveranstalter** sind:
Sul da Bahia Turismo, Rua Pedro Longo 202, ✆ 73/3251 3142. ◷ 9–20 Uhr (HS bis 23 Uhr), und

Azulbahia, ✆ 73/3251 2966, ✉ azulbahia@jardimbahia.com.br, Kontakt über das Restaurant Jardim dos Sabores, Infos auf Deutsch.

SURFEN – ***Easy Drop***, Rua João Coutinho 140, ✆ 73/3251 3065, 💻 www.easydrop.com. Gut organisierte Surfschule unter deutscher Leitung. Systematische Didaktik mit technischen Hilfsmitteln, z. B. Video. Persönliche Betreuung, Gruppen bis 12 Pers., Kurse mind. 6 Tage. Im Haupthaus gibt es ein Café. 🕒 Jan–Feb geschl.

Sonstiges

FAHRRADVERLEIH – ***Paulinho Eco Motos***, Rua Pedro Longo 77. Solide „Öko-Motorräder" (R$10/Tag). 🕒 tgl. 8–22 Uhr.

GELD – ***Banco do Brasil***, Rua João de Souza. 🕒 Mo-Fr 9–12, Geldautomat 8–22 Uhr.

INFORMATIONEN – 💻 www.itacare.com. Weitere Informationen in den Reiseagenturen.

INTERNET – ***Itacaré Cyber Café***, Rua Lodônio Almeida 120. Kleines, modernes Internetcafé neben dem HI-Hostel (R$5/Std.). 🕒 Mo–Sa 8–21, So 17–21 Uhr.
Internet Hawaii Aqui, Rua Pedro Longo 169. R$6/Std. 🕒 10–22 Uhr.

KINO – ***Cinema Bar Itacaré***, Rua Lodônio Almeida 75. Schönes Programmkino, Konzerte und Filmklassiker im OmU. Essen, Trinken, Rauchen erlaubt.

POST – Rua João de Souza 100. 🕒 Mo–Fr 8–16 Uhr.

TANZTHEATER – ***Casa do Boneco de Itacaré***, Rua Praia da Concha, ✆ 73/3251 3417. Shows mit traditionellen Tänzen: u. a. Capoeira, Maculelê und Samba. Sozialprojekt für Kinder und Jugendliche (Mi, Sa 20 Uhr).

WÄSCHEREI – ***Lavanderia Puro Brasil***, Rua Leonardo Magalhães 66 (von der Rua Lodônio Almeida kurz vorm Hauptplatz rechts). R$8/kg. 🕒 Mo–Fr 8.30–19 Uhr.

Transport

Anfahrt: Von Süden leicht zu erreichen, regelmäßige Busse ab Ilhéus und Itabuna. Von Norden kann man den komfortablen, aber weiteren Weg über Ilhéus nehmen oder die atemberaubende Buckelpiste über Ubaitaba.
Zu den entfernteren **Stränden** pendeln Minibusse, Abfahrt am Platz nahe der Rodoviária.
Nach **Barra Grande** nur mit Allradfahrzeug (s. Touren). Autofähre über den **Rio de Contas** (R$2, R$10/Auto, 7–20 Uhr).

BUSSE – ***Rodoviária***, ✆ 73/3251 2200.
Ilhéus und **Itabuna**: *Rota*, ✆ 73/3251 2181, ca. stdl. bis 20 Uhr, 1 1/2 bzw. 2 1/2 Std., R$6/9.
Salvador: Anschluss ab **Ilhéus**, 9, 12.45 und 22 Uhr. Direktbus: *Águia Branca*, ✆ 73/3634 4121, So 20.45 Uhr, 9 1/2 Std., R$57. Alternativ: über **Ubaitaba**, 5.30, 9.30, 14.30 und 17 Uhr.

Costa do Dendê

Die Costa do Dendê ist geprägt von Inselwelten, Buchten, Urwaldresten und Plantagen der *Dendê*-Palme, sie beginnt unmittelbar südlich von Salvador und reicht bis kurz vor Itacaré. Mit geruhsamen Fähren, schicken Katamaranen oder kleinen Bötchen hüpft man von Insel zu (Halb-)Insel. Berühmtester Ort ist **Morro de São Paulo** auf der Urwaldinsel **Ilha de Tinharé**. Hierher kommen Touristen aus aller Welt, um die Mischung aus Stränden und Nachtleben kennen zu lernen. Abgeschiedene Paradiese findet man auf der Nachbarinsel **Boipeba** und dem weltentrückten **Barra Grande** auf der Halbinsel Maraú.

Barra Grande

Es ist erstaunlich, dass mehr als 500 Jahre nach der Entdeckung Brasiliens immer noch Gegenden existieren, die bis vor kurzer Zeit wie von der Außenwelt abgeschnitten waren.

Barra Grande, 250 km von der Millionenstadt Salvador, ist einer dieser Orte. Bis Ende der 90er Jahre gab es hier weder öffentliche Beleuchtung noch Trinkwasserleitungen oder Telefon. Dabei hat selbst der Autor Antoine de Saint-Exupéry auf seinen Südamerika-Flügen hier Station gemacht.

Heute ist der traumhafte kleine Hauptort der **Halbinsel Maraú** ein echter Insidertipp – man findet alles, was man zum Abschalten braucht: Ruhe, wunderschöne Strände, geschmackvolle Pousadas und das Flair einer hippen Urlaubslocation. Besonders schön ist die Abendstimmung mit der sanften Beleuchtung. Auf Sandwegen spaziert man durch das autofreie Dorfzentrum mit der winzigen **Igreja de Santo Antônio**. Nach Regenfällen ist allerdings Geschick erforderlich, um nicht in den tiefen Pfützen zu versinken. In der Hauptsaison ist Barra Grande belebt, aber nicht überfüllt. In der restlichen Zeit findet man Abgeschiedenheit. Vielleicht wurde ja auch der Kleine Prinz von dieser Ruhe inspiriert.

Die zentrumsnahen Strände **Praia de Barra Grande** und **Praia Três Coqueiros** sind sehr schön, übertroffen werden sie noch von den südlicheren **Taipú de Fora** (s. Kasten) und **Praia do Cassange** an der Seite des offenen Ozeans. Zwischen Stadtmitte und Stränden pendeln robuste, für Personentransport umgebaute Klein-LKWs, so genannte *Jardineiras* (30 Min., R$5).

Ein Traumstrand

In den meisten Rankings brasilianischer Strandführer landet die **Praia Taipú de Fora** auf den vorderen Plätzen. Der lang gezogene, feinsandige Strand wird begrenzt von Palmenwäldern, das türkis schimmernde Wasser ist kristallklar. Wenn sich um Voll- und Neumond herum das Meer zurückzieht, bilden sich für einige Tage Naturpools, in denen man nach Lust und Laune baden oder wie in einem überdimensionalen Aquarium nach bunten **Fischen** und **Korallen** schnorcheln kann. Ausrüstung wird am Strand verliehen, z. B. in der **Bar das Meninas**. Es gibt außer dieser eine Hand voll Bars, in der sich im Sommer Tagestouristen aus Itacaré und Barra Grande tummeln. Ansonsten ist der Strand weitgehend naturbelassen.

Übernachtung

BARRA GRANDE – ***Barra Grande Hostel,*** Caminho dos Três Coqueiros, ✆ 73/3258 6117, 🖳 www.hostelbarragrande.com.br. Gut geführtes Hostel mit DZ und geräumigen 8er-Dorms (kalte Duschen). Luftiger Aufenthaltsbereich und Garten. 10 Gehmin. zum Zentrum. Dorm R$23, DZ R$50. ❶–❷

Pousada Fruta-Pão, Rua do Cais, ✆ 73/3258 6083, ✉ didierpousadafrutapao@bol.com.br. Sympathische Pousada mit geschmackvollen Zimmern und vernünftigen Preisen. Französisch-brasilianisches Management. AC oder Ventilator. ❷

Pousada Canto do Sol, Av. José M. Pirajá, ✆ 73/3258 6018. Bunte Pousada mit Garten. Die Zimmer im 1. OG sind besser (Balkon und Hängematte). Hübscher Aufenthaltsraum, kleine Bibliothek. AC. ❷

Pousada das Roseiras, Av. José M. Pirajá 8, ✆ 73/3258 6130, ✉ reservas@pousadadas roseiras.com.br. Freundliche, rustikale Pousada. Die Zimmer im 1. OG haben Hängematte. Ganzjährig geöffnet. ❷

Pousada Compostela, Rua Maraú 77, auf dem Weg zum Fähranleger, ✆ 73/3258 6270, 🖳 www.pousadacompostela.com.br. Neue Pousada mit gepflegten Zimmern. ❸

Pousada da Barra, Rua do Cais, nahe Bootsanleger, ✆ 73/3258 6009, 🖳 www.pousadadabarra.com. Schöne Zimmer mit TV, Ventilator oder AC. ❷–❸

Pousada dos Tamarindos, Av. José M. Pirajá 21, ✆ 73/3258 6064, 🖳 www.pousadadostamarindos.com.br. Schöne, gastfreundliche Oase mit informeller Atmosphäre. Sehr gepflegte Zimmer um einen Garten, Bäume mit tropischen Früchten. Hervorragendes Frühstück. ❹

STRAND – ***Pousada Entrada do Sol,*** Praia da Barra Grande, ✆ 73/3258 6056. Sehr einfache Pousada, nette Terrassen mit Hängematten. ❶

Pousada Lagosta Azul, Ponta do Mutá, ✆ 73/3258 6144. Rustikale Urwald-Pousada an einsamem Strand mit Robinson Crusoe-Feeling. Ganzjährig geöffnet. Campingplatz, Bar und Restaurant. ❷

Pousada Ponta do Mutá, Rua do Anjo, ✆ 73/3258 6028, 💻 www.pousadapontadomuta.com.br. Traumpousada mit friedlicher Atmosphäre und großer Rasenfläche. Süße Zimmer mit Meerblick, AC, Ventilator, Telefon und TV. Im 1. OG Balkon und Hängematte. Stimmungsvoller Frühstücks- und Aufenthaltsbereich. Ausgezeichnete Bar mit Strandservice. ❹

Pousada Ekoa, Ponta do Mutá, ✆ 73/3258 6187, 💻 www.ekoa.com.br. Bungalows mit großen Apartments. ❻

TAIPÚ DE FORA – Am Strand liegen einige hochwertige Pousadas. Abendessen und Transfer von und nach Barra Grande sind in der Regel inbegriffen.

Pousada Taipú de Fora, ✆ 73/3258 6278, ✉ taipudefora@taipudefora.com.br, 💻 www.taipudefora.com.br. Erstklassige Option an einsamem Strandabschnitt ein paar 100 m südlich der Bars. Die gastfreundliche Eigentümerfamilie legt Wert auf persönliche Betreuung. Leckeres Frühstück mit tropischen Spezialitäten, Abendbuffet gehobener Qualität. Vorsicht, im Tümpel vor dem Haus gibt es einen Kaiman! ❺

Pousada Velas ao Vento, ✆ 73/3258 9069, 💻 www.velasaovento.tur.br. Persönliche Familienpousada mit großem Garten und Pool. Kurzer Spaziergang zum Strand. ❺

Essen und Nachtleben

A Tapera, Rua Dra. Lili 5. Traditionelles Restaurant, in ganz Brasilien durchs Fernsehen bekannt. Die charmante Naiá bereitet sehr gekonnt regionale Küche: *Moqueca de Siri* (Krebsmoqueca), Langusten, gebratene Fische. 🕒 Mi–Mo 12–19 Uhr (HS tgl. 12–22 Uhr).

Uai Bahia, Av. Desembargador Only Silva. Beliebtes Bar-Restaurant, stimmungsvolle Beleuchtung. 🕒 tgl. 13–24 Uhr, ganzjährig.

Chapa-Rral's, im Dorfzentrum. Variantenreiche Fisch- und Fleischgerichte in relaxter Gartenatmosphäre. 🕒 tgl. 12–23 Uhr, ganzjährig.

Pizzeria Buongiorno, im Dorfzentrum. Pizza und frische Pasta nach italienischen Familienrezepten. 🕒 tgl. 18.30–24 Uhr.

Tubarão. Lockeres Bar-Restaurant am Strand, Spezialität gegrillte Meeresfrüchte, romantisch am Abend. Links vom Bootsanleger. 🕒 tgl. 8–22 Uhr, ganzjährig.

Entrada do Sol, Praia da Barra Grande. Gemütliche, authentische Strandbar. 🕒 tgl. 7–19 Uhr (NS nur Wochenende).

Sol do Mutá, Rua dos Artistas, Ponta do Mutá. Lässige Reggae-Strandbar mit schönem Sonnenuntergangsblick. 🕒 Mo–Fr 8–18 Uhr.

Sehr gut sind auch das ***La Greta,*** im Dorfzentrum, leckere Pasta-Gerichte an mit Kerzen beleuchteten Tischen, sowie das ***Donanna,*** prima Hausmannskost, nahe der Pousada Ponta do Mutá.

Die ***Muvuca Bar*** ist der „Szene"-Treff, hier ist auch später am Abend noch was los. Im ***Graças a Deus***, nahe am Kai finden Forró-Partys statt. Die ***Praça da Tainha*** bei der Kirche ist am Abend beliebter Treffpunkt mit kleinen Büdchen.

Touren

Von Barra Grande und Camamu fahren Boote und Schnellboote zu Stränden und Inseln der Region, z. B. **Ilha Grande, Ilha do Goió, Ilha do Campinho** oder der privaten **Ilha da Pedra Furada**.
Im Fischerort **Vila de Cajaíba** kann man beim traditionellen Bootsbau zuschauen.
Eine fantastische Tagestour ist der Besuch der **Tremembé-Wasserfälle** oder eine Tagesrundfahrt durch die noch gut erhaltenen Sumpfinseln, wo man blaue Kraniche, rote Krebse (Aratús) und viele andere geschützte Arten sehen kann.
Eindrucksvoll ist auch die **Coroa Vermelha**, eine plötzlich entstandene Sandbank mit riesigen Seesternen und grünschillernden Seepferdchen.
Auf Touren durch den atlantischen Regenwald sieht man *Bromélias Gigantes*, riesige Bromeliengewächse.
Vom **Morro do Celular** (eigentlich Morro da Bela Vista), bietet sich eine spektakuläre Aussicht über die Halbinsel und die Süßwasserlagune **Lagoa do Cassange**.

TOURVERANSTALTER – ***Camamu Adventure***, am Fähranleger, ✆ 73/3258 6236, ✉ camamu adventure@uol.com.br, 💻 www.camamu adventure.com.br. Tagestouren in Schnellboten nach Boipeba, Morro de São Paulo, zu den Tremembé-Wasserfällen oder Inseltour durch die Baía de Camamu. Einheimische, sachkundige Bootsführer. Rechtzeitig anmelden. Büro auch in Camamu. Deutsch.

Sonstiges

GELD – Keine Banken oder Geldautomaten.

INFORMATIONEN – 💻 www.barragrande.net. Am Bootsanleger bei *Camamu Adventure*.

INTERNET – In den Restaurants *Uai Bahia* und *Pizzeria Buongiorno*.

Transport

Anfahrt: Am besten per Boot von Camamu. Alternativ von Itacaré mit Allrad-Jeep über eine Erdstraße (nach Regenfällen oft unpassierbar).

BOOTE – **Camamu** nach **Bom Despacho**: Linienboot, stdl. zwischen 6 und 16 Uhr (So seltener), 1 1/2 Std., R$5. Schneller ist die *Lancha Rápida* von Camamu Adventure (s. Touren): Mo–Sa ca. alle 2 Std. zwischen 8 und 17.30 Uhr, So seltener, 30 Min., R$25.
Boipeba: Am einfachsten per Charterschnellboot, 2 1/2–3 Std., R$110. Die Veranstalter stellen Gruppen zusammen (mind. 6 Pers.). Rechtzeitig anmelden.
Morro de São Paulo: Charterschnellboot, 3 1/2 Std., R$130 (mind. 6 Pers.).

Camamu

Das Beste an Camamu (34 000 Einw.) ist die wunderschöne Anfahrt mit dem Boot durch die Inselwelt der **Baía de Camamu**, der drittgrößten Bucht Brasiliens. Eine bunte Häuserfront ziert den palmenreichen Hügel, und schon von weitem sieht man die Jesuitenkirche **Igreja de N. S. da Assunção** von 1802. Vom Ankerplatz des Rio Acaraí legen Boote ab zu den Stränden der Halbinsel Maraú oder zu Touren durch die Bucht. Auf der netten Uferpromenade liegt ein kleiner Kunstmarkt, der Mercado de Artes.

Übernachtung und Essen

Wer auf der Durchreise hier strandet, findet zumeist sehr einfache Unterkünfte.
Pousada Green House, Rua Djalma Dutra 61, ✆ 73/3255 2178. Gegenüber der Bushaltestelle. Einfache familiäre Pousada, teilweise schäbig. Unten ein Selbstbedienungs-Restaurant. ❶
Hotel Rio Acaraí, Praça Dr. Francisco X. Borges, ✆ 73/3255 2315, 💻 www.hotelrioacarai.com.br. Das Hotel hat seine besten Tage schon gesehen, aber der Blick über die Bucht entschädigt. Beste Option der Stadt. ❷
Estrela Dourada, Rua dos Craveiros. Beliebtes Kilo-Restaurant am Flussufer mit bahianischer Küche. 🕓 tgl. ab 7 Uhr.

Transport

BUSSE – Die Haltestelle liegt 5 Min. vom Hafen in der Rua Djalma Dutra, nahe *Banco do Brasil.*
Bom Despacho/Salvador: *Águia Branca,* ✆ 73/ 3255 1823, 5x tgl. bis 17.20 Uhr, 3–4 Std., R$16.
Ilhéus: *Águia Branca,* 11.40 (oft verspätet), 15.20 und in der HS 17.50 Uhr, 3 Std., R$14.
Porto Seguro: *Águia Branca,* 13 und 21.30 Uhr, 7 Std., R$34.
Viele Busse, z. B. *Cidade Sol,* fahren regelmäßig zwischen 6.30 und 18 Uhr nach **Valença**, dort Anschluss nach Morro de São Paulo und Salvador. Richtung Süden weitere Anschlüsse in Itabuna (2 Std., R$11)

BOOTE – **Barra Grande**: Mehrmals tgl. Linienboote (1 1/2 Std., R$5) und Schnellboote (30 Min., R$25) bis etwa 17.30 Uhr.
Camamu Adventure, ✆ 73/3255 2138, hat einen Anlegesteg in der Nähe der *Banco do Brasil.*

Morro de São Paulo

Der offizielle Name der Insel lautet **Ilha de Tinharé**, aber alle Welt kennt sie nur als Morro de São Paulo, nach ihrem Hauptort, wo sich das touristische Angebot konzentriert. Ein Besuch der tropischgrünen, autofreien Insel war in den 70er Jahren ein Geheimtipp für Hippies und Aussteiger; für viele ist Morro de São Paulo auch heute noch der Inbegriff einer Traum-Insel. Man kann in **Korallenriffen** schnorcheln, an einsamen Stränden spazieren gehen oder von einem der Hügel einen einmaligen Panoramablick genießen. In ihrer Mischung aus Woodstock und Jetset erinnert das Eiland an andere lebendige Küstenorte wie Arraial d'Ajuda. Die in den 80er Jahren noch fast unberührte Insel hat sich in atemberaubendem Tempo zu einem der größten Urlaubsziele Brasiliens entwickelt. In Spitzenzeiten sind heute viermal so viele Menschen auf der Insel wie es Einwohner gibt. Das unkontrollierte Wachstum hat aber auch Narben hinterlassen: So war der *Erste Strand* noch Mitte der 90er Jahre derart verschmutzt, dass man nicht mehr baden konnte, der *Zweite Strand* wurde im hinteren Bereich chaotisch zugebaut. Mit der Wahl einer neuen Regionalregierung Anfang 2005 gingen Hoffnungen auf eine bessere Kontrolle der Erschließung einher.

Strände und Sehenswertes

Die durchnummerierten Strände beginnen am Hauptort und werden nach Süden hin immer einsamer. Zentraler Strand ist die kleine **Primeira Praia**. Begrenzt wird sie vom „Leuchtturmhügel", von hier stürzen sich Wagemutige mit einer Seilbahn *(Tirolesa)* ins Wasser. Ganz in der Nähe des Leuchtturms **Farol do Morro** (1835) liegen die Ruinen der Festung **Fortaleza de São Paulo**, sie wurde 1630 zur Abwehr französischer und holländischer Angriffe errichtet. Nachmittags lassen sich hier Delphine beobachten, abends kann man einen prächtigen Sonnenuntergang genießen. Ganz in der Nähe des Hafens lohnt sich ein Blick in die **Igreja da N. S. da Luz** (1845).

Die **Segunda Praia** ist der Party-Strand: beliebt wegen der Korallenriffe, Musik-Bars und nächtlichen Mondfesten *(Luaus)*. Gut zum Schnorcheln ist auch die **Terceira Praia** mit der gegenüberliegenden Insel Ilha do Caitá. Die ruhige **Quarta Praia** hat Naturpools und viele bunte Fische. An der ausgedehnten **Quinta Praia** findet man Idylle pur. Ihr schließt sich die **Praia Garapuá** an, deren Korallenriffe oft von Schnorchel-Touristen überlaufen sind. An der **Praia do Pontal** trennt der Meeresarm Rio do Inferno die Ilha de Tinharé von der **Ilha de Boipeba**.

Übernachtung

Eintreffende Boote werden von Jugendlichen bestürmt, die den Gästen verlockende Pousada-Angebote offerieren. Man sollte sich aber nicht vorschnell entscheiden; die Auswahl ist groß. Der Weg vom Hafen zu den Pousadas am 3. und 4. Strand wird schnell zur Plackerei, ein Gepäcktransport in Schubkarren kann entlasten (Preis vorher abstimmen). In der Hauptsaison sind Reservierungen vorteilhaft.

ZENTRUM – ***Escorregue no Reggae,*** Trav. da Fonte Grande 7, ✆ 75/3652 1094, 🖳 www.reggaepousada.com. Sympathische, familiär geführte Pousada. Im Innenhof mit Bar treffen sich Traveller; Büchertauschecke. Schweizer Gastgeberpaar. Super Preis-Leistungs-Verhältnis, Apartments bis 6 Pers. ❶
Pousada Aquarela, Rua do Porto de Cima, Praça da Fonte Grande halbrechts, ✆ 75/3652 1509,

BAHIA

www.pousadaaquarela.com. Hübsch am Hang gelegen, gemütliche Zimmer mit AC und Ventilator. Der Besitzer spricht Englisch. ❷

Pousada O Casarão, Praça Aureliano Lima 190, 75/3652 1022, www.ocasarao.net. Pousada in Kolonialhaus (1848) mit antiken Möbeln. Schöne Bungalows und Apartments. Tropischer Garten, schöner Poolbereich mit Meerblick. Oft Kunstausstellungen. ❹

Pousada Colibri, 75/3652 1056, info@pousada-colibri.com, www.pousada-colibri.com. Abseits des Trubels auf einem Hügel gelegen, eingebettet in tropischen Garten mit atemberaubendem Ausblick aufs Meer. Der Anstieg lohnt sich. Schöne Bungalows mit Veranda und Hängematte. Ventilator und AC. Die deutschen Besitzer empfangen Gäste sehr herzlich. Abholservice vom Bootsanleger mit Lastenesel. Pferde, Rafting- und Segeltouren. Restaurant mit Bar, der Besitzer kocht selbst, exzellentes Frühstück. Hübscher Pool. ❸–❹

Pousada Natureza, Praça da Amendoeira 46, am Hafen, 75/3652 1630, contato@hotelnatureza.com, www.hotelnatureza.com. Luxus-Pousada unter deutscher Leitung. Honeymoon-Suiten mit Whirlpool und Panoramablick. Große, charmante Bungalows, schön in die Natur integriert. Aussichtspunkt auf einem Hügel mit Massagehütte und Yogaplatz. Pool. ❺–❻ Kleines Restaurant mit Buchtblick. tgl. 15–23 Uhr.

ERSTER STRAND – ***Pousada Brisa Mar,*** Rua da Prainha, 75/3652 1063, www.pousadabrisamar.com. Uriges altes Fischerhaus mit knirschenden Holztreppen und niedrigen Decken. Zimmer 10 und 11 haben Balkon mit Meerblick. Luftige Café-Terrasse zum Strand. ❷

Pousada Vista Bela, Rua da Biquinha 15, 75/3652 1001, vistabelareservas@terra.com.br. Schöne Pousada, gut organisiert. Sonnenterrasse und Zimmer mit Traumblick. Besitzerin Petrusca setzt sich für nachhaltige Entwicklung ein. ❸–❹

Pousada Via Brasil, Rua da Prainha 76, 75/3652 1218, www.pousadaviabrasil.com.br. Persönliche, kleine Pousada mit schönen Zimmern, Nr. 3–6 haben Aussicht. Frühstücksterrasse mit tollem Meerblick. ❹

ZWEITER STRAND – Nachts muss man hier mit Partylärm rechnen.

Pousada Varanda do Sol, Rua Nova, 75/3652 1685, solliberdade@uol.com.br. Nette Pousada, tagsüber ruhig. Hübscher Frühstücksbereich. Kleine Zimmer, auch für Gruppen (enge Bunks). TV, AC. ❷

Pousada da Torre, 75/3652 1038, www.pousadadatorre.com.br. Edeloption mit Garten, Pool, Bar und Restaurant. Moderne Zimmer. ❺

DRITTER STRAND – ***Pousada Aradhia,*** 75/3652 1344, www.pousadaaradhia.com.br. Gepflegte Pousada, sehr schön ist das Frühstück auf dem Holzdeck am Strand. Preis verhandeln. AC. ❷

Pousada Barra Vento, 50 m vom Meer, 75/3652 1134, www.pousadabarravento.com.br. Stilvolle Zimmer. Nette familiäre Leitung, gutes Frühstück ❷–❸

Pousada Minha Louca Paixão, 75/3652 1318, www.minhaloucapaixao.com.br. Bunt, blumig und verspielt, schöne Zimmer mit Meerblick, andere z. T. etwas dunkel. ❸–❹

Pousada Vila Guaiamú, 75/3652 1035, www.vilaguaiamu.com.br. Am hinteren Teil des 3. Strandes, schöne Chalês in weitläufiger Parkanlage. Traumhafte Lage, sehr ruhig. Freundliche Leitung. ❺

Pousada Villa dos Corais, zwischen 3. und 4. Strand, 75/3652 1560, www.villadoscorais.com.br. Neue Luxus-Pousada (2005), schicke Anlage. Stylische Zimmer, super Pool, Sauna. Abendessen inkl. ❻

VIERTER STRAND – ***Pousada Aymorés,*** 75/3652 1561, aymores@neth.com.br, www.pousadaaymores.com.br. Pousada mit Luxus-Touch. Klare Formen ohne Schnickschnack. AC, TV, Veranda. ❺

Essen

ZENTRUM – ***Ponto de Encontro,*** Rua Caminho da Praia. Gelungene Melange aus stilvollem Restaurant und Galerie. Coole, elektronische Musik, angenehm ausgeleuchtete Räume. Regelmäßig kleine Musik-Shows, gemütliches Café mit Internet. Tipp: vegetarisches *Risoto á Cravo Neto* und

ein Salat mit tropischen Früchten. tgl. 12–24 Uhr.
O Casarão, internationale und bahianische Gerichte. Tipp: Huhn auf bahianische Art *(Frango baiano)*. Abends Folklore-Show mit Capoeira (ab 20.30 Uhr). tgl. 17–23 Uhr.
Pizzaria Forno à Lenha. Die leckere Pizza von Besitzerin Mercedes kommt mit krossem, dünnem Teig daher. Tipp für den Nachtisch: köstliche *Pizza de Chocolate*. tgl. 18–24 Uhr (HS länger).

STRÄNDE – ***El Sítio,*** Praia do Porto do Cima. Grillspezialitäten, französisch beeinflusst. Tipp: *Peixe Assado ao Cartoccio*. tgl. 10–22 Uhr.
Pedra sobre Pedra, zwischen 1. und 2. Strand, am Ende des Steinpfades links. Ganz einfaches, typisch bahianisches Restaurant ohne Speisekarte (es gibt Fleisch, Fisch, Huhn oder Krabben). Einen Besuch wert wegen der Atmosphäre. tgl. 8–23 Uhr.
Chez Max, 3. Strand. Sehr gute Holzofenpizza, eines der besten Restaurants am Strand, direkt am Meer. tgl. ab 17 Uhr.
Bar e Restaurante Piscina, 4. Strand. Große Restaurant-Strandbar. tgl. 9–22 Uhr.
Pimenta Rosa, 4. Strand. Coole Bar im Thai-Stil, ideal zum Abhängen. tgl. 10–18 Uhr.

Nachtleben

Am Hauptplatz **Praça Aureliano Lima** bauen die Verkäufer abends ihre Stände für Kunstgewerbe und tropische Cocktails auf: mit den wahrscheinlich größten und buntesten Fruchtbouquets Bahias. Eine *Caipirinha de Mangaba* ist Pflichtprogramm. Die beste Caipirinha der Insel gibt es bei ***Jo***.
Gleich nebenan bei ***Pastel do Fom*** kann man frische *Pastéis* kaufen. Fom veranstaltet jeden Abend eine Jamsession; wer mag, darf mitmachen (ab 21 Uhr).
Am **2. Strand** steigen die berühmten **Luaus** ab Mitternacht mit viel Axé und Reggae. Hier befindet sich auch die **Bar 87** (ohne Schild!), ein rustikaler Tanzschuppen mit vornehmlich elektronischer Musik. Täglich ab Mitternacht (NS seltener).
Das ***Toca Loca*** nahe dem Leuchtturm ist die älteste Disco der Insel. Mo und Mi Party (Forró bis Techno, ab 1 Uhr).

Mittwochs gibt es Live-Musik auch im ***Teatro*** auf dem Morro de Mangaba (Jamsession ab 20 Uhr). Am Wochenende Trommelgruppen und Disco.
Auf dem Weg zur Quelle liegt linker Hand eine relaxte Open-Air-Bar, sie nennt sich minimalistisch ***O Bar***. Geeigneter Ort für einen Zwischenstopp. tgl. bis 2 Uhr.

Aktivitäten

SEGELN – Horst von der ***Pousada Natureza*** vermietet **Segelboote** (R$40–80/Std., Rabatt für Gäste).

TAUCHEN – Beliebt sind Tauchen und Schnorcheln, schön besonders am 3. Strand.

WANDERN – Ein Spaziergang, den man ohne Hilfe schafft, führt bei Ebbe über die Rua do Porto de Cima vorbei an den fast unberührten Stränden **Praia do Porto de Cima** und **Praia da Ponta da Pedra** zum Dorf **Gamboa**. Tipp: kurz vor Gamboa ein Schlammbad am Strand, die Haut fühlt sich danach seidenweich an (40 Min.).

Touren

Viele Agenturen bieten **Dschungelwanderungen** und **Reitausflüge** an. Die am besten gepflegten Pferde hat Helmut von der Pousada Colibri.
So genannte **Volta à Ilha Bootstouren** („Inselumrundung") führen nach Boipeba und Cairu (R$50–60). Die Ilha de Cairu bildet den westlichen Teil des Tinharé Archipels, ihr Hauptort Cairu ist der zweitälteste Bahias. Größte Attraktion ist das Kloster Convento de Santo Antônio (1650).

TOURVERANSTALTER – ***Itha do Mar,*** Rua da Biquinha 11, 1. Strand, 75/3652 1104. Professionelle Agentur mit großer Tourauswahl (Bootstouren, Tauchen, Reitausflüge), vermittelt Pousadas. tgl. 8–20.30 Uhr.
Quarta Praia Sul Agência, Rua da Prainha 75, 1. Strand, 75/3652 1284, www.quartapraiasul.com.br. Bootsausflüge, Inselrundtour *Volta à Ilha* im Flexboat (Moreré, Boipeba, Cairu). Freundlich. tgl. 8.30–22 Uhr (HS länger).

BAHIA

Sonstiges

APOTHEKE – ***Farmácia Nossa Senhora da Luz,*** Rua da Prainha. ◷ tgl. 8–22, HS bis 1 Uhr.

FESTE – In den Tagen nach Karneval, der ***Ressaca,*** steht die Insel Kopf. Aus Salvador und anderswo fallen junge Menschen ein und feiern einfach weiter.

GELD – ***Banco do Brasil,*** Geldautomat im *Supermercado Estevão,* Rua Caminho da Praia, und am Ende des 2. Strandes (alle Karten; nicht immer Geld vorrätig).

INFORMATIONEN – 💻 www.morrodesaopaulo.com.br.
C.I.T. (Centro de Informações ao Turista), Praça Aureliano Lima, ✆ 75/3652 1083. Infos zu Touren, Bootsverbindungen, Vermittlung von Miethäusern, Internet. ◷ tgl. 8.30–22 Uhr (HS bis 23 Uhr).

INTERNET – ***Café do Morro,*** Rua Caminho da Praia 181/A. Modernes Internetcafé (R$9/Std.). Klimatisiert, leise, Kaffee und Kuchen. Freundlicher Besitzer. ◷ tgl. 10–22 Uhr (HS bis 24 Uhr).

POST – Postservice im Reisebüro ***Marlins Ecoturismo,*** Rua Caminho da Praia. ◷ tgl. 8–24 Uhr.

Transport

Anfahrt: Am einfachsten per Katamaran vom Terminal Turístico Marítimo in Salvador. Kleine Boote fahren auch ab Valença.

BOOTE – Infos zu aktuellen Abfahrtszeiten hat das **C.I.T.** (s. Informationen).
Salvador: Katamaran, tgl. 9, 11.30 und 16.30 Uhr; Schnellboote 13 und 14 Uhr, 2 Std., R$50. Billiger: Mit Boot bis **Valença**, dann Bus bis Bom Despacho (Itaparica), dann Fähre bis Salvador (ca. 4 Std.).
Boipeba: Es gibt keinen Linienverkehr. Die **Volta à Ilha Touren** der Agenturen passieren Boipeba, Abfahrt 9.30 Uhr am 3. Strand, 45 Min., R$50–60. Vorher buchen oder um 9 Uhr am Strand absprechen.
Valença: Linienboot, häufig zwischen 6.15 und 17 Uhr, 1 1/2 Std., R$5. Schnellboot *(Lancha Rápida),* 9x tgl. zwischen 8 und 17 Uhr, 45 Min., R$10.

Ilha de Boipeba

Obwohl so nah am pulsierenden Morro de São Paulo scheint die Ilha de Boipeba wie eine andere Welt: ein abgeschiedenes Paradies mit mehr als 20 km verlassenen Stränden; nicht umsonst trägt sie den Beinamen Polynesien Bahias *(Polinésia baiana).* Die besten Strände der Insel lassen sich von der **Praia Boca da Barra** beim Hauptort **Velha Boipeba** zu Fuß erreichen: wunderschöne Wanderungen an einsamen Traumstränden.

Eine herrliche halbe Stunde ist es zu den lang gestreckten **Praia Tassimirim** und **Praia Cueira.** Der von Palmen bestandene Strand von **Moreré** ist beliebt bei Schnorchelfreunden (1 1/2 Std., einige Pousadas). Sehr wenig besucht ist das kleine Fischerdörfchen **Bainema** (2 Std.).

Übernachtung

STRÄNDE – ***Pousada Marina de Boipeba,*** Praia Boca da Barra, ✆ 75/3653 6068, ✉ marinadeboipeba@bol.com.br. Beliebte Pousada mit Apartments und Chalês im Garten: rustikal, gemütlich, einfach. Veranda mit Hängematte. Schöner Aufenthaltsraum. ❸–❹
Pousada Santa Clara, Boca da Barra, ✆ 75/3653 6085, 💻 www.santaclaraboipeba.com. Neun Zimmer, individuell eingerichtet, mit Kolonialbetten. Künstlerischer Touch, Massageraum. ❸–❹.
Pousada Tassimirim, Praia Tassimirim, 15 Min. vom Zentrum, ✆ 75/3653 6030, ✉ tassimirim@ilhaboipeba.org.br, 💻 www.ilhaboipeba.org.br. Hübsche Pousada am Strandweg, einige Zimmer haben Meerblick. Abendessen inkl. Der deutsche Besitzer Achim engagiert sich für nachhaltige Entwicklung. AC. ❹
Pouso da Maré, Praia Boca da Barra, ✆ 75/3653 6069. Herrliche Pousada am Strand, großer Urwaldgarten. Schöne Apartments, einige mit Veranda, Tisch und Hängematte. 5–10 Min. zum Dorf. Kein TV. ❹
Pousada Vila Sereia, Praia Boca da Barra, 200 m vom Zentrum, ✆ 75/3653 6045. Romantische Häuschen, Dusche mit Meerblick. Frühstück wird auf

dem Balkon serviert, sobald der Gast den Fensterladen aufmacht. ❺–❻

ZENTRUM – ***Pousada Sossego,*** Rua Nova, ✆ 75/3653 6009, ✉ marcosossego@hotmail.com. Nette Atmosphäre, Veranda mit Hängematte. Die Besitzer vermieten auch ein kleines Haus (4 Pers.). Reiseagentur. ❶–❷
Pousada Nativa, am Hafen, ✆ 75/3653 6029. Blitzblanke, familiäre Pousada mit moderner Einrichtung, einen Tick steril. Im neuen Gebäude große Terrasse mit Blick auf den Fähranleger. ❷
Pousada Janaina, ✆ 75/3653 6092. Einfache, aber charmante Apartments in zentraler Lage, gutes Frühstück. ❷

Essen

L'Ancora, Praia Boca da Barra. Schöner Restaurant-Garten mit Blick aufs Meer. Exzellente Nudelgerichte. Tipp: *Penne All'Arrabiata*. Gehört zur Pousada Marina de Boipeba. ◷ tgl. 19–23 Uhr (Dez–Feb).
Restaurante Santa Clara, Familiär geführtes Restaurant, wechselnde leckere Gerichte. Teil der gleichnamigen Pousada. ◷ Di–So 18.30–22 Uhr.
Quintal, Rua do Ribeirinho 4. Gemütliches Bar-Restaurant in einem Garten. Auch Kulturtreffpunkt: oft Konzerte, die Bühne ist für jeden offen. ◷ 10–24 Uhr.
Men Stylto, Self-Service im Zentrum, gegenüber *Pousada Sossego.* ◷ ab 11 Uhr, ganzjährig.

Nachtleben

Legendär sind die Feste in der ***Pagoda Iluminada,*** einer privaten Disco außerhalb des Dorfzentrums. Wer den abenteuerlichen Weg dorthin in stockfinsterer Nacht gefunden hat, bleibt gern gleich bis zum Morgengrauen. ◷ oft Fr und Sa ab 22 Uhr.
Am zentralen Dorfplatz **Praça Santo Antônio** gibt es einige nette Bars wie das ***Lanchonete sem Nome,*** das ***Toca do Reggae*** oder die Traditionskneipe ***Zumbi***.

Sonstiges

GELD – Kein Geldautomat.

INFORMATIONEN – 💻 www.ilhaboipeba.org.br. Agentur und ***Posto Telefónico de Boipeba,*** Praça Santo Antônio 54, ✆ 75/3653 6130. Informationen und Bustickets. ◷ 8–21.30 Uhr (HS länger).

INTERNET – Kaum verbreitet, langsam und sehr teuer. ***Quintal*** (s. Essen), R$30/Std.

TOUREN – Bootsausflüge ab Boca da Barra zu entlegenen Stränden, den Naturpools von **Moreré** oder den Mangrovenregionen am **Rio Cairu** und **Rio do Inferno**.
Ponta de Castelhanos ist gut zum Schnorcheln wegen Riffen und einem gesunkenen Boot. Strandwanderungen bis **Moreré**, Tipp: Ein Stopp in der Strandbar *Parada Ponto Chic,* Tische unter Palmen und Hängematten. ◷ 7–18.30 Uhr.

Transport

Anfahrt: Ab Morro de São Paulo per Ausflugsboot oder Traktor.
Per Boot von Valença, Torrinhas (Charterboote, 30 Min.) oder Graciosa (seltene Linienboote, 2 Std.).
Die Agentur der Pousada Tassimirim organisiert die Anreise per Katamaran von **Salvador**: 9 Uhr, ca. 3 1/2 Std., R$100 p.P.

Die Boote zum Festland fahren in der Regel morgens zwischen 5 und 7 Uhr: **Valença**, 2x tgl., 4 Std., R$5; **Graciosa**, 1 1/2 Std., R$4; **Torrinhas**, 1 Std. Von Graciosa und Torrinhas Busanschluss nach Valença (1 1/2 Std.). Alternativ per Schnellboot.

Valença

Die Kolonialstadt (78 000 Einw.) aus dem 18. Jh. am Rio Una ist für die meisten bloß Durchgangsstation nach Morro de São Paulo oder Boipeba, doch hat sie durchaus eine Hand voll Sehenswürdigkeiten. Die Ruinen einer Fabrik von 1844 zeugen davon, dass Valença früher einmal eines der größten Textilzentren des Landes war. Auch ist die Stadt bekannt für ihre jahrhundertealte Schiffsbaukunst. Zur Überbrückung von Wartezeit bietet sich ein Spaziergang durchs lebendige Stadtzentrum an oder zur **Igreja N. S. do Amparo** (1757) mit ihren hübschen *Azulejos*.

Übernachtung und Essen

Hotel do Porto, Av. Maçônica 50, ☏ 75/3641 2383. Einfaches Hotel in guter Lage, direkt am Hafen. AC, TV, Telefon. ❶–❷

Hotel Ondazul, Rua Conselheiro Ferraz 5, ☏ 75/3641 5005, 💻 www.ondazulhotel.com.br. Gute Zimmer mit AC, TV, Telefon. Schöner Essraum, freundlich. ❷–❸

Ponto Chic, Av. Maçônica 11, am Hafen. Familiengeführte Self-Service-Lanchonete, gute Nudeln und Suppen. Kreditkarten. 🕓 tgl. 7–24 Uhr.

Sonstiges

GELD – ***Bradesco*** Geldautomat im Busbahnhof (Visa). ***Banco do Brasil***, Rua Gov. Gonçalves 24, 🕓 Mo–Fr 9–14, Geldautomat tgl. 6–22 Uhr.

INFORMATIONEN – Die ***Secretaria de Turismo*** liegt ungünstig außerhalb des Zentrums, Av. ACM, Jacaré, ☏ 75/3641 0518. 🕓 Mo–Fr 8–12 und 14–17 Uhr.

INTERNET – ***Lys.com***, Praça Ademar B. Guimarães 92. Modern (R$3/Std.). 🕓 tgl. 8–22 Uhr.

Transport

Vom Hafen zur Rodoviária mit Taxi (R$7) oder Mototaxi (R$2, ***VIP***, ☏ 75/3641 1222). Zu Fuß sind es 15 Min.

BUSSE – ***Rodoviária***, ☏ 75/3641 4805.
Bom Despacho (Ilha de Itaparica): Viele Busse (*Cidade Sol, Camurujipe, Águia Branca)*, bis 19 Uhr, 1 1/2–2 Std., R$10.
Cachoeira/São Felix: *Santana*, über Mangabeira, 6x tgl., 3 Std., R$11. Wegen Anschlussbus bis mittags losfahren.
Camamu: *Cidade Sol, Santana und Camurujipe*, ca. stdl. zwischen 5 und 21 Uhr, 2 Std., R$6.
Ilhéus: Águia Branca, tgl. 9.30 Uhr, 5 Std., R$23. Alternativ über Itabuna oder Ubaitaba.
Porto Seguro: Águia Branca, tgl. 21 Uhr, 9 Std., R$45.

BOOTE – **Morro de São Paulo**: Linienboot, häufig zwischen 6.30 und 17.30 Uhr, 1 1/2 Std., R$5. Lancha Rápida, 9x tgl. zwischen 8 und 17 Uhr, 45 Min., R$10. Sonntags teurer.
Boipeba: Mit *Edumar*, Mo–Sa 11.30 und 13.30, So 7, 11.30 und 17 Uhr (3 1/2 Std., über Graciosa und Cairu). Fahrplan kann sich ändern.

Nördlich von Salvador

Die Region nördlich von Salvador wird **Costa dos Coqueiros** genannt, die Küste der Kokospalmen. Der Name ist Programm, denn der Landstrich besticht durch ein endloses Palmen- und Mangrovenmeer, unterbrochen lediglich von Lagunen und Dünen – kein Zivilisationslärm stört die 225 km lange Idylle. Hier liegen vom Tourismus wenig berührte Ortschaften mit herrlichen Stränden. Die beiden gebührenpflichtigen Straßen Estrada do Coco („Straße der Kokospalmen", bis Praia do Forte) und Linha Verde („Grüne Linie", bis Sergipe) wurden 1993 fertig gestellt und sorgen seitdem für einen Aufschwung. Aufgrund der nun guten Erreichbarkeit ist der **Litoral Norte** beliebter Fluchtpunkt für die Großstädter aus Salvador geworden, und zunehmend auch Ziel internationaler Touristen. Highlights sind das romantisch-verträumte **Imbassaí**, das sympathisch-pulsierende **Praia do Forte** und der entspannte Dünenort **Mangue Seco**, dem man sich am besten über Sergipe nähert. 💻 www.costadoscoqueiros.com.

Von Salvador nach Praia do Forte

Arempebe

Trotz seiner Beliebtheit bei Wochenendausflüglern ist Arembepe ursprünglich geblieben. Die Infrastruktur ist einfach, es gibt nur wenige Pousadas oder Hotels. Der von langen Riffen geschützte Hauptstrand ist keine ästhetische Offenbarung, zudem weist ein Schild darauf hin, dass Baden hier gefährlich ist. Doch weiter nördlich werden die Strände schöner, hohe Palmen statt hässlicher Häuser bestimmen die Optik, Surfer nutzen die tosende Brandung.

Interessanter als das Zentrum ist das **Aldeia Hippie**, eine alternative Kommune mit bewegter Geschichte, einen Kilometer entfernt. Nebenan befindet sich eine Dependance des Projeto TAMAR (s. S. 400). 🕓 tgl. 8–17.30 Uhr.

Aldeia Hippie

Die Aldeia Hippie entstand in den 70er Jahren als Experimentierraum alternativer Lebensformen. Junge Leute aus aller Welt, darunter Rockmusiker wie Janis Joplin, trafen sich hier während der Flower-Power-Zeit, um Gesellschaftsutopien zu entwerfen und der Zivilisation zu entfliehen – doch vermutlich vor allem, um ungestört den einen oder anderen Joint herumzureichen. Auch mehr als 30 Jahre nach dem Abgang seiner „Stars" existiert Aldeia Hippie weiter als alternatives Dörfchen mit funktionierenden Strukturen.

Gegenwärtig leben in den rund 40 Hütten etwa 80 Personen, zumeist Künstler. Es gibt Restaurants und einfache Pousadas, im Dorfzentrum verkaufen die Bewohner in einer kleinen Markthütte ihr Kunsthandwerk. ◷ tgl. 9–18 Uhr. Die Siedlung liegt idyllisch unter Palmen, nur eine hohe Düne trennt das Dorf vom einsamen Strand.

Itacimirim

Auf dem Weg nach Praia do Forte liegt der kleine Strandort **Itacimirim** (Estrada do Coco, KM 48), er besteht aus nicht viel mehr als einigen Pousadas, Ferienhäusern sowie einem wunderschönen Strand. Hier steht ein Denkmal des brasilianischen Abenteurers **Amyr Klink**, der 1984 von Namibia per Ruderboot in 100 Tagen den Atlantik überquerte. Die ungewöhnliche Reise endete an der **Praia de Espera**. Sportliche Aktivitäten sind Windsurfen, Segeln und Schnorcheln.

Bis **Praia do Forte** sind es nur 7 km, die Strecke lässt sich wunderbar in ein bis zwei Stunden laufen. Kurz vorm Ziel gilt es den Rio Pojuca zu überqueren. Um Enttäuschungen vorzubeugen, sollte man sich vorher in der Pousada nach dem aktuellen Wasserstand erkundigen.

Übernachtung und Essen

AREMBEPE – ***Pousada Mar Aberto,*** Largo de São Francisco, ✆ 71/3624 1257, 🖳 www.marabertorestaurante.com.br. Drei einfache Apartments mit Ventilator, zwei hübsche Suiten mit AC. Fischrestaurant. ◷ tgl. ab 11 Uhr. ❶
Pousada da Fazenda, Lot. Piruí 172, Praia de Arembepe, ✆ 71/3624 1030, ✉ pousadadafazenda@yahoo.com.br. Kleine Bungalowanlage am Strand, Hippie-Flair, rustikal-einfache Ausstattung, winzige Bäder. Vom Zentrum 2 km in südlicher Richtung. ❶
Coló, Largo de São Francisco. Meeresfrüchte-Spezialitäten; die frischen Krabben gehören nach Meinung von Kennern zu den besten Bahias. ◷ Mo–Do und So 10–20, Fr und Sa 10–24 Uhr.
✖ ***Barraca Arembepe Solidária,*** am Strand. Hübsche Strandbar mit luftiger Terrasse. Fisch und Meeresfrüchte. Regionales Kunsthandwerk, die Einnahmen gehen an Kinderhilfsprojekte. ◷ Di–Do 8–21, Fr–Sa 8–24, So 8–17 Uhr.

ALDEIA HIPPIE – ***Pousada Manga Rosa,*** ✆ 71/9933 0570. Bett und Meeresrauschen bietet diese idyllische Back-to-the-Roots-Pousada. Die Französin Margaret finanziert mit den Einnahmen Projekte für Straßenkinder. ❶
Restaurante Vera e Marc. Weder elektrisches Licht noch Speisekarte. Serviert wird Fisch, Huhn oder Krabben, je nachdem was vorrätig ist. Idyllisches Ambiente im Sand unter schattigen Bäumen. ◷ Wochenende (HS öfter).

ITACIMIRIM – ***Pousada Jambo,*** Praia de Espera, ✆ 71/3626 1091, 🖳 www.pousadajambo.com.br. Familiäre Pousada unter deutscher Leitung. Moderne Anlage wunderschön am Strand, ideal zum Badeausflug am Wochenende. Pool. Abholservice vom Flughafen. Ausflüge und Aktivitäten. Gutes Restaurant. ❺

Transport

Von **Arembepe**, Bushaltestelle am Largo de São Francisco, häufige Nahverkehrsbusse von und nach **Salvador** (ab Rodoviária oder Terminal da França, 1 1/4 Std., R$3).
Nach **Itacimirim**: Haltestelle Barra do Pojuca, von dort Moto-Taxi nach Itacimirim (ca. 2 km).

Praia do Forte

Praia do Forte ist ein beliebtes Ausflugsziel, 60 km von Salvador. In der Hauptsaison und am Wochenende herrscht ein lebendiges Strand- und Partyleben, ansonsten geht es eher ruhig zu.

Am schönen Hauptstrand mit seinen Korallenschwimmbecken steht idyllisch die kleine **Capela**

Fischerboot am Strand von Praia do Forte

de São Francisco de Assis, sie wurde 1900 von Fischern errichtet. Während des Karnevals finden auf dem Kirchplatz ausgelassene Feste statt. Bekannt geworden ist der ehemalige Fischerort für seine marketinggerechte Verbindung von Ökologie und Tourismus, Aushängeschild ist das **Projeto Tamar** zum Schutz der Meeresschildkröten (s. Kasten). Das Dorf befindet sich im Besitz eines deutschstämmigen Unternehmers aus São Paulo. Auflagen sorgen dafür, dass die örtliche Architektur der Landschaft angepasst ist; so darf die Bebauung nicht die Höhe einer ausgewachsenen Palme (10 m) überschreiten, für jede gefällte müssen vier neue gepflanzt werden. Auch um das authentische Leben sorgt sich der Patron: die Einheimischen dürfen ihre Häuser nur innerhalb der Familie weiter vererben. Ihre einfachen Behausungen und Lanchonetes bilden einen Kontrast zum sonstigen Tourismustrubel, sie liegen nur einen Steinwurf nördlich der Hauptstraße. Erstaunlicherweise sprießen trotz aller Schutzmaßnahmen schicke Ferienhäuser aus dem Boden.

Auf einer Anhöhe, umgeben von Kokospalmen, liegen die Ruinen des 1551 errichteten **Castelo Garcia D'Ávila**, Hauptsitz des damaligen königlichen Verwalters. Die Familie D'Ávila zählte zu den mächtigsten Großgrundbesitzern Brasiliens. Dem burgenähnlichen Aussehen des Hauptsitzes hat Praia do Forte seinen Namen zu verdanken. Das Castelo ist Beispiel für die portugiesische Zivil- und Militärarchitektur jener Zeit, es war eine der ersten großen Militärresidenzen und gilt als ältestes Steinbauwerk Brasiliens. Sehenswert ist die sechseckige Kapelle. Das Anwesen wurde im 19. Jh. verlassen und später umfassend restauriert. Seit 2002 kann man es wieder besichtigen. ◷ tgl. 9–18 Uhr; Eintritt R$3.

Übernachtung

In der Hauptsaison und an Wochenenden Reservierung empfohlen.

Praia do Forte Hostel, Rua da Aurora 3, ✆ 71/3676 1094, ✉ praiadoforte@albergue.com.br, 🖳 www.albergue.com.br. Eines der besten HI-Hostels Brasiliens. Um einen grünen Patio angelegt, mit Blumen und Hängematten, gut zum Kontakte knüpfen. Gepflegte Dorms à 6 Betten, Ventilator. DZ. Gut organisiert, sehr freundlich. Viele Touren, u. a. Kanu. Dorms R$20–26, DZ R$40–50. ❶

Pousada Balanço do Mar, Rua da Aurora 25, ✆ 71/3676 1059, 🖳 www.pousadabalancodomar.

com.br. Schöner Außenbereich, eher kleine Zimmer und Fenster. ❷–❸

Montreux Pousada, Rua da Aurora 22, ✆ 71/3676 1494, ✉ rolandruch@hotmail.com. Gepflegte, familiäre Pousada unter Schweizer Leitung. Gemütliche Zimmer, z. T. mit Balkon. Rabatt ab 3 Tagen Aufenthalt. AC oder Ventilator. ❸

Pousada dos Artistas, Praça dos Artistas, ✆ 71/3676 1147, 🖳 www.pousadadosartistas.tur.br. Sehr schöne Pousada mit hübschem Garten, viele Blumen. Die Zimmer im 1. OG haben tolle Veranda. AC oder Ventilator. ❸–❹

Pousada Ogum Marinho, Alameda do Sol, ✆ 71/3676 1165, 🖳 www.ogummarinho.com.br. Pousada mit viel Holz und schönen Accessoires. Die Zimmer im 1. OG sind besser. AC, Ventilator. In Fußgängerzone nahe Strand. ❹

Essen und Nachtleben

Entlang der Hauptstraße **Alameda do Sol** (Av. ACM) liegt ein Restaurant neben dem anderen. In vielen kann man schön draußen sitzen, oft mit Live-Musik, andere sind unverschämt überteuert. Empfehlenswert sind u.a. ***Noronha, Fata Morgana*** und ***Terra Brasil***.

O Europeu, Alameda do Sol 48. Nette Restaurant-Bar mit europäisch-brasilianischer Küche. Britischer Besitzer. Im 1. OG Kunstartikelverkauf. 🕓 Mi–Mo 12–24 Uhr (HS tgl.).

Tango Café, Alameda do Sol, am Strand. Charmantes Café mit genialen Torten. Abends beliebter Treffpunkt, in der HS sehr voll. Internet. 🕓 tgl. 9–24 Uhr (oft länger).

Souza Bar, Alameda do Sol, Ortseingang. Seit Jahren Aushängeschild und *der* Nightlife-Spot. Am Wochenende (im Sommer tgl.) kommt die Szene aus Salvador und tanzt bis zum Morgengrauen zu Live-Axé. 🕓 tgl. 8–5 Uhr, ganzjährig.

Sonstiges

GELD – ***Banco do Brasil*** Geldautomat, Praça da Alegria. 🕓 24 Std.

INFORMATIONEN – 🖳 www.praiadoforte.org.br. ***Bahiatursa*** hat ein Büro am Beginn der Av. ACM. 🕓 tgl. 8.30–16.45 Uhr.

INTERNET – Günstig im ***Praia do Forte Hostel***. 🕓 für Gäste oft 24 Std.

POST – Nahe der **Vila do Artesão**, in einem Zeitschriftenladen. 🕓 Mo–Sa 8–20, So 8–13 Uhr.

TOUREN – Das Naturschutzgebiet **Sapiranga** kann man per Fahrrad, zu Pferd oder zu Fuß erkunden. Nach erfolgreichen Schutzmaßnahmen sind auch **Buckelwale** wieder zu sehen (Juli–Okt).

Centrotour, Alameda do Sol 51, ✆ 71/3676 1091, 💻 www.centroturistico.com.br. Umfangreiches Tourenangebot, z. B. nach Mangue Seco. 🕒 Mo–Sa 9–19, So 14–18 Uhr.

Transport

BUSSE – Bushaltestelle gegenüber Bahiatursa. Nach **Salvador**: *Linha Verde,* zwischen 6 und 18.30 Uhr, 1 1/2 Std., R$7.
Die Busse von Salvador fahren von der Hauptstraße (Entrada Praia do Forte, 2 km) weiter bis **Imbassaí** und **Conde**.

Die Rettung der Meeresschildkröten

Von den acht verschiedenen Meeresschildkrötenarten der Erde leben fünf in Brasilien, unter ihnen die 800 kg schwere *Tartaruga-de-couro*. Bis zur Gründung des **Projeto Tamar** im Jahre 1980 waren sie jedoch durch rücksichtslose kommerzielle Verwertung vom Aussterben bedroht. Die auf internationalen Druck eingerichtete staatliche Forschungs- und Schutzorganisation kümmert sich auf 1100 km zwischen Ceará und São Paulo um den Schutz der Brut und die Aufzucht der Jungen. Auf diese Weise konnten bis Ende 2002 bereits fünf Mill. Tiere gerettet werden. Hauptsitz des Projekts ist Praia do Forte. Der **Litoral Norte von Bahia** ist größtes Laichgebiet des Landes, hier werden mehr als 70% der Eier abgelegt. Beste Besuchszeit ist während der Fortpflanzungsperiode von **September bis März**. Dann kommen die Weibchen drei bis acht Mal an den Strand um jeweils etwa 120 Eier im Sand abzulegen. Wichtig: Den laichenden Muttertieren muss mit großer Rücksichtnahme begegnet werden, schon bei geringem Stress können sie ihre gesamte Brut verlieren. Nach ungefähr 50 Tagen schlüpfen die Jungen und machen sich sofort auf den Weg ins Meer. Diese nächtliche Wanderschaft ist auch für sie gefährlich, da sie durch Strandbeleuchtung schnell die Orientierung verlieren. Nach etwa 25 Jahren kehren die Weibchen dann exakt an den Strand, an dem sie geschlüpft sind, zurück um nun selbst ihre Eier dort abzulegen – ein endloser Kreislauf der Natur.

Dass dieser nicht vom Menschen unterbrochen wird, ist auch den Anstrengungen von Tamar zu verdanken. Fischer, die früher die Nester zerstörten und die Eier aßen, helfen heute diese zu beschützen.
Am Strand befindet sich ein **Besucherzentrum** mit Wasserbecken für Meeresschildkröten, Rochen und andere Fische. Gegen eine kleine Spende kann man eine Schildkröte sogar adoptieren und symbolisch taufen. 🕒 tgl. 9–18.30; Eintritt R$7.

Imbassaí

Das kleine Imbassaí liegt reizvoll an einem parallel zum Strand verlaufenden Flüsschen, dem Rio Barroso. Um ans Meer zu gelangen, muss man kleine Holzbrücken überqueren oder ein paar Felsen überspringen. Wie eine große Sandbank liegt der schmale Strandabschnitt zwischen Ozean und Flusslauf, das Meer ist hier turbulent. Im ruhigen Fluss kann man sich nach dem Strandbesuch herrlich das Salzwasser vom Körper spülen. In nördlicher Richtung schließt sich die abgeschiedene **Praia de Santo Antônio** an, eine schöne, etwa einstündige Strandwanderung. Der Ort selbst hat kein eigentliches Zentrum, am Flussufer gruppieren sich einfache Restaurants, entlang der **Alameda das Amendoeiras** findet man Restaurants, Supermarkt, Gesundheitszentrum und Polizei. Auch wenn es am Wochenende und in der Hauptsaison voller werden kann – die meiste Zeit des Jahres ist Imbassaí ein kleines Paradies für alle, die Ruhe und Idylle lieben.

Übernachtung

Es gibt zahlreiche schöne Pousadas, die Mehrzahl liegt in den stimmungsvollen Sandstraßen im Dorf. Vom Bus 10–15 Minuten.

STRAND – ***Pousada Luar da Praia,*** ✆ 71/3677 1030, ✉ contato@luardapraia.com.br, 💻 www.luardapraia.com.br. Der Schweizer Eigentümer Jürg sorgt für lockere Atmosphäre. Am Strand auf der Düne, einfache Zimmer mit Ventilator und TV. Komfortable Suiten mit AC. Pool, Restaurant. Abholservice vom Flughafen. ❷–❹

Pousada Entre as Águas, ✆ 71/3677 1028, ✉ entreasaguas@ig.com.br, 💻 www.entreasaguas.com.br. Große Anlage unter deutscher Leitung, sechs Chalês hinter den Dünen am Fluss, vier Apartments im Haupthaus auf der Düne. Moderne Badezimmer, TV. Schöne Veranda, Frühstück am Strand. Kajak, Reiten, Massage. ❹

DORF – ***Pousada Entre Céu e Mar,*** Alameda dos Muricis, am Fluss, ✆ 71/3677 1331, ✉ pousadaentreceuemar1@hotmail.com. Freundliche Backpacker-Pousada, schöner Garten mit Bächlein. Gepflegte Zimmer, einige mit AC. Ganzjährig geöffnet. Internet. ❶–❷

Pousada Tulipa Rosa, Alameda das Bromélias, nördlicher Bereich, ✆ 71/3677 1269, 💻 www.praiaimbassai.com.br/tuliparosa. Saubere Bungalows in großem Garten, auch für Gruppen (3–4 Pers.). Geräumige Zimmer. Holländischer Besitzer. AC, TV. ❷–❸

Pousada Thalud, Alameda das Bromélias, nördlicher Bereich, ✆ 71/3677 1188, 💻 www.pousadathalud.com.br. Sympathische Leitung zweier Schwestern, gepflegte Zimmer mit TV, Frigobar, AC, schöner Pool. ❸

Pousada Caminho do Mar, Rua da Igreja, südlicher Bereich, ✆ 71/3677 1177, ✉ caminhodomar@uol.com.br, 💻 www.pousadacaminhodomar.com.br. Schöne Familienpousada unter deutscher Leitung. 13 Bungalows mit kleiner Wohnküche, Sofa und TV, Frühstück auf der Terrasse. Großer Pool. Abholen vom Bus nach Anmeldung. ❸

✂ ***Eco-Pousada Vilangelim,*** Alameda dos Angelins, ✆ 71/3677 1144, ✉ reservas@vilangelim.com.br, 💻 www.vilangelim.com.br. Pousada mit luxuriösem Ambiente. Schöne Chalês im Grünen, großer Pool-Bereich unter Bambusbäumen. Harmonisch in die Natur integriert. Bar mit schönen Möbeln und Sofas, gemütlicher Leseraum. Restaurant mit Bildern lokaler Künstler. Abendessen. Ein Besitzer spricht Deutsch. 10% Tax. ❺

Essen

Viele Restaurants öffnen nur am Wochenende, einige nur in der HS.

ALAMEDA DAS AMENDOEIRAS – ***Jerimum Café.*** Café und Pizzeria mit stimmungsvoller Beleuchtung. 🕒 Do–Di ab 17 Uhr (HS tgl.).

Bucaneiro. Gute Pizzeria. 🕒 Mi–Mo ab 18 Uhr.

É Massa. Pizza und Nudeln, günstige Preise. 🕒 Di–So ab 17 Uhr.

Coco Loco. Im 1. OG Self-Service-Restaurant, unten kleiner Supermarkt und Bäckerei. 🕒 tgl. 12–18 Uhr (Dez–März).

NEBENSTRASSEN – ***Restaurante da Vânia,*** Alameda dos Ibiscos. Typisches bahianisches Essen, sehr leckere Moqueca. 🕒 tgl. 11–21 Uhr.

Tocha de Fogo, Alameda dos Cajueiros. Gutes Churrasco, luftiges Ambiente unter rundem Dach. ⌚ Do–Di 12–23 Uhr.

Sonstiges

GESUNDHEIT – Es gibt viele Moskitos. Genügend Mückenschutz mitbringen!

INFORMATIONEN – 💻 www.costadoscoqueiros.com. ***Costa dos Coqueiros Receptivo,*** am Ortseingang, ✆ 71/3677 1060. Hotelreservierungen und Touren.

Transport

Busse von *Linha Verde* fahren regelmäßig ab **Salvador** und **Praia do Forte**. Weiterfahrt nach **Porto do Sauípe**, **Conde** und **Sítio do Conde**.

Von Imbassaí nach Mangue Seco

Costa do Sauípe

Der vorher absolut einsame, fast unbekannte Küstenabschnitt Costa do Sauípe beherbergt seit dem Jahr 2000 einen der größten Hotelkomplexe Südamerikas mit mehreren Luxushotelanlagen und Pousadas. Bis 2015 sollen hier 54 Hotels stehen. Innerhalb des Geländes befindet sich ein kompletter Freizeit- und Vergnügungskomplex. Für den Abendbummel wurde extra ein Dorf geschaffen, mit Bars, Restaurants und Souvenirläden. Wer's mag ...

Nördlich dieser künstlichen Resortwelt geht es im traditionellen Fischerort **Porto Sauípe** ursprünglicher zu. Einige Kilometer weiter liegt die schöne **Praia Massarandupió**, einziger FKK-Strand Bahias.

Conde und Sítio do Conde

Trotz einiger zarter Bestrebungen im Tourismus dominieren in dieser Region nach wie vor Vieh- und Kokosnusswirtschaft; es handelt sich um das größte Kokosanbaugebiet Bahias. Das hübsch herausgeputzte **Conde** ist der größte Ort. Am dreieckigen Hauptplatz und in den Kopfsteinpflasterstraßen mit ihren Grünanlagen findet man viel vom dörflichen Charme Bahias. Nach wenigen Kilometern gelangt man an einen hübschen Palmenstrand, **Sítio do Conde**. Am Wochenende kommen hierher einige Badegäste, es gibt Pousadas und Restaurants. Am Hauptstrand verläuft eine hoffnungsvoll im Copacabana-Muster gestaltete Strandpromenade, sie ist aber vom Sand fast zugeweht. Wer derartige Einsamkeit mag, wird auch einen Ausflug zum 16 km südlich von Sítio liegenden Fischerörtchen **Barra do Itariri** zu schätzen wissen, erreichbar über einen Sandweg an der Küste. 💻 www.portaldoconde.com, 💻 www.costadosauipe.com.br.

Übernachtung und Essen

SÍTIO DO CONDE – ***Pousada Manhã Dourada,*** Av. Beira Mar 34, ✆ 75/3449 1246, 💻 www.manhadourada.hpgvip.ig.com.br. Einfache bunte Zimmer, familiär geführt. Budget-Option. ❶

Pousada Praiamar, Condomínio Praiamares, ✆ 75/3449 1150, 💻 www.rrtv.com.br/praiamarpousada. Herrliche Lage, die Pousada schaut von den Dünen aufs Meer. Schöne Zimmer, Ventilator, TV, Hängematte auf der Veranda. ⌚ Aug–Apr. ❸

Apoena Eco Pousada, Straße nach Barra do Itariri, ✆ 75/3449 1291, 💻 www.apoena.ch. Charmante Bungalows am Strand mit Meersicht, AC, Pool, Internet. Kabel-TV. Solarenergie. Schweizer Eigentümer. ❹

Rosa dos Ventos, Praça Arsênio Mendes. Gemütliches, kleines Gartenrestaurant. Fleischgerichte und schmackhafte *Moquecas*. ⌚ tgl. 11–24 Uhr.

Zeca's, Praça Arsênio Mendes 51. Meeresfrüchte. ⌚ tgl. 12–24 Uhr.

Transport

BUSSE – ***Rodoviária,*** ✆ 75/3429 1275. Regelmäßige Busse von *Linha Verde* ab Conde nach **Salvador** (4 Std., R$18).

Mangue Seco

Mangue Seco ist schwer erreichbar – per Allrad-Jeep oder Boot über den Rio Real – doch die Mühe lohnt sich! Das kleine Dünen-Dörfchen mit 900 Einwohnern liegt am nördlichsten Strand Bahias, auf einer Halbinsel an der Grenze zu Sergipe.

Hauptattraktion ist die beeindruckende, weite Dünenlandschaft, in Brasilien berühmt geworden durch eine *Telenovela* nach einem Roman von Jorge Amado.

Mit Buggies kann man tagsüber herrliche Ausfahrten unternehmen oder eine Stunde gemütlich am Strand Richtung Süden wandern, wo ein altes deutsches U-Boot von Wellen umspült wird. Sehr empfehlenswert ist eine Übernachtung, denn beim Sonnenuntergang über dem Meeresarm ist die einmalige Atmosphäre der Abgeschiedenheit am eindrücklichsten.

Übernachtung und Essen

Vom Dorfzentrum zur Praia da Costa am besten per Buggy, zu Fuß ca. 40 Min.

ZENTRUM – ***Pousada Suruby,*** ✆ 79/3445 9061. Stimmungsvolle Lage am Fluss. Außenbereich mit Holzplanken, Zimmer mit Ventilator, z. T. TV. ❶

Pousada Fantasias do Agreste, ✆ 75/3445 9011, ✉ reservas@fantasiasdoagreste.com.br. Schöne Pousada, geräumige Zimmer mit Meerblick. Holzbalkon mit Hängematte. Im Innenhof Teich mit Felsen und bunten Matratzen auf Rattanmöbeln. AC oder Ventilator. ❸

Restaurante Asa Branca, idyllisch, man sitzt 1 m vom Wasser. ⌚ tgl. 11–22 Uhr.

Restaurante Frutas do Mar. Schöne Terrasse am Bootsanleger. Meeresfrüchte, regionale Gerichte. ⌚ tgl. 7–21 Uhr.

PRAIA DA COSTA – ***Village Mangue Seco,*** ✆ 79/3224 2965, 💻 www.villagemangueseco.com.br. Saubere, geräumige Zimmer. AC oder Ventilator. ❷–❸

⌘ ***Pousada O Forte,*** ✆ 75/3445 9039, ✉ reserva@pousadaoforte.com, 💻 www.pousadaoforte.com. Backpacker-Pousada in den Dünen. Einfache, gemütliche Zimmer mit Moskitonetz, Veranda und Hängematte. Größere mit AC. Pool, Garten, Kajakverleih, Internet. Bootstransfer ab Pontal (R$20). Der französische Besitzer spricht Englisch. Restaurant (Pizza, Meeresfrüchte). ⌚ tgl. 12–15, 18–21 Uhr. ❷–❹

Sonstiges

GESUNDHEIT – Es gibt im Sommer viele Moskitos. Genügend Mückenschutz mitbringen.

INFORMATIONEN – 💻 www.bahia.com.br.

TOUREN – Buggytouren direkt mit den Fahrern vereinbaren.

Transport

Die **Anfahrt** ist nicht ganz einfach. Komfortabel ist ein Tagesausflug von **Aracaju** (Sergipe) mit einem Tourveranstalter (R$50). (s. Aracaju/Touren). Ansonsten nur per Allrad-Jeep über den Strand oder:

BUSSE – Aus **Salvador**: Bus *Bomfim* (5 Std.) in Richtung Indiaroba (Sergipe), dort umsteigen nach **Pontal**, die letzten 8 km gehen über eine Staub- und Schotterpiste. Von Pontal fahren *Lanchas* (motorisierte Boote) auf die andere Flussseite. Am besten morgens eintreffen, um die Gruppentarife auszunutzen. Sonst Preis nach Verhandlung (20 Min., ca. R$60/Boot hin und zurück, bis 5 Pers.).

Alternativ: Mit *RD Turismo,* ✆ 71/3450 5149 bis Estância in Sergipe (235 km, R$22), dort Minibus nach **Pontal** (R$5).

Aus **Aracaju**: Bus *Rota Sul* in Richtung **Porto do Mato**, dann *Lancha* über den Rio Real (20 Min.).

Chapada Diamantina

Etwa 425 km westlich von Salvador, inmitten eines ansonsten knochentrockenen Hinterlands *(Sertão)*, liegt die grüne Hochebene Chapada Diamantina. Sie besteht aus drei parallelen Gebirgszügen, Teile der östlichen Kette **Serra do Sincorá** wurden 1985 als Nationalpark ausgewiesen, er ist einer der größten Brasiliens. Die Natur ist atemberaubend: rauschende Wasserfälle, ruhige Natur-Pools, geheimnisvolle Grotten, kristallklare Flüsse und einsame Sumpflandschaften – ideale Abwechslung für Reisende, die keine Strände mehr sehen können. Durch Winderosion sind in Jahrmillionen bizarre

Tafelberglandschaften entstanden. Die Sandsteinformen sind ein unvergessliches Erlebnis, besonders bei Sonnenuntergang und Vollmond. In der Hauptblütezeit im Dezember und Januar zeigt sich die Natur am vielfältigsten. Die reiche **Pflanzenwelt** beinhaltet um die 60 Orchideenarten, Bromelien, Kakteen und Kletterpflanzen. Seltene Papageien, Kolibri- und Finkenarten haben hier ihren Lebensraum ebenso wie Nasenbären, Pumas, Jaguare und Kaimane.

Der Name Chapada Diamantina (Hochebene der Diamanten) entstand während eines **Diamanten-Booms** Mitte des 19. Jhs., der die Region zu einem wahren Eldorado werden ließ. Doch das Glück war nur von kurzer Dauer; so schnell das Diamantenfieber gekommen war, so schnell waren die Minen erschöpft (Ende des 19. Jhs.). Auch heute, mehr als 100 Jahre nach den Diamanten- und Goldsuchern liegt noch ein Geist von Freiheit und Aufbruch in der guten Bergluft. Vielleicht deswegen haben sich hier viele Künstler und spirituell Interessierte angesiedelt. Wer den Weg in die Chapada Diamantina auf sich nimmt, lässt sich auf Folgendes ein: Natur pur, Abgeschiedenheit und wenig Zivilisation. Doch keine Sorge: Zumindest in der „Hauptstadt" Lençóis braucht man auf keinen Komfort zu verzichten.

Lençóis ist attraktives Eintrittsportal mit der besten Infrastruktur. Von hier aus starten die meisten Touren. Weitere reizvolle Orte sind das Aussteiger-Tal **Vale do Capão**, sowie die alten Goldgräberdörfer in der südlichen Chapada: **Mucugê**, **Andaraí** und **Igatu**.

Für eine Reise in die Chapada Diamantina sollte man mindestens fünf Tage mitbringen. Wer eine der lohnenswerten Mehrtageswanderungen (3–5 Tage) mitmachen möchte, braucht entsprechend mehr Zeit. 💻 www.guiachapadadiamantina.com.br

Lençóis

Hübsch herausgeputzt und ausgestattet mit sehr guten Pousadas, Restaurants und Tourenanbietern ist Lençóis logistischer Ausgangspunkt für Touren in die Chapada Diamantina. Doch auch wer einmal nicht wandern mag, kann es in den romantischen Gässchen mit ihren vielen Bars und Straßencafés bestens ein paar Tage aushalten.

Und was hat die 9000-Einwohner-Stadt am Rio Lençóis mit Bettlaken zu tun (so die wörtliche Übersetzung)? Die Erklärung ist einfach: Die ersten Diamantensucher hausten Mitte des 19. Jhs. zunächst in improvisierten Zeltunterkünften, die aus der Ferne wie weiße Tücher in der Landschaft aussahen. Mit zunehmendem Reichtum entstanden bunte Kolonialbauten, die bis heute das Stadtbild prägen. Die Franzosen richteten sogar einen Konsulatssitz ein. Das **ehemalige Konsulatsgebäude** steht stellvertretend für die Architektur jener Zeit, die stark von den Migranten aus Minas Gerais geprägt wurde. Der wirtschaftliche Abstieg begann etwa 1870 mit der Befreiungsbewegung der Sklaven, dem Ausbleiben neuer Diamantenminen und der zeitgleichen Entdeckung von Minen in Südafrika. Die Geschichte der Diamantengräber, der so genannten **Garimpeiros**, ist noch heute im Ort präsent und lebt bei verschiedenen Feierlichkeiten auf.

Weithin sichtbares Wahrzeichen der Stadt ist die **Igreja Senhor dos Passos** aus der zweiten Hälfte des 19. Jhs. Die **Igreja N. S. do Rosário** wurde zur gleichen Zeit von Sklaven in angeblich nur 90 Tagen errichtet. Sie gilt als Kirche der Schutzheiligen der *Garimpeiros*. Das alte Marktgebäude **Mercado Municipal** am Flussufer ist heute ein Kulturzentrum. Baubeginn war Ende des 19. Jhs., Bauende erst ein halbes Jahrhundert später. Das **Casa de Cultura Afrânio Peixoto**, Geburtshaus des bekannten brasilianischen Schriftstellers, wurde 1970 aus Ruinen wieder aufgebaut. Es enthält ein kleines Museum, 🕓 Mo–Fr 8–18 Uhr. Der alte Regierungssitz, das **Antigo Prédio da Prefeitura** mit neoklassizistischen Details von 1860, wurde kürzlich restauriert und in ein Museum umgewandelt.

Übernachtung

Lençóis hat eine große Auswahl an guten Unterkünften für jeden Geldbeutel. Traditionell gibt es hier hervorragende Frühstücksbuffets.

Hostel Chapada, Rua Urbano Duarte 121, 📞 75/3334 1497, 💻 www.hostelchapada.com.br. Sehr gutes HI-Hostel mit rustikaler Atmosphäre, gemütlicher Aufenthaltsbereich. Dorms mit 3–6 Betten, auch DZ. Dorms R$15–18, DZ R$30–36. ❶

Pousada Casa de Hélia, Rua da Muritiba, 📞 75/3334 1143, 💻 www.casadehelia.com.br. Beliebt

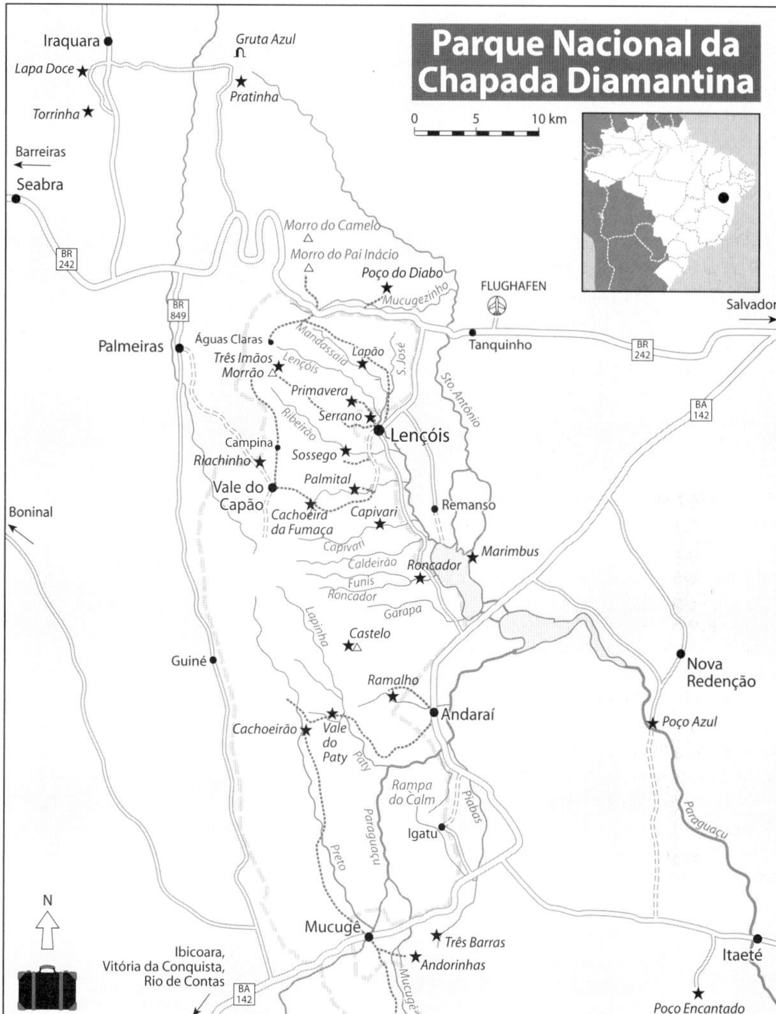

bei Backpackern, die Häuser wurden kreativ in die Felsen integriert, Steinmauern im Badezimmer. Dorms mit 4–5 Betten, DZ. Ventilator. Internet. Dorms R$25, DZ R$40–50. ❶

Pousada da Fonte, Rua da Muritiba, ✆ 75/3334 1953, ✉ pousadadafonte@hotmail.com. Kurz hinter dem Casa de Hélia, ähnlicher Stil, aber kleiner und persönlicher. Sehr grün und ruhig, gemütlicher Aufenthaltsraum, natürliche Baumaterialien. Zwei Dorms à 5 Betten und DZ. Dorms R$15, DZ R$40–50. ❶

Nossa Casa Pousada, Av. 7 de Setembro 62, ✆ 75/3334 1258, ✉ ana@nossacasapousada.com. Freundliche Pousada im Zentrum. Rustikal, aber nicht ganz stilsicher. Hell, teilweise mit Blick auf die Berge. Gruppen bis 4 Pers. ❶

Pousada dos Duendes, Rua do Pires, ✆ 75/3334 1229, 🖳 www.pousadadosduendes.com. Lässige, in den Fels gehauene Backpackerunterkunft mit relaxtem Aufenthaltsbereich und chilliger Musik. Die besseren Zimmer haben Bad und Veranda. Restaurant mit Abendessen, auch vegetarisch (R$7). Tourveranstalter *H_O.* Camping R$5–7 p.P., Dorms R$15, DZ R$40–60. ❶–❷

Pousada Verde Perto, Rua Rui Barbosa 56, ✆ 75/3334 1616, ✉ belindasantos@uol.com.br. Liebliche Pousada in einem alten Haus mit wildem Garten. Alte Möbel, geschmackvoll eingerichtet. Yoga-Stunden und Buchverleih (s. Sonstiges). ❷–❸

Estalagem Alcino, Rua General Viveiros 139, ✆ 75/3334 1171. Der Besitzer Alcino hat das Haus an Hand eines alten Fotos aus Ruinen rekonstruiert. Entstanden ist eine wunderschöne Pousada mit einladendem Aufenthaltsbereich, gusseiserner Wendeltreppe und alten Möbeln. Ein Paradies für Antiquitätenliebhaber. Einige Zimmer sind ohne Bad, aber es gibt genügend auf dem Flur. Der sympathische Künstler lebt mit seiner Familie in dem Haus. ❸

Pousada Parador de Santiago, Rua Cel. José Florêncio 33, ✆ 75/3334 1083, ✉ paradordesantiago@yahoo.com.br. Rustikale Pousada, die oberen Zimmer haben Flussblick. Ventilator und Moskitonetz. Restaurant mit Terrasse. 🕓 Di–So 18–23 Uhr. ❸

Pousada Alto do Cajueiro, Rua Alto do Cajueiro 151, ✆ 75/3334 2002, 🖳 www.altodocajueiro.com.br. Hoch über den Dächern der Stadt liegt diese ruhige, rustikale Pousada. Ideal wenn man Abgeschiedenheit sucht. Von der Holzterrasse einmaliger Blick. Abendessen (R$9). Der Besitzer holt Gäste vom Busbahnhof ab. ❸

✖ ***Pousada Vila Serrano,*** Rua Alto do Bonfim 8, ✆ 75/3334 1486, ✉ vilaserrano@uol.com.br, 🖳 www.vilaserrano.com.br. Wer sich etwas Besonderes gönnen möchte, sollte es hier tun! Traumpousada des sympathischen Zürchers Chris und seiner Frau Sandra in wunderschöner, ruhiger Gartenlage. Die Häuschen sind im Kolonialstil und nach ökologischen Gesichtspunkten gebaut. Geschmackvolle Zimmer mit hübscher Veranda, Liegestühlen und Hängematte. Das erstklassige Frühstück wird an einer langen Tafel serviert. Ventilator, Moskitonetze. Kein TV. Beratung bei der Planung von Ausflügen. ❹

Hotel Canto das Águas, Av. Senhor dos Passos 1, ✆ 75/3334 1154, 🖳 www.lencois.com.br. Luxuriöse Unterkunft in wunderschöner Flusslage. Sehr gutes Restaurant. Herrlicher Pool. Die Zimmer fallen hinter dem restlichen Ambiente etwas zurück. ❹–❻

CAMPING – ***Camping Lumiar,*** Praça do Rosário 70, ✆ 75/3334 1241. Angenehme Camping-Stellplätze auf großer Rasenfläche unter hohen Bäumen. Die Pousada im Haupthaus wirkt etwas heruntergekommen. Restaurant. Camping R$10/p.P. ❶

Essen

Cozinha Aberta, Rua da Baderna 111. Romantisches Restaurant mit wenigen Tischen. Thailändische, indische, italienische und ungarische Gerichte. Tipp: Chocolate Brownie mit Cardamom-Eis. 🕓 tgl. 13–23 Uhr.

Os Artistas de Massa, Rua da Baderna 49. Sehr gute Nudelgerichte aus selbst hergestellter Pasta. Spezialität des Hauses: *Gnocchi, Ravioli* und *Lasagne.* Inhaber Stefano ist Jazz-Fan, bei der Bestellung darf man die Musik wählen, z. B. Bossa Nova, Classic oder Acid Jazz. Kein Bier, nur Wein, Säfte und Caipirinha. 🕓 tgl. 12.30–22.30 Uhr (Sep–Nov geschl.).

Oxente Menina - Pizza na Pedra, Av. Senhor dos Passos 20. Hier gibt es die besten Pizzas der Stadt. Schönes Ambiente; gute Caipirinhas. 🕓 Mi–Mo 19–23 Uhr (HS tgl., Mai geschl.).

Beco da Coruja, Rua do Rosário 172. Vegetarisches Restaurant, nur zwei Tische in einem kleinen Häuschen. Besitzerin Lídia verwendet Biogemüse. Tipp: *Lasagne de Panquecas.* 🕓 Do–Di 12–22 Uhr (HS tgl.).

Picanha na Praça, Praça Otaviano Alves 62. Gutes Fleischrestaurant, einfache Einrichtung. 🕓 tgl. 11–24 Uhr.

Girassol, Rua 7 de Setembro 19. Hier kann man schön an den Tischen auf der Straße sitzen. 🕓 tgl. 12.30–14.30 und 17–23 Uhr.

Burritos y Taquitos Santa Fé, Rua São Benedito 58. Mexikanisches Restaurant mit kleinem Gar-

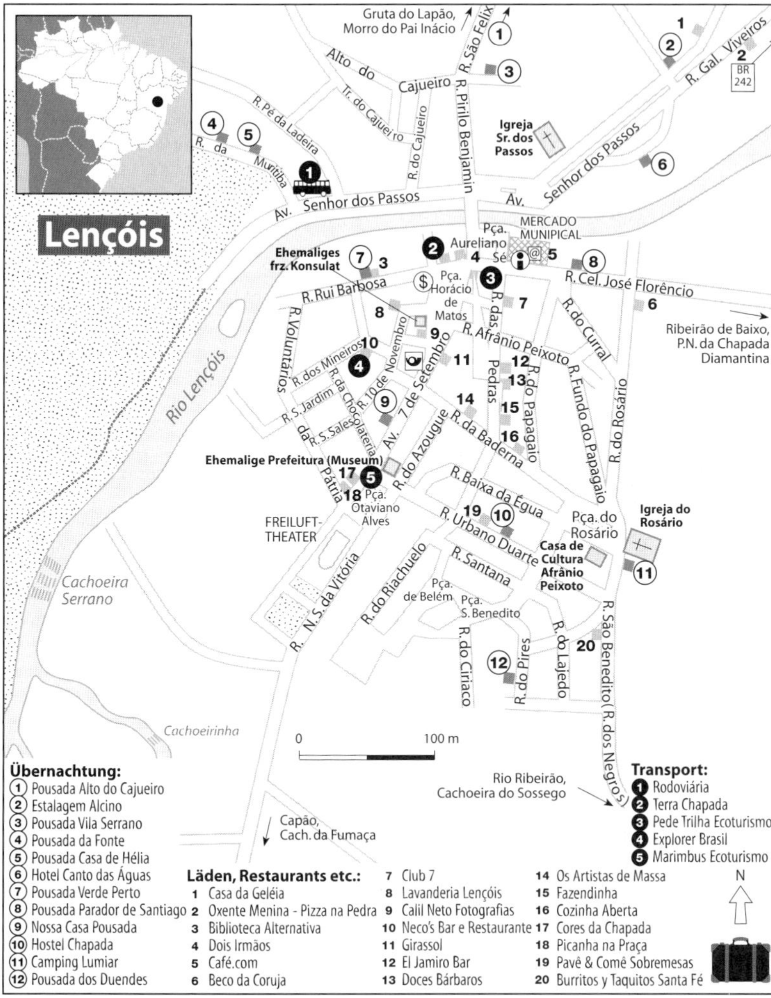

ten. Wer es scharf mag, sollte *Burrito de Carne Adobada* probieren. Reservierung für Gruppen. ◷ Di–So 18–22 Uhr.

Neco's Bar e Restaurante, Praça Maestro Clarindo Pacheco 15. Der sympathische, etwas kauzige Neco serviert seit Jahren Gerichte der Region. Nur mit Reservierung. ◷ tgl. 19–22.30 Uhr (mittags nach Absprache).

Cores da Chapada, Praça Otaviano Alves. Mittags Self-Service, abends Pizza. ◷ tgl. 12–16 und ab 19 Uhr.

CAFÉS – ***Café.com***, Mercado Municipal. Herrlicher Blick auf den Rio Lençóis bei Kaffee, Kuchen, Eis oder Cachaça. ◷ tgl. 10–24 Uhr.

Pavê & Comê Sobremesas, Rua Urbano Duarte 475. Schnuckeliges Café neben dem Hostel. Besitzerin Sônia bietet in ihrem Haus süße Leckereien an. Sehr gut ist das *Pavê com Chocolate.* ⌚ tgl. 18–24 Uhr (bei Bedarf früher).

Nachtleben

Die meisten Bars konzentrieren sich in der **Rua das Pedras**. Besonders lässig ist die ***El Jamiro Bar***, ihr Name geht auf die englische Band *Jamiroquai* zurück. Laura und Max aus Buenos Aires spielen elektronische Musik und machen leckere Cocktails. ⌚ tgl. 18–4 Uhr.
Das ***Fazendinha*** ist beliebt wegen seiner 50 Cachaça-Sorten aus Familienbetrieb und der urigen Atmosphäre. Im Angebot sind auch Caipirinhas. ⌚ tgl. 16–1.30 Uhr.
Vernissagen und Live-Musik gibt es am Wochenende in der Café-Bar ***Doces Bárbaros***. ⌚ 9–17 und ab 18 Uhr.
Zu späterer Stunde gelangt man im ***Club 7*** in ein tanzendes Inferno, denn der Beiname des Tanztempels lautet *Inferninho*, die „kleine Hölle".

BAHIA

Aktivitäten und Touren

ABENTEUERSPORT – Die Chapada Diamantina ist ein Paradies für Freunde von Abenteuersport. Es gibt kaum etwas, das hier nicht möglich wäre. Am beliebtesten sind **Abseiling**, **Tirolesa** (an einem Seil ins Wasser gleiten), **Höhlentauchen**, **Klettern**, **Mountainbiking** und **Reiten**.

AUSFLUGSZIELE – In der Umgebung von Lençóis gibt es eine Vielzahl von Tourzielen unterschiedlicher Entfernung. Einige liegen ganz in der Nähe, sie lassen sich leicht auf eigene Faust erkunden. Bei den meisten sollten Erstbesucher allerdings auf einen lokalen Guide zurückgreifen, um Gefahren zu minimieren.
Ein einmaliges Erlebnis sind die **mehrtägigen Trekkingtouren** (meist 3–5 Tage). Übernachtet wird dabei in Höhlen, Zelten oder einfachen Familienunterkünften. Den Proviant trägt man in der Regel bei sich. Getrunken wird aus den (sauberen) Flüssen.
Wer nur wenig Zeit hat, kann entfernte Ziele mit einer organisierten Mini-Bus-Tour kennen lernen. Sie eignet sich, um in die Chapada hineinzuschnuppern, nicht jedoch für ein intensives Naturerlebnis.

Ziele in der Umgebung von Lençóis – ohne Guide: Vom Zentrum aus in wenigen Minuten zu erreichen sind das **Serrano** (1 km, zahlreiche Naturschwimmbecken im **Rio Lençóis**) und der **Salão de Areias**, eine farbige Sandhöhle.
Etwas weiter ist es zu den Wasserfällen **Cachoeirinha** und **Cachoeira da Primavera** (2 km) sowie dem **Ribeirão do Meio** (4 km), einer beliebten Natur-Wasserrutsche. Man gleitet über glitschige Felsen und landet mit einem großen Platsch in einem Fluss-Schwimmbecken. Zu einem der schönsten Wasserfälle der Region, dem **Cachoeira do Sossego**, gelangt man über die Felsen eines Gebirgsflusses (7 km).

Trekking-Touren – mit Guide: Mehrtägige Wandertouren können flexibel mit dem Guide geplant werden. Kleinere und größere Rundwege durch den Nationalpark zwischen 3–5 Tagen oder länger sind möglich. Folgende Ziele eigenen sich für **Ein-Tageswanderungen**:
Die **Gruta do Lapão** ist eine der größten Quarzsteingrotten Brasiliens, ohne Guide nicht zu finden (4,5 km, 1 3/4 Std.). Man kann die 1 km lange Höhle durchwandern. Am Eingang besteht Gelegenheit zum Abseiling (Rapel) oder Bungee Jumping (20 m).
Empfehlenswert ist auch die Wanderung vom **Morro do Pai Inácio** nach **Lençóis** (6 Std., langsames Tempo). Der Morro do Pai Inácio (22 km, 1150 m) ist der berühmteste Berg der Chapada. In einer halben Stunde ist er leicht erklommen. Oben eröffnet sich eine majestätische Aussicht in alle Himmelsrichtungen. Der Blick bleibt an interessanten Felsformationen hängen, z. B. dem gigantischen **Morro do Camelo**, der seinen Namen der Ähnlichkeit mit dem Wüstenreittier verdankt. Sehr romantisch ist die Stimmung bei Sonnenuntergang. Der Morro do Pai Inácio liegt nahe an der Hauptstraße und ist daher in den meisten Tourprogrammen enthalten.
Eine weitere eintägige Wanderung führt von **Lençóis nach Capão** (25 km, 7 Std.).

Tourveranstalter und Tourguides

Tourveranstalter

Es gibt mehrere große Agenturen, deren Programm sich sehr ähnelt. Oft sind die Erklärungen der Führer jedoch dürftig, auch Umweltschutz hat nicht immer Priorität. Empfehlenswerte Anbieter sind:

Pede Trilha Ecoturismo, Praça Horácio de Matos, gegenüber der Banco do Brasil, ✆ 75/3334 1124, ✉ pedetrilha@terra.com.br. Empfohlenes Reisebüro, Besitzerin Rosa setzt sich für umweltfreundlichen Tourismus ein. ⌚ tgl. 8–12 und 16–22 Uhr.

Terra Chapada, Praça Horácio de Matos 20, ✆ 75/3334 1304, 🖳 www.terrachapada.com.br. Sehr gute Agentur mit ökologisch sensibler Einstellung, eine der dienstältesten. Neben klassischen Tagestouren mit Minibus werden 7-tägige *Volta do Parque*-Touren angeboten, die den gesamten Nationalpark umfassen. Englisch- und deutschsprachige Guides. ⌚ tgl. 8–22 Uhr.

Explorer Brasil, Praça Maestro Clarindo Pacheco 5, ✆ 75/3334 1183, 🖳 www.explorerbrasil.com. Besitzer Kikiu ist ein lustiger Kerl und ein guter Guide.

Fora da Trilha, Rua das Pedras 202, ✆ 75/3334 1326, ✉ fora_da_trilha@yahoo.com.br. Wer sich unterfordert fühlt: diese Agentur macht längere und körperlich anspruchsvollere Trips. Besitzer Henrique ist erfahren, umweltbewusst und ein echter Naturbursche. ⌚ tgl. 8–23 Uhr.

Marimbus Ecoturismo, Beco Tamandaré, ✆ 75/3334 1718, 🖳 www.marimbus.com. Spezialisiert auf Marimbus-Touren („Mini-Pantanal"). ⌚ tgl. 8–21 Uhr.

Rony Bike, Rua do Lajedo 68, ✆ 75/3334 1700, ✉ ronybikes@bol.com.br. Ausgezeichnete Mountainbike-Touren für Anfänger und Fortgeschrittene.

Tourguides

Das Angebot ist bisweilen unübersichtlich, denn auch viele unzureichend qualifizierte Führer tummeln sich auf dem Markt. Zu den empfohlenen Guides zählen:

Isidoro Ubel, Rua 10 de Novembro 8, ✆ 75/3334 1629. Zuverlässig. Deutsch und Englisch.

João, ✆ 75/3334 1221. Sehr erfahren, oft ausgebucht.

Dieter Herzberg, ✆ 75/3338 2011. Deutscher Künstler, wohnt in Mucugê.

Ari, ✆ 75/9966 1301. Englisch.

Kristine Nicouleau, Rua Alto do Cajueiro, ✆ 75/3334 1308, ✉ krisunik@ligbr.com.br. Alle Touren. Französisch und Englisch.

Virgínia Aguiar, Rua Alto da Estrela, ✆ 75/3334 1530, ✉ vvpaguiar@yahoo.com.br. Erfahren, sympathisch, alle Touren. Einfaches Englisch.

Nelson, ✆ 75/9966 0386. Einer der besten Guides. Lernt Englisch.

Harebol, ✆ 75/3334 1712, 75/9978 9221, ✉ harebol@hotmail.com. Erfahren und einfühlsam.

Carlos Henrique (Carlinhos), ✆ 75/3334 1203, ✉ carlinhoslencois@hotmail.com. Sehr gut, macht auch längere Touren. Lernt Englisch.

Ronaldo, ✆ 75/3334 2002. Besitzer der Pousada Alto do Cajueiro, sehr zuverlässig.

Rao Rocha, Rua do Pires, ✆ 75/3334 1544, 75/3334 1229, ✉ rao@hotmail.com.br. Lange im Geschäft, alle Distanzen, über die Pousada dos Duendes.

Roy Funch, ✆ 75/3334 1305, ✉ royfunch@ligbr.com.br. Eine Institution, das schlägt sich allerdings auch in den Preisen nieder. Gut für Leute, die an biologischen und geologischen Details interessiert sind, oft ausgebucht.

Luiz Krug, weitere lokale Koryphäe, spezialisiert auf Höhlen. Kontakt über *Hotel de Lençóis*, oft ausgebucht.

Weiter entfernte Ziele:

Ein beliebtes Ziel der Tourveranstalter ist der **Rio Mucugezinho** mit dem **Poço do Diabo** (20 km), dem „Teufelspool". Der Fluss fließt über ein steiniges Flussbett, dem man bis zu einem Wasserfall folgt (20 Min.). Das Bad im Natur-Pool ist eine angenehme Abkühlung. Beliebt sind hier auch Abseiling am Fels und *Tirolesa*.

Gesundheitstipps

Regel Nummer Eins lautet: immer genügend Trinkwasser und Sonnencreme dabei haben. Helle Kleidung, ein Hut oder Schirmmütze sowie gute Wanderschuhe gehören ebenfalls zur Grundausrüstung. Insgesamt ist die Chapada Diamantina ein sicherer Ort zum Wandern und Sport treiben. Trotzdem ist Vorsicht und Respekt gegenüber Flora und Fauna geboten. In sehr seltenen Fällen kann Gefahr von Tieren ausgehen, am ehesten durch Bienen oder Schlangen. Daher ist es bei allen längeren Touren gut, einen erfahrenen Guide an seiner Seite zu haben.

In der Gegend um das Örtchen **Iraquara** liegen viele Grotten und Höhlen: In der **Caverna da Torrinha** (64 km) kann man in einem labyrinthartigen Gangsystem exotische Kalksteinformationen bestaunen. Achtung, aufgrund der niedrigen Decke ist eine gute Gelenkigkeit erforderlich! Die **Gruta da Lapa Doce** (68 km) ist eine Tropfsteinhöhle mit beeindruckenden, z. T. erotisch-zweideutigen Steinformationen. Die Grotte wurde lange Zeit als Süßwasserquelle benutzt, daher der Name „süße Höhle". Wichtig: Taschenlampe mitbringen!

Die **Gruta da Pratinha** (75 km) lässt sich mit Schnorchel, Flossen und wasserfester Taschenlampe erkunden. Ein glasklarer See führt tief in die geheimnisvolle Grotte hinein – es hat etwas Unheimliches, dem Guide in die pechschwarze, immer dunkler werdende Höhle hinterher zu schwimmen. Im Außenbereich lässt sich dagegen ganz entspannt schnorcheln, inmitten von Schwärmen kleiner, wunderbar bunter Fische. Eintritt R$5 (inkl. Zubehör). In der benachbarten **Gruta Azul** ist Schwimmen nicht erlaubt. Ihre Besonderheit sind die Farbeffekte, die durch Lichtreflexe entstehen. Am Nachmittag entsteht der Eindruck tiefblauen Wassers (gegen 15 Uhr).

Sonstiges

BÜCHER – ***Biblioteca Alternativa,*** Pousada Verde Perto (s. Übernachtung). Leihbücher (15 Tage, R$3) oder zum Kauf. Englische und deutsche Werke. ⌚ Di–So 18–22 Uhr.

EINKAUFEN – Outdoor-Equipment: ***Dois Irmãos,*** Praça Horácio de Matos. Trekkingschuhe und mehr. ⌚ tgl. 8–23 Uhr (ganzjährig).
Regionale Spezialitäten: ***Casa da Geléia,*** Rua General Viveiros 187. Selbst gemachte Marmelade aus Früchten der Region.

FESTE – Populärstes Fest ist das **São João** im Juni. Die **Festa dos Passos** im Januar findet unter lautstarken Gebeten und viel Blasmusik statt.

GALERIEN – ***Calil Neto Fotografias,*** Praça Horácio de Matos 82. Ausstellung und Verkauf von künstlerischen Fotos mit Motiven der Chapada.

GELD – ***Banco do Brasil,*** Praça Horácio de Matos 56. ⌚ Mo–Fr 8–13, Geldautomat 6–22 Uhr.

INFORMATIONEN – 💻 www.guialencois.com. ***Bahiatursa,*** Mercado Municipal. ⌚ Mo–Fr 9–12 und 16–22, Sa–So 10–12 und 18–22 Uhr. Interessante Informationen enthält das Buch „A Visitor's Guide to the Chapada Diamantina Mountains" von **Roy Funch**, eine gute Wanderkarte gibt es im Heft **Trilhas e Caminhos**. Erhältlich überall in Lençóis.

INTERNET – ***Café.com,*** Mercado Municipal. R$6/Std. ⌚ tgl. 10–24 Uhr.

MEDIZINISCHE HILFE – ***Hospital de Lençóis,*** ✆ 75/3334 1587.

POST – Av. 7 de Setembro. ⌚ Mo–Fr 8–16 Uhr.

WÄSCHEREI – ***Lavanderia Lençóis,*** Rua 10 de Novembro 8. ⌚ Mo–Sa 8–21, So 9–20 Uhr.

Transport

FLÜGE – ***Aeroporto de Lençóis Horácio de Matos,*** ✆ 75/3625 8100. ***Oceanair,*** ✆ 0300/789 8160, 💻 www.oceanair.com.br. Mo–Fr ab Salvador und Brasília.

BUSSE – ***Rodoviária,*** ✆ 75/3334 1595. *São Geraldo,* ✆ 75/3334 1611.
Anfahrt: Wer aus Cachoeira anreist, aufpassen! Man muss zunächst zurück nach **Feira de Santa-**

na und dort umsteigen. Wenn man den Mittagsbus verpasst (Sommer!), heißt es auf den nächsten Bus warten bis spät nachts.
Brasília: *Real Expresso*, ✆ 75/3334 1112, 9 und 20 Uhr, 20–24 Std., R$150.
Salvador: *Real Expresso*, 13.15 und 23.30 Uhr, 6 Std., R$32 (HS Mo, Mi, Fr auch 7.30 Uhr).
Capão: zunächst bis **Palmeiras**: *Real Expresso* (oft verspätet), 4.30, 7 und 12.30, Di, Do, Sa 18.30 Uhr 1 Std., R$5. Ab dort mit privaten *Coletivos*, 1 Std., R$5.
Andaraí und **Mucugê**: *EMTRAM*, ab 9 Uhr (oft verspätet). Nach **Igatu** von Andaraí mit *Coletivo*.

Vale do Capão

Das faszinierende Vale do Capão ist noch ein Geheimtipp. Schwerer zu erreichen als Lençóis, liegt es abseits des Weges und ist doch touristisch gut erschlossen. Es gibt Pousadas aller Preisklassen, Restaurants, Tour-Guides und „Natur pur" vor der Haustür. Hier haben sich alternativ denkende Brasilianer und europäische Aussteiger niedergelassen, oft mit einem Hang zu Esoterik oder Astrologie. Treffpunkt ist das kleine Dorf **Capão** (offiziell Caeté-Açu). Die Häuser und Pousadas sind weit verstreut und nicht immer leicht zu finden. Das Tal lässt sich von Lençóis aus in einer strammen Tageswanderung erreichen. Für sportlich weniger Ambitionierte gibt es öffentliche Verkehrsmittel (s. Transport).

Ausflüge

Capão ist idealer Ausgangspunkt für Wanderungen aller Art. Die beliebteste Tour führt zum Wasserfall **Cachoeira da Fumaça**, einer der bekanntesten Attraktionen des Nationalparks. Der Weg dorthin zweigt kurz vorm Ortseingang ab: Er führt zwei Stunden fast durchgehend aufwärts bis auf 1300 m Höhe. Oben wird man mit einem sensationellen Blick belohnt. Hier stürzt der Wasserfall 340 m in die Tiefe. Um ihn zu sehen, muss man sich flach auf einen Felsvorsprung legen. Nur etwas für Schwindelfreie. Der Cachoeira da Fumaça („Rauchwasserfall") hat seinen Namen erhalten, weil er sich unterwegs fast komplett in Nebel auflöst, was aus der Ferne wie Rauch aussieht. Die Kaskade hielt lange Zeit den Titel des höchsten Wasserfalls Brasiliens, muss sich aber nun mit dem zweiten Platz zufrieden geben, seit im Amazonasgebiet ein noch höherer entdeckt wurde. Um den Wasserfall von unten zu sehen, ist eine 3-tägige Wanderung von Lençóis erforderlich. Allerdings führt er nicht immer ausreichend Wasser – vorher erkundigen.

Die Lehmstraße von Palmeiras nach Capão führt am **Cachoeira do Riachinho** vorbei, einem Wasserfall mit natürlichem Schwimmbecken. Verspannte Rücken erhalten hier eine wohltuende Wassermassage. Auf den warmen Felsflächen kann man sich beim Sonnenbaden vom Wasser umspülen lassen und den idyllischen Blick ins Tal genießen. Aufpassen, die Steine sind glitschig.

Durchtrainierte interessieren sich vielleicht für die mehrtägigen Touren ins abgeschiedene **Vale do Paty** oder nach **Andaraí**, beides am besten mit Guide.

Fast alle Pousadas organisieren Touren oder Guides, z. B. *Tatu na Trilha Ecoturismo*, 🖳 www.infochapada.com. Informationen auch bei der Vereinigung der Guides *ACV*, ✆ 75/3332 2202.

BAHIA

Übernachtung und Essen

Pousada und Albergue Pé no Mato, Ortseingang, ✆ 75/3344 1180, ✉ reservas@penomato.com, 🖳 www.penomato.com. Sympathische Pousada mit Niveau. 4er-Dorms (R$20 p.P.), Apartments und Suite. Kleiner Trekking-Laden, Vermietung von Ausrüstung. Touren, Internet, Bar und Restaurant. Englisch. ❶–❷
Pousada Tatu na Trilha, Dorfzentrum, ✆ 75/3344 1124, ✉ tatunatrilha@infochapada.com. Einfache aber gepflegte Dorms. Budget-Option für alle, die sowieso meistens unterwegs sind. ❶ R$10 p.P.
Pousada Lendas do Capão, Rua dos Gatos 201, ✆ 75/3344 1141, 🖳 www.valedocapao.com.br. Wunderschön an kleinem Flusslauf. Highlight ist die Natursauna mit Abkühlung in einem Pool. Gemütliche Bungalows und Apartments, perfekt zur Entspannung abseits der Pfade. Jeep und Touren. Etwas außerhalb, schwierig zu finden. Minibus-Fahrer fragen. ❹
Pousada Candombá, Vila de Caeté-Açu, Rua das Mangas, ✆ 75/3344 1102, 🖳 www.infochapada.com. Chalês mitten in der Natur, ebenfalls abgelegen. ❹.
Pizza Integral do Capão, bei der Dorfkirche. Der Schweizer Thomas verfährt nach der Strategie

„weniger ist mehr": er hat zwei Sorten vegetarische Holzofen-Pizza: *Integral* mit dunklem Teig und Möhren sowie *Banana* (sehr krosser Teig). Dazu selbst gemachten *Mel com Pimenta* (Honig mit Pfeffer). ⌚ Mo–Fr 14–23, Sa und So 12–23 Uhr.

Transport

BUSSE – **Anreise**: Von Lençóis mit *Real Expresso* Bus aus **Salvador** (oft verspätet), bis **Palmeiras** (ca. 1 Std.). Dort warten private *Coletivos* für die restlichen 25 km nach **Capão/Caeté-Açu** (1 Std., R$5).
Nach **Lençóis**: Busse ab Palmeiras um 12.15 und 22.30 Uhr, 1 Std., R$5.

BAHIA

Südliche Chapada Diamantina

Die Serie der sehenswerten Grotten, Felsformationen und Wasserfälle setzt sich auch im südlichen Nationalpark fort. Eine Besonderheit sind die **Marimbus**-Sumpflandschaften zwischen Lençóis und Andaraí („Mini-Pantanal"). Sie entstanden durch den Zusammenfluss zweier Flüsse (Rio Santo Antônio und Rio Utinga) und faszinieren besonders wegen der abwechslungsreichen Flora und Fauna. Mit etwas Glück sieht man Capybaras (Wasserschweine) oder gar ein Krokodil. Weiter südöstlich liegen zwei Höhlenseen mit kristallklarem Wasser. Während im „blauen See" **Poço Azul** Schwimmen erlaubt ist, muss man sich beim „verzauberten See" **Poço Encantado** mit dem beeindruckenden Bild zufrieden geben: Hier trifft ein Sonnenstrahl so auf den See, dass man 40 Meter tief auf den felsigen Grund schauen kann.

Andaraí und Igatu

Der 7000-Einwohner-Ort Andaraí mit hübschen Kolonialhäusern wurde 1845 von Diamantenhändlern am Rio Baiano gegründet. Größte Attraktion ist der Wasserfall **Cachoeira do Ramalho** (80 m), über einen Weg flussaufwärts erreichbar. Die Sandbänke am Rio Paraguaçu laden zum Faulenzen und Baden ein.

Die beeindruckendsten Spuren aus der Zeit des Diamantenbooms findet man in Igatu. Ganz in der Nähe des Dorfes (400 Einw.) liegt eine verfallene Stadt aus Steinhäusern: die Ruinen von **Xique-Xique** – oft „brasilianisches Machu Picchu" genannt. Die ehemals boomende Minenstadt hatte im 19. Jh. bis zu 3000 Einwohner. Heute ist es eine Geisterstadt.

Nach Andaraí führt ein alter Goldgräberpfad (7 km), einer der wohl schönsten Wege der Chapada Diamantina. Er ist gut beschildert und einfach zu laufen. Auch nach Mucugê führt ein Weg, am besten mit Guide.

Mucugê

Die hoch gelegene Stadt (1000 m) gilt als Geburtsort der Chapada Diamantina. Hier soll 1844 der erste Diamant gefunden worden sein. Im 19. Jh. war sie die wichtigste Stadt der Region. Eine Rarität ist der in Fels gehauene Friedhof **Cemitério Santa Isabel** (19. Jh.). Obwohl die Gräber sich stilistisch unterscheiden, wird das Gesamtensemble oft als „byzantinisch" bezeichnet. Aus der Ferne wirkt der Friedhof wie eine weiße Mini-Totenstadt. Abends wird er effektvoll beleuchtet.

In der Umgebung entspringen die Flüsse Rio de Contas und Rio Paraguaçu, sie schlängeln sich durch das Recôncavo und münden schließlich in die Baía de Todos os Santos. Touristeninformation ☎ 75/3338 2255.

Übernachtung und Essen

Pousada Mucugê, Rua Dr. Rodrigues Lima 30, Mucugê, ☎ 75/3338 2210, 💻 www.pousadamucuge.com.br. Noble Apartments mit TV und Ventilator. Pool. ❹
Pousada Éden, Rua Santa Bárbara, Andaraí, ☎ 75/3335 2173, 💻 www.pousadaeden.com.br. Zentral gelegen an schönem Platz, Zimmer mit AC oder Ventilator. ❷
Pousada Pedras de Igatu, Rua São Sebastião, Igatu, ☎ 75/3335 2281, 💻 www.igatu.com.br. 14 Suiten, Bar und Restaurant, Pool, Internet. ❸

Der Nordosten

Durch die Altstadtgassen von **Olinda** schlendern, prächtige Barockkirchen bewundern und abends zum durchdringenden *Maracatu*-Rhythmus tanzen (Pernambuco).

Delphine beobachten und mit Meeresschildkröten schwimmen an den paradiesischen Stränden der Öko-Insel **Fernando de Noronha** (Pernambuco).

Das süße Nichtstun und die verträumten weißen Palmenstrände von **Alagoas** und **Paraíba** genießen.

Sich ins wilde Nachtleben des charmanten **Praia da Pipa** stürzen und am nächsten Morgen mit Delphinen baden (Rio Grande do Norte).

Unterm Sternenhimmel der legendären Hippie-Vergangenheit von **Jericoacoara** und **Canoa Quebrada** nachspüren (Ceará).

In der Hängematte auf dem Flussdampfer die Mangrovenwelt des **Parnaíba-Delta** an sich vorüberziehen lassen (Piauí und Maranhão).

Sich für den Charme der historischen Altstadt von **São Luís** begeistern (Maranhão).

Auf den Spuren der ersten Menschen des Kontinents wandeln im Nationalpark **Serra da Capivara** (Piauí).

Einen Eindruck der **Kolonialgeschichte** des Nordostens gewinnen in Penedo und São Cristóvão (Alagoas und Sergipe).

Der Nordosten gehört zu den beliebtesten Tourismusgebieten Brasiliens; neben Bahia werden nach der offiziellen Landesgliederung noch weitere acht Staaten dazu gerechnet: Sergipe, Alagoas, Pernambuco, Paraíba, Rio Grande do Norte, Ceará, Piauí und Maranhão. Die tropischen Strände der Region, das milde Klima und die moderaten Preise ziehen viele Besucher an. Zu entdecken gibt es entspannte Badeorte, moderne Metropolen, romantische Kolonialstädtchen und urwüchsige Nationalparks. Schwer zu widerstehen ist den vielfältigen Rhythmen, die den Nordosten fast permanent zu durchdringen scheinen, vor allem Forró, Maracatu oder Frevo. Auch der **Karneval** wird hier so lebendig gefeiert wie in kaum einer anderen Region. Zudem locken im Juni die populären *Festas Juninas,* große Volksfeste im Zeichen des Forró.

Die Menschen im Nordosten wirken fröhlich und gastfreundlich, allgemein herrscht ein Klima der Unbekümmertheit und Gelassenheit. Am Strand schmelzen die Alltagssorgen unter der tropischen Sonne dahin, bei den Tanzfesten vergnügt man sich, wie kaum anderswo auf der Welt. Doch der stark agrarwirtschaftlich bestimmte Nordosten steht auch für krasse **Armut**. Die Küstenstädte können den Zustrom Arbeitsuchender aus den Provinzen nicht bewältigen, die Löhne liegen weit unter Landesdurchschnitt. Als Folge haben Millionen *Nordestinos* ihr Glück im reicheren Südosten gesucht, in jüngerer Zeit vermehrt auch im Zentralen Westen und Norden. 1980 lebten 15% der gebürtigen Nordestinos außerhalb des Nordostens. Beste Beispiele sind die Migranten Luiz Gonzaga, der König des Forró, und der gegenwärtige Staatspräsident Lula, die beide aus Pernambuco emigrierten. Ein Grund für die Misere sind wiederkehrende Dürreperioden, doch erst kombiniert mit fehlenden Eigentumsrechten der Kleinbauern und daraus resultierenden mangelnden Möglichkeiten zur Vorsorge werden sie für die Menschen zur Katastrophe.

Auch aufgrund dieser Wanderungsbewegungen ist die nordestinische Kultur im ganzen Land verbreitet. Vielen Brasilianern gilt sie als das „wahre Brasilien". Dass der Ursprung der brasilianischen Kultur im Nordosten liegt, ist heute Teil des brasilianischen Selbstverständnisses.

Um die Ursprünge Brasiliens zu verstehen, muss man somit den Nordosten gesehen haben.

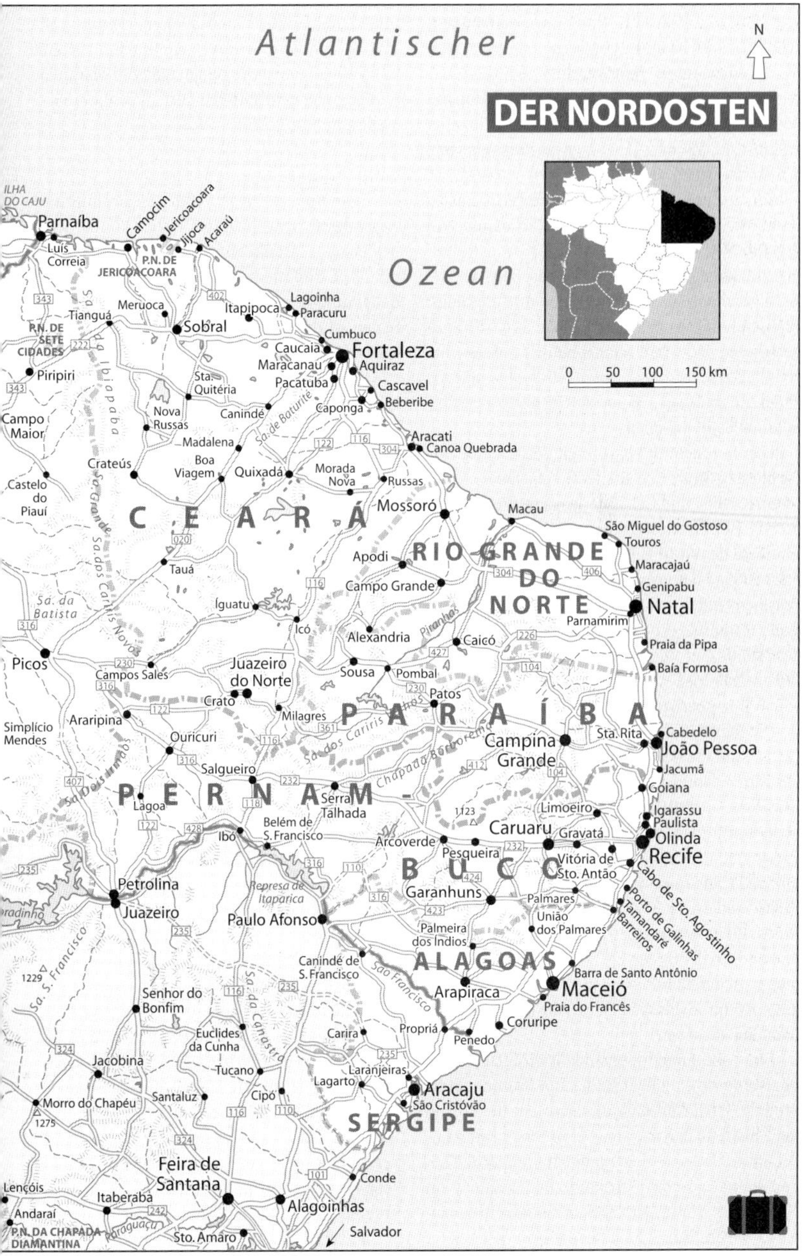
DER NORDOSTEN
Atlantischer
Ozean
N
0
50
100
150 km
CEARÁ
RIO GRANDE DO NORTE
PARAÍBA
PERNAMBUCO
ALAGOAS
SERGIPE
ILHA DO CAJU
Parnaíba
Luís Correia
Camocim
Jericoacoara
Jijoca
Acaraú
P.N. DE JERICOACOARA
Meruoca
Tianguá
Sobral
Itapipoca
Lagoinha
Paracuru
Cumbuco
P.N. DE SETE CIDADES
Caucaia
Fortaleza
Maracanaú
Aquiraz
Pacatuba
Cascavel
Beberibe
Piripiri
Sta. Quitéria
Campo Maior
Nova Russas
Canindé
Caponga
Madalena
Aracati
Canoa Quebrada
Crateús
Boa Viagem
Quixadá
Morada Nova
Russas
Castelo do Piauí
Mossoró
Macau
São Miguel do Gostoso
Touros
Apodi
Maracajaú
Tauá
Campo Grande
Genipabu
Natal
Parnamirim
Sa. da Batista
Iguatu
Icó
Alexandria
Caicó
Praia da Pipa
Baía Formosa
Picos
Campos Sales
Juazeiro do Norte
Sousa
Pombal
Crato
Patos
Milagres
Simplício Mendes
Araripina
Ouricuri
Campina Grande
Sta. Rita
Cabedelo
João Pessoa
Jacumã
Salgueiro
Goiana
Serra Talhada
Lagoa
Limoeiro
Igarassu
Paulista
Olinda
Recife
Belém de S. Francisco
Ibó
Arcoverde
Pesqueira
Caruaru
Gravatá
Vitória de Sto. Antão
Cabo de Sto. Agostinho
Porto de Galinhas
Tamandaré
Barreiros
Petrolina
Juazeiro
Represa de Itaparica
Paulo Afonso
Garanhuns
Palmares
União dos Palmares
Palmeira dos Índios
Canindé de S. Francisco
Barra de Santo Antônio
Maceió
Praia do Francês
Arapiraca
Senhor do Bonfim
Euclides da Cunha
Carira
Propriá
Penedo
Coruripe
Jacobina
Tucano
Laranjeiras
Lagarto
Aracaju
São Cristóvão
Morro do Chapéu
Santaluz
Cipó
Feira de Santana
Conde
Lençóis
Itaberaba
Alagoinhas
Andaraí
P.N. DA CHAPADA DIAMANTINA
Sto. Amaro
Salvador
Chapada Borborema
Sa. dos Cariris Velhos
Sa. dos Cariris Novos
Sa. Grande
Sa. da Ibiapaba
Sa. de Baturité
Sa. Dois Irmãos
Sa. da Canastra
Sa. S. Francisco
Sao Francisco
Piranhas
Paraguaçu
1123
1229
1275
343
222
402
116
122
304
020
406
226
427
104
230
316
361
412
407
232
118
428
110
424
423
235
324
101
242

Wie nirgendwo sonst im Land haben sich indianische, afrikanische und europäische Einflüsse zu einer eigenen Kultur geformt, mit regional unterschiedlichen Ausprägungen. Hier im Nordosten findet man den größten Reichtum an traditioneller Folklore, Musik und Tanz; hier ist Brasilien wohl am exotischsten.

Sergipe und **Alagoas** sind die beiden kleinsten Bundesstaaten Brasiliens. Ihre natürliche Grenze ist der Rio São Francisco, Zuckerrohr- und Kokosnusspflanzungen prägen die Landschaft. Touristisch gesehen zählen sie eher zu den Underdogs. Während Alagoas mit seinen unberührten Strandparadiesen Bade- und Naturfreunde begeistert, liegen die Reize Sergipes eher in Geschichte und Architektur, zu sehen z. B. in São Cristóvão, der viertältesten Stadt Brasiliens.

Pernambuco und **Paraíba** hüten neben Bahia die ältesten Schätze kolonialer Geschichte im Nordosten. Kirchen und Gebäude aus dem 17. Jh. dokumentieren in **Recife**, **Olinda** und **João Pessoa** die Einflüsse der Portugiesen und Holländer. Pernambuco ist eine der größten Tourismusdestinationen Brasiliens mit vielen interessanten Reisezielen wie der Trauminsel **Fernando de Noronha**. Nicht minder schön, aber weniger besucht, sind die Strände in Paraíba – der Staat wirkt teilweise noch wie in einem Dornröschenschlaf.

Die Hauptstädte von **Rio Grande do Norte** und **Ceará** sind die beiden touristischen Hochburgen des Nordostens: **Natal** und **Fortaleza**. Sie sind bei Brasilianern und Europäern gleichermaßen beliebt. Geografisch unterscheiden sich die beiden Staaten jedoch deutlich voneinander, denn bei Natal macht Südamerika einen Knick nach Westen. Während die östliche Seite von Rio Grande do Norte geprägt ist von üppigem atlantischen Regenwald und einigen der besten Strände des Landes, dominieren an der Nordküste endlose Dünenregionen, gespickt mit idyllischen Fischerdörfern und charmanten Badeorten.

Maranhão und **Piauí** sind die größten Staaten des Nordostens; und gemessen am Bruttoinlandsprodukt seit jeher auch die ärmsten. Beide sind touristisch noch recht wenig erschlossen, man findet unverfälschtes Leben und in Maranhão den neben Bahia stärksten afrikanischen Einfluss im Nordosten. Größte Attraktionen sind die Nationalparks wie das Dünengebiet **Lençóis Maranhenses** und kaum berührte Landschaften wie das größte Flussdelta Amerikas, das **Parnaíba-Delta**. Kulturelles Highlight ist die Hauptstadt von Maranhão, **São Luís**, deren historische Altstadt zum UNESCO-Weltkulturerbe gehört.

Klima und Reisezeit

Der Nordosten ist ein ganzjährig angenehm zu bereisendes Feriengebiet, das Wetter könnte kaum besser sein. Fast überall erreichen die Temperaturen 30 °C und mehr. An der Küste wird die Hitze dabei durch einen angenehmen Wind gemildert, baden ist das ganze Jahr über möglich. Die **Ostküste** des Nordostens wird vom Südost-Passat getroffen. Die Windströmung bringt hohe Niederschläge mit sich; feucht-heiße Sommer und milde Winter (über 25 °C) sind die Folge. Heftige Regenfälle gehen vor allem zwischen Mai und Juli nieder. Die **Nordwest-Küste** zwischen Natal und São Luís liegt im „Regenschatten" des Passats, hier ist es deutlich trockener. Der meiste Regen fällt zwischen Januar und Juni; in der zweiten Jahreshälfte ist es windig, dann gibt es kaum noch Niederschläge und Sonne pur.

Im trockenen **Binnenland** *(Sertão)* steigen die Temperaturen oft ins Unerträgliche, bei Niederschlägen von weniger als 300 mm pro Jahr.

Sergipe

Mit einer Bevölkerung von 1,9 Mill. Einwohnern und einer Fläche von 22 000 m^2 ist Sergipe der kleinste Staat Brasiliens (1,4% der Landesfläche des Nordostens) – und einer der wirtschaftlich erfolgreichsten des Nordostens, mit dem höchsten Pro-Kopf-Einkommen. Neben der Förderung von Erdöl und Erdgas ist Sergipe großer Produzent von Maracuja, Apfelsinen und Kokosnuss. Eine besondere ökonomische, ökologische und touristische Bedeutung hat der **Rio São Francisco**. Auch dank des Wasserkraftwerks in Canindé do São Francisco wird Sergipe der erste Staat des Landes sein, der seine gesamte Bevölkerung mit Strom versorgen kann. Der Tourismus hat sich dagegen bislang eher verhalten entwickelt, was angesichts der Konkurrenz wenig verwunderlich ist. Zwischen den Traumstränden von Bahia und Alagoas hat man es nicht leicht im Wetteifer um Touristen. Doch auch

Sergipe hat seine Reize. Neben der 163 km langen Küstenlinie zählen die moderne Hauptstadt **Aracaju** sowie die historischen Kolonialorte **São Cristóvão** und **Laranjeiras** zu den interessantesten Reisezielen. Zu den beliebtesten Festen zählen die wöchentlichen Serenaden in São Cristóvão und der groß gefeierte Vor-Karneval in Aracaju: Pré-Caju.

Aracaju

Aracaju (480 000 Einw.) ist eine ruhige Stadt mit moderner Infrastruktur und urbanem Ambiente. Von den Küstenhauptstädten des Nordostens gilt sie als touristischer Außenseiter, dafür zählt sie zu den preiswertesten Städten der Region, ist freundlich, sicher und ungekünstelt. Die Stadtstrände unterscheiden sind von anderen durch ihre enorme Breite – und die Aussicht auf Ölbohrtürme. Der Sand ist dunkel, das Wasser warm mit kleinen Wellen. Am Hauptstrand **Atalaia** liegen die meisten Bars, Restaurants und Hotels. Durch ein umfangreiches Revitalisierungsprogramm wurde in den letzten Jahren versucht, die 6 km lange *Orla* (Strandpromenade) aufzuwerten, z. B. durch abendliche Wasserspiele und Sportanlagen. Schöne und ruhige Strände finden sich auf der **Ilha de Santa Luzia** oder weiter Richtung Süden (**Praia Aruana**, **Praia do Refúgio**). Gegründet wurde Aracaju erst 1855; wegen der günstigen Lage am **Rio Sergipe** zur besseren Verteilung des Zuckerrohrs. Nach Teresina (1852) gilt sie als zweite systematisch geplante Stadt Brasiliens. Dank des Hafens ist Aracaju ein Motor der wirtschaftlichen Entwicklung im Nordosten. Der Name entstammt dem Sprachgebrauch der Tupi-Indianer und ist eine Verbindung der Worte *Arara* und *Cajueiro* („Caju-Baum der Papageien"). Die Caju-Frucht ist auch heute noch Markenzeichen, man sieht sie überall im Stadtbild, selbst in Form von Telefonzellen.

Sehenswertes

In der jungen Stadt gibt es natürlich keine bedeutenden historischen Bauten zu entdecken. Am auffälligsten ist die zentrale **Catedral Metropolitana** (1875) an der Praça Olímpio Campos. Der kleine **Parque Teófilo Dantas** ringsum ist grün und schattig und eine Oase im innerstädtischen Trubel. Der neoklassizistische und später reformierte Gouverneurspalast **Palácio Olímpio Campos** (1863) und das **Centro de Turismo** von 1911 sind weitere sehenswerte Gebäude. Interessant sind die drei großen Märkte am nördlichen Ende der Innenstadt entlang der Rua José do Prado Franco. Von Nord nach Süd sind dies zunächst der **Mercado Albano Franco**, ein Lebensmittelgroßmarkt; einige Meter weiter befindet sich der **Mercado Antônio Franco**, ein überdachter, im Jahr 2000 vollständig renovierter Bau aus den 1920er Jahren. Angeboten werden hier Gewürze, Käse oder Blumen. Im angrenzenden **Mercado Thales Ferraz** wird vor allem Kunsthandwerk verkauft, auf dem Dach gibt es ein angenehmes Restaurant mit schönem Flussblick. ⏲ Mo–Sa 6–17, So 6–12 Uhr.

Das **Centro de Arte e Cultura de Sergipe** im Stadtviertel Atalaia ist ein modernes Kultur- und Kunstzentrum, wo u. a. Werke lokaler Künstler verkauft werden. Das **Oceanário de Aracaju** neben den beleuchteten Springbrunnen *(Fontes iluminadas)* beherbergt etwa 100 lokale Spezies, u. a. Piranhas, Rochen, Moränen und Haie. Das 1700 m^3 große Meeres-Aquarium war das erste seiner Art im Nordosten und versteht sich besonders als Projekt zur Umweltbildung für Kinder und Jugendliche. Neben 18 Aquarien und drei Tanks gibt es ein Amphitheater für Vorträge und Videos. ⏲ Di–Fr 14–20, Sa und So 9–21 Uhr; Eintritt R$6.

Im gemütlichen Dörfchen Atalaia Nova auf der anderen Seite des **Rio Sergipe** scheint die Zeit stehen geblieben zu sein. Hier, auf der **Ilha de Santa Luzia**, gibt es 30 km einsamer Strände mit ein paar Bars, Strandhütten, Palmen und vereinzelten Surfern. Eine Bootsverbindung von Aracaju besteht auch nach **Barra dos Coqueiros**. Ein Bus pendelt zwischen den beiden Inselorten halbstündlich bis ca. 23.45 Uhr (R$1). Die Bushaltestelle in Atalaia Nova befindet sich vor der *Igreja Católica*, etwa 500 m vom Fähranleger entfernt.

Übernachtung

Im Zentrum abzusteigen bietet eher praktischen Nutzen, z. B. bei kurzen Aufenthalten. Interessanter ist es an den Stadtstränden.

ZENTRUM – ***Hotel Amado,*** Rua Laranjeiras 503, ✆ 79/3211 9937. Nettes kleines Hotel, geräumige Zimmer mit AC und TV, eines der besten ist Nr. 4 im 1. OG. ❷

Hotel Jangadeiro, Rua Santa Luzia 269, ✆ 79/3211 1350, 💻 www.jangadeirose.com.br. Bestes Hotel im Zentrum. Freundliches Personal, die Zimmer sind in Ordnung. Der Aufpreis für die Suite ist nicht nötig. Kabel-TV. ❷–❸

STRÄNDE – ***Tropical Praia Hotel,*** Rua Renato Fonseca Oliveira 55, Atalaia, ✆ 79/3255 2799. Die Zimmer sind ein wenig abgewetzt, insgesamt ist die Qualität für den Preis aber ok. Günstig gelegen, gegenüber dem *Centro de Arte e Cultura.* ❶–❷

Pousada Costa do Mar, Rua Niceu Dantas 325, Atalaia, ✆ 79/3243 1349, 💻 www.costadomar.com.br. Eine der wenigen Pousadas in Aracaju mit gewissem Charme. Garten mit Sitzecke, gutes Frühstück. 100 m vom Strand in einer Nebenstraße. TV und AC. ❷

Pousada do Sol, Rua Atalaia 43, Praia de Atalaia, ✆ 79/3255 1074, 💻 www.psol.com.br. Eine überraschende Oase in der Großstadt – kleines Bungalowdorf mit 7 atmosphärischen Chalês um einen Pool. Witzig: der drehbare Fernseher für Wohn- und Schlafzimmer (Kabel-TV). Daneben gibt es einen modernen Apartmentkomplex, die besseren Apartments sind im 1. OG und haben Meerblick. Hübsche Lobby. ❷–❸

Celi Praia Hotel, Av. Oceânica 500, Atalaia, ✆ 79/2107 8000, 💻 www.celihotel.com.br. Von außen wirkt es etwas kantig, doch das *Celi Praia* ist die beste Upmarket-Option der Stadt. Freundlicher Service, Pool und Sauna, komfortable Zimmer. Internet gratis. ❹

SESC Atalaia, Av. Oceânica, Atalaia, ✆ 79/3211 9898, 🖳 www.se.sesc.com.br. SESC-Einrichtungen sind staatlich geförderte Urlaubskomplexe, bei Vakanzen stehen sie auch Ausländern offen. Im Sommer sind Reservierungen schwierig, zu ruhigeren Zeiten kann man aber durchaus nach freien Zimmern fragen (bis 17 Uhr). Pool und Restaurant. Wahlweise mit VP (R$37 p.P.). ❷

Essen

Ein Muss in Aracaju sind *Caranguejos* (Krebse), bevorzugt isst man sie in einem der typischen Restaurants an der **Passarela do Caranguejo** in Atalaia. Mithilfe eines kleinen Hämmerchens wird versucht, an das Fleisch der Krustentiere zu gelangen; bei Schwierigkeiten kann man sich ruhig von den freundlichen *Sergipanos* helfen lassen.

ZENTRUM – ***Viva Natural,*** Rua Propriá 10. Gesundes Frühstück, mittags Selbstbedienung, abends Pizza oder Suppe; das sind die Optionen in diesem kleinen Bioladen mit Restaurant. 🕓 Mo–Fr 7–9, 12–14.30, 18–21 Uhr.

ATALAIA – Zwei typische Caranguejo-Restaurants sind:

Amanda, Av. Santos Dumont 527, Passarela do Caranguejo. Beliebt bei Studenten, der Hit ist die Promoção Dobrado (zwei Caranguejos zum Preis von einem); im Sommer jeden Tag Hochbetrieb. 🕓 tgl. 9–2 Uhr.

Casquinha de Caranguejo, Av. Santos Dumont, Passarela do Caranguejo. Neben den legendären Caranguejos zählt *Moqueca de Peixe* zu den Spezialitäten des Hauses. Angenehme Atmosphäre, guter Service, immer voll. 🕓 tgl. 11–2 Uhr.

Cantina d'Itália, Av. Santos Dumont. Schönes italienisches Restaurant am Strand. Tipp: Das Rodízio aus hausgemachten Nudeln (So/Mi). Gute Preise auch à la carte (Pasta und Fisch, R$22–26 für 2 Pers.). Nachtisch-Tipp: *Pavê de Chocolate.* 🕓 tgl. 11–1 Uhr.

Bistrô do Twin, Rua Dr. Bráulio Costa 21. Gutes Essen, nicht ganz billig. Ruhige, angenehme Stimmung. 🕓 Mi–Sa 12–15, 18–23, Di–So 12–15 Uhr.

O Miguel, Av. Antônio Alves 340. Dieses überregional bekannte Restaurant ist berühmt für *Carne-do-Sol* mit *Pirão de Leite* sowie exzellente Fischgerichte *(Surubim na brasa),* frisch aus dem Rio São Francisco. Bierhallenatmosphäre, auf den Tischen liegen billige Papieruntersetzer. 🕓 Di–So 11–16, 19–23, Mo 11–16 Uhr.

Pizza D'oro, Av. Santos Dumont, ✆ 79/3243 6119. Bei Jung und Alt beliebte Open-Air-Pizzeria, besonders Sonntag Abend ist der Bär los. Lieferung ins Hotel. 🕓 tgl. 18–24 Uhr.

Unzählige **Tapioca-Stände** bieten ihre Leckereien auf der Strandpromenade im so genannten ***Aratip*** an, einer gemütlichen Fressmeile für regionale Spezialitäten. 🕓 tgl. 16–24 Uhr.

Nachtleben

Vieles spielt sich auf der sog. Passarela do Caranguejo in Atalaia ab, angesagt ist vor allem Forró.

Casa de Forró Cariri, Av. Santos Dumont 243, Passarela do Caranguejo, Atalaia. Vorne Bar mit Live-Musik (Forró, MPB, Couvert R$3), drinnen Restaurant mit typischer Nordestino-Küche und leckeren tropischen Cocktails wie *Umburosca* oder *Cajurosca.* Tipp: der hausgemachte Cachaça und eine heiße Wurzelsuppe *(Caldinho de Macaxeira).* Im hinteren Bereich Tanzfläche für bis zu 500 Personen. Witzige, detailreiche Deko, u. a. Barhocker mit Sattel und Steigbügel. 🕓 Disco Mo–Sa ab 22 Uhr; Eintritt R$7–10.

Alquimia, Rua Dr. Bráulio Costa, Atalaia. Kleine, sehr hippe GLS-Bar mit fetziger Live-Musik. Erdig, szenig, tanzbar. 🕓 Fr–Sa ab 23, So ab 19 Uhr.

Tequila Café, Av. Des. João B. de Araújo Lima 1276, Atalaia. Junges und mittleres Publikum vergnügt sich in dieser lauten Disco bei viel Kunstnebel. 🕓 Do–Sa, je nach Programm.

Coqueiral, Av. Santos Dumont, Atalaia. Sympathische Bar mit entspannter Musik (Jazz, MPB), tgl. live ab 20 Uhr.

Feste

Das **Forró-Caju** im Juni zählt zu den drei größten *Festas São João* in Brasilien (neben Caruaru und Campina Grande). Ein großes Spektakel mit Quadrilha-Wettbewerben (folkloristische Gruppentänze) und viel Forró. Nationale Stars geben sich die Ehre.

Der so genannte **Pré-Caju** ist einer der größten Vor-Karnevals Brasiliens, ein gigantisches Fest mit 300 000 Menschen, das es in punkto Leidenschaft mit den „richtigen" Karnevals im Nordosten aufnehmen kann. Beginn der viertägigen Party ist zwei Wochen vor Karneval, Veranstaltungsort der Strand von Atalaia. Zur Teilnahme an einem *Bloco* braucht man ein *Abadá*-T-Shirt (R$90–300). Infos: ✆ 79/3217 5950.

Touren

TAGESTOUREN – Die drei beliebtesten sind: Mit einem Schoner über den Rio São Francisco, vorbei an gewaltigen Felsformationen zu den Canyons von **Xingó** (R$60–70, 3-stündige Busfahrt); im Katamaran zum **Delta de São Francisco** (ca. R$55); in die Dünenregion von **Mangue Seco**/Bahia (R$45–60).

TOURVERANSTALTER – ***Cajutour***, Av. Santos Dumont 348, Atalaia, ✆ 79/3214 8651, 💻 www.cajutur.com.br. Professionelle Agentur in zentraler Lage. Der portugiesische Inhaber spricht Englisch. 🕓 Mo–Sa 8–19 Uhr.

Peregrinos Esportes de Aventura, ✆ 79/3255 3495, ✉ rappelperegrinos@hotmail.com. Der freundliche Naturbursche Fabrício Lacerda bietet *Rapel* (Abseiling) und andere Extremsportarten an. Fahrradfanatiker können sich nach einer der Langstreckentouren erkundigen, z. B. Natal-Ilhéus oder Ilhéus-Florianópolis (3000 km).

Sonstiges

APOTHEKE – ***Boa Farma,*** Rua José do Prado Franco, Centro. ✆ 79/3214 5151.

EINKAUFEN – ***Shopping Riomar,*** Av. Delmiro Gouveia, Coroa do Meio. Großes Shoppingzentrum, leicht mit dem Bus *Santa Teresa* von Atalaia zu erreichen (ca. 15 Min.). 🕓 Mo–Sa 10–22, So 10–20 Uhr.

Souvenirs und Kunsthandwerk: ***Centro de Turismo,*** Trav. Benjamin Constant, Centro. Kleine Läden um einen schönen Innenhof. 🕓 Mo–Sa 9.30–19, So 9–13 Uhr.

Mercado Antônio Franco, Rua José do Prado Franco, Centro. 🕓 Mo–Sa 8–18, So 8–11.30 Uhr.

Feira de Artesanato de Atalaia, Kunst- und Flohmarkt auf der Strandpromenade. 🕓 Fr–So 16–24 Uhr.

GELD – ***Banco do Brasil,*** Rua Geru 341, Centro. 🕓 10–16 Uhr, Geldautomat 6–22 Uhr (alle Karten). Weitere Geldautomaten an der **Rodoviária Nova** am Taxistand (24 Std., alle Karten) und vor dem **Oceanário** in Atalaia, 🕓 8–20 Uhr. ***Bradesco,*** Praça General Valadão 188, Centro. 🕓 Mo–Fr 10–16 Uhr (Visa, Master Card). Viele Banken auch im Shopping Riomar.

INFORMATIONEN – **SETUR** hat folgende Informationsstände: **Flughafen,** ✆ 79/3243 5267, 🕓 tgl. 11–17 Uhr. **Rodoviária Nova,** 🕓 tgl. 8–17 Uhr. **Centro de Turismo**, Praça Olímpio Campos, Centro, 🕓 Mo–Sa 8–18. 💻 www.aracaju.com, 💻 www.turismosergipe.net.

INTERNET – ***Artes Reais,*** Av. Rotary 71, Atalaia. Versteckt in einem Restaurant. 🕓 Mo–Sa 8–23, So 8–18 Uhr.

Speed Webcyber, Riomar Shopping, 2. OG. (R$3/Std.).

Connect Internet, Rua Capela, Centro. Nähe Rodoviária Velha, im Centro Comercial F. Bomfim. (R$2/Std.) 🕓 Mo–Sa 8–22 Uhr.

MEDIZINISCHE HILFE – ***Hospital Governador João Alves Filho,*** Av. Pres. Tancredo Neves 7501, ✆ 79/3216 2600.

POST – Rua Laranjeiras, Centro. 🕓 Mo–Fr 9–17, Sa 8–12 Uhr. Shopping Riomar, 🕓 Mo–Sa 10–20 Uhr.

TOURISTENPOLIZEI – ***DETUR,*** Av. Santos Dumont, bei den Rundbögen. ✆ 79/3255 2155.

Nahverkehrsmittel

BUSSE – Vom **Zentrum** nach **Atalaia** Busse *Circular Cidade 2* oder *Santa Teresa,* zentrale Haltestelle gegenüber dem Bootsterminal. In die Gegenrichtung *Circular Cidade 1* oder *Santa Teresa* (ca. 25 Min., R$1,45).

BOOTE – ***Terminal Hidroviário,*** Av. Rio Branco, ✆ 79/3214 0781. Fähren nach **Atalaia Nova** (nur Wochenende) stdl. zwischen 5.30 und 19.30 Uhr, 15–25 Min., R$1,75. Rückfahrt stdl. zwischen 6 und 20 Uhr. Abfahrt nach **Barra dos Coqueiros** tgl. alle 15 Min. (24 Std., R$0,85). Alternativ pendeln bis 19 Uhr kleine Barken (10 Min., R$0,70).

TAXI – Aracaju ist eine Stadt der langen Wege, Taxis werden rasch unentbehrlich. Mehrere Unternehmen bieten Rabatte an (bis 18%), diese werden direkt am Taxameter berechnet. Allerdings sind sowohl Karossen als auch Fahrer bisweilen in abenteuerlichem Zustand. ***Disk Taxi,*** ✆ 79/3241 1342, ***Kero Taxi,*** ✆ 79/3236 2222. Am Busbahnhof müssen Discount-Taxis telefonisch bestellt werden.

Transport

FLÜGE – ***Aeroporto Internacional de Aracaju,*** Av. Sen. Júlio Cesar Leite, 12 km vom Zentrum in Atalaia, ✆ 79/3212 8500.
Fluggesellschaften: ***TAM,*** ✆ 79/4002 5700. ***Varig,*** ✆ 79/4003 7000. ***GOL,*** ✆ 0300/789 2121. ***BRA,*** ✆ 79/3212 8590. Alle Ziele in Brasilien.

BUSSE – Es gibt zwei Busbahnhöfe: Die **Rodoviária Nova** wickelt den Fernverkehr ab, die **Rodoviária Velha** ist zuständig für den Nahverkehr in Sergipe.

Rodoviária Nova José Rollemberg Leite, Av. Pres. Tancredo Neves, 5 km vom Zentrum, ✆ 79/3259 2848. Fahrkarten im 1. OG, die meisten Busgesellschaften bieten Lieferung ins Hotel an *(Disk Passagem,* R$3–4, Mo–Fr 8–18, Sa 8–12 Uhr).
Fortaleza: *Guanabara,* ✆ 79/3259 3071, tgl. 11 Uhr, 22 Std., R$124.
João Pessoa: *Progresso,* ✆ 79/3259 3020, Mo, Mi, Fr 23.30 Uhr; *Bomfim,* ✆ 79/3211 2210, Di, Do, So 23.30 Uhr, je 9 1/2 Std., R$80.
Maceió: *Real Alagoas,* ✆ 79/3259 2832, tgl. 12.30 und 18.30 Uhr, Mo–Sa zudem 6.45 Uhr, Fr und So auch 23.45 Uhr; *Bomfim,* tgl. 12, 17.30 und 24 Uhr, je 4 1/2 Std., R$25–29.
Natal: *São Geraldo,* ✆ 79/3259 3100, tgl. 17, 22 und 0.25 Uhr, 15 Std., R$80–98.
Recife: *Progresso,* tgl. 12 Uhr; *Real* Alagoas, tgl. 23 Uhr, je 8 Std., R$50.
Salvador: *Bomfim,* tgl. Expressbus 5, 7, 12.45 und 16 Uhr, 4 1/2 Std., R$44; 5x tgl. Normalbus zwischen 9.30 und 24 Uhr, 6 Std., R$31.

Rodoviária Velha, Praça João XXIII, Centro, ✆ 79/3214 2578. Kleinbusse ins Landesinnere. Die Bussteige sind gut beschriftet. Viele Busse halten kurz nach Abfahrt an der Rodoviária Nova.
Laranjeiras: *Itaporanga,* alle 15 Min. (So seltener) zwischen 6 und 22.30 Uhr, 35–40 Min., R$1,70.
Neópolis: Mo–Sa 5x tgl. zwischen 6 und 15 Uhr, 2 Std., R$9. Auch ab Rodoviária Nova.
Propriá: *Coopertalse* und *Santamaria,* 17x tgl. zwischen 6 und 17.30 Uhr, 1 1/2 Std., R$9.
São Cristóvão: Alle 10 Min., 45–50 Min., R$1,50.

Ins Landesinnere

Laranjeiras

Nur 23 km von Aracaju befindet sich die verträumte Kolonialstadt Laranjeiras (24 000 Einw.), eine der Wiegen **afro-brasilianischer Kultur** und ein architektonisches **Freilichtmuseum.** Die 1570 von Jesuiten gegründete Stadt war während der Kolonialzeit einer der wichtigsten Zuckerproduzenten Sergipes; trotz ihrer historischen Sehenswürdigkeiten finden nur wenige Touristen den Weg hierher, um zwischen Kirchen, Ruinen und bröckelnden Hausfassaden umherzubummeln.

Das so genannte **Trapiche** ist ein imposantes ehemaliges Handels- und Lagerhaus vom Anfang des 19. Jhs.; hier stehen oft Guides. Stadtführungen sind in der Regel kostenlos, ein kleines Trinkgeld wird aber erwartet. ⌚ Di–So 8–17 Uhr.

Die meisten Kirchen wurden von den Jesuiten im 18. Jh. gebaut, einige liegen auf den Hügeln der näheren Umgebung und bieten einen prächtigen Blick auf das **Vale do Cotingüiba.** Hierzu zählen die **Igreja do Retiro** (1701) im Ortsteil Comandaroba (4 km) und die mächtige **Igreja N. S. da Conceição da Comandaroba.** Letztere ist auch die interessanteste Kirche der Stadt, sie wurde 1734 im frühbarocken Stil errichtet. Beide Kirchen sind am besten per Mototaxi zu erreichen. Ebenfalls außerhalb liegt die älteste Kirche des Ortes, die **Igreja de Santo Antônio** von 1701. Im Ortszentrum kann man sich die einfache **Igreja N. S. da Conceição** mit ihren portugiesischen Azulejos und Heiligenfiguren aus dem 18. Jh. anschauen sowie die „spätbarocke" **Igreja de Bom Jesus dos Navegantes** (1905). Die **Igreja Matriz do Sagrado Coração de Jesus** von 1791 hat eine deutsche Orgel aus dem 19. Jh. ⌚ Kirchen Di–Fr 10–17 und Sa–So 13–17 Uhr.

Schwerpunktthema des interessanten **Museu Afro Brasileiro de Sergipe**, Rua José do Prado Franco 19, ist das Leben der Sklaven auf den Zuckerrohrfarmen; ausgestellt sind Arbeitswerkzeuge, Foltergeräte, Bilder, Fotos u.a. Vor allem die Zeichnungen vermitteln ein lebendiges und beklemmendes Gefühl der damaligen Zustände. Weiterhin zu sehen sind afro-brasilianische Skulpturen, z. B. des Bildhauers **Beto Pezão**. Sein Markenzeichen sind markante Figuren mit riesigen Füßen und Händen, die Bewohner des Inlandes darstellen – eine heute oft kopierte Kunstform. Im 1. OG befindet sich eine Abteilung mit bunten Trachten der Candomblé-Gottheiten *(Orixás)*. ⌚ Di–So 10–17 Uhr; Eintritt R$2.

Das **Museu de Arte Sacra**, Praça Heráclito D. Gonçalves 39, enthält eine Kollektion sakraler Kunst aus dem 18. Jh. ⌚ Di–So 10–17 Uhr.

Die einzige **Unterkunft** im Ort ist die Pousada Vale dos Outeiros, Rua José do Prado Franco 124, ✆ 79/3281 2434. Ganzjährig geöffnet, einfach und günstig. ❶

Von der Praça da Bandeira fahren **Busse** nach Aracaju, alle 15 Min. (So seltener) zwischen 6 und 22.30 Uhr, 35–40 Min., R$1,70. Hier stehen auch Mototaxis.

São Cristóvão

São Cristóvão (25 000 Einw.) ist die viertälteste Stadt Brasiliens (1590) und war bis 1855 blühende Hauptstadt Sergipes. Dank ihrer reichen **Kolonialarchitektur** ist sie ein interessantes Ausflugsziel; dabei jedoch viel lebendiger als Laranjeiras. Gut erhaltene weiße Kolonialhäuser, Museen und Barockkirchen aus dem 17. und 18. Jh. säumen die kopfsteingepflasterten Straßen und machen den Besuch zu einer kleinen Zeitreise. Die Stadt wurde von den Franzosen und später den Holländern (1637–1645) besetzt und von letzteren praktisch vollständig zerstört. In ihrer Oberstadt liegen die Kirchen und wichtigeren Kolonialbauten; sie lässt sich bequem zu Fuß erkunden. Da es keine Pousadas gibt, empfehlen sich Tagesausflüge von Aracaju (29 km).

Zu den sehenswertesten Kirchen zählen die 1608 im kolonialen Barockstil errichtete **Igreja N. S. da Vitória** an der Praça da Matriz sowie das Karmeliterkloster **Convento do Carmo** aus dem 18. Jh. Das bedeutendste Bauwerk der Stadt ist jedoch das Franziskanerkloster samt Kirche **Igreja e Convento de São Francisco** an der großen Praça São Francisco. Gegründet wurde es 1657, doch erst 36 Jahre später fand die Grundsteinlegung für das Kloster statt; die Bauzeit dauerte etwa 100 Jahre. Obwohl heute keine Mönche mehr praktizieren, ist das Kloster samt dem schönen grünen Innenhof für die Öffentlichkeit nicht zugänglich. Zur Besichtigung muss man um Einlass bitten.

In einem Flügel des Gebäudekomplexes befindet sich das 1974 eröffnete **Museu de Arte Sacra**, eines der bedeutendsten Museen für sakrale Kunst in Brasilien, mit mehr als 500 Exponaten aus dem 17. und 18. Jh. Hervorzuheben sind neben den liturgischen Gegenständen (besonders Skulpturen des Heiligen Antonius) drei hochwertige Altare aus Blattgold. Von einer Galerie lässt sich ein Blick ins Innere der Franziskanerkirche werfen. Skurril: in einem Krematorium sind Priester und Gouverneure bestattet. Das Museum wurde kürzlich renoviert, mit seinen Steinböden und Holzdecken bietet es eine angenehme Besuchsatmosphäre. Infos und Führungen auf Portugiesisch. ⌚ Di–So 9–18 Uhr; Eintritt R$2.

Am gleichen Platz gegenüber befindet sich ein weiteres Museum, das **Museu Histórico de Sergipe** mit Ausstellungsstücken zur Geschichte des Staates. Es residiert seit 1960 im früheren Provinzpalast, dem **Antigo Palácio Provincial**, der Anfang des 19. Jhs. im Barockstil errichtet wurde. ⌚ Di–So 13–17 Uhr; Eintritt R$2. Nebenan steht die vermutlich älteste Kirche des Ortes, die **Igreja da Santa Casa de Misericórdia** (17. Jh.). Sie war erstes Hospital in Sergipe und beheimatet heute ein Waisenhaus.

Zu den kulinarischen Highlights in São Cristóvão zählen vor allem Süßspeisen nach traditionellen Rezepten. Das bekannteste Restaurant der Stadt, das *Solar de Parati*, Praça da Matriz 40, befindet sich in einem Haus aus dem 18. Jh. ◷ Di–So 11–16 Uhr.

Ein Tipp: Freitags ab 20 Uhr finden so genannte **Serestas** statt – Straßenumzüge mit Gitarren, Geigen und Percussion. Beginn ist an der **Praça da Matriz** vor der Igreja N. S. da Vitória. Der Umzug endet an der Praça São Francisco.

An der Praça Lauro de Freitas fahren etwa alle 10 Min. Busse nach Aracaju, 45–50 Min., R$1,50.

Propriá

Lebhafte, kleine Handelsstadt am Rio São Francisco (28 000 Einw.), sehenswert ist besonders die samstägliche **Feira Aberta**, ein turbulenter Markt am Hafen für alles, was sich unter der Sonne verkaufen lässt. Interessant ist auch der tägliche Fischmarkt, ein wichtiger Umschlagplatz für Fischer der gesamten Region; mit ihren Bötchen kommen sie von weither angesegelt. Bekannt sind die regionalen Süßspezialitäten wie *Batata Doce*, eine mit reichlich Zucker und Kokosnuss versehene Kartoffel, die ausgelöffelt wird; oder *Quebra queixo* („Kieferbruch"), sehr süße Bonbons aus Kokosnuss, Zucker und Guave.

Übernachtung und Essen

Hotel Imperial, Rua Gouveia Lima 66, ☎ 79/3322 1294, gegenüber der Igreja Santo Antônio. Gepflegte Pousada in altem Stadthaus. Antike Möbel, großer Aufenthaltsraum mit Hängematten. Kleine Zimmer, z. T. ohne Fenster, kleines Bad. ❶–❷

Restaurante Beira-Rio, bestes der einfachen Restaurants am Flussufer. Schauerliche Musik, aber guter Fisch und sehr schöner Blick. ◷ tgl. 9–24 Uhr.

Transport

BUSSE – **Aracaju**: *Coopertalse* und Santamaria, 16x tgl. zwischen 6 und 18 Uhr, 1 1/2 Std., R$9. Haltestelle Av. Graccho Cardoso am Flussufer.

BOOTE – Enge Boote fahren 3x wöchentl. (Mo, Mi, Sa) um 5 Uhr nach **Penedo** (3 Std., R$5). Rückfahrt 11.30 Uhr. Man kann auch Boote chartern, am Hafen nach Senhor Luís fragen (ca. R$400).

Der Rio São Francisco

Der Rio São Francisco, im Volksmund liebevoll *Velho Chico* („Alter Kumpel") genannt, ist von den rein brasilianischen Flüssen mit 3161 km der längste des Landes *(„o maior rio totalmente brasileiro").* Er entspringt in der Serra da Canastra in **Minas Gerais**, führt durch **Bahia** (nicht weit von der Gebirgsgegend der Chapada Diamantina) und mündet zwischen Aracaju und Maceió in den Atlantik. Seine ökologische Bedeutung ist unschätzbar, als größter Wasserversorger des semi-ariden Landesinneren des Nordostens wären ohne ihn große Regionen gänzlich unfruchtbar. Daneben versorgt er auch zahlreiche Energiekraftwerke; in Canindé de São Francisco steht das zweitgrößte Wasserkraftwerk Brasiliens und eines der modernsten der Welt.

Wie der Amazonas stellt auch der Rio São Francisco zudem eine touristische Attraktion dar. Die beliebteste Kurztour führt zu den beeindruckenden Canyons von **Xingó** (213 km von Aracaju). Während der Fahrt geht es vorbei an bizarren Felsformationen, schwimmenden Inseln und Reihernestern und mitunter besteht Gelegenheit zu einem erfrischenden Bad. Der Canyon von **Xingó**, mitten im staubtrockenen *Sertão* gelegen, ist von 50 m hohen Felsen umgeben und umschließt einen kristallklaren See mit einer Wassertiefe bis 190 m. Spektakulär ist auch die Katamaran-Fahrt ab **Brejo Grande** vorbei an historischen Städtchen zur Flussmündung *(Foz)*, wo der Zusammenfluss mit dem Atlantik zu bestaunen ist. Der dortige Sonnenuntergang ist angeblich der schönste in Sergipe.

Die Regierung Lula plant den Rio São Francisco mit dem Rio Jaguaribe durch einen Kanal zu verbinden *(Canal do Sertão)* und so die trockenen Regionen in Paraíba, Ceará und Rio Grande do Norte mit Wasser zu versorgen. Wie bei vielen Großprojekten dieser Art schlagen auch hier die Wogen hoch: Während Umweltschützer den Plan scharf kritisieren, verteidigt der Präsident ihn als wichtiges humanitäres Projekt.

Neópolis

Neópolis ist ein charmanter kleiner Ort an den Hügeln des Rio São Francisco. Von den steilen Gassen der alten Oberstadt bieten sich einige eindrucksvolle Blicke auf den großen Strom. Nahe dem Ortseingang in **Santana do São Francisco** kann man im **Centro de Comercialização de Artesanato** hübsche Holz- und Keramikfiguren zu spottgünstigen Preisen erstehen. Das in Penedo verkaufte Kunsthandwerk wird zumeist hier hergestellt. Strategisch interessant ist Neópolis vor allem wegen seiner Fährverbindung nach Penedo: halbstdl. bis 22.30 Uhr, R$1,25. Es gibt drei Fähranleger, darunter einen im Zentrum und einen beim Busbahnhof.

Übernachten und **essen** kann man in der *Pousada/Restaurante Cambraia*, nahe dem Busbahnhof, ✆ 79/3344 1839. Ordentlich, mit Balkon und Flussblick. ❶ Restaurant mit solidem Self-Service. **Busse** nach Aracaju: 7x tgl. bis 17.30, So bis 18.30 Uhr.

Alagoas

Der kleine Staat Alagoas ist einer der touristischen Geheimtipps des Nordostens, wenn nicht gar ganz Brasiliens. Entlang seiner 230 km langen Küste sind einige der schönsten Strände des Landes zu entdecken, oft noch nahezu unberührt. Zur bildschönen Szenerie zählen viele **Lagunen** – portugiesisch *Lagoas*, daher auch der Name des Staates – und Flüsse, wie der imposante Rio São Francisco. In den historischen Städten **Marechal Deodoro**, der ersten Hauptstadt des Staates, und **Penedo** manifestieren sich Geschichte, Kultur und Folklore der Region. Die junge und attraktive Hauptstadt **Maceió** ist kulturelles, wirtschaftliches und geografisches Zentrum des Staates, von hier aus lassen sich leicht alle sehenswerten Orte besuchen. Auffällig an Alagoas ist die außergewöhnlich hohe Konzentration an geschmackvollen Pousadas sowie eine exzellente Gastronomie-Szene. Dies, kombiniert mit der durchschnittlichen Temperatur von 28 °C, macht Alagoas zu einem der angenehmsten Reisestaaten des Nordostens. Wirtschaftlich zählt die Region dagegen zu den ärmsten des Landes; die knapp 3 Mill. Einwohner leben in erster Linie vom Anbau von Zuckerrohr, Kokosnüssen und Baumwolle. Erdöl, Erdgas und zuletzt vermehrt Tourismus sind weitere wichtige Industriezweige.

Maceió

Das sonnige Maceió (850 000 Einw.) darf die wohl schönsten **Stadtstrände** des Nordostens sein Eigen nennen. Besonders in Jatiúca und Ponta Verde geben die von Palmen gesäumten Strände vor leuchtend türkis-grünem Meer eine beeindruckende Kulisse ab. Die modernisierten Stadtteile nördlich des Zentrums zeichnen sich zudem durch eine gute Infrastruktur und eine exzellente Nightlife- und Gastronomieszene aus. Berühmt ist die Stadt auch für interessantes **Kunsthandwerk** sowie exotische und farbenfrohe Krabben- und Fischgerichte, die überall frisch und preiswert mit einer köstlichen Kokosnussmilch-Soße zubereitet werden. Die Ausfahrt mit den typischen Fischerbooten **Jangadas** zu natürlichen Korallenschwimmbecken ist ein touristischer Klassiker.

Entstanden ist die Stadt an den drei Lagunen **Anta**, **Mundaú** und **Manguaba** aus einer Ansiedlung um eine Zuckerrohrplantage. Forciert wurde ihr Wachstum durch den Bau eines Forts im Hafen von **Jaraguá** (1673), das die Franzosen am Schmuggel des Pau Brasil Holzes hindern sollte. Der in der Folge stetig wachsende Handel mit Holz, Kokosnuss, Tabak und Zuckerrohr brachte eine rapide Entwicklung mit sich: 1815 erlangte Maceió Stadtstatus, 1839 wurde sie Hauptstadt von Alagoas. Nur wenige historische Bauten in Jaraguá und im Zentrum sind jedoch aus dieser Zeit übrig geblieben; hier und im südlichen Teil ist Maceió vor allem Hafen- und Industriestadt. So erscheint denn auch das Zentrum eher als lautes und hektisches Durcheinander, Herzstück ist hier die viel befahrene Rua João Pessoa. Das **Museu Théo Brandão** (UFAL), Av. da Paz 1490, ist ein interessantes Museum für Anthropologie und Folklore, es residiert in einem kolonialen Gebäude von Anfang des 20. Jhs. ⌚ Di–Fr 9–12 und 14–17, Sa und So 15–18 Uhr.

Am schönsten sind die Strände von **Ponta Verde** und **Jatiúca**: leicht abfallende, weiße Sandstrände in einer geschwungenen Bucht mit vielen Palmen. Der Strand von **Pajuçara** ist breit und hat Palmen, Rasen und viele Strandbars. Hier legen die berühmten Jangadas zu den Naturpools ab. Die **Praia Sete Coqueiros** ist ebenfalls attraktiv, hat aber wenig Hotels und Restaurants. Überall bieten Strandbars *Água de Coco* und Cocktails an, abends zu Live-Musik. Die südlichen Stadtstrände sind teils verschmutzt und nicht empfehlenswert.

Leuchtturm vor Maceió

Übernachtung

Es gibt keine Notwendigkeit im Zentrum zu übernachten. Die Absteigen entlang der Rua João Pessoa sollte man nur in finanziellen Notlagen in Betracht ziehen. Besser logiert man an den Stränden Pajuçara, Ponta Verde oder Jatiúca. Die Preise steigen in der Hauptsaison stark an.

PAJUÇARA – ***Pousada da Sereia,*** Rua Araújo Bivar 57, ✆ 82/3231 0231, 💻 www.pousadadasereia.com.br. Gepflegte Pousada, günstig gelegen in ruhiger Seitenstraße. Hübscher Frühstücksraum, sehr gutes Preis-Leistungs-Verhältnis. ❷

Hotel Ibis, Av. Dr. Antônio Gouveia 277, ✆ 82/3327 6699, 💻 www.accorhotels.com.br. Belebtes Hotel am Strand, nicht ganz neu, aber noch gut in Schuss. Recht kleine Zimmer. Frühstück kostet extra. ❸

Hotel Praia Bonita, Av. Dr. Antônio Gouveia 943, ✆ 82/2121 3700, 💻 www.praiabonita.com.br. Architektonisch auffälliges Hotel, recht kleine Zimmer, einige mit Meerblick. Die Lage neben einer Tankstelle kann man als Vor- oder Nachteil sehen. Reservierung empfohlen. ❸

PONTA VERDE – ***Alagamar Hostel,*** Rua Pref. A. Arroxelas 327, ✆ 82/3231 2246, ✉ a.j.alagamar@ofm.com.br. HI-Hostel der schmucklosen Sorte, aber recht zentral gelegen und günstig. Dorms à 6 Betten, DZ teils mit AC. Gemeinsame Küche und Waschmaschine. Dorms R$21–28. DZ R$42. ❶

Pousada Sol de Verão, Av. Eng. Mário de Gusmão 153, ✆ 82/3231 6657. Sehr preiswerte Pousada mit großen Zimmern. Aufgeräumt und hell. Einen Block vom Strand. ❶

Hotel Pousada Gogó da Ema, Rua Francisco Laranjeiras 97, ✆ 82/3231 2117, 💻 www.hotelgogodaema.com.br. Gepflegtes Hotel mit künstlerischem Touch. Die Zimmer sind einen Tick zu dunkel, aber für den Preis in Ordnung. AC. Reservierung empfohlen. ❷

Tambaqui Praia Hotel, Av. Eng. Mário de Gusmão 176, ✆ 82/2121 9999, 💻 www.hoteltambaqui.com.br. Solides Großhotel mit Sonnenterrasse, Restaurant und Bar. Die Einrichtung ist hier und da etwas abgewetzt, doch unterm Strich gut. Teilweise Meerblick. ❸

Hotel Maceió Mar, Av. Álvaro Otacílio 2991, ✆ 82/3217 8000, 💻 www.maceiomarhotel.com.br. Großes, stark frequentiertes Beachfront-

Hotel. Die Zimmer mit Veranda und Meerblick sind nur unwesentlich teurer als die ohne. ❺

JATIÚCA – ***Pousada Maria Bonita,*** Rua José P. de Magalhães 321, ✆ 82/3325 8279, 🖳 www.pousadamariabonita.com.br. Nette Pousada mit kleinem Garten und Veranda. Nah am Nachtleben. ❷

Pousada Cais da Praia, Av. Álvaro Otacílio 4353, ✆ 82/2121 3636, 🖳 www.caisdapraia.com.br. Gute, saubere Pousada gegenüber vom Strand. Schlichte, aber ansprechende Zimmer, seitlicher Meerblick. Kabel-TV. ❸

Jatiúca Resort Hotel, Lagoa da Anta 220, ✆ 82/3355 2020, 🖳 www.hoteljatiuca.com.br. Einziges Hotel in Maceió mit Strandzugang und einziges Stadt-Resort Brasiliens. Die attraktive Hotelanlage wird nach ökologischen Standards geführt. In einer Lagune gibt es Schildkröten und Fische. Geschmackvoll dekorierte Zimmer. Restaurants, Bars, Fitnessraum und Unterhaltungsshows. Reservierung über Agentur billiger. In der HS oft voll. ❻

Essen

Maceió verfügt über eine interessante und kreative gastronomische Szene. Berühmt ist *Sururu* (auch: *Siriri),* das sind kleine Weichtiere *(Moluscos),* die gerne für Suppen und Fischsoßen verwendet werden. Leckere Tapiocas bekommt man überall am Strand.

PAJUÇARA – ***Sarah's Esfihas,*** Rua Dr. Lessa de Azevedo 59. Imbiss mit schmackhaften arabischen Spezialitäten: *Esfihas, Beirute, Kibes, Tabule.* 🕓 tgl. 15–24 Uhr.

Paraíso Lanches, Av. Dr. Antônio Gouveia 877. Köstliche *Sucos,* Obstsalate, vegetarische Sandwiches, Pfannkuchen. 🕓 Do–Di 12–1, Mi 16–1 Uhr.

PONTA VERDE – ***Spettus/Famiglia Giuliano,*** Av. Álvaro Otacílio 3115. Beeindruckend: zwei Restaurants in einer riesigen Burgenimitation. Das Steakhouse *Spettus* ist bekannt für sein Rodízio und gutes Salatbuffet. Live-Musik. 🕓 tgl. 11.30–23 Uhr. Das italienische Restaurant hat ein gutes Antipasti-Buffet, Nudeln und Meeresfrüchte. 🕓 tgl. 11.30–2 Uhr. In der Mitte große Bar mit etlichen Whiskeysorten.

Übernachtung:
(1) Jatiúca Resort Hotel (700m)
(2) Pousada Cais da Praia
(3) Pousada Maria Bonita
(4) Alagamar Hostel
(5) Hotel Maceió Mar
(6) Pousada Sol de Verão
(7) Tambaqui Praia Hotel
(8) Hotel Pousada Gogó da Ema
(9) Hotel Praia Bonita
(10) Pousada da Sereia
(11) Hotel Ibis

Läden, Restaurants etc.:
1 Divina Gula
2 Mai Kai
3 Caféconet
4 Skyy Music Bar
5 Don Pepe
6 Massarella
7 Irmãs Rocha
8 Bod's
9 Armazém Guimarães
10 Cachaçaria Água Doce
11 Canto da Boca

Transport:
❶ Bushaltestelle zur Rodoviária

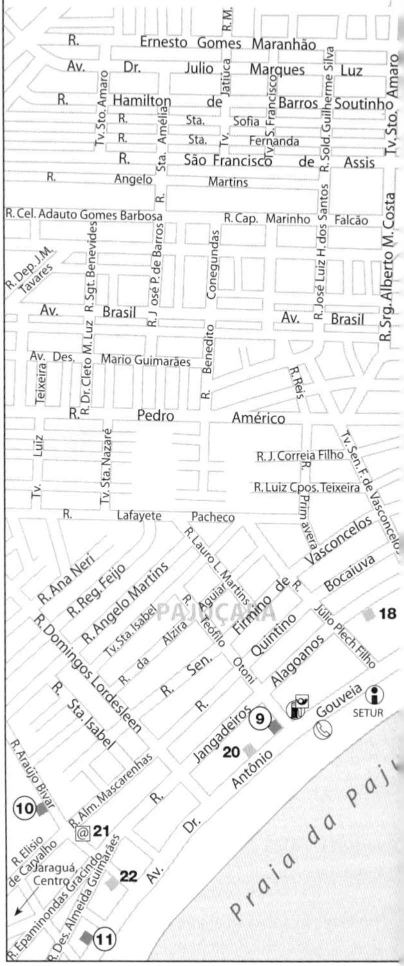

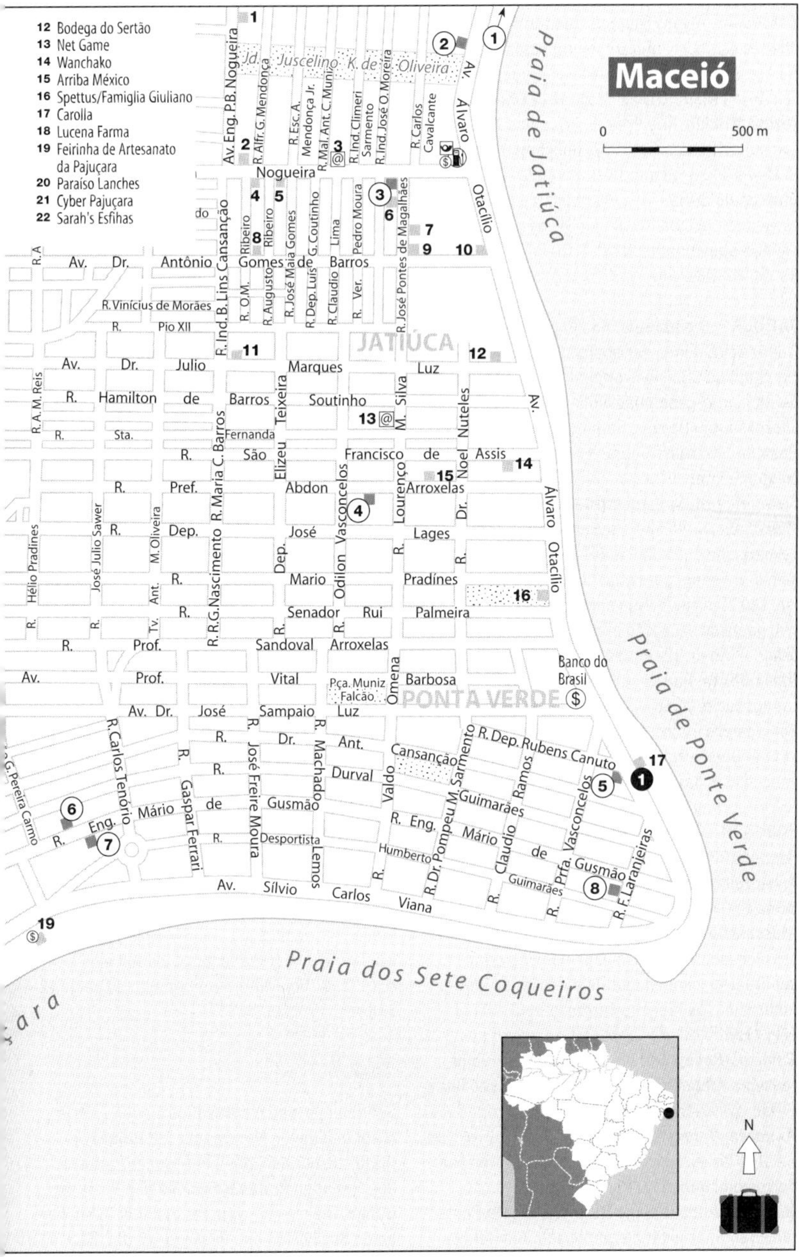

12 Bodega do Sertão
13 Net Game
14 Wanchako
15 Arriba México
16 Spettus/Famiglia Giuliano
17 Carolla
18 Lucena Farma
19 Feirinha de Artesanato da Pajuçara
20 Paraiso Lanches
21 Cyber Pajuçara
22 Sarah's Esfihas
Maceió
0
500 m
Praia de Jatiúca
Praia de Ponte Verde
Praia dos Sete Coqueiros
Jd. Juscelino K. de Oliveira
Av. Álvaro Otacílio
Av. Eng. P.B. Nogueira
R. Alfr. G. Mendonça
R. Esc. A. Mendonça Jr.
R. Mal. Ant. C. Munis
R. Ind. Climeri Sarmento
R. Ind. José O. Moreira
R. Carlos Cavalcante
Nogueira
R. Ind. B. Lins Cansanção
R. José Pontes de Magalhães
Av. Dr. Antônio Gomes de Barros
R. Vinícius de Moráes
R. Pio XII
JATIÚCA
Av. Dr. Julio Marques Luz
R. Hamilton de Barros Soutinho
R. A. M. Reis
Fernanda
R. São Francisco de Assis
R. Pref. Abdon Arroxelas
R. Dep. José Lages
R. Mario Pradínes
R. Senador Rui Palmeira
R. Prof. Sandoval Arroxelas
Av. Prof. Vital Barbosa
Pça. Muniz Falcão
PONTA VERDE
Banco do Brasil
Av. Dr. José Sampaio Luz
R. Dep. Rubens Canuto
R. Dr. Ant. Cansanção
R. Durval Guimarães
R. Eng. Mário de Gusmão
R. Desportista Humberto Guimarães
Av. Sílvio Carlos Viana
R. Carlos Tenório
R. José Freire Moura
R. Gaspar Ferrari
R. Machado Lemos
R. Dr. Pompeu M. Sarmento
R. Claudio Ramos
R. Prfa. Vasconcelos
R. F. Laranjeiras
G. Pereira Carmo
Hélio Pradines
José Julio Sawer
M. Oliveira
R. Maria C. Barros
R. R.G. Nascimento
Elizeu Teixeira
Odilon Vasconcelos
Lourenço M. Silva
Dr. Noel Nuteles
Omena
Valdo
N

Carolla, Av. Álvaro Otacílio. Sehr nettes, halboffenes Strandrestaurant mit romantischer Beleuchtung und tgl. Live-Musik. Gegenüber vom Hotel Maceió Mar. ⌚ tgl. 18–2 Uhr.
Arriba México, Rua Pref. A. Arroxelas 214. Mexikanisches Restaurant mit exotischen Gerichten. ⌚ Di–Sa 11.30–15 und 18–1, So 11.30–15 Uhr.
Bodega do Sertão, Av. Júlio M. Luz 62. Speisekarte und Deko im rustikalen Stil des Sertão. Kleines Souvenirgeschäft. ⌚ Di–Fr 12–21.30, Sa–So 7–21.30 Uhr.

JATIÚCA – ***Divina Gula,*** Rua Eng. Paulo B. Nogueira 85. Eines der besten Restaurants der Stadt und Szene-Treffpunkt. Großer Außenbereich, urig-geschmackvolle Dekoration mit interessanten Details. Sehr gut sind Fleisch, Fisch und Meeresfrüchte. Kleine Cachaçaria mit gemütlichem Tresen. Hervorragender Service. ⌚ Di–Sa 12–2, So 12–24 Uhr.
Wanchako, Rua São Francisco de Assis 93. Eine kulinarische und kulturelle Reise kann man in diesem exzellenten peruanischen Restaurant antreten. Das Haus ist außen und innen mit Inka-Folklore gestaltet. Ausgezeichnetes Essen, aber nicht billig. ⌚ Mo–Fr 12–15 und 19–24, Sa 19–24 Uhr.
Irmãs Rocha, Rua José P. Magalhães. Typische Landesküche nach Uromas Rezepten. Die Schwestern Rocha waren schon durch Kochbücher und Fernsehauftritte zu Ruhm gekommen, als sie das Restaurant eröffneten. Eine pure Verführung ist das Kuchen- und Tortenbuffet (R$14 p.P.). Das an ein Bauernhaus erinnernde Restaurant fällt durch liebevolle Dekoration auf. Wartezeit kann man in Hängematten überbrücken. ⌚ Di–So 11.30–23.30 Uhr.
Massarella, Rua José P. Magalhães 271. Italienisches Restaurant mit hausgemachten oder importierten Nudeln und Holzofenpizza. Großer Innenraum, gemütliche Terrasse. ⌚ Di–So 12–24 Uhr.
Canto da Boca, Av. Júlio M. Luz 654. Berühmt für seine *Moquecas,* vom Stil nichts Besonderes. ⌚ Mo–Sa 12–24, So 12–18 Uhr.
Armazém Guimarães, Av. Dr. A. G. de Barros 188. Belebte Pizzeria mit einigen extravaganten Nudelkombinationen. ⌚ tgl. 18–24 Uhr.
Bod's, Av. Antônio G. de Barros. Beliebte Restaurant-Bar, Spezialität Ziegenfleisch. Auf der kleinen Veranda lässt sich im Schatten eines Baumes bestens ein Happy-Hour Bierchen zischen. ⌚ Di–So ab 11 Uhr.

Nachtleben

Traditionell spielt die Musik in **Jatiúca** sowie dem Unterbezirk **Stella Maris**. An den meisten Strandbars gibt es Live-Musik, besonders gern werden hier die Werke des Liedermachers Djavan intoniert, er kommt aus Maceió. Anders als in den meisten Staaten des Nordostens orientiert man sich in Alagoas musikalisch mehr an Bahia (Axé, Pagode); Forró gibt's nur während der São João-Feierlichkeiten.
Mai Kai, Rua Alfredo G. de Mendonça, Stella Maris. Das Mai Kai ist *the place to be.* Bis zu 3 Bands an einem Abend. Oft Axé und Pagode, Fr internationaler Rock. Im Sommer wöchentlich *Noite do Turista.* ⌚ Do–Sa 23–4, So 17–23 Uhr; Eintritt R$10. Nebenan große, offene Choperia. ⌚ Mo, Mi–Sa 18–3, So 12–22 Uhr.
Cachaçaria Água Doce, Av. Álvaro Otacílio 3977, Jatiúca. Cachaçaria mit der Atmosphäre eines großen Pubs, exzellent um den Abend zu starten. Über 200 in Holzfässern gelagerte Chachaças. Am Wochenende rappelvoll, Wartezeit einkalkulieren. ⌚ tgl. 16–1, Fr und Sa 16–2 Uhr.
Don Pepe, Rua Augusto Ribeiro 340, Stella Maris. Hippe Mexican Bar, am Wochenende platzt sie aus allen Nähten. Leckere Burritos, Tacos und Quesadillas sorgen für das leibliche Wohl, viel Salsa und Merengue für das emotionale Wohlbefinden. Do Live-Musik. ⌚ Di–So ab 19 Uhr; Couvert R$3.
Skyy Music Bar, Rua Olavo M. Ribeiro 320, Stella Maris. Tanztempel mit viel Hip-Hop und elektronischer Musik, Höhepunkt ist jedoch eine Live-Axé-Show. Vor Mitternacht relaxt. ⌚ Do–Sa 22–5 Uhr.

Touren

Sehr beliebt sind die Ausflüge zu den 2 km im Meer gelegenen Naturpools von **Pajuçara** (R$13–16, nur bei Ebbe), außerdem Touren zu den Stränden **Praia do Francês** und **Praia do Gunga**. Die meisten Tourveranstalter besuchen beide Strände an einem Tag (8–17 Uhr, R$25 p.P.),

was jedoch den Beigeschmack von Fast Food-Tourismus hat.
Richtung Norden lassen sich schöne Tagesausflüge zu den Stränden von **Garça Torta** (13 km) oder **Riacho Doce** (15 km) unternehmen.
Nett sind auch Schonerfahrten von **Pontal da Barra** zu den neun Inseln der **Lagoa Mundaú** (R$15–20).
Ausflüge zur Mündung des **Rio São Francisco** (R$60) können sowohl von Aracaju (Sergipe) als auch von Maceió unternommen werden.

TOURVERANSTALTER – ***Maceió Turismo,*** Rua Firmino de Vasconcelos 685, Pajuçara, ✆ 82/3327 7711, 💻 www.maceioturismo.com.br. 🕓 tgl. 8–22 Uhr.

Sonstiges

APOTHEKE – ***Lucena Farma,*** Rua Jangadeiros Alagoanos 1422. 🕓 Mo–Sa 7–23, So 8–20 Uhr.

EINKAUFEN – **Souvenirs und Kunsthandwerk**: Berühmt ist die lokale Spitzenklöppelei *(Renda de Filé)*, verkauft u. a. im ***Feirinha de Artesanato da Pajuçara,*** Av. Dr. Antônio Gouveia. 🕓 tgl. 10–22 Uhr. Günstiger können die Produkte direkt von der Herstellung in **Pontal da Barra** gekauft werden (Lagoa Mundaú).

FESTE – Das **Maceió-Fest** im November gilt als einer der besten *Out-of-Season* Karnevals des Landes. Informationen: 💻 www.maceio-fest.com.br. Ebenfalls im November findet das **Maceió Jazz Festival** statt.
Auch die **Festas Juninas** im Juni werden in Maceió farbenfroh begangen.

GELD – ***Banco do Brasil,*** Av. Álvaro Otacílio 2963, Ponta Verde. 🕓 Mo–Fr 10–16, Geldautomat 6–22 Uhr.
Weitere **Geldautomaten** z. B. in **Pajuçara**, Av. Dr. Antônio Gouveia, und in **Ponta Verde**, Av. Álvaro Otacílio, Ecke Av. Carlos Nogueira auf dem Tankstellengelände. 🕓 je 6–22 Uhr.

INFORMATIONEN – Eine Touristeninformation von **SETUR** ist am Strand von **Pajuçara**. 🕓 Mo–Fr 8–18, Sa–So 8–20 Uhr. Weiterhin am **Flughafen** und in der **Rodoviária**. 🕓 24 Std.

INTERNET – ***Cyber Pajuçara,*** Av. Jangadeiros Alagoanos 619, Pajuçara Shopping. Effizientes Internetcafé (R$3/Std.), nach *Pacotes* fragen. 🕓 Mo–Sa 8–20 Uhr.
Net Game, Rua Lourenço M. da Silva 44, Jatiúca. Wer sich nicht an spielenden Kids stört, findet hier exzellentes, sehr preiswertes Internet (R$2/Std.). Schnelle Verbindung, aktuelle Hard- und Software, Kopfhörer. 🕓 Mo–Sa 9–23, So 10–23 Uhr.
Caféconet, Rua Carlos da Silva Nogueira 192, Jatiúca. Angenehm (R$5/Std.). 🕓 Mo–Fr 9–22, Sa 11–17 Uhr.
Viele **Tankstellen** haben ebenfalls Internet, oft 24 Std., aber teurer.

MEDIZINISCHE HILFE – ***Hospital Santa Casa de Misericórdia,*** Rua Dias Cabral 288, Centro. ✆ 82/2123 6000. 🕓 24 Std.

POST – **Pajuçara**, Tankstelle Av. Dr. Antônio Gouveia, Ecke Rua Teófilo Otoni. **Ponta Verde**, Av. Álvaro Otacílio, Ecke Av. Carlos Nogueira. 🕓 beide Mo–Fr 8–18, Sa 8–12 Uhr.

TELEFON – ***Posto Telefônico,*** Av. Dr. Antônio Gouveia, Pajuçara. 🕓 tgl. 9–21 Uhr.

Nahverkehrsmittel

BUSSE – Der Nahverkehr in Maceió ist recht unkompliziert, die meisten Buslinien verlaufen entlang der Strände bzw. einen Block parallel dazu. Zur **Rodoviária** mit Bus *Jacintinho/Ponta Verde/Rodoviária* oder *Cidade Universitária 711* (ca. 15 Min.). Haltestellen in **Ponta Verde** an der Uferstraße, z. B. gegenüber Hotel Maceió Mar; in **Pajuçara** entlang der Rua Jangadeiros Alagoanos (einen Block vom Strand). Zum **Flughafen** mit Bus *Benedito Bentes* bis Av. Jaqueira, dort umsteigen in Bus *Aeroporto*.

TAXI – ***City Taxi,*** ✆ 0800/824 242, ***Coopertáxi,*** ✆ 0800/822 277.

Transport

FLÜGE – ***Aeroporto Zumbi dos Palmares,*** Rio Largo, 20 km, ✆ 82/3214 4000. Ab 2006 internationale Flüge.

Fluggesellschaften: ***BRA***, ✆ 82/3336 3000. ***TAM***, ✆ 82/3214 4111. ***Varig***, ✆ 82/3214 4106.

BUSSE – Die gut organisierte ***Rodoviária*** liegt im Stadtteil Feitosa, ✆ 82/3221 4615. Die meisten Fahrkartenschalter sind im 1. OG. Gepäckaufbewahrung vorhanden.
Aracaju: *Real Alagoas*, ✆ 82/3336 9336, tgl. 12.30 und 18.30, Mo–Sa zudem 6.15, Fr und So auch 23.45 Uhr. *Bomfim*, im EG, ✆ 82/3336 4629, tgl. 6.30, 11, 18, 0.30 Uhr, 4–5 Std., R$25–29.
Barra de Santo Antônio: *Atlântica*, ✆ 82/3325 2018, 7x tgl. zwischen 9 und 22.30 Uhr, 1 Std., R$5.
Barra de São Miguel: *Real Alagoas*, stdl. bis 22 Uhr, 45 Min., R$2.
Caruaru: *Progresso*, ✆ 82/3223 6127, tgl. 6.30, 9.30, 13, 17 und 24 Uhr, 3 1/2 Std., R$16–20.
Coruripe: *Real Alagoas*, 5x tgl. zwischen 6 und 17 Uhr, 2 Std., R$5.
Fortaleza: *Guanabara*, ✆ 82/3326 4066, tgl. 15.15 Uhr, 18 Std., R$97.
João Pessoa: *São Geraldo*, ✆ 82/3223 3560, Di und Do 9.30, So 14 Uhr, 6 Std., R$37.
Maragogi und **Japaratinga**: *Real Alagoas*, tgl. 5, 9.30 und 15.15 Uhr, 2 1/2 Std., R$15.
Natal: *São Geraldo*, tgl. 21.30 Uhr, 9 Std., R$74.
Penedo: *Real Alagoas*, tgl. 6, 14.30, 16 und 17 Uhr, 4 Std., R$15.
Porto da Rua und **Porto de Pedras**: *Atlântica*, tgl. 6.20, 9.20, 11.20, 14.20 und 16.20 Uhr, 2–3 Std., R$10–12.
Praia do Francês / Marechal Deodoro: *Real Alagoas*, halbstdl. bis 20 bzw. 22.30 Uhr, R$2.
Recife: *Real Alagoas*, 12x tgl. bis 24 Uhr, 4 1/2 Std., R$30–42.
Salvador: *Bomfim*, im EG, tgl. 6.30, 11, 18, 0.30 Uhr, 9 Std., R$47–65.

Südlich von Maceió

Smaragdfarbenes Meer, paradiesische Lagunen und historische Ortschaften prägen den **Litoral Sul** von Alagoas, wegen der immensen Kokospalmenplantagen ist er auch als **Costa dos Coquerais** bekannt.

Penedo

Das Barockstädtchen Penedo (57 000 Einw.) war 1565 erste koloniale Siedlung von Alagoas und gilt heute als eine der wichtigsten historischen Städte Brasiliens – es trägt den Beinamen „Ouro Preto des Nordostens". Hier haben sich im Laufe der Jahrhunderte Holländer und Portugiesen verewigt, etliche Kirchen und gut erhaltene Häuser aus der Blütezeit des 19. Jhs. zeugen vom Einfluss der Europäer sowie der Franziskaner-Missionare. Penedo hat jedoch nicht nur viel Geschichte, sondern auch viel Charme. Auf einem Hügel am Rio São Francisco gelegen, bieten sich von den Altstadtgassen prächtige Aussichten auf den mächtigen Strom. In den Märkten am Hafen wird schöne **Handwerkskunst** verkauft, besonders Tonkrüge und -töpfe sowie geschnitzte Heiligenbilder.

Sehenswertes

Das Franziskanerkloster **Convento de São Francisco** mit der **Igreja de N. S. dos Anjos** (1660), Praça Rui Barbosa, ist das bedeutendste Kunstdenkmal der Stadt. Es wird geprägt von seinen Erweiterungsbauten aus dem 18. Jh., vor allem der spätbarocken Fassade von 1759. Herausragend ist das Deckengemälde (1784). Im Kloster leben noch einige Mönche. ◷ Di–So 8–11, 14–17 Uhr.

Ebenfalls bedeutend ist die kleine **Igreja de N. S. da Corrente**, Praça 12 de Abril. Das eklektische Bauwerk zählt zu den schönsten der Stadt, es wurde Ende des 18. Jhs. (1720–1765) von einer Familie errichtet. Bemerkenswert sind die farbigen Schnitzwerke des Hauptaltars und der neoklassizistischen Seitenaltäre. Alte portugiesische *Azulejos* ergänzen das Gesamtkunstwerk. ◷ Di–So 8–17 Uhr.

Die **Igreja de São Gonçalo Garcia dos Homens Pardos**, Av. Floriano Peixoto, ist ein einfacher Bau von 1758 mit neoklassizistischem Altar. Markant sind die beiden weißen Türme, sie wurden im 19. Jh. erneuert. ◷ Di–So 8–17 Uhr. An der **Praça Barão do Penedo** steht die frühere Festung **Forte Mauricio de Nassau** (1637). Sie beherbergt heute das Tourismusbüro. Gegenüber steht das **Oratório**, ein kleines Gebetshaus von 1782. Die Hauptkirche am selben Platz, die **Catedral Matriz** von 1690, ist eine einfache Barockkirche. ◷ Di–So 8–17 Uhr.

Das Gebäude des **Museu Paço Imperial**, Praça 12 de Abril, hat Ruhm erlangt, als Kaiser Pedro II hier einmal eine Nacht verbrachte. Seit 1982 beherbergt der ehemalige Palast ein gut organisiertes Museum mit Ausstellungsstücken aus der Kolonialzeit des 18. und 19. Jhs. Wunderschön ist die Aussicht auf den Rio São Francisco vom Holzbalkon. ⏲ Di–Sa 11–17, So 8–12 Uhr; Eintritt R$3. Das **Casa do Penedo**, Rua João Pessoa 126, ist ein kleines Museum mit Wissenswertem über die Geschichte Penedos sowie Sklaven- und Indianerkultur. Im Innenhof finden gelegentlich Konzerte und Lesungen statt. ⏲ Di–So 8–17 Uhr; Eintritt R$2. Das **Teatro 7 de Setembro** (1884), Av. Floriano Peixoto 81, ist das älteste Theater von Alagoas. ⏲ tgl. 8–17 Uhr.

Nur einen flüchtigen Blick sollten man in die älteste Straße der Stadt werfen, die abschüssige **Rua do Banheiro**. Sie trägt den Namen, weil Toiletten seinerzeit noch Mangelware waren. Montags haben fast alle Sehenswürdigkeiten geschlossen.

Übernachtung

Es scheint, als ruhten sich die Hotelbetreiber ein wenig auf ihren Lorbeeren aus, jedenfalls verglichen mit den sonst in Alagoas üblichen Standards. Tipp: Einen Preis ohne Frühstück aushandeln und in der Stadt frühstücken.

Pousada Estilo, Rua Dâmaso do Monte 86, ✆ 82/3551 2429. Billig-Option, nur drei Zimmer haben Fenster, diese jedoch mit spektakulärem Flussblick. Große Terrasse mit schöner Sicht auf den Fluss. Kein Frühstück. Teils AC. ❶

Pousada Colonial, Praça 12 de Abril 21, ✆ 82/3551 2355. Altes Haus in bester Lage am Flussufer mit hübscher Lobby. Teils lieblose Gestaltung, fehlende oder unfertige Accessoires; Freundlichkeit und Service sind ausbaufähig. Ventilator oder AC. ❷

Hotel São Francisco, Av. Floriano Peixoto, ✆ 82/3551 2274, 💻 www.hotelsaofrancisco.tur.br. Hotelklotz, von außen ein ästhetisches Desaster. Das Mobiliar der Standardzimmer stammt aus den 50er Jahren, einschließlich des Fernsehers. Die Luxus-Zimmer sind komfortabel, mit Balkon und Ausblick. Lieber etwas mehr investieren. ❸–❹

Essen

Lokale Spezialitäten sind Süßwasser-Fische wie der schmackhafte *Surubim*, man isst ihn am besten als Eintopf *(Peixada de Surubim)*.

Esquina Imperial, Av. Floriano Peixoto 61. Gemütliches Eck-Restaurant mit hoher Decke und historischen Bildern an den Backsteinwänden. Schöne Café-Atmosphäre, sehr freundlich. ⏲ Mo–Sa 6.30–21 Uhr; Frühstück 6–10 Uhr (R$5), Self-Service 11–15 Uhr.

Oratório, Av. Beira Rio. Grandiose Lage am Flussufer, das Deck ist *der* Treffpunkt bei Sonnenuntergang. Frischer Fisch aus Fluss oder Meer. Spezialität: *Pituzada*, eine Art *Moqueca* mit großen Flusskrabben (*Pitu*). ⏲ Mo–Do 9–24, Fr–So 9–2 Uhr.

Forte da Rocheira, Rua da Rocheira 2. Einfaches Traditionsrestaurant, bekannt für die fragwürdige Spezialität *Jacaré* (Krokodil aus eigener Zucht). Nicht wirklich gemütlich, aber gute Aussicht. ⏲ tgl. 11–16 und 18–22 Uhr.

Einkaufen

Auf dem **Mercado Público** mit der **Feira Livre** an der Praça Floriano Peixoto und ihren Seitengassen herrscht ein buntes Treiben, hier werden Keramik und Korbwaren, Fisch, Fleisch, Früchte und aphrodisierende Getränke mit Cachaça feilgeboten. Bester Tag ist Samstag. ⏲ Mo–Sa 8–17 Uhr. Der Markt für Kunsthandwerk ist der ***Mercado de Artesanato***, Praça 12 de Abril. ⏲ Di–So 8–17 Uhr. Tonkrüge und –töpfe, Schnitzwerk und mehr ist auch an den Ständen der Praça São Cristóvão am Hafen erhältlich. Noch günstiger gibt es die Stücke in **Santana do São Francisco** (s. S. 424) auf der anderen Flussseite.

Sonstiges

GELD – In der Av. Duque de Caxias, nahe Rodoviária: ***Banco do Brasil*** und ***Bradesco*** (Visa und Master Card).

INFORMATIONEN – **Touristeninformation**, Praça Barão de Penedo, ✆ 82/3551 2727. City-Tour (1 1/2 Std., R$25, bis 6 Pers.), guter Stadtplan. ⏲ Mo–Sa 7.30–17.30 Uhr. Internet: 💻 www.penedo.kit.net

INTERNET – ***.Com Informática***, Av. Floriano Peixoto 127, Rio Shopping, 2. OG. Kleiner Informatikladen mit Internet. Alle Services. ⏲ Mo–Fr 8–19, Sa 8–16 Uhr.

POST – Rua Floriano Peixoto. ⌚ Mo–Fr 8–16 Uhr.

TOUREN – In der Hauptsaison bieten Agenturen Bootsausflüge zur Flussmündung *(Foz)* des **Rio São Francisco** an (9–12 Uhr, R$100, bis 4 Pers.).

Transport

BUSSE – Die ***Rodoviária*** liegt an der westlichen Flussuferseite, Av. Duque de Caxias, 5 Min. von der Tankstelle.
Caruaru und **Recife**: *Jotude,* So–Fr 20, Sa 22 Uhr, 6 bzw. 8 Std., R$27/37.
Maceió: *Real Alagoas,* ✆ 82/3551 2602, tgl. *Expressbus,* 5.30 und 16.30 Uhr, 3 Std.; Bummelbus *(Pinga)* an der Küste, 5.30, 11.30 und 14 Uhr, 4 1/2 Std., je R$17.
Pontal de Coruripe: *Real Alagoas,* tgl. direkt mit *Pinga,* 5.30 und 14 Uhr, 2 1/2 Std. *Expressbus* bis Coruripe, von dort Taxi oder Mototaxi, tgl. 5.30 und 16.30 Uhr, 1 1/2 Std., je R$9.

BOOTE – Fähren alle 30 Min. nach **Neópolis**, dort Anschluss nach **Aracaju**.

Pontal de Coruripe

Pontal de Coruripe (2500 Einw., nicht zu verwechseln mit Coruripe) ist ein ruhiges Fischerdörfchen mit Sprenkeln von Tourismus – ein guter Stopp zwischen Penedo und Maceió. Der Strand ist berühmt für seine schönen Sonnenuntergänge; Naturpools können mit Fischerbooten angesteuert werden. Eine aufs Meer zulaufende, kopfsteingepflasterte Straße mit hohen Ficus-Bäumen verleiht dem Zentrum Flair. Bekannt ist der Ort für seine Artesanato-Produktion, vor allem die bunten Körben aus getrockneten Palmenblättern der *Ouricuri*-Zwergpalme. Ausflüge zu einer Zuckerrohrfabrik, zur Mündung des **Rio São Francisco** oder zu den Stränden von **Miaí de Baixo** und **Miaí de Cima** sind weitere Freizeitmöglichkeiten in diesem Ort, wo die Zeit noch stillzustehen scheint.

Ein schöner Ausflug per Mototaxi führt zur *Fazenda Maresia,* Praia Miaí de Cima, 19 km, ✆ 82/3273 6555. Westernreiten an einsamen Stränden, Buggytouren. Schönes Restaurant. Tipp des Hauses: *Côco Espumante,* ein geschäumter Kokossaft, dazu Apfelstrudel. Reservierung erwünscht. Besitzer ist der österreichische Fotograf Werner Grecht; interessante Fotoausstellungen.

Im Sommer gibt es spontane Feste, im Winter wird am Wochenende im *Tropical Dances* oder der *Salinas Bar* getanzt. Groß gefeiert werden auch die Festas Juninas im Juni. Es gibt weder Bank, Post noch Internet.

Übernachtung und Essen

Pousada da Ada, ✆ 82/3273 7209, ✉ adapousada @yahoo.com.br, 🖳 www.adapousada.com. Naturnahe Pousada mit einfachen Chalês im Ferienhausstil, eine Oase der Ruhe. Großer Garten, humanistisch-alternatives Flair. Das Stammpublikum besteht aus Künstlern, Intellektuellen, Gays und Familien. Besitzerin Ada spricht fließend Deutsch und bietet Portugiesischkurse an (R$30/Std.). Deutschsprachige Bücher, Tausch möglich. Großartiges Essen: vegetarische Gerichte, Fisch und „richtige" Salzkartoffeln. Ventilator und Moskitonetze. ❶–❷

Transport

BUSSE – Die **Bushaltestelle** ist am Ortseingang. Alternativ fahren **Sammeltaxis** *(Lotação)* (ab 3 Pers.).
Maceió: *Real Alagoas,* ✆ 82/3273 1447, tgl. Expressbusse, 6, 6.50 und 17.50 Uhr, 1 Std.; *Pinga,* 6.15, 7.40 und 16 Uhr, 2 1/2 Std., R$9.
Penedo: *Real Alagoas,* tgl. Expressbusse, 7.20 und 19 Uhr, 1 Std.; *Pinga,* 8.50 und 16.30 Uhr, 2 Std., R$8.

Barra de São Miguel

Dieser beschauliche Ort (6400 Einw.) hat einen schönen Strand und viele Ferienhäuser, er verläuft über 9 km und besteht aus den Ortsteilen **Barra Mar** (am Anfang), **Niquim, Centro** und **Porto** (Hafen). Besonders schön ist die Hafengegend, wo die Flüsse Rio São Miguel und Rio Niquim die mangrovenreiche Lagune **Lagoa do Roteiro** bilden.

Von alten Holzstegen bietet sich ein toller Blick hinüber zur **Praia do Gunga**; wegen seiner spektakulären Lage zwischen Lagune und Ozean einer der bekanntesten Strände des Nordostens. Am Hafen lassen sich Jangadas oder Motorboote chartern

(30 Min., R$20), einmal täglich fährt auch ein Segelschiff. An schönen Wochenenden kommen viele Tagesausflügler aus Maceió, um an der Praia do Gunga mit dem *Banana-Boot* übers Meer zu preschen. Unter der Woche ist es ruhiger. Am Strand stehen viele einfache Bars, faire Preise hat *Dom Pero.* tgl. 9–16 Uhr.

Am Kirchplatz **Praça Myriel Cavalcante** liegen die Post und die *Banco do Brasil.* Mo–Fr 9–12 Uhr. Der **Bus** von *Real Alagoas*, 82/3336 9336, aus Maceió passiert alle Pousadas an der Hauptstraße.

Übernachtung

Pousada Sete Mares, Av. Leonita Cavalcante, Niquim, 82/3272 1054. Liebevoll dekorierte Pousada mit himmelblauen Holzbetten. Charmant verwinkelte Anlage, Blumen, hübscher Pool. Im 1. OG Balkon, unten aber schönere Sicht. ❷

Brisamar Pousada, Rua Margarida O. Lima 38, Barra Mar, 82/3272 2051, www.brisamarpousada.com.br. Familiengeführte Pousada in ruhiger Lage. Ein guter Deal sind die Suiten in den oberen Stockwerken: luftig, modern und groß, Meerblick. ❷

Restaurants befinden sich am Hafen.

Praia do Francês

Nur 20 km südlich von Maceió liegt Praia do Francês, einer der beliebtesten Strandbadeorte in Alagoas. Die unasphaltierte Strandstraße ist von einfachen Bars gesäumt und hat etwas angenehm Dörfliches. Der von Riffen geschützte Hauptstrand ist gut zum Baden; etwas weiter nördlich tummelt sich die Surfergemeinde an einem der besten Surfstrände des Landes. Im Ort gibt es viele geschmackvolle (und bezahlbare) Pousadas, einige würden für sich genommen schon einen Besuch lohnenswert machen.

Praia do Francês ist grün und blumig und wirkt mit seinen schönen Häusern teilweise wie ein hübscher Vorort. Die meiste Zeit über geht es hier ruhig zu, in den Sommerferien und an Wochenenden wird kräftig gefeiert.

Nach Maceió fährt ein **Bus** von *Real Alagoas* tgl. alle 30 Min. bis 19 Uhr.

Übernachtung

Zwischen Dezember und Februar stark erhöhte Preise.

Pousada Lua Cheia, Rua das Conchas 85, 82/3260 1622, www.pousadaluacheia.com.br. Sehr freundliche Pousada mit hübschem Poolbereich, Palmen und Rasen. Die Zimmer im 1. OG sind größer und heller. Englische und deutsche Bücher, Internet. Der italienische Besitzer war Weltenbummler und Reisebuchautor. ❷

Pousada Miroku, Rua Cavalo Marinho 16-A, 82/3260 1187, www.pousadamiroku.com.br. Sehr nette, saubere Pousada mit offenem Garten und vielen Heiligenbildern. Kleine Veranda mit Hängematten, wunderbare Terrasse im 1. OG. ❶

Pousada Manguaba, Rua Logostin 52, 82/3260 1119, www.pousadamanguaba.com.br. Gemütlich, mit künstlerischem Touch. Hübscher grüner Innenhof, friedliche Atmosphäre. Die Zimmer unten sind kleiner, aber auch charmanter. ❷

Francês Beira-Mar Hotel, Av. Verdes Mares 305, 82/3260 1394, www.francesbeiramarhotel.com.br. Einzige Beachfront-Pousada, farbenfroh und gepflegt. Begrünter Innenhof, Pool, Wintergarten. ❷

Essen

Chez Patrick, Rua Marisia 15. Traditionelles Restaurant (1980), klein, rustikal und urig. Der französische Besitzer empfiehlt *Filet Mignon à Gorgonzola.* Di–So 12–22 Uhr.

Parada de Taipas, Av. Caravelas. Luftiges Restaurant mit buntem Mobiliar, etwa 400 m stadtauswärts, der Weg lohnt aber. Berühmt für sein *Chiclete de Camarão* („Krabbenkaugummi") – keine Angst, einfach probieren! tgl. 12–22 Uhr.

Sonstiges

INFORMATIONEN – www.praiadofrances.net.

INTERNET – ***Gêmeos Mosaico,*** Rua Carapeba 133. Schöne Mosaiken und Internet (R$7/Std., am Wochenende billiger). Di–So 9–22 Uhr.

Marechal Deodoro

Die traditionsreiche Stadt wurde benannt nach Manoel Deodoro da Fonseca (1889–1979), dem ersten Präsidenten der Republik Brasilien, er wurde hier geboren. Sie war erste Hauptstadt von Alagoas und steht heute unter Denkmalschutz. Der Ort liegt idyllisch an den Ufern der **Lagoa Manguaba**; von der Oberstadt bietet sich ein weiter Blick über die Lagune. Zentraler Platz ist die hübsche **Praça Pedro Paulino**. Die Stadt birgt heute einen der größten Vorräte an Gold- und Silberobjekten, Holzmöbeln und Heiligenskulpturen aus den 16.–18. Jh. Am besten lernt man sie auf einem Tagesausflug kennen, von Maceió sind es 28 km, von Praia do Francês 7 km.

Bedeutendstes Bauwerk ist das Franziskanerkonvent **Convento de São Francisco** mit der **Igreja de Santa Maria Madalena**, Praça João XXIII; der Bau wurde 1684 begonnen und erst 1793 abgeschlossen. Hervorzuheben sind die ornamentale Bemalung der Chorkapelle sowie der Hauptaltar mit seinen üppigen Barockornamenten aus dem 18. Jh. Leider ist die Klosterkirche stark verfallen. Für die Öffentlichkeit ist sie deshalb geschlossen, doch man kann vom Wandelgang des Klosters einen Blick hinein werfen.

In einem Teil des Konvents befindet sich seit 1984 das **Museu de Arte Sacra** mit einer erstaunlichen Sammlung von Heiligenfiguren. Die ältesten Stücke sind filigran gefertigte Prozessionsgegenstände aus dem 17. Jh. ⌚ tgl. 9–17 Uhr; Eintritt R$2. Gleich neben dem Kloster steht die **Igreja Terceira Ordem de São Francisco**, die Kirche der Schwarzen Bruderschaft. Die **Igreja N. S. da Conceição** ist eine recht simple, doch hübsch restaurierte Kirche aus dem 18. Jh. Hier wurde Marechal Deodoro getauft. ⌚ Mo–Sa 8–12, 15.30–17 Uhr.

Im Museum **Casa de Marechal Deodoro**, Rua Marechal Deodoro 92, ist eine Fotosammlung sowie einige alte Möbelstücke zu sehen. ⌚ tgl. 8–18 Uhr. Jugendliche bieten Stadtführungen an (ca. R$10).

Nördlich von Maceió

Wilde, nahezu unberührte Traumstrände, endlos scheinende Palmenhaine und einfache, romantische Dörfer – das ist der Litoral Norte von Alagoas, eine „versteckte" Region, wo der große Tourismus bisher noch nicht angekommen ist. Paradiesische Strände, die ebenso wie viele der Pousadas zur Spitzenklasse Brasiliens zählen, reihen sich wie Perlen einer langen Kette aneinander. Die auch als **Costa dos Corais** (Küste der Korallenriffe) bezeichnete Gegend ist durch ihre Naturpools, Flüsse, Mangroven und maritime Artenvielfalt ein ökologisches Paradies. Entlang der so genannten **Rota Ecológica** (s. S. 435, Kasten) sind in den letzten Jahren Pousadas entstanden, die sich nachhaltigem Tourismus verschrieben haben. Die Rota Ecológica ist nichts für Urlauber, die nach Animation Ausschau halten. Wer Ruhe und Einsamkeit gepaart mit Qualität und Komfort in einer natürlichen, unverbauten und wunderschönen Umgebung sucht, hat gute Chancen, hier seine Wünsche erfüllt zu finden.

Praia de Tabuba

Das kleine Örtchen Praia de Tabuba (35 km nördlich von Maceió) gehört zum Bezirk **Barra de Santo Antônio;** Highlight ist der von Riffen geschützte Strand, der zu den schönsten der Region zählt. Hier lässt sich exzellent baden und Wassersport betreiben. Der Ort Barra de Santo Antônio lebt vom Tourismus zur **Ilha da Croa** (auch Barra Dois genannt), zu erreichen per Fähre. Etwa 7 km von Barra Dois liegt **Praia de Carro Quebrado**, mit seinen farbigen Klippen gehört er zu den wohl schönsten Stränden von Alagoas. Der Strand ist zu Fuß von Barra Dois (ca. 1 1/2 Std.) oder per Buggy erreichbar. Weiter nördlich liegen mit **Praia Pedra do Cebola**, **Praia da Ponta do Gamela** und **Praia do Morro** weitere herrliche, aber recht schwer zugängliche Strände. In Barra de Santo Antônio gibt es keine nennenswerten Pousadas oder Restaurants.

Übernachtung und Essen

Pousada Arco-Íris, Rua 10, ✆ 82/3291 1250, ✉ arcoiris@gmx.net, 💻 www.tabuba.tk. Natur und Ruhe pur – sehr schöne Pousada eines Schweizer Betreibers, geschmackvolle, große Zimmer mit Balkon sowie AC oder Ventilator. Zimmer auch für 4–6 Pers., dadurch exzellente Gruppendeals. Pool, Kajak, Fahrräder, Windsurfmaterial (auch Unterricht) und Jangada-Touren.

Rabattmöglichkeit bei längerem Aufenthalt. Restaurant (Spezialität Rösti und Fondue). Von der zentralen Bushaltestelle Holperstraße Richtung Strand (10 Min.). ❷–❸

Rota Ecológica

Die Rota Ecológica *(„ökologische Route")* erhielt ihren Namen vom brasilianischen Journalisten Ricardo Freire. Er hätte sie jedoch ebenso gut *„romantische Route"* nennen können. Auf der Küstenstrecke zwischen **Praia de Tabuba** und **Japaratinga** liegen, fernab von Immobilienspekulation und Massentourismus, mehr als 40 km nahezu unberührte Strände, wie geschaffen für Entspannung und Nichtstun. Hier kann man in der Hängematte ein Buch lesen oder an den einsamen Stränden von **Toque, Tatuamunha** und **Patacho** stundenlang spazieren gehen, sanfte Naturpools laden zu einem Bad ein. Wenn die Energie sich nicht mehr zäumen lässt, unternimmt man am besten einen Bootsausflug auf dem **Rio Tatuamunha** und hält dabei nach dem dort zur Reproduktion ausgesetzten Seelöwenpärchen Ausschau. Die „Verschonung" vor großen Hotelanlagen, Jet-Ski und Jet-Set ist wohl vor allem dem „günstigen" Verlauf der Hauptstraße AL-101 zu verdanken. Sie macht nämlich einen Umweg durchs Landesinnere, so dass die Region lange von der Außenwelt unentdeckt blieb.

Ein wesentliches Merkmal der Rota Ecológica sind die vielen Pousadas von überdurchschnittlicher Qualität. Neben höchstem Komfort und Service (wo gehören schon DVD-Player auf den Zimmern zum Standard?) ist es vor allem der natürliche Charme der privat geführten Häuser in ihren tropischen Gärten, der den Besucher zum Fan werden lässt. Den beteiligten Unternehmern ist es dabei gelungen, die Region behutsam zum Tourismus zu führen, ohne Landschaften zu verschandeln oder den Charakter der Gemeinden über Gebühr zu verändern. Inzwischen kooperieren etwa zehn Pousadas mit dem Ziel, Qualität und Nachhaltigkeit im Tourismus zu vereinen.

Transport

Minivans *(Bestas)* verkehren unregelmäßig nach **Barra de Santo Antônio** und weiter nach **Porto da Rua** und **Porto de Pedras** (R$8).
Von Recife fährt man bis zur Ortschaft **Santa Luzia** (4 km hinter Barra de Santo Antônio).
Die **Fähre** zur **Ilha da Croa** ist für Fußgänger kostenlos, Pkw R$9; 24 Std.-Betrieb.

Porto da Rua und Porto de Pedras

Das kleine Dorf Porto da Rua (5900 Einw.) gehört zur Gemeinde São Miguel dos Milagres. Viel ist hier, ebenso wie in den Nachbarorten, nicht los. Ein aparter Dorfplatz am Strand und ein Kirchplatz an der Hauptstraße sind die Zentren, hier wird Handwerkskunst aus Kokosnuss und Holzgeschnitztes verkauft. Wer Ruhe zum Abschalten sucht ist goldrichtig: Die wunderbaren Strände **Praia Tatuamunha, Praia do Riacho** und **Praia do Toque** sind idyllisch und fast menschenleer.

Das 10 km lang gezogene Dorf Porto de Pedras ist ein kleines Juwel unter den Fischerorten. Sein Zentrum liegt an der Flussmündung des Rio Manguaba: ein romantisches Panorama mit gelber Kirche vor einem palmenreichen Hügel und schwarzweiß gestreiftem Leuchtturm.

Von den kleinen Ortschaften der Region gibt es hier am meisten Dorfkultur und Leben. Traditionelle Fischer-Strohhütten und einfache Barracas säumen die Uferpromenade, manchmal finden kleine Märkte statt. Im Zentrum stehen bunte Häuschen, einige wurden hübsch restauriert.

Die näheren Strände gehören nicht zu den schönsten der Region, denn die Farbe des Wassers ist durch den Rio Manguaba getrübt, außerdem gibt es Algen.

Spaziert man jedoch Richtung Süden, gelangt man bald an herrliche, elegant geschwungene Palmenstrände wie die **Praia Patacho**. Auch auf der anderen Seite des Rio Manguaba reiht sich ein schöner Strand an den nächsten: **Boqueirão, Barreiras do Boqueirão** und **Bitingui**. Auf einer romantischen Sand- und Kopfsteinpflasterstraße zwischen Kokoshainen erreicht man schließlich Japaratinga.

Übernachtung

Einige Pousadas zwischen São Miguel dos Milagres, Porto da Rua und Tatuamunha (7 km) sind mit öffentlichen Verkehrsmitteln schwer zu erreichen, die meisten bieten einen Abholservice an.

PORTO DA RUA – ***Pousada do Caju,*** Praia do Toque, ✆ 82/3295 1103, ✉ jeromebresil@hotmail.com. Helle Pousada mit großem Garten, nah am Strand. Schlichtes, aber stilvolles Haus mit hübscher Veranda. Ansprechend dekorierte Zimmer, die meisten mit TV und DVD. AC. ❹

✖ ***Pousada da Amendoeira,*** Praia do Toque, ✆ 82/3295 1213, 🖳 www.pdamendoeira.com.br. Verwöhnprogramm pur! Luftige Chalês in Palmenanlage, einige mit Veranda und Sofa, 20 m vom Strand. Alte Holzmöbel und liebevolle Details schaffen Wohlfühlklima. AC und DVD. Pfiffig: das offene Badezimmer im *Chalê Piracanta.* Das *Chalê Alamanda* hat ein einladendes *Ofurô* (Holzbadewanne). Liegestühle auf dem Stranddeck. Kleines Restaurant mit Meeresfrüchten und Bio-Produkten, vegetarische Gerichte auf Wunsch. Abendessen inklusive. Englisch. 5–10 Min. zur Hauptstraße. ❺

Pousada Côté Sud, Praia de Porto da Rua, ✆ 82/3295 1283, 🖳 www.pousadacotesud.com.br. Chalês in schöner Strandlage mit Meerblick. Restaurant, Pool, Jangada-Ausflüge. 10 Min. zur Hauptstraße. Belgische Leitung. Keine Kinder. ❸

✖ ***Pousada do Toque,*** Praia do Toque, ✆ 82/3295 1127, 🖳 www.pousadadotoque.com.br. Exotisch, stilvoll, komfortabel – in einem tropischen Garten liegen rustikale Chalês mit King Size-Betten, DVD und CD-Player, einige mit eigenem Pool und Meerblick. Unverkrampftes, persönliches Klima. Exzellentes Restaurant; das Abendessen ist im Preis inbegriffen, ebenso Internet, Kajak, Fahrräder, Jangada- und Reitausflüge. Ganztägig Frühstück in einer urigen Hütte. Die Besitzer sind Vorreiter im Umweltschutz und sozial engagiert, z. B. organisieren sie eine Förderschule. Reservierung notwendig. ❻

PORTO DE PEDRAS – ***Pousada Quinta dos Coquerais,*** Rua Cel. Avelino Cunha 39, Nähe Autofähre, ✆ 82/3298 1375. Recht gute Budget-Pousada, einfache Zimmer. Moskitonetze, WC auf dem Gang. Schattige Veranda und großer Garten. ❶

Pousada Costa das Pedras, Nähe Autofähre, ✆ 82/3298 1176, 🖳 www.costadaspedras.com.br. Exzellente Pousada in renoviertem Haus von 1918. Pool, Palmengarten und Blumen. Apartments und Chalês, alle mit DVD. Holztüren und -fenster, gemütliche, helle Bibliothek mit Sofa und Hängematte. Restaurant. Internet gratis. ❷–❸

Pousada Um Milhão de Estrelas, Praia de Tatuamunha, ✆ 82/3298 6223, 🖳 www.pousadaummilhaodeestrelas.com.br. Edel-Pousada mit riesigen, geschmackvollen Chalês, Meerblick und DVD. Großes Restaurant. Ausflüge mit Pferd, Kajak oder Fahrrad inbegriffen. ❻

Pousada Aldeia Beijupirá, Praia Lages, ✆ 82/3298 6520, 🖳 www.pousadabeijupira.com.br. Pousada mit cool-exklusivem Touch. Weitläufige Anlage, große Chalês mit DVD, Stereoanlage und Whirlpool. Elektronische Musik berieselt das Gelände. Sauna, Fitnessraum und Pool. Keine Kinder. ❻

Essen

In der Nähe des Fähranlegers in Porto de Pedras gibt es einige Bars und kleine Restaurants, am besten isst man aber in den Restaurants der Pousadas. Diese können auch von Nichtgästen genutzt werden, am besten mit Reservierung.

Cantinho de Nanã, Porto da Rua. À la carte und Self-Service Restaurant am Strand, günstige Fisch-, Fleisch- und Nudelgerichte. Abzüge in der B-Note für die hässliche Umzäunung. 🕓 Di–So 8–19 Uhr.

Bar do Tibiro, Porto da Rua, am Strand nahe Dorfplatz. Holzstühle und getrocknete Palmwedel statt Plastik. Einfache Traditions-Strandhütte mit leckeren Meeresfrüchten und kaltem Bier. 🕓 tgl. 9–19 Uhr.

Transport

Von **Recife**: **Bus** bis Japaratinga, dann mit **Mototaxi** nach Pontal do Boqueirão, mit der **Fähre** übersetzen, dann von der Pousada abholen lassen oder zu Fuß (Porto de Pedras Zentrum).

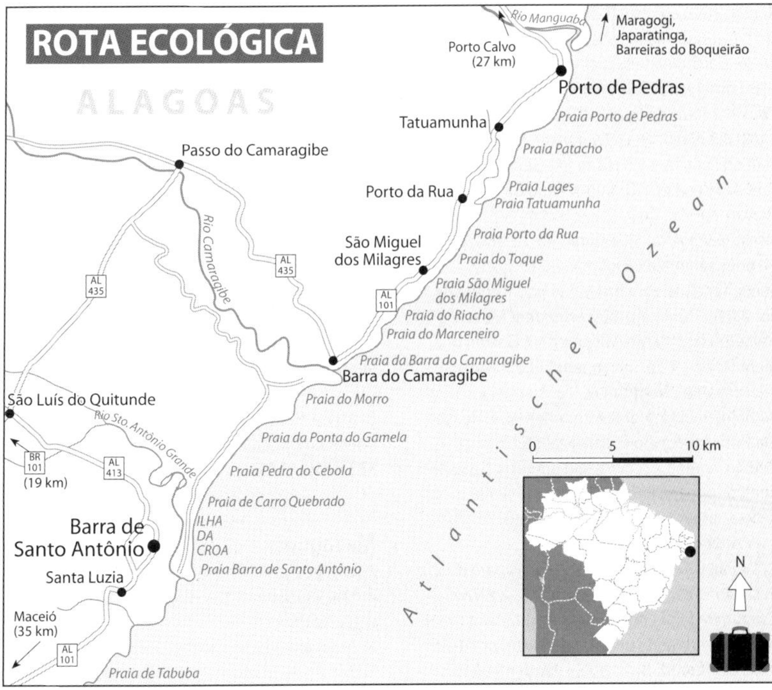

Alternativ bis Porto Calvo und von dort mit Kleinbus.
Von **Maceió**: Über Barra de Santo Antônio und Passo de Camaragibe.
Die Region lässt sich hervorragend per **Mototaxi** erkunden, am einfachsten über die Pousada bestellen.
Nach **Japaratinga**: Eine brüchige **Autofähre** setzt über den Rio Manguaba, Fußgänger fahren umsonst mit. Wer nicht auf den nächsten Pkw warten möchte, kann ein kleines **Holzboot** nehmen, ca. 400 m flussaufwärts an der Uferpromenade. Zustieg über eine abenteuerliche Leiter. Die Fahrt in der Jolle mit museumsreifem Außenbordmotor macht Spaß und kostet R$2 (6–24 Uhr). Bis Japaratinga sind es dann noch 10 km. Meist stehen am Anleger *keine* Mototaxis. Es empfiehlt sich deshalb, sich von seiner Pousada abholen zu lassen oder vor (!) Überfahrt ein **Mototaxi** zu ordern. Eine zuverlässige Fahrerin ist Luciana, ✆ 82/9309 4531, tgl. 5–22 Uhr.

Japaratinga

Japaratinga ist ein sympathisches Dörfchen in einer von Klippen umgebenen Bucht mit schönem Strand und Naturpools aus kristallklarem Wasser. Hier geht es entspannter zu als im 11 km nördlich gelegenen Maragogi. Auf der Strandpromenade kann man dabei zusehen, wie Fischer unter den Palmen ihre Netze für den Fang vorbereiten. Abends schaut die Gemeinde auf dem Dorfplatz die neueste Telenovela. Zentrum des Ortes ist die hübsche Praça N. S. das Candeias mit Springbrunnen, Blumen und warmer Beleuchtung. Am Wochenende steigen die Preise. Informationen: 💻 www.japaratinga.tur.br

Übernachtung

JAPARATINGA – ***Pousada dos Mares,*** Rua Projetada, ✆ 82/3297 1398, ✉ pdosmares@hotmail.com. Farbenfrohe Budget-Pousada mit Traveller-

Atmosphäre, etwas versteckt. Einfache Zimmer, die besseren sind in einem Anbau mit Dachterrasse. Gemeinschaftsküche und Internet. Der Besitzer organisiert Fahrten mit den Fischern. ❶

Pousada Raio do Sol, Rua F. de Barros Regis 36, ✆ 82/329 71140, 🖳 www.pousadaraiodosol.com.br. Familiäre Pousada mit Garten. Kleine, saubere Zimmer, AC. Buggy- und Jangada-Touren. ❷

Pousada do Alto, Sítio Biquinha, ✆ 82/3297 1210, ✉ pousadadoalto@uol.com.br, 🖳 www.pousadadoalto.com.br. Honeymoon-Pousada auf einem Hügel mit umwerfendem Meerblick. Tolles Aussichtsdeck, Zimmer mit Balkon und Sicht (1. OG). Pool mit „unendlichem Horizont". Interessantes Haupthaus, klassische und moderne Stilelemente. Hervorragendes Abendessen (im Preis inbegriffen), zum Frühstück gibt's frische Waffeln. Zum Strand längerer Spaziergang oder per Mototaxi. Abholmöglichkeit. Nur mit Reservierung, keine Kinder. DVD, AC. ❻

RICHTUNG FÄHRANLEGER – ***Estalagem Caiuia,*** Praia de Bitingui, ✆ 82/3297 1381, 🖳 www.estalagemcaiuia.com.br. Apartments mit Meerblick, Holzveranda und Hängematte, praktisch *auf* dem Strand, Naturpools vor der Haustür. Schöne Architektur, geniale, offene Küche. Thematische Zimmer, Bar und Pool. Von Japaratinga 5 Min. mit Mototaxi. ❹

Pousada Doze Cabanas, Praia Barreiras do Boqueirão, ✆ 82/3297 1338, 🖳 www.dozecabanas.com.br. Romantische Hütten zwischen Palmen, unmittelbar am Strand. ❸–❹

Pousada Igarakuê, Pontal do Boqueirão 6000, Praia Barreiras do Boqueirão, ✆ 82/3297 0022, 🖳 www.pousadaigarakue.com. Preiswerte Strandpousada, Nähe Fähranleger. Die Zimmer sprühen nicht gerade vor Charme, sind aber sauber und haben Balkon zum Meer. ❷

Essen

Am besten isst man in den Pousadas; die meisten erwarten von Nicht-Gästen eine Reservierung. Für ein besonderes Erlebnis empfiehlt sich ein Candlelight-Dinner in der *Pousada do Alto* unter Sternenhimmel mit Blick über die Bucht.

Venezia Tropicale, italienisches Restaurant am Strand, kleine Bar. 🕓 Di–So 9–23 Uhr.

Mama Pereira, Rua Amaro C. Wanderley 37. Freundliches Familienrestaurant. 🕓 tgl. 9–22 Uhr.

Transport

BUSSE – Haltestelle der Fernbusse auf der AL 101, nahe Mototaxi-Stand.

Maceió: *Real Alagoas,* tgl. ca. 2 Std. nach Abfahrt in Recife (5, 9 und 15.15 Uhr), sonntags oft später, 2 1/2–3 1/2 Std., R$14.

Recife: *Real Alagoas,* tgl. ca. 2 1/2–3 Std. nach Abfahrt in Maceió (5, 9.30 und 15.15 Uhr), sonntags oft später, 2 1/2–3 1/2 Std., R$14.

BOOTE – **Porto de Pedras**: Fähre vom Anleger Pontal do Boqueirão (10 km). **Mototaxi** dorthin R$3–4 (10–15 Min.).

Maragogi

Maragogi (22 000 Einw.) ist nach Maceió der zweitgrößte Tourismusort in Alagoas und einer der wenigen mit überregionaler Bekanntheit. Grund des Ruhmes sind die so genannten **Galés:** 6 km im Atlantik durch Korallenriffe gebildete Naturpools, die aus der Luft betrachtet smaragdgrün glitzern. Hier lässt sich exzellent schnorcheln.

Obwohl das Gebiet in einem Naturschutzgebiet liegt werden täglich Bootsladungen von Touristen zu den natürlichen Badestellen gefahren. Besonders im Sommer sind die Hotels und Pousadas mit Touristen gut gefüllt, in der Nebensaison geht es dagegen eher ruhig zu.

Übernachtung und Essen

Pousada & Guest House Agua de Fuego, Rua Santa Cruz do Capibaribe 20, ✆ 82/3296 1326, 🖳 www.aguadefuego.com. Grüne Oase mit Pool, etwas außerhalb am Strand. Familiäre Atmosphäre, harmonische Architektur. Geräumige Zimmer, im 1. OG mit Veranda und Meerblick. Besitzer Osvaldo spricht gut Deutsch. Abholen möglich. ❶–❷

Pousada Olho d'Água, Av. Beira Mar 156, ✆ 82/3296 1263, 🖳 www.maragogi.com/olhodagua. Sympathische Pousada am ruhigeren Ende der

Strandpromenade. Nette, kleine Zimmer, z. T. mit Balkon oder Veranda. AC, Internet. ❷
Pousada Solar da Praia, Av. Beira Mar, ✆ 82/ 3296 2025, ✉ solardapraia@ig.com.br. Einfache Pousada im Zentrum des Geschehens. Zimmer 5 und 6 mit Meerblick. ❶–❷
Gaivotas, Av. Beira Mar 800. Hübsches Restaurant mit Strandveranda und Artesanatos. Fleisch *(Picanha Argentina)*, Fisch und Meeresfrüchte. ◷ Di–So 9–23.30, Mo 9–17 Uhr.
Frutos de Mar, Av. Beira Mar 28. Gutes Meeresfrüchte-Restaurant am Strand. Terrasse mit Meerblick. ◷ tgl. 8–22, NS Mo–Do 8–17 Uhr.
Aquarium, Av. Beira Mar. Nettes Strandrestaurant. Die argentinischen Besitzer bieten Ausflüge zu den Galés an. ◷ tgl. 8–22 Uhr.

Sonstiges

GELD – ***Banco do Brasil***, am Hauptplatz. ◷ Mo–Fr 9–12, Geldautomat 6–20 Uhr (Visa Plus).

INFORMATIONEN – **Touristeninformation**, Av. Beira Mar, 💻 www.maragogi.tur.br. Gut organisiert, freundlich. ◷ tgl. 8–20 Uhr.

INTERNET – ***Maragogi Net***, Praça Santo Antônio, bei der Kirche. Internet (R$1,50/Std.), alle Services. ◷ Mo–Sa 8–22.30, So 17–22.30 Uhr.

POST – Rua Luís Holanda, parallel zur Av. Beira Mar. ◷ Mo–Fr 8–12 und 14–16 Uhr.

TOUREN – Restaurants an der Strandpromenade bieten Touren zu den **Galés** an (3 Std., R$15–20 p.P.), meist mit Katamarans (20–80 Pers.).
Eco Bike, ✆ 82/9904 7558, veranstaltet Fahrradtouren in die Umgebung.

Transport

Busse nach **Recife** 10–15 Min. später als in Japaratinga; nach **Maceió** 10–15 Minuten früher (s. Japaratinga).
Japaratinga: Am Kirchplatz **Kombis** Richtung **Porto Calvo** (alle 10 Min., bis 18 Uhr, R$2) oder **Mototaxi** (R$5).

Bedrohte Korallenriffe

Das Meeresschutzgebiet **Costa dos Corais** (APA) wurde 1997 zwischen Riacho Doce in Alagoas und dem Rio Formoso im Süden Pernambucos geschaffen. Mit einer Fläche von 413 ha an 135 km Küste ist es das größte maritime Schutzgebiet Brasiliens. Geschützt werden vor allem die zahlreichen Korallenriffe, aber auch Strände und Mangrovengebiete. Korallenriffe bergen eine immense Lebensvielfalt und sind wichtig für das maritime Gleichgewicht, außerdem bilden sie eine natürliche Barriere gegen Wellen und sind somit Grundlage für Fischfang und Tourismus. Dennoch sind Korallen durch menschliche Aktivitäten gefährdet, z. B. bei unkontrolliertem Tourismus oder Verschmutzung. Bei einem Ausflug zu Korallenriffen ist zu beachten, die Korallen weder anzufassen noch sich auf sie zu stellen; es drohen Verletzungen bei Korallen und Mensch (Schnittwunden). Auch aus Korallen gefertigte Produkte sollte man links liegenlassen.

Pernambuco

Der Staat Pernambuco – mit 98 000 km^2 etwa so groß wie Portugal – vereint wie kein zweiter im Nordosten Kunst, Kultur und Geschichte; Natur und Strände; Gastronomie, Karneval und Nachtleben. Herausragendes Reiseziel ist der charmante Künstlerort **Olinda**. Seine Altstadt beeindruckt mit barocken Kirchen und Kolonialhäusern aus dem 16. und 17. Jh. und gehört zum Weltkulturerbe der Menschheit. Die Küste südlich von Recife und die paradiesische Atlantikinsel **Fernando de Noronha** bieten Natur und Strandgenuss vom Feinsten. Starke folkloristische, kunsthandwerkliche und religiöse Traditionen findet man im **Binnenland** von Pernambuco. All diese Einflüsse bündeln sich in der Millionenstadt **Recife**.

Geschichte

Als Standort für die erste Hauptstadt von Pernambuco wählten die Portugiesen 1537 das hügelige Olinda, schnell wuchsen Stadt und Umland zu einer der wichtigsten Exportregionen für Zuckerrohr.

In den folgenden 40 Jahren ließen sich Jesuiten-, Franziskaner-, Karmeliter- und Benediktinerorden nieder und schufen prächtige Kirchen und Klöster. Recife war zu dieser Zeit kaum mehr als eine Häuseransammlung in einer Sumpfniederung zwischen Inseln und Flussläufen. Die Lage änderte sich schlagartig mit der holländischen Besatzung unter Prinz Moritz von Nassau ab 1630: Fast alle Kirchen Olindas wurden niedergebrannt; die Holländer verlagerten den administrativen Mittelpunkt nach Recife. Dort befand sich ein für den Zuckerexport wichtiger Hafen; geschützt von einem langen Riff, das der Stadt später auch ihren Namen gab (portug.: Recife). In der Zeit der holländischen Herrschaft bis 1654 entwickelte sich Recife vom Dorf zur prosperierenden Kleinstadt. Erhalten aus dieser Zeit sind heute nur noch die Befestigungsanlagen **Forte do Brum** und **Forte das Cinco Pontas**; beide wurden nach der Rückeroberung von den Portugiesen weiter ausgebaut, so dass sich die Expansion Recifes auch in der Folgezeit fortsetzte. Dagegen war Olinda nun wirtschaftlich hoffnungslos im Hintertreffen. 1823 erlangte Recife offiziell Stadtstatus, im 19. und 20. Jh. wuchs die Stadt zu einem Zentrum intellektueller und politischer Bewegungen mit landesweitem Einfluss. Olinda war fortan nur noch ein Denkmal vergangenen Glanzes – jedoch ein wunderschönes.

Recife

Recife (1,4 Mill. Einw.) liegt über drei Inseln verteilt an den Flüssen Beberibe und Capibaribe. Mit ihren 39 Brücken und 50 Kanälen vergleicht sich die Stadt gern mit Venedig („Veneza Brasileira"). Das farbenfreudig restaurierte Altstadtviertel **Recife Antigo** mit viel kolonialer Vergangenheit zählt zum Sehenswertesten, was die Stadt zu bieten hat. Der Stadtteil **Boa Viagem**, auch „Copacabana des Nordostens" genannt, ist wegen des Stadtstrandes ein häufig gewähltes Besuchsziel. Doch Recife eilt auch der Ruf hoher Kriminalitätsraten voraus; das Hochhausmeer kann bedrohlich wirken und die Flüsse sind verschmutzt. Wer hinter die Fassaden schaut, entdeckt noch weitere Seiten: Die Stadt ist wohl die avantgardistischste des Nordostens mit einer **Kunst- und Musikszene**, die ihresgleichen sucht. Und Recife hat einen bedeutenden Anteil am Lauf der brasilianischen Geschichte. Wer weiß, wie Brasilien heute aussehen würde, wäre es den Holländern hier im 17. Jh. gelungen, den Portugiesen ihre Alleinherrschaft streitig zu machen. Recife mag somit für manchen eher eine Liebe auf den zweiten Blick sein; wer mit Zeit und Interesse an ihre Schätze herangeht, für den wird sich aber viel Lohnenswertes auftun.

Orientierung

Selbst nach mehreren Besuchen kann Recife mit seinen vielen Brücken und Inseln noch verwirrend sein. Im **Zentrum** befinden sich viele historische und kulturelle Attraktionen: Kirchen, Forts, Kolonialbauten und Museen, Nachtleben und Gastronomie. Hier gibt es drei Stadtteile: Erste Stadtsiedlung war **Recife Antigo**, ihr Herz ist die **Rua Bom Jesus**. Lebhafte Geschäftszentren sind **Boa Vista** und **Santo Antônio**, doch auch sie beherbergen bedeutende Kirchen und Kolonialgebäude. Südlich des Zentrums erstrecken sich schnurgerade über 7 km die urbanisierten Strände von **Boa Viagem** und **Pina**. Schöne Kolonialhäuser, versteckt zwischen alten Bäumen, existieren in Wohnvierteln wie **Poço da Panela** oder **Casa Forte**. Man kann sie gut auf einer normalen Omnibus-Fahrt erkunden.

Sehenswertes

Ein guter Ausgangspunkt für Erkundungen im **Recife Antigo** ist die zentrale **Praça do Marco Zero**, Markstein der Stadtgründung, von wo kleine Barken zu dem gegenüberliegenden Riff ablegen. Von hier sind es nur wenige Schritte in die hübsch restaurierte **Rua Bom Jesus** mit schönen Gebäuden vom Anfang des 20. Jhs. Hausnummer 197 ist die **Sinagoga Kahal Zur Israel**, die erste Synagoge Amerikas. Ausstellungen informieren über die jüdische Geschichte in Pernambuco. 🕔 Di–Fr 9–17, So 15–19 Uhr. Etwas weiter, an der Praça do Arsenal, steht der im Jahr 2000 restaurierte **Torre Malakoff**, eine Sternwarte aus dem 19. Jh. Von seiner Aussichtsplattform bietet sich ein schöner Blick über die Altstadt. 🕔 Di–So 15–20 Uhr. Ganz am Ende der Insel steht das **Forte do Brum**, das älteste Bauwerk der Stadt (1629). 🕔 Di–Fr 9–16, Sa und So 14–16 Uhr.

Herausragende Sehenswürdigkeit in **Santo Antônio** ist im gleichnamigen Franziskanerkloster die **Capela Dourada** in der **Igreja de São Francisco** (1697). Die von blau-weißen Azulejos gezierte

Kirche wirkt etwas heruntergekommen, doch zur Linken sieht man die berühmte „goldene Kapelle" (1696–1724). Das mit wertvollem Jacarandá-Holz vertäfelte Innere ist fast komplett goldüberzogen, eine ähnliche Barockpracht findet man nur noch in Salvador und Ouro Preto. Angeschlossen ist ein Museum für sakrale Kunst. ⌚ Mo–Fr 8–11.30 und 14–17, Sa 8–11.20 Uhr.

Im Herzen des geschäftigen Viertels **São José** liegt an der Praça Dom Vital der Traditionsmarkt **Mercado São José** von 1875, eine markante grüne Metallkonstruktion, dessen Eisenträger aus Frankreich importiert wurden. Im Gebäude wird von Fisch über Gemüse bis zu religiösen Amuletten alles verkauft, außen stehen unzählige kleine Stände. Kunsthandwerk ist hier günstiger als an den touristischeren Verkaufsorten. Von hier in nordwestlicher Richtung dringt man in den lebhaftesten Teil der Altstadt ein. Er wird geprägt von lebendigen Einkaufsstraßen, reizvollen Kirchen aus dem 17. und 18. Jh. und schönen Plätzen, wie dem urigen **Pátio de São Pedro**. Folgt man der Rua das Águas Verdes bis an ihr Ende, kommt man zum **Forte das Cinco Pontas** (1630), dem zweiten noch erhaltenen Fort aus holländischer Besatzungszeit. Hier befindet sich das **Museu da Cidade** mit geographischen Karten und Zeichnungen (aus dem 16./17. Jh.). ⌚ Mo–Fr 9–18, Sa und So 13–17 Uhr.

Strände

Der gepflegte Strand von Boa Viagem ist ab Höhe Hotel Jangadeiro belebt mit vielen *Volei-* und *Futevolei-*Feldern. Die laute, dreispurige Uferstraße Av. Boa Viagem bietet leider keinen schönen Hintergrund. Surfen ist überall verboten, da es zu **Haiangriffen** kommen kann. Wo der Strand von Riffen geschützt ist, kann man aber sicher baden. Trotzdem trauen sich nur wenige ins Wasser. Die Ursache des Haiproblems reicht zurück in die 70er Jahre, als durch den Bau des Hafens **Porto de Suape** natürliche Jagdgründe der Haie zerstört wurden.

Übernachtung

Im Zentrum befinden sich wenig einladende, aber billige Hotels. An den Stränden von Boa Viagem und Pina liegen Mehrsterne-Hotels und einige kleine Pousadas. Viele Hotels nehmen Service- und/oder Tourismus-Tax (5–15%).

Sicherheit

Recife hat den Ruf einer unsicheren Großstadt. Man gibt sich aber Mühe, Sicherheitsgefühl zu vermitteln, so ist vor allem in **Boa Viagem** tagsüber viel Polizei präsent. Abends sollte man nicht mehr an der Strandpromenade spazieren gehen. Öfter als anderswo werden Stadtbusse überfallen. Die Wahrscheinlichkeit, dass man betroffen ist, ist zwar sehr gering, doch sollte man keine Wertsachen mit in den Bus nehmen und im Zweifel das Taxi benutzen.

ZENTRUM – ***Hotel Central,*** Av. Manoel Borba 209, Boa Vista, ✆ 81/3222 4001. Renovierungsbedürftiges Hotel, uralter Fahrstuhl mit Handbetrieb. Altes Mobiliar, aber teils neue Betten. An lauter Kreuzung. ❶

Hotel 4 de Outubro, Rua Floriano Peixoto 141, Santo Antônio, ✆ 81/3224 4900. Nur empfehlenswert, wenn man nahe der Metro-Station übernachten möchte. ❷

Recife Plaza Hotel, Av. Conde da Boa Vista 50, Boa Vista, ✆ 81/3231 1200, 💻 www.recifeplazahotel.com.br. Ordentliches 3-Sterne-Hotel, Highlight ist der verglaste Fahrstuhl zur Dachterrasse (16. OG) mit Pool und Panorama-Blick. ❸–❹

BOA VIAGEM – ***Albergue Maracatus do Recife,*** Rua Maria Carolina 185, ✆ 81/3326 1221. Geräumige Dorms (4–8 Betten) in ehemaligem Wohnhaus. Günstige Lage, nahe Restaurants. Dorms R$20, Bettwäsche extra. ❶

Pousada Vitória, Rua Capitão Zuzinha 234, ✆ 81/3462 6446. Kleine, charmante Pousada. Gemütliche Zimmer, gutes Frühstück. Im südlichen Teil von Boa Viagem, vier Blocks vom Strand. AC und Kabel-TV. ❷–❸

Navegantes Praia Hotel, Rua dos Navegantes 1997, ✆ 81/3326 9609, 💻 www.navegantespraiahotel.com.br. Aufgeräumtes Hotel in ruhiger Gegend mit Restaurants um die Ecke. Manche Zimmer haben Balkon, alle AC und Kabel-TV. ❷–❸

Hotel Aconchego, Rua Félix de Brito e Melo 382, ✆ 81/3464 2989, 💻 www.hotelaconchego.com.br. Gutes Hotel mit 70er-Jahre Flair, guter Service. Innenhof mit Pool, 24 Std.-Restaurant.

Straßenmarkt in der Rua Bom Jesus in der Altstadt von Recife (Recife Antigo)

Zimmer des Typs A sind erheblich besser und kosten kaum mehr. Ruhige Wohngegend, vier Blocks vom Strand. 10% Tax. ❸–❹

Onda Mar Hotel, Rua Ernesto de P. Santos 284, ✆ 0800/992 833, ✉ hotelondamar@ondamar.com.br. Business-Hotel mit abgewetzter Lobby, aber geräumigen, gepflegten Zimmern. Ruhige Lage. Tipp: Die Zimmer *Luxo* sind oft nicht teurer. 10% Tax. ❸–❹

Boa Viagem Praia Hotel, Av. Boa Viagem 5576, ✆ 81/3462 6454, 💻 www.boaviagempraia.com.br. Modernes Hotel im südlichen Teil von Boa Viagem. Freundliche Apartments; kleiner Pool, Fitnessraum und Sauna. Wer mit *BRA* fliegt, erhält Rabatt. ❸–❹

Recife Palace Hotel, Av. Boa Viagem 4070, ✆ 81/3464 2500, ✉ reservas@recifepalace.com.br. Luxus-Hotel, die Zimmer sind tiptop. Für viele nur ein Referenzpunkt. ❻

Essen

Recife ist bekannt für traditionelle Spezialitäten *(Moquecas, Peixadas* und Deftiges wie *Buchada:* Ziegenmagen) und zugleich für eine kreative, moderne Gastronomieszene.

BOA VIAGEM – ***É,*** Rua Atlântico 147. Ein gastronomisches Erlebnis: Loungiges Klima durch kräftige Rot-Töne, Sofas und indirekte Beleuchtung. Moderne Küche mit asiatischem Touch (vietnamesisch, thailändisch). Zum Nachtisch gibt's eine Überraschung. Ohne Schild, nach großen Holzschiebtüren schauen. 🕓 Di–Sa 20–1.30 Uhr.

Porcão, Av. Eng. Domingos Ferreira 4215. Churrascaria-Kette, Herzstück ist das Rodízio: Fleisch bis zum Abwinken. Riesen-Buffet mit Salaten, Meeresfrüchten und Sushi. 🕓 tgl. 12–0.30 Uhr.

Chica Pitanga, Rua Petrolina 19. Exzellentes Self-Service (R$27–30/kg). Üppiges Buffet, viele Torten. Am Wochenende voll. 🕓 tgl. 11.30–15.30, Mo–Sa 18–22 Uhr.

Sucão, Rua dos Navegantes 783, Boa Viagem. Hier gibt's die wohl besten *Sucos* der Stadt. Tipp: Weintraube mit Kokosnuss *(Uva com Água de Côco).* Holztische auf dem Gehweg. 🕓 Mo–Sa 12–23, So 16–23 Uhr.

PINA – ***Biruta,*** Rua Bem-Te-Vi 15, Brasília Teimosa. Stimmungsvolles Bar-Restaurant am Strand (Nord-Ende von Pina). Toll bei Vollmond: Holzveranda, gedämpfte Beleuchtung und Meerblick, ideal für ein romantisches Diner. Tagsüber

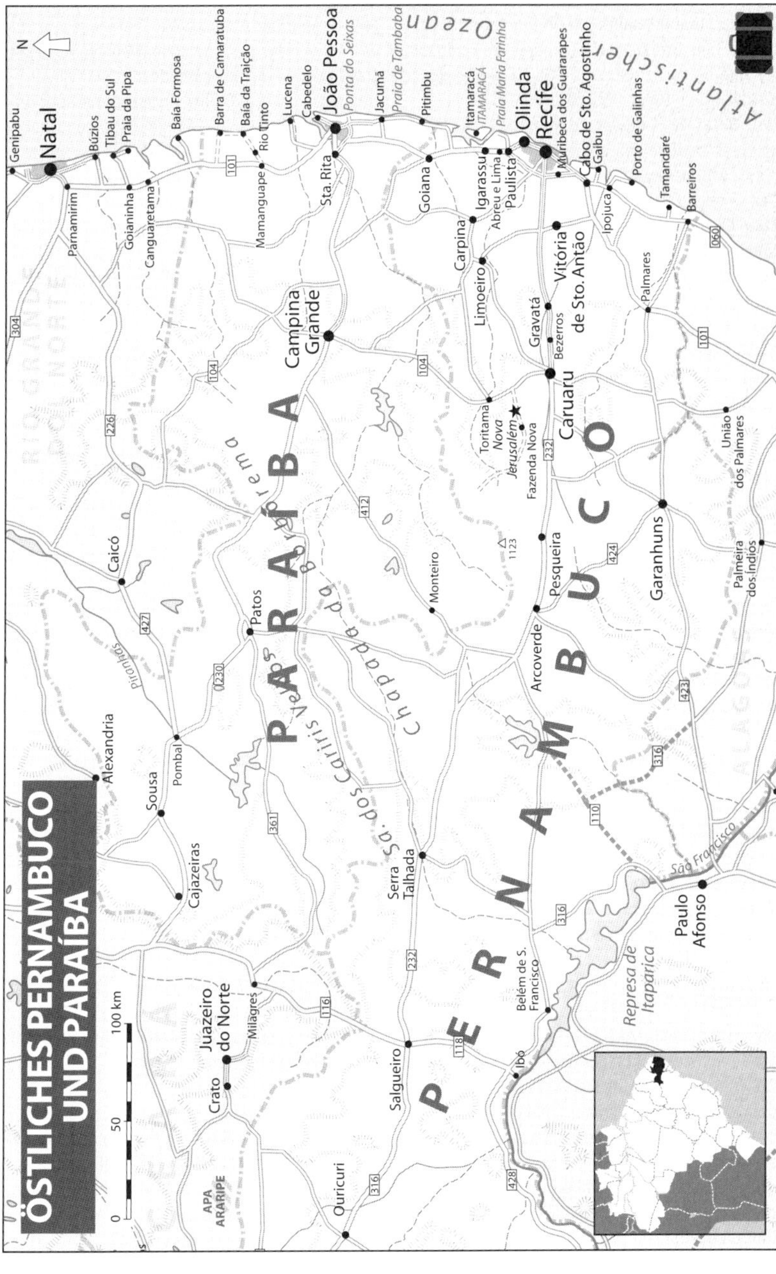
ÖSTLICHES PERNAMBUCO UND PARAÍBA
0
50
100 km
N
RIO GRANDE DO NORTE
PARAÍBA
PERNAMBUCO
Atlantischer Ozean
Natal
Genipabu
Búzios
Tibau do Sul
Praia da Pipa
Baía Formosa
Barra de Camaratuba
Baía da Traição
Rio Tinto
Lucena
Cabedelo
João Pessoa
Ponta do Seixas
Jacumã
Praia de Tambaba
Pitimbu
Itamaracá
ITAMARACÁ
Praia Maria Farinha
Olinda
Recife
Muribeca dos Guararapes
Cabo de Sto. Agostinho
Gaibu
Porto de Galinhas
Tamandaré
Barreiros
Parnamirim
Goianinha
Canguaretama
Mamanguape
Sta. Rita
Goiana
Igarassu
Abreu e Lima
Paulista
Carpina
Ipojuca
Vitória de Sto. Antão
Limoeiro
Gravatá
Bezerros
Palmares
Campina Grande
Caruaru
Toritama
Nova Jerusalém
Fazenda Nova
União dos Palmares
Garanhuns
Palmeira dos Índios
Pesqueira
1123
Monteiro
Arcoverde
Caicó
Patos
Piranhas
Borborema
Serra Sa. dos Cariris Velhos
Chapada da
Alexandria
Sousa
Pombal
Cajazeiras
Serra Talhada
São Francisco
Paulo Afonso
Represa de Itaparica
Belém de S. Francisco
Juazeiro do Norte
Milagres
Crato
Salgueiro
Ibó
Ouricuri
APA ARARIPE
304
226
427
230
361
104
412
232
101
060
424
423
316
110
116
118
428

Strandrestaurant, sehr gute Meeresfrüchte. Vorspeise-Tipp: *Gurjão de Peixe* (panierter Fisch mit würziger Käse-Sauce). ⌚ Di–Sa ab 12 Uhr, So 12–19 Uhr.

Anjo Solto, Av. Herculano Bandeira 513, Galeria Joana d'Arc. Seit Jahren beste Creperia der Stadt. Treff der Kulturszene, Ausstellungen und Bar. ⌚ tgl. ab 19 Uhr.

Sopa Quente, Rua Capitão Rebelinho 735. Leckere Suppen in heimeliger Atmosphäre. Tipp: Kürbiscreme mit Gorgonzola *(Abóbora).* ⌚ Di–Sa ab 18 Uhr.

Pomodoro Café, Rua Capitão Rebelinho 418. Beliebtes Restaurant in kleinem, geschmackvoll dekoriertem Haus. Meist gut besucht, die Wartezeit kann mit Wein und Snacks verkürzt werden. ⌚ tgl. 19–24 Uhr (Mo–Fr 12–15 Uhr).

ZENTRUM – Die meisten Self-Service Restaurants haben am Wochenende geschlossen.

Leite, Praça Joaquim Nabuco 147, Santo Antônio. Edel-Institution seit 1882, schon Jean-Paul Sartre und Orson Welles saßen hier. Tipp: *Cartola,* ein regionaler Nachtisch. ⌚ So–Fr 11.30–16 Uhr.

O Poeta, Av. Rio Branco 243, Recife Antigo. Gutes Self-Service (R$18/kg), reichhaltiges Buffet mit vielen Salaten. ⌚ Mo–Fr 11.30–15.30 Uhr.

Brotfabrik, Rua da Moeda 87, Recife Antigo. Frische Brotsorten, Sandwiches, Espresso und *Sucos.* ⌚ Mo–Fr 7–19 Uhr.

Salada Mista, Rua do Hospício 59, Boa Vista. Gepflegtes Self-Service mit guter Auswahl an Nudeln und Salaten. Etwas eng. ⌚ Mo–Fr 11–20.30, Sa 11–16 Uhr.

Padaria Imperatriz, Rua da Imperatriz 240, Boa Vista. Traditionsbäckerei von 1905 mit leckeren Kuchen und Torten. ⌚ Mo–Sa 6–20 Uhr.

Nachtleben

Viel geht in Recife nach der Mode. Der erste große Schwung nach der Revitalisierung des Recife Antigo ist bereits wieder abgeflaut, trotzdem finden sich dort immer noch etliche gute Bars und Clubs. In der **Rua Tomazina** stehen am Wochenende Tische auf der Straße, Musik dröhnt aus den Boxen – alternative Straßenszenerie. Am gemütlichen Kirchplatz **Pátio São Pedro** in Santo Antônio herrscht abends ebenfalls Straßenbar-Atmosphäre. Dienstags gibt es den **Terça Negra** („Schwarzer Dienstag"), lokale Bands heizen auf einer Bühne mit „schwarzen" Rhythmen ein (ab 20 Uhr). Samstags heißt es an gleicher Stelle **Sábado Mangue**: Mangue Beat mit Nachwuchsbands (ab 21 Uhr). In der von außen unscheinbaren **Galeria Joana d'Arc** in Pina trifft man sich im Hinterhof unter Bäumen in angesagten Bars und Restaurants. Das Nachtleben Recifes ist weit verstreut, auch in Stadtteilen wie Casa Forte oder Parnamirim ist einiges los.

RECIFE ANTIGO – ***Cuba do Capibaribe,*** im Shopping Paço Alfândega. Kubanisch inspirierte Bar, berühmt für gute Live-Musik: Latin, Salsa, Merengue (Do–Sa ab 23 Uhr). So spielt ein DJ kubanische Musik. Tagsüber Restaurant. ⌚ Mo 12–17, Di–Sa ab 12, So 12–24 Uhr; Couvert R$5–20.

Burburinho, Rua Tomazina 106. Lässig-alternative Bar mit Live-Musik lokaler Nachwuchsbands (Mo Pop-Rock). Gemischtes Publikum, auch GLS. ⌚ Mo–Sa ab 18 Uhr.

Downtown Pub, Rua Vigário Tenório 105. Pub mit Billardtischen *(Sinuca),* am Wochenende Dance-Club mit internationaler Musik und Live-Bands. ⌚ Mi–So ab 22 Uhr; Eintritt R$15.

Depois Dancing Bar, Av. Rio Branco 66. Live-Musik von 70er Disco bis Forró, das Publikum ist 30 und aufwärts. Zu vorgerückter Stunde witziges Tanz-Happening zwischen den Tischen. ⌚ Fr und Sa 21–5 Uhr; Eintritt R$15.

BOA VISTA – ***Central,*** Rua Mamede Simões 144. Beliebter Treffpunkt der Künstler- und Akademikerszene. Günstig; leckere Falafel, Frühstück. ⌚ Mo–Sa 8–24 Uhr.

BOA VIAGEM UND PINA – ***Boteco,*** Av. Boa Viagem 1660, Boa Viagem. Urige Bar mit Dekoration im Stil des Rio der 50er. Berühmt für exzellentes Bier. Mit Terrasse. ⌚ Mo–Do ab 17, Fr–So ab 12 Uhr.

Boratcho, Av. Herculano Bandeira 513, Galeria Joana d'Arc, Pina. Berühmt sind die ausgelassenen Sommerpartys *Festa de Verão* (Do von Sep–Feb). House, Drum'n'bass, Samba-Rock. Sonst lässiges Bar-Restaurant mit Biergarten-Hinterhof-Atmosphäre. ⌚ Di–So ab 19 Uhr.

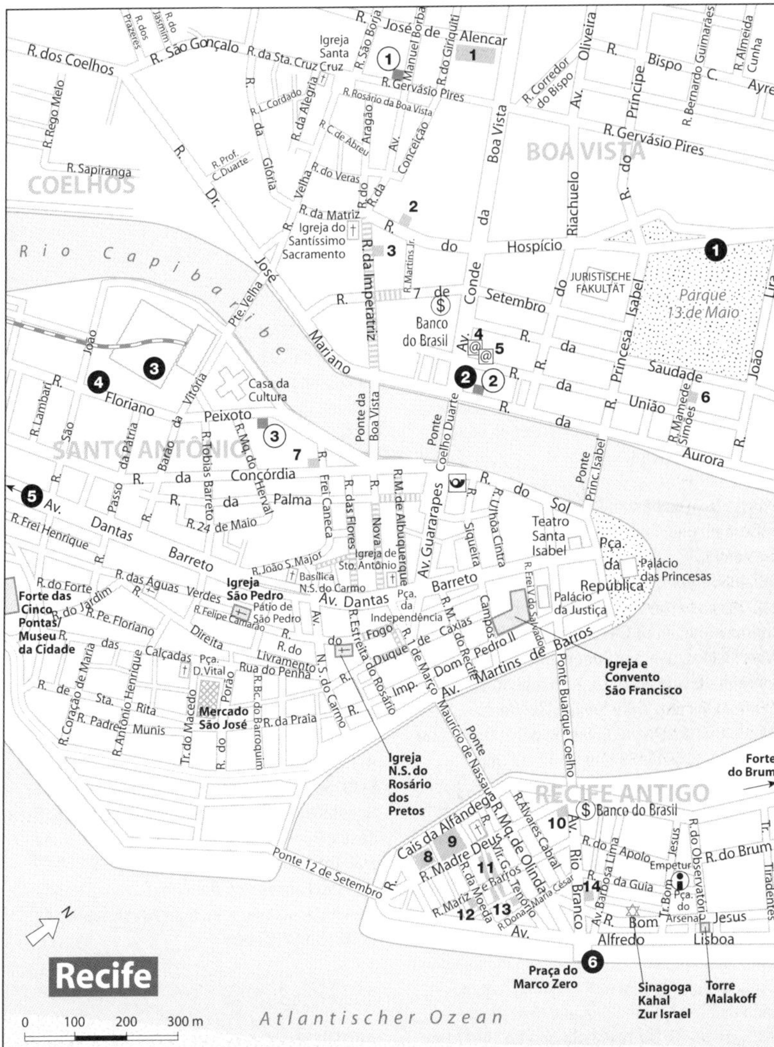

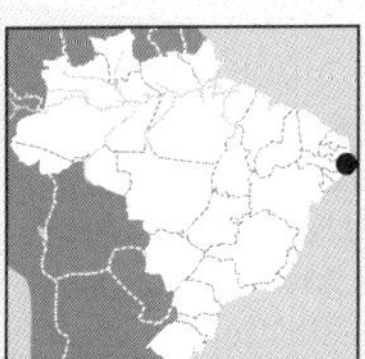

Übernachtung:
1. Hotel Central
2. Recife Plaza Hotel
3. Hotel 4 de Outubro

Läden, Restaurants etc.:
1 Shopping Boa Vista
2 Salada Mista
3 Padaria Imperatriz
4 Telecentro Internet/Telefon
5 Link Point
6 Central
7 Leite
8 Livraria Cultura
9 Shopping Paço Alfândega, Cuba do Capibaribe
10 O Poeta
11 Rua Tomazina, Burburinho
12 Brotfabrik
13 Downtown Pub
14 Depois Dancing Bar

Transport:
1. Busse nach Olinda
2. Busse nach Boa Viagem
3. Metro-Station Recife Antigo
4. Busse nach Olinda
5. Busse nach Porto de Galinhas (200m)
6. Boote zum Riff

Conselheiro, Av. Cons. Aguiar 793, Boa Viagem. Interessante Mischung aus Bar, Lounge und Disco, Publikum zwischen 25 und 35 Jahren. Live-Musik von Pop-Rock bis Forró. 🕒 Di–So ab 18 Uhr; Eintritt R$10.
United Kingdom, Rua Francisco da Cunha 165, Boa Viagem. Edel-Pub mit Sofas und Holztischen. Importbiere, z. B. *Erdinger,* frisches *Chope.* Jazz, Blues und Rock. 🕒 tgl. ab 17 Uhr; Eintritt R$5.

Kultur und Unterhaltung

Aktuelle Informationen zur Kulturszene gibt es auf der Homepage der Kulturbehörde: 💻 www.recife.pe.gov.br/agendacultural, oder im Monatsheftchen *Agenda Cultural,* das an vielen Stellen verteilt wird.

MUSEEN – Die besten Museen liegen etwas außerhalb und sind am besten per Taxi zu erreichen.
Museu do Homem do Nordeste, Av. 17 de Agosto 2187, Casa Forte, 📞 81/3441 5500. Hoch interessantes Museum zu Geschichte und Kultur der *Nordestinos,* u. a. zur Geschichte des Zuckerrohranbaus und Folklore. 2005 modernisiert. Vom Zentrum mit Bus *Dois Irmãos/Rui Barbosa,* von Olinda Bus *Dois Irmãos/Rio Doce.* 🕒 Di–Mi und Fr 11–17, Do 8–17, Sa und So 13–17 Uhr.
Museu do Estado de Pernambuco (MEPE), Av. Rui Barbosa 960, Graças. Als Stadtpalast gebaut (19. Jh.), bietet das Museum heute mit dem **Espaço Cicero Diaz** Einblicke in die Kulturgeschichte der Kolonialzeit (17.–19. Jh.) mit Werken von Frans Post und Frederick Hagedorn sowie eine Ausstellungsfläche für zeitgenössische junge Künstler. Exponate von indianischen Ornamenten, Waffen und Schmuck bis zu Möbelstücken, Gemälden und Porzellan. 🕒 Di–Fr 10–17, Do 10–19, Sa und So 14–17 Uhr; Eintritt R$1.
Instituto Ricardo Brennand, Várzea. Der Cousin von Francisco, ein Wirtschaftsmagnat und Kunstsammler, stellt in seinem Schloss ein buntes Sammelsurium aus, darunter Gemälde des Holländers Frans Post (17. Jh.) und Tausende Waffen aus dem 16.–19. Jh. 🕒 Di und Do–So 13–17, Mi 9–17 Uhr; Eintritt frei.

MESSEN – **Fenneart** *(Feira Nacional de Negócios do Artesanato),* 💻 www.fenneart.com.br. Interessante Kunsthandwerksmesse im Kongresszentrum (Centro de Convenções, 1.–10. Juli). Farbenfrohe Stände aus aller Herren Länder, auch viele indianische: Von Schmuck über Kleider und Puppen bis zu Halbedelsteinen. Untermalt von Live-Rhythmen. Sonntag sehr voll. 🕒 14–22 Uhr; Eintritt R$4.

Einkaufen

EINKAUFSZENTREN – Das schönste Einkaufszentrum der Stadt ist ***Shopping Paço Alfândega,*** Rua da Alfândega 35, Recife Antigo. Errichtet aus den Grundmauern des alten Zollamtes (1732) ist es eine architektonisch gelungene Melange aus Tradition und Moderne. Vom Café der Dachterrasse bietet sich ein schöner Blick über den Rio Beberibe und Santo Antônio. Im Gebäude befindet sich das **Espaço Histórico-Cultural** mit einer interessanten Ausstellung zur Geschichte Recifes. Größtes Einkaufszentrum der Stadt ist das **Shopping Recife** in Boa Viagem.

SOUVENIRS UND KUNSTHANDWERK – Hängematten und Kunsthandwerk gibt es im ***Casa da Cultura,*** Rua Floriano Peixoto, Santo Antônio, einem früheren Gefängnis. 🕒 Mo–Fr 9–19, Sa 9–18, So 9–14 Uhr. Sehr nett ist der Sonntagsmarkt **Domingo na Rua** in der Rua Bom Jesus, Recife Antigo, mit vielen kleinen Kunstständen und regionalen Speisen. 🕒 So 14–22 Uhr. Die **Feirinha de Boa Viagem** am Strand ist ein klassischer Kunsthandwerksmarkt. 🕒 Do–So 14–22 Uhr.

Sonstiges

APOTHEKE – ***Farmácia São Braga,*** 📞 81/3326 6500. Lieferung.

BÜCHER – ***Livraria Cultura,*** Rua Madre de Deus, beim Shopping Paço Alfândega, Recife Antigo, 💻 www.livrariacultura.com.br. Große Buchhandlung mit englischen, französischen und spanischen Büchern. Deutsche Bücher auf Bestellung. 🕒 Mo–Sa 10–22, So 13–21 Uhr.

FESTE – Der berühmte **Karneval** von Recife wird meist in einem Atemzug mit Olinda genannt (s. S. 453). Auch der **Geburtstag** der beiden Städte wird groß gefeiert (12. März). **Recife Sabor** ist ein Gastronomie-Festival im Juli mit „Kennenlern-Tellern" in vielen Restaurants. Im November findet ein Festival mit Maracatu-Gruppen statt: **Encontro dos Maracatus**.

GELD – ***Banco do Brasil,*** Av. Rio Branco 240, Recife Antigo. 🕒 Mo–Fr 10–16 Uhr (Geldautomat 8–20 Uhr). Av. 7 de Setembro, Boa Vista. 🕒 Mo–Fr 10–16 Uhr (Geldautomat Mo–Fr 8–19, Sa 8–16 Uhr).
HSBC, Av. Cons. Aguiar, Boa Viagem. 🕒 Mo–Fr 9–18 Uhr (Geldautomat 6–22 Uhr).
Geldwechsel: ***Confidence Câmbio,*** Flughafen, Gate A2, Desembarque Norte. 🕒 tgl. 9–23 Uhr.

INFORMATIONEN – Tourist Info der staatlichen **Empetur**: In **Recife Antigo**, Rua da Guia, 📞 81/3224 2361. 🕒 tgl. 9–23 Uhr. **Flughafen** 🕒 24 Std. **Rodoviária** 🕒 tgl. 7–19 Uhr. **Praça Boa Viagem** 🕒 tgl. 9–20 Uhr. Info-Telefon auf Englisch, 📞 81/3232 8409. 💻 www.empetur.com.br, 💻 www.recife.pe.gov.br.

INTERNET UND TELEFON – Am meisten verbreitet an der Av. Conde da Boa Vista.
Link Point, Rua da União, Boa Vista. Hell und freundlich (R$3/Std.). 🕒 Mo–Fr 7.30–23, Sa 8–20 Uhr.
Play Link, Rua Maria Carolina 2964, Boa Viagem. Gut ausgestattet. Gegenüber der Jugendherberge (R$5/Std.). 🕒 So–Do 8–24 Uhr, Fr und Sa 24 Std.
Telecentro Internet, Av. Conde da Boa Vista, Telefon und Internet (R$3/Std.). 🕒 Mo-Fr 8–21, Sa 8–18 Uhr.

MEDIZINISCHE HILFE – ***Real Hospital Português,*** Av. Cons. Aguiar, Boa Viagem. 24 Std.-Notaufnahme.
Hospital Boa Viagem Medical Center, Av. Visconde Jequitinhonha, Boa Viagem, 📞 81/3342 3002.

POLÍCIA FEDERAL – Cais do Apolo 321, Recife Antigo, 📞 81/3425 4000.

POST – Av. Guararapes 250, Santo Antônio. Rua Ten. J. Cícero, Boa Viagem. 🕒 Mo–Fr 9–17, Sa 8–12 Uhr.

REISEBÜROS – ***Asa Branca Turismo,*** Av. Cons. Aguiar 3150, Pina, 📞 81/3466 2244. ***Europa Câmbio e Turismo,*** Rua Barão de S. Leão, Boa Viagem. Auch Geldwechsel. 🕒 Mo–Fr 8–18, Sa 8–12 Uhr.

TOURISTENPOLIZEI – ***Delegacia do Turista,*** 📞 81/3464 4088.

Nahverkehrsmittel

BUSSE – Die **Haltestellen** an den Achsen Av. Eng. Domingos Ferreira (Richtung Süden) und Av. Cons. Aguiar (Richtung Norden) sind zur besseren Orientierung durchnummeriert (Fahrt R$1,55, Einstieg vorne).
Von **Boa Viagem** zur **Rodoviária**: Bus 080 *Joana Bezerra/Boa Viagem* bis **Metro Joana Bezerra** oder Bus 039 *Setubal (Principal)* bis **Metro Recife Antigo**. Alternativ von **Shopping Recife** mit *Conexão TIP* (s. Transport).
Recife Antigo über Boa Vista nach Boa Viagem (und zurück): Bus *Setubal/Conde Boa Vista.*
Nach **Olinda**: Busse Rio Doce/Piedade, Alto/Santa Isabel.
Vom **Flughafen**:
Der Bus *Aeroporto* fährt alle 20 Min. nach **Boa Viagem** (15 Min.) und weiter ins **Zentrum** (Av. Dantas Barreto, 30 Min.). Haltestelle vor dem alten Flughafengebäude.
Nach **Olinda**: Bus *Aeroporto* bis Av. Cons. Aguiar, dort Bus *Rio Doce/Piedade.*
Zur **Rodoviária**: Kleinbus *Aeroporto* bis Shopping Recife, von da *Conexão TIP.* Oder: Hauptstraße überqueren, Haltestelle in der Av. Imbiribeira, dort Bus *Afogados/Aeroporto* bis Metro **Afogados** (40–50 Min.).

METRO – Eine Metro-Linie verbindet Recife Antigo mit der Rodoviária (30 Min., R$1,10). Vom Zentrum: Richtung Camaragibe (orangefarbene Linie). Vom Busbahnhof: jeder Zug.

TAXI – ***Recife Taxi,*** 📞 81/3423 1313.

Transport

FLÜGE – ***Aeroporto Internacional do Recife Guararapes,*** ✆ 81/3464 4188. Einer der modernsten Flughäfen Südamerikas. **Fluggesellschaften**: ***BRA,*** ✆ 81/3464 4641. ***GOL,*** ✆ 81/3464 4794. ***TAM,*** ✆ 81/3464 4033. ***Varig,*** ✆ 81/3464 4181. ***TAP,*** ✆ 81/3341 0654.
Flughafentransport: Taxi nach Boa Viagem R$10, ins Zentrum R$20–25, nach Olinda R$25–30. Die Flughafen-Taxis sind etwas teurer.

BUSSE – Der Busbahnhof ***TIP*** *(Terminal Integrado de Passageiros)* ist modern und gut ausgestattet, aber er liegt weit außerhalb, ✆ 81/3452 1103. Nach Recife Antigo mit der **Metro**, nach Boa Viagem können Kunden einiger Busgesellschaften (u. a. *Progresso, Caruaruense, Itapemirim)* den praktischen **Shuttlebus** *Conexão TIP* nutzen (halbstdl., 30 Min., R$2), z. B. bis Shopping Recife. Der Fahrer setzt Passagiere am nächstgelegenen Punkt des Zielortes ab.
Aracaju: *Real Alagoas,* ✆ 81/3452 1511, tgl. 12 Uhr; *Progresso,* ✆ 81/3452 3079, tgl. 23 Uhr; je 8 Std., R$57.
Caruaru: *Caruaruense* und *Jotude,* 25x tgl. bis 20 Uhr, 2 Std., R$13. *Caruaruense* hat auch Express-Busse (1 1/2 Std., R$17).
Fortaleza: *Guanabara,* ✆ 81/3452 2100, tgl. 9, 19.30 und 20 Uhr, 12 Std., R$75–115.
João Pessoa: *Progresso* oder *Bonfim,* halbstdl. bis 19.30 Uhr, 2 Std., R$18.
Maceió: *Real Alagoas,* 12x tgl. bis 24 Uhr, 4 1/2 Std., R$30–42.
Maragogi/Japaratinga: *Real Alagoas,* tgl. 5, 9 und 15.15 Uhr, 3 Std., R$15.
Natal: *Progresso,* 9x tgl. bis 23.55 Uhr, 4 1/2 Std., R$39.
Petrolina: *Progresso,* tgl. 6.30, 20.30, 20.45 und 21 Uhr, 12 Std., R$86–120. Weiterfahrt nach **São Raimundo Nonato** (Nationalpark Serra da Capivara).
Salvador: *Itapemirim,* ✆ 81/3452 2500, tgl. 18.45 Uhr, bei Bedarf öfter, 12 Std., R$113.
Teresina und **São Luís**: *Progresso,* tgl. 14.30 und 19.45 Uhr, 18/24 Std., R$99/145.

Von der Haltestelle **Av. Barreto Dantas** fahren Busse in den **Litoral Sul**, teils mit Umstieg in **Cabo de Santo Agostinho** (alle 10 Min., 1 Std., R$2,30):

Die 1001 Werke des Francisco Brennand

Francisco Brennand (geb. 1927) ist einer der bedeutendsten brasilianischen Bildhauer der Gegenwart. Während seiner Studienzeit in Frankreich wurde er von Picasso, Miró und Gaudi beeinflusst, 1993 standen seine Werke in der Kunsthalle von Berlin. Sein **Atelier** in Recife liegt mitten in einem tropischen Waldgebiet 16 km vom Zentrum. Bei Ankunft fällt gleich die Eigenart seiner Kunst ins Auge: in dem mit zahlreichen **Keramikfiguren** ausgeschmückten Vorgarten sieht man so viele Geschlechtsteile wie noch nie im Leben. Weitere der ungewöhnlichen Skulpturen lassen sich in der durch Rundbögen geöffneten, alten Ziegelfabrik bei klassischer Musik studieren.
Der Künstler verweist auf die Ursprünglichkeit seines Ausgangsmaterials, nämlich Ton: „Wer es bearbeitet, ist sofort in der Welt der Archetypen, mit allen ihren Mythen und Symbolen." Eine rein vordergründige Betrachtungsweise würde den Werken nicht gerecht; die Dominanz des Fortpflanzungs- und Fruchtbarkeitsmotivs ist jedoch unübersehbar. Ein besseres Verständnis der Motive gibt die angrenzende *Accademia,* ein **Museum** mit den wichtigsten Gemälden des **Kunstmalers**. So manche Skulptur erklärt sich in einer älteren Zeichnung.
Die genaue Anzahl seiner Werke kennt selbst Brennand nicht, er nennt sie „meine 1001 Werke". Nun sollen sie katalogisiert werden. Die weitflächige Parkanlage besteht seit 1971 und ist seit den 80ern für den Besuch geöffnet. Zur Besichtigung sollte man mindestens einen halben Tag einplanen. Francisco Brennand selbst ist öfters für einen kleinen Plausch mit seinen Gästen zu haben. In einem Souvenirshop kann man Keramiken kaufen (R$50–500).
Oficina Cerâmica Francisco Brennand, Várzea. Anfahrt am besten mit Taxi: Von Boa Viagem R$25–30, von Recife Antigo R$20–25 (je 30–40 Min.). Alternativ mit Bus *040 CDU/Várzea* bis Várzea, von dort Taxi (ca. R$10). ◷ Mo–Do 8–17, Fr 8–16 Uhr; Eintritt R$4.

Gaibu: In Cabo alle 10 Min. (20 Min., R$1,30).
Porto de Galinhas: *Cruzeiro*, ca. 20x tgl., bis 17.30 Uhr, 2 Std., R$5. Ab Rodoviária: *Borborema* bis Cabo de Santo Agostinho, weiter mit *Cruzeiro* oder Minibussen (1 1/2 Std.).

Nördlich von Recife

Olinda

Kaum ein Besucher Recifes lässt sich das nur sechs Kilometer entfernte, idyllisch auf grünen Hügeln gelegene Olinda (368 000 Einw.) entgehen. Im Gegenteil: viele bevorzugen sogar die kleine, historische Denkmalstadt mit ihren 22 gut erhaltenen Kirchen, elf Kapellen, mehreren Museen und zahlreichen bunten Häuserreihen mit maurischen Balkonen und portugiesischen Kacheln. Ihren architektonischen Reichtum verdankt Olinda der Rolle als erste Hauptstadt Pernambucos (1676–1827) und der Ansiedlung von Jesuiten-, Karmeliter-, Benediktiner- und Franziskanermönchen. Ihr Gründer Duarte de Coelho soll beim Anblick der sanften Hügel ausgerufen haben: „O, linda posição para uma vila!" (Oh, schöne Lage für eine Stadt!), woraus später der Name der „Schönen" entstanden sein könnte. 1982 wurde sie von der UNESCO wegen ihres geschlossenen kolonialen Bildes zum Weltkulturerbe erklärt, 2006 folgte die Wahl zur Kulturhauptstadt Brasiliens – gegen die Konkurrenz von Salvador und João Pessoa.

Olindas Reiz liegt in der Kombination von historischen Gebäuden und zahlreichen Bars und Restaurants an steilen Altstadtgassen, zudem verleihen mehr als 70 Ateliers und Kunstgeschäfte der Stadt künstlerisches Flair. Auch die Musik hat hier einen prägenden Einfluss. Der **Straßenkarneval** von Olinda zählt zu den lebendigsten und bekanntesten Brasiliens; Maracatu und Frevo sind Rhythmen, die fast nur hier vorkommen. Ein folkloristischer Höhepunkt sind die freitäglichen **Serenatas**, Umzüge mit Rhythmusgruppen durch die Altstadt. Abmarsch ist von der **Praça de São Pedro** gegen 21 Uhr.

Ebenfalls ein Erlebnis ist der Sonntag Abend auf dem **Alto da Sé**, wo ein buntes Volksfest stattfindet. Hier gehört es zum Programm, einen der berühmten Tapiocas de Queijo (Käse-Tapioca) zu essen. Alle zwei Wochen finden auf dem Platz mitreißende Maracatu-Shows statt. Die Aussicht von der höchsten Stelle ist wahrhaft majestätisch.

Olinda ist mit Straßenkarte einfach zu navigieren. Wer Portugiesisch spricht, kann auf die jungen Tour Guides gut verzichten, ansonsten bucht man sie am besten über die Tourist Information. Registrierte Guides tragen gelbe Hemden.

Sehenswertes

Fast alle Kirchen Olindas wurden 1631 von den Holländern niedergebrannt und später wieder aufgebaut. Auf einem wunderschönen Rundgang kann man die meisten besichtigen; der Spaziergang erfordert zunächst etwas Ausdauer, doch hat man den ersten steilen Aufstieg bewältigt, geht es fast nur noch bergab.

Über die steile Ladeira da Misericórdia (oder Rua Saldanha Marinho) gelangt man zunächst zur **Igreja N. S. da Misericórdia** mit dem Krankenhaus Santa Casa (1540, ab 1654 restauriert). Wunderschöne Azulejos zieren den Eingangsbereich; Decke, Kanzel und Altar sind voluminös geschnitzt und farbenfroh im spätbarocken Stil bemalt. Hinter verschlossenen Türen in der Sakristei verbirgt sich ein Taufbecken aus Marmor. Die Kirche ist nur zu Gebetsstunden geöffnet. ◷ Mo–Sa 5.45–7, 12–12.30 und 18–18.30, So 6.45–8, 11.30–12.30 und 17–18.30 Uhr.

Einige Schritte weiter liegen in einer Sackgasse die **Igreja da Conceição** (17. Jh.) mit dem **Convento de N. S. da Conceição**. Beide Gebäude sind für die Öffentlichkeit geschlossen, dennoch sind sie wegen des beschaulichen Gartens einen kurzen Besuch wert. Der Straße weiter folgend gelangt man zur Hauptkirche von Olinda, der schlichteren **Igreja da Sé** (1537, 1656 restauriert), Sitz des Erzbischofs von Recife und Olinda. Von ihrem erhobenen Standort genießt man einen weiten Panoramablick. Als erste Kirche Olindas zeigt sich die Kathedrale in schlichter, aber eindeutiger Renaissance-Bauweise. Der gold-verzierte Seitenaltar und die portugiesischen Azulejos blieben die einzigen Verzierungen. 1677 wurde die Kirche zum Bischofssitz. ◷ Mo–Fr 8–12 und 14–17 Uhr.

Weiter bergab führt ein kleiner Weg links zur schlichten **Igreja N. S. da Graça** (1550). Trotz der Brandschäden blieben einige architektonische Merkmale aus der Renaissance erhalten, die Kirche

Die Igreja Nossa Senhora das Neves und das Convento de São Francisco in Olinda

besitzt Brasiliens älteste Seitenaltare aus Stein (17. Jh.). ⌚ Mo–Fr 13–17 Uhr.

Etwas weiter erreicht man dann das **Convento de São Francisco** (1585), die älteste und bedeutendste Anlage des Franziskanerordens in Brasilien und wichtigste kirchliche Sehenswürdigkeit in Olinda. Der Komplex ist außergewöhnlich gut erhalten, er beherbergt drei prachtvolle Kapellen, eine überwältigende Sakristei, einen romantischen Klosterhof und mehrere Konventräume. Die Hauptattraktion des Konvents ist die **Igreja N. S. das Neves** (1585) mit der angrenzenden **Kapelle Santa Rocci** (1753), die das Seitenschiff bildet. Mit ihrer facettierten Deckenbemalung, den portugiesischen Azulejos und den vergoldeten Stuckarbeiten bilden diese Räume einen Gegeneindruck zu anderen Kirchen dieser Zeit. Die **Kapelle Capitulo** (1577) und die **Capela de Santa Anna** (1754) gehen vom Klosterhof ab, der angrenzende Klostergarten samt Terrasse ist ein Geheimtipp. Von hier bietet sich ein traumhafter Blick über Olinda und Recife. ⌚ Mo–Fr 7–12 und 14–17, Sa 7–12 Uhr. Messen Di 19, Sa 17, So 8 Uhr; Eintritt R$1.

Weiter der Rua de São Francisco folgend, erreicht man die zentrale **Praça do Carmo**. Hier steht das Wahrzeichen der Stadt, das auf jeder Postkartenansicht zu finden ist: die **Igreja de Santo Antônio do Carmo** (1580), älteste Karmeliterkirche Brasiliens. Auch sie blieb von den Brandstiftungen nicht verschont, lediglich der Altar aus dem 16. Jh. und das Renaissanceportal der Fassade zeugen noch von der ursprünglichen Konzeption. Zurzeit ist die Kirche wegen Restaurierung geschlossen, am ersten Sonntag eines Monats kann man aber während der Messe (11 Uhr) einen Blick ins Innere werfen, es lohnt sich.

Im Südteil der Altstadt liegt das Benediktinerkloster **Basílica e Mosteiro de São Bento** (1599 gebaut, 1761 neu errichtet). Seine Kirche besitzt einen der beeindruckendsten und größten Altare Brasiliens (1783–1786): Der 14 m hohe, geschnitzte und vergoldete Altar wurde 2001 acht Monate lang restauriert und in 52 Einzelteilen zu einer Ausstellung ins New Yorker Guggenheim Museum verschickt. Das Benediktinerkloster samt Sakristei ist seit 2004 leider für die Öffentlichkeit geschlossen. ⌚ Mo–Fr 8.30–11.30 und 14.30–17 Uhr, Sa zur Messe 6.30 und 18 Uhr. So Messe mit gregorianischen Gesängen 10 Uhr.

Im Westen der Altstadt liegen zwei kleinere Kirchen: Die **Igreja de N. S. do Rosário dos Homens Pretos** (17. Jh.) wurde von Sklaven errichtet und

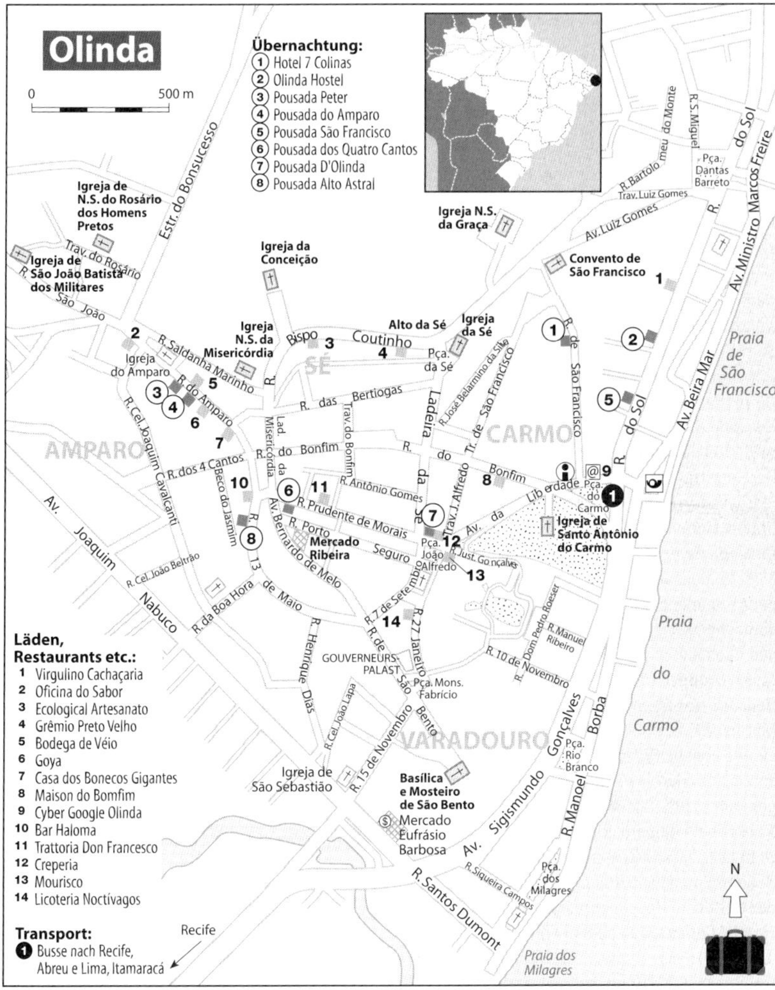

erst kürzlich restauriert. Die in Juwelenform bemalten Kreuzbögen, die schwarzen Heiligenfiguren und die als Altar dienende Holztruhe sind einzigartig in Olinda. ⌚ Mo–Fr 9–11, Sa 10–21 Uhr. Messe Sa 19 Uhr. Die am Rande einer Favela liegende **Igreja de São João Batista dos Militares** ist eine der wenigen nicht von den Holländern zerstörten Kirchen, ein typisches Beispiel brasilianisch manieristischer Baukunst.

Übernachtung

Von Olinda ist Recife leicht mit Tages- oder Abendausflügen zu erkunden. Eine Taxifahrt kostet R$10–20, mit dem Bus sind es ca. 20 Min.

Olinda Hostel, Rua do Sol 233, ☎ 81/3429 1592, 💻 www.alberguedeolinda.com.br. Gutes HI-Hostel mit internationaler Atmosphäre. Pool mit Sonnendeck und gemütlichem Hängematten-

Bereich im Grünen. Dorms à 4–6 Betten (R$19–25), DZ. Internet. ❶–❷.

Pousada Alto Astral, Rua 13 de Maio 305, ✆ 81/3429 6772, 🖳 www.pousadaaltoastral.com.br. Bunte Künstlerpousada; gemütlicher Aufenthaltsbereich, Pool, gepflegter Garten. Vom Frühstücksraum Blick über Recife. DZ und Dorms (R$20–25). ❶–❷

Pousada D'Olinda, Rua Prudente de Morais 178, Praça João Alfredo, ✆ 81/3494 2559, 🖳 www.pousadadolinda.com.br. Internationale Atmosphäre in bester zentraler Lage. 2 Gebäude mit einfachen DZ (Nr. 16 ist das netteste), gemischte Dorms (R$25, 4/10 Betten). Rustikales Mobiliar, schattiger Garten mit Pool. Restaurant. 🕓 tgl. 12–16 (Self-Service) und 18–21 Uhr. ❷

Pousada São Francisco, Rua do Sol 127, ✆ 81/3429 2109, 🖳 www.pousadasaofrancisco.com.br. Der Zahn der Zeit nagt schon an dieser 80er Jahre Pousada, dennoch anständige Mittelklasse-Option. Netter Poolbereich. ❸

Pousada Peter, Rua do Amparo 215, ✆ 81/3439 2171, ✉ pousadapeter@uol.com.br, 🖳 www.pousadapeter.com.br. Charmante Pousada eines deutschen Künstlers. Sehr ruhig, alle Zimmer gehen nach hinten raus. Toller Blick von der Terrasse. Großer Pool, AC. ❸–❹

Pousada dos Quatro Cantos, Rua Prudente de Morais 441, ✆ 81/3429 0220, ✉ hotel@pousada4cantos.com.br. Pousada mit hübschem Garten, schön integriert in die Gemäuer eines Kolonialgebäudes. 10% Tax. ❸–❹

Pousada do Amparo, Rua do Amparo 199, ✆ 81/3439 1749, 🖳 www.pousadadoamparo.com.br. Schöne Pousada in Kolonialhaus, hübscher offener Garten im Hausinnern. Internet gratis. ❻

Hotel 7 Colinas, Rua de São Francisco 307, ✆ 81/3439 6055, 🖳 www.hotel7colinas.com.br. Luxuriöses Park-Hotel mit Pool, Sauna, Restaurant und Bar. Geräumige Zimmer mit Balkon und AC. Im alten Wohnhaus Museum mit Antiquitäten aus Familienbesitz. 10% Tax. ❺–❻

Essen

Tapiocas werden an vielen Ständen am Alto da Sé nach alter Tradition zubereitet. 🕓 tgl. 9–24 Uhr.

Goya, Rua do Amparo 157, ✆ 81/3439 4875. Ästhetisches Restaurant, eines der besten im Großraum Recife. Das künstlerische Ambiente wird in der kreativen regionalen Küche fortgesetzt. Gemütliche kleine Terrasse. 🕓 Mi–Mo 18–24 Uhr.

Oficina do Sabor, Rua do Amparo 335, ✆ 81/3429 3331. Preisgekröntes Restaurant, ein Gourmet-Highlight. Moderne regionale Küche. Oben romantische kleine Terrasse mit spektakulärem Blick über das Lichtermeer Recifes. Reservieren! Tipp: *Filé de Surubim ao Creme de Maracujá* (ein Süßwasserfisch in Maracuja-Soße). 🕓 Di–Sa 12–17 und 18–24, So 12–17 Uhr.

✘ ***Trattoria Don Francesco,*** Rua Prudente de Morais 358. Gemütliche Trattoria. Zu Jazz-Musik reicht Besitzer Francesco hervorragende Gerichte nach alten venezianischen Rezepten. Viele Zutaten hausgemacht, eigener Gemüse- und Kräutergarten. Tipp: *Carpaccio* venezianische Art und *Tiramisu.* 🕓 Mo–Fr 12–15 und 19–23, Sa 19–24 Uhr.

Creperia, Praça Cons. João Alfredo 168. Leckere Crepes und Salate in rustikalem Haus mit Gärtchen. Internationale Atmosphäre. 🕓 Di–So 11–23 Uhr.

Maison do Bomfim, Rua do Bomfim 115. Bekanntes Restaurant mit exotischer französischer Küche, allerdings etwas steril. Abends auch Pizza. 🕓 Di–Sa 12–16 und 18–24, So 12–18 Uhr.

Mourisco, Praça Cons. João Alfredo 7. Traditionsrestaurant im 1. OG, Self-Service im Garten. 🕓 tgl. 12–15 und 19–23 Uhr.

Nachtleben

Virgulino Cachaçaria, Rua do Sol 319. *Der* Tanzschuppen. Von außen unscheinbare Baracke, innen Bar mit kleiner Tanzfläche, schmaler Kiesweg zum ruhigen hinteren Bereich. Mi Forró (später DJ), Do Reggae, Fr–So Rock bis Alternative. Oft rappelvoll. 🕓 Mi–So ab 23 Uhr; Eintritt R$3, Do–So Frauen umsonst.

Bodega de Véio, Rua do Amparo 212. Treffpunkt der Künstlerszene, samstags lässige Straßenparty mit Live-Musik von Forró bis Geige. 🕓 Mo–Sa 8–23, So 9–14 Uhr.

Licoteria Noctívagos, Rua 27 de Janeiro 65-A. Beliebtes Bar-Restaurant. Tipp: der Likör aus Maisextrakt, nach uraltem Familienrezept. Leichte Sandwiches, z. B. *Tropical* (Huhn, Frischkäse,

Bio-Mango). ⏲ Mi–So 16–22 Uhr (HS Di–So 16–24 Uhr).
Grêmio Preto Velho, Alto da Sé. Volkstümliche Bar mit bisweilen ekstatischer Atmosphäre, der erste Anschlusspunkt nach den heißen *Maracatu*-Trommelrhythmen am Sonntag. Reggae, Samba, Billigwein. Terrasse mit grandiosem Blick aufs nächtliche Recife. ⏲ Fr–So 8–2 Uhr.
Bar Haloma, Rua do Amparo. Beliebte Bar und Kunstatelier an der Praça dos Quatro Cantos.

Sonstiges

GELD – ***Banco do Brasil,*** Geldautomat im Mercado Eufrásio Barbosa. Nächste Filiale: Av. Getúlio Vargas 1180, Bairro Novo. ⏲ Mo–Fr 10–16 Uhr.

INFORMATIONEN – **Touristeninformation**, Praça do Carmo, ✆ 81/3305 1048. ⏲ Mo–Fr 8–12 und 13.30–17 Uhr. 💻 www.olindavirtual.net

INTERNET – ***Cyber Google Olinda,*** Praça do Carmo 5-B. Einfaches, freundliches Internetcafé. (R$4–6/Std.). ⏲ Mo–Fr 8–20, Sa 8–18 Uhr.

MÄRKTE – ***Mercado Eufrásio Barbosa,*** Av. Sigismundo Gonçalves. Alte Markthalle, verkauft werden Antiquitäten, Trödel, Stoffe und Lebensmittel. ⏲ Mo–Sa 9–17 Uhr.
Mercado Ribeira, Rua Bernardo Vieira de Melo. In dem ehemaligen Sklavenmarkt wird heute lokale Handwerkskunst angeboten: Decken, Hüte, Bilderrahmen. Mit schöner Terrasse. ⏲ tgl. 9–18 Uhr. Noch schöner ist der kleine Öko-Kunst-Markt ***Ecological Artesanato,*** Rua Bispo Coutinho, Produkte aus Naturmaterialien, kleines Café und schöne Aussicht. ⏲ tgl. 8.30–18.30 Uhr.

MUSEEN – ***Casa dos Bonecos Gigantes,*** Rua do Amparo 45, ✆ 81/3439 2443. Ausstellung der riesigen Karnevalspuppen, bis 3 m hoch und 30 kg schwer. Die ältesten stammen aus den 30er Jahren.

POST – Praça do Carmo. ⏲ Mo–Fr 9–17 Uhr.

TOUREN – Lohnenswert ist ein Ausflug in das nahe gelegene Kolonialstädtchen **Igarassu**, wo sich interessante Bauwerke wie die Igreja de São Cosme e Damião (1535) oder das Convento Santo Antônio bequem zu Fuß erwandern lassen.

Transport

BUSSE – Alle Busse halten an der Praça do Carmo. Nach **Recife** (Metrô): *Rio Doce/Princesa Isabel* oder *Pau Amarelo/Caio Santa Rita.* Von und nach **Süden** über Recife.
Von Norden ist Olinda – ohne zeitraubenden Umweg über Recife – kompliziert zu erreichen. Die Nerven schonendste Lösung ist es, im Vorort **Abreu e Lima** auszusteigen und von dort per Taxi weiterzufahren (R$20). Taxis stehen an der Haltestelle meist bereit. Ansonsten Junior anrufen, ein zuverlässiger Taxifahrer. ✆ 81/9444 6252.

Karneval in Olinda

Der Karneval von Olinda/Recife gilt von den drei großen Karnevals Brasiliens als der traditionellste und am wenigsten kommerzialisierte. Die Pernambucanos nennen ihn stolz „demokratischer Karneval" – alle dürfen mitmachen, auch ohne teures Abadá-T-Shirt, wie in Salvador verlangt. Die Teilnehmer, die *Foliões,* verkleiden sich mit bunten Kostümen; ein großer Maskenball. Die feiernde Menge zieht durch die engen Altstadtgassen. Statt von wummernden Trio Elétricos wird sie von riesigen Pappmaché-Puppen, Blasorchestern und Rhythmusgruppen begleitet. Samba und Axé gibt es hier kaum zu hören, **Frevo** und **Maracatu** heißen die Zauberzutaten für zuckende Beine und Körper. Die Vorbereitungen beginnen bereits im Januar mit Proben der Blocos und dem Schmücken der Straßen, schon ab Dezember ist an jedem Wochenende ein kleiner Karneval in der Altstadt. Eine Woche vor dem offiziellen Beginn findet die fröhliche Parade der **Virgens do Bairro Novo** statt, ein bunter Umzug, bei dem sich Männer in Frauenkleidern bewegen – zunehmend auch umgekehrt. Während des eigentlichen Karnevals wird tagsüber in Olinda gefeiert, abends verlagert sich das Fest in die Altstadt von Recife. Hotelzimmer sind in dieser Zeit teuer und schwer zu finden, doch viele Einheimische vermieten Zimmer.

Nach Norden: Mit Taxi oder Bus *Igarassu* nach **Abreu e Lima**, dort halten an der Hauptstraße vor dem Busterminal Fernbusse nach **João Pessoa** (alle 30 Min., bis 19.30 Uhr, R$15).

Itamaracá

Nördlich von Olinda liegt die Insel Itamaracá (16 000 Einw.), ein schöner Tagesausflug. Größte Sehenswürdigkeit neben den Stränden ist das **Forte Orange**, das 1631 von den Holländern gebaut und 1654 von den Portugiesen neu errichtet wurde. Heute beherbergt es ein Geschichtsmuseum und einen Souvenirladen; von den Mauern bietet sich eine tolle Aussicht auf den Atlantik. Im benachbarten **Eco-Parque Peixe-Boi** sind die Anstrengungen zum Schutz der *Peixe-Boi marinho*, einer bedrohten Seelöwenart, zu beobachten. In Brasilien gibt es nur noch etwa 500 Exemplare dieser Gattung. ⌚ Di–So 10–16 Uhr; Eintritt R$3.

Im nördlichen Teil der Insel liegen weitere schöne und teilweise einsame Strände. Hier kann man Fisch in einfachen Strohhütten essen oder sich beim Baden von Flusskrebsen in die Füße zwicken lassen.

Übernachtung und Essen

Orange Praia Hotel, Praia do Forte Orange, ✆ 81/3544 1170, 🖳 www.hotelorange.com.br. Gutes 4-Sterne-Familien-Hotel gegenüber dem Forte Orange, passend unter holländischer Leitung. Geräumige Zimmer; Badewanne. Großer Pool, hübscher Garten mit Bar und Restaurant. ❹

Touren

Catamaran Tours, ✆ 81/3424 2845, 🖳 www.catamarantours.com.br, veranstaltet eine schöne Katamaranfahrt von der Praia do Forte Orange über den **Rio Capibaribe** oder bis zur **Ilha Coroa do Avião**, ein Inselchen mit Strandbars. Der Katamaran hat ein Netz, in dem man während der Fahrt gegen die Wellen ankämpfen kann. Abfahrt 9.30 und 11 Uhr, Einstieg am *Cais das Cinco Pontas*, hinter dem Orange Praia Hotel. Dauer 2 1/2 Std. (R$30 p.P.).

Transport

BUSSE – Von **Olinda**: Bus *Ouro Preto/Rio Doce* (oder *Cidade Talajara/ Rio Doce*) bis 7. R/O. Von dort Bus *Igarassú* bis zum Terminal *Integração Igarassu*. Dort Bus *Itamaracá* (nicht erneut zahlen). Die Busse sind am Wochenende oft überfüllt. Fahrtdauer ca. 1 1/2 Std.

Südlich von Recife

Gaibu und Calhetas

Der erste schönere Strand südlich von Recife (40 km) ist die populäre **Praia Gaibu** mit vielen kleinen Bars und Restaurants, beliebt für Wochenendausflüge. Reizvoll ist ein Spaziergang zur nahen **Praia de Calhetas**, einem von Klippen geschützten schmalen Strand mit üppiger Vegetation in einer kleinen Bucht. Bars bieten erfrischende Säfte und Drinks an.

Weiterfahrt nach Porto de Galinhas über Cabo de Santo Agostinho und Ipojuca.

Übernachtung und Essen

Pousada Águas Marinhas, Av. Beira Mar 56, ✆ 81/3522 6346, 🖳 www.pousadaaguasmarinhas.com.br. Gemütliche Budget-Pousada am Strand, teils AC und Bad. Ausflüge, kostenlos Fahrräder. Aussichtsturm mit Hängematte, ideal für ein Glas Wein am Abend. ❶–❷

Pousada Acgua Residenz, Calhetas, ✆ 81/3512 0906. Wunderschön auf einem Hügel mit endlosem Meerblick. Tipp: die Apartments mit Terrasse. Pool. ❷–❹

Opará, Av. Beira Mar 79. Gutes Restaurant, geschmackvoll eingerichtet, Terrasse mit Meerblick. Kleine Kunstgalerie. ⌚ tgl. 11–22 Uhr.

Porto de Galinhas und Maracaípe

Porto de Galinhas ist der beliebteste **Strandbadeort** in Pernambuco. Die Region besticht durch eine Bilderbuch-Landschaft: Tausende von Palmen säumen das 4 km lange Ufer, der Sand ist feinkörnig und weiß und das Wasser ruhig und sauber. In den natürlichen Pools sammeln sich bei Ebbe bunte Fische. Beliebtestes Ausflugsprogramm ist die Fahrt mit einer Jangada. Vor allem Familien und den brasilianischen Jet-Set zieht es hierher. Hervorragende Gastronomie- und Shopping-Gelegenheiten sowie ein lebhaftes Nachtleben runden das Angebot ab. Ohne Zweifel ist durch unkontrolliertes Wachstum viel des ursprünglichen Charmes verloren gegangen, trotzdem ist Porto de Galinhas für viele immer noch der perfekte Urlaubsort.

Etwa 40 Gehminuten am Strand entfernt liegt Maracaípe, ein entspannter, kaum entwickelter Surfer-Ort mit Strandbars und Pousadas; für manche ist „Maracá" schon heute eine touristische Alternative zu Porto de Galinhas.

Übernachtung

An Wochenenden und in der HS sind Reservierungen empfohlen.

Albergue A Casa Branca, Praça 18, ✆ 81/3552 1808, 🖳 www.pousadaacasabranca.com.br. HI-Hostel mit modernen, sauberen 5er-Dorms (Ventilator). DZ mit AC. Gemütlicher Aufenthaltsraum. 10 Min. vom Strand an ruhigem Platz. Von der Rua Beijupirá den Schildern folgen. Dorm R$22–25. ❶–❷

Pousada Koala, Rua Beijupirá, ✆ 81/3552 1145, 🖳 www.pousadakoala.com.br. Freundliche, helle Pousada in weißem Haus mit Garten. Farbenfrohe, geräumige Zimmer, sehr sauber. Englisch. ❸

Pousada Porto Verde, Praça 1, ✆ 81/3552 1410, 🖳 www.pousadaportoverde.com.br. Wohlfühl-Pousada mit liebevollen Details, viele Blumen und Pflanzen. Die kleinen EG-Zimmer haben gemütliche Lounge-Bereiche mit Sofa und Hängematte. AC und Ventilator. Romantische Sitzecken am Pool. Sehr gutes Frühstück. Den Schildern folgen. ❸

Pousada Luar das Marés, Beira Mar, ✆ 81/3552 1216, 🖳 www.luardasmares.com.br. Beste Pousada am Strand, farbenfroh und ruhig. Bar, Pool, Rasen und Massage. Zimmer ohne Meerblick. Am Strand links ca. 200 m. ❹

MARACAÍPE – ***Pousada Maracaípe,*** ✆ 81/3552 1434, 🖳 www.pousadamaracaipe.com.br. Einfache, strandnahe Pousada mit schönem Garten und künstlerischer Atmosphäre. Gemütliche Zimmer mit Sofa, Ventilator, Balkon oder Terrasse. Apartments für Selbstversorger (bis 6 Pers.). ❷

Pousada dos Coqueiros, ✆ 81/3552 1294, 🖳 www.pousadadoscoqueiros.com.br. Angenehm ruhige Pousada am Strand. Die oberen Zimmer haben hübschen Balkon mit Hängematten. Rabatt ab 2 Nächten. AC. 10% Tax. ❺

Essen

Beijupirá, Rua Beijupirá, ✆ 81/3552 2354. Hervorragendes Fisch-Restaurant mit stilvollem Ambiente. Ausgefallene Gerichte. Tipp: *Beijucanela* (Beijupirá-Filet mit Zimt und Kardamom, flambierte Banane in Kokossplittern gewendet, Curryreis und Tamarindensoße). Nicht billig. Freundlicher Service. Reservierung empfohlen. 🕓 tgl. 12–1 Uhr.

Peixe na Telha, Av. Beira Mar. Weiteres sehr gutes Fischrestaurant, Trumpf ist die schöne Terrasse am Strand. Am Wochenende Live-Musik. 🕓 tgl. 10–22.30 Uhr.

La Crêperie, Rua Beijupirá. Gemütliche Open-Air-Crêperie unter Palmen, köstliche Crepes (herzhaft und süß). Kreative Salate, Nudeln und frische Fruchtsäfte. Di Sonderangebote. Aufmerksamer Service. 🕓 Mo–Fr 18–23, Sa–So 14–24 Uhr.

Tio Dadá, Rua da Esperança 167. Fleischfans sind begeistert. Zentrales Restaurant mit oft überbordender Stimmung (Live-Musik mit Rhythmusmaschine). Wegen schlechter Akustik aber auch etwas anstrengend. 🕓 tgl. 12–24 Uhr.

Carne de Sol do Cunha, Rua Dr. Manuel Uchôa. Authentisches Fleischerlebnis fernab der Touristenströme, rustikale Einrichtung, kernige Bedienung. Tipp: der gigantische *Prato Executivo* mit *Carne de Sol, Macaxeira* und *Feijão Verde.* 🕓 tgl. ab 11 Uhr.

La Scarpetta, Rua Beijupirá. Pizzeria mit jazziger Atmosphäre auf einem Balkon, leckere Holzofenpizza mit dünner Kruste. 🕓 tgl. 18–24 Uhr (HS ab 12 Uhr).

Nachtleben

Das Nachtleben ist oft heiß; aktuelle Events stehen im Ortsblättchen *Em Voga* oder können in der Tourist Info erfragt werden.

Bicho do Mato, Galeria Caminho da Praia, am Strand. Diese schwül-enge Disco-Bar schießt seit Jahren den Vogel ab. Hier tanzt die *Galera* auf den Tischen. Nach der Party Sonnenaufgang am Strand. House, Trance und Soul. ◷ tgl. ab 24 Uhr; Eintritt R$10, Mo–Do *Ladies free.*
Birosca da Cachaça, Rua Beijupirá 5. Urige Cachaça-Bar mit kleiner Tanzfläche. Viel elektronische Musik, sonntags Forró. ◷ Mi–So ab 22.30 Uhr; Eintritt R$10–20.
Ponto X, Rua dos Navegantes 66. Das Ponto X (sprich: *„Ponto Schiess"*) hat drei Flächen für 600 Personen: Disco, Open-Air-Bühne und Lounge. Freitag Capoeira und Forró mit Tanzlehrern. ◷ Di–Sa ab 22 Uhr (HS tgl.); Eintritt R$5–10.

MARACAÍPE – Regelmäßige Strand-Partys in der ***Bar do Marcão*** oder im ***Sounds***. Weiter südlich ist die ***Vila de Todos os Santos,*** ein Areal mit vielen Bars, am Wochenende Live-Musik. ◷ tgl. bis 17 Uhr, Fr–Sa ab 22 Uhr.

Von Sklaven und Hühnern

Obwohl die Sklaveneinfuhr in Brasilien Mitte des 19. Jhs. offiziell verboten war, wurden in vielen Häfen zunächst weiter Afrikaner eingeschifft. Versteckt wurden sie unter dreckigen Hühnerkäfigen, offiziell hieß die Fracht *Galinhas d'Angola* (angolanische Hühner). Das Eintreffen einer neuen Ladung sprach sich per Code herum: „Es gibt neue Hühner im Hafen" *(tem galinha nova no porto).* Heute findet man in Porto de Galinhas kaum noch Hinweise auf diesen Teil der Geschichte. Das Huhn ist über die Jahre zu einer Art Maskottchen mutiert, an allen Ecken grinsen bunte Plastik-Hühnchen.

Tourveranstalter: ***Pé no Mangue,*** Rua da Esperança 101, 💻 www.penomangue.com. Trekking-, Kajak-, Boots- und Reitausflüge. ◷ tgl. 14–22 Uhr.

Sonstiges

GELD – ***Banco do Brasil,*** Rua Beijupirá. ◷ 10–15 (Geldautomat 8–22 Uhr, alle Karten).

INFORMATIONEN – ***Tourist Info,*** Rua Esperança, Ecke Rua Beijupirá, ✆ 81/3552 1728. ◷ tgl. 8–14 und 15–21 Uhr.

INTERNET – ***Porto Digital,*** Rua da Esperança 239, gegenüber der Tourist Info. Internet (R$10/Std.), Telefon. ◷ tgl. 10–22 Uhr.

POST – Rua da Esperança 135. ◷ Mo–Sa 9–12 und 14–17 Uhr.

TOUREN – Beliebt sind **Jangada-Fahrten** zu den Korallenriffen, Kajakausflüge durch **Mangroven** oder die Katamaran-Fahrt auf die **Ilha Santo Aleixo**. Per Buggy kann man nach **Calhetas** fahren oder zur **Praia dos Carneiros** (bei Tamandaré), einem der schönsten Strände des Nordostens mit zwei wunderbar idyllischen Strandbars: *Bar da Prainha* (Nord-Ende) und *Bora Bora* (Süd-Ende).
Alle Ausflüge sind tabelliert, aktuelle Preise über die Tourist Info.

Transport

BUSSE – Die **Bushaltestelle** ist am Ortseingang bei der Tankstelle (5 Min. vom Zentrum).
Recife: *Boa Viagem* und *Imbiribeira,* 20x tgl. bis 21 Uhr, 2 Std., R$6.
Maracaípe: halbstdl. bis 20 Uhr (zurück bis 22.30 Uhr, R$1).

Fernando de Noronha

Menschenleere Strände, kristallklares Wasser, Delphine, Meeresschildkröten und rundherum geschützte Natur – die kleine Atlantikinsel Fernando de Noronha (2000 Einw.) gleicht einem der letzten Paradiese. In schöner Regelmäßigkeit werden die Praias do Sancho, do Porco und do Leão zu den schönsten Stränden Brasiliens gekürt. Seit um die Inselgruppe ein **Marine-Nationalpark** geschaffen wurde, gilt sie als ökologische Vorzeigeregion. Nur knapp 400 Touristen dürfen sich pro Tag auf der Insel aufhalten, die zum Weltnaturerbe der UNESCO zählt. Fernando de Noronha liegt 345 km von Natal, etwas weiter ist es nach Recife. Die Durchschnittstemperatur der Luft beträgt 28 °C, des Wassers 26 °C und die Sonne scheint 3000 Stunden im Jahr

– es ist schwer, ein angenehmeres Klima zu finden. Regen fällt vor allem zwischen März und Juni.

Sehenswertes

Die 21 Inseln des Archipels wurden vor mehr als 12 Mill. Jahren durch unterseeische Vulkanausbrüche geformt. Seither bilden sie in 4000 m Tiefe eine „Gebirgskette" im Meer – wir sehen davon nur die Spitzen. Entdeckt wurde das Archipel schon 1503 von Amerigo Vespucci, danach geriet es lange in Vergessenheit. Erst im 18. Jh. nutzte man die Inseln wieder – als Strafkolonie für Schwerverbrecher. Zu dieser Zeit wurden mehrere Forts errichtet, darunter das gut erhaltene **Forte N. S. dos Remédios**. Weitere sehenswerte Bauwerke dieser Epoche sind die **Igreja N. S. dos Remédios** und der **Palácio São Miguel**. Während des Zweiten Weltkriegs war die Insel Marinestützpunkt der US-Streitkräfte. Seit 1988 verwaltet der Bundesstaat Pernambuco die Inseln, seitdem sind sie Teil eines 113 km^2 großen Marine-Nationalparks.

Das **Museu Memorial Noronhense** an der Praça do Cruzeiro hat Infos zur Inselgeschichte. ⌚ tgl. 9–17 Uhr. Beim **Museu Tubarões** („Museum der Haie") am Hafen handelt es sich eigentlich mehr um ein Café mit Souvenirshop, dennoch: Die Infotafeln mit Statistiken (z. B. zum Angriffsverhalten heimischer Haie) sind interessant. ⌚ Mo–Sa 8–18, So 9–15 Uhr.

Strände

Südküste: Der berühmteste Strand der raueren Meerseite, der Südküste, ist die **Praia do Leão**, in der Brutzeit der Meeresschildkröten (Dez–Juni) ist sie teilweise gesperrt. Exzellent zum Tauchen und Schnorcheln sind die **Baía do Sueste** und die **Praia da Atalaia**. Letztere liegt in einem Naturschutzgebiet und kann nur mit einem Führers besucht werden. In der ruhigen Bucht von **Sueste** sind oft Meeresschildkröten zu sehen.

Nordküste: An der Festland-Seite liegen elf gleichermaßen paradiesische Strände, leichter zugänglich als die im Süden und uneingeschränkt benutzbar. Obwohl teils durch Felsen voneinander getrennt, kann man alle Strände wunderschön ablaufen: von der **Praia do Cachorro** bis zur **Baía do Sancho**. Lediglich bei zwei Passagen benötigt man einen guten Gleichgewichtssinn und festes Schuhwerk: zwischen den Stränden do Conceição und do Boldró (um den 323 m hohen **Morro do Pico**) sowie zwischen do Boldró und do Americano. Barfuß oder in Sandalen sollte man diese Strecken nicht angehen.

Schnorchelparadiese sind die Praias **de Santo Antônio** (am Hafen), **do Boldró** sowie die wunderschönen **Baía dos Porcos** und **Baía do Sancho**. Letztere ist am besten per Boot zu erreichen; alternativ über einen steilen Weg über Klippen (manchmal gesperrt). Surfstrände von Weltruf sind die **Praias do Meio, do Conceição, do Americano, do Boldró** und **Cacimba do Padre**. Zwischen November und März erreichen die Wellen hier z. T. atemberaubende Höhen (4 m und mehr) – optimaler Zeitraum für (fortgeschrittene) Surfer.

Faszinierende Umwelt

Schon Charles Darwin studierte 1832 die **Fauna** und **Flora** von Fernando de Noronha, und es gab viel zu entdecken: neben einzigartigen Nistvögeln vor allem die außergewöhnliche **Meereswelt**, darunter unzählige Fisch- und Korallenarten und Meeresschildkröten. Mehr als tausend **Delphine** leben heute in den Gewässern. In der **Baía dos Golfinhos** kann man morgens von Klippen ihr Eintreffen beobachten: ein Naturschauspiel! Manchmal erscheint die Gruppe jedoch aus unbekannten Gründen verspätet, daher sollte man unbedingt genug Mückenspray im Gepäck haben. Die Geschichte der heimischen **Flora** ist weniger erfreulich. Aufgrund der frühen Besiedlung ist viel der ursprünglichen tropischen Wälder vernichtet worden, so dass es nur in den Wintermonaten richtig grünt.
Zwei große **Umweltprojekte** sind auf der Insel aktiv: Das **Projeto Tamar** schützt die seltenen Meeresschildkröten, die zwischen Dezember und Juni ihre Eier ablegen. Die gepanzerten Tiere sind das ganze Jahr in den Gewässern unterwegs und können von Booten oft mit bloßem Auge gesichtet werden. Das **Projeto Golfinho Rotador** erforscht die heimischen Delphine, unterstützt wird es von lokalen Fischern. Infos im Tamar/IBAMA-Besucherzentrum, tgl. **Videos** und **Vorträge** (Mo–Sa 20.30, So 20 Uhr). Frühes Erscheinen sichert Sitzplätze.

Die Nordküste hat an manchen Stellen eine starke Strömung und Brandung. Daher immer Vorsicht walten lassen, auch bei kleineren Wellen. Haie kommen an der Praia de Biboca vor, dank intakter Natur ist es aber seit Jahrzehnten zu keinem Angriff mehr auf Menschen gekommen. Viele Touristen unterschätzen die Kraft der Sonne. Unentbehrlich sind starke Sonnencreme, Schirmmütze, Sonnenbrille, Mückenschutz und Turnschuhe für Wanderungen.

Übernachtung

Fernando de Noronha ist eines der teuersten Reiseziele Brasiliens, und die Übernachtungspreise klettern atemberaubend. Die meisten besseren Unterkünfte liegen in Floresta Nova und Vila do Trinta. Auch in Floresta Velha gibt es einige Pousadas. In Vila dos Remédios wohnt man einfacher und günstiger und ist näher an den Stränden. Reservierungen werden für jede Jahreszeit empfohlen. Fast alle Pousadas bieten einen kostenlosen Flughafentransfer. Die Umweltbehörde Ibama erhebt eine Umweltsteuer pro Übernachtung (R$29 p.P.).

VILA DOS REMÉDIOS – ***Pousada Tubarão,*** Rua São Miguel, ✆ 81/3619 1391, ✉ pousadatubarao@reservas.com.br. Recht günstig in zentraler Lage. Die Besitzerin ist ein Original. ❹
Pousada Golfinho, Rua São Miguel 144, ✆ 81/3619 1837. Gemütliche Veranda mit Sofa. Reservierungen 2–4 Wochen vorher. ❹
Pousada da Helena, Rua Sao Miguel 116, ✆ 81/3619 1223, ✉ hdnoronha@hotmail.com. Saubere Pousada in zentraler Lage. ❺

VILA DO TRINTA – ***Pousada das Flores,*** Rua Dom Juquinha I 111, ✆ 81/3619 1224, 💻 www.noronhaflores.com.br. Hübsche Veranda und Pool im Innenhof. ❻ Auf dem Hügel gegenüber der Verkehrsinsel sind einige Pousadas mit traumhaftem Ausblick auf das *Mar de Dentro,* u.a.:
Pousada Colina dos Ventos, ✆ 81/3619 1257, 💻 www.pousadacolinadosventos.com.br. Geschmackvolle Pousada mit Meerblick von traumhafter Terrasse. Hervorragendes Preis-Leistungs-Verhältnis, daher hoher Andrang. Früh reservieren, oft 6 Monate im Voraus ausgebucht. Kein Aufpreis in HS. ❻

VILA DA FLORESTA NOVA – ***Pousada Verdes Mares Me,*** Alameda dos Cajueiros, Quadra A, Lote 4, ✆ 81/3619 1222. Gemütliche Pousada in zentraler Lage. Buchungen mindestens drei Wochen im Voraus telefonisch. Buggyvermietung. ❺
Pousada Estrela do Mar, Rua Alameda da Bela Vista, ✆ 81/3619 1366, 💻 www.pousadaestreladomarfn.com.br. Großzügige Bungalows mit schönen Terrassen, Blick über die Insel. Buggyvermietung. ❻
Pousada Mar Atlântico, Quadra M, Lote 6, ✆ 81/3619 1915, 💻 www.pousadamaratlantico.com.br. Schöne Pousada mit tollem Ausblick. Fahrrad-Vermietung und Schnorchelzubehör. Kleiner Laden, behindertengerechtes Zimmer. ❻
Pousada Hospedaria Algas Marinhas, ✆ 81/3619 1341, 💻 www.pousadaalgasmarinhas.com.br. Hübsche Nichtraucher-Pousada mit künstlerisch gestalteten Zimmern. Rabatt bei längerem Aufenthalt. ❻

VILA DA FLORESTA VELHA – ***Pousada Floresta,*** Rua Amaro Preto 113, ✆/℻ 81/3619 1770. Angenehme Pousada mit Self-Service-Mittagstisch. ❺
Pousada Tio João, Rua Amaro Preto 121, ✆ 81/3619 1747, 💻 www.pousadatiojoao.com.br. Freundlich und ordentlich, gleich nebenan. ❺

Essen

Pizzaria Massa da Ilha, Vila dos Remédios. Beliebtes Restaurant neben der Kirche. Exzellente Pizza in gemütlicher Open-Air-Atmosphäre. Manchmal Live-Musik (s. Unterhaltung). ⌚ tgl. 18–24 Uhr.
Ecologiku`s, Nähe Flughafen. Hervorragende Meeresfrüchte- und Fischgerichte, rustikal mit nettem Garten. Besitzerin Irací bereitet alles ganz frisch zu. Keine Reservierungen, keine Kreditkarten. Im Dunkeln schwer zu finden: Hinter dem Flughafen vor der Schranke des Militärgeländes in einen Pfad einbiegen, diesem 350 m folgen. ⌚ tgl. 19–22.30 Uhr.
Zé Maria, Rua Nice Cordeiro 1, Floresta Velha. Schönes Gourmetrestaurant mit innovativer Küche. Spezialität: *Salada viva* (lebender Salat), wird vor den Gästen geschnitten und zubereitet. ⌚ tgl. 12–23 Uhr.

Porto Marlin Sushi Bar, Hafen. Modernes Restaurant mit japanischen Gerichten und Live-Musik. Donnerstags Rodízio. Gruppentransfer möglich. ⏲ Mo–Sa 18–23 Uhr.

Nascimento, Vila do Trinta. Traditionelles Seafood-Restaurant mit guter Küche. Kein Schnickschnack, keine Kreditkarten. ⏲ 11.30–23.30 Uhr.

Restaurante do Biu, Rua Alameda do Pau d'Arco, Floresta Nova. Preiswertes *all you can eat* (R$10). ⏲ 12–14.30 und 18.30–21 Uhr.

STRANDBARS – ***Bar e Restaurante do Boldró,*** Praia do Boldró. Urige Strandhütte mit leckeren Fisch- und Hühnchengerichten. ⏲ tagsüber.

Bar Duda Rei, Praia da Conceição. Die entspannteste Strandbar weit und breit, hier trifft sich bei chilliger elektronischer Musik das hetero- und homosexuelle Publikum. ⏲ tagsüber.

CAFÉS – ***Café com Arte,*** Praça Pres. Enrico Dutra 9. Hübsches Café neben dem Palast. Gemütliche Terrasse. Kaffee, Kuchen und Sandwiches. ⏲ 9.30–20.30 Uhr.

Nachtleben

Der Abend beginnt typischerweise bei Ravels Bolero und Sonnenuntergang in der idyllischen **Bar do Capitão** am Forte São Pedro do Boldró

(Mückenspray mitbringen!). Weiter geht es im Zentrum, wo auf der Open-Air-Bühne der **Pizzaria Massa da Ilha** oft Live-Musik gespielt wird. Angesagt sind Reggae und lokale Folkmusik. Nach Mitternacht trifft man sich gegenüber in der **Bar do Cachorro**, dem Klassiker; getanzt wird zu Forró oder Pagode.

Aktivitäten

BOOTSTOUREN – Eine Alternative zu organisierten Bootsausflügen ist ein eigenes Boot, mieten kann man es z. B. bei ***Kapitän Celso***, ✆ 81/3619 1893 (R$500/1/2 Tag, R$700/Tag, bis 9 Pers.).
Atalaia, Rua Major Costa 7, Vila do Trinta, ✆ 81/3619 1328, 🖳 www.atalaia-noronha.com.br. Sehr renommierter Tourveranstalter, viele Boots- und Wanderausflüge. Kompetent und freundlich. Englisch. 🕓 7.30–20 Uhr.

KAJAKTOUREN – Kajakfahrten an der Küste inkl. Schnorchelstopp (3 Std.) veranstaltet ***Remos da Ilha***, ✆ 81/3619 1914, 🖳 www.remosdailha.com.br.

SCHNORCHELN – Leihausrüstung gibt es überall auf der Insel, z. B. in den meisten Pousadas oder am **Hafen** (R$10/Tag). Eine besondere Variante ist das sog. **Planasub**. Hierbei zieht ein Boot den Schnorchler an einer Schnur hinter sich her. Spezialisiert darauf hat sich ***Aquasub***, Terminal Turístico do Cachorro, ✆ 81/3619 1690. Schnorchelzeit p.P. bei vollem Boot ca. 30 Min., ansonsten genießt man die Landschaft.

TAUCHEN – Die Gewässer vor Fernando de Noronha zählen mit einer Sichtweite bis 50 m und ganzjährigen Temperaturen um 26 °C zu den besten Tauchrevieren der Welt. Die Region ist Habitat unzähliger bunter Korallen- und Fischarten. Zwei Schiffswracks runden die Unterwassermöglichkeiten ab. Anfänger üben meist vor der Ilha da Rata.
Am besten zum selbständigen Tauchen sind **Pedras Secas, Ponta da Sapata, Cabeço de Submarino** und die **Korvette Ipiranga** – Letzteres nur für erfahrene Taucher. Von Dez–Apr ist bessere Sicht im Mar de Dentro, von Juli–Nov im Mar de Fora.
Águas Claras, Alameda do Boldró, ✆ 81/3619 1225, 🖳 www.aguasclaras-fn.com.br.
Noronha Divers, Terminal Turístico do Cachorro, ✆ 81/3619 1112, 🖳 www.noronhadivers.com.br. 🕓 8–22 Uhr.
Atlantis Divers, Terminal Turístico do Cachorro, ✆ 81/3619 1371, 🖳 www.atlantisdivers.com.br. 🕓 9.30–20 Uhr.

Sonstiges

EINKAUFEN – ***Artesanato do Arquipélago***, Alameda do Boldró. Handbemalte T-Shirts und andere Kunstartikel. 🕓 Mo–Sa 8–18, tgl. 20–22 Uhr. In der ***Loja TAMAR***, Alameda do Boldró, gibt es das begehrte T-Shirt mit Schildkrötenmotiv.

GELD – ***Banco Real***, Geldautomaten am Flughafen und beim Palácio São Miguel (MC und Visa). 🕓 24 Std.

INFORMATIONEN – Info-Stand am Flughafen. ***Divisão de Turismo***, Palácio São Miguel, EG, ✆ 81/3619 1352. 🕓 Mo-Fr 8–12 und 13–17 Uhr. 🖳 www.noronha.pe.gov.br.

INTERNET – In vielen Pousadas, aber zu astronomischen Preisen. Billiger im ***Restaurante da Edilma***, Rua São Miguel 17, Nähe Post. 🕓 tgl. 9–24 Uhr.

MEDIZINISCHE HILFE – ***Hospital Vila dos Remédios***, BR-363, ✆ 81/3619 1344.

POST – Rua de São Miguel, Vila dos Remédios. 🕓 Mo–Sa 8–12.30 Uhr.

TOUREN – Interessante Stadtrundgänge bietet **Djanira Albuquerque** an. Die „Noronhenserin" hat lange in Stuttgart gelebt und spricht sehr gut Deutsch. Begleitung auch auf Bootstouren oder Wanderausflügen. ✆ 81/3619 0128, 9979 8175.

Nahverkehrsmittel

Am besten erkundet man die Insel mit einem **Buggy** (ca. R$100/Tag); unzählige Vermieter, z. B. ***Noronha Buggy***, Vila dos Remédios, ✆ 81/3619 1008. Nicht alle Gefährte sind jedoch in gutem Zustand, möglichst Proberunde drehen.

Die Bar zwischen den Stränden

Wann hat man schon einmal Aussicht auf zwei wunderschöne Strände gleichzeitig? Diese seltene Konstellation lässt sich in der ***Bar do Meio*** genießen, einer einfachen Strandkneipe auf einem kleinen Felsen. Zur Rechten schaut man auf die zauberhafte **Praia do Meio** und zur Linken auf die ebenso reizvolle **Praia da Conceição**. Wenige Meter entfernt stürzen sich Seevögel ins Meer, während ein spektakulärer Sonnenuntergang die See in orangegoldene Farben taucht. Spätestens hier fühlt man sich eins mit Fernando de Noronha und der Welt. Einziges Handicap: irgendwann schließt auch diese Bar – und wer keinen Buggy dabei hat, muss über Stock und Stein zurück in die Zivilisation stolpern.

Vom **Motorradfahren** wird wegen der steilen Geröllhänge abgeraten.Eine gute Alternative sind die **Busse**, die bis 23.30 Uhr zwischen Hafen und Sueste pendeln (alle 30 Min., R$2,50). **Fahrräder** kann man sich z. B. in der Pousada Mar Atlântico leihen.

Transport

Flughafen, ✆ 81/3619 1311.
Je zwei Flüge tgl. von **Recife** und **Natal** (H/R ca. R$800–900). Tickets am einfachsten über Reisebüros oder direkt bei ***Trip***, ✆ 0300/789 8747, 💻 www.airtrip.com.br. Frühe Reservierung empfohlen. Mit Glück ist auch ein Ticketkauf am Flughafen möglich (nur Barzahlung).
Fluggesellschaften: ***Trip***, am Flughafen, ✆ 81/3619 1379, 🕒 9–18 Uhr. ***Varig***, ✆ 81/3619 1144.

Das Landesinnere

Caruaru

Die 275 000 Einw. zählende Großstadt Caruaru liegt 140 km westlich von Recife im Landwirtschaftsgürtel Agreste Pernambucano. Die industriell geprägte Stadt ist ein großes Textilmanufakturzentrum und gilt als wirtschaftliche Hauptstadt des binnenländischen Nordostens. Doch Caruaru entpuppt sich außerdem als Kultur- und Kunstzentrum; die Handwerkskunst aus Keramik, Stroh und Ton gehört zu den besten des Landes. Verkauft wird all dies in riesigen Märkten von der Größe einer Kleinstadt. Das gigantische Forró-Festival **Festa de São João** im Juni ist eine der größten Partys des Landes, stolz nennt Caruaru sich daher auch **Hauptstadt des Forró**. Nicht ganz zu Unrecht, immerhin stammt eine der größten Forró-Legenden aller Zeiten von hier: **Luiz Gonzaga**. Ihm ist ein eigenes Museum gewidmet.

Sehenswertes

Märkte

Zentraler Platz ist der **Parque 18 de Maio**. Auf Bänken kann man sich vom Marktshopping erholen und den typischen Kordelgesängen lauschen, die hier auf einer stattlichen Bühne aufgeführt werden. Die singenden Künstler *(Repentistas)* erfinden stegreifartig Geschichten über einzelne Zuhörer, das Ganze mit einem Augenzwinkern serviert.

Hier ist auch Anfangs- bzw. Endpunkt der **Feira de Caruaru**, einem der größten öffentlichen Märkte Brasiliens und Markenzeichen der Stadt. Ein fast undurchschaubares Labyrinth durchzieht riesige Marktflächen; nur Einheimische sind dazu in der Lage, in dem Chaos ein System auszumachen: Die **Feira de Artesanato Compositor Onildo Almeida** erstreckt sich auf 3 km zwischen Plätzen, Gassen und Straßen; an ca. 4000 Ständen werden Textilien, Schuhe, Haushaltswaren, Hängematten, Leder und vieles mehr verkauft. Der Markt ist so groß, dass er zur besseren Übersicht in 16 kleinere Märkte unterteilt wird. Nach offiziellen Informationen soll er bis 17 Uhr geöffnet haben, doch viele Stände schließen schon mittags. Die **Feira da Sulanca** ist ein turbulenter wöchentlicher Nachtmarkt; Beginn ist sonntagabends um 22 Uhr, Ende der Veranstaltung morgens um 10 Uhr. 40 000 Menschen schieben sich über diesen Mega-Flohmarkt. Die **Feira Livre** ist angeblich ein Spezialmarkt für Früchte, Gemüse, Blumen; verkauft wird jedoch irgendwie alles. 🕒 Sa 8–17 Uhr.

Museen

Das **Museu do Forró Luiz Gonzaga**, Praça Cel. José de Vasconcelos 100, ist ein schönes Museum über Leben und Werk des berühmtesten Forró-Sängers aller Zeiten (1912–1989).

São João
bunte Volksfeste im Nordosten

Wer im Juni den Nordosten oder Norden Brasiliens bereist, wird allerorten auf ein Volksfest treffen, das von seiner Bedeutung her fast dem Karneval gleicht: Die aus der portugiesischen Tradition stammenden **Festas Juninas** *(Festas de São João)*. Sie ranken sich um die Feierlichkeiten zu Ehren der heiligen Santo Antônio (13. Juni), São João (24. Juni) sowie São Pedro und São Paulo (29. Juni), gehen jedoch weit über rein religiöse Zeremonien hinaus. Überall werden Buden und Bühnen aufgebaut, Bands spielen auf und alles tanzt in farbenprächtigen und fantasievollen Kostümen.

Rhythmisch dominiert der **Forró**, die traditionellste Musikrichtung des Nordostens (Anfang des 20. Jhs.), die inzwischen in ganz Brasilien beliebt ist.

Als größtes São João-Festival Brasiliens gilt das von Caruaru. Fest steht, dass es sich um eine 30-tägige Nonstop-Party handelt. Jedes Jahr strömen mehr als 1,5 Mill. Besucher in das 40 000 km^2 große Areal Parque de Eventos Luiz Gonzaga, das zur Festivalzeit einfach **Vila do Forró** heißt. Am Wochenende kommen bis zu 160 000 Menschen, um sich die kostenlosen Musik-Shows auf der Hauptbühne **Pólo Pátio do Forró** und den etwa 12 Nebenbühnen *(Pólos)* anzuschauen. Und natürlich um selber Forró zu tanzen.

Das jüngere Publikum besucht gern den überdachten **Pólo da Feira**, hier geht es etwas alternativer zu.

Am **Pólo das Quadrilhas** werden allabendlich folkloristische Gruppentänze aufgeführt. Auch die typische Küche des Nordostens darf nicht fehlen; eine gute Tradition ist es, mit dem Erzrivalen Campina Grande aus Paraíba auch in punkto Kochkunst zu wetteifern. So hat man beispielsweise schon den „größten Tapioca der Welt" produziert (150 kg), einen „Supermaiskuchen" von 40 m Länge und einen eine halbe Tonne schweren „Megamilchreis". 💻 www.saojoaodecaruaru.com.br.

Zu sehen und hören sind Bücher, Platten, Memorabilien und biografische Daten der Ikone und zum Forró allgemein. Angenehm klimatisiert. Im gleichen Haus befindet sich das beste Museum der Stadt, das **Museu do Barro – Espaço Zé Caboclo**. Ausgestellt sind vor allem *Figuras de Barra,* kleine Tonfiguren, in denen Szenen des Alltags der Nordestinos dargestellt werden. Auch religiöse Motive sind charakteristisch. Zu sehen sind vor allem Werke von Zé Caboclo (1921–1973), der für seine Figuren während der regionalen Feste **Maracatu** und **Bumba-meu-boi** berühmt ist. In der angegliederten **Sala Mestre Vitalino** sind Werke von Mestre Vitalino (1909–1963) zu sehen, dem Erschaffer der ersten Tonfiguren, sowie einigen seiner Familienmitglieder. Die **Coleção de Cerâmica Abelardo Rodrigues** zeigt religiöse Motive, Vasen und Krüge. Im oberen Teil des Gebäudes befindet sich der **Espaço Elba Ramalho** mit einigen Schallplattenhüllen der bekannten Sängerin. Sie hat allerdings wenig mit Forró zu tun und stammt nicht einmal aus Caruaru (sondern aus Paraíba) – aber der landesweit größte Fan-Club hat hier seinen Sitz. 🕓 Di–Sa 8–17, So 8–13 Uhr.

Am anderen Ende des Platzes befindet sich das **Museu Fábrica do Caroá**, eine ehemalige Jutefabrik (1935–1978) mit Informationen zur Geschichte der Jute-Herstellung. Die ausgestellten Maschinen stammen aus England. 🕓 Di–Sa 8–17, So 8–13 Uhr.

Alto do Moura

7 km von Caruaru befindet sich das von der UNESCO anerkannt größte Zentrum figurativer Kunst Amerikas. In dem Dorf arbeiten und leben etwa 200 Künstler, die meisten sind Nachkommen und Schüler von **Mestre Vitalino** und **Mestre Galdino**. In den Werkstätten lernen Besucher die Töpferei-Kunst kennen, hier wird Ton in typische nordestinische Alltagsszenen transformiert. **Casa Museu Mestre Vitalino** ist das frühere Wohnhaus des Meisters und heute Museum mit einigen Erinnerungsstücken an die Kunst-Ikone. 🕓 Mo–Sa 8–12 und 14–17, So 9–13 Uhr; Eintritt frei.

Bezerros

Highlight des Nachbarortes Bezerros ist das moderne Museum **Centro de Artesanato**, Rua Major Aprígio da Fonseca 770, mit Drucken, Holzschnitten, *Figurinas* und Tonprodukten des Künstlers **Jota Borges**. ⌚ Di–So 9–18 Uhr; Eintritt R$1. In der selben Straße befindet sich das Atelier der Künstlerfamilie Borges, das **Casa de Cultura Serra Negra** (Nr. 420). Wer einen der berühmten Holzschnittdrucke *(Xilogravuras)* auf T-Shirt oder Bild kaufen möchte, sollte es hier tun. Bezerros liegt 1,5 km von Caruaru und ist gut mit Mototaxi erreichbar.

Übernachtung und Essen

Für das Festival São João im Juni sollten Hotelreservierungen so früh wie möglich getätigt werden.

Hotel Central, Rua Vigário Freire 71, Centro, ✆ 81/3721 5880, 💻 www.hotelcentralcaruaru.com.br. Zentrales, nicht ganz modernes Hotel; sauber und freundlich. Tagsüber Verkehrslärm. ❶

Maysa Plaza Hotel, Rua Teófilo Dias 93, Maurício de Nassau, ✆ 81/3725 1900, ✉ maysaplaza@ig.com.br. Neues Hotel mit Kabel-TV und AC. Ruhiger als im Zentrum. 5 Gehmin. zu den Museen, 20 Min. zu den Märkten. ❸

Hotel Village, BR 232, Km 135, Petrópolis, ✆ 81/3722 5544, 💻 www.hoteisvillage.com.br. Gutes Hotel am Stadtrand; die Zimmer sind nicht ganz taufrisch. Internet. ❹

Sabor da Terra, Av. Prof. José Leão 307, Maurício de Nassau. Gute regionale Küche, Self-Service. ⌚ tgl. 18–24 Uhr.

Sonstiges

GELD – ***Banco do Brasil,*** Praça José Martins 56, Centro. ⌚ Mo–Fr 9–14, Geldautomat 6–20 Uhr.

INFORMATIONEN – 💻 www.turismodecaruaru.pe.gov.br

Transport

Mototaxis stehen an jedem größeren Platz. Allerdings wirken die Motorräder nicht immer ganz verkehrssicher.

Busse der Gesellschaften *Caruaruense* und *Jotude* fahren vom Busbahnhof nach **Recife**, halbstdl. bis 20 Uhr, 1 1/2–2 Std., R$13–17.

Das größte Freilufttheater der Welt

Nahe der Stadt Fazenda Nova liegt das größte Freilufttheater der Welt (70 000 m^2), genannt **Nova Jerusalém**. Während der **Semana Santa** (Karwoche) werden hier monumentale Passionsspiele inszeniert, Höhepunkt und größter Besucherandrang ist am Karfreitag. Bis zu 8000 Zuschauer drängen sich um die Freilichtbühnen mit beeindruckenden Kulissen, ganze Tempelbauten wurden rekonstruiert. 500 Schauspieler und Statisten stellen den Leidensweg Christi in neun etwa 15-minütigen Szenen dar. Die Zuschauer verfolgen das Schauspiel stehend in großen Amphitheatern und wandern nach einer Szene zur nächsten Bühne.

Seit der TV-Sender *Globo* sich vor einigen Jahren in die Produktion eingeschaltet hat, hat die Professionalität der Produktion deutlich zugenommen; die Hauptrollen werden von bekannten Telenovela-Stars gespielt. Viele Zuschauer sind von der Vorführung sehr ergriffen, beim Selbstmord des Judas brandet großer Applaus auf. ⌚ 18–21 Uhr; Eintritt R$30–40. 💻 www.novajerusalem.com.br. Reiseagenturen in **Recife** organisieren Fahrten zu den Passionsspielen (ca. R$50 p.P. plus Eintritt), auch ab **Porto de Galinhas** (ca. R$90 p.P. plus Eintritt). Oft ist ein Besuch des Marktes in Caruaru enthalten.

Zum Übernachten bietet sich die exzellente *Pousada da Paixão* in der Theateranlage an, eine Themen-Pousada im Stil Galiläas mit Turm und Burganlage. Pool, Sauna, Bar und Restaurant. Samstags tafelt man in historischen Gewändern.

In der Festspielwoche kostet der Spaß einschließlich Statistenrolle ca. R$1200 bei einem Mindestaufenthalt von zwei Nächten, VP. Reservierungen ganzjährig, NS Rabatte. ✆ 81/3732 1602, 💻 www.pousadadapaixao.com.br. ❹

Paraíba

Während sich mancher Brasilianer noch einmal im Bett umdreht, geht in Paraíba schon die Sonne auf: um 5 Uhr morgens. Denn in Ponta do Seixas, nahe der Hauptstadt João Pessoa, liegt der östlichste Punkt Amerikas. Die 147 km lange Küste von Paraíba ist gekennzeichnet durch Kokospalmen und einsame, teilweise schwer erreichbare Strände. Aufgrund seiner touristisch noch weitgehend unberührten Regionen erscheint Paraíba wie ein unentdeckter Schatz. Dabei können es die Strände, besonders des Litoral Sul, in punkto Attraktivität mit den besten des Nordostens aufnehmen. Ökonomisch ist Paraíba traditionell von der Landwirtschaft geprägt, besonders vom Zuckerrohranbau.

João Pessoa

João Pessoa (630 000 Einw.) gilt als die grünste Stadt Amerikas. Die Grünanlagen, Parks und Wälder verleihen ihr ein attraktives Gesicht, darunter der **Jardim Botânico**. Er beherbergt die größte städtische Fläche atlantischen Regenwalds in Brasilien (470 ha). João Pessoa hat ein gut erhaltenes historisches Zentrum und in den Vororten Tambaú und Cabo Branco zwei der schönsten Stadtstrände des Nordostens. Die Schönheit der weit geschwungenen Bucht zeigt sich am besten vom Leuchtturm in Cabo Branco.

Im gemächlichen João Pessoa geht es ruhiger und entspannter zu als bei den Nachbarn Recife und Natal. Auf den Hauptstraßen der Stadt zuckeln noch immer Eselkarren, auf denen die Landwirte ihre Produkte ins Zentrum transportieren. Zudem genießt João Pessoa den Ruf, die sicherste Metropole des Nordostens zu sein.

Geschichte

Erste Europäer in der Region waren Franzosen auf der Suche nach Brasilholz. Endgültig vertrieben wurden sie von den Portugiesen 1585, mit diesem Datum ging auch die Gründung der Stadt *Filipéia de Nossa Senhora das Neves* einher, dem heutigen João Pessoa. Zwischen 1634 und 1654 übernahmen die Holländer das Kommando und benannten die Stadt in Fredriksstad um. Nach der Rückeroberung hieß sie Pahrayba, eine Bezeichnung aus der Tupi-Sprache. Diesen Namen behielt sie bis 1930, als der Gouverneur von Paraíba, João Pessoa, einem Attentat zum Opfer fiel. Zusammen mit Getúlio Vargas hatte er für das Präsidentenamt kandidieren wollen. In einer Volksabstimmung entschied sich das Volk zur Umbenennung der Stadt in João Pessoa.

Sehenswertes

Bedeutendstes Bauwerk der Stadt ist die barocke Franziskanerkirche **Igreja de São Francisco** mit dem Kloster **Convento de Santo Antônio**. Der Komplex, zu dem auch die Kirche des Dritten Ordens gehört, wurde 1589 begonnen und erst 1779 fertig gestellt. Eine bunte Stilmischung war die Folge. In beiden Kirchen sind imponierende, perspektivische Deckengemälde zu sehen; die goldüberzogene Kanzel der Hauptkirche, die reich vergoldeten Holzschnitte der Kapelle des Dritten Ordens sowie die ebenso üppig verzierte Sakristei sind herausragende künstlerische Elemente. In den 90er Jahren wurde im Kloster das **Museu de Arte Popular Brasileira** eingerichtet, vor allem mit kircheneigenen barocken Exponaten. ◷ Di–So 9–12 und 14–17 Uhr; Eintritt R$2.

Fast nebenan befindet sich die städtische Kathedrale, die vielfach baulich veränderte **Igreja de N. S. das Neves** von 1586, sie ist die Basilika der Schutzheiligen der Stadt. Folgt man weiter der Ladeira São Francisco, kommt man zu einer hübsch restaurierten neoklassischen Gebäudereihe an der **Praça Antenor Navarro**. In der Nähe steht das frühere **Hotel Globo**, das älteste Hotel der Stadt (1929), heute residiert hier das spanische Konsulat. Mit der Renovierung der alten Häuser verfolgte die Stadt das Ziel einer Wiederbelebung des historischen Zentrums, doch bislang ohne durchschlagenden Erfolg: außer einigen Touristen verirren sich nur wenige hierher.

Von der Igreja de São Francisco gelangt man über die Rua Visconde Pelotas zur **Igreja N. S. do Carmo** mit der **Capela Santa Tereza** (Praça Dom Adauto). Hier werden in der Karwoche (Semana Santa) Passionsspiele in großer Manier aufgeführt, sie sind die bekanntesten nach *Fazenda Nova* (s. S. 463).

Das **Theatro Santa Roza** (1889) an der Praça Pedro Américo ist eines der ältesten Theater Brasiliens. Eingeweiht wurde es wenige Tage vor der Proklamation der Republik. Wer die Gelegenheit hat,

Capoeira in Paraíba

sollte sich das Innere ansehen, am besten bei einem Theaterstück oder einer Tanzaufführung.

Die zentrale Praça João Pessoa wird auch Praça dos Poderes (Platz der Gewalten) genannt; an ihr stehen zwei neoklassizistische Gebäude: der **Justizpalast** und der **Palácio da Redenção** (1586), gegenwärtiger Sitz der Landesregierung (früheres Jesuitenkloster).

Strände

Die gepflegten Strände **Tambaú** und **Cabo Branco** liegen in einer lang gezogenen Bucht und zeichnen sich durch ruhiges Wasser und viel Grün aus. Entlang der hübschen Strandpromenade liegen unzählige Strandrestaurants. Die Atmosphäre ist relaxt, auch während der Hauptsaison. Weil am Strand keine Hochhäuser mit mehr als drei Stockwerken gebaut werden dürfen, ist die Umgebung nicht verschandelt.

Das einzige Hochhaus wurde in Tambaú kurz vor der Gesetzgebung fertig gestellt, die glücklichen Mieter genießen heute den besten Buchtblick der Stadt. Am schmalen Strand von **Manaíra** ist das Meer teilweise verschmutzt. **Intermares** eignet sich gut zum Surfen oder Kite-Surfen.

Übernachtung

An den Stränden von Cabo Branco, Tambaú und Manaíra gibt es viele Hotels und Pousadas. Im Zentrum zu wohnen ist nicht nötig, die Sehenswürdigkeiten sind mit einem Tagesausflug abzudecken.

ZENTRUM – ***Hotel Aurora***, Praça João Pessoa 41, ✆ 83/3241 3238. 70er-Jahre-Hotel mit kleinen, dunklen Zimmern, teils mit AC. ❶

STRÄNDE – ***Manaíra Hostel***, Rua Major Ciraulo 380, Manaíra, ✆ 83/3247 1962, ✉ manairahostel@hotmail.com. Schönes HI-Hostel, Pool. Dorms à 4–8 Betten (R$25–30). Gutes Frühstück, Internet. Ventilator oder AC. Bis Tambaú ca. 15 Gehmin. Vom Busbahnhof Bus 510 oder 513 bis Haltestelle Av. Jacinto Dantas. ❷

Pousada Mar Azul, Av. João Maurício 315, Manaíra, ✆ 83/3226 2660, ℻ 83/3226 4614. Sehr günstig: einfache, saubere Pousada am Strand. Geräumige Zimmer mit kleiner Küche und Ventilator. Kein Warmwasser. ❶

Pousada Lobo do Mar, Av. Infante Dom Henrique 329, Tambaú, ✆ 83/3247 1933, ✉ pousadalobodomar@bol.com.br. Günstig und ruhig, gute Preise für EZ und längere Aufenthalte. AC und Kabel-TV. ❷

Pousada Nego, Av. Nego 406, Tambaú, ☏ 83/3226 2128, 📠 3226 7223. Saubere, geräumige Zimmer, teils mit Gemeinschaftsbalkon. Frühstück auf der Terrasse im 1. OG. ❷

Pousada Xamã Tour, Av. Franca Filho 55, Manaíra, ☏ 83/3226 2112. Freundliche und farbenfrohe Pousada, persönliche Atmosphäre. Ein echter Deal. 5 Min. von Tambaú. ❷

Pousada Praia Mar, Av. Almirante Tamandaré 864, Tambaú, ☏ 83/3226 2515, ✉ contato@pousadapraiamar.com, 💻 www.pousadapraiamar.com. Kleine, familiengeführte Pousada am Strand. Einige Zimmer mit Balkon und Hängematte. Nette Veranda mit Bar. ❷

Pousada do Caju I, Rua Helena Meira Lima 269, Tambaú, ☏ 83/2107 8700, 💻 www.pousadadocaju.com.br. Weitläufige, rustikale Pousada, zwei Blocks vom Strand. Zwei Pools, Kinderspielraum und Restaurant, gutes Self-Service (R$14/kg). Die anderen Häuser der Kette liegen ungünstiger. ❸

Xênius Hotel, Av. Cabo Branco 1262, Cabo Branco, ☏ 83/3226 3535, 💻 www.xeniushotel.com.br. Etwas betagt, dank schöner Strandlage aber einer der besten Hotel-Deals. Saubere Zimmer, Dachterrasse mit Pool und schöner Sicht. Tipp: Die Standardzimmer sind billiger und genauso gut wie die *Luxo.* ❸–❹

Tropical Hotel Tambaú, Av. Alm. Tamandaré 229, Tambaú, ☏ 83/3218 1919, 💻 www.tropicalhotel.com.br. Der futuristische Betonbau von 1971 ist mehr eine Landmarke als ein günstiges Hotel. Die Standard-Zimmer sind ihren Preis nicht wert. Trotzdem oft ausgebucht. 15% Tax. ❻

Essen

Tapiocas gibt es an unzähligen Ständen an der Feira de Artesanato in Tambaú. Beliebt ist *Rodízio de Pizza,* man findet es in vielen Restaurants am Strand für ca. R$6–12 p.P.

MANAÍRA – ***Mangai,*** Av. Edson Ramalho 696. Herausragendes Self-Service-Restaurant, Pflichtstopp zum Kennenlernen der regionalen Nordostküche (über 80 Wahlmöglichkeiten). Kein Alkohol. 🕓 Di–So 6–22 Uhr.

Jardim de Lótus, Av. Edson Ramalho 890. Gemütliches vegetarisches Selbstbedienungslokal mit japanischem Garten. 🕓 Mo–Sa 12–15 Uhr.

TAMBAÚ – ***Apettito Trattoria,*** Rua Osório Paes 35. Guter Italiener in ruhiger Seitenstraße, Nudeln aus eigener Herstellung, gute Weinkarte. Nett zum Draußensitzen. Tipp: Rondelle mit Spinat und Käse *(Espinafre e Ricota),* zum Nachtisch *Profiterole* (Windbeutel mit Eis und Schokolade). 🕓 Mo–Fr 12–15, Di–So 18.30–24 Uhr.

Churrasquinho do Gaúcho, Av. Alm. Tamandaré 864. Erfolgreicher Mix aus Strandhütte und Churrasco-Restaurant, geniale Lage am Strand. Fleisch am Spieß *(Espetinho),* große Portionen. Günstig, sauber. 🕓 Mi–So 13–24 Uhr.

Famiglia Muccini, Av. N. S. dos Navegantes 140. Edel-Italiener mit Live-Piano-Musik und angenehmem Balkon. Wechselnde Events: *Rodizio de Pizza,* Fondue, Wein und Käse-Rodízio. 🕓 tgl. 12–15 und 18–24 Uhr.

Boi Bumbar, Rua Izidro Gomes 246. Edel-Self-Service mit exzellentem Angebot, u. a. Sushi (R$29). 🕓 Mo–Fr 11.30–15, Sa und So 12–16 Uhr.

Pau-d'Arco, Av. Epitácio Pessoa 4975. Einfaches, sympathisches Self-Service Familienrestaurant (R$12/kg), große Suppen-Auswahl. 🕓 Di–So 11–14.30 und 18–21.30 Uhr.

Tia Rita, Av. Alm. Tamandaré, Feirinha. Bewährter *Prato Feito* (R$4). Leckere Torten und Kuchen. 🕓 tgl. 9–21 Uhr.

CABO BRANCO – ***Marinas,*** Av. Cabo Branco 4924. Exzellente *Moqueca mista* bei frischer Seebrise und Blick auf die Bucht. Ganz am Ende von Cabo Branco, doch der Weg lohnt sich. Mo und Do Forró (ab 21 Uhr). 🕓 tgl. 10–24 Uhr.

Meio do Mangue, Av. Cabo Branco 1630. Gutes Meeresfrüchte-Restaurant mit künstlerischem Touch. Leckere tropische Säfte, Tipp: *Suco de Sapoti.* Mi–Sa abends Live-Musik. 🕓 tgl. 9–24 Uhr.

CENTRO – ***Café Cultura,*** Praça João Pessoa 63. Stylishes City-Café, gut für einen Espresso in der Sightseeing-Pause. Musik von DVD, Fr Happy Hour. Internet. 🕓 Mo–Do 8.30–18, Fr 8.30–23, Sa 8.30–12 Uhr.

Nachtleben

Die bevorzugte Ausgehgegend ist Tambaú: um die Straßen Rua Coração de Jesus und Av. Olinda. Das Epizentrum des Nachtlebens ist die sog. **Feirinha**, ein kleiner Platz mit vielen Bars (gegenüber Hotel Tambaú). Hier beginnt und endet die Nacht. Ein strategischer Punkt ist die *Pasteleria Ponto Certo* (beim Empório Café): Zentral und es gibt das billigste Bier. Große Konzerte finden im **Forrock** statt, an der BR 230.

Empório Café, Av. Coração de Jesus, Tambaú. Trendige Bar im Herzen des Nachtlebens. Immer voll, an den Wochenenden DJ's und Tanz. Kulturprogramm, am frühen Abend Jazz. Salate, Sandwiches und Schokoladenkuchen. ⌚ tgl. ab 19 Uhr.

Bebe Blues e Come Jazz, Av. Targino Marques, Tambaú. *Bar Cultural* mit alternativem Vibe, buntes Publikum. Musik von Blues und Jazz bis Rock'n Roll. ⌚ Di–Sa 19.30–3 Uhr.

Bahamas Chopp, Av. João Maurício, Tambaú. Für ein gepflegtes *Chope* am frühen Abend. Schöner Meerblick. Am Wochenende Live-Musik. ⌚ tgl. 10–24 Uhr.

Parahyba Café, Av. Juarez Távora 243, Torre. Bar und Kulturzentrum, beliebter Treff der Künstlerszene. Gelegentlich Live-Musik, Ausstellungen und Poesie-Leseabende. Am Anfang der Av. Epitácio Pessoa, nahe Zentrum. ⌚ Di–Sa ab 18 Uhr.

Feste und Feiertage

Folia de Rua: Eine Woche vor Karneval präsentieren sich Blocos, die enorme Menschenmengen auf die Straßen bringen. Der Clou ist, dass sich alle gegengeschlechtlich verkleiden, ein Heidenspaß!

São João (Juni): Großer Fest-Pavillon im Parque Sólon de Lucena, eine Woche Tanz mit viel Forró.

Festa das Neves (5. August): Großes Fest am „Geburtstag" der Stadt zu Ehren der Schutzheiligen.

Festival Nacional de Arte FENART (November): Überregionales Festival für zeitgenössische Kunst: Fotoausstellungen, Theater, Kino und Literatur. Abendliche Rock- und Pop-Konzerte sorgen für eine große Party. Über 9 Tage, Veranstaltungsort ist das ***Espaço Cultural José Lins do Rego*** (Av. Epitácio Pessoa, vor der Kreuzung Av. Rui Carneiro).

João Pessoa Tambaú

Übernachtung:
(1) Manaíra Hostel
(2) Pousada Xamã Tour
(3) Pousada Mar Azul
(4) Tropical Hotel Tambaú
(5) Pousada Nego
(6) Pousada Lobo do Mar
(7) Pousada do Caju I
(8) Pousada Praia Mar
(9) Xênius Hotel

Transport:
1 PBTUR, S&N Serviços
2 Cliotur
3 Busse zur Rodoviária
4 Classic Viagens e Turismo

Läden, Restaurants etc.:
1 Jardim de Lótus
2 Mangai
3 Mag Shopping
4 Bahamas Chopp
5 Boi Bumbar
6 Mercado de Artesanato Paraibano (MAP)
7 Mercado Público
8 Mercado de Artesanato Tambaú
9 Centro Turístico
10 Pasteleria Ponto Certo
11 Apettito Trattoria
12 Empório Café
13 Artesanato- und Tapioca-Stände
14 Bebe Blues e Come Jazz
15 Tia Rita
16 Famiglia Muccini
17 Farmácia Dia e Noite
18 Pronto.com
19 Churrasquinho do Gaúcho
20 Pau-d'Arco
21 Meio do Mangue
22 Marinas

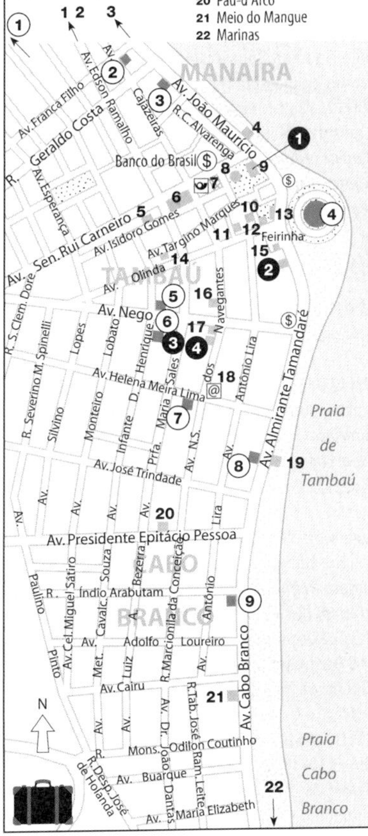

Touren

Die beliebtesten Bootsausflüge gehen nach **Picãozinho**, einer Korallenbank mit Naturpools (3 Std., R$20), und **Areia Vermelha**, eine 2 km entfernte Sandbank (R$35), ideal zum Baden, Schnorcheln oder Tauchen. Beide Ausflüge finden tidenabhängig statt (nicht tgl.). Die Agenturen informieren über aktuelle Abfahrtszeiten.
Weitere beliebte Touren gehen zum Sonnenuntergang nach **Jacaré** (R$20) und Buggytouren führen zum **Litoral Sul** (bis Tambaba) oder **Litoral Norte** (bis Lucena). Von Tambaú bis zur **Praia de Seixas** ist es ein schöner Spaziergang (ca. 1 3/4 Std).

TOURVERANSTALTER – ***Cliotur,*** Av. Almirante Tamandaré 310, Tambaú, ✆ 83/3247 4460, 🖳 www.cliotur.com.br. Professionelle, freundliche Agentur. Spezialisiert auf Ecoturismo: Touren an die Küste und ins Binnenland von Paraíba. Beratung auf Englisch, auf Wunsch englischsprachige Guides (gegen Aufpreis).
Classic Viagens e Turismo, Av. N. S. dos Navegantes, Tambaú, ✆ 83/3247 2010. Effiziente Reiseagentur für In- und Auslandsflüge.

Sonstiges

APOTHEKE – ***Farmácia Dia e Noite,*** Av. dos Navegantes.

EINKAUFEN – ***Manaíra Shopping,*** Av. Flávio Ribeiro Coutinho, Manaíra. Größtes Einkaufszentrum, Bus 510 von Tambaú (10–15 Min.).
Mag Shopping, Av. Flávio Ribeiro Coutinho 115, Manaíra. Zu Fuß von Tambaú 20–30 Min. am Strand.
Souvenirs und Kunsthandwerk: Günstige und schöne Hängematten u. a. im ***Mercado de Artesanato Público*** oder ***Mercado de Artesanato Paraibano*** *(MAP),* Av. Rui Carneiro, Tambaú, ein Rotklinkergebäude mit Innenhof und vielen Cafés und Geschäften. ◷ Mo–Sa 9–19, So 9–17 Uhr (Sonntags haben viele Stände geschlossen).

GELD – ***HSBC,*** Rua Peregrino Carvalho 162, Centro. ◷ 10–16, Geldautomat 6–22 Uhr. ***Banco do Brasil,*** Av. Rui Carneiro, Tambaú. ◷ 10–16, Geldautomat 8–20 Uhr. Weitere Geldautomaten vor dem **Centro Turístico** (andere Straßenseite), Flughafen und Busbahnhof.
Geldwechsel: ***Mondeo Tour,*** Av. Nego 46.

INFORMATIONEN – Die staatliche **PBTUR** hat ihre Zentrale im ***Centro Turístico,*** Av. Alm. Tamandaré 100, ✆ 0800/281 9229. ◷ tgl. 8–19 Uhr. Touristeninformationen: **Flughafen,** ◷ tgl. 10–16 Uhr; **Rodoviária,** ◷ tgl. 8–18 Uhr. 🖳 www.pbtur.pb.gov.br.

INTERNET – ***S&N Serviços,*** Av. Alm. Tamandaré 100, Centro Turístico. Effizientes Internetcafé (R$4/Std.). ◷ Mo–Sa 8–21, So 14–21 Uhr.
Pronto.com, Av. N. S. dos Navegantes 521, 1. OG. *Pacotes* (R$3/Std.). ◷ Mo–Sa 8.30–20 Uhr.
Rodoviária, R$4/Std. ◷ 7–19 Uhr.

MEDIZINISCHE HILFE – ***Hospital de Emergência Humberto Lucena,*** Rodovia BR 230, Jardim América, ✆ 83/3218 7775.

POLÍCIA FEDERAL – Praça Rio Branco, ✆ 83/3241 5880. Visaangelegenheiten. ◷ Mo–Fr 8–12, 13–16 Uhr.

POST – Av. Rui Carneiro, Tambaú, neben dem Mercado Público. ◷ Mo–Fr 8–18, Sa 8–12 Uhr. Rua Visconde de Pelotas, Centro. ◷ Mo–Fr 8–17, Sa 8–11 Uhr.

Nahverkehrsmittel

BUSSE – Vom **Flughafen** fahren alle 20 Min. Busse zum **Busbahnhof** und weiter ins Zentrum (20–25 Min., R$1). Zum Flughafen mit Flughafenbus *Aeroporto* ab der Av. Gal. Osório, eine Station nach der Rodoviária.
Von der **Rodoviária** nach **Tambaú** mit Bus 510 oder 513 (hintere Plattform des Nahverkehrs-Terminals, alle 15 Min., 30 Min., R$1,30).
Bus 511 fährt bis zur Haltestelle *Esquina Dossentos* in der Av. Nego, von dort 3 Min. bis zum Strand. Nach **Cabo Branco** mit Bus 507.

TAXI – Von **Tambaú** oder **Cabo Branco** zur Rodoviária sind es ca. 12 km, mit dem Taxi R$12–15 (20 Min.). Zum Flughafen R$30–40 (30 Min.). Taxis stehen vor dem Hotel Tambaú.

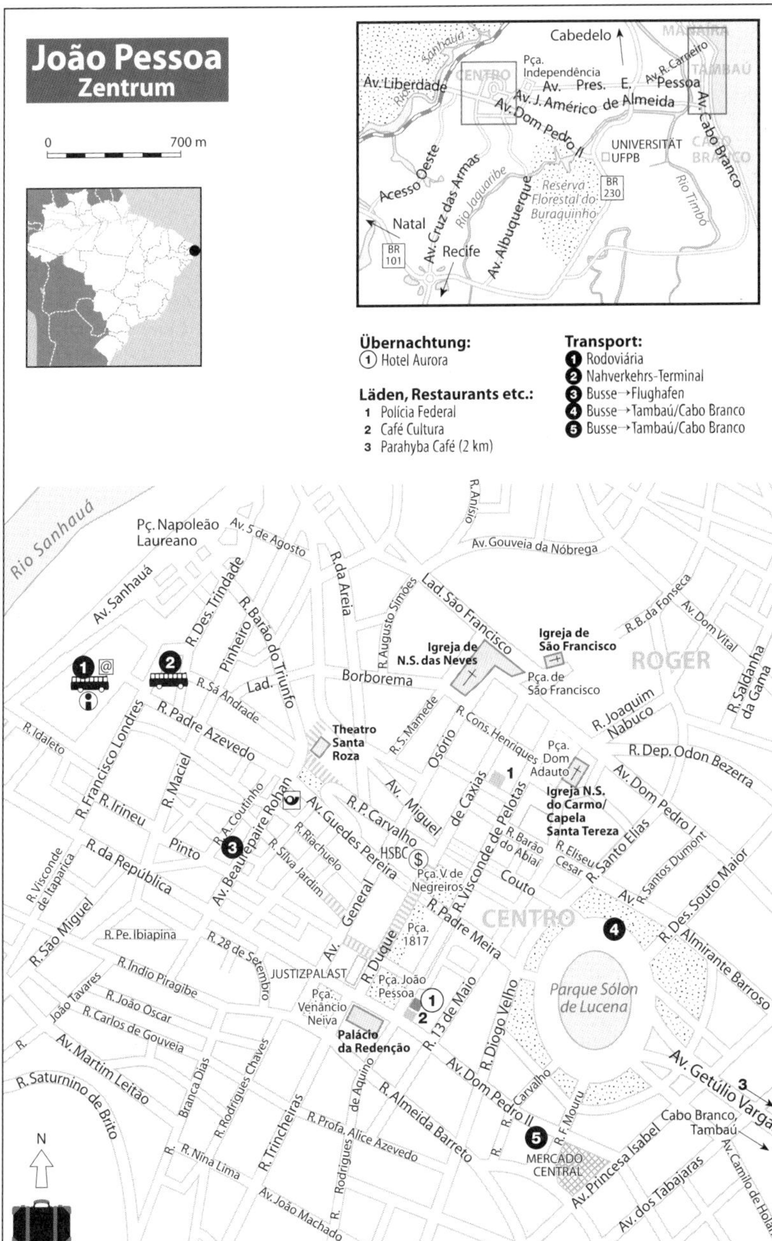

DER NORDOSTEN

Transport

FLÜGE – ***Aeroporto Presidente Castro Pinto,*** Bayeux, ✆ 83/3232 1200, wird für internationale Flüge ausgebaut.
Fluggesellschaften: ***TAM,*** ✆ 83/3247 2400. ***Varig,*** ✆ 83/3243 9999. ***GOL,*** ✆ 0300/789 2121. ***BRA,*** ✆ 83/3222 6222.

BUSSE – ***Rodoviária,*** ✆ 83/3221 9611.
Aracaju: *Bomfim,* ✆ 83/3221 0784, Mo, Mi, Fr 19.30 Uhr; *Progresso,* ✆ 83/3221 4468, Di, Do, So 19.30 Uhr; 9 Std., R$80.
Fortaleza: *Nordeste,* ✆ 83/3241 1170, tgl. 20 Uhr, 10 Std., R$71. Fr und So auch 19 Uhr, R$101.
Jacumã: *Boa Viagem,* Bus *112* ca. halbstdl. bis 22 Uhr, 1 Std., R$4. Oder: Regional-Bus *PB-008,* alle 40–50 Min. bis **Carapibus** (bis 18.30 Uhr, 1 Std., R$3). Haltestelle außerhalb des Terminals an der „vierten Plattform".
Maceió: *São Geraldo,* ✆ 83/3233 1071, Mo, Mi, Fr 9.30 Uhr, 6 Std., R$35.
Natal: *Nordeste,* 8x tgl. zwischen 6 und 19.30 Uhr, 3 Std., R$17–25.
Praia da Pipa: Bus nach Natal bis Goianinha, dort weiter mit Minivan (s. Praia da Pipa, S. 482). R$17–25.

Sonnenuntergang in Jacaré

Die bekannteste Attraktion von Jacaré ist der Sonnenuntergang über dem Rio Paraíba (ab 16.30 Uhr!) samt einer täglich wiederkehrenden Show: Es ist ein romantisches Bild, wenn der Saxophonist *Jurandy* tagein, tagaus auf einem Holzbötchen vor der versinkenden Sonne den Fluss herauf fährt und dabei Ravels *Bolero* intoniert. Im Anschluss wird in einer der Bars Samba und MPB gespielt und man genießt die schöne Abendstimmung. Gegen 18 Uhr läutet das *Ave Maria* den Abschied ein, dann ist auch der letzte Tourist ergriffen.
Das *Golfinho* ist die zur Zeit angesagte Restaurant-Bar am Flussufer. Umfangreiche Speisekarte. ⌚ Sa–Mi 11–22, Do–Fr 11–24 Uhr. Anfahrt am einfachsten per Taxi (R$17–20) oder über eine Reiseagentur (R$18–20).

Recife: *Progresso* oder *Bonfim,* ✆ 83/3221 4507, halbstdl. zwischen 5 und 19.30 Uhr, 2 Std., R$18.
Salvador: *Bomfim,* Mo, Mi, Fr 19.30 Uhr; *Progresso,* Di, Do, So 19.30 Uhr, 14 Std., R$105.
São Luís: *Progresso,* tgl. 17.30 Uhr, 28 Std., R$135.
Teresina: *Guanabara,* ✆ 83/3221 7255, und *Progresso,* tgl. 10 und 17 Uhr, 18–22 Std., R$123.

Südlich von João Pessoa

Rote Klippen, weißer Sand, türkis-blaues Meer und kräftige Wellen – die Strände des Litoral Sul von Paraíba sind in der Nebensaison oft menschenleer. Die Region ist in ihrer touristischen Infrastruktur noch wenig entwickelt. Der Litoral Sul von Paraíba ist ein interessantes, preisgünstiges Reiseziel für alle, die unberührte Strände und unverfälschte Ortschaften mögen. Auch gibt es nach letztem Stand weder Internet noch Geldautomaten.

Jacumã und Strände

Jacumã ist ein einfacher Strandbadeort 22 km südlich von João Pessoa mit perlweißen Stränden. Herrlich ist der etwa dreistündige Strandspaziergang nach **Tambaba**, , dem ersten offiziellen Nacktbadestrand Brasiliens (1989). Stopps können entlang des Weges in diversen Bars und Restaurants eingelegt werden. Erster Station Richtung Süden ist die noch recht lebendige **Praia de Carapibus**, hier gibt es die meisten Pousadas. Wenig später erreicht man die in einer kleinen Bucht liegende **Praia de Tabatinga**, kurz darauf die **Praia de Coqueirinho**, einen der berühmtesten Strände Paraíbas. Am Wochenende wimmelt es auf dem schmalen Strandstreifen vor Menschen. Einmal um die Landspitze herum, wird es jedoch schlagartig ruhiger, und herrliche, einsame Strandabschnitte erwarten den Spaziergänger. Von hier ist es nach Tambaba noch etwa eine gute Stunde. Beim Zutritt zum FKK-Bereich wird übrigens genau hingeschaut: Männer sind nur in Begleitung einer Frau zugelassen, und alle Gäste müssen die „Kleiderordnung" befolgen.

Übernachtung

JACUMÃ – ***Pousada dos Arcos,*** ✆ 83/3290 1044. Familiäre kleine Pousada mit sehr gutem Preis-

Leistungs-Verhältnis. Saubere, geräumige Zimmer, teils mit AC. Die mit Ventilator sind günstiger. 3 Min. vom Strand. ❶

Pousada Zekas, Rua José F. Damasceno 4, ✆ 83/3290 1185, 💻 www.zekas.com.br. Etwas altbackene Einrichtung, aber freundliche, persönliche Atmosphäre. Vom 1. OG Blick aufs Meer. Großer Pool. ❷

Jacumã's Lodge, Av. Beira Mar, ✆ 83/3290 1977, 💻 www.jacuma.tur.br. Luftige Pousada, einen Hauch mondän durch nette Veranda mit Pool. Palmen und kleine Bar, angenehmes Ambiente. Moderne Zimmer mit Schrank und Schreibtisch. ❸–❺

STRÄNDE – ***Pousada das Flores,*** Praia de Carapibus, ✆ 83/9967 5323. Für Sparfüchse. Rustikale Backpacker-Pousada mit hübschem Garten und Lounge-Terrasse. Sehr kleine, einfache Bungalows mit Ventilator, ohne Warmwasser. Küchenbenutzung, Mittag- und Abendessen. Etwas abseits gelegen, der belgische Besitzer holt Gäste aus Jacumã ab. Englisch. ❶

Pousada das Cores, Praia de Carapibus, ✆ 83/3290 1779, ✉ carapibus@terra.com.br. Hoch über dem Strand liegt diese Bungalow-Anlage. Kleine, einfache Zimmer mit Terrasse und Meerblick, AC oder Ventilator. Unter der Woche Rabatte. Restaurant. Nah an der Endhaltestelle des Busses *PB008*. ❷

Pousada das Conchas, Praia de Carapibus, ✆ 83/3290 1303, 💻 www.pousadadocaju.com.br. Hübsche Familien-Pousada, oft sehr belebt. Restaurant in exzellenter Lage, beliebter Einkehrpunkt für Tagesausflügler. ⏲ tgl. 8–20 Uhr. ❷–❸

Pousada Dom Quinzote, Praia de Tambaba, ✆ 83/3234 9542, 💻 www.tambaba.com.br. Die einzige Nudistenpousada Brasiliens hat 8 einfache, sehr rustikale Zimmer unmittelbar am Strand. Barbetrieb bis 17.30 Uhr. ❷

Essen

JACUMÃ – ***Restaurante Zekas,*** Rua José F. Damasceno 4. Ordentliches Restaurant in der gleichnamigen Pousada. ⏲ Sa und So 11–20 Uhr.

London London, Hauptstraße. Nette Bar mit Restaurantbetrieb. Ab und zu Feste mit Live-Musik. ⏲ tgl. ab 10 Uhr. Im ***Lambada*** am Strand finden gelegentlich am Wochenende Feste mit Forró, Reggae und Lambada statt.

STRÄNDE – ***Florida,*** Praia de Carapibus. Restaurant in der Pousada das Cores. Gerichte nach Länderpersönlichkeiten, so gibt es *Goethe* (Frankfurter mit Sauerkraut) oder *Ghandi* (Huhn in indischer Soße). ⏲ tgl. 19–21.30 Uhr, manchmal auch mittags.

Tabatinga Arte Bar, Praia de Tabatinga. Wunderbar relaxte Strandbar mit Hängematten. Grün, schattig, hübsch in die Natur integriert. Gedämpfte Musik. Perfekt für einen Cocktail zum Sonnenuntergang. Auch Meeresfrüchte und Fisch. ⏲ tgl. 8–17 Uhr (NS nur Sa und So).

Canyon de Coqueirinho, Praia de Coqueirinho. Beliebtes Restaurant in paradiesischer Lage mit Traum-Ausblick auf den ruhigen Teil des Strandes. Sehr gute Fisch- und Meeresfrüchtegerichte. Ruhige Musik, Rasen und Palmen. Gebäude mit zwei Ebenen und hübschem Strohdach. An den Seiten verlaufen zwei lange Canyons. ⏲ tgl. 9–18 Uhr.

Arca de Bilu, Praia de Tambaba, an der Hauptstraße. Ideal zum Sundown-Suco oder Bierchen in der Hängematte während man auf den Bus wartet. ⏲ tgl. 12–17.30 Uhr.

Transport

BUSSE – Nach **João Pessoa**: Der Bus hält überall an der Hauptstraße (bis ca. 19.30 Uhr). Halt in João Pessoa 500 m außerhalb der Rodoviária. Um sich den Fußweg zu ersparen, kann man bereits an der **Lagoa** umsteigen: Bus 510 oder 513 nach Tambaú oder 507 nach Cabo Branco.

Von und nach **Tambaba** mit dem Bus *Pitimbu*. Von Tambaba nach **Jacumã** und **João Pessoa**: Bushaltestelle die Straße hoch (10 Min.), vor dem Restaurant *Arca de Bilu. Boa Viagem* (Aufschrift Pitimbu), 3x tgl. (sehr unregelmäßig), gegen 6, 12 Uhr und 17.15 Uhr. Auf dem Parkplatz vorm Strand abends viele Mitfahrgelegenheiten *(Carona)*.

Nördlich von João Pessoa

Am Litoral Norte von Paraíba liegen kleine Fischerdörfchen, die sich langsam dem Strandtourismus öffnen. Zudem findet man vergessen geglaubte Indianerkultur und viel geschützte Natur. Ein interessanter Sidestep an der Hauptstraße ist die Stadt **Rio Tinto**. Sie wurde von der deutschen Industriellenfamilie Lundgren maßgeblich geprägt und ist bekannt für ihre deutsche Architektur. So stehen hier viele für Brasilien untypische Rotklinkergebäude, wie die wuchtige Igreja Santa Rita de Cássia und eine alte Stofffabrik.

Baía da Traição

Bereits 1501 ankerten erstmals Portugiesen in dieser idyllischen Bucht. Der Name („Bucht des Verrats") geht vermutlich zurück auf ein Blutbad, das die Entdecker unter Vespucci im selben Jahr unter Indianern anrichteten. Die Gegenwart ist weniger aufregend: Im Ort stehen viele Sommerhäuser, nur zu Karneval spielt Baía da Traição verrückt. Dann platzt es so aus allen Nähten, dass Strom- und Wasserausfälle fast schon Tradition geworden sind. Ein schöner Ort zum Sonnenuntergang ist die Ruine **Igreja e Forte de São Miguel** aus dem 16. Jh. Sehenswert sind außerdem die **Praia de Coqueirinho**, das Projeto Peixe-Boi in **Mamanguape** sowie der einsame Strand **Praia de Tambá**. Anfahrt: Direktverbindung mit der Busgesellschaft *Rio Tinto* vom Busbahnhof João Pessoa.

Barra de Camaratuba

Barra de Camaratuba ist ein fast unberührtes Fischerdorf mit ein paar Pousadas und einer Dorfdisco. Die kilometerlangen, einsamen Strände sind gut zum Surfen geeignet, weniger zum Baden – Vorsicht wegen der Strömungen. Wunderbare Bootsausflüge lassen sich auf dem Rio Camaratuba unternehmen. Ein kurzer Spaziergang führt zur Flussmündung, wo bei Ebbe eine geschwungenen Sandbank entsteht. Hier kann man am Wochenende in einfachen Strohhütten leckeren Fisch essen.

Die indianische Abstammung von den *Potiguaras* ist vielen Bewohnern der Region noch anzusehen. Der Stamm hat ein 300 m^2 großes Reservat in der Nähe *(Reserva dos Potiguaras)*, wo heute 9000 Menschen in 24 Dörfern *(Aldeias)* leben. Es ist eines der ältesten Reservate Brasiliens, man kann es besuchen.

Eine Weiterfahrt nach Praia da Pipa ist per Buggy möglich (50 km, ca. R$350 für 3 Pers.).

Übernachtung und Essen

BAÍA DA TRAIÇÃO – ***Pousada del Sol Nasciente***, Rua Dom Pedro II 537, ✆ 83/3296 1046. Schöne Terrasse mit Hängematte. Keine AC. ❶
Pousada Baía, ✆ 83/3296 1077. Hübsche Familienpousada mit Artesanato und schönen Möbeln. Nur 3 Zimmer. ❶–❷
Catumbaé Pousada, Rua do Coronel 100, ✆ 83/3296 1515, 🖳 www.baia-da-traicao.com.br. Nette Pousada im Stil einer kleinen Fazenda, Haus mit 4 Zimmern, 300 m vom Strand. Viel Natur und Ruhe. ❷
Farasteiro, am Strand, bei der Kirche. Freundliches Strandrestaurant mit Meeresbrise. Tipp: *Peixada* mit *Leite de Coco*, lecker und günstig (R$18 für 3 Pers.). ⏲ tgl. 10–21 Uhr.

BARRA DE CAMARATUBA – Einige einfache Pousadas, z. T. in Billigbauweise mit geringer Privatsphäre. Gut ist:
Pousada Porto das Ondas, ✆ 83/3297 7029, 🖳 www.camaratuba.com.br. Gesundheitsbewusste Pousada, großer Pool; fetzige Wassergymnastik und Shiatsu. Schön sind die Zimmer *Luxo* mit Balkon. Restaurant. ❹
Am Wochenende geht alle Welt zum Forró ins ***Potiguar Café***.

Rio Grande do Norte

Rio Grande do Norte (2,7 Mill. Einw.) liegt an der nordöstlichen Spitze Brasiliens, die afrikanische Küste liegt hier näher als mancher Ort im Süden des Landes oder im Amazonas. Dank der spektakulären Strände ist der Bundesstaat eines der beliebtesten Tourismusziele des Nordostens. Jährlich strömen mehr als eine Million Besucher in die Hauptstadt **Natal**, Tendenz steigend. Die Strände der 410 km langen Küste sind oft umgeben von roten Klippen und schier endlosen Dünen, die sich auf wilden Buggyfahrten erkunden lassen. Zu den Highlights zählen der mondäne Strandort **Praia da**

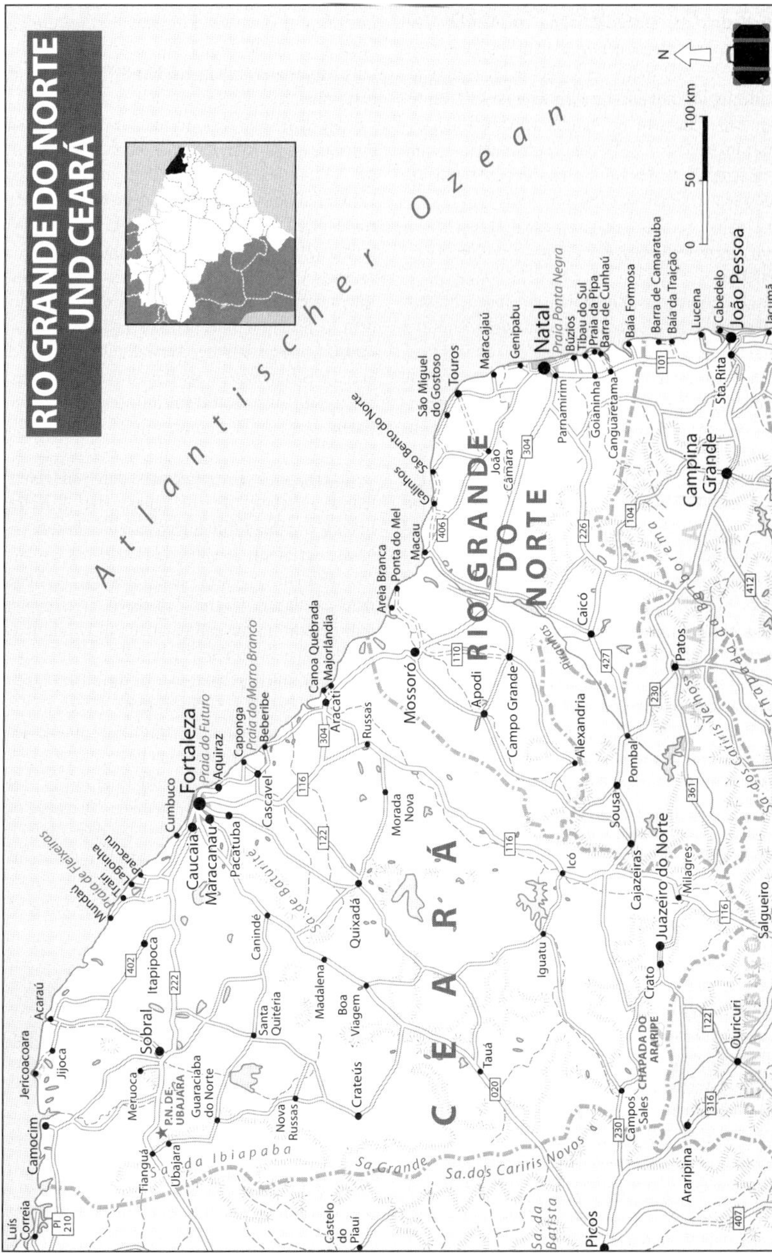

RIO GRANDE DO NORTE UND CEARÁ
Atlantischer Ozean
N
0
50
100 km
RIO GRANDE DO NORTE
CEARÁ
PARAÍBA
PERNAMBUCO
Natal
Praia Ponta Negra
Fortaleza
Praia do Futuro
Praia do Morro Branco
Praia de Flexeiras
João Pessoa
Campina Grande
Mossoró
Juazeiro do Norte
Luís Correia
Camocim
Jericoacoara
Jijoca
Acaraú
Mundaú
Trairi
Lagoinha
Paracuru
Cumbuco
Caucaia
Maracanaú
Aquiraz
Caponga
Beberibe
Cascavel
Pacatuba
Canoa Quebrada
Majorlândia
Aracati
Russas
Areia Branca
Ponta do Mel
Macau
Galinhos
São Bento do Norte
São Miguel do Gostoso
Touros
Maracajaú
Genipabu
Búzios
Tibau do Sul
Praia da Pipa
Barra de Cunhaú
Baía Formosa
Barra de Camaratuba
Baía da Traição
Lucena
Cabedelo
Jacumã
Sta. Rita
Parnamirim
Goianinha
Canguaretama
João Câmara
Caicó
Patos
Apodi
Campo Grande
Alexandria
Pombal
Sousa
Cajazeiras
Milagres
Icó
Iguatu
Crato
Salgueiro
Ouricuri
Araripina
Morada Nova
Quixadá
Canindé
Itapipoca
Sobral
Meruoca
Tianguá
Ubajara
P.N. DE UBAJARA
Guaraciaba do Norte
Nova Russas
Santa Quitéria
Madalena
Boa Viagem
Crateús
Tauá
Campos Sales
CHAPADA DO ARARIPE
Castelo do Piauí
Picos
Sa. da Ibiapaba
Sa. Grande
Sa. dos Cariris Novos
Sa. da Batista
Sa. de Baturité
Sa. dos Cariris Velhos
Chapada da Borborema
PI 210
402
222
116
122
304
110
406
226
427
230
104
101
412
361
020
316
407

Pipa und die Dünenregionen im Norden. Rio Grande do Norte ist der größte Shrimp-Produzent des Landes; der Name der Einheimischen *Potiguar* bedeutet im Indianischen „Krabbenesser". Auf jeden Fall sollte man hier einmal den köstlichen **Camarão** gekostet und **Forró** getanzt haben – jenen typischen Tanz des Nordostens, der in dieser Region seinen Ursprung fand.

Natal

Natal gehört zu den klimatisch angenehmsten Städten des Nordostens und wird auch „Stadt der Sonne" *(Cidade do Sol)* genannt: 300 Sonnentage, Durchschnittstemperatur 26 °C. Zudem hat sie dank der steten Winde laut NASA die zweitsauberste Luft der Welt, lediglich übertroffen von der Antarktis. Die touristisch stark wachsende Stadt am **Rio Potengi** (750 000 Einw.) wirbt vor allem mit dem architektonisch schönsten Fort Brasiliens sowie einem abwechslungsreichen Kultur- und Nachtleben.

Wie so häufig im Nordosten, stellen jedoch auch in Natal die Strände die eigentliche Attraktion dar. Man besucht weniger die stadtnahen und teilweise verschmutzten Strände **Praia do Meio**, **Praia dos Artistas** und **Praia da Areia Preta**, sondern hauptsächlich die 8 km südlich gelegene, reizvollere **Praia Ponta Negra**, die zu den meist frequentierten Stränden des Nordostens zählt. Das türkisgrüne Meer ist hier sauber und ruhig, Dutzende von Strandbuden säumen die Bucht, und im Hintergrund erhebt sich eines der Wahrzeichen der Stadt: der 120 m hohe *Morro do Careca* („Glatzenberg"); eine steil ins Meer führende Düne, die aus Naturschutzgründen nicht bestiegen werden darf. Am Strand von Ponta Negra liegen die meisten Hotels, Bars und Restaurants.

Sehenswertes

Das sternförmige **Forte dos Reis Magos** (1598) an der Praia do Forte liegt malerisch zwischen Atlantik und der Mündung des Rio Potengi; es enthält das älteste portugiesische Monument Brasiliens: einen Besitzmarkstein von 1501 (Marco de Touros), welcher heute als Symbol der Entdeckung gilt. Errichtet wurde die Festung zum Schutz vor französischen und holländischen Invasionen sowie gegen aufständische Potiguar-Indianer. Bereits ein Jahr nach dem Bau entstand um das Fort herum die Stadt Natal, zunächst im Gebiet des heutigen Stadtteils **Ribeira**. Zwischen 1633 und 1654 gelang es den Holländern die Gegend zu besetzen und Natal wurde zeitweise zu Neu Amsterdam (Nova Amsterdã). Eine Militärbasis der US-Amerikaner während des 2. Weltkriegs brachte der Stadt einen kommerziellen Aufschwung, in Folge dessen sich das Zentrum einige km nach Süden verschob, in die heutige Cidade Alta. 🕓 tgl. 8–16.30 Uhr; Eintritt R$3.

Das rosafarbene **Centro de Turismo**, Rua Aderbal Figueiredo 980, Petrópolis, stammt aus dem 19. Jh. und war bereits Waisenhaus, Gefängnis und US-amerikanischer Verwaltungsstützpunkt. Seit 1976 fungiert es als Besucherzentrum und beherbergt einen Markt für Kunsthandwerk, eine Galerie sowie ein Restaurant mit Blick auf den Rio Potengi.

Interessant ist ein Spaziergang durch das zuletzt teilweise restaurierte alte Hafenviertel **Ribeira**. Entlang der **Rua Chile** finden sich die ältesten Gebäude der Stadt (19. Jh.), der Bezirk ist am Wochenende eine angesagte Ausgehgegend. Das **Zentrum** hat dagegen wenig Sehenswertes zu bieten und besteht im wesentlichen aus den Haupteinkaufsstraßen Av. Rio Branco und Rua Princesa Isabel. Ein fröhlicher Farbtupfer ist die kleine **Igreja Santo Antônio**, die „Hahnenkirche" (Igreja do Galo) von 1766. Das hübsche, 2004 komplett renovierte **Teatro Alberto Maranhão** (1904), Praça Augusto Severo, ist wichtigster Veranstaltungsort für Musik-, Tanz- und Ballettaufführungen. Der 1172 m^2 große **Parque das Dunas** zwischen dem Zentrum und Ponta Negra ist Brasiliens zweitgrößte städtische Grünfläche (nach der Floresta da Tijuca in Rio de Janeiro); drei Wanderwege führen durch das bewaldete Dünengebiet.

Übernachtung

In Ponta Negra entstehen immer mehr Hotelanlagen. Rabatte sind in der NS möglich. An der Via Costeira liegen teure Hotels für Pauschalurlauber.

PONTA NEGRA – ***Lua Cheia Hostel,*** Rua Dr. Manoel A.B. de Araújo 500, 📞 84/3236 3696, 💻 www.luacheia.com.br. Berühmtes HI-Hostel in nachempfundener Ritterburg. Zentral im Aus-

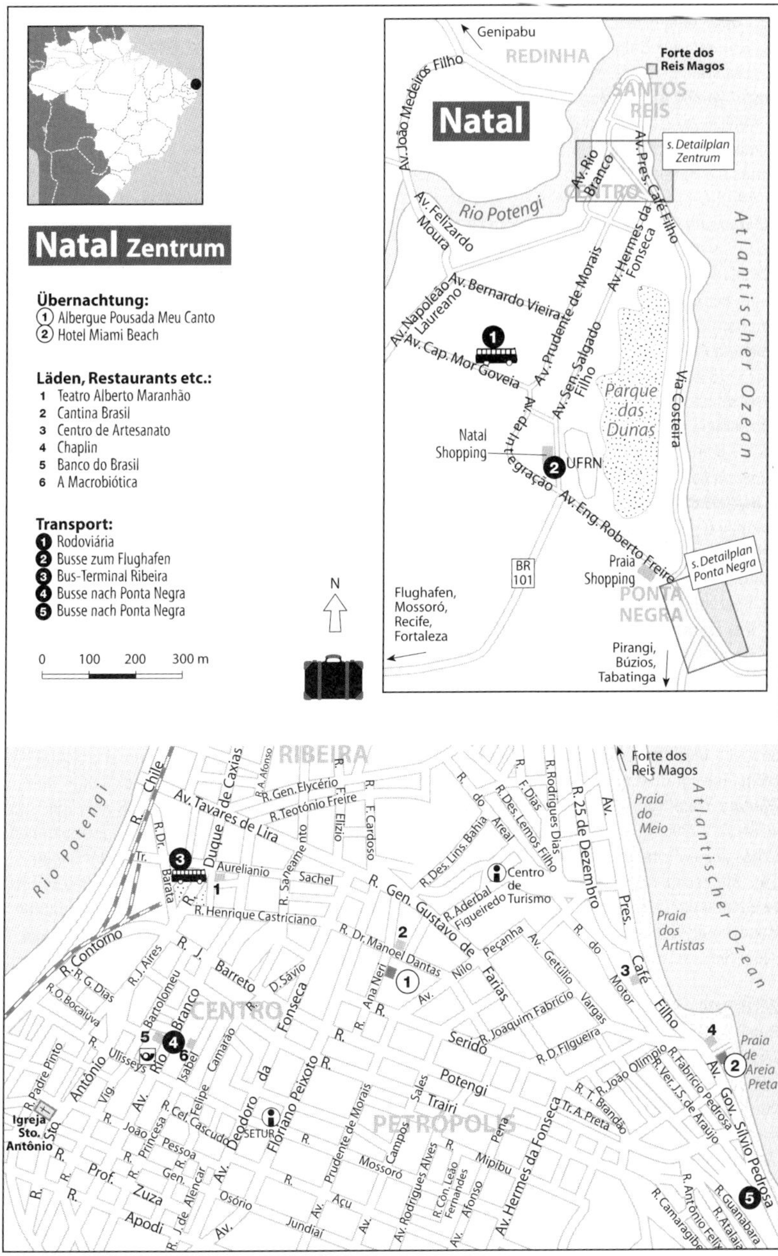
Natal Zentrum
Übernachtung:
1 Albergue Pousada Meu Canto
2 Hotel Miami Beach
Läden, Restaurants etc.:
1 Teatro Alberto Maranhão
2 Cantina Brasil
3 Centro de Artesanato
4 Chaplin
5 Banco do Brasil
6 A Macrobiótica
Transport:
1 Rodoviária
2 Busse zum Flughafen
3 Bus-Terminal Ribeira
4 Busse nach Ponta Negra
5 Busse nach Ponta Negra
0 100 200 300 m
N
Natal
Genipabu
REDINHA
Forte dos Reis Magos
SANTOS REIS
s. Detailplan Zentrum
CENTRO
Rio Potengi
Av. João Medeiros Filho
Av. Rio Branco
Av. Pres. Café Filho
Av. Felizardo Moura
Av. Hermes da Fonseca
Av. Prudente de Morais
Av. Bernardo Vieira
Av. Napoleão Laureano
Av. Cap. Mor Goveia
Av. Sen. Salgado Filho
Parque das Dunas
Via Costeira
Atlantischer Ozean
Natal Shopping
Av. da Integração
UFRN
Av. Eng. Roberto Freire
Praia Shopping
s. Detailplan Ponta Negra
PONTA NEGRA
BR 101
Flughafen, Mossoró, Recife, Fortaleza
Pirangi, Búzios, Tabatinga
RIBEIRA
Forte dos Reis Magos
Praia do Meio
Praia dos Artistas
Praia de Areia Preta
Av. Tavares de Lira
R. Chile
Duque de Caxias
R. Gen. Elycério
R. Teotónio Freire
R. Henrique Castriciano
R. Gen. Gustavo de Farias
R. Dr. Manoel Dantas
Centro de Turismo
R. 25 de Dezembro
R. Des. Lemos Filho
R. Rodrigues Dias
R. Contorno
Rio Branco
CENTRO
Igreja Sto. Antônio
SETUR
Av. Deodoro da Fonseca
Floriano Peixoto
PETRÓPOLIS
Av. Hermes da Fonseca
Av. Gov. Sílvio Pedrosa
R. Joaquim Fabrício
R. João Olímpio
R. Prof. Zuza
Apodi

gehviertel, eigene Bar, deshalb nicht immer ruhig. Dorms à 4–6 Betten (R$24–32), 2 DZ. Kein AC, Bettwäsche extra. ❶–❷

Hostel Verdes Mares, Rua das Algas 2166, ✆ 84/3236 2872, 💻 www.hostelverdesmares.com.br. HI-Hostel in ruhiger Straße, kleiner Pool. Dorms à 6 Betten (R$22), DZ. HS reservieren, nur mit HI/ISIC-Card. Bettwäsche extra. ❶–❷

Albergue da Costa, Av. Praia de Ponta Negra 8932, ✆ 84/3219 0095, 💻 www.alberguedacosta.com.br. Sympathisches Hostel, Surf-Kurse und Buggytouren. DZ, 5er-Dorms (R$22–25). An Hauptstraße. ❶–❷

Pousada Porta do Sol, Rua Francisco Gurgel 9057, ✆ 84/3236 2555, 💻 www.pousadaporta dosol.com.br. Gute Mittelpreis-Option am Strand, Holzmöbel und Pool. Einige Zimmer mit Meerblick. Kabel-TV, AC. ❷–❸

Pousada La Luna, Rua Francisco Gurgel 9045, ✆ 84/4008 8200, 💻 www.pousadalaluna.com.br. Gemütlich-rustikale Pousada am ruhigen Strandende, gutes Frühstück. Netter Außenbereich mit kleinem Pool, Palmen und Hängematten. Rabatt bei Barzahlung. ❹–❺

✤ ***Das Flores Inn Pousada,*** Rua Francisco Gurgel 9076, ✆ 84/3219 2457, 💻 www.dasfloresinn.com.br. Charmante Blumenpousada in Strandnähe (70 m). Exotischer Garten. Moderne, hübsche Zimmer. Tipp: Zimmer *Orquidea* hat Whirlpool und Meerblick. Pool mit Bar. Sehr gutes Frühstück. Internet gratis. ❹–❺

Manary Praia Hotel, Rua Francisco Gurgel 9067, ✆ 84/3219 2900, 💻 www.manary.com.br. Klassisches Luxus-Hotel am Strand in neo-kolonialem Stil, Mitglied im Roteiros de Charme. Wunderbare Gartenanlage, romantisch beleuchteter Pool, Honeymoon-Stimmung. Wenige Apartments mit Meerblick. Sehr gutes Restaurant. ❻

ZENTRUM – ***Albergue Pousada Meu Canto,*** Rua Ana Neri, Petrópolis, ✆ 84/3212 2811, ✉ tia_helena@hotmail.com. Legendäres Hostel mit einfachen Dorms (2–3 Betten). Die Energie von Tia Helena ist ansteckend, ihren *Mexe Mexe* Kartenspielen kann man sich nicht entziehen. Tipp: die *Suite Precidencial* mit Kabel-TV. Von der Rodoviária Nova: Bus 21 bis zur ersten Haltestelle der Rua Manoel Dantas, dann einen Block zurückgehen. Dorms R$14–18. ❶

Hotel Miami Beach, Av. Gov. Sílvio Pedrosa 24, Praia do Meio, ✆ 84/3202 3377, 💻 www.hotel miamibeach.com.br. Modern, sauber und preiswert. AC, Internet. ❷

Essen

In der Av. Erivan França am Strand von Ponta Negra reihen sich viele kleine Restaurants aneinander. Spezialität der Region sind Krabbengerichte.

PONTA NEGRA – ***Mandi-Oca,*** Rua Sen. Teotônio Vilela 1111. Außergewöhnliches Restaurant: alle Gerichte werden aus der *Macaxeira*-Wurzel hergestellt, einem Lebensmittel der Indianer, z. B. Gnocchi, Pizza oder Pfannkuchen. Das Gebäude hat die Form eines Indianerzeltes *(Oca)*. *Macaxeira* ist auch als *Mandioca* (São Paulo, Minas Gerais) oder *Aipim* (Rio, Süden) bekannt. 🕒 tgl. 9–1 Uhr.

✤ ***Galo do Alto,*** Rua Dr. Manoel A.B. de Araújo 142. Fischspezialitäten in rustikalem Ambiente. Der Name geht auf einen seltenen, sehr schmackhaften Fisch zurück. Traditionelle lokale Rezepte mit modernem Touch. Spezialität: Öko-Austern und -Krabben aus schonender Zucht. Tipp: *Peixada Galo do Alto*. Viele verschiedene Biersorten, gute Weinkarte. 🕒 Mo–Sa 18–24, So 12–18 Uhr.

Cipó Brasil, Rua Aristides P. Filho 3111. Ungewöhnliche Pizzeria im Tarzan-Look: lange Holztische im Sand und Lianen. Tipp: *Pizza Cipó Brasil* mit Huhn, Erbsen, Zwiebeln, getrockneten Tomaten und Basilikum. Unbedingt die Cocktails probieren, z. B. *Caipi Banana*. 🕒 tgl. 18–0.30 Uhr.

Toca do Açaí, Rua das Algas 2206. Kandidat für den besten *Açaí* des Nordostens. Gemütliches Garten-Café im Haus eines Ex-Surf-Champions, sonntags Fußballschauen auf der Veranda. 🕒 Mi–So 16–22.30 Uhr.

Mirante do Suiço, Rua Elias Barros 9076. Angesagtes Restaurant unter Schweizer Leitung, Fisch, Fleisch und Huhn mit europäischem Touch. Rustikale Terrasse mit Rundum-Meerblick und kühlendem Lüftchen. Zugang auch über die *Pousada Das Flores Inn*. 🕒 Di 19–22, Mi–Sa 12–14 und 19–22, So 12–16 Uhr.

Camarões, Av. Eng. Roberto Freire 2610. Hervorragende Gerichte mit großen Krabben, exzellenter Service. Tipp: *Camarão Ponta Negra*, paniert, mit Käsefüllung, oder *Papa Jerimum* in Kürbis. ⌚ Mo–Sa 11.30–15.30 und 18.30–1, So 11.30–16 und 18.30–23 Uhr.

Creperia Pau-Brasil, Av. Erivan França 3180. Gemütliche Bar im Freien, ideal für eine Caipirinha nach dem Strand. ⌚ Di–So 16–24 Uhr.

ZENTRUM – ***A Macrobiótica,*** Rua Princesa Isabel 528, Centro. Naturprodukte und Self-Service (R$14/kg). ⌚ tgl. 11–14 Uhr.

Cantina Brasil, Rua Manoel Dantas 447, Petrópolis. Beliebter Treff für die Gäste von Tia Helena. Freundlich; Pizza, Suppen, Bier. Internet. ⌚ tgl. 11–24 Uhr.

Nachtleben

Das interessanteste Nachtleben findet in Alto de Ponta Negra statt, besonders mittwochs. Im Hafenviertel Ribeira hat sich eine lebendige Szene mit alternativen Bars und Clubs angesiedelt, hier ist vor allem am Wochenende etwas los (Esplanada Silva Jardim/Rua Chile).

Taverna Pub, Rua Dr. Manoel A.B. de Araújo 500, Alto de Ponta Negra. In den Katakomben der Jugendherberge, tgl. wechselnde Live-Musik. ⌚ Mo–Sa ab 23 Uhr; Eintritt R$15–30, Frauen weniger. Je später, desto teurer.

Salsa Bar, Rua Dr. Manoel A.B. de Araújo 176, Alto de Ponta Negra. Salsa, Mambo und Merengue heizen nach Mitternacht diese Bar auf. ⌚ tgl. ab 19 Uhr.

Budda Pub, Av. Eng. Roberto Freire 9102, Ponta Negra. Angesagte Bar (Rock, Pop und Dance), jüngeres Publikum. ⌚ Mo–Sa ab 21 Uhr; Eintritt R$7–10.

Forró com Turista, Rua Aderbal Figueiredo 980, Centro de Turismo, Petrópolis, ✆ 84/3211 6218, 💻 www.forrocomturista.com.br. Donnerstag tanzen Touristen und Einheimische bei der klassischen Forró-Nacht. Hoteltransport möglich. ⌚ Do ab 22 Uhr.

Chaplin, Av. Presidente Café Filho 27, Praia de Areia Preta. Großer Vergnügungskomplex mit mehreren Dance-Clubs von Techno bis Forró. Open-Air-Bar mit Lounge-Musik. Am Donnerstag brodelt das Haus, viele Touristen. ⌚ Bar: Mo–Sa ab 17 Uhr, Clubs: Do–Sa ab 22 Uhr; Eintritt R$20.

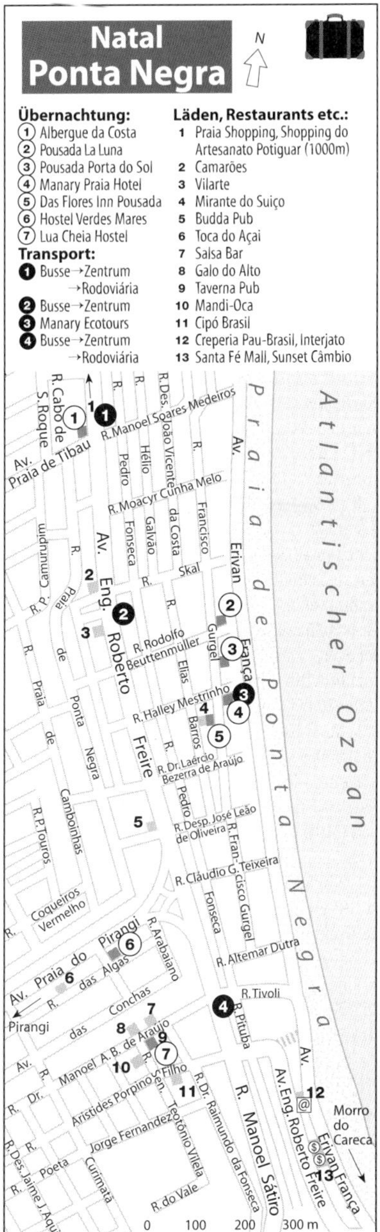

Einkaufen

EINKAUFSZENTREN – ***Natal Shopping,*** Av. Sen. Salgado Filho 2234, Candelária. ⌚ tgl. 10–22 Uhr. ***Praia Shopping,*** Av. Eng. R. Freire 8790, Ponta Negra. ⌚ tgl. 10–22 Uhr.

SOUVENIRS UND KUNSTHANDWERK – ***Vilarte,*** Av. Eng. R. Freire 2107, Ponta Negra. ⌚ tgl. 9–22 Uhr.
Shopping do Artesanato Potiguar, Av. Eng. R. Freire 2622, Ponta Negra. Kunstmarkt mit nettem Hof, regionale Imbisse. Neben *Praia Shopping.* ⌚ tgl. 9–22 Uhr.
Centro de Turismo, Rua Aderbal Figueiredo 980, Petrópolis. ⌚ tgl. 9–19 Uhr.
Centro de Artesanato, Av. Pres. Café Filho 1160, Praia dos Artistas. ⌚ tgl. 8–22 Uhr.

Touren

BUGGYTOUREN – Die Fahrt von **Natal nach Fortaleza** über 800 km und 70 Strände gilt als „Mutter aller Buggy-Touren". Man sollte die Strecke in nordwestlicher Richtung fahren, da der Spaß sonst durch Gegenwinde beeinträchtigt wird. Die 4-tägige Reise kostet ca. R$2000 (2 Pers., inkl. Unterkunft). Infos: ***Buguemania,*** ✆ 84/3661 5861, 💻 www.buguemania.com.br.
Mit Landrover: ***Aventura Expedições e Turismo,*** ✆ 84/3206 4949, 💻 www.aventuraturismo.com.br. Preise für Buggytouren in und um Natal sind tabelliert, z. B. **Praia da Pipa** (6 Std., R$240–320), **Genipabu** (3 Std., R$180–260, 4 Pers.).

TOURVERANSTALTER – ***Potiguar Turismo,*** Av. Praia de Ponta Negra 8836, ✆ 84/3204 8650, ✉ potiguar@potiguarturismo.com.br. Sehr gut organisierte Agentur. Ausflüge per Buggy, Bus oder Kleinbus: z. B. nach Maracajaú (Schnorcheln in Korallenriffen), Galinhos (einsame Strände und Dünen), Litoral Sul (per Buggy nach Praia da Pipa) oder Litoral Norte.
Manary Ecotours, Rua Francisco Gurgel 9067, Ponta Negra, ✆ 84/3219 2900, 💻 www.manary.com.br. Touren ins Landesinnere mit ökologisch-kulturellem Schwerpunkt. Kleine Gruppen, persönliche Betreuung. Mehrsprachige Guides.

Sonstiges

APOTHEKE – ***Farmácias 24h,*** ✆ 84/3215 1646. Lieferung.

FESTE – **Carnatal**, 4-tägiger Karneval am ersten Dezemberwochenende. Zur Teilnahme braucht man ein *Abadá* (T-Shirt). 💻 www.carnatal.com.br.

FOLKLORE-SHOWS – ***Zás-Trás,*** Rua Apodi 500, Tirol, ✆ 84/3211 1444, 💻 www.zastras.com.br. Früher ein Jazzclub, heute Folklore-Shows mit regionalen Tänzen, Capoeira und mehr. ⌚ Mo–Sa ab 20.30 Uhr.

GELD – ***Banco do Brasil:*** Geldautomaten u. a. in **Ponta Negra**, Av. Erivan França 108, Santa Fé Mall, 1. OG. ⌚ 7–22 Uhr, **Flughafen, Natal Shopping** und im **Centro de Artesanato**, Praia dos Artistas. **Filiale**: Av. Rio Branco, Centro. ⌚ Mo–Fr 10–16 Uhr.
Geldwechsel: ***VIP Câmbio,*** Flughafen. ⌚ bis 23 Uhr. Weitere Wechselstuben in Ponta Negra, z. B. ***Sunset Câmbio.*** ⌚ Mo–Fr 9–22, Sa 10–21, So 9–20 Uhr.

INFORMATIONEN – Touristeninformationen der staatlichen ***SETUR:*** Rua Mossoró 359, Petrópolis, ✆ 0800/841 516, 84/3232 2500. ⌚ Mo–Fr 8–18 Uhr. **Flughafen**, ⌚ tgl. 8–18 Uhr. **Rodoviária**, ⌚ Mo–Sa 6–21 Uhr. **Centro de Turismo**, ⌚ tgl. 8–18 Uhr. **Praia Shopping**, EG. ⌚ Di–So 8–22 Uhr. 💻 www.setur.rn.gov.br.

INTERNET – ***Interjato,*** Av. Erivan França, Ponta Negra. Gute Hard- und Software (R$6/Std.), klimatisiert, Telefon. ⌚ tgl. 10–22 Uhr.

MEDIZINISCHE HILFE – ***Hospital Walfredo Gurgel,*** Av. Sen. Salgado Filho, Tirol, ✆ 84/3232 7500. 24-Std.-Soforthilfe.

POST – Hauptpost, Centro. **Rodoviária** 1. OG. In **Ponta Negra** Briefmarkenverkauf im kleinen Laden am Anfang der Av. Erivan França. ⌚ tgl. 8.30–24 Uhr.

TAXI – ***Natal Taxi,*** 24 Std., ✆ 84/3213 6800.

TOURISTENPOLIZEI – ***Delegacia do Turista,*** im Praia Shopping, Ponta Negra, ✆ 84/3232 7404. ⌚ 24 Std.

Nahverkehrsmittel

Die meisten **Stadtbusse** verkehren alle 20 Min. zwischen 5 und 22 Uhr (R$1,50). Alternativ: registrierte **Minivans**, z. B. Linie 403 von Ponta Negra ins Zentrum.

Zum **Flughafen** mit den Bussen 08, 30, 54 oder 63 bis Natal Shopping (20 Min.). Dort – an der gleichen Haltestelle – Kleinbus *Parnamirim A/Aeroporto* (20 Min.). Vom Flughafen Bus *Natal A* bis Natal Shopping.

Vom **Busbahnhof** mit Bus 66 nach **Ponta Negra** (40 Min.), Busse 21, 36, 38 ins **Zentrum** (20 Min.) und **Stadtstrände** (40 Min.). Haltestelle andere Straßenseite, 50 m rechts.

Von **Ponta Negra**: Busse 46, 54 bis **Zentrum** (45 Min., weiter bis Ribeira). Schneller mit Bus 56 (über *Via Costeira* und Stadtstrände, 20 Min.). Haltestelle: *Ilha da Fantasia.* Bus 66 bis **Rodoviária**, Haltestellen *Ilha da Fantasia* oder *Feira de Artesanato.*

Transport

FLÜGE – ***Aeroporto Internacional Augusto Severo,*** 15 km vom Zentrum, Parnamirim. ✆ 84/3644 1000.

Fluggesellschaften: ***BRA,*** ✆ 84/3643 2066, Av. Prudente de Morais 456, Petrópolis, ✆ 84/3221 1155. ***TAM,*** ✆ 84/3643 1260. ***Trip,*** ✆ 84/3643 1450 (Fernando de Noronha). ***Varig,*** ✆ 84/3643 1100, Rua Mossoró 598, Petrópolis, ✆ 84/3201 9339. ***GOL,*** ✆ 84/3644 1264.

BUSSE – ***Rodoviária,*** Cidade da Esperança. ✆ 84/3232 7310. ***São Geraldo,*** ✆ 84/3205 2428. Tickets aller Gesellschaften (R$5/Lieferung), Bestellung bis 4 Std. vor Abfahrt. ⌚ tgl. 8–18 Uhr.

Aracati (Canoa Quebrada): *Nordeste,* ✆ 84/3205 6161, tgl. 5, 9, 15 und 24 Uhr (Sa 22 Uhr), 6 Std., R$34–55.

Baía Formosa und **Barra do Cunhaú**: *Transsul,* ✆ 84/3605 2879, 2–4x tgl., 2 Std., R$8.

Fortaleza: *Nordeste,* 6x tgl., 5, 9, 12, 15, 21.15 und 24 Uhr (Sa 22 Uhr), 8 Std., R$48–69.

Galinhos, Maracajaú, Touros: *Expresso Cabral (EG),* ✆ 84/3205 4272. Seltene Busse, 2–3 Std., R$7–15.

João Pessoa: *Nordeste,* 8x tgl. zwischen 6 und 19.30 Uhr, 3 Std., R$17–24.

Maceió: *São Geraldo,* ✆ 84/3205 4858, tgl. 19.45 Uhr, 10 Std., R$70.

Praia da Pipa und **Tibau do Sul**: *Oceano* (EG), ✆ 84/3203 2440, 10x tgl. zwischen 7 und 18.45 Uhr (So nur 8, 10, 16 und 18.25 Uhr), 2 bzw. 1 1/2 Std., R$8/7.

Recife: *Progresso,* ✆ 84/3205 3747, 9x tgl. bis 24 Uhr, 5 Std., R$38.

Salvador: *São Geraldo,* tgl. 9.30 und 17 Uhr, 20 Std., R$105–130.

São Luís: *Progresso,* tgl. 14.30 Uhr, 30 Std., R$156.

KOMBIS – ***Transporte Opcional,*** ✆ 84/3205 6868, Rückseite EG. Kombis u. a. nach

Praia da Pipa: 2–4x tgl., 1 3/4 Std., R$8.

Baía Formosa: 3x tgl., 1 3/4 Std., R$8.

Barra do Cunhaú: 6x tgl., 1 3/4 Std., R$8.

Südlich von Natal

Die meisten der südlichen Strände lassen sich von Natal per Buggy in Tagesausflügen erreichen.

Baía Formosa und Barra do Cunhaú

Genau zwischen João Pessoa und Natal, an der Grenze zu Paraíba, liegt das kleine Fischerdorf Baía Formosa, es kann sich einer der schönsten Panoramaaussichten des Bundesstaates rühmen. Der von Klippen und Dünen eingeschlossene Strand eignet sich mit seinen hohen Wellen bestens zum Surfen. Ansonsten geht das Leben hier einen sehr gemächlichen Gang. Abwechslung verschaffen Ausflüge zur **Mata Estrela**, dem größten Regenwaldreservat Brasiliens auf Dünen (2365 ha) oder zur **Lagoa Araraquara** (im Volksmund Lagoa Coca-Cola), einer Lagune, deren Name auf ihre dunkelrote Färbung durch Wurzelpigmente zurückgeht. Ein Bad in dieser Lagune soll die Wirkung eines Jungbrunnens haben. Sehenswert sind auch die nördlichen Strände, wie die einsame **Praia da Cotia.** In südlicher Richtung liegt die attraktive **Praia do Sagi**, ein gern angefahrener Buggy-Stopp. Hier mündet auch der Rio Guaju, der die natürliche Grenze zu Paraíba bildet. 💻 www.praiadebaiaformosa.com.br.

Auf dem Weg zwischen Baía Formosa und Praia da Pipa liegt Barra do Cunhaú, 88 km südlich von Natal, in einer der größten Krabbenzucht-Regionen Brasiliens. Im Ort gibt es einige Pousadas und Restaurants, sehenswert ist der hübsche Strand mit seinen Naturpools und den nahen Mangrovengebieten. *Naturezatur*, am Hafen von Barra de Cunhaú, 📞 84/3241 4262, veranstaltet Ausflüge zu den Stränden der Umgebung und Bootstouren auf dem Rio Curimataú.

Übernachtung und Essen

BAÍA FORMOSA – ***Miranda's Pousada***, Rua Sen. Antônio A. de Farias, 📞 84/3244 2207, 💻 www.praiadebaiaformosa.com.br. Nette Pousada mit sagenhafter Aussicht und charmanten Extras. Veranda mit seitlichem Meerblick. Kleiner Pool, Abendessen, AC. ❸–❹

Vila Bonita, Rua Francisco F. Freire 361, Praia Cacimbinha, 📞 84/3244 2056, 💻 www.vilabonita.com.br. Traumaussicht. Romantisch in die Steilküste integrierte Pousada über mehrere Ebenen. Helle, freundliche Suiten mit Whirlpool, Mosaik-Fußboden und Holzbalkon. Schöne Standardzimmer (die oberen sind besser) und einfache Chalês mit gemütlicher Terrasse (ohne AC). Pool mit Sonnenterrasse. Restaurant. ❺–❻

BARRA DO CUNHAÚ – ***Pousada Vento das Marés***, Av. Beira Mar, 📞 84/3241 4431. Von außen keine Schönheit, doch innen eine putzige, gemütliche Pousada in den Dünen. Rustikale Chalês mit Veranda und Holzbett. Strandpavillon mit Hängematte. Ventilator oder AC. ❷

Solimar, Rua da Praia. Exzellente Meeresfrüchte- und Fischgerichte, man kann sie gemütlich in einer Hängematte am Strand verdauen. 🕒 tgl. 10–17 Uhr.

Barraca do Tonho, Av. do Pontal. Köstlichen Fisch und was das Meer sonst noch hergibt serviert der freundliche Tonho. Blick auf die Flussmündung. 🕒 tgl. 8–19 Uhr.

Barraca do Baiano, Rua Gilberto Rodrigues. Sympathisches Strandrestaurant in den Dünen. Ideal für einen *Suco* in der Hängematte. 🕒 tgl. 6–17 Uhr.

Transport

Busse nach **Natal**: *Transsul*, 📞 84/3605 2879, von Baía Formosa tgl. 5, 7, 12.30 und 15.30, So nur 4.30 und 15.30 Uhr; von Barra do Cunhaú, tgl. 9 und 15.30, So nur 15.30 Uhr; je 2 Std., R$8. Alternativ **Minibusse**, 📞 84/3205 6868, 3–6x tgl., 1 3/4 Std., R$8.

Praia da Pipa

Praia da Pipa ist einer der charmantesten Strandbadeorte Brasiliens. Die ersten Karten der Region datieren zurück auf die Zeit der portugiesischen Entdeckung, doch „neu entdeckt" wurde Pipa (2800 Einw.) erst wieder in den 80er Jahren, als Surfer, Hippies und ausländische Touristen sich für die attraktive Kombination aus Stränden, Dünen, Klippen und Regenwald begeisterten. Heute wird Pipa bevölkert von einer bunten Melange aus einheimischen Fischerfamilien, Surfern, Naturliebhabern, Auswanderern, Pauschal-Touristen, Künstlern und Backpackern. Auffällig ist die hohe Konzentration an hochwertigen Pousadas, insgesamt finden sich viele gute Unterkünfte. Neben einem der wohl schönsten Strände zur **Delphin-Beobachtung** laden Künstlerateliers, Boutiquen und exzellente Restaurants zur Erkundung ein. Von den kulinarischen Künsten kann sich jeder beim großen Gastronomie-Festival im Oktober überzeugen. Berühmt-berüchtigt sind die Silvester-Partys, die 4000 Betten der Region sind dann restlos ausgebucht.

Am kleinen Hauptstrand gibt es einige Strandbars und Naturpools. Nach Norden gelangt man zunächst zur wunderschönen **Praia do Curral** (Baía dos Golfinhos), ein von Klippen umgebener Strand mit Aussichtspunkten, der oft von Delphinen besucht wird – vor allem bei Morgengrauen und in der Dämmerung. Dieser Strand ist nur bei Ebbe erreichbar. Von dort kann man (ebenfalls nur bei Ebbe) weiter um die nächste große Klippe zur **Praia do Madeiro** spazieren und dann weiter zur **Praia da Cacimbinhas**. Tipp: Hier am Nachmittag einen Saft in der Bar des *Hotel Village Natureza* trinken und dann über die Treppen des Hotels zur Straße. Im Süden liegt die **Praia do Amor**, ein Surfstrand. An der **Praia dos Afogados** gibt es gefährliche Strömungen, besonders aufpassen.

Auf dem 120 ha großen Umweltschutzgebiet **Santuário Ecológico de Pipa** liegen Aussichtspunkte zur Delphin-Beobachtung und 16 gut ausgeschilderte Wanderpfade; die besten sind *Caminho do Jacu*, *Caminho da Jibóia* und *Escada do Velho*. ⌚ Mo–Sa 8–17, So 8–13 Uhr; Eintritt R$4; beim Ortseingang.

Übernachtung

Vera My House, Rua da Mata, ☎ 84/3246 2295, 💻 www.pipa.com.br/veramyhouse. Winzige Backpacker-Herberge mit internationaler Atmosphäre. Reservierung empfohlen. Die fröhliche Besitzerin spricht etwas Englisch. Dorm R$15–20. ❶–❷

Pousada Pomar da Pipa, Rua da Mata, ☎ 84/3246 2256, 💻 www.pomardapipa.com. Nette kleine Pousada mit großem Garten. Gepflegte Apartments mit Veranda und Hängematte, lockere Atmosphäre. Von der Hauptstraße 300 m die Straße hoch. ❶–❷

Pousada Aconchego, Rua do Céu 100, ☎ 84/3246 2439, 💻 www.pipa.com.br/aconchego. Chalês mit kleiner Veranda, hübscher Garten. Zentrale, aber ruhige Lage. Ventilator. ❶–❷

Pousada Paraíso das Tartarugas, Praia do Amor, ☎ 84/3246 2665. Robinson-Romantik *auf* dem Strand in selbst gezimmertem Guest House. Blick auf die Naturpools und Meeresschildkröten. Gemeinschaftsdusche. Lockere, junge Besitzer. Reservierung empfohlen. ❷

Pousada da Pipa, Rua do Cruzeiro, ☎ 84/3246 2271, ✉ pousadapipa@uol.com.br. Trümpfe dieser netten Pousada sind die Kontakt fördernde Veranda mit Hängematten und das gute Frühstück. Hübsche Lobby. ❷

Pousada Xamã, Rua dos Cajueiros 12, ☎ 84/3246 2276, 💻 www.pousadaxama.com. Gute Budget-Option nahe der Diskothek, entspannte internationale Atmosphäre, Dorms oder DZ. Gutes Frühstück, Garten mit Pool, Billard und Musik. Dorm R$25. ❷

✤ ***Pousada Mirante de Pipa***, Rua do Mirante 1, ☎ 84/3246 2251, 💻 www.mirantedepipa.com.br. Öko-Pousada mit herrlichem Blick, auf einer Düne haben die Besitzer 18 000 m^2 Wald angepflanzt. Tipp: Das *Chalé do Mar* hat Traumaussicht, ideal für zwei Paare, da gemeinsame Terrasse. Kein AC und TV. 10% Tax. ❸–❹

Pousada Magia da Terra, Rua do Pescador, ☎ 84/3246 2266, 💻 www.pipa.com.br/magiadaterra. Attraktive Urwald-Pousada, Äffchen springen durch den Garten. Chalês mit Veranda, hübscher Frühstücksbereich. AC. ❹–❺

Pousada Tartaruga, Av. Baia dos Golfinhos 508, ☎ 84/3246 2385, 💻 www.pipa.com.br/tartaruga. Stilvolle Pousada mit komfortablen Apartments und Pool. Harmonische Atmosphäre, toller offener Frühstücksbereich mit Leseecke. Hervorragendes Frühstück, leicht und frisch, mit süßen Versuchungen. Flat für 4 Personen mit Meerblick, Balkon und Küche. ❻

✤ ***Pousada Toca da Coruja***, ☎ 84/3246 2225, 💻 www.tocadacoruja.com.br. Romantische Öko-Edel-Pousada, nachhaltig in die Natur integriert. Höchste Komfortstandards in 25 000 m^2 Urwald. Luxuriöse Chalês mit Whirlpool unter freiem Himmel. Früher eine Hippie-Pousada, heute eine der besten Brasiliens. Mitglied im Roteiros de Charme. Sehr gutes Restaurant, offen für Nicht-Gäste. Keine Kinder. ❻

Essen

Chez Aline, zwischen Pipa und Tibau do Sul, ☎ 84/3246 4335, 💻 www.eavelarcuisine.com.br. Haute Cuisine von Chef Eduardo Avelar, klassische französische Küche mit brasilianischen Einflüssen. Stilvolles Ambiente, schöne Deko und Beleuchtung. Workshops auf Anfrage (6–8 Pers.). ⌚ tgl., nur nach Reservierung. Preis R$150 p.P. plus Getränke, 8–10 Gänge.

HAUPTSTRASSE – ***Aruman***, leckere Crepes in schönem Ambiente, älteste Creperie von Pipa. ⌚ tgl. 12–24 Uhr.

Pacífico, sehr gutes Restaurant eines amerikanischen Chefkochs. Spezialität: *Medaillons Filet Mignon*. Bio-Kaffee aus Italien. ⌚ tgl. 18–24 Uhr.

Caligula, beste Pizza in Pipa. Filiale in Natal. ⌚ tgl. 12–24 Uhr.

Golfinho, belebtes Café in zentraler Lage. Live-Musik, Bier vom Fass. ⌚ tgl. 8–24 Uhr.

Al Buchetto, hier gibt es dampfende, hausgemachte Nudeln. Tipp: *Ravioli di Ricota Espinafre*. ⌚ tgl. 13–24 Uhr (NS teils ab 16 Uhr).

NEBENSTRASSEN UND STRAND – ***Rancho da Pipa,*** Rua da Gameleira. Das beste Fleisch gibt es in dieser Churrascaria. Auch gute Fischgerichte und Salate. Immer voll. ⌚ Mi–Mo 19–23 Uhr.
Bemvinda Tapiocaria, Rua da Gameleira 17. Kleine Saft- und Tapioca-Bar. Leckere Tapiocas, Pfannkuchen und frische Säfte. Tipp: *Caju-Manga.* ⌚ Mi–Mo 13–23 Uhr.
Tá Massa, Rua da Gameleira. Sympathisches kleines Nudelrestaurant. ⌚ Di–So 17–23 Uhr.
Jack's on the Beach, Praia do Amor. *Jack's* gehört zu den Pflichtstopps in Pipa. Nichts ist besser, als hier im Schatten einer Palme bei guter Musik einen Meeresfrüchteteller zu genießen. Alternativ und rustikal. ⌚ Mi–Mo 10–17.30 Uhr (Juni geschl.).

Nachtleben

Das Nachtleben von Pipa hat legendären Status. Die Nacht beginnt – nicht zu verfehlen – in und um die **Blue Bar** sowie dem Counterpart **Grande Café** auf der Hauptstraße. Das ***Garagem,*** Ladeira do Cruzeiro, veranstaltet regelmäßig *Luaus* (Vollmond-Partys). ⌚ Mi–Mo 10–2 Uhr. Ein Treffpunkt zu später Stunde ist das ***Farol da Pipa,*** Rua da Gameleira 18, eine lockere Cachaçaria mit gelegentlicher Live-Musik. Der Klassiker ist die Disco ***Dos Calangos,*** am Ende der Av. Baía dos Golfinhos (10 Min. vom Zentrum). Am Wochenende gegen 2 Uhr findet eine Völkerwanderung dorthin statt. Im Innenhof wird zu Black Music und Hip-Hop getanzt (Fr und Sa), So gibt es ab Mitternacht Forró.

Sonstiges

GELD – ***Banco do Brasil,*** Geldautomat Nähe Busbahnhof. ⌚ 7–22 Uhr.

INFORMATIONEN – 💻 www.pipa.com.br.

INTERNET – ***Cyber Net Coffee,*** Av. Baia dos Golfinhos 624. Freundliches Internetcafé (R$12/Std.). ⌚ tgl. 9–1 Uhr.

TOUREN – ***Mandacaru Expedições,*** Rua da Mata 222-A, ✆ 84/9988 5892, 💻 www.mandacaruexpedicoes.com.br. Sympathische kleine Ecoturismo-Agentur. Englisch.

WÄSCHEREI – ***Lavanderia Mãos de Fada,*** Av. Baía dos Golfinhos, Richtung Diskothek, ✆ 84/3246 2648. Abhol- und Bringservice (R$5/kg). ⌚ Mo–Sa 10–21 Uhr.

Transport

Anfahrt: Von **Süden** bis **Goianinha**, dort weiter per Taxi oder (billiger) mit **Minivan**. Diese halten bei der Kirche, 5–10 Min. von der Bushaltestelle (50 Min., R$3, bis ca. 21 Uhr). Alternativ: Taxi ab João Pessoa (R$70–80).

Nach **Natal**: *Oceano* (Bus), ✆ 84/3203 2440, Mo–Sa 10x tgl. zwischen 5 und 18 Uhr (10 und 12 Uhr via Flughafen). So 7.30, 13.15, 16 und 18 Uhr, 2 Std., R$8. *Opcional* (Kombi), ✆ 84/3205 6868, 2–4x tgl., 1 3/4 Std., R$8.
Nach **Tibau do Sul**: Minivans, alle 10 Minuten bis ca. 22 Uhr (15 Min., R$1).

Busse ab **Goianinha** (Haltestelle BR-101) nach **João Pessoa**: *Nordeste,* ✆ 84/3243 2533, 7x tgl., alle 2 Std. bis 20.30 Uhr, 1 1/4 Std., R$17.
Recife: *Nordeste,* 8x tgl. zwischen 7.30 und 20 Uhr, 3 1/2 Std., R$44. Fährt nicht über João Pessoa.

Eine gastronomische Abenteuerreise

Tadeu Lubambo nennt einen Abend in seinem romantischen Zwei-Sterne-Restaurant eine gastronomische Abenteuerreise – zu Recht. Das **Camamo** gilt als eines der besten Restaurants Brasiliens und ist ein Erlebnis für alle Sinne. Fackeln beleuchten den Weg zur Fazenda, wo bereits exotische Cocktails warten. Auf der Veranda stehen nur vier Tische; Kerzenlicht und sanfter Jazz schaffen ein romantisches Ambiente. Die experimentelle Küche von Tadeu ist eine kleine Weltreise. Menü und Dekoration sind inspiriert von der Zusammensetzung seiner Gäste. Eine erlesene Weinkarte komplettiert ein wahrhaft außergewöhnliches gastronomisches Erlebnis.
Camamo, Fazenda Pernambuquinho, Tibau do Sul, ✆ 84/3246 4195. ⌚ tgl. 21–24 Uhr, Reservierung einen Tag vorher. R$150 p.P., inkl. Transport, ohne Getränke. 10% Tax. Keine Kreditkarten.

Tibau do Sul

Im Schatten der schönen Schwester Pipa liegt das etwas unscheinbare Tibau do Sul. Hier lohnt sich eine Bootstour auf der **Lagoa de Guaraíra**. Der schönste Strand ist die zur Enseada dos Golfinhos gehörende **Ponta do Madeiro**. Die **Praia Guaraíras** kann man per Boot über die Lagune ansteuern. Von Pipa zu Fuß am Strand ca. 30 Min. (bei Ebbe).

✻ Ecological Day-Use Ponta do Pirambu

Rua Sem Pescoço 252, ✆ 84/3246 4333, 💻 www.pontadopirambu.com. Wellness-Park im Bali-Stil, wunderschön unter Klippen am Strand. Vom Beckenrand des Pools lassen sich die Gezeiten verfolgen. Bars und Restaurant mit leichten Gerichten, Salaten und frischen Säften. Chill-out-Bereiche, Massagen und Öko-Philosophie, u. a. wurde die Anlage aus Recycling-Holz gefertigt. Reservierung empfohlen, da Gäste-Limit. ◷ tgl. 9–17 Uhr; Eintritt R$50 p.P. (Konsum).

Übernachtung und Essen

Hotel Guaraíras, Av. Gov. Aluísio Alves 81, ✆ 84/3246 4014. Nette Chalês in ruhigem Garten mit Kletteräffchen. ❷–❸

Hotel Marinas, Av. Gov. Aluísio Alves 301, ✆ 84/3246 4111, 💻 www.hotelmarinas.com.br. Rustikale Backstein-Chalês, schönes Lesedeck, relaxter Pool-Bereich mit Blick auf die Lagune. Creperia auf einem Bootssteg. 10% Tax. ❻

Cantinha da Ostra, Rua José Mamedes 42. Spezialität frische Austern. Spektakuläre Terrasse mit tollem Blick auf die Lagune. Tipp: ein hausgemachter Cachaça zum Sonnenuntergang (ab 17 Uhr). ◷ tgl. 11–24 Uhr.

Búzios und Tabatinga

Búzios ist ein beliebter Naherholungsstrand der *Natalenses* mit Wochenendhäuschen und Pousadas. Der fantastische Strand des lang gezogenen Küstenortes ist umgeben von Dünen, das Meer hat türkis-blaues Wasser und ist ideal zum Surfen. 10 km südlich im ebenfalls idyllischen und ruhigen Tabatinga gibt es einen Delphin-Aussichtspunkt. Der Weg von Süden verläuft über eine malerische Landstraße vorbei an Bananenplantagen und Palmenhainen. Man passiert das charmante Dörfchen **Nísia Floresta**, in dessen Zentrum ein gigantischer Baobá-Baum steht, dessen Stamm zu umfassen man 15 Personen bräuchte. Anfahrt mit dem Bus *Tabatinga* ab Ponta Negra (30 Min.).

Übernachtungsmöglichkeit und Essen bietet *Pousada Porto Parus*, Praia Barra de Tabatinga, ✆ 84/3230 2090, 💻 www.portoparus.com.br. Hübsche kleine Pousada mit geschmackvoller Einrichtung, Garten und Pool. AC, Restaurant. Reservierung empfohlen. ◷ tgl. 10–16.30 Uhr, Gäste bis 20 Uhr. ❸

Nördlich von Natal

Ein Tourismusschub dürfte mit Fertigstellung der 1782 m langen und bis zu 53 m hohen Brücke zwischen Ponte Forte und Redinha über den Rio Potengi folgen (geplant 2006), wenn die nördlichen Strände besser erschlossen sind.

Genipabu

Die Dünen von Genipabu, 25 km nördlich von Natal, erlangten landesweit Berühmtheit als Schauplatz einiger Telenovelas. Heute werden hier die berühmtesten Buggy-Fahrten Brasiliens angeboten. Die Frage des Chauffeurs, ob man *com ou sem emoção* („mit oder ohne Emotion") kutschiert werden möchte, bezieht sich nicht auf romantische Gefühle, sondern auf die persönliche Abenteuerbereitschaft. Wie in der Achterbahn geht es die Dünen rauf und runter oder man rutscht seitwärts ab und glaubt, das Fahrzeug könne jeden Moment kippen. Nicht immer sind solche Manöver ganz sicher, man sollte sich deshalb vorher vergewissern, ob der Fahrer zertifiziert ist *(credenciado)*.

Von den Dünen des Hinterlandes bietet sich eine schöne Aussicht auf die **Lagoa de Genipabu** und den Atlantik. Hier und an der **Lagoa de Jacumã** gibt es die berühmt-berüchtigte *Aerobunda* („Lufthintern"): eine Schnur, an der man von der Düne mit dem Po zuvorderst ins Wasser rutscht. Ebenfalls empfehlenswert ist die belebte **Lagoa de Pitangui** mit einigen Bars. Ein witziges Fotomotiv ist die Überfahrt zwischen Genipabu und **Barra do**

Rio auf den mit Muskelkraft betriebenen Flößen, welche die Buggys im Akkord über den Rio Ceará-Mirim befördern. Doch aufpassen: die angebotenen Fotos sind teuer. Genipabu wird vor allem von Tagestouristen besucht, abends schließt hier alles. Auf den Dünen und am Strand wimmelt es von fliegenden Händlern. Die meisten Touristen lassen sich gern mit importierten Dromedaren ablichten, ein Indiz dafür, dass der Ort nicht zwingend durch Authentizität besticht.

Übernachtung und Essen

Pousada Soleil, Av. Beira Mar 91, ✆ 84/3225 2064, 💻 www.pousadasoleil.com.br. Moderne Pousada am Strand. Ruhig und grün, fast dörflich. Ganzjährig geöffnet. AC. ❸

Rapa Nui, am Strand. Schönes Restaurant mit regionaler Küche in zweistöckigem, luftigem Haus. Oben einladender Lounge-Bereich. 🕓 tgl. 8–24 Uhr.

Bar 21, angenehmes Bar-Restaurant am Ende des Strandes. Herrliche, offene Holzterrasse. 🕓 tgl. 9–17 Uhr.

Maracajaú

Die Hauptattraktion von Maracajaú, 60 km nördlich von Natal, sind seine 7 km vor der Küste gelegenen Korallenriffe. Das kleine Fischerdörfchen (2000 Einw.) zählt zu den besten Tauch- und Schnorchelspots der Region. Der Bootsausflug bei Ebbe dauert zwei Stunden (ca. R$40), die maximalen Touristenzahlen wurden zum Schutz der Korallen limitiert. Richtung Süden gibt es einige einsame Strände wie die **Praia de Caraúbas**. Dünen und Lagunen komplettieren die Szenerie. Am besten zu erreichen per Buggy. 💻 www.maracajau.com.br.

Die *Pousada Corais de Maracajaú*, Rua da Igreja 8, ✆ 84/3261 6313, 💻 www.coraisdemaracajau.com.br, bietet schlichte Zimmer mit AC, Pool und Ausflüge zu den Korallenriffen. ❹

Die nördliche Küste

Sehr ruhig geht es an den touristisch noch unentdeckten Strandorten entlang der nördlichen Küste zu, manche nennen die Region gar das letzte unentdeckte Paradies des Nordostens. 200 km vorbei an Fischerdörfchen, Dünen, Flüssen und verlassenen Stränden. Die beste Infrastruktur hat **Touros**, hier steht der höchste Leuchtturm Lateinamerikas. Im kleinen Fischerdorf **São Miguel do Gostoso** bevorzugen Wind- und Kitesurfer die wilden Strände, umgeben von Palmen, Dünen und sehr viel Ruhe. Kurz dahinter beginnt schon die **Costa Branca**, die „weiße Küste", wie der Abschnitt wegen seiner hellen Strände und dem Salzabbau genannt wird. Es wirkt, als träfe die Wüste des *Sertão* hier aufs offene Meer. Der schwer zu erreichende Ort **Galinhos** ist offizielles „Eingangstor", hier gibt es nicht viel außer ein paar Austernfischern. Die wilde Schönheit von **Ponta do Mel** mutet wie das Ende der Welt an, ist aber nur das Ende von Rio Grande do Norte. Kurz dahinter beginnt Ceará.

Übernachtung und Essen

Pousada dos Ponteiros, Enseada das Baleias 1000, São Miguel do Gostoso, ✆ 84/3263 4007, 💻 www.pousadadosponteiros.com.br. Sympathische Pousada mit Chalês in charmanter Gartenanlage, einige mit Meerblick. Gutes Restaurant. ❹

Pousada Oásis, Galinhos, ✆ 84/3552 0024, 💻 www.oasisgalinhos.com. Hübsche Pousada, sechs Chalês mit AC. Bei Vollmond kann man im Zelt auf den Dünen schlafen. Restaurant. ❺

Pousada Costa Branca, Rua Projetada, Ponta do Mel, ✆ 84/3332 7062, 💻 www.costabranca.com.br. Charmant-rustikale Chalês, Pool auf einem Plateau mit Blick auf Meer und Sonnenuntergang. ❺

Ceará

Dank viel Meer und Strand hat sich der einst bettelarme Bundesstaat Ceará zu einem der beliebtesten Reiseziele Brasiliens gemausert; besonders sein Ruf des fast garantierten Sonnenscheins hat dazu beigetragen (2800 Sonnenstunden im Jahr). Durch geo-thermische Umstände wehen ständig kräftige Winde, so dass es an der Küste selten richtig heiß wird. Dies hat in den letzten Jahren auch die Wind- und Kitesurfgemeinde entdeckt, die inzwischen zahlreich nach Ceará strömt. Die moderne Hauptstadt **Fortaleza** ist Verkehrsdrehscheibe für große Teile des Nordostens. Die 563 km lange Küste wird in östlicher Richtung als **Litoral Leste** bezeichnet, oder auch **Costa do Sol Nascente** (Küste der aufgehenden Sonne). Nach Westen hin heißt sie **Litoral Oeste** oder **Costa do Sol Poente** (Küste der untergehenden Sonne). Hier gibt es vor allem einfache Fischerdörfer und fantastische, ausgedehnte Dünenlandschaften. Der bekannteste Ort ist **Jericoacoara**, dessen Strand zu den schönsten Brasiliens gerechnet wird.

Ceará hat auch touristische Ziele im Binnenland zu bieten, wie die grüne Hochebene **Serra de Baturité** oder den **Nationalpark Ubajara**. Inmitten trockener *Sertão* stößt man auf die tiefreligiöse Stadt **Juazeiro do Norte**, die jedes Jahr Pilgermassen anzieht. Dem hier verehrten Padre Cícero wurde ein weithin sichtbares Denkmal gesetzt: die dritthöchste Statue Brasiliens.

Ceará ist geprägt von der Vegetationszone der **Caatinga**, ab August ist es staubtrocken, dagegen grünt es von März bis Juni. Sehr verbreitet ist der seltene **Baobá-Baum**, er kommt nur in fünf Staaten Brasiliens vor.

Geschichte

Die Kolonialisierung der Region begann später als in anderen Landesteilen (1603), offizielle Besitznahme durch die Portugiesen war erst 1612. Erste Hauptstadt wurde im 18. Jh. **Aquiraz**. Stolz ist man in Ceará darauf, als erster Staat Brasiliens die Sklavenhaltung offiziell abgeschafft zu haben (1884), vier Jahre vor allen anderen Staaten. Zu einem Wegbereiter und Symbol der Widerstandsbewegung wurde in Fortaleza ein Mann namens **Francisco José do Nascimento**. Als Anführer der Jangada-Fischer *(Jangadeiros)* verweigerte er mehrfach Sklaventransporte in den Süden, eine mutige Auflehnung gegen den kaiserlichen Hof. Bald wurde der Mann zum Volkshelden und für die *Cearenses* Stellvertreter für Widerstandsfähigkeit und Freiheitsliebe ihres Volkes. Er erhielt den ehrenvollen Beinamen **Dragão do Mar** – Drache des Meeres.

Fortaleza

Fortaleza (2,2 Mill. Einw.) ist die fünftgrößte Stadt Brasiliens und erfreut sich wegen des beständigen tropischen Klimas und der weitläufigen Strände hoher Beliebtheit. Sie ist eine interessante Stadt mit Kultur und pulsierendem Nachtleben. Die beste touristische Infrastruktur bieten die am Meer gelegenen Stadtteile **Meireles** und **Iracema**. Beliebte Treffpunkte sind der restaurierte Bootsanleger Ponte dos Ingleses, von dem aus man einen weiten Blick auf die Bucht hat, sowie das Centro Dragão do Mar de Arte e Cultura, ein 1999 eingeweihtes großes Kulturzentrum in einer modernen Glas- und Stahlkonstruktion. Die Strandpromenade von Meireles ist vor allem durch zahlreiche Hotels im Wolkenkratzerformat geprägt. Hier sowie im benachbarten Stadtteil **Aldeota** findet man ein abwechslungsreiches Nachtleben. Bei einem Ausflug ins Zentrum lohnt sich vor allem ein Besuch der mächtigen Catedral Metropolitana, des Mercado Central mit seinen Kunsthandwerksläden sowie des Teatro Municipal **José de Alencar**, benannt nach dem Schriftsteller und berühmtesten Sohn der Stadt. Zentrales Thema seiner Bücher ist die Beziehung zwischen Indianern und Weißen. Eine seiner Figuren, Iracema, die „Indianerin mit den Honiglippen", war 1925 Namensgeberin des heute im ganzen Land bekannten Stadtteils.

Orientierung

Fortaleza hat kein wirkliches historisches Zentrum. Die ersten Spaziergänge führen daher meist über die Strandpromenaden von Iracema und Meireles. Obwohl Teile der **Praia de Iracema** erneuert wurden, wirkt der Strand seltsam verwaist. Weiter westlich liegt **Picambu**, die größte Favela der Stadt mit geschätzten 150 000 Einwohnern. Hinter der Av. Barão de Studart beginnt der attraktivere Stadtstrand **Meireles**, von Palmen flankiert mit vielen belebten Bars; leider ist das Wasser nicht immer sauber. Südlich an Meireles schließt sich **Aldeota** an, der schickste Stadtteil mit sehr guten Bars und Restaurants, die vor allem von den Stadtbewohnern besucht werden. Weiter östlich liegt der Bezirk **Varjota**, bekannt für seine guten Restaurants. Ebenfalls östlich, aber am Meer, liegt die **Praia do Mucuripe**, das Hafen- und Fischerquartier; dort legen die *Jangadas* ab (s. Kasten). Am besten geeignet zum Baden ist trotz unruhiger Brandung die 8 km entfernte, weißsandige **Praia do Futuro**. Am Wochenende strömen die Menschen in die großen Strandbars und vergnügen sich bei Live-Musik, Schönheitswettbewerben, Meeresfrüchten und viel Bier. Ideal, um urbane brasilianische Strandkultur hautnah mitzuerleben.

Die Kehrseite des Tourismus

Unerfreuliche Begleiterscheinung des Tourismus ist der seit einigen Jahren in **Iracema** expandierende Sextourismus. Die meisten Boates (Tanzläden) dienen vornehmlich der Kontaktanbahnung, aber auch auf offener Straße wird die käufliche Liebe aufdringlich angeboten. Besonders der Missbrauch von Kindern durch ausländische Touristen sorgt für nachhaltige Erschütterung; durch eine striktere Gesetzgebung versucht der Staat, diese Straftaten einzudämmen.

Sehenswertes

Die Holländer errichteten 1649 das **Fort Schoonenborch**, später bauten die Portugiesen an gleicher Stelle das **Fortaleza da N. S. da Assunção** (1816) – der Grundstein der heutigen Stadt. Hier residiert gegenwärtig eine Militäreinheit, der Zutritt ist verboten.

Das im Jugendstil errichtete **Teatro Municipal José de Alencar** (1910) am gleichnamigen Platz ist das architektonisch interessanteste Bauwerk der Stadt. Die Teile seiner Metallstruktur wurden aus Schottland importiert, das Gebäude steht unter Denkmalschutz. 🕓 Mo–Fr 8–17, Sa 8–11.30 Uhr; Eintritt R$4. Die junge **Catedral da Sé** wurde 1978 fertig gestellt, der Baustil vereint mehrere Epochen; unter anderem vermengt sie neogotische und romanische Elemente. Vorbilder waren laut den Architekten Nôtre Dame und der Kölner Dom. Nebenan befindet sich der **Mercado Central**, hier kann man in kleinen Kunsthandwerksbutzen auf vier Stockwerken günstig handgemachte Artesanato-Produkte kaufen.

Über die Av. Almirante Barroso gelangt man zum sehenswerten **Centro Cultural Dragão do Mar**, mit 30 000 m^2 gilt es als größtes Kunst- und Kulturzentrum Brasiliens. Das moderne Areal umfasst neben vielen Restaurants und Bars u. a. Museen, Theater, Programmkino, Planetarium und ein Amphitheater für Konzerte und Tanzaufführungen. Das Zentrum ist gut mit einem kleinen Spaziergang von Iracema aus zu erreichen. Mo geschlossen.

Ein Wahrzeichen Fortalezas ist die **Ponte dos Ingleses** in Iracema, ein schön restaurierter Holzsteg, der weit aufs Meer hinausführt. Zugegebenermaßen ein wenig touristisch, doch hat man einen schönen Blick auf die Bucht mit den Hotelhochhäusern. Oft verwechselt wird sie mit der nahen **Ponte Metálica**, die in Wahrheit jedoch nicht aus Metall, sondern aus Zement besteht. Der **Parque Ecológico do Cocó** ist mit 379 ha der größte Stadtpark Lateinamerikas, jedoch haftet ihm der Ruf an, nicht der sicherste zu sein.

Übernachtung

Für eine Unterkunft in Iracema sprechen die geringen Preise, außerdem die Nähe zum Centro Cultural Dragão do Mar und der Pirata Bar. Meireles hat das gepflegtere Flair und den schöneren Strand, ist aber teurer. In der HS steigen die Preise überall rasant, Reservierungen sind dann nötig und viele Hotels verlangen eine Anzahlung *(Depósito)*.

IRACEMA – ***Backpackers, CE,*** Av. Dom Manuel 89, ✆ 85/3091 8997, 🖳 www.backpackersce.cjb.net. Nähe Dragão do Mar, Pool. Englisch. Dorms R$15, DZ R$25. ❶

Atalaia Hostel, Av. Beira Mar 814, ✆ 85/3219 0755, ✉ pousada@pousadaatalaia.com.br, 🖳 www.alberguedajuventudeatalaia.com.br. Sehr gutes HI-Hostel in rosafarbener Villa. Geräumige, saubere 4-Bett-Dorms mit Ventilator. DZ mit AC, die im 1. OG sind besser. Gutes Frühstück. Englisch, TV-Raum, Internet. Dorms R$25–30, DZ R$60–75. ❶–❷

Fortmar Hotel, Av. Beira Mar 1160, ✆ 85/3219 5363, 🖳 www.fortmar.com.br. Gepflegtes Hotel in hübschem, kleinem Haus. Schöner Frühstücksraum, ruhig. Kleine Zimmer, die besseren sind im 1. OG. Kabel-TV. ❷

Alamo Praia Hotel, Av. Almirante Barroso 885, ✆ 85/3219 7979, 🖳 www.alamohotel.com.br. Recht gemütliches Hotel. Nah am Nachtleben, dennoch ruhig. ❷

Portal da Praia Hotel, Av. Hist. Raimundo Girão 412, ✆ 85/3219 6044, 🖳 www.portaldapraiahotel.com.br. Gutes Hotel etwas abseits vom Strand. Sauber, sehr gutes Frühstück. Kleine Zimmer. Tipp: Die zur Nebenstraße sind ruhiger. ❷

Maredomus Hotel, Av. Alm. Barroso 1030, ✆ 85/4005 4500, 🖳 www.maredomushotel.com.br. Hochhaus-Hotel, gute Qualität zu relativ günstigen Preisen. Sonnenterasse mit Pool und Buchtblick. Kabel-TV. ❸

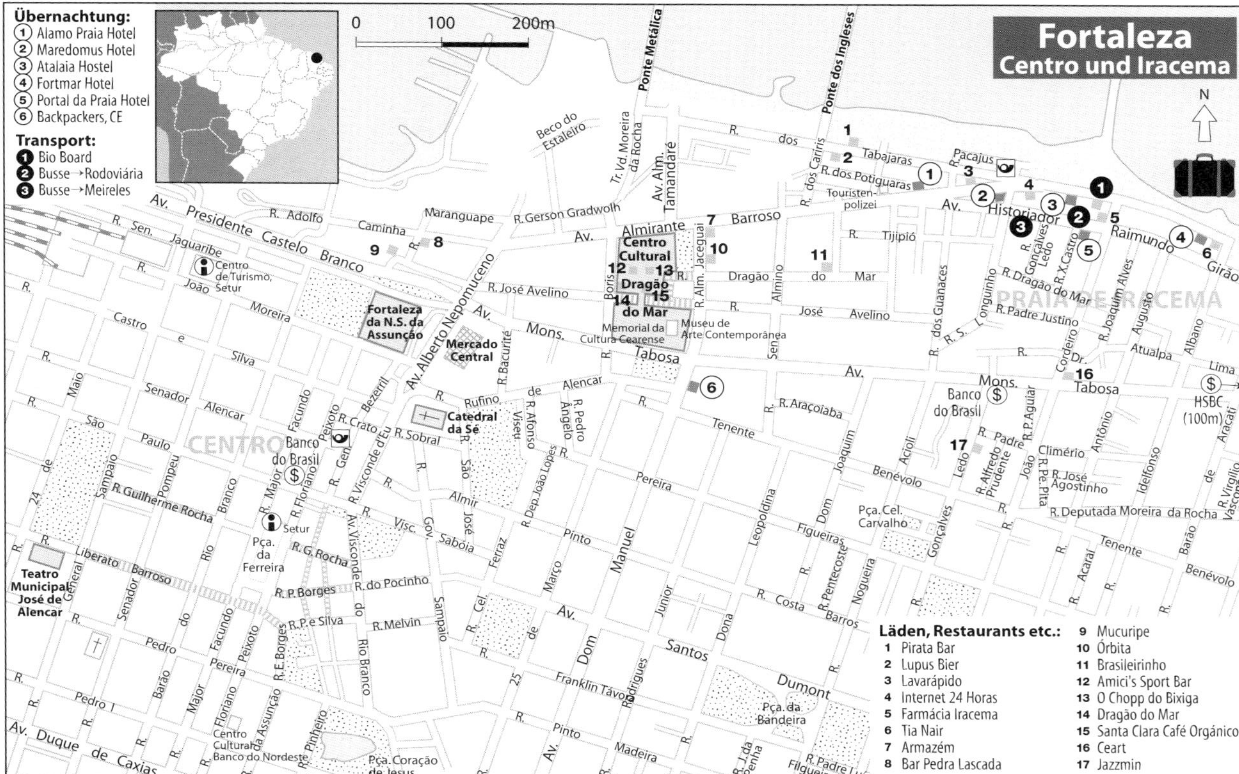
Fortaleza
Centro und Iracema
Übernachtung:
(1) Alamo Praia Hotel
(2) Maredomus Hotel
(3) Atalaia Hostel
(4) Fortmar Hotel
(5) Portal da Praia Hotel
(6) Backpackers, CE
Transport:
1 Bio Board
2 Busse→Rodoviária
3 Busse→Meireles
Läden, Restaurants etc.:
1 Pirata Bar
2 Lupus Bier
3 Lavarápido
4 Internet 24 Horas
5 Farmácia Iracema
6 Tia Nair
7 Armazém
8 Bar Pedra Lascada
9 Mucuripe
10 Órbita
11 Brasileirinho
12 Amici's Sport Bar
13 O Chopp do Bixiga
14 Dragão do Mar
15 Santa Clara Café Orgânico
16 Ceart
17 Jazzmin
0 100 200m
N
Ponte Metálica
Ponte dos Ingleses
Centro Cultural Dragão do Mar
Fortaleza da N.S. da Assunção
Mercado Central
Catedral da Sé
Teatro Municipal José de Alencar
Praia de Iracema
Centro
Banco do Brasil
HSBC (100m)
Centro de Turismo, Setur
Memorial da Cultura Cearense
Museu de Arte Contemporânea
Touristen-polizei

MEIRELES – ***Pousada La Maison,*** Av. Desembargador Moreira 201, ✆ 85/3242 7017, ✉ reserva@hotellamaison.com.br, 🖳 www.hotellamaison.com.br. Gepflegte Pousada unter französischer Leitung. Zimmer teils sehr geräumig, schöne Badezimmer. Gruppenangebote (3–4 Pers.). Frühstück bis 11 Uhr. Internet gratis. Englisch und Französisch. ❷–❸

Villa Mayor, Rua Visconde de Mauá 151, ✆ 85/3466 1900, ✉-reservas@villamayor.com.br. Schönes Themen-Hotel im Stil des 19. Jh. Weitläufige Anlage mit Pool und Springbrunnen, warme Atmosphäre. Kleine Zimmer (bis 3 Pers.). Reservierung empfohlen. ❹

Othon Palace, Av. Beira Mar 3470, ✆ 85/3466 5500, ✉ othonpalace.fortaleza@othon.com.br. Schöne Zimmer mit Buchtblick, die beste Aussicht hat man in Turm 11, möglichst weit oben. Die Fahrt im verglasten Fahrstuhl ist ein Erlebnis für sich. Ganz am Ende des Strandes. 5% Tax. ❺

Hotel Luzeiros, Av. Beira Mar 2600, ✆ 85/3486 8585, 🖳 www.hotelluzeiros.com.br. Modernes Design-Hotel mit interessanter Lobby. Fast alle Zimmer mit Balkon und Meerblick. Der Poolbereich fällt etwas ab. ❻

ANDERE STADTTEILE – ***Amuarama Hotel,*** Av. Dep. Oswaldo Studart 888, Fátima, ✆ 85/3256 2111, 🖳 www.amuarama.com.br. Gepflegtes Business-Hotel gegenüber vom Busbahnhof. Praktisch, wenn man früh weiter fahren möchte. ❸

Essen

IRACEMA – ***Tia Nair,*** Rua Ildefonso Albano 68. Eines der besten Seafood-Restaurants der Stadt. 🕓 tgl. 11.30–24 Uhr.

Jazzmin, Rua Gonçalves Ledo 149. Schickes Bar-Restaurant mit Lounge, Tische unter Bäumen, romantisch. Manchmal Live-Musik (Pop-Rock, Jazz). Etwas abseits gelegen. 🕓 Di–Mi 18–23, Do–Sa ab 18 Uhr.

Dragão do Mar, Rua José Avelino 303. Belebtes Bar-Restaurant, Do–So Live-Musik. 🕓 tgl. 12–24 Uhr (bis 15.30 Uhr Self-Service).

Colher de Pau, Rua dos Tabajaras 412. Hervorragende regionale Gerichte. Tipp: *Carne de Sol* mit frittierter Banane. 🕓 tgl. 18–1 Uhr.

MEIRELES, ALDEOTA UND VARJOTA – ***Cantinho do Faustino,*** Rua Delmiro Gouveia 1520, Varjota. Gilt als bestes regionales Restaurant in Ceará. Der sympathische Faustino verwendet viele Bio-Zutaten. 🕓 Di–Fr 12–15 und 18–24, Sa 12–24, So 12–17 Uhr.

Coco Bambu, Av. Canuto de Aguiar 1317, Meireles. Holzofenpizza, Tapioca und tropische Cocktails. Schick und rustikal: innen klimatisiert, außen gemütliche Terrasse. 🕓 So–Mi 17–24, Do–Sa 17–1 Uhr.

Pulcinella, Rua Oswaldo Cruz 640, Aldeota. Bester Italiener der Stadt in schönem Haus mit Veranda. 🕓 Mo–Do 12–15 und 18–1, Fr–So 12–2 Uhr.

Alimenta Bistrô, Av. Dom Luís 1112, Aldeota. Gefeiertes Restaurant mit heimeliger Bistro-Atmosphäre, frische saisonale Zutaten. 🕓 Di–Sa 18–24, Do–So 12–16 Uhr.

ANDERE STADTTEILE – ***Maria Redonda,*** Rua Bento Albuquerque 386, Cocó. Holzofen-Pizza-Restaurant mit idyllischem Garten. Exzellente Salate. Nahe Parque do Cocó im Wohnviertel Papicu. 🕓 Di–So 18–24 Uhr.

CAFÉS – ✖ ***Santa Clara Café Orgánico,*** Rua Dragão do Mar 81, Iracema. Modernes, hübsches Café, Künstler-Treff. Hier gibt's *richtigen* Kaffee, auch Bio-Sorten. Für den kleinen Hunger köstliche *Salgados* und *Pastéis*, lecker ist der *Wrap Light*. Ökologisch und sozial engagierte Besitzer. 🕓 Di–Fr 16–22, Sa–So 15–22 Uhr.

Monte Carlo Gourmet, Av. Sen. Virgílio Távora 820, Aldeota. 24 Std.-Delikatessenladen mit leckerem Süßgebäck. Tipp: *Mini Sonhos* (kleine Windbeutel).

Bom de Vera, Av. Beira Mar 1680, Meireles. Köstliches Eis und Torten in einem Food-Court. Pizza, Salate und Fruchtsäfte. 🕓 tgl. 15–24 Uhr.

Nachtleben

Es gibt drei Ausgehschwerpunkte: Iracema, Dragão do Mar und Aldeota / Meireles. Die meisten Touristen bewegen sich nur in Iracema, die Einheimischen bevorzugen die Bars und Discotheken in Aldeota und im Dragão do Mar. Pflichtveranstaltungen sind: Freitag **Mucuripe**, Montag **Pirata Bar** und Donnerstag **Praia do Futuro**.

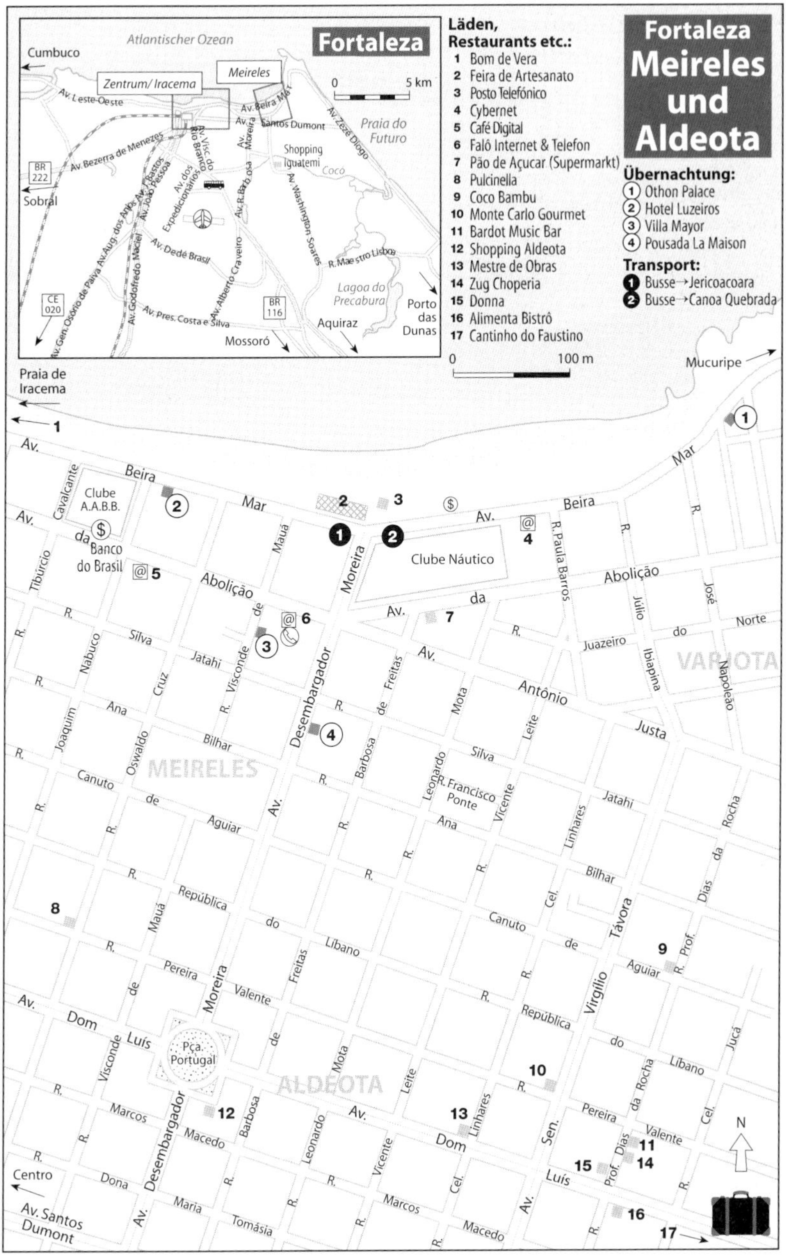
Fortaleza
Meireles
und
Aldeota
Läden, Restaurants etc.:
1 Bom de Vera
2 Feira de Artesanato
3 Posto Telefônico
4 Cybernet
5 Café Digital
6 Falô Internet & Telefon
7 Pão de Açucar (Supermarkt)
8 Pulcinella
9 Coco Bambu
10 Monte Carlo Gourmet
11 Bardot Music Bar
12 Shopping Aldeota
13 Mestre de Obras
14 Zug Choperia
15 Donna
16 Alimenta Bistrô
17 Cantinho do Faustino
Übernachtung:
1 Othon Palace
2 Hotel Luzeiros
3 Villa Mayor
4 Pousada La Maison
Transport:
1 Busse →Jericoacoara
2 Busse →Canoa Quebrada
0 100 m
Fortaleza
Atlantischer Ozean
Cumbuco
Zentrum/ Iracema
Meireles
0 5 km
Av. Leste-Oeste
Av. Beira Mar
Santos Dumont
Av. Zezé Diogo
Praia do Futuro
Av. Bezerra de Menezes
Shopping Iguatemi
Cocó
BR 222
Sobral
Av. Washington Soares
Av. Dedé Brasil
R. Maestro Lisboa
Lagoa do Precabura
CE 020
BR 116
Av. Pres. Costa e Silva
Av. Alberto Craveiro
Av. Godofredo Maciel
Porto das Dunas
Aquiraz
Mossoró
Praia de Iracema
Mucuripe
Av. Beira Mar
Clube A.A.B.B.
Banco do Brasil
Av. da Abolição
Clube Náutico
R. Paula Barros
Av. Antônio Justa
VARJOTA
MEIRELES
Av. Desembargador Moreira
Av. Dom Luís
Pça. Portugal
ALDEOTA
Av. Sen. Virgílio Távora
Centro
Av. Santos Dumont
N

Tradition und Moderne: Jangada-Fischerboote vor der Skyline von Fortaleza

ALDEOTA UND MEIRELES – ***Bardot Music Bar,*** Rua Pereira Valente 1146. Coole, belebte Bar mit Live-Musik (Pop-Rock). *Der* Flirt-Spot der Stadt. ⌚ Di–So ab 18 Uhr.
Zug Choperia (sprich: *Suggi),* Rua Prof. Dias da Rocha 579. Hervorragende Open-Air-Bar mit Live-Musik (Mi–Sa, Rock-Pop) und super Stimmung. Gutes Essen: Schweizerisch-deutsche Gerichte. Besonderes gut ist die Feijoada. ⌚ Mo–Sa 18–3 Uhr; Couvert R$3.
Donna, Rua Prof. Dias da Rocha 578. Dritter Teil des Kneipen-Bermudadreiecks. Pasta und frisches *Chope*, am Wochenende Live-Musik. ⌚ tgl. ab 17 Uhr.
Mr. Charada, Rua Coronel Jucá 273. Szenige Tanz-Bar, jeden Tag Action."
Mestre de Obras, Av. Dom Luís 879. Beliebter Treffpunkt für Pasta und gute Live-Musik (Wochenende), jüngeres Publikum. ⌚ Di–So ab 18 Uhr.

DRAGÃO DO MAR – ***Órbita,*** Rua Dragão do Mar 207. Einheimische und Touristen steppen in dieser bekannten Rock'n Roll-Bar. ⌚ Do–So ab 21 Uhr; Eintritt R$10–12.
O Chopp do Bixiga, Rua Dragão do Mar 108. Nettes Open-Air-Lokal vor der berühmten Häuserzeile im Centro Cultural. Spezialität: *Chope* mit Rotwein, allerdings gewöhnungsbedürftig. Live-Musik (MPB). ⌚ tgl. ab 15 Uhr.
Armazém, Av. Alm. Barroso 444. Mehrere Tanzflächen, samstags guter Forró und Axé (Live), ab 1 Uhr Dance. Ansonsten eher touristisch. ⌚ Mi, Fr–Sa ab 22 Uhr; Eintritt R$10–15.Gut zum Tanzen ist auch ***Amici's Sport Bar,*** Rua Dragão do Mar 80. Pub-Atmosphäre und Live-Musik hat das ***Brasileirinho,*** Rua Dragão do Mar 441.

IRACEMA – ***Mucuripe,*** Tv. Maranguape 108. Der wildeste Tanztempel der Stadt, mehrere Säle für jeden Musikgeschmack. Fr *the place to be.* ⌚ Fr und Sa ab 22 Uhr; Eintritt R$40–44. Auf dem Weg dorthin kann man in urigen Straßenbars Halt machen, wie der ***Bar Pedra Lascada***.
Pirata, Rua dos Tabajaras 325. Der Klassiker von Fortaleza, bekannt als „verrücktester Montag der Welt". Bis zu 2500 Gäste tanzen im Open-Air-Piratenschiff zu Live-Forró, Axé und Pop-Rock. Palmen und hohe Schiffsmasten bilden die Seeräuberkulisse, Kellner mit Kopftuch und Kreolen servieren kleine Snacks. Ab 3 Uhr *Piratensuppe* für die „Überlebenden". Es wird voll, früh kommen! ⌚ Mo ab 20 Uhr; Eintritt R$20.
Lupus Bier, Rua dos Tabajaras 340. Bar mit Folklore- und Comedy-Shows, unverkennbar an der riesigen Wolfskulptur. ⌚ tgl. ab 18 Uhr.

PRAIA DO FUTURO – Am Donnerstag ist es gute Sitte, in einer der großen Strandbars an der **Praia do Futuro** Caranguejo zu essen, Bier zu trinken und Live-Musik zu hören. Empfohlene Bars sind: ***Croco Beach,*** Av. Zezé Diogo 3125, ***Itapariká,*** Av. Zezé Diogo 6801, und ***Chico de Ca-***

ranguejo, Av. Zezé Diogo 4930. Die ***Lounge Beach*** ist eine Szene-Bar, wo sich die schönen Menschen der Stadt auf Sofas räkeln. Hier legen die besten DJ's des Landes auf. ⌚ Do ab 22 Uhr; Eintritt: Männer R$15, Frauen umsonst.
Vorsicht: Die Gegend ist abends unsicher, nicht zu Fuß zwischen den Bars hin und her wandern.

ANDERE STADTTEILE – ***Sítio Tá Bonito,*** Av. Washington Soares 6120, Cambeba. Forró bis zum Abwinken. Der typischste *Pé-de-Serra,* den man in der Großstadt finden kann. ⌚ Fr–Sa 22–4 Uhr; Eintritt R$20 (Fr bis 23 Uhr zahlen Paare nur einfach).

Kultur und Unterhaltung

MUSEEN – Zwei sehenswerte Museen befinden sich im Centro Cultural Dragão do Mar (s. S. 486): das **Museu de Arte Contemporânea** (MAC) ist ein ambitioniertes Museum für Gegenwartskunst, im **Memorial da Cultura Cearense** (MCC) finden sich wechselnde Expositionen zu folkloristischen Traditionen Cearás.

KULTURZENTREN – Weniger bekannt als das Centro Cultural Dragão do Mar ist das ***Centro Cultural Banco do Nordeste,*** Rua Floriano Peixoto 941, Centro. Ausstellungen, Lesungen und Kino. Live-Musik (Mi und Do Mittag und früher Abend). ⌚ Mo–Fr 10–20, Sa 10–18 Uhr; Eintritt frei. Programm: 💻 www.bnb.gov.br/cultura.

Einkaufen

SHOPPING-CENTER – Das größte Einkaufszentrum ist das ***Shopping Iguatemi,*** Av. Washington Soares. ⌚ Mo–Sa 10–22, So 14–20 Uhr.
Das ***Shopping Aldeota,*** Av. Dom Luís 500, bietet gehobenes Einkaufsflair. ⌚ Mo–Sa 10–22, So 14–20 Uhr.
Die **Av. Monsenhor Tabosa** in Iracema, zwischen Av. Dom Manoel und Rua João Cordeiro, ist eine mondäne Einkaufsmeile mit Boutiquen und Geschäften. ⌚ Mo–Fr 9–19, Sa 9–17 Uhr.

SOUVENIRS UND KUNSTHANDWERK – Fortaleza ist bekannt für seine Artesanato-Produkte aus Leder und Ton, Klöppelarbeiten, Stickereien, Flechtarbeiten aus Stroh und Lianen, Keramiken und besonders die günstigen, gut gefertigten Hängematten. Zu erhalten auf dem großen Markt **Feira de Artesanato** (Feirinha da Beira Mar) am Strand von Meireles. ⌚ tgl. 17.30–23 Uhr.
Mercado Central, Av. Alberto Nepomuceno 199, Centro. ⌚ Mo–Fr 8–18.30, Sa 8–16, So 8–12 Uhr.
Centro de Turismo, Rua Senador Pompeu 350, Centro. Viele Artesanato-Läden mit Textilien, Decken, Kleidern und Fruchtlikören aus Genipapo oder Caju. ⌚ Mo–Sa 8–17, So 8–12 Uhr.
Auch ***Ceart*** hat mehrere Verkaufsräume, u. a. Rua Monsenhor Tabosa 777, Iracema, und Av. Santos Dumont 1589, Aldeota. ⌚ Mo–Sa 9–20 Uhr.

SUPERMARKT – ***Pão de Açucar,*** Av. da Abolição, Meireles. ⌚ 24 Std.

Sonstiges

APOTHEKE – ***Farmácia Iracema,*** Av. Hist. Raimundo Girão, Iracema. Lieferung. ☏ 85/3219 5469. ⌚ tgl. 7.30–22 Uhr.

GELD – **Iracema**: ***HSBC,*** Av. Mons. Tabosa 1200. ⌚ Mo–Fr 10–16 Uhr.
Banco do Brasil, Av. Mons. Tabosa 634. ⌚ Geldautomat Mo–Sa 8–18 Uhr (alle Karten).
Meireles: Av. da Abolição 2311. ⌚ Mo–Fr 10–16 Uhr. Geldautomat: Av. Beira Mar. ⌚ 6–22 Uhr.
Centro: Rua Floriano Peixoto.

INFORMATIONEN – Touristeninformationen der staatlichen **Setur,** ☏ 85/3101 4688: ***Centro de Turismo,*** ⌚ Mo–Sa 8–16, So 8–12 Uhr; ***Praça do Ferreira, Centro,*** ⌚ Mo–Fr 9–17, Sa 9–13 Uhr, in der Rodoviária und am Flughafen. Kostenlose **Touristen-Hotline,** ☏ 0800/991 516, Englisch. 💻 www.turismo.ce.gov.br.

INTERNET UND TELEFON – ***Cybernet,*** Av. Beira Mar, Meireles. Modern, klimatisiert (R$6/Std.). ⌚ tgl. 10–24 Uhr.
Café Digital, Av. Antônio Justa 2324, Meireles. Im Via Venetto Flat (6R$/Std.), auch für Nicht-Gäste. ⌚ 24-Std.
Falô, Av. Abolição 2630, Meireles. Telefon und Internet (R$6/Std.).
Internet 24 Horas, Av. Alm. Barroso, Iracema. (R$3/Std.). ⌚ 24 Std.

Real Madrid Cyber Café, Av. Dep. Oswaldo Studart 888, Fátima, gegenüber Rodoviária. Klimatisiert, Snacks und Getränke (R$3/Std.). ◷ Mo–Fr 7–21.30, Sa 7–16 Uhr.

MEDIZINISCHE HILFE – ***Hospital Geral,*** Rua Ávila Goulart 900, Papicu, ✆ 85/3101 4688.

POLÍCIA FEDERAL – Av. Borges de Melo 820, Fátima, ✆ 85/3277 4900.

POST – **Hauptpost**: Rua Sen. Alencar 38, Centro. ◷ Mo–Fr 8–17.30, Sa 8–12 Uhr. Rua dos Ararius 2, Iracema.

REISEBÜRO – ***Bio Board Travel,*** Av. Beira Mar 914, Iracema, ✆ 85/3219 8585, 🖳 www.bioboard.com.br. Reiseagentur in großem Holz-Blockhaus, außerdem Kitesurf-Schule, Laden für Surfmode und Imbiss.

SCHWIMMEN – ***Beach Park,*** Porto das Dunas 2734, ✆ 85/4012 3000, 🖳 www.beachpark.com.br. Gigantisches Erlebnisbad, 25 km östlich der Stadt. Highlight ist eine Wasserrutsche, so hoch wie ein Wolkenkratzer. Eintritt R$70 p.P.

TOUREN – ***Nettour,*** Av. Rui Barbosa 780, Meireles, ✆ 85/3268 3099, 🖳 www.nettour.com.br. Viele Tagestouren, u. a. Canoa Quebrada (R$40), Beach Park (R$20, plus Eintritt), Lagoinha, Morro Branco, Praia das Fontes (je R$35). Fachmännische Guides. ◷ tgl. 7–19 Uhr.

TOURISTENPOLIZEI – Av. Alm. Barroso 805, Iracema, ✆ 85/3261 3769.

WÄSCHEREI – ***Lavarápido,*** Av. Alm. Barroso 999, Iracema. ◷ Mo–Fr 8–19, Sa 8–13 Uhr.

Nahverkehrsmittel

BUSSE – **Rodoviária** nach **Iracema**: Bus 078 *Siqueira/Mucuripe,* zur Haltestelle wie folgt: aus dem Busbahnhof links, erste Kreuzung rechts, ca. 50 m, vor dem *Telemar*-Hochhaus (20 Min., R$1,50).
Von **Iracema** zum **Flughafen**: Von der Av. Hist. R. Girão Bus 052 *Grande Circular 2* bis Terminal Papicu. Dort umsteigen: 027 *Siqueira Papicu – via Aeroporto.* Aussteigen in der Av. Sen. Carlos Jereissati 3000, vor dem Flughafen.
Von **Iracema** zur **Rodoviária**: Mit Bus 078 *Siqueira/Mucuripe* oder 052 *Grande Circular 2* bis Terminal Papicu. Dort umsteigen: *Borges de Melo 2.*

TAXI – Von Meireles/Iracema zur Rodoviária ca. R$15 (20 Min.), zum Flughafen ca. R$20. Schnell und günstig kann man zwischen Meireles und Iracema per **Mototaxi** pendeln. Auf Sicherheit bei den Fahrern achten.

Transport

FLÜGE – ***Aeroporto Internacional Pinto Martins,*** ✆ 85/3477 1667.
Fluggesellschaften: ***BRA,*** ✆ 85/3477 1423. ***TAM,*** ✆ 85/3477 1192; ***Varig,*** ✆ 85/3477 1078; ***GOL,*** ✆ 85/3477 1943.

BUSSE – ***Rodoviária Engenheiro João Tomé,*** Fátima, ✆ 85/3101 3397. An der Av. Mons. Tabosa, Nähe Banco do Brasil, verkaufen Reisebüros Busfahrkarten der großen Gesellschaften.

Busse innerhalb Ceará (Intermunicipal)
Aratuba: *Fretcar,* ✆ 85/3256 4673 und *Pinheiro,* ✆ 85/3256 3729, 5x tgl. bis 15 Uhr, 4 Std., R$12.
Canoa Quebrada: *São Benedito,* ✆ 85/3452 1980, direkt: tgl. 8.30, 11, 13.40, 15.40 Uhr, 4 Std., R$15. Der 11 Uhr-Bus hält um ca. 10 Uhr in Iracema (vor Bio Board Travel) und um ca. 10.15 Uhr in Meireles (vor Clube Náutico). Karten bei *Bio Board Travel* oder im *Posto Telefónico* (vor Clube Náutico). Alternativ: von der Rodoviária bis **Aracati** *(São Benedito, Nordeste, Guanabara* oder *Expresso Praiano),* 3 Std., R$14. Weiter per Minivan (10 Min.).
Guaramiranga: *Fretcar* und *Pinheiro,* 5x tgl. bis 17 Uhr, 3 1/2 Std., R$10.
Jericoacoara: *Redenção,* ✆ 85/3256 1973, tgl. 10.30 und 18.30 Uhr, 6 1/2 Std., R$33. Zunächst bis Jijoca, der Anschluss mit dem Dünen-Shuttle (1 Std.) ist im Preis enthalten. Der Bus hält ca. 1 Std. vor Abfahrt in Iracema (Haltestelle Av. Mons. Tabosa 1273), kurz danach in Meireles (Praiano Palace Hotel, Av. Beira Mar 2800). Kartenverkauf bei *Bio Board Travel* oder im *Posto*

Telefónico (vor Clube Náutico). In der HS Nonstop-Bus vom Flughafen (16 Uhr).
Lagoinha: *Pegasus,* ✆ 85/3256 5100, 4x tgl. bis 17.30 Uhr, 2 1/2 Std., R$10.
Ubajara: *Ipu Brasília,* ✆ 85/3256 2999 und *Guanabara,* ✆ 85/4011 1992, 6x tgl. bis 21 Uhr, 6 Std., R$28.

Nationale Busse (Interestadual)
Belém: *Itapemirim,* ✆ 85/3219 6670 und *Guanabara,* ✆ 85/4005 1992, 4x tgl. bis 18.30 Uhr, 25–28 Std., R$113–145.
João Pessoa: *Nordeste,* ✆ 85/3256 2342, tgl. 19 Uhr (R$103) und 20 Uhr (R$88), 10 Std.
Maceió: *Guanabara,* tgl. 19.15 Uhr, 17 Std., R$98.
Natal: *Nordeste,* 7x tgl. bis 23 Uhr, 8 Std., R$51–114.
Parnaíba: *Guanabara,* tgl. 10, 19 und 22 Uhr, 10 Std., R$52–68.
Recife: *Guanabara,* tgl. 19.30 und 20 Uhr (R$95–120), Mo, Mi, Fr, So 8 Uhr (R$77), 12 Std.
Salvador: *Itapemirim,* tgl. 19 Uhr, 24 Std., R$160.
São Luís: *Guanabara,* tgl. 12.30, 16 und 21 Uhr, 17 Std., R$85.
Teresina: *Guanabara* und *Tavares,* 8x tgl. bis 22 Uhr, 10 Std., R$46–77.

Costa do Sol Nascente

Palmenstrände, rote Klippen und Gläser mit kunstvoll geschichtetem buntem Sand *(Garrafas de Areias coloridas)* sind die Markenzeichen dieses attraktiven Küstenabschnitts. Herausragendes Ziel ist das alte Hippie-Dorf **Canoa Quebrada.** Näher an Fortaleza liegen die ehemalige Hauptstadt **Aquiraz** mit dem Erlebnisbad Beach Park und die Orte **Caponga** und **Beberibe** mit ihren sehenswerten Stränden wie Praia de Morro Branco oder Praia das Fontes.

Aracati

Das historische Örtchen zieht während seines lebhaften Karnevals die Menschen an, aber ansonsten ist es in erster Linie Umsteigeort nach Canoa Quebrada.

Transport

BUSSE – **Canoa Quebrada**: *São Benedito,* ✆ 88/3421 2020, 5x tgl. bis 18.30 Uhr, 15 Min., R$2.
Kombis halten vor der Kirche (ca. 10 Min. vom Busbahnhof), R$2. Oder per **Taxi**.
Fortaleza: Mehrere Buslinien, 20x tgl. bis 20.30 Uhr, 3 Std., R$14.
João Pessoa: *Nordeste,* ✆ 88/3421 1440, tgl. 22.15 Uhr, bei Bedarf auch 21.15 Uhr (R$100), 8 Std., R$71.
Maceió und **Aracaju**: *Guanabara,* ✆ 88/3421 6901, tgl. 21.15 Uhr, 14 bzw. 18 Std., R$81/107.
Natal: *Nordeste,* 6x tgl. bis 1 Uhr, 6 Std., R$46–111.
Recife: *Guanabara,* tgl. 22 Uhr, bei Bedarf 10 Uhr (R$60), 10 Std., R$108.

Canoa Quebrada

Etwa 160 km südöstlich von Fortaleza liegt die frühere Hippie-Kolonie Canoa Quebrada. Hauptattraktionen sind der 13 km lange, feinsandige Strand, die knallroten Klippen und das grünlich schimmernde Meer, auf dem Jangadas kreuzen. Besonders die von einem großen weißen Halbmond gezierten Klippen haben auf viele Besucher eine faszinierende Ausstrahlung. An einigen Stellen fließen kleine Bäche aus den Felsen heraus. Schöne Buggy-Touren führen an die Strände **Praia Lagoa do Mato**, **Praia Ponta Grossa** und **Praia Redondas** über **Majorlândia** und **Quixaba**, oder zur **Lagoa de Cumbi**, wo es einen Aussichtspunkt gibt. Während des ganzen Jahres kann man Jangada-Fahrten unternehmen, einfach mit den Fischern am Strand sprechen. Am Abend treffen sich Jung und Alt auf dem so genannten Broadway (auch Rua Dragão do Mar), dann wird Canoa zur Party-Meile. Dank steter Winde lässt sich in der zweiten Jahreshälfte sehr gut Kite- und Windsurfen.

Übernachtung

Während des Fortal-Festes in Fortaleza (ab 29. Juni) ist es voll und teuer. Ansonsten sind unter der Woche oft Rabatte möglich. Viele Pousadas organisieren Ausflüge mit Buggy, Jangada oder Pferden.
Pousada Beira-Mar, Rua da Praia, ✆ 88/3421 7104, ✉ dias_ferro@yahoo.com.br. Trumpf dieser strandnahen Pousada ist die Veranda des Vorderhauses mit einer der besten Aussichten Canoas. Gepflegte Zimmer, Besitzerin Rosane spricht perfekt Deutsch. ❶–❷

Pousada Luna Rosa, Rua Descida da Praia, ✆ 88/3421 7189, ✉ reginaguega@hotmail.com. Wunderschöne Pousada mit pastellfarbenen Häusern in Blumengarten, die oberen Zimmer haben teils Meerblick. Hübsche Zimmer mit Ventilator. Exotisches Haupthaus mit Palmengeländer und vielen Naturdetails. ❷

Pousada Dolce Vita, Rua Descida da Praia, ✆ 88/3421 7213, 💻 www.canoa-quebrada.it. Gepflegte Rasenanlage mit Palmen und großem Pool. Geräumige Chalês, Sitzecke und kleine Veranda. Im 1. OG große Zimmer mit Balkon. Wahlweise Ventilator (billiger). ❷–❸

Pousada Luaestrela, Rua Nascer do Sol 106, ✆ 85/3421 7040, ✉ pousadaluaestrela@yahoo.com.br. Entspannte Pousada mit schattiger Terrasse und schöner Sicht. Rustikaler Stil, Möbel aus Cipó-Holz. Kleines Bad, großes Frühstück. Rabatt bei längerem Aufenthalt. Pool. ❸

Pousada Lua Morena, Rua Francisco Caraço, ✆ 88/3421 7030, 💻 www.luamorena.com. Sieben niedliche Chalês, Pool und Traumterrasse. Die holländischen Besitzerinnen sprechen Deutsch. Ventilator oder AC, Ausflüge. Gay-friendly. ❸–❹

Tranquilândia Village, Rua Caminho do Mar, ✆ 88/3421 7012, 💻 www.tranquilandia.it. Sympathische, ruhige Pousada, Chalês mit Strohdächern, AC oder Ventilator. Großer Pool mit Deck. Englisch. ❹

Pousada do Toby, Rua Nascer do Sol, ✆ 88/3421 7094, 💻 www.pousada-do-toby.com. Hotelkomplex über drei Etagen mit großem Sonnendeck, Pool und Bar. Traumaussicht. Suiten mit Whirlpool, die Zimmer sind etwas eng. Ventilator oder AC, Kabel-TV. Restaurant, Frühstück bis 16 Uhr. ❸–❻

Essen

Natural Bistrô, Rua Principal 52. Sehr gemütliches, ruhiges Restaurant, charmante Beleuchtung und viele Pflanzen. Huhn, Meeresfrüchte, gegrillter Fisch und vegetarische Gerichte. Tipp: *Soja Bistrô* mit Broccolisoße, Naturreis und Salat. 🕒 tgl. 18–24 Uhr.

Lazy Days, am Strand. Fantastisches Ambiente auf edlem Holzdeck, Sofas und schicke Holzliegestühle, Hängematte, Mosaiktische. Tagsüber Strandbar, abends romantisches Candlelight-Restaurant im Mondschein. Leichte Küche, keine frittierten Zutaten. Tipp: *Frango ao Molho de Mostarda* (Huhn in Senfsoße). 🕒 Mi–So 9–17 Uhr (HS tgl. 8–24 Uhr).

Mamma Mia, Rua Dragão do Mar. Italienisches Restaurant mit Nudeln und Pizza. Am Wochenende laut. Lieferung. 🕒 Do–Di 17.30–24 Uhr (HS 12–2 Uhr).

El Argentino, Rua Caminho do Mar, Ecke Rua Nascer do Sol. Argentinisches Fleischrestaurant mit netter Rundum-Terrasse. 🕒 tgl. 18–24 Uhr.

Ponto do Pará, Rua Dragão do Mar 2084. Sympathische Snack- und Saftbar. Exotische Früchte wie *Araçá* oder *Cupuaçu*. Bar mit Tresen. 🕒 tgl. 9.30–22 Uhr.

Espaço Cultural Coffee Bar, Rua Principal 52. Gemütliches Café mit Torten, Eis und anderen Süßwaren. Gehört zum *Natural Bistrô*. 🕒 Do–So 18–24 Uhr.

Nachtleben und Strandbars

Fast jeden Tag lässt sich hier bis zum Sonnenaufgang feiern, entweder in den Bars am Broadway oder am Strand. In Vollmondnächten gibt es die berühmten *Luaus* (Vollmond-Strandfeste). Samstags kommt die Jugend aus Aracati und es wird voll. Traditionelle, einfache Tanzbarracken am Broadway sind ***Bar do Reggae***, ***Bar do Meio*** und ***Bar Coração de Canoa***. Daneben beschallen Discos und Clubs das Zentrum und überbieten sich gegenseitig in ihren Dezibelstärken.

Freedom Bar, kultige Strandbar, strahlt noch Hippie-Atmosphäre aus. Die *Luaus* am Lagerfeuer sind ein Erlebnis. Partys auch oft Sonntags ab Mitternacht. 🕒 Di–So (NS Fr–So).

Bar Caverna, Broadway. In der „Höhle" mischen sich Touristen und Einheimische. Die Bar eines sympathischen Schweizers hat Billardtische und spielt 70er Jahre Rock. Snacks und Cocktails. 🕒 tgl. ab 16 Uhr.

Regart, Rua Dragão do Mar. Zentraler Treffpunkt, viel Reggae und Tanz. 🕒 tgl. ab 16 Uhr.

STRANDBARS – Das zentrale ***Antônio Coco*** ist beliebter Treffpunkt und exzellent zum Genießen des Sonnenuntergangs. Das hübsch gestaltete ***Oca da Mandioca*** hat eine angenehme Atmosphäre und gute *Sucos*.

Im ***Lazy Days*** (s. Essen) lässt sich auf dem schönen Holzdeck perfekt auf dem Sofa loungen.
Das ***Ghetto*** liegt ganz am Ende des Strandes (Praia dos Estevão). Hier geht es ruhiger zu, es gibt leckeren Fisch und gute Musik von Rock bis Jazz.

Sonstiges

GELD – ***Banco do Brasil,*** Geldautomat, Broadway, Nähe Bushaltestelle.

INFORMATIONEN – 💻 www.portalcanoaquebrada.com.br.

INTERNET – ***Falô,*** Rua Dragão do Mar. Telefon und Internet (R$4/Std.). 🕓 Mo–Fr 8–21, Sa–So 9–12 und 14–21 Uhr (HS länger).

MEDIZINISCHE HILFE – In Notfällen: Rosane von der *Pousada Beira Mar* (s. Übernachtung) ist Ärztin und spricht fließend Deutsch.

REISEBÜRO – ***Canoa Viagens,*** Rua Dragão do Mar, 📞 88/3421 7323. Flüge, Hotel-Reservierungen, Ausflüge. 🕓 Mo–Sa 8–19, So 8–13 Uhr.

Transport

Es gibt keine Verkaufsstelle für Bustickets Richtung **Süden**. Weiterfahrt deshalb am besten gleich bei Ankunft in **Aracati** organisieren. **Busse** nach Natal, João Pessoa oder Recife sind an Wochenenden und vor Feiertagen schnell ausgebucht.
Fortaleza: *São Benedito,* 📞 88/3421 2020, tgl. 6, 12.30, 14.30 und 17.30, So 6, 13.50, 15 und 17.30 Uhr, 3 1/2 Std., R$14. Öfter von Aracati.
Aracati: **Kombis** vom Ortseingang, alle 15 Min. zwischen 5 und 20 Uhr, Fr und Sa 24 Std., R$1,50.
Taxi R$20.

Urtümliche Fischerboote

Es gibt diese eigenartigen Boote nur im Nordosten Brasiliens, besonders in Fortaleza und Canoa Quebrada: **Jangadas** heißen die in der Kolonialzeit erfundenen primitiven Segelflöße aus vier bis zehn Rundhölzern, mit einer Länge von 5–8 m, großen dreieckigen Segeln und einem biegsamen Mast. Gebaut werden sie innerhalb des Wassers, um ein Verziehen der Hölzer zu verhindern. Früher mussten sie nach nur einem Jahr zum Austrocknen wieder auseinander montiert werden, doch neuere Materialien erlauben inzwischen eine Nutzung von bis zu fünf Jahren. Die Fischer lieben diese archaisch anmutenden Fangflöße und geben ihnen poetische Namen wie *Die Hoffende* oder *Die Sehnsuchtsvolle.*
Die technische Leistungsfähigkeit ist verblüffend. Kaum zwanzig Zentimeter ragen sie aus dem Wasser, verfügen aber über hervorragende Segel-Eigenschaften und sind so gut wie unsinkbar. Von daher verwundert es nicht, wenn sich die *Jangadeiros* auf ihren fragil wirkenden Schwimmgeräten recht weit aufs Meer hinaus wagen. Selbst nachts wird die Ausfahrt nicht gescheut, auch wenn Kompass oder andere nautische Hilfsmittel fehlen. Orson Welles drehte sogar einen Film über besonders mutige Jangadeiros. *It's all true* beschreibt die Odyssee von vier Fischern, die 1941 mit ihren Jangadas 3000 km von Fortaleza nach Rio de Janeiro segelten, um beim damaligen Präsidenten Getúlio Vargas bessere Absatzbedingungen für ihren Fang zu erwirken. Seitdem hat sich die damals schon schwierige Lage eher noch verschlechtert. Moderne Trawler automatisieren zunehmend das Geschäft, Nachwuchskräfte finden sich immer weniger.
Während nur noch die älteren *Jangadeiros* an ihrem angestammten Beruf festhalten, entdecken andere die Jangadas als touristisches Geschäft. In Fortaleza beginnen die Kurzausflüge am Hafen von Mucuripe. In João Pessoa geht es vom Strand von Tambaú zum Picãozinho-Riff und in Maceió ist die Jangada-Tour zu einer 2 km entfernten Sandbank fast schon Pflichtprogramm. Ein sichtbares Symbol dieses Wandels sind die Segel, deren klassisches Weiß immer öfter durch bunte Werbeaufdrucke von Kreditkarten- oder Soft Drink-Firmen ersetzt wird.

Costa do Sol Poente

Die Costa do Sol Poente umfasst etwa zwei Drittel der Küste Cearás, sie ist geprägt von riesigen Wanderdünen, Steilküsten und Lagunen. Entlang der Strände liegen zumeist ursprüngliche Fischergemeinden, die sich langsam dem Tourismus öffnen. Zu den schönsten Strandabschnitten zählen **Cumbuco**, **Lagoinha**, **Mundaú** und **Guajiru**. Einige Jahre in der Entwicklung voraus ist der bekannteste Ort des Küstenabschnitts, das legendäre Aussteigerdorf **Jericoacoara**.

Cumbuco

Die kleine Fischergemeinde Cumbuco war bis 2003 ein verschlafenes Nest mit einigen Wochenendhäusern. Dann begann sich die Kunde von den beständigen Winden zwischen Juli und Januar herumzusprechen: optimale Bedingungen für die Trendsportart Kitesurfing. Inzwischen gilt Cumbuco als einer der besten Kite-Orte der Welt; Kiter aus aller Herren Länder strömen in das Dorf, in dem langsam eine touristische Infrastruktur wächst. Doch noch besitzt Cumbuco viel natürlichen Charme; es gibt bislang weder Geldautomat, Post noch Internetcafé, das Zentrum ist so klein, dass die Straßen z.T. keine Namen haben. Am Hauptstrand stehen einfache Restaurants und Strohhütten, Jangadas dümpeln in den Wellen. In westlicher Richtung sieht man hohe Dünen, zu denen Buggytouren führen.

Übernachtung und Essen

Casa Dona Rosa, Av. das Dunas, ✆ 85/3318 7433, 💻 www.casadonarosa.com. Sehr gepflegte, sympathisch-familiäre Pousada mit Rasenfläche und Pool. Schöne, geräumige Apartments, Veranda. AC. Die Zimmer im Haupthaus sind dunkler. Die holländischen Besitzer bieten Ausflüge an. Deutsch. ❹

Jardim Cumbuco, Av. dos Coqueiros, ✆ 85/3318 7466, 💻 www.jardim-cumbuco.com. Gemütliches Gartenlokal mit Pool, Bar und Hängematte. Brasilianisch-internationale Küche. 3-Gänge-Tagesmenü, deutsche und französische Weine. Deutsche Leitung, am Wochenende Bundesliga-Fußball. ⏲ Do–Di 17–23, Sa und So 9–23 Uhr, Mi geschl. Zwei geräumige Gästezimmer im Haus. Frühstück. ❷

Pousada Dunas do Cumbuco, Av. Central, ✆ 85/3318 7409. Einfache Pousada mit bunten Doppelhaus-Chalês. Günstige Apartments, einige mit Balkon und Meerblick. ❷

Boxing Cangaroo, am Strand, 1 km östlich. Tolle Strandatmosphäre unter Palmenschirmen. Perfekt für eine Strandwanderung. Auch abends nett, manchmal mit Live-Musik. Der australische Besitzer bietet einen Shuttle ins Zentrum. ⏲ Sa–So 8–21 Uhr.

Churrascaria do Gaúcho, das beste Fleisch des Ortes: *Picanha*, Filet Mignon und Fisch am Spieß. ⏲ Di–So 11.30–23 Uhr.

Eine schöne Abendstimmung herrscht in dem kleinen Gässchen am Strand: Bars und Restaurants stellen ihre Tische raus. Sehr gemütlich ist das ***G'lta***, mit Holztischen und Strohdach. Guter Fisch. Das ***Magia*** hat ein schönes Holzdeck, Crêpes, Drinks und Dance. Die ***Pizzeria Itália*** hat echte italienische Nudeln. Das Nachtleben entfaltet sich bei Paulino in ***Mungangos Reggae Bar***.

Touren

Touren lassen sich über die Pousadas organisieren.

Schöne Buggy-Ausflüge führen zur **Lagoa Guira** und **Lagoa Banana** (4 Pers., R$80, 1 1/2 Std.).

An der **Lagoa do Parnamirim** gibt es *Esquibunda*, eine Aktivität, bei der man auf Brettern von Dünen ins Wasser rutscht.

Unterhaltsam ist auch das Beobachten der Kitesurf-Anfänger an der **Lagoa Guipe**. Bei einem Teller frischer Garnelen lässt sich bestens den ersten Flugversuchen zusehen. Oder selbst probieren!

Transport

BUSSE – **Bushaltestelle** am Dorfplatz. Direktbus nach **Fortaleza**: tgl. 8.15, 14.25 und 17 Uhr (HS öfter). Alternativ: alle 10 Min. Bus nach **Caucaia** (bis 23 Uhr, 20 Min., R$1,50). Von dort Anschluss nach Fortaleza mit *Vitória*, alle 25 Min. (bis 21.30 Uhr, 40 Min., R$1,70). Mit diesem Bus entweder bis ins Zentrum (mit Taxi weiter), oder bis eine Haltestelle hinter dem Mercado São Sebastião, dort in gleicher Fahrtrichtung Linienbus *Circular 2* (ca. alle 5 Min.).

Praia da Lagoinha

Lagoinha wird manchmal auch als *Mini-Jericoacoara* bezeichnet, dieses Kompliment bezieht sich aber hauptsächlich auf den idyllischen Strand. Ansonsten geht es hier sehr gemächlich zu. Der Tourismus besteht vor allen Dingen aus Tagesausflüglern aus Fortaleza. An den Wochenenden sind die Hotels dennoch oft ausgebucht. Ein schöner Ausflug zum Kennenlernen der Region führt per Buggy und Boot zur nahen **Lagoa Almécegas** (2 Std., R$20). Nach Fortaleza fahren Busse von *Pegasus*, tgl. um 6, 10, 14 und 17 Uhr, 2 1/2 Std., R$10.

Übernachtung und Sonstiges

Pousada Pontal da Duna, Av. Sizinha de Azevedo, 85/3363 5182, www.pousadapontaldaduna.ubbi.com.br. Sehr hübsch auf den Klippen, toller Meerblick von der gemütlichen Frontveranda. Freundliche portugiesische Leitung. Ventilator und Moskitonetz. 2 Min. vom Strand. ❷

Pousada Mar á Vista, Av. Francisco de Azevedo 170, 85/3363 5034, orl.salas@gmx.de. Tolle Aussicht von Balkon und Pool-Terrasse. Schlichte Zimmer, deutsche Leitung. ❷

Casa de Artes, Rua Francisco de Azevedo 393, ist Künstleratelier, Galerie und **Cybercafé** in einem. Schöne Souvenirs und Kunsthandwerk. Das kleine Verkaufshäuschen an der *Praça de Mirante* fungiert auch als **Touristeninformation**. tgl. 9–16 Uhr (HS länger).

Jericoacoara

Um die ehemalige Hippie- und Aussteigerkommune Jericoacoara ranken sich Legenden. Das abgeschiedene Fischerdorf hat schon Generationen von Travellern fasziniert, so dass ganze Reisepläne verworfen und Aufenthalte verlängert wurden. Ursächlich hierfür ist wohl nicht nur einer der wahrscheinlich schönsten Strände des Landes, Jericoacoara hat auch seinen ganz eigenen Rhythmus. Einige Eigenheiten und Rituale haben sich bis heute nicht geändert: so streunen noch immer Kühe durch die sandigen Gassen des Dörfchens und am Abend pilgert alle Welt auf eine hohe Düne, um die über dem Meer untergehende Sonne zu bestaunen – in Brasilien ein seltener Anblick. Auf dem Rückweg ist es gute Sitte, den athletischen Capoeira-Darbietungen am Strand beizuwohnen. Durch starken touristischen Zuwachs (es gibt mehr als 120 Pousadas) ist *Jeri* heute nicht mehr das beschauliche, hip-alternative Fischerdörfchen früherer Zeiten, eher präsentiert es sich als modernes Wind- und Kitesurf-Resort. Doch sucht man den Geist von Freiheit und Aufbruch damaliger Tage, genügt im Prinzip ein Blick in den Sternenhimmel um zu begreifen, dass dies trotz allen Fortschritts kein gewöhnlicher Urlaubsort ist. Hier scheint eine besondere Magie in der Luft zu liegen, der viele Besucher gern verfallen.

Der nächste Geldautomat liegt weit weg in Camocim, unbedingt genug Bargeld mitbringen.

Übernachtung

In der HS steigen die Preise stark an, während Silvester oder Karneval sind Übernachtungen ohne Reservierung fast aussichtslos. In der NS sind dafür Rabatte möglich.

Jericoacoara Hostel Pousada Tirol, Rua São Francisco 202, 88/3669 2351, www.jericoacoarahostel.com.br. Freundliches HI-Hostel, gutes Frühstück. DZ, Dorms (R$20–25) und Zelte (R$8–10 p.P.). ❶–❷

Pousada Paraíso, Rua Principal, 88/3669 2093. Gemütliche, einfache Pousada mit Blumengarten und Tradition. Rabatt bei längerem Aufenthalt. AC oder Ventilator. Buggytouren. ❶

Pousada Carioca, Rua São Francisco 472, 88/9962 8292, geisapazeamor@hotmail.com. Ruhige Pousada mit Hängematten im Garten. Gepflegte Apartments, geräumiges Bad. Gutes Frühstück. AC oder Ventilator. ❶–❷

Chalé Creoulo, Rua das Dunas, 88/3669 2057, www.chalecreoulo.com.br. Rustikale Pousada mit hübschem Garten. Apartments über zwei Etagen, einige mit Küche. Frühstück auf der Veranda. Keine AC. Deutsche Leitung. ❷

Pousada Ibiscus, Rua do Forró 570, 88/3669 2208, www.pousadaibiscus.com. Nette, gepflegte Pousada. Ventilator oder AC. ❷

Pousada Espaço Nova Era, Rua do Forró 455, 88/3669 2056, www.novaerapousada.com.br. Freundliche Pousada mit aparten Chalês in ruhigem Garten. Pool. Buggyausflüge, Massage und kostenlos Yoga. Ohne AC. ❷–❸

Pousada Calanda, Rua das Dunas, ✆ 88/3669 2285, 🖳 www.jericoacoara.tur.br/calanda. Populäre, bunte Pousada mit kleinen Zimmern. Entspannte Atmosphäre im Garten: Hängematten und Kissen, gut zum Kontakte knüpfen. Ventilator oder AC. ❷

Pousada Recanto do Barão, Rua do Forró 433, ✆ 88/3669 2149, 🖳 www.recantodobarao.com. Hübsche Anlage mit Pool und schattiger Sitzecke. Komfortable Zimmer. Rabatt bei längerem Aufenthalt. Reservierung empfohlen. Café. ❹

Vila Kalango, Rua das Dunas 30, ✆ 88/3669 2289, 🖳 www.vilakalango.com.br. Luxuriöse „Back to Nature Pousada", Highlight sind die romantischen Stelzenhütten, ohne TV und AC. Einmalige Lage am Strand. Leuchtend roter Pool, 5000 m^2 Garten mit lässiger Outdoor-Lounge. Restaurant mit großartigem Meerblick. ❺–❻

Hotel Mosquito Blue, Rua Ismael, ✆ 88/3669 2203, 🖳 www.mosquitoblue.com.br. Luxus-Hotel, harmonisch in die Landschaft eingebracht. Abwechslungsreiche Architektur, von Blumen umspielte Holzbalkone. Wenige Zimmer mit Meerblick. Internet kostenlos, Pool und Sauna. ❻

Tipp für längere Aufenthalte: Einfache ***Albergue*** mit Garten und alternativem Flair, auch Camping möglich. Kontakt über den deutschen Besitzer des *Sky* (s. Essen).

Jericoacoara – São Luís (Maranhão) und zurück

Diese Route führt durch herrliche Landschaften entlang von Dünen, Mangroven und einem Flussdelta. Sie zu befahren ist streckenweise abenteuerlich, auf jeden Fall untouristischer als das meiste, was man sonst im Nordosten sieht. Um die Gegend richtig zu genießen, sollte man sich eine Woche Zeit lassen. Der Transport ist unregelmäßig und nicht immer leicht zu organisieren (Buggy, Boot, Pick-Up, Geländewagen). Hier einige Tipps, die bei der Planung helfen sollen. Ein Hinweis: Auf allen Teilstücken finden sich oft Mitfahrgelegenheiten, in der Gruppe wird es für den Einzelnen billiger.

Routen-Vorschlag Jericoacoara Richtung Nordwesten

1. Tag

Jericoacoara – Camocim – Parnaíba

Jericoacoara in westlicher Richtung zu verlassen stellt bereits die erste kleine Hürde dar. Nach Camocim gibt es im wesentlichen zwei Möglichkeiten:

1. Ein Händler namens **Zé Odécio** fährt täglich im Morgengrauen. Man wird um ca. 4 Uhr abgeholt (R$20–25). Einen Tag vorher absprechen, bei den anderen Buggyfahrern nach ihm fragen.
2. Mit einem gecharterten **Buggy**; einen Tag vorher Uhrzeiten und Preis absprechen (ca. R$160). Abfahrt meist 9 Uhr, ein Abstecher zur **Lagoa Tatajuba** kann vereinbart werden.

Von **Camocim** nach **Parnaíba** fährt ein regulärer Bus, *Guanabara,* ✆ 98/3243 3606, ca. 16 Uhr (und nachts), R$14. Notfalls kann man in Camocim übernachten, besser ist es aber, noch am selben Abend in **Parnaíba** einzutreffen.

Teurer: Mit Geländewagen direkt bis Parnaíba.

2. Tag

Parnaíba – Tutóia

Am nächsten Morgen wartet eine wunderschöne 8-stündige Bootsfahrt durch das **Parnaíba-Delta** (R$35). Abfahrt zwischen 10 und 11 Uhr, je nach Wasserstand auch früher, am Vorabend in einer Agentur fragen. Tipp: Hängematte beim Kartenkauf reservieren. Übernachtung in Tutóia.

Aufgepasst: Das Boot nach Tutóia fährt nur Mo, Do und Sa! Die Fahrt am Sa ist nicht zu empfehlen, da es am So keinen Anschluss in Tutóia gibt. ***Alternative 1:*** Länger in Parnaíba bleiben und Stadt und Flussdelta-Inseln erkunden. ***Alternative 2:*** Mit dem **Bus** nach Tutóia, 3x tgl. bis 16 Uhr, 3 Std.

3. Tag

Tutóia – Paulino Neves – Barreirinhas

Den Transport zwischen **Tutóia** und **Barreirinhas** betreibt eine Großfamilie mit so genannten *Pau-de-Araras* (Toyota Pick-Ups) – übersetzt „Papageienstangen", wohl weil die Fahrgäste gedrängt wie Hühner auf den harten Holzpritschen sitzen, dabei Staub schluckend durch den Sand rumpeln. Wer die Chance auf den Beifahrersitz hat, sollte sie wahrnehmen. Die

Essen

Sabor da Terra, Rua do Forró. Exzellenter Fisch und Meeresfrüchte beim Einheimischen Tonhão. Tipp des Hauses: *Lagosta no Abacaxí* (Languste in Ananas). ⌚ Di–So 12–16 und 18.30–22 Uhr.

Sky Bar & Restaurant, Rua Principal, am Strand. Sehr gutes Restaurant mit herrlicher Terrasse und Meerblick. Deutsche Leitung, europäisch-brasilianische Küche, von Seafood bis Bratkartoffeln. Leckere Cocktails, oft Live-Musik. Gelegentlich Partys. ⌚ Restaurant: tgl. 12–24 Uhr, Bar: open end (NS So geschl.).

Restaurante do Sapão, Rua São Francisco, ✆ 88/3669 2107. Uriges, informelles Restaurant mit ein paar Holztischen im Sand. Günstige Gerichte, auch Lieferung. ⌚ tgl. 7.30–23 Uhr (HS länger).

Pizza Nômade, Rua Ismael 90. Gemütliche, rustikale Pizzeria. Auch Nudeln, Salate und Risottos. Mehrsprachig. ⌚ tgl. 18–24 Uhr.

Naturalmente, Rua da Praia 305. Toll am Strand gelegene Creperia, schon ein Klassiker. Leckere Crêpes, Salate und Spaghetti. ⌚ tgl. 12–24 Uhr.

Carcará, Rua do Forró 530. Uriges Restaurant mit guten Antipasti, Nudeln und Meeresfrüchten. Gekocht wird nach alten Familienrezepten. ⌚ tgl. 12–23.30 Uhr.

Fahrt mit einem *Pau-de-Arara* ist ein kleines Abenteuer, wenn man es nicht jeden Tag machen muss, sogar unterhaltsam.

Mo–Sa tgl. ab 9 Uhr mehrere Pick-Ups nach **Paulino Neves** (1 Std., R$5), Abfahrt am Hauptplatz vor der Kirche. Man kann sich auch abholen lassen, die Pousadas reservieren. Sonntags bleibt nur ein Buggy. In Paulino Neves besteht Anschluss nach **Barreirinhas** (R$12). ***Alternative:*** Mit Buggy nach Barreirinhas oder **Caburé** (ca. R$160). In Caburé übernachten oder per Boot weiter nach Barreirinhas.

4.– 6. Tag

Ausflüge von Barreirinhas in den **Nationalpark Lençóis Maranhenses** sowie die kleinen Orte **Atins, Caburé** oder **Mandacaru.**

7. Tag

Barreirinhas – São Luís

Mit Linienbus ***Cisne Branco,*** besser mit Kleinbus ***Van Express*** um 17 Uhr (R$25). Vorteil: Man wird abgeholt und in São Luís vor der Pousada abgesetzt. Fahrtzeit 4–5 Std., je nachdem ob die Pousada am Anfang oder Ende der Route liegt. Wichtig: frühe Reservierung. ✆ 98/3256 4027. Auch Sammeltaxis fahren nach São Luís. (s. S. 522)

Von São Luís nach Jericoacoara

1. Tag

São Luís – Barreirinhas

Minibus über die Pousada buchen. Man wird um 5 Uhr abgeholt, Ankunft ca. 9.30 Uhr. ***Alternative:*** Linienbus *Cisne Branco.*

1.–3. Tag

Ausflüge

4. Tag

Barreirinhas – Paulino Neves – Tutóia

Pick-Ups nach Paulino Neves um 11 und 17 Uhr (R$12), dort Anschluss nach Tutóia (1 Std., R$5).

5. Tag

Tutóia – Parnaíba – Camocim

Das **Boot** nach Parnaíba verkehrt nur Fr, So und Di. Abfahrt um 8 oder 9 Uhr, je nach Wasserstand. Ankunft ca. 17 Uhr. Am selben Abend Bus nach Camocim: *Guanabara,* 19 und 22 Uhr, 3 Std. ***Alternative 1:*** Bus von Tutóia nach Parnaíba, 2x tgl., 3 Std. ***Alternative 2:*** In Parnaíba übernachten. *Guanabara* fährt morgens um 7 Uhr. Oder mit Buggy direkt nach Jericoacoara (meist starker Gegenwind!), bequemer mit klimatisiertem Land Rover. Beides in einer Agentur buchen.

6. Tag

Camocim – (Jijoca) – Jericoacoara

Vom Busbahnhof in Camocim fahren Taxis zur Pousada oder zu den Buggys (R$7). **Buggy** von Camocim nach Jericoacoara R$160. Um 10 Uhr fährt ein öffentlicher **Pick-Up** nach Jijoca (4 Std.). Mit etwas Glück fährt der Fahrer durch bis Jericoacoara (1 Std., R$20–30 p.P.). Ansonsten warten in Jijoca Buggy-Fahrer.

Chocolate, Rua do Forró 214. Salate und leckere, raffinierte Nachspeisen, nette Atmosphäre auf kleinem Holzbalkon. Nicht billig. ⌚ tgl. 16–24 Uhr.
Tudo na Brasa, Rua Principal. Alles wird hier saftig am Spieß serviert: Fleisch, Huhn, Fisch, Camarão, Languste ... ⌚ tgl. 18–23 Uhr.
Feito a Mão, Rua Principal 226. In dem Café kann man herrlich in den Sitzkissen entspannen, in der Bücherecke stöbern oder einen Snack genießen (Salate, Tapas, Crêpes). ⌚ tgl. 12–23, HS 9–2 Uhr.
Café Brasil, zwischen Rua Principal und Rua São Francisco. Der Café-Klassiker. Kaffee und Kuchen in gemütlicher Atmosphäre, Sandwiches, gute Salate. Frühstück bis 12 Uhr. ⌚ Di–So 8–16 und 18–22 Uhr.

Nachtleben

Das Nachtleben konzentriert sich am Ende der **Rua Principal** am Strand. In der Hauptsaison steigen hier täglich Partys im ***Sky,*** dem legendären ***Planeta Jeri*** und auf dem romantischen Balkon des ***Camarotchê***. „Rollende" Händler mixen dazu Cocktails.
Leider nur noch selten gibt es Partys im ***Mama África,*** der ältesten Bar-Disco des Dorfes. Ansonsten tanzt man viel Forró: Kultstatus genießt das ***Recanto do Forró*** (Mi und Sa). Im Morgengrauen gehört es zum Ritual, in der Bäckerei ***Padaria Santo Antônio*** einen Kaffee oder feste Nahrung zu sich zu nehmen.

Touren

Beliebt sind Ausflüge zur **Lagoa Tatajuba** (R$130), einer von Dünen eingerahmten Lagune mit relaxter Atmosphäre, Strandbars und Hängematten im Wasser. Wer mit dem Buggy nach Camocim oder gen Westen unterwegs ist, kann hier einen Stopp vereinbaren. Tatajuba ist ein anschauliches Beispiel für die zunehmende „Ver-Wüstung" der Region: Der Ort **Tatajuba Velho** wurde von den Dünen vollends „verschluckt", nur hier und da lugt noch ein Dach oder eine Kirchturmspitze aus dem Sand. Nun wurde etwas weiter **Tatajuba Nova** errichtet. Weitere Ausflüge gehen zu der **Lagoa Azul** oder der **Lagoa Paraíso** (je R$90, zusammen R$110), mit den Buggyfahrern oder über die Pousada organisieren.
Zum Felsen **Pedra Furada** ist es ein schöner Strandspaziergang (1 Std.), alternativ mit Pferd. Alle Preise sind tabelliert. Für Flugreservierungen kann Andrea von *Feito a Mão* weiterhelfen (s. Essen).

Sonstiges

GELD – Wichtig: Genug Bargeld mitbringen, der nächste Geldautomat ist sehr umständlich zu erreichen in Camocim: ***Banco do Brasil,*** Rua José de Alencar 54. ⌚ Mo–Fr 10–15 Uhr.

INFORMATIONEN – 💻 www.jeritur.com.br.

INTERNET – ***Feito a Mão,*** (s. Essen), R$6/Std. Telefon, alle Länder.
Hostel Pousada Tirol, (s. Übernachtung), R$6–10/Std. ⌚ 24 Std.

POST – Es gibt einen Briefkasten in der Rua Principal, neben der *Pousada Paraíso*. Leerung angeblich tgl. Briefmarken im Geschäft daneben. ⌚ Di–So 8–12 und 13–21 Uhr.

WIND- UND KITESURFEN – Die beste Zeit ist von Juli bis Dezember.
Kite Club Preá, empfohlene Kitesurf-Schule, Unterricht auf Englisch. 12 Std. ca. R$900. Kurse an der Praia do Preá.
Clube dos Ventos, Rua da Praia, ☎ 88/3669 2288, 💻 www.clubedosventos.com. Windsurf-Zentrum am östlichen Strandende. Moderne Ausrüstung und Unterricht. Auch Bar und Restaurant, trendige Musik, gut zum Abhängen. Internet.

Transport

BUSSE – Zwischen Fortaleza und Jijoca verkehren komfortable AC-Busse, weiter nach Jericoacoara geht's im lustigen **„Jerimobil"** *(Jardineira),* einem Shuttle-Gefährt, durch verwunschene Dünen- und Lagunenlandschaften (1 Std.). Nach Regenfällen manchmal auch über den Strand von Preá und eine staubige Landstraße.
Fortaleza: *Redenção,* tgl. 14 und 22.30 Uhr (HS auch 7.30 Uhr), 7 Std., R$33. Tickets in der Pousa-

da *Casa do Turismo,* Rua das Dunas. Früh besorgen, der Bus ist oft ausgebucht. Umtausch bis 6 Std. vor Abfahrt. Keine Kreditkarten. ⌚ tgl. 10.30–14, 17.30–22 Uhr.
Mit Ziel **Iracema**: Ausstieg in der Av. Mons. Tabosa, kurz vor der Kreuzung Av. Mons. Bueno und Av. Barão de Studart. Die *Redenção*-Mitarbeiter helfen weiter. Transport **Richtung Westen** s. S. 498/499.

Das Binnenland

Im Umland von Fortaleza liegen grüne Hochebenen und Mittelgebirge, eine überraschende Abwechslung im sonst heiß-trockenen Ceará. Die Gemeinden sind wenig auf Tourismus ausgerichtet, die Infrastrukturen daher kaum ausgebaut. Busreisende sollten etwas Geduld mitbringen.

Serra de Baturité

Die feuchte und angenehm kühle Hochebene Serra de Baturité (21 °C) hat eine üppige tropische Vegetation, Wasserfälle und atemberaubende Panoramaaussichten von bis zu 850 m hohen Gebirgskämmen . Auf zahlreichen Wanderwegen kann man im Atlantischen Regenwald eine einzigartige Flora bewundern: wilde Orchideen, Bromelien, Bougainvilleen, riesige Bananenstauden, kerzengerade Königspalmen – und viele Zuckerrohrplantagen. Keinesfalls verpassen sollte man einen der sagenhaften Sonnenuntergänge über den lang gestreckten Höhenzügen und Tälern.

Ein guter Ausgangspunkt für einen Besuch ist das sympathische Bergdörfchen **Guaramiranga** (6000 Einw.), berühmt für seine würzige, klare Luft und das jährliche Jazz-Festival, eines der besten des Nordostens (Feb). Die meisten Wälder in der nahen Umgebung befinden sich in Privatbesitz, man kann sie oft nur in Begleitung eines Guides erkunden. Durch den 125 ha großen **Parque das Trilhas** führen ausgeschilderte Wege; nach Regen sind sie schlammig und der Spaziergang gleicht einem Urwaldtrekking. ✆ 85/3279 8415, 💻 www.sitioguaramiranga.com.br. ⌚ Sa–So 9–17 Uhr, Mo–Do nach Anmeldung.

Das so genannte **Campo da Batalha** („Schlachtfeld") hat einen botanischen Garten und eignet sich zur Vogelbeobachtung. An der **Igreja Matriz** auf einem Hügel ist das Dorf am idyllischsten, vom Vorplatz bietet sich ein schöner Blick zum Kapuzinerkloster auf dem gegenüberliegenden Hang. Von der zentralen **Praça da Prefeitura** fahren Mototaxis zu weiteren Sehenswürdigkeiten der Region, wie dem **Pico Alto**, einem 1150 m hohen Berg mit grandioser Aussicht. Über eine Bambusallee vorbei an Eukalyptusbäumen erreicht man **Pacoti** (11 000 Einw.), ein properes Städtchen mit Kopfsteinpflaster und einem Hauptplatz mit kleinen Bars.

Die Geldautomaten in Guaramiranga und Pacoti nehmen keine internationalen Karten, die nächste Filiale ist in der größten Stadt der Region: Baturité.

Übernachtung und Essen

Einige Pousadas beherbergen Gäste nur nach Reservierung. Unter der Woche oft Rabatte. Viele Restaurants öffnen nur am Wochenende.

GUARAMIRANGA – ***Hotel Chácara dos Cedros,*** Rua Cel. Batista de Queiroz 340, ✆ 85/3321 1117, 💻 www.chacaradoscedros.com.br. Ruhiges Hotel in verwunschenem Garten, leicht altbackene Einrichtung. Schöne Terrasse. Chalês mit kleiner Küche. ❷–❹
Hofbräuhaus, Chapada de Lameirão, Mulungu, 19 km, ✆ 85/3328 0005, 💻 www.hofbrauhaus-brasil.com. Ausgefallene Pousada mit Pool und Traumblick über die *Serra*. Zimmer mit Veranda und Aussicht, von Künstlern thematisch gestaltet. Gut gelungen: das Motiv *Buriti*. Charmante Garten-Chalês. Der rührige Besitzer Wolfgang bietet Ausflüge und Wanderungen an, z. B. zu einer Cachaça-Fabrik. Aus Fortaleza mit dem Bus nach Aratuba. Mit Restaurant (⌚ tgl.), auch in Guaramiranga (Fr–So). ❸–❹
Pesqueiro Guaramiranga, Sítio Guaramiranga, Nähe Parque das Trilhas. Idyllisch an einem Weiher, die Fische werden vom Gast geangelt und vom Koch zubereitet. ⌚ Sa und So 8–17 Uhr (HS auch Fr).
Taberna Portuguesa. Gemütliches portugiesisches Bar-Restaurant. ⌚ Fr–So 9–24 Uhr.
Deli Guaramiranga, Rua Coronel Linhares 327-B. Kleines Café, Spezialitäten für Selbstversorger,

u. a. Käse, Wein und Nutella. ⌚ Mo–Di 8–17, Mi–Do 8-20, Fr–So 8-22 Uhr.

PACOTI – ***Pousada Casablanca,*** Rua Irmã Ferraz, ☏ 85/3325 1251. Persönliche, kleine Pousada am Ortseingang, sauber. ❶
Chalê Nosso Sítio, Sítio Pau D'Alho, ☏ 85/3234 5817, 💻 www.chalenossositio.com.br. Chalês und Apartments im Grünen. Wandern und Angeln. Am Ortseingang beim See links abbiegen. ❹

Transport

BUSSE – Busse verkehren selten, hilfreich sind **Mototaxis**.
Von Guaramiranga nach **Fortaleza**: *Pinheiro,* 4x tgl. bis 16 Uhr, 3 1/2 Std., R$10.
Mulungu: *Pinheiro,* tgl. 8, 11.30 und 17 Uhr, 30 Min., R$2.
Von Pacoti nach **Fortaleza**: *Pinheiro,* ☏ 85/3256 3729, 4x tgl. bis 16.30, 3 Std., R$11.
Von **Mulungu** nach **Fortaleza**: *Pinheiro,* 3x tgl. bis 13 Uhr, 4 Std., R$13. *Fretcar,* tgl. 14.30 (schneller).

Parque Nacional de Ubajara

Der Nationalpark liegt in den Hochebenen *Serra Grande* und *Serra da Ibiapaba,* meist hängt morgens dicker Nebel über den Wäldern, der mittags warmen Sonnenstrahlen weicht. Berühmteste Attraktion ist eine 400 m lange Höhle mit mehreren Kammern; man erreicht sie mit einer steil hinab führenden **Seilbahn** (Achtung, zeitweise außer Betrieb). Die Höhle ist auf einem anstrengenden Weg auch zu Fuß zu erreichen (6 km, ca. 3 Std.). Mehrere **Wanderwege** führen zu Wasserfällen, oft mit einer spektakulären Aussicht. Eintritt in den Park: R$1 (inkl. Guide).

Weitere beliebte Ausflüge gehen zu den Wasserfällen **Cachoeira do Frade** (26 km) oder dem **Cachoeira do Boi Morto** (15 km westlich).

In der Hauptstraße Av. dos Constituintes in Ubajara gibt es Internetcafés (R$2/Std.), eine Post und eine Banco do Brasil, Abhebung mit Visa. ⌚ Mo–Fr 9–13 Uhr.

Übernachtung und Essen

Sítio do Alemão, Sítio Santana, zwischen Nationalpark (2 km) und Ubajara (4 km), ☏ 88/9961 4645, 💻 www.sitio-do-alemao.20fr.com. Mehrere Häuschen in riesigem Park, teils hell und freundlich. Frühstück in einem Pavillon. Aussichtspunkt mit fantastischem Blick (860 m). Abendessen. Der deutsche Besitzer ist Kenner der Gegend. Ausflüge, Infos und Karten. Von Ubajara per Taxi (R$15) oder Mototaxi (R$3). ❶–❷
Pousada da Neblina, Estrada do Teleférico, ☏ 88/3634 1270, 💻 www.pousadaneblina.com.br. Großes Hotel aus den 70ern. Geräumige, renovierte Zimmer, im 1. OG Aussicht in den Wald. Im Garten Schilder mit missionarischen Botschaften. ❷–❸
Sal na Brasa, Av. dos Constituintes. Freundliche Churrascaria. Pizza, Salate, günstiger *Prato Feito.* ⌚ tgl. 8–22 Uhr.
Nevoar, Av. Mons. Gonçalo Eufrásio 171. Solides Restaurant/Pizzeria. ⌚ tgl. 11–21 Uhr.

Transport

BUSSE – ***Rodoviária,*** ☏ 88/3634 1195.
Von **Fortaleza** Direktbusse nach **Ubajara** oder bis **Tianguá** (18 km) und weiter per Bus (5–6x tgl., R$2), Coletivo (R$2) oder Taxi (R$30). Aktuelle Fahrzeiten auf der Homepage des Sítio do Alemão (s. Übernachtung).
Von **Ubajara**: *Guanabara* und *Ipu Brasília* fahren mehrmals tgl. nach **Fortaleza**. *Barroso* tgl. 12 Uhr nach **Teresina**. Kombis nach **Tianguá** halten am Hauptplatz (R$2).
Von **Tianguá**: mit *Guanabara* nach
Fortaleza und **Sobral**: 9x tgl. bis 3 Uhr, 6 bzw. 1 1/4 Std., R$25/6.
Parnaíba: tgl. 2.30 Uhr, 5 Std., R$21.
São Luís: 3x tgl., 18, 22 und 2.30 Uhr, 13 Std., R$65.
Teresina und **Piripiri**: 7x tgl. bis 2.30 Uhr, 5 bzw. 1 1/2 Std., R$25/14.

Piauí

Piauí (2,8 Mill. Einw.) ist bei der „Verteilung" der Küstenlinie nicht besonders gut weggekommen. Ein verhängnisvoller Landtausch mit Ceará gegen Ende des 19. Jhs. führte dazu, dass die *Piauenses* heute nur 66 km Strand ihr Eigen nennen können. Der ominöse Vertrag sorgt noch immer – mehr als 120 Jahre später – für Kontroversen zwischen den Nachbarn, ein kleiner Landstrich gehört sogar offiziell zu keinem der beiden Staaten. Der größte Teil des Territoriums ist trockene *Sertão*, sie wurde in den vergangenen Jahrzehnten immer wieder von verheerenden Dürrekatastrophen heimgesucht. Auch deswegen gehört Piauí nach wie vor zu den ärmsten Bundesstaaten des Nordostens.

Trotzdem gibt es viel Interessantes zu entdecken. Der Staat hat unter anderem den größten relativen Anteil an Naturschutzgebieten in Brasilien und ist mit seinen vier Nationalparks ein beliebtes Reiseziel für individuellen und ökologischen Tourismus. Der bekannteste Nationalpark ist der archäologisch bedeutende **Parque Nacional Serra da Capivara**, seit 1991 UNESCO-Weltkulturerbe. Eine der sehenswertesten Küstenregionen Brasiliens liegt im faszinierenden **Parnaíba-Delta**, einem der größten Meerdeltas der Erde. Reizvoller Ausgangspunkt für Ausflüge ist die Stadt **Parnaíba**. Trotz streckenweise miserabler Straßenbedingungen ist Piauí ein atmosphärisch angenehm zu bereisender Staat, der die Möglichkeit bietet, mit ursprünglichen Lebensweisen des Nordostens in Kontakt zu kommen. Piauí gilt darüber hinaus als einer der sichersten Staaten Brasiliens.

Teresina

Teresina (800 000 Einw.), benannt nach Teresa Cristina, der Gattin von Kaiser Pedro II, ist die einzige Hauptstadt des Nordostens, die nicht an der Küste liegt. Die Stadt zwischen den Flüssen Rio Parnaíba und Rio Poty ist 1852 auf dem Reißbrett entstanden und wirkt vielleicht deshalb zunächst etwas nordamerikanisch. Die junge Universitätsstadt trägt den Beinamen „Stadt des Wissens" *(Cidade do Conhecimento)* und ist als Messestadt ebenso bekannt wie als eines der besten Gesundheitszentren des Landes. Touristisch gesehen ist Teresina vor allem eine Basis für Ausflüge in die Nationalparks der Umgebung (Sete Cidades, Ubajara, Capivara, Lençóis Maranhenses); ansonsten bietet sie wenige Attraktionen. Mit einem Jahresmittel von 28 °C ist Teresina eine der heißesten Städte Brasiliens. Besonders zwischen Juli und Oktober ist es brütend heiß, mit Temperaturen meist über 40 °C. Im Sprachgebrauch der Menschen beginnt der Sommer entgegen den meteorologischen Definitionen deshalb konsequenterweise auch im Juli.

Das **Museu do Piauí**, Praça Marechal Deodoro, ist ein ziemlich eklektisches Museum in einem schön restaurierten, luftigen Haus von 1934. Hier dürfte für jedermann etwas dabei sein, denn ausgestellt wird alles, was in Piauí jemals für interessant befunden wurde. Ausführliche Informationen zur Geschichte Piauís und Brasiliens dürfen nicht fehlen, ebenso wenig wie antiquierte Radio- und Tontechnik. 🕒 Di–Fr 8–17.30, Sa und So 8–12 Uhr; Eintritt R$2.

Das **Central de Artesanato**, Praça Dom Pedro II, beherbergt kleine Kunsthandwerksläden. Es hat einen großen Innenhof mit Bühne, eine schattige Bar sowie den zentralen *Árvore da Macrofauna*, eine ca. 12 m hohe Metallstruktur. Seine vom Künstler erdachte Aufgabe ist es, die Fauna des Nationalparks Serra da Capivara inklusive der bereits ausgestorbenen Arten zu würdigen. 🕒 Mo–Fr 8–18, Sa und So 8–14.30 Uhr.

Übernachtung

Teresina hat viele Business-Hotels und wenige auf Tourismus spezialisierte Unterkünfte. Das Zentrum ist abends durchaus belebt.

Hotel São Raimundo, Rua Sen. Teodoro Pacheco 1199, Centro, ✆ 86/3222 0181. Sehr einfaches Budget-Hotel in zentraler Lage. Alte Matratzen, kalte Duschen, Zimmer teils ohne Bad. Freundlich. ❶

Palácio do Rio Hotel, Av. Ininga 1325, Jóquei, ✆ 86/3233 4649, 💻 www.palaciodoriohotel.com.br. Gutes Mittelklasse-Hotel, eine schlaue Wahl in ruhiger Wohnstraße nahe *Shopping Riverside.* Bars und Restaurants in der Umgebung. Kabel-TV, Internet. Mototaxi zum Zentrum R$4. Am Wochenende Rabatte. ❸

Hotel Real Pálace, Rua Areolino de Abreu 1217, Centro, ✆ 86/2107 2700, 💻 www.realpalace

DER NORDOSTEN

hotel.com.br. Recht biederes Event-Hotel mit Buffet-Restaurant. Internet. ❸
Luxor Piauí Hotel, Praça Marechal Deodoro 310, Centro, 📞 86/3221 3306, 💻 www.luxorhoteis.com. Modernes Hotel mit allen Annehmlichkeiten. Einige Zimmer haben Blick auf den Rio Parnaíba bis nach Maranhão. Pool, Internet. ❹

Essen

Camarão do Elias, Av. Pedro Almeida 457, São Cristóvão. Eins der besten Restaurants der Stadt, sehr guter Fisch (Süßwasser- und Meeresfische), gut gewürzt. Einfach, familiär, immer voll. Open Air. Zu erreichen am besten mit Taxi. 🕒 Mo–Sa 17.30–1, So 11–16 Uhr.
Forno e Fogão, Praça Deodoro 310, Centro, im Luxor Piauí Hotel. Großes Mittagsbuffet (12–15 Uhr). 🕒 tgl. 12–23 Uhr.
Longá, Av. Ininga 1245, Fátima. Großes Restaurant mit sehr guter regionaler Küche, aufmerksamer Service. Tipp: *Arroz Pegado*. Mit Taxi. 🕒 tgl. 11–1 Uhr.
Malagueta, Rua Álvaro Mendes, Centro. Günstiges Self-Service (R$14/kg). Kräftige Hausmannskost, viele Salate.Im 1. OG kleiner Balkon. AC. 🕒 Mo–Sa 11–15 Uhr.

Nachtleben

Teresina gilt im Nordosten als „Hauptstadt der Trance-Musik". Partys dieser Art finden an wechselnden Orten statt, bei Interesse herumfragen. Die angesagten Bars und Clubs liegen vor allem im noblen Stadtteil **Jóquei** sowie am Flussufer in **Poty**. ***Centro Cultural Clube dos Diários,*** Praça Dom Pedro II, Centro. Kulturzentrum mit netter Bar und Live-Musik (Mi), beliebt bei GLS-Publikum. 🕒 ab 18 Uhr.

Sonstiges

EINKAUFEN – ***Mercado Central,*** Praça Marechal D. da Fonseca. 🕒 Mo–Sa 7–17 Uhr.
Feira de Arte, Praça Pedro II. Kunstmarkt. 🕒 Fr 19–22 Uhr.

GELD – ***Banco do Brasil,*** Rua Álvaro Mendes 1313, Centro. 🕒 Geldautomat 6–22 Uhr.

INFORMATIONEN – ***Piemtur,*** im Central de Artesanato, 📞 86/3221 7100. 🕒 Mo–Fr 8–18 Uhr. 💻 www.teresina.org.br.

INTERNET – ***Inter.com,*** Rua David Caldas 270, Centro. (R$2/Std.). 🕒 Mo–Fr 8–21, Sa 8–18 Uhr.

MEDIZINISCHE HILFE – ***Hospital Getúlio Vargas,*** 📞 86/3221 3939.

POST – Av. Antonino Freire 1407, Centro.

Nahverkehrsmittel

MOTOTAXI – So lässt sich schnell, bequem und günstig in der Stadt zirkulieren. Mehrere Haltestellen um die Praça Dom Pedro II. Zentrum bis Shopping Riverside ca. R$4.
Brasil Moto Taxi, 📞 86/3225 2626. 🕒 24 Std.

TAXI – Rodoviária bis Zentrum (9 km) ca. R$15, bis Shopping Riverside R$18–20.
Rodotaxi, 📞 86/3218 1176. 🕒 24 Std.

Transport

FLÜGE – ***Aeroporto Petrônio Portela,*** 4 km vom Zentrum, 📞 86/3225 2535. Fluggesellschaften: ***TAM,*** 📞 86/3214 2266. ***Varig,*** 📞 86/3225 1966. ***GOL,*** 📞 86/3225 2147. ***BRA,*** 📞 86/3221 8533.

BUSSE – ***Rodoviária Lucídio Portella,*** 📞 86/3218 2259.
Belém: *Itapemirim,* 📞 86/3218 3686, tgl. 4 und 19 Uhr, 20–22 Std., R$82–94. *Guanabara,* 📞 86/2107 1992, tgl. 17 Uhr, 16 Std., R$85. Weitere Busse auf Durchfahrt ca. 7 und 23 Uhr.
Fortaleza und **Sobral**: *Guanabara,* tgl. 9, 19.30, 20 und 21 Uhr, Busse auf Durchfahrt ca. 21.30 und 23 Uhr, 10 bzw. 6 Std., R$41–75/30–51. *Tavares,* 📞 86/3211 0909, tgl. 20.15 Uhr, 9 bzw. 5 Std., R$44/32.
João Pessoa: *Progresso,* 📞 86/3218 2073, tgl. 19.30 Uhr, 20 Std., R$105. *Guanabara,* tgl. auf Durchfahrt ca. 5 und 21 Uhr, 20 Std., R$107.
Natal: *Progresso,* tgl. 19.30 Uhr, 23 Std., R$91–135.
Palmas: *Transbrasiliana,* 📞 86/3218 2944, tgl. 7 Uhr, 24 Std., R$126.

Bootsanlegeplatz in Piauí im Parnaíba-Delta

Parnaíba: *Guanabara,* 7x tgl. zwischen 6 und 23.30 Uhr, 6 Std., R$36–46.
Pedro Segundo: *Barroso,* ✆ 86/3218 1707, tgl. 7.30, 13 und 17.15 Uhr, 4 Std., R$21.
Piripiri: *Barroso,* 11x tgl. zwischen 7.30 und 18.15 Uhr, 3 Std., R$17.
Recife und **Caruaru**: *Progresso,* tgl. 14.30 und 20.30 Uhr, 17 bzw. 15 Std., R$100/93.
Salvador: *São Geraldo,* ✆ 86/3218 1668, tgl. 14 Uhr, 21 Std., R$105.
São Luís: *Guanabara,* 5x tgl., 9, 12, 15.30, 22 und 23 Uhr, 7 Std., R$39–52. *Progresso,* tgl. auf Durchfahrt, ca. 8, 12 und 13 Uhr, 6 Std., R$38.
São Raimundo Nonato: *Transpiauí,* ✆ 86/3218 3610, tgl. 14.45 und 20.30 Uhr, 9 Std., R$50.

Südlich von Teresina

São Raimundo Nonato

Das sympathische Städtchen (30 000 Einw.) ist Ausgangspunkt für den Nationalpark Serra da Capivara (s. u.). Obwohl viele Bewohner mittlerweile vom wachsenden Ecoturismo in der Region leben, ist hier nach wie vor das typische, einfache Leben des Hinterlands von Piauí präsent. Das moderne **Museu do Homem Americano**, Centro Cultural Sérgio Motta, 2 km nördlich, zeigt eine interessante Ausstellung zur Entwicklung von Mensch, Flora und Fauna über 50 000 Jahre. Außerdem bietet es Informationen zu geologischen Formationen und Geomorphologie. Tafeln leider nur auf Portugiesisch. ⌚ Di–So 9–17 Uhr; Eintritt R$6.

Übernachtung und Essen

Hotel Serra da Capivara, Pl 140, KM 0, Santa Luzia, ✆ 89/582 1389. Hier kommt man nach einer langen Busfahrt gerne an. Sehr angenehmes Hotel mit Pool, Bar und Restaurant. Bestes Hotel der Stadt, gehört der Regierung von Piauí. Gutes und günstiges Restaurant; Käse und Brot ganz frisch. ⌚ tgl. 11–15 und 18–22 Uhr. ❷
Pousada Zabelê, Praça Major Toinho 280, Centro, ✆ 89/582 2726, ✉ pousadazabele@uol.com.br. Nette, zentrale Pousada. Gepflegt, gut und günstig. Ventilator oder AC. Telefon. ❶–❷
Real Sabor, Largo Manoel A. de Castro 704. Anständiges Self-Service im Real Hotel. Sonntags nur Pizza und Snacks. ⌚ tgl. 6–22 Uhr.

Manga Rosa Bar, Av. dos Estudantes, Nähe Real Hotel. Beste Bar der Stadt, Fr Live-Musik. ⌚ Do–Sa 17–4 Uhr.

Transport

BUSSE – São Raimundo Nonato ist am einfachsten zu erreichen von Teresina oder Recife (via Petrolina). Die Straßen sind in miserablem Zustand, streckenweise Schrittgeschwindigkeit.
Brasília: *Transpiauí,* ✆ 89/3582 1268, tgl. 10 Uhr, 26 Std., R$134.
Petrolina: *Gontijo,* ✆ 89/3582 1665, tgl. 11 Uhr, 7 Std., R$30. Ein *Itapemirim* Bus nach **São Paulo** via Petrolina passiert zwischen 11 und 13 Uhr (oft ausgebucht). Ein **Van** fährt gelegentlich um 6 Uhr, 5 Std., R$15. In der Pousada erkundigen.
Salvador: Mit *Gontijo* bis Remanso (2 Std.), dort um 18 Uhr Anschluss; 12–13 Std.
Teresina: *Transpiauí,* tgl. 12 Uhr, 8 Std., R$49. Decke mitnehmen, stark klimatisiert. *Princesa do Sul,* ✆ 89/3582 1372, tgl. 20.30 Uhr, 9 Std., R$49. Von **Petrolina** gute Anschlüsse mit *Progresso,* u. a. nach **Caruaru** (7 Std.) und **Recife** (9 Std.), mehrmals tgl. bis 22 Uhr, komfortable *Leito*-Busse, R$90–120.
Bus von Petrolina nach **São Raimundo Nonato** tgl. um 14 Uhr.

Parque Nacional Serra da Capivara

Auf den Spuren der Menschheitsgeschichte – größte Attraktion des riesigen Nationalparks Serra da Capivara sind die mehr als 30 000 prähistorischen Höhlenzeichnungen. Mit einem Alter von bis zu 60 000 Jahren sind sie die vermutlich ältesten menschlichen Hinterlassenschaften des amerikanischen Kontinents. Der Park zählt mit gegenwärtig mehr als 800 Fundorten zu den wichtigsten archäologischen Fundstätten der Erde, etwa 50 davon stehen Besuchern offen. Die Zeichnungen und Gravuren auf den rötlichen Felswänden zeigen Tänze, Rituale, Jagd-, Sex- und Alltagsszenen aus dem Leben der Vorzeitmenschen. Auch wurden ominöse Strichlisten geführt, über deren Bedeutung bis heute gerätselt wird. Der aus einem franco-brasilianischen Forschungsprojekt 1979 hervorgegangene Nationalpark zählt seit 1991 zum Weltkulturerbe der UNESCO und erstreckt sich über vier Munizipien (1291 km^2). Wunderbare Tageswanderungen durch die Canyons der *Caatinga* sind möglich. Der Nationalpark hat eine exzellente Infrastruktur, Ausgangspunkt für Besuche ist das Städtchen São Raimundo Nonato, 17–45 km von den Parkeingängen entfernt.

Neben den archäologischen Fundstätten sind die Landschaften und geologischen Formationen sehenswert, ebenso die Tierwelt. Ein Netz von gut gewarteten Wanderwegen *(Trilhas)* durchkreuzt den Park mit seinen bizarren Felsformationen, allein für die Erkundung des Südteils bräuchte man vier Tage. Touren innerhalb des Parks dürfen nur in Begleitung eines Guides durchgeführt werden, ein Auto ist hierfür erforderlich. Die Wanderungen dauern zwischen 2 und 8 Stunden. Es ist nötig, im Voraus einen Guide zu organisieren, am besten über die Pousada. Eintritt R$3 (für 15 Tage), Guide (R$35, bis 10 Pers.) plus Auto (ca. R$130/Tag, bis 4 Pers.). Die Fahrt von São Raimundo Nonato dauert etwa 30–45 Min.

Highlight ist die **Boqueirão da Pedra Furada**, ein 80 m hohes und 100 m breites Felsmassiv mit über 1150 katalogisierten Höhlenmalereien. Auf einem Holzsteg wandert man die 23 000 Jahre alten Zeichnungen ab. Auf Wunsch wird die Felswand abends beleuchtet, dies muss am Parkeingang bestellt werden (R$20). Eine beeindruckende Szenerie in der Abendstimmung, begleitet wird sie von in Baumwipfeln kreischenden Affen *(Macacos Pregos)*. Dieser Punkt sollte unbedingt am späten Nachmittag angesteuert werden.

Die **Pedra Furada** ist ein hoher Fels mit einem großen, kreisrunden Loch. An diesem mystischen Ort findet jährlich im September ein mehrtägiges Tanz-, Musik- und Kulturfest statt, das **Interarts Festival**. Ein besonderer Anblick ist das Amphitheater für 1000 Zuschauer vor dem riesigen Felsen. In der Nähe befindet sich das moderne Besucherzentrum **Centro de Visitantes** mit Imbissstube und Souvenirshop. Auf dem Parkgelände befindet sich auch das kleine Dorf Barreirinho mit einer **Keramikmanufaktur**, hier lässt sich günstige Keramikware mit Höhlenmotiven erstehen.

Die meisten Niederschläge fallen zwischen Dezember und Mai, dann blüht die Vegetation auf. Die beste Zeit für einen Besuch ist am Ende der Regenzeit (Mai und Juni), wenn alles noch grünt. Zwischen Juli und Oktober ist es trocken und heiß (über 40 °C), bräunlich-graue Farben dominieren den Park. In den Ferien (Juli und Januar) ist es voll und es bilden sich Schlangen vor den Hauptattraktionen. Informationen, auch zum Interarts Festival: Fundação Museu do Homem Americano (FUMDHAM), ✆ 89/3582 1612, 🖳 www.fumdham.org.br.

Nördlich von Teresina

Parque Nacional de Sete Cidades

Der Nationalpark Sete Cidades ist bekannt für seine etwa 190 Mill. Jahre alten Gesteinsformationen, die Namen wie „Kuss der Echsen" oder „Kamelfelsen" tragen. Die skurril aufragenden Formen haben auch bei Wissenschaftlern die Fantasie angeregt und zu abenteuerlichen Thesen geführt. So wird behauptet, die Felshaufen seien Ruinen urzeitlicher Kolonien oder das Werk außerirdischer Zivilisationen. Am wahrscheinlichsten ist, dass sie durch Wind, Hitze und Wassererosion geformt wurden. Der Gesamtparcours durch die sieben Stationen (genannt Cidades, „Städte") hat eine Länge von 12 km. Bei den Cidades handelt es sich um bis zu 100 m hohe Felsgruppen, die in teilweise anstrengenden Aufstiegen zu erklimmen sind. Zur Belohnung werden beeindruckende Aussichten auf die *Caatinga* gewährt.

Von archäologischer Bedeutung sind die 1500 prähistorischen Zeichnungen in über 20 Fundstätten, die vermutlich von Tabajaras-Indianern angefertigt wurden; ihr Alter wird auf 6–10 000 Jahre geschätzt. Der Nationalpark ist einer der bestbesuchten des nördlichen Nordostens, wohl vor allem wegen der günstigen Lage. Weil sich Touristen neben den Inschriften der Ureinwohner verewigt haben, darf der Park nur noch in Gegenwart eines Guides besichtigt werden. Eine komplette Tour dauert zu Fuß 5–6 Stunden, per Fahrrad 3–3 1/2 Stunden.

Praktische Hinweise

Wegen der großen **Hitze** (oft über 40 °C) sollte man die Touren unbedingt zwischen 6 und 10 oder zwischen 16 und 18 Uhr machen, sonst ist es kaum auszuhalten. Abkühlung für die qualmenden Füße verschafft ein Sprung in das Naturschwimmbad neben dem Besucherzentrum. In einem Restaurant kann man sich nach der Wanderung stärken.

Die **Anfahrt** ohne eigenes Transportmittel von Teresina (S. 503), Parnaíba (S. 508) oder Pedro Segundo (S. 507) ist nicht ganz unkompliziert, besser man plant etwas Zeit ein: Per Bus bis Piripiri, von da weiter mit Mototaxi (R$25). Ein Bus der Parkleitung nimmt Gäste um 17 Uhr nach Piripiri mit (25 km). Eintritt R$3 p.P. Guide: zu Fuß R$30, Fahrrad R$20 (bis 4 Pers.), Fahrrad R$2/Std. Tipp: Fahrräder vorher testen, die Fahrt durch den Sand kann schnell zur Quälerei werden. 🕓 tgl. 8–17 Uhr. **Übernachtungsmöglichkeit** bietet das *Parque Hotel Sete Cidades* auf dem Parkgelände, ✆ 86/3223 3366. In diesem einfachen, nicht immer ganz sauberen Hotel sollte man keinen großen Komfort erwarten. Kleine Zimmer, kalte Duschen und simple Betten. ❷

Pedro Segundo

In der Region um Pedro Segundo (auch Pedro II geschrieben, 19 000 Einw.) liegen die einzigen Opal-Minen Südamerikas, schöner Opalschmuck ist hier deutlich billiger als in Europa zu erstehen. Wegen des milden Höhenklimas (600 m) ist die Gegend auch ein beliebtes Naherholungsgebiet. Attraktionen sind die 40 km entfernte **Sítio Arqueológico da Lapa** mit großen Gesteinsformationen sowie einige nahe Wasserfälle.

Das **Festival de Inverno** ist ein interessantes Jazz- und Bluesfestival im Mai, neben nationalem Jazz gibt es Workshops und Ausstellungen zu Kunsthandwerk und *Ecoturismo*. Das Festival ist gut besucht, vor der Anreise sollte man eine Unterkunft reserviert haben. Viele Bewohner vermieten zu dieser Zeit ihre Häuser (s. Sonstiges/Informationen).

Übernachtung und Essen

Opala Hotel, Av. Itamarati 813, ✆ 86/3271 1160. Gepflegtes Hotel. Verkaufsraum für Opal-Schmuck. Restaurant und Pizzeria. 🕓 Di–So 11.30–14 und 17–24 Uhr. ❶–❷

Hotel Rimo, Av. Itamarati, Praça Lúcio Gomes, ✆ 86/3271 2222. Einfaches Hotel, vom Zentrum 1 km auf der Hauptstraße. ❶

Sonstiges

GELD – ***Banco do Brasil,*** Av. Coronel Cordeiro 496. ⌚ Mo–Fr 9–12 Uhr.

INFORMATIONEN – ***Central de Informações,*** ☎ 86/3271 1200. 💻 www.pedro2.pi.sebrae.com.br, hilft bei Reservierung von Häusern während des Jazz-Festivals.

JUWELIERE – ***Opala Shopping das Pedras,*** Av. Coronel Cordeiro 672, ☎ 86/3271 1559. Verkaufsräume und Werkstatt. Ausflüge zu Opal-Minen (bis 10 Pers.). ⌚ tgl. 8–18 Uhr.
Opala Artes e Gemas, Av. Itamarati 813, im Opala Hotel.

POST – Trav. João Mendes 442. ⌚ Mo–Fr 8–12 und 14–18 Uhr.

Transport

BUSSE – Busse **von Pedro Segundo** nach
Piripiri: *Barroso,* ☎ 86/3271 1316, 6x tgl., 1 Std., R$10.
Teresina: *Barroso,* tgl. 6, 13.30 und 17 Uhr, 4 Std., R$20.
Busse von **Piripiri** nach
Teresina: *Barroso,* 8x tgl.
Fortaleza: *Guanabara,* stdl.

Parnaíba

Parnaíba (130 000 Einw.) wird von vielen Touristen als angenehmer Ort mit entspanntem Ambiente empfunden. 330 km nördlich von Teresina gelegen, gilt die kleine Stadt am Rio Igaraçu als heimliche Hauptstadt von Piauí. Im seit Jahrzehnten kaum veränderten Stadtkern stehen viele schöne Kolonialbauten, die attraktive Hafengegend **Porto das Barcas** wurde vor einiger Zeit restauriert, hier gibt es Bars, Restaurants und ein Kulturzentrum. Ein weiteres interessantes Viertel ist das so genannte **Beira Rio** am Flussufer mit der größten Konzentration an Restaurants und Bars.
Für Ausflüge in die Mangroven- und Inselwelt des Parnaíba-Deltas, zur Ilha do Caju oder den Stränden der Umgebung ist Parnaíba ein idealer Ausgangspunkt.

Die **Lagoa do Portinho** ist eine 7 km lange Süßwasser-Badelagune zwischen steil abfallenden Wanderdünen; umgeben ist sie von Carnaúba-Palmen, Bars und Restaurants. Besonders schön ist die Morgenstimmung, wenn es weniger voll ist. Am Wochenende ist es belebt.

Ein einfaches und ursprüngliches Stück Brasilien findet man am Strand von **Pedra do Sal** (15 km) auf der Ilha Grande de Santa Isabel, der größten Insel des Parnaíba-Deltas. Der vegetationslose Strand ist von Felsen unterbrochen, umgeben von sandigem Hinterland. Auf der offenen Meerseite tummeln sich Surfer im rauen Meer, die Buchtseite ist ruhiger. *Brega*-Musik klingt aus den rustikalen Strandhütten, in einer Hängematte unter getrockneten Palmenblättern kann man die letzten Sonnenstrahlen des Tages genießen. Der Bus *Pedra do Sal* fährt bis ans Ende der Landzunge. Abfahrt vor der *Casa Inglesa* bis ca. 18.30 Uhr, 25–30 Min., R$1. Mototaxi R$5.

Übernachtung

Residencial Pousada, Rua Almirante Gervásio Sampaio 375, ☎ 86/3322 2931, ✉ residencialpousada@ig.com.br. Aufgeräumte Budget-Pousada, guter Deal. Schattiger Sitzbereich im grünen Innenhof. Vier Blocks vom Hafen (10 Min.), 5 Min. zum Flussufer. AC oder Ventilator. Restaurant. ❶
Pousada Tia Mana, Rua Conde d'Eu 490, Centro Histórico, ☎ 86/3323 9752. Nette, saubere Pousada mit Hostel in ruhiger Lage. Dorms à 4 Betten, AC und TV. 300 m vom Hafen. Dorms R$20, DZ R$60. ❶–❷
Pousada dos Ventos, Av. São Sebastião 2586, Fátima, gegenüber der Universität UFPI, ☎ 86/3323 2558, 💻 www.pousadadosventos.com.br. Großzügige Anlage mit Pool und Restaurant, nett und grün. Ordentliche Zimmer. ❹
Hotel Cívico, Av. Gov. Chagas Rodrigues 474, Centro, ☎ 86/3322 2470, 💻 www.hotelcivico.com.br. Hotel im 70er Dekor. Schlichte Standardzimmer, die Zimmer *Luxo* sind den Preis nicht wert. Rabatt bei Barzahlung. ❸–❺
Casa Inglesa, Av. Getúlio Vargas 235, Porto das Barcas, ☎ 86/3321 1179, 💻 www.ilhadocaju.com.br. Elegant-klassisches Hotel in Kolonialgebäude mit europäischen Antiquitäten und regio-

nalem Kunsthandwerk. Tolle offene Dachterrasse. Sehr gutes Frühstück mit selbst gemachtem Kuchen und Joghurts. Gehört den Besitzern der Ilha do Caju. Deutsch. ❺–❻

Essen

PORTO DAS BARCAS – ***Comilão,*** Rua da Praia 70. Exzellente Pizza, von zwei Schwestern traditionell hausgemacht. Gemütlich vor bunten Kolonialhäuschen in kleiner Gasse (der ältesten der Stadt). ⏲ tgl. ab 18 Uhr.

Rio's, Rua da Praia 45. Ideal für ein romantisches Diner auf dem Hafen-Pier. Live-Musik. ⏲ Di–Fr 16–1, Sa 11–2, So 16–24 Uhr.

Sabor & Arte, Av. Pres. Vargas 37. Liebevoll dekoriertes Restaurant mit regionaler Küche und leckeren Fischgerichten. ⏲ Mo–Sa 11–23, So 18–23 Uhr.

BEIRA RIO – ***La Barca/Toca do Caranguejo,*** Av. das Nações Unidas 200. Zwei Namen, ein Restaurant: Das *La Barca* ist klimatisiert, *Toca* der rustikale Außenbereich. An Straßentischen werden frische *Caranguejos* serviert. ⏲ 8–24 Uhr.

Feito à Mão, Av. Nações Unidas 284. Exotische Sandwiches (Fisch oder Krabben) und fantastische *Sucos Naturais* aus regionalen Früchten, einem Shake ähnlich. Tipp: *Sapoti* oder *Bacuri.* ⏲ Mo–Fr 17–24, Sa und So 11–1 Uhr.

Confraria do Paladar, Rua Quentinha Peres. Das „Edel"-Restaurant der Fressmeile. Fisch, Fleisch, Sushi und Crêpes in klimatisiertem Ambiente. Freundlich. ⏲ Di–So 18–1 Uhr.

Caranguejo Expresso, Rua Quentinha Peres 64. Authentisches *Caranguejo*-Essen, schummriges, gemütliches Lokal am Ende der Stichstraße. ⏲ tgl. 9–24 Uhr.

Nachtleben

Die meisten Bars und Clubs liegen entlang der Av. São Sebastião im Stadtteil Fátima.

Acontece, Porto das Barcas. Lässige Hafenbar, gut um die Nacht in Schwung zu bringen. Rustikal, intellektuelle Atmosphäre, gute Cocktails. Die Bühne ist offen für jedermann, verboten sind aber Forró, Axé und Brega. Exotische Fischgerichte. Tipp: *Moqueca de Arraia* (Rochen). ⏲ Di–Sa 17–24 Uhr.

Magic Night, Av. São Sebastião 1777, Fátima. Seit mehreren Jahren *the place to be*. Voll wird's ab Mitternacht, dann brummen Außenbereich und Tanzfläche, angeheizt von Live-Musik (Rock bis Pagode). ⏲ Do–Sa ab 19 Uhr (HS Mi–So).

Tombom, Av. São Sebastião 1393, Fátima. Etwas gemächlicher geht es in dieser Bar zu, Studenten treffen sich zu *Chope* und Pizza bei guter Live-Musik. ⏲ tgl. ab 18 Uhr.

Pro-Álcool, Rua Paraíba 415, Beira Rio. Angesagte Dance-Bar im Garten eines Wohnhauses. GLS-Publikum und Gäste sagen hier „Ja zum Alkohol" und tanzen zu Drum 'n' Bass oder Reggae. ⏲ Sa 24–7 Uhr; Eintritt R$3.

Touren

Touren ins **Parnaíba-Delta** (s. S. 510, Kasten) und zur **Ilha do Caju** (s. S. 510) beginnen im Hafen **Porto dos Tatus**, 14 km von Parnaíba, auf der Ilha Grande de Santa Isabel. Die Agenturen organisieren den Transfer.

TOURVERANSTALTER – ***Clip Ecoturismo,*** Porto das Barcas, ✆ 86/3322 3129. Eine der größten Agenturen in Piauí, professionell und zuverlässig. Viele Touren, u. a. Lençóis Maranhenses (R$500), Caburé (R$250–450), Barreirinhas (R$600), Jericoacoara (R$450–500), Strände der Umgebung oder Delta-Touren (Preise bis 4 Pers.). Linien-Bustickets. ⏲ Mo–Fr 7.30–12 und 13.30–18, Sa 7.30–12 und 16–18 Uhr. Filiale am Hafen mit Verkaufsraum für Kunsthandwerk. ⏲ tgl. 8–12 und 14–22 Uhr.

Morais Brito, Porto das Barcas 13, Hafen. ✆ 86/3321 1969. Sympathische Agentur, Bootsfahrkarten nach Tutóia, Ausflüge ins Parnaíba-Delta. Internet. ⏲ tgl. 7.30–19 Uhr.

Sonstiges

GELD – ***Banco do Brasil,*** Praça da Graça 340. ⏲ 10–15, Geldautomat 6–22 Uhr.

INFORMATIONEN – ***Piemtur,*** Av. Pres. Vargas, Porto das Barcas. ⏲ Mo–Sa 9–19, So 16–20 Uhr. Internet: 🖳 www.parnaiba.com.br.

Das Parnaíba-Delta (Delta das Américas)

Das Parnaíba-Delta zwischen den Bundesstaaten Piauí und Maranhão ist ein ökologisches und touristisches Paradies und eine Region der Superlative. Der **Rio Parnaíba**, mit 1480 km der zweitlängste Fluss des Nordostens, formt auf 2700 km² das einzige Meerdelta Amerikas und das drittgrößte der Erde. Auf seinem Weg zum Atlantik teilt sich der Fluss in fünf große Arme auf: Igaraçu, Canárias, Caju, Melancieira und Tutóia. Der Flusslauf verliert sich in einem Labyrinth aus über 80 Inseln, unzähligen Seitenarmen und Mangrovensümpfen.

Die tropischen Regenwälder, Dünen und Lagunen sind Heimat einer außergewöhnlich reichen Tier- und Pflanzenwelt; Kaimane, Affen, Hirsche und unzählige Vogelarten sind nur einige der Bewohner dieses einmaligen Ökosystems. Ein ganz besonderer Reichtum besteht an **Krebsen**, Piauí ist einer der größten „Krebsproduzenten" der Welt. Auf einer Bootsfahrt durch das Delta sieht man Menschen bis zur Brust im Wasser stehen und im schlammigen Ufer der Mangroven nach den flinken Schalentieren graben. Wer möchte, kann das Krebsfangen auf einer Tour auch selbst ausprobieren.

Die Kraft des Wassers beim Zusammentreffen von Rio Parnaíba und Atlantik wird deutlich bei den regelmäßig stattfindenden Surfmeisterschaften. Gesurft wird auf einer großen Flusswelle, der so genannten **Pororoca**, ein spektakuläres Schauspiel.

INTERNET – In den Reisebüros am Hafen.

POST – Praça da Graça 356. ⌚ Mo–Fr 8–17, Sa 8–12 Uhr.

Nahverkehrsmittel

Mototaxis stehen bis Mitternacht am Platz vor der *Casa Inglesa* (Sa 24 Std.). Zur Rodoviária R$3, bis Beira Rio R$2.

Taxi vom Hafen zur Rodoviária ca. R$10.

Transport

BUSSE – ***Rodoviária***, 7 km vom Zentrum, ✆ 86/3323 7300.

Belém: *Boa Esperança*, 86/3218 4276, tgl. 5, 12.30 und 20.45 Uhr, 17 Std., R$95.

Camocim: *Guanabara*, ✆ 86/3323 7619, tgl., 7.15, 19 und 22 Uhr, 2–3 Std., R$14–22.

Fortaleza und **Sobral**: *Guanabara*, tgl. 7.15, 19 und 22 Uhr, 10 bzw. 5 Std., R$65/27.

Pedro Segundo: *Barroso*, ✆ 86/3227 2922, tgl. 13 und 17.15 Uhr, 4 Std., R$25.

Piripiri: *Guanabara*, 7x tgl. bis 23.45 Uhr, 3 Std., R$21.

São Luís: *Guanabara*, tgl. 7 und 20.15 Uhr, 10 Std., R$44.

Teresina: *Guanabara*, 8x tgl. zwischen 6 und 23.45 Uhr, 6 Std., R$36–46.

Tutóia: *Continental*, tgl. 6, 12 und 16 Uhr, 3 Std., R$10.

BOOTE – **Tutóia**: Mo, Do, Sa (s. S. 498/499, Kasten „Von Jericoacoara nach São Luís").

Ilha do Caju

Im Jahre 1571 versank vor der Küste von Piauí ein mit Goldbarren beladenes Schiff; der Eigentümer der Fracht, der portugiesische Abenteurer Nicolau de Resende, konnte sich auf eine nahe gelegene Insel retten – die heutige Ilha do Caju. In den nächsten 16 Jahren versuchte er seine kostbare Ladung zu bergen, doch vergebens – der Schatz gilt als in den Fluten verschollen. Gar nicht verschollen sind dagegen die natürlichen Schätze, die es bis heute auf der Ilha do Caju zu entdecken gibt: Die formell zu Maranhão gehörende Insel ist ein faszinierendes **Natur- und Vogelparadies**. Seit Mitte des 19. Jhs. befindet sie sich im Besitz der englischen Familie Clark. Von den Einnahmen durch das einträgliche Geschäft mit Caju-Früchten (Cashew) schuf sie ein einzigartiges ökologisches Reservat, in dem heute etwa 150 katalogisierte Vogelarten Station machen. Die verschiedenen Vegetationssysteme der 100 m² großen Insel (Mangroven, Wälder, Lagunen, Steppen, Strände) bietet vielen Tieren einen Lebens- und Rückzugsraum, darunter vom Aussterben bedrohte Arten: Alligatoren, Tukane, Affen, Füchse, Papageien, Wildenten, Flussdelphine und Meeresschildkröten.

✻ Refúgio Ecológico Ilha do Caju

Reservierungen in Parnaíba, Av. Pres. Vargas 235, ✆ 86/3321 1179, ✉ ilhadocaju@ilhadocaju.com.br. Gemütliche, naturnahe Chalês mit Steinböden und Hängematten auf der Veranda. Gutes Restaurant. Aus Sicherheitsgründen keine Kinder unter 15 Jahren. Kontakt vorzugsweise per E-Mail, auch auf Deutsch. Überfahrt über Agenturen oder die Inselbesitzer organisieren. *Lancha Rápida* (1 Std., R$400), normales Boot *Comum* (2 1/2 Std., R$300–340). ❺

Nur wenige Gäste dürfen die Insel besuchen, man übernachtet in der einzigen Pousada. Hier kann man in völliger Stille faulenzen oder Inselausflüge unternehmen. So lohnt sich eine Tour zur idyllischen **Praia do Ciumal** mit schneeweißem Sand. Von einem Aussichtsturm des nahen Hügels **Morro Grande** hat man einen sagenhaften Blick auf die Bucht von Caju und auf die Ilha das Canárias. Wegen des Zusammentreffens von Fluss und Meer ist das Wasser leicht getrübt, Baden kann man aber bedenkenlos an jedem der wilden Strände der 25 km langen Küstenlinie. Während der Regensaison (Jan–Juni) ist die Insel mit Süßwasserlagunen übersät, die sich zwischen hohen Sanddünen bilden. In dieser Zeit ist es besonders schön, einen Trekking- oder Reitausflug ins Inselinnere zu unternehmen.

Das besondere Umwelt-Engagement der Besitzer verdeutlicht sich in mehreren Projekten mit der Naturbehörde Ibama. So gibt es Forschungsstationen zur Beobachtung der Vogelpopulation (insbesondere des rotgefiederten Guará), der Säugetiere (Füchse, Affen, Waschbären) sowie den vor der Küste lebenden Walen, Delphinen und Seelöwen. 💻 www.ilhadocaju.com.br.

Strände

Die besten Strände von Piauí liegen im Munizip **Luís Correia**, sie sind von Parnaíba einfach zu erreichen. Der nächste Strand ist die meistens gut besuchte **Praia Atalaia**. Bekanntester Strand der Region ist jedoch die **Praia do Coqueiro**, der „Strand der Palmen“, von Dünen umgeben und gesäumt mit Hotels, Bars, Restaurants und Ferienhäusern. Je

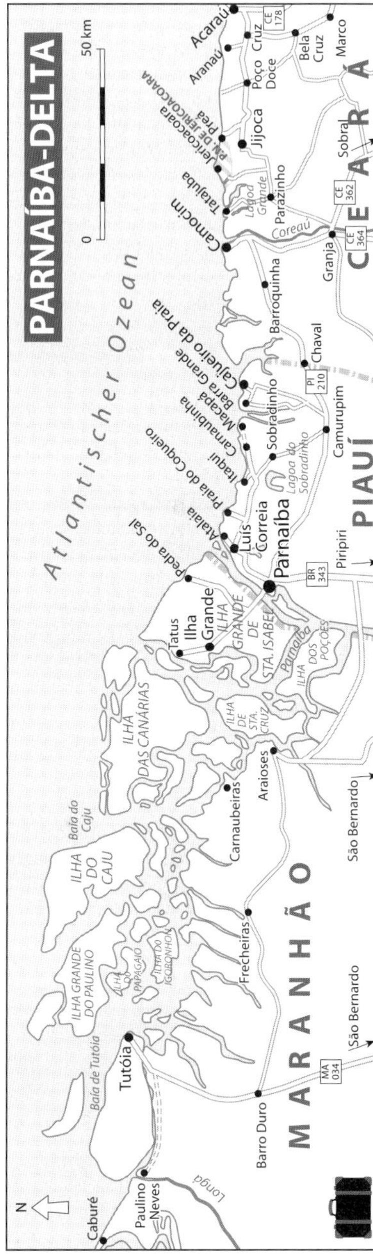

weiter man sich von Parnaíba entfernt, umso einsamer werden die Strände. Der letzte Strand, der noch einigermaßen einfach über eine befestigte Straße zu erreichen ist, ist die **Praia Macapá** (43 km). Geprägt durch weißen Sand, Dünen und kleine Wellen, hängt eine bisweilen schwermütige Aura in der Luft. In der Nebensaison verirrt sich keine Menschenseele hierher und die losen Planken der verwaisten Strandrestaurants knarren im Wind.

Abfahrt zu den Stränden von Parnaíba mit Vans (R$3), Haltestellen an mehreren Punkten, z. B. gegenüber dem *Hotel Cívico*.

Übernachtung und Essen

PRAIA DO COQUEIRO – ***Hotel Islamar***, Av. Lagoa Doce 315, ✆ 86/3366 1165, 🖳 www.islamar.com.br. Rustikal-charmantes Luxushotel. Sagenhafter Pool mit Panoramablick. ❻

Aimberê Eco Resort, Rua Projetada, ✆ 86/3366 1142, 🖳 www.aimbereecoresorthotel.com.br. Ferienhotel, teils mit hübschen Möbeln. In der NS am Wochenende geschlossen. ❹

Restaurante do Dedé, Rua José Pinto. Sehr gutes Restaurant mit Rezepten nach Art des Hauses. 🕓 tgl. 7–22 Uhr.

Dona Maria, Rua José Pinto. Leckere Fisch- und Krabbengerichte. 🕓 tgl. 10–22 Uhr.

Maranhão

Maranhão ist im internationalen Tourismus eine noch weitgehend „unbekannte Größe". Dennoch gibt es hier einige der interessantesten Reiseziele des Nordostens zu entdecken. Zum Beispiel die Hauptstadt **São Luís** mit ihrer charmanten historischen Altstadt, ein Weltkulturerbe. Eine weitere Attraktion ist der Nationalpark **Lençóis Maranhenses**, eine einmalige Dünen- und Lagunenwelt mit 70 km einsamen Stränden. Die Küste zwischen São Luís und dem Bundesstaat Pará ist in unzählige Inseln, Halbinseln und Landzungen zersplittert, viele von ihnen sind bis heute kaum zugänglich oder nur auf langen, anstrengenden Bootsfahrten zu erreichen. Als Folge haben sich ungestörte Natur-Reservate für Vögel, Fische und Säugetiere entwickeln können. Maranhão ist berühmt für seine reiche Folklore, die afrikanische, indianische und europäische Traditionen vereint. Da viele Menschen afrikanischer Abstammung sind, ist die Bevölkerung hier dunkler als in anderen Staaten des Nordostens. Zugleich ist Maranhão (5,9 Mill. Einw.) der ärmste Staat des Nordostens.

São Luís

Neben Rio de Janeiro ist São Luís (870 000 Einw.) die einzige brasilianische Hauptstadt, die nicht von Portugiesen gegründet wurde (1612 von Franzosen), ironischerweise gilt sie jedoch heute als die „portugiesischste" des Landes. Grund hierfür ist ihre vielfältige **Kolonialarchitektur** aus dem 18. und 19. Jh. und die reiche Ausstattung mit kunstvollen Azulejo-Kacheln. Hauptattraktion – vergleichbar mit dem Pelourinho von Salvador – ist die unter Denkmalschutz stehende **Altstadt** *(Centro Histórico)*, seit 1997 Weltkulturerbe der UNESCO. Sie wurde im Rahmen des *Projeto Reviver* zu großen Teilen restauriert und ist heute historisch-kultureller Mittelpunkt der Stadt; mit ihren kleinen Kopfsteinpflastergassen und romantisch beleuchteten Plätzen erinnert sie fast ein wenig an eine mediterrane Kleinstadt. Neben portugiesischen und afrikanischen sind hier auch viele holländische und französische Einflüsse erkennbar.

Die auf einer Insel gelegene Hauptstadt von Maranhão bietet zudem eine ausgeprägte **Folklore**: Im Juni und Juli ist sie Hauptaustragungsort des farbenfrohen **Bumba-meu-boi-Festivals**, das stark auf afrikanische Riten zurückgeht, darüber hinaus gilt sie nach wie vor als brasilianisches Zentrum des **Reggae**. São Luís ist eine hervorragende Basis für Ausflüge in die Dünen- und Lagunenwelt des Nationalparks **Lençóis Maranhenses** und zur historischen Nachbarstadt **Alcântara**. Durch die Insel-Lage und die damit verbundenen Winde herrschen trotz Äquatornähe ganzjährig recht angenehme Temperaturen. Alles in allem ist São Luís die vielleicht reizvollste Küstenstadt des Nordostens; touristisch ist sie noch relativ wenig entdeckt und daher nicht so überlaufen.

Das historische Zentrum befindet sich im Ortsteil **Praia Grande**. Der Rio Anil trennt es von den modernen nördlichen Vororten São Francisco, Renascença, Ponta d'Areia sowie den anschließenden Stadtstränden.

Die Altstadt von São Luís steht unter Denkmalschutz

Geschichte

Schiffbrüche und feindliche Indianer verhinderten, dass die Portugiesen das schwer zugängliche Gebiet von Maranhão Anfang des 17. Jhs. systematisch besiedeln konnten, so wie in anderen Regionen des Nordostens geschehen. Die Küste und das Hinterland des heutigen Maranhão waren somit praktisch verlassen, als die Franzosen 1612 das Land einnahmen; die neue Hafenstadt benannten sie nach dem französischen König Louis XIII.

Schon drei Jahre später übernahmen die Portugiesen die Kontrolle, die sie nur zwischen 1641–44 kurzfristig an die Holländer verloren. Die europäischen Kolonisten hinterließen der Stadt ein außergewöhnliches Erbe, das architektonische Kolonialensemble wird heute als das homogenste Lateinamerikas angesehen.

Bei der Restaurierung des Altstadtviertels wurde auch ein über 200 Jahre altes unterirdisches Gängesystem entdeckt. Man vermutet, dass die Konstruktion ihren Grund in uralten Legenden hat, wie der Sage von der Seeschlange von São Luís *(Serpente de São Luís)*, nach der ein ruhendes Seeungeheuer eines Tages erwacht und eine riesige Flutwelle auf die Stadt niedergehen lässt.

Sehenswertes

An der Praça Dom Pedro II, nahe der hübsch renovierten Praça Benedito Leite, befindet sich die ursprünglich barocke **Catedral da Sé** (1690–1699); trotz der neoklassizistischen „Überarbeitung" (1922) ist sie eines der bedeutendsten Baudenkmäler der Stadt. ⌚ tgl. 8–11.30 und 15–18.30 Uhr. Die **Igreja São José do Desterro**, im südlichen Teil des Zentrums, gilt als älteste Kirche von Maranhão. Sie wurde von den Holländern vollständig zerstört und erst im 19. Jh. neu errichtet.

Die **Museen** und **Kulturzentren** *(Centros de Cultura)* befinden sich in wunderschönen Häusern, die jedes für sich schon eine Sehenswürdigkeit darstellen.

Das **Museu Histórico e Artístico do Maranhão**, Rua do Sol 302, in einem Haus von 1836, zeigt originalgetreue Interieurs von Residenzen aus dem Maranhão des 19. Jhs. Ein hübscher Innenhof mit Garten verbindet es mit dem **Museu de Arte Sacra do Maranhão**. ⌚ Di–Fr 9–19, Sa und So 9–18 Uhr; Eintritt R$2 (für beide Museen). Im **Museu de Artes Visuais**, Rua Portugal 273, sind europäische und arabische *Azulejos* aus dem 18. bis 20 Jh. zu sehen, darunter einige aus Dresden. Im 1. OG sind Zeichnungen, Gemälde und Skulpturen von

Künstlern aus Maranhão ausgestellt. 🕒 Di–Fr 9–19, Sa und So 9–18 Uhr; Eintritt R$1.

Die **Centros de Cultura Popular Domingos Vieira Filho (GESC)** haben drei große Ausstellungsflächen, für alle gilt: 🕒 Di–So 9–19 Uhr; Eintritt frei:

Das sehenswerte **Casa do Maranhão** im alten Zollgebäude von 1873, Rua Trapiche, hat eine permanente Ausstellung über Bumba-meu-Boi, mit Darstellung der regionalen Unterschiede und vielen farbenprächtigen Kostümen. Das **Casa da Festa**, Rua do Giz 221, zeigt auf vier Etagen ebenfalls sinnenfrohe, folkloristische Kostüme, besonders von der dem Candomblé verwandten Religion *Tambor-de-Mina,* dem Tanz *Tambor de Crioula, Bumba-meu-boi* oder Karneval. Das **Casa de Nhozinho**, Rua Portugal 185, beleuchtet u. a. die Kultur der Indianer von Maranhão, zu sehen sind Handwerkszeug wie Fischerreusen, Boote oder Produkte aus *Buriti*-Fasern.

Der 1766 am Standort des Fort Saint Louis, der ersten Bebauung der Stadt, errichtete **Palácio dos Leões**, Av. Dom Pedro II, wurde 2002 restauriert und ist gegenwärtig Sitz der Landesregierung. 🕒 Mo, Mi, Fr 14–18 Uhr. Nebenan steht der zu Ehren des Stadtgründers Daniel de La Touche errichtete **Palácio La Ravardière** (1689), aktueller Sitz der Stadtverwaltung.

Im **Solar dos Vasconcelos**, Rua da Estrela 562, befindet sich das **Memorial do Centro Histórico** mit einer interessanten Ausstellung über den Revitalisierungsprozess der historischen Altstadt *(Projeto Reviver).* 🕒 Mo–Sa 8–12 und 13–18 Uhr; Eintritt frei.

Das frühere Kloster **Convento das Mercês** (1654), Rua da Palma 502, beherbergt heute das **Museu da Memória Republicana** des Ex-Präsidenten José Sarney (1985–1990), es zeigt wechselnde Ausstellungen zur Geschichte der Republik. 🕒 Museum Di–Fr 10–18, Sa 10–14 Uhr. 🕒 Kloster Di–Fr 8–18, Sa 8–14 Uhr.

Ganz in der Nähe steht ein unauffälliger kleiner Bau, das **Cafua das Mercês**, Rua Jacinto Maia 43. Er ist der einzige original erhaltene Sklavenmarkt in Brasilien, hier wurden die Sklaven nach Ankunft zunächst eingepfercht und später auch versteigert. Heute befindet sich im Gemäuer das winzige **Museu do Negro** mit einigen schönen Holzskulpturen. 🕒 Mo–Fr 9–18 Uhr; Eintritt frei.

Das **Teatro Arthur Azevedo**, Rua do Sol 180, erbaut 1815–1817 im neoklassizistischen Stil, ist das zweitälteste Theater Brasiliens und eines der bedeutendsten und größten Lateinamerikas. Es wurde 2005 renoviert.

Strände

Nirgendwo in Brasilien ist der Gezeitenwechsel so stark wie hier, der Meeresspiegel verändert sich um bis zu sieben Meter. Die weitläufigen Strände von São Luís sind jedoch keine Offenbarung; die stadtnahe **Ponta d'Areia** (4 km) ist wegen Verschmutzung nicht einmal zum Baden geeignet. Etwas schönere Abschnitte liegen an den belebten Stränden von **Calhau** (8 km) und **Olho d'Água** (12 km), wo man an Wochenenden in den zahlreichen Strandbuden abhängen kann. Ein Kontrastprogramm ist die 19 km entfernte **Praia do Araçagi**, ein Autostrand der bei Wind, Wolken und Regen mit den Gräserdünen ein wenig an Dänemark erinnert. Außerhalb von São Luís gibt es einfache Strände in **Raposa** (35 km) und **São José do Ribamar** (Praia de Panaquatira, 32 km).

Tipp: Wer die Region hauptsächlich wegen der Strände aufsucht, sollte die Ortschaft Alcântara (S. 519) ausprobieren.

Übernachtung

Brasilianer brauchen Sand und Wasser um sich herum – nur mit dieser Hypothese ist erklärbar, warum die Mehrzahl der Hotels an den örtlichen Stränden liegen. Europäische Reisende bevorzugen meist das wesentlich interessantere **Centro Histórico**.

ZENTRUM – ***Solar das Pedras Hostel,*** Rua da Palma 127, ✆ 98/3232 6694, 🖳 www.ajsolardaspedras.com.br. Günstiges HI-Hostel in renoviertem Kolonialhaus, perfekte Lage. Der freundliche Besitzer Salomão weiß alles über São Luís und führt Gäste gern auch mal ins Nachtleben aus. Bescheidenes Frühstück. Reservierung empfohlen, besonders in der HS. Dorms R$15–18, DZ R$30–35. Keine AC. ❶

Pousada Vitória, Rua Afonso Pena 98, ✆ 98/3231 2816, ✉ pousadavitoria@hotmail.com. Familienbetriebene Pousada, gemütlich und freundlich. Ruhige, zentrale Lage. Einige Zimmer haben Ge-

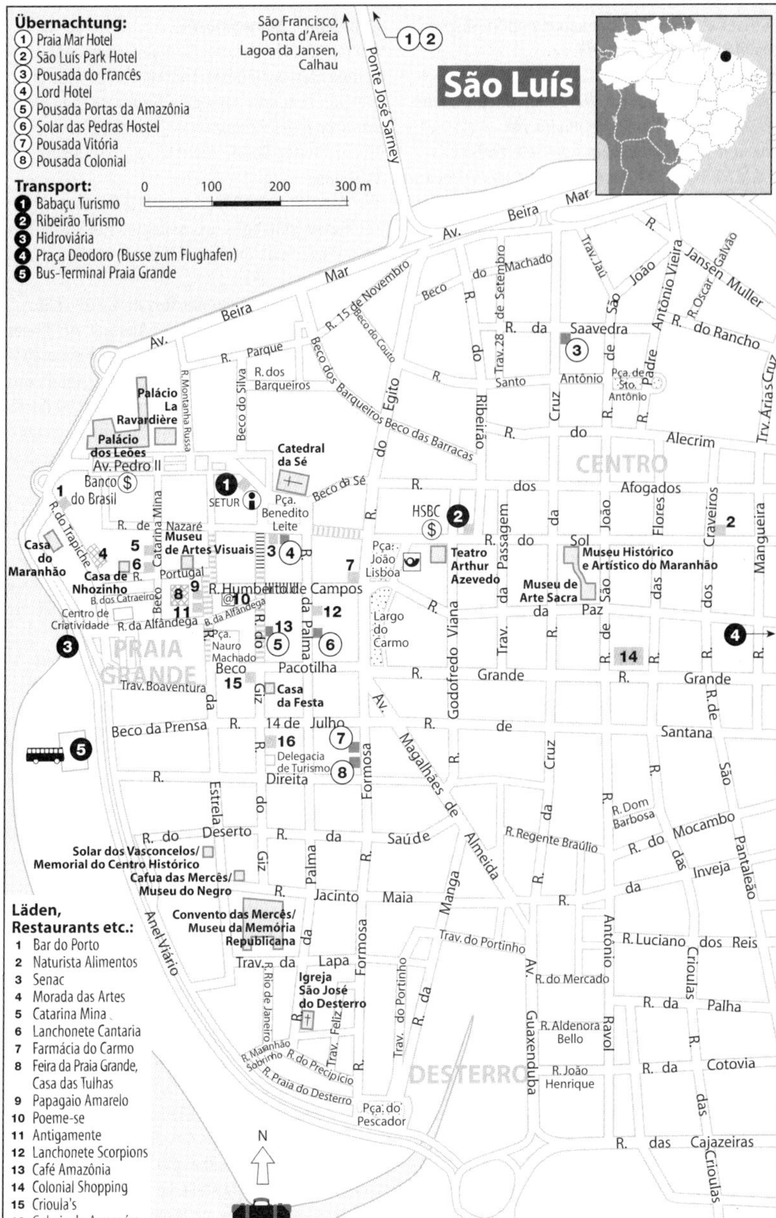

São Luís
Übernachtung:
1 Praia Mar Hotel
2 São Luís Park Hotel
3 Pousada do Francês
4 Lord Hotel
5 Pousada Portas da Amazônia
6 Solar das Pedras Hostel
7 Pousada Vitória
8 Pousada Colonial
Transport:
1 Babaçu Turismo
2 Ribeirão Turismo
3 Hidroviária
4 Praça Deodoro (Busse zum Flughafen)
5 Bus-Terminal Praia Grande
0 100 200 300 m
São Francisco, Ponta d'Areia Lagoa da Jansen, Calhau
Ponte José Sarney
Av. Beira Mar
Palácio La Ravardière
Palácio dos Leões
Av. Pedro II
Banco do Brasil
SETUR
Catedral da Sé
Pça. Benedito Leite
HSBC
Teatro Arthur Azevedo
Pça. João Lisboa
Largo do Carmo
Museu de Artes Visuais
Casa do Maranhão
Casa de Nhozinho
Centro de Criatividade
Pça. Nauro Machado
Casa da Festa
Delegacia de Turismo
Museu Histórico e Artístico do Maranhão
Museu de Arte Sacra
Pça. de Sto. Antônio
CENTRO
PRAIA GRANDE
DESTERRO
Solar dos Vasconcelos/ Memorial do Centro Histórico
Cafua das Mercês/ Museu do Negro
Convento das Mercês/ Museu da Memória Republicana
Igreja São José do Desterro
Pça. do Pescador
Anel Viário
Av. Magalhães de Almeida
Av. Guaxenduba
R. do Trapiche
R. da Alfândega
R. Humberto de Campos
R. Portugal
R. de Nazaré
Beco da Prensa
R. 14 de Julho
R. Direita
R. do Egito
R. Grande
R. de Santana
R. da Paz
R. do Sol
R. dos Afogados
R. do Alecrim
R. de Santo Antônio
R. da Saavedra
R. do Rancho
R. Jansen Muller
R. Godofredo Viana
R. da Palma
R. do Giz
R. da Estrela
R. do Deserto
R. da Saúde
R. Jacinto Maia
R. Formosa
Trav. da Lapa
R. do Mocambo
R. da Inveja
R. Luciano dos Reis
R. do Mercado
R. da Palha
R. da Cotovia
R. das Cajazeiras
R. das Crioulas
R. Regente Bráulio
R. Dom Barbosa
R. Aldenora Bello
R. João Henrique
R. Praia do Desterro
R. do Precipício
Trav. do Portinho
Läden, Restaurants etc.:
1 Bar do Porto
2 Naturista Alimentos
3 Senac
4 Morada das Artes
5 Catarina Mina
6 Lanchonete Cantaria
7 Farmácia do Carmo
8 Feira da Praia Grande, Casa das Tulhas
9 Papagaio Amarelo
10 Poeme-se
11 Antigamente
12 Lanchonete Scorpions
13 Café Amazônia
14 Colonial Shopping
15 Crioula's
16 Galeria do Armazém, Pecados da Gula, Café do Armazém
N

meinschaftsbad. Wäscheservice nach Absprache. AC oder Ventilator. ❷

Lord Hotel, Rua Joaquim Távora 258, ✆ 98/3221 4566. Hotel der „alten Schule" mit entsprechendem Mobiliar. AC oder Ventilator. ❷

Pousada do Francês, Rua 7 de Setembro 121, ✆ 98/323 14844, ✉ pousada@elo.com.br. Pousada mit klassisch-konservativem Design, etwas außerhalb des historischen Kerns. Gepflegte Zimmer, einige mit Flussblick. Restaurant und kleine Bar. Von Reiseagenturen oft vermittelt, Reservierung empfohlen. ❸

Pousada Colonial, Rua Afonso Pena 112, ✆ 98/3232 2834, 💻 www.clickcolonial.com.br. Helle, luftige Pousada in schönem Haus mit Azulejos. Nicht umwerfend, aber ok. Reservierung empfohlen. Rabatt bei Barzahlung. ❸

Pousada Portas da Amazônia, Rua do Giz 129, ✆ 98/3222 9937, 💻 www.portasdaamazonia.com.br. Gemütliche Pousada in wunderschön restauriertem Haus aus dem 19. Jh., das Mauerwerk wurde komplett erhalten. Zimmer stilvoll in Weiß. AC und Telefon. Sehr gutes Frühstück. Stimmungsvolles Restaurant im Innenhof. Internet. ❹

STRÄNDE – ***Praia Mar Hotel,*** Av. São Marcos, Ponta d'Areia, ✆ 98/3235 5252, 💻 www.praiamar.com.br. Wegen der günstigen Lage am Strand eine der besten Optionen außerhalb des Zentrums. Mäßig schicke Einrichtung. ❹

São Luís Park Hotel, Av. Avicênia, Calhau, ✆ 98/2106 0505, ✉ reservas@saoluisparkhotel.com.br. Gediegenes Fünf-Sterne-Hotel mit verspielten Kolonialstil-Elementen, großzügige Gartenanlage am Strand. Nah am Nachtleben. Schöner Pool-Bereich, Sauna und Fitnessraum. 10% Tax. ❻

Essen und Nachtleben

Typische Gerichte in Maranhão sind *Arroz de Cuxá* (Reis mit besonderen, leicht säuerlichen Kräutern, Gemüse und Shrimps), *Casquinha de Caranguejo* (Flusskrebs serviert in der Schale, das Fleisch wird mit Gewürzen und Kräutern verfeinert) oder *Vatapá* (eine Masse aus Brot, Dendê und Krabben). Keinesfalls verpassen sollte man die genialen Frucht-Nachspeisen *Mousse de Bacuri* und *Mousse de Cupuaçu.*

STRÄNDE – ***Maracangalha,*** Av. Litorânea 45, Calhau. Exzellentes, bei Einheimischen sehr beliebtes Fischrestaurant. Fantastisch ist die automatisch servierte Vorspeise *Geléia de Pimenta em Crocantes Pasteizinhos* (Fleischbällchen mit Honig-Pfeffer-Soße). Nicht billig, aber riesige Portionen. 🕓 tgl. 12–24 Uhr.

Tio Pepe, Rua dos Maçaricos 215, Ponta do Farol. Gutes, günstiges und beliebtes Restaurant an der Lagoa da Jansen. 🕓 tgl. 11–24 Uhr.

ZENTRUM – ***Antigamente,*** Rua da Estrela 220. Restaurant-Bar im Herzen der Altstadt. An einem Tisch unter dem großen Mangobaum fühlt man sich wirklich in São Luís angekommen. Innen geschmackvoll und gemütlich. Umfangreiche Karte mit sehr guten Meeresfrüchte- und regionaltypischen Gerichten. Abends oft regionale Live-Musik. 🕓 Mo–Sa 10–1 Uhr.

Papagaio Amarelo, Rua da Estrela 210. Der Nachbar; besonders empfehlenswert sind die Pizzas. 🕓 Di–Sa 10–1, So 10–24 Uhr.

Pecados da Gula, Rua da Estrela 401. Edles Lokal im 1. OG der Galerie. 🕓 Mo–Mi 12–24, Do und Fr 12–2, Sa 18–2 Uhr.

Senac, Rua de Nazaré 242. Historisches Haus, seit 1981 befindet sich hier die Restaurantfachschule, guter Ruf und entsprechender Service. Buffet (R$18 p.P.). 🕓 Mo–Sa 12–15, Fr 20–24 Uhr.

Mittagessen und Cafés: ***Lanchonete Cantaria,*** Rua Portugal 229. Hier ist immer etwas los – lässige Straßenatmosphäre mit Tischen auf dem Fußweg und Live-Musik am Abend. Leckere, frische Sandwiches, gute Salate. 🕓 Mo–Sa 11–1 Uhr (oft auch So).

Naturista Alimentos, Rua do Sol 517. Traditionsreiches Self-Service-Restaurant (R$15) mit ganzheitlicher Ernährungsphilosophie. Vegetarisches Buffet, beste Auswahl vor 13 Uhr. Ab 15 Uhr Sandwiches. Fr Nachtisch aufs Haus. Einfache Einrichtung, heller, gut belüfteter Saal. 🕓 Mo–Fr 11.30–17.30 Uhr.

Café Amazônia, Rua do Giz 129. Nettes Café in der *Pousada Portas da Amazônia,* besonders lässig, wenn der Besitzer die Tische auf den abschüssigen Fußweg stellt. Leckere frische Säfte, Crêpes, Sandwiches mit Bio-Brot, Salate. 🕓 Di–So 15–23 Uhr.

Lanchonete Scorpions, Rua da Palma 83. Günstiger, recht guter Self-Service neben dem Hostel (R$12/kg). Nicht zu spät erscheinen, das Buffet ist schnell abgegrast. ⌚ Mo–Fr 11–15 Uhr.
Crioula's, Rua do Giz 204. Self-Service-Restaurant mit regionalen Spezialitäten. ⌚ Mo–Sa 11.30–22 Uhr (z. T. auch So).

Bars: ***Café do Armazém,*** Rua da Estrela 401. Gemütliches Bar-Café mit viel Holz und alten Mauern. Mi–Sa gute Live-Musik (MPB, Chorinho, Sa Jazz). Regionale Musik-CDs und Bildbände von Maranhão zum Kauf. Internet. ⌚ Mo–Mi 10–23, Do und Fr 10–2, Sa 16–2 Uhr.
Catarina Mina, Beco Catarina Mina 121. Hier turnt die ganze Familie. Uriges Bar-Restaurant auf den Treppenstufen einer Altstadtgasse. Mi–Sa Live-Musik (MPB, Samba). ⌚ Mo–Do 8–22, Fr–Sa ab 8 Uhr.

Kultur und Unterhaltung

Im ***Centro de Criatividade Odylo Costa Filho,*** Rua da Alfândega 200, trifft sich die lokale Künstler-Szene. Hier gibt es das **Teatro Alcione Nazaré** mit regelmäßigen Theater- und Tanzaufführungen, eine **Kunstgalerie** und ein Programmkino, tgl. Filme ab 16 Uhr (R$6). Angeboten werden auch kunsthandwerkliche Kurse, z. B. Bemalen von Azulejos oder Metallgravur. ⌚ tgl. 8–12, 14–19 Uhr.
Die kleine ***Galeria do Armazém,*** Rua da Estrela 401, hat wechselnde, oft interessante Fotoausstellungen. ⌚ Mo–Fr 9–21, Sa 12–21 Uhr.

Nachtleben

Am Wochenende zieht es die *Ludovicenses,* die Bewohner von São Luís, an die Strände. Dann wirkt die Altstadt etwas verlassen. An den übrigen Tagen, besonders Freitag, ist im Zentrum eine Menge los. Straßencafés haben Live-Musik, besonders beliebt ist MPM – *Música Popular Maranhense*, eine Abwandlung der *Música Popular Brasileira* (MPB). Aktuelle Veranstaltungsinfos in der Tageszeitung *O Estado do Maranhão*, Beilage *Caderno de Cultura.*
Bar do Nelson, Av. Litorânea, Calhau. *Die* Reggae-Bar in São Luís. Für Fans ein Muss, einmal nach Calhau zu pilgern und das nächtliche Treiben auf engstem Raum mitzuerleben. Der Straßentrubel mit Dutzenden ambulanten Getränkehändlern ist ebenso beeindruckend. ⌚ Sa ab 21 Uhr.
Bar do Porto, Rua do Trapiche, Centro. Die angesagte Reggae-Bar im Zentrum. ⌚ Mi ab 20 Uhr.
Léo, Av. 03, Vinhais. Der perfekte Ort für Liebhaber brasilianischer Musik. Besitzer Léo sammelt alles auf Vinyl, was je in Brasilien veröffentlicht wurde – und erfüllt Musikwünsche. Urig eingerichtet mit alten Schreibmaschinen, Webstühlen etc. ⌚ tgl. ab 8 Uhr, Mo ab 18 Uhr.
Por Acaso, Lagoa da Jansen 1, Pier. Choperia mit Buffet und Live-Musik, beliebt bei Studenten. ⌚ Mo–Sa ab 18 Uhr.
Kitaro, Av. Mário Meireles, Lagoa da Jansen. Der beste Sushi-Man der Stadt und zugleich angesagter *Point.* Schöne Lage an der Lagune. ⌚ Di–Sa ab 18 Uhr.
Zum Tanzen zu modernen Rhythmen empfiehlt sich das ***Stúdio 7,*** Av. dos Holandeses, Calhau. ⌚ Fr und Sa ab 23 Uhr.

Feste

Das populärste Fest in Maranhão ist das Volksspiel **Bumba-meu-boi** (s. S. 512) im Juni – ein bunter Reigen aus Theater, Tanz, Musik und Folklore. Es vereinigt portugiesische, afrikanische und indianische Elemente und wird an Dutzenden Spielstätten *(Arraial)* aufgeführt. Die mehr als 100 Bumba-meu-boi-Gruppen in São Luís beginnen mit den Vorbereitungen bereits kurz nach Karneval. Die gesamte Gemeinde ist beteiligt: von der Herstellung der Kleider bis zur Liedkomposition. Offizielle Eröffnung ist am 13. Juni, dem **Dia de Santo Antônio**. Die Feierlichkeiten finden ihren Höhepunkt am Vorabend des 24. Juni, dem **Dia de São João**. Am 29. Juni, dem **Dia de São Pedro**, treffen im Viertel Madre Deus alle Gruppen zusammen, ein großes Spektakel. Beendet wird das Fest offiziell am 30. Juni, bei der gigantischen **Festa de São Marçal** im Stadtteil João Paulo, wo alle Gruppen sich nochmals einem großen Publikum präsentieren. In der Regel plätschern die Feierlichkeiten dann noch in den Juli hinein. Im Unterschied zu den großen **Festas Juninas** anderer Regionen im Nordosten wird beim Bumba-meu-boi kein Forró gespielt. Verbreitet ist vielmehr **Tambor-de-**

Crioula, ein Bauchtanz mit afrikanischen Wurzeln; aufgeführt wird er von Frauen in bunten Röcken und mit weißen Turbanen, begleitet von rhythmischen Trommeln.
Der **Marafolia** ist der städtische *Out-of-Season* Karneval (Mitte Oktober).
Mitte November treffen sich Reggae-Nachwuchstalente beim **Festival Maranhense do Reggae**, meist ausgetragen im Circo da Cidade (Praia Grande).
Zwei traditionelle afro-brasilianische Feste sind das **Tambor de Mina** (Juli) und das **Festa do Divino**, 40 Tage nach der Karwoche. Letzteres wird besonders spektakulär in Alcântara begangen, ist jedoch touristisch etwas überzüchtet.

Sonstiges

APOTHEKE – ***Farmácia do Carmo,*** Rua do Egito, Rua Humberto de Campos. ⌚ Mo–Sa 8–20.

BÜCHER – ***Poeme-se,*** Rua Humberto de Campos 52. Einige englische Bücher, auch Tausch. ⌚ Mo–Fr 8–19, Sa 8–13 Uhr.

EINKAUFEN – Das größte Einkaufszentrum ist das ***São Luís Shopping,*** Av. Euclides Figueiredo 1000, Jaracati. ⌚ Mo–Sa 10–22 Uhr. Eine belebte Einkaufsstraße im Zentrum ist die **Rua Grande** mit dem dortigen, kleineren ***Colonial Shopping***. ⌚ Mo–Fr 9–20, Sa 9–14 Uhr.
Souvenirs und Kunsthandwerk: ***Centro de Artesanato (Ceprama),*** Rua São Pantaleão 1332, Madre de Deus. ⌚ Mo–Sa 9–19, So 9–13 Uhr.
Casa das Tulhas, (s. Märkte). ⌚ tgl. 8–18 Uhr. Bekannt sind die Bastprodukte aus der *Buriti*-Palme und Klöppelspitze der Fischerfrauen aus Raposa. Im ***Morada das Artes,*** Rua Trapiche 155, verkaufen Kunstmaler ihre Gemälde. ⌚ Mo–Sa 8–20 Uhr.

GELD – ***Banco do Brasil,*** Av. Pedro II. ⌚ Geldautomat 6–20 Uhr (alle Karten). ***HSBC,*** Rua do Sol 105. ⌚ Mo–Fr 10–16, Geldautomat 6–22 Uhr.

INFORMATIONEN – Die staatliche **SETUR** hat eine kunstvoll gestaltete Touristeninformation an der **Praça Benedito Leite**, ✆ 98/3212 6211. Infos auf Englisch. ⌚ Mo–Fr 8–19, Sa und So 8–14 Uhr. **Flughafen**, ✆ 98/3244 4500. ⌚ 24 Std.; **Rodoviária** ⌚ tgl. 8–20 Uhr. 💻 www.turismo.ma.gov.br.

INTERNET – ***Poeme-se,*** Rua Humberto de Campos 52. Gemütliches Internetcafé, kleine Bar (R$3/Std.). ⌚ Mo–Fr 8–19, Sa 8–13 Uhr.
Pousada Portal da Amazônia, Rua do Giz 129. Nettes Ambiente (R$4/Std.). ⌚ tgl. 8–24 Uhr.

MÄRKTE – Der alte Markt **Feira da Praia Grande** liegt etwas versteckt in der Altstadt: innerhalb des Gebäudekomplexes *Casa das Tulhas*, Rua da Estrela. Hier gibt es Krabben, Meeresfrüchte und andere regionale Produkte. In den Ecken des Gebäudes stehen schattige Cachaça-Buden. ⌚ tgl. 8–18 Uhr.

MEDIZINISCHE HILFE – ***UDI Hospital,*** Av. Euclides Figueiredo 2000, Jaracati, ✆ 98/3216 7979. Privates Krankenhaus, gegenüber *São Luís Shopping.*

POST – Praça João Lisboa 290. ⌚ Mo–Fr 8–17, Sa 8–12 Uhr.

REISEBÜROS – ***Ribeirão Turismo,*** Rua do Sol 141, Centro, ✆ 98/3231 1621. Bustickets. ⌚ Mo–Fr 8–18, Sa 8–12 Uhr.
Babaçu Turismo, Praça Benedito Leite, ✆ 98/3231 4747. Nationale und internationale Flüge, keine Kreditkarten. ⌚ Mo–Fr 8–18, Sa 8–12 Uhr.

TOUREN – ***Floresta dos Guarás,*** R. João Vital de Matos 196A, Centro, ✆ 98/3221 1669, 💻 www.florestadosguaras.com.br. Touren in den Nationalpark (1–3 Tage, R$110–350). ⌚ Mo–Fr 8–18, Sa 8–12 Uhr.

TOURISTENPOLIZEI – ***Delegacia de Turismo,*** Rua da Estrela 427, ✆ 98/3214 8682. ⌚ Mo–Fr 8–18 Uhr. Außerhalb der Dienstzeiten hilft nebenan die **Companhia de Policiamento de Turismo**. ⌚ 24 Std.

Nahverkehrsmittel

BUSSE – Der Weg zur **Rodoviária** ist kaum zu verfehlen. Vor dem Bus-Terminal **Integração Praia Grande** halten etliche Buslinien mit Aufschrift „Rodoviária". Alternativ *im* Terminal Bus T-066 *São Raimundo/Rodoviária* (alle 15 Min.) oder von der Praça Deodoro (25–30 Min., R$1,70). Von der Rodoviária fahren die meisten Busse ins Zentrum. Von der Praça Deodoro Busse *São Cristóvão* oder *Aeroporto* zum **Flughafen** (35 Min.). Busse nach **Calhau** am Terminal Praia Grande (z. B. *Calhau* oder *Cal Litorânea).*

MOTOTAXI – ***Mototaxi Norte,*** Rua do Norte 728, Centro, ✆ 98/3221 5881. ⌚ 24 Std.

TAXI – ***Rodotaxi,*** ✆ 98/3243 4242. ⌚ 24-Std. Vom Zentrum zur Rodoviária R$15, zum Flughafen R$30.

Transport

FLÜGE – ***Aeroporto Marechal Cunha Machado,*** Tirirical, 13 km vom Zentrum, ✆ 98/3217 6100.
Fluggesellschaften am Flughafen: ***GOL,*** ✆ 98/3217 6216. ⌚ tgl. 8–20 Uhr. ***BRA,*** ✆ 98/3217 6175. ⌚ tgl. 8–24 Uhr. ***TAM,*** 98/3217 6173. ⌚ tgl. 5–23 Uhr. ***Varig,*** 98/3217 6200. ⌚ tgl. 8–21 Uhr.

BUSSE – ***Rodoviária,*** Av. dos Franceses, Santo Antônio, 10 km vom Zentrum, ✆ 98/3275 9886. Fahrkarten können im Zentrum gekauft werden (s. Reisebüros).
Barreirinhas: *Cisne Branco,* ✆ 98/3243 2847, tgl. 6, 8.45, 14 und 19 Uhr, 4 Std., R$19. Oder Kleinbus *Van Express*, 98/3256 4027, Abfahrt ca. 5 Uhr, 4 Std., R$30. Frühstück unterwegs. Zurück 17 Uhr.
Belém: *Transbrasiliana,* ✆ 98/3243 3844, tgl. 20 Uhr, 12 Std., R$97.
Fortaleza und **Sobral**: *Guanabara,* ✆ 98/3243 3606, tgl. 11.30 und 16 (bei Bedarf 21.30 Uhr), 18 bzw. 14 Std., R$83/74.
João Pessoa und **Natal**: *Progresso,* ✆ 0300/789 3334, tgl. 12 Uhr, 26 bzw. 30 Std., R$134/157.
Parnaíba und **Camocim**: *Guanabara,* tgl. 8.30 und 20 Uhr, 10 Std. bzw. 13 Std., R$44/52.
Recife: *Progresso,* tgl. 7 und 13 Uhr, 24 Std., R$145.
Teresina: *Guanabara,* 7x tgl. zwischen 6.30 und 23 Uhr, 7 Std., R$38.
Tutóia: *Transbrasiliana,* tgl. 15.45 Uhr, 11 Std., R$43.

BOOTE – Die ***Hidroviária,*** ✆ 98/3211 0053, befindet sich an der Av. Beira Mar, Praia Grande. Boote fahren über die Baía de São Marcos nach **Alcântara** und entlang der Küste nach **Guimarães**. Von dort unregelmäßige Fahrten zur Westküste (Turiaçu, Luís Domingues, Carutapera).

Alcântara

Der interessanteste Kurzausflug von São Luís führt ins 1648 gegründete Alcântara (22 000 Einw.), der ehemaligen Hauptstadt von Maranhão. Hierhin sollte man einen Tagesausflug machen, besser noch eine oder zwei Nächte bleiben, um die besondere Stimmung in sich aufzunehmen. Der kleine Ort steht seit 1948 unter Denkmalschutz; in den etwa 300 historischen Gebäuden aus dem 17. und 18. Jh. wohnten einst die reichsten Familien der Provinz, einige mit über 8000 Sklaven. Markantes Zeugnis dieser Epoche ist die letzte noch im Original erhaltene **Strafsäule** *(Pelourinho)* Brasiliens. Der heute mehr und mehr verfallende Ort ist kurioserweise gleichzeitig Sitz des modernsten Raumfahrtzentrums von Lateinamerika. Am besten, man wandert einfach zwischen den faszinierenden Gebäuden und Ruinen umher, wie der des **Palácio do Imperador**, dem „Kaiserpalast" an der Praça da Matriz (Praça Gomes do Castro). Gebaut wurde er von einer Großgrundbesitzerfamilie, die mit einer anderen darin wetteiferte, wer den Kaiser angemessener empfangen könne. Viel Geld wurde in die Paläste gesteckt, doch der Kaiser kam am Ende gar nicht. Auf der großen Rasenfläche an der Praça da Matriz befinden sich auch der **Pelourinho** und das **Museu Histórico**. ⌚ tgl. 8–14 Uhr. Sehenswert sind weiterhin die Häuserreihe der doppelstöckigen Sobrados mit ihren Azulejos in der **Rua Grande** und die Ruinen des alten Sklavenmarkts **Palácio Negro**. Die **Igreja N. S. do Carmo** von 1784 ist das insgesamt noch am besten erhaltene Bauwerk. Das **Casa de Cultura Aeroespacial**, Praça N. S. do Rosário, informiert über die mehr oder minder erfolgreichen Raumfahrtaktivitäten Brasiliens.

Ein kulinarischer Tipp ist die *Doces-de-espécie*, eine regionale Süßspezialität aus Kokosnuss, die es nur in Alcântara gibt (Rua das Mercês 401).

Ein interessanter Ausflug führt zum 62 km entfernten früheren Sklavendorf **Itamatatiua**. Hier leben Nachfahren der Quilombo; sie stellen heute Keramik und Musikinstrumente *(Tambores)* für regionale Feste her. Kontakt über die *Pousada dos Guarás*. Zu den Sehenswürdigkeiten zählen auch die abgelegenen Strände, wie die nur mit einem Kanu zu erreichende **Praia de Itatinga** (ab Praia da Baronesa). Ausflüge zu **Inseln** der Umgebung, wie der **Ilha do Livramento**, können am Hafen organisiert werden.

Übernachtung und Essen

Die beiden folgenden Pousadas haben einen kostenlosen Shuttle-Service vom und zum Hafen.

✖ ***Pousada dos Guarás,*** Praia da Baronesa, ✆ 98/3337 1339, ✉ pousadadosguaras@aol.com. Hübsche Pousada mit alternativem Touch, fantastische Lage an ruhigem Strand. Urwüchsiger Garten mit Hütten, alle haben Veranda und Hängematten. Naturnahe, saubere Zimmer mit Ventilator/Kaltwasser (billiger) oder AC/Warmwasser. Charmantes Strandrestaurant mit Blumen und Dach aus getrockneten Palmenblättern: ein perfektes Tagesausflugsziel. ◷ tgl. 8–20 Uhr. Internet. ❶–❷

Pousada Bela Vista *(Pousada da Zinha),* Rua Jericó 5, ✆ 98/3337 1569. Die Puppenmacherin Zinha führt diese außergewöhnliche, sehr einfache und ruhige Pousada. Sie besteht aus drei Baumhäusern. Eines hat genialen Blick auf São Luís. Restaurant und Pferde. ❶

Palácio dos Nobres, Rua Direita 14. Fisch und Meeresfrüchte. ◷ tgl. 8–22 Uhr.

Restaurante da Josefa, Rua Direita 33. Einfaches Restaurant mit guter *Peixada de Camarão.* ◷ tgl. 12–22 Uhr.

Feste

Wer zufällig an einem August-Vollmond in der Nähe ist, sollte sich unbedingt die 3-tägige **Festa de São Benedito** in der Igreja de Rosário dos Pretos ansehen. Praktisch durchgehend wird hier der Rhythmus des nur in Maranhão vorkommenden **Tambor de Crioula** getrommelt. Noch immer wird das alte Sklavenfest in originalgetreuer Form durchgeführt: die Männer trommeln, die Frauen tanzen sich in einen tranceähnlichen Zustand. Wesentlich bekannter, doch bisweilen auch überlaufen, ist die 12-tägige **Festa do Divino** im März (40 Tage nach Ostern). Das Fest beginnt an einem Mittwoch und endet am folgenden Wochenende. Besonders an den Abschlusstagen herrscht ein großes Spektakel.

Transport

Seekrankheit hin oder her – die Bootspassage zwischen São Luís und Alcântara ist der einzig realistische Weg, will man nicht 427 km Landstraße auf sich nehmen.

Die **Fähren** *Diamantina* und *Bahia Star* von ***Navegações Pericumã,*** ✆ 98/3232 0692, legen tgl. vom Bootsterminal São Luís ab: 7 und 9.30 Uhr (plus/minus 1 Std., je nach Tide). Rückfahrt ist um 8.30 oder 16 Uhr (plus/minus 2 Std.). Bei unglücklicher Tiden-Konstellation kann die Hinfahrt erst um 10 Uhr, die Rückfahrt aber bereits um 14 Uhr sein. Es ist deshalb sinnvoll, die Uhrzeiten einen Tag vorher zu erfragen. Manchmal schafft es die Fähre auf dem Rückweg wegen der Ebbe nur bis Ponta d'Areia, dann übernimmt ein Shuttle-Bus den restlichen Weg. Wegen des oft heftigen Seegangs sollte ein Mittel gegen Seekrankheit zur Hand sein. Fahrtdauer 1–1 1/2 Std., R$20 (Hin- und Rückfahrt). Eine Alternative für empfindliche Mägen ist der etwas stabilere **Katamaran** *Twister.* Uhrzeiten nach Vereinbarung, Besitzer Ferreira ist morgens am Anleger in São Luís anzutreffen.

Tutóia und Paulino Neves

Tutóia (38 000 Einw.) ist eine Durchgangsstation auf dem Weg zum Nationalpark Lençóis Maranhenses. Tagsüber herrscht auf dem Markt ein reges Treiben. Junge Burschen auf Mototaxis versuchen den Touristen Ausflüge zu den Stränden oder den östlichen Dünenausläufern, den **Pequenos Lençóis** (37 km) schmackhaft zu machen. Die endlosen Dünengebiete der Umgebung erinnern an surreale Mondlandschaften, so auch die verwaisten Strände **Praia do Amor** (18 km) und **Praia Arpoador** (16 km, Mototaxi R$8–10). Der mäßig attraktive Stadtstrand ist zu Fuß erreichbar (15 Min.). Sehr schön ist die Abendstimmung am kleinen Hafen; hier beginnt die wunderschöne Bootsfahrt durchs Parnaíba-Delta nach **Parnaíba.** Abfahrt tidenabhängig zwischen 8 und 9 Uhr (s. S. 498/499, Kasten „Von Jericoacoara nach São Luís“).

Der durch und durch sandige Ort Paulino Neves war früher als Rio Novo bekannt. Wenige werden sich hier länger aufhalten, dabei ist es interessant zu beobachten, wie der Mensch es schafft, sich in unwirtlichen Lebensumgebungen einzurichten.

Ein Toyota Pick-Up fährt mehrmals täglich zwischen Tutóia und Paulino Neves, mit Anschluss nach **Barreirinhas.**

Übernachtung und Essen

TUTÓIA – ***Pousada e Restaurante Tremembés,*** Praça Tremembés, ✆ 98/34791 819. Sehr einfache Zimmer, AC oder Ventilator. Reservierung empfohlen (HS). Restaurant mit Pizza und Self-Service. Der Besitzer hilft beim Organisieren von Ausflügen. ❶

Tutóia Palace Hotel, Av. Paulino Neves 1100, ✆ 98/3479 1115. Angenehme kleine Pousada gleich am Hafen. Zimmer möglichst weit vom Generator bevorzugen. ❷

Pousada Lua Branca, Rua Saturnino 1012, Praia da Andreza, ✆ 98/3479 1716. Einfache Zimmer ohne Komfort, dafür mit Wellenrauschen. Am Hauptstrand. ❶

PAULINO NEVES – ***Pousada Oásis dos Lençóis (Pousada da Mazé),*** Av. Rio Novo, ✆ 98/3487 1012. Angenehme Pousada von Dona Mazé, neben der Bushaltestelle. ❶

Barreirinhas

Barreirinhas (40 000 Einw.) liegt idyllisch an den Ufern des Rio Preguiças und ist der quirlige Ausgangspunkt für Touren in den Nationalpark Lençóis Maranhenses (s. u.) sowie die Fischerorte Caburé, Atins oder Mandacaru. In den letzten Jahren ist hier eine komplette touristische Infrastruktur mit vielen Pousadas, Restaurants und Reiseagenturen entstanden. Am Wochenende und in der Hauptsaison (Juli) strömen Touristen in den Ort und Unterkünfte sind schwer zu bekommen. Die schönen Dünen, die der Stadt so viel Wachstum gebracht haben, könnten jedoch auch zum Problem werden – die gefräßigen Sandhaufen verschlingen alles, was ihnen im Weg steht. So droht zurzeit der Stadteingang unter einer 20 m hohen Sanddüne zu verschwinden.

Übernachtung

Pousada Brisa do Mar, Rua Anacleto de Carvalho 443, ✆ 98/3349 0595. Gemütliche, ruhige Pousada in toller Lage am Rio Preguiças, Highlight ist das Frühstück am Fluss. Nette Zimmer, wahlweise mit AC. Freundliche Besitzer, Ausflüge mit Toyota und Segelboot. ❶–❷

Pousada do Porto, Rua Anacleto de Carvalho 475, ✆ 98/3349 1910. Ebenfalls recht charmante Pousada, die Räume im 1. OG haben z. T. schönen Flussblick. ❶–❷

Pousada 4 Elementos, Rua Coronel Godinho 593, ✆ 98/3349 0016, ✉ mgiabani@ig.com.br. Gepflegte, rustikale Pousada, hübsch begrünt, mit regionalen Bildern in den Zimmern. Kein TV. Im Haus befindet sich das *Restaurante Carlão.* ❷

Pousada do Rio, Rua Cazuza Ramos 700, ✆ 98/3349 1255, 🖳 www.pousadadorioma.com.br. Sympathische, bunte Häuschen am Fluss, ruhige Atmosphäre, eine gute Wahl. AC. ❸

Pousada do Buriti, Rua Inácio Lins, ✆ 98/3349 1338, 🖳 www.pousadadoburiti.com.br. Wer dem Luxus nicht abschwören möchte, findet hier eine ruhige Anlage mit Pool und viel Asphalt. Die Zimmer sind ok. Restaurant. 🕒 19–22.30 Uhr. ❹–❺

Essen

Restaurante do Carlão, Rua Coronel Godinho. Nach einhelliger Meinung der beste Fisch der Stadt. Besonders beliebt sind die exotischen Fruchtsoßen. 🕒 Mo–Sa 11–21.30 Uhr.

Marina Tropical, Av. Beira Rio. Regionale und internationale Küche mit französischem Einschlag. Wunderschöne Lage am Fluss, auf dem Bootssteg ist eine kleine Bar, gelegentlich Live-Musik. Mittags Self-Service. 🕒 tgl. 11.30–24 Uhr.

Barlavento, Av. Beira Rio. Einfaches Restaurant, das regelmäßig gute Noten fürs Essen erhält. 🕒 tgl. 11–24 Uhr.

Pizzaria Nômade, Av. Beira Rio 453. Warum nicht den Tag bei einem Glas Rotwein und Pizza in dieser romantischen Location mit Blick auf den Fluss ausklingen lassen? Oft Live-Musik. 🕒 tgl. 18.30–24 Uhr.

Sonstiges

GELD – ***Banco do Brasil,*** Av. Joaquim Soeiro de Carvalho. 🕒 9–14, Geldautomat 6–22 Uhr (Visa).

POST – Rua Major Gallas. 🕒 Mo–Fr 8–12, 14–17 Uhr.

TOUREN – ***Barratur,*** Av. Joaquim S. Carvalho, ✆ 98/3349 1779, 🖳 www.barratur.com.br. Gute

Agentur, Touren in den Nationalpark, nette Mitarbeiter und Guides.
Eco Dunas, Rua Inácio Lins 164, ✆ 98/3349 0545, 💻 www.ecodunas.com.br. Breite Palette an Ausflügen: Nationalpark, Alcântara oder Jericoacoara. 🕒 tgl. 7.30–19.30 Uhr.

Transport

BUSSE – **São Luís**: *Cisne Branco,* Av. Brasília Ecke Rua Antônio Dias, parallel zur Hauptstraße, ✆ 98/3243 2847, tgl. 6, 9, 14 und 18.30 Uhr, 4 Std., R$18. Besser mit den Kleinbussen von ***Van Express,*** ✆ 98/3256 4027, tgl. 17 Uhr, 4–5 Std., R$25, oder per **Sammeltaxi** (4 Pers., R$25 p.P.).
Parnaíba: am schnellsten mit dem Bus um 14 Uhr nach São Luís, Ankunft 18 Uhr, Weiterfahrt 20 Uhr.
Caburé: s. S. 524, Caburé (Transport).
Santo Amaro: erreichbar über die Ortschaften **Pedras** oder **Sangue**, 1 1/2 Std., R$10.
Sangue: *Cisne Branco,* tgl. 7 und 16 Uhr, R$4.

PICK-UPS – Nach **Mandacaru** (27 km, 1 3/4 Std, R$7) und **Atins** (32 km, 2 Std., R$8) fahren Pick-Ups. Schwierige Strecke durch Sand und Dünen, „Haltestelle" in der Trav. Monsenhor Gentil. Abfahrt tgl. zwischen 10 und 11 Uhr, je nach Passagieraufkommen. Beide Ort sind auch per **Linienboot** erreichbar, s. S. 524, Caburé (Transport).
Paulino Neves: tgl. 11 und 17 Uhr.

Parque Nacional dos Lençóis Maranhenses

Nicht jeder weiß, dass es in Brasilien eine oft mit der Sahara verglichene Wüste von den Ausmaßen der Stadt São Paulo gibt (1500 km²), in der die Temperaturen auf bis zu 50 °C ansteigen können. Lençóis Maranhenses, der größte Nationalpark des Nordostens, liegt etwa 250 km östlich von São Luís und gehört zu den außergewöhnlichsten Attraktionen des Landes; er zieht sich 70 km an der Küste entlang und reicht bis 50 km ins Landesinnere hinein.

Die Eigenart dieser Region erschließt sich schon aus dem Namen Lençóis – wie flatternde weiße „Bettlaken" wirken die durch den Meereswind ständig in Bewegung befindlichen Dünen. Sie erreichen mitunter eine Höhe von bis zu 40 m. Was diese Landschaft von „normalen" Wüsten unterscheidet, sind ihre vielen kristallklaren Lagunen und Flussläufe; sie entstehen während der Regenzeit (Januar bis Juni) und beherbergen eine reiche Flora und Fauna. In der nachfolgenden Dürreperiode (Juli bis Dezember) trocknen die Seen aus und werden von den wandelnden „Bettlaken" zugedeckt. Erstaunlicherweise haben es selbst Fische geschafft, sich der unwirtlichen Bedingungen anzupassen. Sie legen ihre Eier rechtzeitig im warmen Sand ab und zu Beginn der nächsten Regensaison tummelt sich eine neue Generation in den Lagunen.

Logistisches Ausgangszentrum für die meisten Exkursionen in den Nationalpark ist das Städtchen **Barreirinhas**, hier befinden sich viele Unterkünfte und Reiseagenturen. Die Anreise von São Luís dauert per Bus vier Stunden. Von Barreirinhas geht es per Boot auf dem **Rio Preguiças** vorbei an einer reizvollen Mangrovenlandschaft und exotischen Buriti-Palmen bis zur Halbinsel **Caburé**. In der Nähe liegen einige kleine Fischerdörfer; vom berühmten Leuchtturm *(farol)* in **Mandacaru** erschließt sich einer der schönsten Panorama-Rundblicke der Region. Von **Atins** aus kann man den nördlichen, weniger berührten Teil des Nationalparks entdecken und stundenlang an einsamen Stränden spazieren gehen.

Am faszinierendsten ist die Zeit zwischen Mai und August, wenn die blaugrünen Oasen gefüllt sind und das Weiß der Dünen durchbrechen. Die Vegetation ist dann am reichhaltigsten und viele Zugvögel machen auf ihrer Reise gen Süden hier Station. Zwischen September und Dezember schrumpfen die Lagunen und sind weniger beeindruckend.

Ausflüge in den Nationalpark

Auch wenn das Warten auf trödelnde Gruppenmitglieder in der sengenden Sonne zur Weißglut treiben kann – um **organisierte Touren** in den Nationalpark kommt man kaum herum. Die am meisten gebuchten Tagesausflüge von Barreirinhas gehen zu den Süßwasserlagunen **Lagoa Bonita** und **Lagoa Azul**, Letztere auch nachmittags zu beeindruckenden Sonnenuntergängen (R$35–40, meist 9.30–15.30 Uhr).

Weitere Ausflugsziele sind die **Lagoa do Peixe** und **Lagoa da Lua**. Die Lagunen werden von den Rändern des Nationalparks her zu Fuß besucht,

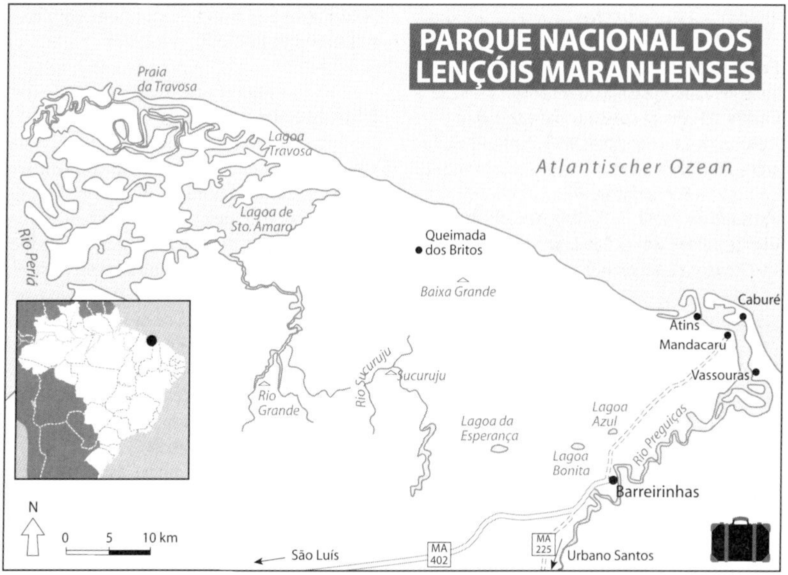

Autos sind nicht erlaubt. Unter der Woche ist es wesentlicher leerer.

Tief im Innern des Nationalparks kann man nahe der wenig entwickelten Ortschaft Santo Amaro auf langen Fußmärschen auch die **Lagoa da Gaivota**, die **Lagoa da Esperança** und das Dünendorf **Queimada dos Britos** besuchen (nur mit Guide und genügend Trinkwasser). Ein weiteres Ziel ganz im Westen ist die **Praia da Travosa**. Einfacher ist ein lohnenswerter Besuch der Fischerdörfer **Caburé**, **Atins**, **Mandacaru** und **Vassouras**, zu erreichen per Bootsfahrt über den Rio Preguiças.

Noch einige Tipps: Beim Fahren mit den Toyota Bandeirantes am Rand auf spitze Äste achten, zur Schonung von Gesäß und Rücken Beine locker im Rhythmus des Wagens mitwippen lassen. Beim Durchqueren der teilweise tiefen Pfützen sollten keine Taschen auf dem Boden stehen. Auch wenn die Fahrt im Toyota etwas beschwerlich ist, an der ersten blauen Lagune ist die Anstrengung meist vergessen. Unbedingt wichtig ist Sonnenschutz (Sonnencreme, Schirmmütze) und viel Wasser. Unautorisierte Wanderungen und Camping sind verboten.

Caburé

In idyllischer Lage zwischen dem Rio Preguiças und dem Atlantischen Ozean liegt auf einem schmalen Sandstreifen die kleine Häuseransammlung von Caburé. Auf der Flussseite gibt es eine Hand voll Pousadas und Restaurants. Es ist interessant, wenn auch ein wenig deprimierend, dem täglichen Windmühlenkampf der Bewohner gegen den Sand zu beobachten. Einige der Pousadas sind nicht vollständig isoliert, so dass man sich morgens unter einer dünnen Sandschicht wiederfinden kann.

Wenn sich genügend Personen zusammenfinden, lassen sich bei Sonnenuntergang Bootstouren zur Beobachtung von **Guarás** unternehmen: große Vögel mit langen, krummen Schnäbeln und leuchtend rotem Gefieder. Die Daunen der Jungvögel sind zunächst schwarz-weiß, das bunte Federkleid bekommen sie erst mit der Zeit dank ihrer Ernährung von kleinen Krabben, so genannten *Maracoanim*. Das Boot fährt zu einer Stelle zwischen Caburé und Atins, wo sich Schwärme zur Nachtruhe versammeln. Guarás werden immer noch in weiten Teilen von Maranhão illegal gejagt.

Übernachtung und Essen

Pousada Porto Buriti, ✆ 98/3349 1338, 💻 www.pousadadoburiti.com.br. Geräumige, gemütliche Chalês mit windgeschützter Terrasse. Der Schutz vor dem Sand macht die Extra-Reais zu einer sinnvollen Investition. Gehört zur *Pousada do Buriti* in Barreirinhas. ❸

Pousada do Paulo, ✆ 98/3349 9010. Saubere Chalês, relativ wenig Sand. ❷

Alle Pousadas haben Restaurants.

Transport

BOOTE – Von **Barreirinhas** gibt es mehrere Möglichkeiten, Caburé zu erreichen (alle Fahrten vom Hafen).

Linienboot, 1–2x tgl., 3 Std., R$7. Abfahrtszeiten einen Tag vorher erfragen.

Barco Voadeira (Motorboot), Abfahrt nur bei vollem Boot. Meist Stopps in Vassouras und Mandacaru (1 Std., R$35–40 p.P.).

Fischerboot, keine festen Zeiten, Preis nach Verhandlung, man wird meistens sehr nass (3–4 Std.).

Schoner mit *Off Road Adventure*, Av. Joaquim S. de Carvalho, ✆ 98/3349 0625, Caburé (R$40 p.P.). ⏲ tgl. 7–19 Uhr.

Von **Atins** ist die Überfahrt mit einem Segelboot möglich, aber Vorsicht: Passagiere und Gepäck beenden die Fahrt meist durchnässt. Dies ist oft auch der Fall, wenn die Bootsleute Gegenteiliges versichern. Mit etwas Glück kann man sich von **Mandacaru** in wenigen Minuten (trocken) übersetzen lassen. Nach Marcelo fragen.

Die Rückfahrt von Caburé nach **Barreirinhas** kann sich ohne Reservierung schwierig gestalten, schon mancher Tourist musste in Caburé übernachten und konnte erst am nächsten Morgen die Rückreise antreten.

BUGGY – Es ist möglich, von Caburé direkt nach **Parnaíba** zu fahren, am besten über eine Reiseagentur organisieren. Die schöne Strecke am Strand nach **Paulino Neves** wird öfter von Buggys befahren. Man kann warten bis jemand vorbeikommt oder in der Pousada einen Buggy bestellen (1 Std., R$40 p.P.).

Mandacaru und Atins

Das Highlight des Fischerdorfes Mandacaru ist im wahrsten Sinne des Wortes sein **Leuchtturm**. Von der Plattform bietet sich ein spektakulärer Panoramablick über den Nationalpark. Manchem Touristen wurden erst hier in 35 m Höhe die Dimensionen des Parks bewusst. Der Aufstieg hilft auch, um sich eine Orientierung über die kompliziert verschachtelten Flussarme, Dünen und Strände der Region zu verschaffen. Ein Bewohner, Marcelo Noleto, bietet individuelle Ausflüge an, z. B. Trekking, Vogelbeobachtung oder Bootstouren nach Atins, Caburé oder Barreirinhas. ✆ 98/3256 8242, 9601 0951.

Eine Oase der Ruhe findet der Reisende in Atins, einem Dörfchen ohne touristische Infrastruktur mit nur zwei größeren Pousadas. Von hier ist es möglich, die untouristische Seite des Nationalparks kennen zu lernen. Die einsamen Strände sind herrlich für lange Spaziergänge oder Reitausflüge. Der Bootstransport von und nach Caburé erfordert in der Regel etwas Improvisationstalent.

Nach Barreirinhas verkehren täglich Toyota Pick-Ups.

Übernachtung und Essen

ATINS – ***Pousada Rancho dos Lençóis*** *(Pousada do Buna)*, ✆ 98/3349 0669. 200 m vom Nationalpark am Strand; hübsche Chalês, Pool, Bar und Restaurant. Der freundliche Besitzer Buna bietet Touren mit Katamaran, Pferden und Kajak an, auch für Nicht-Gäste. Tipp: Ankunft ankündigen und sich vom Strand abholen lassen erspart einen anstrengenden Fußmarsch. ❶–❷

Pousada Filho dos Ventos, ✆ 98/9966 7100. Ebenfalls attraktive Pousada mit rustikalen Chalês, 6 km vom Eingang zum Nationalpark. ❶–❷

Dormitório da Tia Rita, ✆ 98/9968 6094. Einfache Unterbringung bei der sympathischen Tia Rita. ❶

Der zentrale Westen

Das Monument der vergangenen Zukunft, **Brasília**, durchstreifen.

Im alten Goldgräberstädtchen **Pirenópolis** den Atem der Provinz verspüren.

Angeln im **Araguaia** oder einfach den Strom hinabtreiben.

Trekking im **Jalapão**, fernab von jeder Steckdose.

In der **Chapada dos Guimarães** klettern und wandern.

Kroks satt: Reiterferien und Birdwatching im **Pantanal**.

Rio Bonito: mit den Fischen Aug in Auge schnorcheln.

Zentralbrasilien oder „Centro Oeste" umfasst die Bundesstaaten Mato Grosso, Mato Grosso do Sul, Goiás, Tocantins und den Regierungsdistrikt – Distrito Federal (DF) – von Brasília.

Während noch vor hundert Jahren dieses leere und trockene Hochland-Herz Brasiliens nur von nomadisierenden Indianern, Goldsuchern und Fallenstellern durchstreift wurde und es so gut wie keine Straßen und sicheren Wege gab, zählt das Gebiet heute zu den dynamischsten Regionen Brasiliens. Dazu hat die kühne Tat, inmitten dieser Steppe *(Cerrado)* eine neue Hauptstadt zu errichten, beigetragen, ebenso die Entwicklung einer äußerst expansiven Agroindustrie. Der Zentrale Westen ist so etwas wie die Kornkammer (Soja) von Brasilien geworden. Aber immer noch gehören die nördlichen und westlichen Teile dieses Gebiets zu den am spärlichsten besiedelten Regionen des Landes.

Reisende, die Naturerlebnisse suchen, kommen im Zentralen Westen besonders auf ihre Kosten. Da

ist einmal der **Pantanal**, der größte Süßwassersumpf der Erde mit seiner spektakulären Fauna, südlich davon die Region **Bonito** mit Kalksteinhöhlen und kristallklaren Flüssen, nördlich des Pantanal die **Chapada dos Guimarães**, ein uraltes Sandsteingebirge mit spektakulären Ausblicken, und dann natürlich **Brasília**, das moderne Gesamtkunstwerk – und darum herum eine **archaische Landschaft** mit kleinen Weilern, die noch im Dornröschenschlaf verharren.

Brasília

Modern sollte sie sein, die neue Hauptstadt der Nation, supermodern. Großartig und aus einem Guss. „In fünf Jahren 50 Jahre überspringen" – so lautete der Marschbefehl des Präsidenten Juscelino Kubitschek. Und in tausend Tagen stand die Stadt. Die Reißbrett-Täter waren Schüler des schweizerischen Stararchitekten Le Corbusier, der Paris abreißen wollte zugunsten von einem Dutzend Wolkenkratzern, und der nichts mehr hasste, als die mittelalterliche, enge europäische Stadt mit ihren „Eselsgängen".

In Brasília konnten die Corbusier-Schüler Lucio Costa und Oscar Niemeyer ihre kommunistische Utopie einer funktionalen Stadt mit Transportbändern, Grünzonen und Wohnmaschinen in Stahlbeton gießen. Daraus ist dann etwas ganz anderes geworden – nämlich eine Stadt krassester sozialer Apartheid. Denn nur der „Plano Piloto" – also der Masterplan der 300 000 Seelen zählenden Beamtenstadt ist vorzeigewürdig. Die restlichen 1,7 Mill. Einwohner des Distrito Federal (DF) – ähnlich wie Washington mit dem District of Columbia bildet der 5822 km^2 große Bundesdistrikt ein eigenes Land – hausen in so genannten Satellitenstädten weit draußen. Und diese Siedlungen gleichen eher südafrikanischen Townships als Städten.

Die „Stadt des Dritten Jahrtausends" ist ein bald 50-jähriges bröckelndes Denkmal der vergangenen Zukunft. Bis auf die rote Erde ist wenig an dieser Stadt brasilianisch, jeder Betonblock hingegen wirkt wie ein Grabstein der Moderne.

Sehenswertes

Wegen der enormen Entfernungen und der unbarmherzigen Sonne – Brasília liegt auf beinahe 1000 m Höhe wenige Grade südlich des Äquators – sollte man sich einer der Stadtrundfahrten anvertrauen, um einen Überblick zu gewinnen. Danach kann es sich lohnen, einzelne Bauwerke herauszupicken.

Der **Fernsehturm** ist ein Besichtigungspunkt, den man keinesfalls auslassen sollte. Er befindet sich an der höchstgelegenen Stelle der Zentralachse (Eixo Monumental), die das Stadtzentrum durchzieht. Von einer offenen Plattform in 75 m Höhe eröffnet sich ein Panoramablick über die Stadt. In et-

Schöpfer und Schamane der Moderne: Oscar Niemeyer

Brasiliens berühmtester Architekt und Schöpfer Brasílias wurde unter dem Namen Oscar Niemeyer Soares Filho 1907 in Rio de Janeiro geboren; er besuchte die Escola Nacional de Belas Artes und trat nach dem Architekturstudium 1934 in Kontakt mit dem Team von Lúcio Costa, dem damaligen Direktor der Kunstakademie und Verfechter der modernen Architektur. Dass sich in den 30er Jahren ausgerechnet in Brasilien der Boden fruchtbar für die Entfaltung des Internationalen Stils erwies, war kein Zufall. Mit Getúlio Vargas war nämlich ein Caudillo an die Spitze gekommen, der die „Republik der Großgrundbesitzer" in einen modernen Industriestaat umkrempeln wollte. „Ordem e Progresso", „Ordnung und Fortschritt", der Wahlspruch in Brasiliens Flagge – das war eine Formel, die durchaus in die berühmte „Charta von Athen" gepasst hätte, jenem Manifest aus dem Jahr 1933, mit dem unter der Führung von Le Corbusier das ideologische Fundament für den modernen Städtebau, die „funktionelle Stadt" gelegt wurde.

Le Corbusier war 1936 mit der „Graf Zeppelin" an die Copacabana gekommen; er steuerte Baupläne für ein neues Erziehungsministerium bei, die Oscar Niemeyer begeisterten. Hier zeigte sich die Hand eines Meisters, der sich souverän über alle Konventionen und Traditionen, den Terror des rechten Winkels, die Enge der barocken Stadt, den „Gang des Esels" hinwegsetzte, der radikal mit „Licht, Luft und Sonne" experimentierte und seine Bauten als „Maschinen" pries. Gegen den Widerstand der akademischen Kreise und der Provinzpolitiker setzten Costa und Niemeyer einen Entwurf für das Ministerium durch, der nur geringfügig von der Skizze Le Corbusiers abwich.

1940 bekommt Niemeyer seinen ersten eigenen Bauauftrag. Er errichtet rings um den künstlichen See im Vergnügungspark Pampulha der aufstrebenden Minenmetropole Belo Horizonte eine Kirche, ein Kasino und ein Klubhaus. Niemeyer geht mit dem neuen Werkstoff Stahlbeton um, als wäre es Knete. 1946 baut er die Banco Boavista, 1947 ein riesiges Luftwaffen-Ausbildungszentrum, und im gleichen Jahr wird er bei der Errichtung des UN-Hauptquartiers am East River zu Rate gezogen. Oscar Niemeyer hat sich in kurzer Zeit einen Namen gemacht als einer, der fast spielerisch seine kühnen Entwürfe in elegante, dynamische Bauten umsetzt.

Der Mann, der ihm den Auftrag von Pampulha erteilt hatte, Juscelino Kubitschek, wird 1957

wa 3 km Entfernung nach Osten ragt der Doppelturm vom Kongress in den Himmel: links die Schale des Senats und rechts die Kuppel des Abgeordnetenhauses. In mittlerer Entfernung der Busbahnhof (Nahverkehr) und zu beiden Seiten große Einkaufszentren. 🕓 tgl. 9–21 Uhr, Aufzug.

Die Fahrt geht von dort über die Rodoviária zur **Catedral,** ein Meisterwerk von Oscar Niemeyer. Ihre Symbolik ist umstritten: Dornenkrone Christi, Blüte, betende Hände oder Krone Marias werden als Interpretation angeboten. Unumstritten gilt der Bau als gelungenes Beispiel der Betonarchitektur Niemeyers. Vor dem unterirdischen Eingang stehen moderne Steinskulpturen der vier Evangelisten. Der Eingang liegt im Schatten, um die Gläubigen vom Dunkeln ins Helle zu führen. Im Inneren ist die kreisrunde Kathedrale ganz schlicht. Keine Ausschmückungen stören die meditative Atmosphäre. Ein Altar, helle Plastikstühle und drei große Engelsfiguren von João Ceschiatti, die unter der Kuppel hängen – das ist alles. 🕓 tgl. 8–20 Uhr.

Weiter den Eixo Monumental nach Osten hinab liegt an der „Esplanada dos Ministérios" rechter Hand der **Palácio Itamarati**, das Außenministerium. Unter den 17 Ministerien fallen zwei aus dem Rahmen: Das Außenministerium und das Justizministerium, die sich auf der Achse gegenüber und dem Kongress am nächsten stehen. Das Itamarati ist eines der elegantesten Gebäude Brasílias; zierliche Bogenkolonnen tauchen aus dem Wasser auf und scheinen sich in seinen Spiegelungen zu verlängern, was dem Baukörper eine harmonische Leichtigkeit verleiht. Wachwechsel der Dragoner um 15.45 Uhr.

zum Präsidenten Brasiliens gewählt. Kubitschek will „50 Jahre in 5 Jahren" überspringen, er macht Ernst mit dem alten Traum, im Zentrum des Landes, auf der menschenleeren, unwirtlichen Hochebene, dem Planalto, eine neue Hauptstadt zu errichten – Lúcio Costa und Oscar Niemeyer werden mit der Herkulesarbeit betraut. Brasília wird in 1000 Tagen aus dem roten Steppenboden gestampft und am 21. April 1960 als „Metropole des 3. Jahrtausends" eingeweiht.

Niemals zuvor haben zwei Männer, Lúcio Costa als Stadtplaner und Oscar Niemeyer als Architekt, so viel freie Hand gehabt, um gewissermaßen Lieber Gott zu spielen und eine Stadt für 300 000 Bewohner bis ins kleinste Detail zu planen. Das Ergebnis ist aus einem Guss, Brasília gleicht aus großer Höhe betrachtet einem Flugzeug, und aus der Nähe einem Gesamtkunstwerk, in dem die Menschen auf ihren Trampelpfaden den Plan nur stören. Der Traum der Architekten, eine Utopie in Beton zu gießen, mutiert in Brasília zum Terror der reinen Form. 1987 wurde Brasília von der UNO zum „Welt-Kulturerbe" erhoben.

Niemeyer der kommunistische Misanthrop; undenkbar, dass er, wie man von Hans Scharoun kolportiert, erst die Toiletten skizziert, um dann das Gebäude zu entwerfen. Nein, sein Credo ist: je schöner die Form, desto besser die Funktion – nicht umgekehrt. Der Palácio Alvorada, eine Augenweide am Ufer des Lago Paranoá, seine geschwungenen, trapezförmigen Säulen scheinen den Flachbau wie ein Segelschiff davon gleiten zu lassen, ist im Innern eine kalte Scheune, in der noch kein Präsident längere Zeit wohnen wollte. Bequemlichkeit ist für Niemeyer ein bourgeoiser Begriff.

Über 200 große Bauten – für Sozialwohnungen interessierte er sich kaum – hat Oscar Niemeyer entworfen und errichtet, wahrscheinlich gibt es keinen anderen Architekten mit solch einem umfangreichen Werkkatalog. Niemeyer ist sich seiner Formensprache und seiner Überzeugungen treu geblieben, sein Werkstoff bleibt der Beton und als Betonkopf weigert er sich, ästhetische Kompromisse einzugehen oder das Scheitern der kommunistischen Staatsdoktrin einzusehen. Der große alte Mann, der schon seit Jahrzehnten nicht mit sich diskutieren lässt, der in Brasilien als letzte Autorität in Sachen Architektur verehrt wird, hat alle neueren Entwicklungen überlebt. In ganz Brasilien liegen seine Stahlbeton-Raumschiffe (300 Schulen in Serienbauweise) vor Anker: viele Denkmale für einen einzigen Mann, den Schamanen des Modernismus und Musterschüler Le Corbusiers.

Die Plastik vor dem Palast „Der Meteor", der die fünf Kontinente symbolisiert, ist ein Werk von Giorgi. Palast ⌚ Mo–Fr 15–17, Sa und So 10–14 Uhr.

Am Ende der Monumentalen Achse liegt der **Congresso Nacional** wie ein Gebirge. Dies ist Oscar Niemeyers eigentliches Meisterwerk. Hier lässt sich am ehesten sein architektonisches Konzept nachvollziehen, die konvexen und konkaven Linien bzw. das utopisches Element der „fliegenden Untertassen" beweisen am deutlichsten seine Antihaltung gegenüber rigiden Modellen der Bauhaus-Architektur sowie rationalistischen Gestaltungen der Postmoderne. Im Innern befinden sich zahlreiche Kunstwerke. ⌚ Führungen: Mo–Fr 14–17 Uhr.

Auf der östlichen, von der Monumentalen Achse abgelegenen Seite, liegt die **Praça dos Três Poderes**, d. h. Platz der drei Gewalten: das Forum, auf dem sich die drei Gewalten sozusagen begegnen: Judikative (Justiz), Legislative (Parlament) und Exekutive (Regierung), alle drei in bemerkenswerten Bauwerken untergebracht. Niemeyer schwebte ein Marcus-Platz vor. Aber bis auf die Taubenschwärme besteht keine Ähnlichkeit. Nichts bewegt sich auf dem baumlosen, gepflasterten Geviert unter der sengenden Sonne; die mageren „Candangos" (Pioniere Brasílias; eine Stahlplastik von Bruno Giorgi) warten auf Besucher und die „Justicia" (Alfredo Ceschiatti) sitzt mit verbundenen Augen vor dem Justizpalast. Oscar Niemeyer hat einen haushohen Taubenschlag aus Beton hinzugesteuert, der an eine enorme Wäscheklammer gemahnt.

Man sollte ein paar Stufen unter die Betonplatten steigen um eine kleine Dauerausstellung (mit einem hübschen Modell des Plano Piloto) über Brasília zu besuchen. **Museu Histórico de Brasília**, Espaço Lúcio Costa, ⌚ tgl. 9–12 und 14–17 Uhr, Sa und So nur nachmittags. Ein monumentaler Betonbalken mit Sprüchen von Kubitschek thront darüber. Der 100 m hohe Fahnenmast und das „Panteão da Pátria" komplettieren diese Bühne der Staatsmacht und der monumentalen nationalen Selbstdarstellung, die im **Palácio do Planalto,** dem Regierungspalast – das Pendant zum Kanzleramt in Berlin – ihren besonderen architektonischen Ausdruck findet. Es ist ein enormer, aber beinahe transparenter Baukörper, der über dem Boden zu schweben scheint. Die Rampe, die vom Platz der Drei Gewalten hinaufführt, ist die politische Bühne für feierliche Anlässe. ⌚ Fr 9–11 und 15–17 Uhr; nur die äußeren Baulichkeiten sind zugänglich.

Am entgegengesetzten Ende der Monumentalen Achse, 2 km westlich vom Funkturm, liegt das Museum für den, der Brasília gegen alle Widerstände durchgesetzt hatte: Präsident Juscelino Kubitschek. Das **Memorial Kubitschek** ist ein riesiger Betonsarg (Niemeyer) für den Staatsmann, der über seinem Mausoleum von einer Säule grüßt. Die Dokumenten-Sammlung in diesem Staatsbunker reicht von der Geburtsurkunde bis zum Totenschein des Protagonisten; fehlt nur noch der Nachttopf. ⌚ tgl. 9–18 Uhr, R$2.

Wem von so viel Staatsdarstellung und Kulissenarchitektur schwindlig wird, der mag in die **Dom-Bosco-Kirche** retirieren. Von allen bedeutenden Gebäuden Brasílias ist diese Kirche mit der schönsten Innenarchitektur versehen. Die Kirchenmauern sind von oben bis unten aus nuancenreichen blauen und malvenfarbigen Glasstücken zusammengesetzt. Ein enormer Leuchter aus Bergkristall dient als Gegengewicht zum architektonischen Gefüge.

Unter Brasiliens Präsidenten haben sich einige über die „Scheune" beklagt, in der sie der Staat zu wohnen zwang – es handelt sich um den **Palácio da Alvorada,** den Palast der Morgenröte, die Residenz des Staatsoberhauptes. Geschwungene Trapeze statt Säulen geben dem Bau Dynamik und erinnern entfernt an die Segel der Jangadas; sie wurden zum Symbol von Brasília. Zufahrt nur mit Taxi

Der **Stadtpark** von Brasília ist so weitläufig, dass man ihn besser mit dem Auto durchquert. Im Juni findet dort die große „Feira Internacional" statt, eine Kirmes mit Musik und Leckereien aus Brasilien und dem Rest der Welt. Eine Rundfahrt um den Stausee von Brasília mit einem Zwischenstopp an der Ermita Dom Bosco (schöner Sonnenuntergang über Brasília) beansprucht beinahe einen ganzen Tag.

Übernachtung

Brasília ist die „Insel der Seligen", ein beinahe exterritoriales Biotop für Politiker, Diplomaten und Lobbyisten. So verfügt die Hauptstadt aus der Retorte fast ausschließlich über teure Business-Hotels für Spesenritter. Sie sehen alle aus wie überdimensionierte Streichholzschachteln

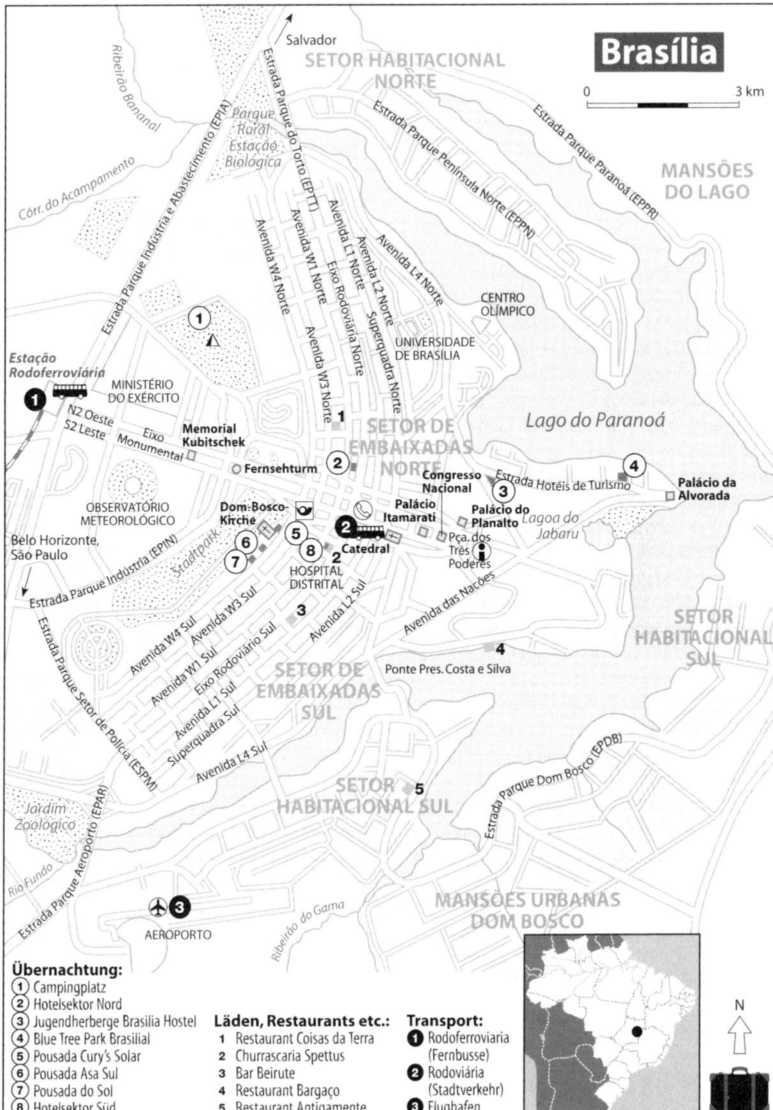

aus Beton und befinden sich in den offiziellen **Hotelsektoren Nord** (SHN) und **Süd** (SHS). Doch daneben gibt es einige alternative, preiswertere Unterkünfte, vorzugsweise an der Av. W3.

Jugendherberge Brasília Hostel, Setor de Áreas Isoladas Norte, Q2, Lote 2, ✆ 61/3323 6538, 💻 www.hostel.org.br, Bus 143 ab Rodoviária. ❶

Kritische Annäherung an die Hauptstadt

Brasília: das ist, als ob man im Hochsommer mit aufgedrehter Heizung die Avus auf und ab fährt; statt Grunewald rechts und links eine rote Steppe mit Plattenbauten. So kommt man dem Brasília-Gefühl schon nahe. Bis auf den blauen Himmel; den muss man sich malen.
An den Wohnblocks, den „Superquadras", fahren die Touristenbusse schnell vorbei, es gilt die Besucher an die Kathedrale zu karren, an den Kongress und auf den „Platz der drei Gewalten". Auf dem Weg dorthin durchquert man einige leere Raumkilometer.
Man kann trotzdem die Rollbahnen verlassen und zu Fuß die Stadt durchmessen. Eine gute Kondition, feste Wanderstiefel, Sonnenschutz und Proviant sind vonnöten. Der Mutige wird hoch belohnt. Er wird das entdecken, was Brasília nicht ausmacht – das ungeplante Leben. Man stößt auf Bretterbuden mitten in der Stadt versteckt in mannshohem Elefantengras, entdeckt wilde Müllkippen und Eselskarren, die Aktenstapel aus den Ministerien entsorgen, scheucht Gürteltiere auf, die sich blitzschnell in die rote Erde graben, entdeckt Depots von fliegenden Händlern im Gestrüpp, Wracks geklauter Autos, Camps von Bauarbeitern und Opferschalen mit Reis und Bohnen, die Jünger der Macumba unter einem Hexenbesenbaum hinterlassen haben. Der Pfadfinder wird sogar einen Hundefriedhof finden, gleich neben den Gentechnik-Labors der Embrapa (Forschungsbehörde für Landwirtschaft).
Des öfteren wird man die Schnellstraßen hakenschlagend wie ein Hase überqueren müssen – Brasília ist auf Zweibeiner schlecht vorbereitet. Der Neugierige kann natürlich wie das Heer der Dienstmädchen, Büroboten und Parkwächter einen Omnibus nehmen, bloß braucht man dazu viel Zeit und kommt auch nicht so einfach zu den „Sehenswürdigkeiten" dieser Stadt, die sich alle an der Zentralachse, der „Esplanada dos Ministérios" aufreihen. Diese Esplanada ist eine Art Flugfeld, das von gigantischen Streichholzschachteln (den Ministerien) beiderseits begrenzt wird und das von zwei Einkaufszentren und dem Busbahnhof kommend auf den Kongress zuläuft.
Aus der Flugzeugperspektive mag Brasília ja tatsächlich wie ein Flugzeug aussehen: die Zentralachse mit den Ministerien wäre der Rumpf, das Cockpit der Kongress. Und entlang der Flügelholme Nord und Süd würden sich dann die Wohngebiete auf den Tragflächen erstrecken. Wie bei einer Maschine besitzen die einzelnen Teile Brasílias keine Namen sondern nur Funktionsbezeichnungen (Bankensektor Nord/Süd, Hotelsektor Nord/Süd, Superquadra 1–16 in den Sektoren 100, 200, 300 und 400, jeweils Nord und Süd usw.). Keine Angst, wenn man eine Adresse sucht, die beispielsweise die Bezeichnung SQS 104, Conjunto B, Apt. 506 trägt. Einheimische helfen weiter – soweit sie sich selber auskennen. Dabei hat das System seine Logik: S steht immer für Setor (Sektor). Q ist Quadra oder Block, und das letzte S kommt von Sul = Süd. Süden oder Norden – das sind die Pole für die Adressen – aber auch Osten (L) und Westen (W). Die W3 ist die Achse, die von Nord nach Süd am Westrand läuft... die L4 – na? Die Nummern haben auch eine Bedeutung: Ungerade Nummern befinden sich westlich der Zentralachse, gerade östlich davon. Je höher die Nummer, desto weiter weg von dieser Achse. Soweit die Adressen in den Wohnvierteln, die dann noch nach „Conjuntos" und „Blocos" unterteilt werden. Nun gibt es aber noch jeweils zwei (Nord/Süd) Sektoren für Hotels, Banken, Kommerz usw. Die Abkürzungen dieser vielen Sektoren kennt nur der Briefträger.

Pousada Cury's Solar, Av. W3, Q707, Bloco I, Casa 15, ✆ 61/3443 6252. R$30 mit einfachem Frühstück. Ein Travellertreff, die Zimmer sind eng und nur durch Stellwände getrennt; spartanisch, aber die Wirtsleute sind nett. ❶

Pousada Asa Sul, Av. W3, Q704, Bloco M, Casa 09, ✆ 61/3224 6775, und ***Pousada do Sol***, Av. W3, Q703, Bloco C, Casa 47, ✆ 61/3224 9703, sind Billigabsteigen, die sauber, aber eng wie Kaninchenställe sind. ❶

Hotel Guarapari, Nucleo Bandeirantes, PM Epia /Sul Conj A – Lt 10, ✆ 61/3552 0222. Ein richtiges Hotel im Viertel Núcleo Bandeirantes, auf halbem Weg zum Flughafen. ❷

Mirage Hotel, SHN Q2, Bloco N, ✆ 61/3225 7150. Mittelklasse-Hotel im Hotelsektor Nord. ❸

Brasília Imperial, SHS Av. W/3, ✆ 61/3321 8747. Hotel der mittleren Preisklasse (für Brasília-Standard), geeignet für preisbewusste Reisende. ❸

Naoum Plaza, SHS Q5, Bloco H, ✆ 61/3322 4545, 💻 www.naoumplaza.com.br. ❹

Kubitschek Plaza, SHN Q2, Bloco E, ✆ 61/3329 3333, 💻 www.kubitschek.com.br. ❹

Hotel das Américas, SHS Q04, Bloco D, ✆ 61/ 3321 1972, 💻 www.hoteldasamericas.com. R$150 für ein DZ – das ist ein Schnäppchen, das es aber nur am Wochenende gibt. Auch die übrigen Business-Hotels versuchen, an den Wochenenden Kunden mit günstigen Angeboten anzulocken. ❹

Hotel Nacional, SHS Q01, Bloco A, ✆ 61/3321 7575, 0800/644 7070, 💻 www.hotelnacional.com.br. 5-Sterne-Hotel im Stadtzentrum. 346 Appartements und Suiten mit höchstem Komfort. Sauna und Pool. ❺

In der Galerie vor dem Hotel zahlreiche Reisebüros und Fluglinienсounter.

Blue Tree Park Brasília, SHN Trecho 01, Conjunto 1B, Bloco C, ✆ 61/3424 7000, 0800/150500, 💻 www.bluetree.com.br, 5-Sterne-Hotel in der Nähe des Palácio da Alvorada. 380 Zimmer, davon 2 riesige Präsidenten-Suiten. Zimmer mit Zentral-AC, 2 Telefonleitungen, Digitalsafe, Kabel-TV und Minibar. ❻

CAMPING – Ein schlichter **Campingplatz** befindet sich im Setor de Áreas Isoladas Norte, nicht weit vom Sportstadion, 3 km vom Zentrum, ✆ 61/ 3328 2419. Bus 109 fährt dorthin.

Essen

Da in Brasília alles, was zwei Beine hat, auf Reifen rollt, sind Shopping-Centers und Fashion-Malls mit ihren Parkplätzen besonders verbreitet, und zahlreiche gute Restaurants verbergen sich in diesen Konsumtempeln, die aus dem sozialen Leben – auch wegen AC und Sicherheit – nicht mehr wegzudenken sind. In den zumeist besonders markierten „Praças de Alimentaçao" der Shoppings stößt der Besucher auf ein geballtes Angebot, das von Fastfood über Buffet-Kilo-Restaurants bis hin zu Gourmettempeln reicht.

Lê Continental, in der 1. Etage des *Hotel das Américas*, SHS, Q4 Bloco D, ✆ 61/3321 3355. Für R$20 bekommt man ein komplettes Menu und genießt einen hervorragenden Service.

Restaurant Bargaço, Setor de Clubes Esportivos Sul, Trecho 02, Conjunto 35, ✆ 61/3323 4227. Das Restaurant mit Bahia- und Meeresfrüchteküche liegt idyllisch am Seeufer von Brasília. Allerdings muss man auch dafür bezahlen – rund R$80 kostet ein Menü; da fällt der Taxi-Preis auch nicht mehr ins Gewicht.

Restaurant Antigamente, Setor Habitaçoes Individuais Sul, QL 06, Conjunto 11, Casa 19, ✆ 61/ 3248 2233. Regionalküche aus Goiás, edles Ambiente; nicht ganz billig.

Xique-Xique, Setor Comercial Local Sul. Nordestino-Küche wie *Carne do Sol;* urig und preiswert

Churrascaria Spettus, SHS, Q5, Bloco E, neben Hotel San Marco, ✆ 61/3226 8327. *Der* zentral gelegene Fleischtempel der Stadt, meist proppevoll und trotzdem preiswert: für R$50 so viel vom Grill, wie man will.

Restaurant Coisas da Terra, Av. W3 Norte, Q703, makrobiotisches Restaurant mit freundlichem Service. Treffpunkt der „Alternativen".

Nachtleben

Die *jeunesse dorée* fährt natürlich mit dem Wagen vor. In Mode gekommen: Das **Pier 21**, ein Freizeit-Kneipen-Komplex am Stausee, Setor Clubes Asa Sul, nicht weit von der Brücke Costa e Silva (und der Dtsch. Botschaft). „In" mag auch noch das **Conjunto Gilberto Salomão** im Villenviertel Lago Sul sein. Ansonsten finden sich die Trendy-Kneipen fast alle zwischen den Superquadras von Asa Sul. Wie etwa das **Café Savanah** und weitere Cafés und Bars für die abendliche und nächtliche Blaue Stunde. Die Superquadras 109/110, 405/406 Sul und 303/304 Nord sind die Reviere, wo am meisten los ist.

Gates Pub, SCL 403 Sul, Bloco D, Loja 34. Traditionsrenner mit viel studentischem Publikum in „britischem" Stil. Am Wochenende rappelvoll, Musik quer Beet, von Blues bis Techno. Eintritt R$3–15. 🕒 tgl. vormittags bis Sonnenaufgang.

Bar Beirute, SCL 109 Sul, Bloco A, Lojas 2/4. Fast schon ein Biergarten aus der Pionierzeit von Brasília – der Klassiker seit Generationen serviert gebremste Araber-Küche *(Kibe cru* probieren!) und ein Bier, das richtig fließt. Rustikales Ambiente. ⌚ tgl. mittags bis 2 Uhr.
Simpsons, SCL 307 Sul, Bloco D, Loja 135. Populärer Point für Sportfreunde (großer Bildschirm für Fußballübertragung) und erfahrene Biertrinker. Liegt nicht weit von den Budget-Pousadas an der W3. ⌚ tgl. 18–2 Uhr.
Libaru's Restaurant, SCL 206 Sul, Bloco C, Loja 36, ✆ 61/3244 9795. Hier treffen sich Angestellte aus den Ministerien sowie Akademiker, Studenten und Starlets. Auch mittags gute Stimmung. ⌚ 11–2 Uhr.
Bar Brasília, SCL 506 Sul, Bloco A, Loja 14, die Blaue Stunde für Intellektuelle, Journalisten und selbst Politiker der Hauptstadt startet hier. Statt Hintergrundmusik Hintergrundgespräche. ⌚ tgl. 17–2 Uhr.
Bar de Professor, SCL 305 Sul, Bloco D, Loja 37. Der Treff der harten Trinker: Hier wird neben Bier Zuckerrohrschnaps – Cachaça – ausgeschenkt, und zwar in 100 Variationen. ⌚ tgl. 12–2 Uhr.
Wer das Flair der Vorstadt sucht, sollte die **Pistão Sul** in der Satellitenstadt Taguatinga aufsuchen (Bus ab Rodoviária, ca. 1 Std. Fahrzeit).

Sonstiges

APOTHEKEN – In jeder Superquadra mindesten eine. Ebenso in der Rodoviária, der Rodoferroviária, im Flughafen und in allen Einkaufszentren. In der Regel ⌚ bis 22 Uhr.

EINKAUFEN – Edelsteine, Kristalle, Schmuck: ***Gemmas da Terras,*** CLS 303, Bloco D, Loja 37. **Flohmarkt** rund um den Funkturm jeden Sonntagmorgen. Internationaler Folklore- und Plünnenmarkt; es findet sich aber immer mal etwas Originelles, z. B. Trockenblumen aus dem Cerrado sowie Kristalle aus dem Planalto; vor der Kathedrale werden sie angeboten.

GELD – Geldwechsel bei den Banken im Flughafen, einigen Reisebüros, die zugleich Wechselstuben sind, und in den großen Hotels – sonst schwierig. Nicht alle Bankautomaten nehmen ausländische Kreditkarten (VISA, Maestro/Cirrus). Banken: ***Banco do Brasil,*** SCS Q5, Bloco B, Loja 158. Filialen dieser Bank auch in SCRS 508 Sul, Bloco B, Loja 12, und am Flughafen. ***Bradesco,*** SCS Q2, Bloco B, Loja 181. ***Citibank,*** SCS Q6, Bloco A, Loja 208.

INFORMATIONEN – ***Airport Tourist Center,*** ✆ 61/3365 1024, verfügt über gutes Infomaterial, auch Stadtpläne, ⌚ 7–20 Uhr. Weitere Touristenbüros am JK Memorial, ✆ 61/3225 9451, auf der Praça dos Três Poderes, ✆ 61/3325 6163, und am Fernsehturm, ✆ 61/335 5735. Informationen über das Stadtgeschehen in den Lokalzeitungen *Correio Braziliense* und *Jornal de Brasília.*

INTERNET – ***Lan Blaster,*** SCR 507 Sul, Bloco B, Loja 11, ✆ 61/3242 8621, am Imbiss hinter der Banco do Brasil, bietet sehr günstige und schnelle Tarife: R$3/Std. ⌚ 12–22 Uhr. Zahlreiche weitere Internetcafés in den Shoppingcenters und den großen Buchhandlungen.

MEDIZINISCHE HILFE – ***Hospital da Base do Distrito Federal,*** SMH 101 Sul, ✆ 61/3325 5050. Unfallklinik ***Santa Lucía,*** SHL 716 Sul, Bloco C, ✆ 61/3245 3344.

MIETWAGEN – ***Localiza,*** am Flughafen, ✆ 61/3365 1748, gebührenfrei 0800/992 020, 💻 www.localiza.com.br. Preise von R$29 tgl. plus R$0,46 pro km; R$89 pro Tag ohne km-Gebühr; R$525 pro Woche. Versicherung R$17–25 pro Tag. ⌚ Mo–Fr 6–24, Sa und So 8–22 Uhr.
Interlocadora, am Flughafen, ✆ 61/3365 2511, gebührenfrei 0800/138 000, hat gelegentlich billigere Tarife.
CTR Turismo, in der Galerie vor dem Hotel Nacional, SHS I, ✆ 61/3323 1713, 💻 www.ctrlocadora.com.br, R$65 pro Tag mit 150 km Pauschale. R$420 pro Woche ohne km-Gebühr.
TIPP: Ein Mietwagen kann sich für einen Tagesaufenthalt in Brasília lohnen – die Entfernungen in der Stadt sind enorm, die Taxi-Preise entsprechend und die öffentlichen Transportmittel zirkulieren nur mit niedriger Frequenz.

POLIZEI – Die Touristenpolizei ***Pelotaó Turístico,*** ✆ 61/3325 5700, ist am besten über die CAT Touristikinformationen an den drei „Brennpunkten" am JK Memorial, ✆ 61/3225 9451; Praça dos Três Poderes, ✆ 61/3325 6163, und am Fernsehturm, ✆ 61/3335 5735, zu rufen.

POST – Die Hauptpost findet sich im Hotelsektor Süd SHS Q2, Bloco B, gegenüber dem St. Paul's Hotel. ⌚ Mo–Fr 9–17 Uhr.

REISEBÜROS – ***CTR Turismo,*** in der Galerie vor dem Hotel Nacional, SHS I, ✆ 61/3323 1713, 💻 www.ctrlocadora.com.br. Sehr hilfreich bei der Buchung von Besichtigungstouren und preiswerten Mietwagen. ⌚ Mo–Fr 8–18.30 Uhr, Sa 9–13 Uhr.
Berlin Turismo, gleicher Ort, gleiche Öffnungszeiten, ✆ 61/3225 3030, ✉ berlintur@terra.com.br, bucht ebenfalls Flüge und Hotels.

STADTRUNDFAHRTEN – ***AeroVan Turismo,*** SCLN 308, Bloco B, Zimmer 208, ✆ 61/3340 9251. Ist die traditionelle Gesellschaft mit zahlreichen mehrsprachigen Führern. Standardrundfahrten starten Di–So 9 und 14 Uhr, R$40 p.P. Nur Telefonbuchung!
Delpho's Turismo, SCLN 104, Bloco D, Loja 118, ✆ 61/3328 9968, ✉ delphos@loreno.net, bietet gleiche Touren zur gleichen Zeit, ebenfalls nur per Telefon zu buchen.

WÄSCHEREI – In den meisten Superquadras finden sich Münzwäschereien. Aber das lohnt sich nicht; die gängigen Lavanderias sind nicht viel teurer und man braucht nicht vor den Maschinen zu warten, sondern kommt am nächsten Tag wieder: alles fertig. So etwa bei ***Lavanderia Ouro Fino,*** SCR 508 Sul, Bloco C, Loja 73, ✆ 61/3242 2424. R$10 pro kg mit Bügeln. ⌚ Mo–Fr 8–18, Sa 8–15 Uhr.

Nahverkehrsmittel

Taxistände hauptsächlich in den beiden Hotelsektoren. ***Radio Taxi,*** ✆ 61/3344 3060 und 3344 1020, verkehrt 24 Std.

STADTBUSSE / METRO – Zusammen mit den Hieroglyphen der Ortsangaben in Brasília ist die Nutzung öffentlicher Verkehrsmittel ein Kniffel. Einen Überblick verschafft man sich am besten in der Rodoviária selber. Prinzipiell gibt es folgende vier Kategorien:
Busse in die Satellitenstädte wie Taguatinga, Sambambaia, Paranoá etc.;
Zirkular-Busse, die über die W- und L-Avenidas Asa Norte/Sul verbinden;
Busse mit Spezialzielen wie Campus UnB (Uni) oder Aeroporto;
„Zebrinhas", Kleinbusse in Zebrabemalung, die zwischen den Wohnblocks verkehren.
Metro: nur eine Linie, die in großen Abständen in die Satellitenstadt Gama fährt.
Einzelne Busse, die für Touristen wichtig sind: Bus 107 fährt von der Rodoviária zu den Superquadras Asa Sul, hin über die W3 Sul, zurück über L2 Sul. Bus 116 macht dasselbe nur mit Asa Norte. Busse 104 und 108 verbinden mit den Ministerien, dem Kongress und der Praça dos Três Poderes.
Wichtig! Bus 131 verbindet die lokale Rodoviária mit der Überlandbusstation Rodoferroviária.

Transport

FLÜGE – Brasilia liegt inzwischen sehr zentral wie eine Spinne im nationalen Flugnetz (internationale Direktflüge gibt es nicht). Wer von Rio/São Paulo nach Amazonien fliegt, wird in der Regel in der Hauptstadt zwischenlanden. Jede Länder-Hauptstadt wird von Brasília täglich mehrmals angeflogen.
Flughafentransport: Omnibus 102 fährt von 6.40–23 Uhr alle 20 Min. vom Flughafen direkt zur urbanen Busstation – Rodoviária – Fahrzeit 25 Min., R$2. Microbus 30 fährt von 6–20 Uhr alle 30 Min. entlang der Tangente W3 Sul und W3 Norte, R$2. Taxis ins Zentrum (Hotelsektor Nord und Süd) kosten rund R$35.
Fluggesellschaften: Folgende Gesellschaften sind in der Ladengalerie vor dem Hotel Nacional vertreten: ***Air France,*** ✆ 61/3233 4152; ***British Airways,*** ✆ 61/3226 4164, ***Gol,*** ✆ 0800/789 2121, 💻 www.gol.com.br; ***Lufthansa,*** ✆ 61/3233 8202; ***TAM,*** ✆ 61/3365 1560, gebührenfrei 0800/789 2121, 💻 www.tam.com.br. ***Varig,*** ✆ 61/3365 1550.

BUSSE – Fernbusse fahren ab **Rodoferroviária** am Westende des Eixo Monumental.
Alto Paraíso: *Real Expresso,* ✆ 61/3361 1876, tgl. 10 und 23 Uhr, 4 Std., R$17.

Salvador: *Real Expresso,* tgl. 13 und 16.30 Uhr, 18 Std., R$92; via **Seabre:** 14 Uhr, R$80.
São Paulo: *Real Expresso,* 6x tgl., 12 Std., R$80.
Belo Horizonte: *Itapemirim,* ✆ 0800/789 2020, 4x tgl., 15 Std., R$65.
Rio de Janeiro: *Itapemirim,* 4x tgl., 18 Std., R$100.
Campo Grande: *Viação São Luiz,* ✆ 61/3361 3622, tgl. 17.15 und 18.15 Uhr, 36 Std., R$86.
Goiânia: *Viação Araguarima,* ✆ 61/3233 7566, 16x tgl. zwischen 6 und 21 Uhr, 3 Std., R$22.
Pirenópolis: *Goianésia,* ✆ 61/3233 7891, 7x tgl., 3 Std., R$13.

Umgebung von Brasilia

Parque Nacional de Brasília

Der Nationalpark Brasília liegt etwa 10 km nordwestlich der Stadt. Ein Park, in dem die für diese Region typische Cerrado-Vegetation erhalten blieb. Nur ein kleiner Teil ist für die Öffentlichkeit freigegeben; dort befindet sich auch ein ausgedehnter Wasserpark mit natürlichen Badestellen; der **Parque das Águas Minerais** ist am Wochenende meist gut besucht. Achtung: Man sollte seine Siebensachen nicht unter den Bäumen ablegen, denn die im Park frei lebenden Kapuzineraffen haben sich schon so manches Stück geholt. Der Parkzugang liegt direkt an der Tangente Taguatinga-Planaltina. ◷ tgl. 8–16 Uhr, R$3.

Nationalpark Chapada dos Veadeiros

In diesem malerischen Nationalpark (im Bundesstaat Goiás) liegt der höchste Punkt des Westens. Mit seinen zahlreichen Wasserfällen und Felsformationen, natürlichen Badeteichen und Palmen ist er ein beliebtes Ziel von Ökotouristen und Esoterikern geworden. Der Park darf nur mit IBAMA-lizensierten Führern betreten werden. Aber auch außerhalb der Parkgrenzen lohnt sich das Trekking. ◷ tgl. 8–17 Uhr, R$3. Die beste Zeit für einen Besuch ist zwischen Mai und Oktober. Anreise von Brasília auf der BR 020 nach Alto Paraíso de Goiás, 36 km Erdstraße bis Vila de São Jorge.

Alto Paraíso de Goiás

Eingesponnen in die weite Dünung des Cerrado liegen die Nester Alto Paraíso de Goiás und Vila de São Jorge. Geologisch hockt man hier auf uraltem Gestein (1,7 Mrd. Jahre) und auf einer ganzen Schicht von Bergkristallen. Was Esoteriker zu vielerlei Annahmen verleitet, vor allem aber dazu, hier ihre Zelte aufzuschlagen. Die Landschaft hat aber auch ihren archaischen Reiz. Für die Aktiven gibt es Rapel, Trekking, Canyoning, Kanufahrten oder Klettertouren. Der Ort zieht Esoteriker und Mystiker magisch an. Zahlreiche „alternative" Kommunen haben sich hier niedergelassen. Klappern gehört zum Handwerk – im Juli lockt es Neugierige zum „Transzendenten-Festival" nach Alto Paraíso.

Lohnende Ausflugsziele

Cachoeiras de São Vicente, eine Serie von vier Wasserfällen des Rio dos Couros mit Fallhöhe von 150 m. Man kommt nur mit Geländewagen ab GO 118 Richtung Brasília hin. Eintritt R$5.

Cânions do Rio Preto ist eine solitäre Felsformationen von etwa 20 m Höhe, dazwischen Bachläufe und natürliche Pools zum Baden. Der Besuch (5 km ab Eingang Nationalpark) erfordert eine gute Konstitution. R$3.

Das Mondtal **Vale da Lua** dürfte vor rund 600 Mill. Jahren durch Erosion entstanden sein. Der Rio São Miguel formte hier auch kristallklare Wasserbecken. Zugang von der Straße nach São Jorge. R$5.

Vale do Rio Macaco, das Tal der Affen, lockt mit zahlreichen Wasserfällen und Schluchten, durch die die drei Flüsse Macaquinho, Macaco und Macacão (Äffchen, Affe und großer Affe) fließen, Zugang von der GO 118 Richtung Brasília. R$10.

Übernachtung

Numes Hotel, Av. Ary Filho, eine Ecke von der Rodoviária, ✆ 62/3446 1170, geeignet für Spätankommer und einen ersten Orientierungstag. Bett ab R$15. ❶

Pousada do Sol, Rua Barbosa 911, 3 km außerhalb des Ortes: am besten mit Taxi hinfahren, da sehr versteckt gelegen. Aber hier ist das „Paradies" – die Gäste dürfen von den Bäumen pflücken, was reif ist. ✆ 62/3446 1201. Mehrbett-Schlafräume: Bett R$25. ❶

Renascer da Luz, Rua Joaquim Costa, 234, ✆ 62/3446 1427, Alto Paraíso, 💻 www.renascernaluz.com.br. Alternativ-therapeutisch angehauchte Fazenda, auf Wunsch Kuranwendungen. ❸

Casa das Flores, Rua 10, Q2, Loja 14, São Jorge, ✆ 62/3455 1055, 🖳 www.pousadadasflores.com.br. Romantische Pousada; die Chalês sind in Kerzenlicht getaucht, aber Strom gibt es doch. VP ab R$197 p.P. ❺
Fazenda Sao Bento, die Hotel-Fazenda liegt abseits des Ortes, 8 km in Richtung São Jorge, ✆ 62/3459 3000. Auf dem Gebiet der Fazenda zwei große Wasserfälle: São Bento und Almécegas. Das Restaurant serviert rustikale, frische Kost aus eigenem Anbau. VP ab R$200 p.P. ❺

Essen

Jambalaya, Rua 7, Q6, ✆ 62/9668 2283, Alto Paraíso. Gilt als Nummer 1 in der Region; europäische Edelküche, Weine etc. Die Öffnungszeiten sind erratisch, aber bewegen sich zwischen 12 und 23 Uhr, im Jan und Juli (Ferien) auch länger.
Jato, Rua Coleto Paulino, 522, Alto Paraíso. Naturkost, reichhaltiges Salat-Buffet, vegetarische Gerichte. Abends à la carte. Nur Mittagstisch.
Pizza 2000, Av. Ary Filho 690, von den zahlreichen Pizzerien ist dies die populärste. Pizza für zwei schon ab R$18. ◷ tgl. 18–24 Uhr.

Sonstiges

APOTHEKE – ***Farmácia Medianeira,*** Av. Ary Filho, ✆ 62/3446 1152, ◷ Mo–Fr 8–22 Uhr.

GELD – Die einzige Bank, ***BEG,*** Av. Ary Filho 767, hat keinen Automaten und wechselt keine Devisen.

INFORMATIONEN – ***Transchapada Turismo,*** direkt an der Busstation, ✆ 62/3446 1345, vermittelt Führer und verleiht Räder (R$5/Std.) wie Rosse (R$10/Std.). Wer will, kann sich hier auch einer „Mythischen Tour" anschließen, die alle esoterischen Wasserlöcher abklappert. ◷ Mo–Fr 8–17 Uhr.
Travessia Ecoturismo, Av. Ary Filho 979, ✆ 62/3446 1595, veranstaltet Rapel (R$40–70 p.P.), ◷ Mo–Fr 8–19, Sa und So 10–14 Uhr.
Centro de Atendimento ao Turismo, Av. Ary Filho, ✆ 62/3446 1159, 10 Min. Fußweg von Busstation, hat zahlreiche Broschüren und Infos, veranstaltet auch Touren. ◷ Mo–Fr 8–17 Uhr.

MEDIZINISCHE HILFE – ***Hospital Municipal,*** Rua São José Operário, ✆ 62/3446 1103.

POLIZEI – ***Delegacia da Polícia,*** ✆ 62/3446 1127, auf der Av. João Bernardes Rabelo.

POST – Rua das Araras, 25 Min. vom Busbahnhof.

Transport

BUSSE – ***Rodoviária,*** ✆ 62/3446 1359, an der Hauptstraße Av. Ary Filho.
Brasília: *Real Expresso,* ✆ 62/3446 1861, 3x tgl., 3 Std.; R$18.
Goiânia: *São José,* ✆ 62/3446 1359, 22.30 Uhr, 6 Std., R$33.
Santo António pendelt zum Nachbarort **São Jorge**, 45 Min., R$4.

São Jorge

Der Weiler São Jorge ist eine gute Alternative zu Alto Paraíso. Der Ort war ursprünglich ein Camp von Diamantensuchern – heute ist es ein regionales Mekka für Aussteiger und Besucher des nahe gelegenen Nationalparks. Es gibt aber auch außerhalb des Parks zahlreiche interessante Wanderziele. Das **Tourismusbüro**, ✆ 62/3446 1690, ◷ Di–So 8–12 Uhr, vermittelt Führer und verkauft Tickets für den Park Chapada dos Veadeiros.

São Jorge ist 35 km von Alto Paraíso entfernt, Busse fahren in 45 Min. in den Nachbarort (R$5). Fahrradverleih beim Camping Quarto Crescent (R$15 pro Tag). **Achtung:** Es gibt keine Bank im Ort.

Übernachtung und Essen

Pousada São Jorge, ✆ 62/9998 5384, ist die beste Wahl. Große Betten, kleine Zimmer, aber ein großes Wohnzimmer für Gäste. Wäsche pro Stück nur R$1. Reitpferde (R$60 pro Tag mit Begleiter), Internet (R$3/Std.). ❶
Pousada Águas de Marco, ✆ 62/3347 2082, ist ein alternativer Bau: die Fenster sind aus alten Flaschen gebaut. Pool und kleine Sauna. Die Zimmer sind gemütlich, aber klein. ❷
Camping Quarto Crescent, hinter dem Touristenbüro, ist ein improvisierter Platz, R$5 p.P.

Sr. Fernando, der Manager, besorgt auch selbstgebackene Pizza.
Lua de São Jorge, auf der Straße zur Stadt hinaus, serviert leckere Riesenpizzas (teuer!) und „Massas". ⌚ Di–So 17–14 Uhr.
Papa Lua, an der Praça, mit reichhaltigem Buffet, Lunch wie Dinner. Man kann aber auch à la carte *Bife*, Reis und Bohnen bestellen. ⌚ Mo–Fr bis 22 Uhr.

Pirenópolis

Das alte **Goldgräberstädtchen** (21 150 Einw.) hat sich zu einem ländlich-alternativen Kontrapunkt zur nahe gelegenen Retortenstadt Brasília entwickelt. Den Aussteigern der ersten Generation, darunter nicht wenige Gringos, sind vermögende Brasília-Bürger gefolgt, die hier ihr Shangri La fern vom Getriebe gefunden haben. Das hat die Preise in die Höhe getrieben und der Bauwirtschaft geholfen. Doch Pirenópolis, das seinen Namen von dem markanten Höhepunkt, den „Pyrenäen" in der Nähe herleitet und neben dem Tourismus vom Abbau der Kalkschieferplatten lebt, hat seinen bukolischen Charakter bislang gewahrt. Ein beliebter Treffpunkt ist unten am Fluss, an der Holzbrücke, wo die Kinder ins wilde Wasser springen und vielleicht noch Gold finden? Zwei historische Gebäude sind sehenswert: Die Hauptkirche – 2002 abgebrannt bis auf die Grundmauern; sie soll irgendwann wieder rekonstruiert werden. Und gleich nebenan ein kleines Stadttheater aus dem 18. Jh.

Der Höhepunkt im Kalender ist der Juni, wenn halb Pirenópolis bei den **„Cavalhadas"** mitmacht, den farbigen Reiterspielen zwischen „Christen" und „Mauren", deren Ursprung im Spanien der Reconquista zu suchen ist.

Übernachtung

Am Wochenende liegen die Preise generell um 30–40% höher.
Pousada Vivenda Verde, Rua do Rosário 14, ✆ 62/3331 1468, in der Unterstadt. Kleine Zimmer mit Ventilator und Bad. Pool, Billard- und Fernsehzimmer. Sehr preiswert. ❶
Pousada Lara, Rua Direita 11, ✆ 62/3331 1294, nahe Praça do Rosário. Hinter einem unauffälligen Eingang eine Pousada mit allem Komfort wie Pool, Sauna, und Erholungszone. Die besten Zimmer sind im Obergeschoss, alle haben TV, Ventilator, Frigobar und Bad. Da es sich um eine kleine Pousada (12 Zimmer) handelt, ist Frühbuchung angesagt. ❷
Pousada O Casarão, Rua Direira 79, ✆ 62/3331 2662, schmucke Pension mit 8 Zimmern in einem denkmalgeschützten Kolonialhaus. ❸
Pousada Rancho do Ralf, Rua Benjamin Constant 17, ✆ 62/3331 1162, nahe Banco do Brasil. Erinnert im Dekor ein wenig an die Goldgräberzeit. Pool mit Palmen und Blumenpracht. Alle Zimmer komfortabel mit Frigobar, TV, AC, Bad. ❸
Pousada das Cavalhadas, Praça do Matriz I, ✆ 62/3331 1261, am Platz vor der Hauptkirche. Die älteste Herberge der Stadt hat viele Wandlungen durchgemacht. Dabei ist sie geblieben, was sie immer war: ein Stadthotel zur Durchreise, zweckmäßig, aber nicht besonders einladend. Die Zimmer mit dem üblichen Standard von AC, TV, Frigobar, Bad. ❸

Essen

Die halbe Bevölkerung von Pirenópolis hat sich scheinbar auf den Tourismus verlegt. Deshalb eine breite Palette von Restaurants, Cafés und Imbissstuben; die meisten im Tal am Fluss, die übrigen rund um die Hauptkirche verstreut.
Restaurante dos Pireneus, Chácara Mata do Subrado, Barrio do Carmo, ✆ 62/3331 1345, rund 15 Min. vom Zentrum auf dem gegenüberliegenden Flussufer. Man kann à la carte wie auch vom Buffet essen; internationale Küche und Schmankerln der Region. Schöner Blick über das Städtchen. ⌚ tgl. 12–15 und 20–1 Uhr.
Empório do Cerrado, Rua do Rosário 21. Warum nicht mal *Risoto do Cerrado* probieren: die Küche ist experimentierfreudig und arbeitet mit regionalen Zutaten. ⌚ Di–Sa 17–2, So 12–17 Uhr.
Singapura, Rua do Rosário 22. Vegetarische und asiatische Küche auf der Basis von Reis und Nudeln. Es gibt aber auch Sushi (R$40, reicht für 2). Das Ambiente unterstreicht den exotischen Charakter. ⌚ Do–So 19–24 Uhr.
Dona Turca, Rua do Bonfim 41, arabische Frischgerichte, ⌚ nur am Wochenende.

Sonstiges

APOTHEKE – ***Drogaria St. António,*** Rua Sizenendo Jayme 2, ✆ 62/3331 1132, ⌚ bis 22 Uhr.

GELD – ***Banco do Brasil,*** Rua Sizenendo Jayme l. ***Bradesco,*** Rua Sizenendo Jayme 5.

INFORMATIONEN – ***Associação do Conductores de Visitantes de Pirenópolis,*** ✆ 62/3331 2729, ist großzügig mit Informationen über die zahlreichen Attraktionen (Wasserfälle, Cerrado-Pfade) der Gegend. Vermittelt sogar ortskundige Führer (eigentlich unnötig). ⌚ tgl. 8–18 Uhr.

MEDIZINISCHE HILFE – ***Hospital N. S. do Rosário,*** Av. Neco Mendonça, ✆ 62/3331 1897, gegenüber der Rodoviária.

PFERDE – vermietet ***Sr. Aristofones,*** ✆ 62/3331 1372. Er berechnet dafür am Tag nicht mehr als R$35.

POLIZEI – ***Delegacia de Polícia,*** Praça Bernando Sayão, ✆ 62/3331 1105.

POST – Praça Emmanuel Jaime Lopes, ✆ 62/ 3331 1282.

TAXIS – Die Taxifahrer freuen sich, Gäste herumzufahren – gegen Geld, versteht sich.
Pirenópolis Taxis, ✆ 62/9608 3805, hat einen 24 Std.-Service, billiger ist ein Moto-Taxi von ***Moto Taxi Central,*** ✆ 62/3331 1948.

TELEFON – Auslandsgespräche am besten bei ***Telegoiás,*** Rua Sizenendo Jayme, ✆ 62/3331 1267.

REISEBÜROS – Zahlreiche Agenturen eröffnen Besuchern die oft versteckten Schönheiten des Cerrado und organisieren Aktivitäten wie Rapel, Rafting und Kanufahren.
Pirenópolis Adventura, Rua Barbosa 31, ✆ 62/ 3331 2494 und 9991 1170, organisiert Rappel-Trips (R$30 p.P. bei 4 Teilnehmern), Mountainbiking und Wanderungen. ⌚ Mo–Fr 8–17, Sa und So 8–12 Uhr, ebenso ***Drena, Ecoturismo e Aventura,*** Rua Aurora 21, ✆ 62/3331 3336, 💻 www.drena.tur.br, und ***Ecoaçao,*** Rua Rui Barbosa 23, ✆ 61/3331 3009, 💻 www.ecoacao.com.br.

Transport

BUSSE – Die ***Rodoviária,*** Av. Neco Mendonça, ✆ 62/3331 1248, befindet sich drei Ecken vom Zentrum.
Brasília: *Goianésia,* ✆ 62/3331 1080, 7x tgl., 3 Std., R$13.
Goiânia: *Goianésia,* 2x tgl., 2 Std., R$15.

Goiás

Das trocken-heiße Hinterland wurde erst Ende des 17. Jhs. erschlossen: „*Bandeirantes*", Fähnlein von Sklavenjägern und Goldsuchern, drangen in die Hochsteppe ein und trafen hier auf einige nomadisierende Indianervölker, die sie schnell dezimierten. Ein bisschen ist das die brasilianische Version des „Wilden Westen" – und heute entwickelt sich diese Region in rapidem Tempo zur Kornkammer der Nation und zur Cash-Crop-Maschine von riesigen agroindustriellen Kombinaten, die hauptsächlich vom Soja-Anbau und -Export leben.

Die nördliche Hälfte von Goiás wurde per Verfassung 1988 abgetrennt und in einen weiteren Bundesstaat – Tocantins – verwandelt. Die menschenleeren Staaten Goiás und Tocantins bieten für Ökotouristen und Naturliebhaber viele reizvolle Ziele.

Goiânia

War die erste neue Stadtgründung, noch vor Brasília, im Jahr 1934 unter Präsident Getúlio Vargas. Goiânia – heute eine Million Einw. – hat eine recht angenehme Atmosphäre und viele Freiflächen, die um die im Kreis verlaufenden Straßen des Zentrums angelegt sind. Die Stadt ist in drei Bereiche aufgeteilt: das Wohngebiet im Süden, die Verwaltung im Zentrum sowie die Wirtschaft im Norden. Goiânia ist die heimliche Hauptstadt der großen Viehzüchter und Fazendeiros des zentralen Westens. Sehenswert ist das **Museu Antropológico** der Bundesuniversität UFG mit umfangreichen Sammlungen (u. a. die des Deutschen Jesco von Puttkamer) über die indianische Urbevölkerung, Av. Universitária 1166, Setor Universitário, ✆ 62/3209 6010, ⏲ unregelmäßig; telefonisch erfragen.

Übernachtung

Goiânia hat eigentlich nur Business-Hotels, die Stadt selber ist keine touristische Destination. Die meisten Hotels befinden sich entlang der Av. Anhanguera oder Rua 4, einige auch rings um die Praça António Lisita. Fast alle Hotels am Busbahnhof sind preisgünstig, wenn auch nicht immer von hohem Standard.

Hotel dei Rey, Rua 8, Nr. 231, in der Fußgängerzone, ✆ 62/3225 6306. ❶

Goiânia Palace Hotel, Av. Anhanguera 5195, ✆ 62/3224 4874. Riesige Zimmer; für Selbstversorger Apartments mit Küche. Bad, TV, AC. ❶

Hotel Dom Bosco, Av. Araguaia 655, ✆ 62/3225 3732, nahe Praça António Lisita. Aufwändige Lobby, aber einfache Zimmer: nur mit Waschbecken, jedoch TV, AC. ❶

Hotel Araguaia, Av. Araguaia 664, ✆ 62/3212 9800, Praça António Lisita. Liegt mitten im Geschehen und wird freundlich gemanagt. Frühstücksbuffet hervorragend! Alle Zimmer mit Frigobar, TV und AC, Bad. Internetanschluss. ❷

Vila Rica Palace Hotel, Av. Anhanguera 5308, ✆ 62/3223 2733. Gutes Mittelklasse-Hotel mit bequemen Betten, Zimmer mit TV, Frigobar, AC. ❷

Plaza Inn, Rua 20 930, ✆ 62/4005 3600, 🖳 www.plazainn.com.br. Gehobener Standard mit einem Dachterrassen-Restaurant und freiem Internet. Große, helle Zimmer mit TV, Frigobar, AC, Bad. ❸

Príncipe Hotel, Av. Anhanguera 4780, ✆ 62/3224 0085. Unauffällig in die Häuserfront eingebautes Hotel, Empfang im 2. Stock. Zimmer sauber mit ordentlichen Betten. Frühstück R$5 extra. ❹

Castro's Park, Av. República do Libano, 1520. Setor Oeste, ✆ 62/3096 2000, 🖳 www.castrospark.com.br – das Lieblingshotel der Viehbarone. ❻

Essen

Die meisten Restaurants sind auf Business-Leute eingestellt, d. h. Lunch und schnelles Abendessen, gegen 22 Uhr stellt man die Stühle hoch. Wer länger feiern will, suche die Praça Tamandaré auf, (15 Min. vom Zentrum). Um diesen Platz herum hat immer noch etwas geöffnet.

Argu's Executivo Restaurant, Rua 2, 139, ✆ 62/3224 8429. Qualitäts-Kilo-Restaurant, das sehr populär ist. Gigantisches Buffet, auch Salate. R$15/kg. ⏲ Mo–Fr ll.30–15, Sa und So 12–16 Uhr.

Torre do Pizza, Rua 2, 56. Populärer Pizzapalast, aber man kann auch Salate und Grill haben. Schon mal Schokoladen-Pizza versucht? ⏲ Mo–Fr 7–22, Sa 7–18 Uhr.

China Restaurant, Rua 7, 623, Ecke Praça Tamandaré. Preiswerter, schmackhafter Chinese, Hauptgerichte ab R$8. Zum Lunch Buffet. ⏲ tgl. 11–14 und 18–1 Uhr.

Buffalo Grill, Rua 7, 780, Ecke Praça Tamandaré. Frisch vom Grill und mit Holzfeuer warm gehalten. Burger gibt's auch. Sehr preiswert. ⏲ 24 Std.

Modlglianni, Rua 7, 754, ✆ 62/3215 4155. Edelpizzeria an der Praça Tamandaré, am späteren Abend Treffpunkt der Jugend. Große Auswahl an „Massas". ⏲ tgl. 18–24 Uhr.

Sonstiges

APOTHEKE – Mit Spätdienst: ***Drogaria Santa Mólnica***, Av. Anhanguera 3312, ✆ 62/3224 1628, neben Hotel Bandeirantes. ⏲ Mo–Sa 8–20 Uhr.

GELD – ***Banco do Brasil***, Av. Goiás 980, ⏲ Mo–Fr l0–16 Uhr. ***Bradesco***, Av. Goiás 547, ⏲ wie oben. Die besseren Hotels haben meist auch einen besseren Kurs als die Banken.

INFORMATIONEN – **Staatl. Touristenbüro**, ✆ 62/3217 1100, Rua 4, Ecke Rua 30, im Centro de Convenções. Faltblätter, Karten und Broschüren.

INTERNET – ***Internet na Hora***, Rua 3, ✆ 62/3213 3309, abseits Av. Araguaia neben Reisebüro Transworld Viagens. R$3/Std. ⏲ Mo–Fr 8–18 Uhr, Sa bis mittags.

MEDIZINISCHE HILFE – ***Inamps Hospital***, Av. Anhanguera 4379, ✆ 62/3223 5601.

MIETWAGEN – ***Localiza***, Av. Anhanguera 3530, ✆ 62/3261 1711.

Hertz, Av. Caiapó 1103, ✆ 62/3207 4848. 120 km pro Tag R$75. ⏲ Mo–Fr 8–18 Uhr.

MOPEDS – ***Motasa***, Rua 90 Sul 883, ✆ 62/3541 8778. R$25 pro Tag.

POST – Die **Hauptpost** befindet sich auf der Praça Cívico, ✆ 62/3226 2110. ◷ Mo–Fr 9–17, Sa 9–12 Uhr. Ein weiteres Postamt, näher zu den Hotels: Rua 4, Ecke Rua 8, ✆ 62/3212 1185. ◷ Mo–Fr 9–17 Uhr.

REISEBÜROS – ***Transworld Viagens***, Rua 3, 516, ✆ 62/3213 1310. Superangebot: ein Pantanal-Trip (10 Tage) für nur R$700; mind. 4 Leute. ◷ Mo–Fr 8–18, Sa 8–12 Uhr.
Mundial Turismo, Rua 2, 277, ✆ 62/3224 6999. Flugbuchungen und günstige Stadtrundfahrten (R$250 für Gruppe). ◷ wie oben.
City Tour Turísticas, Rua 25, 473, ✆ 62/3225 2836, bietet Stadtrundfahrten, R$30 p.P. bei 12 Leuten, Buchung nur über Telefon.

WÄSCHEREI – ***Lavanderia Araguaia***, Av. Araguaia 855, 4 Blocks nördlich der Praça António Lisita. R$8 pro kg. ◷ Mo–Fr 8–18, Sa 8–12 Uhr.

Transport

BUSSE – Der **Busbahnhof** befindet sich in einem großen Shoppingcenter auf der Av. Goiás, ✆ 62/3224 8466, mit 24 Std.-Service, Imbissstuben, Post und Gepäckaufbewahrung (R$2/Tag). Bus 404 fährt über die Av. Goiás vom Bahnhof ins Zentrum.
Taxis berechnen R$8 für die Strecke. ***Bandeirantes Radio Taxi***, ✆ 62/3210 4952, und ***Radio Taxi ABC***, ✆ 62/3285 1366, sind 24 Std. verfügbar.
Goiás Velho: *Empressa Moreira*, ✆ 62/3225 1459, stdl. zwischen 6 und 20 Uhr, 3 Std., R$16.
Pirenópolis: *Goianêsia*, ✆ 62/3224 1552, 223 1362, 17 Uhr, 2 1/2 Std., R$16.
Caldas Novas: *Parauna*, ✆ 62/3224 6063, 10x tgl., 3 Std., R$18.
Rio de Janeiro: *Real Expresso*, ✆ 62/3225 3626, 16 Uhr, 20 Std., R$127).

Goiás Velho

Goiás Velho ist ein nettes kleines Städtchen aus dem 18. Jh. – seither hat es sich kaum verändert. Man läuft über Kopfsteinpflaster und durch krumme Gassen und freut sich des Lebens umso mehr, als man vielleicht gerade die kalte Modernität Brasilias hinter sich gelassen hat.

Die frühere Provinzhauptstadt (27 000 Einw.) hat ihr koloniales Erbe gut bewahrt, wenn auch der Rio Vermelho, der durch den Weiler fließt, hin und wieder schwere Schäden angerichtet hat. Das alte Goiás war eine Gründung von Bandeirantes und Goldgräbern, und noch heute findet man weit draußen hin und wieder einen „garimpo“ beim Goldschürfen. In Goiás scheint die Welt noch in Ordnung und eine kleine Schar von Künstlern setzen die Tradition fort, die von Cora Coralina begründet wurde. **Casa de Cora Coralina**, das Haus der Lokalpoetin, die Gedichte schrieb wie sie Bonbons buk, ist heute ein Heimatmuseum, Rua D. Cândido 20, ✆ 62/3371 1990, ◷ Di–Sa 9–17 Uhr, R$2. Das Haus der Künstlerin **Goiandira do Coulo** (permanente Ausstellung ihrer Werke aus dem bunten Sand der Serra Dourada) liegt in der Rua Joaquim Bonifácio 19, ✆ 62/3371 1303, ◷ Di–Sa 9–12 und 13–17 Uhr, R$ 2. Auf beide Künstlerinnen sind die Bürger stolz.

Von der **Kirche Santa Bárbara**, erbaut im ländlichen Barock (1780) schöner Blick über die Stadt, Zugang über eine breite Treppenfront. Die **Kirche São Francisco de Paula** auf der Praça Zacheu Alves de Castro ist ebenfalls ein Kleinod des Barock: 1761, mit wertvollen Wandmalereien von André António da Conceição, 1870. ◷ tgl. außer Mo 9–17 Uhr. Im alten Gefängnis, Praça Brasil Caiado, ✆ 62/3371 1087, befindet sich das **Museu da Bandeira**, ein hübsches Heimatmuseum, ◷ tgl. außer Mo 9–17 Uhr.

Rund um die Praça da Liberdade, bergauf über die Rua Luís do Couta bis zur Praça do Chafariz, und von da über die Rua Moreti Foggio zum Ufer des Rio Vermelho und der Praça do Rosário spielt sich das Leben ab. Alles hübsch übersichtlich wie in einer Puppenstube. **Achtung**: Die Banken können mit Devisen/Reiseschecks nichts anfangen. Man sollte sich in Goiânia mit Barmitteln versorgen.

Übernachtung

Pousada do Sol, Rua Americano do Brasil 17, ✆ 61/3371 1717, zwei Ecken von der Busstation, ist eine günstige Absteige, einfache Zimmer (Ventilator). ❶

Pousada do Ipê, Rua do Fórum 28, ✆ 62/3371 2065, hinter der Kirche do Rosário am gegenüberliegenden Ufer des Rio Vermelho; schattiger Patio, Pool und Garten, Zimmer mit AC, Frigobar, Bad. ❷

Fazenda Manduzanzan, Straße nach Mosquito, KM 8, ✆ 62/9982 3373, verfügt über zwei Naturpools und Möglichkeit zum Angeln und Reiten. Von hier führen Pfade zum Cachoeira das Andorinhas. HP (Frühstück und Abendessen). ❸

Hotel Vila Boa, Zugang über Av. Deusdete Ferreira de Moura, Morro do Chapéu do Padre, ✆ 62/3371 1000. Ein Kasten im Stil der 70er Jahre. Die 33 Zimmer haben Standard-Komfort dieser Preisklasse. ❸

Fazenda Quinta, Hotel-Fazenda 20 km außerhalb der Stadt nahe der GO J 64 Richtung Mosâmedes, KM 4, ✆ 61/3372 9306, 🖳 www.fazendaquinta.hpg com.br, sechs Chalês und vier Zimmer. ❹

Essen

Beco do Sertão, Rua 13 de Maio 117, Self-Service mit regionalem Einschlag, wie etwa *Arroz com Pequi.* ⏲ 12–14 und 19–23 Uhr.

Deli Sabor & Arte, Rua 13 de Maio 26, „Massas" und *Bife,* ⏲ 11–22 Uhr.

Sonstiges

APOTHEKE – ***Farmácia Bom Jesus,*** Praça Castelo Branco 4, gut ausgerüstet für Notfälle, ✆ 62/3371 1305. ⏲ 7.30–20 Uhr.

INFORMATIONEN – ***Touristenbüro*** auf der Praça das Bandeiras (oder Praça Brasil Caiado), ✆ 62/3371 2200. Sehr freundlich, vergibt Skizzen und Karten der Pfade und Wasserfälle in der Umgebung.

MEDIZINISCHE HILFE – ***Hospital São Pedro,*** Rua do Carmois, ✆ 62/3371 1417.

POST – Praça do Chafariz, ✆ 62/3371 8881. ⏲ Mo–Fr 9–17 Uhr.

Transport

BUSSE – Die **Station** für Langstreckenbusse befindet sich rund 30 Min. außerhalb an der Landstraße – man kann sich aber auch in der Stadt an der Haltestelle für lokale Busse neben dem Rio Vermelho absetzen lassen.

Zum Weiler **Aruanã** am Rio Araguaia: *Empressa Moreira Ltd.,* ✆ 62/3371 1510, tgl. 11 und 17 Uhr, 3 Std., R$9.

Goiânia: *Empressa Moreira Ltd.,* stdl. zwischen 6 und 19 Uhr, 2 Std., R$15.

Rio Araguaia

Die Abgeschiedenheit und Vielfalt der Ökosysteme des **Nationalparks Araguaia** im Bundesstaat Tocantins erlaubt eine intensive Beobachtung der Fauna und Flora. In den vielen Teichen und Seen gibt es Unmengen von Fischen, darunter auch Piranhas, sowie Krokodile und Schildkröten.

Der Nationalpark wurde 1983 gegründet und bedeckt die Fläche zwischen dem Rio Araguaia und Javaés sowie den Nordteil der Ilha do Bananal. Er ist sehr schwer zugänglich und die Infrastruktur ist sehr einfach; es gibt Unterkünfte für kleine Gruppen von Gästen und Forschern, Besuch nur mit Erlaubnis der IBAMA, erhältlich bei IBAMA in Palmas, ✆ 63/3215 2381.

Die Insel **Ilha do Bananal** ist mit einer Fläche von 20 000 km2 und 300 km Länge die **größte Flussinsel der Welt**. Sie liegt zwischen den Armen des 2600 km langen Rio Araguaia und entstand durch die Aufspaltung des Flusses. Ein Teil des Gebiets wurde zum Nationalpark ernannt, in dem die letzten wenige hundert Karajás-Indianer leben. Von Oktober bis April ist Regenzeit, dann werden die Strände von lehmigem Wasser überspült. Beste Reisezeit ist von Mai bis September, wenn der Landweg einigermaßen sicher befahrbar ist. Die Anfahrt ist umständlich. Entweder man kommt aus Brasília oder Goiâna über die BR 153 bis Porangatu, dann weiter bis São Felix do Araguaia, oder aus Cuiabá nach São Miguel do Araguaia und Santa Teresinha, beide weiter nördlich gelegen und gute Ausgangspunkte.

Der Rio Araguaia ist in der Trockenzeit wegen der zahlreichen Sandbänke und Untiefen mit größeren Booten nicht zu befahren. Aber mit leichten

Außenbordern und Einbäumen lassen sich tagelange Touren unternehmen. Der beste Ausgangspunkt dafür ist der Ort **Conceição do Araguaia**, der von Marabá wie von Belém aus in 10 bzw. 15 Std. per Bus erreichbar ist. Die Busgesellschaft *Transbrasilia* bedient die Strecke tgl. um 21 Uhr, ab Belém kostet die Fahrkarte R$53.

Übernachtung

Hotel Central, Av. Paes de Carvalho 3794, ✆ 62/3421 2256, einfachste Ausstattung. ❶
Marajoara Hotel, Av. JK („Jotta Ka“) 3751, ✆ 62/3421 1220. ❷
Taboquinha Hotel, Av. Beira Rio 1000, ✆ 62/3421 1541. ❷

Tocantins

Der Bundesstaat Tocantins ist der jüngste von allen – er wurde erst 1988 durch die Abtrennung der nördlichen (und ärmeren) Hälfte von Goiás gegründet. Die Hauptstadt Palmas ist immer noch eine Baustelle; nach dem Vorbild von Brasília und Goiânia setzt sich hier eine neureiche politische Clique ihr Denkmal. Man sollte sich den Besuch nicht antun. Immerhin hat die Regierung von Tocantins erkannt, dass man mit Ökotourismus Geld machen kann. Die trockene Hochebene Jalapão, die von zahlreichen kleinen Gewässern durchflossen wird und wo die Winderosion eine archaische Dünenlandschaft geformt hat, ist das geeignete Gebiet für Expeditionen in die „Wildnis“.

Jalapão

Im Westen des noch jungen Bundesstaates Tocantins gelegen, mit einer Fläche von 34 113 km², ist Jalapão ein Übergangsgebiet zwischen der Caatinga und dem Cerrado. Bekannt unter der Bezeichnung „Wüste des Jalapão“ handelt es sich in Wirklichkeit um eine riesige Oase. Trotz des sandigen Bodens verfügt diese Bergregion über eine Vielzahl an Quellen und Bächen, die auf ihrem Weg zum Rio Tocantins nicht nur ansehnliche Wasserfälle und Stromschnellen entstehen lassen, sondern auch einer überaus vielfältigen und einzigartigen Fauna und Flora Lebensraum bietet.

Ausflüge in die wunderbare Natur

Cachoeira da Velha – Ein 100 m breiter Wasserfall des Rio Novo, zu erreichen auf der Piste zur Fazenda Triagro, 96 km.
Cascata do Rio Formiga – Stromschnellen des Rio Novo und zahlreiche kristallklare Lagunen; zu erreichen auf der Piste nach São Félix do Jalapão, 192 km.
Dunas – Sanddünen bis zu 40 m Höhe mit feinem gelben und rötlichen Sand; faszinierende Sonnenuntergänge; zu erreichen auf der Piste nach Mateiros, 131 km.
Poco do Fervedouro – „Kochende Quelle“ – artesische, nicht aber kochende Quellen, die das Wasser aus dem Boden drücken, dabei geht man wie auf einem Wasserbett. Ort: Piste nach São Félix do Jalapão, 189 km.

Die Mischung aus **Buschsteppe, Savanne** und **Wüste** bietet vielfältige Attraktionen. Beste Reisezeit ist die Trockenperiode zwischen Mai und September; dann treten die Sandbänke in den Flüssen deutlich hervor. Gelbfieberimpfung ist angesagt.

Die Gegend von Jalapão hat die kleinste Bevölkerungszahl im ganzen Staat Tocantins: nur 1,3 Einwohner pro km². Die Bewohner betreiben hauptsächlich Viehzucht sowie Landwirtschaft für den Eigenverbrauch und stellen Produkte aus Pflanzen her.

Im Gebiet von Jalapão gibt es wenig touristische Einrichtungen. Die Entfernungen sind groß, die Besiedelung dünn. Wer nicht über ein geländegängiges Auto verfügt, ist auf organisierte Touren von Reisebüros angewiesen. Diese sitzen ausnahmslos in São Paulo: *Ambiental*, ✆ 11/3819 4600; *Freeway*, ✆ 11/5088 0999; *Venturas & Aventuras*, ✆ 11/3872 0362.

Übernachtung und Essen

Fazenda Ecológico Formosa, verfügt über Pferde und Gummiflöße zum Rafting. Piste Santa Teresa–Novo Acordo, KM 5, Novo Acordo, ✆ 19/3369 1169. Ab R$80 p.P. ❸
Fazenda Santa Rosa, neue Lodge, mit naiver Kunst der Region dekoriert. Zufahrt über die Piste von Ponte Alta nach Mateiros, 150 km. ✆ 19/3534 1033. Leider teuer, nur Pauschalangebote für 3, 4 Tage. ❺

Panela de Ferro, gut gewürzte Hausmannskost, Av. Tocantins 15, Mateiros, 162 km, 🕒 6–21 Uhr.

Sonstiges

AKTIVITÄTEN – **Rafting** auf dem Rio Novo: Piste nach Mateiros, 120 km. Die Strecke führt von der Brücke des Rio Novo bis zum Cachoeira da Velha, einem Wasserfall von 25 m Höhe. Die Raftingexpedition wird in Schlauchbooten durchgeführt und dauert in der Regel 4 Tage. In jedem Boot sind 5 Pers. und ein Steuermann. .

EINKAUFEN – Körbe und Flechtwaren aus dem hier endemischen „Capim dourado“: ***Comunidade dos Mumbucas,*** an der Piste von São Félix nach Jalapão, 30 km von Mateiros entfernt.

Buckelrinder mit Schlappohren

Auf jeden Brasilianer entfällt statistisch gesehen ein Rind, meist eines mit Buckel. 180 Mill. Hornvieh, davon 110 Mill. Zebus – nur in Indien gibt es mehr davon, als heilige, magere Kühe allerdings, die nicht angetastet werden. In Brasilien aber züchtet man alle Arten der Nelore-Rasse für die Fleisch- und Milchproduktion, und das seit 130 Jahren.

Adam und Eva der brasilianischen Buckelrinder sind anno 1886 aus Indien importiert worden; zehn Jahre später verschiffte ein gewisser Manuel Ubelhart Lemgruber ein weiteres Zebu-Urpaar nach Brasilien – das kam stracks aus dem Hamburger Tierpark. Bereits gegen Ende des Jahrhunderts begannen die Zebus *(bos indicus)* die europäischen Rinderrassen *(bos taurus)* zu verdrängen.

Die zähen und genügsamen Nelore-Rinder gediehen viel besser im tropischen Klima, auf den mageren Böden und unter der Insektenplage als die hochgezüchteten europäischen Kühe.

Gewiss, ein Zebu-Rind bringt auch heute noch, nach einigen tausend Züchtungszyklen, nur einen geringeren durchschnittlichen Fleisch- und Milchertrag als bayerisches Fleckvieh beispielsweise. Doch darauf kommt es in Brasilien weniger an: Das Vieh steht das ganze Jahr über unbewacht und unbetreut auf der Naturweide. Künstliche Futterzusätze sind ausgeschlossen. Wie soll sich das auch bei Flächen von hundert Hektar und mehr lohnen?

Ein Zebu-Rind muss die Nahrung schon selber in der Steppe finden; periodische Dürren sind nicht selten, Schlangenbisse auch nicht. Eine Kuh muss auch ohne menschliche Hilfe kalben können. Die Rinderhaltung gleicht unter diesen Umständen oft mehr der Wildtier-Haltung. Trotzdem sind Nelore-Rinder recht gutmütige Haustiere.

Mato Grosso

„Undurchdringlicher Busch" – das ist wohl die richtige Übersetzung für den Namen der beiden Bundesstaaten Mato Grosso und Mato Grosso do Sul, die erst 1977 getrennt wurden. Mato Grosso im Norden ist mit 906 807 km^2 beinahe dreimal so groß, aber viel dünner besiedelt als Mato Grosso do Sul im Süden (358 159 km^2). Was beide Bundesstaaten verbindet, ist ihre westliche Grenzlage, eine Bundesstraße (BR 163) und natürlich der Pantanal. 1890 wurde Mato Grosso telegrafisch mit dem Rest des Landes verbunden, eine Straßenverbindung kam erst im 20. Jh. hinzu.

Cuiabá

Cuiabá war die erste Siedlung im Westen, sie wurde 1719 von Sklavenjägern aus São Paulo gegründet, die auf Gold- und Diamantenlager gestoßen waren. Der Ansturm von Goldsuchern machte Cuiabá zur drittwichtigsten Stadt Brasiliens während der Kolonialzeit. 100 Jahre zuvor schon war sie als Hauptlieferant von exotischen Vogelfedern an Pariser Hutmacher zu Ansehen gekommen.

Die einzige Perle der Stadt ist die **Kirche Bom Jesus dos Passos**, die wie eine Glucke über der Stadt hockt. Mit den charakteristischen einstöckigen Häusern, die aneinandergeklebt scheinen und eine beschwingte Straßenfront bilden, und den zahlreichen Gassen mit Kopfsteinpflaster vermittelt die Altstadt das Bild eines von der Zeit vergessenen Goldgräberstädtchen, das Cuiabá tatsächlich einmal war.

Das **Regional-Museum** im Palácio da Instruçao ist ein kleines, aber gut geordnetes naturhistorisches Museum über den Pantanal und die indianische Urbevölkerung. ◷ Mo–Fr 12.30–17.30, Sa 8–12 Uhr. Das **Museu Rondón**, auch als Museu do Índio bekannt, liegt 4 km außerhalb der Stadt an der Av. Fernando Corrêa da Costa bei der Universität (Bus: Universidade). Sehr umfangreiche Kollektionen der indianischen Kulturen der Xavantes, Karajás und Bororós. ◷ Mo–Fr 8–11.30 und 13.30–17.30 Uhr.

Das Hafenviertel (Barrio do Porto) am Rio Cuiabá liegt am Ende der Av. Ten. Cel. Duarte. Von hier aus schipperten früher Barkassen den Rio Cuiabá hinab bis zum Rio Paraguay und weiter nach Süden bis zum Rio de la Plata. Der Besuch des nahe gelegenen **Fischmarktes** – frühmorgens – kann lohnen.

Das Leben der Stadt spielt sich rund um die Praça da República und die nahe Praça Alencastro ab, die beide an der Av. Getúlio Vargas liegen. Südlich davon, zwischen Av. Getúlio Vargas und Av. Isaac Póvoas, wird das unregelmäßige Straßennetz durch eine Schachbrett-Bebauung abgelöst, wobei im Osten die Rua 13 de Junho und im Westen die Rua Comandante Costa und die Rua Barão de Melgaço das Zentrum begrenzen.

Übernachtung

CUIABÁ – ***Jugendherberge***, Av. Isaac Póvoas 655, ✆ 65/3624 8999. Drei Schlafräume (AC) für insgesamt bis zu 40 Pers., Kantine. R$16. ❶

Die meisten Billighotels finden sich in der Gegend der Praça Ipiranga, an der Gabelung von Av. Isaac Póvoas und Rua 13 de Junho. Etwas bessere Hotels auf der Av. Isaac Póvoas.

Hotel Ipanema, Rua Jules Rimet 12, ✆ 65/3621 3069, gegenüber Busbahnhof. Bestens geeignet für Transfer-Reisende und späte/frühe Einbuchung. Die 34 Zimmer sind sauber und haben TV, AC und Bad. Travellertreff. ❶

Eco-Verde Pousada, Rua Pedro Celestino 391, ✆ 65/3624 1386 und 9282 3201, einige Ecken von der Av. Getúlio Vargas entfernt. Eine grüne Oase im Beton-Dschungel, die von einem Pantanal-Guide (Joel Souza) geführt wird. Die Zimmer sind einfach, aber sauber. Sehr freundlich; viele Traveller treffen sich hier; kleine Pantanal-Bibliothek. Im Patio Hängematten. Kostenloser Flughafentransfer. Schlafräume (4 Pers.) R$15. ❶

Hotel Plaza, Rua António Maria 428, ✆ 65/3623 2018, Ecke Trav. Dêsiderio Lubo, kleines blaues Haus, zeichnet sich durch leicht schräge Malereien in den 11 sauberen Zimmern mit AC, TV und Bad aus. ❷

Alvorada Palace, Rua General Vale 636, Bandeirantes, ✆ 65/3623 4004, 🖳 www.hotelalvorada.com.br. Modern, hell und neu. ❸

Jaguar Palace, Av. Getúlio Vargas 600, Centro, ✆ 65/3624 4404, 🖳 www.hoteljaguar.com.br. Großes modernes Komforthotel mit Pool. ❹

Eldorado Cuiabá, Av. Isaac Póvoas, 1000, ✆ 65/3624 4000, 🖳 www.hoteiseldorado.com.br. Neues Businesshotel mit allem Komfort. ❺

VÁRZEA GRANDE – Ist ein Vorort von Cuiabá, durch den man unweigerlich kommt, wenn man in den Pantanal vorstößt oder die BR 070 Richtung Rondônia nimmt. Außerdem befindet sich im Ort der Flughafen von Cuiabá. Wer nicht nach Cuiabá hineinwill, sondern gleich in den Pantanal, kann hier unter drei Hotels wählen:
Verona Park, BR 364 Richtung Sinop, KM 1, Abzweig Trevo do Lagarto, ✆ 65/3684 2600. Saubere Zimmer mit AC, Restaurant, Pool – als Rast auf Durchreise gut geeignet. ❸
Mangabeiras, Av. da FEB, 1275, ✆ 65/3685 3131, 36 Zimmer, Restaurant, moderate Preise, Umgebung laut (Durchgangsverkehr). ❸
Diplomata, Av. João Ponce de Arruda, 686, ✆ 65/3682 8500, 52 Zimmer, AC. ❸

Essen

Auf den Avenidas Mato Grosso und Getúlio Vargas zahlreiche Kilo-Restaurants, wo eine vollständige Mahlzeit um R$10 kostet.
Papagaio Grill, Av. Mato Grosso, im Grunde eine Riesen-Kantine, sehr populär, da oft Live-Musik.
Comandante Costa, Restaurant auf Ponton, Rio Cuiabá, Rua Sarita Bacarat, mit Fischgerichten. Etwas außerhalb des Zentrums, Bus „Pireneu" oder „Agua Limpa".
Regionalissimo, Rua 13 de Julho, wie der Name verspricht: deftige Regionalküche, ⌚ Di–Fr.
Max e Fátima, Rua Joaquim Murtinho, rechts ab von der Av. Polcoas Richtung Stadtmitte – ein kleines familiäres Restaurant, sehr preiswert.
Barrauca, Rua Padro Celestino 119. Kleines Beisel mit Terrassenrestaurant, Spezialität: Fischklößchen vom Katzenfisch.
Al Manzul, Zugang von Av. Arquimedes Pereira Uma (Cachoeira das Graças), ✆ 65/3663 2237, arabische Küche.

Sonstiges

APOTHEKE – ***Drogaria São Bento,*** Av. Getúlio Vargas 220, auf der Praça da República gegenüber der Post, ⌚ Mo–Fr 7–19, Sa 7–17 Uhr.

EINKAUFEN – Der Laden der Indianerschutzbehörde **Funai** in der Rua Padre Celestino 317, ✆ 65/3323 1675, verfügt über ein umfangreiches Sortiment an Indianerkunst. **Kunstmarkt** Mi–Sa auf der Praça da Republica; in der ***Casa do Artesão,*** Rua 13 de Julho 315, ebenfalls Volkskunst.

GELD – ***Mato Câmbio,*** Rua Comandante Costa 465, Ecke Rua Cândido Mariano, ⌚ Mo–Fr 8–18 und Sa 8–12 Uhr.
Ourominas Câmbio, Rua Cândido Mariano 401, Ecke Rua Comandante Costa, ⌚ wie oben.
Banco do Brasil, Rua Getúlio Vargas 915, und ***Bradesco,*** Rua Barão de Melgaço 3475, besitzen Automaten mit 24 Std.-Dienst.

INFORMATIONEN – **Touristenbüro**, Praça da República 131, ✆ 65/3624 9060, 💻 www.sedtur.mt.gov.br, verfügt über Pantanal-Broschüren und Internetzugang. ⌚ Mo–Fr 8–12 und 14–18 Uhr.

INTERNET – ***NET Games,*** Av. Isaac Póvoas 898, ✆ 65/3624 0063, R$3/Std. ⌚ Mo–Sa 10–20 Uhr.
Copy-Center, Av. Mato Grosso 415, ✆ 65/3623 2554, R$4/Std. ⌚ Mo–Fr 8–18, Sa 8–12 Uhr.

MEDIZINISCHE HILFE – ***Hospital Santa Casa,*** Praça Seminário 141, ✆ 65/3624 4222. Ganz zentral: Erste Hilfe-Hospital ***Pronto Socorro Modelo,*** Rua Comandante Costa 1262, ✆ 65/3623 5599. Dort auch Gelbfieber-Impfungen möglich, die bei einem Trip in den Pantanal empfehlenswert sind.

MIETWAGEN – ***Unidas,*** ✆ 65/3682 4062, im Flughafen. Kleinwagen mit 100 km Freirabbatt R$76; unbegrenzte Kilometerzahl R$91.
Localiza, ✆ 65/3682 7900, im Flughafen, ähnliche Preise. Kreditkarte erforderlich, Mindestalter 21 Jahre, Büros öffnen nur bei Flugbetrieb.
Ein Dutzend Mietwagenfirmen im Ort vorhanden, z. B. ***Localiza,*** Av. D. Bosco 965, ✆ gebührenfrei 0800/99 2000.
Ein Mietauto könnte interessant sein, um die Transpantaneira bis zu ihrem Ende in Porto Jofre zu befahren; empfehlenswert aber nur in der Trockenzeit, sonst ist Steckenbleiben garantiert.

POLIZEI – ***Delegacia Distrital de Polícia,*** Rua Nova Mata Grosso, ✆ 65/3661 2132.

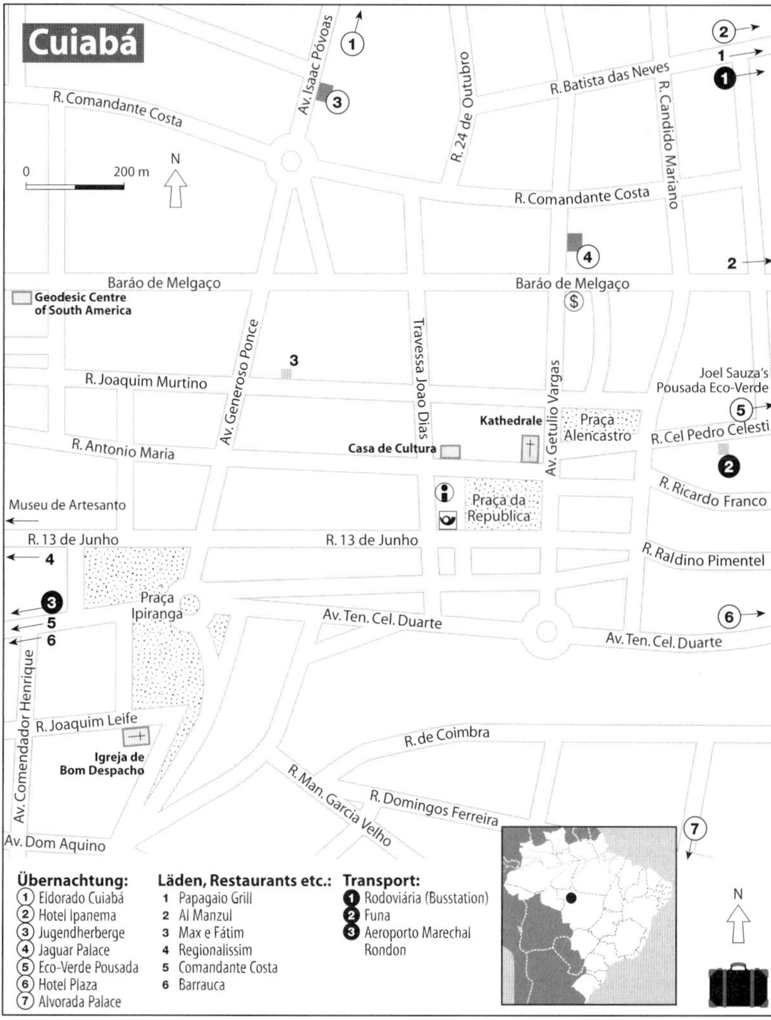

POST – Praça da República 101, neben dem Tourismusbüro, ⏲ Mo–Fr 9–17, Sa 9–12 Uhr.

REISEBÜROS – ***Confiança***, Av. São Sebastião 2852, ✆ 65/3314 2700, 🖳 www.confiancaturismo.com.br. Flug- und Bustickets, Buchungen für Hotel-Fazendas, organisiert auch Rapel und Rafting (R$150 pro Tag). ⏲ Mo–Sa 9–17 Uhr.

Mundial Viagens, Av. Issac Povoas 557, ✆ 65/3623 3499, ✉ mundialtour@terra.com.br. Arrangiert auch Mietwagen. ⏲ Mo–Fr 8–18, Sa 8–12 Uhr.

Anaconda Tours, Av. Marechal Deodoro 2142, ✆ 65/3624 4142, arrangiert Touren in den Pantanal und die Chapada dos Guimarães (R$255 für 2 Tage/2 Pers.), ⏲ Mo–Fr 9–18, Sa 9–12 Uhr.

Weitere Touragenturen:
Falcon Travel, ✆ 65/3623 1123, 🖳 www.falcontravel.com.br, ***Anaconda,*** ✆ 65/3624 4142, 🖳 www.anacondapantanal.com.br, ***Brazil Ecolife,*** ✆ 65/3637 3218, ✉ ecolife@terra.com.br. ***Faunatur,*** ✆ 65/3634 5338, ✉ faunatur@terra.com.br, ***Natureco Pantanal,*** ✆ 65/3624 5116, ✉ natureco@terra.com.br, ***Alligatour,*** ✆ 65/3621 4231, ✉ aligator@terra.com.br.

TAXI – Preiswerte Taxis bei ***Taxi Colorado,*** ✆ 65/3322 1121 und 9977 2127. ***Moto-Taxis,*** ✆ 65/3624 7046, noch billiger – besser ohne Gepäck.

Transport

FLÜGE – ***Aeroporto Marechal Rondon,*** Av. João Ponce de Arruda, ✆ 65/3682 2213 und 9614 2511, rund 10 km außerhalb der Stadt im Vorort Várzea Grande. Im Flughafen 24 Std.-Gepäckaufbewahrung (R$2) und einige Mietwagenunternehmen. Ins Zentrum fährt (unregelmäßig) der „Tuiuiú"-Bus Richtung Marajuara.
Fluggesellschaften: ***Taba,*** ✆ 65/3682 1049; ***TAM,*** ✆ 65/3682 1702; ***Varig,*** ✆ 65/3682 1140.

BUSSE – ***Rodoviária de Cuiabá,*** Rua Jules Rimet, ✆ 65/3621 3629, liegt zu Fuß 25 Min. vom Stadtzentrum. Wenn man aus der Busstation herauskommt, rechts halten und rund 1 km entlang der Av. Marechal Deodoro laufen, dann links auf die Av. Getúlio Vargas, die ins Zentrum führt. Besser mit „Bispo" Bus ins Zentrum (alle 20 Min., 6–24 Uhr, 15 Min. Fahrzeit). Im Busbahnhof Duschen (R$4) und Geldautomaten sowie eine Post, 🕓 Mo–Fr 9–12 und 14–17 Uhr. 24 Std.–Gepäckaufbewahrung R$3 pro Tag/Stück.
Brasília: *Expresso São Luís,* ✆ 65/3621 2904, 5x tgl., 20 Std., R$83.
Cáceres: *Expresso São Luís,* 7x tgl., 3 Std., R$24.
Goiânia: *Expresso São Luís,* 6 und 7.30 Uhr, 20 Std., R$69.
São Paulo: *Expresso São Luís,* 7x tgl., 26 Std., R$150.
Campo Grande: *Expresso São Luís,* 8x tgl., I0 Std., R$55.
Chapada dos Guimarães: *Expresso Rubi,* ✆ 65/3621 1764, 12x tgl., 2 Std., R$4.

Chapada dos Guimarães

Nur 67 km nordöstlich von Cuiabá entfernt ragt ein **Gebirgsplateau** mit durchschnittlich 600 bis 800 m Höhe aus der Ebene auf – es wird von zahlreichen Schluchten durchfurcht und unzählige Wasserfälle rauschen an deren felsigen Wänden herunter. Die Flora dieser gebirgigen Inseln im Cerrado und dem Amazonasvorland ist besonders artenreich und pharmakologisch interessant. Auf den Plateaus semiaride Pflanzen, in den Schluchten tropischer Regenwald und eine Vielfalt von Bromelien. Durch die zerklüftete Landschaft bedingt, und in der ariden Übergangszone zum feuchten Tiefland des Amazonas, treffen viele kleinere Biotope aufeinander und sind untereinander durch ökologische Kreisläufe verkettet.

Die Chapada wurde erst im 18. Jh. von Waldläufern und Bandeirantes auf der Suche nach Gold durchstreift. Das Gebirge bzw. der Nationalpark gelten neben dem Pantanal als Hauptattraktion von Mato Grosso. Die überaus reiche Natur zieht neben Öko-Touristen auch esoterisch angehauchte Gruppen in die Gegend: schließlich befindet sich hier der „Nabel" Südamerikas, oder geografisch gesprochen: der Mittelpunkt des Südkontinents.

Ohne kompetenten Führer sollte man den Park, 🕓 tgl. 8–17 Uhr, Eintritt R$3, nicht besuchen. In Cuiabá zahlreiche Agenturen, die Guides oder Touren vermitteln. Beispielsweise *Eco Turismo,* ✆ 65/3330 1393, mit ihrem Chef Jorge Belfort Mattos; Mattos bietet Führungen zwischen einem Tag und einer Woche durch den Park, Pauschalpreis pro Tag und Pers. R$50.

Oder: *Aventuras e Caminhos,* ✆ 65/3301 1836; *Ecoturismo Cultural,* ✆ 65/3301 1393.

Am Busbahnhof finden sich weitere Angebote über geführte Touren in den Chapada-Park. Zwei Touren können ohne Führer gemacht werden, beide beginnen am Besucherzentrum im Park: Die 19 km-Tour **Caminho das Pedras** führt zur obersten Spitze, die populäre 4 km-Tour **Caminho das Águas** zu einer Reihe von Wasserfällen, den 86 m hohen Cachoeira Véu da Noiva (Brautschleier-Fall) inbegriffen. Die Felsenformation **Cidade da Pedra** ist nur mit Auto erreichbar, ebenso der **Mirante da Geodésica**, der geodätische Punkt, der sich 8 km außerhalb des Städtchens befindet.

Informationen über den Park außerhalb des Besucherzentrums im örtlichen Tourismusbüro:

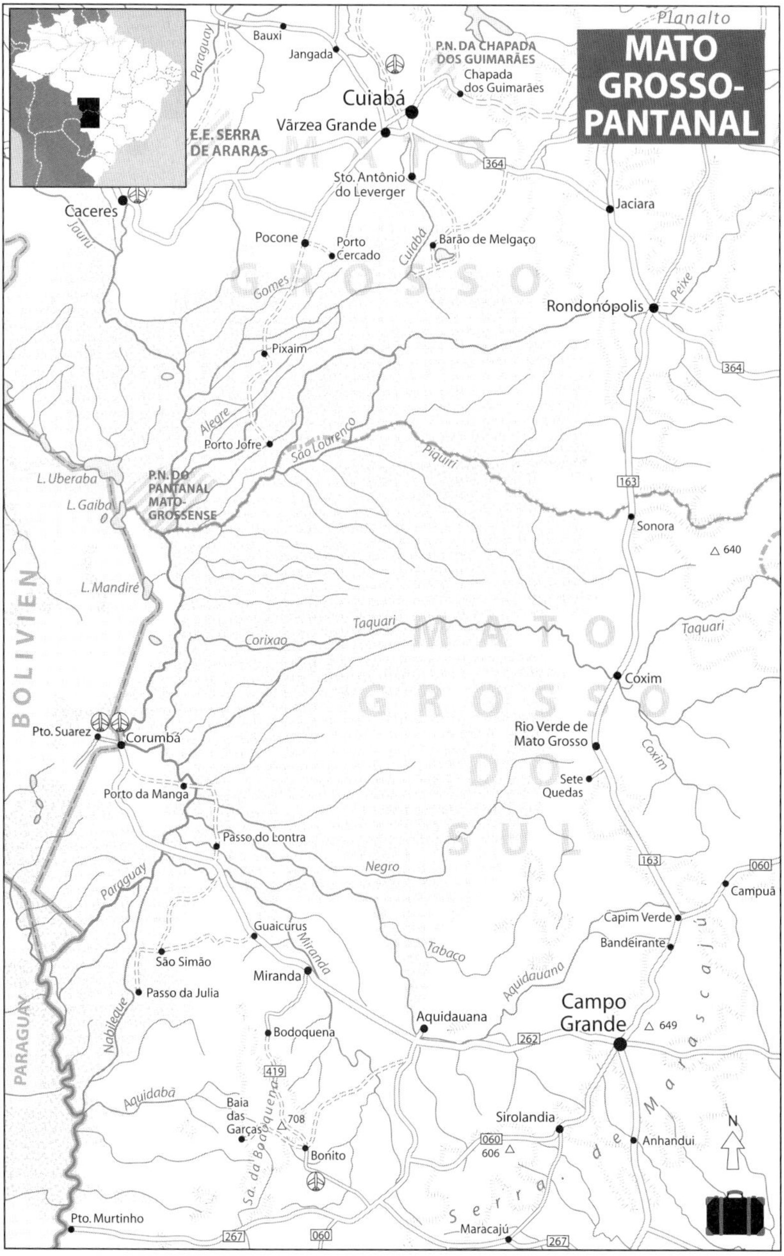
MATO GROSSO-PANTANAL
Planalto
Bauxi
Jangada
Paraguay
P.N. DA CHAPADA DOS GUIMARÃES
Chapada dos Guimarães
Cuiabá
Vãrzea Grande
E.E. SERRA DE ARARAS
364
Sto. Antônio do Leverger
Caceres
Jauru
Jaciara
Pocone
Porto Cercado
Cuiabá
Barão de Melgaço
MATO GROSSO
Gomes
Rondonópolis
Peixe
Pixaim
364
Alegre
São Lourenço
Porto Jofre
Piquiri
L. Uberaba
P.N. DO PANTANAL MATO-GROSSENSE
L. Gaiba
163
Sonora
640
L. Mandiré
BOLIVIEN
Taquari
Corixao
Taquari
MATO GROSSO DO SUL
Coxim
Pto. Suarez
Corumbá
Rio Verde de Mato Grosso
Coxim
Sete Quedas
Porto da Manga
Passo do Lontra
Negro
163
060
Campuã
Paraguay
Capim Verde
Guaicurus
Bandeirante
Miranda
São Simão
Tabaco
Miranda
Aquidauana
Passo da Julia
Campo Grande
649
Aquidauana
Nabileque
Bodoquena
262
PARAGUAY
419
Aquidabã
Baia das Garças
708
Sirolandia
Serra de Maracajú
N
Sa. da Bodoquena
060
606
Anhandui
Bonito
Pto. Murtinho
Maracajú
267
060
267

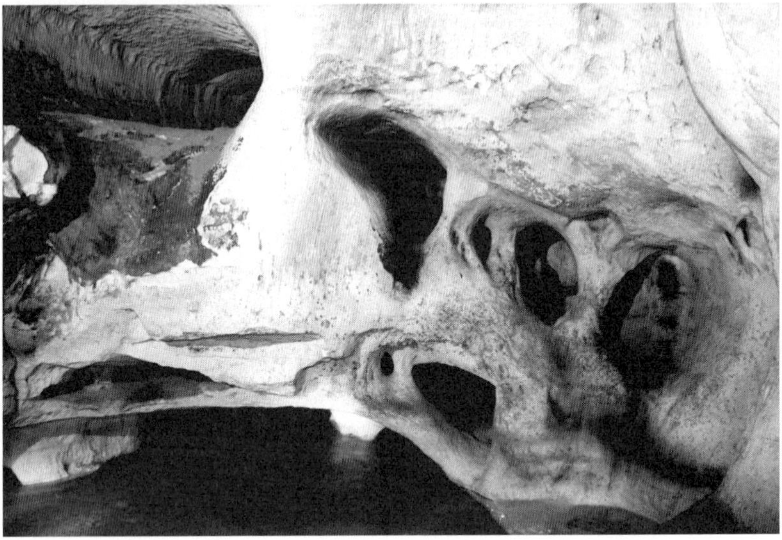

Bizarre Felsformationen in in der Chapada

Rua Penn Gomes s/n, ✆ 65/3301 2045, in Chapada dos Guimarães, ⏲ Mo–Fr 8–18, Sa und So 8.30–11.30 und 14–17 Uhr. Das Besucher-Zentrum, ✆ 65/3301 1133, hilft bei der Orientierung. Alle weiteren Informationen und logistischen Hilfen im Ort Chapada dos Guimarães (s. u.).

Ortschaft Chapada dos Guimarães

Das historische Chapada dos Guimarães mit seiner 200 Jahre alten blau-weißen Santa-Ana-Kirche, angeblich von versklavten Indios erbaut, ist ein altes Minenstädtchen. Gleich außerhalb des Ortes markiert ein Denkmal den geodätischen Mittelpunkt Südamerikas. Beste Reisezeit ist die Trockenperiode zwischen Mai und September; im Mai führen die Flüsse noch kräftig Wasser, Juni–August kann es zu kalten Trockennebeln kommen, die die Sicht behindern. Internet-Portal: 💻 www.chapadosguimaraes.com.br.

Zahlreiche Naturdenkmäler lassen sich vom Ort aus erreichen: **Aroe Jari**, auch Morada das Almas (Haus der Seelen) genannt. Es ist die zweitgrößte Sandsteinhöhle in Brasilien, mit Kavernen von 30 m Durchmesser. In der Höhle eine „Blaue Grotte" und ein Wasserfall. Die Höhle befindet sich auf dem Terrain einer Fazenda außerhalb des Parks, 46 km von Cuiabá.

Cachoeira do Véu da Noiva: der Brautschleier-Wasserfall stürzt 6–8 m tief in eine Schlucht. Zufahrt: KM 51 der MT 251 nach Cuiabá, dann 13 km Piste. Die „Felsenstadt" **Cidade de Pedra** ist eine Schlucht, die durch enorme Sandsteintürme von Höhen bis zu 350 m umgeben ist. Von der Höhe aus weiter Blick in die Pantanalsenke. Zugang schwierig über die Piste nach Água Fria, 25 km.

Bei klarem Wetter unbedingt besuchen sollte man den **Mirante do Centro Geodésico**, ein Ausblickspunkt über die Chapada und die Pantanal-Tiefebene. Zufahrt über die MT 251 Richtung Campo Verde, dann 8 km Piste.

Übernachtung

Rio's Hotel, Rua Tiradentes, ***Hotel São José*** (eine Straße hinter dem Hauptplatz) und ***Hotel Vereador***, José de Souza 50, sind simple Absteigen. ❶

Pousada da Chapada, Rod. Emanuel Pinheiro, KM 63, ✆ 65/3301 1171, 38 Zimmer, AC, Pool, Restaurant, Sauna, preiswert, ❷

Hotel Quinco, *der* Travellertreff, preiswerte aber bequeme Zimmer (Ventilator), 464, Praça Dom Wunibaldo, ✆ 65/3301 1404, ❷

Pousada Estância Laura Vicuna, Rod. Emanuel Pinheiro, KM 60, ✆ 65/3391 1269 und 9981 0335 (Handy), 🖳 www.pousadalauravicuna.com.br. 15 Zimmer, AC, Pool, Restaurant, Wasserfall, Pferde. ❸

Pousada Penhasco, Av. Penhasco, ✆ 65/3301 1555, 🖳 www.penhasco.com.br, liegt auf der Höhe mit schönem Blick, 28 schöne Zimmer, AC, Pool, Sauna, Restaurant. ❹

CAMPING – Ein offizieller Campingplatz befindet sich in Salgadeira, 22 km von Chapada entfernt.

Essen

Morro dos Ventos, Regionalküche vom Holzfeuer und im Eisentopf; Terrasse mit schönem Blick, Zufahrt über Piste nach Campo Verde, KM I, Chácara Morro dos Ventos; nur Mittagessen.

Felipe, Rua Cipriano Curvo 598, Centro, Vegetarier-Treff; es gibt aber auch Fleisch.

Véu da Noiva, Jause neben dem gleichnamigen Wasserfall im Park. Empfehlenswert: *Pintado* (Fisch) mit Polenta. Schließt um 17 Uhr.

Sonstiges

FÜHRER – Kompetente Führer bei ***Eco-Turismo Cultural***, Praça Dom Wunibaldo 464, ✆ 65/3301 1393, 9952 1989, 🖳 www.chapada-dosGuimarães.com.br, in Chapada dos Guimarães. Tagespauschale R$50–60. ⏲ Mo–Sa 8–12 und 13–17 Uhr.

GELD – Automat bei ***Bradesco***, Rua Fernando Corrêa 808, ⏲ Mo–Fr 10–15 Uhr.

INFORMATIONEN – Das **Fremdenverkehrsbüro** befindet sich in der Rua Quinco Caldas 45, ✆ 65/3301 2045, 🖳 www.chapadadosguimaraes.com.br. ⏲ Mo–Fr 8–18, Sa und So 9–15 Uhr. Wanderkarten o. ä. gibt es nicht. Man könnte es bei IBAMA und beim Tourismusbüro in Cuiabá versuchen.

MEDIZINISCHE HILFE – ***Hospital Fundação Assistencial***, Rua Quinco Caldas, ✆ 65/3301 1116.

POST – Rua Fernando Corrêa 848, ✆ 65/3301 1333, ⏲ Mo–Fr 9–17 Uhr.

REISEBÜROS – Für sportlichere Touren durch den Park: ***Atmá Turismo***, Rua Quinco Caldas 33, ✆ 65/3301 3391, 🖳 www.atmaturismoecologico.com.br. Rapel und Rafting. ⏲ Mo–Fr 9–19, Sa und So 8–19 Uhr.

TAXI – Wer zur Cidade da Pedra oder dem Mirante da Geodésica möchte, kann ein Taxi bestellen, ✆ 62/3301 1211 oder 9972 0773 – rund R$50.

Transport

BUSSE – ***Rodoviária***, Rua Cipriano Curvo, ✆ 65/3301 1280. Ein Dutzend Busse tgl. von **Cuiabá** in den Ort Chapada dos Guimarães und zurück, max. 2 Std., R$4.

Mato Grosso do Sul

Reisende Ausländer kommen beinahe ausschließlich nach Mato Grosso do Sul wegen des Pantanal und der südlich davon gelegenen Bonito-Naturreservate.

Den „undurchdringlichen Busch“ hat es immer nur entlang der Flussläufe und weit im Norden, im Einzugsbereich des Amazonas (Mato Grosso Nord) gegeben – der weitaus größte Teil von Mato Grosso do Sul ist von Savanne bedeckt. Und von der großartigen **Sumpflandschaft** des Pantanal. Zwei Schritte ins Pantanal hinein, und schon trifft man auf Jaguar und Gürteltier – wer jedoch mit dieser Erwartungshaltung anreist, wird arg enttäuscht: So leicht gibt die Natur ihre Geheimnisse nicht preis. Das Mindeste an notwendigem Aufwand ist eine mehrstündige Tour per Jeep oder Pferd. Zu einer solchen Exkursion braucht man keine spezielle Ausrüstung, sollte aber wegen der Moskitos unbedingt lange Hosen tragen sowie Fernglas und Teleobjektiv nicht vergessen.

Wer nur wenig Zeit hat, fliegt am besten von São Paulo in ein bis zwei Stunden nach Campo Grande oder Corumbá (oder nach Cuiabá in Mato Grosso) und startet von dort zu Exkursionen oder Aufenthalten bei den zahlreichen Fazendas, die sich neben der Viehhaltung auf Ökotourismus geworfen haben. Campo Grande erreicht man in komfortablen Langstreckenbussen, etwa von Rio de Janeiro oder São Paulo; von dort fährt auch täglich ein

Nachtzug nach Campo Grande. Dessen Weiterfahrt in die Grenzstadt Corumbá im äußersten Westen ist leider seit 2002 unterbrochen, und damit auch die gemächliche Fahrt durch den südlichen Pantanal. Auf bequeme Art lassen sich von Campo Grande aus auch im Mietwagen Exkursionen in den Süd-Pantanal und ins Bonito-Gebiet unternehmen – Mindestzeit eine Woche.

Campo Grande

Die junge Stadt (erst Anfang des 20. Jhs. errichtet) hat auch heute noch ein leicht pionierhaftes Flair, obgleich sie bereits 700 000 Einw. zählt. Besondere Schönheit ist ihr nicht zu eigen, aber als Aus- und Durchgangsort zum Besuch des südlichen Pantanal und der Bonito-Region ist Campo Grande unumgehbar. Sehenswert in der Stadt: das **Museu Dom Bosco** oder Museu do Índio, Rua Barão do Rio Branco 1843, ✆ 67/3312 6491, enthält eine ausgezeichnete Sammlung von über 10 000 Insekten, darunter auch 7000 Schmetterlinge, sowie unzählige ausgestopfte Tiere und einige interessante Ausstellungsstücke über die Xavantes-, Karajás-, Moros-, Bororos- und Rio Uaupés-Indianer. Auch Verkauf von Handarbeiten. ⌚ Di–So 13–17 Uhr.

Campo Grande ist nach dem Schachbrett-Muster angelegt. Die meisten Agenturen und Geschäfte liegen entlang der Av. Afonso Pena, mit der Rodoviária an einem und dem Parque das Nações Indígenas/Shopping Campo Grande am anderen Ende. Parallel zur Av. Afonso Pena die Rua Barão do Rio Branco und Rua Dom Aquino mit Läden und Restaurants.

Übernachtung

Fast alle Hotels in Campo Grande sind auf Geschäftsreisende eingestellt. Die meisten Billighotels befinden sich in der Nähe zum Busbahnhof. Die Gegend ist nachts unsicher, andererseits sind sehr viele Reisebüros dort. AC im Zimmer erhöht den Preis und ist im Winter (Mai–Sep) nicht unbedingt erforderlich.

Hotel Anache, Rua Cândido Mariano Rondon 1396, ✆ 67/3383 2841, nur wenige Ecken von der Rodoviária, zum Zentrum hin. Große, helle Zimmer, Frühstücksraum, Parkplatz. AC gegen Aufpreis. ❶

Hotel International, Rua Allen Kardec 223, ✆ 67/3384 4677, 💻 www.hotelintermetro.com.br, um die Ecke der Rodoviária. Die 100 Zimmer haben große Betten, die besseren auch AC, Frigobar, TV. Internet R$8/Std. ❷

Hotel Colonial, Rua Allen Kardec 211, ✆ 67/3383 5422. Kleine aber sehr saubere Zimmer. Gäste können den Pool des Hotels International nebenan benutzen, einfache Zimmer mit Ventilator, gutes Frühstücksbuffet. ❷

Hotel Iguaçu, Rua Dom Aquino 761, ✆ 67/3384 4621. Die Zimmer sind mit Parkett ausgelegt, sehr geräumig, große Bäder, kleine Balkons. Treffpunkt für Traveller. Wenn man über die angeschlossene Agentur Gil's Pantanal Discovery Tours bucht, gibt es kräftigen Preisnachlass. ❷

Hotel Pousada Dom Aquino, Rua Dom Aquino 1806, ✆ 67/3382 9373, nahe Rua Barbosa und Geschäftszentrum. Familiäre Atmosphäre, sehr hilfreich bei der Orientierung in der Stadt. Alle Zimmer mit AC, Frigobar und Dusche. ❷

Hotel Vale Verde, Av. Afonso Pena 106, Amambai, ✆ 67/3321 3355, 💻 www.hotelvaleverde.com.br. Ein Hotel im Stil der 80er Jahre, 60 sehr große Zimmer; freundlich, günstig. ❷

Indaiá Park Hotel, Av. Afonso Pena 354, Amambaí, ✆ 67/3725 9400, 123 Zimmer mit AC; Restaurant, Pool. ❸

Excelsior Plaza Hotel, Av. Afonso Pena 444, Amambaí, ✆ 67/3721 0102, 80 Zimmer (AC), Restaurant, Pool, Diária. ❺

Essen

Campo Grande ist nicht gerade ein Gourmet-Paradies – die Leute essen zu Hause oder in Fastfoods. Nur im Geschäftszentrum akzeptable Restaurants. Imbissstuben rund um den Busbahnhof. Auf der Rua 13 de Maio zahlreiche Cafés und Kneipen.

Churrascaria Gulla, Rua Callogeras 207, Zentrum, Kilo-Restaurant.

Costellaria do Gaúcho Gastao, Rua 14 de Julio 2192, Rodizio.

La Tavola di Capri, Rua Jornalista Belisario Lima 388. Ein guter Italiener, leider nur abends geöffnet.

Casa do Peixe, Rua Dr. João Rosa Pires 1030. Gute Regionalgerichte, v.a. natürlich Fisch. Mittagstisch wie Abendessen.

Peixaria Corumbaense, Rua Joaquim Murtinho 2079. Fischgerichte aus dem Pantanal.

Sonstiges

APOTHEKE – ***Drogaria Silva***, Rua Dom Aquino 861, ✆ 65/3784 1102, neben der Rodoviária.
Drogaria Rua Barbosa, ✆ 65/3314 3737, auf der Rua Barão do Rio Branco.

EINKAUFEN – ***Centro de Artesanato***, Av. Calogeras 2050, ✆ 67/3383 2633, Kunstgewerbe der indianischen Bevölkerung und die üblichen Handarbeiten.

GELD – ***Banco do Brasil***, Av. Afonso Pena 2202, ***HSBC***, Rua Dom Aquino 1663, und ***Bradesco***, Rua Barão do Rio Branco 1582. Die Bankautomaten Rua Dom Aquino, Ecke Rua Nabuco, neben Rodoviária, akzeptieren AmEx/Cirrus/MC/Maestro-Karten.

GEPÄCKAUFBEWAHRUNG – Für einen Abstecher ins Pantanal/Bonito sollte man nicht das gesamte Gepäck mitschleppen. Die Hotels sind aber kaum zur Aufbewahrung bereit. Gil's Pantanal Discovery und Natureza übernehmen das – wenn man bucht.
Gepäckaufbewahrung möglich bei ***Postal***, einem Kiosk am Flughafen, R$3 pro Tag, ◷ bei Flugverkehr. Außerdem in der Rodoviária (R$2 pro Stück, 24 Std.).

INFORMATIONEN – ***Casa do Turismo***, Av. Noroeste 5140, ✆ 67/3324 5830, 🖳 www.pmcg.ms.gov.br, ◷ Di–So 9–19 Uhr.
Morado dos Baís Information Center, Av. Noreste 5140, ✆ 67/3382 9244, und Av. Afonso Pena, im gleichnamigen Museum. Das Büro der staatl. Touristikbehörde ist kundig und zuvorkommend. Infos über den Pantanal, kostenloser Stadtplan. ◷ Di–Sa 8–19, So 9–12 Uhr.

INTERNET – ***Barreto Cartuchos***, Rua Allen Kardec 374, zwei Ecken von der Rodoviária. R$2/Std. ◷ Mo–Sa 8–22 Uhr.
Iris Cybercafé, Av. Afonso Pena 1975, kleines nettes Café, R$3/Std. ◷ Mo–Sa 8–23 Uhr.

MEDIZINISCHE HILFE – ***Hospital Santa Casa***, Rua Eduardo Santos Pereira 88, ✆ 65/3321 5151, das städt. Krankenhaus, oder zentraler gelegen: ***Clinica Campo Grande***, Rua Cândido Mariano Rondon 1703, ✆ 61/3327 9000.

MIETWAGEN – ***Localiza***-Büro am Flughafen, ✆ 67/3363 1401, ◷ tgl. 7–24 Uhr, und in der Stadt: Av. Afonso Pena 318, ✆ 67/3382 8786, ◷ Mo–Fr 8–20, Sa und So 8–14 Uhr.
Unidas-Büro am Flughafen, ✆ 67/3368 6120, ◷ gleiche Zeiten, und Stadtbüro: Av. Afonso Pena 607, ✆ 67/3384 5626, ◷ gleiche Zeiten.
Avis, ✆ 67/3363 1010, ◷ tgl. 8–24 Uhr.
Interlocadora, ✆ 67/3363 4005, ◷ tgl. 8–24 Uhr, ebenfalls am Flughafen. Kleinwagen ab R$76 pro Tag ohne km-Begrenzung. Mindestalter 21 Jahre, Kreditkarte erforderlich.

POST – Rua Vasconcilos Fernandes 164, auf der Rückseite der Rodoviária.

REISEBÜROS – ***Vox Tour***, Rua Barbosa 1777, ✆ 67/3324 3335, ✉ voxtour@msinter-net.com.br, Rua Cândido Mariano Rondon, hat Sonderangebote für Flug- und Bustickets. Vermittelt auch Mietwagen. Günstiges 4-Tage-Paket für San Francisco Fazenda: rund R$500 p.P. Zudem: Ausflüge nach Bonito. ◷ Mo–Fr 8–18, Sa 8–12 Uhr.
N&T Japan Tour, Av. Afonso Pena 2081, Sala 20, ✆ 67/3382 9425, 🖳 www.japantour.com.br, in der Galeria Dona Neta, verfügt über breite Palette von Pantanal-Fazendas. ◷ Mo–Fr 9–18, Sa 9–14 Uhr.
Palm Tur, Rua Joaquim Nabuco 169 B, ✆ 67/3324 6012, gegenüber Rodoviária, handelt mit Flug- und Bustickets. ◷ Mo–Fr 6–20 Uhr.

TAXI – ***Campo Grande Moto-Taxi*** wartet neben Bushaltestelle an der Rua Aquino 69, ✆ 67/3325 2001. ◷ 24 Std. Reguläre ***Radiotaxis***, ✆ 67/3387 1414, ◷ 24 Std.

TELEFON – ***Posto Telefónico***, im Einkaufszentrum neben Rodoviária, ✆ 67/3321 1360, internationale Gespräche. ◷ Mo–Fr 7–18 Uhr.

WÄSCHEREI – ***Lavanderia Oriente***, Av. Afonso Pena 276, ein paar Min. nördlich der Rodoviária.

R$1 pro Stück, ⌚ Mo–Fr 8–18, Sa und So 8–12 Uhr.

Transport

FLÜGE – ***Flughafen,*** 7 km westlich des Zentrums, Av. Duque de Caxias Richtung Corumbá, ✆ 67/3763 2444, nur mit Taxi zu erreichen.
Tgl. mehrere Verbindungen *(TAM,* 0800/123100, *Varig,* 0800/997000) nach **São Paulo**.
Weitere **Fluggesellschaften**: ***Gol,*** ✆ 67/3368 6128, mit Billigflügen; ***Gensa,*** ✆ 0800/647 7200 – Regionalflüge, v. a. Corumbá.

BUSSE – ***Rodoviária de Campo Grande,*** nahe Rua Joaquim, Ecke Rua Barão do Rio Branco, ✆ 67/3383 1678, neben einem Einkaufszentrum.
Corumbá: *Andorinha,* ✆ 67/3382 3699, 7x tgl. zwischen 6 und 24 Uhr, 6 Std., R$49; via **Miranda:** 3 Std., R$24.
Cuiabá: *Andorinha,* 5x tgl. zwischen 5 und 21 Uhr, 10 Std., R$57.
Rio de Janeiro: *Andorinha,* 4x tgl. zwischen 9 und 21 Uhr, 22 Std., R$116; via **São Paulo:** 14 Std., R$86.
Andere Linien nach **Ponta Porá** (5 Std.), **Goiânia** (16 Std.), **Foz de Iguaçu** (18 Std.).

Corumbá

Die am Rio Paraguay und an der bolivianischen Grenze gelegene Hafenstadt Corumbá ist das südliche **Tor zum Pantanal**. Hier werden auch Ausflüge mit dem Boot angeboten, wie die siebenstündige Bootsfahrt auf dem Rio Paraguay zum Forte Coímbra.

Die Stadt (rund 100 000 Einw.) neigt sich zum Rio Paraguay hin, sodass sie in Unterstadt (Hafen, Piers) und Oberstadt (Geschäftszentrum) gegliedert ist. Die Hauptstraße der Unterstadt, Rua Manoel Cavassa, verläuft parallel zum Fluss. Hier liegen die Boote der Sportangler, die in der Saison (Mai–Sep) Corumbá besuchen. Das Hauptgeschäftszentrum liegt um die Praça da República, wo auch die lokalen Busse abfahren (einschließlich zur Grenze). Corumbá ist eine Stadt des kleinen Grenzverkehrs. Passkontrolle nur bei der Ausreise – Bolivianer können sich also relativ ungehindert dort bewegen.

Grenzübertritt nach Bolivien: Der Grenzübertritt nach Bolivien ist nicht sehr kompliziert. Erste Voraussetzung: Gelbfieber-Impfung! Wer ein Visum für Bolivien braucht, muss das Konsulat aufsuchen: *Consulado de Bolívia,* Rua António Maria Coelho 881, ✆ 62/3231 5605. ⌚ Mo–Fr 8–12 und 14–16 Uhr.

Europäer brauchen i.d.R. kein Visum. In diesem Fall direkter Gang zur brasilianischen Grenzpolizei, ✆ 62/3231 1224, am Busbahnhof, um einen Ausreisestempel zu erwirken. ⌚ 8–11.30 und 14–17.30 Uhr – die Polícia Federal im Zentrum ist dafür nicht zuständig. Mit dem Ausreisestempel im Pass über die Grenze. Busse an die Grenze („fronteira") gehen in Minutenabstand ab von Praça da República; 20 Min. Fahrzeit, R$1,50. Der bolivianische Grenzort ist Quijarro. Von hier aus bis zur Eisenbahnstation in Puerto Suarez sind es noch 15 km – mit dem Taxi. Geldwechsel-Buden an der Straße.

Falls man nur einige Stunden nach Bolivien hineinfährt – etwa um Bahntickets zu kaufen, benötigt man keine Stempel.

Der Kontrast zwischen Corumbá und Quijarro könnte kaum größer sein. Auf der brasilianischen Seite ein Hauch von Erster Welt – auf der bolivianischen voll und prall die Dritte Welt mit Garküchen, Bettlern und bitterer Armut. Einmal am Tag (mittags) setzt sich der „Zug der Toten" von Quijarro nach Santa Cruz in Bewegung, wo er am nächsten Morgen (vielleicht) ankommt. Die Strecke führt durch einen der ödesten Landstriche Südamerikas überhaupt. Eine sichere Straßenverbindung existiert bis heute nicht. Zum Zug gibt es nur noch die Alternative Flug (in kleinen Fokkers).

Übernachtung

Die meisten günstigen Hotels gruppieren sich rund um die Praça da República und die Rua Delamare, aber man sollte keine hohen Erwartungen haben. Für längere Aufenthalte sind selbst die teureren Hotels der Stadt zu ungemütlich.
Hotel Rimoneiro, Rua Cabral 879, ✆ 62/3231 5530, dicht bei Rodoviária. Das kleine Hotel ist o.k., die Lage abseits. Wer einen Früh- oder Nachtbus nehmen will, hätte hier eine Alternative. Allerdings so gut wie keine Restaurants in der Gegend. 18 saubere Zimmer mit Bad, AC, TV. Freundliches Personal. ❶

Green Track Hostel, Rua António João 216, ✆ 62/3231 2258, ✉ greentk@terra.com.br, nahe Praça da República. Hier geht es sehr familiär zu, wenn auch schlicht, und man trifft andere Traveller. Die Schlafräume (bis zu acht Betten) sind sauber, aber ohne AC. Wer gebucht hat, wird von der Rodoviária abgeholt. Das Hostel organisiert auch Pantanal-Touren. Wäsche pro Ladung R$4. Bett im Dorm R$15. ❶
Hotel Angola, Rua António Maria Coelho 524, ✆ 62/3231 7727. Preiswertes Hotel. Die Zimmer sind komfortabel (TV, Bad), für AC muss extra bezahlt werden. Internet R$4/Std. ❶
Laura Vicuna Hotel, Rua Cuiabá 775, ✆ 62/3231 5874, ✉ hulan@terra.com.br. Ansprechendes kleines Hotel nahe Zentrum, nicht alle Zimmer haben Bad, aber AC, TV. Wäsche R$1 pro Stück. ❷
Sallette Hotel, Rua Delamare 889, ✆ 62/3231 6246. Kann als bestes preiswertes Hotel an der Rua Delamare gelten; große Zimmer, King-Size-Betten. Sonst der übliche Standard. (AC, TV, nicht alle mit Bad). ❷
Nacional Palace Hotel, Rua América 936, ✆ 62/3231 6202, ✉ hnacion@brasinet.com.br, an der Ecke zur Rua Frei Mariano. Das Haus verfügt über alle Einrichtungen eines 3-Sterne-Hotels, seine 98 Zimmer haben Bad, AC, TV, Frigobar. Auch geräumige Suiten für Familien/Kleingruppen. Internet R$8/Std. ❸

Essen

Corumbá dreht dem Rio Paraguay den Rücken zu. Bis auf die Kneipe ***Kaís do Chopp*** und das Restaurant Viva Bella (s. u.) gibt es am Hafen keine Gaststätten. Die Restaurants befinden sich alle in der „Oberstadt".
Churrascaria do Gaúcho sowie ***Barril de Ouro***, Rua Frei Mariano 879 bzw. 556, sind beide nicht teuer, immer proppevoll und servieren Riesenportionen. In der Churrascaria bereits für R$10 ein ganzes Rodizio.
Viva Bella, Rua Artur Mangabeira 1, am Ufer des Rio Paraguay, besticht durch angenehme, gehobene Atmosphäre. Die Küche ist italienisch, ◷ tgl. ab 17 Uhr.
Ceará, Rua Albuquerque 516, ✆ 62/3231 1930, gutes Fischlokal, So abends geschlossen.
Peixaria do Lulu, Rua Aquino Correia 700, ✆ 62/3231 2142, ähnlich wie Ceará, schließt ebenfalls So Abend.

Sonstiges

GELD – ***Banco do Brasil***, Rua 13 de Junho 914; ***Bradesco***, Rua Delamare 1067.

INFORMATIONEN – ***Sematur***, Rua Manuel Cavassa 275 (südlich des Kais), ✆ 67/3231 6996, in der Oberetage eines schönen Baus aus dem 19. Jh., ◷ Mo–Fr 8.30–12 und 13.30–18 Uhr.

INTERNET – ***Terra Net***, Rua América 677, ✆ 62/3231 1221. R$4/Std.

KONSULATE – ***Bolivien***, Rua António M. Coelho 881, ✆ 67/3231 5605.
Paraguay, Rua Firmo de Matos 508, ✆ 67/3231 1691.

MIETWAGEN – ***Localiza***, Rua Cabral 2064, ✆ 62/3231 6000, 💻 www.localiza.com.br, vor dem Flugplatz an der Ecke Rua Rocha. Kleinwagen R$29 pro Tag plus R$0,46 Kilometerpauschale, R$89 ohne km-Begrenzung. Mindestalter 21, Kreditkarte Voraussetzung. ◷ Mo–Fr 9–17, Sa 9–12 Uhr.

POST – Rua Delamare 708, ✆ 62/3231 5877, an der Praça da República.

TAXI – Taxis vor der Busstation und rund um die Praça da República. ***Moto-Taxis***, ✆ 62/3232 2956, finden sich außerhalb der Rodoviária an der Rua António Coelho und nahe der Praça da República.

Transport

Corumbá liegt 400 km westlich von Campo Grande – die meisten Besucher kommen mit dem Bus, obgleich die Stadt auch einen kleinen Flughafen hat.

FLÜGE – ***Aeroporto Internacional de Corumbá***, Rua Porto Cabrero, ✆ 62/3231 3322, rund 20 Fußmin. am Ende der Rua Porto Cabrero. Bedient wird er nur mit Regionallinie ***Gensa***, ✆ 62/3232 3851, die mit CAMPO GRANDE verbindet (1x tgl., R$227).

BUSSE – ***Rodoviária***, 20 Min. vom Zentrum am Südrand der Stadt. Von dort ins Zentrum links auf die Rua Porto Cabrero, sofort rechts auf die Rua Anotônio João, dann immer geradeaus. Die Busstation ist meist Treffpunkt für den Transfer der Tour-Agenturen. Gepäckaufbewahrung R$2/ Tag, ⌚ 5.30–20 Uhr.

Campo Grande: *Andorinha*, ✆ 62/3231 2033, 11x tgl., 7–12 Uhr, 6 Std., R$48; via **Miranda**: 3 Std., R$25.

Cuiabá: *Andorinha*, 11.30 Uhr, 14 Std., R$104.

Rio de Janeiro: *Andorinha*, II.30 Uhr, 26 Std., R$151.

São Paulo: *Andorinha*, II.30 und 18 Uhr, 22 Std., R$123.

Bonito: *Cruzeiro do Sol*, ✆ 62/3231 2383, Mo–Sa 13.30 Uhr, 8 Std., R$65.

BOOTE – Die Gesellschaft *Cruzeiro* hält angeblich alle zwei Wochen einen Passagierdienst nach **Asunción**, Paraguay, aufrecht. Es liegen keine zuverlässigen Informationen vor.

Der Pantanal

Die Satellitenbilder zeigen eine Landschaft wie die Nahaufnahme eines Lungenflügels, der mit abertausend Adern und Äderchen durchsetzt ist. Naturforscher sprechen vom größten Schwamm der Erde, der die Wassermassen (178 Mill. Liter pro Stunde) aus den Anden und dem Herzen Südamerikas ein halbes Jahr lang aufsaugt und sie langsam wieder abgibt, fein dosiert mit der Geschwindigkeit von 1200 km in 180 Tagen. So meldet Buenos Aires am Rio de la Plata, 3000 km südlich, nicht „Land unter".

Dieser Schwamm heißt Pantanal und ist mit 230 000 km^2 so groß wie Portugal, Holland, Belgien und die Schweiz zusammen. Er umfasst die westbrasilianischen Bundesstaaten Mato Grosso und Mato Grosso do Sul sowie Randgebiete von Bolivien und Paraguay. Die UNESCO hat den **größten Süßwassersumpf der Erde** zur schützenswerten Welt-Biosphäre erklärt. Damit dürfte das Gebiet in absehbarere Zeit mehr Mittel für den Naturschutz und die Förderung von Ökotourismus erhalten und der Plan, eine Wassertrasse durch den Pantanal zu bauen, dürfte endgültig ad acta gelegt sein.

Jedes Jahr lagern die Wassermassen im Pantanal Sedimente ab, die so schwer wie zehn Cheops-Pyramiden wiegen: Dünger für die Pflanzen, Nahrung für die Fische, von denen man 263 Arten gezählt hat (in Europa sind es knapp 200). Wenn die Regenzeit endet und die Trockenzeit im Juli beginnt, aus Seen und Lagunen langsam Sümpfe oder Inseln werden, beginnt das große Fressen, zu dem selbst aus dem 10 000 km entfernten Kanada die Zugvögel einfallen. Wasserschweine, Kaimane, Ottern, Leoparden, Reiher und Schuhschnabel (656 Vogelarten, darunter der seltene blaue Ara) streiten sich um die schuppige Beute, die in die Wasseradern zu fliehen sucht. Das ist die beste Zeit, um den Pantanal zu besuchen.

Dass dieser Garten Eden zunehmend dem Natur-Tourismus erschlossen wird, hat mehrere Ursachen. Die alten Fazendas (Rinderfarmen), einst so ausgedehnt wie europäische Kleinstaaten und mit Herden von mehreren tausend Stück, sind durch Erbteilung geschrumpft und unrentabel geworden. Viele Fazendeiros wandeln ihre Fazendas in Ferienhotels um, obgleich der Zugang zu Lande oder zu Wasser oder gar durch die Luft immer noch ein kleines Abenteuer ist. Zweitens wächst der Bedarf nach naturnahem Tourismus. Und drittens haben zahlreiche globale Naturschutz-Organisationen, darunter der WWF, erkannt, dass Öko-Tourismus ein sinnvolles Instrument ist, dieses einmalige Biotop zu erhalten.

Alles in allem mögen 500 Pensionen, Landhotels und Hotelschiffe im Pantanal vorhanden sein. Der weitaus größte Teil davon sind rustikale Herbergen mit einfachen Zimmern. Der Pantanal ist menschenleer: auf einen ständigen Bewohner entfallen statistisch sechs Rinder und 40 Krokodile (Kaimane).

Geografie und Klima

Der Pantanal ist eine sumpfige Tiefebene mit einzelnen darin verstreuten Erhebungen. Zum Süden hin neigt sich diese Ebene, im Norden bilden die Serra dos Parecis und die Serra do Roncador eine Wasserscheide zum Amazonasgebiet hin. Im Westen und Südwesten geht der Pantanal unmerklich in die Trockensteppe Gran Chaco über. Das Klima

Alligatoren im Pantanal

im Pantanal ist vom Wechsel kühle Trockenzeit und heiße Regenzeit geprägt. Im „Winter" streichen Kaltwinde aus Patagonien über den Pantanal und können die Temperaturen auf bis zu 10 °C herabsetzen. Aber im Allgemeinen werden 20 °C nicht unterschritten.

Von Oktober bis März regnet es so gut wie jeden Tag, der inzwischen trockene „Schwamm" des Pantanal füllt sich auf, die feuchte Luft ist Nektar für Moskitos. Das ist die ungünstigste Reisezeit, obgleich sich die Landtiere auf den nun zu Inseln werdenden höheren Landesteilen konzentrieren und daher leicht zu beobachten sind. Die beste Reisezeit ist in der Trockenperiode zwischen April und September/Oktober. Die beste Zeit, um Vögel zu beobachten, ist im letzten Teil der Trockenzeit von Juli bis September. Die heftigsten Regengüsse fallen im Februar/März; Hitze im November und Dezember mit Temperaturen um die 40 °C und Moskitoplage.

Tourismus

Der Pantanal ist nicht für individuelle Touren geeignet. Man kann zwar einen Wagen mieten und (mit Glück) die Transpantaneira abfahren und sich in einer der zahlreichen Lodges bzw. Hotel-Fazendas einquartieren. Aber zu Fuß oder per Fahrrad ist das nur etwas für trainierte Naturen. Wer ohne Landes- und Sprachkenntnisse den Pantanal besucht, sollte sich einer der zahlreichen Agenturen anvertrauen und den Aufenthalt über sie reservieren lassen bzw. anspruchvollere Trekkingtouren, z. B. zu Pferde, dort buchen.

Auf intensive Naturbeobachtung fernab der Straßen und Trampelpfade sollte man sich dagegen besser vorbereiten: Ausgerechnet im Morgengrauen und in der Abenddämmerung, wenn sich der Pantanal von seiner wundervollsten Seite zeigt, attackieren die Stechmücken am heftigsten – Kleidung aus dichtem, widerstandsfähigem Stoff ist unverzichtbar. Auf unbedeckte Hautpartien trägt man Cremes und Sprays auf, empfehlenswert sind Repelex und Autan brasilianischer Produktion. Ein Regencape sollte man ebenfalls dabeihaben. Die Einheimischen tragen fast durchweg praktische Strohhüte, die überall in den Pantanalstädten angeboten werden. Die Wahrscheinlichkeit, in morastigem Gebiet auf Schlangen zu treffen oder gar zu treten, ist sehr hoch, deshalb sind feste wasserdichte Stiefel, die nicht aus Leder sein müssen, das passendste Schuhwerk. Piranhas bevorzugen stehende Gewässer, in die hält man deshalb seine Hand besser nicht hinein.

Anders ist es mit den Alligatoren: Sonnenbadend strecken einem etwa 5 m lange ausgewachsene Kaimane drohend den aufgerissen Rachen entgegen. In Wirklichkeit aber sind die Kaimane beinahe friedliche Tiere; Pantanalkinder baden sogar in ihrer Nähe. Nur in der nahrungsarmen Trockenzeit ist eine gewisse Vorsicht angebracht.

Im Pantanal ist die Unterscheidung zwischen Hotel, Pousada, Hotel-Fazenda oder gar Öko-Hotel wenig sinnvoll. Im Grund handelt es sich immer um mehr oder weniger rustikale, manchmal auch luxuriöse Bungalows, Chalês, Hütten um ein Haupthaus herum gruppiert und möglichst unauffällig in die Natur eingebettet. Die Zimmer sind in der Regel moskitosicher, d. h. mit Fenstergittern und mit einem Deckenpropeller, der einem die Schwirrflügler vom Hals hält. Fließwasser und Strom – oft nach 10 Uhr abends abgeschaltet – sind vorhanden, der Komfort ist relativ bescheiden, aber eine Hängematte gibt es immer.

So gut wie alle Pantanal-Herbergen bemühen sich, Gästen ein vielseitiges Naturprogramm nahe zu bringen. Dazu gehören Safaris und Vogelbeobachtungen, v. a. aber Kaiman-Jagd mit der Taschenlampe und Piranha-Angeln. Reiterferien sind fast immer machbar. Wer in Deutschland bereits Pantanal-Touren buchen möchte, sollte sich an Günter Stych, Amazonas-Tours, Berlin, wenden: ✆ 030/5682 1790, 🖳 www.pantanal-pocone.net.

Pantanal-Agenturen in Cuiabá

Joel Souza Safari, Av. Getúlio Vargas 155, ✆ 65/3624 1386. Sehr agiles Unternehmen, empfehlenswert.

Nature Ecco, Rua Barão de Melgaço 2015, ✆ 65/3624 5516. Zuverlässig, wenn auch ein wenig teuer.

Pantanal Explorer, Av. Gobernor Ponce de Armeda 670, der Agentur gehört die Arraras Eco Lodge; sie ist sehr engagiert in ökologischen Fragen.

Agence Anaconda, Rua Commandante Costa 649, ✆ 65/3624 4142. Große Agentur für große Gruppen.

Gil's Tour, Rua Joaquim Murtinho 1021, ✆ 65/3231 8486. Hier kocht der Chef persönlich – die Agentur ist mit einem ganzen Fuhrpark amphibischer Fahrzeuge ausgestattet.

Nördlicher Pantanal

Poconé, Barão de Melgaço und Cáceres sind die drei wichtigsten Ausgangsorte für Touren in den nördlichen Pantanal. Alle drei Städtchen verfügen über eine ausreichende Infrastruktur, um auch mehrere Tage zu bleiben.

Der wichtigste Zugang verläuft über Poconé, der Pforte zur „Transpantaneira“, einem glücklicherweise wieder aufgegebenen Straßenprojekt, das den Pantanal komplett zerschnitten und ökologisch schwer geschädigt hätte. So verläuft nun die Transpantaneira nach rund 160 km buchstäblich im Sumpf, d. h. sie endet in dem Fischer-Weiler Porto Jofre, der bis auf ein Hotel keine Infrastruktur hat. Vorher aber muss man mehr als hundert teils sehr wacklige Balkenbrücken überqueren, und in der Regenzeit ist die Gefahr, stecken zu bleiben, sehr hoch.

Barão de Melgaço ist ein kleiner Flusshafen am Rio Cuiabá und ein Ziel für die Angler, die von hier aus Touren unternehmen. Für landgebundene Traveller ist das Ziel weniger geeignet, zumal es relativ wenig Pantanal-Lodges in der Gegend gibt.

Gleiches gilt für Cáceres, dem Flusshafen am Rio Paraguay. Theoretisch kann man von dort auf einem Frachtschiff quer durch den Pantanal schippern – in Corumbá ist allerdings Endstation. Die Zeiten, in denen Passagierdampfer bis nach Asuncion, ja Buenos Aires gingen, sind längst vorbei.

Poconé

Dieses Städtchen am Rand des Pantanal, 100 km südlich von Cuiabá, ist keine Perle der Architektur, sondern ein ganz gewöhnliches brasilianisches Nest mit staubigen Straßen und Magazinen voller Plunder. Wer aber in das Naturparadies Pantanal von Norden her vordringen will, kommt um Poconé nicht herum. Denn hier beginnt die Transpantaneira, die in das Naturschutzgebiet führt.

Übernachtung und Essen

Skala Hotel, Praça Gen. Rondon, ✆ 65/3345 1407, 23 Zimmer, einfach aber sauber; das beste Hotel im Ort. Sympathisch und zentral gelegen, evtl. Autovermietung möglich – sonst nur in Cuiabá. ❶

Pousada / Restaurant Pantaneira, am Ortsausgang in Richtung Transpantaneira, ✆ 65/3721

1630. Einfach aber praktisch, da auch Selbstbedienungsrestaurant vorhanden. ❶
Churrascaria Pantaneira, KM I Rod. Transpantaneira, Rodizio.
Aurora do Pantanal, Rod. Transpantaneira, KM I. Lokale Küche.

Sonstiges

EINKAUFEN – ***Casa do Artesão,*** Rua Dom Aquino. Kunstgewerbe wie Keramik und Körbe, aber auch Musikinstrumente.

GELD – ***Banco do Brasil,*** keine Wechselmöglichkeit!

MEDIZINISCHE HILFE – ***Hospital Geral,*** Av. Dom Aquino 406, ✆ 65/3345 1446.

Transport

BUSSE – ***Rodoviária,*** Av. Aníbal de Toledo, ✆ 65/3345 1677. Nach **Cuiabá** 6x tgl., 2 Std., R$3.

Cáceres

Cáceres ist eine charmante kleine Hafenstadt am linken Ufer des Rio Paraguay und der nördlichste „Einstieg" in den Pantanal per Boot. Für gewöhnliche Reisende ist das nicht besonders attraktiv. Der Ort lebt in erster Linie von den zahlreichen Anglern, die sich hier Boote mieten, um den Rio Paraguay hinab zu tuckern. Im September Internationales Fischfangfestival mit bis zu 100 000 Besuchern! Von Cáceres sind es noch 80 km bis zur bolivianischen Grenze bei San Matías.

Übernachtung

IN DER STADT – ***Hotel Caiçaras,*** Rua dos Operários, ✆ 65/3331 1987. Sauber. ❶
Hotel Turbo, Av. S. Luiz 1399, ✆ 62/3223 1984, am Ortsausgang, Pool. ❶

HOTEL-FAZENDAS – ***Pousada Flamingo,*** ✆ 65/3391 1198. Charmantes Hotel auf Stelzen in einer Bucht des Rio Paraguay. Zufahrt in der Regenzeit per Boot. Die Zimmer lustig und rustikal. Man darf campen. ❷
Pousada Tia Feva, ✆ 65/3623 5877. Hotel am Ufer des Rio Mutum mit hübschem Ausblick. ❷
Pousada Passargada, ✆ 65/3331 1128. Eigentümer Laurent bemüht sich, seinen Gästen ein Maximum an Erlebnistourismus zu bieten. Empfehlenswert. ❸
Hotel Sesc Porto Cercado, komfortable Hotelanlage einer Hotelfachschule, erbaut 1998, direkt am Rio Cuiabá in einem 106 000 ha großen Naturschutzgebiet bei Porto Cercado, ✆ 65/3688 2021, 💻 www.sescpantanal.com.br. Der angesammelte Müll wird aus der Anlage in die Stadt gebracht und nicht hier entsorgt. Das Brauchwasser wird in einer eigenen Anlage gefiltert, gereinigt und wieder verwendet. 60 Zimmer und Suiten. Sehr komfortable Anlage. ❹
Hotel Fazenda Camalote, am Rio Cuiabá, ✆ 65/3223 5840 oder 953 7575, weitab der Zivilisation. Die Anreise ist etwas beschwerlich, aber der lange Weg lohnt sich. Die Fazenda Camalote ist etwa 10 000 ha groß und besitzt über etwa 4000 Rinder. Das Hotel verfügt über 10 Zimmer sowie 5 doppelstöckige Chalês. ❺
Pousada do Rio Mutum, ✆ 65/3623 7022, 💻 www.pousadamutum.com.br. Das wahrscheinlich größte Pantanal-Hotel am Rio Mutum, sehr komfortabel. ❻

Essen

Restaurant Flutuante Kaskata, Rua Cel. José Dulce, Ponton-Restaurant mit billigen Fischgerichten, ebenso
Corimba, Rua 6 de Outubro.

Transport

BUSSE – ***Rodoviária,*** Av. 7 de Setembro, ✆ 65/3223 1712. Busse nach
Cuiabá: etwa alle 2 Std., 3 1/2 Std.,
Porto Velho: 3x tgl., 20 Std., R$45, und 1x tgl. nach Bolivien/**San Matias**.

BOOTE – Ein Passagierverkehr den Rio Paraguay flussabwärts existiert nicht (mehr). Man kann sich aber bis **Corumbá** von Frachtschiffen mitnehmen lassen – am besten bei der Capitania dos Portos nachfragen. Mindestreisezeit: Drei Tage.

Natur-Hotels an der Transpantaneira

So gut wie alle Hotels/Fazendas im Pantanal sind nicht nur für Tourgruppen offen, sondern auch für Individualisten, die per Schusters Rappen, Drahtesel oder Mietwagen auftauchen. Meistens kann man auch sein Zelt in der Nähe der Fazenda aufschlagen.

Einige wenige Fazendas haben ihre eigene Flugpiste. Aber insgesamt ist es eben doch nicht so, dass man einen schnellen Transfer von der Stadt oder dem nächsten Flughafen voraussetzen kann: einen Tag muss man dafür schon einplanen.

Der Aufenthalt auf einer der Hotel-Fazendas im Pantanal ist nicht billig, aber dafür bekommt man Vollpension. Das Heranschaffen der Nahrungsmittel und Getränke ist oft eine große logistische Leistung. Man kommt im Schnitt mit R$100 p.P. und Tag aus, Extras nicht eingerechnet. Bei Luxus-Hotels kann der Preis leicht das Dreifache betragen.

Hotelauflistung nach Entfernung von Poconé:

Pousada Piuval (10 km), ✆ 65/3345 1338, 💻 www.pousadapiuval.com.br. Familiäre Herberge am Anfang der Transpantaneira mit leichtem Zugang. Rustikale Unterbringung, wenig Programmvielfalt, aber preiswert.

Araras Eco Lodge (32 km), ✆ 65/3682 2800, 💻 www.araraslodge.com.br. Die Gäste werden von zweisprachigen Führern betreut. Die Unterbringung ist rustikal, aber sauber. Abgesetzt vom Komplex ein großes Camp, wo Rucksackreisende für R$20 ihre Hängematten aufhängen können – Gebühr mit vollem Programm. Die Lodge trägt ihren Namen wegen der Ara-Kolonie (blaue Aras), die sich in der Nähe befindet; zwei Beobachtungstürme.

Pousada Rio Claro, schön gelegene Fazenda an der Transpantaneira, 3 km abseits, 42 km südlich von Poconé am Rio Claro, ✆ 65/3345 2449. Die 20 Zimmer sind komfortabel und verfügen über Dusche/WC, AC und Ventilator. Außerdem ein Pool und ein Restaurant mit Bar. Die Fazenda hat die Umgebung des Pantanal nicht verändert; Wälder und Seen, Angeln und Wandern.

Pousada Pantanal Mato Grosso, Rod. Transpantaneira, KM 65 (Pixaim), ✆ 65/9968 6205 und 3614 7500, 36 Apartments (AC, Frigobar, TV), Restaurant, Boote, Pferde. VP R$136–200.

Beira Rio Fazenda Hotel, ✆ 65/3321 9445, liegt der o. g. Pousada gegenüber; ist aber mehr auf Massentourismus eingestellt – verfügt über Flugpiste; Rundflüge (empfehlenswert!) mit max. 3 Pers. – R$500 Minimum.

Hotel Fazenda Santa Tereza, (67 km), ✆ 65/3291 3651. Wohl die schönste Anlage im nördlichen Pantanal. Sie liegt direkt am Rio Pixaim, ist 2500 ha groß und verfügt über 10 geräumige und komfortable Zimmer mit max. 3 oder 4 Betten. Alle Zimmer sind gefliest, absolut sauber, mit Tisch, Stuhl, Bett, Ventilator, AC, Fliegengittern und Bad. Pool und Restaurant. Transfer ca. 3 Std. zum Flughafen Cuiabá.

Porto Jofre Pantanal, Rod. Transpantaneira (Rio Cuiabá), 149 km, ✆ 65/3637 1593, 21 Apartments (AC, Frigobar, TV), Restaurant, Boote, kundige Führer. Schließt von Okt-März. VP R$223 pro Tag.

Refugio Ilha do Caracará, auf KM 145 am Ende der Transpantaneira am Rio Cuiabá – von da an noch 25 Min. mit Außenborder. ✆ 65/3624 1858, 💻 www.ilhadocaracara.com.br. Sehr komfortable Lodge, speziell auf Angler eingestellt. Schließt in der Regenzeit Nov–Feb.

Südlicher Pantanal

Aquidauana

Aquidauana und Anastácio sind Zwillingsstädte, gelegen am Rio Aquidauana, 138 km von Campo Grande entfernt. Sie bilden den Anfang des Pantanal und haben in der Umgebung eine Reihe von ausgezeichneten Hotels und Fazendas zu bieten. Aquidauana ist eine freundliche, entspannte Stadt.

Übernachtung und Essen

Hotel Lord, Rua Manoel Pães de Barros 739, ✆ 67/3241 1857, einfach, billig. ❶

Hotel-Fazendas im südlichen Pantanal

Refúgio Ecológico Caiman – ein Komplex vier verschiedener Pousadas in einem Areal von 530 km2! 90 Arten von Säugetieren und 300 Vogelarten will man gezählt haben. Dies ist die teuerste, wenn auch am besten eingerichtete Ranch für Touristen im südlichen Pantanal. Zubringerdienste bis nach Campo Grande. Auf dem Refugio engagiert man sich für den Schutz des seltenen blauen Ara. Ab Miranda Straße nach Agari, 37 km, ✆ 67/3242 1450, 💻 www.caiman.com.br.

Fazenda Rio Negro – gehört der NGO Conservation International und war früher im Besitz der Familie des Marschall Rondon; schöne Farm mit kolonialem Flair, Gäste können die Naturforscher bei ihrer Arbeit begleiten. Außerdem stehen Pferde und Geländefahrzeuge sowie Boote zur Verfügung. Anreise 30 Min. mit Kleinflugzeug von Aquidauana, 1 Std. von Campo Grande, ✆ 67/3326 0002, 💻 www.fazendarionegro.com.br. Transfer mit dem Flieger kostet für 4 Pers. von/bis Campo Grande R$3432, Aquidauana R$1716.

Pousada Aguapé – inmitten eines großen Brutgebietes von Wasservögeln – 370 verschiedene Vogelarten will man gezählt haben. Für Birdwatcher ein Muss – Pferde und Boote stehen zur Verfügung. Die Pousada liegt am Rio Aquidauana (Zufahrt ab KM 497,5 der BR 262 Richtung Miranda, dann 60 km Piste, ✆ 67/3686 1036, 💻 www.aguape.com.br. VP p.P. ab R$400. Transfer im Minibus ab/bis Campo Grande R$620 pauschal für bis zu 9 Pers.

Pousada Barra Mansa – am Rio Negro inmitten einer amphibischen Landschaft. Tgl. Programme zur Entdeckung der Umwelt, Pferde, Boote, Kanus. Transfer von/nach Aquidauana (30 Min.) oder Campo Grande (50 Min.), ✆ 67/3325 6807 und 9986 0494, 💻 www.hotelbaramansa.com.br. VP p.P./Tag R$240, „Pacote" 3 Tage/2 Nächte ab R$480. Flug für 5 Pers. kostet ab/bis Campo Grande R$3800; Aquidauana R$1900.

Pousada Mangabal. Die Fazenda wird von Kaimanen geradezu belagert! Glücklicherweise sind die *Jacarés* nicht aggressiv. Und baden kann man hier auch im Pool. Pferde, Boote, Jeeps. Anreise mit Kleinflugzeug oder Jeep. Eine Std. 10 Min. Flug ab Campo Grande, 50 Min. ab Aquidauana, ✆ 67/9952 4414, 💻 www.pousadamangabal.com.br. VP ab R$180 p.P. Transfer ab/bis Campo Grande, R$1500 bei 3 Pers. im Kleinflugzeug oder per Jeep R$900 bei 4 Pers.

Aquidauana Palace Hotel, Rua Manuel António P. de Barros 904, ✆ 67/3241 3596. Sauberes Hotel; 27 Zimmer mit AC, Frigobar, Bad. ❷

Portal Pantaneiro, Rua Pandiá Calóge 1.067, ✆ 67/3241 4328. 28 Zimmer mit AC, Frigobar, TV, Bad, Pool. ❸

O Casarão, Rua Manuel António P. de Barros 533, Fischgerichte aus dem Pantanal.

Sonstiges

GELD – Kein Geldwechsel in der Stadt, keine Devisen-Bankautomaten.

MEDIZINISCHE HILFE – ***Hospital Regional***, Rua M. António P. de Barros, 1424, ✆ 67/3241 3636.

MIETWAGEN – ***Locarápido***, ✆ 67/3241 2989.

POLIZEI – ***Polícia Florestal***, ✆ 67/3241 3675.

REISEBÜROS – ***Pambratur***, ✆ 67/3241 3493; ***Buriri***, ✆ 67/3241 2718; ***Lucarelli***, ✆ 67/3241 3420; ***Luka Tour***, ✆ 67/3241 1440.

Transport

BUSSE – ***Rodoviária***, Rua Estevão Alves Correia 2000, ✆ 67/3241 2501. Tgl. mehrmals Busse nach **Campo Grande** und **Corumbá**.

Miranda

Staubiger Weiler, von dem aus sowohl der Pantanal (im Norden) wie die Bonito-Region im Süden über eine Teerstraße zugänglich sind.

Jede Menge Aktivitäten

Ausgehend von Bonito, Jardim und Bodoquena bieten die örtlichen Agenturen eine breite Palette von Programmen, Aktivitäten und Besichtigungen an. Es lohnt sich, die Angebote zu studieren und zu vergleichen. Man ist auf diese Touren angewiesen, weil sie – bis auf die Besuche in den Balneários (s. u.) – auf Privatgebiete der Fazendeiros führen, die den Tourismus als Einnahmequelle entdeckt haben.

Öffentlich zugängliche Badestellen:

Balneário do Sol – 12 km von Bonito Erdstraße, ⏲ 9–19 Uhr. Der Badeort befindet sich am Sandufer des Rio Formoso mit Naturpools, Wasserfällen und einer Höhle. Eine Unzahl von verschiedenen Fischarten sind zu sehen. R$10.

Balneário Municipal – 7 km von Bonito. Anfangs geteerte Straße, am Ende Erdstraße nach Jardim. Das kristallklare Wasser von Municipal hat einen enormen Fischreichtum und Kalksteinformationen, die aus dem reichhaltigen Calcium-Carbonat-Wasser auf Algen und Moos entstanden. R$10.

Balneário Ilha do Padre – 12 km von Bonito Erdstraße, ⏲ 9–19 Uhr. Die Ilha do Padre befindet sich am Sandufer des Rio Formoso. Die Attraktionen sind Wasserfälle, Wälder und Naturpools. Ein Campingplatz für ca. R$12, Chalês ca. R$20 und eine Snackbar befinden sich am Ort. R$5.

Balneário Rincão dos Sonhos – 13 km von Bonito Erdstraße zum Rio Sucuri São Geraldo Ranch. ⏲ 8–19 Uhr. Schwimmen und Schnorcheln im Rio Formoso; Fische und die Wasservegetation beobachten. 40 Min. Wanderung auf einem ca. 1800 m langen Pfad durch den Wald. R$5, Reitmöglichkeit (R$10), Volleyball- und Sandspielplätze vorhanden. Zelten erlaubt.

Klassische Touren:

Gruta do Lago Azul – Jaraguá, 20 km von Bonito – Erdstraße zum Campos dos Indios. Im Jahr 1924 von Terena-Indianern entdeckt und 1978 zum historischen Wahrzeichen erklärt. Die Grotte entstand durch die Wasserbewegung auf dem Kalkstein. Man fand Beile und Vasen sowie Säugetier-Fossilien, die 6000–10 000 Jahre alt sind. Nach einem Abstieg von ca. 100 m ohne Geländer erreicht man einen bläulichen See von etwa 90 m Tiefe. Der Aufenthalt in der Grotte dauert im Durchschnitt 2 Stunden. Gruppen mit je 15 Pers. verlassen die Grotte nach jeder halben Stunde. Eintritt R$10, Limit 225 Besucher pro Tag. Kindern unter 5 Jahren ist der Eintritt verboten.

Rio Sucuri – São Geraldo Ranch, 18 km von Bonito – Erdstraße. Der Rio Sucuri beginnt östlich der Serra Bodoquena und ist etwa 2 km lang. Ein Van fährt die Besucher in das Reservat zu einem Pfad, der am Ufer durch den Wald, zur Quelle und einem Aussichtsturm führt. Anschließend eine 45–Min. Bootsfahrt auf dem kristallklaren Wasser. Die Tour kostet ca. R$35 und dauert 3 Std.

Cachoeira do Aquidaban – Baia das Garças Ranch, 54 km von Bonito Erdstraße zum Campos dos Indios. Die anstrengende Tour (nur kleine Gruppen, keine Kinder) führt zu Naturpools und Wasserfällen; Preis R$18, Dauer ca. 4 Std.

Rio Formoso – 12 km von Bonito, Zugang über die Straße nach São Geraldo. Mit Gummibooten werden bis zu 14 Pers. zur 7 km entfernten *Ilha do Padre* gepaddelt. Unterwegs geht es durch drei Wasserfälle, zwei Stromschnellen, und wer tauchen will: überall kann angehalten werden. Das 3-stündige Abenteuer kostet ca. R$20. Schwimmwesten und eine Plastiktasche für eine Kamera sind im Preis inbegriffen.

Grutas de São Miguel – 18 km von Bonito Erdstraße. Der Zugang zur Grotte führt über eine 200 m lange Hängebrücke durch dichten Wald. In der Haupthöhle Stalaktiten und Stalagmiten sowie Eulen- und Fledermausnester. Rückfahrt mit Elektroautos. Die 2-stündige Tour kostet ca. R$18. Es gilt ein Besucher-Limit von 285 im Sommer und von 255 im Winter pro Tag.

Bonito Aventura – Tauchen im Rio Formoso, 6 km von Bonito, geteerte Straße (am Ende

Erdstraße) nach Jardim. Nach einem 1500 m langen Spaziergang am Rio Formoso entlang beginnt der 2000 m lange Tauchgang. Auf dem Weg zum Fluss sind Naturhöhlen, kleine Wasserfälle, tropische Pflanzen und Baumstämme zu sehen. Die Gebühr beträgt für das 2-Std.-Abenteuer ca. R$15–20. Tauchanzüge sind im Preis nicht inbegriffen, können jedoch ausgeliehen werden.

Estância Mimosa – 24 km von Bonito an der Straße nach Bodoquena. Die Tour (R$20) beginnt auf einem präparierten Pfad durch den Wald am Rio Mimoso. Auf dem Weg sind mehr als acht Wasserfälle zu sehen. Es gibt fünf Bademöglichkeiten in den Wasserfällen und Naturpools. Am Ende der Tour wird ein regionales Essen in einer Fazenda serviert. Dauer: 5 Std.

Projecto Vivo – Barra Rancho, 32 km von Bonito, Erdstraße nach Ilha do Padre. Nach einem kurzen Weg durch den Wald geht es mit dem Boot auf dem Rio Formoso entlang. Während der Fahrt gibt es jede Menge Vögel und Fische zu beobachten. Tourende ist an der Sandbank des Rio Miranda – hier treffen sich der Rio Formoso und Rio Miranda mit einem farbigen Wechselspiel.

Alternative: Aufenthalt auf der Fazenda, den Alltag der Menschen kennen lernen. Auswahl an Aktivitäten: 1/2 Tag Reiten im Pantanal oder Nachtreiten entlang des Rio Formoso. Die Tour kostet zwischen R$26 und 35 für einen ganzen Tag. Preise inkl. Reiten, Wanderungen, Bootstouren und Lunch.

Ceita Corê – Ceita Corê Ranch, 36 km von Bonito, Erdstraße nach Bodoquena. ⌚ bis 20 Uhr. Eine Wanderung führt durch ein 4000 ha großes Gelände inmitten alter Bäume; verschiedene Wasserfälle mit sehr guten Bademöglichkeiten. Höhlentauchen in bis zu 90 m Tiefe. Unkosten R$32 inkl. Lunch auf einer Fazenda.

Serraventura – Princesinha Ranch und Santa Marta Ranch, 51 km von Bonito und 23 km zum Haupthaus auf Erdstraße nach Campo dos Ídios. ⌚ 7–18 Uhr. Extremsportfans werden hier voll auf ihre Kosten kommen. Eine Lodge mit acht Betten außerhalb für diejenigen, die eine Nacht im Wald verbringen wollen. Windsegeln und Abseilen werden angeboten. Abseilen-Canyoning: 55 m an Steinwänden und im Wald um den Santa Marta-Wasserfall.

Höhlen: Pérolas und die Pincesinha-Höhlen mit großen Kalksteinformationen.

Baden: Die Flüsse Roncador, Cafezinho und Naticuê bieten ideale Bademöglichkeiten.

Radfahren: Hier stehen vier verschiedene Arten von Routen und Schwierigkeitsgraden durch Bonitos Sehenswürdigkeiten zur Verfügung. Entfernungen zwischen 52 und 162 km in 2- oder 5-Tagestouren mit Unterbringung in der Lodge *Jabuti Radical*. Die Gruppen bestehen aus 4–6 Pers. Fahrräder, Helme und Essen inkl. Mitzunehmen: Thermodecke, Taschenlampe, Sonnen- und Insektenschutzmittel, Sonnenbrille und Kopfbedeckung.

Paragliding und Kanufahren: 190 und 280 m hohe Rampen für qualifizierte Piloten. Alternative: Doppel-Paragliding mit einem Führer.

Parque das Cachoeiras – 17 km von Bonito Erdstraße nach Aquidauna. Besuch und Bademöglichkeit an den Wasserfällen des Rio Mimoso, Beobachtung von Pflanzen und Tieren. Ein 2 km langer Pfad führt zu den sechs Wasserfällen des Rio Mimoso. Gebühr ca. R$20–32.

Cachoeiras do Rio do Peixe – Água Viva Ranch, 35 km von Bonito. Eine Landschaft mit schönen Wegen, die zu Wasserfällen und Naturpools führen. Überquerung einer Schlucht mit Seilen in 500 m Höhe, Gebühr ca. R$25, mit Lunch R$42. Die Tour dauert ca. 8 Std.

Fazenda Lomba – 2 km von Bonito Straße nach Guias Lopes. Reiten auf einer ehemaligen Straße, über Felder und durch den Cerrado. Für gute Reiter gibt es auch spezielle Wege. Eine Reitstunde kostet R$15. Bademöglichkeiten im Rio Formosinho mit guter Infrastruktur: Snackbar, Restaurant, Toiletten, Volleyballfeld und ein Platz für Hängematten.

Übernachtung

Pousada Águas do Pantanal, Av. Afonso Pena 367, 15 Zimmer mit AC, Frigobar, Bad; Restaurant und Pool. ❷
Pousada Pantanal, Rua Barão do Rio Branco 609, ✆ 67/3242 1068, 32 Zimmer mit AC, Frigobar, Bad; Restaurant, Pool. ❷

Sonstiges

INFORMATIONEN – ***Agência de Turismo*** „Águas do Pantanal" ✆ 67/3242 1314.

GELD – Automaten bei ***Banco do Brasil***, ✆ 67/ 3242 1043, ***Bradesco***, ✆ 67/3242 1024, und ***HSBC***, ✆ 67/3242 1106.

MEDIZINISCHE HILFE – ***Hospital Pedro Pedrosian***, Rua 7 de Setembro 425, ✆ 67/3242 1124.

Transport

BUSSE – ***Rodoviária***, Rua Barão do Rio Branco, Ecke BR 262, ✆ 67/3242 1249. Tgl. mehrmals nach **Campo Grande** und **Corumbá**.

Bonito

Das Gebiet der karstigen Grotten, Flüsse und Wasserfälle südlich des Pantanal hat einen rasanten Aufstieg als **Ökotourismus-Ziel** erlebt. In der Gegend lassen sich Hunderte von Wasserfällen, Seen und Flüsse mit glasklarem Wasser und über 80 Höhlen entdecken. Die örtliche Tourismusbehörde hat strenge Regeln erlassen. An den meisten Stätten gilt eine Begrenzung der Besucher pro Tag; Begleitung durch Führer oft obligatorisch. In der Regenzeit von Februar bis April sind manche Orte nur schwer zu erreichen. Der Juli ist ideal zum Tauchen – bis das Wasser zum Jahresende wieder seinen Tiefstand erreicht hat. Angeln ist in dieser Region verboten. Die Orte Bonito, Bodoquena und Jardim, von denen das Gebiet Bonito erschlossen wird, sind reizlose Nester. Man kommt aber nicht darum herum sie aufzusuchen, weil dort die gesamte touristische Infrastruktur vorhanden ist. Auf eigene Faust Touren zu den Zielen zu unternehmen, ist nur mit Mietwagen möglich. Der Ort Bonito ist ein Bazar der Tourveranstalter. Die meisten besseren Hotels und Pousadas befinden sich außerhalb des Ortes.

Übernachtung

Die Hotels und Pousadas sind durchweg auf brasilianische Touristen eingestellt und bieten in der Regel Zimmer mit AC, Frigobar und natürlich TV.
Jugendherberge (Albergue da Juventude), Rua Lúcio Borralho 716 (mit Sammeltaxi-Van der Gesellschaft AJ zu erreichen), ✆ 67/3255 1462, 🖳 www.ajbonito.com.br, mit 5 Apartments und 8 Schlafräumen: R$18 p.P. ❶
Canaã, Rua Cel. Píllad Rebuá 1.376, ✆ 67/3255 1255, 🖳 www.hotelcanaa.com.br, 35 Apartments (AC). Restaurant; einfaches Hotel, etwas außerhalb. ❶
Lago Azul, Rua Ari Leite Machado 618, ✆ 67/3255 1502, 24 Apartments, AC , Pool, Restaurant. ❷.
Excel Park, Rua António Alle, ✆ 67/3255 1919, 33 Apartments (AC), etwas eng und muffig. ❷
Und ein weiteres Dutzend Pousadas in gleicher Ausstattung und ähnlicher Preislage.
Hotel Tapera, an der Straße nach Guia Lopes da Laguna, KM I, (schöner Blick auf Bonito), ✆ 67/ 3255 1700, 🖳 www.taperahotel.com.br, ✉ taperahotel@bonitonline.com.br, 34 komfortable Apartments, Restaurant. ❸
La Paloma Residence, Rua das Camélias 135, ✆ 67/3255 1215, 14 Chalês mit Kombüse, Restaurant. ❸
Pousada Olho D'Água, gleicher Ort wie obiges Hotel, (Straße nach Três Morros, KM 1, d. h. 3 km vom Stadtzentrum), ✆ 67/3255 1430, 🖳 www.pousadaolhodagua.com.br, ✉ bonito@pousadaolhodagua.com.br. 20 komfortable Zimmer, Pool, Restaurant, kostet rund R$150 mit Abendessen. ❹
Zagaia Resort, komfortables Hotel an der Straße nach Três Morros, KM I, ✆ 67/3255 1280, ✉ crisval@zagaia.com.br, 66 Apartments mit AC, mehrere Pools, Tennisplatz, Restaurant etc. VP R$250. ❺
Camping auf der Ilha do Padre, 12 km vom Zentrum Bonito, ✆ 67/3255 1430. Der Platz liegt am Balneário gleichen Namens – wunderbare Badestelle, pro Zelt R$12.

HOTEL-FAZENDAS – ***Pousada dos Monteiros***, an der MS 419 Aquidauana–Rio Negro; ✆ 67/3324 8237, ✉ lemosmonteiro@uol.com.br, 🖳 www.pousadadosmonteiros.com.br. Unterbringung in

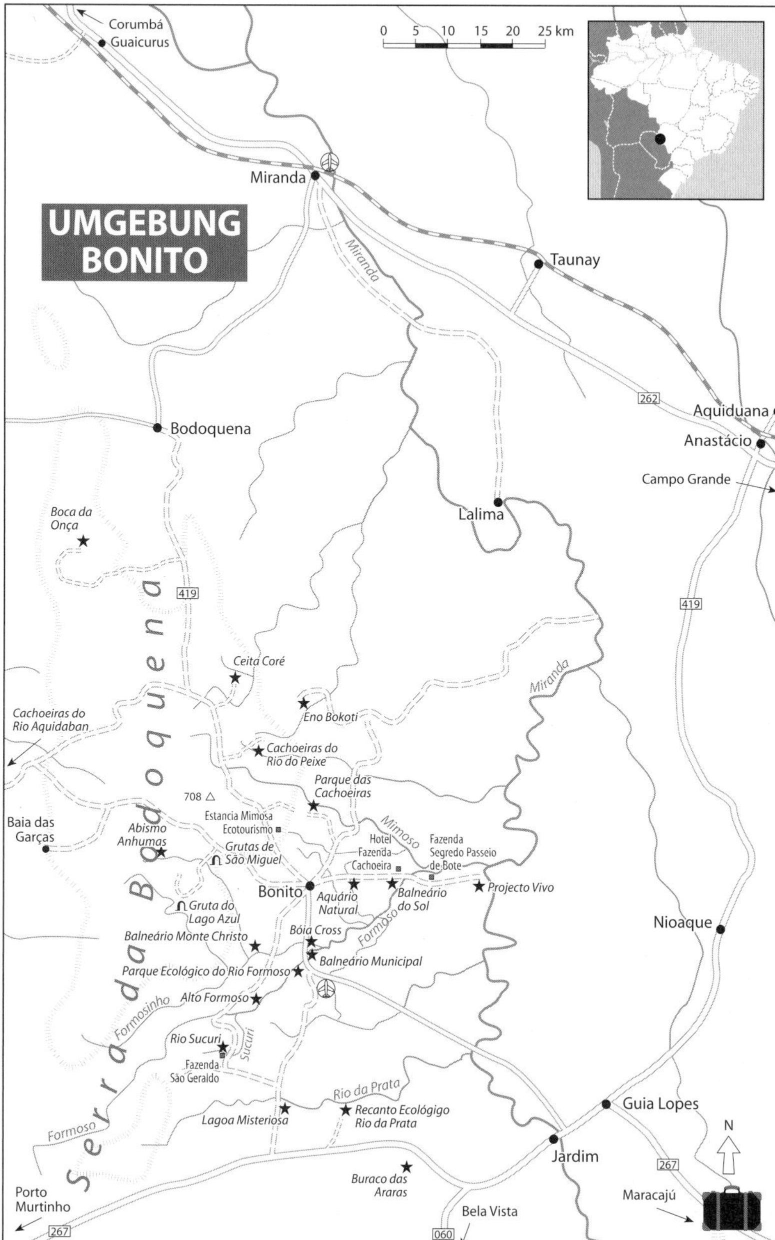
UMGEBUNG BONITO
0 5 10 15 20 25 km
Corumbá
Guaicurus
Miranda
Taunay
Aquiduana
Anastácio
Campo Grande
262
Bodoquena
Lalima
Boca da Onça
419
Serra da Bodoquena
Ceita Coré
Eno Bokoti
Cachoeiras do Rio Aquidaban
Cachoeiras do Rio do Peixe
Parque das Cachoeiras
708
Estancia Mimosa Ecotourismo
Baia das Garças
Abismo Anhumas
Grutas de São Miguel
Hotel Fazenda Cachoeira
Fazenda Segredo Passeio de Bote
Mimoso
Bonito
Aquário Natural
Balneário do Sol
Projecto Vivo
Gruta do Lago Azul
Balneário Monte Christo
Bóia Cross
Formoso
Balneário Municipal
Parque Ecológico do Rio Formoso
Alto Formoso
Formosinho
Rio Sucuri
Sucuri
Fazenda São Geraldo
Rio da Prata
Lagoa Misteriosa
Recanto Ecológigo Rio da Prata
Buraco das Araras
Nioaque
Guia Lopes
Jardim
N
267
Maracajú
Porto Murtinho
Bela Vista
060

jeweils fünf Chalês auf den beiden benachbarten Fazendas São Roque und São João von jeweils mehreren hundert ha. Rustikal-komfortabel. Flugpiste: 40 Min. Flug bis Campo Grande. ❹

Estáncia Mimosa, 25 km nördlich an der MS 178 am Rio Mimosa, Fazenda mit Rinderzucht (1500 Tiere), 400 ha, Wälder, Seen, Wasserfälle, Unterbringung von bis zu 20 Pers., nur über Touragenturen zu buchen, 🖳 www.estancia mimosa.com.br.

Essen

O Casarão, Rua Cel. Pillad Rebuá, Selbstbedienung.

Churrascaria Farroupilha, Rod. Guia Lopes da Laguna, KM I.

Paladar Caipira, Rua Monte Castelo 858, Hausmannskost.

Sonstiges

GELD – ***Banco do Brasil, HSBC*** und ***Bradesco*** befinden sich auf der Rua Cel. Pilad Rebuá. Alle mit Automaten.

MEDIZINISCHE HILFE – ***Städt. Krankenhaus***, Rua Pedro Apóstolo, ✆ 67/3255 1864.

MIETWAGEN – ***Unidas***, ✆ 67/3255 1862 und 3255 1001.

POLIZEI – Forstpolizei ***Polícia Florestal***, ✆ 67/3255 1247.

REISEBÜROS – (nur solche mit Homepage)

Agência AR, ✆ 67/3255 1462, 🖳 www.agenciaar.com.br.

Big Tour, ✆ 67/3255 1753, 🖳 www.bigtour.com.br.

Brasi Bonito, ✆ 67/3255 1931, 🖳 www.brasilbonito.tur.br.

Carandá Ecotour, ✆ 67/3255 1695, 🖳 www.carandatour.com.br.

Crisval Tour, ✆ 67/3255 1551,🖳 www.zagaia.com.br.

Muito Bonito Turismo, ✆ 67/3255 1645, 🖳 www.muitobonito.com.br.

Natura Tour, ✆ 67/33255 1544, 🖳 www.naturatour.com.br.

Olho D'Água Turismo, ✆ 67/3255 1430, 🖳 www.poa.tur.br.

Tamanduá Operadora de Turismo, ✆ 67/3255 5000, 🖳 www.tamandua.tur.br.

Ygarapé, ✆ 67/3255 1733, 🖳 www.ygarape.com.br.

Transport

BUSSE – ***Rodoviária***, Rua Pedro Álvares Cabral, ✆ 67/3255 1606. Mehrmals tgl. nach **Campo Grande** über Aquidauana, 5 Std., R$23.

Bodoquena

Bodoquena liegt in einer Bergkette der Serra Bodoquena auf einer Höhe von 285 m mit einem recht milden Wetter. Die Kalksteinberge in der Region haben Senklöcher und Höhlen. Die Flüsse und Bäche, die Bodoquena teilen, sind Tauch- und Raftingparadiese. Der Rio Betione hat mehr als 80 Wasserfälle mit Bademöglichkeiten; auf Wanderungen am Rio Betione durch den Wald lassen sich Wildtiere wie Tapire, Capybaras, Macaws und Tukane beobachten. Schöne Aussichtspunkte; einige Fazendas am Ufer sind Jahrhunderte alt.

Besondere Ziele und Programme:

Gruta do Urubu Rei, 22 km von Bodoquena auf der Straße nach Morraria. Die „Geier-Grotte" hat eine Höhe von 15 m und eine 150 m hohe Steinwand. An einigen Stellen ist ein Weiterkommen nur durch Kriechen möglich. In den Spalten sind unerforschte tiefe Wasserstellen; am Eingang ein Wasserfall mit 10 m Höhe.

Gruta Califórnia, Fazenda Califórnia, 55 km von Bodoquena auf Erdstraße, (BR 389). 🕓 8–17 Uhr. Die Gruta Califórnia befindet sich in den Bergen der Serra Bodoquena. Die Höhle ist 150 m lang, 40 m breit und 20 m hoch mit einem Fluss, der im Kalk versickert. Die Fazenda Califórnia organisiert Reittouren und Wanderungen zu den Wasserfällen und Höhlen.

Córrego Azul, 28 km von Bodoquena (14 km geteerte Straße). Ein Nebenfluss des Rio Salobra mit einer Länge von 800 m und 30 m Breite. Sein rasch fließendes Wasser ist ideal zum Schnorcheln und Rudern. Die Tour kostet ca. R$10, Gruppengröße max. 10 Personen; Fischen und Motorboote verboten.

Trilha Ecológica da Boca da Onça, Fazenda Boca da Onça, 35 km von Bodoquena auf der Straße Richtung Bonito. 🕓 8–17 Uhr. Ein ca. 3 km langer Weg durch den Wald, vier Wasserfälle sind auf dem Pfad zu sehen: Anta (15 m), Jabuti (5 m), Fantasma (40 m) und Vento (156 m). Ein Lokal befindet sich bei den Wasserfällen.

Fazenda Indiana, bei KM 45 auf der Straße nach Miranda, 17 km Entfernung. ⌚ 7–11 und 13–17 Uhr. Hier befindet sich eine kleine Landebahn für Kleinflugzeuge, die einen Panoramaflug über den Pantanal, das Fort Coimbra und den Rio Paraguay anbieten. Kosten R$400. Die Fazenda organisiert Reittouren am Rio Salobra entlang (R$120 p.P.) inkl. Bademöglichkeiten, eine Tour auf dem Córrego Azul, Lunch und einen Besuch der Bahia Negra am Nachmittag. Außerdem wird noch eine Reittour nach dem Lunch angeboten (R$70).

Rio Betione. Die Quelle des Rio Betione ist in der Nähe der Fazenda Cachoeira. Sein kristallklares Wasser ist 5 m tief und an manchen Stellen 50 m breit. Es gibt Naturpools, in denen Fische wie der Piraputanga, Dourado, Piaus und Lambaris zu sehen sind. Zwischen der Fazenda Prudente da Serra und der Fazenda São Cristóvão befinden sich 80 Wasserfälle, einige davon mehr als 12 m hoch. Entlang des Ufers sind Ruheplätze, Seilrutschen und Hängebrücken angelegt. R$3.

Jardim

Jardim ist Ausgangspunkt für einige weitere Attraktionen – eine touristische Infrastruktur hat der Ort nicht.

Balneário Municipal do Rio da Prata, 32 km auf der BR 267 Richtung Porto Murtinho, ist ein öffentlich zugänglicher Badeort, ⌚ 8–17 Uhr. Platz zum Grillen, Cafeteria, Toiletten, Wanderwege.

Buraco das Araras, Fazenda Alegria, 31 km von Jardim auf der BR 267 Richtung Porto Murtinho, ⌚ 8–17 Uhr. Im Jahr 1912 wurde die Schlucht, auch als Dolina bekannt, entdeckt. Es ist ein gigantischer Einbruch mit etwa 500 m im Durchschnitt und einer Tiefe von 126 m, am Grund ein See. Das „Loch der Aras" heißt so, weil sich hier eine große Anzahl von roten Araras niederließen. Ein Abstieg in die Tiefe ist nur mit Seil möglich. R$4.

Recanto Ecológico Rio da Prata, 40 km von Jardim auf der BR 267 Richtung Porto Murtinho, ⌚ 8–15 Uhr mit Aufenthalt bis 18 Uhr. Nach einer 50-minütigen Wanderung durch den Wald von Rio da Prata mit unzähligen Orchideen und Bromelien erreicht man das kristallklare Wasser des Rio Olho d´Água, dem Start für Tauchgänge. Im ruhigen Fluss lässt es sich sehr gut tauchen, und Fische wie Piraputangas, Dourados und Pintados sind zu sehen. Der Boden sollte nicht berührt werden, um den Sand nicht aufzuwirbeln. Die Tour dauert etwa 4 Std. und kostet ca. R$40; Taucheranzüge werden gestellt.

Fazenda Santa Maria, 40 km von Jardim auf der BR 267 Richtung Porto Murtinho, nach der 30 km-Markierung rechts abbiegen und weitere 7 km Piste. Die Lagoa Misteriosa ist ca. 80 m tief, im Durchmesser ca. 40 m. Sie besitzt eine Kalksteinformation mit zwei Gruben: eine davon hat eine Tiefe von 60 m; die Tiefe der anderen Grube ist noch immer unbekannt. Taucher haben selbst in einer Tiefe von 220 m noch keine Grundfläche gesehen. Das Wasser ist sehr sauber und hat eine Temperatur von 25–27 °C. Diese Exkursion schließt einen Besuch von Höhlen mit 30 m langen, trockenen Galerien, wie die Gruta do Core am Rio da Prata, mit ein.

Buraco das Abelhas und **Grutas da Figueira**, Fazenda Figueira, 70 km von Jardim auf der BR 267. Die Attraktion sind Kalksteinhöhlen wie die Sapo, Jucá und Buraco das Abelhas, und Ausritte durch die Region. **Santuário da Prata**, Fazenda Nossa Senhora Aparecida, 23 km von Jardim auf der BR 267 Richtung Porto Murtinho. ⌚ 8–17 Uhr. Ein 2,5 km langer Weg führt durch den Wald von Rio Prata zur Tauchstation. Ein Schlauchboot steht für diejenigen zur Verfügung, die Rafting dem Tauchen vorziehen. Ein regionales Essen (ca. R$7) wird nach den sportlichen Aktivitäten, die den ganzen Tag in Anspruch nehmen, angeboten. Es sind Reitpferde vorhanden. Man darf zelten, Duschen, R$10.

Übergang nach Paraguay

Ponta Porã ist ein Grenzort, der von der paraguayischen Stadt Pedro Juan Caballero durch die Avenida Internacional getrennt ist. Für die nötigen Ein- und Ausreisestempel sind einige Fußwege nötig. Um sich den brasilianischen Ein- oder Ausreisestempel abzuholen, muss man zur Polícia Federal in der Rua Marechal Floriano 1483 gehen, ⌚ Mo–Fr 7.30–11.30 und 14–17 Uhr. Das Büro der Ausländerbehörde von Paraguay, wohin man muss, um sich einen Ein- oder Ausreisestempel zu besorgen, befindet sich in Pedro Juan Caballero in der Calle Teniente Herrero 2068. ⌚ Mo–Fr 7–12 und 14–17, Sa 7–12 Uhr.

Der Norden

Mit dem „Vogelbauer“ den **Strom der Ströme** beschiffen.

Dschungeltouren rund um eine **Urwald-Lodge** im Regenwald unternehmen.

Den Karneval von **Parintins** erleben.

Ausspannen unter Wasserbüffeln: Badeurlaub auf der Amazonasinsel **Marajó**.

Die heißen Nächte von **Belém** durchtanzen.

Schuppen ansetzen in **Santarém** und am **Rio Tapajós**.

Die „grüne Hölle“ oder „die Lunge der Erde“ und „die biologische Schatztruhe des Globus“ – die Bezeichnungen signalisieren bereits die (auch sprachliche) Hilflosigkeit der Menschen angesichts der Natur dieser Region. Das brasilianische Amazonasgebiet umfasst rund 5,1 Mill. km^2 – rund 60% des nationalen Territoriums. Hier liegt das größte Flusssystem der Erde, und sich dorthin zu begeben, bedeutet in jedem Fall ein Abenteuer.

Die Dimensionen der amphibischen Welt von Amazonien übersteigen die menschliche Vorstellungskraft. Im Grunde bleiben dem Besucher nur zwei Perspektiven, das größte Biotop der Erde zu erfassen: Die Vogelperspektive, d. h. der Blick aus dem Flugzeug hinunter auf das Gekröse der Flüsse, Lagunen und Seen, oder die Froschperspektive und der Hautkontakt mit dieser wuchernden Natur, und das bedeutet verschwitzte Klamotten, Insektenstiche, Durst und Hitze. Die halbnahe Perspektive (etwa vom Busfenster oder von Bord eines Schiffes) aber ist monoton: Stunden um Stunden, ja viele Tage lang zieht das Land – das verbrannte neben der Piste – vorüber oder bleibt das Ufer am Horizont wie ein schwacher Kreidestrich stehen.

Manaus und **Belém** sind die Tore und Ziele im brasilianischen Amazonasgebiet. Für „**Dschungeltourismus**“ ist Manaus besser geeignet – und ein paar Tage auf einer Lodge im Regenwald zu verbringen, gehört zu den Highlights, die sich dem Traveller anbieten. Dazu zählt auch eine Reise auf einem **Amazonas-Dampfer**, um ein Gefühl für Land und Leute zu bekommen. Von Belém aus sind zwei weitere Höhepunkte zu erreichen: die **Insel Marajó** im Amazonasdelta mit ihrer einzigartigen Kombination von Savanne und Dschungel, und die kaum bekannten **Atlantikstrände** östlich von Belém.

Reisen in Amazonien bedeutet, viele Stunden mit Warten zu verbringen. Die Verkehrsverbindungen (traditionell per Boot) sind prekär, von einem Verkehrswegenetz kann nicht die Rede sein. Demzufolge gibt es kaum Querverbindungen von einer Provinzstadt zur anderen – man kommt nur sternförmig über die Hauptstädte ins Landesinnere. Der Einstieg nach Amazonien erfolgt im vorliegenden Buch über Manaus und den Bundesstaat Amazonas sowie die anliegenden Bundesstaaten Acre, Rondônia und Roraíma. Sodann wird nach Belém und den Bundesstaat Pará übergeblendet sowie den benachbarten Bundesstaat Amapá. Die Reihenfolge folgt also gewissermaßen der Richtung des Stromes, ist aber für den Reisenden keineswegs zwingend.

Die amphibische Welt Amazoniens lässt sich nicht zwischen Buchdeckel packen. Man ahnt aber schon nach kurzer Zeit vor Ort, dass der Mensch in diesem Bauch der Erde nur ein Winzling ist, und erfährt das Gefühl der Verlorenheit und der Verletzlichkeit, das die ersten Weißen beschlichen haben mag, als sie den Fluss hinabtrieben, trotz der vermeintlichen Fülle der Natur kurz vor dem Verhungern waren und im Fieberwahn Nymphen aus der griechischen Mythologie erblickten: Amazonen, die dem Strom der Ströme später den Namen verliehen.

Geschichte

Abenteurer des 16. Jhs. wie Francisco de Orellana, der erste Europäer, der das ganze Amazonasbecken durchquerte, waren weniger an Ruhm oder Heidenbekehrung als am Gold von El Dorado interessiert. Orellana fand kein Gold, dafür aber eine matriarchalische Gemeinschaft inmitten des Dschungels, die von Frauen angeführt wurde, den so genannten **Amazonen**. Carvajal, der nüchterne Bordgeistliche, hielt die mysteriösen Wesen zunächst für die Bewohner eines Gebiets, das die Indianer „Amacunu“ nannten: ein Begriff für Wasser-Wolken-Lärm – vermutlich ein großer Stromkatarakt. Die überschwängliche Schilderung seiner Begegnung mit den Amazonen, notiert Carvajal, wurde Orellanas Nachruhm als Entdecker des größten Stroms der Erde zum Verhängnis. Zwar hielt sich, zu Ehren des Erstbefahrers, unter den Zeitgenossen für eine Weile die Bezeichnung Rio Orellana, doch sie wurde nach und nach von dem viel eindrucksvolleren Begriff Rio Amazonas verdrängt und schließlich vergessen.

Wasserwelt

Seither sind Trilliarden und Abertrilliarden Tonnen Wasser den Amazonas hinabgeflossen. Er speist sich aus den drei großen Quellflüssen **Rio Marañón**, **Rio Huallaga** und **Rio Ucayali** in den Anden, sowie – im Mittellauf – dem durch das brasilianische Tiefland fließenden Rio Solimões, um dann, nach dem Zufluss des **Rio Negro**, als Rio Amazonas unter Mitnahme von drei Dutzend Nebenflüssen in den Atlantik zu münden. Selbst diese Neben-

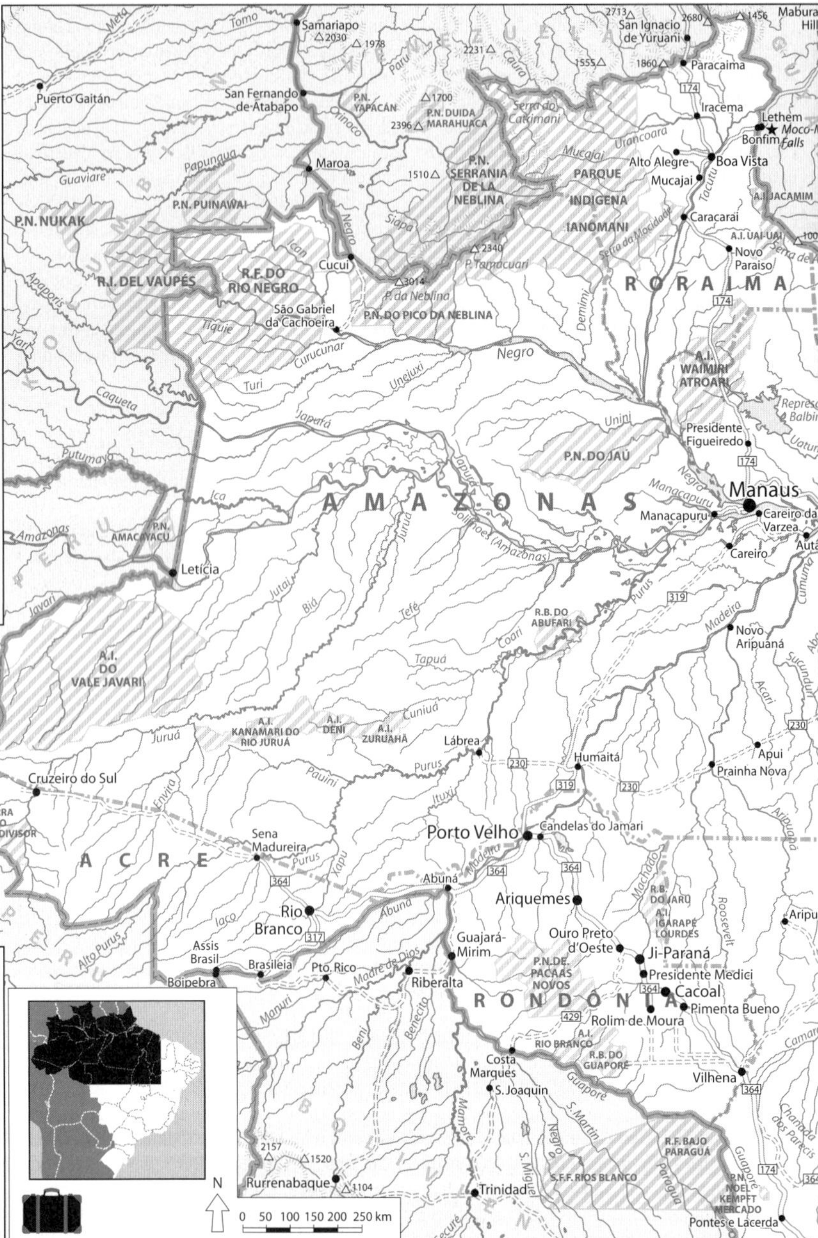
Samariapo
San Fernando de Atabapo
Puerto Gaitán
Maroa
P.N. YAPACÁN
P.N. DUIDA MARAHUACA
P.N. SERRANIA DE LA NEBLINA
P.N. PUINAWAI
P.N. NUKAK
R.I. DEL VAUPÉS
R.F. DO RIO NEGRO
Cucuí
São Gabriel da Cachoeira
P.N. DO PICO DA NEBLINA
P. da Neblina
P. Tamacuari
San Ignacio de Yuruaní
Paracaima
Iracema
Lethem
Moco-Moco Falls
Bonfim
Boa Vista
Alto Alegre
Mucajaí
Caracaraí
Novo Paraiso
PARQUE INDIGENA IANOMANI
A.I. JACAMIM
A.I. UAI-UAI
RORAIMA
A.I. WAIMIRI ATROARI
Presidente Figueiredo
P.N. DO JAÚ
Manaus
Manacapuru
Careiro da Varzea
Careiro
Autás
AMAZONAS
P.N. AMACAYACU
Letícia
R.B. DO ABUFARI
Novo Aripuanã
A.I. DO VALE JAVARI
A.I. KANAMARI DO RIO JURUÁ
A.I. DENÍ
A.I. ZURUAHÃ
Lábrea
Humaitá
Apuí
Prainha Nova
Cruzeiro do Sul
P.N. DA SERRA DO DIVISOR
ACRE
Sena Madureira
Porto Velho
Candelas do Jamari
Abunã
Ariquemes
Rio Branco
R.B. DO JARU
A.I. IGARAPÉ LOURDES
Ouro Preto d'Oeste
Ji-Paraná
Guajará-Mirim
Assis Brasil
Brasiléia
Boipebra
Pto. Rico
Riberalta
P.N. DE. PACAAS NOVOS
Presidente Medici
Cacoal
Pimenta Bueno
Rolim de Moura
RONDÔNIA
A.I. RIO BRANCO
R.B. DO GUAPORÉ
Costa Marques
S. Joaquin
Vilhena
R.F. BAJO PARAGUÁ
S.F.F. RIOS BLANCO
P.N. NOEL KEMPFF MERCADO
Rurrenabaque
Trinidad
Pontes e Lacerda
Aripuanã
Negro
Solimões (Amazonas)
Madeira
Purus
Juruá
Japurá
Caquetá
Putumayo
Javari
Guaporé
Mamoré
Beni
Madre de Dios
N
0 50 100 150 200 250 km

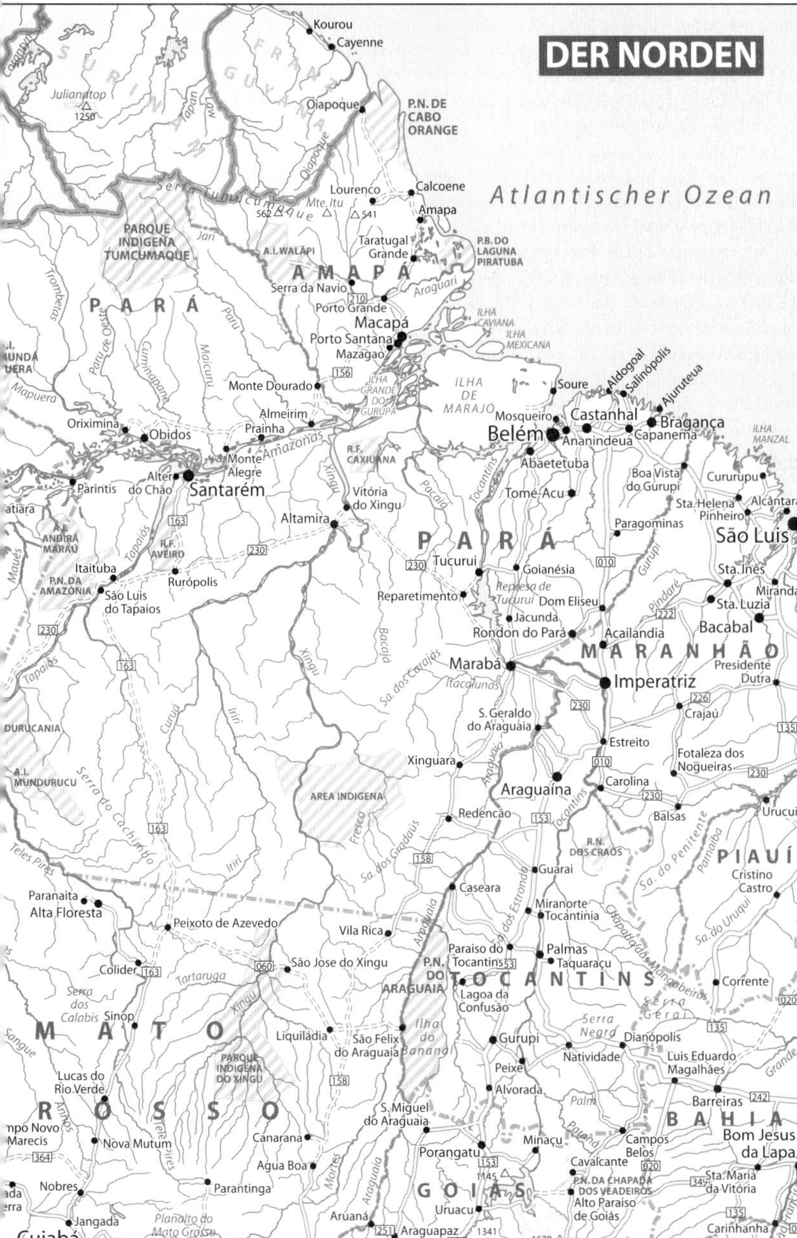
DER NORDEN
Atlantischer Ozean
Kourou
Cayenne
FRANZ. GUYANA
SURINAM
Julianatop
1250
Oiapoque
P.N. DE CABO ORANGE
Serra Tumucumaque
PARQUE INDIGENA TUMCUMAQUE
A.I. WALAPI
Lourenco
Calcoene
Mte. Itu
562
541
Amapa
Taratugal Grande
P.B. DO LAGUNA PIRATUBA
AMAPÁ
Serra da Navio
Porto Grande
210
Macapá
Porto Santana
Mazagao
156
ILHA CAVIANA
ILHA MEXICANA
ILHA GRANDE DO GURUPÁ
ILHA DE MARAJÓ
Soure
Aldogoal
Salinópolis
Ajuruteua
Mosqueiro
Castanhal
Bragança
Belém
Ananindeua
Capanema
ILHA MANZAL
PARÁ
Trombetas
Paru de Oeste
Cuminapanema
Maicuru
Paru
Jari
Mapuera
Monte Dourado
Almeirim
Prainha
Oriximina
Obidos
Monte Alegre
Amazonas
R.F. CAXIUANA
Alter do Chão
Santarém
Parintis
Xingu
Vitória do Xingu
Altamira
Pacajá
Tocantins
Abaetetuba
Tomé-Acu
Boa Vista do Gurupi
Cururupu
Alcântara
Sta. Helena
Pinheiro
São Luís
Paragominas
A.I. ANDIRÁ MARAU
R.F. AVEIRO
Tapajós
163
230
Itaituba
P.N. DA AMAZÔNIA
São Luis do Tapaios
Rurópolis
Maués
Tucurui
Goianésia
010
Gurupi
Represa de Tucurui
Reparetimento
Dom Eliseu
Jacunda
Pindaré
222
Sta. Inês
Miranda
Sta. Luzia
Bacabal
Rondon do Pará
Acailandia
MARANHÃO
Marabá
Itacaiunas
Sa. dos Carajás
Bacajá
Imperatriz
Presidente Dutra
226
Crajaú
S. Geraldo do Araguaia
Estreito
135
Xinguara
Fotaleza dos Nogueiras
Araguaína
Carolina
Balsas
Urucui
Iriri
Curuá
Serra do Cachimbo
DURUCANIA
A.I. MUNDURUCU
AREA INDIGENA
Fresco
Redencão
153
R.N. DOS CRAOS
Sa. do Penitente
Parnaíba
PIAUÍ
Cristino Castro
Teles Pires
Sa. dos Gradaús
158
Guarai
Caseara
Sa. dos Estrondo
Miranorte
Tocantinia
Chapada das Mangabeiras
Sa. do Uruqui
Paranaita
Alta Floresta
Peixoto de Azevedo
Vila Rica
Araguaia
Paraiso do Tocantins
Palmas
Taquaraçu
Colider
Tartaruga
060
São Jose do Xingu
P.N. DO ARAGUAIA
TOCANTINS
Corrente
Lagoa da Confusão
Serra Geral
020
Serra dos Calabis
Sinop
MATO GROSSO
Liquiládia
São Felix do Araguaia
Ilha do Bananal
Gurupi
Serra Negra
Dianópolis
Natividade
Luis Eduardo Magalhães
Sangue
PARQUE INDIGENA DO XINGU
Peixe
Alvorada
Lucas do Rio Verde
Palma
Barreiras
242
Grande
Arinos
S. Miguel do Araguaia
Paranã
BAHIA
Campo Novo do Parecis
Nova Mutum
Teles Pires
Canarana
Minaçu
Campos Belos
Bom Jesus da Lapa
364
Porangatu
153
Cavalcante
Agua Boa
Mortes
1145
P.N. DA CHAPADA DOS VEADEIROS
Sta. Maria da Vitória
349
Nobres
Parantinga
GOIÁS
Alto Paraiso de Goiás
Uruacu
135
Jangada
Planalto do Mato Grosso
Aruanã
251
Araguapaz
1341
1678
Carinhanha
São Francisco
152
Cuiabá

flüsse weisen noch Dimensionen auf, die alle europäischen Flüsse in den Schatten stellen. Dazu gehören im Norden der Rio Napo, der Putumayo Icá, der Rio Japura und im Süden der Rio Tapajós, der Xingú, der Tocantins und der Araguaia.

Der Amazonas im brasilianischen Tiefland variiert zwischen sechs und acht Kilometer Breite, und seine Tiefe zwischen 20 und 200 m; in der Nähe der Mündung zum Atlantik sind auch schon Tiefen von 500 m gemessen worden. Der Amazonas ist der Fluss mit den größten Wassermassen überhaupt: sie sind so gigantisch, dass eine halbe Minute Durchfluss reichen würde, um den Durst der ganzen Weltbevölkerung zu stillen. In den Atlantik entlässt er pro Sekunde 175 Mill. Liter Wasser – mehr als die Flüsse Europas zusammengenommen.

Wasser ist also das entscheidende Element in Amazonien – und die Zeit. Geologen haben festgestellt, dass vor nicht einmal 70 Mill. Jahren der Amazonas sozusagen in Gegenrichtung geflossen ist. Damals, als sich die Kontinentalplatte Südamerikas von Afrika trennte und nach Westen abdriftete, baute sich am pazifischen Rand gewissermaßen eine steinerne Bugwelle auf: die Anden. Damit war der Weg des Wassers aus dem Kontinent nach Westen versperrt und erst nach dem Aufstau im Inneren und der Überwindung des östlichen Kontinentalrandes richtete sich das Flusssystem nach Osten aus und bildetet es sich so, wie wir es heute kennen.

Die Amazonasebene ist, vereinfacht gesagt, nichts anderes als eine gigantische Sandbank aus dem Abrieb der Anden. Darauf steht der Regenwald. Der Boden gibt ihm Halt – aber keine Nahrung. Ein komplizierter Kreislauf innerhalb des **Regenwaldes** sorgt für die Erhaltung des Biotops; beseitigt man größere Flächen daraus, trocknet der Boden schnell aus und wegen der in ihm kaum vorhandenen Mineralien bricht sich die Wüste Bahn. Die Nahrungs- und Energiezufuhr des Regenwaldes kommt im wesentlichen von oben. Der Regenwald heißt so, weil er den Regen braucht – und ihn auch wieder durch Verdunstung hervorbringt.

Klima

In den Tropen gibt es keine ausgeprägten (astronomischen) Jahreszeiten, weil der Sonnenstand nicht wie in den polnäheren Gebieten aufgrund der Neigung der Erdachse jahreszeitlich stark schwankt. Am Äquator herrscht der Zwölfstundentag, jahrein, jahraus mit 24–28 °C Durchschnittstemperatur. Ein typischer Tag in dieser Region nimmt seinen Anfang mit einem steilen Sonnenaufgang zwischen sechs und sieben Uhr früh: Es ist, als würde ein Schalter betätigt und das Licht angeknipst, so schnell wird es hell – und am Abend bricht die Nacht fast schlagartig herein. Der klare Morgenhimmel bedeckt sich bis mittags mit Quellwolken und zur Siesta kommt der Regen (meist mit Gewitter) kübelweise runter: man kann beinahe die Uhr danach stellen. Kaum ist der Wolkenbruch vorüber, klart der Himmel wieder auf und der kurze Abend bricht an.

Jahreszeitliche Schwankungen gibt es aufgrund der globalen Wetterlage in Amazonien aber doch – will heißen: mehr oder weniger Regen. Der Regen aus der Tiefdruckrinne über Amazonien sorgt dafür, dass die Wassermassen in den Flüssen von West nach Ost steigen. Die Niederschlagsmengen sind am oberen Amazonas und im östlichen Schatten der Anden und in der Amazonastiefebene am höchsten, sie nehmen deutlich nach Norden (Guayana-Schild) und Süden (zentralbrasilianische Platte *Cerrado)* ab.

Dass das feuchtheiße Klima Amazoniens eine besondere Sorgfalt bei der **Reisevorbereitung** erfordert, ist offensichtlich. Das bedeutet aber nicht, mit Mondgepäck und einer prallen Reiseapotheke anzureisen. Ganz im Gegenteil – weniger ist mehr! Wer kiloschwere Rucksäcke und Reisetaschen mit sich herumschleppt, macht schnell schlapp. Mit Kohletabletten (gegen Durchfall), Insektensalbe, Sun Blocker und einigen Pflastern ist man pharmazeutisch bestens ausgerüstet. Denn alles, was über Verdauungsprobleme, Sonnenbrand und Moskitostiche hinausgeht, lässt sich nicht mit einer Reiseapotheke lösen. Aber mit kluger Voraussicht. Das gilt auch für die Kleidung. Leichte T-Shirts, zwei lange und zwei kurze Hosen, Handtuch (auch gegen Schweiß), Unterwäsche, Socken, Wanderschuhe: fertig. Man kann unterwegs alles waschen lassen oder sogar billig neu kaufen. Die Gegenwart von Menschen, gleich welcher Farbe und Kultur, am Fluss und im Wald ist eine Überlebensgarantie für den Reisenden.

Indianer

Pro forma sind 11% der Fläche von Brasilien – innerhalb Amazoniens sind es sogar 20% – für Indianervölker reserviert, die meisten Schutzzonen liegen in Amazonien. 11 Prozent des Landes reserviert für 300 000 Indios – was sagen die anderen 180 Mill. Brasilianer dazu? Man kann sich vorstellen, dass viele, besonders europäische, Bürgerinitiativen zugunsten der bedrohten Völker in Brasilien auf herzliches Unverständnis stoßen, und dass vor Ort in Amazonien weitab von staatlicher Macht und öffentlicher Kontrolle Konflikte um Land und Bodenschätze, um die Abholzung des Waldes und die Überfischung der Flüsse, an der Tagesordnung sind.

Die Figur des „Edlen Wilden", die für viele Europäer herhält wenn sie an Waldindianer denken, ist eine Schimäre. Dass sie in einem Paradies gelebt hätten, bevor die Weißen mit allem Bösen kamen, ist ein Märchen. Indianische Gemeinschaften künstlich wie in einem Zoo am Leben zu erhalten angesichts des wachsenden Drucks der „Moderne", mag Ethnologen befriedigen. Fragt man einen Indianer, was er sich wünscht, so sind es: Motorboot, Gewehr und Fernsehen. Eine humane Politik gegenüber den Amazonas-Ureinwohnern kann letztlich nur in der Hilfe zur sanften Anpassung an die neuen Verhältnisse bestehen. Im brasilianischen Amazonien leben derzeit 15 Mill. Menschen, mehr als die Hälfte davon in Städten. Da gibt es kein Zurück mehr. Die Intelligenz des Menschen ist herausgefordert, mit dem Regenwald und mit Amazonien überhaupt sinnvoll zu haushalten.

Bundesstaat Amazonas

Der größte brasilianische Bundesstaat, der Staat Amazonas, umfasst 1 577 820 km^2, damit ist er so groß wie die Mongolei. 80% des Staates sind mit Regenwald bedeckt, nur rund 2,5 Mill. Menschen wohnen innerhalb seiner Grenzen – die Hälfte davon in der Hauptstadt Manaus. Diese Insel-Metropole ist nur auf dem Wasser- oder Luftweg vom Rest des Landes aus zu erreichen. Der Amazonas und seine Ströme sind auch heute noch die wichtigsten Verkehrwege. Das bedeutet für den Besucher, dass er in erster Linie Zeit mitbringen muss.

Manaus

Es gibt Leute, die sich fünf Tage lang in Manaus aufhielten, und als sie abreisten nichts vom Urwald oder vom Fluss gesehen hatten. Weil sie beispielsweise das „Tropical Hotel" nie verließen. Aber selbst wer sich auf eigene Faust und mit besten Vorsätzen aufmacht, „Amazonien" in und um Manaus zu entdecken, wird sein blaues Wunder erleben. Deshalb eine kleine **Vorwarnung**: Man kann hier nicht einfach an den Stadtrand fahren und dort im Wald spazieren gehen. Was man dort finden kann, sind Müllberge und Kloaken, vielleicht eine Lektion in Sozialkunde, aber mehr nicht. Auf eigene Faust wird man nur wenig erkunden können – ohne vertrauenswürdige Ortskundige geht es nicht.

Manaus ist eine moderne City mit 1,4 Mill. Einwohnern am Ufer des Rio Negro. Rund 1600 km vom Atlantik entfernt, liegt Manaus nur auf 67 m über dem Meeresspiegel. Die Stadt hat sich neben ihrer Bestimmung als Industriestandort mit zollfreiem Einkauf zu einem Mekka der **Ökotouristen** entwickelt. Von hier aus starten die meisten Trips in die „grüne Hölle" bzw. in die Dschungel-Lodges.

Geschichte

Bis ins Jahr 1669, als eine kleine Festung errichtet wurde, lagen hier mehrere Dörfer der Manaú-Indianer. Im 17. Jh. war das flussaufwärts am Rio Negro liegende Barcelos Provinzhauptstadt. 1850 musste es diesen Titel im Zuge der Einwanderung von Zehntausenden von *Nordestinos,* die in der Kautschuk-Gewinnung arbeiteten, an das strategisch günstiger liegende heutige Manaus abgeben, das durch den **Kautschukboom** für die nächsten 60 Jahre zu einer der wichtigsten und wohlhabendsten Städte der Welt wurde. Wenig später war es vorbei mit dem Reichtum, und „das Paris der Tropen" verfiel in Agonie. 1967 kam zwar die wirtschaftliche Erholung, denn in die neu geschaffene Freihandelszone zogen wegen der Steuererleichterungen zahlreiche Firmen aus aller Welt und machten aus der ehemaligen Kautschuk-Metropole eine High Tech-**Industriestadt**, doch schöner und humaner wurde sie dadurch nicht. Die Hoffnung auf einen Arbeitsplatz in einer der Fabriken, zog viele tausend Emigranten in die Stadt, deren Infrastruktur noch aus den vierziger Jahren stammt. Es ist schwer, sich in Manaus vorzustellen, dass man mitten im größten Urwald der Erde ist!

Sehenswertes

Das Zentrum von Manaus erstreckt sich vom Rio Negro leicht ansteigend hoch bis zum Teatro Amazonas – diese „Altstadt" ist zu Fuß bestens erkundbar und überdies sehenswert, nicht nur wegen der berühmten Oper oder dem schwimmenden Pier. Zum Mindestprogramm in Manaus gehört eine Bootsfahrt, um zu der Stelle zu gelangen, wo das dunkle Wasser des Rio Negro mit dem hellen Wasser des Rio Solimões zusammentrifft. Man kann die beiden Farben flussabwärts verfolgen, die viele Kilometer weit nebeneinander herfließen, bis sie sich schließlich vermischen und von da an offiziell den Namen Rio Amazonas tragen.

Ein wiederbelebtes Denkmal aus der Kautschuk-Blüte, und das Wahrzeichen der Amazonasstadt schlechthin ist das **Teatro Amazonas**, das am Abend des 31. Dezember 1896 mit der Oper „La Giaconda" von Ponchielli eröffnet wurde. Das mehrfach restaurierte Gebäude, eine Mischung aus Barock, Renaissance, Neoklassik und Jugendstil, ist ein gesamteuropäischer Luxustempel, reich bestückt mit italienischem Marmor, französischem Dekor, schottischer Kuppelverzierung, lothringischen Ziegeln, englischem Schmiedeeisen und 700 roten Samtsitzen. Es ist das bedeutendste Zeugnis aus der Blütezeit des 1870 einsetzenden Kautschukbooms. Im Teatro Amazonas haben jahrelang die Mäuse gepfiffen, doch im Jahr 1989 wurde es wieder zu musikalischem Leben erweckt und zu einem Mekka der Musikliebhaber. Das Opernfestival von Manaus (Mai/Juni) gehört inzwischen zum festen Bestandteil des internationalen Kulturkalenders. 🕒 Mo–Sa 9–16 Uhr, Führung (lohnend) R$6 p.P.

Viele Kolonialhäuser mussten modernen Geschäftsbauten weichen, historische Gassen wurden in sterile Einkaufs- und Fußgängerzonen umgewandelt, das Zentrum besteht fast nur noch aus Elektronikläden, die Straßen sind überlastet durch den Transportverkehr, und Lärm und Hektik bestimmen den Alltag. Die Bevölkerungsexplosion macht sich zusätzlich negativ bemerkbar, viele der arbeitsuchenden Neuankömmlinge wohnen in den Armenvierteln der Peripherie, in **Altstadthäusern** oder in Pfahlbauten am Rande der Kloaken. Wie in Belém sind die meisten alten Häuser mit den charakteristischen Kachel-Fassaden in jämmerlichem Zustand. Ein wenig Glanz lässt sich noch hie und da ahnen, so z. B. in der Avenida 7 de Setembro die Nr. 1806, und die Nummern 488, 765 und 773 in der Avenida Joaquim Nabuco.

Wer also Manaus ansteuert in der Hoffnung, eine blühende exotische Dschungelmetropole anzutreffen, wird enttäuscht sein. Brasilianische Besucher kommen zum zollfreien Einkaufen hierher, Ausländer wollen von hier meist in ein Dschungelhotel starten.

Dort, wo es losgeht, am **Porto Flutuante**, ist Manaus zugleich am interessantesten. An dem 1902 errichteten, 1313 m langen schwimmenden Kai liegen zahlreiche Boote vor Anker, selbst Hochseeschiffe. Es war die einzige Methode, um die jährlichen Wasserstandsschwankungen auszugleichen; große Eisentanks halten das 150 m lange Gebilde über Wasser. An einem an der Kaimauer angebrachten Pegel kann der aktuelle Wasserstand abgelesen werden. Nur wenige Schritte weiter befindet sich das alte, 1906 errichtete **Zollhaus** Alfândega, das Stein für Stein aus Schottland gebracht wurde. Ein paar hundert Meter flussabwärts liegt der **Mercado Municipal**, eine unter Denkmalschutz stehende Markthallenkonstruktion aus dem Jahre 1882. Das Eisengerüst wurde bei Gustave Eiffel in Paris hergestellt, die bunten Glasfenster sind den Pariser „Les Halles" nachempfunden. Genauso sehenswert wie seine Architektur ist der Markt selbst, vor allem die Prachtexemplare von Flussfischen aus dem Rio Negro. Zuletzt könnte man noch den **Palácio Rio Negro** besichtigen, früher einmal Residenz des deutschen Kautschukhändlers Waldemar Scholtz. Lange war das Gebäude Amtssitz der Landesregierung, 1997 wurde es restauriert und dient jetzt als Kulturzentrum mit Platz für Musikdarbietungen und Kunstausstellungen, einer Buchhandlung, einem Videoraum, Kunstgewerbeladen und Coffeeshop.

In Europa geht man gern bei Regen und Kälte ins Museum – vielleicht sollte man das in Manaus bei Sonne und Hitze tun. Aber die beiden verstaubten Museen, über die Manaus verfügt, sind nicht gerade Ausstellungspaläste. Das eine ist das **Museu do Índio**, Rua Duque de Caxias, ✆ 92/3234 1422. 🕒 Mo–Fr 8–12 und 14–17, Sa 8–11 Uhr. Das Museum liegt in einem ehemaligen Priesterseminar etwas abseits des Zentrums; Eintritt R$3.

Das zweite Museum, das einen Besuch lohnt, ist das **Museu do Homem do Norte**. Das Museum über den „Nordmenschen" in der Avenida 7 de Setembro 1385 zeigt zahlreiche Artefakte der Indianerkultur und der heutigen Flussbewohner, der

„Caboclos". ⌚ Mo–Fr 8–12 und 14–17, Sa 8–11 Uhr; Eintritt R$3.

Der **Wald der Wissenschaft und Mindú Park** im Stadtteil Aleixo, Rua Perimetral, wirkt wie eine grüne Insel mit einer reichen Flora der Region. Die Besucher lernen dort die wissenschaftlichen Namen der Arten sowie deren pharmazeutischen Gebrauch kennen. Hier befindet sich ein Aquarium mit dem größten im Süßwasser lebenden Tier, dem *Peixe Boi*, der Seekuh. Im Mindú Park, auch Parque Dez genannt, kann man Orchideen bewundern und auf Hängebrücken, die fast bis an die Baumgipfel reichen, entlanggehen. Anfahrt am besten mit Taxi. ⌚ Mo–Fr 9–18 Uhr; Eintritt frei.

Ein interessantes Phänomen ist der **Encontro das Águas**, der Treffpunkt der Gewässer, wo das tintenblaue Wasser des Rio Negro auf das milchkaffeebraune des Rio Solimões trifft. Das passiert 12 km stromabwärts von Manaus. Die Flüsse vermischen sich erst nach etwa 10 km, da sie verschiedene Dichte, Temperaturen und Geschwindigkeiten haben. Ab und zu tauchen rosa Flussdelphine hier auf. Die Tour zum spektakulären „Treffen der Wasser" wird Touristen in der Regel für US$60 p.P. verkauft. Es geht aber auch wesentlich billiger: Man nimmt den Bus 713 nach Vila Buruti bis zum Haltepunkt *carreiro do ferry*, und von da ein Fährboot hinüber (rund 3 km) auf die andere Seite. Das kostet fast nichts.

Das bestens ausgestattete Amazonasforschungsinstitut **Instituto Nacional de Pesquisas da Amazónia** (Inpa), Alameda Cosme Ferreira 1756, Aleixo, ✆ 92/3643 3193, 💻 www.cr-am.rnp.br, steht – in Grenzen – auch unangemeldeten Besuchern offen. Es liegt etwa 30 Busminuten vom Zentrum (Bus 618 oder 508) entfernt. Man zahlt R$4 und wird von einem Studenten oder Mitarbeiter herumgeführt, kann von außen in die Labors schauen und Seekühe im kleinen Institutszoo bewundern. ⌚ Di–Fr 9–11 und 14–16, Sa und So 9–16 Uhr.

Der **Ecopark,** ✆ 92/3234 0939, 20 Min. im Außenborder vom Pier des Hotel Tropical Manaus entfernt, ist ein Musterpark tropischen Lebens. Zugegebenermaßen ein bisschen Disney, aber wenn man keine Zeit hat... Besuch nur über FONTOUR, ✆ 92/3624 1842 oder über das Hotel Tropical, ✆ 92/3658 5000.

Übernachtung

Manaus hat ein Luxushotel (das Tropical) und viele Absteigen. Was fehlt, ist der Mittelbau. Brasilianer, die aufs Geld achten, kommen zum „Shopping" nach Manaus und buchen Hotels nur zur kurzen Rast, um die Pakete zu schnüren. Die meisten Budget-Hotels finden sich rund um die Rua dos Andrades, nahe dem Markt. Das ist nicht die feinste Gegend, und manche Absteige wandelt sich nachts zum Stundenhotel. Bei den nachfolgenden Unterkünften ist das aber nicht der Fall.

Amazon Youth Hostel, Rua Cabeceira do Rio Camarão, Maués, ✆ 92/9127 7941, ✉ joe@amazon.hostel.com, ist preislich nicht viel günstiger als Budget-Hotels und liegt weitab. ❶

ZENTRUM – ***Hotel Rio Branco,*** Rua dos Andrades 484, ✆ 92/3233 9136, 💻 www.brasilcomercial.com/hotelriobranco, ✉ hotelriobranco@brasilcomercial.com.br, gegenüber dem Hotel Ideal. Schlafräume mit bis zu fünf Betten, Übernachtung (Ventilator) dort R$10. Im Unterstock auch DZ mit AC und Gemeinschaftsbad. TV und Frigobar R$3 extra. ❶

Hotel Ideal, Rua dos Andrades 491, ✆ 92/3622 0038. *Der* Traveller-Treff in Manaus. Billig, sauber, spartanisch; Schließfächer und Telefon für internationale Gespräche. Zimmer nach vorn mit kleinen Balkons. DZ mit Ventilator R$26, mit AC R$35, mit Frigobar R$44. Bäder auf dem Flur. ❶

Hotel 10 de Julho, Rua 10 de Julho 679, ✆ 92/3232 9416, ✉ htjd@intern-ext.com.br. Nahe Opernhaus mit netter Dachterrasse. Die Zimmer in den Obergeschossen sind heller und freundlicher. Einige haben Bad, alle Ventilator oder AC, TV, Frigobar. ❷

Mango Guesthouse, Rua Flávio Espírito Santo 1, ✆ 92/3656 6033, ✉ mango@naturesafaris.com. Das idyllische kleine Hotel liegt auf dem Weg zum Flughafen/Tropical-Hotel und dient v. a. zur Unterbringung von durchreisenden Lodge-Gästen von naturesafari. Stadtbesucher sind aber auch willkommen. ❷

Hotel Continental, Rua Coronel Sérgio Pessoa 189, ✆ 92/3234 3626. Das kleine Hotel hat einige Zimmer mit Balkons, die auf die Kirche Igreja N. S. dos Remédios hinausgehen. Alle Zimmer mit AC, TV, Bad und Frigobar. ❷

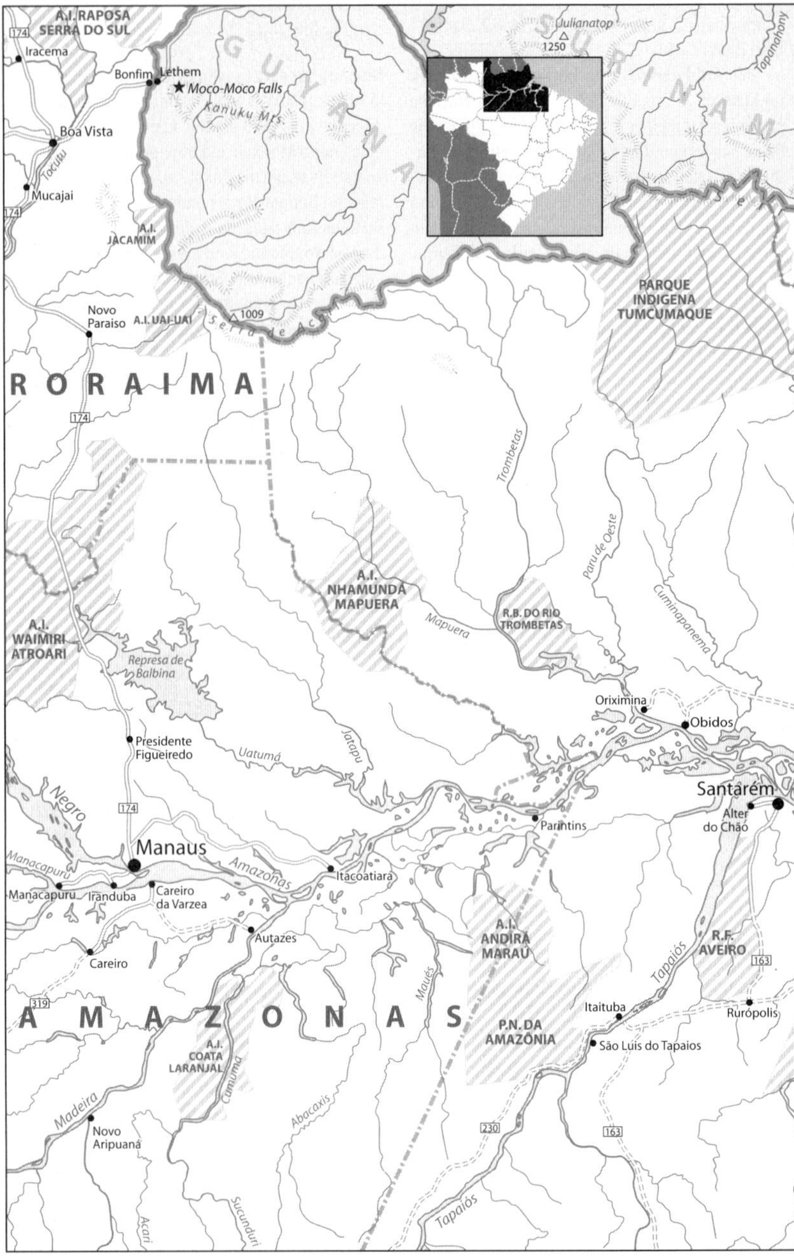
A.I. RAPOSA SERRA DO SUL
Iracema
Bonfim
Lethem
Moco-Moco Falls
Kanuku Mts.
GUYANA
SURINAM
Julianatop
1250
Tapanahony
Boa Vista
Tacutu
Mucajai
174
A.I. JACAMIM
Novo Paraiso
A.I. UAI-UAI
1009
Serra de Acari
PARQUE INDIGENA TUMCUMAQUE
RORAIMA
Trombetas
Paru de Oeste
Cuminapanema
A.I. NHAMUNDÁ MAPUERA
Mapuera
R.B. DO RIO TROMBETAS
A.I. WAIMIRI ATROARI
Represa de Balbina
Oriximina
Obidos
Presidente Figueiredo
Uatumá
Jatapu
Santarém
Alter do Chão
Negro
Parintins
Manaus
Manacapuru
Amazonas
Itacoatiara
Iranduba
Careiro da Varzea
Autazes
Careiro
A.I. ANDIRÁ MARAU
Tapajós
R.F. AVEIRO
163
Maués
319
AMAZONAS
Itaituba
Rurópolis
P.N. DA AMAZÔNIA
São Luís do Tapaios
A.I. COATA LARANJAL
Cumumã
Abacaxis
Madeira
Novo Aripuanã
230
Acari
Sucunduri

DER NORDEN

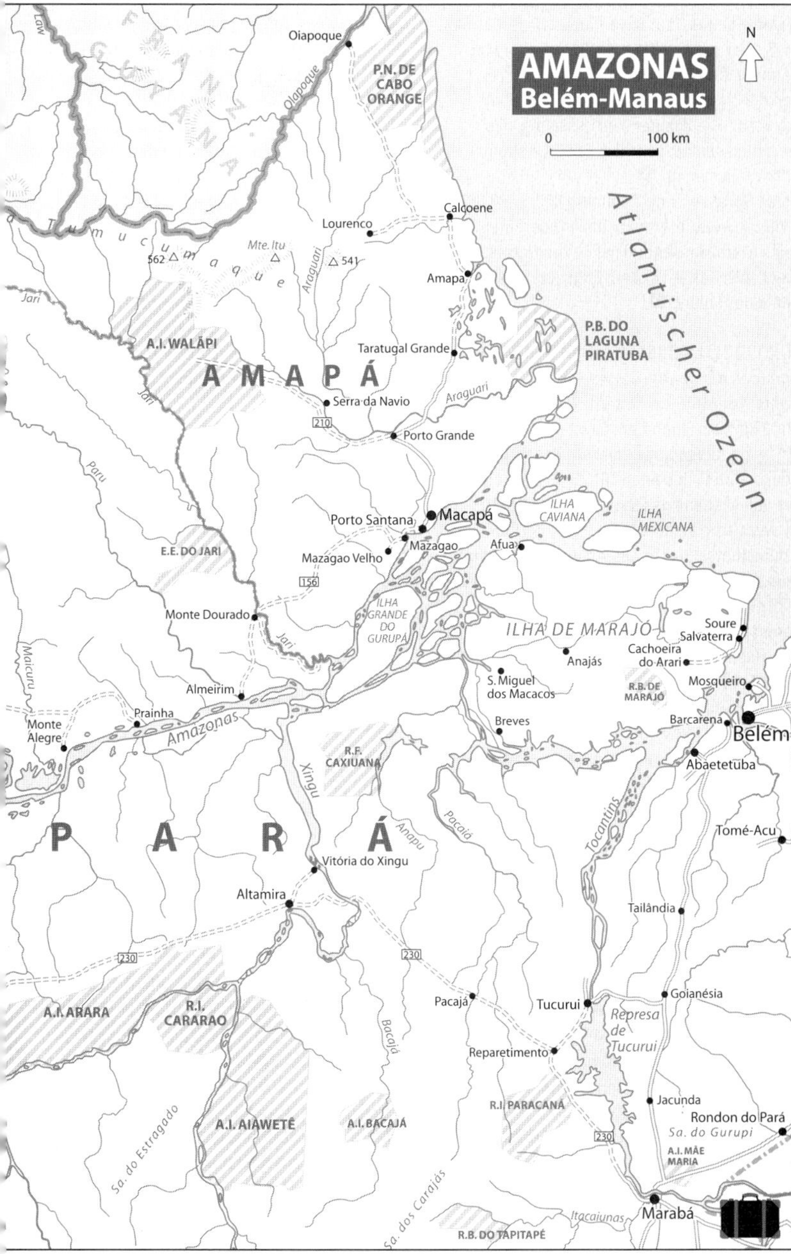
AMAZONAS
Belém-Manaus
N
0
100 km
Atlantischer Ozean
Oiapoque
Oiapoque
P.N. DE CABO ORANGE
Calcoene
Lourenco
Mte. Itu
562
541
Amapa
Araguari
Jari
P.B. DO LAGUNA PIRATUBA
Taratugal Grande
A.I. WALÃPI
AMAPÁ
Serra da Navio
210
Araguari
Porto Grande
Paru
Macapá
Porto Santana
ILHA CAVIANA
ILHA MEXICANA
Mazagao
Afua
E.E. DO JARI
Mazagao Velho
156
ILHA GRANDE DO GURUPÁ
Monte Dourado
ILHA DE MARAJÓ
Soure
Salvaterra
Cachoeira do Arari
Anajás
Maicuru
S. Miguel dos Macacos
R.B. DE MARAJÓ
Mosqueiro
Almeirim
Prainha
Monte Alegre
Amazonas
Breves
Barcarena
Belém
Abaetetuba
R.F. CAXIUANÃ
Xingu
Pacajá
Tocantins
PARÁ
Anapu
Tomé-Acu
Vitória do Xingu
Altamira
Tailândia
230
230
Pacajá
Tucurui
Goianésia
Represa de Tucurui
A.I. ARARA
R.I. CARARAO
Bacajá
Reparetimento
Jacunda
R.I. PARACANÃ
Rondon do Pará
Sa. do Gurupi
Sa. do Estragado
A.I. AIAWETÊ
A.I. BACAJÁ
230
A.I. MÃE MARIA
Sa. dos Carajás
Itacaiunas
Marabá
R.B. DO TAPITAPÉ

DER NORDEN

Hotel Mónaco, Rua Silva Ramos 20, ✆ 92/3622 1415. Hier haben schon die Mitarbeiter von Jaqcues Cousteau gewohnt. Sehr zentral, von der Dachterrasse schöner Blick über die Stadt. Die Zimmer sind geräumig, das Frühstücksbuffet generös. Preis-Leistungs-Verhältnis stimmt. ❸

Líder Hotel, Av. 7 de Setembro 827, ✆ 92/3621 9700, 🖳 www.internext.com.br/liderhotel. Zentrales Mittelklassehotel mit 60 komfortablen Zimmern (AC, Kabel-TV, Bad, Frigobar, Safe). Internet in der Lobby. ❹

LUXUSHOTEL AUSSERHALB DER CITY – ***Hotel Tropical,*** auf der Av. Cel. Teixeira 1320 im Viertel Ponta Negra, 15 km außerhalb der Stadt, aber nur 5 km vom Flughafen. Es ist eine Institution – und viele haben außer diesem Resort und Tagungs-Hotel mit seinen 601 Zimmern nicht anderes von Manaus gesehen. ✆ 92/3659 5000, 🖳 www.tropicalhotel.com.br, ✉ ggrthm@tropicalhotel.com.br. Die Anlage liegt hinter einem Zaun in einem gepflegten tropischen Park inkl. eines kleinen Zoos und zweier Pools. Tennisplätze, Fitnessstudio, Bibliothek etc.; drei Top-Restaurants. Zimmer enorm geräumig, der Preis (ab R$250 p.P.) demgegenüber beinahe moderat. Ständiger Zubringer zum Flughafen – hier steigen auch die Piloten ab. Vom Pier des Tropical am Rio Negro gehen zahlreiche Bootsfahrten der Agenturen ab. Taxi vom Hotel ins Zentrum rund R$30, mit dem Bus 120 kommt man auch hin (1 Std. Fahrt!). Vor dem Zugang zum Hotelkomplex liegt der Strand von Ponta Negra. ❻

Essen

In Manaus gibt es an jeder Ecke Säfte und Snacks. Frische Kokosnüsse werden sofort zum Trinkverzehr aufgeschlagen. Buffet-Restaurants („Kilos"), sind überall verstreut. Meist schmeckt das Essen wie in der Kantine. Bei solchen Restaurants ist früher Besuch empfohlen, bevor die Gerichte völlig verkocht sind.

Ki-Tempero, Av. Getúlio Vargas 615. Kilo-Lunch spottbillig (R$9/kg), mit AC drinnen und luftiger Gehsteigbesetzung: Salate, Churrasco, Fisch und v. a. *shrimp vatapá.* Abends Essen à la carte. ◷ tgl. 11–15 und 16–23 Uhr.

Filosóphicus, Av. 7 de Setembro 752, 3. Stock, ✆ 92/3234 2224. Vegetarische Insel im Meer der Fleischesser. Gutes Buffet zum Lunch (R$14,50/kg), ◷ Mo–Fr 11–14.30 Uhr.

Churrascaria Búfalo, Av. Joaquim Nabuco 628. Die Spitzen-Churrascaria in Manaus. Rodizio bis zum Abwinken. Pauschalpreis nur R$24 plus 10% Bedienung. Sogar Weinkarte. ◷ Mo–Sa 11–14.45 und 18–1 Uhr, So nur mittags.

Restaurante Mandarim, Rua Joaquim Sarmento 221, ein Chinese, der sich an den Amazonas verirrt hat. Für Traveller eine willkommene Abwechslung, zumal die Portionen enorm und die Preise gering sind. Geboten wird Szechuan-Küche. Hauptgerichte nicht über R$20. ◷ tgl. 11–15 und 18–22 Uhr.

Ristorante Florentela, Rua José Paranaguá 44, ✆ 92/3215 2233. Das ist *der* Italiener, und seine Preise sind zivil. ◷ tgl. 11–15 und 18–22.30 Uhr.

Restaurante Himawari, Rua 10 de Julho 618, ✆ 92/3233 2208, gegenüber der Oper. Ein Juwel in dieser heißen Stadt! Hat alles, was das Rohkostherz begehrt: Sushi, Sashimi und den Radi dazu. Preislich moderat. ◷ Di–So 11.30–14 und 18.30–22, Sa und So abends länger.

Texas Churrascaria, Rua 24 de Maio 188. Der Name ist irreführend – beste brasilianische Steaks, die die Texaner in den Schatten stellen. Reichhaltiges Buffet, auch mit Fisch. ◷ Mo–Sa 10.30–15 Uhr.

Canto da Peixada, Rua Emílio Moreira 1677, ✆ 92/3234 3021. Fischrestaurant, sehr einfach und sehr empfehlenswert. ◷ Mittags und abends.

Nachtleben

Die „Copacabana" von Manaus ist der Strand **Ponta Negra**, der rund 12 km außerhalb des Zentrums stromaufwärts liegt: vor den Toren des **Tropical Hotel**. Die wenigsten der Jungen und Mädchen, die sich in Ponta Negra vergnügen, würde man aber ins Tropical einlassen. Im Tropical haben sich die Reichen vermauert, in Ponta Negra bleibt das Volk unter sich. Zwei Dutzend Bierbuden, Tanzschuppen, Bars, Cafés und Boates laden die Nachteulen ein. Tagsüber gehört der Strand den Kindern – besonders einladend ist der Rio Negro an dieser Stelle aber nicht. Sei-

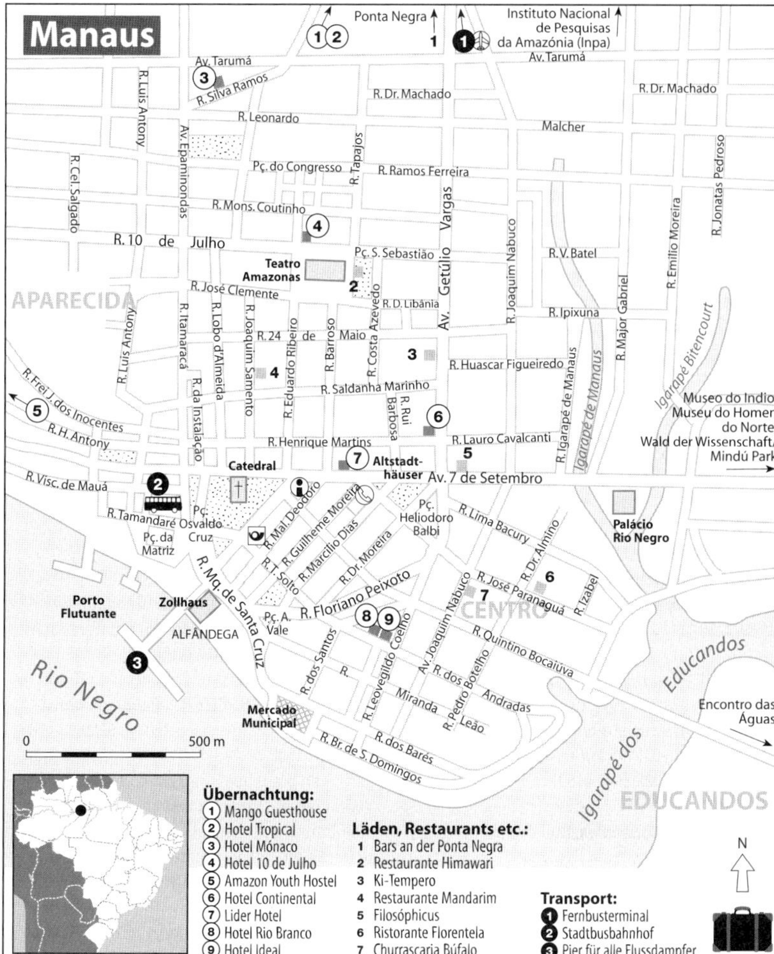

ne dunkle Tönung dürfte hier nicht nur von den Gerbstoffen der Blätter stammen ...

Sonstiges

APOTHEKE – ***Droga 14,*** Av. 7 de Setembro 1332, Centro, ✆ 92/3232 2370, ⌚ tgl. 24 Std.

EINKAUFEN – Kunstgewerbe und Indianerkunst: ***Artesanato da Amazónia,*** Rua José Clemente 500, Centro, ✆ 92/3232 3979; ***Artíndia FUNAI,*** Praça Tenreiro Aranha, Centro, ✆ 92/3232 4890; ***Associação dos Artesãos de Janauary,*** Lago do Janauary, ✆ 92/9989 3836; ***Ecoshop,*** Rua 10 de Julho, 509 A, Centro, ✆ 92/3234 8870.
Shopping Amazonas: Vor den Toren der Freihandelszone liegt das Shopping Center für Elektronik und Elektroartikel, das Mekka der Brasilianer! Im Viertel Cachoerinha auf der Praça 14; eine halbe Weltreise mit dem Bus, mit dem Taxi R$20.

GELD – Geldwechsel bei ***Cortez Câmbio***, Av. 7 de Setembro 1199, und ***Amazónia Câmbio***, Rua Dr. Moreira 88, sowie ***União Alternativa Câmbio***, im Flughafen – natürlich schlechterer Kurs, nimmt aber z. B. auch Schweizer Franken. ⌚ 24 Std. ***Banco do Brasil***, Rua Guilherme Moreira 315, ***HSBC***, Rua Dr. Moreira 226. Alle großen Banken haben Automaten, die internationale Karten akzeptieren.

INFORMATIONEN – ***Centro de Atendimento ao Turista*** (CAT), Av. Eduardo Ribeiro 666, ☏ 92/3231 1998, 💻 www.visitamazonas.com.br. Kiosk auch am Flughafen. ⌚ tgl. 7–23 Uhr. CAT hat zahlreiche Broschüren und Pläne sowie eine Liste der seriösen Reiseagenturen. Ebenso hilfreich die städtische Behörde ***Manaustur***, Av. 7 de Setembro 157, ☏ 92/3622 4986. **Internetauskunft** 💻 www.amazonasguia.com.br und portal amazonia.com.

MEDIZINISCHE HILFE – ***Hospital Universitário Getúlio Vargas***, Praça 14, Av. Apurinã 752, ☏ 92/3622 1838; ***Tropenhospital***, Av. Pedro Teixera, ☏ 92/3238 1711.

INTERNET – ***Internet Cyber City***, Av. Getúlio Vargas 188, ☏ 92/3234 8930, 💻 www.cyber-city.psi.br. R$3/Std. ***Discover Internet***, Rua Marcílio Dias 304, ☏ 92/3233 0121. R$3/Std. ***Internext***, Rua 24 de Maio 920, ☏ 92/3633 4409.

KONSULATE – ***Kolumbien***, Rua Dona Libania 62, ☏ 92/3234 6777.
Peru, Conjunto Morada do Sol, ☏ 92/3642 1646.
Venezuela, Rua Ferreira Pena 179, ☏ 92/3233 6004.

POLIZEI – ***Politur*** (Touristenpolizei), Posten beim Opernhaus und im Flughafen, ☏ 92/3231 1998 oder 3652 1120. Posten der ***Polícia Federal*** auf der Praça da Matriz.

POST – Rua Marcílio Dias 160.

REISEBÜROS – ***Viverde Turismo***, ☏ 92/3248 9988, 💻 www.viverde.com.br.
Selvatur, ☏ 92/3622 2577.
Green Planet Tour, ☏ 92/3232 1398.

Sicherheit

Nach Einbruch der Nacht sollte man nicht durch die Stadt spazieren, und die zahlreichen Pfahlbauten-Viertel sind auch tagsüber zu meiden – es sei denn, man wird dorthin eingeladen. Im Menschengewirr der Märkte und Kais bewegen sich natürlich auch Taschendiebe; Wertsachen bleiben selbstverständlich im Hotelsafe.

Amazon Explorers, ☏ 92/3633 3319.
Anaconda Turismo, ☏ 92/3233 7642.
Amazon Expeditions Ltda., ☏ 92/3233 0469 und 3659 5119.
Nature Safaris, ☏ 92/3656 6033, 💻 www.naturesafaris.com.br.
Tucunaré Turismo, ☏ 92/3234 5071, 💻 www.tucunareturismo.com.br, auch Schalter im Airport.
Tukano Turismo, Av. Getúlio Vargas 275, ☏ 92/3233 1112.

TELEFON – Im ehem. Telemar-Gebäude Av. Getúlio Vargas 950, Kabinen für int. Gespräche. ⌚ Mo–Fr 8–18, Sa 8–12 Uhr.

VISAANGELEGENHEITEN – ***Polícia Federal***, Av. Domingos Jorge Velho 150, ☏ 92/3655 1586 und 3655 1500, ⌚ Mo–Fr 9–14 Uhr. Visa-Verlängerungen brauchen ihre Zeit: Erst für R$5 ein Verlängerungsformular kaufen. Dann zur nächsten Banco do Brasil, um die Gebühr (rund R$20) zu bezahlen. Mit der Quittung zur PF und die Verlängerung in den Pass eintragen lassen.

UMWELTBEHÖRDE – ***Ibama***, ☏ 92/3237 3710, 💻 www.amazonasguia.com.br und www.portalamazonia.com.

WÄSCHEREI – ***Lavalux Lavanderia***, Rua Mundurucus 77, hinter Av. Floriano Peixoto, R$6/kg. ⌚ Mo–Fr 8–18 Uhr.

Touren

DELPHINE FÜTTERN IN NOVO AIRÃO – Der Weiler liegt rund 150 km auf einer guten Piste von Manaus entfernt am Rio Negro. Ein **Wochenend-**

ausflug ist machbar: ***Viação Aruana***, ✆ 92/3642 5757, fährt 2x tgl. auf der Strecke Manaus–Novo Airão–Manacapuru, um 6 und 13 Uhr, Fahrdauer 5 Std., Ticket einfach R$18,50. Der Ort ist auch von den Dschungel-Lodges am Rio Negro/Anavilhanas in 1 Std. per Außenborder erreichbar. Übernachten in der ***Pousada Bela Vista***, ✆ 92/3365 1023, zehn einfache saubere Zimmer, AC, TV, Bad draußen, R$40, sehr freundliche Besitzer, die zugleich das Restaurant ***Cor-de-Rosa***, ✆ 92/3365 1498, betreiben: frugale Amazonasküche mit frischen Fischen. Marilda Medeiros hatte vor Jahren den Einfall, die Flussdelphine mit den Touristen bekannt zu machen. Herausgekommen ist keine Delphin-Show à la Florida, sondern ein Plätzchen, wo man tgl. 9–12 und 13–17 Uhr Delphine beobachten und füttern kann. Dazu kaufen die Besucher einen Eimer voller Fische (R15) und verfüttern sie an die lachsroten Schnabeldelphine, die zutraulich angeschwommen kommen.

FLUSSTOUREN – Den Lockrufen auf Bootstrips in den „Dschungel" kann man kaum entgehen. Auf Schritt und Tritt werden einem Angebote gemacht, aber bei den meisten handelt es sich um Bauernfängerei mit angeblich kompetenten Führern, die kaum Portugiesisch korrekt sprechen, geschweige denn eine Fremdsprache. Was man in den drei, vier versprochenen Stunden der Rundreise zu sehen bekommt sind schlicht Wassermassen – schwarze im Rio Negro, braune im Rio Solimões – und im letzteren Fall auch eine Menge Moskitos. Da sollte man sich besser einem seriösen Reisebüro anvertrauen, das Bootstouren in und um Manaus anbietet. Hier eine kleine Auswahl:
Albuquerque Turismo, ✆ 92/3234 7661, klein aber kompetent.
Amazon Explorers Manaus Ltda., Rua Quintino Bocaiuva 189, ✆ 92/3633 319, und ***Companhia de Aventuras***, ✆ 92/3234 8318, etwas größer und trotzdem auf Individualisten eingestellt. Ein Führer, dem man sich gut anvertrauen kann, ist ***Carlos Jorge Damasceno***, Rua Belém 1646, ✆ 92/3234 0736.

Die Sage von den Flussdelphinen

Delphine sind gute Liebhaber – behaupten die Leute am Amazonas. Sie kommen zu den Dorffesten als in Zylinder und Frack gekleidete Galane und verführen die jungen Mädchen beim Tanz. Wenn dann später eine einen dicken Bauch bekommt: Der Flussdelphin war es, der Boto-Tucuxi! Vaterschaftsklagen aussichtslos.

Nahverkehrsmittel

Fast alle **Stadtbusse** fahren ab Praça da Matriz. Weitere wichtige Stopps liegen an der Av. Floriano Peixoto, zwischen Rua dos Andrades und Rua Quintino Bocaiuva, und nahe der Av. Getúlio Vargas. ZU Stoßzeiten (II–13 und 17–19 Uhr) muss mit erheblichen Verspätungen gerechnet werden. Stadtbusse fahren von 5.30–23.30 Uhr; R$1,50.
Taxis: ***Associação Amazonas Rádio Taxi***, ✆ 92/3232 3005 und 3233 1625. Ein Taxistand an der Kreuzung Rua Quintino Bocaiuva mit Rua Dr. Moreira.
Rádio Taxi, Av. Eduardo Ribeiro 520, ✆ 92/3622 4040 und 3622 4041.

Transport

FLÜGE – ***Aeroporto Internacional Eduardo Gomes***, Av. Santos Dumont 1350, ✆ 92/3652 1210, rund 13 km vom Zentrum im Stadtteil Tarumã. Taxi in die City R$42. Etwas weiter weg vom Taxi-Haltepunkt kriegt man billigere Taxis. Bus 306 („Aeroporto Centro") in die City (R$1,50), Haltepunkt rechts 200 m neben dem Ausgang. Regionalflüge starten/landen am Terminal 2800 m vor dem Internationalen Terminal – hinter der Tankstelle.
Achtung: Da Manaus eine Freihandelszone ist, müssen alle dort gekauften Waren über einem Wert von US$500 bei der Ausreise deklariert werden. Die brasilianischen „Butterflieger" mit ihren übervollen Gepäckwägelchen versperren jedes Mal die gesamte Abflughalle. Selbst wenn man nichts gekauft und zu deklarieren hat, sollte man drei Std. vor Abflug am Flughafen eintreffen. Der Zoll lässt sich Zeit.

Fluggesellschaften: ***Gol,*** ✆ 92/3652 1634,
Lab, Av. Eduardo Ribeiro 520, ✆ 92/3633 4511,
Meta, Rua Barroso 316, ✆ 92/3633 5801,
Rico, Rua 24 de Maio 60, ✆ 92/3633 4651,
TAM, ✆ 92/3652 1300,
Tavaj, Rua Rui Barbosa 200, ✆ 92/3622 6699,
Varig, Rua Marcílio Dias 284, ✆ 92/3621 4522.

BUSSE – ***Empresa Municipal de Transportes Urbanos,*** Rua Recife 2784, ✆ 92/9643 5500, Flores. Im Busbahnhof Gepäckaufbewahrung und Geldautomaten. Man kommt mit Bus 301 oder 306 hin, Ziel: „Cidade Nova" bis nach dem Stadium. Bei AmBev-Brauerei und Shell-Tankstelle aussteigen, über die Fußgängerbrücke zur anderen Seite.
Boa Vista: *União Cascavel,* ✆ 92/3648 1493, 5x tgl., 12 Std., R$70.
Puerto de la Cruz (Venezuela): *União Cascavel,* tgl. 20 Uhr, 26 Std., R$120.
Santa Elena de Uairén (Venezuela): tgl. 20 Uhr, 16 Std., R$80.
Presidente Figueiredo: *Viação Aruanã,* mehrmals tgl., 2 Std., R$11.
Weitere Ziele, die tgl. angefahren werden: **Maracapuru**, 85 km nach Westen, 2 Std., und **Itacociara**, 300 km nach Osten, 5 Std.

BOOTE – So gut wie alle **Passagierschiffe** *(gaiolas* –„Vogelbauer" im Volksmund) legen vom Porto Flutuante, vom schwimmenden Pier, Av. Marquez de Santa Cruz 264, Centro, ab. Einige wenige Boote auch von Bootsstegen in den Vierteln São Raimundo und Educandos (nicht empfehlenswert). Man kauft die Tickets gleich am Schalter am Eingang zum schwimmenden Pier. Keine Hinweistafeln über Zeiten, jedoch ein kleiner Info-Kiosk am Eingang, ⌚ tgl. 7–18 Uhr, mit Listen über Ziele und Zeiten. Die Ortszeitung *A Critica* druckt tgl. diese Angaben. Ein Abstecher ins ***Departamento da Marina Mercante,*** Av. Eduardo Ribeiro 520, ✆ 92/3633 1224, kann nichts schaden, um Infos einzuholen.
Empfehlenswert: ***Agência Rio Amazonas,*** ✆ 92/3621 4359. Wer sich rechtzeitig vor der Abfahrt einfindet, kann die Passagen auch direkt an Bord kaufen.
Unter vielen weiteren Destinationen nach:
Belém: Mo, Mi, Fr 17 Uhr, 2 1/2 Tage/Nächte, mit Hängematte R$236.
Tabatinga: Mi, Fr, Sa 18 Uhr, 6 Tage/Nächte, R$268.
Porto Velho: Di und Do 18 Uhr, 4 Tage/Nächte, R$202.
Parintins: 1 Tag, R$72.

Dschungelhotels

Bis zur UNO-Umweltkonferenz in Rio de Janeiro 1992 gab es nur eine Hand voll Dschungelhotels in Amazonien. Seither sind sie wie Pilze aus dem Boden gesprossen – die Nachfrage ist enorm. Europäische Touristen speziell wollen etwas vom Regenwald sehen und spüren und lassen sich nicht mit Kurztrips auf ein paar Inselchen oder *Igarapés* im Weichbild der Stadt abspeisen.

Um die Amazonasmetropole im Radius von 200 km dürften mindestens ein halbes Hundert Dschungelpensionen und -camps unterschiedlichster Ausstattung zu finden sein. Die logistischen Probleme zur Unterhaltung dieser Lodges sind enorm, daher verwundert es nicht, dass die Preise gesalzen sind. Je interessanter die Lage und Umgebung dieser Herbergen, desto weiter liegen sie in der Regel von Manaus entfernt. Das bedeutet lange Transfer-Zeiten. Oft ist aber die Anfahrt zur Lodge schon ein Erlebnis und eine Einstimmung auf das, was die Gäste erwartet.

Was erwartet sie? Üblicherweise eine einfache Unterbringung, ausreichendes, oft sehr originelles Essen (selbst geangelte Fische), ein lockerer Umgangston und vor allem: eine Unmenge von Aktivitäten und Programmen. Dazu gehören fast immer mehrstündige Dschungelbegehungen bzw. Flussfahrten, Prinaha-Angeln, Kaimane spotten, Besuch in einem Indianerdorf, Einführung in Dschungel-Überlebenstechniken, botanische Exkursionen usw. Alles zusammengerechnet ist der Aufenthalt gar nicht mal so teuer. Es liegt in der Natur der Sache, dass der Mindestaufenthalt vier, fünf Tage beträgt. Dabei kommen dann schon mal mehr als R$1000 zusammen – doch wo in Europa bekommt man so etwas für schlappe 250 Euro?

Wer sich nicht endlose Bustouren an immer der gleichen Szenerie in Amazonien aufbürden will, sollte den Aufenthalt in einer Amazonas-Lodge erwägen, auch wenn es ein bisschen nach „Instant Amazonas" riecht. Der Reisende in Amazonien ist eben einfach auf menschliche Hilfe angewiesen.

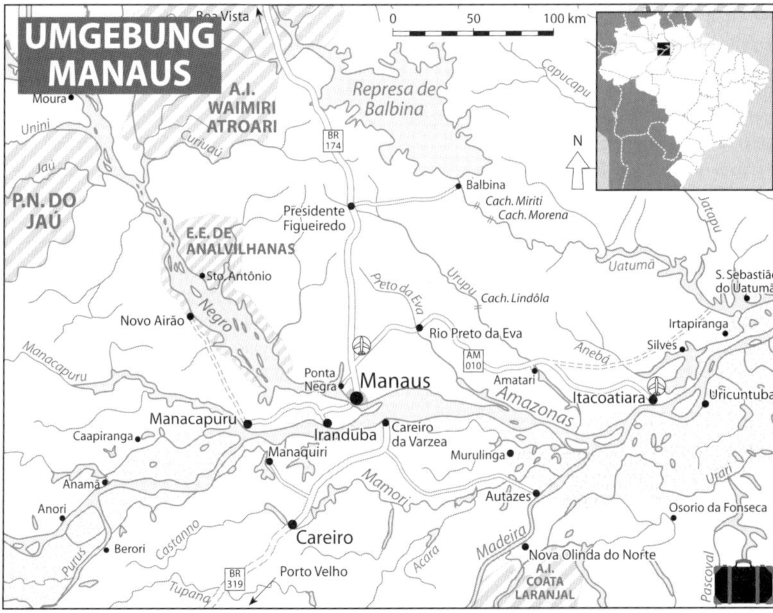

Die jungfräuliche Wildnis existiert nur in der Fantasie. Nachfolgend eine alphabetische Aufstellung und Kurzcharakterisierung der wichtigsten Lodges, die vor Ort in Manaus oder über Reisebüros gebucht werden können.

Acajatuba Jungle Lodge, die rustikale Lodge liegt 60 km von Manaus entfernt beim Fluss-Archipel Anavilhanas am Ufer des Rio Acajatuba, einem Zufluss des Rio Negro. Die Lodge ist aus Holz errichtet, die verschiedenen Trakte sind durch Bohlenbrücken verbunden. 40 sehr geräumige Apartments, kein Dieselgenerator stört die Stille – Innenbeleuchtung der Apartments über Batterien, Außenbeleuchtung mit Petroleumlampen. ✆ 92/3642 0358, 💻 www.acajatuba.com.br.

Aldeia dos Lagos Lodge, die Lodge, 12 Apartments, 1996 mit Unterstützung des WWF und anderer NGOs erbaut, liegt in der Gemeinde Silves, ca. 250 km flussabwärts von Manaus, am Zusammenfluss des Rio Urubu mit dem Lago Canaçari. Anreise: Landweg ca. 3 Std., Abfahrt in Manaus um 7 Uhr über die AM 010 bis zur zweiten Brücke des Rio Urubu. Wasserweg ca. 1 1/2 Std. in einem motorisierten Kanu den Rio Urubu entlang bis zur Insel Silves. Aus Sicherheitsgründen ist das Gepäck auf 15 kg p.P. begrenzt. ✆ 92/3528 2124, 💻 www. aldeiadoslagos.com.br, ✉ aldeiadoslagos@terra.com.br.

Amazon Ecopark Lodge, etwas hochtrabender Name für die Lodge, die nur 20 km Luftlinie von Manaus weg liegt – 40 Min. mit dem Außenborder. 60 Chalês mit je 3 Apartments. ✆ 92/9146 0594, Reservierung in Rio: ✆ 21/2547 7742, 💻 www. amazonecopark.com.br.

Amazon Eco Lodge, die Lodge des Schweizers Heinz Paul Gerth ist die älteste und bewährteste unter allen Dschungel-Lodges rund um Manaus. Sie liegt in der Schwarzwasser-Region, rund 100 km östlich von Manaus. Das Hotel schwimmt auf meterdicken Baumpontons auf dem Wasser. Die Anlage ist sternförmig: vom zweistöckigen Haupthaus mit Empfang und Restaurant zweigen drei schwimmende Piers ab zu den ebenfalls schwimmenden rustikalen 24 Hütten (ohne Toiletten). Neuerdings ist ein Beobachtungsturm hinzugekommen. Die Lodge ist ein wenig in die Jahre gekommen, bietet aber unter allen den höchsten „Abenteuer Appeal", der schon damit beginnt, dass man direkt vom Chalê ins Wasser springen kann. Die 3-stündige Anreise mit Speedboat und Jeep ist – wie im nahe gelegenen Juma Hotel – bereits ein Erlebnis. ✆ 92/3656 6033, 🖳 www.naturesafaris.com.

Amazon Riverside, 40 Min. Bootstrip vom Ceasa Pier in Manaus, ✆ 92/3663 1832, 🖳 www.amazonriversidehotel.com. Sieben einfache Chalês mit Deckenventilator, Holzkonstruktion, Warmwasser nur am Abend. Restaurant mit Panoramablick.

Amazon Village, Am Lago do Puraquequara, 45 km (2 Std. mit Außenborder) von Manaus, ✆ 92/3633 1444, Reservierung in Rio: ✆ 21/3852 4564, 🖳 www.amazonvillage.com.br. 36 komfortable Chalês.

Amazonat Jungle Lodge, die Lodge, die dem Holländer Jacques und der Brasilianerin Ana Christina gehört und von ihnen geführt wird, ist die einzige, die auf dem Landwege in 1 1/2 Std. von Manaus erreicht wird. Klingt ernüchternd, ist es aber nicht, denn sie bietet ein Maximum an Eleganz, Servicequalität und Urwaldabenteuer/-trekking, was ebenfalls paradox erscheint. Die Lodge liegt im Bereich der „terra firma" bei Itacoatiara, und ihr Terrain scheint grenzenlos. Es reicht vom „gebändigten" Regenwald bis hin zu den vom Rio Urubu durchflossenen Varzea-Gebieten und Sumpf. 18 Chalês im Wald, rustikal und doch elegant. Das Dschungel-Expeditionsprogramm übertrifft die meisten anderen. ✆ 92/3328 1183, Reservierung: ✆ 92/9997 0313, 🖳 www.Amazonat.com.br, ✉ amazonat@amazonat.com.br.

Ariaú Jungle Tower, am Rio Negro im Lago Ariaú, 2 Std. von Manaus stromauf, ✆ 92/2121 5000, gebührenfrei: 0800/702 5005, ✉ treetop@ariautowers.com.br, 🖳 www ariau.tur.br. Die Lodge ist mit 288 Apartments ein über dem Wasser hängendes Dorf für sich und wurde bereits von allen Promis besucht. Eigentlich sprengt Ariaú den Maßstab einer Lodge; es handelt sich um ein 5-Sterne-Hotel im Busch; entsprechend sind die Preise.

Flotel Eco Piranha Lodge, die schwimmende Lodge liegt im Waldreservat von Piranha (Munizip Manacapuru), 90 km westlich von Manaus (Straße AM070), von dort noch 1 Std. per Außenborder. Sie gehört den schweizerischen Gebrüdern Gerth, ✆ 92/3656 6033, 🖳 www.naturesafaris.com, die ökologisch engagiert sind. 20 Apartments mit AC.

Juma Lodge, Lago do Juma (Munizip Careiro). Die Besitzer Cida und Renato kümmern sich persönlich um die Gäste dieser Lodge, die im Jumasee, rund 100 km östlich von Manaus liegt, bloß 10 Bootmin. von der schwimmenden Amazon Lodge entfernt. Die Region mit ihren Schwarzwasserflüssen und –seen ist relativ moskitofrei. Anreise mit Speedboat über den Rio Negro und den Zusammenfluss mit dem Amazonas (ein kostenloses Beiprogramm!) durch das Wald-Wasserlabyrinth, und in der Trockenzeit etwa 1/2 Std. über eine Dschungelpiste. 10 Apartments/Chalês auf Stelzen, mit dem Restaurant und den übrigen Einrichtungen über Piers verbunden. Die Chalês sind praktisch und „dschungelnah" konstruiert – die richtige Mischung aus Komfort und Rustikalität. Unter allen Lodges ist dies die intimste/urigste mit sehr persönlicher Atmosphäre. ✆ 92/3232 2707, 🖳 www.jumahotel.com.br, ✉ juma@jumalodge.com.br.

Lago Salvador Lodge, 12 Apartments in drei Chalês rings um einen künstlich angestauten See (Lago Salvador) am Rio Negro, 40 Min. (15 km) mit Außenborder von Manaus. ✆ 92/3658 3052, ✉ lagosalvador@internext.com.br.

Pousada dos Guanavenas, 300 km den Amazonas flussabwärts im Munizip Silves (4 Std. auf der Straße), dann noch 1 1/2 Std. mit dem Außenborder. Die Lodge liegt auf einer Insel im Canacari-See und verfügt über 26 Chalês mit insgesamt 70 Apartments. ✆ 92/3656 1500, 🖳 www.guanavenas.com.br, ✉ reservas@guanavenas.com.br.

Terra Verde, diese Lodge ist eine alte Zuckerrohr-Fazenda im Munizip Manacupuru, 50 km von Manaus entfernt. Der polnische Filmemacher Zygmunt Sulistrowski hat das Werk in Gang gesetzt. Die Lodge verfügt über 12 Apartments in fünf Chalês, ✆ 92/3622 7305, 🖳 www.internext.com.br/terraverde. Die Anfahrt dauert mit dem Boot ca. 2 1/2 Std. ab Manaus, sonst 1/2 Std. per Fähre über den Rio Negro und dann noch 1 Std. über eine Piste.

Mamirauá Jungle Lodge/Pousada Uacari, liegt am Rio Solimões in der Gemeinde Tefé (auf hal-

bem Wege zwischen Letícia und Manaus) in der größten geschützten Flussaue Brasiliens. Das Reservat besteht aus einer Fläche von 1 124 000 ha am Zusammenfluss des Rio Solimões, Japurá und Auati Paraná und wird von der NGO Sociedade Civil Mamirauá verwaltet. Die schwimmende Unterkunft verfügt über 10 komfortable Suiten mit Solarthermik, natürlicher Ventilation und einer speziellen Abwasserreinigung. Anreise: Von Manaus nach Tefé auf dem Luftweg ca. 1 Std. Von Tefé nach Mamirauá auf dem Wasser (1 Std.) mit Außenborder. ✆ 97/3343 4160, 💻 www.mamiraua.org.br/ecoturismo.
TIWA Amazone, die Lodge mit 52 Bungalows wurde erst 2003 eingeweiht und gehört zwei Holländern. Sie liegt nur 6 km Luftlinie zu Manaus entfernt, weshalb man nachts die Lichter der Metropole sieht. Aber die Lodge ist eine wunderbare Alternative zum Wohnen in der lauten Metropole. Transfer wird von der Lodge unterhalten. ✆ 92/3999 57892, 💻 www.tiwaamazone.nl, ✉ reservas@tiwa.com.br.

Mittlerer und oberer Amazonas

Presidente Figueiredo

Presidente Figueiredo (20 000 Einw.) ist erst mit dem Bau der BR 174 (Manaus – Boa Vista) und der Errichtung des Balbina-Wasserkraftwerkes entstanden. Der Ort liegt „nur“ 140 km nördlich von Manaus an der Abbruchkante des Guayana-Schildes zur Amazonastiefebene. Wegen der zahlreichen **Wasserfälle, Höhlen** und **Stauseen** ist Presidente Figueiredo zum Naherholungsziel von gestressten Manaus-Bewohnern geworden. Gleichzeitig ist der Zugang zu großen Dschungelgebieten versperrt – südlich und östlich vom Ort finden sich Indianerschutzgebiete der Waimiri Atroari, weswegen man die BR 174 an manchen Stellen ohne Halt durchfahren muss.

Der Besuch der romantischen Wasserfälle (Iracema, Santuário, Pedra Furada, Asframa, Neblina und Arco – um nur die bekanntesten zu nennen – ist ohne Ortskenntnisse praktisch nicht möglich. Man sollte einen der lokalen Führer engagieren, die sich überall anbieten: Tagessatz: R$50. Die entferntesten Ziele (etwa Pedra Furada Fall bei Staudamm Balbina) lassen sich per Taxi – maximal R$120 hin und zurück – ansteuern.

Übernachtung und Essen

Cachoeira do Urubuí, BR 174, KM 107, neben Busstation. ✆ 92/3324 1186. 36 Zimmer mit AC; Pool, Restaurant. ❶
Pousada da Jibóia, Rua Copaíba 69, ✆ 92/3324 1228, und ***Pousada Menina Bonita,*** ✆ 92/3324 1102, sind einfache aber saubere Herbergen. ❶
Maruaga, Rua Uatumã 1927, ✆ 92/3324 1110. 23 Zimmer, AC, kleiner Pool, mittlerer Standard. ❸
Iracema Falls, Pousada am KM 115 der BR 174, dann 8 km Erdstraße, ✆ 92/3234 5500. 28 Zimmer mit hohem Komfort, sehr gutes Restaurant; ringsherum Wasserfälle und Höhlen. ❹
Cachoeira, Parque Urubuí, Fischgerichte; das kleine Restaurant macht zur Siesta (15–18 Uhr) zu.
Churrascaria Paulistana, Parque Urubuí, durchgehend warme Küche: Churrasco, was denn sonst?

Sonstiges

GELD – ***Banco do Brasil,*** ✆ 92/3324 1248, mit Automat.

INFORMATIONEN – ***Central de Atendimento ao Turista,*** Rua Araras im Zentrum, ✆ 92/3324 1158 und 3324 1445.

MEDIZINISCHE HILFE – **Städt. Krankenhaus,** gleich neben der Busstation, ✆ 92/3324 2050.

Transport

BUSSE – **Busstation** an der BR 174, KM 107, Centro, ✆ 92/3324 1231. Nach **Manaus/P. Figueiredo:** 6x tgl., bis zu 2 Std., R$12.

São Gabriel da Cachoeira

São Gabriel da Cachoeira (30 000 Einw.) liegt am oberen Rio Negro, beinahe 1000 km Luftlinie von Manaus entfernt in der Nordwestecke Brasiliens. Von hier bis zur Grenze mit Venezuela und Kolumbien sind es nur noch 200 km weiter den Fluss hinauf. Allerdings ist ab São Gabriel die Befahrung des Rio Negro nur noch mit starken, flachen Motorbooten möglich – der **Stromschnellen** wegen, die im Namen der Stadt auftauchen *(cachoeira:* „Wasserfall").

Wegen der Grenznähe, der zahlreichen Indianergemeinschaften im Dreiländereck, und nicht zuletzt wegen des Drogenschmuggels ist São Gabriel eine Garnisonstadt. Die meisten Arbeitsplätze schafft das Militär, das wie die Bevölkerung der Stadt zu 80% aus Menschen indianischer Abstammung besteht. Rund 35 000 Indianer unterschiedlichster Herkunft und Kultur leben im Munizip von São Gabriel.

An den Schulen in São Gabriel wird neben Portugiesisch in den indianischen Hauptsprachen Tupi und Nheengatú unterrichtet. Die Salesianer haben in São Gabriel einen enormen Schulkomplex errichtet, der bereits von weitem zu sehen ist, wenn man sich dem Ort vom Fluss her nähert.

Übernachtung und Essen

Hotel Roraima, Av. Castelo Branco 361, ✆ 92/3471 1576. 26 Zimmer, AC, erträglich. ❶
Hotel Uaupés, Av. 7 de Setembro, ✆ 92/3471 1805. Mit 36 Zimmern das größte Hotel am Platze. ❷
King's Island Lodge, Ilha dos Reis. Auf einer Felseninsel und Bade-Sandbank im Rio Negro. Man wird in 5 Min. hinübergesetzt. Gute Küche, wunderbares Ambiente, 10 Apartments. Es handelt sich hier um ein wagemutiges Projekt der schweizerischen Brüder Gerth, die die Amazon Lodge (bei Manaus) betreiben. ✆ 92/3656 3357, 💻 www.naturesafaris.com.br. Minimum-Paket 3 Tage/2 Nächte, p.P. rund US$700: aber es lohnt sich! Hin und wieder wird im Programm eine Expedition bis zum Quasiquiare geführt: „Auf Humboldts Spuren".
Restaurant Iris, Av. 7 de Setembro 477, am Strand, serviert Flussfische.
La Cave du Conde, Rua Brig. Eduardo Gomes 444, ✆ 92/3471 1435. Macht auf Französisch, und das nicht ganz billig.

Sonstiges

GELD – ***BEA,*** ✆ 92/3471 1175; ***Banco do Brasil,*** ✆ 92/3471 1340.

INFORMATIONEN – ***Secretaria de Turismo,*** Av. Álvaro Maia 569, ✆ 92/3471 1003.

KONSULAT – ***Kolumbien,*** ✆ 92/3471 1208. Einreisepapiere gehen aber zuerst nach Manaus.

MEDIZINISCHE HILFE – **Städt. Klinik / Klinik der Garnison**, Rua Quintino de Sá Cardoso 1126, ✆ 92/3471 1437.

Transport

FLÜGE – São Gabriel wird tgl. mit *Rico,* ✆ 92/3471 1351, von **Manaus** angeflogen. Flugzeit rund 3 Std. One-way ca. R$400, Frühbuchung notwendig.

BOOTE – Mit dem Schiff (1x wöchentl. mit „Tanaka" oder „Almirante Martins") ab **Manaus** dauert der Trip 4 Tage/Nächte.

LAND- / WASSERWEG – Von São Gabriel kann man mit etwas Glück und viel Zeit auf dem Land-/Wasserweg nach **Venezuela** und **Kolumbien** vordringen. Die Piste führt nach Norden bis zur Grenzstation **Cucui** (180 km) im Schatten eines enormen Granitkegels (462 m). Vans machen den Trip in 4 Std., Busse fahren 2x wöchentl. (Halt vor den Uaupés Hotel). Von Cucui aus muss man einen Außenborder nehmen, der den Rest der Strecke in 4 5 Std. nach **San Carlos de Rio Negro** (Kolumbien) oder – auf dem Ufer gegenüber – **San Felipe** (Venezuela) erledigt. Ausreisestempel Brasilien vorher bei der Polícia Federal in São Gabriel (nahe Uaupés Hotel) einholen! Zuvor kommt man an die faszinierende Mündung eines Quasiquiare-Armes in den Rio Negro. Von hier aus diesen Fluss weitere 200 km flussaufwärts und dann in den anderen Flussarm, der in den Orinoko mündet, zu reisen bedarf größerer Planungen und Aufwendungen. Wer in der Nähe ein paar Tage bleiben will: Die Lodge *El Kiosko,* ✆ 92/0856 62032, auf kolumbianischer Seite des Rio Negro, lädt ein; VP pro Tag rund US$50.

Tabatinga/Letícia

Tabatinga (38 000 Einw.), Brasilien, und Letícia (40 000 Einw.), Kolumbien, am Nordufer des Rio Solimões trennt nur ein Strich auf der Straße. Die Doppelstadt im **Dreiländereck** (Peru liegt mit seinem Weiler Ramon Castilla nur wenige Kilometer weiter am Südufer des Solimões) ist Vorposten, Drehscheibe für den (Drogen-)Schmuggel, Freihandelszone (in Letícia) und Umsteigestation am oberen Amazonas in einem. Und Dschungeltouren lassen sich von hier aus auch unternehmen. In Tabatinga/Letícia wird Spanisch wie Portugiesisch gesprochen – als Mischmasch („Portunhol"), so wie beide Währungen (Peso, Real) gelten, aber noch besser ist natürlich der US-Dollar.

Tabatinga ist die hässlichere Hälfte des Duos; ein ausgedehnter Hüttenort am Rande einer Militärbasis. Kaum touristische Infrastruktur. Letícia dagegen hat etwas von einer fast anmutigen Provinzstadt. Zum Glück kann man zwischen beiden Städten frei zirkulieren – Reisedokumente werden erst bei der Abreise/Anreise vom/zum jeweiligen Land benötigt. Tabatinga/Letícia ist also eine „offene" Stadt, und das gilt auch für Benjamin Constant (brasilianischer Fischerhafen am Südufer des Solimões) und Santa Rosa (Peru) gleich daneben.

Der Verkehr zwischen Tabatinga/Letícia funktioniert mit Sammeltaxis, die in Minutenabstand hin- und herflitzen. In Tabatinga klappern sie die Av. da Amizade ab, in Letícia die Ecke Calle 8 mit Carrera 10.

Übernachtung und Essen

Auf brasilianischer Seite (Tabatinga) gibt es nur zwei passable Herbergen:
Pousada do Sol, Rua General Sampiao 466, ✆ 92/3412 3987, mit sieben Zimmern, AC, Pool. ❷
Pousada Taruma, Rua da Patria 70, ✆ 92/3412 2038, mit 11 Zimmern, AC, gleiche Preise. ❷
Letícia bietet viel mehr Auswahl: Das traditionelle ***Hotel Anaconda,*** Carrera 11 zwischen Calle 7 und 8, das ***Amazonas Hotel,*** den ***Parador Ticuna*** und zahlreiche weitere Herbergen. Das Gleiche gilt für die Gastronomie – da schlägt Letícia Tabatinga um Längen. Man sollte deshalb nach Kolumbien zum Essen gehen und in Real oder Dollar zahlen: kein Problem.

Sonstiges

GELD – In Tabatinga **Banco do Brasil** mit Visa-Geldautomat; in Letícia zahlreiche **Câmbios,** die US Dollar wie Real/Peso wechseln.

INFORMATIONEN – Fast alle Infobüros befinden sich in Letícia: etwa ***Amazon Jungle Trips,*** Av. Internacional Nr. 5, ✆ 92/3592 7377.

PASS – Vor der Ausreise unbedingt bei der Bundespolizei (Polícia Federal – PF) am Anfang der Av. Amizade neben der Post einen **Ausreisestempel** einholen! 🕓 ab 9 Uhr, aber meist lange Siesta. Wer über Letícia nach Bogotá reisen will, benötigt schon vor Ort einen **Einreisestempel** vom kolumbianischen Konsulat: ebenfalls auf der Av. da Amizade, oder in Letícia bei der kolumbianischen Grenzpolizei (DAS) auf der Calle 9 zwischen Carrera 8 und 9. Für Peru-Reisende: das Konsulat ist auf der Carrera 10.

TOUREN – In den Letícia-Hotels Schalter zahlreicher anderer Tourveranstalter. Zu den Standardausflügen gehört der Besuch der „Affeninsel", die dem früheren CIA-Helfer Mike Tsalickis gehörte, der seit 1988 im Gefängnis sitzt. Er hatte 4 t Kokain nach Florida geschmuggelt. Der Mann, der 1953 an diesen Fluss kam und den Amerikas Medien einst als Tarzan und Revoluzzer der Moderne am Amazonas feierten, hat noch zehn Jahre abzusitzen.

Transport

Tabatinga/Letícia ist nur per Flugzeug oder Schiff zu erreichen.

FLÜGE – Tabatinga und Letícia verfügen jeweils über einen jettauglichen Flughafen. *Varig,* Av. da Amizade, Ecke Avenida International, verbindet Tabatinga mit **Manaus** 3x wöchentl.; one-way um die R$500, meist ausgebucht! Letícia ist mit **Bogotá** tgl. verbunden, one-way etwa US$80.

BOOTE – Die meisten Boote docken in Tabatinga (nicht Letícia); nach **Manaus** (3x wöchentl.) braucht das Boot fünf Tage. Viel schneller gehts den Solimões hoch nach **Iquitos**, Peru – im

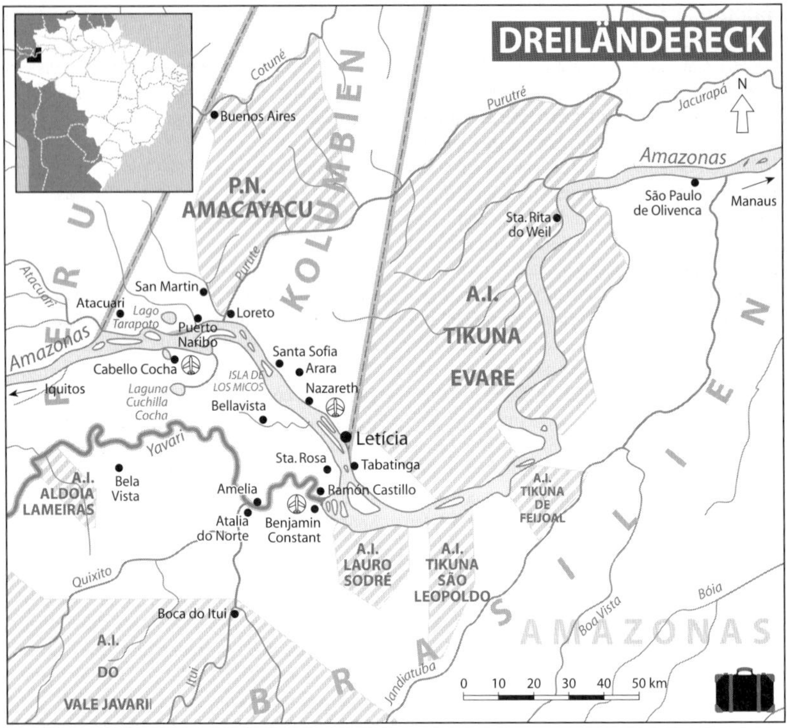

Speedboat nur 8 Std.: 3x wöchentl. Tickets dafür nur bei ***Loreto,*** Av. Marechal Mallet, Tabatinga.

Parintins

Der Weiler (10 000 Einw.) an der Grenze zwischen den Bundesstaaten Amazonas und Pará ist bis vor zwanzig Jahren ein blinder Fleck auf der touristischen Landkarte gewesen. Bis die Stadtväter, alle Immigranten aus dem Nordosten, auf die pfiffige Idee kamen, ihren eigenen „Karneval" zu veranstalten, um Besucher anzulocken.

Und das Pfund, mit dem sie wucherten, war nichts anderes als das alte **Mysterienspiel** *Bumba-meu-boi* – „Bumms den Bullen!", das im ganzen Nordosten populär ist. Es geht dabei um die etwas verwirrende Geschichte unerhörter Liebe und einer Ochsenzunge als ihr Pfand, die Zunge des Bullen, der doch das Kapital des Bauern ist. In Parintins hat man das Grundmodell verdoppelt und vor allem hat man daraus ein enormes Ausstattungsspektakel gemacht. Das Fest findet immer in den letzten Juni-Tagen statt (wenn es nicht mehr regnet), und zieht Pilgerscharen aus ganz Brasilien an.

Freie Betten findet man in dieser Zeit kaum, aber die Bewohner von Parintins schlafen lieber unter Palmen, als dass sie sich das Geschäft entgehen lassen, Besuchern ihre Ehebetten zu vermieten.

Mit Charterflug oder Boot in der Zeit des *Bumba* nach Parintins zu gelangen, ist beinahe aussichtslos; es sei denn, man wendet sich rechtzeitig an ein Reisebüro in Manaus/Belém. Außerhalb der drei tollen Tage bietet Parintins das verschlafene Gesicht von einem unter tausend Amazonasstädtchen.

Übernachtung und Essen

Hotel Amazonas, Av. Amazonas 2351, Centro, ✆ 92/3533 3105, 26 Zimmer, AC. ❸

Hotel Avenida, Av. Amazonas 2416, Centro, ✆ 92/3533 1158. Direkt nebenan und im Preis/Standard gleich. ❸

Pousada Ilha Bela, Rua Agostinho Cunha, 2052, São Vicente de Paula. ✆/📠 92/3533 2737. Kleine Pousada mit gemütlichen 10 Zimmern und erstaunlichem Komfort; organisiert auch Angeltouren. ❺

Aos Amigos, Av. das Nações Unidas, 2883. Gehobene Regionalküche, nicht überteuert.

Big Boy, Av. Amazonas, Centro, Selbstbedienung.

Sonstiges

GELD – Vertreten: ***Bradesco, Banco do Brasil, Caixa Económica Federal, Banco da Amazónia***.

INFORMATIONEN – ***Scretaria de Turismo,*** Rua Jonatas Pedrosa 247, Centro, ✆ 92/3533 1805.

MEDIZINISCHE HILFE – **Städt. Hospital**, Rua Herbert de Azevedo 985, ✆ 92/3533 5224.

Acre

Der zweitkleinste (152 000 km^2) und westlichste Amazonasstaat Brasiliens liegt nur 800 km Luftlinie vom Pazifik entfernt und ist zu 90% mit Regenwald bedeckt: dem Biotop, aus dem der Kautschuk stammt, der das Schicksal Acres bestimmt hat und noch bestimmt. Das wurde der Weltöffentlichkeit zuletzt 1988 bewusst mit dem Meuchelmord an **Chico Mendes**, dem charismatischen Kautschuksammler und Führer der Gummizapfer aus Xapuri, der sein Leben dafür einsetzte, den Regenwald als Naturkapital zu erhalten.

In die Weltgeschichte trat Acre als Zankapfel von Bolivien und Brasilien. Das Gebiet gehörte laut **Vertrag von Ayacucho** (1866) formell zu Bolivien, aber ein Aufstand der Kautschukbarone, der von Brasilien heimlich unterstützt wurde, führte 1902 erst zur Ausrufung der Unabhängigkeit und dann zur Angliederung an Brasilien. (Der brasilianische Romancier Marcio Souza hat das in seinem Werk *Galvez, Imperador von Acre* beschrieben). Brasilien musste dafür den Bolivianern den Bau einer Eisenbahn versprechen, die die Stromschnellen des Rio Madeira/Mamoree umfahren und den Bolivianern einen Zugang zum Amazonasbecken für den Export ihres Kautschuks ermöglichen sollte. Acre liegt als einziger Bundesstaat in der Uhrzeit um zwei Stunden gegenüber der Brasília-Standardzeit zurück.

Rio Branco

Die Hauptstadt von Acre, 250 000 Einw., liegt am nördlichen Ufer des Rio Acre, einem Rinnsal (für Amazonas-Verhältnisse), das mit zwei Brücken überspannt wird. Die Stadt ist gerade mal hundert Jahre alt und hat touristisch wenig zu bieten. Alle Amtsgebäude sowie die Kathedrale liegen rings um die Praça do Seringeiro im 1. Distrikt. Im 2. Distrikt, südlich des Rio Acre, befinden sich die Busstation, die billigeren Hotels und die alte Fußgängerzone Calçadão da Gameleira.

Das Klima ist das ganze Jahr über extrem heiß und feucht. Die Sehenswürdigkeiten beschränken sich auf Kuriosa aus der Kautschukzeit, wie etwa die **Casa do Seringeiro**, die ein kleines Museum über die Kultur der Gummizapfer beherbergt, Av. Brasil 216, 🕒 Mo–Fr 9–12, 14–17 Uhr. Oder das **Museu da Borracha**, Avenida Ceará 1441 nahe Rathaus, ✆ 68/3223 1202; es verfügt über eine Kollektion Indianerkunst und Dokumente vom Kautschukboom. 🕒 Mo–Fr 8–18 Uhr, Eintritt R$3. Der Kautschukboom war längst vorüber, aber wohl noch etwas Geld in der Staatskasse, und damit wurde dann der **Palacio Rio Branco** gebaut. Der Gouverneurspalast aus dem Jahr 1930 ist noch deutlich von Art déco inspiriert. Av. Getúlio Vargas, Ecke Av. Benjamin Constant, 🕒 Di–Fr 9–16, Sa und So 16–19 Uhr, kostenlose Führungen.

Ebenfalls pathetische Staatskunst verkörpert das **Memorial dos Automistas**, ein Denkmal und Museum, das die Erinnerung an die Separatisten (Automistas) wach hält, die Acre dem Nachbarn Bolivien entrissen. Av. Brasil, Ecke Av. Getúlio Vargas, hinter dem Gouverneurspalast. 🕒 Di–Fr 9–17, Sa und So 16–21 Uhr.

Der **Parque Ambiental Chico Mendes** wurde zum Gedenken an den Kautschukzapfer Chico Mendes eingerichtet. Etwa die Hälfte seiner 52 ha Fläche besteht aus ursprünglichem Wald, die andere Hälfte wird wieder aufgeforstet. Unweit des Eingangs finden sich Memorabila über Chico Mendes und die Kautschuksammler.

Im Park gibt es einen Bereich zum Picknicken, Toiletten, einen Aussichtsturm und einen kleinen Zoo. Der Park liegt 8 km außerhalb der Stadt am Rande der AC 040, KM 9. Bus 103 („Santa Maria/Vila Acre") bis Haltestelle nach dem Supermarkt Mercantil Quero Mais. ⌚ Di–So 7–12 und 14–17 Uhr.

Übernachtung

Von Einfachherberge bis 3-Sterne-Hotel alles vorhanden. Empfehlenswert angesichts des Klimas wäre, ein besseres Hotel zu nehmen und dafür hart beim Preis zu verhandeln.

Hospedaria Camelo, Rua Floriano Peixoto 553, Bosque, gegenüber Hotel Guapindaia an der Rua Benjamin Constant. Die preisgünstigste Lösung: karge Räume, einige mit Ventilator und Bad, manche mit größerem Bad und AC. ❶

Hotel Rodoviária, Rua Palmeira 468, Cidade Nova, ☎ 68/3221 4434. Gegenüber dem Busbahnhof, geeignet für Spätankommer/Frühfahrer. Die Zimmer sind spartanisch, das Frühstück ist es nicht minder. Aber was will man bei dem Preis? DZ R$10, mit Ventilator und Bad R$15, mit AC und TV R$30. ❶

Hotel Triângulo, Rua Floriano Peixoto 727, ☎ 68/3224 9206. Am Pinheiro Palace Hotel (s. u.) vorbei zur Polícia Federal, dann rechts. Nicht gerade Hollywood-like, aber den Preis wert. Alle Zimmer mit AC, TV, Bad. Einige mit Frigobar. ❶

Hotel Guapindaia, Rua Cel. José Galdino 230, Bosque, ☎ 68/3223 2399, 💻 www.hotelguapindaia.hpg.com.br. Am Ende der Rua Benjamin Constant rechts. Quittengelbes Hotel mit vielen Holzpanelen. Einige Zimmer nach vorn mit Balkon. Alle mit AC, Satelliten-TV, Bad und Frigobar. Großes Frühstücksbuffet. Bei Barzahlung Discount. ❷

Pinheiro Palace Hotel, Rua Rui Barbosa 469, ☎ 68/3223 7191, 💻 www.irmaospin-heiro.com.br. Das erste Haus am Platze. Pool, Reiseagentur, Restaurant, Airport-Zubringer. Die Zimmer sehr geräumig mit Satelliten-TV. Üppiges Frühstücksbuffet. Wer nach Dschungeltagen mal wieder Luxus fühlen will, liegt hier richtig. ❹

Essen

Die Imbissbuden rund um den Markt sind für preisbewusste Traveller mit robustem Magen die beste Option – hier gibt es natürlich auch die Amazonas-Küche mit Tacaca-Suppe und *pato no tucupí*.

Anexo Espaço Gastronómico, Rua Franco Ribeiro 99. Wahrscheinlich das beste Restaurant in der Stadt. Das Mittagsbuffet (R$15/kg) kann sich sehen lassen – Sushi und Taboule gehören ebenso dazu wie Amazonasfische. Maracujá-Mousse zum Nachtisch à la rigeur. Abendessen à la carte und daher teurer. ⌚ tgl. 11–14 und 16–20 Uhr.

Elcio Restaurante, Av. Ceará 2395, 10 Min. vom Zentrum. Spezialität: *Moqueca baiana* – eine Portion reicht glatt für zwei. Kostet nicht mehr als R$22, ⌚ tgl. 11–14 und 18–22 Uhr.

Churrascaria Triângulo, Rua Floriano Peixoto 89, im gleichnamigen Hotel. Rodizio-System: R$10 Lunch, R$12 Dinner. ⌚ tgl. 11–14 und 18–22 Uhr.

Restaurante Matsuo, Rua Rio Grande do Sul 320, neben Localiza-Mietwagenagentur. Chinesische und japanische Gerichte, etwa Chop suey (R$16), Curry chicken (R$18). Riesige Portionen. ⌚ tgl. 12–14 und 18.30–22 Uhr.

Nachtleben

Die Gastronomie-Zeile im ***Mira Shopping***, Rua Rui Barbosa 226, ist *der* Treffpunkt von Teenagern und Studenten.

Wer es weniger hektisch angehen will, der suche ***Sahara*** auf, Rua 17 de Novembro, ein idyllisches Dachterrassen-Lokal mit Live-Musik nach 21 Uhr. ⌚ Di–So 17–2 Uhr.

Varandas do Porto Restaurante e Choperia, Rua Eduardo Asmar 618, am Ende der Fußgängerzone mit Blick auf den Rio Acre. ⌚ Di–So 11–1 Uhr.

Sonstiges

EINKAUFEN – ***Mira Shopping's Florestar***, Rua Rui Barbosa 226, Loja 204, bietet Naturschmuck und handgemachte Latex-Produkte.

Casa d'Artista, Rua Rui Barbosa 344, Av. Getúlio Vargas, Ecke Praça, verkauft Souvenirs und Postkarten, aber auch Federschmuck.

Mercado Municipal, auf der Rua Elias Mansour, gegenüber dem Stadtbusbahnhof am Ende der Fußgängerzone Rua Benjamin Constant. Lebensmittel und günstige Reiseutensilien.

GELD – ***Banco do Brasil,*** Praça Eurico Dutra 85. Weitere Banken mit Automaten: ***HSBC,*** Rua Rui Barbosa 399, ***Bradesco,*** Praça Eurico Dutra 65.

INFORMATIONEN – Es gibt kein offizielles Fremdenverkehrsbüro, jedoch kann man ein paar Infos bei ***Secretária de Turismo*** *(Setur),* Av. Silvestre Coelho 280, ✆ 68/3223 1390, ✉ promocao.turismo@ac.gov.br, einholen.

INTERNET – ***Virena Lai House & Cyber Café,*** Rua Rui Barbosa 507, ✆ 68/3223 8738, 100 m vom Inácio Palace Hotel, verlangt R$3/Std., ⌚ 8–22 Uhr. ***Sala de Internet,*** Rua Rui Barbosa 226, ✆ 68/3223 0971, im Mira Shopping. ⌚ Mo–Sa 9–20 Uhr.

MEDIZINISCHE HILFE – ***Hospital Santa Juliana,*** Rua Alvorada 806, ✆ 68/3212 4700, liegt etwas abseits im Viertel Bosque.

POLÍCIA FEDERAL – Rua Floriano Peixoto 874, ✆ 68/3223 3500, nahe Rua Rui Barbosa; im Unterschied zu manchen anderen „Delegacias" ist man hier freundlich zu Hilfesuchenden. ⌚ rund um die Uhr.

POST – Rua Epaminondas Jácome 2858, ✆ 68/3244 2226, nahe dem Rio Acre zwischen Av. Vargas und Rua Marechal Deodoro.

REISEBÜROS – ***Viaje Agência de Viagens e Turismo,*** Rua Rui Barbosa 51, ✆ 68/3622 9977, ✉ viaje.ac@uol.com.br, 300 m rechts vom Mira Shopping an der Av. Ceará, wechselt auch Geld. ***Inácios Tur,*** Rua Rui Barbosa 450, ✆ 68/3223 7191, in der Lobby des Pinheiro Palace Hotel, verkauft Flugscheine etc., bucht Mietwagen und unterhält einen Zubringer zum Flughafen.

TELEFON – ***Teleacre,*** Av. Brasil 378. Kiosk, ⌚ tgl. 6–20 Uhr.

Nahverkehrsmittel

STADTBUSSE – ***Terminal Urbano,*** Av. Ceará, Ecke Rua Sergipe, gegenüber Mercado Municipal.

Transport

FLÜGE – ***Aeroporto Rio Branco,*** an der BR 364, KM 19–21, ✆ 68/3211 1000, rund 20 km von der Stadtmitte. Bus 303 („Custódio Freire") verbindet mit der Stadt. Haltestelle 100 m links vom Taxistand. Taxi in die Stadt R$40.
Inácio's Tur (s. Reisebüros) unterhält einen AC-Bus, der 2x tgl. (5.30 und 11 Uhr, R$20) zum Flughafen fährt.
Fluggesellschaften: ***Rico,*** Av. Ceará 2090, ✆ 68/3223 5902. ***Tavaj,*** Av. Ceará 2395, ✆ 68/3226 1666. ***Varig,*** Rua Marechal Deodoro 115, ✆ 68/3224 2226.

BUSSE – ***Terminal Rodoviário,*** Av. Uirapuru KM 2, ✆ 68/3221 4195. Bus 101 („Norte-Sul") verbindet mit der städt. Buszentrale.
Brasília: *Eucatur,* ✆ 68/3221 4180, tgl. 6.30 und 23 Uhr, 52 Std., R$188.
Fortaleza: *Eucatur,* Di, Do, So 23 Uhr, 90 Std., R$404.
Porto Alegre: *Eucatur,* tgl. 22 Uhr, 72 Std., R$336; via **Curitiba:** 56 Std., R$296, und **Rio de Janeiro:** 65 Std., R$296.
Porto Velho: *Eucatur,* 5x tgl., 8–10 Std., R$30–43.
São Paulo: *Rotas,* ✆ 68/3221 1880, Di, Do, So 23 Uhr, 56 Std., R$245; via **Cuiabá**: 34 Std., R$113, und **Goiânia:** 48 Std., R$160.
Guajarà-Mirim: *Viação Rondônia,* ✆ 68/3221 1177, 10 Std., R$36.

Rondônia

Der Nordteil Rondônias wurde 1650 bei der Erkundung des Rio Madeira von Portugiesen eingenommen und dann im Zuge des Kautschukbooms im 19. Jh. von Weißen besiedelt. 1943 gründete Getúlio Vargas das Territorium Guaporé aus Teilen von Amazonas und Mato Grosso. 1981 wurde daraus der Bundesstaat Rondônia, und zwar zu Ehren von Marechal Cândido Mariano da Silva Rondón. Rondón war eine legendäre Figur, schon weil er die Indianer nicht als Feinde betrachtete. Er trug dazu bei, Cuiabá, Porto Velho und Rio Branco per Telegraphen mit dem Rest Brasiliens zu verbinden.

In den letzten Jahren zogen verbesserte Straßen und ein Goldrausch die *Nordestinos* aus den von Dürren geplagten Gebieten und Indianer aus den Urwäldern in die Städte. Die Bevölkerung von Rondônia hat sich durch Zuwanderungswellen von armen, aber hoffnungsvollen Leuten in den 80er Jahren des vergangenen Jahrhunderts glatt verzehnfacht. In der gleichen Zeit sind aber auch 25% der Wälder des Bundesstaates abgeholzt worden.

Porto Velho

Die schachbrettartig angelegte Stadt (340 000 Einw.) wuchs während des Kautschukbooms von einer kleinen Handelsstation am oberen Rio Madeira zu einer Großstadt heran, die keinerlei architektonische Höhepunkt hat außer dem Wasserturm, der über dem gleichnamigen Platz thront. Ihrem Namen macht die Stadt Porto Velho wenig Ehre, denn sie zeigt dem Strom die kalte Schulter, wenn man von ihren Kais, die den Namen „Fall ins Wasser" *(Cai na Agua)* absieht. Die belebteste Straße ist die Av. 7 de Setembro, die vom Rio Madeira und dem ehemaligen Bahnhof ansteigt bis zur Av. Jorge Teixeira. Die besseren Hotels und Restaurants finden sich rund um die Av. Carlos Gomes.

Die wichtigste Sehenswürdigkeit ist eine Industrieruine: die Überreste der Eisenbahnlinie, deren Bau durch den Dschungel viele hundert „Gastarbeiter" das Leben gekostet hat (vgl. dazu den Roman *Mad Maria* von Marcio Souza). Der Besuch des **Museu Ferroviário**, Praça Madeira Mamoré, ✆ 69/3223 1614, ist ein Muss. Es ist ein Friedhof der Stahlrösser, die einst die Madeira-Mamoré-Strecke entlangratterten, der Nabelschnur Boliviens zum Atlantik. Das Museum befindet sich in einem alten Lokomotivschuppen und zeigt Ausstellungsstücke von der „Mad Maria", der Kautschukbahn durch den Dschungel. ⌚ Mo–Sa 8–18 Uhr, Eintritt R$4.

Auf der gegenüberliegenden Straßenseite befindet sich ein winziges **Museu Geológico** mit Gesteinsproben ⌚ Mo–Fr 8–18 Uhr, Eintritt frei. Interessanter ist freilich das **Museu Estadual de Rondônia** nebenan, das zahlreiche Artefakte aus der Indianer-Kultur der Umgebung beherbergt. ⌚ Mo–Fr 8–18 Uhr, Eintritt R$2. Drei Blocks die Av. 7 de Setembro hoch nach links zur Praça Getúlio Vargas, stößt man auf den **Palácio do Governador**, dahinter die **Kathedrale**, erbaut zwischen 1927 und 1930.

An urbanen Höhepunkten bietet Porto Velho wenig – desto eher bietet sich ein kleiner Ausflug auf dem **Rio Madeira** an: Einschiffung an den Docks gegenüber dem Eisenbahnmuseum. Die übliche 1-Std.-Tour geht den Fluss 7 km stromaufwärts bis zu den Wasserfällen von Santo António. Hier finden sich auch kleine Badestrände; wegen der reißenden Strömung bei hohem Wasserstand nicht ungefährlich.

Übernachtung

In Porto Velho einfachste Pensionen bis gute Hotels. Entlang der Av. 7 de Setembro eine Reihe von billigen Hotels.

Hotel Amazonas, Av. Carlos Gomes 2838, kleine Absteige für Spätankommer/Frühfahrer bei der Rodoviária, ✆ 69/3221 7735. DZ mit Ventilator bzw. AC. ❶

Hotel Messiânico, Av. 7 de Setembro 1180, nur 1 km von der Busstation, ✆ 69/3221 4084, hat 17 einfache Zimmer um einen Innenhof. Harte Betten, aber Bad, Ventilator/AC. ❶

Hotel Tia Carmen, Av. Campos Sales 2895, zwei Ecken weiter, ✆ 69/3221 7910, ein Travellertreff. Freundlicher Service, saubere einfache Zimmer mit Bad und Ventilator. ❷

Hotel Samaúma, Rua Dom Pedro II 1038, Ecke Av. Campos Sales, ✆ 69/3224 5300, ✉ samauma.samauma@bol.com.br, imitiert den altspanischen Stil und liegt unter schattigen Bäumen. Alle (großen) Zimmer haben AC, Bad, Frigobar und Satelliten-TV. Besitzer spricht Englisch und organisiert kleine Ausflüge. ❸

Hotel Vila Rica, Av. Carlos Gomes 1616, Centro, ✆ 69/3224 3433, 🖳 www.hotelvilarica.com.br, angenehmes Mittelklasse-Hotel, 50 Zimmer. ❸

Hotel Aquarius, nennt sich *Selva Hotel,* steht aber nicht im Wald, sondern in der Rua Roberto de Souza 1760, Nova Porto Velho, ✆ 69/3225 2525, 🖳 www.aquariushotel.com.br. 81 Zimmer, gehobener Komfort. ❹

LODGE – ***Salsalito Jungle Park,*** die ehemalige Fazenda, 🖳 www.junglepark.com.br, befindet

Fluss-Bus: Nahverkehr bis ins nächste Dorf

sich 23 km außerhalb der Stadt und verfügt über 6 saubere Chalês für je 4 Pers. Sie bietet ein interessantes Programm zur Erkundung des Regenwalds, inkl. auf dem Pferderücken. Anfahrt: 43 km auf der BR 364 Richtung Cuiabá, abbiegen auf 26 km Piste, meist asphaltiert. Mit R$50 p.P. vergleichsweise günstig. Unbedingt reservieren: ✆ 69/3230 1307. ❸

Essen

Emporium Restaurante e Chopería O, Av. Pres. Dutra 3366, ✆ 69/3221 2665, spanisches Restaurant mit ansprechender Fin de Siècle-Dekoration. Riesige Paellas (R$40), aber auch *Bife á la Brasileira.* Recht hohe, aber angemessene Preise. ⌚ Di–Sa 18–1 Uhr.
Remanso do Tucunaré, Av. Brasília 1506, ✆ 69/3221 2353, spezialisiert auf Fischgerichte und natürlich Tucunaré, besonders als Bouillabaisse – Fischsud. Man sitzt zwischen Fischen (im Aquarium). Live-Musik (MPB) abends. ⌚ Di–So 11–15 und 18–24 Uhr.
Vida Natural, Rua Dom Pedro II 1251, vermutlich das einzige vegetarische Restaurant in Porto Velho. Supersäfte! Neben dem Lokal ein kleiner Laden mit Bio-Lebensmitteln. ⌚ Mo–Do 11–14.30, Fr 8–17 Uhr.
Dullin Sorvetes, Av. Pinheiro Machado 3314. Eispalast mit 36 Sorten, die man sich individuell mit einer Auswahl an Cremes und Krümeln zusammenstellen kann – ein Kilo Speiseeis kostet rund R$21. ⌚ tgl. 15–1 Uhr.

Nachtleben

Am Abend kommt Leben in die Bude. Bordsteinbars erblühen v. a. auf der Praça Marechal Rondon, gegenüber der Post an der Av. 7 de Setembro. Freiluft-Grills und eiskaltes Flaschenbier; Popkorn, Churros für die Kids.
Tacaca Dona Izaura, Rua Herbert de Azevedo 160, ist etwas kultivierter. Die Freiluftkneipe serviert zu Tacaca-Suppe und gegrilltem Fisch Live-Musik (MPB). ⌚ tgl. ab 16 Uhr bis zum letzten Gast.
Schönste Aussicht bietet der Hügel oberhalb des alten Bahnhofs, Mirante II genannt, wo man an Blechtischen Bier trinkt, ab und zu bei Live-Musik. ⌚ tgl. ab Sonnenuntergang.

Sonstiges

EINKAUFEN – Kunstgewerbe in der ***Casa do Artesão,*** Av. 7 de Setembro 488.

GELD – Geldwechsel bei ***Marco Aurélio Câmbio,*** Rua José de Alencar 3353, ✆ 69/3221 4922. ***Banco do Brasil,*** Rua Dom Pedro II, 607, wechselt auch Reiseschecks. Geldautomat u. a. bei ***HSBC,*** Av. Lauro Sodré 2600.

GEPÄCKAUFBEWAHRUNG – In der ***Rodoviária,*** ✆ 69/3225 0132. ◷ 6–18 Uhr. R$3 pro Stück/Tag.

INFORMATIONEN – ***Setur,*** Rua Dom Pedro II 3004, ✆ 69/3223 2461, ✉ seturo@ibest.com.br. ***Nossa Viagense Turismo,*** Rua Tenreiro Aranha 2125, ✆ 69/3224 4777, ✉ nossa-tur@ronet.com.br, hat deutschsprachige Mitarbeiter und ist behilflich bei der Planung von Ökotrips. ***Vipstur,*** Rua Carlos Gomes 1700, ✆ 69/3224 2144, ✉ vipstur@maucity.com, Flugbuchungen und Geldwechsel.

INTERNET – Am Flughafen, ✆ 69/9984 1959, ◷ Mo–Sa durchgehend, Mo–Fr R$3/Std., Sa R$4/Std. ***Games and Vídeos,*** Av. 7 de Setembro 1925, etwas gemütlicher, R$5/Std.

MEDIZINISCHE HILFE – **Militärhospital,** Av. Gov. Jorge Teixeira Costa e Silva, ✆ 69/3225 2263. ***Hospital Central,*** Rua Juliode Castilho 149, ✆ 69/3224 6428.

POLIZEI – Im Rathaus (Prefeitura) gegenüber der Kathedrale.

POST – Av. Pres. Dutra 2701, drei Ecken weiter vom alten Bahnhof, ✆ 69/3217 3667.

TELEFON – ***Telemania,*** Rua Carlos Gomes 714, ✆ 69/3224 5507, ◷ Mo–Sa 8–18 Uhr.

Transport

FLÜGE – ***Aeroporto Internacional Governador Jorge Teixeira,*** Av. Lauro Sodré, ✆ 69/3225 1675, rund 7 km vom Stadtzentrum entfernt. In die Stadt mit Taxi (R$25) oder Bus 201B „H. Base/Aeroporto" neben dem Taxistand, 30 Min., R$1,50.
Fluggesellschaften: ***Varig,*** Av. Campos Sales 2666, ✆ 69/3224 2262.
Rico, nur am Flughafen, ✆ 69/3225 1299, nach **Rio Branco** und **Belém** – manchmal am billigsten.
TAM, ebenfalls nur am Flughafen, ✆ 69/3222 6666.
Tavaj, ✆ 69/3222 5908.

BUSSE – Rodoviária, Av. Jorge Teixeira, 3 km entfernt zwischen Av. Carlos Gomes und Rua Dom Pedro II. Taxi dorthin R$5, oder mit Bus 201B, „H. Base/Aeroporto", Bus 201, „Hosp. de Base" oder Bus 301, „Presidente Roosevelt", die alle die Av. 7 de Setembro entlangfahren.
Cuibá: *Andorinha,* ✆ 69/3225 3025, 4x tgl., 22 Std., R$106.
Goiânia: *Andorinha,* 2x tgl., 36 Std., R$171.
Belo Horizonte: *Andorinha,* 2x tgl., 40 Std., R$250.
São Paulo: *Andorinha,* 3x tgl., 48 Std. R$244.
Rio de Janeiro: *Andorinha,* 2x tgl., 60 Std., R$274.
Fortaleza: *Andorinha,* 2x tgl., 96 Std., R$382.
Guarajá-Mirim: *Viação Rondônia,* ✆ 69/3223 3033, 6x tgl., 5 Std., R$20–27.
Rio Branco: *Viação Rondônia,* 4x tgl., 8 Std., R$30–43.

BOOTE – Bootsanleger am Porto Cai n'Água – wenn man sich zur alten Bahnstation Madeira-Mamoré wendet, links halten und 500 m die Av. Farquar entlang, dann an der Ampel rechts.
Schifffahrtsgesellschaften: ***Agência Amazonas,*** Rua João Alfredo 185, ✆ 69/3223 9743.
Agência Parintins, Rua 13 de Maio 58, ✆ 69/3223 0046.
Manaus Turismo, Rua João Alfredo, 175 ✆ 69/9281 0927.
Boote nach **Manaus:** Di und Do 18 Uhr, 3 Tage/Nächte, R$100, 2-Personenkabine R$300. Hängematte sollte man dabei haben. Unbedingt Abfahrtszeiten am Kai persönlich überprüfen!

Guarajá-Mirim

Die **Grenzstadt** Guarajá-Mirim liegt 333 km südlich von Porto Velho am rechten Ufer des Rio Mamoré. Am gegenüberliegenden Ufer befindet sich der bolivianische Weiler Guayamirim. Ein reger

Bootsverkehr verbindet die beiden Orte miteinander.

Wer nach Bolivien ausreisen möchte, muss sich bei der Polícia Federal, Av. Presidente Dutra 70, ✆ 69/3541 2437, den Ausreisestempel holen. Das bolivianische Konsulat befindet sich in der Av. Costa Marques 495, ✆ 69/3541 5876.

Übernachtung

Hotel Jamaica, Av. Leopoldo de Matos 755, ✆ 69/3541 3721, 16 schlichte Zimmer. ❶
Lima Palace, Av. 15 de Novembro 1613, ✆ 69/3541 3421. 19 Zimmer, ein Tick besser als Jamaica. ❶
Hotel Santa Elena, Av. Quinto Bocaiuva 1039, ✆ 69/3541 3170, mit AC. ❷

LODGES – ***Paakas Palafitas Lodge,*** luxuriöse Lodge mit 28 Chalês am Rio Madeira, BR 364; KM 43, ✆ 69/3541 3068, 🖳 www.paakas.com.br, ca. 30 Min. mit Außenborder von Guajará-Mirim. VP p.P. R$282 inkl. Transfer. ❺
Rancho Grande, Cacaulândia bei Ariquemes, 260 km südöstlich von Porto Vehlo, ✆ 69/3532 2300, 🖳 www.pousada.ch. Grande ist eine Fazenda der deutschen Familie Schmitz; sie liegt in einem weitläufigen Tal, umgeben vom Regenwald, durch den mehr als 15 km markierte Pfade führen. 8 Apartments, kleiner Pool. Anreise mit Bus von Porto Velho über Bundesstraße 364 nach Ariquemes (ca. 5 Std.), weiter 60 km mit Taxi oder durch Abholung. Guter Preis: VP im DZ US$55. ❷

Essen

Oásis, Av. 15 de Novembro 460, rustikal mit Selbstbedienung.
Peixaria do Macaxeira, Av. Presidente Dutra, 1086, Triângulo. Fischküche.

Sonstiges

GELD – ***Banco da Amazónia,*** ✆ 69/3541 3622, ***Banco do Brasil,*** ✆ 69/3541 3525, ***Bradesco,*** ✆ 69/541 2270.

INFORMATIONEN – ***Secretaria de Turismo,*** Av. 15 de Novembro 1257, Centro, ✆ 69/3541 3362.

MEDIZINISCHE HILFE – **Regionales Hospital,** Av. Marechal Deodoro 930, ✆ 69/3541 2651.

REISEBÜROS – ***Alfatur,*** ✆ 69/3541 2853, ***Princetur,*** ✆ 69/3541 2387.

Transport

FLÜGE – Flughafen 8 km außerhalb an der Straße nach Palheta, ✆ 69/3541 2400. Nur Flugtaxis von *Rico,* ✆ 69/3541 7412.

BUSSE – ***Rodoviária,*** Av. 15 de Novembro 2691, Serraria, ✆ 69/3541 2405. Alle 2 Std. Busse nach **Porto Velho**, 6 Std.

Guayamirim (Bolivien)

Die Wildweststadt mit dem typischen Amazonasparfüm lebt vom Schmuggel und vom Durchgangsverkehr. Gleich am Flussufer ist der Einreiseposten: Man verlangt einen Impfschein gegen Gelbfieber.

Vom Ort laufend Busverbindung in das nächste Nest Riberalta, (2 Std.) von dort per Bus weiter nach Cobija (14 Std.), Trinidad (35 Std.) oder La Paz (36 Std.). Die Straßen sind nicht wetterfest, nach tropischen Regenfällen muss mit tagelangen Unterbrechungen gerechnet werden.

Roraíma

Roraíma ist der nördlichste aller brasilianischen Bundesstaaten, neun Zehntel seines Territoriums liegen nördlich des Äquators. Der junge Bundesstaat wurde erst 1988 ins Leben gerufen, bis dahin unterstand das Territorium (225 100 km^2) der Bundesregierung direkt.

Nur der Süden von Roraíma ist von dichtem Regenwald bedeckt, im Norden hingegen finden wir eine Savanne, aus der die Tafelberge ragen, die die Grenze zu Venezuela markieren. Hier liegt auch der geheimnisvolle **Mount Roraíma** (2875 m), der Sir Arthur Conan Doyle zur Novelle *The Lost World* inspiriert hat. Von brasilianischer Seite ist der Tafelberg mit den ältesten geologischen Formationen nicht zugänglich. Um ihn zu ersteigen, muss man von Boa Vista zur venezolanischen Grenzstadt Santa Elena fahren. Von dort aus beginnt die dreitägige

Expedition und der Aufstieg, der eine Topform voraussetzt.

Boa Vista

Die Landeshauptstadt (200 000 Einw.) mit dem Namen „Schöne Aussicht" am Ufer des Rio Branco wurde in den 1950er Jahren angelegt. Die staubige, glühend heiße Stadt liegt genaugenommen näher an der Karibik als am Amazonas – und ihre Bedeutung als Relais- und **Durchgangsstation nach Venezuela** nimmt deutlich zu.

Im 18. Jh. siedelten sich die ersten Viehfarmer rund um das Forte São Joaquim an. Das heutige Boa Vista entstand etwa zeitgleich mit Brasília. Dem Rio Branco zeigte Boa Vista lange die kalte Schulter, denn die Stadt entwickelte sich konzentrisch von der Praça do Centro Cívico aus, wo der **Palácio do Governo Estadual** aufragt und ein geschmackloses Denkmal von einem Goldsucher, das Monumento ao Garimpeiro, die Rotunde „schmückt". Zur Erinnerung an den „Goldrausch", der in den 80iger Jahren selbst vor den Reservaten der Yanomami-Indianer nicht Halt machte. Fast alle großen Straßen gehen strahlenförmig von diesem baumlosen Platz ab – von hier aus auch der Weg zum 3 km entfernten Busbahnhof und zum 4 km entfernten Flughafen. Das städtische Leben pulsiert zwischen diesem Platz und der Uferzone des Rio Branco.

Übernachtung

Boa Vista ist kaum auf Touristen eingestellt. Die meisten Hotels dienen Geschäftsreisenden.

Hotel Farropilha, Av. das Guianas 1400, São Vicente, ✆ 95/3224 9499, links gegenüber der Rodoviária. Eine Option für Spätankommer/Frühfahrer. Die Zimmer sind ordentlich, mit Bad, AC, TV, Frigobar. ❶

Hotel Imperial, Av. Benjamin Constant 433, Centro, ✆ 95/3224 5592, 100 m nach Rua Cecília Brasil. Einfaches Hotel mit 26 Zimmern und kleinem Pool. DZ mit Ventilator oder (teurer) AC und TV. ❶

Hotel Euzebio's, Rua Cecília Brasil 1107, Centro, ✆ 95/3623 0300, ✉ hoteleuze-bios@uol.com.br, zwei Blocks hinter dem Palácio do Governo. Gutes Preis-Leistungs-Verhältnis. Die Zimmer (Bad, TV, AC) sind großzügig geschnitten, einige mit kleinem Balkon. Restaurant und Pool. Zubringer zum Flughafen auf Bestellung. Hervorragendes Frühstücks-Buffet. ❷

Barrudada Palace Hotel, Rua Araújo Filho 228, Centro, ✆ 95/3623 9335. Hochhaushotel zwischen Av. Benjamin Constant und Av. Getúlio Vargas. Wer in den oberen Stockwerken bucht, wird mit einem schönen Blick und moskitofreier Brise durchs Fenster belohnt. Alle Zimmer mit AC, Bad, TV, Frigobar. ❸

Ulramutam Palace Hotel, Av. Cap. Ene Garcez 427, Centro, ✆ 95/3624 4700, drei Blocks vom Palácio do Governo. Das erste Haus am Platz; Pool, Restaurant und großzügige Zimmer bei bestem Roomservice. ❺

Essen

Flussfische sind auf Boa Vistas Speiseliste ebenso vorhanden wie *Bife* von den Rinderfarmen. An jeder Ecke eine Imbissbude; gute Restaurants sind rar.

Restaurante La Gôndola, Av. Benjamin Constant 35, ✆ 95/3224 9547, vis-à-vis der Praça Central. Sehr populäres Lokal, Buffet für Lunch und Dinner mit Fisch wie Fleisch für R$12,50/kg. Wer die kalte AC drinnen nicht aushält, kann sich mit seinem Eisbier in die Hitze draußen setzen. ◷ tgl. 10.30–15 und 17.30–22.30 Uhr.

Café Expresso, Av. Ville Roy 5023, im Viertel São Pedro, zwei Blocks nach der Av. Major Williams. Der 10-Minutenweg dorthin lohnt sich, weil das Café gutes Frühstück sowie kleine Gerichte und Salate serviert. Empfehlenswert der Cappuccino (R$2,50). ◷ tgl. 7.15–12 und 14–19.30 Uhr.

Restaurante Panorama Macuchik, Rua Floriano Peixoto 114, ✆ 95/3624 1882, an der Praça Barreto Leite mit Blick über den Rio Branco. Wunderbare Fischgerichte und doppelte Portionen zum einfachen Preis. Live-Musik nach 21 Uhr. ◷ tgl. 11–24 Uhr.

Marina Meu Caso, Av. Santos Dumont 40, im Viertel São Pedro. Zu erreichen über die Av. Getúlio Vargas nach Osten, dann rechts auf die Av. Santos Dumont. Schönes, einfaches Lokal auf einem Ponton im Fluss unter schattigen Bäumen. Frische Fischgerichte. Besonders gut: gegrillter Tambaqui. ◷ tgl. 11–24 Uhr.

Remanso do Tucunaré, Av. Brasília 1506, Nossa Senhora das Graças. Serviert Tucunaré und andere Flussfische.

Nachtleben und Unterhaltung

Unter Nachtleben versteht man hier in erster Linie kaltes Bier in Bordsteinbars. Boa Vista leidet selbst nächtens unter der Hitze.

Restaurante Ver O Rio, Rua Floriano Peixoto 116 an der Praça Barreto Leite, ist *der* „point" zum Sundowner mit Blick über den Fluss und die entfernten Berge. Dazu Fischgerichte, Shrimps und kleine Happen.

Video-Q, Rua Floriano Peixoto, Ecke Av. Jaime Brasil. Hier wird getanzt, und zwar zu Forró, Brega, Pagode und MPB. Man sitzt schön draußen mit Blick auf den Fluss. 🕒 Fr–Sa 19 Uhr bis Morgengrauen.

Außer Pool und Aircondition gibt es wenig Gelegenheit, sich abzukühlen in dieser wirklich sehr heißen Stadt. Das Volk zieht es zur **Praia Grande** am Rio Branco; allerdings erscheint der Flussstrand nur bei Niedrigwasser (Dez–März) am jenseitigen Flussufer. Man lässt sich für R$3 mit Außenborder hinbringen; die Boote legen vom Dock am Ende der Av. Major Williams ab.

Sonstiges

APOTHEKE – ***Drogaria Megafarma,*** Av. Cap. Júlio Bezerra 1225, ✆ 95/3623 7285, in São Francisco, 🕒 24 Std.

EINKAUFEN – Volkskunst der Indianer im ***Centro de Artesanato,*** ✆ 95/3623 1615, oder ***Boa Vista Shopping,*** ✆ 95/3224 2737.

GELD – Beste Wechselkurse beim Juwelier ***Safira Jóias,*** Av. Benjamin Constant 64. Auch Reiseschecks. Oder bei ***Pedro José,*** Rua Araújo Filho 287, hinter dem BV Tours-Büro.

Banco do Brasil, Av. Glaycon de Paiva 56, bei der Praça do Centro Cívico. Wechselt Dollar/Euro plus Reiseschecks. Bankautomat vorhanden, hat auch Automaten am Flughafen und Busbahnhof. 24 Std.-Automaten auch bei

HSBC, Av. Ville Roy 292E, zwei Blocks hinter dem Parlament rechts.

Bradesco, Av. Jaime Brasil 441, Ecke Av. Getúlio Vargas.

INFORMATIONEN – ***Detur,*** Av. Cap. Júlio Bezerra 196, ✆ 95/3623 1230, ✉ turismo.seplan.@cei.rr.gov.br, nahe Av. Getúlio Vargas im Seplan-Gebäude. Das Büro verfügt über Stadtplan und Broschüren. 🕒 Mo–Fr 8–18 Uhr, kleiner Kiosk der Behörde im Busbahnhof und am Flugplatz.

INTERNET – ***Nobel Mega Store Café Internet,*** Av. Glaycon de Paiva 172A, ✆ 95/3621 3422. R$3/30 Min.; R$5/Std. 🕒 Mo–Sa 9–19 Uhr.

KONSULATE – ***Guayana,*** Av. Benjamin Constant 1020, ✆ 95/3224 1333. Visum nur gegen noch 6 Monate gültigen Pass und Gelbfieberimpfnachweis, zwei Fotos, Gebühr beim Postamt nebenan bezahlen. 🕒 Mo–Fr 9–13 Uhr.

Venezuela, Av. Benjamin Constant 525, ✆ 95/3623 9285, Ecke Rua Barão do Rio Branco. Touristen-Karte noch am gleichen Tag bei Dringlichkeit. Unterlagen wie oben plus Passkopie. 🕒 Mo–Fr 9–12 Uhr.

MEDIZINISCHE HILFE – ***Hospital Coronel Mota,*** Av. Col. Pinto 626, Ecke Av. Ville Roy, ✆ 95/3623 0161.

POLÍCIA FEDERAL – Av. Ville Roy 2801, ✆ 95/3621 1500 und 3627 2460, in Caçari, erreichbar mit Bus „Caçari". Kiosk der PF auch am Flughafen.

POST – Praça do Centro Cívico 176, ✆ 95/3621 3525.

REISEBÜROS – ***Anaconda Tours,*** Av. Dr. Sílvio L. Botelho 12, ✆ 95/3224 4132, ✉ ana-conda@uze.com.br.

Tours Águia, Av. Benjamin Constant 115, ✆ 95/3624 1516, ✉ afonsoaguia@aol.com, neben Meta Airlines.

TELEFON – Internationale Gespräche möglich vor dem Büro von ***Telemar,*** Av. Cap. Ene Garcez 126, hinter Gouverneurspalast.

TOUREN – Halbtagesausflüge zu einer verfallenen portugiesischen Festung oder auf eine Rinderfarm veranstaltet ***Iguana Tours***, Rua Floriano Peixoto 505, ✆ 95/3623 0787 und 9971 7076, p.P. ca. R$50 bei mind. 3 Teilnehmern. Arrangiert auch einwöchige Aufenthalte in einem Indianerdorf; Erfahrungsberichte liegen nicht vor.

Nahverkehrsmittel

Stadtbusse fahren von der Rodoviária Urbano, Av. Dr. Sílvio L. Botelho, zwischen Av. Getúlio Vargas und Av. Sebastião Diniz (R$1,50).
Taxis: ***Ponto de Taxi***, Av. Glaycon de Paiva 1536, ✆ 95/3224 2441.
Weiße Taxis mit gelbem oder blauem Streifen sind **Sammeltaxis** („Lotação"), die feste Routen abklappern.

Transport

FLÜGE – ***Aeroporto Internacional de Boa Vista***, Praça Santos Dumont 3110, ✆ 95/3623 9394; 4 km vom Zentrum. Im Flughafen Gepäckaufbewahrung (24 Std.), Touristeninformation und Impfstelle gegen Gelbfieber. Bus 206 („Aeroporto") in die Stadt. Mit Taxi ca. R$20.
Fluggesellschaften: ***Varig***, Rua Araújo Filho 91, ✆ 95/3224 2269, nahe Av. Getúlio Vargas. ***Meta***, Av. Benjamin Constant 79 W, ✆ 95/3224 7677.

BUSSE – ***Rodoviária Internacional José Oliveira Amador Baton***, Av. das Guianas 1523, ✆ 95/3623 2233, 3 km von Stadtmitte. Mit Bus 215 („Novo Cidade" oder „Jockei Clube").
Manaus: *Amatur Amazónia Turismo*, ✆ 95/3224 0004, Di, Do, So 19 Uhr, 12 Std., R$ 75.
Caracas (Venezuela): *Eucatur*, ✆ 95/3624 1322, 6 Uhr, 24 Std., R$100.
Manaus: *Eucatur*, 5x tgl., 12 Std., R$69–76.
Santa Elena de Uairén (Venezuela): *Eucatur*, 3x tgl., 4 Std., R$20.
Europass-Inhaber benötigen kein **Visum für Venezuela** – Brasilianer aber wohl: Av. Benjamin Constant 525 E, ✆ 95/3623 9285.

Pará

Der Amazonasstaat Pará umfasst 1,25 Mill. km², ist also beinahe dreimal so groß wie Deutschland. Tropischer Regenwald bedeckt ihn zum überwiegenden Teil, doch von Süden her und entlang der Landstraßen wird der Wald immer weiter abgeholzt.

Nur knapp 6 Mill. Einwohner leben innerhalb der Grenzen von Pará, davon beinahe die Hälfte im Großraum der Hauptstadt Belém. Die Menschen siedeln am Wasser, die Flüsse sind auch heute noch die Verkehrsadern, allen voran der Amazonas. Ausgehend von der Drehscheibe Belém bietet Pará dem Besucher nicht bloß Schiffstouren in das Labyrinth des unteren Amazonas: Drei Busstunden von Belém laden am Atlantik endlose Strände ein, die vom internationalen Tourismus noch völlig unberührt sind. Und auf der Amazonasinsel Marajó mag man sich in die ostafrikanische Savanne versetzt fühlen und das Glück der Erde auf dem Rücken eines Pferdes suchen.

Nachfolgend sind Reiseziele und -routen beschrieben, die sich problemlos mit öffentlichen Verkehrsmitteln von Belém ausgehend durchführen lassen, vorausgesetzt man hat genügend Zeit eingepackt.

Belém do Pará

Die Stadt mit vollständigem Namen Santa Maria de Belém do Grão Pará verdankt ihre Existenz ihrer strategischen Lage am Südrand des Amazonasdeltas. Von hier aus konnte man den Zugang ins Hinterland kontrollieren, hier hatte man den Schlüssel für ganz Amazonien in der Hand. Auf dem Hügel über der Mündung des Rio Guamá in die Bucht von Guajará legten die Portugiesen 1616 eine erste Befestigung an und nannten sie „Forte de Presépio" – „die Festung, die die Krippe (von Bethlehem) bewacht". Um 1910 hatte Belém 100 000 Einwohner, war der Hauptausfuhrhafen des Rohgummis und profitierte vom Kautschukboom. So stellten die Erlöse aus den Gummiexporten 39% der nationalen Gesamteinnahmen dar. Die Stadt Belém verfügte über Elektrizität, Telefone, Straßenbahnen und hatte trotz Tropenhitze eine deutlich europäische Atmosphäre.

Der Kautschukboom verhalf zu den nötigen finanziellen Mitteln für die Errichtung der wenigen und schönen Denkmäler der Stadt, wie das Teatro da Paz und den Palácio Antônio Lemos. Viele historische Belle Époque-Bauwerke erinnern noch heute an die Blütezeit Beléms. Der Traum vom grenzenlosen Reichtum war aber schlagartig zu Ende, als die Kautschukplantagen der Engländer in Malaysia das Angebot der Brasilianer mengenmäßig überboten und preislich unterboten.

Während des Zweiten Weltkrieges – Malaysia war von den Japanern besetzt – kam es zu einer zweiten, kurzzeitigen Blüte der Kautschukwirtschaft. Nordamerika brauchte dringend Latex, daher versuchte Henry Ford (erfolglos), eine Plantage südlich von Santarém anzulegen: Brasilien setzte „Dschungelbataillone" ein, um den Kautschuk zu zapfen. Und nach Belém zog es viele tausend *Nordestinos* aus dem verarmten Nordosten Brasiliens.

Belém, diese Ein-Millionen-Stadt, die nur ein Grad südlich des Äquators und 145 km vom offenen Meer entfernt liegt, ist das Tor zum Hinterland. Am Hafen der Stadt, Porto de Belém, erkennt man die Orientierung des wirtschaftlichen Lebens zum Wasser hin; auch die Altstadt, der Markt und die wichtigsten Kirchen sind in der Nähe der Baia do Guajará gelegen. Einer der bekanntesten und farbenprächtigsten Märkte ganz Brasiliens mit unglaublich skurrilen Waren ist der *„Ver-o-Peso"* – „Achte auf das Gewicht!". Der Name ist auf die Tatsache zurückzuführen, dass der Markt als eine Art Kontrollstelle gegründet wurde, an der die Portugiesen „ver o peso", um darauf Steuern erheben zu können.

Sehenswertes

Belém ist nur zu Fuß zu erkunden, da eine Reihe der Gassen im Zentrum für den Autoverkehr gesperrt sind. Die Altstadt ist relativ kleinräumig und einen Rundgang sollte man am besten dort beginnen, wo alles anfing: am **Forte do Castelo** (früher: de Presépio). Die Kanonen des Forts zielen immer noch in die Ferne, aber sie sollen auch Besucher anziehen, deshalb wurde das gesamte Fort und das unter ihm liegende Ufer einem Umbau unterzogen, 🕓 tgl. 8–18 Uhr.

Halbkreisförmig gruppiert sich um Kastell, Konvent und Kathedrale die **Altstadt im Kolonialstil** mit zierlichen Balkongittern und gefliesten Fassaden aus handbemalten Kacheln. Eine der kunstgeschichtlich bedeutendsten Perioden Beléms war das Schaffen des italienischen Architekten António Landi. Er war 1754 in die Stadt gekommen; hier entwarf er ein Vierteljahrhundert lang nicht nur Sakralbauten, sondern auch den Gouverneurspalast im damals bahnbrechenden klassizistischen Stil. Eine vergleichbare Baulust stellte sich erst wieder um die Jahrhundertwende in der Zeit des Kautschukbooms ein, wobei freilich Quantität oft Vorrang vor Qualität erhielt.

Treten wir aus dem Fort heraus, sehen wir die gewaltige weiße Fassade der **Catedral da Sé** (1748–71), Ausgangspunkt der jährlich im Oktober stattfindenden großen Prozession do Círio de Nazaré. Die stilistisch von Barock und Neoklassik geprägte Kathedrale beherbergt u. a. Werke des Malers Domenico de Angelis.

Aus der Kirche kommend gehen wir nach rechts über die Praça Frei Caetano Brandão, wo sich zwei interessante Museen befinden. Das **Museu do Estado** im 1771 gebauten Palácio Lauro Sodré war lange Zeit Sitz der Staatsregierung von Pará. Noch besuchenswerter ist das links angrenzende **Museu da Cidade** im schönen Palácio António Lemos, einst ein Hospital, das den Namen „Haus der elf Fenster" trug, und in dessen prunkvollen Sälen zahlreiche Kunstwerke und Zeugnisse aus der Geschichte Beléms aufbewahrt sind. Palácio Lauro Sodré/Palácio António Lemos, Praça Frei Caetano Brandão, Cidade Velha, ✆ 91/3219 1105. 🕓 Di–Fr 9–18, Sa 10–18 Uhr.

Wenn wir nun die Praça Pedro II – ein typischer Platz der Gründerjahre – überqueren und uns links am Wasser halten, sehen wir schon von weitem die markantesten Zeugnisse der früheren Blütezeit der Stadt: die Markthallen mit den Spitzgiebeln am Flusshafen. Das Gebäude mit den Türmen beherbergte ehemalis die Staatskasse, Baujahr 1688. Die Halle, die als schmiedeiserner Bausatz aus Glasgow importiert worden war, dient heute als Fischmarkt, umgeben von ca. 2000 Verkaufständen. Beißende Gerüche sowie viel Schmutz und Unrat sind allerdings nicht jedermanns Sache.

Das tägliche Spektakel von Belém, dem sich kein Besucher entziehen kann, ist der berühmte **Markt Ver-o-Peso**: „Achte auf das Gewicht" (man sollte aber wegen der Taschendiebe auch auf seine Börse achten). Im Hafenbecken dümpeln Holzboote, aus deren Leibern gekühlte Fische an Land geworfen und in der lärmigen Fischhalle angeboten werden. Zwischen Straße und Ufer schließt sich ein Labyrinth aus einigen hundert Buden an, die duftende Gewürze, Heilkräuter, tropische Früchte, gebratenen Fisch, Fleischspießchen und Suppe verkaufen.

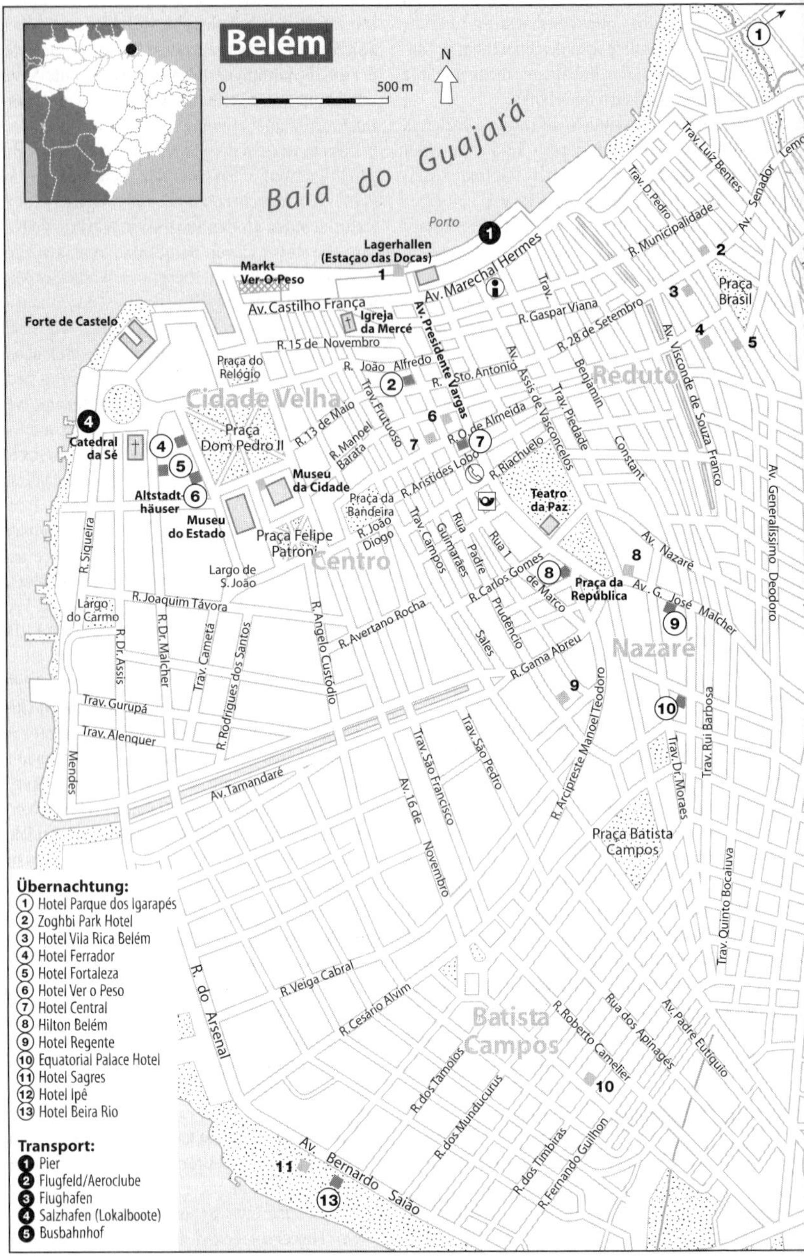
Belém
0
500 m
N
Baía do Guajará
Porto
Lagerhallen (Estaçao das Docas)
Markt Ver-O-Peso
Forte de Castelo
Av. Castilho França
Igreja da Mercé
Av. Marechal Hermes
Av. Presidente Vargas
R. 15 de Novembro
Praça do Relógio
R. João Alfredo
R. Sto. Antonio
R. Gaspar Viana
R. 28 de Setembro
R. Municipalidade
Trav. D. Pedro
Trav. Luíz Bentes
Av. Senador Lemos
Praça Brasil
Reduto
Av. Visconde de Souza Franco
Av. Generalíssimo Deodoro
Cidade Velha
Catedral da Sé
Praça Dom Pedro II
R. 13 de Maio
R. Manoel Barata
Trav. Frutuoso
R. O. de Almeida
Av. Assis de Vasconcelos
Trav. Piedade
Benjamin Constant
Altstadt-häuser
Museu da Cidade
Museu do Estado
R. Aristides Lobo
R. Riachuelo
Teatro da Paz
Praça da Bandeira
R. João Diogo
Trav. Campos
Rua Guimarães
Padre Prudêncio
Rua 1 de Marco
Praça Felipe Patroni
Centro
Largo de S. João
R. Siqueira
R. Carlos Gomes
Praça da República
Av. Nazaré
Av. G. José Malcher
Largo do Carmo
R. Joaquim Távora
R. Dr. Assis
R. Dr. Malcher
Trav. Cametá
R. Rodrigues dos Santos
R. Angelo Custódio
R. Avertano Rocha
Sales
R. Gama Abreu
Nazaré
R. Arcipreste Manoel Teodoro
Trav. Rui Barbosa
Trav. Gurupá
Trav. Alenquer
Mendes
Av. Tamandaré
Trav. São Francisco
Trav. São Pedro
Av. 16 de Novembro
Trav. Dr. Moraes
Praça Batista Campos
Trav. Quinto Bocaiuva
R. do Arsenal
R. Veiga Cabral
R. Cesário Alvim
Batista Campos
R. Roberto Camelier
Rua dos Apinagés
Av. Padre Eutiquio
R. dos Tamoios
R. dos Mundurucus
R. dos Timbiras
R. Fernando Guilhon
Av. Bernardo Saião
Übernachtung:
1 Hotel Parque dos Igarapés
2 Zoghbi Park Hotel
3 Hotel Vila Rica Belém
4 Hotel Ferrador
5 Hotel Fortaleza
6 Hotel Ver o Peso
7 Hotel Central
8 Hilton Belém
9 Hotel Regente
10 Equatorial Palace Hotel
11 Hotel Sagres
12 Hotel Ipê
13 Hotel Beira Rio
Transport:
1 Pier
2 Flugfeld/Aeroclube
3 Flughafen
4 Salzhafen (Lokalboote)
5 Busbahnhof

DER NORDEN

Gegenüber liegt der Fleischmarkt: Eine gusseiserne, neoklassizistische Konstruktion, die kurz nach der Jahrhundertwende ebenfalls aus Glasgow importiert und mit starken Gittern gegen die hungrig kreisenden Rabengeier geschützt wurde.

Der interessanteste Teil des Marktes ist der, wo Heilkräuter und Heilwurzeln, Schlangenhäute, Jacaré-Zähne sowie Amulette mit geheimnisvollen Kräften angeboten werden. Dort gibt es Geschäfte, in denen Zaubersachen und wunderschöne religiöse Gegenstände verkauft werden, die für die afro-brasilianischen Umbanda-Rituale gebraucht werden.

Soweit gestärkt sollte man ein wenig die aufgeräumtere Uferpromenade entlangspazieren. Man stößt nach rund 500 m auf die zu Erlebniszentren umgebauten **Lagerhallen** (Estação das Docas) In Halle 2 befinden sich Restaurants, bei Halle 4 die Bootsanleger für Ausflüge zu den nahen Inseln. Am Abend trifft sich in den Docas *tout* Belém – eine erfolgreiche Umwandlung der ehemals heruntergekommenen Zone.

Auf dem Rückweg gehen wir in die Travessa Frutuosi Guimarães und sehen an der ersten Ecke links die **Igreja da Mercê**, die Kirche des Klosters Nossa Senhora das Mercês. Sie stammt aus den Jahre 1640 und wurde im 18. Jh. angeblich unter Beteiligung des italienischen Architekten António Landi restauriert.

Aus der Kirche heraustretend, begeben wir uns nach links bis zur Avenida Presidente Vargas; sie verbindet die Altstadt mit der Neustadt (Cidade Nova) und gilt als die Hauptgeschäftsstraße Beléms. Wir gehen sie ein Stück nach rechts hinauf bis zur Praça da República, dem Zentrum der Neustadt. Dort befindet sich am Ende des Platzes das mächtige neoklassizistische **Teatro da Paz** von 1878 mit seinen imposanten Marmorsäulen sowie Spiegeln und Leuchtern aus venezianischem Kristall. Zur Zeit des Kautschukbooms fanden hier bedeutende Aufführungen von internationalem Rang statt. Und hier versuchte Carlos Gomes, der noch vom Kaiser geförderte Komponist von Opern im italienischen Stil („O Guaraní“), sein Lebenswerk zu vollenden. Das Teatro da Paz, ✆ 91/3224 7355, kann besichtigt werden, 🕒 Di–Fr 9.30–11, 12.30–14.30 und 16–17 Uhr.

Hinter dem Theater, am äußersten Ende des Platzes, begeben wir uns nach links in die Avenida

Nazaré und gehen ein längeres Stück bis zur **Basílica de Nazaré** an der rechten Straßenseite. Der mächtige Bau in romanischem Stil (1909–23) wurde nach dem Vorbild der römischen Basílica de São Paulo errichtet, die Standortwahl geht zurück auf eine im Jahr 1700 hier gefundene Statue der Hl. Nossa Senhora de Nazaré. Alljährlich am zweiten Sonntag im Oktober findet ihr zu Ehren die berühmte Prozession do Círio de Nazaré statt, das größte religiöse Fest Brasiliens. Ihr Verlauf entspricht fast unserem Stadtrundgang: Catedral da Sé, Boulevard Castilho França (Hafen und Mercado Ver-o-Peso), Av. Presidente Vargas und Av. Nazaré bis zur Basílica (5 km).

Neben der Basílica befindet sich das **Museu do Círio**, einzig der Geschichte dieser Prozession gewidmet. ⌚ tgl. 6.30–11.30 und 15–18 Uhr, Eintritt frei.

Gehen wir die Av. Nazaré etwas weiter, gelangen wir zum **Museu Paraense Emílio Goeldi**, Rua Magalhães Barata 376, ✆ 91/3219 3369; 1866 von dem Naturforscher Domingos Soares Ferreira Pena gegründet, hatte der Deutschschweizer Emil Goeldi 1900 aus dem Raritätenkabinett ein modernes Museum geschaffen, das heute in der Erforschung Amazoniens führend ist. Hier befindet sich neben zahlreichen archäologischen Objekten und Ausstellungsstücken indianischer Herkunft noch ein zoologisch-botanischer Garten, der etwas ungepflegt wirkt, aber trotzdem sehenswert ist. ⌚ Di–Fr 9–11.30 und 14–17, Sa und So 9–17 Uhr, Eintritt R$4.

Belém ist insgesamt eine recht grüne Stadt mit zahlreichen von Mangobäumen umsäumten Alleen sowie vielen Parks, z. B. dem **Bosque Rodrigues Alves II**, Av. Almirante Barroso 2305, der als Botanischer Garten mit 14 ha ursprünglichem Regenwald eine grüne Lunge der Metropole ist. 2500 Pflanzenarten kann man dort bewundern. ⌚ Di–So 8–17 Uhr. Bus „Aeroclube“.

Übernachtung

Preisbewussten Reisenden bereitet Belém Kopfschmerzen. Auf der einen Seite gibt es in der Millionenstadt einige teure Komforthotels, auf der anderen Dutzende Mottenburgen, die wegen mangelnder Hygiene und Sicherheit nicht zu empfehlen sind. Es fehlt an preiswerten, sauberen und sicheren Mittelklassehotels. Während des Karnevals und des Círio-Festes sind Buchungen beinahe sinnlos – die Hotels schlagen dreimal drauf. Teure Hotels werden preiswert, wenn man nach speziellen Discounts fragt, etwa übers Wochenende, per Gruppe oder mit Studentenermäßigung. Der Fantasie sind keine Grenzen gesetzt! Die Gegend um den Ver-o-Peso-Markt und die Altstadt sind nachts nicht sicher. Man sollte da nicht unbedingt logieren. Ein weiterer Hinweis: Das feuchtheiße Klima ist für die meisten Europäer nur mit Aircondition zu ertragen. Besser als AC ist vielleicht der Deckenpropeller – ob es der aber schafft, die reichlich vorhandenen Schwirrflügler zu vertreiben, ist nicht garantiert. Die chemische Keule – Tablettenstecker oder Räucherspirale – bringt auch nicht gerade Frischluft. Wer es natürlich haben will, mit Brise durchs Fenster, sollte sich um ein Zimmer im obersten Stock der wenigen Hochhaushotels (Hilton, Equatorial, Regente) bemühen. In eine Höhe ab 8. Stock schafft es kein Moskito mehr.

NAHE BUSBAHNHOF – ***Hotel Ipê***, Av. José Malcher 2953, São Braz, ✆ 91/3228 2121, 💻 www.hotelipe.com.br, ✉ hotelipe@yahoo.com.br, gegenüber Rodoviária. Mitten im Gewühl der Zone, geeignet für Spätankommer/Frühfahrer. Zimmer sauber, aber klein, mit Ventilator, Frigobar, TV; einige (teurere) mit Bad und AC. Restaurant, Wäscherei. ❷

Hotel Sagres, Av. Gov. José Malcher 2927, São Braz, ✆ 91/3266 2222, 📠 3226 8260. 245 Zimmer mit Komfort, Pool, Restaurant. ❹

IM GESCHÄFTSVIERTEL („Neustadt") – ***Hotel Central***, Av. Pres. Vargas 290, zwischen Rua 28 de Setembro und Rua Manuel Barata, ✆ 91/3242 3011, hohe Zimmerdecken, luftige Räume – leider laut. Ein bisschen Art déco macht den alten Kasten, Baujahr 1920 sympathisch. Traveller lieben das Ambiente. DZ mit Ventilator und Bad; mit AC ein wenig teuerer. Langzeitgäste kriegen 30% Nachlass. ❶

Vidonhos Hotel, Rua Ó de Almeida 476, ✆ 91/3242 1444, nur ein paar Schritte von der Rua Pres. Vargas. Familien-Hotel mit sauberen, kleinen Zimmern; AC, TV, Frigobar und Bad. 10% Discount bei Aufenthalt über 3 Tage. ❷

Hotel Unidos, Rua Ó de Almeida 545, ✆ 91/3252 1891, ✉ hotelunidos@bol.com.br, um die Ecke von Rua Pres. Vargas. Das neue Hotel hat winzige saubere Zimmer und einen Aufzug. Alle Zimmer mit AC, TV, Frigobar, Bad. 10% Discount bei Barzahlung. ❸

Hotel Ferrador, Rua Aristides Lobo 485, ✆ 91/3241 5999, 🖳 www.hoteferrador.com.br; ein Katzensprung von der Av. Vargas. Gutes Management, freundliche Zimmer mit AC, TV, Frigobar und Bad. ❸

Hotel Regente, Av. Governador José Malcher 485, ✆ 91/3181 5003, 🖳 www.hotelregente.com.br, ✉ reserva@hregente.com.br, zwischen Trav. Benjamin Constant und Rua Barbosa. Das alternde Luxushotel mit Restaurant, Pool und Agentur hat schöne, ruhige Zimmer, alle mit Kabel-TV und Internetzugang; die besten sind in den oberen Stockwerken mit Blick über die Stadt und moskitofreier Zugluft. 24 Std.-Room- und Wäscheservice. 20% Discount für Studenten und Gruppen. ❹

Hotel Le Massilia, Rua Henrique Gurjao 236, Reduto, ✆ 91/3224 7147, geschmackvoll eingerichtetes Hotel, das von einem Franzosen geführt wird. Auch für längere Aufenthalte geeignet. ❸

Zoghbi Park Hotel, Rua Ferreira Cantão 100, ✆ 91/3230 2000, ✉ cazoghbi@uol.com.br, verstaubter 3-Sterne-Kasten im Geschäftsviertel, findet reichlich Liebhaber, auch an der Bar und im Restaurant. Alle Zimmer mit AC, TV, Frigobar, Bad. Discounts für Studenten und Gruppen. ❹

Equatorial Palace Hotel, Av. Braz de Aguiar 612, ✆ 91/3224 4012, 🖳 www.equatorialhotel.com.br, Vier Sterne-Hotel, Pool, Tagungsräume, Satelliten-TV. Preisermäßigung für Gruppen. ❺

Hilton Belém, bestes Hotel am Platze. Av. Presidente Vargas 882, ✆ 91/3217 7000, gebührenfrei 0800/780888, 🖳 www.amazon.com.br/hilton. Das Terrassencafé zur Straße ist *der* Treffpunkt von Belém, tolles Restaurant. Die 361 Zimmer sind relativ klein, die besseren sind in den obersten Stockwerken: Luft! Alle Einrichtungen, die dieser Preisklasse (DZ ab R$200) zu eigen sind. Nachts ist auf der Straße und der Praça República Vorsicht geboten. Preis kann bei Vermittlung durch Reiseagenturen um mehr als die Hälfte heruntergehandelt werden. ❻

IN DER ALTSTADT – ***Hotel Ver o Peso,*** Blvd. Castilho França 208, ✆ 91/3241 2022. Traveller-Hotel gegenüber dem Ver-o-Peso; die Zimmer sind sauber und mit AC. Von der Terrasse des Hotels hübscher Flussblick. ❶

Hotel Fortaleza, Trav. Frutuoso Guimarães 276, ✆ 91/3241 5005. Das Hotel mit seinen winzigen Zimmern – einige mit Balkon – hat nostalgischen Charme und wird gern von Rucksacktouristen aufgesucht. Ab R$25. ❶

Hotel Vitoria Regia, Trav. Frutuoso Guimarães 260, ✆ 91/3212 2077. Einfache Zimmer. Ein paar Meter vom Hotel Fortaleza und ähnlich verstaubt. ❶

Hotel Manacá, Trav. Quintinho Bocaiúva 1645, ✆ 91/3222 6227, mit 16 Zimmern, ein gemütlicher Treffpunkt von brasilianischen Travellern. ❷

AUSSERHALB DER CITY – ***Hotel Vila Rica Belém,*** Av. Júlio César 1777, Val de Cans beim Flughafen, ✆ 91/3257 1522. 108 Apartments mit Komfort, Pool und Park. Empfehlenswert, wenn man früh abfliegen muss. ❺

Beira Rio, Av. Bernardo Sayão 4804, Guamá, ✆ 91/3249 7111, 90 Zimmer, AC, Pool, Safe, Restaurant, Bar. Liegt hübsch am Rio Guamá, nicht weit vom Jachtclub und Uni-Campus, rund 5 km außerhalb des Zentrums am Rand der Favela Condor (nachts unsicher). Sehr empfehlenswert, wenn man nicht dauernd in der Stadt zu tun hat. Das Hotel (Ex-Novotel) organisiert auch Flusstouren. ❸

Hotel Parque dos Igarapés, am Stadtrand, 7 km auf der Rua Augusto Montenegro nach Icoaraci, ✆ 91/3248 1718. 15 Chalês mit AC; Pool, Restaurant etc. Für Naturfreaks wunderbar. ❷

Essen

Belém ist voller Bordsteinbars und Futterkrippen – selbst wer knapp bei Kasse ist, braucht hier nicht zu hungern. Rund um die Praça Waldemar Henrique und entlang der Av. Pres. Vargas muss man geradezu aufpassen, um nicht in Suppentöpfe zu treten. Ein absoluter Hit sind die Saftstände mit Mixgetränken von Früchten, für deren Namen es oft keine deutsche Entsprechung gibt. Wer allerdings auf Stil und Komfort und gar eine Weinkarte Wert legt, hat nicht soviel Auswahl. Die Küche von Pará hat indianische Wurzeln. Schon die Namen der Zutaten verraten es: *caru-*

ru, tacaca, tucupi, vatapá, jambu ... dafür gibt es keine deutschen Bezeichnungen. Wie der Schweinsbraten in Bayern, so ist die Ente à Tucupi hier das Flaggschiff auf dem Teller. „Pato no tucupi" muss man einfach gegessen haben! Als Sättigungsbeilage Maniok in allen Formen. Die Maniokblätter (maniva) bedürfen einer besonderen Behandlung und werden sparsamst als Kraut (tucupi) eingesetzt, das beim Verzehr die Zunge in einen kribbeligen und beinahe betäubten Zustand versetzt. Als Zwischengericht auch an der Straßenecke: Tacaca-Suppe in der Kokosschale. Und dann natürlich die Speisefische aus dem Amazonas, darunter der Gigant Pirarucu, der bis zu 2,5 m lang werden kann, und der Zwerg Piranha.

Estação das Docas, dieser Fress- und Vergnügungstempel ist aus Belém nicht mehr wegzudenken. Eine gelungene Umwandlung von Docks und Lagerschuppen in eine luftige Konstruktion am Wasser, unter deren Dach sich ein Dutzend Kneipen, Bars und Restaurant zusammengefunden haben. Am Wochenende Live-Musik, an Sonntagvormittagen Brunch für die ganze Familie. Wem das Geld ausgeht: hier finden sich Bankautomaten, die internationale Karten akzeptieren, 🕓 tgl. 10–24 Uhr.

Restaurante Lá em Casa, Rua José Malcher 247, ✆ 91/3223 1212, rund drei Blocks östlich der Praça da República. Das Restaurant rühmt sich verdientermaßen vieler Auszeichnungen. Es gibt keinen gepflegteren Ort in Belém, um die Bandbreite der Amazonasküche auszuprobieren ohne Reichtümer auszugeben. Das Ambiente stimmt, und natürlich gibt es hier die traditionellen Amazonasgerichte, wie etwa: Ente in Manioksauce (Pato no tucupi), gegrillter Fisch (Pirarucu na chapa), gesottener Wels (Filhote) oder eine Fischsuppe mit aromatischen Kräutern und Maniokbrei (Peixada), Menú Paraense (von allem etwas), R$30–50 für ein vollständiges Menü. Am Wochenende oft ausgebucht – rechtzeitig reservieren! 🕓 tgl. 12–15.30 und 19–1.30 Uhr.

Restaurante Açaí, Rua Vargas 882, ✆ 91/3217 7000, das Restaurant gehört zum Hilton Hotel. Von seiner Terrasse Blick auf die Praça da República. Hier trifft sich ganz Belém zum Sundowner. Aber auch zum Dinieren ist das eine gute Wahl. Nicht nur vorzügliche Fleisch-/Fischgerichte, sondern auch vegetarische. 🕓 tgl. 24 Std.

Boteco das Onze Janelas, in der Casa das Onze Janelas auf der Praça da Sé. Hier stimmt das Ambiente mit der Karte voll überein. Gepflegtes Restaurant zwischen historischen Mauern, dazu passt der Live-Jazz und die Bossa Nova, die man draußen spielt. Die Küche ist international, die Getränkeauswahl groß. Zum Feiern und fein Ausgehen das Richtige. 🕓 Di–Do 12–16 und 19–1, Fr–So 12–15 Uhr.

Picanha & Cia Churrascaria, Trav. Almirante Waldenkolk 260, Ecke Rua Bernal do Couto. Wer einen Eiweißschock nicht fürchtet oder ausgehungert ist, darf hier nicht vorübergehen! Der Grillpalast bietet das beste Fleisch vom Rost in Belém, die *Picanha* ist einfach Spitze. Die Preise sind dem angemessen. 🕓 Di–So 11.30–15 und 18.30–1 Uhr.

Confeitaria Tivoli, Av. Pres. Vargas, Ecke Rua Riachuelo. Unauffälliges, empfehlenswertes Bistro für den kleinen Hunger. 🕓 Mo–Sa 6.30–20 Uhr.

Tempero's Bar e Restaurante, Rua Ó de Almeida, Ecke Trav. I de Março, ein Block südlich der Av. Vargas. Hausmannskost. Das kleine Lokal bietet seit Jahren klassische Gerichte und hat auch immer etwas für Vegetarier auf der Karte. Preiswert, gut und gemütlich. 🕓 Mo–Sa 11–23 Uhr.

Haraz's Bar e Restaurant, Trav. Padre Prudêncio 104, mitten im Geschäftsviertel, wird von den Büroleuten zum Mittagsmahl aufgesucht. Vom Innenhof hübscher Durchblick auf die Praça Maranhão. Die Portionen sind gigantisch, die Preise ausgesprochen günstig. Caipirinha z. B. nur R$2. 🕓 Mo–Sa 8–20 Uhr.

Sicherheit

Wie in allen großen Städten ist es ratsam, Wertsachen im Hotelsafe zu lassen und unauffällig gekleidet zu sein. Schon eine Marken-Sonnenbrille kann die Gier eines Taschendiebes erregen. Nach Einbruch der Dunkelheit geht man nicht mehr allein auf die Straße, schon gar nicht in Vierteln, die man nicht kennt. Es gibt Geschichten über ahnungslose Traveller, die sich zum Bier haben einladen lassen (die Dose war wundersamerweise schon geöffnet) – und die sich hinterher nackt und beraubt im Bett wiederfanden: der Effekt von K.O.-Tropfen.

Prüfe das Gewicht!

Ver-o-Peso-Markt: Auf dem Markt werden Frugalien nicht nur gehandelt, sondern auch gleich verspachtelt. Rund 100 Futterkrippen will die Polizei gezählt haben – jedenfalls gibt es kaum einen besseren Tipp, als sich hier mal umzusehen und den Löffel in die Hand zu nehmen. Ängste vor mangelnder Hygiene oder möglicher Vergiftung sind unangebracht – es ist noch kein Mensch von der Nahrungsaufnahme auf diesem Markt gestorben. Bei Salaten ist allerdings Zurückhaltung angebracht.

Marujo's Bar & Grill, in der Estação das Docas auf der Seite zum Ver-o-Peso-Markt. Es ist die schöne Atmosphäre bei Sonnenuntergang, der Blick auf den Strom und sicher auch die gute spanische Küche, die so viele Leute anzieht. Paella und Fischgerichte, dazu Tapas und ein kühler Sherry – zum Nachtisch Pfefferminz-Frappee. Die Karte birgt angenehme Überraschungen, die Preise halten sich in Grenzen. ⌚ Mo–Mi 10–24, Do–So 10–3 Uhr.
Trapiche und ***Marulhos,*** Av. Bernardo Sayao 4806, sind beides Restaurants auf Stelzen im Rio Guamá und begeistern nicht nur durch die Lage, sondern auch durch die Häppchen mit Flussfisch.
Lacuticho, Rua Bernal do Couto 40, Umarizal, Minas-Küche mit Sertaneja-Musik am Abend. Gilt als Geheimtipp.

JAPANER – ***Miako,*** Trav. 1 de Março 766 (im Zentrum gleich hinter dem Hilton), ✆ 91/3223 2355. In Pará lebt die zweitgrößte japanische Kolonie Brasiliens, deshalb ist es nicht verwunderlich, dass es in Belém ein Dutzend Sushi-Bars gibt, wie ***Fuji,*** Rua João Balbi 595, Umarizal; ***Hakata,*** Trav. 14 de Abril 1128, São Braz; ***Hikari Sushi,*** Av. Braz de Aguiar 18, Nazaré.

ITALIENER – ***Capone,*** Av. Senador Lemos 455, Reduto, ✆ 91/3241 1476. Doppelte Portionen Spaghetti zum halben Preis. Weitere Italiener: ***Cantina Italiana,*** Av. Benjamin Constant 1401, Nazaré; ***Dom Guiseppe,*** Av. Cons. Furtado 1420, Batista Campos; ***La Bella Itália,*** Av. Doca de Souza Franco 567; ***Bistrot Itália,*** Rua Almirante Wandenkolk 284.
Belém hat eine eigene **Brauerei**, die Cerpa/SA, die unter bayrischer Regie ein leichtes, bekömmliches Bier braut. An wenigen Orten, beispielsweise im Flughafenrestaurant, bekommt man es sogar frisch vom Fass.

Nachtleben

Die Nächte von Belém sind heiß, aber erträglicher als die Tage. Kein Wunder, dass die halbe Stadt ab Sonnenuntergang bis weit nach Mitternacht auf den Beinen ist. Bevorzugt ist die Flussnähe, wo eine kühle Brise weht. Der Umbau der alten Docks neben dem Ver-o-Peso zu einer überdachten Vergnügungsmeile wurde in Belém als größter Fortschritt seit Jahrzehnten begrüßt. Der klassische Treffpunkt ist allerdings der Pavillon unter den Mangobäumen neben dem Teatro da Paz, der sich schlicht „**Bar do Parque**" nennt. Es gibt keinen besseren Ort in Belém, um mit jemandem ins Gespräch zu kommen. Auf der Speisekarte: Bier aus Flasche und Dose. Die meisten Damen zur späten Stunde sind vom Gewerbe, was man ihnen nicht immer ansieht. Eine Einladung zum Drink sollte man nur annehmen, wenn man selber die Flasche/Dose öffnen darf.
Familiärer geht es in den Kneipen und Cafés auf der Av. Visconde de Souza Franco und der Av. Benjamin zu – oft mit Live Musik.
Pagode, Cablanca, Av. Senador Lemos, Ecke Alm. Wandenkolk, Uramizal, ist derzeit als „Point" angesagt; die jungen Damen kommen aus neureichen Häusern.
Amazon Beer klingt nach Gringo und gibt sich auch so: gut besuchte Kneipe im Dock-Komplex.
Café Latino Night Club, Rua Riachuelo 240. Höllisch laut mit zahlreichen Nachtkatzen, ⌚ ab 23 Uhr.
Cosa Mostra Café, Trav. Benjamin Constant 1507. Hier gibts am Wochenende Live-MPB und während der Woche schon mal Jazz.

DISKOTHEKEN UND KONTAKTBARS – Vorsicht! Die meisten Etablissements rund um das Hilton Hotel sind nicht koscher. Dasselbe gilt für die Bars am Hafen. Die ***África Bar*** auf der Praça Kennedy ist eine Institution, allein sollte man da jedoch nicht hingehen.

Círio de Nazaré

So nennt sich das größte religiöse Fest in Brasilien, das seit 1793 gefeiert wird. Es geht auf ein Wunder zurück, das die Patronin der Fischer, die Heilige Mutter von Nazareth, vollbracht haben soll.
Böllerschüsse dröhnen durch die feuchtwarmen Dunstschwaden der erwachenden Stadt. Es ist zweiter Oktobersonntag in Belém, Höhepunkt im Festkalender der Hauptstadt an der Amazonasmündung. Seit mehr als 200 Jahren wiederholt sich das Ritual des Círio, der größten Wallfahrt Brasiliens zu Ehren der Patronin Parás „Unserer Lieben Frau von Nazareth". Bis zu zwei Mill. Menschen sind dann auf den Beinen und klammern sich an das Seil, das wie ein langer Schwanz dem Gnadenbild folgt. Auf dem Platz vor der Kathedrale sammeln sich die Wallfahrer um einen Schrein, in den nach dem ersten Hochamt die kleine Marienfigur mit dem Jesuskind gestellt wird. Langsam setzt sich der Zug im ersten Morgenlicht in Bewegung. Religiöse Lieder rauschen auf, durch Lautsprecher bis zur Unkenntlichkeit verstärkt, durch Klatschen und Feuerwerkskörper immer wieder überstimmt. Jeder Fensterplatz der mit Fahnen und Spruchbändern geschmückten Häuser an der 6 km langen Via Sacra ist besetzt. Die Gehsteige und die grünen Tunnel der Mango-Alleen können die Schaulustigen kaum fassen. Sogar die Taschendiebe haben Mühe, sich nach vollzogener Tat von ihren Opfern zu entfernen.
Nach sechs Stunden erschöpfender Prozession ist das Gnadenbild wieder da, wo es vor 250 Jahren von einem Jäger im Urwald an einem Rinnsal gefunden wurde. Heute erhebt sich an der Stelle die Basilika „Unsere Liebe Frau von Nazareth", eine Nachbildung von Sankt Paul in Rom. Die Marienfigur ist bester alpiner Barock aus der Werkstatt des aus Südtirol stammenden Jesuiten Hans Xaver Treyer, der von 1703 bis 1737 in Belém gewirkt hat.

Bars und Boates kommen und gehen – aber das Lapinha bleibt. Das „Häschen" ist eine Institution, sowohl für Hetero- als auch Homosexuelle, „Travis" (Transvestiten) und Normalos:
Lapinha, Trav. Padre Eutiquio 3901, ✆ 91/3249 2290, liegt in einer halben Favela, nachts unsicher, unbedingt mit Taxi anfahren! Wer von dort alleine wegfährt, ist selber schuld.

Sonstiges

APOTHEKEN – ***Farmácia Zero Hora,*** auf der Av. Almirante Barroso nahe Rodoviária ✆ 91/3243 3100, ⌚ 24 Std. Zahlreiche weitere Apotheken in der Neustadt.

GELD – ***Banco da Amazónia,*** nahe der Praça da República, Devisenwechsel. Bankautomaten, die internationale Karten akzeptieren, gibt es an jeder Ecke. Etwa ***Banco do Brasil,*** Av. Presidente Vargas 248, oder ***HSBC,*** Rua Padre Prudencio 40.

GEPÄCKAUFBEWAHRUNG – 24 Std.-*Guarda Volumes* in der Rodoviária (R$2 pro Stück/Tag) und im ***Cybercafé*** an der Av. Presidente Vargas, Ecke Praça da República, ⌚ tgl. 8–23 Uhr.

INFORMATIONEN – ***Paratur,*** Praça Waldemar Henrique, Ecke Av. Assis de Vasconselos, ✆ 91/3242 1118, 💻 www.paratur.pa.gov.br, ist hochkompetent und sehr hilfreich mit Informationen, inkl. Stadtpläne. Ein monatlicher Kulturkalender namens *Informativo Cultural* informiert über alle Events – auch für Gringos leicht zu entziffern. Sonst noch die Tageszeitung *O Liberal* mit ihren Veranstaltungshinweisen. Das Büro vermittelt auch Unterkunft; am Wochenende auch ein Kiosk in der Estação das Docas und am Flughafen. Gute Internetauskunft (auf Deutsch): 💻 www.belemdopara.de.
Außerdem: ***Belemtur,*** Av. Gov. José Malcher 592, ✆ 91/3242 0033.

INTERNET – Am günstigsten: ***Serviços de Informática,*** Av. Vasconcelos, Ecke Rua Gaspar Viana, ✆ 91/9996 3223, in einer Einkaufspassage. R$4/Std.
CyberCafé, im 3. Stock des Iguatemi Shopping, hat moderne Computer; meist voll, R$4,80/Std.

MEDIZINISCHE HILFE – ***Hospital Barros Barreto,*** Rua dos Mundurucus 4487, Guamá, ✆ 91/3249 2323; ***Hospital Guadalupe,*** R. Arcipreste Manuel Teodoro 734, Batista Ramos, ✆ 91/I241 8940.

NOTFALL – 24 Std.-Notruf: ✆ 91/3241 2246.

POST – Die **Hauptpost** ist in der Av. Pres. Vargas 491, ✆ 91/3211 3174, mit Fax- und FedEx-Kurierdienst. Billiger: Cedex international der Post selbst.

TELEFON – Internationale Telefongespräche bei ***Telemar,*** Av. Presidente Vargas 670, ✆ 91/3241 4965, ⏲ 24 Std. Außerdem Internetzugang (R$6/Std.)

REISEBÜROS – ***Valeverde,*** am Ende der Estação das Docas, ✆ 91/3212 3388, sowie in der Alcindo Cacela 104, ✆ 91/3218 7333, 💻 www.valeverde turismo.com.br, veranstaltet Stadtrundfahrten (R$40) und Bootstouren bei Sonnenuntergang (R$18) sowie Ausflüge zu den Inseln Mosqueiro und Marajó, die von 7 Std. bis zu mehreren Tagen dauern. (R$80–225). Auf den Booten meistens Folklore-Musik live. Die Agentur ist auch am Flughafen vertreten.
Casa Francesa, Rua Padre Prudêncio 40, ✆ 91/ 3241 0071, in der Neustadt, ist spezialisiert auf Stadtrundfahrten (R$30); auch Geldwechsel.
Happy Travel, Av. Duque de Caixas 311, ✆ 91/ 3266 0761, ✉ happyturismo@interconnect. com.br, führt ebenfalls Nah- und Ferntouren aus, z. B. Marajó und Mosqueiro, und organisiert Aufenthalte auf Fazendas.
Mundial Turismo, Av. Pres. Vargas 780, ✆ 91/ 3223 1981, nahe Praça da República, bietet Budgettravel-Package-Touren nach Ilha de Marajó an.
Laguna Turismo, Rua Boaventura da Silva 1391, Umarizal, ✆ 91/3246 2990, ✉ lagunaturismo@ bol.com.br.

WÄSCHEREI – ***Lav & Lev,*** Trav. Dr. Moraes 576. Chemische Reinigung im Igautemi Shopping.

Nahverkehrsmittel

Stadtbusse verkehren pausenlos bis etwa 23 Uhr. Danach sollte man sich schon aus Gründen der Sicherheit einem Taxi anvertrauen. Die Fahrtziele sind angegeben, wenn auch nicht immer dechiffrierbar. Busse zum Flughafen fahren alle entlang der Av. Hermes vor den Docks (Estação das Docas) vorbei. Zum Busbahnhof fährt jeder Bus nach São Braz entlang der Av. Pres. Vargas.
Taxis: am sichersten sind die etwas teureren, 24 Std. einsatzbereiten von ***Coopertaxi,*** ✆ 91/ 3257 1720, mit Haltepunkten in der City und am Flughafen.

Transport

FLÜGE – ***Aeroporto Val de Cans,*** Av. Júlio César, ✆ 91/3211 6000, rund 12 km vom Stadtzentrum. Tgl. Flüge in die großen Metropolen Brasiliens, außerdem 1x tgl. nach **Paramaribo** (Surinam) über **Cayenne** (Guayana) mit ***Surinam Airways,*** ✆ 91/3210 6282. Direktflug nach **Miami** 1x wöchentl.
Infos zu Starts und Landungen bei ***Infraero,*** ✆ 91/3211 6039, tgl. 24 Std.
Von der Av. Presidente Vargas geht auch Bus Nr. 638 zum Flughafen – kann bis zu 30 Min. dauern, Frequenz unregelmäßig.
Fluggesellschaften: ***Penta,*** Av. Assis Vasconcelos 396, ✆ 91/3222 7777.
Varig, Av. Pres. Vargas 768, ✆ 91/3211 3320/3344.
Tam, Av. Assis de Vasconcelos 265, ✆ 91/3212 2166.
Surinam Airways, Rua Gaspar Viana 488, ✆ 91/ 3212 7144.
Lufttaxis: Kleinflugzeuge, z. B. zur **Insel Marajó,** starten vom Lokalflughafen ***Júlio César,*** 4700 Av. Senador Lemos, ✆ 91/3233 4884, unweit vom Flughafen Val de Cans.

BUSSE – Die zentrale ***Rodoviária,*** ✆ 91/3266 2635, liegt im Viertel São Brás, 3 km westlich der City an der Ausfallstraße Av. Governador Malcher. Zahlreiche Stadtbusse halten hier.
Im Busbahnhof 24 Std.-Gepäckaufbewahrung *(guarda volumes),* Bankautomaten, Telemar mit internationalem Telefon und Internet (R$6/Std.).
Mit AC-Bussen von *Transbrasiliana* nach
Brasília: 3x tgl., 34 Std., R$173,
Rio de Janeiro: tgl. 15 Uhr, 50 Std., R$251; via

Belo Horizonte: 45 Std., R$219,
São Luís: tgl. 20 Uhr, 13 Std., R$75, und
São Paulo: tgl. 10 Uhr, 48 Std., R$246.

BOOTE – ***Terminal Hidroviário,*** Av. Marechal Hermes, am südl. Ende der Av. Visconde de Souza Franca. ⏲ tgl. 5.30–24 Uhr. Nachts ist die Gegend unsicher.
Manaus: *Rodrigues Alves Navegação,* ✆ 91/3212 2424, (relativ neue Boote) Mo, Di, Mi 18 Uhr, 5 Tage/Nächte, mit Hängematte R$220, Kabine R$320; via **Santarém**: 2 1/2 Tage, Hängematte R$140, Kabine R$240.
Bom Jesus, ✆ 91/3225 5559, hat die besten Boote nach
Macapá: 10 Uhr, 24 Std., R$90.
Camará (Ilha de Marajó): *Rodofluvial Banav,* ✆ 91/9961 2203, 3x tgl., So nur 1x, 2 1/2 Std., R$9,50; von dort geht es auf dem Landweg nach Soure und Salvaterra.
Macapá (Hauptstadt von Amapá): *Rodofluvial Banav,* Sa und Mi 10.50 Uhr, etwa 24 Std.
Amazon Star, Rua Henrique Gurjao 236, Reduto, ✆ 91/3241 8624, 💻 www.amazonstar.com.br, bietet Bootsfahrten rund um **Belém** sowie auf die **Papagaieninsel** und die Insel **Marajó**.
Die Preise variieren geringfügig von Schiff zu Schiff und Anzahl der Zwischenstopps. Am besten informiert man sich vor Ort am Kai über die Verbindungen, die bei den vertäuten „Gaio-

las" – „Vogelkäfigen" auf einer Kreidetafel angekündigt sind.

An die Kais gelangt man über Schuppen Nr. 3 am Ende der Av. Vargas oder über den 1. Eingang am Ende der Av. Visconde de D. Franco.

Der Hafen von Belém ist permanent im Umbau – man muss sich vor Ort über die Kais und Abfahrtszeiten informieren. Auskunft auch bei ***Amazon Star***, ✆ 91/3241 8624.

Umgebung von Belém

Ilha dos Papagaios

Wer nur wenige Stunden Zeit hat Amazonasluft zu schnappen, sollte einen Halbtagesausflug auf die Papageieninsel in der Bucht von Guajará machen, rund 10 km von den Kais von Belém entfernt. Hier findet sich sozusagen in der Nussschale das Flussleben der *Caboclos* (Häusler, Kleinbauern) und ihrer Stelzenhäuser am Strom. Touren zur Papageieninsel bieten so gut wie alle Hotels und Agenturen an; ab R$200.

Ilha do Mosqueiro

Die Insel Mosqueiro, 60 km von der Hauptstadt entfernt, ist mit ihren zwei Dutzend Stränden *die* Naherholungszone von Belém. Als die Portugiesen die Insel im 18. Jh. entdeckten, lernten sie die Moqueio-Technik der Indianer kennen, d. h. geräucherten Fisch in Guarumã-Blätter einzuwickeln und damit frisch zu halten. So bekam die Insel ihren Namen.

Von Belém fahren alle 30 Min. Busse auf die Insel (per Brücke mit dem Festland verbunden). Die beliebtesten Strände sind **Chapéu Virado**, **Murubira** und **Farol**. Der Wind von Marajó bläst so stark über den Rio Mosqueiro, dass sich Wellen bis zu einer Höhe von 5 m bilden können – toll für Surfer.

Auf Mosqueiro gibt es genügend Herbergen, etwa das *Hotel Paraíso,* Av. 16 de Novembro 1280, Praia do Chapéu Virado, ✆ 91/3771 1271; kleines Hotel, aber sehr sympathisch. ❷ Oder *Hotel Fazenda Paraíso,* Rua Caruara, Praia do Paraíso (direkt am Strand), ✆ 91/3772 2444, ❷ und *Pousada Em Casa,* Comandante Ernesto 26, ✆ 91/3771 1193, Av. 16 Novembro, Ecke Rua Escoteros. ❶ Camping ist am Strand von Murubira möglich.

Insel Marajó

Die Ilha de Marajó ist mit 50 000 km^2 eine der größten Flussinseln der Welt, sie liegt wie ein Pfropfen vor der Mündung des Amazonas in den Atlantik. Sie ist so groß wie die Schweiz, im Westen mit dichtem Dschungel, im Süden und Osten von Savanne bedeckt und fast menschenleer. Aber das war nicht immer so: Auf Marajó waren einst Indianer zu Hause, deren Ursprünge zwar im Dunkeln liegen, deren Kultur jedoch zahlreiche Zeugnisse hinterließ. Bei der Keramik der Marajó-Indianer z. B. soll es sich um die höchstentwickelte der gesamten präkolumbischen Kunst Brasiliens handeln. Die ältesten Funde stammen aus dem Jahr 1000 v. Chr. Besondere Aufmerksamkeit erregte die Entdeckung von Friedhöfen mit reich verzierten Graburnen und von Fundamenten terrassenförmig angelegter Städte. Manche der gewaltigen Behausungen konnten bis zu zwanzig Familien beherbergen.

Auf dieser riesigen Flussinsel leben 250 000 Menschen in 13 Gemeinden. Der Hauptort der Insel ist Soure. Hier ist die Zeit stehen geblieben, häufige Fortbewegungsmittel sind neben Kanus auch Büffel als Zug- und Reittiere. Der im 19. Jh. aus Südostasien eingeführte Wasserbüffel hat sich bestens angepasst, und die gesamte Landwirtschaft Marajós basiert auf ihm.

Die noch weitgehend unberührte Inselvegetation besteht im westlichen Teil aus **tropischem Regenwald** und im östlichen aus **Grassavannen**, die während der Regenzeit von Januar bis Juni überflutet werden. Während der regenreichen Monate verwandelt sich ein großer Teil der Insel in ein Sumpfgebiet, in dem die „Região dos Campos" mindestens 1 m tief unter Wasser steht. Die wenigen Straßen auf der Insel wurden erhöht angelegt und sind trotzdem während der Regenzeit oft nicht passierbar. Die Flüsse sind sehr fischreich; neben riesigen Wels- und Barscharten gibt es auch Piranhas. Außerdem existieren auf der Insel Tausende von Vogelarten, darunter Reiher, Tukane, Greifvögel und Kuckucksarten sowie Krokodile, Affen, Tapire, Riesenschildkröten und sogar Panther.

Auf der Insel gibt es *Bichos de Pé,* Sandflöhe, die sich in die Fußsohlen bohren. Man sollte also immer Sandalen tragen. Die **Strände** auf Marajó sind meist feinsandig und schlammfrei. Während des Hochwassers vermischen sich hier Süßwasserströ-

Insel Marajó: Große Teile der Insel im Amazonasdelta sind periodisch überschwemmt

me mit dem Salzwasser des Atlantik. Eine Alternative zum Badeurlaub sind „Ferien auf dem Bauernhof" auf einer Fazenda.

DER NORDEN

Soure

Die „Hauptstadt" von Marajó mag 15 000 Seelen zählen, aber man sieht sie nicht, denn der Ort verteilt sich auf viele einzelne Häuschen und Hütten. Mittags ist das Städtchen wie ausgestorben, und wer kann, flüchtet sich in den Schatten der Mangobäume. Im Umkreis von 20 km liegen zahlreiche schöne **Flussstrände,** wie Barra Velha, Araruna oder do Pesqueiro.

Übernachtung

Pousada Residência Alemã, ✆ 91/3741 1234, 8a Rua, 1975, preiswert, einfach und sauber. ❶

Hotel Soure, 3a Rua 1347, ✆ 91/3741 1202, schlichtes Hotel; Zimmer mit Gemeinschaftsbad. ❷

Hotel Asa Branca, 4a Rua, Ecke 12. Trav., ✆ 91/3741 1414 (Handy). Kleines, sauberes Hotel, ansprechende Zimmer mit AC, Bad. Restaurant, das so gut wie immer warme Küche bietet. Gutes Preis-Leistungs-Verhältnis. ❸

Paracauary Eco Resort, Av. Prado 6 im Barrio Novo, ✆ 91/3741 1122, 🖳 www.paracauary.com.br, liegt sehr hübsch am Fluss. 6 Zimmer; Fahrradverleih. ❸

Hotel Ilha do Marajó, ✆ 91/3741 1315, 2a Trav. 1150. Das erste Haus am Platze, etwas abseits an der Mündung des Rio Paracauari in die Bucht von Marajó. 36 Zimmer mit allem Komfort. Pool. Reservierung unter ✆ 91/4006 3850 in Belém, 🖳 www.iaraturismo.com.br. ❹

LANDHOTELS — ***Fazenda Sanjo,*** 35 km von Soure, 50 Min. mit dem Außenborder, ist eine Bufallo-Ranch mit 6 Gästezimmern (max. 20 Pers.), ✆ 91/3228 1385, ✉ contato@sanjo.tur.br, 🖳 www.sanjo.tur.br. ❸

Fazenda Camburupy, 30 km von Soure, ✆ 91/3741 1361, ✉ fazendacamburupy@yhoo.com.br, 🖳 www.marajo.tur.br, ideal für Pferdeliebhaber, eigener Strand, max. 12 Pers. in den 4 Gästezimmern. ❸

Fazenda São Jerônimo, verfügt über 5 Suiten (AC, Frigobar), freien Internetzugang und über Senhor Brito, den freundlichen Patron, ✆ 91/3741 2093, 🖳 www.fazendasaojeronimo.hpg.ig.com.br. ❸

Essen

Die Restaurants auf Marajó sind von der schlichten, rustikalen Art. Fischgerichte neben Fleischküche auf der Basis von Bufallo (kein Geschmacksunterschied zum Normalrind).
Delícias da Nalva, 4a Rua, zwischen Trav. 20 und 21; Hausmannskost.
Tombodo Jutaí, 5a Rua, Spezialität: *Caldo do turu* (Muschelsuppe) und *Frito do vaqueiro* (Trockenfleisch).

Sonstiges

AUSFLUG – Empfehlenswerter Ausflug zur **Praia de Araruna**, umgeben von Mangrovenwäldern; besonders eindrucksvoll gegen Abend, wenn die Reiher zu den Nachtbäumen zurückkehren.

FAHRRADVERLEIH – ***„Bimba"***, 4a Rua, 50 m neben der Telemar-Agentur.

GELD – ***Banco do Brasil*** mit Visa/Mastercard-Automat am Marktplatz.

REISEBÜRO – ***Travel-in,*** ✆ 91/3252 4717, führt eine Reihe ökologischer Exkursionen durch.

TELEFON – Internationales Telefon bei ***Telemar,*** 4a Rua 835, hinter Banco do Brasil.

Transport

FLÜGE – *TACA* fliegt tgl. um 7 Uhr mit nur 5 Plätzen ab Aeroporto Júlio César (neben dem großen Flughafen Val de Cans) nach **Marajó**. Passage einfach R$70.

BOOTE – Jeden Morgen zwischen 6 und 7 Uhr legt in Belém ein Boot nach **Marajó** ab. Die Überfahrt dauert etwa 3 Std. und kostet R$7. Das Schiff legt im Hafen von Camará auf Marajó an, von dort geht es per Minibus etwa 1/2 Std. (27 km) weiter über Salvaterra und eine Flussfähre nach **Soure**. Buchung/Information: ***Enasa,*** ✆ 91/3249 3400.
Ab Icoaraci, dem Vorort von Belém, geht es noch schneller: die **Autofähre** braucht nur 2 Std. bis **Camará**. Sie legt um 6.30 Uhr ab und kehrt am gleichen Tag um 16 Uhr zurück.

Die Atlantikküste

Bragança

Bragança (ca. 100 000 Einw.), befindet sich 208 km östlich von Belém am Rio Caeté, der rund 30 km nördlich in den Atlantik mündet. Die hübsche **Kolonialstadt** liegt im Dornröschenschlaf und wird nur im Dezember beim Marujada-Festival wachgeküsst.

Bragança ist eine der ältesten Städte Parás, sie wurde 1622 gegründet. Mit der Plantagenwirtschaft wuchs die Stadt als regionales Zentrum heran; das pinkfarbene Rathaus und die Kirche São Benedito, die von Sklaven erbaut und deren Heiligen gewidmet war, zeugen noch davon. Die feinsandigen Strände in der Entfernung von rund 20 km gelten als die schönsten von Pará.

Übernachtung und Essen

Bragança Palace Hotel, Trav. João XXIII, 102, ✆ 91/3425 221. Leicht verstaubter Kasten, aber preiswert. ❶
Solar do Caeté, Av. Visconde do Rio Branco, 2096, ✆ 91/3425 1780, freundlich und sauber. ❶
Restaurante Tropicália, Rua João XXIII, 250, Reis und Bohnen mit *Bife*.
Restaurante Marisco, Praça 1° de Outubro; Fischsuppe und Krebse.
Churrascaria Talismã, Rua Henrique Dácia; Selbstbedienungsgrill.

Transport

BUSSE – Bragança ist in etwa 4 Std. mit dem Bus über die BR 31 und die PA 458 zu erreichen. Die Buslinie *Boa Esperança* bedient die Strecke; einfache Fahrt R$11. Eine Alternative besteht darin, mit Van/Mikrobus zu fahren: das Angebot ist relativ groß (3–4x tgl.). Alle 10 Min. gehen Busse oder irgendein Transportmittel ab Rodoviária **Belém**.

Insel Algodoal

Algodoal verfügt über hervorragende Strände, z. B. die **Praia Princesa**; erreichbar bei Ebbe vom Dorf aus. Dort gibt es zahlreiche Strandkneipen, Dünen und einen Leuchtturm. Die übrigen Strände, z. B. Fortalezinha und Mococa, zeichnen sich durch mehr Ruhe aus.

Übernachtung und Essen

Breites Angebot an Pousadas, etwa:
Jardim do Eden, Praia do Farol, ✆ 91/9967 9010, 🖳 www.algodoal-amazon-turism.com, ✉ jardimdoeden@hotmail.com, bezeichnet sich als „ökologisches Paradies" und veranstaltet Ausflüge. Die beiden Bungalows sind in „gotischem Stil" gehalten, sonst einfache Zimmer und Hängemattenunterkunft. ❸
Cristo, ✆ 91/3854 1336, Av. Magalhães Barata. ❶
Chalé da Ilha, ✆ 91/3854 1130, in der Rua Bertoldo Costa, Strandnähe. ❷
Neben rund 20 weiteren einfachen Pousadas verfügt Algodoal auch über das
Hotel Bela Mar, ✆ 91/9967 9023 (Handy), nahe Anlegestelle. Dort kostet die „diária" im DZ R$60, hübsches Gärtchen, nur ein paar Meter zum Strand. ❷
Lua Cheia und ***Mata Broca*** sind zwei der typischen Strandlokale, wo in erster Linie einfache Fischgerichte serviert werden.

Transport

BUSSE – Von **Belém** aus mit *Rapido Excelsior*, ✆ 91/3246 3636, Fahrtziel: Marudá, 5x tgl., bis zu 4 Std.

BOOTE – Die Insel erreicht man von **Marapanim / Marudá** in knapp 1 Std. per Boot.

Salinópolis

Salinópolís oder kurz: Salinas, ist eine Gemeinde von 34 000 Einw., deren Zahl sich in der „Saison" im Juli und zum Jahreswechsel glatt verdoppeln kann. Denn die Stadt ist als *das* **Strandresort** in Pará in Mode gekommen, obgleich es 210 km weit von Belém entfernt liegt. Die Hinreise verläuft über die BR 316 rund 140 km nach Osten und dann ab Capanema über die PA 324 nach Norden.

Wie der Name schon andeutet, sind es die **Salinen**, die die Jesuiten nach der Gründung 1781 einrichteten, die der Stadt den Namen gaben. Einige von ihnen sind noch heute in Betrieb. Die große Attraktion von Salinópolis aber sind die geradezu endlosen feinsandigen Strände, die flach in den Atlantik hineinlaufen.

Ihrer geselligen Natur entsprechend, ballen sich die Brasilianer v. a. am Wochenende unter gehöriger Geräuschentfaltung an einigen wenigen Punkten der Salinas-Strände zusammen. Dazu zählt in erster Linie die **Praia Farol Velho** und die **Macarico-Promenade**, sowie die **Praia Atalaia** (20 km Ausdehnung). Eine besondere Attraktion ist die „**Coca Cola Lagune**", ein artesischer See in den Dünen, der sich mit dunklem, aber sauberen Grundwasser gefüllt hat.

Übernachtung

Breites Angebot an Pensionen und Hotels, vom Einfachquartier bis zur Komfortklasse.
Amazonia Atlântico Resort, (früher *Gringo Louco)*, Rua do Castello 200, ✆ 91/3859 3063, Cuiarana, ❸,
Hotel Atalaia Inn, ✆ 91/3824 1122, Rua Caminho das Dunas, Praia do Atalaia, ❸,
Valerry Dreams, ✆ 91/3423 2550, Loteamento do Atalaia 15, Quadra 23, ❸ und
Privê do Atalaia, ✆ 91/3230 4188 und 3464 1210, Estrado Atalaia 10, mit Meerblick, sind alle Mittelklassehotels. ❸
Pousada Joana D 'Arc, ✆ 91/3823 1422, Rua João Pessoa 555. ❶
Hotel Pousada Mar e Onda, ✆ 91/3423 3045, Rua João Pessoa, an der Praia do Maçarico. ❷
Hotel Solar, Av. Atlântica, an der Uferpromenade, ✆ 91/3423 1823, schöne große Zimmer, AC, Frigobar, Restaurant, sehr angenehm. ❸

Essen

Bife de Ouro, Av. Miguel Santa Erigida 376, gibt sich fein und international mit Wiener Schnitzel.
Restaurante do Nicolau, Av. Almirante Barroso 549, Meeresfrüchte frisch vom Fang.
Barracas, Praia de Atalaia – super gegrillter Fisch!
Panela de Barro, Rua João Pessoa 272; Hausmannskost.
Cantina Italiana, Praça da Matriz, Pizza & Co.
Churrascaria Tucuruvi, Orla do Maçarico; Selbstbedienungsgrill.
Im Restaurant der ***Pousada do Atlântico***, ✆ 91/3385 9306, s. o., serviert man Krabbensuppe und alle Arten von Meeresfrüchten.

Transport

BUSSE – Ständig fahren Mikrobusse/Vans von der Rodoviária in **Belém** nach Salinópolis, das auch über einen Flugplatz für Lufttaxis verfügt. Linienbusse von *Boa Esperança* fahren im Juli und am Jahresende in halbstündigen Abständen, ansonsten tgl. um 6.30, 8, 11, 13, 15.45, 17 und 18 Uhr, einfache Fahrt R$11, Dauer 4 Std.

Das Tocantins-Tal

Cametá

150 km den Rio Tocantins flussaufwärts, südwestlich von Belém liegt diese verträumte Provinzstadt (42 000 Einw.), die sich durch Honoratioren im 19. Jh. und dem **Karneval** (Tiermasken) von heute einen regional bekannten Namen gemacht hat. Wer für sich für zwei, drei Tage ausklinken will, für den wäre das eine Option. Cametá ist nur per Schiff zu erreichen.

Übernachtung und Essen

Alle Hotels liegen im Ortszentrum und sind von der schlichten Art.

Imperador, ✆ 91/3781 1835, Rua 13 de Maio 3294. ❶

Aricurá, ✆ 91/3781 1073, gleiche Adresse. ❶

Santo António, ✆ 91/37811254, Rua São João Batista 309. ❶

In allen Restaurants die übliche Hausmannskost mit Reis und Bohnen plus *Bife* oder frittiertem Fisch:

La Duarte, Rua Cel. Raimundo Leão 769, Centro.

Dois Irmãos, Tv. Angelo Corrêa, Centro.

Jaciely, Rua Angelo Corrêa 364, Centro.

Transport

BOOTE – Von **Belém** nach Cametá mit der „Gaiola" (dem typischen Doppeldecker Amazoniens) „Rodrigues Alves" ab Porto Palmeiras, Cidade Velha, Di und Fr um 19 Uhr, in Gegenrichtung ab Cametá am Do und So, ebenfalls 19 Uhr. Die Einfachpassage kostet R$18 (in Hängematte), R$30 mit Pritsche. Ein weiteres Boot ist die „Padre Cícero", die ab Porto Brilhante, Cidade Velha, am Mo und Mi ablegt und Di bzw. Do zurückkehrt; gleiche Zeiten/Preise. Die Fahrt dauert jeweils 8–12 Std., ist also ein schaukelnder Ersatz für eine Hotelnacht auf festem Boden.

Marabá

Marabá bemüht sich, den Ruf einer Wildwest- und **Goldgräberstadt** loszuwerden; ob das gelingt, bleibt offen. Jedenfalls explodiert die Stadt nicht mehr wie in den 80er Jahren, als sie das Mekka der „Garimpeiros" (Goldsucher) und Abenteurer war. Heute ist Marabá (170 000 Einw.) ein wichtiger Verkehrsknotenpunkt, hier kreuzen sich die Nord-Süd-Achse (Pa 150) und die Transamazônica (BR 230), und hier ist der logistische Angelhaken für die Serra Pelada (weitgehend erloschenes Eldorado), die Sierra de Carajas (im Westen liegt dort die größte Erzmine der Welt) und die Erzbahn, die durch Marabá an die Küste führt. Und schließlich ist die Stadt auch das Nachschublager für die Agroindustrie, die nach wie vor die Restbestände der Regenwälder im östlichen Pará niedermäht, zugunsten von Viehweiden und Sojaplantagen.

Marabá hat nicht nur den Goldrausch und die Brandrodung durchgemacht, es hatte bereits seit seiner Gründung Anfang des 20. Jhs. an der Mündung des Rio Itacaúnas in den Rio Tocantins zwei Booms erlebt: den Kautschuk-Boom und die Ausbeutung der Paranuss-Bäume in den 20er Jahren des vergangenen Jahrhunderts.

Zurückgeblieben ist von den Träumen vom schnellen Reichtum so gut wie nichts. Die „Altstadt", Marabá Pioneira, wird regelmäßig im Dezember überschwemmt, die neuen Viertel Nova Marabá und Cidade Nova auf den Hochufern des Rio Itacaúnas bleiben verschont. Den größten Charme entwickelt Marabá an der **Uferpromenade** zum Rio Tocantins, und das bedeutendste Bauwerk der Stadt ist ohne Zweifel die 1984 erbaute Straßen-/Eisenbahnbrücke von 2,3 km Länge über den Strom, die Marabá mit dem 556 km entfernten Belém im Norden verbindet.

Übernachtung

Káritas Hotel, ✆ 94/3321 1751, Tv. Do Hospital 470, und

Hildas Hotel, ✆ 94/3321 1836, Av. António Mala 882, zentrumsnah, sind eher billige Absteigen. ❶
Delta Clube Hotel, Praça Cónego Liguei 185, Centro, ✆ 94/3425 591. 25 Zimmer, AC, und ***Solar do Catete,*** Av. Visconde do Rio Branco 2096, Centro, ✆ 94/3251 780, 13 Zimmer, sind kleine Stadthotels mit Mindestkomfort. ❶
Del Príncipe, Av. Mal. Rondon 91, Amapá, ✆ 94/3324 1175, 37 Zimmer mit AC; Pool, Restaurant. Das komfortable Hotel liegt jenseits des Rio Itacaúnas in der Nähe zum Flughafen, aber in ruhiger Lage. ❸
Itacaúnas, Folha 30, Quadra 14, Lote I, Nova Marabá, KM 7, ✆ 94/3322 1715, 45 Zimmer, ruhiges Mittelklasse-Hotel, nicht weit vom Flughafen; Restaurant, Pool. ❸
Hotel Vale do Tocantins, ✆ 94/3322 2323, Folha 29, Quadra Especial, Lote 01, Nova Marabá; mit 105 Zimmern das größte Hotel in Marabá, liegt aber ungünstig in der Neustadt, rund 5 km vom Zentrum. ❸

Essen

Bambu, Trav. Pedro Carneiro 433, Cidade Nova. ✆ 94/3324 1290. Hauptsächlich Fisch, aber auch *Bife*. Liegt in der Neustadt.
Kotokubi, Av. Tocantins 746, Novo Horizonte. Ein Japaner mit leckerem Sashimi von Flussfischen.
Restaurante e Cervejaria Tucunaré, Av. Marechal Teodoro am Kai, Centro; Reis und Bohnen. Flussblick.
Restaurante Flutuante Skala, Av. Marechal Teodoro am Kai – der Ponton-Imbiss schließt bei Niedrigwasser.

Sonstiges

GELD – ***Banco do Brasil,*** ✆ 94/3425 209; ***Banco do Amazonas,*** ✆ 94/3425 2001; ***Caixa Econômica Federal,*** ✆ 94/3425 2217.

MEDIZINISCHE HILFE – **Städt. Hospital**, Trav. Aureliano Coelho 25, Centro, ✆ 94/3425 2162.

Transport

FLÜGE – Mit dem Flieger dauert die Reise von **Belém** nach Marabá bloß 1 Std. *TAM* fliegt ab Belém tgl. zum Preis von R$295 (einfach). *Varig/Rio Sul* fliegt Mo und Fr vormittags. Der Preis ist in etwa gleich. Die Flüge gehen ab Aeroporto Internacional de Belém.

BUSSE – ***Rodoviária,*** Praça Augusto Montenegro, ✆ 94/3425 1263. Tgl. Verbindung nach **Belém** (12 Std., R$30) und nach **Altamira** (mind. 24 Std.), sowie nach **Acailandia / Imperatriz** und von dort nach **Brasília** – ca. 48 Std.

EISENBAHN – Ein besonderes Abenteuer ist es, mit der Eisenbahn nach **Marabá** bzw. weiter in die Eisenerzstadt **Paraupebas** zu fahren, und zwar von São Luís aus. Die Gesamtdistanz von der Mine Grande Carajás bei Paraupebas bis an die Küste beträgt 800 km, der Trip dauert 16 Std. **Ab São Luís** Mo, Do und Sa um 8 Uhr, **ab Marabá** Di, Fr und So ebenfalls um 8 Uhr. Der Zug hält auf der Strecke auch in **Santa Inés** und in **Acailandia**. Eine Fahrt kostet je nach Wagenklasse R$8–32.

Unterer Amazonas

Óbidos

Die brasilianische Schwesterstadt der gleichnamigen portugiesischen Perle des Barocks kann nicht ganz mit einem solch geschlossenen Ensemble aufwarten, aber historische Substanz hat der Ort (45 000 Einw.) sehr wohl. Die Existenz der Stadt ist naturbedingt: an dieser Stelle liegt die **„Taille" des Amazonas**, wo sich der Hauptstrom auf 1,8 km verengt und entsprechend tief in die Sedimentterrassen eingräbt, nämlich bis zu 100 m. Was bedeutet, dass die Tiefenwasser des Stromes hier teilweise unter Meereshöhe strömen – und zwar mit deutlich erhöhter Geschwindigkeit.

Dies ist wahrscheinlich die einzige Stelle am mittleren Amazonas, wo man den Strom überblicken bzw. kontrollieren kann. Und so ist es kein Wunder, dass der Portugiese Pedro Texeira bereits 1637 vorschlug, hier ein Fort zu errichten, was auch 60 Jahre später geschah: Fort Pauxis (der Name eines Indianervolkes) ward errichtet und sogleich Zoll auf alle Waren erhoben. Zur Erinnerung an die alte Heimat wurde der Ort dann hundert Jahre später Óbidos getauft. Die Stadt prosperierte mit Kautschuk- und Kakao-Plantagen und später mit dem Anbau von Jute. Die „Wächterin über den Amazonas", **die aristokratische unter den Amazonasstädten** und Bischofssitz, ist aber Anfang des 20. Jhs. in den Dornröschenschlaf gefallen – was für den Besucher den Vorteil hat, in eine Stadt zu kommen, die mit ihren Bauten eine fast unverstellte historische Kulisse abgibt, wie sie sonst in Amazonien nicht mehr existiert.

Reisezeit am besten natürlich Juli bis November in der relativ trockenen Periode; aber der Karneval von Óbidos lohnt auch einen Besuch, denn da geht es noch ländlich sittlich und authentisch zu.

Übernachtung und Essen

Hotel Braz Bello, R. Marcos Rodrigues de Souza 86, ✆ 93/3547 1411, R$40 mit Frühstück (ausreichend) oder ohne R$30. ❶
Pousada Brasil, Av. Dr. Corrêa Pinto, ✆ 93/3547 1668, sauber. ❶
Pousada Paraíso, R. D. Pedro I, ✆ 93/3547 1117, hat auch zwei Zimmer für vier Pers. ❶
Terraço Bundeira Branca, Rua Picanço Diniz 609;
Peixaria Curió, R. António Brito de Souza, spezialisiert auf Fisch, und
Bar e Restaurante Altas Horas, Trav. Lauro Sodré, sind die üblichen Kantinen, in denen man den Hunger stillen kann.

Transport

FLÜGE – Óbidos kann per Lufttaxi von **Santarém** aus erreicht werden. Hin und zurück bei drei Plätzen rund R$850, bei fünf R$800, Flugdauer etwa 1 Std.

BOOTE – Von **Belém** aus dauert die Schiffsreise rund vier Tage. Mit Hängematte kostet das etwa R$120 inkl. Bordverpflegung. Alle Gesellschaften, die die Strecke Belém–Manaus bedienen, legen auch in Óbidos an. Abfahrt Belém tgl. bei Sonnenuntergang (18 Uhr), Ankunft Óbidos meist vor Mitternacht.

Santarém

Auf halber Strecke nach Manaus erreicht man die Mündung des Rio Tapajós, der sich hier mit seinem fast grünlichen Klarwasser breit wie ein See in die lehmgelben Fluten des Amazonas ergießt. An dieser Stelle liegt Santarém, Brasiliens **drittgrößte Amazonasstadt** mit mehr als 260 000 Einw.

Das Tapajós-Gebiet wurde bereits vor 8000 Jahren intensiv besiedelt. Zeugen dieser noch weithin unbekannten Hochkultur sind die wenigen Töpferwaren und Amulette, die man gefunden hat. Waren die Vorfahren der Tupaius-Indianer am Ende die „Amazonen", die Orellana gesehen haben will?

Mitte des 17. Jhs. ließen sich hier Jesuiten nieder, und 1697 errichtete man zu ihrem Schutz ein Fort (Fortaleza Tapajós), um das herum sich eine Siedlung entwickelte, die 1848 schließlich ihren heutigen Namen erhielt. Santarém ist trotz seines Wachstums ein charmantes Amazonasstädtchen geblieben, zu dessen Sehenswürdigkeiten eine **Kathedrale** aus dem 19. Jh. (Nossa Senhora da Conceição) und einige kachelgeschmückte Häuser („Solare") an der Hauptstraße zählen. Das Leben spielt sich an der teils durch Mango-Bäume beschatteten Uferpromenade ab. Hier („Cais do arrimo") legen die Boote im „Nahverkehr" an und ab. Der Einschiffungspunkt für den Langstreckenverkehr liegt aber 4 km außerhalb des Zentrums flussaufwärts am Ende der Av. Cuiabá: Porto Docas do Pará.

Santarém verkörpert besser als der Moloch Manaus oder das umtriebige Belém die Trägheit des Lebens am Amazonas. Trotz der schwülen Hitze sollte man aber Exkursionen nicht scheuen und sich keinesfalls das Schauspiel vom **Zusammenfluss** der beiden Ströme Amazonas und **Tapajós** entgehen lassen. Bei Ausflügen in den Tapajós hinein kommt man zwangsläufig am Zusammenfluss vorbei – man kann aber auch von der Dachetage des Yamada Belvedere Building neben der Kathedrale einen Blick darauf werfen. Das kleine Zentrum der Stadt liegt zwischen Rio Amazonas und Avenida Rui Barbosa.

Das ***Centro Cultural Joao Fona*** an der Praça Barao de Santarém im Zentrum ist im alten Gefängnis und Rathaus untergebracht und zeigt eine Sammlung von Einrichtungsgegenständen und Tapajós-Keramik. ⌚ Mo–Fr 8–12 und 14–18 Uhr.

Übernachtung

Hotel Brasil, Trav. dos Mártires 30, ✆ 93/3523 5177, um die Ecke von der Praça da Matriz die Rua Senador Lameira Bittencourt hinunter. Alter Kasten mit hohen Zimmerdecken, Parkett und Ventilator, nur zwei der Zimmer mit AC. Dafür von den oberen Zimmern hübscher Blick über die Stadt. Manche Räume sind nur durch Stellwände voneinander abgetrennt. Gemeinschaftsbad. ❶

Alvorada Hotel, Rua Senador Lameira Bittencourt 179, ✆ 93/3522 5340. Familienhotel mit Blick über die Praça do Pescador, Zimmer mit Ventilator, Gemeinschaftsbad. ❶

Central Hotel, Av. Tapajós 208, ✆ 93/3522 4920, an der Uferpromenade zwischen Trav. 1 de Agosto und Trav. 15 de Novembro. Die Zimmer nach vorn heraus sind die besten – von den kleinen Balkons schöner Blick über die Uferpromenade. DZ mit Ventilator oder AC (teurer). ❶

Equatorial Hotel, Trav. Silvino Pinto 14, ✆ 93/3522 1135, Höhe Rua Rui Barbosa. Um die Ecke vom Hotel hält der Bus nach Alter do Chão. Die Fensterläden sind mit Flaggen bemalt, aber international ist das Hotel nicht; eher schlicht. Bad auf dem Flur. DZ mit Ventilator R$20; mit TV und Fenster R$25; mit AC und Frigobar R$45. ❶

Rio Dourado Hotel, Rua Floriano Peixoto 799, ✆ 93/3523 2174, hinter dem Mercado Municipal. Modernes Hotel mit großen Zimmern, Bad, AC, TV, Frigobar; die im Obergeschoss mit hübscher Aussicht. Kostenloser Flughafentransfer. ❷

New City Hotel, Trav. Francisco Corrêa 200, ✆ 93/3522 2351. Ein wenig plüschig; sauber, preiswert. Alle Zimmer mit AC, TV, Frigobar, aber ohne Bad. Airport-Transfer kostenlos. ❷

Brasil Grande Hotel, Trav. 15 de Agosto 213, ✆ 93/3522 5660, zwischen Rua Floriano Peixoto und Rua Galdino Veloso. Etwas finstere Lobby, dafür sind die Zimmer hell und freundlich. Alle haben AC, TV, Frigobar und Bad. Ordentliches Restaurant im Oberstock. ❷

Amazon Park Hotel, Av. Mendonça Furtado 4120, ✆ 93/3523 2800, mit dem Taxi R$8 vom Zentrum im Viertel Liberdade. Monumentaler Betonklotz der 5-Sterne-Klasse. Entsprechender Standard der 122 Zimmer; Restaurants, Pool, Balkone etc. Von der Stadt bekommt man hier nichts mit, aber dafür liegt der Kasten näher zum Airport und relativ nahe zu den Docks. ❹

Essen

Neben Bordsteinbars und Imbissständen eine ganze Palette von relativ guten Restaurants, viele davon auf Fisch spezialisiert. Überwiegend aber brauchbare Kilo-Buffet-Lokale.

Piracatú, Av. Mendonça Furtado 174. Zu Fuß vom Zentrum ein paar Min., die Rui Barbosa entlang zwei Blocks zur Praça São Sebastião. Hat die beste Fischküche im Umkreis von 100 km. Hier bekommt man auch Frikassee vom Riesenfisch Pirarucú. Portionen reichen für zwei Pers. ◷ tgl. 8–14 Uhr.

Restaurante Mascote, Praça do Pescador 10. Der Klassiker in Santarém seit 50 Jahren. Innen mit AC, sonst Tische auf der Praça do Pescador. Neben Hausmannskost auch Fischgerichte. Gegrillter Fisch mit Shrimps und Kapernsoße für nur R$17 reicht für zwei Pers. ◷ tgl. l0–14.30 und 17–1 Uhr.

Restaurante Mistura Brasileira, Av. Tapajós 23, bei der Trav. 15 de Novembro. Immer voll, nahe Uferpromenade, *der* Ort zum Mittagessen. Preiswert. ◷ tgl. 11–14 Uhr.

Restaurante Regional Toka do Pagode, Rua Siqueira Campos 164, Ecke Trav. Francisco Corrêa, ein Block neben Restaurant Mascote. Sehr populär wegen des unschlagbaren Buffet-Preises von R$12/kg, dazu Churrasco plus ein Hof, der von Ventilatoren bestrichen wird.

Brasil Grande Hotel Restaurante, Trav. 15 de Agosto 213, im 3. Stock des Hotels; schöne Aussicht über die Stadt. Zum Lunch Buffet und Rodizio für R$5,50 bzw. 7 für Dinner à la carte, Spezialität Tucunaré a Maestro.

Sonstiges

GELD – Câmbio bei ***Ourominas,*** Trav. dos Mártires 198.

Geldautomaten bei ***HSBC,*** Rua Floriano Peixoto 743.

Bradesco, Av. Rui Barbosa 756.

Banco do Brasil, Av. Rui Barbosa 794.

INFORMATIONEN – Kein offizielles Büro vorhanden, dafür einige Reisebüros, die Informationen

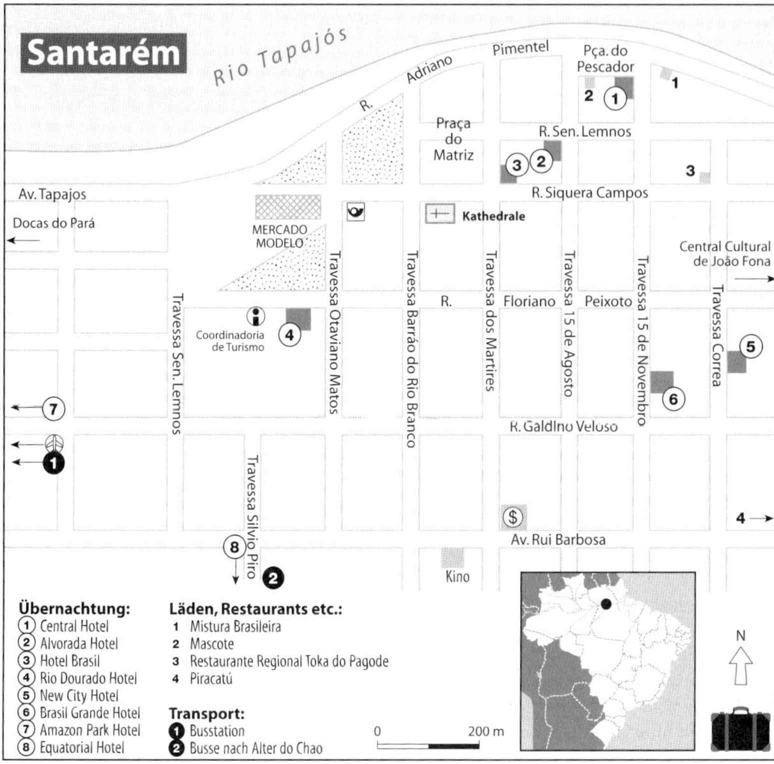

haben. Man kann es auch bei der ***Coordenadoria de Turismo da Prefeitura,*** Rua Floriano Peixoto 777, ✆ 93/3523 2434, versuchen. Die Öffnungszeiten sind Zufall.

INTERNET – ***Cyber Café Orla,*** Av. Tapajós 418, ✆ 93/3523 0023, R$1,50/30 Min.
Amazon.net, Av. Mendonça Furtado 1120, ✆ 93/3523 3223, R$3/Std.

MÄRKTE – Santarém hat genau genommen zwei Märkte an seiner Uferpartie. Einmal der **Mercado Municipal e Modelo,** 200 m links von der Praça da Matriz, mit Haushaltswaren, Reiseutensilien und Anglerausrüstung.
Mercado 2000, rund 1 km weiter auf der Av. Tapajós Richtung Docks mit Fisch, Fleisch und Früchten. Auch Buden mit Handwerksarbeiten.

MEDIZINISCHE HILFE – ***Hospital Imaculada Conceição,*** Trav. 7 de Setembro 611, ✆ 93/3522 5051.

POLÍCIA MILITAR – ✆ 93/3533 2477, Praça Rodrigues dos Santos gegenüber der Post.

POST – Praça da Bandeira 801, ✆ 93/3523 1178.

TELEFON – ***TeleTrin,*** Rua Siqueira Campos 511, gegenüber Praça Rodrigues dos Santos. ◷ Mo–Fr 7.30–18, Sa 7.30–14 Uhr.

REISEBÜROS – ***Santarém Tur,*** Rua Adriano Pimentel 44, ✆ 93/3522 4877, 💻 www.santarem tur.com.br, eine Ecke vom Restaurante Mascote an der Uferpromenade. Sehr hilfreich, bietet auch Touren in und um Santarém an.

Amazon Tours, Trav. Turiano Meira 1084, ✆ 93/3522 2620 und 9122 0299, 💻 www.amazonriver.com, sieben Häuserblocks die Av. Rui Barbosa hoch. Gehört dem Amerikaner Steve Alexander. Seine Agentur bietet eine Fülle an Tages- und Mehrtagesausflügen in die Umgebung an. Sprachkundige Führer vorhanden – die Tagessätze sind allerdings mit umgerechnet US$100 nicht billig.

WÄSCHEREI – ***Lavanderia Storil,*** Trav. Turiano Meira 167, im 2. Stock der Einkaufsmeile Planet Árcade. R$5/kg.

Transport

FLÜGE – ***Aeroporto Santarém,*** Estrada Eduardo Gomes, ✆ 93/3522 4328, rund 13 km außerhalb.
Flughafentransport: Taxis in die Stadt R$35. Busse mit dem Hinweis „Aeroporto" fahren zum Flughafen ab Santarém Palace Hotel um 6.30 Uhr, und stdl. 9.30–17.30 Uhr. Bus mit Hinweis „Aeroporto V. Cuiabá" macht große Umwege. Busse vom Flughafen tgl. zur vollen Stunde zwischen 5 und 21 Uhr in die City. Die Hotels New City, Rio Dourado und Amazon Park unterhalten einen eigenen Zubringer.
Santarém wird von den Regionallinien ab **Belém** oder **Manaus** tgl. angeflogen, *Varig/TAM* fliegen 2x tgl., Flugzeit jeweils etwa 1 1/2 Std. Gepäckaufbewahrung auf dem Flugplatz.
Fluggesellschaften: ***Meta,*** Av. Rui Barbosa 528, ✆ 93/3522 6221.
Penta, Trav. 15 de Novembro 183, ✆ 93/3523 2220.
Rico, Trav. Floriano Peixoto 556, ✆ 93/3523 3997.
TAM, Av. Mendonça Furtado 913, ✆ 93/3523 9450.
Tavaj, Trav. Otaviano de Matos 95, ✆ 93/3522 7666.
Varig, Av. Rui Barbosa 790, ✆ 93/3523 2488.

BUSSE – ***Terminal Rodoviário Dr. Jonathas de Almeida e Silva,*** ✆ 93/3522 1342, Av. Cuiabá, 3 km außerhalb. Zufahrt mit Bus „Rotagem" (R$1), der an der Ecke vor dem Bahnhof stoppt. Taxi R$8. Busse nach
Itaituba: 8 Std., R$30, unregelmäßig. Bis Rurópolis Presidente Medici (an der Transamazônica) Piste leidlich – auf dieser (etwa nach Altamira) in der Regenzeit kein Transport möglich.
Cuibá: *Expresso Maringá,* ✆ 93/3522 5227, mind. 48 Std.; R$202; Linie März–Juni unterbrochen.

BOOTE – Der Hafen von Santarém, ***Docas do Pará,*** liegt am Ende der Av. Cuiabá, rund 8 km außerhalb des Zentrums stromaufwärts. ✆ 93/3522 1727. Orientierungspunkt: der Cargill-Speicher. Busse mit Ziel „Orla Fluvial" oder „Orla via Museu" fahren ab Uferpromenade hin. Taxi R$6. Boote nach
Manaus über **Parintins:** etwa zwei Tage/Nächte, (Hängematte) R$40.
Belém: Mi–So mittags, 48 Std., R$100–120.
Manaus: Mi–So nachmittags, 48–56 Std., R$100.
Macapá: seltener, 40 Std.
Itaituba: tgl., 12 Std.
Schiffspassagen in den Büros der Reedereien an den Docas:
Agência Tarcísio Lopes, ✆ 93/3522 2034,
Agência P.C. Almeida, ✆ 93/3523 0547.
Hier gibt es auch Passagen für das **Speedboat** *Lancha Ajato 2001* nach **Manaus:** Mi und Sa 7 Uhr, 14 Std., R$140; via **Parintins:** 6 Std.; R$70.

Vila Alter do Chão

Der bukolische Ort liegt 32 km von Santarém aus flussaufwärts am Rio Tapajós – und es gibt wohl keine andere Stelle in Amazonien, die durch ihre Schönheit alle Besucher entzückt, weil die türkisfarbenen Klarwasser des Tapajós hier zahlreiche **Inseln**, **Sandbänke** und **Strände** bilden, die namentlich bei Niedrigwasser (März–Sep) regelrechte natürliche Spaßbäder in der Flussmitte schaffen. Entsprechend hoch ist der Andrang im Ferienmonat Juli oder in der ersten Septemberhälfte zum Cairé-Fest. Alter do Chão gegenüber liegt die Praia do Cajueiro, ebenfalls sehr populär. Wenn das Wetter schlecht ist, wäre ein Besuch angesagt im **Centro de Preservação de Arte Indígena**: 1700 Stücke von 57 Indianervölkern aus Amazonien und Mato Grosso. Rua Dom Macedo Costa, ✆ 93/3527 1110, 🕒 Mo–Fr 8–18 Uhr.

Man sollte Alter do Chão mit dem Boot ansteuern (3 Std.), nicht über die Straße. Es gibt allerdings regelmäßige Vorortbusse ab Mercado Modelo – 1 Std. Fahrzeit.

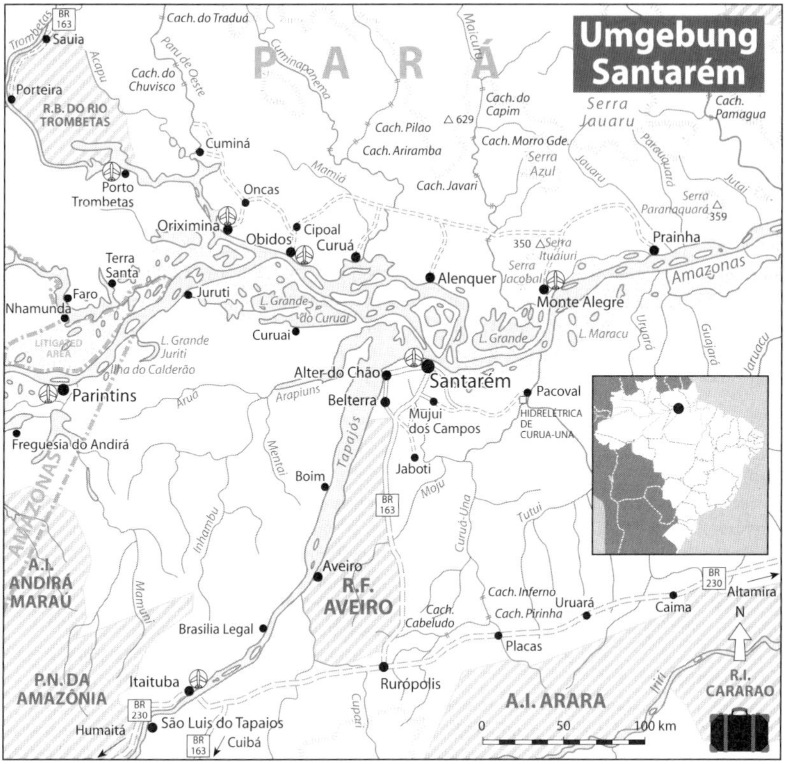

Übernachtung und Essen

Die ***Pousadas Cunha Borari***, Trav. António Alves, ✆ 93/3527 1216, ❷

Pousada Mingote, Trav. António Agostinho Lobato, ✆ 93/3527 1198, ❷ und

Pousada Tia Marilda, Trav. António Agostinho Lobato, ✆ 93/3527 1144, sind in Standard und Preis ähnlich. ❷

Pousada Alter do Chão, ✆ 93/3527 1215, Rua Lauro Sodré 74, auch Restaurant mit wundervollen Fischgerichten (Tucunaré, Prirarucu, Tamaqui). ❸

Pousada Tapaiulândia, ✆ 93/3527 1157, Av. Pedro Teixeira 300, sieben Zimmer mit AC, aber rustikal, drei Ecken vom Kai. ❹

Hotel Beloalter, Rua Pedro Teixeira, 26 Bungalows, ✆ 93/3527 1230, 🖳 www.beloalter.com.br. ❺

Amapá

Amapá ist der östlichste und kleinste aller Amazonasstaaten (145 500 km^2 – doppelt so groß wie Bayern); er befindet sich am Nordrand des Amazonasdeltas an der Grenze zur französischen Überseeprovinz Cayenne. Amapá liegt zum größeren Teil nördlich des Äquators und ist fast durchweg mit Wald bedeckt. Die Spanier überließen 1750 diesen sumpfigen Küstenabschnitt den Portugiesen, die sich mit Mühe und Not gegen die französischen Korsaren und englischen Bucaneers wehrten.

Macapá

Macapá ist eine kleine, beinahe idyllische Ausgabe von Belém. Die Hafenstadt mit 277 000 Einw. besticht durch ihre schöne Lage am Nordrand des Amazonasdeltas, schattige Straßen, **koloniales**

Flair und ruhigen Rhythmus. Und außerdem durch ihre relativ hohe Sicherheit für den Reisenden. Von hier aus lassen sich Abstecher in den Regenwald unternehmen – sogar mit der Bahn – oder Bootsfahrten den Amazonas hinauf. Wer Heimweh nach Europa hat: Per Bus gehts ins französische Überseedepartement Cayenne, das rund 600 km nördlich an Amapá grenzt.

Die **Orientierung** in Macapá ist relativ einfach. So gut wie alle wichtigen Adressen liegen in der Nähe der Uferpromenade, wo sich der Gastronomie-Komplex Complexo Beiro Rio befindet, und den parallel laufenden Hauptstraßen Revoada das Andorinhas und Rua São José, an der die gleichnamige, weiß gekalkte Kirche **São José do Macapá** liegt, das älteste Bauwerk der Stadt aus dem Jahr 1761. Gleich dahinter die Stadtbushaltestellen und die Praça Vlega Cabral.

Am lebhaftesten ist Macapá im Geviert von Av. Padre Lombaerd im Süden, Av. FAB im Norden und den Ruas Rev. das Andorinhas und São José. Eine Kuriosität ist der **Marco Zero-Monolith**, der die Äquatorlinie markiert; er steht 2 km außerhalb des Zentrums, mit Bus „Santana“ oder „Zerao“ zu erreichen.

Sehenswertes

Ausgangs- und Endpunkt aller Wege durch die Stadt ist ohne Zweifel die **Uferpromenade**, und hier das Pier Eliezer Levy, das 1930 errichtet und 1998 erneuert wurde. Eine kleine Tram fährt auf dem Pier hin und her, z. B. zum Restaurant Trapiche mit schönem Blick aufs Wasser.

Ebenfalls am Pier liegen die **Casa do Artesão** und die **Casa do Índio** gleich gegenüber den Läden und Kneipen des Beira Rio Komplexes. In der Casa do Artesão eine enorme Auswahl von Töpferarbeiten; in der Casa do Índio Perlenketten aus Samen und Zähnen, Federschmuck und handgeknüpfte Hängematten.

Wenn man nun rechts auf die Av. Mendonça Jr. geht, den Kanal überquert und links in die Av. Rev. Andorinhas biegt, stößt man auf die **Festung São José**. Sie wurde 1782 errichtet zur Abwehr der europäischen Konkurrenten und Seeräuber. Das Fort kann besichtigt werden, ein kleines Museum enthält Urkunden und Pläne aus der Kolonialzeit, Objekte der Ureinwohner und gelbstichige Fotos aus der Zeit des Kautschukbooms. 🕓 Di–So 9–18 Uhr.

Über die Av. Rev. Andorinhas und die Rua Rio Matapi gelangt man zum **Museum für nachhaltige Entwicklung** (Museu do Desenvolvimento Sustentavel), Av. Feliciano Coelho 1509, ✆ 96/3212 5349. Es zeigt die gut gemeinten Initiativen der Regierung von Amapá zum Umweltschutz und eine Ausstellung über Medizinalpflanzen. 🕓 Mo–Fr 8–12 und 15–18, Sa 15–18 Uhr, Eintritt frei.

Auf keinen Fall sollte man den **Mercado dos Produtos da Floresta**, nahe der Ecke von Av. FAB und Rua São José, auslassen. Von Naturkosmetik über dubiose Fruchtschnäpse bis zu magischen Mittelchen reicht die Palette der Produkte, darunter sind mit Sicherheit auch einige Mitbringsel für daheim. 🕓 Mo–Fr 8–18 Uhr.

Übernachtung

Das feuchtheiße Klima taucht selbst bessere Hotels oft in eine leicht muffige Atmosphäre. AC oder Ventilator auf dem Zimmer sind unverzichtbar. Die meisten Hotels liegen im Zentrum der Stadt, fußläufig zur Praça Cabral.

Hotel Santo Antônio, Av. Conolano Jucá 485, zwischen Rua Tiradentes und Rua Rondon, ✆ 96/3222 0226, dürfte für preisbewusste Traveller die geeignete Wahl sein. Das kleine Hotel liegt nahe bei den Restaurants der Flusspromenade und verfügt über ein Internetcafé. Fast alle Zimmer ohne Fenster! Das Frühstück ist mager, aber der Preis unschlagbar: DZ mit Ventilator R$28, mit AC R$34. ❶

Hotel San Marino, Av. Marcílio Dias 1395, Jesus de Nazaré, ✆ 96/3223 1522, kleines schmuckes Hotel mit 29 Zimmern, AC, Bad, Restaurant. ❷

Mara Hotel, Rua São José 2390, ✆ 96/3222 0859, nur 5 Min. vom Fort entfernt, 23 komfortable Zimmer mit AC, relativ preiswert. ❷

Hotel Frota Palace, Rua Tiradentes, Ecke Av. Coaracy Nunes, ✆ 96/3223 3999, ✉ frotapalacehotel.com.br, sticht positiv hervor. Die Zimmer sind sauber und ansprechend, alle haben AC, Bad, Frigobar. Restaurant und Flughafentransfer (R$4). ❸

Macapá Hotel, Av. Eng. Francisco Azarias 17, ✆ 96/3217 1350, ✉ Macapá.hotel@uol.com.br. Luxushotel am Flussufer gegenüber dem Pier. ❺

DER NORDEN

Essen

Die meisten Lokale befinden sich in der Altstadt und an der Uferpromenade. Ein interessanter **Stehimbiss** vor der Casa do Artesão, gegenüber vom Gastronomiezentrum Beira Rio, serviert Süppchen aus dem Sud von Maniok-Blättern. Dazu Feijoada mit Reis – nur R$4. Die kühle Abendbrise vom Amazonas macht den Aufenthalt auf dem Pier besonders angenehm.

Restaurant Trapiche, am Ende des Eliezer Levy Pier, ✆ 96/3225 2665, dürfte die erste Wahl für angenehmes Ambiente sein. Gute, preiswerte Fischgerichte, etwa mit Kokosmilch, und eine umfangreiche Speisekarte. Sehr freundlicher Service. Live MPB abends am Wochenende. ⌚ Di–So 17–24 Uhr.

Sorveteria Crema, der ultimative Eispalast am Pier ist vielleicht ein wenig teurer als andere, hat dafür aber eine weitaus größere Palette an exotischen Geschmacksrichtungen. ⌚ tgl. 16–24 Uhr.

Sarney Lanches, Rua Rondon, Ecke Rua Coriolano Jucá. Beste Churrascaria in Macapá mit reichhaltigem Buffet. Sehr gut besucht, man muss oft auf Tischzuweisung warten. ✆ 96/3223 7557. ⌚ tgl. 11–15 und 18–21 Uhr.

Peixaria Amazonas, Rua Beira Rio 410, Santa Inés, rund um die Uhr wunderbare Fischgerichte in ansprechendem Ambiente mit Blick aufs Wasser am Kai, ⌚ tgl. 10–24 Uhr.

Nachtleben

Während Macapá tagsüber einen schläfrigen Eindruck vermittelt, blüht es nach der Blauen Stunde auf. Krethi und Plethi zieht es zum Wasser und zum eiskalten Bier. Drei Dutzend Imbissstände und Ausschänke unterm Sternenhimmel an der Rua Francisco Azarias Neto; die Praça Zagury füllt sich mit dem Volk. Der **Complexo Beira Rio**, dem Pier gegenüber, ist dann gerammelt voll, Bars und Restaurants wetteifern mit Schnellgerichten und Bierausschank. Whiskeys (national) und Caipirinhas ab R$3.

Sonstiges

APOTHEKE – ***Farmabem,*** Av. Pres. Vargas 166, ✆ 96/3217 5555.

EINKAUFEN – ***Casa do Artesão,*** Rua São José 1500, an der Praça Barao do Rio Branco. Kunstgewerbe und Volkskunstgegenstände.

FESTE – ***Marabaixo.*** Großes Volksfest in Amapá, das starken afrikanischen Einfluss zeigt. Beginnt Ostersonntag.

GELD – ***Casa Francesa,*** Rua Independência 232.
Banco do Brasil, Av. Mendes, Ecke Av. Jucá, nimmt auch Reiseschecks.
BBV Banco, Av. Independência, Ecke Av. Carvalho, mit 24 Std.-Bankautomat.

INFORMATIONEN – ***DETUR,*** Rua Independência 29, ✆ 96/3212 5335, 💻 www.detur.ap.gov.br und www.amapa.com.br. Stadtplan und viele nützliche Infos. ⌚ Mo–Fr 8–12 und 15–18 Uhr.

INTERNET – ***Cyberplay Internet Café,*** Rua Gen. Rondon, Ecke Av. Iracema Nunes, ✆ 96/3223 9439. R$2/Std.

KONSULATE – ***Deutschland,*** Trav. Tiradentes 64, Raum 204, ✆ 91/3212 5634, ⌚ Mo–Fr 8–11 Uhr.
Surinam, ✆ 91/3241 9008.
Peru, Av. José Bonifácio 2432, ✆ 91/3229 7278, ⌚ Mo–Fr 8–14 Uhr.
Venezuela, Av. Presidente Pernambuco 270, ✆ 91/3222 6396, ⌚ Mo–Fr 8–14 Uhr.

POST – Av. Coriolano Jucá an der Praça Veiga Cabral, ⌚ Mo–Fr 9–17 Uhr.

TELEFON – ***Telemar,*** Rua São José, Ecke Av. Gurjão, in einem hellblauen Gebäude, ✆ 96/3215 6444.

REISEBÜROS – ***Antares,*** Rua Hamilton Silva 1065, Centro, ✆ 96/3217 9935.
Casa Francesa Câmbio e Turismo, Rua Independencia 236, Centro, ✆ 96/3223 0776, 💻 www.casafrancesa.com.br.
Guara-Agência de Viagens e Turismo, Av. Padre Júlio Maria Lombard 609, Centro, ✆ 96/3222 1310, 💻 www.guaraturturismo.com.br.
M.L. Araujo, Rua Jovino Dinoa 1783, Centro, ✆ 96/3223 5500, 💻 www.rheluzturismo.com.br.

Nahverkehrsmittel

Stadtbusse sind ausgezeichnet – fast alle halten an auf der Rua São José gegenüber der Kirche. **Motorrad-Taxi** („Moto-Taxi") könnten für Traveller ohne Gepäck eine Alternative sein; mehr als R$3 dürfte keine Strecke kosten.

Transport

FLÜGE – Der **Flughafen,** ✆ 96/3223 2323, liegt 4 km westlich vom Amazonasufer an der Rua Hildemar Maia, Viertel Santa Rita.
Belém: tgl. 2.50 Uhr, 1 Std., R$118.
Brasília: 2x tgl., 2 Std., R$600.
Manaus: 2x tgl., 2 Std., R$517.
São Paulo: 2x tgl., 4 Std., R$700.
Fluggesellschaften: ***Varig,*** Rua Cândido Mendes 1039, ✆ 96/3222 7724. ***TAM,*** am Flughafen, ✆ 96/3223 2688. ***Gol,*** ✆ 96/3222 4857.
Rio Norte Aero Taxi bedient kleine Flugpisten im Bundesstaat. Flugverbindungen nach **Cayenne** mit *Penta.*

BUSSE – ***Rodoviária Kubitschek,*** 4 km südlich des Zentrums im Viertel São Lazaro, ✆ 96/3251 2008, wird von zahlreichen Stadtbussen angesteuert: Haltestelle an der BP-Tankstelle gegenüber. Die Busgesellschaften befinden sich in einem Labyrinth von Geschäften. Dort ist auch eine **Banco do Brasil** mit Automat.
Serra do Navio: *Serrano,* ✆ 96/3251 5642, 17.45 Uhr, 5 Std., Rückkehr 7.30 Uhr, R$15; via **Pedra Branca:** 4 Std., R$14, und **Porto Grande:** 2 Std., R$8.
Weiter nach Cayenne: Die Gesamtstrecke bis Oiapoque, dem Grenzort am gleichnamigen Fluss, beträgt rund 560 km. Das ist an einem Tag kaum zu schaffen, da erst die Hälfte der Straße asphaltiert ist. In der Regenzeit ist ein Durchkommen überhaupt fraglich. Gleichwohl: in etwa 24 Std. kann man es schaffen. Mit Außenborder über den Rio Oiapoque – an der Brücke wird gebaut!: Auf der anderen Seite Euroland und die große Enttäuschung: Weiterfahrt nur in teuren Taxis!

BOOTE – Der **Hafen** größerer Boote ist Santana, rund 30 Automin. südlich von Macapá. Bus „Santana" ab Kathedrale São Jose de Macapá. Boote nach
Belém: 4x tgl., 14 Std.; R$70.
Außerdem nach **Almerim**, **Santarém** und **Manaus**.
Zahlreiche Schiffsmakler konkurrieren um Passagiere. Den besten Überblick über die Verbindungen und Preise bekommt man bei DETUR oder bei ***Agência Sonave,*** Rua São José zwischen Av. Lombaerd und Av. Mendonça Jr, ✆ 96/3223 9090.
Weitere Schiffsagenturen: ***Navio Bom Jesus,*** Av. Mendonca Junior 12, ✆ 96/3223 2342, ***São Francisco de Paulo,*** Rua Hildemar Maia 2730, ✆ 96/3242 2070.

EISENBAHN – Die Station der Erzbahn – mit Passagierverkehr – liegt im 23 km entfernten Städtchen Santana, ✆ 96/3281 1845. Dorthin fahren ständig Busse („Santana")ab Rua São José auf der Seite, wo die gleichnamige Kirche steht.
Stichbahn in die **Serra Do Navio:** Mo und Mi 7, Fr 10 Uhr; Rückfahrt Mo und Mi 14, Fr 17 Uhr, R$6.

Anhang

Sprache

Brasilien ist das einzige Land Südamerikas, in dem **Portugiesisch** gesprochen wird. Fast überall zumindest, mit Ausnahme der zahlreichen indianischen Sprachen, die bis heute in deren Reservaten gesprochen wird.

Englisch sprechen die wenigsten, am ehesten Mitarbeiter in größeren Hotels oder einer Touristeninformation. Mit Spanisch kann man sich schon leichter durchschlagen. Grundkenntnisse des Portugiesisch erleichtern das Reisen und den Kontakt zu Brasilianern jedoch ungemein, ein Sprachführer und/oder Wörterbuch unentbehrlich, z. B. Langenscheidts kleines „Universal-Wörterbuch Brasilianisches Portugiesisch“. Die Toleranz der Brasilianer gegenüber jedem noch so zaghaften Versuch eines Touristen, portugiesisch zu reden, ist wahrlich grenzenlos, nie wird man einen ungeduldigen Gesichtsausdruck erleben. Alles ist richtig, wenn man nur verstanden wird.

Wer europäisches Portugiesisch beherrscht, wird kaum Schwierigkeiten haben. Allerdings gibt es durchaus deutliche Unterscheide in Vokabular, Idiomatik, Grammatik und Aussprache, dass man zum brasilianischen Portugiesisch eigentlich gleich **Brasilianisch** sagen könnte. An vielen Stellen hat sich das europäische Portugiesisch mit den indianischen Sprachen vermischt, besonders auffällig bei Orten, Flüssen, Früchten, Pflanzen und Tieren; auch afrikanische Sprachen hatten einen Einfluss. Vereinzelt hat sogar deutsches Vokabular Eingang gefunden, wie z. B. – wie könnte es anders sein – beim Bier: Ein frisch gezapftes im Glas heißt „chope“!

Aussprache

Bei der **Aussprache** wird der Unterschied zum europäischen Portugiesisch am offenkundigsten. Die brasilianische Aussprache, vor allem in Rio und Bahia, ist weicher und melodischer. So werden **x, z** und **ch** sowie **g** vor hellen Vokalen (e, i) wie „sch“ gesprochen (Cidade Baixa = „Baischa“), **j** wie jsch (wie in Garage), **ç** (und **c** vor hellen Vokalen) wie ein stimmloses „s“ (Cachaça = „Caschassa“).

Harte Konsonanten werden oft vokalisiert, z. B. wird **l** nach einem Vokal wie „u“ ausgesprochen (Brasil = „Brasiu“), **lh** wie „ij“ (Ilha = „Ilja“), **nh** wie „nj“ („Alemanja“). Das harte **h** bleibt am Anfang eines Wortes stumm.

Am Wortende wird **e** häufig wie „i“ ausgesprochen, **de** und **te** werden zu „dschi“ oder „tschi“ (Saudade = „Saudadschi“).

Einer der gewöhnungsbedürftigsten Unterschiede in der Aussprache betrifft den Buchstaben **r**: Er wird in Brasilien oft wie „h“ gesprochen, nämlich entweder am Wortanfang (Rodoviária = „Hodoviaria) oder wenn er im Wort verdoppelt auftaucht (Barra = „Baha“). Ein einzelnes r innerhalb eines Wortes wird dagegen gerollt, ähnlich wie im Spanischen, jedoch weniger akzentuiert. Weiterhin wird das **o** am Wortende wie u ausgesprochen.

Die **nasalen Vokale** klingen so, als hätte man eine schwere Erkältung. Sie treiben die meisten deutschsprachigen Besucher zur Verzweiflung und sollen hier nur angedeutet werden, u. a.: –ão (wie in alemão), –ã (a alemã, die Deutsche), –ães (os alemães, die Deutschen), –ões (as situações).

Alle Regeln kombiniert, ergeben teils lustige Wortgebilde, besonders, wenn **r**, **o**, **l**, **de** oder **te** vorkommen und das Wort auf **e** endet: **Rio de Janeiro** wird bei Brasilianern also zu „Hiu dschi Schaneiru“ und die brasilianische Währung heißt „Heau“ (Real). Auch ausländische Wörter klingen aus brasilianischen Mündern geradezu niedlich: so wird Rock-Musik zu „Hockie“, Beach zu „Bietschie“ und Hip-Hop zu „Hippie-Hoppie“. Während Ausländer solche Wörter meist erheitern, finden Brasilianer daran gar nichts komisches, für sie ist ihre Aussprache natürlich das normalste der Welt.

Die **Betonung** liegt bei fast allen Wörtern im Portugiesischen auf der vorletzten Silbe, falls nicht Akzentzeichen (á, â) etwas anderes verlangen.

Die **Artikel** sind männlich „o“ (der) und weiblich „a“ (die) bzw. um/uma (unbestimmt). Im Plural lauten sie: os/as sowie uns/umas.

Drei wichtige Verben

estar.....**sein, sich befinden** (veränderlicher Zustand) Bsp.:

Estou em casa.....Ich bin zu Hause

eu estou („tô“).....ich bin

você/ele/ela está („tá“).....du bist, er/sie/es ist

nós estamos.....wir sind

vocês/eles/elas estão („tão“).....Ihr seid/sie sind

Aussprache: die Anfangssilbe wird so gut wie immer „verschluckt“

ser**.....sein** (unveränderlicher Zustand) Bsp.:
Sou brasileiro.....Ich bin Brasilianer
eu sou.....ich bin
você/ele/ela é.....du bist, er/sie/es ist
nós somos.....wir sind
vocês/eles/elas são.....Ihr seid/ sie sind

ter**.....haben** Bsp.:
Tenho muitos amigos.....Ich habe viele Freunde
eu tenho.....ich habe
você/ele/ela tem.....du hast, er/sie/es hat
nós temos.....wir haben
vocês/eles/elas têm.....Ihr habt/sie haben

Das Wichtigste zuerst

Danke.....*obrigado* (sagen Männer)
Danke.....*obrigada* (sagen Frauen)
Gern geschehen.....*de nada*
Bitte (als Frage, Aufforderung).....*por favor*
Entschuldigung!.....*Desculpe!*
Das macht doch überhaupt nichts!.....*Imagina!*
Sie erlauben, ... (z. B. beim Ansprechen Fremder).. *com liçensa,...*
Nein.....*não*
Vielleicht.....*talvez*
Ja.....*sim* (öfter wird jedoch benutzt: *é*...so ist es)
Hallo!.....*oi! obá!*
Guten Morgen!.....*Bom dia!* (bis 12 Uhr)
Guten Tag!.....*Boa tarde!* (12 bis 18 Uhr)
Guten Abend, gute Nacht!.....*Boa noite!* (ab 18 Uhr)
Tschüß.....*tchau!*
Bis bald, bis zum nächsten Mal!.....*até logo, até a próxima!*
Wie geht's?.....*como vai? como está?*
Alles klar? Alles in Ordnung?.....*tudo bom? tudo bem?*
Alles bestens! Alles prima! Alles in Butter!..... *Tudo bem! Tudo bom! Tudo ótimo! Tudo jóia!*
Super!.....*legal! massa!* (in Bahia) *show de bola!*
In Ordnung (wunderbar, so machen wir das)..... *Tá certo/Tá legal/Tá jóia/Tá bom/Tá ok*
Freund/ Bekannter/ Unbekannter.....*Amigo*
Weißt du...?.....*Você sabe...?*
Wissen Sie...?.....*o senhor/a senhora sabe...?*
Ich weiß es nicht.....*Não sei*
Nicht die entfernteste Ahnung.....*Sei lá*
Wie heißt du?.....*Como se chama? Qual é seu nome?*
Ich heiße.......*Meu nome é...*
Es ist (war) mir ein Vergnügen!.....*(Muito) prazer!*
Wie alt bist du?.....*Você tem quantos anos?*
Ich bin 30 Jahre alt.....*Tenho trinta anos*
Ist es dort sehr kalt?.....*Lá é muito frio?*
Meine Güte, sehr!.....*Nossa, muito!*
Manchmal ja, besonders im Winter.....*Às vezes sim, principalmente no inverno*
Ich spreche kein Portugiesisch.....*Eu não falo português*
Aber ich spreche Englisch und Deutsch.....*Mas eu falo inglês e alemão*
Sprichst du/sprechen Sie kein Englisch?.....*Você/o senhor/a senhora não fala inglês?*
Das habe ich nicht verstanden.....*Não entendi*
Etwas langsamer bitte!.....*Mais devagar, por favor!*
Ich bin Deutsche(r).....*Eu sou alemã (f), alemão (m)*
...Österreicher (in).......*austríaca (f), austríaco (m)*
...Schweizer(in).......*suíça (f), suiço (m)*
Wie viel kostet das?.....*Quanto custa? Quanto é?*
Wie spät ist es?.....*Que horas são?*
Wie lange dauert es?.....*Quanto tempo demora?*
Wird es lange dauern?.....*Vai demorar?*
Es wird doch nicht lange dauern, oder?..... *Vai demorar não, né?*
Ich würde gerne.......*gostaria de...*
Ich suche.......*procuro...*
Teuer/billig.....*caro/barato*
Mehr/weniger.....*mais/menos*
Mit/ohne.....*com/sem*
Jetzt.....*agora*
Morgen/heute/gestern/vorgestern.....*amanhã/ hoje/ontem/anteontem*
Hilfe!.....*Socorro!* (Sprich: *sockoho*)
Ich brauche Hilfe!.....*Preciso de ajuda!*

Im Hotel

Haben Sie ein Zimmer frei?.....*Tem um quarto livre? Tem vaga?*
Einzel-/Doppelzimmer.....*o quarto solteiro/ quarto casal*
Gruppenzimmer (in der Jugendherberge)..... *o quarto coletivo*
Ich habe eine Reservierung.....*Tenho uma reserva*
Das Zimmer hat Klimaanlage, Ventilator, Kühlschrank und Fernseher.....*O quarto tem ar condicionado, ventilador, frigobar e TV*

Wie viel kostet das Zimmer?.....*Quanto é a diária?*
Darf ich es einmal ansehen?.....*Posso ver? Posso dar uma olhada?*
Zimmerschlüssel.....*a chave*
Treppe/Aufzug.....*a escada/o elevador*
Es ist im 2. Stockwerk.....*Fica no segundo andar*
Frühstück gibt es bis zehn Uhr.....*O café da manhã tem até às dez horas*
Bett.....*a cama*
Toilette/Bad.....*o banheiro*
Moskitonetz.....*o mosqueteiro*
Hängematte.....*a rede* (sprich: *Hädschi*)

Am Telefon

Hallo? *Alô?*
Guten Tag, mein Name ist.......*Bom dia/boa tarde/ boa noite, meu nome é...*
Ich möchte gerne mit... sprechen.....*Gostaria de falar com...*
Ist er/ sie da?.....*Ele/ ela está?* (vornehm: *Ele/ela se encontra?)*
Kann ich eine Nachricht hinterlassen?.....*Posso deixar um recado?*
Wenn Sie so freundlich wären.......*Por gentileza, ...*
Eine Umarmung! (Verabschiedung bei Männern/Bekannten).....*Um abraço!* (möglichst lang gezogen)
Ein Kuss! (Verabschiedung bei Frauen/Bekannten/Freundinnen).....*Um beijo!* (möglichst lang gezogen)

Im Restaurant

Mittagessen/zu Mittag essen.....*o almoço/almoçar*
Abendessen/zu Abend essen.....*o jantar/jantar*
Kellner/in *o garçom/a garçonete*
Hätten Sie eine Speisekarte, bitte?.....*Tem um cardápio, por favor?*
Serviette.....*o guardanapo*
Vorspeise.....*a entrada*
Guten Appetit!.....*bom apetite!*
Fleisch.....*a carne*
Fisch/ Meeresfrüchte.....*o peixe/ os frutos do mar*
Hähnchen.....*o frango*
Nudeln.....*a massa*
Gemüse.....*os legumes*
Reis.....*o arroz*
Kartoffeln/ Pommes Frites (auch Kartoffelchips).. *as batatas/ batatas fritas*
Salat.....*a salada*
Salz.....*o sal*
Pfeffer.....*a pimenta*
Zucker.....*o açúcar*
Bier.....*a cerveja* (Flasche)/*o chope* (vom Fass)
Weißwein/ Rotwein.....*o vinho branco/vinho tinto*
Kaffee.....*o café*
Tee.....*o chá*
Nachspeise.....*a sobremesa*
Buffet.....*o bufê*
Torte.....*a torta*
Früchte.....*as frutas*
Eis.....*o sorvete* (sprich: *sorvetschi*)
Die Rechnung, bitte.....*A conta, por favor*
Das Essen war sehr gut, vielen Dank!.....*A comida (es)tava muito boa/excelente, obrigado!*
Der Fisch war äußerst lecker!.....*O peixe foi uma delícia!*
Sehr lecker!.....*Muito gostoso!*
Ich/wir kommen bestimmt wieder!.....*Vou/ vamos voltar com certeza!*

Nachtleben

Tanzschuppen/Disco.....*a boate*
Strandbar.....*a barraca* (sprich: *bahacka*), *a cabana*
Wird hier Live-Musik gespielt?.....*Aqui toca música ao vivo?*
(abends) ausgehen.....*(à noite)*
Bist du gestern ausgegangen?.....*Você saiu ontem?*
Bier/Fassbier.....*a cerveja/o chope*
Prost!.....*Saúde!* (oder: *Timtim!* sprich: *Tsching-tsching*)
Möchtest du tanzen?.....*dançar?*
flirten.....*paquerar*
Wo steigt die Party?.....*rola a festa?*
Um wie viel Uhr geht's los?.....*Que horas começa?*
Ach du meine Güte!.....*Ai, meu deus!*
betrunken.....*bêbado (m), bêbada (f)*
Oh je, wo stehen bloß die Taxis?.....*Cadê os táxis?*

Auf Reisen

Omnibus.....*o ônibus*
Busbahnhof.....*o rodoviária*
Wann fährt (der Bus, das Boot) ab?.....*Que horas sai... ? (o ônibus, o barco)*
Und wann kommt er an?.....*E que horas chega?*
Wie viele Haltestellen sind es bis...?.....*São quantas paradas até... ?*

Kann ich da vorne/an der Ecke aussteigen?.....
Posso descer lá em frente/na esquina?
Schiff.....*o navio*
Boot.....*o barco*
Schnellboot.....*a lancha rápida*
Segelboot.....*o veleiro*
Fähre.....*a balsa*
Zug, Eisenbahn.....*o trem*
Mitfahrgelegenheit.....*a carona*
Flugzeug/Flug.....*o avião/o vôo*
Flughafen.....*o aeroporto*
Mein Gepäck ist nicht angekommen.....*Minha bagagem não chegou*
Rucksack.....*a mochila*
Koffer.....*a mala*
Hinfahrt/Hin- und Rückfahrt.....*(a passagem de) ida/(passagem de) ida e volta*
Gibt es noch Sitzplätze am Fenster?.....*Ainda tem poltrona na janela?*
Wo befindet sich.......*Onde fica...? Onde está...?*
Wo gibt es...?.....*Onde tem...?*
Hier/dort.....*aqui/aí*
Links, rechts.....*À esquerda, à direita*
geradeaus.....*direto, em frente*
nah/weit.....*perto/longe*
Autovermietung.....*a autolocadora*
Mietwagen.....*o carro de aluguel*
Führerschein.....*a carteira de motorista*
Taxi.....*o táxi*
Touristeninformation.....*Informação turística*
Reiseleiter.....*o guia*
Reiseagentur.....*a agência de viagens*
Stadtplan.....*o mapa*
Straße.....*a rua, a avenida*
Platz.....*a praça*
Kirche.....*a igreja*
Museum.....*o museu*
Denkmal.....*o monumento*
Festung.....*a fortaleza*
Brücke.....*a ponte*
Hafen.....*o porto*
Strand.....*a praia*
Insel.....*a ilha*
See, Lagune.....*a lagoa*
Fluss.....*o rio*
Wasserfall.....*a cachoeira, as cataratas*
Meer.....*o mar*

Gesundheit

Arzt.....*o médico*
Krankenhaus.....*o hospital*
Apotheke.....*a farmácia*
Medikament.....*o remédio*
Erste Hilfe.....*Pronto socorro*
Notfall.....*a emergência*
Unfall.....*o acidente*
Ohnmacht.....*o desmaio*
Schlangenbiss.....*a mordida de cobra*
Insektenstich.....a picada
Das Viech hat mich gestochen!.....*O bicho me picou!*
Kakerlake.....*a barata*
Knochenbruch.....*a fratura*
Durchfall.....*a diarréia*
Entzündung.....*a inflamação*
Grippe.....*a gripe*
Ich bin erkältet.....*Estou gripado (m). Estou gripada (f)*
Fieber.....*a febre*
Schmerzen.....*a dor*
Ich habe Kopfschmerzen.....*Tenho dor de cabeça*
Kater.....*a ressaca*
Aspirin.....*aspirina*

Zahlen

0.....*zero*
1.....*um (m), uma (f)*
2.....*dois (m), duas (f)*
3.....*três*
4.....*quatro*
5.....*cinco*
6.....*seis*
7.....*sete*
8.....*oito*
9.....*nove*
10.....*dez*
11.....*onze*
12.....*doze*
13.....*treze*
14.....*catorze*
15.....*quinze*
16.....*dezesseis*
17.....*dezessete*
18.....*dezoito*
19.....*dezenove*
20.....*vinte*

30.....*trinta*
40.....*quarenta*
50.....*cinquenta*
60.....*sessenta*
70.....*setenta*
80.....*oitenta*
90.....*noventa*
100.....*cem*
1000.....*mil*

Wochentage
Sonntag.....*domingo*
Montag.....*segunda-feira*
Dienstag.....*terça-feira*
Mittwoch.....*quarta-feira*
Donnerstag.....*quinta-feira*
Freitag.....*sexta-feira*
Samstag.....*sábado*

Monate
Januar.....*Janeiro*
Februar.....*Fevereiro*
März.....*Março*
April.....*Abril*
Mai.....*Maio*
Juni.....*Junho*
Juli.....*Julho*
August.....*Agosto*
September.....*Setembro*
Oktober.....*Outubro*
November.....*Novembro*
Dezember.....*Dezembro*

Farben
weiß.....*branco (m), branca (f)*
schwarz.....*preto (m), preta (f)*
rot.....*vermelho (m), vermelha (f)*
grün.....*verde*
blau.....*azul*
gelb.....*amarelo (m), amarela (f)*

Fragen
wer?.....*quem?*
wie?.....*como?*
was?.....*o que?*
wo? woher? wohin?.....*onde? de onde? para onde?*
warum?.....*porquê?*
wann?.....*quando?*
wie viel?.....*quanto?*

Glossar

Academia.....Gymnastik- und Aerobic-Center
Afoxé.....Afro-brasilianische Musik- und Karnevalsgruppe
Albergue da Juventude.....Jugendherberge
Álcool.....KFZ-Treibstoff aus destilliertem Zuckerrohr
Aldeia.....Fischer- oder Indianerdorf
Azulejos.....Bemalte Wandfliesen aus Portugal mit blauen Mustern
Bagunça.....Chaos, Unordnung
Beija-flor.....Kolibri
Baiana.....Bewohnerin von Bahia, auch traditionell in weißer Tracht
Balsa.....Fähre
Bandeirantes.....Wörtl. Fahnenträger; Abenteurer und Eroberer des brasilianischen Hinterlandes
Bateria/ Baterista.....Schlagzeug/ Percussion- und Rhythmusmusiker
Berimbau.....Afro-brasilianisches Begleitinstrument zum Capoeira-Tanz
Bloco.....Karnevalstruppe
Bonde.....Straßenbahn, Seilbahn
Borracha.....Kautschuk, Gummi
Bossa Nova.....In den 50er und 60er Jahren beliebte Musikform aus Rio, heute Klassiker
Boto.....Süßwasserdelphin (Amazonas)
Bumba-meu-boi.....Folkloristisches Tanz- und Gesangsspiel um die zentrale Figur eines Ochsen
Caatinga.....Steppenähnliches Trockengebiet im Nordosten
Cabana.....Strandbar
Caboclo.....Bezeichnung für Mischling indianisch-europäischer Herkunft
Cachaça.....Zuckerrohrschnaps
Caipira.....Bewohner des Hinterlandes, „Hinterwäldler"
Caipirinha.....Brasilianisches Nationalgetränk aus Zuckerrohrschnaps, Limonenstücken, Zukker und Eiswürfeln
Camarote.....Loge, von der aus die Karnevalsumzüge verfolgt werden können
Candomblé.....Afro-brasilianische religiöse Kultform
Canga.....Strandtuch als Kleidungsstück für Frauen
Capeta.....Mixgetränk aus Schaumwein, Säften und Kondensmilch

Capivara.....Größtes Nagetier der Welt (Pantanal)
Capixaba.....Bezeichnung für einen Bewohner des Bundesstaates Espírito Santo
Capoeira.....Afro-brasilianischer Kampftanz aus der Sklavenzeit
Carioca.....Bezeichnung für einen Einwohner von Rio de Janeiro
Carne seca, Carne-de-sol.....Luftgetrocknetes, gesalzenes Rindfleisch (Nordosten)
Casa de Câmbio.....Geldwechselstube
Casal.....Pärchen, Ehepaar, auch Doppelzimmer
Cataratas.....Wasserfälle
Caverna.....Höhle
Cerrado.....Savannenlandschaft im Landesinnern
Chafariz.....öffentlicher Brunnen
Chimarrão.....Traditionelles Tee-Trinkgefäß der Gaúchos in Rio Grande do Sul
Churrascaria.....Grillrestaurant (häufig mit Rodízio)
Cobras.....Oberbegriff für Schlangen
Cooper.....Jogging
Dunas.....Dünen
Engenho.....Plantage mit Zuckerrohrverarbeitung und Schnapsbrennerei (hist.)
Escola de Samba.....Sambaschule, Sambagruppe
Estrangeiro.....Neutrale Bezeichnung für Ausländer
Fantasia.....Karnevalskostüm
Favela.....Elendsviertel, Slum
Favelado.....Slumbewohner
Fazenda.....Farm, Gut mit Land- oder Viehwirtschaft
Festas juninas.....Folklorefeste im Nordosten (Juni/Juli)
Ficha.....Telefonmünze
Fio dental.....Zahnseide, auch: Bezeichnung für knappe Bikinis
Fluminense.....Im Bundesstaat Rio de Janeiro, außerhalb der Hauptstadt Geborene; vgl. Carioca (streng genommen, muss man überall dort geboren sein, um den Begriff „tragen" zu dürfen, es gibt viele Paulistas, die in Rio wohnen
Fonte.....Quelle
Forró.....Populäre Tanzmusik des Nordostens
Funai.....Staatliche Indianerbehörde
Fusca.....VW-Käfer
Futevolei.....Fuß- und Volleyball verbindender Strandsport
Gafieira.....Traditioneller Tanzclub mit Standardtänzen
Garçom/Garçonete.....Kellner/Kellnerin
Garimpeiro.....Goldsucher, Goldwäscher
Gasolina.....Normalbenzin (vgl. *Álcool*)
Gaúcho.....Viehzüchter, Viehtreiber im Süden Brasiliens
Gorjeta.....Trinkgeld
Gringo (m), Gringa (f).....Leicht abschätzige Bezeichnung für ausländische Touristen
Gruta.....Grotte, Höhle
Guaraná.....Verbreitetes, recht süßes Erfrischungsgetränk aus koffeinhaltigen Beeren des Amazonasgebietes
Guarda sol.....Sonnenschirm
Ibama.....Brasilianische Naturschutzbehörde
Iemanjá; Yemanjá.....Meeresgöttin der afrobrasilianischen Religion
Igreja matriz.....Haupt- oder Stammkirche
Interior.....Hinterland
Jacaré.....Krokodil
Jangada.....Traditionelles Fischerfloß mit Segeln, verbreitet im Nordosten
Jardim.....Garten, öffentlicher Park
Jeito.....Kniff, Trick, auch im Zusammenhang mit Korruption gebraucht
Jogo do bicho.....Glücksspiel auf der Basis von Tiersymbolen (in Rio verboten)
Ladrão.....Dieb, Räuber
Lambada.....Populärer Tanz in Bahia Ende der 80er/Anfang der 90er Jahre
Lancha.....Boot, Barkasse
Lanchonete.....Einfache, sehr verbreitete Stehkneipe oder Stehimbiss
Leito.....Komfortabler Fernbus mit Schlafliegen
Loja.....Laden, Geschäft
Luau.....nächtliches Strandfest
Macumba.....Afro-brasilianische Kultform, auch: Schwarze Magie
Malandro.....Gauner, „Schlitzohr"; früher verbreiteter Sozialtypus
Matador.....Berufsmäßiger Killer
Mate.....Teesorte; verbreitetes Regionalgetränk in Südbrasilien
Mendingo.....Bettler, Obdachloser
Menino da rua.....Straßenkind
Mercado.....Markt(halle)
Mineiros.....Bezeichnung für die Bewohner von Minas Gerais

Moqueca.....Fisch- oder Meeresfrüchtepfanne
Morro.....Hügel, im übertragenen Sinne auch Favela
Motel.....Liebes-Hotel mit Garage
Mulata/Mulato (m).....Mischling afrikanisch-europäischer Herkunft
Música popular brasileira (MPB).....Brasilianische Popmusik
Nordestinos.....Bezeichnung für die Bewohner des Nordostens
Novelas.....Beliebte Fernsehserien
Orixás.....Afro-brasilianische Gottheiten
Pagode.....Populäre Musikrichtung im Südosten
Paraíba.....Bundesstaat
Passeio de escuna.....Bootsausflug im Segelschoner
Patrão.....Chef, Haus- und Schutzherr
Pau Brasil.....Brasilholz
Paulista.....Im Staat São Paulo Geborener (Mann oder Frau)
Paulistano/Paulistana.....In der Stadt São Paulo Geborene
Pedra.....Felsen, Berg
Pelourinho.....Strafpranger für Sklaven, auch: Name des historischen Zentrums in Salvador
Pico.....Gipfel
Pinga.....Billiger Zuckerrohrschnaps, „Fusel“
Pipoca.....übersetzt: Popcorn, das „hüpfende Volk“ während des Karnevals, weniger sicher als im Bloco oder in der Camarote
Pirarucu.....Größter Süßwasserfisch Brasiliens (Amazonas)
Pivetes.....Jugendliche Diebesgruppen
Pororoca.....Bis zu 5 m hohe Flutwelle, die beim Zusammenstoß von Süß- und Seewasser während des Mondwechsels in der Amazonasmündung entsteht
Porteiro.....Portier
Pousada.....Pension, familiengeführtes Hotel
Ramal.....Nummer eines Telefonanschlusses, die man nach Anwählen der Hauptnummer der Zentrale angeben muss
Real.....Brasilianische Währung seit 1994
Rede.....Hängematte, auch: Funk- und Fernsehanstalt
Renda.....Spitzen, auch: Einkommen
Rodízio.....Spezieller Restaurant-Service mit rotierenden Speiseangeboten
Rodoferroviária.....Bahnhof
Rodoviária.....Busstation, -bahnhof
Saidera.....Abschlussgetränk, „Absacker“
Salário mínimo.....Gesetzlicher Mindestlohn
Saveiro.....Segelboot
Movimento Sem Terra (MST).....Politische Basisbewegung der Landlosen
Seringueiro.....Gummi-/Kautschukzapfer
Serra.....Hoch- und Gebirgsland
Sertão.....Dürres Hinterland im Nordosten
Sertanejo.....Sertão-Bewohner
Sítio.....Kleingut, Landsitz
Sobrado.....Zwei- oder mehrgeschossiges Haus
Solar.....Herrschaftliches Wohnhaus aus der Kolonialzeit
Solteira/o.....Alleinstehende/r, auch: Einzelzimmer
Soterapolitanos.....In der Stadt Salvador Geborene (Bahia)
Terreiro.....Versammlungsstätte für afro-brasilianische Kulte
Trio elétrico.....Musikgruppe auf einem Lautsprecherwagen, v.a. im Karneval (Nordosten)
Tubarão.....Haifisch
Umbanda.....Afro-brasilianische Kultform
Yanomami.....Von illegalen Goldsuchern und Siedlern bedrängter Indianerstamm im Nordosten
Xingú.....Berühmter Indianerstamm

Index

Jochen Österreicher

Helmuth Taubald

Autoren und Danksagungen

Jochen Österreicher, geb. 1974, lernte nach dem Ende seines Psychologie-Studiums (Mainz, Hamburg, Oxford) Brasilien kennen und war sofort begeistert von der Schönheit des Landes, der Natur und der Herzlichkeit der Menschen. Seine Tätigkeit als selbständiger Berater und Trainer ermöglicht es ihm, seiner Reiseleidenschaft (neben Südamerika auch quer durch Europa, Kanada, China) ausgiebig nachzugehen. 2004/2005 reiste er durch Brasilien und recherchierte für diese aktuelle Auflage.

Beim Loose/Bintang-Team möchte ich ganz besonders Sabine Bösz und Silvia Mayer für die unkomplizierte Zusammenarbeit danken. Meinen Co-Autoren Helmuth und Carl bin ich sehr dankbar für die gegenseitige kollegiale Unterstützung; und ganz besonders Nico für seinen unermüdlichen Einsatz und die Home-base mit Meerblick in João Pessoa.

Die professionelle Unterstützung einiger Organisationen hat die Recherche in Brasilien einfacher gemacht. An erster Stelle ein herzliches Danke an Karin Luize de Carvalho und Giselle Beyer Thó vom Embratur-Büro in Frankfurt. Großartig war die Hilfe von SANTUR in Santa Catarina. Danke besonders Breno Maestri für die Organisation und Sr. Dico für Chauffeur-Dienste. Hans Schadrack von der Organização Regional de Turismo (ORT) zeigte mir zusammen mit Roseli Hoffmann Schmitt (Museu de Arte de Blumenau) die Spuren deutscher Einwanderer in Santa Catarina, obrigado! In Joinville war Promotur eine große Hilfe, danke an Vilmar Pedro de Souza. In Paraná danke ich Miguel Allou, dem Präsidenten der Federação dos Albergues da Juventude. In Bahia wurde ich unterstützt von Martina Lämmer und Ton van Creij (Brazil Travel, Porto Seguro), Luigi Rotunno (für das Secretaría de Turismo Porto Seguro), Monika Schulter (Encantur, Ilhéus), Regula Iglesias-Stromer (Tours Bahia, Salvador).

Für Hilfe und Insidertips und bei der Recherche vor Ort herzliche Abraços an meine Freunde in Rio Grande do Sul: Adriana Wassermann und Terla Rodrigues (Porto Alegre), Vanessa Dinnebier (Gramado); in Santa Catarina: Simone Nunes (Blumenau), Pricila Schulze (Joinville); in Paraná: Charles (Ilha do Mel), Luis Gustavo Eichhoff (Curitiba); in Bahia: Heike Schmitz (Salvador). Hans Bönisch (Salvador) bin ich dankbar für wertvolle Informationen zu Salvador und Korrekturen in den Texten. Simone Nunes (Blumenau) war mir eine unersetzliche Hilfe bei zahlreichen Nachrecherchen.

Danke auch den Experten und Gastautoren Barbara Bux, Dr. Erica Jane de Hohenstein und Dr. Petra Schaeber für ihre Unterstützung. Ich danke außerdem Billie Woods, Giselle Barbieri und Karla Regina de Souza dafür, dass sie bereitwillig ihre Fotos zur Verfügung stellen.

Und nicht zuletzt bin ich allen meinen Freunden in Deutschland dankbar, für die ich über Monate wenig Zeit hatte, ganz besonders den Korrekturlesern Annina Lottermann, Anne Kober und Thomas Ehring.

Helmuth Taubald, geb. 1950, hat in Berlin und Hamburg Germanistik und Sozialwissenschaften studiert und war langjährig als Lehrer und Dozent in Bremen tätig. Seit 1990 lebt er als freier Schriftsteller und Journalist in Rio de Janeiro. 1997 erschien die 1. Auflage von „Richtig Reisen Brasilien“ im DuMont-Verlag. Seit 2005 betreut er die Aktua-

Carl D. Goerdeler

Nicolas Stockmann

lisierung des Marco Polo-Bandes Brasilien. In Rio bietet er private Stadtführungen für Traveller, die etwas mehr von Land und Leuten erfahren wollen.

Die Arbeit mit dem Loose/Bintang-Team war äußerst angenehm und kooperativ. Auch den drei Ko-Autoren Nico, Jochen und Carl möchte ich herzlich danken, es war eine echte Teamarbeit, bei der jeder immer das ganze Projekt im Auge hatte. Während der umfangreichen Recherchearbeit war mir die Unterstützung meiner brasilianischen Assistentin Bianca Leite Custodia eine sehr wertvolle Hilfe, ohne ihre Reisebegleitung und ihr Organisationstalent wäre das Ergebnis längst nicht so konkret und zuverlässig ausgefallen. Besonderen Dank auch an die drei in Rio lebenden deutschen Freunde Thomas Altenburg, Dr. Ernst Hoffmann und Wolfgang Kunath für zahlreiche Tipps und Hinweise wie für das Korrekturlesen des Manuskripts. Geholfen hat auch meine deutsche Tochter Katarina Taubald, die bei einem Brasilienbesuch auf Backpacker-Pfaden emsig recherchiert und zudem viele schöne Bilder geliefert hat.

Carl D. Goerdeler lebt schon ein halbes Menschenalter in Brasilien und er würde seine zweite Heimat gegen keine andere tauschen wollen. Der Ex-68er, Ex-Diplomat und Korrespondent zahlreicher deutschsprachiger Zeitungen bereist noch jedes Jahr Amazonien und Zentralbrasilien von Rio de Janeiro aus. Sein neuestes Hobby: Vorträge auf Kreuzfahrtschiffen.

Für die Erstellung meines Teils danke ich den Leuten von Bintang für ihre Geduld – besonders der Lektorin Silvia Mayer für ihre wohltuende Einfühlsamkeit – und den brasilianischen Tourismusbehörden für ihre Hilfe. Besonderer Dank gilt Prof. Wolf Paul, Frankfurt, von der deutsch-brasilianischen Juristenvereinigung und meinem Freund und Scout, Dr. Klaus Geissler, Belem, der in jungen Jahren, kurz vor Drucklegung dieses Buches, verstorben ist.

Nicolas Stockmann, koordinierender Autor, hat in der Wüste Gobi gezeltet, schwamm in Neuseeland mit Delphinen und hat mit dem Bus Südamerika durchquert – doch sein Herz gehört Brasilien. Seit 2002 verbringt der Diplom-Psychologe die meiste Zeit dort, zuletzt arbeitete er als Reisejournalist in João Pessoa. Neben dem Klima und der Herzlichkeit der Menschen hat es ihm besonders die brasilianische Musik angetan. Für Traveller, die den Nordosten abseits der gängigen Touristenpfade kennen lernen möchten, bietet er individuelle Tourenorganisation an. Kontakt: nico brasil@gmx.net.

Für die gute und vertrauensvolle Zusammenarbeit während dieses Projektes danke ich dem DuMont Reiseverlag und dem gesamten Loose/ Bintang-Team. Ganz besonders möchte ich mich bei meinen drei Autorenkollegen bedanken, mit denen das gemeinsame Teamwork eine Freude war.

Eine große Hilfe während der Recherche in Brasilien waren die staatlichen Tourismusbehörden, stellvertretend danke ich: Airton Abreu und Edson Duarte (Setur/São Luís), Maria Creuza Carvalho (Piemtur/Teresina), Niède Guidon (Nationalpark Serra da Capivara), Fernando Holanda und Camille Soares (Setur/Fortaleza), Cristina Bezerra Lira (Setur/Natal), Nilton Ferreira (PBTUR/João Pessoa), Patrícia Raposo (Duxi Comunicação, Empetur/Recife), Izabel Santos (Secretaria de Turismo/Caruaru), Fernanda Reznik (Setur/Maceió), Mário J. Freire und Ercília Henrique (Setur/Aracaju) und Regina Athayde (Bahiatursa/Salvador). Karin Luize de Carvalho und Giselle Beyer Thó (Embratur) standen uns von Frankfurt aus immer mit helfender Hand zur Seite.

Die Recherche-Reise quer durch Bahia mit Jochen war ein besonderes Erlebnis. Auf unseren Wegen haben uns so viele Menschen geholfen, dass es unmöglich ist alle aufzuzählen. Allen ein herzliches Dankeschön, ganz besonders an Hans Bönisch, der uns im nördlichen Bahia und Salvador tatkräftig unterstützt hat.

Meine Assistentinnen Simone Pereira dos Santos (São Paulo), Camila Leal (João Pessoa) und Maria Márcia Machado (Brasília) haben mich maßgeblich unterstützt und mir geholfen, den Blick für die Besonderheiten des Landes zu schärfen. Dafür möchte ich mich ganz besonders bei ihnen bedanken.

Ein echtes Stück brasilianischen Lebensgefühls haben mir viele Freunde vor Ort vermittelt. Für ihre herzliche Gastfreundschaft bedanke ich mich besonders bei Ana Rachel Dantas und Nilton Júnior (Fortaleza), Betânia Gonçalves und Familie (Recife), Karina Haj Loula (São Paulo) und Vanessa Neves und Familie (Rio de Janeiro) – obrigado amigos!

Große Unterstützung unterwegs in Brasilien erhielt ich außerdem von Annika Stockmann (Pernambuco), Dirk Köppen (Fortaleza), Silvia Kristian (Fernando de Noronha), Calheiros Kleber (São Luís) und Carolina und Alexandre Batistella (Barreirinhas) – danke für die Hilfe und die nette Reisebegleitung! Ein Dank für praktische Tipps geht an viele Traveller, allen voran Tina Wüst, Jack Mazor, Nadine Harbers und Sandra van Waeyenberge.

Ein besonderer Dank gilt Herrn Prof. Dr. Gerd-Dieter Burchard, Leiter der Klinischen Abteilung des Bernhard-Nocht-Instituts für Tropenmedizin in Hamburg, für seine fachliche Unterstützung des Abschnitts „Gesundheit und Vorsorge", sowie Emily Sasson Cohen, die den Text „Essen und Trinken" geschrieben hat. Isabel Ribeiro hat den Abschnitt übersetzt und mich damit vor verzweifelter Suche nach Kochvokabular bewahrt – tausend Dank!

Für die freundliche Bereitstellung ihrer Fotos bedanke ich mich sehr bei Dr. Peter Schindler, Daniela Riesen, Maria Márcia Machado, Erika Miyakawa und Nathalie Foucher.

Last – but not least – danke ich meiner Familie und allen Freunden für ihre Geduld und die durchgehende Unterstützung, besonders Ulrike Sedelmaier, Thomas Ehring, Marco Walter und Angelina Ribeiro haben mir viele wertvolle Hinweise gegeben.

In Gedenken an meine Freunde und Wegbegleiter Bernhard Metzger und Tania Scott.

Bildnachweis

Umschlag:
vorn: **Paul Hahn**/laif
innen: **Jochen Österreicher**

Farbblock I:
Embratur/Christian Knepper: S. 1, S. 3 unten, S. 4 unten, S. 6 oben, S. 6 unten, S. 7
Carl D. Goerdeler: S. 3 oben
Erika Miyakawa: S. 2 unten
Jochen Österreicher: S. 2 oben, S. 4 oben
Helmuth Taubald: S. 5, S. 8 (2)

Farbblock II:
Helmuth Taubald: S. 3

Farbblock III:
Embratur/Christian Knepper: S. 2 oben li, S. 3 (2), S. 4 (2)
Carl D. Goerdeler: S. 5 unten, S. 6 (2), S. 7 unten, S. 8
Jochen Österreicher: S. 1, S. 2 unten.
Daniela Riesen: S. 5 oben, S. 7 oben
Billie Woods: S. 2 oben re

s/w:
Giselle Barbieri: S. 144
Embratur/Christian Knepper: S. 174, 175, 225, 442, 490.
Carl D. Goerdeler: S. 64, 294, 525, 544, 550, 557, 593, 613, 623.
Jochen Österreicher: S 9, 45, 51, 107, 121, 152, 323, 333, 338, 360, 365, 374, 383, 398, 400.
Nathalie Foucher: S. 465
Prefeitura von Gramado: S. 117.
Maria Márcia Machado: S. 513.
Daniela Riesen: S. 413, 425, 568.
Peter Schindler: S. 3
Sekretaria de Turismo, Morretes: S. 39
Nicolas Stockmann: S. 450, 505, 513.
Helmuth Taubald: S. 33, 171, 221, 239, 251, 274, 280.
Pierre Verger: © 2006 Pierre-Verger-Stiftung, Salvador da Bahia (Brasilien) und Verlag Das Wunderhorn, Heidelberg. Aus „Schwarze Götter im Exil - Fotografien von Pierre Verger", herausgegeben von Manfred Metzner und Michael M. Thoss. Wunderhorn, Heidelberg 2004: S. 89
Billie Woods: S. 59, 93, 103, 126, 309.

Wissenswertes im Kasten

Kartenverzeichnis

ANHANG